希臘羅馬
英豪列傳
Plutarch's Lives

蒲魯塔克（Plutarch）◎著
席代岳◎譯

II

目　次

第十篇

中興復國者

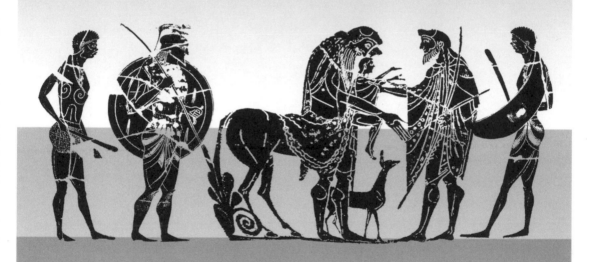

第一章
斐洛波門(Philopoemen)

252-182B.C.，麥加洛波里斯的將領和政治家，贏得多次會戰的勝利，組成亞該亞聯盟，使得希臘有能力抗拒羅馬擁有的優勢。

1 曼蒂尼(Mantinea)[1] 這個城市有位家世顯赫和擁有權勢的人士名叫克倫德(Cleander)，後來氣運乖戾陷入逆境，離開自己的家園前往麥加洛波里斯(Megalopolis)[2] 定居。他所以能在那裡安頓下來，主要靠著能與克勞吉斯(Craugis)維持深厚的友誼。克勞吉斯是斐洛波門(Philopoemen)的父親[3]，無論就各方面來說都是極其卓越的人物。當他的朋友在世的時候，克倫德只要提出需求都能獲得滿足，等到克勞吉斯亡故以後，為了回報他的恩情照顧留下的孤兒。斐洛波門受到克倫德的教誨，就像荷馬所說阿奇里斯接受斐尼克斯(Phoenix)的指導[4]一樣，幼年時期就鑄造出崇高和宏偉的性向。

等他度過懵懂無知的童稚歲月以後，伊克迪穆斯(Ecdemus)和笛摩法尼斯(Demophanes)[5]成為負主要責任的家庭教師，這兩位都是麥加洛波里斯人[6]，成為

1　曼蒂尼據有伯羅奔尼撒半島的中央位置，是阿卡狄亞地區最大的城市，斯巴達在它的東南方約80公里，這兩個城市始終勢不兩立。

2　麥加洛波里斯是阿卡狄亞地區的城市，位於斯巴達的西北方約50公里。

3　馬可斯•奧理留斯•安東尼(Marcus Aurelius Antoninus)皇帝在位期間，鮑薩尼阿斯(Pausanias)是希臘的旅行家和地理學家，著有《希臘風土志》介紹各地的風土人物和歷史掌故，說是特基亞有一座斐洛波門的雕像，上面刻著他是克勞吉斯之子，同時段代的諺語上面提到克勞吉斯的名字。

4　荷馬《伊利亞德》第9章第438-450行提到這段軼事。

5　根據鮑薩尼阿斯的說法，這兩個人是伊克迪盧斯(Ecdelus)和麥加洛法尼斯(Megalophanes)，要是用原來的名字好像是傳說中的人物。

6　鮑薩尼阿斯的著作中發現斐洛波門簡單的傳記，從而得知他生於奧林匹克142會期第1年即252B.C.。

柏拉圖學派的門下弟子和阿昔西勞斯(Arcesilaus)[7]的友人,將習得的哲學原則用於國家的事務,成爲當代首領風騷的義士。他們領導民眾起義殺死亞里斯托迪穆斯(Aristodemus)[8],推翻暴政使國家重獲自由;後來協助阿拉都斯(Aratus)將僭主奈柯克利(Nicoles)驅離西賽昂[9]。塞倫人(Cyreneans)[10]的城市處於極其混亂和騷動的狀況,他們接受請求從海路趕往,建立一個績效優良的政府和受到全民擁戴的共和國。在這些備受讚譽的重大工作之中,他們認爲對斐洛波門的教育最有價值,使他受到哲學的薰陶等於給希臘人帶來莫大的福利。

實在說,斐洛波門受到所有希臘人(雖然希臘已進入衰老時期,在爲數眾多和出身高貴的領袖人物當中,他們認爲斐洛波門的作爲有後來居上之勢)的垂青,已經到不可思議的程度,獲得的光榮更增加他的權勢。有一位羅馬人對他讚譽備至,說他是絕無僅有的希臘人;從他以後希臘不再產生偉大的人物,也沒有人夠資格擁有「最後的希臘人」[11]這個稱呼。

2 他的容貌並非像很多人所想那樣醜陋不堪[12],我們可以看到他仍舊留存在德爾斐的雕像。所以會出現這種誤會,那是麥加拉一位女主人,接待他的時候發生的傳聞,據說完全在於他那種平易近人的個性,以及衣著過分簡樸使然。女主人獲得通知,說她的丈夫外出之際,有位亞該亞的將領會來到她的家裡,應該妥善接待並且盡快供應晚餐。斐洛波門在所說的時刻來到,身上穿一件很普通的斗篷,她認爲他不過是派來打前站的隨員,吩咐他幫忙做一些家事。他就脫下身上的斗篷,用斧頭劈開供作燃料的木頭。丈夫回家看到他在做事,趕緊問道:「啊!斐洛波門!這是怎麼一回事?」他用慣常的多里克土腔回答道:「其

---

7 阿昔西勞斯是柏拉圖學院的創始人之一,特別重視基礎教育,對這方面有很多的著作,闡明他的學說和觀念,均已失傳。

8 亞里斯托迪穆斯是梅西尼亞對抗斯巴達的英雄人物,710B.C.成爲國王;這位僭主借用他的名字進行統治。

9 西賽昂位於伯羅奔尼撒半島的北部,瀕臨科林斯灣,是亞該亞地區主要的城市。

10 塞倫又稱塞倫尼亞,位於利比亞東部的富沃地帶,是阿非利加的穀倉,塞倫城建立於630 B.C.,原來是提拉人(Thera)的殖民地。

11 本書第二十三篇〈阿拉塔斯〉第24節中羅馬人對他的讚譽之辭。

12 鮑薩尼阿斯提到斐洛波門的面目猙獰,令人望之生畏,同時還說他的身材魁偉而且力大無窮,遠非伯羅奔尼撒人所能望其項背。

貌不揚的人總要多吃點苦頭！」

　　提圖斯・弗拉米尼努斯拿他的長相開玩笑，有一天說他的四肢非常勻稱而且俐落，但是看不到肚子；他的腰圍的確很纖細。這種戲謔之辭的真正含意是說他的處境相當貧困，縱然有優秀的騎兵和步卒，經常缺乏經費可以拿來酬勞他們，或者作為支付糧餉之用。這是在談到斐洛波門的時候，耳熟能詳的傳聞軼事。

3 他的性格熱愛榮譽和名聲，在這方面已經無畏於任何敵手，始終拿伊巴明諾達斯（Epaminondas）[13]作榜樣，在積極進取、睿智明達和廉正不阿等方面要迎頭趕上，只是他那火爆的脾氣，沒有能像伊巴明諾達斯可以達到和藹可親、泰然自若和仁民愛物的境界，使得他在軍事比在文治方面更能效法先賢的舉措。他從幼年時代起對於軍人的生活有強烈的愛好，凡是與軍事有關的事物都願意學習和實踐履行，對於操練馬匹和熟悉武器保持極大的興趣。因為他天生的條件適合角力，他的朋友和導師也都勸他加強這項體育活動的訓練，這時首先要想知道是否會妨害他成為一個優秀的軍人。

　　他們告訴他實情，兩種訓練方式完全不同，無論是身體的狀況、生活的要求都有很大的差異，彼此之間會產生不利的影響。專業的角力家要有充分的睡眠和豐富的飲食，按照規定的時間進行練習和休息，任何微小的疏失或違反正常的要求都會使他功虧一簣。然而士兵應該訓練自己適應各種不同的變化和不合常規的處境，特別是要使自己能忍受飢餓，就是喪失睡眠也不致帶來多大的困擾。斐洛波門聽到這番議論以後，放棄角力的練習並且加以嘲笑，等到成為將領以後，用可能想像得到的譴責和羞辱來反對這項運動，他的著眼是任何體能項目除非有利於戰爭的遂行，否則就毫無用處，並且規定即使在競賽的場合任何人不得進行搏鬥。

4 斐洛波門成年脫離監護人和家庭教師的管制以後，開始全副武裝從事寇邊的行動，這些市民同胞為了搶劫和掠奪對拉斯地蒙人發起襲擊。他通

13　伊巴明諾達斯是底比斯的將領和政治家，4世紀B.C.最偉大的人物之一，琉克特拉會戰和曼蒂尼會戰打敗斯巴達人，結束斯巴達在希臘的霸權，他在362B.C.作戰受傷逝世，接著才有馬其頓的崛起和亞歷山大的征服行動。

常在進軍的時候位於先頭，收兵返營留在隊尾斷後。等到沒有出戰無事可做，他磨練自己的身體使它能夠適應艱苦的狀況，就用狩獵來加強體能和活力，或是在他的田地上賣力工作。他有一處收益不錯的產業，離開市鎮大約有20弗隆，幾乎每天的午餐和晚餐以後都會前去耕作和巡視，等到夜晚隨便找一個草墊，倒下就像一個辛勞的工人立刻入睡。黎明即起與他的手下在葡萄園除草或者犁田整地，然後再回到市鎮，全部時間與他的朋友和官員用來處理公務。

他參加戰爭的時候會安排馬匹和武器，贖回被俘人員。他用正常的方式像是耕種[14]，努力改進產業的狀況，絕不會擺出草率從事的心態，把管理自己的財產視為嚴肅的責任，不受任何誘惑做出損害別人的行為。他花費很多時間訓練辯才和研究哲學，慎選需要瀏覽的作品，唯一關心的事情是在德行上面有所進益。在荷馬所描述的情節中，他所注意的對象是那些使讀者能激發英勇氣概的人物。

有關其他的書籍，他對伊凡吉盧斯（Evangelus）的戰術學和其註釋下了很大的功夫[15]，只要稍有閒暇他樂於閱讀亞歷山大大帝戰史，他認為學習的目的在於能夠正確指導爾後的作戰行動，不是作為消遣或閒聊之用。甚至就在思考軍事問題的時候應該避免紙上談兵，要在現地證實理論的合理可行。他藉著旅行檢驗他的想法並且考量相關的情況，與隨伴的人員討論陡峭的山地和崎嶇的地面，對戰術行動所帶來的困難。如何針對河川、塹壕和隘道的特性，在行軍中運用密集隊形或是疏散隊形，以及在會戰之際排出最有利的陣式。實在說他從軍事行動和戰爭作為獲得極大的樂趣，願意獻身這方面的工作，當成實踐各種德行最具特色的手段和方式，任何人無法擁有士兵的資格就會受到嚴厲的譴責，認為是共和國的懶漢和寄生蟲。

5 當他30歲那一年，拉斯地蒙人的克利奧米尼斯（Cleomenes）王[16] 夜間對麥加洛波里斯發起奇襲，擊潰守備部隊，進入城市奪取集會的市場。斐洛

14　哥倫美拉（Columella）認為農學和哲學互為表裡，不僅是實用的學問同樣可以發人深省，契合自然之道達到天人合一的境界。

15　2世紀的羅馬學者阿里安著有《亞歷山大大帝傳》，寫過很多戰術和用兵方面的論述，曾經提到他看過伊凡吉盧斯的著作，認為都是紙上談兵，很多地方異想天開，根本不切實際。

16　斯巴達國王克利奧米尼斯二世（370-309/308B.C.），223B.C.洗劫麥加洛波里斯，時為奧林匹克139會期第2年。

波門聽到警報前來救援，拿出絕望中的勇氣奮戰到底，還是無法把敵軍趕到城外；最後他知道要使得市民有機會逃走，於是率領人員抵抗追兵，竭盡努力才擊退克利奧米尼斯，這時他不僅損失自己的坐騎，身上還有幾處傷口，趁著混亂才能脫離，成為撤退行動中殿後掩護的人。

麥加洛波里斯人逃到梅西尼，克利奧米尼斯派人前去安撫，說是願意將城市和財產歸還給他們。斐洛波門發覺大家聽說這個消息表示非常高興，並且想要急著要趕回去，他立即發表演說阻止他們的行動。斐洛波門要讓大家明瞭：克利奧米尼斯所謂的恢復城市主權，是想成為這些市民的主子，他運用這些手段確保未來能擁有這個區域；他不可能長期停留在那裡看著空無一人的房屋和城牆，最後處於孤軍深入的狀況只有撤離。這些理由使麥加洛波里斯人拒絕對方提出的建議，克利奧米尼斯有了藉口將城市洗劫一空，很多房屋遭到摧毀，帶走大批戰利品[17]。

6 過了不久以後，安蒂哥努斯(Antigonus)[18] 王前來救援亞該亞人，會師的部隊進軍對抗克利奧米尼斯，發現對手據有塞拉西亞(Sellasia)的高地，處於控制交通線的有利態勢。安蒂哥努斯率軍接近排出戰鬥隊形，決定發揮強大的戰力將他們趕出陣地[19]。斐洛波門與他的市民那天的位置在騎兵中間[20]，他們與亞該亞人組成預備隊，鄰接伊里利亞人(Illyrian)[21] 的步兵部隊，這是一大群有勇無謀的戰士，用來構成完整的戰線。奉到的命令是要堅守配置的陣地不可以出戰，一直要到另外一翼發出信號，那是國王親自督戰的地點，大家可以看到長矛上面掛著紅色上衣。亞該亞人遵守命令很快站穩腳跟，伊里利亞人卻在指揮官的

17　本書第十九篇〈克利奧米尼斯〉第24節對這次作戰有詳盡的記載。

18　這一位是安蒂哥努斯三世多森(Antigonus III Doson, 263-221B.C.)，「仁君」德米特流斯 (Demetrius the Fair)之子，229-221B.C.擔任馬其頓的攝政和國王。

19　塞拉西亞會戰發生在222B.C.，亞該亞人和安蒂哥努斯三世的聯軍，擊敗克利奧米尼斯三世指揮的斯巴達軍隊。

20　根據波利拜阿斯的記載，大約有一千多名亞該亞人，以及同樣數量的麥加洛波里斯人，與馬其頓的騎兵部隊配置在一起作戰。

21　伊里利亞位於巴爾幹半島的西北部，在馬其頓和伊庇魯斯的上方，海岸地區有希臘殖民地，像是伊庇道魯斯和阿波羅尼亞這些城市，民風強悍，自古以來供應希臘和羅馬所需的戰鬥人員。

領導之下發起攻擊。克利奧米尼斯的兄弟優克萊德(Euclides)看到對方出擊的步兵
與騎兵形成分離，派出最精良的輕裝步兵，指揮他們採取包圍的方式，從後方襲
擊沒有兵力掩護的伊里利亞人。

　　這樣一來使得戰線大亂，斐洛波門認爲敵軍的輕裝步兵部隊很容易擊退，於
是他首先向國王的軍官指出戰況的發展，需要立即採取行動。他們對他的說法毫
不在意，認爲他是一個輕率浮躁的傢伙，表現出藐視的態度(實在說他還沒有足
夠的名氣，可以讓他們接受這樣重要的建議)。他只有帶著麥加洛波里斯人衝殺
出去，接戰開始就使敵人陷入混亂之中，很快迫使輕裝步兵逃走而且傷亡慘重。
他想要進一步能夠對國王的部隊激起高昂的士氣，很快突入敵軍的陣線，等到雙
方形成一陣混戰，他離開馬背開始徒步戰鬥，穿著沉重的騎兵鎧甲，崎嶇不平的
地面到處是縱橫的水道和坑洞，使得他的戰鬥更加困難，這時兩隻大腿被一根有
皮帶的標槍射穿，這種投擲造成的傷害雖未致命但是非常嚴重，他仍然可以站
立，但是不知道如何除去加在身上的束縛，因爲皮帶連接在槍桿的中央，所以很
難將標槍拔掉，旁邊的人也沒有誰敢這樣做。現在戰鬥進行非常激烈，像是很快
要到關鍵的時刻，他的心中極爲緊張想要縱身決一死戰，經過拚命的掙扎和忍受
極大的痛苦，用盡力氣使得一腳在邁向前面，另外一隻腳伸向後面，終於可以將
兩腿之間的槍桿砍斷，再分別拔了出來。等到用這種方法獲得行動自由以後，他
握著長劍衝進最前列正在接戰的隊伍之中，手下人馬都拿他作榜樣，激勵所向無
敵的鬥志。

　　安蒂哥努斯在獲得勝利以後審問這些馬其頓人，爲什麼騎兵不服從命令在信
號沒有發布之前就開始衝鋒？他們的回答是麥加洛波里斯的一位年輕人，早在他
們之前已經動手，情勢逼得他們沒有選擇的餘地。安蒂哥努斯笑著說道：「這位
年輕人眞是一位經驗豐富的指揮官。」

7 這樣一來自然會給斐洛波門帶來很大的名氣，安蒂哥努斯非常盼望他能
　　在麾下服務，無論是指揮的職位和付給的酬勞，都願意提供優渥的條
件。斐洛波門知道自己的天性無法接受他人的指使，因而加以婉拒，然而他難以
忍受無所事事的生活，聽說克里特發生戰事，爲了一試他的本領，就渡海前往該
處。他在這段服務期間與一群好戰的民族相處，他們的爲人端莊有禮而且講究克
制之道，使他歷練各種職位獲得很多實戰的經驗。等到他帶著良好的聲譽返鄉以

後，亞該亞人立即推選他出任騎兵指揮官[22]。那個時期的騎兵缺乏經驗，難以發揮驍勇善戰的精神，按照習慣徵集普通用來耕種的馬匹，在開始行軍之前，趕緊買些價格低廉的貨色，只要能弄到手就好拿來充數。幾乎在各種狀況之下，這些騎兵想都置身事外留在家中，花錢雇人頂替他們的職位。過去那些擔任指揮官的人對這種事都視而不見，擺出明哲保身的態度，因為在亞該亞人當中的騎士階級擁有相當地位，這些人在共和國掌握很大的權勢，憑著他們的好惡對於人事的任用，可以表示贊同或橫加干預。

斐洛波門發現騎兵部隊竟然陷入這種極其惡劣的情況，他不願屈從毫無道理的託辭，更不想像前任一樣漠不關心。他奔波於各城鎮之間，與年輕人進行個別的接觸和談話，竭盡一切努力鼓舞他們的士氣，培養積極進取的志向和熱愛榮譽的精神，必要時也運用懲罰的手段。當著很多觀眾的面前，公開舉行各種操練、校閱和實兵對抗，在很短的期間之內，他讓整個部隊脫胎換骨，變得不可思議的強壯和驍勇，特別是輕巧和敏捷的動作，使得他們在軍中服役，可以扮演更為吃重的角色。他們的騎兵在武器的運用和工作的勤奮方面，已經到達完美的境地，只要指揮官一個口令，就會在主力的周圍像輪子一樣精確地轉動。整個騎兵部隊在變換作戰隊形的時候，不僅迅速果斷而且自然流暢，而且動作一致符合萬眾一心的要求。

亞該亞人對抗艾托利亞人(Aetolians)[23]和伊利斯人(Eleans)[24]的聯軍，雙方在拉立蘇斯(Larissus)河打了一場影響深遠的會戰[25]，斐洛波門為他訓練的部隊做出最佳示範。伊利亞的騎兵將領達摩芳都斯(Damophantus)向斐洛波門搦戰，騎在馬上全速殺了過來，斐洛波門穩如泰山在等待他的衝鋒，就在接受對手的雷霆一擊之前，用他的長矛使勁戳過去，將達摩芳都斯挑下馬來，當場陣亡死於非命，敵人一看大勢不好，立即飛奔逃走。現在斐洛波門在眾人口裡，是一位不輸年輕人能夠親自上陣殺敵的勇將，就是指揮若定的才華較之久經行伍的老將更勝一

22　擔任騎兵指揮官的時間大約是在209-208B.C.。

23　艾托利亞位於希臘的中部，西邊和北邊分別與阿卡納尼亞和伊庇魯斯為鄰，南臨科林斯灣，東邊與洛克瑞斯接壤，主要的城市有瑙帕克都斯和卡萊敦。

24　伊利斯位於伯羅奔尼撒半島的西部，瀕臨愛奧尼亞海，境內有奧林匹亞聖地，能長期維持和平的局面。

25　這次會戰發生於奧林匹克142會期第2年即209B.C.，斐洛波門44歲。

籌，也可以說在戰場已經找不到像他那樣優秀的士兵和指揮官。

8 阿拉都斯將離心離德的城市聯合起來成為一個共和國，建立合乎人道精神和希臘城邦型態的政府，首次將亞該亞人從無足輕重的地位，擢升到當前擁有盛名和實力的強權。這種情勢的產生，如同奔騰不息的激流，即使其中有一些質點想要停頓下來，也會受到其他質點的撞擊，每一個部分因相互作用而加強力量，使得整個水體變得穩固而堅實。要知道當前整個的態勢是處於衰弱的局面，所有的希臘人要是不能團結合作，每一個城市如同一盤散沙只求自保，很快就會瓦解被敵人一一收拾。亞該亞人首先將自己的力量凝聚成為整體，然後將四周的鄰邦拉進這個組織，有些城市是為了要求保護，把僭主趕走讓他們獲得自由，還有一些城市是基於和平的原則或者是自動歸化，他們的打算是最後能使整個伯羅奔尼撒半島成為一個生命共同體。

當阿拉都斯在世的時候，他們要仰仗馬其頓人，最早討好托勒密，然後是安蒂哥努斯和菲利浦，這些國王陸續對有關希臘的事務，無論大小全部很熱心的參與。等到斐洛波門擔任指揮官，亞該亞人感到自己的實力強大，可以與他們的敵人分庭抗禮，開始拒絕外國的支持[26]。須知阿拉都斯並非好戰之徒，他的個性溫和謙讓，對於國家大事要用策略來解決，同時他與外國的君王維持深厚的友誼，有關這方面的資料，可以參閱我們為他寫的傳記[27]。斐洛波門是一位優秀的軍人，具備勇於任事和善於指揮的特性，在他第一次出戰就有很好的運道，提升亞該亞人的權勢和勇氣到令人不可思議的程度，在他的領導統御之下視贏得勝利為常事。

9 他認為當務之急是要改進亞該亞人在武器的選用和會戰的陣式方面所犯的錯誤。他們使用輕而薄的盾牌，過於狹小不足以掩護整個身體，就是標槍也比常用的長矛要短得多。他們用這種武器在保持距離的前哨戰鬥和小部隊作戰，可以發揮靈活運用的技巧，但是大部隊的決戰就會落於下風。他們不習慣用建制部隊排出正規隊形來進行會戰，構成的戰線無法獲得緊密排列向前突出

26　大約是在207B.C.；阿拉都斯死於213B.C.。
27　本書第二十三篇〈阿拉都斯〉第10節對這方面有詳盡的敘述。

的長矛和個人的盾牌給予的掩護，不像馬其頓方陣[28]所有的士兵緊緊靠在一起而且盾牌相接，所以他們很容易被敵人突破或各個擊滅。斐洛波門針對這些缺失進行全面的改革，說服他們將小圓盾和短標槍換用大型盾牌和桿身很長的矛，他們的頭部、軀體、大腿和脛部，都要用各種甲冑給予保護，訓練步卒的近戰技術和各種隊形的運用，取代原先散漫無力的小部隊作戰方式。

　　等到他使大家全身披上鎧甲，建立起萬夫莫敵的信心以後，開始改變他們過去那種揮霍和奢侈的習性，願意把錢花在更為榮譽和體面的物品上面。長久以來他們在衣物、器具和飲食方面爭強鬥勝，彼此互不相讓，積習之深已到無藥可救的地步，看來很難產生多大成效。現在他可以因勢利導，讓他們喜愛那些表現男子漢氣概的用具而不是多餘的冗物，要減少其他方面的花費，讓軍事裝備的華麗使他們感到更為開心。於是店舖裡面除了金光閃閃的胸甲，和用銀釘修飾的盾牌和馬具，已經看不到其他的貨物，就是原來那些金銀的餐具，不是打爛就是已經熔掉。

　　那些訓練場地，除了馬匹的調教和年輕人在練習武藝，已經見不到其他的體育活動；婦女除了將頭盔的冠飾加以染色，或在軍用斗篷和騎士長袍上面刺繡之外，再也沒有其他的家事值得她們親手去做。他們舉目所見都能激勵高昂的情緒和士氣，使得他們對危害性命的威脅產生藐視之心，反而要用大無畏的冒險精神克服更為困難的危險。其他的奢華會給我們帶來歡樂同時也會讓人變得軟弱，舒適的感覺會柔化堅強的意志。軍人雄壯威武的外表會提升和鼓舞戰鬥的勇氣，如同荷馬讓阿奇里斯看到新的武器和裝備就會大喜若狂[29]，急著想要向人前炫耀和賣弄一番。

　　等到斐洛波門使得他們願意獻身軍旅，就會用這種方式將他們展現出來，除了按照進度加強各種訓練，還不斷舉行檢閱和實兵演習，磨練大家用最誠摯的態度服從他的指揮和命令。這種新的會戰隊形能使他們緊密地團結在一起，外力根

28　菲利浦將步兵的方陣組成「軍團」，編制人數為3456人；下面再分6個團，每團576人；團分為4個營，每營144人；營分為2個連，每連72人；連分為2個排，每排36人。以營為基礎編成方陣，正面和縱深各為12人。每位重裝士兵使用長14呎的長矛，右臂攜帶一個輕型防盾，穿著脛甲和金屬片保護的皮襖。等到2世紀B.C.，縱深加大為16列，攜帶長達21呎的長矛，前五列和最後一列由充分訓練的士兵充任。

29　出於荷馬《伊利亞德》第9章第15行。

本無法將它擊破，因而受到大家的喜愛。他們的武器和衣甲是如此的華麗和美觀，披掛起來讓他們感到無比的興奮，就是經常穿著也認爲不僅輕便而且容易。現在他們最渴望的事莫過於能一試身手，全心全力與敵軍大戰一場。

10 那個時候的亞該亞人與拉斯地蒙的僭主馬查尼達斯(Machanidas)發生戰事。這位暴君有一支戰力強大的軍隊，總在窺伺機會想要成爲整個伯羅奔尼撒地區的共主。當曼蒂尼人受到攻擊的信息傳到以後，斐洛波門立即準備開戰，率領部隊向著敵人前進。兩軍在靠近曼蒂尼的地方遭遇，城市的民眾可以看到已經展開的接戰隊形，雙方除了所屬各城市派遣的兵力，還有一大群花錢雇來的士兵。等到戰鬥開始以後，馬查尼達斯率領傭兵部隊，猛攻斐洛波門配置在第一線的長矛兵和塔倫屯人，並且將他們擊潰。這時馬查尼達斯應該立即進行主力的會戰，他們的部隊處於密集的狀況，已經站穩足跟，但是他卻熱中於追捕俘虜。馬查尼達斯不僅沒有攻擊亞該亞人，反而越過他們到達後方，這時亞該亞人仍舊保持原來的位置和隊形。

斐洛波門在接戰開始就處於劣勢，雖然這一天的會戰可能面臨失敗的結局，他用泰然自若的態度面對厄運，認爲這是無關緊要的事。他看到敵人犯下大錯，竟然丟下步兵部隊發起追擊行動，讓自己的主力得不到掩護而門戶洞開，整個方陣都暴露出來；決定不要去阻擋馬查尼達斯，讓這位僭主能夠全力追擊去捕捉俘虜，最好能夠遠離保持在相當距離之外。斐洛波門有鑑於當面的拉斯地蒙人，已經被他們的騎兵部隊所遺棄，側翼沒有壓住陣腳的兵力，立即發起全面的出擊，使得對手在指揮官離開的時候，毫無預期之下遭到奇襲。因爲拉斯地蒙人沒有想到會有人挺身而出，何況他們看見馬查尼達斯仍舊追逐敗軍，認爲自己已經穩操勝券。

斐洛波門擊潰當面的方陣，給拉斯地蒙人帶來重大的傷亡(據說當場就有4000人被殺)，然後進軍前去對付馬查尼達斯，這時他帶著傭兵部隊從追擊中返回。兩軍之間有條寬而深的壕溝，雙方都經過艱苦的奮鬥，一邊想要飛越過去，而另一邊要極力阻止。後來發生的狀況，看起來不像兩個將領之間的單打獨鬥，如同兇猛的野獸面對斐洛波門這樣高明的獵人，正在負嵎頑抗作垂死的掙扎。僭主的坐騎有充沛的耐力而且強壯敏捷，感到血腥的馬刺在體側帶來的劇痛，冒險躍進壕溝之中，等到前蹄已經踏上對面的土堤，正要盡全力衝上去的時候，西邁

阿斯(Simmias)和波利努斯(Polyaenus)這兩位經常在斐洛波門身邊戰鬥的勇士，騎在馬上要趕過去給予協助，斐洛波門加以阻止，自己前去迎戰馬查尼達斯，這時他發覺那匹坐騎的頭部正好掩護僭主的身體，於是自己稍微側轉，舉起手中的長矛使出全力從中間直戳過去，刺穿對手的軀體跌下馬來死於壕內。亞該亞人為了頌揚個人決鬥的英勇以及當天對會戰的指揮，就將他的銅像設立在德爾斐，展現出深受後人敬仰的雄姿。

11 據說是曼蒂尼會戰獲勝後沒過多久[30]，斐洛波門在尼米亞競技會[31]中第二次當選為將領，趁著這次莊嚴的盛典所帶來的閒暇時刻，就將他的軍隊排列成作戰的陣式，第一次呈現在希臘人的眼前，這種陣式能夠配合戰鬥的序列、部隊的戰力和快速的反應，使得會戰各種機動方式得以充分的運用，發揮作戰的最大效能。然後他要前往音樂家正在舉行歌唱比賽的劇院，一大群全副武裝穿著軍用斗篷和腥紅長袍的青年在旁邊隨護，所有人員具備高貴的英勇情操，大家的年紀相若都有雄心壯志，雖然對於將領表現出無比的仰慕和尊敬，他們在很多次光榮的戰鬥中都能贏得勝利，在這個時刻同樣對自己充滿強烈的信心。就在他們進入劇院之際，正好是音樂家皮拉德(Pylades)用美妙的聲音，唱出風格崇高的詩歌，那是泰摩修斯(Timotheus)的《波斯人》(*Persians*)[32]合唱曲中剛開始的一句：

> 彼之領導兮希臘獲得光榮與自由。

整個劇院的觀眾全部轉過頭來望著斐洛波門，大家都很高興響起熱烈的掌聲。他們滿懷希望城邦再次恢復過去的名聲，深深感到心中升起古代的崇高精神。

12 亞該亞人就像一匹年幼的良駒，對於經常相處的騎士非常馴服，遇到陌生人不僅難以駕馭而且倔強拒不從命。部隊要是無法接受斐洛

---

30 斐洛波門在曼蒂尼贏得勝利是在206B.C.春天。

31 奧林匹克103會期第4年即205B.C.夏季舉行尼米亞競技會。

32 泰摩修斯是撰寫酒神合唱曲的作家，這是一種神劇，流行於5世紀B.C.左右。

波門的指揮[33]，無論負起任何使命都會感到沮喪，士兵對他充滿期盼；只要他來
到部隊的面前，就會恢復他們的信心和勇氣。大家產生一種感覺，好像他是軍隊
唯一的指揮官，使得他的政敵無法忍受這個事實；然而在很多情況之下，他們對
他的名字感到極為憚忌。我們發現馬其頓國王菲利浦有一種看法，認為他們可以
用威脅的手段，迫使亞該亞人就範成為他們的臣屬，關鍵所在要能擺脫斐洛波門
的影響，於是雇用一些兇手對他進行暗殺的行動。等到這件陰謀曝光以後，菲利
浦成為身敗名裂的人物，在整個希臘都喪失原有的地位和聲譽。皮奧夏人圍攻麥
加拉，準備一舉占領這個城市，傳出毫無根據的謠言，說是斐洛波門率領援軍正
在途中，他們竟然把雲梯留在城牆邊上，來不及收就趕快撤離。

　　那比斯(Nabis)[34](接替馬查尼達斯成為拉斯蒙地的僭主)趁著斐洛波門沒有
擔任指揮官，對梅西尼發起奇襲作戰。斐洛波門試圖說服當時的亞該亞將領黎西
帕斯(Lysippus)，出兵救援梅西尼。黎西帕斯說是敵軍現在已經進城，這個地方
失去以後無法光復，所以沒有答應。斐洛波門決定親身前往，在沒有奉到命令或
接受指派的狀況下，身邊僅有願意追隨的市民同胞，他們認為這位將領接到任命
是自然之事，只有他最適合負起指揮之責。那比斯聽到他即將到來，心中忖度再
留下有諸多不便，帶著他的人馬暗中溜出後面的城門，用急行軍方式盡最大速度
趕路，認為惟有托天之福才能夠全身而退。那比斯最後還是逃脫，梅西尼終於安
然無事。

13 這件事給斐洛波門帶來更大的讚頌和榮譽。當他接受高廷人
(Gortynians)[35]的邀請，前往克里特負起指揮之責的時候，自己的國
家遭到那比斯的侵略陷入水深火熱之中，使得他受到怯懦避戰的指控，再不然就
說他要在外國人的面前，表現出過分好大喜功的行為。麥加洛波里斯人的處境極
其艱辛，敵軍主宰整個戰場，開設的營地已經迫近城門，他們只有盡力守衛城牆
不讓對手突入，所有的街道都種上作穀物，用來供應所需糧食。在這個時候遠渡
大海，不僅從事戰爭還指揮外國的部隊，認為他心懷惡意難免受到大家的譴責。

33　亞該亞聯盟規定，同一個人不能續兩年擔任最高統帥。
34　那比斯(470-413B.C.)是斯巴達優里龐世系的國王，庇洛普斯王在位他任攝政，等到庇洛普
　　斯逝世(很可能是他下手謀害)，他成為暴君。
35　高廷(Gortyn)位於克里特島的中部，是島上最主要的城市之一。

有人說他願意接受高廷人提供的職位，因為亞該亞人推選其他人士擔任將領，他的身分只不過是一位平民而已。他無法忍受坐困愁城過著潦倒的生活，對他而言總是把戰爭和指揮看成最關緊要的志業，一直對這方面的工作垂涎三尺。從他有一次對托勒密王的批評，就會認同他的為人確實如此。有些人讚許這位君王，說他能將軍隊和他本人的訓練和操演，始終保持在令人激賞的狀況。斐洛波門回答道：「對於這麼一把年紀的國王，軍事方面的表現只是『備而不用』，我們又怎麼能讚譽有加？」

不過，麥加洛波里斯人覺得他們被人出賣，對於此事極為不滿，想要對他施加放逐的處分。亞該亞人派遣將領亞里斯提烏斯(Aristaeus)到麥加洛波里斯，雖然這個人對共和國的事務與斐洛波門的看法是南轅北轍，還是使麥加洛波里斯人的打算完全落空。斐洛波門發現因為這件事的關係，他已經失去市民的支持，誘使很多鄰近的市鎮當眾宣布，不再聽命於麥加洛波里斯，同時建議他們要據理力爭，說是打最早開始就沒有繳稅，更不會接受該城的法律和任何方式的指揮。運用這些藉口他公開支持這些市鎮的要求，在亞該亞人當中煽起對付麥加洛波里斯的反叛行動。上述狀況全都發生在不久以後。

當他停留在克里特為高廷人提供服務的時候，對於戰爭的指導不像伯羅奔尼撒人和阿卡狄亞人所常用的方式，在平原上面實施堂堂正正的會戰，而是用他們自己的武器，拿他們的策略和計謀，以其人之道還治其人之身。同時讓他們了解，如果想要使用當地的技巧來對付他所熟練的兵法，等於一無所知的小兒要與經驗豐富的士兵一較高下。

14 他在克里特表現出英勇無敵的氣概，贏得舉世讚譽的名聲，然後才返回伯羅奔尼撒，發現菲利浦被提圖斯·奎因久斯·弗拉米尼努斯擊敗[36]，那比斯發起對羅馬人和亞該亞人的戰爭。斐洛波斯再度受到推選成為將領，負有征討那比斯的使命；他竟然敢從事海上作戰，就像伊巴明諾達斯一樣，得到的結局使他大失所望，無法施展昔日的雄風。按照很多人的說法，伊巴明諾達斯的打算是另謀出路，不願讓他的同胞產生欲念，認為在海上可以占得上風，

36　197B.C.，弗拉米尼努斯指揮的羅馬軍隊，共有2萬6000人馬，雖然兵力方面處於劣勢，還是在賽諾西法立會戰擊敗菲利浦五世，馬其頓有8000人陣亡，5000人被俘。

如同柏拉圖所說那樣，免得這群優秀的士兵慢慢轉變爲差勁的水手。因此他爲了達成這個目標，在一無所成的狀況下從亞細亞和各個島嶼上面，兼程趕返國門。有鑑於斐洛波門自詡陸戰的本領極爲高強，同樣可以讓他在海上無往不利，要知道大部分最英勇的經驗還是靠著學習獲得，經過傳授以後讓他們了解操作的要領，一樣可以習慣爾後的工作。然而他不僅缺乏相關的技術使得海戰處於最惡劣的狀況，同時只能整備一艘老舊的船隻，要是不漏的話在四十年前是有相當名氣，就將市民配置上去，可以說一直處在全盤俱輸的險境。

敵人明瞭這種情形以後，認爲他喪失在海上角逐的能力，極度藐視的結果使得他們發起捷修姆(Gythium)[37]的圍攻作戰。他立即發航出海，完全出乎他們意料之外，趁著對方在贏得勝利以後的分散和疏忽，他在夜間登陸，燒毀他們的營地，大量人員遭到殺害。過了幾天以後，當他進軍通過一個地形崎嶇的國度，那比斯突然對他發起攻擊，亞該亞人張惶失措，在這個行動困難的地面敵人穩操勝券，要想安全脫身已經感到絕望。斐洛波門暫作停頓，立即巡視這個地區，很明顯的讓人看出，戰爭藝術最關緊要的，是運用諸般手段，讓行軍中的軍隊迅速展開成爲接戰的隊形。他僅僅讓部隊前進數步的距離，行動毫無混亂而且極其順利，依據地區的天然形勢，迅速變更原來的行軍序列，立即讓自己脫出困境，然後發起攻衝鋒使得敵人大敗一哄而散。這時他看到潰軍並沒有向著城市逃走，倒是像一群烏合之眾散開在原野上面，藏身在森林、山嶺、溪谷和洞窟之中，這時他沒有用騎兵發起追擊，鳴金收兵在大白天裡紮下營寨。他預判敵人會在黑夜想盡辦法溜進城市，就將亞該亞人編成戰力強大的小組，沿著水道和斜坡配置在靠近城牆的地點，那比斯的士兵有很多被他們捕獲。他們逃走的時候每個人憑著當時的機會，因此返回也不可能組成一個有戰力的團體，他們想要進入城市就像鳥兒落入羅網一樣。

15 這些作戰行動使他在希臘所有的劇院贏得舉國的愛慕和無上的榮譽。提圖斯・弗拉米尼努斯是一個狂熱追求榮譽的人，看到這種情形難免暗生憤恚之心。他認爲羅馬執政官較之一個普通的阿卡狄亞人，在亞該亞人的心目中更有分量，應該是理所當然之事。特別是斐洛波門的所作所爲根本無

37　捷修姆位於伯羅奔尼撒半島南部，在拉柯尼亞灣的西岸。

法跟他相比，全希臘幾乎都臣屬於菲利浦和馬其頓人，是他發布公開的文告恢復他們的自由權利[38]。

　　經過這件事以後，提圖斯與那比斯講和，接著是那比斯中了圈套被艾托利亞人殺害[39]。事態的發展使斯巴達陷入混亂之中，斐洛波門抓住這個機會，率領一支軍隊前去，靠著說服和施加威脅終於達成任務，帶著整個城市投入亞該亞人的陣營。斯巴達成為亞該亞聯盟的一份子可不是一椿小事，增加一個如此強大的城市，可以提升聯盟的實力，使他從亞該亞人那裡獲得無可比擬的讚譽，斯巴達的貴族階層所表示的善意同樣令人感動，希望能收買到一個盟友來保衛他們的自由。根據這種想法，斯巴達人把那比斯的房屋和財產拍賣，得到一筆鉅款價值120泰倫的銀兩，通過一項律令將這筆錢送給他，並且派一個代表團用城市的名義來辦理這件事。

　　真誠的斐洛波門很明確的表現出絕不虛偽的德行[40]。首先，斯巴達人中間找不到一位能夠向他送禮的人，每個人都提出藉口，把這件工作推給他的同胞，最後把這個差使指派給泰摩勞斯(Timolaus)，他與斐洛波門在斯巴達是舊識。泰摩勞斯抵達麥加洛波里斯受到斐洛波門的款待，看到他過著嚴肅的生活，言行舉止端莊有禮，穿著非常樸素，判斷他對於他們的打算一定會嚴辭拒絕，於是掩飾真正的目的，假託有其他的事務需要商量，直到他返國對於禮物的事始終不提一句。他再度派遣還是沒有達成任務。到第三次只有盡力而為，說話開始支吾其辭，告訴斐洛波門所以這樣做，只是斯巴達整個城市要對他表示善意。

　　斐洛波門用親切的態度很高興地傾聽，然後他親自前往斯巴達，勸他們不要賄賂正直廉潔的人士，這個人是他們的朋友，對他的德行不需要加以考驗和證實；反而是那些惡名在外的市民，經常在市民大會發表危言聳聽的論調，使得城市為之焦慮不安，倒是可以花錢讓他保持沉默，看來最好是堵住敵人而不是朋友

38　弗拉米尼努斯在地峽競技會中公開宣布，他已經擊敗菲利浦王和馬其頓人，要讓希臘各城邦擁有自己的領土、法律和自由權利，豁免應繳的稅捐，從他們的城市撤走所有的守備部隊。

39　192B.C.那比斯要求艾托利亞人出兵協助斯巴達人，對抗亞該亞人和羅馬人的聯軍，可以參閱李維《羅馬史》第35卷。

40　當代人將斐洛波門的德行與亞里斯泰德相比，說是「政局的興衰枯榮可以說是變幻莫測，亞里斯泰德能堅持立場真是讓人欽佩，不會為擢升高位而欣喜若狂，身處逆境仍然表現出安詳沉潛的態度，他保持一貫的論點，那就是為國家服務不求升官發財，也不必沽名釣譽，應該棄絕圖利的觀念，任何報酬都視為身外之物。」

的嘴，不讓他們有胡說八道的機會。從這裡可以看出斐洛波門對賄賂所持的態度。

16 戴奧法尼斯（Diophanes）接替他的職位成為亞該亞人的將領，聽到拉斯地蒙人屈服於新的騷動，即將退出聯盟，決心要對他們加以懲處[41]；從另一方面來說，他們發起的戰爭會將整個伯羅奔尼撒半島捲入其中。面對這種情勢，斐洛波門盡其所能安撫戴奧法尼斯，讓他知道時機已失，現在安蒂阿克斯和羅馬人各率大軍，要在希臘的腹地爭奪所堅持的權利，像他目前據有如此重要的職位，應該將眼光注視在這件事上面，盡量把無足輕重的委屈置之度外，採取各種掩飾的手段，保持國內政局的平靜。戴奧法尼斯根本不聽他的規勸，反而加入提圖斯的陣營，共同攻下達科尼亞（Daconia）[42]，直接向著斯巴達進軍，斐洛波門氣憤之下採行的步驟，雖然不合法律的規定和正義的要求，卻充滿崇高的勇氣，他以一個平民的身分進入市鎮，關上城門不讓羅馬的執政官和亞該亞的將領進入，恢復城邦的秩序，用同樣的條件讓他們重新回到亞該亞聯盟。

然而到了後來，等他再度成為將領[43]，鎮壓拉斯地蒙人新近發生的不法行為，他將一些人施以放逐的處分，根據波利拜阿斯的記載，有8位斯巴達人遇害，亞里斯托克拉底說是350人。他將城牆拆除以後，把領土中最富饒的部分割讓給麥加洛波里斯。凡是從僭主手中獲得自由成為斯巴達市民的人，全部帶到亞該亞，有3000人不願接受流放，則被發售成為奴隸，得到的價款使他們大喜若狂，拿來在麥加洛波里斯建造一座柱廊。最後，趁著拉斯地蒙人陷入災難之中對他們加以可恥的蹂躪，用高壓和專制的行動來滿足他的敵意，他廢止萊克格斯的法律，逼他們採用亞該亞人的方式來教育兒童，就是生活習慣也要比照辦理。同時還讓大家知道，要是繼續保持萊克格斯的法紀要求，永遠沒有辦法制壓他們倨傲的心靈。目前他們處於不幸和逆境，能夠讓斐洛波門把他們的共和國割裂分為數塊，只有這種手段才能讓他們知道謙卑和順服。但是這段時間沒過多久[44]，他們獲得羅馬人的支持，放棄新的亞該亞市民身分，即使面對如此悲慘和荒蕪的景況，還

---

41 在這同一年即190B.C.，羅馬人入侵小亞細亞，該猶斯‧利維烏斯率領的艦隊在馬格尼西亞擊敗安蒂阿克斯。

42 原書為Daconia，應為Laconia之誤。

43 188B.C.斐洛波門第六次擔任將領。

44 根據李維在《羅馬史》第39卷記載的情節，這件事發生在184B.C.。

是盡力而爲重建古老的軍紀和訓練。

17 安蒂阿克斯和羅馬人之間的戰爭在希臘爆發的時候[45]，斐洛波門已經是一介平民。看到安蒂阿克斯在卡爾西斯(Chalcis)[46]毫無作爲，花很多時間在談情說愛和籌備婚禮，使得他感到苦惱萬分。國王帶來的部隊全都分散在幾個市鎮，沒有接奉命令也乏人指揮，大家無所事事過著花天酒地的生活。斐洛波門一直抱怨自己無權無責，甚至他說他對羅馬人獲得勝利非常羨慕，要是他有機會成爲他們的指揮官，就會對國王的軍隊發起奇襲，將他們全部殺死在酒館裡面。

等到安蒂阿克斯覆滅以後，羅馬人對希臘實施高壓政策，建立的權勢已經將亞該亞人包圍得有如金桶，聯盟的城市那些民選的領袖人物只有屈服。亞該亞人靠著上天的保佑，使得擁有的實力遠超過其他所有城市，而且在運道沒有轉變之前，會一直向著頂峰邁進。斐洛波門在這種預測的狀況下，要求自己像怒海一條船上克盡職責的舵手，有時要改變航向，有時應隨波漂流，但是一定要穩固掌握著船舵，不要忽略任何機會或努力，使每個人無論是運用政治還是財富，貢獻到最重要的目標，就是盡力維護最基本的自由權利。

麥加洛波里斯人亞里斯提努斯在亞該亞人當中有很大的影響力，成爲追隨羅馬人的擁護者，有一次他在元老院裡發言，請大家不要反對羅馬人，無論如何不能惹他們生氣。斐洛波門聽到這話只有忍耐不言，最後實在憋不住，非常憤怒地說道：「惡賊！希臘的末日難道真的會這麼快來到？」羅馬執政官孟紐斯[47]在擊敗安蒂阿克斯以後，要求亞該亞人讓被放逐在外的拉斯地蒙人歸國，這個建議符合提圖斯的利益，獲得他的同意和支持。斐洛波門對這件事加以阻撓，他並不是對流放者心生惡意和不滿，而是希望他們感激他和亞該亞人，不要對提圖斯和羅馬懷著圖報之心。因此等到他成爲將領，就讓這些人返國。可見他有堅忍圖成的精神和不畏強權的勇氣。

45　192B.C.安蒂阿克斯三世入侵希臘，接著與羅馬發生戰爭，後來在色摩匹雷吃了一場敗仗，不僅趕緊逃離戰場，還立即率領艦隊立撤回往亞細亞。

46　卡爾西斯位於優卑亞島的南岸，是該島最大的城市。

47　這個人就是孟紐斯・阿西留斯・格拉布里奧。

18 他現在已經有70歲，曾經8次出任將領[48]，不僅希望在任期之內沒有戰爭，就是餘生也能在平靜中度過。就像一個人生病會使身體的精力日益衰竭，希臘人愛好爭執的性格，使得政治的偉大建樹在失敗中逐漸沒落。命運或是神明冤冤相報的力量，使得他在晚年突然遭到打擊，就像一個領先的賽跑選手，正要抵達終點時絆倒在地。據說在一次聚會的場合，有人推崇他是偉大的指揮官，斐洛波門的回答是苟且偷生在敵人的翼羽之下，沒有一個人配得上這種稱呼。

過了幾天，傳來消息說是斐洛波門的政敵梅西尼人狄諾克拉底(Dinocrates)[49]，誘使梅西尼背叛亞該亞人，現在已經奪取一個名叫科洛尼斯(Colonis)的地方[50]；狄諾克拉底這個人不僅邪惡而且對斐洛波門懷有無法和解的恨意。斐洛波門正在亞哥斯發著高燒臥病在床，得知此事就急著趕到麥加洛波里斯，一天之內走的路途有400弗隆(80公里)。他從那裡立即領著騎兵部隊出發，都是城裡地位最高貴的人士，還有一些年輕人滿腔熱血，非常誠摯的獻身服務，願意追隨斐洛波門從事救國救民的大業。他們向著梅西尼進軍，在伊凡德(Evander)[51]小丘附近與狄諾克拉底遭遇，他發起攻擊將對手打得大敗而逃。500名生力軍原來留下擔任守備任務，接著開了過來，逃走的敵人看到他們出現，就在小丘下方重新整頓準備再戰。

斐洛波門生怕被敵人包圍，一直掛念手下人馬的安危，要從這個極端不利的地方撤退，於是親自擔起斷後的責任。他不斷轉身向著敵人衝殺過去，盡力要讓他們只對付自己；當面敵人不論任何動作都想保持安全距離，在那裡大喊大叫，沒有一個人膽敢接近。他為了使每個人脫離危險，就是主力也能保持完整，最後發現只有他一個人陷入敵軍層層包圍之中，然而還是沒有人有那樣大的膽量，竟

---

48 斐洛波門在182B.C.第八次出任將領，蒲魯塔克將187-183B.C.之間發生的事件略過不提，這段期間亞該亞聯盟和斐洛波門與羅馬人出現激烈的衝突。

49 這位梅西尼人狄諾拉底在羅馬的時候，到處花天酒地，甚至穿著婦女的衣服去跳舞，他去見弗拉米尼努斯要求給予協助，好讓他們脫離亞該亞人的控制。弗拉米尼努斯對他的行為很不放心，說是要多加考慮。

50 找不到叫做科洛尼斯的地點，李維的《羅馬史》說是在科羅尼(Corone)，後來蒲魯塔克改為科羅納(Corona)或科羅尼斯(Coronis)，斯特拉波提到後面這個地點在梅西尼附近。

51 沒有人知道伊凡德丘在何處，波利拜阿斯和後來的鮑薩尼阿斯都提到一座小山名叫伊凡(Evan)，距離梅西尼沒有多遠。

敢衝過去與他廝殺，只是在一段距離外向著他投擲標槍，把他逼到遍布石塊而且
陡峭的斜坡，他的行動遭遇很大的困難，還是用馬刺驅使坐騎走向正確的方向。
他的年齡並沒有造成多大的障礙，持恆的鍛鍊能夠保持強健的體魄和靈活的動
作，但是患病使他的身體衰弱，長途趕路讓他感到疲憊，所騎的馬匹在崎嶇難行
的地面難免顛躓，身穿鎧甲轉動不便加上頭腦的昏沉，使他在跌落的時候頭部受
到重擊，躺在地上一時閉氣說不出話來。敵人認為他已經死亡，要把他翻過身來
好將衣甲剝走。當他們看到他抬起頭來張開眼睛，就一起撲了過去，把他的手綁
在後面強行帶走，看來他要接受所有的侮辱和蔑視，作夢也沒想到竟會被狄諾克
拉底活捉成為俘虜。

19 梅西尼人聽到這個不可思議的信息無不歡天喜地，成群結隊聚集在
城門口迎接。當他們看到斐洛波門那種狼狽的樣子，回想當年偉大
的勝利和無比的風光，大多數感受到悲傷的打擊，不禁詛咒起人生的空虛和命運
的無常，甚至還有人在一旁流下同情的眼淚。這種情緒慢慢開始轉變，有人為他
說起話來，幾乎每個人口裡都提到，大家應該記得他的所作所為，那比斯的被驅
使他們保有基本的自由權利。仍然有少數人為了討好狄諾克拉底，對於這個危險
而且無法和解的仇敵，他們建議先要用刑逼供再行處死。大多數人的意見使得狄
諾克拉底無法反對，他們要把他當成囚犯關起來，等到他霉運過後就會重獲自
由。最後他們將他打入設在地底的黑牢，他們稱之為Treasury[52] 意思是「堅固如
金庫」，連地面上的光線和空氣都進不來，根本不裝牢門就用一塊大石頭，推動
到進口處堵塞好，再設置一名警衛，就使得他插翅難逃。

就在這個時候，斐洛波門的士兵逃了一陣以後恢復過來，很久沒有看到他出
現以為他已經陣亡，停下腳步開始大聲呼叫他的名字，相互責怪可恥而卑鄙的避
戰行為，竟然會背棄他們的將領，使得他為了保全大家的性命而犧牲自己。接著
他們轉回去進行調查和搜索，最後發現他已經被敵人俘虜。他們派出信差到各地
去報告這個重大的信息，亞該亞人為這個不幸的損失感到義憤填膺，通過一條敕
令派人送往梅西尼，要求他們釋回斐洛波門，同時徵召一支軍隊展開救援的行動。

---

52 好像他們將金庫也放在這裡，裝置著機械設備移動大石塊開啟門戶，可以參閱李維《羅馬史》
第39卷。

20 亞該亞在如火如荼進行各項工作之際，狄諾克拉底擔心任何的延誤就會讓斐洛波門獲救，決心要在亞該亞人到達之前先行下手，等到夜晚聚集的群眾解散以後，派遣劊子手採用下毒的伎倆，給的命令是在斐洛波門服用的時候，不要讓他起疑。斐洛波門這時正裹著長袍躺在那裡，心中充滿悲傷和困苦以致無法入睡，看到燈光和帶給他毒藥的來人，盡力掙扎要坐起來，他接過杯子就問，是否聽到有關騎兵的任何消息，特別是萊柯塔斯(Lycortas)的狀況如何？得到的答覆是大多數人都安然無事，他點點頭，帶著愉快的神色注視著來人，說道：「太好了，看來我們的運氣還沒有那樣壞。」然後再沒有說話，喝光杯子裡的東西，接著再躺下去。他的身體非常衰弱對於毒藥沒有抵抗的力量，立刻斷氣身亡。

21 斐洛波門過世的噩耗使整個亞該亞充滿悲傷和哀悼。年輕人以及一些城市的首腦人物，全都在麥加洛波里斯集會，決定採取報復的行動而且不得有任何耽擱。他們推選萊柯塔斯[53] 擔任將領，開始對梅西尼人發起攻擊，給全境帶來兵刀之災，除非他們全盤屈服否則絕不放過。狄諾克拉底和很多贊同處死斐洛波門的人，不願受到報復只有先行自殺。那些曾經對他用刑的人，被萊柯塔斯用鐵鍊鎖住然後施以殘酷的懲處。他們將斐洛波門的遺體火化，骨灰裝進一個陶甕，然後排出行軍的行列向著家鄉前進，表現出極其莊嚴的排場，一半是凱旋式而另一半是喪禮，他們的頭上戴著勝利的桂冠，眼裡含著淚水，俘虜的敵人都被他們加上腳鐐手銬。將領的兒子波利拜阿斯手捧骨灰甕，上面覆著罕見的花圈和綬帶，亞該亞最高貴的人士都陪伴在側。士兵全副武裝騎著戰馬緊跟在後面，不像是陷入悲傷之中，或是因為勝利表現高傲的神色。所有城鎮和鄉村的民眾全都蜂擁到路旁來迎接，好像他正從得勝的戰爭中班師還朝，大家向著骨灰甕行禮致敬，然後陪伴或尾隨著整個行列進入麥加洛波里斯。老人、婦女和兒童與大家混雜在一起，整個城市充滿嘆息、怨恨和哭泣的聲音，斐洛波門的喪生好像在亞該亞最高階層中損失最偉大的人物。

他的墳地修建得適合他的身分和地位，從梅西尼帶來的俘虜用石塊擊斃在他

---

53 採取報復行動是在奧林匹克149會期第2年，萊柯塔斯是歷史學家波利拜阿斯的父親，採取這個行動的時候，波利拜阿斯將近20歲。

的墓前。很多地方都設置他的雕像，有幾個城市通過律令授與他不朽的榮譽。就在希臘處於痛苦不堪的時代，正是科林斯受到毀滅之後[54]，有一位羅馬人公開指控斐洛波門，說他要是現在還活在世上，一定是羅馬不共戴天的仇敵，因此建議要將他的紀念物全部拆除[55]。隨後對此案進行辯論，雙方開始發言，針對那些奉承之徒的攻訐，波利拜阿斯做出詳盡的答覆。雖然斐洛波門在過去經常反對提圖斯和孟紐斯，即使是穆米烏斯(Mummius)或者是委員會的成員[56]，對於這樣一位偉大人物極其光榮的紀念品，也不能隨意全部毀棄。這兩位主審所以被視為誠實的人，那是他們能夠用公正的態度加以區分，何者為浪得虛名而何者為德行高潔，那就是圖利自己或捨己為人的差別。因而感激和酬謝來自人們對恩主的回報，建功立業者相互之間從不吝於榮譽的賜予。以上所述是有關斐洛波門的事蹟。

54　146B.C.羅馬將科林斯夷為平地，迫使亞該亞聯盟解散。
55　這件事發生在斐洛波門死後37年，奧林匹克133會期第3年即146B.C.。
56　羅馬元老院派出一個十人委員會，處理希臘有關的問題，這件訟案交由委員會來裁定。

第二章
弗拉米尼努斯(Flamininus)

228-174B.C.，羅馬將領，擊敗馬其頓國王菲利浦，
使希臘的城邦獲得自由，羅馬的勢力得以向東方發展。

1 我們選來與斐洛波門作對比的提圖斯・奎因久斯・弗拉米尼努斯(Titus
Quintius Flamininus)[1]，大家對他的面貌和形態倒是很熟悉，羅馬為他設
立一座由希臘人雕塑的銅像，就在麥克西穆斯大賽車場的對面[2]，靠近從迦太基
搬來那座碩大無比的阿波羅像。據說他喜歡率性而為，無論是怒不可遏還是和藹
可親，都讓人感到他的急躁和熱情，事實上他發洩的憤恨遠不如他表達的善意。
任何人只要出錯他都用溫和的方式處理，對於別人的冒犯很快忘懷。他一旦接受
別人的恩惠和好處，就會銘記在心頭，盡量找機會來回報，不僅持之有恆而且當
成自己的義務，好像他們永遠是他的庇主，所謂「滴水之恩，湧泉相報」就是這
個道理。他抱著如飢如渴的心情追求榮譽和名聲，只要在這方面有所建樹而能出
人頭地，他會全力以赴。滿足別人的需要比起獲得他人的幫助，會使他感到更大
的愉悅，他把前者當作德行達成的目標，後者成為追求光榮的敵手。

那個時代的羅馬不斷在國內外進行很多次激烈的衝突，年輕人很早投身戰
場，及時學習指揮的藝術，弗拉米尼努斯完成軍人的基本訓練，成為執政官馬塞

1　我在手上的四個版本中，有三個版本用的名字是弗拉米尼努斯(Flamininus)，只有一個版本
　用弗拉米紐斯(Flaminius)，要是照蒲魯塔克的希臘原文，應該是Flaminius，有的在譯成英文
　的時候加以修正；要知道弗拉米尼努斯家族和弗拉米紐斯家族的性質完全不同，前者是平民而
　後者是貴族。該猶斯・弗拉米紐斯是羅馬的執政官，斯拉塞米尼斯湖會戰中戰敗被殺，這個
　人反而是平民出身。所以蒲魯塔克發生這樣的差錯，基於弗拉米紐斯家族較有名氣，也有可
　能是抄寫中出現的謬誤所致。
2　這個地方原來叫弗拉米尼努斯賽車場，是監察官弗拉米尼努斯・尼波斯在羅馬建城533年即
　221B.C.所建。

拉斯[3]麾下的軍事護民官，在羅馬與漢尼拔的戰爭中首次接受作戰任務。馬塞拉斯遭到伏擊被害身亡[4]；等到塔倫屯和周邊地區被羅馬人光復以後，弗拉米尼努斯被派爲郡守，行政和司法方面獲得的名聲不在用兵和作戰之下，使他能夠擔任兩個殖民區的首長和創始人，後來併入相鄰的城市納尼亞(Narnia)和科薩(Cossa)。

2 這次的任命激勵他的雄心壯志，希望能夠使年輕人免於按部就班的晉升，也就是說一定要歷練護民官、法務官和市政官這些職位[5]，他把目標直接指向執政官。這些殖民區基於共同的利益給予大力的支持，他獲得提名成爲候選人，護民官弗爾維斯(Fulvius)和孟紐斯(Manius)以及他們的黨派極力反對，宣稱一個人如此年輕還未曾歷練重要的職位，沒有參加過共和政體的神聖儀式和神秘典禮，就此闖入到最高統治階層，可以說是藐視法律的行爲。

元老院還是將這件事送交市民大會處理和表決，最後他(雖然他的年紀還沒有滿30歲)與色克塔斯·伊留斯(Sextus Aelius)當選爲執政官[6]。抽籤決定管轄的行省，弗拉米尼努斯負起對付菲利浦和馬其頓人的戰事，出現這種狀況對那個時期的羅馬人來說眞是天大的運氣，似乎可以決定以後的結局。無論是市民大會還是行政當局所需要的將領，要想妥善處理當前的局面，不能完全憑著軍隊的實力和英勇的進擊，而是運用寬厚的心胸和說服的才能。實在說馬其頓王國可以供應大量兵員給菲利浦，與羅馬人發起迫在眉睫的會戰，但是要能維持長久而延續的戰爭，必須獲得希臘人的援助，才能供應各種補給品，就連撤退也有妥善的安排；總之，他要使希臘成爲後方基地，對於他的軍隊提供所有的需求。

3　弗拉米尼努斯擔任軍事護民官不過20歲，時當奧林匹克143會期第1年，可以推算他生於奧林匹克138會期第1年，即羅馬建城526年或228B.C.。根據李維的說法，他在33歲那年使希臘獲得自由。

4　這件事發生在208B.C.，漢尼拔在康帕尼亞設下埋伏，馬塞拉斯當時被害，克瑞斯皮努斯傷重幾天後亡故，使得羅馬在一次接戰中喪失兩位執政官，這是歷史上前所未有之事。

5　羅馬的民選官員有一定的晉升程序：通常先擔任軍事護民官或地方的郡長，這些職位由市民大會推舉或有軍事指揮權的將領指派，才能取得元老院議員的候選資格；然後出任財務官，可以進入元老院擔任議員；再就是出任市政官，負責羅馬的市政；接下來可以擔任法務官，任滿可以到較小的行省出任總督；總督任滿可以候選執政官，由「百人連大會」選出，期滿出任隸屬元老院的行省總督；最後是擔任監察官。以上各級職務除監察官任期爲5年外，其餘均爲1年。

6　弗拉米尼努斯在198B.C.當選執政官，正好30歲。

　　基於這種緣故，除非希臘人脫離菲利浦的陣營，否則不可能期望用一次會戰來決定這場戰爭的勝負。希臘人（迄今為止他們並沒與羅馬人保持通信的聯繫，運用這次機會首度開始雙方的交往）目前願意接受一個外國強權，來取代他們已經習慣的領主，那是因為這位羅馬將領的性格非常仁慈而且平易近人，情願用理性的手段而不是武力的強制來達成任務，他向任何人提出的要求都運用說服的方式，不僅態度友善而且容易溝通，最關重要之處是遵從和堅持公理正義的原則。他的行為是最好的說明，其中比較特別的部分成為流傳已久的軼事。

3 　弗拉米尼努斯的前任是蘇爾庇修斯（Sulpicius）和巴布留斯（Publius）[7]，負有指揮大軍的責任；他發現這兩位一直到年底，都沒有進入戰場與馬其頓人交鋒，戰爭的準備工作亦尚未完成，只能對各處隘道和運送糧食的隊伍，實施前哨戰鬥和小部隊的搜索和攔截，從來沒有對菲利浦發起短兵相接的大規模攻擊。他決定不要虛耗這一年的時光，就像兩位前任那樣，在羅馬誇耀自己的地位，處理私人的事務，抱著卑微的希望能夠將任期延長到次年，這樣他們在第一年是執政官，接著在第二年成為獨當一面的將領。弗拉米尼努斯的抱負是運用所擁有的職權從事戰爭，將執政官的榮譽和特權留在羅馬不願享用。他要求元老院同意他的兄弟盧契烏斯出任水師提督，調派3000年輕英勇的士兵，在他的統率之下參加遠征行動，這批人馬原來是西庇阿的部屬，分別在西班牙和阿非利加擊敗阿斯德魯巴（Asdrubal）[8] 和漢尼拔。

　　弗拉米尼努斯渡過海洋安全抵達伊庇魯斯，發現巴布留斯率領大軍安營紮寨與菲利浦對峙，因為菲利浦控制阿普蘇斯（Apsus）河的徒涉點以及附近的海峽，巴布留斯在天險盡失的狀況下已無計可施。弗拉米尼努斯接掌兵權以後，將巴布留斯打發回國，開始檢查和勘察整個地區的情勢。田佩（Tempe）山谷雖然缺乏青翠的森林，仍舊妝點著豐美的草地和牧場，可以說是整個地區的弱點所在。阿普蘇斯河在高山峻嶺之間流過，匯集的溪流在中間形成一道深邃的狹谷，急湍的激

7　巴布留斯・蘇爾庇修斯・伽爾巴（Publius SulpiciusGalba）是兩年前的執政官，接在後面是巴布留斯・維留斯・塔普拉斯（Publius Villius Tappulus），然後才是弗拉米尼努斯。

8　阿斯德魯巴是漢尼拔的二弟，207B.C.率領3萬大軍越過阿爾卑斯山，增援漢尼拔在意大利的作戰，雙方未能會師，米陶拉斯會戰為執政官尼祿打敗，阿斯德魯巴戰死，使得整個態勢發生轉變，從此主動權操於羅馬人手中。

流和呈現的外觀很像佩尼烏斯(Peneus)河。它掩護著這些小山的底部，僅僅留下一道峭壁，傍著溪流在上面切割出狹窄的小徑，在任何時候要通行一支大軍都不容易，要是有敵軍守備更是「一夫當關，萬夫莫開」。

4 有些人向弗拉米尼努斯進言，可以通過達薩里蒂斯(Dassaretis)採取迂迴行動，在林庫斯(Lyncus)地區闢出易行而安全的通路。他怕離開海岸太遠，進入貧瘠和不事農耕的地區，要是菲利浦避戰，逼得他在缺乏糧草的狀況下，就像前面幾位將領，一事無成只有向著海邊撤退；他的決定是用武力在山區強行推進。菲利浦用居高臨下之勢配置他的部隊，標槍和箭矢從四面八方向著羅馬人投擲，激烈的接戰使得雙方的傷亡非常慘重，要想結束戰爭的可能性看來似乎不大。

附近地區餵養牛隻的牧人，前來向弗拉米尼努斯報告他們熟悉的狀況，說是有一條繞道很遠的路，敵人的疏忽沒有警衛和戒備，他們願意引導部隊前往，最多不過三天的時間可以抵達山頂。為了獲得他的信任，他們提到伊庇魯斯一位名叫查羅普斯(Charops)的領導人物，雖然是馬查塔斯(Machatas)的兒子，卻對羅馬人非常友善，願意私下參加這項活動給予協助(查羅普斯對菲利浦極其畏懼，所以保持秘密不讓人知道)。弗拉米尼努斯相信他們帶來的信息，派遣一位副將率領4000步卒和300騎兵，這些牧人擔任嚮導，為了安全起見將他們的身體綁住在前面帶路。白天他們藏身樹林和洞窟，夜間在月光之下趕路，那幾天正好遇到滿月。

弗拉米尼努斯派遣這支別動部隊以後，主力保持按兵不動，僅僅發起小部隊的前哨戰鬥，用來吸引敵人的注意。到了那一天，當他預計派出的部隊偷偷繞過已經抵達山頂，就在清晨將營地的兵力排成會戰隊形，重裝步兵和輕裝步兵混合區分為三個縱隊，他自己率領前衛，通過狹窄的隘道，沿著河流的兩岸向前進軍，馬其頓人投擲標槍進行接戰，處於行動極為困難的地形，他們的位置在攻擊者伸手可及之處。其餘兩個縱隊分別由隘路的兩側向前挺進，在山岩間躍越動作非常敏捷。正在他們盡力掙扎前進的時候，太陽開始升起，一股輕煙就像霧氣懸掛在山間，升到相當距離被大家看到，知道派出的部隊已抵山頂；只是這種狀況出現在後面，所以敵人還未發覺。羅馬人處在疲勞和困難之中，對於這個信號雖然難以辨別真假，毫無疑問還是抱著寧可信其有的態度。等到煙霧更濃把天空都遮黑

一片，延伸到更高的山嶺，他們不再懷疑知道這是友軍的烽火信號，發出勝利的吶喊，大家拚命向前攻擊，驅趕敵人退回更爲崎嶇難行的地面，這時派遣的部隊從山頂回響歡呼的聲音。

5 馬其頓人盡最大速度趕緊逃走，損失不過2000人馬[9]，困難的地形使得追擊無法實施。羅馬人洗劫整個營地，奪取他們的錢財和奴隸，據有並控制這條險路。他們開始橫越整個伊庇魯斯地區，這時他下達命令並且要求軍紀，不僅要克制欲望還運用懷柔手段，雖然他們遠離海岸和船隻所在的位置，這樣一來必須減少每月的穀物配給量，即使購買也極爲困難，仍舊嚴禁部隊搶劫能夠生產各種糧食的國度。菲利浦接到他進軍的信息，用奔逃而不是行軍通過帖沙利，逼使居民離開市鎮到山區尋找庇護，然後將這些市鎮付之一炬，所有無法帶走的財富任憑士兵搶劫，然後把整個國度放棄給羅馬人。

執政官掌握的要點是懇求他的士兵，無論是所有的物品和地方的財產，都是當地人士委託到他們手裡的東西，不能擅自占有或破壞。他們很快從後來發生的事實可以知道，溫和仁慈的態度和遵守法紀的行爲替他們謀得最大的福利。等到他們一進入帖利沙地區，所有的城市迎風而降，位於色摩匹雷關隘之內的希臘人，抱著熱烈心情渴望與羅馬人結盟。亞該亞人廢除他們與菲利浦的聯盟關係，投票通過加入羅馬人的陣營，派遣兵力對菲利浦採取具體的行動。艾托利亞人是羅馬極爲熱心的盟友，願意保護歐龐蒂安人（Opuntians）[10]的城市，然而歐龐蒂安人並不領情，派遣代表去見弗拉米尼努斯，要將他們的身家性命託付在他的手裡。

據說皮瑞斯第一次從鄰近的山頭或是一座瞭望塔上，看到羅馬軍隊表現嚴整的軍容，列隊出陣有條不紊，他說在這場會戰之中，觀察羅馬人這群蠻族的戰線就知道對方決非一群烏合之眾[11]。事實上任何人只要見過弗拉米尼努斯，從他的談吐就知道他是一個文明人。馬其頓人說他是一個侵略者，率領一支蠻族組成的軍隊，凡是他的鐵騎所至之處，只會帶來奴役和破壞。後來他們所遇到的這個人，

9　參閱李維《羅馬史》第32卷第12節。

10　歐龐蒂安人是居住於洛克瑞斯地區一個部族。

11　280B.C.皮瑞斯從塔倫屯揮軍前進，紮營在潘多西亞（Pandosia）和赫拉克利（Heraclea）兩個城市之間的平原，注意到羅馬人抵達最近的位置，就在昔瑞斯（Siris）河的對岸列陣，當時的羅馬執政官是利維努斯（Laevinus）。

正當精力興旺的盛年，表現出溫和與仁慈的神態，能說流利的希臘語。何況他還
是一個熱愛榮譽的軍人，只要與他接觸就會感到愉快，無形之中會受到他的吸
引。當他們離開他以後，使得所有的城市充滿讚譽的聲音，他們只要到任何地點，
都會帶著對他的好感，同時相信他是自由的保衛者和辯護人。後來菲利浦公開宣
稱願意談和，弗拉米尼努斯前去與他晤面[12]，願意簽訂和平條約和鞏固雙方的友
誼，條件是要讓希臘人獲得自由，撤走駐防在各城市的守備部隊。如果菲利浦拒
絕接受這些和約的條款，那麼就是他的支持者和黨羽都會相信，羅馬人來到此地
不是要與希臘人作戰，而是為了希臘人的利益對抗馬其頓人的勢力。

6　這樣一來，所有的希臘人都來與他訂約結盟。等到他向著皮奧夏進軍的
　　時候，言行舉止沒有帶一點敵意，底比斯的貴族和領袖人物全都出城迎
接，受到布拉契里斯(Brachylles)的影響要與馬其頓人維持聯盟，同時還對弗拉米
尼斯表示尊敬和順從，他們很想與雙方保持友誼關係。弗拉米尼努斯用最親切和
殷勤的態度接見他們，保持緩慢而從容的腳步，向他們提出很多問題，同時敘述
本身的狀況，使得他的士兵能從行軍的勞累中，稍為恢復他們的體力。他們繼續
向前走，弗拉米尼努斯與底比斯人一起進入城市，雖然這樣做會使他們感到不
快，迫於他的手下人多勢眾，使得底比斯人無法將他們拒止在城外。弗拉米尼努
斯現在已經進城，雖然不是憑著武力攻占讓他們沒有選擇的餘地，還是一邊走著
一邊不斷說服，勸他們為著城邦的利益加入羅馬人的陣營。阿塔盧斯(Attalus)[13]
王也盡力幫著講話。他想要扮演一個和事佬的角色，盡心盡力的結果已經超過年
齡的負擔，就在他講話的時候，突然發病一陣暈眩昏倒在地，過不多久用船將他
送回亞細亞，接著在那裡逝世。皮奧夏人受到感動加入羅馬的同盟組織。

7　菲利浦鑑於當前的情勢不利，派出一個使節團前往羅馬從事政治活動。
　　弗拉米尼努斯的代表向元老院提出請求，如果他們想要繼續從事戰爭，
那就得延長他的任期，否則就要授權給他簽訂和平條約結束戰事。他有滿腔的熱
血要能在歷史留名，害怕當局派出另外一位將領負責戰爭的遂行，這樣就會使他

12　有關情節來自波利拜阿斯《羅馬史》第17卷。
13　這位是帕加姆斯王國的國王阿塔盧斯一世(241-197B.C.)。

喪失應得的榮譽。他的朋友處理這件事能夠維護他的利益，羅馬沒有接受菲利浦的建議，有關戰爭的事務非常牢固地掌握在他的手裡。元老院的成議使得他喜出望外，受領敕令立即直接進軍帖沙利要與菲利浦接戰。他的軍隊一共有2萬6000人馬，其中包括艾托利亞人提供的6000名步卒和400名騎兵。菲利浦的兵力在數量方面稍占優勢[14]。

雙方急著迎擊對方於是採對進之勢，就在史科圖薩(Scotussa)[15]附近發生接觸，決定放手一搏進行會戰的行動[16]。兩支所向無敵的大軍在接近的時候，雙方的將領沒有像預期那樣對敵手心生憚忌，反而鼓舞無比的熱情和抱負。就羅馬人來說，他們自認是馬其頓的征服者，須知這個王國在亞歷山大的統治之下，發揮傳統的實力和英勇，使馬其頓這個名字獲得舉世的讚譽；在另一方面，馬其頓人認為就羅馬人這支敵軍而言，比起波斯人更為高明，要是他們贏得勝利，菲利浦的名聲較之亞歷山大更為偉大。弗拉米尼努斯勉勵他的士兵要發揮凌厲無前的精神，要與英勇無比的敵手在希臘這個最光榮的舞台上一爭高下。菲利浦如同往常在會戰之前的做法，對他的人馬發表激勵士氣的演說，為了使大家聽得清楚起見，他登上位於營寨外面一處高地，結果被人看出是一個墳墓(是否是出於誤會或是過於急迫無法加以澄清，他對這方面倒是沒有提到)，軍隊認為這是大為不利的凶兆，作戰的意志變得沮喪而消沉，部隊整天留在營地沒有出動，暫時緩延作戰的行動。

8 等到翌日破曉之際，經過整夜的微雨，平原籠罩一層霧氣，天色大明以後，濃霧從鄰近的山嶺向下蔓延，兩個營地之間白茫茫一片，雙方受到遮蔽無法通視。現在兩軍都派出小部隊，從事埋伏襲擊或者搜索敵情，等到開拔以後雙方很快遭遇，開始接戰的地方稱為賽諾斯·西法立(Cynos Cephalae)，這個地區有很多頂部很陡的小山，其中有兩座的位置非常接近，名字的來源在於山頂的形狀非常相似。現在發生很多狀況，足證命運無常與禍福難測，這也是意料中事。在這樣一個坎坷不平的地面進行前衛的接觸，一方要是展開激烈的攻擊，

14　參閱李維，《羅馬史》第33卷第4節。

15　史科圖薩是帖沙利地區的小城，是從馬其頓進入希臘的門戶。

16　奧林匹克104會期第1年即364B.C.，佩洛披達斯就在這個地點敗於菲里的亞歷山大之手，光榮戰死。

另一方就會迅速的脫離，兩軍的將領保持的用兵方式，是當他們聽到下屬受到壓迫或是放棄陣地的時候，就從本隊派出援軍用來穩住陣腳，一直等到霧氣全消，讓他們看清當前的戰況，這才發展成兩軍主力的決戰[17]。

菲利浦的位置在右翼，占有制高點的優勢，他的方陣向下衝擊的力量，全部投向羅馬人的戰線，連成一體的盾牌和密如叢林的長矛，即使最勇敢的戰士也都抵擋不住[18]。國王的左翼因爲崎嶇的山地，造成分離的現象而且出現缺口[19]。弗拉米尼努斯觀察整個戰場，知道左翼方面受到敵軍方陣的壓迫，開始放棄自己的陣地，已經沒有多大的希望，只有盡速在另外一邊對馬其頓人發起攻擊；由於地面的崎嶇不平，使得他們不可能獲得完整的方陣，戰線的行列更難維持最大的縱深（這是方陣發揮戰力的關鍵所在），逼得他們穿著沉重和影響行動的冑甲，從事單兵之間的近接戰鬥。

馬其頓方陣只要保持緊密的隊形和整齊的行列，所有的盾牌連接成爲一體，就像一隻力大無窮的怪獸使人無法抗拒。一旦方陣解體就失去結合的戰力，個別士兵的搏鬥必然屈居下風，一方面是缺乏可以保護身體的鎧甲，另一方面在心理上靠著整體而非個人進行戰鬥。當面的敵人發生潰敗的現象，有些士兵開始搜捕逃走的人員，其他士兵對於仍舊戰鬥的馬其頓人，開始攻擊他們的側背，以致原來獲勝的右翼，很快亂成一團，最後只有奪路而逃。敵方陣亡的士兵不會少於8000人，還有5000人成爲俘虜，艾托利亞人受到譴責，未盡職責使菲利浦能夠安全脫身而去。就在羅馬人全力進行追擊的時候，他們衝進敵人的營地大事劫掠，搜刮的工作非常徹底，等到其他士兵追擊歸來，發現所有的戰利品已經蕩然無存。

9 發生的爭執引起雙方的口角和指責，後來艾托利亞人把贏得勝利歸功自己[20]，不僅影響希臘人對這次會戰的報導，使得弗拉米尼努斯感到莫大的委屈。無論是詩人的作品還是民眾的歌頌，他們對這次作戰行動的讚揚，還是

---

17 李維《羅馬史》第33卷和波利拜阿德《羅馬史》第18卷，對於這場會戰都有詳盡的描述。

18 馬其頓方陣的縱深少則12列，多者有16列，通常前五列的長矛可以伸出到第一列的正面，只要保持堅守的姿態，敵人想要突破非常困難，但是方陣發揮戰力的先決條件是要地形平坦。

19 蒲魯塔克沒有提到弗拉米尼努斯運用戰象，李維和波利拜阿斯的著作裡面，認為這是他獲勝的主要因素。

20 根據波利拜阿斯的記載，馬其頓人在接戰之初占了上風，把羅馬人趕離山頂的據點，如果不是獲得艾托利亞騎兵部隊的支援，他們早就大敗潰逃。

認爲艾托利亞人名列前茅，下面有首詩曾經風行一時：

> 啊！過客！請看遍地無人掩埋的白骨，
> 帖沙利一萬三千名勇士下場何其無辜；
> 他們慘遭艾托利亞人和拉丁人的殺戮，
> 弗拉米尼努斯從意大利帶來這幫惡徒。
> 悲哉！偉大的馬其頓記取今日的羞辱，
> 菲利浦王的飛奔逃走有如輕快的母鹿。

阿爾西烏斯(Alcaeus)[21] 寫出這首詩來嘲笑菲利浦，故意誇大被殺士兵的數目。不過，因爲萬口傳誦的關係，弗拉米尼努斯比起菲利浦感到更不是味道；只是菲利浦在老羞成怒之餘，親自寫出一首輓詩體的短詩，對阿爾西烏斯肆意謾罵以洩心頭之憤：

> 啊！過客！請看這根少枝無葉的樹幹，
> 做成十字架用磔刑將阿爾西烏斯釘上。

　　弗拉米尼努斯最大的抱負，是要在希臘人中間贏得舉世無匹的名聲，雖然上面那件事說起來微不足道，仍舊使得他火冒三丈，因而後來衍生很多事端，特別是他對艾托利亞人抱著不屑一顧的態度。這樣一來觸怒對方難免會引起反擊，等到弗拉米尼努斯願意接見馬其頓國王派來的使臣，聽取他們提出雙方調解的條件；艾托利亞人將和談視爲內部的事務，通知希臘所有的城市，說是簽訂和約與大家都有關係，弗拉米尼努斯在這個時候爲了討好菲利浦，根本不想排除所有引起戰爭的起因，更不願意摧毀那個曾經奴役希臘人的強權。這種毫無根據的謠言，在艾托利亞人極力運作之下，使羅馬人的盟邦發生動搖。
　　菲利浦和馬其頓王國表示順從大家的意見，全部交給弗拉米尼努斯和羅馬人裁決，這樣一來可以平息所有城邦的猜忌之心，弗拉米尼努斯只要接受就可以中

21　梅西尼人阿爾西烏斯生於200B.C.，是當代名望很高的諷刺詩人，現在流傳的《希臘詩選》
　　保留他的5首作品。

止雙方的戰爭。因此他讓菲利浦繼續統治馬其頓王國，條件是菲利浦要放棄對希臘的主權，支付1000泰倫的賠償，船隻除了保留10艘以外其餘全數交出，將他的一個兒子德米特流斯(Demetrius)送到羅馬充當人質[22]。這次的談和使弗拉米尼努斯掌握機會，可以改進目前的局面到更為有利的處境，採取明智的預防措施應付未來的發展。

阿非利加人漢尼拔被羅馬人視為不共戴天的仇敵，在本國受到放逐的懲處，不久之前[23]到達安蒂阿克斯王的宮廷[24]，他勸這位君王不要放過天賜的良機，何況他的統治一直順利無比，豐功偉業使他贏得「大帝」的稱號。安蒂阿克斯將建立統一天下的君主國當成目標，認為最重要的工作是要與羅馬人逐鹿中原。要不是弗拉米尼努斯的智慧高人一等，有先見之明使得和談成功[25]，很可能安蒂阿克斯會加入菲利浦對希臘的戰爭。這兩個國王是世界最有權勢的人物，能夠聯合起來用這種理由來對付共同的敵人，再度使羅馬陷入危險的激戰之中，如同第二次布匿克戰爭所經歷的困境。現在弗拉米尼努斯掌握機會，使得兩次戰爭之間有一段和平的時期，在下一場戰爭來臨之前，先排除上次戰爭產生的危險，等到他的策略奏效以後，首先要讓安蒂阿克斯毫無成功的希望，接著會使菲利浦陷入絕望的處境。

10 元老院組成十人委員會派往弗拉米尼努斯駐紮的地點，協助他恢復希臘各城邦的自由權利；科林斯、卡爾西斯和德米特里阿斯(Demetrias)這三個城市，為了防備安蒂阿克斯的進擊，仍舊維持駐防的守備部隊。艾托利亞人對於這種安全措施，發出強烈的指控，煽動所有的城市提出抗議，

22　還有就是羅馬元老院派出十人委員會，處理希臘的善後事宜，帶來很多嚴苛的規定，可以參閱李維的《羅馬史》和波利拜阿斯的《羅馬史》。

23　根據尼波斯(Nepos)的《漢尼拔傳》，漢尼拔到達安蒂阿克斯的宮廷是在196B.C.，李維的記載是在翌年。

24　弗拉米尼努斯在地峽競技會上宣布給予希臘人自由之前，漢尼拔還未到安蒂阿克斯的宮廷，等到這件事發生的時候，加圖和華勒流斯·弗拉庫斯擔任執政官，派遣使者前往迦太基表示極其不滿。

25　根據波利拜阿斯的說法，弗拉米尼努斯已經獲得情報，安蒂阿克斯率領大軍向著希臘前進，所以他趕緊與菲利浦簽訂和平約；他不但對於安蒂阿克斯感到芒刺在背，更加害怕要是戰爭繼續下去，菲利浦會占莫大的優勢。

要求弗拉米尼努斯除去加在希臘人身上的桎梏（因為菲利浦就是用這種方式對待那三個城市），並且問希臘人他們身上的鍊條雖然更加沉重，外表看起來比起過去光滑亮麗，是否這樣就會讓他們感到安慰；說是弗拉米尼努斯解除希臘人的腳鐐，然後把枷鎖加在他們的頸脖上面，是否他們還會對他備加讚譽稱為大家的恩主。弗拉米尼努斯對這種說法極其惱怒，向元老院提出他的請求，最後還是說服他們，這幾個城市的守備部隊必須撤走，希臘人才不致對他產生偏見，認為他對他們欠負良多，從此以後會對他全力支持和贊同。

正是召開地峽競技會[26] 舉行盛大祭典的期間，沿著運動場的跑道坐滿無數的觀眾，經歷長期戰爭的希臘人，和平的時刻已經來到，充滿獲得自由權利的希望，大家都能安享愉快的節慶假日。突然響起一陣號角的聲音要求大家保持靜肅，宣達員站到觀眾的前面向大家宣布，羅馬元老院和代行執政官頭銜的將領提圖斯‧奎因久斯‧弗拉米尼努斯，已經征服菲利浦王和馬其頓人，重新讓科林斯人、洛克瑞斯人、福西斯人、優卑亞人、賽歐蒂斯(Phthiotis)的亞該亞人[27]、馬格西尼亞人、帖沙利人和佩里比亞人(Perrhaebians)擁有他們的領土、法律和自由權利，豁免應繳的稅捐，從他們的城市撤走所有的守備部隊。

在開始的時候，很多人沒聽見在說什麼，還有人無法聽得清楚，就在聚集的民眾中間引起一陣混亂和騷動，有些人感到驚奇，有些人仍在詢問，還有一些人要求再宣布一次，現在大家安靜下來，宣達員提高音量，用大家都聽得到的聲音，再次朗誦元老院的敕令，接著就是歡樂的呼聲，如此宏亮甚至傳到遙遠的海上。在場的民眾都從座位站了起來，再也沒有任何事物可以吸引他們的注意，全部一擁而上，要對希臘的解救者和守護人致敬，表達他們誠摯的謝意。

我們後來聽到極其誇張的說法，人類的聲音產生難以置信的效果，可以得到證實。一群烏鴉正好飛過上空，竟然全部墜落死在運動場中，好像是氣體產生分解作用引起這種事故，猛烈的歡呼聲使得空氣爆裂，不再能支持鳥類的飄浮，就像在真空中行走一樣，難免要顛躓倒在地上，或者我們可以想像，這些雜音如同一支標槍，使得這些鳥兒遭到射落而死亡。還有一種可能就是空氣造成圓形運

26　地峽競技會或稱地峽運動會，是為了向海神波塞登(羅馬人稱為尼普頓)獻祭，配合泛希臘節所舉行的賽會，從奧林匹克50會期第2年即581B.C.起每兩年一次，分別在奧林匹克會期第1和第3年。

27　亞該亞‧塞歐蒂斯位於帖沙利地區的南部，是亞該亞人在希臘中部建立的殖民區。

動，就像海洋裡的大漩渦，受到巨大的外力產生急速的轉動，把所有飄浮的物體全部吸進去。

11 弗拉米尼努斯看到整個運動場再也無法保持平靜，他的四周被群眾圍繞得水洩不通，要不是他有先見之明，知道會有更多人會擠過來，能夠及時撤離，否則想脫身不知要費多大的力氣。群眾在他的看台四周高聲歡呼，等到感覺疲勞已經是夜晚的時刻，只要是朋友或相互認識的市民相遇，大家彼此道賀，高興得擁抱在一起，然後回到家中舉行宴會狂歡痛飲。要說這種興奮的氣氛會加倍的高漲，那是毫無疑問的事，任何人只要觸景生情，難免就會回憶往事接著談起當前的處境。希臘為了保衛擁有的自由權利，曾經遭到很多次戰爭，始終沒有達成目標；各城邦的統治者認為今天能夠解決問題，也是他們最感激的一場戰事，完全是外邦人付出血汗的代價為他們贏取。今天羅馬人把這個最光榮的獎品交到他們的手裡，事實上應該值得大家不惜犧牲去拚命爭取，然而卻沒有讓希臘人為此流出一滴鮮血，不必哀悼任何一個為此犧牲性命的市民。

在這個優秀的民族當中，現在已經很少見到勇氣和智慧，要找出能夠主持正義的人物更是難上加難。那些如同亞傑西勞斯、賴山德、尼西阿斯和亞西拜阿德之類的英雄豪傑，他們知道如何善盡一個將領的本分，如何從事一場激烈的戰爭，如何率領他的人馬在陸地或海上贏得勝利；但是他們還是不知如何利用軍事的成就，來達成寬宏大量和坦率誠實的理念。除了馬拉松的大捷、薩拉密斯的海戰、普拉提亞和色摩匹雷的交鋒、西蒙在優里米敦(Eurymedon)的遠征，以及塞浦路斯海岸的失利以外，希臘人所打的會戰都是為了相互的對抗和彼此的奴役，所有的戰勝紀念碑都是羞辱和悲慘的標誌，他們那些偉大的人物用罪惡和野心，給整個區域帶來破壞和毀滅。一個外國的民族能夠保存他們留下的餘燼[28]，以及來自古代祖先而在希臘早已式微的傳統，得以在文字和思想方面獲得最大的收益，因而這群外來的羅馬人願意冒著最大的危險，從事最辛勞的工作，將希臘人從倨傲的獨夫和僭主的手裡拯救出來，恢復他們過去擁有的自由權利。

28　按照哈利卡納蘇斯人戴奧尼休斯的說法，羅馬認為當務之急要供應所需的居民，主要是來自希臘的殖民地，他們早在羅慕拉斯之前就建立在意大利的南部地區。

12 這些都是希臘人一廂情願的說法和念頭。弗拉米尼努斯在這個時候要採取行動，把宣布的事情付諸執行，而且要做得盡善盡美。他立即派遣連圖盧斯(Lentulus)率軍前往亞細亞，巴吉利安人(Bargylians)獲得自由；泰蒂留斯(Titillius)[29]赴色雷斯監督菲利浦的守備部隊，從各城鎮和鄰近島嶼完成撤離的行動；同時巴布留斯·維留斯(Publius Villius)啓航經海路，奉命與安蒂阿克斯進行磋商，使治下的希臘人擁有自主權利；弗拉米尼努斯本人前往卡爾西斯，然後渡海到馬格尼西亞，驅除該地的守備部隊，將主權交到人民的手裡。不久以後，他在亞哥斯受到指派成爲尼米亞賽會的主席，負責盡職使莊嚴的典禮圓滿的落幕，同時派出宣達員第二次宣布，要使希臘人獲得自由權利；接著他訪問各城市，諄諄告誡大家要遵守法律、維護正義、團結合作，以及相互之間保持友善的關係。他嚴禁黨派的傾軋攻訐，因爲政爭遭到放逐的人士，獲得赦免可以返國。總之，他使希臘人相互之間得到諒解與和好，遠比征服馬其頓人給他帶來更大的喜悅。希臘人所以能獲得自由權利，就他賜給他們的仁慈和恩惠來看，現在只占很小一部分。

有一個流傳的故事，哲學家色諾克拉底(Xenocrates)[30]沒有繳納一種外國人應付的稅款，被稅租承包商打入監牢，訴訟程序非常草率，演說家萊克格斯(Lycurgus)將他救出來，並且以擅權的罪名對稅租承包商施加懲罰。後來色諾克拉底遇到萊克格斯的兒子，他說道：「小伙子，我要用一種最高貴的方式回報你父親對我的恩典，就是讓全體民眾都頌揚他的善舉。」

弗拉米尼努斯和羅馬人對希臘人所行的仁政，得到的回報並非僅僅空泛的讚美就算了事，除了贏得他們的信賴和支持，還有就是無上的權力。那個地區的國家和民族，有很多不僅允許羅馬的指揮官，率軍進入他們的城市，甚至還派人前去懇求願意接受他的保護。除了共和國的民主政府和有自治權的城邦會這樣做，就是國王受到別人的欺負和壓迫，也會在他那裡獲得安全和庇護。在很短期間之內(可能是出於天意)，全世界都要向他臣服，弗拉米尼努斯自認對希臘的解放，比起其他的行動更爲崇高，他把自己用的盾牌和其他一些銀製的小圓盾，奉獻給

---

29 波利拜阿斯和李維認爲這個人是盧契烏斯·司特提紐斯。
30 色諾克拉底(395-314B.C.)是生於卡爾西頓的哲學家，從399B.C.起成爲雅典學院的首腦人物，著作極其豐富，傳世多爲斷簡殘篇。

德爾斐的阿波羅神廟，他在盾牌上面刻著這樣的詩句：

> 約夫的孿生子愛上美麗的廷達瑞茲[31]，
> 爲斯巴達在天空展開快速的御車術；
> 羅馬的統帥是偉大伊涅阿斯的後裔，
> 他奉獻盾牌推崇希臘的自由和獨立。

他還奉獻一頂金冠給阿波羅，上面的銘文是：

> 他將金冠安置在太陽神的鬈髮之上，
> 祝福拉托妮婭的兒子放射萬丈光芒[32]；
> 偉大的羅馬將領出身伊涅阿斯世系，
> 啊！善射者賜給提圖斯高貴的聲譽。

　　科林斯這個城市的希臘人在類似的狀況之下，有幸能夠兩次蒙受羅馬人賜與的恩惠，除了弗拉米尼努斯就是我們那個時代的尼祿(Nero)，同樣是在科林斯這個地方，正是地峽競技會的比賽期間，使得希臘人可以大事慶祝他們的自由和獨立。前者派出宣達員大聲宣布(前面已經提過)；尼祿在公共會場的講台上面，發表演說的時候宣布這個信息。不過，說起來這是很久以後的事[33]。

13 拉斯地蒙人的僭主放蕩淫亂而又無法無天，弗拉米尼努斯爲了伸張正義，英勇發起與那比斯(Nabis)的戰爭，最後還是辜負希臘人的期許讓他們感到失望。當他贏得勝利可以俘虜那比斯的時候，卻故意放水讓機會白白溜走，反而想盡辦法要與對方講和，留下斯巴達人哀悼無法解脫的奴役生活。弗拉米尼努斯所以這樣做，很可能他害怕戰爭延長，羅馬會派來一位新任命的將領，剝奪他過去的功勞和光榮的事蹟；或者是對斐洛波門產生競爭和嫉妒之心(這

31　約夫的孿生子是指阿波羅和阿提米斯，阿波羅追求美麗的斯巴達少女廷達瑞茲(Tyndarids)。
32　拉托妮婭(Latonia)是阿波羅和狩獵女神阿提米斯的母親。
33　這是263年以後的事。尼祿於66A.D.訪問希臘，次年他在雅典發表演說。

個人運用各種機會在希臘人當中贏得顯赫的名聲，他的所作所為特別在勇氣和策略方面更是無人可及，亞該亞人在劇院中表揚他的功勳，認為他獲得的榮譽與弗拉米尼努斯無分軒輊），很快對他發生相當的影響。他根本瞧不起這個出身寒微的阿卡狄亞人，只是局限在本國這個範圍指揮過幾次會戰，提到的時候像是可以與羅馬的執政官並駕齊驅，要知道羅馬執政官所從事的戰爭，使他成為希臘的保護人。除此之外，弗拉米尼努斯對於這件事提出辯護之辭，說他之所以要結束這場戰爭，是因為他有先見之明，暴君的滅亡難免會使很多斯巴達人跟著遭殃[34]。

　　亞該亞人多次頒布敕令表彰弗拉米尼努斯的榮譽，這些方式都不足以報答他那崇高的行動，除非送給他一件禮品，才會比其餘的東西讓他感到更加稱心如意。羅馬人在與漢尼拔的戰爭中，很多不幸的人成為俘虜，他們被販售以後，分散到各地過著奴役生活，其中有1200人這個時候正在希臘，惡劣的處境使他們受人同情。這時出現非常特殊的狀況，他們遇到自己的兒子、兄弟或熟悉的友人，看見他們是自由人和征服者而自己是奴隸和俘虜。弗拉米尼努斯對他們的遭遇雖然深切的關心，但是並沒有採取強制的手段，將他們從主人的手裡解救出來。亞該亞人付出一個人5鎊[35] 的贖金，將他們買過來以後集中在一個地方，弗拉米尼努斯正要啟碇離開之際，把這些獲得自由的羅馬人當成送給他的禮物，現在他能心滿意足的告別希臘。弗拉米尼努斯用寬宏大量的心胸對待別人，現在獲得慷慨的回報，使他不僅成為先身士卒的將領，也是熱愛國家的勇士。在大獲成功的凱旋式中，他對這部分的安排獲得最大的光榮，那些被贖回的羅馬人（按照習俗奴隸在獲釋成為自由人之際，要將頭髮理短並且戴上氈帽）遵從習慣的要求參加遊行的隊伍。

14 還有很多物品可以增加展示的光彩，像是希臘人的頭盔、馬其頓人的圓盾和長矛、以及其他各式各樣的戰利品，全部展現在公眾的面

34　李維提到的理由，不像前面所說那樣能給弗拉米尼努斯增加榮譽。他說冬天即將到來，所有的糧食消耗殆盡，從其他地區運來已經緩不濟急。何況維留斯從安蒂阿克斯的宮廷傳來信息，認為要與這位君主保持和平的局面是靠不住的事，而且他們的軍隊已經向著歐洲開拔，如果弗拉米尼努斯還要繼續圍攻斯巴達，一旦羅馬人與安蒂阿克斯的關係破裂，請問他還有那些部隊可以用來抵擋來自東方的大軍壓境？

35　原文是5邁納，英譯本譯成5鎊。1泰倫等於60邁納，而1邁納相當100德拉克馬。

前，除此以外還有數量極其驚人的金錢，根據圖迪塔努斯（Tuditanus）的說法，3713磅的金塊和4萬3270磅的銀兩，1萬4514枚稱爲Philippics的金幣；還要加上菲利浦所欠的1000泰倫，後來元老院受到說服，主要還是弗拉米尼努斯居中幹旋，讓菲利浦免於繳納巨額的賠款；菲利浦公開宣布他是羅馬的盟友，他那擔任人質的兒子被羅馬人送返家鄉。

15 在很短期間之內，安蒂阿克斯率領船隻眾多的水師和實力強大的軍隊進入希臘[36]，慫恿當地的城市高舉義幟反抗羅馬的壓迫；諸如此類的行動受到伊托利亞人的教唆和支持，他們長期以來怨恨羅馬人而且暗中懷有敵意。現在他們向安蒂阿克斯提出建議，發動戰爭的理由是要爲希臘人爭取自由。希臘人現在已經得到自由，覺得沒有這個必要，然而在缺乏充分法理依據的狀況下，只有用這個冠冕堂皇的藉口。

這個時候的羅馬對於希臘人的起義和叛亂，以及安蒂阿克斯在軍事實力方面的名聲，他們全都感到非常憂慮，於是指派執政官孟紐斯·阿西留斯（Manius Acilius）負責整個戰局，弗拉米尼努斯出任副將[37]，爲的是讓他對希臘人能發揮影響力。有些人只要見到他，立刻堅持擁護羅馬人的決心，對於那些開始動搖的人，阻止他們免於犯下更大的錯誤，他就像及時來到的醫生，拿出強烈的藥劑使用在患者的初期，可以預防病情的惡化。實在說，還有少數人受到艾托利亞人的蠱惑，即使想盡辦法還是沒有效果；他雖然先前對這些人非常惱怒，等到會戰以後還是給予赦免和保護。

安蒂阿克斯在色摩匹雷吃了一場敗仗[38]，不僅趕緊逃離戰場，還立即掛帆開往亞細亞，執政官孟紐斯發起入侵行動，包圍一部艾托利亞人，菲利浦王同意討伐其餘的人員。這個時候的情勢是馬其頓兵分兩路，多洛皮斯（Dolopes）和馬格尼西亞人在一邊，而阿薩瑪尼斯（Athamanes）和阿皮朗特人（Aperantians）在另一邊，都受到他們的洗劫；孟紐斯蹂躪赫拉克利一帶，圍攻落在艾托利亞人手裡的瑙帕克都斯（Naupactus）[39]。弗拉米尼努斯仍舊對希臘滿懷憐憫之情，越過伯羅奔尼撒

36　安蒂阿克斯進入希臘是在192B.C.秋天。
37　根據李維的記載，孟紐斯·阿西流斯的副將是盧契烏斯·奎因留斯，並不是弗拉米尼努斯。
38　這件事發生在191B.C.，李維《羅馬史》第36卷有翔實的記載。
39　瑙帕克都斯是位於洛克瑞斯地區的城市，瀕臨科林斯灣北岸。

半島乘船去見執政官,會面以後就加以指責,應該用他的人馬贏取勝利,為何要讓菲利浦攫走戰爭的獎賞和利益,就在他把怒氣發洩在一個小鎮的時候,馬其頓人已經打敗一些民族和占領一些王國。他站的位置恰巧讓被圍的人員看到,等到分辨出來以後,就在城牆上面向他呼叫,大家高舉著雙手,向他提出懇求和傾訴。他在這個時候沒有說一句話,眼睛含著淚水轉過身去馬上離開。沒過幾天以後,他與孟紐斯討論當前的情勢,還是發揮很大的作用,他能讓執政官控制自己的情緒,說服他同意與艾托利亞人停戰,同時給他們時間可以派遣一個代表團到羅馬,向元老院提出請願批准更為寬大的條件。

16 弗拉米尼努斯盡心盡力完成最困難的任務,就是要孟紐斯善待卡爾西斯人。這個城市在戰爭已經迫在眉睫的時候,還與安蒂阿克斯建立聯姻的關係,使得執政官大為震怒。這個婚事就雙方的年齡來說非常不宜,安蒂阿克斯是已屆花甲的老人,竟然迷上一個少女,何況戰爭已經開始,時機也不適合。新娘是克利奧普托勒穆斯(Cleoptolemus)的女兒,據說有傾國傾城的容貌。基於這種關係,對於國王的利益卡爾西斯人熱心支持,他們採取快速的行動,戰爭期間使得整個城市成為他的作戰基地[40]。等到安蒂阿克斯遭到敗績飛奔逃走,盡最大速度趕到卡爾西斯,一點都不肯耽擱,帶著他的新娘、錢財和朋友,上船航向亞洲。孟紐斯氣憤填膺趕來處置卡爾西斯人,弗拉米尼努斯匆忙跟著過來,費盡口舌對他進行安撫和勸告,最後還是使得執政官和羅馬的領導人物,願意接受他的建議。

卡爾西斯人對弗拉米尼努斯的救命之恩深感虧欠,就把最美好和最宏偉的神聖建築物全部奉獻給他,現在還可以看到流傳至今的銘文:人民呈獻這座體育館給弗拉米尼努斯和海克力斯;人民奉獻德爾斐尼姆神廟給弗拉米尼努斯和海克力斯(原文是海克力斯,這是太陽神廟應該奉獻給阿波羅)。甚至到我們這個時代,他們還會選出一位服侍弗拉米尼努斯的祭司,同時要當眾宣布,舉行獻祭和酹酒的儀式以後,他們唱一首腔調固定不變的歌曲,歌詞的內容非常冗長,我只摘錄最後一段:

---

40 雖然獲得卡爾西斯人大力支持,安蒂阿克斯還是毫無作為,所有的部隊分散在幾個城市,沒有接奉命令也乏人指揮,大家無所事事過著花天酒地的生活。

只要我們用誓言向祂提出乞求，
信仰女神給予的幫助一如昔日。
我們對羅馬、提圖斯和朱庇特，
頂禮膜拜從今天直到萬古長辭。
啊！妳們這群祀奉神明的少女，
舞蹈配合愛奧皮安的神聖頌詞[41]；
奉獻給大家所敬愛的信仰女神，
啊！還有那偉大的救星提圖斯。

17 其他地方的希臘人爲了錦上添花，將配得上豐功偉業的榮譽賜給他，這些貨眞價實的頭銜所以讓人感到驚奇，在於人民的善意和愛戴，這是他具有溫和與公平的性格所贏得的回報。無論任何時候他要是因爲公事與別人發生衝突，或是出於爭強好勝的關係(像是與斐洛波門以及與後來的戴奧尼法斯，當時所擔任的職務是亞該亞人的將領)，他的憤怒從未維持長久，更不會付諸行動，他會像市民那樣用自由發言宣洩不滿的情緒，到此爲止就會安然無事。

總而言之，沒有人提出指控，說他有惡毒的天性或酷虐的行爲，雖然有很多的過失可以歸咎於草率和浮躁。作爲一個朋友或同事，他讓人感到愉快而且會吸引大家的注意，談吐文雅具備說服的力量。例如：爲了要讓亞該亞人改變征服札辛蘇斯(Zacynthus)島[42]的心意，他說道：「他們把頭伸出伯羅奔尼撒到很遠的地方，就像烏龜離開殼會給自己帶來危險。」還有就是當他和菲利浦第一次會面，協商有關停戰協定與和平條約的時候，菲利浦抱怨弗拉米尼努斯帶著一大群隨從，而他孤身前來沒有人陪伴在側。弗拉米尼努斯回答道：「這倒不假，你把朋友都殺光了才落到孤苦伶仃的地步。」

曾經有一次，梅西尼人狄諾克拉底(Dinocrates)在羅馬的時候，參加尋歡作樂的宴會飲酒過量，甚至穿著婦女的衣服去跳舞，次日他去見弗拉米尼努斯，要求對他們的計畫給予援助，好讓他們脫離亞該亞人的控制。弗拉米尼努斯說道：「這

41　愛奧皮安(Io-Paens)是盛行於希臘中部的一種祭典儀式。
42　札辛蘇斯是伯羅奔尼撒半島西部海岸的島嶼，控制進出科林斯灣的水道。

件事還要仔細考量;一個人負有這樣重大的任務,竟然會參加酒宴還要唱歌跳舞,真讓我感到不可思議。」

還有一件事,安蒂阿克斯的使臣爲了向亞該亞人顯示強大的實力,讓他們知道皇家的軍隊是由不同的種族所組成,就唸出一大串很難聽得懂的名字。弗拉米尼努斯說道:「一位朋友有次請我吃晚餐,看他整桌擺滿碗盤,讓我忍不住勸他不必這樣費事,於是我說爲什麼要準備這樣多種類的菜肴,真是讓人覺得過意不去;這位朋友回答道:『閣下,說老實話,全部都是豬肉,只是烹調的方法不同而已。』因此,各位亞該亞的兄弟,他要是告訴你們說這些人馬,分別是安蒂阿克斯的槍騎兵、長矛兵或禁衛步兵,所以我勸大家不要大驚小怪,事實上他們都是敘利亞人,只是使用不同的兵器而已。」

18 他在希臘完成重大的建樹,等到與安蒂阿克斯的戰爭結束以後,就被百人連大會授與監察官這個最顯赫的職位[43],可以說是共和國最高的官階。馬塞拉斯的兒子成爲他的同僚,就是那位曾經5次出任執政官的知名人物。他們的職責在於修德敬業,就將4名素行不良的元老院議員給予除名的處分,同意將父母是自由人的居民列入市民名冊,這完全出於強迫使他們兩人沒有選擇的餘地,擔任護民官的特倫久斯・庫勒奧(Terentius Culeo),對於出身高貴的人士抱著藐視之心,煽動市民大會通過所提法案,然後送交監察官執行。

在這個時期,城市有兩位地位崇高和名聲響亮的偉大人物,就是阿非利加努斯・西庇阿和馬可斯・加圖,彼此之間心存芥蒂,經常發生齟齬。弗拉米尼努斯提名西庇阿爲元老院首席議員,還爲後來發生極其難堪的事件,使他與加圖引起口角和爭執。弗拉米尼努斯有一位名叫盧契烏斯[44]的兄弟,這個人的性格無論從那方面來看全都與他迥然相異,特別喜愛那些下流無恥的勾當,可以說已經到狼藉不堪的地步。盧契烏斯經常與一個未成年人作伴,一直把這個寵幸帶在身邊,無論是他在軍隊負起作戰指揮的責任,還是在行省擔任總督推行政務。有天在一個宴會的場合,這位年輕的寵幸向盧契烏斯撒嬌,他說道:「長官,我對你的情意很深,凡事都爲你著想,雖然我這一輩子沒有看過殺人,爲了趕到你這裡來,

---

43 弗拉米尼努斯出任監察官是在189B.C.,當時不過39歲。

44 本書第十九篇〈提比流斯・格拉齊〉第4節和加圖《論老年》第17節對這件事都有記載。

連角鬥士的競技全都捨棄不顧。」盧契烏斯聽到這個少年的話感到非常愉悅，便回答道：「不要爲這件小事感到煩心，我會讓你的願望得到滿足。」於是下令將監牢裡的死囚押解過來，要劊子手就在他們的桌前行刑，將這個人的頭砍下來。

華勒流斯·安蒂阿斯(Valerius Antias)的記載大不相同，說他這樣做是爲了一個女人；李維的說法是加圖在演講中曾經提到此事，一個高盧逃兵帶著妻子和小孩到他的家裡尋求庇護，盧契烏斯把來人抓到舉行宴會的房間，親手將這個逃兵殺死以取悅他的情婦。加圖可能說過要爲這種擅權的行爲加重他的罪行。很多人提到這件事，都說被害者是一個判了死罪的囚犯而不是一個逃兵。西塞羅在他的《論老年》中，說是加圖親自告訴他整個事件的來龍去脈。

19 當時的情況非常明確，加圖在監察官任內[45]，對於元老院議員的生活言行進行嚴格的審查，目的是要肅清和重整這個議會機構。雖然盧契烏斯曾經出任過執政官，何況任何處分都會給他的兄弟弗拉米尼努斯帶來羞辱，加圖還是將他驅出元老院。兩兄弟以懇求者的姿態出現在市民大會，流著眼淚要求加圖還他們一個公道，說他已經污辱整個家族的聲譽。在場的市民認爲這種陳情不僅有理，表現的方式也很謙卑。加圖不願做出任何讓步或保留，立即走到前面，和他的同僚站在一起盤問弗拉米尼努斯，是否知道那天晚宴中所發生的事故。弗拉米尼努斯回答說他不清楚，加圖敘述整個情形，然後要盧契烏斯宣誓加以正式的否認，盧契烏斯拒不回答，市民大會判定這次的除名不僅公正而且得當，大家簇擁加圖從法庭返家，使他獲得無上的殊榮。

弗拉米尼努斯對於他的兄弟遭到罷黜還是懷恨在心，與那些長期對加圖積怨甚深的人聯合起來，在元老院贏得多數席次，對於所有加圖核定的合約、租賃和協議，全部加以廢止或宣告無效，這些事務都與國家的歲入開支有關[46]。同時還採取很多法律行動和各種指控來對付他，爲了自己的親人遭到應得的懲處，不惜對執法的官員和優秀的市民，發起卑鄙而狂暴的攻訐，雖然他對國家立下莫大的功勞，就這些行爲看來，很難說得上公正無私，或者當得起愛國人士的稱呼。後來劇院舉行演出活動，元老院議員的階級很高通常坐在第一排，等到窺見盧契烏

45　加圖成爲監察官是在184B.C.，當時已50歲。

46　可以參閱加圖《論老年》第19節和李維《羅馬史》第36卷第44節。

斯在後排，坐在寒微和低賤的人員當中，大家對他產生同情心，不忍看到這樣難堪的場面，就高聲叫喊要他向前移動，一直到劃給執政官的區域，大家才讓他在那裡坐下。

20 弗拉米尼努斯與生俱來的雄心壯志令人感到欽佩，發現在戰爭之中可以充分發揮，這些我們都已詳加說明；特別是他在執政官的任期完畢以後，願意擔任軍事護民官的職位，像這種降尊紆貴的事並沒有人強迫他去做。等他不再出任公職，到達垂老的暮年，這時竟然毫無憚忌的暴露個人的缺失，不願自己無所事事度過餘生，就像欠缺自制能力的年輕人一樣，名聲的激情使他沖昏了頭。他對漢尼拔採用的伎倆可以說是無所不用其極，引起很多人的反感[47]。

漢尼拔自從逃離祖國，首先是在安蒂阿克斯的宮廷找到庇身之地，弗里基亞(Phrygia)進行的會戰[48]失利後，安蒂阿克斯高興能得到和平，漢尼拔只有自行設法安排第二次的逃亡行動，在很多國家飄泊漫遊，最後到俾西尼亞(Bithynia)[49]落腳，盡他的力量為普魯西阿斯(Prusias)王[50]效勞。羅馬人非常清楚這種狀況，現在他的年事已長而且身體衰弱，落入窮途末路的處境，已經對他毫無顧慮之心。弗拉米尼努斯是以使者的身分前往俾西尼亞，元老院為另外的事務派他去見普魯西阿斯[51]，然而當他看到漢尼拔在該地安居，心中激起恨意決定不能讓他活在世上，雖然國王是他的懇求者和親密友人，百般求情說項賜給他最大的恩惠，弗拉米尼努斯嚴辭拒絕。有一條古老的神讖，好像在預言漢尼拔的殞滅：

　　利比撒(Libyssan)乃漢尼拔埋骨之地。

47　弗拉米尼努斯擔任使節去見普魯西阿斯，年齡不到44歲，照理講還不到渴求聲望可以不擇手段的時候，何況迫害一個走投無路的偉大人物，只會給自己帶來惡名，我們認為他負有元老院的秘密使命，蒲魯塔克就讓他背上黑鍋。

48　這是191B.C.發生在利底亞的馬格尼西亞會戰。和平條約規定要安蒂阿克斯將漢尼拔交給羅馬，參閱李維《羅馬史》第37卷第45節。

49　俾西尼亞位於小亞細亞的西北部地區，據有黑海的南岸和兩個海峽之間的普羅潘提斯海，海運非常發達，75B.C.成為羅馬的行省。

50　俾西尼亞以魯西阿斯為名的國王有兩位，弗拉米尼努斯所見應為魯西阿斯二世，在位期間是182-149B.C.。

51　根據李維的說法，漢尼拔留在俾西尼亞，羅馬派出使節去見普魯西阿斯提出抗議。

他對這個地點的解釋認爲是指阿非利加的利比亞，亡故以後就會葬在迦太基，好像他還能返回家園在那裡結束生命。

俾西尼亞有個地方遍布砂石，四周被大海圍繞，一個名叫利比撒的小村靠近該地。漢尼拔就住在鄰近不遠之處，從開始就知道普魯西阿斯的耳根很軟而且個性怯懦，對於羅馬人一直畏懼不已，所以很早就吩咐手下人員，在房子下面挖了7條地道，有相當的距離通往不同的方向，可以連接逃走的道路，這些地道在外面都看不出來。當他聽到弗拉米尼努斯下令要取他性命，就想盡快從地下潛逃，發現已經被國王的衛隊包圍，他決定自行了斷。有一些人說他拿長袍纏繞著頸部，要他的奴僕用腳頂著他的背向後拉緊，不要放鬆直到他窒息而亡。

還有人持這種說法，仿效提米斯托克利和邁達斯(Midas)的方式，那就是飲公牛的血[52]。根據李維的記載，他事先準備好毒藥，等遇到這種狀況就服用，於是他將杯子拿在手裡說道：「對於像我這樣這位可恨的老人，羅馬人一直在等候他死亡，這段時間已經非常冗長，現在讓我來減輕他們的畏懼和憂慮。弗拉米尼努斯並沒有獲得光榮的勝利，也不像他的祖先有恢宏的胸懷讓人敬佩。雖然皮瑞斯是羅馬人的仇敵，也是戰勝的征服者，執政官聽到有叛徒準備將他毒死，還是派人前去警告要他特別小心。」[53]

21 漢尼拔的死亡有種種不同的報導，等到信息傳到元老院議員的耳中，有人對弗拉米尼努斯的行爲氣憤不已，指責他不僅殘酷而且多管閒事，他們認爲漢尼拔受到厄運的打擊，已經意志消沉無所作爲，就像鳥兒等到生命的末期羽毛脫落，就會失去飛行的能力，讓他苟延殘喘的活下去又有什麼關係。弗拉米尼努斯這樣做並沒有奉到命令，完全是出於好名的虛榮心理，要讓大家說他是漢尼拔的毀滅者[54]。

他們現在開始對西庇阿・阿非利加努斯仁慈和慷慨的行爲讚不絕口，想當年

52　他們在自盡之前先殺牛獻祭，用杯子接滿流出的鮮血，趁著溫熱之際飲下，很快凝結或變濃，按照普里尼的說法，產生致命的作用；本書第四篇〈提米斯托克利〉第31節有同樣的記載。

53　羅馬執政官法布里修斯與皮瑞斯對峙期間，國王的首席醫生送來一封信，說是他可下毒使皮瑞斯暴斃，爲羅馬人除去心腹大患，對於他的貢獻應該給予報酬。法布里修斯非常痛恨這種邪惡小人，與另外一位執政官商量以後，派專人去見皮瑞斯，提醒他注意謀逆的行爲。

54　如果這是弗拉米尼努斯真正的動機，而不是出於政治的目的，非要用這種鬼祟的手段置一位英雄人物於死地，那麼從後人的眼裡看來，羅馬的武德和凱旋式的榮譽，全部付之東流。

他在阿非利加擊敗漢尼拔，這個所向無敵而又令人生畏的敵手以後，並沒有堅持
必須放逐漢尼拔，他的同胞也沒有向他提出任何處置的要求。就在他們開始會戰
之前舉行談判的場合，他還與漢尼拔握手，會戰以後雙方議和，他沒有提出苛刻
的條件，對於漢尼拔英雄末路的處境從無輕侮的言辭。據說他們後來又在以弗所
相遇，當他們一起散步的時候，漢尼拔走在高階的一方，西庇阿在旁陪同好像視
爲當然之事。他們開始談起爲將之道，漢尼拔肯定亞歷山大大帝是古往今來第一
名將，其次是皮瑞斯，他自己列名第三。阿非利加努斯帶著笑容問道：「如果你
沒有被我打敗，那會怎麼樣？」他回答道：「西庇阿，那我就不說我是第三位，
而是位居第一的將領。」[55]

　　西庇阿這種謙恭的行爲獲得舉世的讚譽。弗拉米尼努斯最受詬病之處，是他
據有的戰利品來自被其他將領所殺死的敵人。當然也有人對他的手法表示欽佩，
他們認爲在世的漢尼拔像是一個火種，只要颳起一陣大風就會點燃漫天的烈焰。
當漢尼拔處在春秋鼎盛的年紀，並非他的體能或臂力令人感到可畏，而是已達巔
峰的用兵技巧和戰陣經驗，再加上他對羅馬人無法平息的恨意和積怨，這種狀況
不會因年齡而有所改變，天生的性格始終控制著言行舉止，個人的運道也不斷發
生變化，帶來新的希望可以激起新的攻勢，難忘的仇恨使他成爲堅持到底的敵人。

　　局勢後來發生變化就某種程度而言，可以證實弗拉米尼努斯的辯白之辭。亞
里斯托尼庫斯（Aristonicus）出身普通樂師的家庭，等到聲勢壯大以後自稱是攸門
尼斯的兒子，給整個亞洲帶來動亂和叛變[56]。接著就是米塞瑞達底（Mithridates）
被蘇拉（Sylla）和費布里亞（Fimbria）擊敗[57]，他的低級軍官如同普通士兵一樣大量
遭到屠殺，後來還是從海上和陸地兵分兩路向盧庫拉斯進擊，證明他是最危險的
敵人。

　　漢尼拔從來沒有陷入像該猶斯・馬留那種極其不堪的狀況：他能夠擁有普魯
西阿斯的友誼，可以自由展示自己的才華，對於國王的水師以及陸上的步兵和騎
兵部隊，有密切的聯繫能夠發揮很大的影響力。那些聽到馬留在阿非利加到處飄
泊的人，對他面臨艱困的處境加以嘲笑，過沒多久得在羅馬乞求他大發慈悲，因

55　參閱李維《羅馬史》第35卷第14節。

56　東方的動亂發生在131-133B.C.。

57　米塞瑞達底開始走下坡是在88-84B.C.。

為他們遭到刀斧加身的痛苦。老實說，展望可能的未來，談起漢尼拔的被殺不論當時重要與否對我們而言都不容置喙，命運的變化和人事的滄桑使得整個事件更為撲朔迷離，只有當代的人物才能蓋棺而論。基於這個理由，有人告訴我們，弗拉米尼努斯並沒做這件事，他與盧契烏斯‧西庇阿共同接受委任，整個使節團的目標就是要取漢尼拔的性命。

　　除了以上所述，對於弗拉米尼努斯在戰爭或政治方面的作為，我們現在無法在史書上找到更多的事蹟，僅僅知道他能終其天年。現在要拿他來與斐洛波門進行評述。

第三章
斐洛波門與弗拉米尼努斯的評述

1 首先，要是我們考量弗拉米尼努斯帶給希臘恩重於天的善舉，無論是斐洛波門還是比斐洛波門更為勇敢的人士，都不夠資格與他相提並論。他們都是希臘人偏偏內鬥不已，弗拉米尼努斯是一個外鄉人卻為希臘而戰。就在那個最關緊要的時刻，斐洛波門遠走克里特島，缺乏可用的兵力前來救援被圍的同胞；弗拉米尼努斯在希臘的腹地擊敗菲利浦，把自由權利賜給希臘人和他們的城市。其次，如果我們深入探討他們打過的會戰，斐洛波門是亞該亞人的將領，比起弗拉米尼努斯殺死更多的希臘人，然而弗拉米尼努斯是為了幫助希臘人，才用以殺止殺的手段對付馬其頓人。

提到他們的缺失，好大喜功是弗拉米尼努斯的弱點，斐洛波門則是頑強剛愎；前者容易燃起怒火，可嘆後者怒火更難息滅。弗拉米尼努斯讓菲利浦保有皇家的尊嚴和地位，饒恕艾托利亞人的叛逆行為，願意盡力幫助他們的友人。斐洛波門對自己的城邦怒顏相向，剝奪它對鄰近村莊的統治權利。弗拉米尼努斯一旦與人建立友誼願意永遠保持，另外那位老兄對於任何冒犯都不會大發慈悲。斐洛波門有一度成為拉斯地蒙人的恩主，後來他把他們的城牆夷為平地，蹂躪他們的家園，最後竟然改變和破壞斯巴達的政體架構。老實說，他好像用激情和固執來揮霍他的生命，為了對梅西尼人發起攻擊，草率的進軍毫無必要而且極不合理；不像弗拉米尼努斯在採取任何行動以前，先要考慮本身和部隊的安全。

2 打過很多次會戰，贏得很多次勝利，使得我們認定斐洛波門精通兵法而且熟悉戰陣之事。弗拉米尼努斯與菲利浦之間的戰事，僅僅靠著兩場交鋒決定勝負；斐洛波門在不計其數的接戰中獲得勝利，全部歸功於他的本事，運道的好壞已經毫無關係。除此以外，欣欣向榮的羅馬用實力支持弗拉米尼努斯，

使他贏得舉世讚譽的名望；另外那位崛起並且顯赫於希臘衰微之際。就他們所獲得的成就來說，斐洛波門完全來自個人的努力，羅馬人可以分享弗拉米尼努斯的光榮。一位是率領勇敢士兵的執政官，而另一位以身先士卒自豪於世。雖然斐洛波門在反對自己的同胞時，總是遭到不幸的打擊，只有處於這種逆境，才能證明他確實英勇過人；等到面對完全類似的局勢，偉大的成就取決於卓越的才華。斐洛波門曾經與全希臘兩個最窮兵黷武的城邦發生密切的關係，一個是克里特人，而另一個是拉斯地蒙人，他之所以能讓這兩個城邦心悅誠服，運用謀略來對付他們的技巧，靠著武德來克制他們的驕勇。

當然也可以這麼說，弗拉米尼努斯的手上有一支衣甲鮮明和訓練精良的軍隊，他靠著真正的實力贏得勝利；斐洛波門迫得要拿出自己的訓練方式和戰術素養，使得他的士兵改頭換面煥然一新。這些作為對於獲得勝利當然大有助益，後者完全出自他的創意，前者難免要墨守成規。斐洛波門親自執行很多英勇的行動，弗拉米尼努斯認為大可不必。有一個名叫阿奇迪穆斯(Archedemus)的艾托利亞人曾經嘲笑弗拉米尼努斯，說他拔出長劍衝上前去，這時看到馬其頓人開始短兵相接，雙方進行激烈的戰鬥。只有弗拉米尼努斯站在那裡向天舉起雙手，懇求神明給他幫助。

3 一點都不假，弗拉米尼努斯無論出任代行執政官頭銜的總督或是使節，都能獲得各方的讚譽。斐洛波門在為亞該亞人效命的時候，作為一個老百姓比起擔任指揮官能夠發揮更大的作用。他只是一個普通市民就使梅西尼人重新獲得自由，從那比斯的控制之下解救他們的城市。他親自出馬拯救拉斯地蒙人，關上斯巴達的城門對抗戴奧法尼斯和弗拉米尼努斯，這時他還是一個普通市民。他有天賦的指揮才華，不僅知道如何依據法律去進行統治，只要是為著公眾的利益，還知道如何去操控法律。他從不等候人民按照規定的程序把職務指派給他，當時機來臨有所需要的時候，他會運用人民來達成他的目標。他始終認為真正優秀的官員，並非靠著人民的選擇和推舉，而是自詡對人民能提供更好的服務。

弗拉米尼努斯對希臘人的公正、寬厚和仁慈，展現出高尚和慷慨的天性。斐洛波門充滿勇氣的行動，為了維護國家的自由權利反抗羅馬人的專制，這種決心更為崇高而偉大。盡力使窮苦無依和陷入災禍的人得到滿足，比起挺身而出抗拒強權的憤怒，看起來是較為容易的任務。我們的結論是經過審查和研討以後，很

難發覺這兩位偉大人物的功勳有多大的差異，或者能爲他們定出高下。如果我們讓希臘人贏得軍事指揮和作戰技術的冠冕，羅馬人榮獲主持正義和濟世救人的權杖，就這個案例的判決來說難道還不算公正嗎？

第十一篇

功敗垂成者

第一章
皮瑞斯(Pyrrhus)

319-272B.C.，伊庇魯斯世襲國王，作戰勇冠三軍，
288-285B.C.擁有馬其頓王國，是當代名將。

1 有些史家推論，菲松(Phaethon)是隨著佩拉斯古斯(Pelasgus)[1] 進入伊庇魯斯的人員之一，後來成爲大洪水時期之前的首任國王，統治帖斯普羅夏人(Thesprotians)和摩洛西亞人(Molossians)[2] 的國度。還有人提到，杜凱利昂(Deucalion)和派拉(Pyrrha)在多多納(Dodona)[3] 創設崇拜朱庇特的宗教儀式，開始與摩洛西亞人定居在一起。等到改朝換代，阿奇里斯的兒子尼奧普托勒穆斯(Neoptolcmus)[4]，在伊庇魯斯成立一個殖民地，據有整個區域，那些繼承的國王稱爲皮瑞斯世系(Pyrrhidae)，因爲尼奧普托勒穆斯在幼年被大家叫做皮瑞斯。他有一位擁有合法繼承權的兒子，克里奧迪烏斯(Cleodaeus)的女兒拉納莎(Lannssa)所生，同樣使用這個名字；克里奧迪烏斯的父親是大名鼎鼎的海盧斯(Hyllus)。這種關係使阿奇里斯在伊庇魯斯獲得神聖的尊榮，用當地的方言尊稱阿斯皮都斯(Aspetus)。經過這些早期國王的統治，接著是一段紛爭不休的時代，繼位的君主變得暴虐不堪，擁有的權勢和生平的事蹟在歷史上沒有留下痕跡。

據說從塔里帕斯(Tharrhypas)開始，引進希臘的習俗[5] 和知識，所有的城市能夠運用合乎人道主義的法律，因而享有舉世稱譽的名聲。阿爾西塔斯(Alcetas)是

---

1 佩拉斯古斯人是希臘最早的居民，佩拉斯古斯是傳說中的祖先。
2 伊庇魯斯在鐵器時代有三個主要的族群，就是查奧尼亞人(Chaonians)、帖斯普羅夏人和摩洛西亞人，前兩者居於濱海地區，摩洛西亞人居於內陸。
3 很可能是德魯伊(Druid)教派的廟宇。
4 從杜凱利昂的大洪水到尼奧普托勒穆斯的時代，其中的間隔大約是340年。
5 賈士丁(Justin)認爲摩洛西亞人獲得文明的薰陶不是塔里帕斯的功勞，應該是阿爾西塔斯的兒子阿里巴斯所引進，因爲他在雅典受過教育。

塔里帕斯之子，也是阿里巴斯（Arybas）的父親；阿里巴斯和他的王后特羅阿斯（Troas）有子伊阿塞德（Aeacides），後來伊阿塞德娶帖沙利人門儂（Menon）的女兒賽亞（Phthia）為妻。門儂獻身拉米亞（Lamiac）戰爭[6]，屢建奇功成為最高階的指揮官，在希臘聯軍中是僅次於李奧昔尼斯（Leosthenes）[7]的重要人物。賽亞為伊阿塞德生下戴達美婭（Deidamia）和特羅阿斯這兩個女兒以及皮瑞斯這個兒子。

2 後來摩洛西亞人陷入黨爭，伊阿塞德被廢，擁立尼奧普托勒穆斯的兒子為王[8]，他們將伊阿塞德的朋友捉到以後，全部屠殺不留活口。皮瑞斯這時還在襁褓之中，仇敵的搜捕甚急，安德羅克萊德（Androclides）和安吉盧斯（Angelus）將他偷偷抱走，不得不帶幾位僕人，還有照顧這位嬰兒的婦女，逃亡的行動難免受到阻礙和延誤，等到他們即將被追兵趕上，就將嬰兒交給安德羅克利昂（Androcleon）、希皮阿斯（Hippias）和尼安德（Neander）這三位忠誠而且積極的年輕人，吩咐他們盡最大能力趕到馬其頓一個名叫麥加拉的市鎮。剩下的人員一方面靠著懇求，一方面憑著實力，阻止追捕者的行程希望能拖到夜晚。最後費了很大力氣將這些人趕走，再與照顧皮瑞斯的三個人會合。這時太陽即將西沉，從所處的位置看來已經無法安抵目標。

他們到達市鎮旁邊流過的河川，水勢洶湧難以渡過，在不可能徒涉的狀況下幾經努力還是失敗。近日的大雨使河水暴漲，漆黑的夜間憑添恐怖的氣氛，帶著幼兒和婦女使他們不敢冒險行動。知道對岸住著很多當地的土著，就大聲地叫喊，還抱起皮瑞斯讓對面的人看到，希望獲得幫助渡過奔騰的河川。喧囂的急流掩蓋說話的聲音，時間慢慢過去，還是不能讓對方了解他們表達的意思，最後有人削下橡樹一塊樹皮，將需要援救和這位幼兒的來歷寫在上面，然後包著石頭用力扔到對岸，也有人說是綁在標槍的尾端再擲過去。那邊的人讀到樹皮上面所寫的字句，知道時機非常急迫，一點都不耽擱很快砍倒幾棵樹木，編成筏子撐過來，等到靠近以後，第一個跳上岸將皮瑞斯抱起的人，名字叫做阿奇里斯，其餘人員

---

6 亞歷山大大帝逝世後，雅典和希臘其他的城邦起義反抗馬其頓，稱之為拉米亞戰爭，發生在323-322B.C.。

7 李奧昔尼斯是希臘聯軍的雅典將領，亞歷山大大帝逝世後，希臘城邦成立聯盟，指派雅典人李奧昔尼斯擔任將領，要排除馬其頓的勢力並且將他們趕走，323B.C.圍攻拉米亞之役陣亡。

8 這位尼奧普托勒穆斯是阿里巴斯的兄弟。

也都陸續獲得他們的援手。

3 他們這時才能安然無事，可以擺脫追捕的行動，忙著趕往伊里利亞 (Illyrians)國王格勞西阿斯(Glaucias)的宮廷，見到他與他的妻子[9]坐在大廳的寶座上面，就將嬰兒放在他們的面前。國王開始衡量這件事帶來的影響，對於卡桑德懷著畏懼之心，知道他是伊阿塞德的死對頭，開始陷入沉思之中，很久不發一語。皮瑞斯在地上爬行，逐漸靠近用手抓住國王的長袍，接著用腳踩上格勞西阿斯的膝蓋，這樣一來使得國王面露笑容，油然產生同情，好像他看到一位懇求者淚流滿面在乞求他的保護。

有人說他並沒有爬向格勞西阿斯，室內有一座祭祀神明的祭壇，他抓住祭壇的一角，向上伸展雙手盡力要站起來，格勞西阿斯把這個動作視為一種徵兆；因此，他立刻將皮瑞斯交給妻子，特別交代撫養的方式要與他的子女一樣；沒過多久，敵人為了獲得皮瑞斯，派員前來提出條件，卡桑德願意支付200泰倫，他還是不肯將皮瑞斯交出去；等到皮瑞斯12歲時，率領一支軍隊帶著他回到伊庇魯斯，幫助他登基成為國王。

根據傳聞，皮瑞斯的面容極其猙獰，就國王的權威而言令人感到畏懼，上顎的牙齒不似常人，如同連續長在一起的骨頭，可以看到很細的紋路，很像一排個別分開的牙齒。大家都相信他能夠治療脾臟的腫瘤，方式是奉獻一隻白公雞當成犧牲，然後要患者仰臥，用右腳輕輕的按壓脾臟的部位。他對求症的人員無論貧富一概歡迎，接受的報酬是當作祭品的公雞，收到這種禮物感到非常高興。據說他的大腳趾蒙受神明的恩典可以發揮治病的功效，死後全身火化，只有這個部位毫無損傷。有關這些事蹟可能都是後人附會之言。

4 他到17歲那年[10]，內部的情勢看來非常穩固，離開王國出外旅行，參加格勞西阿斯一個兒子的婚禮，這是從小一起長大的好友。摩洛西亞人抓住機會再度叛亂，他這邊的人員全被驅離，所有的財產都被奪走，民眾還是願意

---

9 賈士丁提到國王的妻子是貝羅婭(Beroa)公主，她的娘家是伊阿庫斯家族(Aeacidae)，所以皮瑞斯才到格勞西阿斯的宮廷尋找庇護。

10 他17歲是在奧林匹克119會期第3年即302B.C.。

接受尼奧普托勒穆斯的統治。皮瑞斯就這樣失去王國，缺乏所有的資源，請求德米特流斯(Demetrius)[11] 讓他有個安身之所。德米特流斯是安蒂哥努斯(Antigonus)[12] 的兒子，也是他的姊妹戴達美婭(Deidamia)的丈夫。戴達美婭還是一個嬰兒，就許配給羅克薩娜(Roxana)的兒子亞歷山大，後來她未過門的夫家發生不幸的慘劇，等她到達及笄的年齡，德米特流斯娶她爲妻[13]。很多國王參加伊普蘇斯(Ipsus)這場偉大的會戰[14]，皮瑞斯隨伴德米特流斯在同一個陣營，雖然他的年齡很輕，擊敗那些膽敢迎戰的敵人，在所有的戰鬥人員當中有非常突出的表現。

後來德米特流斯的的運道日見衰背，皮瑞斯並沒有因而產生離棄之心，這時德米特流斯爲了確保委託的希臘城市，就與托勒密簽署雙方同意的協定，其中一個條款是皮瑞斯作爲人質前往埃及。無論是參加狩獵還是運動比賽，他的勇氣和體力都給托勒密[15] 非常深刻的印象。根據他的觀察，托勒密所有的妻室當中，貝麗奈西(Berenice)擁有極大的權勢，德行和學識都受到眾人的敬仰，國王把宮廷的主要事務都交給她處理。皮瑞斯具備非常特殊的才華，爲了個人的利益可以說服那些更有權勢的君王，另一方面能用恕道對待地位較低的人，他的一生都能保持瑞莊的行爲和堅忍的習性。當時在宮廷的眾多王孫之中，他認爲只有安蒂哥妮(Antigone)最適合當他的妻子，這位公主是貝麗奈西和菲利浦[16] 所生的女兒之一，貝麗奈西後來才改嫁托勒密。

11　馬其頓王國用德米特流斯當稱號的國王有兩位，德米特流斯一世波利奧西底(Demetrius I Poliocretes)，在位期間294-288B.C.；德米特流斯二世(Demetrius II)，在位期間239-229B.C.。本章所指是德米特流斯一世。

12　馬其頓王國用安蒂哥努斯當稱號的國王有三位：安蒂哥努斯一世，319-301B.C.在位；安蒂哥努斯二世，277-239B.C.在位；安蒂哥努斯三世，229-221B.C.在位。本章所指是安蒂哥努斯一世，綽號「獨眼龍」，出身馬其頓貴族，是亞歷山大大帝得力的部將，亞歷山大去世後，戰勝群雄成為馬其頓國王，301B.C.伊普蘇斯會戰戰敗被殺。

13　本書第二十一篇〈德米特流斯〉第25節對於德米特流斯和皮瑞斯之間的關係，有詳盡的敘述。

14　參加伊普蘇斯會戰的國王有黎西瑪克斯、塞琉卡斯、托勒密、卡桑德、安蒂哥努斯和德米特流斯等人，發生的時間是奧林匹克119會期第4年即301B.C.。

15　托勒密一世索特爾(Ptolemy I Soter)，生於367或366B.C.，死於283或282B.C.，他是亞歷山大的朋友和部將，南征北討建下輝煌的功勳，亞歷山大逝世後擔任埃及總督，305B.C.成為埃及的馬其頓國王，建立托勒密王朝，延續達270年之久。他用第一手的資料寫出亞歷山大的傳記，並且在亞歷山卓建立博物館和圖書館，推廣希臘文化不遺餘力。

16　這位菲利浦是名聲不彰的馬其頓人。

5 這樁婚事給他帶來很大的好處，安蒂哥妮是一位賢慧的妻子，帶來大批錢財，可以用來召集一支軍隊，使他有能力光復伊庇魯斯王國。等他到達故土以後，很多人感到喜出望外，尼奧普托勒穆斯的統治充滿暴虐和專制，引起眾人的痛恨。他非常擔心尼奧普托勒穆斯與鄰國的君王有聯盟的關係，最後雙方達成協議，願意建立友誼共同治理王國。隨著時間的流逝，人民在暗中滋生不滿，要在他們之間煽起猜疑和忌恨。皮瑞斯與尼奧普托勒穆斯的爭執，是下面的狀況所引起。

按照習俗國王要向佩薩羅(Passaro)的戰神馬爾斯[17]奉獻犧牲，這個地點位於摩洛西亞地區，獻祭以後要與伊庇魯斯人舉行莊嚴的誓約：國王依據法律治理國家，人民遵守法律維護國王統治的權利。兩位國王必須親自到場主持所有的儀式，他們還帶著一大群經常追隨在身邊的朋友，接受和賜送很多的禮物。傑洛(Gelo)是尼奧普托勒穆斯的心腹，為了表示對皮瑞斯的尊敬，呈獻給他的禮物是兩對公牛[18]。邁蒂拉斯(Myrtilus)是皮瑞斯的司酒侍臣向他提出賞賜的請求，皮瑞斯沒有同意，反而把這兩對牛送給別人。邁蒂拉斯對這件事極為惱怒，傑洛看在眼裡就邀請他參加一次宴會(有些人提到，邁蒂拉斯是一個身強體壯的年輕人，他的酒量極佳)，並且打開窗子說亮話，勸他投效尼奧普托勒穆斯，找機會用毒藥害死皮瑞斯。邁蒂拉斯聽到他們的計謀，當場很高興表示同意，事後將所有的情形暗中報告皮瑞斯，並且奉他的指示，介紹司酒總管阿勒克西克拉底(Alexicrates)給傑洛，說這個人的參加可以成為最有效的工具；皮瑞斯為了處置這起叛逆事件，很想找到確鑿的證據。

傑洛受騙使得尼奧普托勒穆斯跟著上當，認為這件事已經順利進行，自己可以完全不受牽連，高興之餘就告訴他們的朋友。尼奧普托勒穆斯有次與他的姊妹卡德密(Cadmea)用餐，就把整個陰謀活動一一告知，認為除了他們兩人不會讓別人聽到。房間裡面還有薩蒙(Samon)的妻子斐納里特(Phaenarete)，薩蒙是給尼奧普托勒穆斯照料牲口的管事。斐納里特躺在臥椅上面向著牆，像是已經熟睡的樣子，誰知卻把他們的談話聽得一清二楚，毫不遲疑第二天就去見皮瑞斯的妻子安蒂哥妮，將聽到尼奧普托勒穆斯向他姊妹說的話全盤托出。

17　佩薩羅是伊庇魯斯的宗教聖地，位於摩洛西亞的南部地區。
18　送這種禮物表示古代簡樸的風尚。

　　皮瑞斯知道以後並沒有任何表示，在向神明獻祭的日子，邀請尼奧普托勒穆斯赴宴趁機將他殺死。伊庇魯斯的重要人物全都追隨皮瑞斯，早就希望他將尼奧普托勒穆斯的勢力清除乾淨，不再以能擁有部分王國爲滿足，要將全部掌握在手中，確保他的地位穩如泰山，接著發揮他的才華完成偉大的事業。目前既然知道尼奧普托勒穆斯的陰謀，涉嫌的狀況已經浮現，逼得他只有先下手爲強。

6 爲了感謝貝麗奈西和托勒密的恩德，他和安蒂哥妮所生的兒子用外祖父的名字，建立在伊庇魯斯一個半島上的城市命名爲貝麗尼西斯(Berenicis)。從這個時候開始他在腦海中思考很多重大的計畫，首先希望能夠確實掌握國內的情勢，然後他以發生的問題當作出藉口，表示自己很關心馬其頓的事務。

　　安蒂佩特(Antipater)是卡桑德的長子，殺害母親提薩洛尼卡(Thessalonica)，將弟弟亞歷山大趕出國門[19]。亞歷山大派人去見德米特流斯請求給予援助，同時也向皮瑞斯提出呼籲。德米特流斯國內問題叢生，使他無法立即應允。皮瑞斯首先響應，提出發兵救援的報酬是馬其頓的泰菲亞(Tymphaea)和帕勞伊(Parauaea)兩個地區[20]，以及新征服的安布拉西亞(Ambracia)、阿卡納尼亞(Acarnania)和安斐洛契亞(Amphilochia)[21]。年輕的君王同意割讓領土的條件，皮瑞斯在擁有這些地方以後，爲了確保安全派出訓練精良的守備部隊。馬其頓王國其餘部分的領土，他從安蒂佩特的手裡奪回以後，全部交還給亞歷山大。

　　黎西瑪克斯(Lysimachus)[22]很想派遣軍隊前去幫助安蒂佩特，正在處理國內的動亂無法抽調人馬。他知道皮瑞斯不會違背托勒密的指示，更不敢拒絕所提出

19　馬其頓國王卡桑德崩殂後，長子菲利浦接位，沒有多久亡故，兩個弟弟安蒂佩特和亞歷山大
　　爭奪寶座；本書第二十一篇〈德米特流斯〉第36節對這件事亦有記載。

20　達西爾(Dacier)認爲寧斐亞就是阿波羅尼亞，因爲附近有一個風景非常優美的地點名叫寧斐
　　姆(Nymphaeum)；帕米流斯(Palmerius)提到泰菲亞是這個地區的市鎮。陶瑞卡‧克森尼蘇
　　斯(Taurica Chersonesus)有一個名叫寧斐姆的城市，距離很遠應該不是本書所指的地區。

21　安布拉西亞、阿卡納尼亞和安斐洛契亞位於希臘的西部，北邊與伊庇魯斯爲鄰，東邊與伊托
　　利亞接壤，西邊瀕臨愛奧尼亞海，南邊控制科林斯灣的出口。這三個地方後來合稱阿卡納尼
　　亞。

22　黎西瑪克斯(360-281B.C.)是亞歷山大的衛士和繼承人，亞歷山大逝世後，他統治色雷斯和
　　小亞細亞地區，288B.C.稱帝成爲馬其頓國王，281B.C.科魯帕迪姆(Corupidium)會戰失敗，
　　被塞琉卡斯一世所殺。

的要求；於是用托勒密的名義送出一封贗信，勸皮瑞斯放棄這一次遠征行動，說是安蒂佩特會付給他300泰倫作爲補償之用。皮瑞斯啓開信件，馬上發現是出自黎西瑪克斯的僞造，稱呼不是使用習慣的方式：「父王致吾兒皮瑞斯，祝你健康」而是「托勒密王致皮瑞斯王，祝你健康」。

　　他嚴辭譴責黎西瑪克斯，還是願意與他簽訂和平條約，雙方會面爲了表示誠意，要向神明獻祭再立下莊嚴的誓詞。等到將一頭豬、一隻牛和一條羊牽出來的時候，那條羊突然倒地暴斃。旁觀的人全都發出笑聲，占卜官狄奧多都斯（Theodotus）不讓皮瑞斯訂下誓約，宣稱這是上天的預兆，三個國王其中一位要死亡，因此他拒絕批准和平條約。

7 亞歷山大面對的緊張局勢已經開緩和下來[23]，德米特流斯的到達反而帶來更大的困擾。等到他們經過幾天的相處以後，彼此之間的猜忌引起暗中的密謀，德米特流斯在狀況發生之初就已掌握優勢，採取先發制人的手段殺害亞歷山大，宣布自己是馬其頓的國王[24]。

　　德米特流斯長久以來一直對皮瑞斯表示不滿，特別是皮瑞斯對帖沙利發起襲擊行動。君王與生俱來的隱憂，在於要想建立龐大帝國的野心，使得他們相互之間成爲可畏而又可疑的鄰居，特別是戴達美婭去世以後，敵對的情緒更是變本加厲。雙方開始爭奪馬其頓，同樣的目標引起直接的衝突，各自據有部分的國土產生更爲強烈的動機。德米特流斯首先攻擊艾托利亞人贏得勝利，留下潘陶克斯（Pantauchus）率領一支實力相當強大的軍隊，直接向著皮瑞斯進軍，他認爲這位對手會前來迎擊。運用不同的道路使得雙方擦身而過，德米特流斯進入伊庇魯斯到處蹂躪，皮瑞斯與潘陶克斯遭遇準備開始接戰。士兵感覺到即將面臨一場劇烈而凶狠的搏鬥，他們的將領更是全力以赴。潘陶克斯不僅勇敢、機敏而且力大無窮，認爲是德米特流斯所有將校之中出類拔萃的佼佼者，他有堅定的意志和積極的精神，向皮瑞斯提出挑戰進行單人的決鬥。

　　皮瑞斯自詡英勇和毅力都高人一等，追求榮譽的信心絕不後人，他的勇氣比

23　不久以後亞歷山大遇刺身亡。

24　本書第二十一篇〈德米特流斯〉第36-37節對亞歷山大和德米特流斯的明爭暗鬥，敘述極其詳盡，亞歷山大不自量力因而慘遭殺害。

起他的血統更能繼承阿奇里斯的名聲，於是穿過陣線最前列的隊伍前去迎戰潘陶克斯。首先他們用長矛相互衝擊，接著就是近身的廝殺，兩人的刀法都非常熟練而且膂力更是驚人，皮瑞斯受到一處刀傷，但是他刺中對手兩次，分別在大腿和接近頸脖的部位；打得潘陶克斯無還手之力，靠著朋友衝出來接應，才能逃過殺身之禍。伊庇魯斯人為國王的勝利感到欣喜欲狂，對他的驍勇善戰大聲頌揚，接著全線進軍將馬其頓的方陣一舉擊潰，對敗逃的敵軍發起追擊，殺死的人員不計其數，捕獲的虜俘就有5000之眾[25]。

8 這場會戰並沒有激起馬其頓人的怒氣，不會因為重大的損失痛恨皮瑞斯，反而對他的英勇欽佩不已，那些看到過他以及和他接戰的人，把他當成話題到處談論。他們認為就英俊的容貌、反應的敏捷和行動的姿態這幾個方面來說，皮瑞斯很像亞歷山大大帝，要是提到戰鬥的剽悍和驚人的力量，兩人也有很多神似之處。其他國王要像亞歷山大那樣表現英雄氣概，僅僅在於紫色的衣袍、成群的衛士、吹捧的奉承和齊聲的頌揚而已[26]，只有皮瑞斯用武功和戰陣可以與他同享不朽的名聲。

有關他的戰術作為、用兵之道以及將領應有的素養，我們從他遺留的《皮瑞斯戰記》中，可以獲得最完整的資料，聽說有人問安蒂哥努斯誰是最偉大的將領，他說道：「如果皮瑞斯的命夠長，那麼非他莫屬」，這是指他那個時代的人物而言；漢尼拔評論那些偉大的指揮官，就戰術和指揮而言皮瑞斯名列第一，西庇阿居次，他自己第三，這在西庇阿的傳記裡面曾經提過[27]。一言以蔽之，皮瑞斯把思惟和理念都投入軍事方面，形成學習的重點所在，求知欲和好奇心用在其他事物，他認為完全是一種浪費。據說有人在一次宴會中問他，皮同（Python）或卡菲西阿斯（Caphisias）兩位之中誰是最好的樂師，他答非所問說波利斯帕強（Polysperchon）是最優秀的士兵；這是向人表示作為一個國王，應該關心和需要知道都是這方面的事情。

他對周圍熟悉的人士和朋友，態度非常溫和不會輕易動怒，用熱誠和敏捷回

---

25 這次會戰發生在奧林匹克72會期第4年即289B.C.。

26 那些國王都是亞歷山大大帝的部將或後輩，根本無法與他相提並論，他們也從沒有這種幻想。

27 西庇阿的傳記已經佚失，第十篇〈弗拉米尼努斯〉敘述的情節有點不同，漢尼拔在那裡把亞歷山大列為第一名將，皮瑞斯第二，他自己第三。

報別人對他的關懷。伊羅帕斯(Aeropus)過世帶來的痛苦使他無法忍受，他說他感到傷心和哀悼這是人之常情，卻責備自己的延誤和耽擱，沒有及時回報伊羅帕斯的仁慈和善意，就像一個人欠債雖然可以讓債主的繼承人得到滿足，對於接受的恩惠沒有在他生前表達謝意，總是令人無法釋懷，有違忠厚和高貴的天性。

　　有人認為最好的辦法，是把安布拉西亞那些不修口德的傢伙放逐到國外，他們老是在背後對皮瑞斯肆意的攻訐。他說道：「他們在這裡講的壞話總是比較少一點，讓這些人在外面亂逛豈不是罵得更要厲害。」聽說有人在酒後批評他的言行，經過追查總算找出一些倒楣的傢伙，他問他們是否講過這些話，其中一個年輕人回答道：「陛下，是有這麼回事，要是我們有更多的酒，就會說得更為露骨一點。」他聽到以後笑了起來，沒有任何處分讓他們回家[28]。

9 安蒂哥妮過世以後，他陸續娶了幾位妻室，用這種方式來擴大他的地盤和勢力，她們分別是皮歐尼亞(Paeonians)國王奧托利昂(Autoleon)的女兒柏辛娜(Bircenna)、伊里利亞國王的女兒巴地利斯(Bardyllis)，以及敘拉古人阿加索克利(Agathocles)的女兒拉納莎(Lanassa)，最後這位妻子的嫁奩是科孚(Corcyra)[29]這個城市，過去被阿加索克利用武力奪取。安蒂哥妮給他生了一個兒子名叫托勒密，還有拉納莎生的亞歷山大，以及最小的兒子赫勒努斯(Helenus)出於柏辛娜。他在重視武藝和軍事訓練的環境中將他們撫養長大，成為熱情澎湃和渴望戰陣的青年，從幼年時期開始就接受戰爭的陶冶和磨練。據說有一位兒子在很幼小的時候問他，會把這個王國留給誰，他的回答是這要看誰的劍最鋒利。實在說這有點像厄迪帕斯(Oedipus)[30]用悲慘的詛咒，加在他那幾位兒子的身上：

　　何須拈鬮聽天命，
　　全憑利器打江山[31]。

28　這個故事在很多作品中都曾經提到，像是蒲魯塔克的《掌故清談錄》就有記載。
29　科孚是希臘西部的島嶼，座落在愛奧尼亞海，與伊庇魯斯僅有窄狹的海峽相隔，是控制進出亞得里亞海的門戶，主要的城市與島嶼同名，位於島的西岸。
30　厄迪帕斯是神話中的英雄人物，底比斯國王拉烏斯(Laius)和王后約卡斯塔(Jocasta)的兒子，後來發生弒父妻母的悲劇，近世才有「厄迪帕斯情意綜」和「戀母情結」等心理學名詞。
31　優里庇德的悲劇《腓尼基的婦女》第68行。

像這種兄弟鬩牆和弱肉強食的結局，完全出於人性的自私和貪婪。

10 皮瑞斯打贏這場會戰以後，載譽返國為崇高的名聲感到無比的興奮，伊庇魯斯人給他加上「神鷹」這個名號；他說道：「因為你們的緣故，我才能成為『神鷹』，如果沒有你們的武力當作翅膀，我又如何能在高空翱翔？」沒過多久，傳來消息說是德米特流斯病重有生命危險，他突然對馬其頓發起寇邊行動[32]，侵擾鄰國的疆域，從當時的狀況來看，好像是不費吹灰之力就可以據有整個王國。他的進軍最遠抵達埃笛莎(Edessa)[33]，很多人放棄職責前來投效他的陣營。局勢的危險激勵德米特流斯恢復旺盛的元氣，他的幕僚和部將在短期內集結一支相當強大的軍隊，發揮戰力猛烈攻擊搶劫的隊伍。皮瑞斯志在掠奪財物，根本不願打一場硬戰，只有趕快撤退，馬其頓人緊追不捨，他在逃走之際損失部分人馬。

德米特流斯雖然很快且輕易將皮瑞斯趕走，對他並沒有藐視之心，決定施展野心勃勃的計畫，為了光復他父親的王國，建立一支10萬人的軍隊和500艘船的水師，不僅可以免於皮瑞斯的糾纏，更不能讓一個充滿活力和惹起麻煩的鄰居，虎視眈眈留在馬其頓人的後面。德米特流斯現在沒有餘力與皮瑞斯繼續維持一場戰事，所以願意與對手簽訂一紙和平條約，然後轉用兵力對付其他的國王[34]。雙方同意擬定的條款，大舉擴軍的準備工作，德米特流斯的圖謀很快被人察覺，其他的國王產生警惕之心，派遣使臣去見皮瑞斯或是送上信函[35]，對於他放棄大好的機會，讓德米特流斯的企圖能夠得逞，表示非常驚異。

他們唯恐天下不亂，認為皮瑞斯現在應該趁著德米特流斯內部不穩之際，可以將他驅出馬其頓，如果不為此圖，一旦德米特流斯羽毛已豐，就會將戰爭帶到皮瑞斯的國土，迫得他要在摩洛西亞的廟宇和陵墓中與敵軍戰鬥。特別是最近由於德米特流斯的鬼蜮伎倆，使得皮瑞斯失去科孚和他的妻子。拉納莎認為皮瑞斯其餘的幾個妻室都是蠻族出身，根本無法與她相比，然而卻得到皮瑞斯的寵愛，使得她怨恨在心，離開他的身邊回到科孚。她還想嫁給另一位國王，知道在所有

32　發生在奧林匹克123會期第3年即286B.C.。
33　埃笛莎是馬其頓內陸的城市也是最早的都城。
34　所指的國王是塞琉卡斯一世、托勒密一世和黎西瑪克斯。
35　本書第二十一篇〈德米特流斯〉第44節對於其他國王的圖謀，有很詳盡的敘述。

適合的對象當中，只有德米特流斯很願意結這門親事，於是向他表示這番情意，德米特流斯發航前去科孚迎娶拉納莎，並且進駐一支守備部隊防衛這座城市。

11 這些國王除了寫信給皮瑞斯，同時還暗中窺探德米特流斯的工作進度，知道遠征的行動已經後延，軍隊還是繼續加強準備。托勒密派出一支艦隊，使很多希臘城市脫離德米特流斯的陣營，黎西瑪克斯從色雷斯出兵侵擾上馬其頓地區，皮瑞斯也在這個時候大舉進軍貝里亞(Beroea)[36]，期望能夠趁著德米特流斯全力對付黎西瑪克斯之際，下馬其頓地區無人防守，全部落在他的手裡。

有天夜晚皮瑞斯已經休息，夢中聽到亞歷山大大帝在呼喚，進到房間以後發現他生病躺在床上，用友善的態度向皮瑞斯表示，言語之間不僅器重而且答應給予熱心的協助，這時皮瑞斯很大膽地問道：「陛下的病這麼重，請問如何對我加以援手？」他說道：「用我的名望所擁有的榮譽，」接著騎上尼西亞(Nisaean)的駿馬[37]，像是要領著皮瑞斯立即出發。

皮瑞斯看到顯靈使得他勇氣百倍，毫無所懼發起遠征行動，途中順利占領所有的城鎮直到奪取貝里亞，將他的大本營設在此地，派出屬下的將校平定其餘的地區。當德米特流斯接到這個信息的時候，發覺在他的軍隊裡馬其頓人醞釀著反叛的氣氛，很擔心要是再向前進軍接近黎西瑪克斯，留在後方的人員會投向名聲更為響亮的馬其頓國王。因此他轉身來揮軍指向皮瑞斯，認為對手是外來的侵略者，一定會受到馬其頓人的痛恨。等他到達皮瑞斯附近把營地開設完畢，很多逃離貝里亞的人員對皮瑞斯讚不絕口，說他的軍隊所向無敵，本人是個擁有光榮戰績的士兵，對待他們非常親切而且仁慈。皮瑞斯在暗中派出一些細作，外表看來跟馬其頓人沒有差別，向他們進行遊說，現在正是脫離德米特流斯暴虐統治的時機，可以在皮瑞斯這裡獲得庇護，還說他是一位愛民如子的君王，更是一位善待弟兄的將領。

運用這種手法使得大部分的敵軍受到蠱惑，馬其頓的士兵開始向四周張望，

36　貝里亞是馬其頓北部地區的城市，離開首都佩拉大約有50公里。

37　尼西亞是靠近裏海的一個行省，斯特拉波提到以養育馬匹知名於世，波斯國王的坐騎都由此地供應。

把眼光全部投向皮瑞斯。有次他沒有戴頭盔就出來巡視，後來想起這樣一來他們就認不出他來，於是趕緊戴上有高聳羽飾和羊角的頭盔[38]，只要一眼就可以看得非常清楚。馬其頓人很想知道口令，能夠安全逃到他的營地，有人的頭上戴著橡樹的枝葉，因爲皮瑞斯的士兵經常有這種打扮。還有些人獲得德米特流斯的信任就坦直進言，勸他放棄統治的權利趕快離去，這時他看到軍隊人心渙散與他們所說毫無二致，於是戴上一頂寬邊帽，穿一件普通士兵的外衣，用來掩飾自己的身分，在暗中偷偷溜走。皮瑞斯無須戰鬥成爲兩軍的主人和馬其頓的國王。

12 黎西瑪克斯現在已經來到，宣稱擊敗德米特流斯是他們兩個人共同努力的結果，因此他要分享統治馬其頓王國的權利。皮瑞斯對於馬其頓人很不放心，同時還懷疑他們的忠誠，於是接受黎西瑪克斯的提案，按照雙方協議瓜分領土和城市。這樣做只是遷就當前情勢，防止戰爭的權宜措施，過沒有多久，他們發現這種分治不僅無法帶來和平，反而引起不斷的怨言和爭執。海洋、高山和無人居住的沙漠，不能阻止人類的野心，就是分隔歐洲和亞洲的邊界，不能局限無窮的欲望。等到他們相互發生接觸而又緊密聯合起來，很難期望雙方能容忍彼此造成的傷害。他們的心中始終存在著戰爭，當然會產生背叛和猜忌的種子。和平與戰爭只是兩個可以運用的名詞，就像通貨一樣完全基於我們的需要，至於說要達成公理正義的目標，頂多只能算是權宜之計而已。光明正大投入戰爭總比克制自己不要去做傷天害理的事，對於某些人來說是更爲高尚的行爲，僅僅因爲他們缺乏打敗對手的機會，所以出現公正和友誼這些神聖的稱呼。

皮瑞斯就是一個最好的例證：爲了防止德米特流斯的東山再起，竭盡可能不讓他恢復原來的權勢；然而德米特流斯的處境，就像從罹患重病以後再慢慢痊癒一樣。皮瑞斯爲了援助希臘人到達雅典，登上衛城向雅典娜女神獻祭，當天他在市民大會發表演說，感激雅典人對他的善意和信任，他認爲這些領導人物雖然見識高人一等，還是要向他們提出勸告，不要再讓一個國王進入城市，更不能打開城門表示歡迎[39]。他與德米特流斯簽署和平條約，等到德米特流斯返回亞洲沒有多久，就在黎西瑪克斯的教唆之下，花錢買通帖沙利人的反叛行動，開始圍攻德

---

38 亞歷山大大帝用這種冠飾當作獎賞，因爲馬其頓王國拿山羊作爲國家的標誌。
39 雅典人聽從他的勸告，將德米特流斯的守備部隊趕走。

米特流斯在希臘的城市。他發現戰時的馬其頓人較之平時更能保持歸順之心，在他的心目中比起其他民族更有分量。

最後德米特流斯還是在敘利亞遭到全面潰敗[40]，黎西瑪克斯鞏固內部的團結，等到棘手的事務處理妥當，立即轉移全軍指向進駐在埃笛莎的皮瑞斯。黎西瑪克斯襲擊並且攔截皮瑞斯的運輸車隊，使得他的軍隊飽受缺糧之苦，然後用書信和散布謠言的方式，收買馬其頓人當中身居要職的官員，責備他們選擇一位外鄉人當統治者，而且這位君主的祖先曾經臣屬於馬其頓人，同時他們還把亞歷山大的朋友和同伴驅出國門。馬其頓的士兵大部分受到說服，皮瑞斯帶著伊庇魯斯人和輔助部隊撤離，敵人逼他放棄馬其頓與他取得的手法如出一轍。因此，國王沒有道理指責民主政體的臣民為著利益改變立場，他們之所以這樣做，是因為那些高高在上的教導者有背信和叛逆的行為，被他們模仿和效法。君主需要見識高明的智者在旁襄助，至於誠實與否並不在意。

13 皮瑞斯退回伊庇魯斯留下馬其頓不加理睬，幸福女神賜給他運道能夠過寧靜的生活，在和平的狀況下統治自己的臣民。他認為不去找別人的麻煩，或者本身無法受到類似的困擾，同樣都是枯燥無味的渾無聊賴。他就像阿奇里斯那樣無法忍受空虛和寂寞：

> 勇士多凋零，
> 欣聞鼙鼓聲[41]。

聽到國外傳來紛擾四起的信息，焦慮的心情得到紓解。塔倫屯人（Tarentines）[42]與羅馬人之間發生戰事，雖然塔倫屯人沒有能力延續下去，那些生性魯莽而且帶著惡意的政客，不僅沒有做結束戰爭的打算，提出建議要請求皮瑞斯成為他們的將領，率領他們與羅馬人繼續戰鬥；特別是其餘的國王不願管閒事，何況也沒有具備他這樣卓越的指揮能力。那些持重和謹慎的市民反對這個意見，他們的發言

40　301B.C.的伊普蘇斯會戰，安蒂哥努斯一世被殺，德米特流斯面臨毀滅的命運。

41　引用荷馬《伊利亞德》第1章節第491行。

42　塔倫屯是意大利南部一個希臘城市，最早是希臘人建立的貿易站，後來成為富裕而實力強大的城邦，位於塔蘭托（Taranto）灣的頂端。

被群眾叫囂和橫蠻所壓倒，其他人看到狀況不妙，只有趕緊離開市民大會的會場。

只有一位名叫梅頓(Meton)的市民，平常看來非常拘謹和莊重，在那天等到這份律令批准以後，群眾還留在座位上面，他就像喝醉酒的傢伙跳著舞蹈的腳步進入會場，頭上戴著枯萎的花圈，手裡拿著一盞很小的燈，一個婦女吹著笛子走在他的前面。在這樣一個群眾聚會的場所，從來沒有看到如此不講禮儀的行徑，有些人在鼓掌叫好，也有人大聲嘲笑，然而沒有任何人打算加以阻止。他們叫這位婦女繼續演奏，還叫他跟著一起歌唱，當大家以為他也會這樣做的時候，他說道：「各位塔倫屯的正人君子，雖然你們在這有權可以為所欲為，但是切記不要樂極生悲，如果你們的確有高人一等的智慧，要趁著目前的機會盡可能享用自由帶來的愉悅，隨著皮瑞斯抵達市鎮帶來另外的飲食習性，到那時你們就得改變原來的生活方式。」這番話使得很多塔倫屯人有深刻的印象，對於他所提示的重點大家發出一陣混亂的喃喃之聲，有些人害怕一旦與羅馬人講和，就會拿他們當成犧牲品，於是在市民大會中大聲譴責，怎麼可以任憑酒鬼在這裡胡說八道，同時一起把梅頓驅出會場。

他們通過正式的公文書，派遣使者前往伊庇魯斯[43]，不僅用本城的名義而是希裔意大利人共同的請求，帶著送給皮瑞斯的禮物，讓他知道他們需要一位名聲響亮和經驗豐富的將領。他們會徵召一支大軍聽從他的指揮，全部由盧卡尼亞人(Lucanians)、墨西那人(Messapians)、薩姆奈人(Samnites)和塔倫屯人組成，共計2萬名騎兵和35萬名步卒。皮瑞斯感到無比的興奮，就是伊庇魯斯人對於遠征行動一樣充滿熱烈的情緒。

14 皮瑞斯的宮廷有位帖沙利人名叫辛尼阿斯(Cineas)，為人處事非常穩健而且極有見地，是演說家笛摩昔尼斯(Demosthenes)的門徒，在那個時代以能言善辯知名於世，凡是聽過他高談闊論的人，折服於他那有力的論點和驚人的氣勢，在記憶之中保持栩栩如生的印象。他對皮瑞斯有很大的影響力，經常受到派遣前往各城邦完成交付的使命。優里庇德的詩句可以為證：

但憑三寸不爛之舌，

43　這件事發生在281B.C.的夏天。

　　遠勝千軍萬馬之師。

　　就是皮瑞斯也時常說起，辛尼阿斯用合縱連橫的辯才攻下的市鎮，數量之多勝過他的武力，而且在最關緊要的時機，他的工作能發揮最大的成效。

　　辛尼阿斯現在看到皮瑞斯全力準備意大利的遠航，有天找到一個機會與他就這個問題進行深入的探討。辛尼阿斯問道：「陛下，我們聽說羅馬人是成就驚人的勇士，他們征服很多窮兵黷武的民族，如果獲得神明的保佑能夠制伏他們，請問我們如何運用這次戰爭的勝利？」皮瑞斯說道：「你問的問題正是關鍵所在，只要征服羅馬人，無論是希臘人或蠻族的城市都無法抗拒我們的大軍，我們就會成為全意大利的主人，我想對這個地區的幅員、資源和實力，沒有人比你更清楚。」辛尼阿斯停頓一下，說道：「征服羅馬人以後，下一步你會怎麼辦？」皮瑞斯到現在還未發現他的意圖，回答道：「西西里，它會張開雙臂來迎接我們，這是一個富裕而興旺的島嶼，很容易到手。阿加索克斯離開以後，黨派的傾軋使得整個地區成為無政府狀態，在民選政客的操縱之下，無法無天的暴力行為到處肆虐。」

　　辛尼阿斯問道：「你的看法非常正確，但是據有西西里就會中止戰爭？」皮瑞斯回答道：「神明讓我們在這裡獲得勝利和成功，預兆著我們為偉大的事業拉開序幕。利比亞和迦太基已經進入我們的勢力範圍之內，難道我們還忍耐得住毫不動心？當想年阿加索克斯被迫逃離敘拉古，只靠著幾艘船隻渡過大海，發起的突襲行動幾乎讓他將整個地區攫取到手。這種討伐的工作只要稍為改進，我們可以說那些表面上裝出藐視我們的敵人，難道會有一個真的敢挺身而出？」辛尼阿斯應和道：「一個也沒有。那麼跟著我們用這樣強大的武力，再度統治馬其頓，完成全希臘的征服，看來也很明顯的事；當這一切都在我們的權力掌握之中，接下來我們又應該怎麼做？」

　　皮瑞斯笑著說道：「親愛的朋友，這樣一來我們可以很輕鬆的過日子，整天喝酒和閒聊一些令人愉快的事情。」辛尼阿斯這時讓皮瑞斯知道他談話的重點所在：「陛下，如果我們想要過愉快的生活，大家都應該存著這種念頭。然而只要我們不怕麻煩，非要完成這些重要的工作，經過血腥的戰鬥和艱困的辛勞，給自己和他人帶來無窮的危險和災禍，才算達成我們的計畫和使命。那麼從現在看來，究竟會有幾個人能夠享有這種福份？」

　　皮瑞斯對於幸福所秉持的想法，聽到這番道理難免感到困惑不安，只要有違

他的意圖，就會束之高閣不予理會，始終保持雄心壯志絕不會放棄這些希望。

15 首先，他派辛尼阿斯率領三千人馬前往塔倫屯；接著是大批運送馬匹的船隻，還有戰船和各種平底船，從塔倫屯開了過來，他裝載的兵力是20頭戰象、3000名騎兵、2萬名步卒、2000名弓箭手和5000名投石手。等到一切完成備便，他啓碇出航，走到半途遭到強勁北風的吹襲，有違當時的季節和時令。這陣暴風雨極其猛烈，靠著領航和水手的技巧和決心，經歷千辛萬苦總算托天之福，使他乘坐的船隻能夠抵達陸地。艦隊的其餘部分不可能有這種好運，有的船隻被風吹散，偏離航道無法到達意大利的海岸，遍布利比亞和西西里一帶海面。還有一些船隻沒有能力繞過傑伯基姆（Japygium）角，因為發生狀況是在夜晚，波濤洶湧的海浪將他們帶向極其危險的岩岸。看來除了皇家的戰船，其他的船隻無法逃過面臨的災難。

國王的座艦憑著它的體積和噸位，可以抗拒海浪來自側方的力量，從海面吹過來的狂風向著海岸颳過去，這時船頭正好對著這個方向，帶來的危險會使船隻撞成碎片。從另一方面來看，他們還是要再度駛向狂暴的海洋，風向不斷變換，使得這場災難變得更為可怕。皮瑞斯站起來縱身到大海之中，他的朋友和侍衛跟著跳下去，拚老命將他救了起來，處於深夜和浪潮澎湃的喧囂聲中，這件工作是格外的困難。黎明以後風勢開始轉弱，經過一番奮鬥總算能夠登岸，身體經過極端的勞累已經是虛弱無力，然而在心理上感到能夠克服凶險的逆境，反而鼓舞起高昂的情緒和奮鬥的勇氣。居住在海岸的墨西拿人毫不畏懼惡劣的天候，盡最大的技術和熱誠對他們伸出援手。有些散失的船隻逃過暴風雨的肆虐到達他們那裡，現在只剩下少數騎兵、大約2000名步卒和2頭戰象。

16 皮瑞斯帶領這批殘餘兵力直接向著塔倫屯進軍，辛尼阿斯聽到他抵達的信息，率領部隊前去迎接，進入市鎮以後，他對塔倫屯人隻字不提這件慘劇，也不要求他們事事從命，直到所有的船隻進入港口，大部分的兵力安然無事的集結。他發覺對於這裡的人民，除非用強制的手段，他們沒有辦法提供援助，就連自衛的能力都談不上，即使他們有心改進也無法做到。當皮瑞斯為保護他們的權益在戰場拚命的時候，塔倫屯人卻留在家中享受沐浴和宴飲的生活。他首先關閉公眾用來社交和散步的場地，不讓他們在那裡整天無所事事，用

閒聊來爲國家打一場會戰或者是指揮一次戰役。他對所有不合時宜的節慶、飲宴和縱酒狂歡全部加以禁止。他把民眾召集起來加強軍事訓練，擺出絕不通融的姿態嚴格貫徹徵兵制度，能夠有充足的兵力應付戰爭的需要。很多塔倫屯人離開城鎮，因爲他們不習慣這種指揮的方式，而且也不喜歡過奴役生活。

他現在獲得信息說是羅馬執政官利維努斯(Laevinus)[44]，率領一支大軍正在趲行而來，途中對盧卡尼亞地區大肆劫掠。盟邦的部隊現在還未到達，他無法容忍敵軍的接近已經對他形成威脅，將軍隊在戰場完成部署。首先派出一名傳令官要讓羅馬人知道，除非他們一定要用戰爭來解決雙方的爭執，否則他願意在他們和希裔意大利人之間進行斡旋和仲裁。利維努斯的答覆極其強硬，羅馬人不接受他的調解也不懼畏他這個敵人。 皮瑞斯揮軍前進，紮營在潘多西亞(Pandosia)和赫拉克利(Heraclea)[45] 兩個城市之間的平原，注意到羅馬人抵達最近的位置，就在昔瑞斯(Siris)河的對岸列陣。他跨上坐騎去探視敵情，看到羅馬人的戰鬥序列、前哨陣地的選定以及整個營地的部署和配置，表露出極爲驚訝的神色，就對他身旁一位朋友說道：「麥加克利(Megacles)，蠻族對於行軍和宿營的戰術作爲，看起來有很高的水準，絕對不是一群烏合之眾，我們認爲它能夠發揮相當大的效用。」

因而他對局勢的發展抱著更爲小心翼翼的態度，決定等待盟邦軍隊的到達。如果這個時候羅馬人想要盡力完成渡河，皮瑞斯用沿著河岸部署人馬來加以拒止。羅馬人這方面急著發起先制攻勢來開闢通道，要在皮瑞斯所期待的友軍來到之前，派出步兵據有可以徒涉的位置，騎兵選定幾個地點實施泅渡。希臘人生怕遭到包圍只有趕緊退卻，等到皮瑞斯發覺狀況不妙，立即交代他的步兵軍官將部隊排出會戰隊形，繼續完成戰鬥準備，這時他親率三千騎兵出陣，要趁著羅馬人前進形成分離之際，發起攻擊將他們驅散或是打亂他們的序列。他看到數量驚人的盾牌出現在水面之上，後面緊跟著秩序井然的騎兵隊伍，這時他將手下的人馬集結起來編成密集隊形，自己身先士卒領導衝鋒，身穿華麗的胄甲顯得格外突出，行動所產生的功效更超過他的名聲，一見之下使人難以忘懷。

當他運用雙手和全身的力量從事戰鬥的時候，驍勇無比的精神能夠擊敗所有

44　巴布留斯·利維努斯是280B.C.羅馬執政官，有關他的記載全部來自《皮瑞斯戰記》。

45　潘多西亞是位於盧卡尼亞的小城，靠近赫拉克利，不是位於布魯提姆地區那個同名的城市。
　　赫拉克利是瀕臨塔蘭托灣的希臘城市，這時與塔倫屯建立同盟對抗羅馬。

與他接戰的敵人。他始終用一種穩健而且不受干擾的信念引導著會戰的進展，無
論遭遇任何局面他都能保持鎮靜，好像他可以用旁觀者清的心情，站在一段距離
之外檢視所有的作戰行動。他對任何細微之處都不會放過，只要有人受到敵人的
壓制，就會立即受到救援。

　　馬其頓人李昂納都斯（Leonnatus）看到一位意大利人，正在窺伺皮瑞斯的動
靜，驅策坐騎隨著他改變位置，一步一趨跟著移動。李昂納都斯說道：「陛下，
你看到那位蠻族沒有？他騎著一匹腿部是白色的黑馬。從他的樣子看來是非常危
險的人物，充滿仇恨的眼光在全神注視著你，對於其他的事物毫不在意，陛下，
請下令給待衛去對付這個傢伙。」皮瑞斯說道：「李昂納都斯，對於男子漢大丈
夫而言，違背天意是不可能的事，無論是這個傢伙或者任何一位意大利人，只要
能與我廝殺一番，是勝是敗都應感到滿足。」就在他們交談的時候，這個意大利
人平執長矛，驅策坐騎加快速度，非常凶狠向著皮瑞斯衝殺過來，這時李昂納都
斯越過國王迎上前去。兩匹坐騎全都倒在地上，皮瑞斯的朋友圍繞四周護衛他的
安全，這位意大利人雖然英勇抵抗，最後還是被殺身亡。他就是當面這支部隊的
指揮官，出生在弗倫塔尼亞（Frentania）[46] 的歐普拉庫斯（Oplacus）。

17 這樣一來使得皮瑞斯提高警覺，現在發現騎兵部隊已經敗退下來，
　　　　他親自率領步兵去對付敵軍，為了在攻擊羅馬人的時候隱匿國王的
身分，就與他的朋友麥加克利交換所穿的衣袍和兵器。羅馬人忍受極大的壓力仍
然奮戰不息，這場會戰究竟會鹿死誰手還未得知。據說兩軍的攻防之戰曾經七度
易手，經過整頓再戰仍舊不分勝負。交換衣甲給皮瑞斯帶來好運，等於拯救他的
性命，就在這個時候所產生的突發狀況，幾乎毀損他的大業和喪失會戰的勝利。
麥加克利受到幾位敵軍的圍攻，有位名叫德克蘇斯（Dexous）的對手給他致命的一
擊，將他的頭盔和長袍攫走，立刻馳向利維努斯，高舉手中的物品，大聲疾呼已
經將皮瑞斯殺死。

　　這些戰利品立刻帶到隊列前面展示，羅馬人全都興高采烈大聲歡呼，這時希
臘人中間立即瀰漫沮喪和恐懼的氣氛，皮瑞斯現在了解問題極其嚴重，騎馬出現

46　弗倫塔尼亞是位於意大利中部的城市，居住在此地的部族非常強悍，他們與西邊鄰接的薩姆
　　奈人結盟，一直與羅馬作對。

在軍隊的四周，沒有戴頭盔將面孔整個露出來，向他的士兵高舉雙手，大聲向他們叫喊這裡就是他們的國王。最後發生出人意料之事，戰象給羅馬人帶來極大的災禍，他們的坐騎在接近這些猛獸的時候，無法忍受面臨的危險帶著騎士轉身就跑；皮瑞斯掌握戰機趁著敵軍混亂之際，下令帖沙利的騎兵部隊發起衝鋒，擊敗敵軍讓他們遭到很大的損失。

戴奧尼休斯（Dionysius）[47]非常肯定地表示，幾乎有1萬5000名羅馬人陣亡；海羅尼穆斯（Hieronymus）[48]的說法是沒有超過7000人。在皮瑞斯這方面，戴奧尼休斯提到被殺的士兵高達1萬7000人，要是按照海羅尼穆斯的記載不到4000人；這些人都是精英分子，其中包括他的幕僚和屬下的軍官，都是最受他信任和最有作為的人士。不過，他據有羅馬人放棄的營地，占領幾個與羅馬建立聯盟的城市，對四周的國土進行蹂躪和破壞，還繼續進軍到距離羅馬不到50公里的地方。經過這次戰鬥以後，很多盧卡尼亞人和薩姆奈人來到，並且投效他的陣營；雖然他叱責他們的遲延，能在只有塔倫屯人單獨給予協助之下，擊敗像羅馬這樣戰力強大的敵人，讓他感到無比的欣慰和莫大的榮譽。

18 羅馬人並未免去利維努斯的執政官職位，據說該猶斯·法布里修斯（Caius Fabricius）[49]有一種看法，伊庇魯斯人沒有打敗羅馬人，只是利維努斯的能力不如皮瑞斯而已；暗示他們的失利並非作戰有欠英勇而是指揮不當所致。他們用最快的速度充實軍團的缺額，徵召新進的兵員，用高昂而帶著威脅的聲調擺出不惜一戰的姿勢，使得皮瑞斯感到大為驚訝。因此，他認為最可行的辦法首先是派遣一位使臣，就過去的經驗去了解羅馬人的打算是否傾向和平，因為他知道憑著當時的兵力，要想達成奪取羅馬和完成絕對征服的心願，可以說是極其困難的工作。如果他能贏得他們的友誼，帶給他們談和的條件，這是他獲得勝利以後最光榮的結局。

47　戴奧尼休斯是1世紀B.C.希臘修辭學家和文學批評家，30B.C.從哈利卡納蘇斯來到羅馬，曾經撰寫20卷《羅馬古代編年史》，頭10卷留存於世。

48　卡迪亞（Cardia）的海羅尼穆斯是從亞歷山大逝世到皮瑞斯亡故，這段期間最主要的歷史學家，還是一位將領和政治家，對安蒂哥努斯一世、德米特流斯和安蒂哥努斯二世提供卓越的服務，他的作品除了被引用的片段還可見到，全部都已佚失，260B.C.去世時高齡達104歲。

49　該猶斯·法布里修斯與伊米留斯·佩帕斯（Aemillius Pappus）同時出任282和278B.C.的執政官，以及275年的監察官，人品正直生活簡樸是羅馬人的模範。

　　辛尼阿斯奉派擔任使臣，到了羅馬先去拜訪幾位重要人物，用國王的名義贈送禮物給他們和他們的妻子，但是沒有一個人願意接受，就是婦女也加以拒絕，他們的意思是只要當局贊同簽署和平協定，就他們私人的立場而言，當然會對國王表示尊敬和接受他的友誼。辛尼阿斯用世界上最有說服力的口才和最親切的態度，在元老院發表談話和他們進行磋商，皮瑞斯願意歸還在會戰中捕獲的俘虜，無須支付任何贖金，答應協助他們完成整個意大利的征服行動，除了要求他們的友誼和塔倫屯人的安全以外，別無任何條件和企圖，還是沒有人聽得進這些仁慈的提議或明顯的表態。雖然如此，大部分人士還是傾向於接受和平，他們已經吃了一場敗仗，等到意大利幾個城邦派兵加入皮瑞斯的陣營以後，還有規模更大的硬戰接著就要開打。

　　就在這個關鍵時刻，阿庇斯‧克勞狄斯（Appius Claudius）[50]的現身使得狀況發生徹底的變化。阿庇斯在羅馬享有崇高的聲譽，因為老邁年衰而且喪失視力，已經很久不問政事，等到國王派員前來提出建議，聽到有人向他報告，說是元老院準備投票通過和平的條件，無法忍耐就吩咐奴僕將他放在舁床上面，抬起來經過市民廣場抵達元老院議事廳，當他坐在門口的時候，他的兒子和女婿將他扶起來，簇擁著他走進元老院。整個會場為了表示對這位顯赫人物的尊敬，大家保持靜肅聽取他的發言。

19 他登上講壇等候片刻然後說道：

　　我的眼睛過去發生病變，帶來很多不便只有盡量忍耐，現在聽到令人感到羞辱的議案和元老院的決定，等於把羅馬的光榮全部葬送，心中真是痛苦萬分，不禁要埋怨為什麼只有眼睛瞎掉，如果連耳朵一起聾掉豈不是更好。當我們是年輕人而父執輩正值壯年的時候，即使亞歷山大大帝來到意大利，面臨的下場不是潰敗就是逃走，根本不會有人讚譽他所向無敵的英名，這樣一來當然會增加羅馬的光榮。難道你們

50　羅馬在296B.C.打敗薩姆奈人，領軍的執政官是阿庇斯‧克勞狄斯，他與辛尼阿斯的通信還流傳到西塞羅時代。

不想用這種議事的方式，使自己在全世界變得更爲出類拔萃？你們現
在展現在人們的眼前全然是愚蠢的無知和虛矯，摩洛西亞人和查奧尼
亞人(Chaonians)[51] 只不過是馬其頓人的獵物，你們竟然畏之如虎；
皮瑞斯是亞歷山大身旁的待衛[52]，可以說是卑賤的奴僕，你們看到他
會全身發抖。皮瑞斯目前在意大利徘徊逗留，不是爲了救助住在我們
中間的希臘人，而是要逃避國內的仇敵；竟敢答應你們用他的實力來
支援你們的征服，而他那支軍隊卻不足保有馬其頓一小片土地。你們
不要聽他的花言巧語，說是要打發他們回家必須先建立友誼的關係，
這樣做只會引來更多的侵略者，因爲他們藐視你們很容易被人欺負。
如果皮瑞斯對你們的暴行沒有受到懲處就讓他離開，只會使得羅馬人
成爲塔倫屯人和薩姆奈人的笑柄。

阿庇斯講完這番話以後，每個人的心中洋溢著戰爭的熾熱情緒。元老院用下
面的答覆打發辛尼阿斯走路：皮瑞斯只要從意大利撤軍，就會依他的意思雙方建
立友好與聯盟的關係，如果還是仗著武力留在這裡，他們決心盡諸般手段與他奮
戰到底，即使他能打敗一千個像利維努斯這號人物，羅馬人也不會感到懷憂喪
志。根據辛尼阿斯的說法，當他從事這項使命的時候，認爲當急之務是要仔細觀
察羅馬人的言行舉止，深入了解政府的運作方式，同時要與出身高貴的市民進行
直接交談。他後來告訴皮瑞斯，在所有的事情當中，發現元老院對他而言就像是
由一群國王組成的議會，至於人民的數量極爲龐大，很怕馬其頓人作戰的對象是
賴那(Lerna)[53] 的一條九頭怪蛇。執政官徵集的兵力是上一次的兩倍，從以前很多
次的狀況來看，羅馬人能夠執干戈以衛社稷的及齡壯丁，人數比這個還要多得多。

20 羅馬派遣該猶斯·法布里修斯擔任使者，前來處理俘虜等有關事宜。
辛尼阿斯曾經向皮瑞斯提到這個人，說他在政壇以誠實出名，同時
還是一位優秀的軍人，家境非常貧窮，應該對他特別注意。皮瑞斯用親切的態度

51　查奧尼亞人是伊庇魯斯一個古老的部族，居住在北部的濱海地區。
52　用來諷刺他與托勒密和德米特流斯的親戚關係。
53　是指海克力斯在賴那沼澤殺死傳說中的怪物，在他十二功業中列名第二。

接見，私下勸他接受贈送的黃金，說是沒有不良的企圖，只是表示敬重和待客之誠。法布里修斯拒絕接受禮物，皮瑞斯也就避而不提。到了第二天，心中想出一個辦法要讓對方感到坐立不安，法布里修斯以前沒有見過戰象，就命人將體型最大的一頭，完成作戰的全部披掛，牽到他們將要舉行晤談的房間，前面用一張簾幕遮住。到時候他做一個手勢，簾幕拉到兩邊，戰象就在法布里修斯的頭頂舉起長鼻，發出可怖而難聽的吼聲。法布里修斯很平靜轉過頭來，笑著對皮瑞斯說道：「不論是昨天的黃金還是今天的大象，在我看來都是無足掛齒之事。」

晚宴當中他們談到很多的事情，特別是與希臘人和哲學家有關的問題，辛尼阿斯隨口提起伊庇鳩魯（Epicurus）[54]，對於這個教派有關宗教、共和國和人生觀等論點，提出個人的看法。他說伊庇鳩魯認為人的一生要保持愉快的心情，應該避免涉及公共的事務，因為這是危害幸福生活的毒藥。神明應該超然於恩惠和忿怒之上，對世人無須任何關懷之情，務使達者不受到外物的牽累，能夠完全沉溺於幸福之中。等他說完以後，法布里修斯向著皮瑞斯高聲說道：「啊！海克力斯！希望皮瑞斯和薩姆奈人與我們發生戰爭的時候，心中能存著這種理念。」

皮瑞斯對使者的智慧和定力非常欽佩，很高興能與羅馬建立友誼來取代戰爭，於是個人對法布里修斯提出要求，等到和平條約簽訂以後，能夠到他的政府來服務，在大臣和將領中間居於首輔的地位。法布里修斯很平靜的回答道：「陛下，這樣做對你而言沒有一點好處，現在這些大臣和將領不斷的推崇和讚譽你，那是他們始終抱著擢升的希望；如果他們想要像我一樣能夠平步青雲，就會寧願接受外人的統治把你棄而不顧。」法布里修斯誠實無欺的性格表露無遺。皮瑞斯接受他的說辭沒有表示不豫之色，更不會大發脾氣；不僅如此，還在他的幕僚當中極口稱許法布里修斯有寬宏的胸襟。皮瑞斯把俘虜的事宜交給他去處理，可以讓這些人回到自己的家園去見親人和朋友，參加農神節的盛典，條件是元老院如果沒有通過和平條約，要將這些人全部押解回來，按照規定節慶完畢立即遣返，出現任何延誤要處以死刑。

---

54 伊庇鳩魯這時還活在世上，他的哲學理論能夠風行一時，那是共和國滅亡以後的事。

21 過了這段期間，法布里修斯成為羅馬執政官[55]，有個人給他帶來一封信，這是國王的首席醫生在營地所寫，說他會用毒藥使得皮瑞斯暴斃，羅馬人免於兵凶戰危即可結束雙方的爭執，那麼對於他的貢獻應該給予相當的報酬。法布里修斯非常痛恨這種邪惡的小人，與另外一位執政官商量以後，立即派遣專差去見皮瑞斯，提醒他要注意謀逆的行為，信函的旨意如下：

> 羅馬執政官該猶斯·法布里修斯和奎因都斯·伊米留斯致伊庇魯斯國王皮瑞斯，祝你身體健康：你對於朋友和敵人做出錯誤的判斷，當你讀完我們寫給你的信以後，應該會有進一步的認識，你現在正與誠實的人作戰，卻信任那些將要陰謀對付你的奸賊和壞蛋。我們揭發這件事不是向你施恩要求回報，而是不願因你的被害遭到責備，說是我們為了結束這場戰事，不是憑著自己的實力而是靠著可恥的叛逆。

皮瑞斯讀過信開始調查這件陰謀活動，對醫生處以極刑，為了向羅馬人表示謝意，不要贖金將俘虜遣返羅馬，再度派辛尼阿斯與法布里修斯磋商和約有關事宜。羅馬人不願接受敵人的好處，或許是認為不做傷天害理的壞事，並不值得給予遣返俘虜這樣大的獎勵，就送回同樣數量的塔倫屯人和薩姆奈人，還特別表示，除非他們的軍隊和設備離開意大利，裝在來時的船隻上面向著伊庇魯斯回航，否則絕不考慮與皮瑞斯成立聯盟或簽訂和平條約。

事態的發展使得皮瑞斯要進行另一次會戰，在獲得生力軍的補充以後，撤收營地開始進軍，抵達阿斯庫隆附近與羅馬人遭遇，發生激烈的戰鬥。這裡是森林密布的地區，對於騎兵部隊的運動帶來不便，加上湍急的河流和不夠堅實的地面，戰象很難趕得上步兵的行進速度。他的傷亡都很慘重，直到夜幕低垂才結束會戰的行動。第二天他的構想是要在平坦的地面從事戰鬥，集中他的戰象用來對付人數最密集的敵軍，於是他派出一支特遣部隊，先據有這個不適合作戰的區域，然後把投石手和弓箭手夾雜在戰象中間，加強作戰的縱深，形成強大的戰力和高昂的鬥志，用密集的隊形和整齊的步伐向著敵人進擊。羅馬人喪失地形的優

55　這件事的年代發生錯誤，法布瑞修斯和伊米留斯在278B.C.擔任執政官，是在阿斯庫隆會戰後一年。

勢，無法按照他們的期望實施退卻或進行決戰，只能在平坦的地面從事單兵的戰鬥。他們急著要在戰象趕上來之前，先擊敗敵人的步兵；然而這些對手拔出短劍對付馬其頓人的長矛，根本不顧慮自己的安危，非常凶狠的衝上去，對著敵人大砍大殺。

經過一場長時間的激戰以後，羅馬人被迫放棄堅守的陣地，據說主要的原因是皮瑞斯用過人的勇氣親自投入戰鬥。他們實在無法抵擋戰象無堅不摧的衝力，如同大海的侵襲或發生地震一樣，是人類的精力所無法抗拒的自然現象，與其束手等待死亡還不如暫時避開為上策。羅馬人即使付出慘重的代價，仍舊無法在任何方面獲得優勢。

他們收兵退回不遠處的營地。海羅尼穆斯提到羅馬軍隊陣亡6000人，國王損失的人馬根據自己所著《皮瑞斯戰記》的記載是3550人。不過，戴奧尼休斯並未說明阿斯庫隆兩次會戰的真實狀況，對於羅馬人吃了敗仗一事，也沒有很清楚的交代，只提及其中有一次打到太陽落山，黑夜來臨迫使兩軍鳴金收兵；還說到皮瑞斯的手臂被標槍戳傷，薩姆奈人搶劫他們的行李和輜重[56]，雙方的死亡人數加起來超過1萬5000人。

據說兩軍返營以後，有人向皮瑞斯祝賀獲得勝利，他的回答是這次會戰真是得不償失。他帶來的兵力大部分都已傷亡殆盡，包括最密切的幕僚和主要的將領，不僅無法在這裡召募到新兵，還發現在意大利的盟軍都已退走。在他的對手這方面，羅馬的後援源源而來如同永不枯竭的泉水，營地裡面很快充滿新到的人員，士氣和鬥志沒有降低，反而激起同仇敵愾的精神，決心繼續戰爭堅持到底。

22 他處於極其艱困的環境之下，再度激起新的希望和計畫，只是已經偏離原來的目標。就在這個時候，有些人從西西里趕來晉見，要把阿格瑞堅屯（Agrigentum）、敘拉古和李昂蒂尼（Leontini）[57]這幾個城市交到他的手裡，乞求他的協助好將迦太基人驅離，使整個島嶼免於暴政的迫害。然而又有人從希臘帶來信息，托勒密‧西拉努斯（Ptolemy Ceranus）[58]在戰場遇害，率領的部

---

56 這些是羅馬的輔助部隊來自阿普利亞的阿皮隆。

57 阿格瑞堅屯位於西西里的南部海岸，是亞該亞人建立的殖民地；李昂蒂尼位於西西里的東部海岸，在敘拉古的西北方約40公里，是優卑亞人建立的殖民地。

58 托勒密‧西拉努斯是埃及國王托勒密一世的兒子，他在280B.C.用卑鄙的手段刺殺塞琉卡斯，

隊被高盧人打得潰不成軍；總而言之，現在是獲得馬其頓人擁戴的最好時機，因爲他們急需一位國王[59]。

　　面臨這種情況難免要抱怨幸運女神，接踵而來的好運和機會讓他無從抉擇，經過再三斟酌，認爲西西里的情勢最爲有利，何況阿非利加就在近側，會給他帶來光明的遠景。他決心轉向另外的任務，如同過去經常的處理方式，立即派遣辛尼阿斯前往西西里，與那些城市協商有關的條件。他在塔倫屯配置一支守備部隊，然而塔倫屯人還是極爲不滿，要他履行答應來到此處的承諾，繼續從事與羅馬人的戰爭；否則乾脆留下這個城市讓它自生自滅。皮瑞斯很不高興地答覆，要他們閉嘴不要嚕嗦，只要發生問題他就會回來，然後揚帆而去。

　　等他到達西西里以後[60]，發現他的希望和打算都確如所願，這些城市大開城門投向他的陣營，凡是需要使用武力的地方，大軍一到兵不血刃全部降服。進軍的兵力是3萬名步卒、2500名騎兵和200艘船隻，將腓尼基人（Phoenicians）[61]打得大敗而逃，整個行省被他征服，伊里克斯（Eryx）[62]是防衛最爲森嚴的市鎮，配置一支戰力強大的守備部隊，他決心用強打猛攻的方式奪取這個重要的據點。等到軍隊準備發起突擊，他全身披掛位於部隊的先頭，對著海克力斯立下誓言，如果在那一天的行動之中，能在居住於西西里的希臘人前面建下顯赫的戰功，使得他不愧身爲英勇祖先的後裔子孫，獲得祂所賜予的好運，就要向偉大的神明奉獻祭品，並且舉辦各種表演活動，來彰顯祂的榮耀和恩典。

　　銅角的聲音發出進攻的信號，先用箭驅散蠻族，然後帶著雲梯架設起來，他率先爬上城牆，擊退蜂擁而上的大量敵人。他把有些人從城牆的兩邊拋擲下去，還有很多人被他用劍殺死，倒地的屍首成堆圍在他的四周，他自己是毛髮無損，這種英勇的表現使敵人感到膽顫心驚。荷馬對這種狀況的描述極爲中肯，所見的事實也非常明顯，他認爲勇敢是唯一的德行，可以展現出神性的狂喜和暴怒。城市攻下以後，皮瑞斯將極其豐富的祭品奉獻給海克力斯，同時展示各種演出和競

（續）

　　　使得自己成爲馬其頓的國王。

59　托勒密・西拉努斯被殺是三年前的事，羅馬的執政官是利維努斯。馬其頓後續幾位國王的接位都很迅速，皮瑞斯收到這個信息，表示馬其頓人寧願要他而不要安蒂哥努斯，然而安蒂哥努斯在一旁虎視眈眈。

60　他到達西西里是在278B.C.的年初。

61　迦太基是腓尼基人建立的殖民地，有時用腓尼基人這個稱呼代表迦太基人。

62　伊里克斯位於西西里最西部的尖端，是腓尼基人建立的殖民地。

技的節目。

23 墨西拿附近有一個未開化的民族稱為瑪默廷人（Mamertines），給希臘人帶來很多困擾，有幾個城市要向他們繳納貢金。這個民族雖然人數眾多而且作戰驍勇（他們的名字與拉丁語的「黷武好戰」有同樣的意義），皮瑞斯將徵收人員的貢金搶走，同時還將他們殺死，然後在一場正式的會戰中擊敗瑪默廷人，摧毀他們很多堅強的據點。迦太基人希望透過調停方式解決爭端，如果雙方簽署和平條約，他們願意支付鉅額金錢當作謝禮，並且提供所需的運輸船隻。皮瑞斯很率直的告訴他們，他的欲望可要比錢財大得多，只有一個辦法可以獲得他的友誼，保持雙方正當的權利，就是迦太基人無件放棄西西里，願意用阿非利加海作為他們與希臘人的國界。他在開始航向西西里的時候，心裡滿懷希望要追逐光明的遠景，順遂的運道和強大的部隊激起他的萬丈雄心，他立刻把目標指向阿非利加。

他擁有的船隻數量非常龐大，配置的人手不足，召募所需的水手沒有用溫和的方式，提出很優渥的條件，與那些城市進行協商，而是一味用傲慢無禮的高壓手段，或是威脅要給予嚴厲的懲處。他在開始的時候並沒有擺出不得人緣的態度，表現極其難得的寬大和仁慈，大家都相信他不會給人帶來橫蠻的騷擾；現在一個深孚眾望的領袖運用這種苛刻的方法，就會變成一個暴君，使他背上忘恩負義和毫無誠信的惡名。

他們對他的作風產生很壞的印象，還是盡量供應所需的物品。等到帖儂（Thoenon）和索西斯特拉都斯（Sosistratus）受到猜忌，問題惡化到不堪收拾。這兩位在敘拉古居於統治階層，曾經出面請求皮瑞斯前來西西里，等他到達以後就將這些城市交到他的手裡，完全聽從他的支配，成為他處理事務最得力的助手和工具。現在他產生懷疑的心理，沒有讓他們前來對質或是聽其自然不予理會，當索西斯特拉都斯心生畏懼潛逃無蹤以後，他指控帖儂和其他人員參加陰謀組織，判處死罪立即執行。這件事帶來立竿見影的效果，使得他在西西里的有利局面，轉瞬之間全部化為烏有。對他來說這些城市瀰漫著無比的恨意，很多人投效迦太基人的陣營，也有人請求瑪默廷人出兵相助。

皮瑞斯看到各地都在起義想要改變當前的局面，勢力龐大的黨派對他表現出反對的態度，這時他接到薩姆奈人和塔倫屯人的來信，說他們在戰場屢嘗敗績無

法容身，戰爭延續下去沒有能力確保城市的安全，非常誠摯懇求他的援救。這樣一來讓他找到很好的藉口，自動放棄西西里並非他們所說的臨陣脫逃，或者是他知道局勢沒有好轉的餘地。講老實話，他認為自己沒有能力控制整個西西里，這座島就像被暴風雨吹襲的一艘破船，無法存身要趕緊設法回到意大利。據說他在船隻開航以後，轉過身來注視著這個島嶼，向四周的人員說道：「各位，讓我們把這個戰場，留給羅馬人和迦太基人去打。」不久以後他的預測果然成眞。

24 當他的船隊開始啓碇的時候，蠻族已經聚集起來有所圖謀，沿途被迫要與迦太基人接戰，損失相當數量的船隻，其餘人員還是到達意大利的海岸。大約有1000名瑪默廷人在較早之前，渡海從西西里來到此地，雖然他們不敢與他在開闊的平原進行戰鬥，就在運動困難的地形對他發起突擊，使得皮瑞斯的軍隊陷入混亂之中。他損失兩頭戰象，還有相當數量的後衛部隊被他們殺死。因此，他很快趕來要把敵人擊退，對抗這些身經百戰的勇士，自己難免要冒很大的危險。他的頭部被刀劍砍傷，逼得他要暫時脫離戰鬥的現場，增加瑪默廷人的信心，其中有一個人的身材魁梧而且衣甲鮮明，越過他們的戰線，口吐狂言向皮瑞斯挑戰，如果他還活著可以前來決一勝負。皮瑞斯的怒火衝天，用力推開待衛的攔阻，滿面血污使得狂暴的臉孔更爲猙獰可怖，騎馬從自己的隊伍中急馳而出，用他的佩劍對著蠻族的頭部奮力一擊，驚人的臂力和鋒利的武器，把對手的身軀劈成兩半。蠻族的蠢蠢欲動全被制壓下來，他們不僅驚惶失措而且心悅誠服，竟然把皮瑞斯視爲天神。他們繼續行軍不再受到任何阻擾，他帶著2萬名步卒和3000名騎兵抵達塔倫屯[63]，經過塔倫屯人用精選的部隊給予增援以後，立即進軍薩姆奈人的國度，去對抗駐紮在該處的羅馬人。

25 當時的薩姆奈人面臨的局勢極爲惡劣，大家都拿不出辦法，因爲他們在羅馬人的手裡連吃幾次敗仗，對於西西里遠征行動仍舊抱著不滿的態度，以至於很少人投效到皮瑞斯的旗幟下面。皮瑞斯將他的軍隊區分爲兩部，其中一部派到盧卡尼亞牽制正在那裡的執政官[64]，使他無法前去援助同僚。

63　他前往塔倫屯是在276B.C.的秋天。
64　這位羅馬執政官是奧拉斯‧高乃留斯‧連圖盧斯(Aulus Cornelius Lentulus)。

他自己率領其餘的兵力去攻打孟紐斯・庫流斯(Manius Curius)，這位執政官在賓尼文屯(Beneventum)[65]附近占據有利的位置，不僅拒絕敵人的挑戰，還在期待另外一位執政官的援軍，部分原因是占卜的徵兆不祥受到祭司的勸阻。皮瑞斯急著要在援軍到達之前發起攻勢，帶著手下最得力的人員和最有用的戰象，在夜間向著敵人的營地啣枚急進。被迫要繞一段路還要通過森林密布的地區，由於黑夜辨識困難以致士兵迷路。羅馬人召開作戰會議，大家還在爭執不休，這時黑夜過去天色已經大亮。皮瑞斯的部隊從小山上面下來，敵人這時才看到他們的接近，整個營地陷入混亂和喧囂之中。

犧牲的腸卜出現吉兆，時機緊急逼得他們只有出戰，孟紐斯將部隊帶到壕溝的外面開始列陣，攻擊皮瑞斯的前鋒部隊，將他們打得大敗而逃。驚怖的情緒蔓延到全軍，使得很多人送命，還有幾頭戰象被敵人捉住。孟紐斯獲得初步的成功以後，就將部隊展開在平原上面進行堂堂正正的會戰，他擊敗敵人的一翼，但是在另外的地區，發現他的部隊受到戰象的壓迫，向著壕溝的位置正在後撤之中，他命令留下的守備部隊出擊，這些全副武裝的生力軍原來在配置在防壁上面，他們的人數眾多，現在從堅固的據點衝下來對付戰象，迫得這些猛獸轉過身來逃走，對於自己的部隊造成極大傷亡和混亂。勝利和未來至高無上的權勢全部交到羅馬人的手中，他們從這一次的鬥爭獲得的成就，在於所向無敵的實力建立的感情和名聲，使得意大利立即降服在他們的控制之下，不久以後西西里也納入他們的版圖。

26 這場戰爭使得皮瑞斯耗費六年的光陰，終於在意大利和西西里喪失所有的希望。雖然他的遠征行動沒有成功，每一次的失敗都能保有百折不回的勇氣，無論就軍旅的經驗和個人的英勇而言，獲得的聲名遠遠超過當代的君王。他的作戰用兵成就斐然，所能獲得的利益在空虛的希望之中損失殆盡；他只要處於逆境就會產生新的欲望，經常改變的結局毫無成效可言。安蒂哥努斯把他比為一個賭徒，即使骰子擲出很好的點子，還是不知道利用機會多贏幾個錢。

---

65 賓尼文屯是意大利中部薩尼姆(Samnium)地區最重要的城市，在卡普亞東南方約30公里，在268B.C.之前一直稱為馬利文屯(Maleventum)，這是羅馬人建立的殖民區。

　　他帶領8000名步卒和500名騎兵回到伊庇魯斯[66]，缺乏足夠的經費支付所需的糧餉，渴望新的戰爭用來維持他的軍隊。有些高盧人前來報效，接著他就入侵馬其頓，目的是為了洗劫和掠奪。那時的馬其頓是在德米特流斯之子安蒂哥努斯的統治之下。等到他占領幾個市鎮，2000人願意追隨他的陣營，重振往日的雄心壯志，想要一舉擊滅安蒂哥努斯，兩軍在一條狹窄的隘道遭遇，使得對方的部隊全都陷入混亂。安蒂哥努斯的後衛是由高盧人組成，這支部隊的人數眾多而且英勇抵抗，戰鬥非常激烈，等到最後大多數人非傷即亡。還有很多人向著戰象衝殺過來，結果被圍得水洩不通，都在他們的刀劍和猛獸的踐踏之下喪生。皮瑞斯現在擁有莫大的優勢，掌握機會而不是根據計畫，對於馬其頓由步卒構成的主力發起勇敢的攻擊。然而安蒂哥努斯的方陣，因為這一次的襲擊行動產生畏戰的心理，遭到的損失使得他們的士氣更為消沉。皮瑞斯發現對方拒絕與他會戰或任何敵對的行為，就舉起雙手要他的將領和軍官暫停行動，並且大聲呼叫對方指揮官的名字，要他們把安蒂哥努斯的步卒帶過來。這時安蒂哥努斯在暗中逃走，只能保持一些有海港的市鎮。

　　皮瑞斯認為他的運道一直很好，打敗高盧人是平生最大的光榮，就把最豐碩和最華麗的戰利品懸掛在埃托尼斯(Itonis)的密涅瓦神廟，上面刻著銘文：

> 虔誠的皮瑞斯是摩洛西亞國王的後裔，
> 把精美的盾牌奉獻給埃托尼斯的聖地，
> 這是他從英勇的高盧人贏得的戰利品，
> 安蒂哥努斯和他的黨羽逃到大海之濱。
> 伊賽迪家族所向無敵的名聲舉世稱譽，
> 千秋萬世永遠受到密涅瓦女神的保佑。

　　他在戰場獲得勝利以後，要確保到手的城市，親自出馬去奪取伊吉(Aegae)，花費很大力氣增加當地的居民，將一支高盧人的守備部隊留在這個市鎮，這些人

66　他在274B.C.年底撤回伊庇魯斯，據說臨行前宣稱道：「我把這個戰場留給迦太基人和羅馬人去打好了。」果然是一語成讖，自從他離開以後，意大利所有的希臘城市，一個個接著向羅馬投降，等到雷朱姆被占領以後，兩個強權隔著墨西拿海峽遙遙相望。

是從他的軍隊中抽調出來。高盧人貪圖財貨之心永難饜足,他們挖掘埋葬在該地那些國王的墳墓,把其中的金銀財寶搜刮一空,暴虐無禮的行為任憑骨骸散落滿地。皮瑞斯把褻瀆神聖的罪行竟然等閒視之,要不是他的工作太忙無暇進行調查,或者是他對高盧人存著畏懼之心,不敢對他們施以懲處,他的縱容和默許受到馬其頓人交口指責。

他的統治仍舊不穩而且內部的情勢很難和諧,還是充滿信心開始著手新的打算。他嘲笑安蒂哥努斯是一個寡廉鮮恥的傢伙,在失去國土以後沒有改換服裝,竟然還好意思穿上紫袍。就在這個時候,斯巴達人克利奧尼穆斯(Cleonymus)[67]前來拜訪,邀請他到拉斯地蒙,皮瑞斯毫不考慮就接受這個建議。

克利奧尼穆斯有皇室的血胤,為人過於專制和武斷,在國內並未受到應有的尊敬和信任,所以阿里烏斯(Areus)[68]受到推舉成為國王。克利奧尼穆斯和市民之間的積怨甚深,除此以外,他已是一位花甲老人竟然娶了年輕的妻室,契洛妮斯(Chilonis)容貌美麗而且出身皇家,是李奧特契德(Leotychides)的女兒。阿里烏斯的兒子阿克羅塔都斯(Acrotatus)是英俊的青年,契洛妮斯鍾情於他已經到毫無顧忌的地步。克利奧尼穆斯對婚姻感到極為焦慮,無法忍受變心所帶來的羞辱,斯巴達人全都知道他的妻子根本不把他放在眼裡;家庭的苦惱更增加他對公眾的不滿。

他領著皮瑞斯和一支大軍到斯巴達[69],一共是2萬5000名步卒、2000名騎兵和24頭戰象。諸如此類大張旗鼓的準備工作,讓世人一眼看穿皮瑞斯的心思,並非要使克利奧尼穆斯能夠擁有斯巴達,而是為著自己可以占領整個伯羅奔尼撒。拉斯地蒙人派遣使者到麥加洛波里斯去見他,皮瑞斯表示他對斯巴達沒有任何企圖,只是為了使得安蒂哥努斯的城市免於奴役的控制,同時他公開宣稱要將最年幼的兒子送到斯巴達,接受拉斯地蒙人的教育,在這種環境下成長,比起其他的國王可以獲得更大的利益。他在進軍途中遇到前來見他的人,就用這種藉口使他們感到樂不可支,然而一旦進入拉柯尼亞,他開始搶劫和蹂躪這片國土,使者譴責他這種不宣而戰的敵對行為,皮瑞斯說道:「我們非常了解你們這些斯巴達人,只要有所圖謀就會先下手為強。」當時有一位名叫曼德羅克萊達斯(Mandroclidas)

---

67 斯巴達國王克利奧米尼斯二世的幼子,他的父親死後在309B.C.被迫遜位。

68 是指斯巴達國王阿里烏斯一世,在位期間309-265B.C.,與馬其頓國王安蒂哥努斯二世的科林斯會戰,潰敗之餘被殺,由其子阿克羅塔都斯接位。

69 這是272B.C.發生的事。

的人在場，用粗野的斯巴達方言向他說道：「設若你是一位神明，應該不會傷害我們，就拿我們來說也會如此；如果你僅是一個凡人，應該知道強中更有強中手。」

27 他現在直接向著拉斯地蒙進軍，克利奧尼穆斯勸他抵達以後立即發起攻擊。據說他怕士兵在夜間進入城市以後，軍紀很難維持一定開始搶劫，作戰會受到不利的影響。他的回答是最好在第二天的早晨，因爲城裡的士兵人數不多，對於他的突然到達毫無防守的準備，何況阿里烏斯爲了前去幫助高廷人，根本就不在國內。這樣一來等於救了這座城市，因爲他藐視他們堅守的決心，認爲這座城市根本沒有防衛的能力，所以整夜才會在那裡守株待兔。克利奧尼穆斯的朋友和家中的奴僕希洛特人，都在他的府邸完成內應的準備，期盼皮瑞斯能夠前來進用晚餐。

拉斯地蒙人在夜間召開會議，決定將全體婦女用船運到克里特島。她們一致堅決反對，阿契達美婭（Archidamia）手裡拿著一把劍進入元老院，代表全體女性提出質問，是否他們的意願是斯巴達滅亡以後，這些婦女可以忍辱倖存在世間。接著他們的決議是要對著敵人的營地，連夜挖出一道塹壕，兩端將很多輛運貨大車埋進地面，深度要到達輪轂的部位，非常穩固可以成爲障礙，對於戰象的通路發揮阻絕的作用。當他們開始施工的時候，無論是少女或婦人都趕到現場，已婚婦人將外衣捲起來，像一條布帶繞在襯袍的上面，未婚的少女只穿一件外袍，協助正在工作的老年人。年輕人在次日要全力搏鬥，讓他們離開可以得到充分的休息，於是婦女接替遺留的任務，竟能完成三分之一的塹壕。根據菲拉克斯（Phylarchus）[70] 的說法，這個工事的寬度是6肘尺，深有4肘尺，長度是800呎。海羅尼穆斯認爲這道塹壕還要短一些。天明以後敵軍開始調動，斯巴達人將武器發給這些年輕人，交代他們的責任是防守這道塹壕，要盡全力保有不讓敵人奪取，能在全國民眾的注視之下消滅來犯的敵人，一定會使他們感到無比的愉悅，就是光榮戰死在母親和妻子的懷抱之中，也不愧身爲英勇的斯巴達人。契洛妮斯從工地返家以後，就用繩索繞住頸脖，萬一城破寧死也不願落到克利奧尼穆斯的手裡。

70　菲拉克斯是雅典的歷史學家，215B.C.左右他的作品風行一時，蒲魯塔克寫埃傑斯、克利奧米尼斯和皮瑞斯的傳記，很多引用他的資料。

28 皮瑞斯親自率領步卒向前挺進，突破斯巴達人用盾牌所構成的防壁，然而無法越過這道塹壕，因為新挖掘出來的泥土非常的鬆軟，士兵踏上去很難有穩固的立足點。皮瑞斯的兒子托勒密帶著2000名高盧人和一些挑選的查奧尼亞人，用迂迴的方式繞過塹壕，然後盡全力越過那些車輛。這些大車埋得很深，非常緊密的靠在一起，他們不僅無法用來作為通路，反而使拉斯地蒙人有一道堅固的防線，這樣一來使他們陷入進退不得的困境。高盧人開始把車輪挖出來，然後將大車推到河裡。年輕的阿克羅塔都斯看到這個危險的局面，帶領300人穿過城市，利用地面的坡度所形成的優勢，出乎托勒密的意料之外，採取包圍的方式來攻擊他的側背，逼得托勒密要轉過身來抵抗。他的士兵很多被推入塹壕之中，或是隨著車輛一起墜落，遭到相當的損失之後，還要經過一番血戰才能脫身後撤。阿克羅塔都斯的英勇行動，被老年人和所有的婦女看在眼裡。當他退回城市到達原來指定的位置，全身浸染著敵人的鮮血，凶狠的面容為勝利而欣喜若狂，斯巴達的婦女認為他比過去更為挺拔而灑脫，對於契洛妮斯能有這樣一位愛人而心儀不已。有些老年人跟隨在他的後面大聲高叫：「繼續努力！阿克羅塔都斯！祝福你和契洛妮斯，真不愧是斯巴達的好子弟。」

皮瑞斯親自領軍作戰的地點搏鬥非常激烈，很多斯巴達人的英勇更是無法想像，其中以菲留斯(Phyllius)的表現最為優異，他的防守發揮最大的阻絕效果，殺死很多蜂擁而上的攻擊者，當他發現自己因多處負傷即將彌留之際，就把他的位置讓給鄰接的弟兄來替代，然後退下來倒斃在自己的同胞中間，不讓遺體遭到敵人的褻瀆。

29 白晝將盡兩軍收兵停戰，皮瑞斯夢到發出閃電迅雷落在拉斯地蒙人的頭上，整個城市為烈焰吞噬，他正在興高采烈觀看可怕的景象，狂喜的情緒使得他從睡眠中驚醒。他立即下達命令要求部將完成第二次出擊的準備工作，同時將他的夢境告訴身邊的幕僚，認為所代表的意義是他用強攻的方式，一舉占領這個城市，其餘人員同意他的看法並且讚不絕口。黎西瑪克斯(Lysimachus)不樂於見到這樣的預兆，於是他告訴皮瑞斯：一個神聖不可侵犯的地點，為了免於凡夫俗子的褻瀆，才會發生閃電照耀和雷鳴震懾的現象，這樣看來是神明不讓你奪取斯巴達。皮瑞斯的回答是這類事情都是無稽之談，毫無根據可言，僅供市井小民茶餘酒後消遣之用。大家應該記得只要刀劍在手，必須服膺

下面這句話：

> 名王口吐狂言，
> 敵人命喪黃泉[71]。

他說完以後就站了起來，等到天亮率領軍隊面對城牆列陣。

拉斯地蒙人即使實力不足，還能靠著決心和勇氣堅持守備的任務，所有的婦女展開勤務工作，供應所需的武器和裝備，帶來麵包和酒類使他們免於飢渴，細心照料受傷的人員。馬其頓人的打算是要填平塹壕，帶來大量各式各樣的物質，甚至把遍布各處的武器裝備和屍體，全都蒐集起來拋擲下去。就在拉斯地蒙人要盡全力來加以阻止的時候，皮瑞斯出現在塹壕和大車他們的這一邊，騎在馬上全速向著城市進襲，所有在作戰崗位的人員全都大聲吶喊，婦女在尖叫之餘四散奔逃。就在皮瑞斯衝向敵陣所向披靡之際，他的坐騎被克里特人一箭射中腹部，劇痛之下狂奔亂跳，將他從馬背摔下來，落在陡峭而且滑溜難以立足的地面。他的隨從在混亂之中跑上前去施加保護，斯巴達人趁機大膽進擊，把他們全部趕回營地。皮瑞斯因而停止一切的軍事行動，他始終認為對方的鬥志已經衰退，現在幾乎所有人都受了傷，還有很多士兵戰死。這個城市有很好的運道，一群勇敢的市民可以禁得起所有的考驗，即使面臨最後的災難，仍舊可以證明他們能發揮最大的效果。

當拉斯地蒙人已經感到毫無希望的時候，福西斯人阿米尼亞斯(Aminisa)是安蒂哥努斯麾下的指揮官，帶著一支傭兵部隊從科林斯趕了過來，就在援軍剛剛抵達城鎮，他們的國王阿里烏斯率領兩千人馬從克里特返國。現在婦女可以回到自己家中，她們不需要再涉及與戰爭有關的事務。老年人因為緊急狀況逼得要他們拿起武器，現在也都遣散回去，接替的人員準備與皮瑞斯的部隊作戰。

30 斯巴達的兩支增援部隊到達，鼓舞皮瑞斯的鬥志，激起萬丈雄心要攻下這個城市。他的努力毫無成效可言，加上每天都要遭到傷亡的損失，於是放棄圍攻作戰，盡全力對這片國土進行掠奪和搜刮，決定要在附近地

71　這兩句詩模仿赫克托口氣所說的話，參閱《伊利亞德》第12章。

區做多營的打算。命運的安排無法逃避，亞里斯提阿斯（Aristeas）和亞里斯蒂帕斯（Aristippus）都是亞哥斯地位顯赫的市民，這兩個人的積怨很深。等到亞里斯蒂帕斯決定運用安蒂哥努斯的友誼，能夠有一番作為的時候，亞里斯提阿斯知道風聲先去乞求皮瑞斯出兵干涉。皮瑞斯通常會輪流考量不同的願望，任何一次成功都會帶來更好的機會，只要處於逆境就想用新的冒險行動，來彌補前面出現的過錯和失誤；無論是戰敗或勝利，對於他的自找麻煩或是給別人帶來困擾，都沒有產生一點拘束的力量。因此，他立即下令開始向亞哥斯進軍。阿里烏斯運用常見的埋伏和控制難以通行的隘道，殺死很多擔任後衛任務的高盧人和摩洛西亞人。

　　據說有一位祭司告訴皮瑞斯，祭神的犧牲檢視肝臟發現形狀不正常，顯示他的近親有喪失性命的危險。等到他的後衛遭到攻擊陷入混亂，忘記腸卜所顯示的凶兆，命令他的兒子托勒密帶著部分衛隊前去馳援，這時他親率主力要盡速通過隘道。托勒密趕到正是戰鬥最為火熱之際（拉斯地蒙人一群最精銳的選鋒，在伊凡庫斯（Evalcus）的指揮之下，與皮瑞斯的後衛發生激戰），奧里蘇斯（Oryssus）來自克里特島的阿普特拉（Aptera）[72]，是一位驍勇善戰和反應敏捷的步卒，跑到這位年輕君王的側面，就在他奮勇戰鬥的時候，使他受到致死的重傷當場斃命。等到他倒地不起，帶來的人馬轉身逃走，拉斯地蒙人的騎兵在後追趕，很多人被殺，直到進入開闊的平原，發現要與敵軍接戰卻沒有步兵在旁掩護。

　　皮瑞斯接到他兒子喪生的噩耗，感到痛苦萬分，率領他的摩洛西亞騎兵來與敵人廝殺，先身士卒發起衝鋒，要讓拉斯地蒙人血流成河才能平息心中的仇恨。在實戰中通常讓人把他看成極其恐怖而又無法匹敵的英雄，現在更使他激起前所未見的勇氣和力量。皮瑞斯騎在馬上向著伊凡庫斯衝殺，他的敵手閃過一邊，對準他一刀砍下像是要斬斷執韁繩的手，不過只砍斷那根韁繩。這時皮瑞斯抓住機會，用長矛刺穿伊凡庫斯的身體，並且將他挑下馬來。然後皮瑞斯下馬步戰，殺死那些要奪回伊凡庫斯屍體的選鋒。斯巴達人遭受巨大的損失，僅僅是因為那些領袖人物的私怨，雙方的不幸使得這場戰爭告一段落。

31 皮瑞斯為兒子的英靈奉獻犧牲，光榮的會戰使托勒密的葬禮獲得華麗的飾典。他用作戰行動在敵人身上發洩自己的悲痛以後，繼續向

72　阿普特拉位於克里特島西端的北部海岸，是一個重要的海港。

著亞哥斯行軍。等到獲得情報說是安蒂哥努斯占領高地，皮瑞斯就在瑙普利亞（Naauplia）附近設置營地。次日皮瑞斯派遣一位傳令官去見安蒂哥努斯，當眾稱他為卑鄙的惡徒，要他到下面的平原，接受挑戰看誰可以贏得這個王國。安蒂哥努斯的答覆是指揮部隊作戰，時機有如刀劍同樣重要；如果皮瑞斯活得不耐煩，有很多方法可以去找死。亞哥斯派遣使者來見兩位國王，勸他們撤退軍隊，讓這個城市能與雙方保持友誼，免得落入一個人的手裡。安蒂哥努斯接受這個建議，將他的兒子送到亞哥斯作為人質。皮瑞斯雖然同意後撤，沒有遣送人質，難免讓人懷疑他的誠意。

　　在這個時候，皮瑞斯這邊出現非常奇特的驚異事件，幾頭供作犧牲的公牛，殺死以後將牛頭砍下來，竟然會從嘴巴裡面伸出舌頭來舔凝結的血塊。亞哥斯的黎修斯（Lycius）有一座阿波羅神廟，女祭司從裡面跑出來大聲喊叫，說她看到整個城市充滿殺戮和屍體，有一頭老鷹加入作戰，突然之間消失不見。

32 皮瑞斯在深夜抵達城牆，亞里斯提阿斯已經為他打開稱為戴安帕里斯（Diamperes）的城門，他率領高盧人進入一直到占領市場，都沒有被人發覺。這座城門對戰象而言實在太低，他們逼得只有拆下象背上面的角塔，黑暗之中進行的工作，使得整個隊伍零亂不堪。這樣一來不僅喪失時機，也使得整個城市發出警報，市民到處奔跑，有些人進入阿斯皮斯（Aspis）[73] 這座主要的碉堡，還有人到達各地的守備位置，同時派員通報安蒂哥努斯前來救援。皮瑞斯只挺進很短的距離就開始停止下來，派人將他那些主要的指揮官叫上來，還有他的兒子所率領的部分兵力前來參加戰鬥。就在這個時候，阿里烏斯率領1000名克里特人，還有一群精力充沛的斯巴達人抵達亞哥斯。等到部隊會師以後，立即對高盧人發起攻擊，使得他們的陣腳大亂。

　　皮瑞斯接近賽勒拉比斯（Cylarabis）[74] 這個地點，發出宏亮的吶喊和雜亂的叫

73　亞哥斯人為了祭祀朱諾，每年舉行的慶典，有很多宗教活動和體育競賽，其中一項是將青銅
　　小圓盾用釘子釘在劇院的牆上，年輕人憑著自己的力氣將它硬拔下來，優勝者戴上用桃金孃
　　編成的花冠，同時獲得這面小圓盾（亞哥斯稱為aspis）作為禮物。所以亞哥斯把這座堡壘取上
　　這個名字。外鄉人也可以參加比賽，品達的詩提到羅得島的戴哥拉斯（Diagoras）：他擁有亞
　　哥斯的圓盾。
74　賽勒拉比斯是靠近亞哥斯城門的一處教練場。

聲，從高盧人回應的呼喚聲中，他注意到他們已經喪失勇氣和信心，表現出恐懼和悲傷，好像大勢已去毫無希望。他的進軍非常的倉促，逼著騎兵向前運動，根本不考慮面臨的危險，這個城市的排水溝和下水道縱橫密布。除此以外，夜間作戰產生無限的不確定因素，彼此的行動無法通視，下達的命令很難聽見，士兵散開以後，狹窄的街道使他們迷路，在黑暗、嘈雜和緊張的狀況下，無論運用何種指揮方式都難以發揮效用。兩軍只有暫時不採取任何行動，等待天色破曉以後才做決定。

皮瑞斯在曙光照耀之下，看見巨大的阿斯皮斯碉堡滿布敵軍；這時他的情緒受到騷擾，特別是見到市場裡面有很多奉獻的雕像，其中有用青銅塑成的一匹狼和一頭牛，表現的形態像是彼此要搏鬥的樣子，顯得更為突出。這個警告給他帶來很大的打擊，記起一條神讖從而預知他的命運，當他看到一匹狼和一頭牛相鬥，就是死期將至之時。根據亞哥斯人的說法，設置這些雕像是為了紀念一個意外事件，發生的時間已經非常久遠。達勞斯(Danaus)[75] 第一次登陸這個國度，就在特里阿蒂斯(Thyreatis)地方的皮拉米亞(Pyramia)附近，正是他走向亞哥斯的途中，看到一匹狼在鬥一頭牛，很直覺的認為這匹狼就是代表他(如同外來人士要與當地土著比過高下，這正是他打算要做的事)，停下來觀看搏鬥的結果，那匹狼最後占到上風。達勞斯在黎修斯的阿波羅神廟立下誓言，然後他對城鎮發起突擊，果然能夠占領。那時的國王是傑拉諾(Gelanor)，為一個黨派所罷黜。這就是為什麼要奉獻雕像的緣故[76]。

33 這幕景象看在皮瑞斯的眼裡讓他的意志消沉，原來的構想已經沒有成功的希望，認為退卻是最好的辦法。生怕城門的狹窄通路會形成障礙，這時他的兒子赫勒努斯(Helenus)與他的主力還留在城外，於是派員去通知赫勒努斯趕快推倒一部分城牆，同時在敵軍緊追不放的狀況下，協助他能夠安全的撤離。派出的人在倉促和混亂之中，沒有把話交代清楚，主要的錯誤使得年輕的王子，要率領最優秀的士兵和剩餘的戰象，直接通過城門進入市內去協助他的父親。皮瑞斯的撤離開始很順利，市場附近有足夠的空間可以用來退卻和戰鬥，

---

75 達勞斯是傳說中埃及國王貝拉斯(Belus)的兒子，前往亞哥斯意圖建立他的埃及王國。

76 鮑薩尼阿斯的《希臘風土志》第2卷第19節，記載這段掌故。

通常都可以擊退糾纏不放的敵人，當他非要離開寬闊的廣場，經過狹窄的街道走向城門的時候，就與前來援助他們的人員迎面撞在一起，有些人根本聽不到要他們退回去的叫聲，就是有人想要服從這個命令，後面的人還是不斷從城門湧進來，使他們無法回頭被推著向前走。最大一頭戰象正好倒在城門口靠他的這一邊，躺在地上發出驚人的吼聲，使得所有的人無法從這裡出城。進入城內的戰象其中有一頭名叫奈康(Nicon)，背上的象奴受傷摔了下去，這頭猛獸拚命去救主，被撤退下來的人潮擋住，它不管對方是友軍還是敵人，在混亂之中全部撞倒在地，一直到它找到象奴的屍體，用象鼻捲起來放在兩根長牙之間，接著兇性大發，肆意踐踏在它前面的人群。

等到大家擁在一起動彈不得，群眾如同一個緊密的物體，像是在那裡隨著進行的方向在飄移和滾動。他們的後衛遭到敵人的攻擊並不嚴重，擁在一起的人潮也沒有受到外來的攔阻，重大的傷亡完全是相互之間造成。任何人只要拔出劍或是執著矛，就無法收回或是將劍插入鞘內，這些武器就會傷到自己人。他們像是無意之中走在同條道路上面，彼此只要接觸就會一命歸西。

34 皮瑞斯看到猛烈的攻勢和混亂的狀況，就將頭盔上面的羽飾拿下來，交給最近的一位手下，免得自己成為顯著的目標。他非常信任跨下的坐騎，向著隊伍最密集的敵人衝過去，這時有一支標槍穿過他的胸甲，造成的傷勢並不危險，可以說是微不足道，於是他轉過身來對付這個將他刺傷的人。這一位亞哥斯人是沒沒無聞之輩，他的母親是貧窮的老婦人，這時她與其他人從屋頂上面觀看兩軍的搏鬥，正好見到她的兒子與皮瑞斯在奮戰之中，害怕他會遭到生命的危險，就用雙手舉起一塊磚瓦向著皮瑞斯投擲。正好砸在皮瑞斯的頭盔上方，使得頸椎受到傷害，一陣昏迷而且兩眼發黑，雙手抓不住韁繩，整個人從馬背上摔下來，正好掉在黎西紐斯(Licymnius)的墳墓上面[77]。

普通士兵根本不知道他是何人，有一位名叫佐庇魯斯(Zopyrus)的傢伙，曾經在安蒂哥努斯的麾下服務，跟其他兩三個人跑過來，認出他是皮瑞斯，把他拖到附近一處門廊下面，這時他在受到重擊以後，稍稍有一點恢復的跡象。佐庇魯斯拔出一把伊里利亞人的利刃，準備砍下他的頭顱。皮瑞斯張開眼睛用嚴厲的神色

77　鮑薩尼阿斯的《希臘風土志》第2卷第22節，提到黎西紐斯墳墓的位置。

瞪著佐庇魯斯，使他感到無比的恐怖。佐庇魯斯的手在發抖，還是要想完成這件工作，心中充滿敬畏和惶惑，下手的位置都弄錯，結果是用力在砍著嘴部和下頜，花了很長一段時間才把首級割下來。

過不了一會這件事很快傳開變得眾人皆知，阿西奧紐斯（Alcyoneus）很快趕到，問起這個頭顱的口氣，好像只要看看有沒有這回事而已。等到阿西奧紐斯把它拿在手裡，騎著馬前往見他的父親。這時安蒂哥努斯與幾位特別寵信的人員坐在一起，他的兒子就把這個首級丟在他的座位前面。安蒂哥努斯看了一眼就認出來，推開他的兒子拿出手杖責打，指出這種行為的惡劣和野蠻。接著他用長袍掩蓋眼睛，想起自己的父親和祖父[78]，禁不住流下淚來。

他從家族的往事感嘆命運的盛衰無常，吩咐舉行莊嚴的葬禮，皮瑞斯的頭顱和軀體合在一起火化。這件事情過後，阿西奧紐斯發現赫勒努斯穿著襤褸的外衣，想用這種低劣的方式掩飾自己的身分，然而對他還是非常客氣，並且帶他去見自己的父親。安蒂哥努斯看到他就說道：「孩子！你能這樣做當然是為了本身的安全，還有美中不足之處，那就是穿上這身賤民的服裝，對於勝利者是一種侮辱，說我們怎麼會沒有寬恕之心。」安蒂哥努斯對待赫勒努斯非常仁慈，協助這位王子即位成為伊庇魯斯王國的國君。當皮瑞斯的營地和軍隊都落在他手中以後，就是對那些主要的指揮官都相當禮遇。

78　他的祖父安蒂哥努斯一世在伊普蘇斯會戰被殺；他的父親德米特流斯一世被女婿塞琉卡斯關
　　了很久。

第二章

該猶斯‧馬留（Caius Marius）

157-86B.C.，羅馬將領和軍事改革家，
發起內鬥與蘇拉爭天下，未及決戰而歿。

1 我們都不知道該猶斯‧馬留（Caius Marius）是否有第三個名字，如同奎因都斯‧塞脫流斯（Quintus Sertorius）獲得「西班牙人」這個稱呼，盧契烏斯‧穆米烏斯（Lucius Mummius）摧毀科林斯，他的綽號「阿查庫斯」（Achaicus）來自征服亞該亞人；所以西庇阿稱為「阿非利加努斯」（Africanus）而梅提拉斯叫做「馬其頓尼庫斯」（Macedonicus）[1]。波賽多紐斯（Poseidonius）不贊同羅馬人的看法，把第三個名字當成常用的名字，他所持主要的論點像是卡米拉斯、馬塞拉斯、加圖，那些只有兩個名字的人，豈不是沒有名字可以稱呼。所以認為第一個名字才是常用的名字，看來也沒進一步的考量，要是這樣婦女就成為沒有名字的人，因為婦女通常沒有第一個名字[2]。我們可以把第二和第三個名字看成羅馬人的姓氏，一個是來自家族可以共同使用，像是龐培烏斯家族（Pompeii）、曼留斯家族（Manlii）、高乃留斯家族（Cornelii）（要是拿希臘人來說，如同海克力斯家族[Heraclidae]和庇洛普斯家族[Pelopidae][3]）這些名稱；另外一種是個人的稱號，淵源於性格、功勳或身體的特徵，像是馬克瑞努斯（Macrinus）、托夸都斯（Torquatus）、蘇拉等等，希臘人就是尼蒙（Mnemon）、格里帕斯（Grypus）、或凱利尼庫斯

---

1 羅馬人為了推崇向外擴張的軍事行動，把戰勝的民族或征服的地區當作名字，授與出征的執政官或將領，蒲魯塔斯曾經寫了一本專書來討論此事，現已失傳。

2 古代的羅馬婦女用家族或父親名字，加以女性化的字尾作為自己的名字，像是Cornelia來自Cornelius家族，而Julia來自她的父親名叫Julius，如果有姊妹就用Cornelia major, secunda這些數字來表示，這樣一來造成同名之人極多的現象。

3 希臘人通常用最有名望的古代人物作為整個家族的名稱，像是Heraclidae來自Heracles即海克力斯（Hercules），Pelopidae來自Pelops即庇洛普斯，這兩位都是傳說中的英雄。

(Callinicus)[4]。不過,提到姓名這個題目,完全按照各地的習慣,毫無成規可言,即使我們堅持個人的主張,還是有進一步討論的餘地。

2 我們在高盧的拉芬納(Ravenna)[5]可以看到馬留的一尊大理石雕像,他的面容表現出大家所說那種嚴厲和剛毅的神色,就身強體壯和黷武好戰的特質而言,可見更為熟悉軍營的訓練而不是城市的教育,一旦大權在握,他的行為必然凶狠暴虐而且難以揣摩。據說他從來沒有修習過希臘文,也沒有在正式場合用過這種語言,認為花時間去學被征服民族的語文是非常荒謬的事情。當他舉行第二次凱旋式,向一座廟宇奉獻祭品的時候,在民眾的面前運用希臘的儀式,僅不過進入劇院坐下片刻,馬上起身離開。哲學家色諾克拉底(Xenocrates)的性情非常陰鬱而且彆扭,如同柏拉圖經常對他所說那樣:「善良的色諾克拉底,我祈求你向美德三女神獻祭。」[6]如果有人說服馬留能對希臘的文學和德行表示興趣,那他就不至於在平時或戰時,即使能夠完成無與倫比的軍事行動,卻帶來極其不堪的結果,甚至損毀到自己的名聲。他到老年之所以仍舊如此殘酷而且報復心重,可以說是出於過分激昂的情緒、不合時宜的野心,以及極其愚蠢的貪婪。所有的實情會在後面慢慢浮現。

3 馬留生於一個沒落而又貧窮的家庭,靠著每天出賣勞力才能過活,他使用父親的名字,他的母親是弗西妮婭(Fulcinia)。馬留到羅馬開創事業之前,有相當長的時間住在阿皮隆(Arpinum)地區一個名叫色里頓(Cirrhaeaton)的村莊[7],過著粗野而簡樸的鄉村生活,當然與城市的繁華無法相比,古代羅馬的嚴峻[8]倒是

---

4 這些名字的原本的意義,諸如Macrinus是「稀薄的頭髮」、Torquatus是「戴著頸甲」、Sulla 是「短腿」;三個希臘名字諸如Mnemon是「受恩不忘的人」、Grypus是「鷹鉤鼻」,而Callinicus 是「一場漂亮的勝仗」。

5 拉芬納位於意大利東部的亞得里亞海岸,是有名的古都和重要的港口。

6 美德三女神是指阿格拉伊婭(Aglaia)、優弗洛西妮(Euphrosyne)和塔莉婭(Thalia);分別代表 著燦爛、歡樂和美麗。

7 這個村莊應該是色尼屯(Cernetum),普里尼說當地的居民自稱為馬留尼人(Mariani),毫無 疑問是來自他們的老鄉馬留的名字,用這種方式來表現他們與眾不同,到是非常特別。

8 根據蒲魯塔克的敘述,讓人以為馬留的家世非常清寒,事實並非如此,他的家庭屬於騎士階 層,雖然不能與貴族豪門相比,家境還是相當富裕,否則不可能與朱理烏斯家族聯姻。

表露無遺，養成更爲節制和堅毅的個性。

　　阿非利加努斯圍攻努曼夏(Numantia)[9]，馬留第一次從軍參加征討塞爾特布里亞人(Celtiberians)的戰爭。他的英勇行爲遠超過長官的要求，使得將領對他留下很好的印象，就在羅馬軍隊的紀律幾乎爲享樂和奢華摧殘殆盡之際，他非常高興能夠順應西庇阿大力闊斧的改革。據說他在將領親眼目睹之下，接受一位敵將提出的挑戰，進行個人搏鬥將對手斬殺於陣前，獲得西庇阿的器重並且授與很多榮譽。有一次在宴會中所有的指揮官大家正在閒談，座中有一位(不知是否眞的想知道還是奉承之辭)問西庇阿要是離開的話，誰可以接替他的職務，這時馬留坐在他的旁邊，西庇阿輕輕拍著馬留的肩膀說道：「很可能就是這位老弟。」使得馬留在年輕的時候就獲得極高的讚譽，說他在未來會有偉大的建樹；這也要佩服西庇阿有識人之明，從開始就知道馬留以後會大顯身手。

　　4 我們後來聽說西庇阿的嘉許就像是神明的指示，鼓勵馬留有很大的膽識從事政治生涯。西昔留斯‧梅提拉斯(Caecilius Metellus)的資助使他能夠出任護民官[10]，他的父親甚至整個家族都依靠這位庇主。他擔任這個職位的時候，曾經提出一個法案用來規範選舉的方式，對於當政者和貴族在司法方面的權限有所抑制，受到執政官科塔(Cotta)的反對，說服元老院公開拒絕這個法案，並且要馬留前來說明。不過，等到這項敕令完成表決的準備，馬留進入元老院，毫無一個年輕人要面對權威那種困窘之感，從而可以看出他在未來的行動中那種勇往直前的精神。馬留威脅科塔收回這個敕令，否則就要繩之以法。然後他轉過身去問梅提拉斯，投票板所做的決定，梅提拉斯站起來說他與執政官的意見一致，馬留就將外面的扈從校尉喚進來，下令立即拘禁梅提拉斯。梅提拉斯訴諸其他的護民官主持公道，沒有人給予援手，元老院只有讓步撤銷這個敕令。這一次的勝利使得馬留的聲名大振，立刻從元老院回到羅馬廣場，市民大會毫無異議批准他的法案。從此

9　134和133B.C.西庇阿‧阿非利加努斯‧伊米利阿努斯(Scipio Africanus Aemilianus)在西班牙作戰，圍攻並奪取塞爾特布里亞人的都城努曼夏，馬留與該猶斯‧格拉齊在一起服役，這位出身貴族的重量級人物，以後對他發生極大的影響力，本書第十九篇〈該猶斯‧格拉齊〉第11節有類似記載。

10　這件事發生在羅馬建城635年即119B.C.，當時西昔留斯‧梅提拉斯家族在政壇極其活躍，蒲魯塔克對這個人沒有講得清楚，支持馬留是當年的執政官盧契烏斯‧西昔留斯‧梅提拉斯‧德瑪蒂庫斯(Lucius Caecilius Metellus Delmaticus)，馬留出任他的財務官是在123-121B.C.。

以後大家認為他不畏權勢，維獲民眾的權益敢與元老院唱反調。很快他採取完全相反的行動，使大家不再對他抱持這種印象，認為他是市民大會的應聲蟲，為了穀物分配所提出的一個法案，他始終保持強烈的杯葛態度，只要提出的辦法有違羅馬的利益，他不惜得罪元老院和市民大會，這樣一來，使得兩派對他更為尊敬。

5 他的護民官任期結束，成為首席市政官的候選人。這個職位有兩種位階，一種稱為行政市政官，在執行職務的時候坐在有彎曲椅腳的象牙官座上面，另外一種稱為平民市政官它的位階較低[11]。他們先選出行政市政官，然後才是平民行政官，當馬留發現他無法獲得多數的同意出任更為體面的職位，只有退而求其次。因為他過於激進而且熱中，還是讓他鎩羽而歸，在一日之內接連兩次未能獲得所望的晉升（過去還未曾出現這種狀況），然而他仍舊毫不氣餒，沒過多久他爭取法務官的職位[12]，僥倖獲得險勝，最後還是受到指控，說他犯下賄賂之的罪行。

卡休斯・薩巴可（Cassius Sabaco）是馬留非常親近的朋友，有人看到他的奴僕在選舉那天，進入圍欄裡面與投票的市民在一起，引起很大的嫌疑。法官召喚薩巴可前來問話，他承認有這件事，說是那天很熱他感到口渴，就叫他的奴僕送一杯涼水進來，等他喝完以後這位奴僕馬上就離開。 不過，薩巴可的元老院議員身分被繼任的監察官除名，說他即使沒有在法庭作不實的陳述，光憑著行為不檢就應該接受這種處分。該猶斯・赫倫紐斯（Caius Herennius）當成證人受到召喚要出庭作證，律師提出抗辯，說是根據習慣一位庇主（羅馬人的說法是「保護人」）不能出面指控部從，法律豁免這種違背天理人情的義務，因為馬留和他的父母一直都是赫倫紐斯家族（Herennii）的部從[13]。法官接受律師的抗辯，馬留自己加以反對，同時向赫倫紐斯說明，第一次授與官職就已不再是他的部從。這種論點有待商榷，不是說任何一種官職都可以免除部從的責任，身為後裔就可以對庇主不再

---

11 羅馬有四員市政官，行政市政官和平民市政官各兩位，負責管理街道、供水、排水、垃圾、衛生、交通、公共建築、市場和娛樂，任期一年，分別由人民大會和平民大會選出。這個職位對馬留非常重要，可以進入元老院出任議員。

12 這件事發生在羅馬建城639年即115B.C.。

13 庇主和部從的關係在羅馬社會非常重要，通常的來源是征服者與被征服的地區和城市的人民、殖民地的建立者和遷入的居民以及解放奴與原主人；特別是最後這一種，解放的自由奴對庇主在法律上仍有「服從和服務」的義務。馬留和赫倫紐斯的庇主和部從的關係可能是出於殖民地的建立。

盡自己的義務，按照法律的規定只有坐象牙椅的高官[14]，可以獲得這種特權。雖然在審判開始的時候，馬留的處境非常困難，法官對他的態度極不友善，到最後發現兩造可以勢均力敵，出乎意料之外他獲得無罪開釋。

6 馬留在法務官任內沒有多大的建樹，卸任後卻能擔任遠西班牙行省的總督。古老的野蠻習俗在當地仍舊占有上風，西班牙人把落草爲寇視爲英勇的表現，據說他能克盡職責肅清到處出沒的強盜。馬留回到羅馬以後，得不到豪門或政客的推薦，要想成爲國家的領導人物，就要靠這種關係從人民那裡獲得權力，然而他卻憑著積極進取的性格、永不懈怠的努力和樸素坦誠的生活，還是能得到民眾的尊敬，擢升的官職可以發揮莫大的影響力，這樣才夠資格與凱撒的家族結親，娶出身世家的茉麗亞(Julia)爲妻。凱撒可以說是他的外甥，後來成爲羅馬最偉大的人物，這種親戚關係發揮很大的作用，凱撒在很多方面都以馬留爲楷模，從他的傳記裡面可以很明顯的看出來[15]。

馬留的克制和剛毅受到眾人極口讚譽，特別是後面這種性格，在一次外科手術中，更是讓人印象深刻。好像是他的兩條腿都長了很大的肉瘤，他對這種畸形的殘餘物感到無比的厭惡，決定讓一位醫生動手術，他的身體沒有綁起來，只是伸出一條腿，忍受操刀割除極其劇烈的痛苦，保持泰然自若神色，不僅毫無畏縮之感連一句抱怨的話都沒有，等到外科醫生要對另外一條腿動手術的時候，他加以婉拒並且說道：「我認爲治療疥癬之疾還要忍受這樣的痛苦，眞是太不值得了。」[16]

7 執政官西昔留斯‧梅提拉斯擔任將領，全權負責羅馬對朱古達(Jugurtha)的戰事，指派馬留爲他的副將[17]隨同前往阿非利加。馬留在這個地區極

14　羅馬的高級官員是指行政市政官、法務官、執政官和監察官，只有他們才夠資格坐象牙交椅。

15　當時的羅馬有兩派人馬在相互鬥爭，一個權高勢大的蘇拉派或稱元老院派，另外就是散漫無力的馬留派或稱平民派，凱撒想要恢復後面一派的聲勢，能爲他所用，所以他要推崇馬留的功勞和地位。

16　很像《三國演義》裡面關公的刮骨療傷，看來古今中外的英雄人物，都用這種手法來凸顯剛毅的氣概。

17　昔西留斯‧梅拉提斯‧努米迪庫斯(Caecilius Metellus Numidicus)是公元前108年的執政官，次年以代行執政官頭銜擔任阿非利加的總督，負責朱古達戰爭，因爲這次的遠征行動，他獲得努米迪庫斯的稱號。努米底亞地區的邁西普薩(Micipsa)王國，經過羅馬出面劃分爲兩部

力發揮才幹和本領，爲自己獲得極大的名聲，並不像其他人那樣會顧及到梅提拉斯的榮譽和利益。他認爲自己之所以出任副將，不應該感激梅提拉斯，完全是氣數使然，命運給他機會和舞台從事偉大的軍事行動，使他能夠施展無人匹敵的英勇氣概。這場戰爭帶來很多的困難狀況，他從不推辭艱辛的工作，更不會輕視那些比較容易的任務，無論在計畫和指揮方面都勝過他的同僚，能與普通士兵同甘共苦，贏得他們的尊敬和擁戴。任何艱鉅的任務要是有人自願參加，就不像出於強制和急需，會讓人感到這件工作會輕易完成。對於羅馬士兵而言，認爲世界上最受用的景象，莫過於看到指揮官與他們吃同樣的麵包，睡在普通的床舖上面，共同去挖掘壕溝或修建工事。他們讚揚那些參與他們的辛勞或危險的領導者，不在於是否授與他們官職或帶給他們財富；那些願意與他們一起工作而不是縱容他們無所事事的指揮官，才是他們愛戴的對象。

馬留運用諸如此類的方式贏得士兵的擁護，沒有多久他的名聲傳遍阿非利加和羅馬，士兵從軍中寫回家鄉的書信，表達大家的心聲，除非他們舉選該猶斯·馬留出任執政官，否則就無法結束阿非利加的戰爭。

8 所有出現的狀況都使梅提拉斯感到不悅；尤其是特皮留斯（Turpillius）遭受的災難使他更加悲傷。特皮留斯與梅提拉斯從上一輩開始就是世交，所以梅提拉斯對他可以說非常優容，這次戰爭要他負責指揮軍中的鐵工和木匠。瓦加（Vaga）是一個有相當規模的城市，授與他指揮守備部隊的任務，因爲他對待居民彬彬有禮而且非常仁慈，在信任有加的狀況之下，不知不覺中落入敵人的圈套。居民開城歡迎朱古達，提出要求能讓特皮留斯不受傷害安全離開[18]，這樣一來他受到指控將城市出賣給敵人。馬留在作戰會議之中，不僅個人猛烈加以抨擊，還激怒所有成員，逼得梅提拉斯違背自己的意願，只有將特皮留斯處死。沒過多久事實證明這些指控純屬子虛烏有，其他人安慰梅提拉斯，遭遇喪失知己的重大不幸，馬留還在大放厥詞對他橫加汙衊，說在所有成員之中，只有他認爲梅提拉斯誤判朋友死刑，犯下草菅人命的罪行。

（續）————————————

分，交給阿迪赫巴（Adherbal）和朱古達（Jugurtha）統治，後來朱古達違反協議要併吞整個地區，引起羅馬的出兵，這場戰事幾經周折，羅馬歷史家薩祿斯特著有《朱古達戰爭》一書，敘述翔實，是蒲魯塔克最主要的參考資料。

18 羅馬的守備部隊全部慘遭屠殺，只饒特皮留斯一人不死。

從此以後兩人公開決裂經常發生齟齬，據說有一次梅提拉斯當著馬留的面，用羞辱的口氣說道：「閣下，聽說你打算離開我們前去候選執政官，爲什麼不願等一陣子，好與我的小孩同時出任這個職位呢？」梅提拉斯的兒子那時還是未成年的幼童[19]。雖然馬留千方百計想要成行，經過很多次的耽擱和延誤以後，終於在執政官選舉前12天讓他離職，兩天一夜之間完成從軍營到烏提卡(Utica)[20]港口的漫長行程，在他登船之前向神明獻祭，據說占卜官曾經告訴他，上天賜與他前所未有的運道，會超出所有的期望。馬留爲這個吉兆感到大喜若狂，立即啓碇出航，在順風的吹送之下，渡過大海只花了4天的時間。他受到人民熱烈的歡迎，在一位護民官的陪同之下前往市民大會，登記成爲執政官候選人，盡力運用各種方式大事抨擊梅提拉斯，對於群眾立下承諾，只要他負責這場戰事，不是在戰場殺死朱古達就要將他活捉。

9 他以壓倒性的聲勢獲得當選[21]，立即實施兵員的徵召，完全打破法律和習慣的限制，奴隸和窮人都可以入營服役[22]。過去的指揮官絕不會接受這些賤民，他們把執干戈以衛杜稷，如同其他的特權，當成身分的象徵，只賜給那些夠資格的人士，認爲一個市民的財產是表現良好行爲的保證[23]。他們反對馬留並不完全爲著這件事，主要還是他用傲慢的言辭，帶著橫蠻和蔑視的口氣，冒犯到貴族和高階人士。他經常說起那些有財有勢和出身高貴的市民，完全是他們的優柔寡斷和弱不禁風，使他獲得執政官的職位有如贏取一件戰利品。他告訴人民說他對身上的傷疤感到光榮，比起其他人爲死者所建的紀念物和祖先的畫像更有價值，因爲他的犧牲都是爲了眾人的福祉。他經常提到那些在阿非利吃敗仗的將領，像是貝

19　出任執政官的最低年齡可能是42歲，當時馬留已有49歲，梅提拉斯的兒子不過20歲，說這個話的目的是帶有藐視的意味，認爲他無法當選。

20　烏提卡是阿非利加的重要海港，運輸糧食到羅馬的集散地。

21　馬留當選執政官在羅馬建城647年即107B.C.，時年50歲。

22　根據弗洛魯斯的說法，他並沒有將奴隸列在徵兵名單上面，但是只要在市民名冊上面有名字的人，即使犯罪或家無恆產，都可以入營服役。

23　第二次布匿克戰爭的羅馬軍團，完全由羅馬公民組成，區分爲青年兵、壯年兵和老年兵三大類，羅馬自從強盛以後，市民發財過慣安逸的生活，希望避免兵役，到了馬留擔任執政官，開放兵員徵召的財產限制，准許有產階級以外的人員投效，等於徹底改變羅馬軍隊的性質。從此士兵效忠的對象不再是共和國，而是出錢豢養他們的將領，變成政爭的工具和動亂的根源，特別是職業軍人和當兵吃糧因而出現。

斯提亞(Bestia)和阿比努斯(Albinus)，雖然出身聲名卓越的家族，但是久不諳習戰陣用兵之道，缺乏經驗以致僨事誤軍。他問民眾大家有沒有想過，這些貴族的祖先何嘗不願他們的後裔能像他們一樣英勇？況且他們的成名並非來自高貴的出身，完全靠著自己的本領和偉大的作戰行動。他這樣做並不僅僅出於虛榮和傲慢，知道觸怒貴族對他而言沒有任何好處；人民對於用粗野和侮辱的行為冒犯元老院感到極其高興，把毫無顧忌的言辭當成衡量心胸豪邁的標尺，等於在鼓勵他要奉行不渝。他為了滿足群眾的要求，對於城邦那些知名人物，口誅筆伐絕不放過。

10 等到馬留再度抵達阿非利加，梅提拉斯無法控制嫉妒的情緒，最使他憤憤不平之處，在於目前即將結束這場戰爭，除了沒有擒獲朱古達以外，幾乎所有的事務都已處理完畢。馬留之所以能夠聲勢高漲完全出自他的忘恩負義，來到以後竟然要剝奪他的勝利和舉行凱旋式的榮譽，使他無法忍受與馬留的會晤，只有飄然引退，讓他的副將魯蒂留斯(Rutilius)將部隊交付給馬留。不過，在馬留指揮之下，為了結束這場戰爭，還是遭到同樣的報應，與梅提拉斯的感受如出一轍，被蘇拉剝奪軍事勝利的光榮。我要簡略敘述有關的情節，在蘇拉的傳記中將有詳盡的說明[24]。

有一群蠻族居住在距離遙遠的內陸，包克斯(Bocchus)是他們的國王，也是朱古達的岳父，沒有親身參與這場戰爭，更談不上給予任何援助。公開的說法是他畏懼朱古達的反目成仇，真正的原因是對朱古達日益高漲的權力起了猜忌之心。等到朱古達敗逃，遭到災難就把包克斯當成最後的希望，成為可憐的乞求者為他收留。雖然包克斯毫無仁慈之心，對自己的所作所為不會感到羞愧，當朱古達落入他的掌握之中，公開要求馬留要顧及他的顏面，還用無所畏懼的口氣代為說項求情，表示絕不會交出朱古達。然而包克斯私下打算出賣朱古達，要求會晤馬留的財務官盧契烏斯·蘇拉，因為蘇拉與他在這場戰爭中，出於偶然的機會成為朋友。蘇拉得到他的承諾前去見面，這位阿非利加的蠻族，對於自己的企圖產生懷疑和懊悔，到底是交出朱古達還是扣留蘇拉，有幾天的時間始終猶豫不決，最後

---

24 本書第十二篇〈蘇拉〉第3節有關這方面的敘述，完全來自薩祿斯特的《朱古達戰爭》第102-113節，說是馬留和蘇拉從此反目成仇，事實上，蒲魯塔克對於馬留107-105B.C.以執政官的身分負責這次戰爭所遭遇的困難和經過的狀況，都略而不提。

還是堅持最初的構想，讓朱古達留得性命成為蘇拉的俘虜。

　　這就是最早的起因，使得馬留和蘇拉這兩個人，從而引起凶狠無比和難以消除的敵意，幾乎要毀滅整個羅馬帝國。因為有很多人忌恨馬留，就把整個的成就歸功於蘇拉；豈不知蘇拉自己製作一個用作銘印的指環，上面刻著包克斯將朱古達交付給他的圖案，經常使用在他書信上面。馬留那種狂熱而猜忌的性格受到激怒，對於出人頭地抱著貪婪之心，任何人站出來分享他的榮譽都會受到他的憎恨和厭惡。他的敵人運用心機要提升爭執的層次，他們把戰爭的主要事務，在開始的時候歸功於梅提拉斯，完美的結局全部是蘇拉的貢獻，以致民眾把馬留當成毫無價值的冗員，不再給予讚揚和尊敬。

11 來自西方的險惡局勢已經迫近意大利，馬留面臨的嫉妒、誹謗和仇恨立即煙消雲散。人民現在需要技藝高超的將領，城市必須找出經驗豐富的舵手，帶著他們安然度過戰爭的暴風雨。雖然有大量的貴族子弟或名門世家的成員，沒有一個人敢出面爭取執政官的職位，馬留在遠離羅馬的狀況下，受到民眾的擁戴而當選[25]。

　　條頓人(Teutones)和辛布里人(Cimbri)入侵的消息開始流傳，大家才知道朱古達已經遭到逮捕。最初的傳聞提到蠻族的威脅所擁有的數量和實力，幾乎使人難以相信，等到後來的報告證明前面的說法已經有所保留，一共有30萬戰鬥人員，另外還有更多的婦女和孩童[26]。他們宣稱要尋找新的國土用來維持龐大群眾的生計，安頓或居住在很多城市裡面；他們聽說塞爾特人(Celti)早在他們之前，就用這種方式將第勒尼安人(Tyrrhenians)趕走，能夠據有意大利最富饒的部分[27]。這些北方的入侵者與南方的民族沒有交往，前進的行程經過幅員廣闊的國度，沒有人知道他們是那一種民族，來自那一個地方，就像天際的烏雲整個掩蓋著高盧和意大利。從他們灰色的眼睛和碩壯的體型，可以推測是居住在北方海洋的日耳曼

25　這是羅馬建城650年即104B.C.的事。

26　辛布里人來自北歐的丹麥地區，與鄰近的條頓人和安布羅尼斯人聯合起來，大約在110B.C.遷移到隆河河谷，105B.C.辛布里人在阿勞西奧(Arausio)擊敗羅馬大軍之前，已經贏得兩次勝利。

27　高盧人或塞爾特人6-4世紀B.C.，不斷侵犯意大利，過去伊楚里亞人(Etruscan)擁有的波河流域，後來全部被他們奪走。

種族，此外，日耳曼人把「掠奪者」稱之爲Cimbri。

　　還有一些人說起塞爾特人的國度，面積非常寬廣而且遼闊，從西方的海洋和北極地區一直向東延伸到米奧提斯(Maeotis)[28]湖，抵達靠近潘達斯的錫西厄地方，幾個民族混雜在一起。根據過去的經驗，他們不會在片刻之間從居住的國土一擁而出，更不會產生突發的行動，到了每年的夏季，武裝的隊伍在相當的時程之內越過整個大陸。雖然每個部落有不同的稱呼，整個團體有一個常用的名字就是塞爾特－錫西厄人(Celto-Scythians)。

　　另外還有學者提到希臘人在古時就知道的辛米里人(Cimmerii)，他們只是這個民族中人數很少的一部分，在錫西厄人中間與其他部落產生紛爭被驅趕出來，接受黎格達米斯(Lygdamis)的領導，渡過米奧提斯湖到達亞細亞。絕大多數黷武好戰的部落，居住在最遙遠的地區靠近外圍的海洋；根據大家的說法，這些人民留在陰暗而且森林密布的地區，樹木叢生以致陽光難以射入，延伸到大陸的腹地與赫西尼亞(Hercynian)森林相接[29]。他們在地球上面所處的位置，因爲緯度的偏斜，從天空這一部分可以看到北極星高高升起，居民到天頂的距離似乎很近，使得全是白天和全是黑夜有同等的日數，因而一年只能區分爲兩個季節。荷馬在尤利西斯的歷險中，召喚死者的鬼魂描述出類似的場景。這個地區的人民在古代被稱爲辛米里人，後來傳到意大利簡化爲辛布里人(Cimbri)。不過，這種說法只是臆測沒有歷史的根據。

　　提到他們的數量極其龐大，多數史家都表同意，傳聞與事實相比可以說是瞠乎其後。這些蠻族他們用所向無敵的實力和凶勁從事戰爭，狂暴和快捷的行動就像吞噬一切的火焰，沒有人能夠抗拒他們的攻擊，所有的居民都成爲他們的獵物。羅馬有幾位名聲顯赫的指揮官[30]率領整個軍隊，前去防衛山外高盧(Transalpine Gaul)[31]，遭到喪師辱國的下場，這種實力微弱的抵抗，成爲引導他們向著羅馬進

28　米奧提斯湖就是今日的亞速夫(Azov)海，克里米亞的刻赤半島形成很窄狹的海峽，與黑海相通。

29　《奧德賽》第11章提到辛米里亞人，所居住的海岸濃霧瀰漫，終年不見陽光；大約在7世紀B.C.，這個民族就用這個名字，經過大草原和高加索山脈入侵小亞細亞，攻擊愛琴海的希臘城市。要說這個民族與辛布里人有什麼關聯，完全是臆測之辭。赫西尼亞位於歐洲中部和北部，要是從蒲魯塔克那個時代來說，這個大森林覆蓋著萊茵河到維斯杜拉河之間廣大地區。

30　這幾位將領像是卡休斯(Cassius)、隆吉努斯(Longinus)、奧理留斯(Aurelius)、斯考魯斯(Scaurus)、昔庇阿(Caepio)和馬利烏斯(Malleius)等人。

31　凱撒征服高盧之前，所謂的高盧是指意大利盧比孔河以北、庇里牛斯山以東，萊茵河以西，

軍的最大動機。他們擊敗那些迎戰的軍隊，發現有豐富的資源可供搶劫，決定暫時不要安頓下來，直到夷平所有的城市，蹂躪整個意大利以後，再做進一步的打算。

12 這個消息對所有地區都帶來警報，羅馬人要求馬留負責這場戰事，雖然法律不允許缺席參選，何況任何人在第一次執政官任期完畢以後，還要等待一段法定的間隔期，才能再度授與這個職位。他們還是提名馬留第二度出任執政官[32]，人民拒絕接受反對者的意見，他們認為法律為著國家的利益，也不是第一次出現的妥協和讓步。過去讓西庇阿出任執政官曾經違反法律的規定，而且目前的狀況更為危急，當時他們只是為了要消滅迦太基人[33]，並不害怕自己的城市遭到摧毀。

等到一切都成定局以後，馬留率領軍團離開阿非利加，羅馬人計算一年開始的日期元月1日出任執政官，擺出凱旋式的行列進入羅馬。看到朱古達身為俘虜出現在眾人面前，完全超出大家的期待。沒有人相信阿非利加的敵人遭到殲滅，朱古達還能活在世上，可見他能適應各種命運的安排，按照當時的需要採行權宜的策略，同時能夠證明他的機警不下於他的英勇。不過，當他走在凱旋式行列的前頭，據說已經處於神智錯亂的狀況，典禮完畢押解到監獄裡面，禁卒剝光他的衣服，搶奪他戴的金耳環，就連耳垂都被扯破，然後赤身裸體打進黑牢，這時他喪失理性陷入瘋狂，發出鬼嚎一般的慘笑，大聲叫道：「啊！海克力斯！你的浴室怎麼這樣的冷！」六天的時間在飢餓的絕境中掙扎，直到臨死的那一剎那還想繼續活下去，最後還是遭到報應終結邪惡的一生。

根據史家的說法這一次的凱旋式，展示出3007磅黃金、5775磅銀錠、價值28萬7000德拉克馬的金幣和銀幣。莊嚴的儀式舉行完畢以後，馬留召集元老院的成員在卡庇多神殿聚會，不知是出於他的疏忽無知，還是陶醉在鴻運高照帶來的狂喜之中，竟然穿著凱旋式的戎裝[34]步入大廳，發現元老院所有議員面露不豫之

(續)———————————————————————————————

直到大西洋和北海的大片原野。這個地區以阿爾卑斯山為界，分為山內高盧和山外高盧（簡為內高盧和外高盧）；內高盧又以波河為界分為河南高盧與河北高盧。

32 從前面的敘述可知，馬留這時仍舊留在阿非利加，他是在缺席的狀況下被選為執政官。

33 西庇阿・伊米利阿努斯雖然年紀只有30歲而且沒有具備元老院議員的身分，為了領導羅馬人討征迦太基人，在147B.C.當選執政官。

34 將領在凱旋式穿著一種特定的戎裝，樣式和飾物比照朱庇特和古代國王的袍服，只能用在這個極其莊嚴的場合，要是穿來處理公務或接見賓客，是極其傲慢和不敬的行為。後來凱撒獲

色，立即走了出去，換穿鑲紫邊的長袍再進來。

13 馬留拿出小心翼翼的態度，利用這次遠征行動在途中訓練和要求他的部隊，經常實施長途行軍，自己以身作則在前領導，迫使每個人要背負自己的行李，準備自己的口糧，從此以後那些極度辛勞的士兵，因為他們安靜的工作毫無怨言，獲得「馬留之騾」的稱呼。有人認為這綽號來自不同的起源，當西庇阿圍攻努曼夏的時候，他不僅仔細檢查士兵的馬匹和武器，就連騾子和車輛也不放過，要想知道裝備保持的狀況，確保每個人都能立即運用。馬留牽出他的馬匹，餵養得毛光膘滿，一頭騾子也處於最好的狀況，與其他的牲口比起來，更為健壯而且溫馴。西庇阿看到非常高興，以後經常提到馬留飼養騾馬非常盡責這件事，從此士兵用開玩笑的口氣，讚譽那些願意服行賤役的同伴，說他們是「馬留之騾」。

14 馬留的運道很好，情勢的發展對他極為有利，敵人竟然改變行程先要奪取西班牙。這樣一來，使得他有足夠的時間操練士兵熟諳戰陣之事，堅定他們戰鬥的勇氣，尤其重要是讓全體官兵了解他的作風和性格。他的領導出於強勢的作為，賞罰分明用鐵腕施加懲處，等到他的手下感受到所獲得的利益、優勢和公正，就會習慣於不犯錯誤和絕對服從，從而他們慢慢熟悉他那凶狠的脾氣、嚴厲的語氣和猙獰的面容，認為只會對敵人帶來恐懼和傷害。他主持軍法審判非常公正，下面有一個極其著名的案例，特別使得士兵津津樂道。

該猶斯・盧休斯（Caius Lusius）是他的外甥，在軍隊裡面擔任指揮官，這個人沒有別的壞習氣，只是性好男色為人所不齒。有一個年輕人名叫特里朋紐斯（Trebonius）在盧休斯的管轄之下，雖然受到百般引誘還是未能得手。盧休斯按捺不下自己的情慾，一天夜晚派他的傳令去叫特里朋紐斯，按照軍法的規定不能拒絕上官的召喚，特里朋紐斯只有進入他的帳篷。當盧休斯要用暴力迫他就範的時候，他拔出佩劍當場將盧休斯殺死。這件事情發生的時候，馬留並不在營地。等到馬留返營以後，指定一個日子要對特里朋紐斯進行軍法審判，屆時很多人對這個年輕人提出指控，沒有一個人願意出面為他辯護。特里朋紐斯毫無所懼敘述整個事件的本末，呈出證據說明盧休斯過去對他的誘惑，那就是一些經常送給他的

（續）────────────────────────

　　得光榮的特權，可以在祭典的場合穿著凱旋式的袍服。

禮物，同時說明即使如此他還是拒絕盧休斯的要求。馬留讚譽這位年輕人的行為，表現出非常高興的神色，下令要頒發桂冠給他，通常羅馬人用來獎勵作戰的英勇，馬留還親自將桂冠戴在他的頭上，其目的在於鼓勵士兵有凜然的氣節，特別是這個時候更要嚴守軍紀，呼籲大家效法他的好榜樣。

這件事在羅馬引起議論紛紛，看來馬留第三次出任執政官大有希望[35]，特別是蠻族可能在夏季開始入侵，更加促成這次選舉的結果，民眾只對他深具信心，不願把身家性命託付在其他將領的手裡。不過，敵人到達的時間比想像更要延後，馬留的執政官職務再度任滿到期，又要開始選舉。這時他的同僚正好亡故，他把軍隊的指揮權交給孟紐斯‧阿奎留斯(Manius Aquilius)，自己火速趕回羅馬。有幾位優秀的市民成為執政官候選人，盧契烏斯‧薩都尼努斯(Lucius Saturninus)是一位護民官，比其他人更能操控民意。馬留費很多心思說服他，薩都尼努斯在市民大會發表演說，規勸大家選馬留出任執政官。馬留裝模作樣表現出謙虛的態度，公開宣布要婉拒這個崇高的職位。薩都尼努斯表示意見，國家面臨危險的時刻[36]，如果馬留放棄指揮軍隊的職責，就要稱他為「賣國賊」。薩都尼努斯幫助馬留在民眾面前故弄玄虛，這是非常明顯的事，然而考慮當時的環境，大家還是需要他的用兵技巧和齊天鴻福，於是選他第四次出任執政官[37]。卡圖拉斯‧盧塔久斯(Catulus Lutatius)成為他的同僚，這個人受到貴族的尊敬，一般平民對他也沒有反感。

15 馬留獲得敵人進軍的情報，率領他的遠征軍通過阿爾卑斯山，在隆(Rhone)河的岸邊紮下營寨，首要考慮事項是要確保軍糧有充分的供應，免得到時候在給養缺乏的不利狀況被迫出戰，運送到軍隊的穀物採用海路，比起過去是既快速又方便。隆河口在注入大海的地方，受到泥砂的淤積形成堵塞，航道非常狹窄，運糧的進出困難而且危險。他要求軍隊在閒暇的時刻，開挖一條很寬的溝渠，使大部分的河流經過這個水道，可以抵達海岸最適合的地點，水深足以容納負載很重的船隻，能夠平穩而且便利的進出海洋，不會產生任何危

35　馬留出任第三次執政官是在羅馬建城651年即103B.C.。
36　盧契烏斯‧薩都尼努斯(Lucius Saturninus)是那一年的護民官，提出一個法案，要給馬留的老兵每人在阿非利加撥發100尤格魯(約60英畝)的土地，後來監察官為此事將他逐出元老院。
37　羅馬建城652年即102B.C.馬留出任第四次執政官。

險。直到今天這條水道仍舊使用他取的名字[38]。

敵軍現在兵分兩路，辛布里人經從上方穿越諾利孔人（Norici）[39]的國度，打通山間的隘道，用來對付卡圖拉斯；條頓人和安布羅尼斯人（Ambrones）經由海岸通過黎古里亞地區，向著馬留進軍。辛布里人完成他們那部分的工作，需要相當長的時間。條頓人和安布羅尼斯人全速通過兩軍之間的地區，很快出現在視線之內，數量之龐大真是讓人難以置信，這群蠻族的面目猙獰令人望之生畏，發出極其奇特的吶喊和吼聲。他們的營地據有平原的大部分區域，等到完成紮營就向馬留搦戰。

16 馬留對他們好像是不予理會，保持他的士兵在工事裡面，對於那些急著要表現匹夫之勇的人，給予嚴厲的譴責，任何人基於衝動的性格要想出戰，就是國家的叛徒。他說他們的目標不在於獲得凱旋式和戰利品，而是要竭盡諸般手段，擊退極其猛烈的戰爭風暴，拯救意大利免於毀滅的命運；這是他私下與軍官和同僚的談話中，所表達出他對這場作戰的看法。他下達命令輪班配置士兵在防壁上面，觀察敵軍的部署和動靜，習慣蠻族的外形和聲音，實在說給人的印象是極度的橫蠻；進而要求他們辨認敵人的武器以及運用的方式。蠻族初次出現帶來的恐怖，使得全軍感到憂慮不已，在很短的時間之內，由於經常看到變得熟悉起來。他的論點非常有道理，任何陌生的事物都使人有高深莫測的感覺，原因是他們從來沒有想去深入了解，所以不知道底細；等到大家熟悉以後，即使真正令人恐懼的事物，也不會給他們造成威脅。這種每日勤務不僅使士兵減少畏懼之心，當他們聽到敵人的恐嚇之辭和令人無法忍受的羞辱，在憤怒之餘難免激起同仇敵愾的勇氣。蠻族不僅在周圍地區大肆燒殺擄掠，還帶著藐視和自信的神情攻擊他們的防壁。

士兵的怨言現在開始傳到馬留的耳中：

> 馬留為什麼要把我們看成弱不禁風的懦夫？為什麼他不讓我們與敵人戰鬥？好像我們比婦女沒有強多少，所以要把我們關在閨房裡面。

---

38 這條運河從亞耳（Arles）通往馬賽的西北入海，使得隆河的航運與馬賽的海運相結合，對於這兩個城市的繁榮有很大的貢獻，斯特拉波和普里尼都提到此事。

39 諾利孔是羅馬一個行省，整個區域相當於今日的奧地利和部分匈牙利。

我們要到他的面前，表現出男子漢大丈夫的氣概，質問他是否期望別人來爲意大利打仗。難道我們僅是出賣勞力的奴工，只能從事挖掘渠道、清理淤泥和改變河道的工作？看來他爲了要我們完成這些工程，所以才給我們施以長期的訓練；等他回到羅馬，就可向人民吹噓他在執政官任內完成這些重大的建樹。卡波（Carbo）和昔庇阿（Caepio）曾經敗在敵人的手裡[40]，難道這兩位的失利使得他膽顫心驚？實在説，卡波和昔庇阿無論就光榮的事蹟和作戰的英勇而言，根本無法與馬留相提並論；何況他們兩人率領的軍隊，實力非常薄弱。我們認爲即使面臨最惡劣的狀況，還是要採取作戰行動，雖然可能會遭到失敗的命運，總比無所事事坐視我們的盟邦和鄉親遭到蹂躪要好得多。

17 馬留非常高興聽到他們說出這番話來，用溫和的態度來安撫這群士兵，特別聲明他並非懷疑他們的英勇，只是已經有妥善的打算，根據神讖的指示，會在適當的時間和地點贏得最後的勝利。事實上他無論到何處，總是擺出虔誠的態度，用舁床抬著一位敘利亞婦女隨他前往，瑪莎（Martha）是一位非常靈驗的女預言家，在她的監督之下進行獻祭和占卜的工作。在更早之前，元老院召喚她前去觀見，她就自己的見解對有關事務向他們提供報告，並且預測未來的狀況，然而沒有被元老院採納反而遭到驅逐。從此以後她只與婦女來往，證明在這方面的確很有本事。有一次她坐在馬留妻子的跟前，這時正在觀看角鬥士拚死血戰，她預測誰可以獲勝，結果完全正確。馬留的妻子確信不疑同時非常喜歡占卜星象，就派她到軍隊去見馬留，等她到了以後受到重視，大部分時間坐在舁床裡面隨著他行動。當她前去呈獻犧牲的時候，身穿一件紫色的官袍，連襯裡都是同樣顏色，全部緊扣起來，手裡握著一根細小的長矛，裝飾著彩帶和花環，這種劇院表演的噱頭帶來很多的疑問，是否馬留眞正相信她的法力，或是作爲一個迷信的工具，利用公開亮相好來欺騙他的士兵。

不過，明達斯人（Myndian）亞歷山大提到兀鷹的狀況，倒是眞正值得讚許；

40　113B.C.執政官帕皮流斯・卡波（Papirius Carbo）在諾利孔（Noricum）的諾里亞（Noreia），被辛布里人擊敗；到了105年，出任總督的塞維留斯・昔庇阿（Servilius Caepio）和執政官瑪流斯・麥克西穆斯（Mallius Maximus），在阿勞西奧遭到慘敗，損失8000人。

通常馬留在獲得勝利之前，總會出現兩隻兀鷹，陪伴著軍隊在空中翱翔，從它們所戴的銅腳環可以知道（士兵抓住這兩隻鳥，把銅環套在它們的腳上，然後再釋放，從那時起它們似乎能認出士兵，並且要向他們致敬），不論在那裡總是出現在行軍隊伍的頭上，他們一直對這種狀況感到高興，認爲可以保證贏得勝利。還有很多奇聞異事引起大家的注意，一般說來不過是老生常談而已。

雖然如此，據稱在阿美里亞（Ameria）和圖德（Tuder）這兩個意大利城市，有天夜晚空中看到著火燃燒的箭矢和防盾，一直在那裡飄浮波動不已，雙方一再相互撞擊，那種姿態和運動的方式，像是士兵用來作戰一樣，最後有一邊開始敗逃，另外一邊發起追擊，接著全部向著西方移動逐漸消失不見。差不多就在同個時候，貝塔西斯（Bataces）是服侍西布莉（Cybele）的祭司，離開佩西努斯（Pessinus）來到羅馬，說是女神宣示祂的神讖，羅馬人必定獲得勝利[41]。元老院相信他的話，爲了使希望不致落空，通過提案蓋一座廟宇奉獻給女神。貝塔西斯要到市民大會向大家報告這個神蹟，受到護民官奧拉斯‧龐培烏斯（Aulus Pompeius）的阻止，除了把貝塔西斯稱爲騙子，用很羞辱的方式將他從講台上面趕下來。這件事發生的結局使得大家更爲相信這個人所說的話，因爲就奧拉斯的個性來說，絕不會爲了想回家而解散市民大會，等到他患了一種極其猛烈的熱病，在一個星期之內過世以後，這件事變得舉國皆知，每個人都在嘖嘖稱奇。

18 就在馬留沒有採取任何行動這段期間，條頓人認爲現在的狀況有利，竟敢攻擊他的營寨，遭到一陣箭雨和標槍的迎頭痛擊，因而蒙受相當的損失。蠻族決定向前進軍，希望不受阻擋到達阿爾卑山的南邊，他們開始裝載行李，從羅馬營寨的旁邊很安全的通過，行軍的時長可以拿來證明人數是多麼的龐大，據說花了六天之久才通過羅馬人的工事。雙方的距離非常接近，蠻族帶著惡意問羅馬人，說是願意爲他們帶信給他們的妻子，因爲過不多久就會與她們在一起。等到蠻族剛一通過，走在前面沒有多遠的距離，馬留開始拔營出發，跟在他們的後面保持徐徐而行的姿態，選擇堅強的位置，採取審愼做法整備防衛工事，務使宿營能獲得安全的保障。羅馬人採取這種行軍方式，直到抵達一個名

41　西布莉又稱大地之母，是安納托利亞（Anatolia）的女神，最著名的神龕在佩西努斯，第二次布匿克戰爭以後傳入羅馬，信徒眾多香火極其鼎盛。

叫色克蒂留斯泉(Sextilius's Waters)的地點，這裡離開阿爾卑斯山只有很短的路程，馬留準備在這裡迎戰敵軍。

他選擇作爲營地的位置在地形上具有相當強度，最大的缺失是很難獲得飲水，據說是他有意如此，逼得士兵要發揮奮勇當先的鬥志。有些人因而受到很大的痛苦，抱怨口渴難忍，馬留指著流過敵軍營地旁邊的河流說道：「如果你們不怕流血，就可以到那裡去喝水。」他們質問道：「你爲什麼不在我們身體裡的血乾涸之前帶我們到那裡去？」他用比較溫和的口氣回答道：「讓我們先加強營地的工事設施。」

19 士兵難免心存不滿，還是服從他的命令。這時有一大群童僕和隨營人員，大家不僅喉乾舌燥還無法讓馬匹獲得飲水，趕忙向著河流走去，有人拿著戰斧和大鍼，還有人攜帶長劍和標槍，手裡都提著水罐，決心爲了獲得飲水不惜拚命。他們首先與一小群敵人接戰；這些人當中大多數剛剛沐浴完畢，正在用餐和飲酒，有一些人還在洗澡，整個地區到處都是溫泉。這些蠻族難有舒適的時刻，現在完全鬆弛下來，沉醉在四周的景色當中，這樣才給羅馬人機會向他們發起攻擊，有很多人當場斃命。聽到殺聲震天，知道一大群人已經在鏖戰之中，這時馬留想要約束他的士兵已經相當困難，因爲他們害怕會失去營地的僕從。敵軍當中最黷武好戰的一部(他們是安布羅尼斯人，數量大約有三萬人左右)，曾經把曼留斯(Manlius)和昔庇阿打得全軍覆沒，現在獲得敵人進襲的警報，正要整裝待發。

這群蠻族剛剛才飽餐一頓，肚子裡裝滿食物，飲酒使得他們的鬥志高昂而且爭先恐後；雖然如此，進軍的行動還是按照一定的步驟，並沒有讓怒火沖昏了頭，也不會發出含糊不清的吶喊。他們撞擊武器發出有節奏的響聲，保持整齊的步伐和間隔很快向前躍進，不斷重複叫喊著自己的名字：「安布羅尼斯人！安布羅尼斯人！」用來相互鼓勵提升士氣，另外一方面是使敵人感到畏懼。馬留的軍隊裡面，在所有的意大利人當中，黎古里亞人(Ligurians)領先發起攻擊，聽到敵人混雜不清的吶喊，隨聲附和同樣的字句，因爲這是他們古老的名字[42]。黎古里亞人在國內提及自己的血胤，就會經常使用這個稱呼。雙方在進行接戰以前，相互回

---

42 蒲魯塔克說黎古里亞人也稱為安布羅尼亞人，不是他弄錯雙方的淵源關係，再不然就是杜撰其事。

應有如雷鳴的怒吼,這樣一來更是火上加油,大家都使出吃奶的力氣,拚命發出狂暴的咆哮,想要在聲勢上勝過對手。

河流使得安布羅尼斯形分離以致陣腳大亂,他們無法讓全軍在對岸列出接戰的隊形,黎古里亞人立即攻擊蠻族的前鋒,進行短兵相接的肉搏戰鬥。羅馬人開始加以援手,他們從高地向著敵人一擁而下,強有力的衝擊逼得蠻族節節後退,其中大部(相互推擠掉到河裡)遭到屠殺,到處都是殘缺的屍體,河水染成一片鮮紅。羅馬人渡河追殺殘留的人員,這些人不敢再戰,只有逃回營地和車陣當中。留在那裡的婦女手持刀劍和戰斧,發出令人毛骨悚然的尖叫,對於敗逃者和追擊者給予一視同仁的攻擊,因為前者是叛徒而後者是仇敵。她們與戰鬥人員混雜在一起,竟敢赤手空拳搶奪羅馬人的盾牌,或者抓取他們的長劍,無論是遍體鱗傷還是刀斧加身,她們忍受到最後都不屈服。在那條河流所發生的會戰,看來並非出自偶然的意外事件而是將領的精心策劃。

20 羅馬軍隊對安布羅尼斯人展開大肆屠殺,等到鳴金收兵已是夜幕低垂。軍隊還是不敢恣意而為,根據古老的習慣,他們應該高唱勝利的歌曲,在帳篷裡面痛飲美酒,相互款待接著大睡一場(士兵經過激戰獲勝以後,最需要恢復體力)。他們現在要度過的夜晚,處於恐懼緊張之中,尤其是提高警覺更為重要。他們的營地既沒有堆起防壁也無從架設柵欄,尚未遭到擊敗的敵人仍舊數以萬計,逃脫的安布羅尼斯人已經與他們會合在一起。整個夜晚聽到一種非人類所能發出的哀鳴,不像是男人的嘆息和呻吟,可以說是野獸的咆哮和詛咒混合著威嚇和慟哭,從極其龐大的烏合之眾中升起,在四周的山丘和空曠的河岸之間引起迴響。整個平原充滿令人厭惡的喧囂之聲,使得羅馬人感到心驚膽戰,馬留非常擔心會發生一場極其混亂的大規模夜戰。敵軍整夜以及次日都沒有出擊,忙著重新編組和加強部署以獲得最大的優勢。

馬留對於當前的有利態勢能夠善加運用。敵軍後方有草木叢生的斜坡和深邃的山谷,到處都是濃密的樹林。他派遣克勞狄斯‧馬塞拉斯(Claudius Marcellus)率領3000名軍團士兵,避開敵人耳目前往那個地點,奉到的命令是埋伏起來,等到戰鬥開始才在敵人的後方現身。其餘人員按時用餐和睡眠以恢復疲勞,次日拂曉他在營地前面列出會戰隊形,同時派出騎兵部隊衝向平原。條頓人看到這種狀況就無法克制自己的情緒,其實他們可以等待羅馬人來到平原以後,在相同的條

件之下進行戰鬥；他們火速完成整備以後，採取狂暴的行動向著山坡衝鋒。馬留
派出軍事護民官到戰線的各部分，傳達他的命令：要求士兵堅持崗位固守陣地，
等到敵人進入射程之內，他們先投擲標槍，接著用劍和盾牌抵擋蠻族的攻勢，然
後把敵人打回去。他特別要士兵注意：陡峭的地面使得敵人的打擊，不能發揮應有
的殺傷作用，同時蠻族無法讓盾牌處於密接的狀況；還有就是崎嶇不平的斜坡，使
得立足點難以保持平穩。他對部隊提出以上的勸告，還能以身作則讓大家追隨他的
行動，可以說馬留的實踐力行不輸於任何一個部下，他的指揮若定更是無人能及。

21 羅馬人聽從他的指示，站著不動等待敵人接近，阻止他們向上坡進
行的仰攻，逼得他們逐漸放棄占領山丘的企圖。安布羅尼斯人退到
平地，立即開始重新編組前鋒，轉變成爲抵抗的態勢，這時他們發現後方喪失秩
序亂成一片。馬塞拉斯能夠掌握戰機，等到羅馬人在山丘上面發出的殺聲增強，
立即下令要他的人馬銜枚疾走，從敵人的背後發起攻擊，用最快的速度配合大聲
的吶喊，打敗最接近的敵人，擊潰當面列陣的隊伍，使得整個敵軍陷入混亂之中。
蠻族沒有能力維持兩個方面的抵抗，放棄他們的戰線趕緊逃走[43]。羅馬人發起追
擊，殺死和俘虜的數目超過10萬人[44]，擁有蠻族的戰利品、帳篷和車輛，大家一
致同意不可偷竊馬留應該分得的財物，雖然他收到極其豐碩的重禮，妥善的指導
能夠挽救國家於危亡之際，建立的功勳並非這分酬勞所能報答於萬一[45]。

有些作者對於掠奪物的分配和敵人被殺的數目[46]，曾經提出不同的意見，他
們談起馬賽的居民，用人骨作爲葡萄園的圍柵，土地因爲腐屍(浸泡在冬季的雨
水之中)的分解作用變得非常肥沃，翌年的穀物收成極其豐碩，可以證實阿契洛

43　這次勝利是在羅馬建城652年即102B.C.。

44　蒲魯塔克說10萬人算是有所保留；佩特庫拉斯(Paterculus)的記載是殺死15萬人；歐羅休斯
　　(Orosius)的說法是陣亡20萬人，8萬人成爲俘虜；李維提到這次會戰，辛布里人有20萬人被
　　殺，俘虜有9萬人之多。

45　雖然馬留進行軍事改革使得羅馬的軍團能夠脫胎換骨，但是與辛布里人的作戰，看不出他的
　　將道有多麼高明之處，羅馬人的勝利主要在於蠻族的編組、訓練、武器、裝備和後勤方面，
　　過於落後所致。

46　按照規定戰利品屬於國家而不是士兵所有(雖然他們都會私下藏匿)，公布的數量不足爲憑，
　　據說馬留用很低的價錢將戰利品賣給士兵。

克斯(Archilochus)[47] 的論點,即使是休耕的土地都有提升肥分的趨勢。大家還觀察到一種現象,經過一場大戰以後,會增加額外的降雨量,看來上天的旨意是要把受到污染的地面沖刷清洗得乾乾淨淨,可能是血液和腐敗增加水氣和蒸發的力量,空氣變得沉重,即使出於很小的原因也會在自然界產生重大的變化。

22 會戰結束以後,馬留從蠻族的戰利品和武器當中,選出若干完整和精美的品項,舉行凱旋式的時候,展示極其壯觀的場面。他把剩餘的物質聚集起來成為一個大堆,當成無比華麗的祭品奉獻給神明享用。全軍將士手裡捧著施捨,頭上戴著花環,列隊圍繞在四周。馬留身穿鑲紫邊的袍服(依據傳統的規定,符合大典的要求[48]),拿起一根點燃的火炬,向著上天舉起雙手,朝向祭品堆走過去。這時有些幕僚看到一群騎士向著他疾馳而來,在場所有人員保持肅靜和期望;他們到達以後跳下馬來向馬留致敬,帶來他第五次出任執政官的消息[49],呈送給他的信函提到這次選舉的結果,對於肅穆的祭典添增喜悅的氣氛。士兵撞擊他們的武器發出歡聲雷動的呼號,軍事護民官把月桂葉的冠冕戴在他的頭上,這時他舉火點燃祭品堆,完成奉獻的儀式。

23 上天的干預不讓世人享用成功的喜悅,即使這種成功極其純淨和誠摯亦復如是。情勢的變化仍舊是好壞苦樂參半,無論是命運的安排、神明的厭煩抑或自然的常理,有得必然有失,也是無可奈之事。就在這幾天之內,馬留接到他的同僚卡圖拉斯送來的一份報告,雖然烏雲散盡已經雨過天青,另外一場迫近的暴風雨,使得驚弓之鳥的羅馬再度陷入憂懼之中。卡圖拉斯進軍的目標是對抗辛布里人,要想防守通過阿爾卑斯山的數條隘道,就得將他的兵力分為幾個部分,為了避免處於劣勢而被敵人各個擊滅,只有率領軍隊離開山區退回意大利,主力部署在阿第傑(Adige)河的後方。他為了控制渡河點的通路,在河流的兩岸設置強固的要塞工事;敵軍強行通過山區的隘道以後,必須先行攻占河岸的

---

47 阿契洛克斯是7世紀B.C.中葉的詩人,生於佩羅斯島(Paros),他在當代與荷馬齊名,僅留下其他作者引用的殘句。

48 依據傳統,官員在進行宗教活動的時候,會將長袍的一端拉起來掩蓋在頭頂,這種方式稱為cinctus Gabinus;戰勝敵人以後,為了許願設置一個火葬堆,將部分戰利品奉獻給神明。

49 第五次執政官是在羅馬建城653年即101B.C.。

陣地才能完成渡河[50]。他想要很快越過河流支援留在對岸的單位，搭建一座橋梁使兵力的轉用更爲容易。雖然如此，蠻族對於當面的敵人抱著羞辱和藐視的態度，爲了表現他們的體能和勇氣，並非出於任何必要，他們赤身裸體在大雪紛飛之下行走，通過結冰和積雪深厚的地區，攀登山嶺的頂峰，把很寬的盾牌置於身體下面，從懸崖絕壁順著巨大而光滑的斜坡一路溜下來。蠻族將營地設置在距離河流不遠之處，對於渡河點的通路進行詳盡的觀察。他們開始在它的上方建立攔水的巨大堤堰，挖掘鄰近的山丘，爲了發揮阻絕的效果，使用帶著根的樹木放在河裡，然後再把泥土堆集在上面，使得河床的水流受到遏制，然後像是堤壩崩決那樣，讓河水形成一道激流，帶著沉重的物質向下流動，等到撞擊到水下的支柱，巨大的衝力使得整座橋梁爲之解體。這種情形產生立竿見影的效果，絕大部分羅馬士兵在驚嚇之餘，離開營地向後逃走。

卡圖拉斯的舉止如同心胸開闊和行爲高貴的將領，重視整體的榮譽和團隊的顏面，即使個人受到委屈也在所不惜。等到他無法說服士兵留在他們的連隊標誌之下，看到他們把他棄而不顧，下令給手下要高舉他的鷹幟，擺在逃亡隊伍的前列，他走在前面帶著他們，情願自己遭到譴責也不讓國家蒙受羞辱，因爲這群將士不是臨陣脫逃，而是跟隨他們的上官撤退。蠻族攻擊並且奪取位於阿第傑河對岸的要塞，讚譽那些少數留下的羅馬人，能夠表現出大無畏的勇氣，奮戰到底能爲國家爭光。蠻族與他們簽訂停戰協定，在神聖的銅牛前面宣誓，讓這些羅馬人安然離去。後來他們打了一場會戰獲得這隻銅牛，據說把它送到卡圖拉斯的家裡，當成擊敗敵人最主要的戰利品。整個地區毫無防衛能力，辛布里人散布開來，在四境到處燒殺擄掠，無所不爲。

24 市民大會立即召回馬留，等到他抵達羅馬，每個人都認爲他應該舉行凱旋式，元老院無異議通過提案，他自己的看法是這個時機並不適當。很可能是他不願剝奪手下將士分享最大榮譽的權利；還有就是他要在這個緊急關頭，必須讓大家相信城市的運道和他過去獲得的光榮，用來激起人民高昂

---

50 卡圖拉斯的撤退在越過布倫奈(Brenner)隘道，棄守特倫特(Trent)和維洛納(Verona)以後，就在阿第傑河的兩岸修建堅固的工事。辛布里人的進軍路線和卡圖拉斯的防禦位置，引起很多爭論，有人認為辛布里人採用更加東邊的路線，沿著納蒂索尼(Natisone)河可以抵達古老的阿奎利亞(Aquileia)。

的士氣。現在把凱旋式延期舉行，配合以後獲得的勝利使得場面更爲壯觀華麗。爲了顧及元老院的權威和厚愛馬留表達感謝之意，然後火速前去會合卡圖拉斯，他的到達能夠鼓舞低落的士氣。馬留從高盧召來他的軍隊，立即渡過波河，他竭盡諸般手段，要讓意大利這個部分免於蠻族的入侵，使得南部地區獲得安全的保障。

蠻族公開宣稱他們在等待條頓人，同時對他們的姍姍來遲感到奇怪，所以要延後與敵人決戰；或許是他們根本不知道條頓人戰敗，也可能是他們只接受自己聽得進的話。他們對於那些帶來這個消息的人，確實曾經施以酷刑；同時派員去見馬留，要求他割讓部分國土給他們和他們的兄弟，以及交出一些城市供他們居住。馬留向使者查問他們的兄弟是誰，使者說是條頓人，所有在場的人聽到這話不禁大笑起來，馬留用諷刺的口吻答覆道：「你們不必爲你們的兄弟傷腦筋，我們已經爲他們準備所需的土地，他們可以永遠據爲己有。」使者知道馬留在嘲笑他們，於是打斷侮辱的言辭，提出威脅說是等他們來到，無論是辛布里人還是條頓人，都要他爲這番話付出代價。馬留說道：「條頓人離這裡並不遠，你們在走以前要是不去向你們的兄弟致意，那是非常失禮的行爲。」說過這話以後，他下令將條頓人的國王帶出來，他們全都桎梧加身；這是他們能夠安全逃脫之前，在阿爾卑斯山的山區被塞廣尼人（Sequani）[51] 捕獲。

25 等到辛布里人知道這件事，立即出發來找馬留報仇，然而他仍舊停在原地，全力防守戒備森嚴的營地。據說馬留爲了應付這場會戰，特別對羅馬人使用的標槍，就它的製作樣式有所改進。原來的標槍所使用的鐵質矛頭，它的底端有兩根長釘，好與木質槍桿牢牢結合在一起，現在馬留只留下一根長釘，另外一根用木栓取代，這根木栓的質地很脆弱，等到擲出的標槍射中敵人的盾牌就插在上面，無法支持槍桿的重量，這根木栓就會折斷，只有一根長釘固定的鐵質矛頭就會彎曲，標槍仍舊緊緊留在盾牌上面，槍桿下垂拖在地上，給敵人帶來極大的不便[52]。

辛布里人國王皮奧瑞克斯（Boeorik）帶著一小隊騎兵來到羅馬人的營地，向馬

---

51 塞廣尼人是居住於高盧中部地區的塞爾特部族，與羅馬人的關係極其友好。

52 羅馬人改進武器最重要的一點，就是標槍擲出後，不論是擊中盾牌或是插入地面，矛頭會彎曲或折斷，敵人無法拾起再用；所以孔明的「草船借箭」遇到這種投擲兵器，也就沒有辦法。

留提出挑戰，在指定的時間和地點，爲著他們的國家作殊死之鬥，成則爲王，敗
者爲寇。馬留的答覆是羅馬人對於何時進行戰鬥，從來不會接受敵人的建議。不
過，他在這方面會使辛布里人感到極其滿意，雙方訂下時間是在第三天，地點是
靠近維西立(Vercellae)的平原[53]，便於羅馬人運用他們的騎兵部隊，有足夠的空間
可以讓敵人展開龐大的陣容。

　　雙方在指定的時間，完成部署列出會戰的隊形。卡圖拉斯指揮的兵力是2萬
3000人，馬留有3萬2000人。馬留的部隊組成左右兩翼，卡圖拉斯的位置擺在中央。
蘇拉曾經參加這次會，讓我們知道當時發生的狀況。根據蘇拉的說法[54]，馬留用這
種作戰序列來部署他的軍隊，因爲他期望兩軍會在兩翼先行接戰，在延伸正面的狀
況下經常會如此，而且中央位置會向後退縮，這樣一來勝利就會歸於馬留和他的士
兵，甚至卡圖拉斯的部隊可以不必參加戰鬥。還有很多人告訴我們，說是卡圖拉斯
堅持這種論點，爲自己應有的榮譽提出辯白，從各個方面指控馬留貪功諉過。

　　辛布里人的步兵部隊從他們的工事裡面魚貫而出，隊列的縱深幾乎與戰線的
正面概等，全軍形成龐大的方陣，每邊的長度有30弗隆(約爲6000公尺)。他們的
騎兵部隊約爲1萬5000人，陣容極其壯觀而華麗。蠻族戴著頭盔，形狀很像長著
野獸的頭顱和下顎，還有其他奇特的型式，高聳的羽毛冠飾，使得他們的體型看
起來更爲修長，穿著鐵製的胸甲，手執閃閃發光的白色盾牌，每個人的攻擊性武
器是兩根投矢，等到開始短兵相接，使用沉重的長劍。

26 騎兵部隊沒有直接攻擊羅馬人的正面，而是指向右方的側翼，盡力想
　　　要將右翼的部隊逐漸拉離，落入蠻族的騎兵和配置在左翼的步兵之
間，好對他們進行夾擊。羅馬的指揮官立即發覺蠻族的圖謀，已經無法約制士兵的
行動，特別是有人在大叫，說敵人已經敗逃，羅馬人全都在後追趕；這時蠻族步兵
部隊蜂擁而上，聲勢如同波濤洶湧的海洋。馬留洗淨雙手向著上天高舉，發出誓言
要爲神明舉行百牛祭。卡圖拉斯用同樣的姿勢，莊嚴的承諾要爲「幸運的日子」[55]

53　後來在皮德蒙(Piedmont)地區有個城市名叫維西利(Vercelli)，位於杜林(Turin)和米蘭(Milan)
　　之間；現在大家認爲這塊平原在羅維哥(Rovigo)附近，一直延伸到波河河口。
54　蘇拉的《回憶錄》提到這次會戰，難免對馬留帶有很強烈的偏見；事實上馬留對卡圖拉斯和
　　他的部隊，並沒有多大的信心，因爲他們是敗退之師。
55　卡圖拉斯後來在戰神教練場爲「幸運之日」蓋一座廟宇；開戰之前向神明立誓許願非常普通，

奉獻一座廟宇。他們提到馬留進行腸卜儀式以後,大聲叫道:「勝利就是我的。」

　　不過,根據蘇拉和他的朋友記載的情節[56],說是在激戰之中,從馬留所遭遇的狀況,可知他已為神明所唾棄。一個巨大的塵暴突然升起(這種現象很可能發生),把兩軍都籠罩在裡面,馬留領導他的部隊去追趕敵人,竟然錯失方向,從蠻族陣列的旁邊通過,花了很多時間在兜圈子成為戰場的遊兵。這時敵人出乎意料之外,一頭撞上卡圖拉斯的部隊,這場會戰最激烈的搏鬥落在他們的身上,蘇拉說他自己是參戰人員之一。特別要提出說明,炎熱的天氣和耀目的陽光照射在辛布里人的臉上,使羅馬人占了極大的便宜。這些蠻族生長在寒冷和陰暗的國度(我們在前面已經提過),能夠適應嚴冬的氣候,無法忍受酷熱的環境,他們汗流浹背甚至喘不過氣來,逼得要舉起盾牌遮住面孔,這樣一來,戰鬥當然會落於下風。這場會戰開打的時間是在夏至過後沒有多久,根據羅馬人的曆法是在Sextilis月即現在的August月[57],初盈前第三天(8月3日)。這一陣塵暴把敵人的實力掩蓋起來,羅馬人不知底細就可以維持作戰的勇氣。他們在遠處很難發覺敵軍的龐大陣容,每個人在進擊的時候,只會接戰最近的敵人,等到與對手進行短兵相接的搏鬥,不會為看到數量如此眾多而產生畏戰之心。現在他們習慣辛苦的勞動工作,經常進行各種操練,在炎熱季節長途跋涉去迎戰敵人[58],沒有人會汗下如雨或是氣喘如牛,據說卡圖拉斯也記載此事,用來讚揚他的士兵有吃苦耐勞的精神。

27 敵人絕大部分最英勇的戰士被屠殺殆盡,這些人在最前列進行戰鬥,為了不讓羅馬人衝破他們的戰線,用很長的鐵鍊穿過他們的皮帶[59],一個接一個牢牢的綁成長列,一旦戰敗幾乎無法脫身留得性命。他們追趕那些逃走的人員,隨著進入營地見證到一幕慘絕人寰的悲劇。婦女留在大車裡面

(續)────────────
　　馬留回到羅馬也為這次的會戰建造「忠烈祠」。
56　卡圖拉斯有幾卷著作敘述他擔任執政官期間這段歷史,對於作戰有詳盡的記錄,只是這些著作已經失傳。
57　維西立會戰的日期應該是101年7月30日B.C.,凱撒修改曆法之前,太陽年的運用有很大的誤差,雖然置閏還是形成節氣的混亂。為了推崇封神的奧古斯都皇帝,在8B.C.將8月的稱呼Sextilis改為August。
58　卡圖拉斯將他出任執政官的事蹟寫出一本專書,西塞羅給予很高的評價。
59　用這種方式來保持戰線的完整,是極其荒謬的事,如果不是出於杜撰,就把用繩索串連在一起的戰俘也算了進去。

穿著黑色的喪服，殺死那些臨陣脫逃的人，有些是她們的丈夫和兄弟，還有她們的父親，她們親手勒死年幼的兒女，把他們拋棄在車輪旁邊和牲口的腳下，然後再自作了斷，他們提起有一個婦人吊死在大車的轅桿上面，她的小孩懸掛在她的腳踝兩邊，因為這裡的樹木很少，男子把套在頸脖的繩索綁在牛角或牠們的腳上，然後用力鞭策這些牲口向前狂奔，就把他們勒斃或者踩死。雖然他們用各種方法自盡，還是有六萬人成為俘虜，被殺的人數要多兩倍不止。

馬留的士兵獲得的掠奪物都很普通，有人提到貴重的戰利品像是各種旌旗標誌和號角法器，全都帶到卡圖拉斯的營地，使得他有充分的理由，證明是他的指揮和他的軍隊最後贏得勝利。這樣一來，自然會在士兵之間引起口角，後來從帕馬(Parma)派來一個代表團，對產生的爭議進行仲裁。卡圖拉斯的手下帶這些人到戰場去驗證，很明顯的看出，陣亡的敵人是被他們的標槍所殺，因為這些槍桿上面刻著卡圖拉斯的名字。雖然如此，考量到上一次的勝利，以及馬留擁有的職權，大家等於在他的鷹幟之下作戰，軍事行動所能獲得的榮譽全部歸於馬留[60]。民眾異口同聲把他稱為羅馬名列第三的「奠基者」[61]，因為所面臨的險惡局勢，並且使出扭轉乾坤的手段，不下於當年羅馬遭到高盧人的洗劫。每一個羅馬人和妻兒子女在家中歡宴和請客，都會對「神明和馬留」奉上祭品和酹酒祝福。元老院賜給他單獨舉行兩次凱旋式的榮譽；不過，他並沒有自行其事，很高興與卡圖拉斯共同主持，藉以表示他即使處於無往不利的順境，還能保持謙恭和慷慨的風範；此外他對卡圖拉斯的士兵不無忌憚，要是卡圖拉斯不能分享勝利的光榮，生怕他們使出一切手段阻止凱旋式的遊行行列。

28 馬留目前是在第五次執政官任期之內，還想擔任第六次，積極進行活動，熱中的程度比起那些首次參與的人，有過之而無不及。他討好那些受到民眾喜愛的人士，用殷勤有禮的態度對於群眾百般逢迎，不僅貶低身

60　羅馬軍隊的編制是軍團下轄10個支隊，每個支隊轄3個連，每個連2個百人隊；用這種建制來排列陣線，正面會出現空隙，而且缺乏縱深，為了減少危險，將軍團改組為由支隊所編成的三線，取消青年兵、壯年兵和老年兵之間的區分，戰術單位由原來連隊的120人增加到支隊的600人，編成陣線通常是第一線4個支隊，而第二、三線各為3個支隊，軍團的總兵力由4500人增為6000人。

61　羅馬的奠基者第一位是羅慕拉斯，第二位是卡米拉斯，馬留算是第三位。

居高職的地位和尊嚴，而且扭曲他原有的性格和氣質；他一直想要讓人認為他平易近人而且慈善為懷，事實上他的天性並非如此。他們說他登上顯赫的高位始終不願放手，使得他處理政治問題以及抗拒公眾集會的不當要求，表現出極其怯懦的態度。他在會戰中面對敵軍經常發揮大無畏的情操和指揮若定的本事，等到他放下身段要向民眾講好話的時候，這些高貴的風範就隨之消逝。他變得很容易受到輿論的擺布，即使是最普通的讚譽或譴責，全都視為非同小可。據說有次他把羅馬市民權贈予1000位卡麥里儂（Camerinum）的居民，因為這些人在戰爭中有極其英勇的表現。這種處理的方式好像有些不合法，有人要他就這點提出解釋，他的答覆是戰爭的噪音使人很難聽清楚法律的低聲細語[62]；然而市民大會所發出的喧囂和抗議，會使他張皇失措而且無能為力。羅馬只有在戰時才需要他並且讓他獲得權力和地位；等到他很可能失去最高職位的時候，逼得他只有去奉承民眾，對他們百依百順，再也無法堅持施政的理想，也顧不得已經答應的承諾，事實上他有能力去履行，而且可以做得更好。

　　基於這些緣故，所有的貴族都憎惡馬留；更有甚者，他畏懼梅提拉斯的權勢，特別是過去發生忘恩負義的行為，使他有矮人一等的感覺。馬留想對人民產生影響力，不是出於正當的途徑，而是阿諛的言行和殷勤的態度。梅提拉斯以德行高潔自居，成為他的敵人也是順理成章的事。因此，馬留竭盡諸般手段要將梅提拉斯逐出羅馬，為了達成這個目標，他與格勞西亞（Glaucia）和薩都尼努斯締結關係緊密的聯盟[63]。這兩位是膽大包天的傢伙，控制一大批貧窮而易於煽動的群眾。馬留在他們的協力之下制定多種法律，帶著士兵出席市民大會，使他能夠制伏梅提拉斯。如同魯蒂留斯[64]敘述的狀況（雖然魯蒂留斯行事公正而且記載極具權威，在個人的立場上他卻是馬留的政敵），馬留獲得第六次執政官的職位，完全在於分發大

62　卡麥里儂位於翁布里亞（Umbria）是羅馬的盟邦，照說應該享有同等的權利，馬留將羅馬的市民權授與他們是不合法的行為。執政官將市民權當成獎賞賜與作戰英勇的個人或團體，這還是首次出現的案例，後來這種狀況非常普遍。

63　塞爾維斯・格勞西亞是101B.C.的護民官，負責100年的護民官選舉事宜，最有希望的候選人諾紐斯遭到謀殺，才讓盧契烏斯・薩都尼努斯當選取代他的位置；格勞西亞當選100年的法務官。

64　馬留第二次出任執政官的時候，他的前任是魯蒂留斯・魯弗斯。魯蒂留斯用拉丁文寫出他的自傳，同時用希臘文寫了一部羅馬史，西塞羅推崇他的人品和學識。他在馬留出任第六次執政官時受到放逐，過了六、七年以後，蘇拉要召他返國受到婉拒。

量金錢給羅馬的各個區部，賄賂使得梅提拉斯落選，就執政官的職務而言，華勒流斯‧弗拉庫斯(Valerius Flaccus)不是他的同僚而是他的工具。除了華勒流斯‧科維努斯(Valerius Corvinus)[65]之外，羅馬人民從來沒有將這麼多次執政官的職位給予一個人，他們也提到，科維努斯從第一次出任到最後一次交班，整個期間長達45年；馬留從第一次到第六次的連任，中間沒有中斷，可以說是一帆風順毫無阻礙。

29 從後來的狀況可以得知，他在第六次執政官任內最後這段期間[66]，為了包庇薩都尼努斯做出很多違法犯紀的事，特別是諾紐斯(Nonius)遭到謀殺的案件，招來大家的怨恨和不滿。薩都尼努斯候選護民官的職位，殺害他的對手諾紐斯。等到薩都尼努斯成為護民官，提出有關土地分配的法案[67]，其中有一項附加條款，就是市民大會表決通過的事項，元老院要公開宣誓給予認可，不得有任何反對意見。馬留出席元老院的會議，玩弄狡猾的手段故意裝出反對這項條款的樣子，說他絕不會為此而發誓，同時他認為任何有見識的人，都不會這樣做；即使制定這條法律的著眼沒有惡意，因為要迫使元老院行使同意權，並非出於個人的意願或是來自說服的成效，這已經對元老院形成冒犯和侮辱。他之所以有這種說法，不是出於自己的主見，是要為梅提拉斯設下一個陷阱，使他無法逃脫。馬留的觀念認定權謀包含德行和能力，所以他很少對元老院開誠布公講實話，同時他知道梅提拉斯是一個堅持原則的人，秉持品達(Pindar)的名言：「武德以誠信為本。」他抱著陷害梅提拉斯的希望，想要在大家宣誓以後，誘使他在元老院公開發布拒絕的聲明，何況這也是他一貫的主張。這樣一來，必然會遭到人民的唾棄，從此無法抹去這種印象。這個計謀如他所願獲得成功。

梅提拉斯公開宣布他拒絕接受這項附加條款，元老院立即將會議延期。過了幾天，薩都尼努斯召集元老院議員出席市民大會，讓他們在人民的面前宣誓要執行大會的成議；馬留站在前面，大家保持靜肅要專心聽他發表演說。馬留認為他

65　華勒流斯‧科維努斯年僅23歲當選執政官，時為羅馬建城406年即348B.C.，等到他擔任第六次執政官是在羅馬建城452年即302B.C.。

66　馬留第六次任執政官最後引起民怨是在羅馬建城654年即100B.C.。

67　蒲魯塔克專注於馬留和梅提拉斯的爭執，所以對於這次的制定法律，沒有多加解釋。事實上提出的法案包含兩個問題，一個是分配波河河谷的土地，這是戰勝辛布里人所獲得的成果；另一個是建立幾個新的殖民區；這兩個法案使得馬留的名望大增，根據阿皮安的說法，無論是羅馬還是盟邦，所有的平民都強烈支持。

過去在元老院所說的話完全是一片好意，現在要他們不必理會那時的主張；他說他絕不會墨守成規，對於如此重要的事情抱持先入爲主的看法，他要遵守法律的規定願意宣誓。除此以外還加了一條但書，這樣使出掩飾的手法，僅僅是爲了他的厚顏無恥，找一個下台階的藉口而已[68]。

民眾讚許他的做法感到非常滿意，大聲鼓掌推崇他開明的作風，貴族目瞪口呆站在那裡，對他的善變惱怒不已而且極其不齒，但是他們畏懼市民大會的制裁只有屈服，所有人員依次上台宣誓。梅提拉斯的朋友一直勸他不要堅持己見，以免陷入無法挽回的困境，因爲薩都尼努斯針對抗拒的人士已經擬訂懲處的罰則；他下定決心不願退縮，在輪到他的時候還是拒不從命。他始終嚴守自己的立場，卑鄙苟且之事縱使刀斧加身亦有所不爲。他在離開市民廣場的時候，告訴追隨在他身邊的友人，爲惡是自甘墮落，行善則免涉險境，雖然是老生常談，仁人志士的風範在於行事不惜身家性命。

薩都尼努斯把他的犯行付之表決，執政官要對梅提拉斯進行制裁，禁止他舉火、沐浴，還不可以住在房舍之內；非但如此，那些卑劣之徒準備把他殺死，很多善良的市民關心他的安危，聚集在梅提拉斯的四周給予保護。他不願大家出於對他的緣故提升動亂的局勢，爲了息事寧人他要離開羅馬，於是說道：「等到當前的情勢有所改進，人民產生悔悟之心，就會召我回來；如果整個事件還是維持現在的狀況，最好還是眼不見爲淨。」梅提拉斯在放逐期間受到的愛戴以及獲得的榮譽，還有他在羅得島研習哲學的狀況，我們撰寫他的傳記會一一詳述[69]。

30 馬留爲了回報薩都尼努斯的大力鼎助，逼得要對他多方縱容，對於極度粗野的行爲和暴力的手段，都採取不聞不問的態度。最後變得用迫害和屠殺來推動暴政，從而顛覆政府的體制；雖然這並不是他所期望的結

---

68 羅馬的政體和制度最重要的部分，在於維持元老院和市民大會的分權和制衡，現在馬留偏向民黨，認爲只要市民大會通過的法案，不論好惡元老院都要據以頒布敕令，不僅引起元老院派的不滿，連帶貴族也會感到威脅，這才是馬留和蘇拉發生爭執的關鍵所在。等到蘇拉領軍回到意大利，82B.C.經元老院任命他爲笛克推多，大肆屠殺民黨，剝奪市民大會的一切權力。

69 蒲魯塔克美化梅提拉斯的形象，用來襯托馬留的機謀和野心，說馬留和薩都尼努斯不擇手段，使得所提出的法案能在市民大會獲得批准。事實上梅提拉斯是102B.C.的監察官，一直想把薩都尼努斯和格勞西亞從元老院除名。即使蒲魯塔克寫過〈梅提拉斯〉，現在已經失傳，就是古老的蘭普瑞阿斯(Lamprias)目錄，沒有出現這部作品的名字。

果，卻是他促成這些令人無法忍受的罪惡。他始終敬畏貴族三分，同時還要盡力
討好平民，心虛之餘只有採用極其卑鄙和喪失誠信的行動。等到一些高階人士夜
間前來相見，唆使他去對付薩都尼努斯；這時他在來人不知道的狀況下，將薩都
尼努斯從另外一道門帶進來。他拿腸胃不適作爲藉口，在這兩派之間來往穿梭，
運用這種方式分出時間來應付他們，極盡挑撥離間之能事。最後，元老院和騎士
階層共同採取措施，公開表達無法遏制的憤怒。馬留帶領士兵進入市民廣場，驅
趕舉事的叛賊進入卡庇多神殿，然後切斷輸水管，逼得他們在缺乏飲水的狀況
下，只有棄械投降[70]。薩都尼努斯和他的黨徒處於不幸的態勢，接受條件是公開
承諾給予安全，然後束手就擒。馬留盡力挽救他們的性命，還是徒然無功，全部
被押解到市民廣場，遭到無情的謀殺[71]。這起事件使他同樣受到貴族和平民的厭
惡，當監察官的選舉即將來臨的時候，他是當仁不讓的首要人物，卻不願謀求這
個職位，寧可讓資格較差的人當選。雖然他表示沒有意願做得罪人的工作，像是
用嚴苛的態度來檢查大家的生活和行爲，所以很高興的放棄，實際上是生怕遭到
落選所帶來的羞辱。

31 元老院要頒布敕令將梅提拉斯從流放中召回，馬留用言論和行動不
遺餘力加以反對，然而於事無補，最後只有打消這個念頭。市民大
會一致通過提案，他無法忍受親眼目睹梅提拉斯榮歸，遠航前往卡帕多西亞和蓋
拉夏（Galatia）[72]。他向大家公開宣布說是過去曾對西布莉許願，現在要實踐諾言
奉獻祭品給女神；其實還有無法明說的理由。我們要是就事論事，可以看出他這
個人對於平民生活和政治手段，可以說是一無所知，所有的成就和建樹全部來自
戰爭。他認爲處於平靜的狀況無法採取軍事行動，使得他的權力和光榮逐漸萎
縮。他非常熱中於竭盡諸般手段，重新激起動盪不安的局勢，希望在這些國王之
間引起齟齬和衝突，特別是要激怒米塞瑞達底，因爲這位國君正在爲戰爭進行準

70　蒲魯塔克責難這件事似乎是不可思議，100年12月B.C.的選舉，發生暴動而且門穆斯（Memmius）
　　遭到謀殺，格勞西亞反對當選無效的裁定，逼得通過「元老院最終敕令」，馬留這時是執政
　　官只有運用武力，將這些謀逆分子逮捕下獄，並沒有任何失當之處。

71　這些人被暴民用木棍和石塊擊斃。

72　等到新的護民官就職以後，梅提拉斯‧努米迪庫斯受召在99B.C.返國，原來極力反對的護民
　　官弗流斯（Furius）竟然在市民大會受到私刑，馬留在這種狀況下，只有離開羅馬前往小亞細
　　亞。卡帕多西亞和蓋拉夏分別位於安納托利亞的東部和中部。

備的工作。他一定會受到推選成為將領，好去制伏米塞瑞達底，會用壯麗的凱旋
式把這座城市裝點得花團錦簇，讓自己的府邸充滿潘達斯的掠奪品和國王的財
寶。雖然米塞瑞達底款待他極其周到和尊敬，已經到無法形容的程度，然而他絲
毫不受感動，態度還是那樣的強硬，他說道：「啊！國王！你要努力使得自己比
羅馬還要強大，否則你只有放下身段的聽命從事。」米塞瑞達底過去聽說羅馬人
以放言高論為能事，現在總算讓他見識到唇槍舌劍的厲害。

32 等到馬留再度回到羅馬以後，就在靠近市民廣場的位置建造一座府
邸，根據他自己的說法，不要讓他的部從走太遠的路，或者是希望
有大群民眾聚集在他的門口。不過，他在這方面有很多的缺失，很難與別人進行
愉快的談話，此外他像是戰爭的工具，對於和平時期有關的問題一直不放在眼
裡。在那些飛揚跋扈讓他的光榮黯然失色的人物當中，提到蘇拉總是怒氣衝天，
始終認為這個人欠他的情，特別是蘇拉能夠快速的崛起，完全在於貴族對馬留本
人無法忍受所致。蘇拉剛一邁入政壇就要與他分庭抗禮，雙方不斷發生爭執。努
米底亞(Numidia)國王包克斯(Bocchus)自稱羅馬的盟友，將好幾尊勝利女神的雕
像奉獻給卡庇多神殿，附帶一個黃金的飾板，上面的浮雕是他把朱古達交到蘇拉
手裡的的畫像。馬留感到惱怒又想滿足野心，處理起來深感困惑；認為蘇拉攫取
他的榮譽，盡力推辭所送的禮物。在另一方面，蘇拉使出全力與他對抗。社會戰
爭(Social War)[73]給羅馬帶來立即的威脅，使得馬留和蘇拉所造成的動亂，在即將
爆發之際受到遏阻[74]。意大利那些黷武好戰和人多地廣的國家，結成同盟與羅馬
兵戎相見，會在很短期間之內顛覆整個帝國。他們的實力強大，武器精良而且士
兵英勇，就是指揮官的才能與膽識與羅馬也在伯仲之間[75]。

---

73 社會戰爭又稱馬西戰爭，因為馬西人是最早叛變的城邦，發生在羅馬建城664年。

74 91B.C.，努米底亞國王包克斯，為了討好羅馬的民眾，同時要向蘇拉表示感謝之意，在卡庇
多神廟豎起勝利女神的雕像，用黃金製成「朱古達獻降」的浮雕，當成禮物送給蘇拉，引起
軒然大波，雙方爭執產生騷動和暴亂。

75 社會戰爭發生以後，馬留置身事外，所以蒲魯塔克對這件事著墨不多。91B.C.的護民官利維
烏斯‧德魯薩斯(Livius Drusus)，企圖進行改革將羅馬市民權授與盟邦，結果被刺身亡，於
是意大利中部和南部的城市開始叛變，成立一個名叫意大利卡(Italica)的國家，首都設在柯
芬紐門(Corfinium)，引起90-88B.C.的戰爭，雖然戰亂遭到鎮壓，盟邦的居民還是獲得羅馬
市民權。

33 這次戰爭可以獲得極大的光榮和權力，主要的特色是出現的狀況非常複雜，雙方的勝負難以預料；蘇拉的名聲耀人眼目，馬留的勳業每況愈下。大家認為馬留的軍事行動過於遲鈍緩慢，缺乏積極進取的精神，行事膽怯難以當機立斷，可能出於年齡的關係(他這時大約65歲)，昔日的豪情壯志早已耗損殆盡，如同他自己所說，有些病痛影響到他的筋骨，體能狀況難以勝任繁劇的任務，靠著透支精力勉強從事當前的工作。雖然如此，他在一場大規模的會戰中成為勝利者，殺死6000名敵人，從頭到尾不讓對手占到一點便宜[76]。當他被敵軍用工事圍困得水洩不通的時候，即使受到羞辱和挑戰，他能忍氣吞聲相應不理。據說有這樣一個故事，敵軍當中以巴布留斯‧希洛(Publius Silo)[77]的名聲最為響亮，擁有很大的權勢，曾經對馬留說道：「馬留，如果你真是一位偉大的將領，那麼放馬出來與我決一死戰。」馬留回答道：「如果你能說動我如你所願，那麼你就是最偉大的將領。」另外有一次，敵人的行動錯誤，使他們獲得良好的機會從事會戰，羅馬人畏敵不敢發起攻擊，以致雙方都收兵返營，他把士兵集合起來，說道：「敵人不敢轉過身來對著你們的背，你們還不是跟他們一樣急著退兵，我到是有一個問題要問問大家，到底是你們還是敵人可以稱得上真正的懦夫？」最後，他承認自己的身體非常虛弱已到精疲力竭的地步，因而辭去軍隊的指揮職位。

34 後來，意大利人處於山窮水盡的局面只有認輸；這時有幾位候選人懇求民間領袖人物給予協助，擔任主將負責對米塞瑞達底的戰爭。護民官蘇爾庇修斯為人膽大而且充滿自信，出於每個人的意料之外，把馬留推出來候選，建議授與他將領的職位負責東方的戰事，同時以代行執政官的頭銜出任行省總督。人民分成兩派：有些人站在馬留這邊；那些支持蘇拉的人士，用挪揄的口氣叮囑馬留前往貝宜(Baiae)[78]的浴場，去治療身體的病痛。誠如他自己承認，年齡

---

76 羅馬人與馬西人之間引起戰爭，執政官魯蒂留斯‧盧帕斯被殺，馬留在90B.C.奉命收拾殘局，獲得豐碩的戰果，他的指揮權並沒有延續到89B.C.。阿皮安認為獲得勝利完全靠蘇拉的卓越才華。

77 巴布留斯‧希洛是馬西人的領袖，本書第十八篇〈小加圖〉第2節曾經提到這個人。

78 貝宜在康帕尼亞地區，位於普提奧利和米西儂之間，以溫泉出名，是古羅馬的療養和休閒勝地，豪門巨富均在此置有莊園。

和風寒使得他精力衰竭。馬留的確在米西儂（Misenum）有一座風景優美的莊園，各種擺設非常奢華充滿委靡頹廢的氣氛，對於一位參加很多次戰爭和遠征行動的老兵而言，看來並不見得適合。這座房舍高乃莉婭（Cornelia）買下花了7萬5000德拉克馬，不久以後轉手賣給盧契烏斯·盧庫拉斯（Lucius Lucullus），開價漲到250萬德拉克馬，可見羅馬人的揮霍習氣不僅成長驚人，已經到達視金錢如糞土的程度[79]。

然而，馬留根本不理會別人的看法，完全出於非常幼稚的情緒，想要贏得蓋世的英名。他亟待擺脫年邁和衰老的印象，每天前往戰神教練場，與年輕人一起接受操練，顯示自己全副披掛仍舊身手矯健，提起騎術以專家自居；然而他到老年行動非常遲鈍是無法避免的事，更為難堪是過於昏瞶和肥胖。有些人對於他處於這種狀況感到極其高興，對他在操練中與人競爭所展現的尷尬模樣，帶著惡意在旁指指點點；那些心地善良的人士，看到他的愚蠢和野心難免引起同情。他從貧無立錐之地到富可敵國，原本一無所有竟能爬上權力的頂峰，因而認為他的好運可以毫無止境源源不絕。他無法滿足於已經到手的讚譽，不可能安靜享受已經獲得的成果。這就是他為什麼認為自己還是一無所有，在這樣大的年紀，還要拋棄他所得到的榮譽和凱旋式，前往卡帕多西亞和黑海，去與米塞瑞達底的將領阿奇勞斯（Archelaus）和尼奧普托勒穆斯（Neoptolemus）大戰一場？馬留對於這次軍事行動的藉口可以說是非常荒謬，說他想要教導自己的兒子成為一位稱職的將領。

35 多年來羅馬的狀況可以說已是病入膏肓，現在更加惡化到毫無希望的地步。馬留非常幸運竟然發現摧毀這個城邦的工具，那就是蘇爾庇修斯的粗野傲慢和好戰成性。這個人在各方面都頌揚和效法薩都尼努斯，僅僅在他身上發現的缺失，就是薩都尼努斯對自己的信念沒有進取的精神而且過於怯懦。因此，蘇爾庇修斯要避免重蹈覆轍，用600名騎士階層的人士擔任他的衛士，將他們稱為「反元老院者」。有一天執政官正在主持市民大會[80]，蘇爾庇修斯帶著

---

79 高乃莉婭是格拉齊的母親，她在米西儂有一處莊園，位於那不勒斯灣，後來成為馬留的產業；等到馬留的家產充公，這處莊園被蘇拉的女兒高乃莉婭買去，轉手以後成為盧庫拉斯的豪華別墅，蒲魯塔克在本書第十三篇〈盧庫拉斯〉第39節詳述此事。帝國時期成為皇家的產業，提比流斯皇帝在此處崩殂。

80 蘇拉和龐培烏斯·魯弗斯是該年的執政官，後者的兒子被暴民所殺。

他的打手進入會場，執政官看到大勢不好趕緊逃走，他們抓住一位執政官的兒子，就在現地將他殺死。蘇拉被他們緊追不放，跑到馬留的家中尋找庇護，沒有人認為他會這樣做，很快的經過沒有進入搜查，使得蘇拉能夠逃過他們的追捕。有人說是馬留親自帶他從另外的門出去，這樣他才能夠安全抵達軍營。然而蘇拉在他的《回憶錄》裡面，鄭重否認曾經逃到馬留家中。他說蘇爾庇修斯要他的手下拔出劍來，圍繞在他的四周，把他趕進馬留的府邸，完全違背他的意願強迫他處理有關的問題，要他答應去見馬留並且進行商議。後來讓他離開馬留的府邸回到市民廣場，為了撤銷「停止公務和關閉市場」的禁令，這是蘇爾庇修斯和他的黨徒要他所做的事。蘇爾庇修斯獲得城市的統治權，頒布敕令由馬留指揮羅馬的軍隊負責米塞瑞達底的戰事。馬留著手準備進軍的工作，派遣兩位軍事護民官帶著命令去見蘇拉，負責接收交出的部隊。蘇拉煽動士兵的怒火，率領3萬5000名全副武裝的人馬向著羅馬前進。首先他們襲擊馬留派來的軍事護民官，接著將他們處死。

　　馬留也如法炮製，對於蘇拉那些留在羅馬的朋友大開殺戒。他把自由權利賜給奴隸，條件是宣誓入營和參加戰爭，據說只有三個人接受他的建議。在很短的期間之內他率軍前去迎擊蘇拉，很快戰敗潰退，等到他逃離羅馬[81]，追隨的人員消失無蹤，他趁著夜幕低垂奔往位於鄉村的別墅，這個地方叫做索洛尼姆（Solonium）是他的產業。他的岳父穆修斯（Mucius）在附近有一些農莊，就要他的兒子前往徵收糧食。馬留自己趕赴歐斯夏（Ostia）[82]，他的朋友努米流斯為他準備一艘船，沒有等他的兒子來到，就在女婿格拉紐斯（Granius）陪同下，上船啟碇開航。小馬留到達穆修斯的農莊，進行遠行的準備工作，第二天破曉幾乎被敵人發覺。當局可能得到一些風聲，於是派來一隊騎兵，農莊管事預先知道他們即將到達，把他藏在裝滿豆子的大車裡面，然後為拉車的牛群套上軛，驅趕前往羅馬，在途中遇到搜捕的隊伍。就這樣把他運送到妻子的家中，她為小馬留準備一些必需的物品，連夜趕到海邊，登上一艘駛往阿非利加的船隻，終於能夠安全離開。

81　蘇拉領軍回到羅馬，廢除蘇爾庇修斯制定的法律，迫使元老院對馬留和他的黨羽發布敕令，不是處死就是放逐。後來他通過一些法案，羅馬進行各項選舉，辛納和屋大維烏斯成為翌年的執政官，他率領軍隊前往東方，負責與米塞瑞達底的戰事。

82　歐斯夏位於台伯河口，距離羅馬只有30公里，是最重要的港口也是糧倉所在地。

36 另外那位身為父親的老馬留,來到海上獲得一陣強風的吹送,沿著意大利海岸快速的航行,還是非常擔心會落在他的敵人傑米紐斯(Geminius)的手中,這位人士在特拉西納(Terracina)有顯赫的名聲,他吩咐水手要避開那個帶來危險的地點。他們希望能照他的意思去做,但是天不從人願,狂風從海上吹來,激起洶湧的浪濤,害怕船隻禁不起暴風雨的天氣,馬留的身體不適而且暈船,只有做登陸的打算,沒有經過多少困難抵達靠近色西姆(Circeium)[83]的海岸。暴風雨的威力還在增強,加上缺乏糧食,他們只有離開船隻,毫無目的在海岸附近亂逛,遭到重大災難和不幸的人士,急需避開當前的厄運,把希望寄託變幻無常的未來。對他們而言,陸地和海上同樣無法獲得安全;遇到任何人都會帶來危險,目前在缺乏所需給養的狀況下,要是一個當地人都遇不到,仍舊讓他們無法脫離危險的困境。雖然時間已經很晚,還是讓他們在無意中遇見幾位貧窮的牧人,沒有能力供應所需的糧食,認出馬留勸他立即離開此地,因為這些牧人在離這裡不遠的地方,看到一隊騎兵前來搜查他的蹤跡。馬留發現自己陷入無路可逃的處境,特別是追隨他的人員,因為長時間斷食已經無力再走,目前他的打算是暫時離開道路,躲藏在濃密的樹林裡面,度過極其悽慘的一夜。次日他忍受飢餓的痛苦,還要使出最後的一點力氣,就在精疲力竭的時候來到海邊。他相信一些古老的預言,靠著這些才使自己有支撐的力量,同時鼓勵他的同伴還有最後的希望,不要輕易將他遺棄。他告訴他們說他還是一個幼童的時候,住在鄉間,有次他用身上穿的長袍,接住一個墜落的鷹巢,裡面有七隻幼鷹[84]。他的父母看到以後對他誇獎,就這件事請教一位算命的術士,這位術士說他們的兒子會成為世界上最偉大的人物,命中注定擁有最高權勢和職位達七次之多。

有些人提出他們的看法,就像我們敘述的狀況,說是發生在馬留的身上,真是確有其事。還有人說是有位人士在放逐期間,偶然的狀況下聽到這件傳聞,非常相信就把它記錄下來。這個故事完全出於虛構,一頭鷹下蛋不會超出兩個,就是穆西烏斯(Musaeus)都受騙上當,他對鷹的描述說是:

83　色西姆是伊楚里亞地區的城市,瀕臨第勒尼安海。

84　馬留用這種傳說證明自己是天命所歸的人物,就像他運用女預言家瑪莎一樣,在那個時代當然可以發揮相當的作用。

這頭猛禽眞的下了三個蛋，
孵出兩隻幼鷹僅一隻成長。

　　無論這種說法是對是錯，對於馬留而言倒是眞實不虛，即使他在受到放逐和處於顚沛流離之中，經常說起他要獲得第七次執政官的職位。

37 馬留和他的同伴來到的地點，距離意大利一座城市明圖尼(Minturnae)[85]只有20弗隆，看到一隊騎兵向著他們疾馳而來。就在這個時刻，出乎意料之外，有兩艘船在海上行駛。因此，每個人都使出最大力氣盡快奔跑，投身到海中向著兩艘船游過去。有些人隨著格拉紐斯抵達其中一艘，開往對面一座名叫伊納里亞(Aenaria)的島嶼。馬留的身體很重不夠靈活，在兩個僕人的幫助之下，吃盡苦頭才能勉強保持在水面沒有沉下去，總算克服困難上了另一艘船。士兵這時來到岸邊，向著水手呼叫要他們靠岸，或是把馬留丟到海裡，然後他們就可以開走。馬留流著眼淚請求他們不要從命，船主是個性格善變的傢伙，在很短的時間之內，開始想要維護馬留，然後又倒向另一邊，最後下定決心回覆士兵，說是不會交出馬留。他們聽到立即暴怒如雷也只有騎馬離開，後來水手再度改變他們的決定，向著陸地行駛，在黎瑞斯(Liris)河的河口拋錨停泊，這裡因爲洪流高漲形成一個沼澤。他們勸他登陸可以在岸上休息，在等待風向轉好的時候，使得不適的身體很快恢復。他們的說法是風從海吹上來只會使船靜止，要是從沼澤颳起來的風才會強勁有力，發生變換需要一個時辰。馬留聽從他們的勸告，等到水手將他送上岸，他就躺在鄰近的草地上面，不會懷疑有什麼災難臨頭。這些水手上了船以後，馬上起錨離開，他們認爲這樣做，不必將馬留交到搜捕者的手裡，使他們遭到不白之冤；再者不必爲了保護馬留給自己帶來危險。

　　他現在被所有的人遺棄，就在岸上很安靜的躺了一會兒，最後還是打起精神，不辭辛苦和艱難邁步向前，根本沒有可行的路徑，涉水經過很深的池沼和滿是泥漿的溝渠，他來到一座小木屋，屬於一位在沼澤工作的老人所有。他倒在這位老人的跟前，懇求給予幫助和掩護，如果他能逃脫危險，等他回來就會給予難以想像的報酬。這位貧窮的老人，不知是否從前知道有他這個人物，或者爲他高

85　明圖尼是拉丁姆地區的一個小鎮，位於黎瑞斯河口，離開海岸大約有5公里。

貴的風度所感動，告訴他如果在木屋裡面休息會比較舒適，要想逃過來人的搜捕，就要藏身在更隱密的所在。馬留願意照這位老人的話去做，帶進沼澤的深處，躲在河邊一個凹洞裡面，用蘆葦和其他的植物蓋在他的身上，很輕不會把他壓傷。

38 經過很短的時間，從木屋傳來的一陣吵嘈和喧囂，使得他心亂如麻。傑米紐斯從特拉西納派出很多人馬，要把他追捕到手，有些人偶然來到這裡，對這位老人大聲威脅和恐嚇，說他款待並且藏起羅馬的敵人。馬留只有從藏身之地爬出來，脫光衣服跳進一個滿是泥漿的水坑，即使這樣還是逃不過他們的搜尋，拖起來的時候身上都是骯髒的污土，赤身裸體押到明圖尼交給當地的官員。當局下令給所有的市鎮，對馬留進行大規模的搜索行動，只要發覺可以立即處決。這些官員認為最適當的處理方式，經過澄清確實無誤再下手不遲，於是將他當成犯人關在芬妮婭（Fannia）的家裡。他們認為這位婦女基於過去的訟案，對他一定極其憎恨才對。

有一個人名叫廷紐斯（Tinnius）娶芬妮婭為妻，後來她辦理離婚要求帶走相當值錢的嫁奩，她的丈夫指控她通姦，這場糾紛送到馬留的面前，這時正是他第六次執政官的任期。這件案子經過深入的調查，得知芬妮婭不僅犯下不貞的罪行，同時他的丈夫知道她過去的底細，還是願意娶她，後來還共同生活相當長的時間。馬留的判決非常嚴厲，對她兩罪併罰，除了她的丈夫能保有她的嫁奩，為了羞辱她起見施以4德拉克馬的罰鍰。

芬妮婭不像是一個受到傷害的婦女還會記仇，等她見到馬留，對於過去的羞辱並未懷恨在心，願意盡她的能力妥善照顧他的生活，對於他目前的處境不斷給予安慰。馬留對她的寬洪大量表示感謝，把他能逢凶化吉的預言告訴她，並且說他從未感到絕望。

當他來到芬妮婭住所前面的時候，大門突然打開，一頭驢子跑出來要到近旁的流泉去飲水，就用毫不畏人的神情瞪著馬留，一動也不動站在他的面前，然後大聲吼叫對著他歡躍不已。馬留從這個徵兆可以得知後續的狀況，說是命運的安排會讓他出海，比起留在陸地更可以確保安全無虞，因為這頭驢子不吃乾草要跑到水源那裡去。他把這個故事告訴芬妮婭以後，吩咐她關上內室的房門，然後進去休息。

39 就在這個時候，明圖尼的官吏和議員開會磋商，決定不能再有耽擱，要立即將馬留殺死。這些市民沒有一個人敢動手做這件事，有一個騎兵，可能是高盧人或是辛布里人（這個故事有兩種不同的版本），手裡拿著刀前去辦事。房間不算很明亮，尤其是他睡在很暗的角落，他們說馬留的眼睛發光，好像對著這個傢伙射出一道火焰，同時從黑地裡發出響亮的聲音，說道：「小子！你竟敢殺害該猶斯·馬留？」這位蠻族聽到趕快逃走，連刀都丟在地上，衝出大門就叫道：「我沒有殺該猶斯·馬留。」他們這些人看到以後大為驚奇，接著感到憐憫和懊惱，對於一個拯救意大利的偉大人物，怎麼會下達這樣一個毫無正義可言的敕令，更讓他們憤怒無比，況且他們惡劣到不肯給他任何幫助。他們說道：「讓他走吧！隨他的高興去找一個放逐地點，無論到那裡全憑命運的安排。我們的城市給馬留吃了很多苦頭，受到很大的羞辱，讓我們懇請神明的饒恕。」

仁慈的念頭鼓舞他們的行動，大家結伴進入他的房間，把他夾在這群人中間，引導他前往海邊，一路上每個人對他百般呵護，然而考慮到時機非常緊急，大家盡可能加快腳步。人們把馬瑞卡（Marica）[86]（這是大家對她的稱呼）叢林當成聖地，基於一種宗教的觀點，任何人只要把東西帶進這個地方，再也不能將它拿出去。叢林的位置在通到大海的道路上面，如果他們繞越過去，到達的時間就會很晚。最後有一個老人大聲說道，沒有比為了保護馬留所經過的地方更為神聖；帶頭拿起給馬留準備供他在船上使用的行李，直接穿過神明居住的叢林。

40 其他的人員立即隨著這個老人一起行動。有一個人名叫貝列烏斯（Belaeus）（後來為這件事繪出一幅畫，掛在上船位置附近一個廟宇裡面）已經為他備好一艘船，馬留上船立即張帆開航，乘著一陣順風駛往伊納里亞島，會見格拉紐斯和其他的朋友，然後向著阿非利加航行[87]。途中發現缺乏飲水，逼得他們要在西西里的伊里克斯（Eryx）附近靠岸，這裡有一位羅馬的財務官在守候，登岸的人員除了馬留都被抓走，那些前往打水的隨從有16個人被殺死，馬留

86　魏吉爾在他的詩句中曾提到這位山林水澤的精靈。

87　馬留曾經將很多老兵安置在阿非利加，希望能夠獲得他們的支持，所以他從明圖尼航向伊斯奇（Ischia），再到西西里的伊瑞西（Erice），越過大海到賈伯（Djerba）島，再沿著突尼西亞海岸前往迦太基。

用最大速度擺脫追兵，越過大洋到達明尼克斯(Meninx)[88]島，首次聽到他的兒子與西第古斯(Cethegus)安全逃離意大利的信息，目前正在懇求努米底亞國王海普薩爾(Hiempsal)給予協助[89]。傳來的佳音能夠給他帶來一些安慰，敢於不顧安危離開這個島嶼前往迦太基。

這個時候阿非利加的總督是羅馬人色克蒂留斯(Sextilius)，以往與馬留沒有任何過節。馬留希望總督本著同情心，能夠給他一些援手。等到他帶著很少隨從剛剛上岸，就有一個官員前來求見，並且說道：「馬留，色克蒂留斯總督禁止你踏上阿非利加一步，如果你不從命，他就要執行元老院的敕令，將你視為羅馬的敵人。」馬留聽到這些話，受到很大的打擊以致無法表達自己的悲傷和憤怒，很長時間說不出話來，用可怕的眼光瞪著傳話的來使，這位官員問他有什麼話要說，或者有那些答覆需要轉告總督？馬留帶著一聲深深的嘆息回答道：「你告訴總督，說你看到該猶斯‧馬留這個遭到放逐的人，坐在迦太基的廢墟裡面。」[90]他的命運如同這個城市極其悲慘的下場，正是他目前最好的寫照。

在這個關鍵時刻，努米底亞國王海普薩爾一直拿不定主意，對待小馬留和身邊的人還很禮遇，當他們想要離開的時候，總是找出一些藉口加以攔阻，這種做法明顯看出他不懷好意。不過，後來發生出乎意料的事件，對於維護他們的安全大有助益。小馬留是容貌非常英俊的年輕人，有一次很偶然的機會認識國王的一位侍妾，早先是對他坎坷的命運起了憐憫之心，後來就此愛上了他。他在開始的時候婉拒婦女的誘惑，她出於比滿足毫無節制的熱情更為崇高的情操，於是他接受她慈悲為懷的幫助，利用她所提供的運輸工具，使他和他的朋友安然脫身去與他的父親會合。他們相互祝賀逃離險境，很快沿著海岸前進，看到一些蝎子在打鬥，馬留把它當成帶來厄運的凶兆，因此他們立即登上一條很小的漁船，朝著色西納斯(Cercinas)島駛去，這個地方距離大陸沒有多遠的行程。他們剛剛離岸就看到國王派來的一隊騎兵，盡最大速度朝著登船的地點疾馳。馬留可以說是間不容髮逃過平生最大的危險。

---

88 明尼克斯島位於北非海岸，靠近迦太基。

89 當他們從羅馬逃出來的時候，馬留的兒子與他分開，比他早到阿非利加，高乃留斯‧西第古斯是列入「公敵宣告名單」的人士。這位國王是努米底亞的海普薩爾二世。

90 馬留有崇高的地位和身分，不應該說出像這樣妄自菲薄的話。

41 消息傳到羅馬，蘇拉與米塞瑞達底的將領在皮奧夏接戰[91]。兩位執政官的不和促成黨派傾軋，陷入爭權奪利的惡鬥，辛納(Cinna)的專制統治使得屋大維烏斯(Octavius)占了上風，把他逐出城市，讓高乃留斯‧麥魯拉(Cornelius Merula)接替遺留的職位。這時辛納又在意大利的其他部分召募部隊，將戰火帶向羅馬[92]。馬留聽到信息立即做出決定，要盡快趕回去。他僅有若干阿非利加徵集的茅利塔尼亞(Mauritania)騎兵部隊，還有少數從意大利前來投效的人員，總數大約超過1000人，於是率領這盞盞之數開始海上的行程。抵達伊楚里亞(Etruria)的特拉蒙(Telamon)[93]，上岸以後宣布要將自由權利賜給奴隸，同時馬留的名聲吸引很多自由人，包括附近地區的農民和牧人，向著海邊蜂擁而來。那些身強力壯的年輕人受到徵召參加他們的陣營，在很短期間內組成一支戰力強大的軍隊，人數之多能裝滿40艘船。

他知道屋大維烏斯的人品高潔，講求原則，執行職務能夠大公無私；然而辛納受到蘇拉的排擠，已經對統治的政府發起戰爭，於是他決定加入一分，率領他的軍隊與辛納會合。他派出一位信差前去謁見，讓辛納知道他會服從執政官的命令。辛納非常高興接受他提供的援兵，授與代行執政官的頭銜出任總督，送來扈從校尉和權標顯示所擁的權勢，他說這些排場並不能讓他的運道轉好。馬留還是穿著普通的服裝，保持很長的頭髮像是剛剛從放逐中赦回的模樣，加上他的年齡現在已有70歲，步行非常緩慢，刻意引起民眾對他的同情。不過，他那天生凶狠的表情，並沒有受到影響仍舊咄咄逼人；他所受的屈辱並沒有讓他感到沮喪，等到狀況改變更加使得他氣沖斗牛。

---

91 皮奧夏的接戰行動發生在88B.C.年底和87B.C.年初，要靠馬其頓總督森久斯的副將布魯久斯‧舒拉，作戰英勇而且足智多謀，領軍出擊，在奇羅尼亞附近發起三場會戰，打敗阿奇勞斯將他逐回雅典。等到蘇拉抵達希臘，將阿奇勞斯圍困在雅典，圍攻作戰的時期是在87B.C.年底以後。

92 等到蘇拉離開羅馬以後，87B.C.兩位執政官，辛納和屋大維烏斯立即發生爭吵，等到辛納準備徵集市民和召回馬留，市民廣場發生激烈的武力衝突，屋大維烏斯的派系獲得勝利，趕走辛納用高乃留斯‧麥魯拉取代他的職位。後來辛納獲得軍隊的支援，馬留加入他的陣營，如同蒲魯塔克所言終於占領羅馬。

93 特拉蒙是伊楚里亞地區的一個城市。

42 他會晤辛納並且向士兵演說以後，立即準備展開軍事行動，整個局勢很快發生變化。他首先斷絕海上的運輸，搶劫所有的商用船舶，使得自己擁有大量穀物；然後率領水師進入有海港的市鎮，派兵加以占領，最後，歐斯夏被叛徒出賣落到他的手裡，縱兵洗劫全城，殺死大量居民，阻塞台伯河的航運，使敵人喪失從海上獲得糧食供應的希望。然後率領部隊向著羅馬進軍，將營地設置在賈尼庫隆(Janiculum)山[94]。屋大維烏斯太過拘泥於法律的規定，沒有能力採取應變的措施，使得公眾的利益受到極大的損失。有人向他建議讓奴隸獲得自由，他說他無法將國家的特權授與奴隸，就是爲了維護法律才將馬留趕出羅馬。等到梅提拉斯返城以後，他是前面那位梅提拉斯的兒子，原來在阿非利加負責指揮當地的戰事，後來被馬留放逐。那些駐防在城內的部隊離開屋大維烏斯，他們認爲梅提拉斯是一位優秀的軍官，願意接受他的指揮，當他們獲得本領高強和積極進取的將領以後，就會全力投入戰鬥贏得最後的勝利。梅提拉斯極其氣憤拒絕他們的請求，吩咐他們回到執政官的麾下，這樣一來，逼得他們背叛只有去投靠敵人。梅提拉斯也在這個時候離去，認爲整個城市已經毫無希望。

有一群迦勒底人(Chaldaeans)[95]都是祭祀人員和《西比萊神諭集》的解答者，說服屋大維烏斯相信局勢會有好轉，所以才會留在羅馬[96]。實在說，屋大維烏斯是最公正和最誠信的羅馬人，能夠維護執政官崇高的地位，絕不會有逢迎或徇私之舉，嚴格遵循古老的法律和慣例，如同這些規定是不變的數學定理。我不知道出於什麼緣故，他對於迷信表現出脆弱的一面，願意花很多時間與算命占卜之流在一起，不願接見那些精通民政和軍事的知名之士。因此，就在馬留進入城市之前，屋大維烏斯被派來的刺客從講壇上面拖下來，當場死於非命[97]。當屋大維烏斯被殺的時候，據說有人在他的衣袍裡面發現一本迦勒底人的著作。有件事看來非常難解，

---

94 賈尼庫隆山位於台伯河西岸，與東岸的羅馬七山遙遙相對，是控制羅馬城的樞紐要點。

95 迦勒底人是閃族的一支，發源於阿拉伯半島，遷移到波斯灣在7-6世紀B.C.建立新巴比倫王國，位置大約在美索不達米亞南部，尼布甲尼撒二世(Nebuchadnezzar II)統治時期，國勢到達巔峰，539B.C.被波斯人消滅，從此迦勒底人分散到亞洲和非洲，這個民族特別以星象和占卜著稱於世。

96 蒲魯塔克將從事占卜的人員分為三類：一種是來自巴比倫的預言家或星象家；還有就腸卜官或鳥卜官，他們檢視犧牲的內臟和鳥類的飛行以定吉凶；第三種是《西比萊神諭集》的解答者。

97 阿皮安描述屋大維烏斯安然坐在象牙交椅上面，等著申索瑞努斯(Censorinus)前去殺他；依據他的說法，執政官死前元老院的議員已經先行集會討論。

這兩位著名的將領，馬留相信子平之術獲得成功，屋大維烏斯反而落得悲慘的下場。

43 局勢的發展已到這種狀況，元老院集會討論，派出一個代表團去見辛納和馬留，請求他們用和平的姿態進入羅馬，赦免羅馬人過去的言行。身為執政官的辛納接見來人，坐在他的象牙座椅上面，用友善的口吻答覆使者，馬留站在他的身旁沒有表示意見，那種陰鬱的面容和凶狠的眼光，讓人看到不寒而慄，在很短的時間之內，讓整座城市血流漂杵。等到會議結束，他們向著城市走去，辛納在衛士的隨護下進城，馬留站在城門口，故意裝出氣憤的樣子，特別提到他是一個遭到流放的人，頒布的赦令禁止他返回家園，如果大家認為他的到場確有需要，那麼他們要通過一條法律用來廢除放逐的赦令；因為他一直是用虔誠的態度來遵守法律，而且希望回到城市免於畏懼和壓迫。他們為此召開市民大會，只有三或四個區部投票贊成，這樣一來，馬留拋開假面具，不再談放逐有關的法律問題，帶著他精選的衛隊來到城內，這些人都是投奔到他麾下的奴隸。他把他們稱為Bardyaei[98]，來自一個蠻族的名字。接著開始進行謀殺大量市民的工作，有些人是他親口交代，還有很多人只是頷首示意而已。有次一位擔任過法務官的元老院議員安查流斯(Ancharius)前來見他，就是因為馬留對來人沒有還禮，當場就被大家拔出劍來痛下毒手。從此以後，任何人向馬留致意，要是得不到他的回話或答禮，等於是給他們信號，即使在通衢大道也可以格殺無論。這樣一來就是他的朋友前來與他交談，全都感到人人自危。

等到大量人員遭到處決以後，辛納無法約束謀殺的兇手，對他們的行為大倒胃口；馬留的怒氣和嗜血的報復變得更為強烈，任何人只要引起他的懷疑就難逃被殺的命運。那些流亡和躲藏的人員，發現所有的道路和市鎮到處都是追捕者和獵人，特別值得注意之處，是沒有一個地方讓人感到安全，即使是待客之道或是友誼之情，全都喪失原有的本義，那些逃來尋求庇護的人很少沒有落到被出賣的下場。因此科奴都斯(Cornutus)的奴僕特別值得嘉許和讚揚，他把主人藏在房子裡面，找來一具被殺的屍體，把它的頭割下來，在手指上戴一隻金指環，讓馬留的衛士看

---

98 Bardyaei是馬留經過挑選的一群奴隸，其中有些人在伊楚里亞參加他的軍隊。這些人最後還是被辛納和塞脫流斯屠殺殆盡，至於這個名稱的含意已不可考。這隊奴隸軍進行五天五夜的殺戮，死者包括元老院議員50人和騎士階級1000餘人。

過以後，把它當成自己的主人舉行莊嚴的喪禮，然後埋葬在墓地。沒有人能識破這個詭計，使得科奴都斯有逃走的機會，後來他的家人用車把他送到高盧。

44 演說家馬可斯・安東紐斯（Marcus Antonius）雖然有忠誠的朋友，但是運道實在很壞[99]。這位朋友是清寒的平民，等到他要款待羅馬最高階的人物，想要盡其所能提供最好的東西，派他的奴僕到鄰近的酒店去買酒，非常用心品嘗以後，吩咐店主拿出最好的酒來，這個傢伙問他為什麼沒有像平常那樣買普通貨色，非要擺闊花更多的錢。這位奴僕把店主當成非常熟悉的老朋友，一點都不提防，說是他的主人要款待藏身在家中的馬可斯・安東紐斯。邪惡的店主等奴僕買酒離開以後，立即親自去見馬留，雖然正在進晚餐，還是把他帶到馬留的面前，店主說出安東紐斯的下落，這樣一來就插翅難逃。馬留聽到以後，據說發出一聲大叫，拍著手顯得很高興的樣子，站起來說他要親自前往。他的朋友加以攔阻，就派安紐斯（Annius）帶一些士兵前去處理，命令他盡快把安東紐斯的頭顱送過來。當他們來到藏身的房子，安紐斯等在門口，士兵上了樓梯進入內室，搜出安東紐斯，相互推卸謀殺的工作，這時可以見識到這位人物演說本事的高明和魅力，等到他開口說話乞求他們高抬貴手，沒有一個人敢去碰他，甚至很怕接觸他的眼光，大家都低垂著頭在那裡為他掉淚。安紐斯等得不耐煩，自己跑上去看見安東紐斯在高談闊論，士兵表露出驚奇和馴服的情色，他罵他們是一群儒夫，只有自己動手把他的頭砍了下來。

卡圖拉斯・盧塔久斯曾經是馬留擔任執政官的同僚，也是打敗辛布里人共同主持凱旋式的戰友，馬留回答那些為他求情說項饒他一命的人，僅有一句話：「他非死不可。」卡圖拉斯知道以後，緊閉房門在裡面生火，讓自己窒息而亡。

街頭到處都是殘缺不全的無頭屍體任人踐踏，人民看到這種景象已經無動於衷，在恐懼和驚愕的打擊下變得麻木不仁。那些稱之為Bardyaei的奴隸盡幹一些無法無天的暴行，他們在自己的主人家裡進行謀殺的勾當，虐待他們的子女，強姦他們的妻子，搶劫和屠殺的行為完全失去控制。辛納和塞脫流斯所領導的黨派

---

99 這位馬可斯・安東尼是99B.C.的執政官，97B.C.的監察官，更是一位名聲響亮的演說家，他是馬克・安東尼的祖父，殺害他的安紐斯是軍事護民官。

在一起商議，他們對軍營發起攻擊，把那批人殺得一個不留[100]。

45 就在這個時期，風向開始轉變，到處流傳的信息是蘇拉結束對米塞瑞達底的戰事，據有東方的行省，率領一支大軍要打回意大利。大家認爲戰爭已是箭在弦上無法避免，馬留第七次當選成爲執政官，就在一年開始的元月朔日[101]，他們將一位名叫色克都斯‧盧西努斯(Sextus Lucinus)的人，從塔皮安的懸岩上面扔了下去，看來這是一個凶兆，會給他們的黨派和整個城市帶來厄運。

辛勞的工作使得馬留疲憊不堪，煩心的重負幾乎要讓他有滅頂之虞，他的精神已經無法支撐下去。憂慮一場新發起的戰爭，面對精銳之師所帶來的危險，這些給他帶來極大的震驚，何況從他自己的經驗得知，對手已經具有無可抗拒的能力。他與屋大維烏斯和麥魯拉的戰爭不會有任何危險，因爲他們率領一群烏合之眾和高舉叛幟的暴民。蘇拉即將到來，這個人曾經將他放逐，現在又把米塞瑞達底趕回黑海。這種念頭使他焦慮不已，想起過去的放逐，無論是在海上還是陸地，經歷沒完沒了的飄泊和危險。他陷入意志消沉、夜暗心驚和難以安枕的狀況，出現一種幻覺像是有人在他的耳邊，唸出如下的詩句：

> 獸王雖已遠颺，
> 餘威令人斷腸[102]。

他最怕無法成眠的夜晚，只有藉酒澆愁，才能忘掉一切進入夢鄉，就他的年齡來說等於是飲酖止渴。最後，從海上傳來信息，蘇拉的到達已成定局，他的憂慮遽升到無法忍受的程度，對未來的畏懼以及目前的負擔，衰弱的身體很輕易罹患一種腸炎。哲學家波賽多紐斯提到這種狀況，說是馬留生病的時候，他前往探視並且交談，有關派出使者應該注意的事項。史家該猶斯‧畢索(Caius Piso)告訴我們，說是馬留在晚餐飯後與朋友散步，談到他平生的事蹟，特別提到從最早開

---

100 本書第十五篇〈塞脫流斯〉第5節敘述這段情節。
101 第七次出任執政官是在羅馬建城668年即86B.C.。
102 出自某一位佚名詩人的作品，使用六音步抑揚格詩體。

始，經歷幾個主要的轉捩點，對於他的作爲產生很大的影響。最後他說不要成爲
一個瞻前顧後的人，更不可一切都聽任命運的安排。他與這些一直追隨他的人作
別，臥病在床七天，然後才逝世。

有人說他那老驥伏櫪的抱負使得病勢加劇，整個人陷入狂亂和囈語之中，幻
想自己是一位將領，正在從事對付米塞瑞達底的戰爭，身體表現出參加會戰的姿
態和動作，不時發出吶喊的殺聲。他對於戰陣之事保有極其強烈和無法抗的欲
望，這方面的能力源於他那自負和好鬥的天性。他已經70歲高齡，羅馬僅他一人
七次當選執政官，從很多國王那裡獲得足夠的產業和財富；然而他仍舊抱怨老天
沒有賜給他好運，必須在死前達成心願。

46 柏拉圖在彌留之際，感激上天賜予他一生美好的氣運：首先是他能
生而爲人不是無理性的野獸；其次是一個希臘人不是無知的蠻族；
最後是他能生活在蘇格拉底的時代。他們提及塔蘇斯(Tarsus)的安蒂佩特
(Antipater)，死前也有類似的行爲，回憶一生之中那些美好的事物，就連到雅典
非常順利的航程都沒有忘記。有人對於仁慈的命運所賜與的福份，都表示極大的
感激，同時還把一生的事蹟，小心的保存在記憶這個人類最安全的寶庫之中。那
些粗心大意和毫無思想的人，與上面所說背道而馳，等到時不我與，所有一切都
成明日黃花，沒有任何事物能夠保存和維持下來。他們幻想要來的東西更爲美
好，喪失享用目前的成就所帶來的樂趣，根本不理會未來的運道可能轉壞，不知
道已經有的不可能收回。他們還是拒絕現在所獲得的成功，好像他們志不在此，
然而還是一無所成，只是夢想變動無常的未來；看來這是完全不近情理的事。總
之，他們在理性和教育使他們能有機會，建造一個基礎堅實的永恆上層結構，用
來保存他們的福份之前，就已經開始聚集和貯藏人生所有的福份，同時讓他們能
滿足心中永無止境的欲念。

馬留亡故於第七次執政官任期第17天，給羅馬帶來歡愉和滿足，暴政的災難
即將轉變爲美好的希望，只不過幾天功夫，他們發覺這位年老而且疲憊的主子被
活力充沛的年輕人所取代，他的兒子小馬留的手段更爲殘酷毒辣，那些家世高貴
和備受讚譽的市民遭到謀殺。在開始的時候，他對待敵人極其果斷英勇，贏得「戰
神之子」的讚譽，等到後來，他的行動凸顯矛盾的性格，因而被稱爲「愛神之子」。
最後，他被蘇拉圍困在普里尼斯特(Praeneste)，竭盡所能想要留得性命，一切還

是徒然，城破之際已無脫逃的希望，拔出劍自刎而亡[103]。

---

103 小馬留與他的父親同時遭到放逐，後來回到羅馬，等他的父親過世，他在82B.C.與卡波出任
　　執政官，年僅26歲。至於蒲魯塔克說他非常殘忍，是指他殺害祭司長穆修斯‧西伏拉(Mucius
　　Scaevola)而言。

第十二篇
暴虐統治者

第一章
賴山德（Lysander）

斯巴達將領，占領雅典扶植寡頭政體，
395B.C.圍攻哈利阿都斯之役陣亡。

1 阿康修斯人（Acanthians）[1] 在德爾斐的寶藏室刻著銘文：「布拉西達斯（Brasidas）[2] 和阿康修斯人從雅典獲得這些戰利品。」[3] 很多人把放置在建築物門口的大理石雕像，認為就是布拉西達斯，其實應該是賴山德（Lysander）才對，留著很長的頭髮[4] 還有一大把鬍鬚，仿效古代戰將的樣式。這種說法有商榷的餘地，有人提到亞哥斯人在戰敗以後，懊惱之餘就將鬍鬚剃光[5]，斯巴達人的做法並不一樣，偉大的成就他們感到喜氣洋洋，把頭髮留得很長[6]。再說斯巴達人蓄起長髮也不完全是野心作祟，巴契德家族（Bacchiadae）[7] 從科林斯逃到拉地蒙，他們把頭剪得很短，一副自慚形穢的模樣非常難看。實在說，談到頭髮的問題萊克格斯都有嚴格的規定，據說他經常提起，長髮使容貌俊美的人看起來有

---

1 阿康修斯是位於卡夕得西（Chalcidice）半島的城市，最早是希臘人建立的殖民地或貿易站，後來一直在雅典的掌握之下，成為向色雷斯和黑海發展的基地。
2 布拉西達斯是斯巴達負責阿契達穆斯（Archidamian）戰爭（即伯羅奔尼撒戰爭最初十年的戰事，得名斯巴達國王阿契達穆斯）的將領，奧林匹克89會期第3年即422B.C.在安斐波里斯（Amphipolis）會戰陣亡。
3 奧林匹克89會期第1年即公元前424B.C.，布拉西達斯說服阿康蘇斯人脫離雅典人的控制，投效斯巴達的陣營，他們在雅典人撤離後，將留下的戰利品奉獻給阿波羅。這座雕像很可能就是布拉西達斯，蒲魯塔克偏偏要說是另外一個人。
4 布拉西達斯是與賴山德同時代的斯巴達人，難道他就不能留長頭髮？
5 這是希羅多德的論點，很可能是捕風捉影的事。
6 參閱希羅多德《歷史》第1卷第82節。
7 巴契德家族在科林斯保持長達200年的寡頭政體，650B.C.左右被賽普西盧斯（Cypselus）推翻，由他掌握絕對的權力進行統治，可以參閱希羅多德《歷史》第5卷第92-93節。

如玉樹臨風，要是東施效顰那就更為醜陋不堪[8]。

2 提起賴山德的父親亞里斯托克萊都斯（Aristoclitus）[9]，雖然出身赫拉克萊迪家族並非王室的成員。因此賴山德在貧苦的環境中長大成人，表現出服從命令和遵守規定的素養，就這個國家的習性而言，每個人從小都要接受這種教育和訓練。他們要養成男子漢的氣概，除了用偉大的軍事行動獲得榮譽和成就，應該摒棄所有的歡樂和享受；認為在斯巴達最讓人感到可恥的事，莫過於年輕人安於舒適的生活。幼兒從接受教育開始就能分辨名聲的好壞，感受到羞辱的痛苦和讚揚的喜悅，任何人只要對這方面的要求，不能牢記在心或是產生正確的反應，就被認為是怯懦和無能的表現。

拉斯地蒙的市民運用拉柯尼亞人的教育方式，要把建立顯赫名聲的野心和熱情，根植在他們的性格之中；如果斯巴達人還是繼續這種養成教育，我們就不應責怪賴山德的天性竟然會如此愛慕虛榮。賴山德對偉大的人物還是能夠心服口服，在這方面不像斯巴達所認同的標準，無法忍受那些擁有權勢的人物表現的高傲。根據一般人的看法，認為他想要獲得優勢，對於政治抱著謹言慎行的心態。亞里斯多德曾經說過，偉人多少會具備「憂鬱的氣質」，像是蘇格拉底、柏拉圖和海克力斯莫不如此；他筆下的賴山德早期的生活倒是看不出來，到了老年就有這種傾向。

就賴山德的性格而言，最特殊的地方是對貧窮甘之如飴，不受財富的奴役和腐化，然而他給國家帶來大量金銀財寶，使大家對這些阿堵物產生愛慕之心，拋棄視金錢如糞土的榮譽。雅典戰爭以後他將大批黃金和銀錠運回國內，自己一介不取。僭主戴奧尼休斯送給他女兒幾件西西里縫製非常值錢的華服，他不接受說是怕穿上些美麗的服裝，襯得他的女兒更加醜陋。過不多久以後，斯巴達派出一位使臣去見戴奧尼休斯，這位僭主拿出兩件長袍，要使臣選一件帶回去給女兒，他說道：「她會選一件較好的給自己。」就把兩件長袍都拿走。

8　斯巴達人注意整理頭髮，出兵的日子更是一絲不苟。希羅多德在《歷史》第7卷第209節中提到，斯巴達人防守色摩匹雷隘道，澤爾西斯派人去偵察敵情，回來報告說是看到士兵在梳理頭髮，準備進擊。
9　鮑薩尼阿斯認為他父親的名字是亞里斯托克瑞都斯（Aristocritus）。

3 伯羅奔尼撒戰爭打了很長一段時間，等到雅典人在西西里慘敗以後[10]，大家認為他們馬上就要喪失海上的霸權，接著會在各地受到敵人的攻擊。亞西拜阿德從放逐中赦回，授與軍事指揮的大權，局面產生劇烈的變化，使得雅典人能夠在海上與對手分庭抗禮[11]。拉斯地蒙人提高警覺不敢掉以輕心，徵召生力軍發揮勇氣和熱誠進行激烈的鬥爭，感到他們需要本領高明的指揮和一支戰力強大的兵力，因此將水師提督的職位授與賴山德[12]。

他抵達以弗所(Ephesus)[13]發現這座城市對他產生好感，傾向拉斯地蒙人的黨派受到人民的支持，政局動盪不安狀況非常惡劣，接受波斯人的生活方式有被蠻族同化的危險，這些民族都混雜在一起，他們與利底亞接壤，國王的將領進駐已有很長的時間。賴山德將他的營地設置在以弗所，命令所有的商船要進入此地的港口，開始建造用於戰爭的船隻。他採用這些措施使得港口有繁忙的貿易，市場充滿貨物，店舖和工場都能賺錢，從那個時候開始，以弗所的建設在賴山德的大力推動之下，出現富麗堂皇的繁榮景象，一直延續到今日。

4 得知國王的兒子居魯士(Cyrus)到達薩迪斯(Sardis)的信息[14]，賴山德前去與他會商，對泰薩菲尼斯(Tisaphernes)[15]提出指控，說他奉到的命令是幫助拉斯地蒙人，要把雅典人從海上趕走；因為亞西拜阿德的關係，他不僅疏忽職責而且毫無意願，付給水手的薪餉過少以致艦隊遭到敵人的摧毀[16]。居魯士很高興能找出泰薩菲尼斯的過錯，知道這個傢伙是一個毫無誠信的人，而且與自

10　西西里的慘敗在413B.C.，以後發生的事可以參閱修昔底德《伯羅奔尼撒戰史》第8卷第2章。

11　亞西拜阿德返回雅典是在奧林匹克93會期第1年即408B.C.的春季，整個艦隊加上擄獲的戰船，一共有200艘之多，滿載各種戰利品，軍容極其壯觀。

12　賴山德擔任水師提督是在奧林匹克93會期第1年即408B.C.的秋天。

13　以弗所是小亞細亞地區愛奧尼亞境內最主要的城市，表現出希臘文明最高成就，也是政治的中樞和宗教的聖地。

14　居魯士接替泰薩菲尼斯擔任利底亞的省長。

15　泰薩菲尼斯在當時的波斯王國是位風雲人物，歷經政局的變化和世事的滄桑，最後還是被泰什勞斯底(Tithraustes)所殺。

16　亞西拜阿德運用各種手段來影響泰薩菲尼斯，一方面不要過於支持斯巴達人，另一方面也不要對雅典人趕盡殺絕。等到斯巴達人和雅典人相互激戰不休，人員和船艦發生重大的損失，這時波斯國王可以坐收漁翁之利，使得這個城邦拱手稱臣。泰薩菲尼斯對這個策略佩服得五體投地，公開表示讚許，答應給予協助。

己素有宿怨。因為這層關係加上每天的交往，特別是賴山德的談吐非常謙遜，贏得年輕王子的敬重，受到鼓舞要繼續進行對雅典的戰爭。等到賴山德離開的時候，居魯士爲他舉行一個宴會，請他不要拒絕他的好意，同時問他有什麼心願，一定盡量讓他感到滿足。賴山德回答道：「感謝你對我的厚愛，現在非常誠摯提出請求，每個水手多發一點錢，使得每日的薪餉從3奧波增加到4個。」

居魯士欣賞他這種大公無私的精神，送給他1萬達里克金幣，使得他能夠提高水手的待遇，這樣一來他的聲望大增，很短期間內使得敵人的船隻爲之一空，很多人爲了獲得更高的收入投效他的陣營，就是仍舊留下的人員，士氣低落而且充滿叛意，每天都給船長增添很多的煩惱。雖然賴山德給敵人帶來困擾同時削弱他們的實力，還是不願冒險與對手進行海上決戰，因為他知道亞西拜阿德不僅是能力高強的指揮官，同時船隻的數量占有優勢，過去無論是在海上還是陸地，他打的會戰可以說是所向無敵。

5 後來，亞西拜阿德從薩摩斯航向福西亞(Phocaea)[17]，留下船長安蒂阿克斯(Antiochus)指揮整個艦隊。安蒂阿克斯這個傢伙爲了羞辱賴山德，率領兩艘戰船駛入以弗所的港口，用傲慢態度大聲嘲笑，在敵船隊列的前方划來划去，賴山德在氣憤之餘最初只帶幾艘船出陣，要把對手趕走，很快看到雅典人前來支援安蒂阿克斯，他開始增加兵力，最後發展成一場正式的會戰。賴山德贏得勝利，捕獲敵方15艘戰船，建立一座戰勝紀念碑。雅典的人民極其憤怒，撤銷亞西拜阿德的指揮職務，這時他在薩摩斯受到士兵的藐視和惡言相向，就離開軍隊駛往克森尼斯(Chersonese)[18]。這場會戰本身並沒有產生多大作用，但是對亞西拜阿德帶來極大的影響[19]。

賴山德現在邀請亞洲各城市那些大膽和進取的居民前往以弗所，改革的事項獲得通過，能爲貴族政體奠定基礎，主政者是由10名成員組成的團體，激勵並且

---

17 福西亞是組成愛奧尼亞聯盟12個城市之一，瀕臨愛琴海的東岸，最早在意大利、山外高盧和西班牙地區建立很多殖民地。

18 克森尼斯位於色雷斯地區，是夾在海倫斯坡海峽和愛琴海之間的半島，主要的城市有塞斯托斯(Sestos)和卡迪亞(Cardia)。

19 這次會戰的損失不算嚴重，卻埋下伊哥斯波塔米海戰失利，以及雅典被斯巴達人占領的種子，就是亞西拜阿德也遠適異國，最後還是被殺身亡。

要求他們聯合起來成立會所,齊心協力推行政治事務,同時向他們提出保證,等到雅典一旦降服,就會捨棄民主制度,使得他們在這些國家擁有最高的權力。他採取果斷的行為讓他們相信這些事情確實可行,只要是他的朋友就加以不次的擢升,使得他們擁有最好的工作、地位和職務;為了滿足他們的貪婪,使得自己成為從事不義和邪惡行為的夥伴。每個人極力逢迎賴山德,想盡辦法去討好他,把全副心思用在他身上,對他們而言最重要的事情,就是希望他能繼續保有權力。

因此,凱利克拉蒂達斯(Callicratidas)前來接替賴山德[20]出任水師提督,他們從最早開始就對他不懷好感。雖然後來他們從雙方的相處和交往得知,凱利克拉蒂達斯是一位高貴而公正的領導者,還是對他的施政方式難以接受,認為他具有多里斯人(Dorian)[21]的性格,過於直率和真誠。確實如此,他們讚譽凱利克拉蒂達斯的德行,如同欣賞英雄的雕像所顯現的美感。這些政客認為賴山德把他們當成自己的朋友和同夥,會很熱誠大力支持他們的利益,等到他啟碇離開,大家在氣餒之餘都掉下淚來。

6 賴山德盡其所能讓他身邊這些政治人物嫌惡凱利克拉蒂達斯,甚至把居魯士送給他支持艦隊所剩餘的黃金,全部退還到薩迪斯,交代凱利克拉蒂達斯如有需要前去要回這筆錢,否則到要看看這位接替者如何維持部隊的士氣。最後賴山德在開航之際,宣稱他所交出的艦隊已經擁有海洋的控制權。凱利克拉蒂達斯要戳破他的滿口空言,說道:「要是如此,你在這裡把艦隊交出來,自己出航卻要避開左手的薩摩斯島,然後繞道前往米勒都斯;如果我們擁有海上的霸權,就無需畏懼薩摩斯島的敵軍。」賴山德的答覆說現在不是他而是凱利克拉蒂達斯指揮整個水師。他返回伯羅奔尼撒以後,留下後任陷入困境之中。

凱利克拉蒂達斯沒有從本國帶錢過來,也不能提高市鎮的稅金,用強迫的方式逼他們就範,這樣一定使得問題更加難以處理。因此,唯一的解決辦法是前去見國王的將領,如同賴山德那樣乞求他們給予援助。他比起任何人都更不適合這樣的工作,一個人要是具備慷慨和高尚的心靈,就不會等在蠻族門口去奉承討

20　斯巴達人在407B.C.年末,政策決定水師提督每年要換人擔任。

21　達西爾認為多里斯人的音樂對斯巴達人的影響最大,而且多里斯人的生活方式非常簡樸有如他們的音樂。

好,認為希臘人應該忍受相互之間造成損害所帶來的痛苦;實在說,蠻族是有很多黃金,還不值得委身相求。

迫切的需要逼得他無法可施,只有啓程前去利底亞,到達以後立即趕往居魯士的府邸,說是水師提督凱利克拉蒂達斯要求會晤,一位閹者回答:「啊!外鄉人!居魯士正在舉行飲宴,沒有空接見。」凱利克拉蒂達斯胸無城府的說道:「好吧,我可以等他把酒喝完。」因此,他們把他當成無知的鄉巴佬,受到這群蠻族的訕笑只有離開。後來他第二次前往還是吃閉門羹,只有嚥下這口氣返回以弗所,對於奉承蠻族的人士發洩他的不滿,還讓大家知道就是波斯人的財大氣粗才使他受到羞辱,同時當著在場的人發出誓言,等他回到斯巴達,一定要盡全力促進希臘人的和解,這樣才不會害怕蠻族的威脅和恐嚇,更不需要他們的幫助使得自己鬥個你死我活。

7 凱利克拉蒂達斯心懷崇高的目標,不愧是一個拉斯地蒙人,他的公正以及開闊的胸襟和無畏的勇氣,足以與希臘最偉大的人物一比高下,不久以後,在阿金紐西(Arginusae)的海戰中陣亡[22]。

現在,態勢的發展趨向逆境,參與戰爭的盟邦派遣使者到斯巴達,要求賴山德出任水師提督,公開宣布在他的指揮之下,大家會盡最大熱誠全力以赴,居魯士派員前來表達完全相同的觀點。斯巴達的法律規定一個人不能擔任兩次提督,雖然如此,他們願意滿足盟邦的要求,就把水師提督的頭銜授與阿拉庫斯,賴山德的名義是副提督擁有軍事指揮的全部權責[23]。他的來到,對於亞洲很多城鎮大部分領導人物而言,可以滿足長期以來亟需達成的意願,當各地的民主政體絕滅以後,在他的大力支持之下,希望擁有的權力能夠更上層樓。

那些樂於在上司身上發現眞誠和高貴行爲的人士,要是拿凱利克拉蒂達斯做一比較,賴山德看起來不僅狡猾而且精明,運用詭計處理有關戰爭的事務,僅在於有利可圖才會極口頌揚公理正義,如果無法達成這樣的目標,通常就會不計毀譽便宜行事。他們的觀點在於毫不考慮是非,完全基於利害。他譏笑那些認爲海克力斯的後裔在戰爭不應運用欺騙手段的人士,因而說道:「獅皮要是不夠用,

---

22　此一不幸事件發生在奧林匹克93會期第3年即406B.C.夏季。
23　賴山德的新任命是在405B.C.春天。

湊上一塊狐狸皮不也就得了。」[24]

8 有人記載他在米勒都斯處理問題運用的手法：他答應幫助他的朋友和他們在當地的親戚，壓制民主政體，將那些政治上的對手全部驅逐出境，後來這些人改變心意，要與他們的敵人妥協，他在公開的場合對這件事裝出樂觀其成的樣子，希望能進一步達成雙方的和解，但是在私下他對這些人大肆辱罵，同時激怒他們要對群眾發起攻擊。等到他得知這場動亂即將暴發，他在趕到以後立即進入城市，好像在偶然的狀況下才遇見那些陰謀分子，他裝模作樣對他們大肆叱責，講話的語氣很粗魯，好像他會對這些人加以懲處。同時他對奉行民主政體的人士，鼓舞他們的勇氣，因為他與他們同一立場，所以不必有任何畏懼。他所以採用這種掩飾的手段，目的是使民主黨派那些最有分量的人士不要逃走，留在城市裡面讓他一網打盡，結果所有相信他的人全都難逃一死。

根據安德羅克萊德(Androclides)的記載，賴山德對於誓言應盡的義務完全漠然視之，這也是他最讓人詬病的地方。有人說他經常引用這句話：「小孩用擲骰子騙錢，大人用賭咒發誓騙人。」薩摩斯的波利克拉底(Polycrates)刻意仿效，合法的指揮官非要拿一位僭主作榜樣，這種做法並不見有多體面。事實上拉柯尼亞人的習俗並不是把神明看成敵人，擺出手法惡劣和極不公正的態度。賴山德之所以願意發誓使人上當，那是因為他畏懼敵人而且藐視神明。

9 居魯士邀請賴山德到薩迪斯會晤，送給他一些錢，答應還要支付更多。本著年輕人的熱誠，公開宣布對賴山德大力支持，如果他從父親那裡得不到援助，就拿出自己的財富來供應所需。要是賴山德還有所匱缺，他說會盡其所能來籌款，甚至那個代表王權的寶座，他坐在上面主持正義，是用黃金和白銀製成，都可以熔化變現。當他為了陪伴父親前去米地亞的時候，就把城鎮的貢金分配給賴山德，同時把整個行省交給他去照應。在他離開之際，特別交代賴山德在他返回之前，不要與雅典人在海上作戰，因為他會從腓尼基和西里西亞帶來很多船隻。等到安排妥當，王子才離開前去朝見父王。

賴山德的船隻數量過少不敢冒險出戰，要是無所事事又嫌太多。因此，他發

24　孫子曰：「上兵伐謀，其次伐交，其次伐兵，其下攻城。」此之謂也。

航前去征服一些島嶼，蹂躪伊吉納和薩拉密斯，然後離開薩拉密斯在阿提卡登陸，要去晉見埃傑斯(Agis)[25]致敬。這時埃傑斯就從迪西利亞(Decelea)[26]前來與他相會，好像他要向陸上部隊展示艦隊的實力，可以駛往任何所望的地點，成為控制海上獨一無二的主人。聽到雅典人在後追躡，他採取另外的航路脫離，經過遠方的島嶼駛往亞細亞。

發現海倫斯坡海峽沒有設防，他用船隻從海上對蘭普薩庫斯(Lampsacus)[27]發起攻擊，同時索拉克斯(Thorax)率領陸上的部隊協同作戰，對於城牆進行突擊行動，一輪猛攻之下奪取城市，聽任士兵搶劫財物。雅典的艦隊擁有180艘各型船隻，正好抵達位於克森尼斯的城市伊利烏斯(Elaeus)，聽到蘭普薩庫斯遭到毀滅的信息，他們立刻航向塞斯托斯(Sestos)[28]，在那裡獲得給養以後，向著伊哥斯‧波塔米(Aegos Potami)前進，面對敵軍列陣；賴山德這時仍舊部署在蘭普薩庫斯周圍地區。雅典人在幾位將領的指揮之下，其中一位是斐洛克利(Philocles)，他說服市民大會頒布敕令，戰爭中捕獲的俘虜要將右手的大拇指剁掉，這樣一來無法握住長矛，還是可以用來划槳。

10 他們整夜休息，希望次日進行會戰。賴山德另有打算，命令水手和導航從拂曉起就繼續留在甲板上面，好像他們要天明以後立即開戰，等待命令開始行動，除了指揮的口令嚴禁喧譁，陸上部隊在靠海的位置列出陣式保持肅靜。等到太陽升起以後，雅典人全體出動將整個艦隊排成戰線，向對手挑釁要從事會戰，雖然賴山德從天亮起就要所有的船隻完成備便，這時根本不為所動。他僅僅派出幾條小艇到最前列的戰船，交代他們繼續保持現狀等待命令，他的陣營絲毫不亂，沒有人擅自行動接受挑戰。雅典人大約在薄暮時分開始收兵返航；賴山德派出兩三艘船隻前去窺探敵情，直到看見敵人全部上岸才算完

---

25 是指斯巴達的優里龐世系國王埃傑斯二世(427/426-400/399B.C.)，405-404B.C.這段期間，他與賴山德配合從陸地和海上對雅典進行封鎖。

26 413B.C.春天，斯巴達人對位於雅典西北僅數哩的迪西利亞，除了加強防禦工事，還在埃傑斯國王指揮之下，配置一個永久性的守備部隊。根據色諾芬的記載，賴山德在圍攻雅典之前，對於伊吉納和薩拉密斯大肆劫掠。

27 蘭普薩庫斯是一個著名的希臘城市，位於海倫斯坡海峽的亞洲海岸，與伊哥斯波塔米遙遙相對。

28 塞斯托斯是位於克森尼斯地區的城市，扼海倫斯坡海峽的入口，是進出黑海的兵家必爭之地。

成任務，等這些船隻安全回來，他才讓艦隊的水手離船。他們在次日仍舊龜縮不出，第三天和第四天亦復如是。雅典人變得信心滿滿，藐視敵人像是他們畏戰不堪一擊。

就在這個時候，亞西拜阿德原本留在位於克森尼斯的城堡，特別騎馬前來拜訪這些雅典人，發現他們的將領違犯兵家大忌，首先是他們的營地設置在毫無掩護和面積開闊的海灘，防衛不夠森嚴無法保障軍隊的安全，這個地點很難將他們的船隻拖上岸；其次是他們所需的給養全部要從塞斯托斯運送過來，這段航程有相當距離；如果他們願意花點時間移防到塞斯托斯的港口和市鎮，就可以與敵人保持一段安全距離，何況對手一直在監視他們的行動，尤其是在一位將領指揮之下，最可怕的事就是任何命令都會迅速執行。不過，這些勸告他們聽不入耳，泰迪烏斯(Tydeus)用輕蔑的態度回答，現在是他們負責指揮，已經與他無關。

11 何況亞西拜阿德受到猜疑會出賣他們，逼得他只有黯然離開。到了第五天，雅典人向著敵手發航，最後還是一成不變撤回艦隊，驕縱的氣焰表露無遺，賴山德如同往常派遣一些船隻去偵察敵人動靜，命令負責的軍官在看到敵人全部登岸以後，要盡最大速度划船回駛，當他們的船隻越過半途，要在前甲板舉起一面青銅盾牌，作為發起會戰的信號。他乘著座艦繞行一周，鼓勵領航員和船長的士氣，訓勉他們要使所有的人員，無論水手還是士兵都要堅守崗位，等到會戰的信號發送出來，大家充滿勇氣全力划槳衝向敵軍。按照原來擬訂的計畫，當盾牌從船上舉起反射出光芒的時候，水師提督的座艦響起進行會戰的號角聲音，所有的船隻全速划槳向前，步卒沿著岸邊疾行去奪取海岬。兩個大陸之間的距離大約是15弗隆，戰志高昂的划槳手使出全力很快越過。

雅典人的指揮官當中，康儂(Conon)第一個看到陸上部隊和艦隊的進擊，高聲呼喚要大家上船，在這個最為緊急的關頭，他不僅下達命令還要極力懇求，對另外一些人使出強迫的手段，要讓他們迅速完成備便。他所有的努力還是徒然，因為人員都已分散開來，當他們離開船隻以後，認為不會有事發生，有些人前往市場，也有人在外閒逛或是在他們的帳篷裡面睡覺，再不然就在進餐。所以會如此疏忽，全部要歸咎於指揮官缺乏實戰的經驗，他們根本沒有考慮可能出現的狀況。敵人發起攻擊的吶喊聲已經清晰可聞，康儂率領8艘船立即出航，能夠安全

脫逃，前去投奔賽浦路斯國王伊凡哥拉斯（Evagoras）[29]。

伯羅奔尼撒人向其餘的船隻進攻，有些是在空無一人的狀況下被他們擄獲，還有一些被擊沉的船隻上面已有雅典人登船，這些人沒有武裝毫無防衛的能力，全部陣亡在他們的船上；等到敵軍上岸發起追擊，那些逃到陸地的人員都被殺死。賴山德捕3000名俘虜以及他們的將領，除了神聖的船隻「帕拉盧斯」（Paralus）號[30]隨著康儂一起逃走，整個艦隊落到他的手裡。他們洗劫敵人的帳篷，把擄獲的船隻拖在後面，用簫笛伴奏勝利的歌曲，向著蘭普薩庫斯回航。

完成偉大的工作只付出微不足道的代價，僅僅花一個時辰就結束一場冗長的戰爭[31]，想起過去引發許多事件，其中的變化和起伏，完全超越古往今來的經驗，真是讓人感到不可思議。這是一場極其殘酷的戰爭，衍生無數的軍事行動，出現不同的戰鬥方式，經歷命運的興衰枯榮，要是拿希臘人之間從事的戰爭來說，使得更多的將領死於非命，現在出於一個人的指揮藝術和用兵才華，終於讓這場戰事宣告結束。因此有人認為獲得這樣的成果完全是神明的干預和介入。

12 還有人提到，當賴山德開始對雅典人發動攻擊的時候，卡斯特和波拉克斯這顆雙子星，出現在賴山德座艦的舵房兩邊。要是按照一般的說法，另外有人想起一塊從天而降的石頭，成為雅典人所以慘敗的徵兆[32]。這塊隕石的尺寸很大，就落在伊哥斯・波塔米，受到克森尼斯人的頂禮膜拜，直到今天仍舊如此[33]。

據說安納克薩哥拉斯（Anaxagoras）[34]曾經預測，一群在天空固定軌道運動的天體，其中有一個發生鬆脫或滑動因而產生位移，接著就墜落在地球上面。他認

---

29 伊凡哥拉斯是薩拉密斯人，後來在塞浦路斯出任國王，曾經在伊索克拉底門下學習修辭和演說，以公正和溫和知名於世，對雅典極其友善，直到374B.C.逝世，始終護維希臘的利益。

30 聖船的來源是帖修斯前往克里特島接回童男童女的船隻，「帕拉盧斯」號將戰敗的消息傳回雅典。

31 伯羅奔尼撒戰爭延續27年（431-404B.C.）之久。

32 根據帕里安（Parian）的大理石雕像和普里尼《自然史》的記載，這件事發生在468-467B.C.。

33 賴山德贏得伊哥斯波塔米會戰的勝利是在奧林匹克93會期第4年即405B.C.，據說安納克薩哥拉斯在62年之前，就已經預言有這次勝利。

34 安納克薩哥拉斯（500-428B.C.）生於小亞細亞的克拉卓美尼，約在20歲到雅典，成為當代的知名哲學家，是伯里克利的老師和朋友，後來因政爭的牽連受到放逐，在蘭普薩庫斯故亡。

為沒有一顆星球能保持最早形成時的位置，因為它具備石頭應有的性質那就是重量，發出的光輝來自圍繞四周上層空氣的折射作用，寒冷而沉重的物體與普通的星系分離之初，圓周運動的強大力量使它在軌道上運行，不至於很快墜落下來。

還有一種可能的見解比起這個論點更有道理，說是墜落的星球不再有物質的流出，不再發射閃爍的光芒，低層空氣的燃燒在剎那之間將它的能量消耗殆盡，或者是星球的突然燃燒在低層空氣之中，在進入上方區域以後會釋放出大量的火光。沉重星體的圓周運動所產生的動能會發生衰減，形成不規則的行程，一般不會進入地球上面人煙稠密的地區，通常掉進寬闊的海洋當中，所以我們很少看到這些物體。

戴瑪克斯(Daimachus)[35] 在他有關宗教信仰的論文中，支持安納克薩哥拉斯的論點，他說這種隕石在墜落之前，可以看到天空有一個巨大火球，繼續存在達75天之久，好像是一團燃燒的星雲，沒有保持靜止的狀態，而是進行錯綜複雜而且毫不間斷的運動，處於動盪和疾馳的行程，爆發出去的燃燒碎片向著各方四射，如同墜落中的星球發出明亮的火光。等到後來掉落在這個區域的地面，所有的居民都很害怕，聚集起來前去觀看，既沒有著火燃燒也沒有特別的痕跡，只有一塊動也不動的大石頭，要是與在天空著火的星球來比，它的體積根本差得太多，只能說是其中一塊碎片而已。

如果戴瑪克斯的論點能讓人相信，那麼他需要一群毫不挑剔的聽眾。事實可以駁斥他的說法，他所說的隕石只是山頂上面裂開的一塊岩石，經過風的吹襲和暴雨的沖刷，產生滑動就墜落到地面。除此以外，我們還可以選擇另一種說法，那個已經看到很多天的現象，真是燃燒的星球所產生的火光，它的熄滅引起大氣的變化，隨著而來是暴風和震動，這樣就會把石塊從山上帶到平地。有關這個題材更為精確的論文，應該放在性質完全不同的著作之中。

13 三千名成為俘虜的雅典人被委員會定罪，全部判處死刑。賴山德問身為將領的斐洛克利，他應不應該接受這種懲罰；特別是他過去向

35　戴瑪克斯是一個想像力很豐富的作家，裝出很有學問的樣子，實際上對數學和歷史根本一竅不通。

市民大聲疾呼，要用嚴刑峻法對待其他的希臘人[36]。斐洛克利處在不幸的逆境毫無所懼，說是沒有法官在場主持公道的狀況下，不必對他指控這些莫須有的罪名，現在賴山德是征服者，戰敗的人要殺要剮聽任處置。然後把身體清洗乾淨，披上最華麗的斗篷，領導他的市民同胞前去引頸就戮。狄奧弗拉斯都斯曾經記錄這段史事。

等到這件事情處理完畢以後，賴山德航向各個地點的濱海城市，命令所有遇到的雅典人全部要回到本土，他公開宣布對於身處外國的人員絕不寬恕，任何人只要離開雅典，被他遇到就殺無赦。他的意圖是將大量人員趕回雅典，很可能引起饑饉，減少他在長期圍攻中所遭遇的困難；要是他們的存糧非常豐富，他要面臨堅強的抗拒更是無法避免。他用高壓的手段對付民主政體和其他的政治制度，在每個城市留下一位拉斯地蒙人擔任行政首長[37]，指派十名「執政」從旁襄助，他過去在不同的市鎮建立負責統治的上層階級，所有的執政就從這些成員中選出。他在不慌不忙的航行中進行政治改革，不僅針對敵人的城市，就是盟邦也如法炮製，運用這種方式使他自己在希臘世界握有最高的權勢。他選擇執政不考慮出身和財富，把這些職位授與自己的朋友和黨羽，他的所作所爲都獲得他們擁戴，同時還把獎勵和懲罰的絕對權力交到他們的手裡。因此，難免使自己涉及很多流血和屠殺的案件，幫助他的朋友驅逐他們的政敵。他把拉斯地蒙人的政治體制給予希臘人，然而這卻是一個不得人心的壞榜樣。

看來喜劇作家狄奧龐帕斯（Theopompus）[38]的幽默沒有多高水準，他把拉斯地蒙人比喻爲酒店的侍女，當希臘人開始飲用自由的醇酒以後，她們就把天之美祿換成酸得無法入口的醋倒進杯中。事實上希臘人從開始就嘗到苦澀和辛辣的味道，所有的民主政體都受到賴山德的鎮壓，膽大包天而又渾無顧忌的寡頭政體黨派，被選出來統治所有的城市。

---

36 可以參閱本章第9節及色諾芬的著作，雅典人通過一項律令，海戰獲得勝利，要將俘虜右手的大拇指剁掉，可以拿來當划槳手，無法拿刀執矛就不敢叛變；比起後來東羅馬的皇帝巴西爾二世（976-1025），將1萬5000名保加利亞戰俘，全部剜去雙目，那又要人道得多了。斐洛克利的罪行是下令將兩艘被俘船隻的水手，全部從懸岩上面扔下摔死。

37 斯巴達在權勢最鼎盛的時期，派往其他城市或島嶼擔任總督，這個職位有個專用名詞稱之爲harmost。

38 穆里都斯（Murestus）說他讀過狄奧多魯斯・梅托奇底（Theodorus Metochites）的著作，從而知道這位狄奧龐帕斯不是喜劇作家而是歷史學家。

14 他處理這些事務並沒有用去多少時間，派信差先回去告訴拉斯地蒙人，他要率領200艘船返國；不過，他抵達阿提卡與兩位國王埃傑斯和鮑薩尼阿斯會師，希望能在無須曠日持久的狀況下奪取這個城市。雅典人的防務森嚴無隙可乘，只有率領艦隊回到亞細亞，用同樣方式在所有的城市摧毀他們的政治體制，將政府置於decadarchies即「十執政制」的統治之下，每個地方都有很多人被殺，也有很多人遭到放逐。他在薩摩斯[39]驅逐全部人民，所有的城市安置他帶回的放逐人員。

這時雅典人仍舊據有塞斯托斯，他占領以後不讓塞斯托斯人在該地居住，把整個城市和鄉村分配給他手下那些領航員和船長；拉斯地蒙人沒有同意，在他來說是第一次遭到當局的異議，後來他們讓塞斯托斯人回到故土。不過，希臘人全都很興高采烈，看到伊吉納人獲得賴山德的援手，經歷很長時期的流離顛沛[40]，終於能夠返回他們的城市。等到雅典人被趕走以後，占領的城市全部交了出來，米洛斯人（Melians）[41]和西奧尼人（Scionaeans）[42]才能擁有獨立自主的權利。

當他獲得信息，說是雅典遭遇饑饉的打擊處境極其惡劣，立即航向派里猶斯，雅典接受他所決定的條件開城投降。有人從拉斯地蒙人那裡聽到這種說法，賴山德寫給民選五長官的通報：「占領雅典。」他們給賴山德的覆函：「占領就好。」所以杜撰這種說法，完全是為了表現他們的用語是何等簡潔。民選五長官真正的敕令，運用下述的方式：「拉斯地蒙人當局的決定：雅典要拆除派里猶斯的城防設施和長牆；雅典要放棄所有的市鎮，只能保有自己的領土；如果你們做到這些要求，就能獲得和平。只要你們願意，可以讓所有放逐的人員返國[43]；你們的船隻所能保有的數量，要根據我們的指示來辦理。」雅典人聽從黑格儂（Hagnon）之子瑟拉米尼斯（Theramenes）的勸告，接受這份卷軸上面臚列的條件。

在這個時候，據說一位年輕的演說家克利奧米尼斯（Cleomenes）質問他，怎麼敢與提米斯托克利唱反調，把長牆交給拉斯地蒙人，要知道提米斯托克利建造偉

---

39 這件事情發生的年代跟這裡所說有點不同，雅典的長牆被夷平以後，薩摩斯人才遭到逐離。色諾芬的《希臘史》第2卷第3節有同樣的記載。

40 雅典人將他們趕出家園是在431B.C.。

41 雅典人占領米洛斯島將居民全部驅離，是在416B.C.的冬天。

42 雅典人在421B.C.占領卡夕得西半島的西奧尼（Scione），然後將居民驅離家園。

43 拉斯地蒙人在打如意算盤：要是雅典人讓放逐的人返國，這些人就會成為拉斯地蒙人的朋友和黨羽；如果雅典人不讓他們返國，不論用什麼藉口都會引起更大的痛恨和不滿。

大的工程，就是不讓拉斯地蒙人稱心如意。瑟拉米尼斯說道：「啊！年輕人，我絲毫沒有違背提米斯托克利的本意，他建造這道長牆的目的，是爲了使市民獲得安全的保障，我們現在要將它拆除也是基於這個著眼。如果防禦工事會給城市帶來幸福的生活，那麼斯巴達人沒有城牆，豈不是成爲全世界最不幸的人。」

15 賴山德給雅典人留下12艘船，將其餘的全部拿走，同時接收所有的城防工事，他在Munychion月第16天（4月16日）進入雅典，想當年雅典人在薩拉密斯戰勝蠻族就是同一日期；接著他採取各種措施著手改革政體的工作。雅典人對於這方面的事務，根本就是心不甘情不願，極力加以抵制和抗拒。賴山德派員前往市民大會提出通告，說他們違背投降的條款，限定的日期已過，城牆仍然屹立，沒有拆除。因此，他認爲他們沒有遵守第一條要求事項，必須開會制定新的辦法。有人提到，事實上曾經在盟邦的同盟大會上面提出議案，要把全部雅典人發售爲奴。

在這種狀況之下，底比斯人伊瑞安蘇斯（Erianthus）表示他的意見，乾脆摧毀這座城市，整個地區全部成爲放牧羊群的草原。後來，在一群將領參加的聚會之中，一位來自福西斯的代表，唱出優里庇德的《伊里克特拉》（*Electra*）[44] 劇中第一首合唱曲的複句，開始就是：

> 阿格曼儂之女伊里克特拉，
> 我來到她那備受蹂躪的家。

他們剛毅的態度爲同情心所軟化，絕滅而且夷平一座極其著名而又人才濟濟的城市，眞是殘酷無情的行爲。

事到如今，雅典人只有無條件屈服，賴山德召來城裡一群樂師，把所需人手集中到他的營地，在簫鼓齊鳴的樂聲中拆除城牆，焚毀所有的船隻，盟邦的人員頭上戴著花冠，大家全都喜氣洋洋，把這一天定爲首先獲得自由的節日。他同時著手進行政體的改變，分別在雅典和派里猶斯指定30位和10位執政，派遣一支守

44　《伊里克特拉》是優里庇德在417B.C.撰寫的悲劇，敘述阿格曼儂之子歐里斯底（Orestes）殺母及其姦夫爲父復仇的故事。

備部隊進駐衛城，任命斯巴達人凱利拜烏斯(Callibius)為這個城市的總督。

這個人後來舉起手杖痛毆角力家奧托利庫斯(Autolycus)，色諾芬(Xenophon)在他的著作《宴會》[45]中描述此事，提到奧托利庫斯抓住凱利拜烏斯的足踝，把他摔倒在地。賴山德看到以後並沒有老羞成怒，還是把凱利拜烏斯教訓一頓，說他根本不知道如何管轄一群自由人。不過，三十執政為了討好凱利拜烏斯，過沒好久還是找一個藉口殺掉奧托利庫斯。

16 等到把這些事情料情理完畢[46]，賴山德率領艦隊航向色雷斯[47]。考慮到還有大筆公款在他的手裡，加上他收到的禮品和金冠，難免引起無數人民的猜疑，認為給予他過大的權力，使他成為全希臘的令主。他派捷利帕斯(Gylippus)把這些財物運回拉斯地蒙，這個人過去在西西里擔任指揮官[48]。

據說捷利帕利把裝錢麻袋的底部拆開，從每個袋子拿走相當數量的銀塊，然後再縫起來；他不知道每個錢袋裡面都有裝貨的清單。等他到達斯巴達，就把偷來的銀兩藏在住房的屋瓦下面，再解交這批錢袋給民選五長官，並且讓他們檢查完好如初的封印。後來打開錢袋加以清點，發現銀塊的數量與清單不符，這件事情使得民選五長官感到極其困擾。捷利帕斯的奴僕用一個謎語告訴他們此事，說是屋瓦下面有很多貓頭鷹；似乎是絕大部分當作通貨的錢幣，雅典人會打上梟鳥的銘記。

17 捷利帕斯的戰功彪炳而且名聲顯赫，竟然犯下如此可恥而且卑鄙的罪行，顏面盡失只有離開拉斯地蒙。出現這種狀況以後，斯巴達那些最明智的人物，害怕金錢所產生的影響力，甚至腐化敗壞最偉大的市民，認為賴山德是始作俑者，公開向民選五長官提出呼籲，要把所有的金銀當成「外國的

45　《宴會》所描述的情節發生在凱利阿斯的家中，奧托利庫斯和他的父親都受到邀請，參加的人士還有蘇格拉底和其他的朋友。

46　根據色諾芬的說法，他現在是要去征討薩摩斯人。

47　波利努斯說是賴山德到色雷斯以後，攻占薩索斯島，完全違背他答應的諾言，大肆屠殺擁護雅典的居民，有關這方面蒲魯塔克隻字未提；看來這件事與他後面所說在米勒都斯的行為同出一轍，很可能是波利努斯張冠李戴弄錯對象。

48　414B.C.斯巴達派捷利帕救援敘拉古，到達以後解除雅典的圍攻，413年9月使雅典遠征軍全軍覆滅。參閱修昔底德《伯羅奔尼撒戰史》第7卷及本書第十四篇〈尼西阿斯〉第18節及後續各節有關情節。

災禍」，應該全部送走。他們為了處理此事召開會議，狄奧龐帕斯說是西拉菲達斯（Sciraphidas），民選五長官之一說是弗洛吉達斯（Phlogidas），這個人向大家宣布斯巴達不要接受金銀製成的通貨，只用本國的錢幣。

拉斯地蒙人使用鐵幣，燒紅以後放在醋中淬火，變得質地堅硬而且失去韌性，再也無法重鑄[49]；何況這種貨幣非常沉重，攜帶相當困難，看起來是很重一大堆，用來購買的價值很低。所有古老的錢幣莫不如此，很多含有鐵的成分，還有一些國家用銅做成串肉針的形狀。我們把那些數量最多而面值最小的錢幣稱為奧波（obol），6個等於1德拉克馬（drachmas），因為正好是一握之量所以得到drachmas這個名字。

賴山德的朋友採取反對的態度，想盡辦法要把這些錢財保留在斯巴達，解決的方式是這類的通貨只能用於公家的事務，同時還制定一條法律，要是發現有任何人把它據為私有，可以判處死刑；如同萊克格斯對錢幣的顧慮，是不願使人從而產生貪婪之心。要是不讓私人擁有任何金錢，如同他們鼓勵用於公家的事務，也不見得可以抑制貪財的心理。隨著而來是提升金錢的地位，超越於原本具備的實用效能。很難想像會出現這種觀點，能在公家擁有價值反而在私人受到藐視，或者發現能對國家產生很大的好處，與他們自己倒是毫無關係。

從另一個角度來看，習慣遵循國家的制度，就會影響到個人的生活和行為，比起個人的過錯和惡行要去腐化整個國家，不僅更為嚴重也要快速得多，這是非常明顯的事。因此，整體處於不健全的狀況，部分當然會受到影響；當失序的生活方式僅發生在特定部分的時候，那些沒有受到感染的人士，可以對特定的部分進行矯正和治療。官員現在就拿恐懼和法律當成市民家門前面的警衛，不讓任何金錢進入，等到財富的運用成為高貴的目標要極力爭取，再也無法期望大家能克制心中的私欲。就這方面而論，我們要在另外一本著作中，再度非難拉斯地蒙人的不當做法。

18 賴山德拿獲得的戰利品，為他自己和手下的船長鑄造銅像設置在德爾斐，同時用黃金製成的星體模型代表卡斯特和波拉克斯奉獻給神

---

49 萊克格斯為了除去人們的貪婪心理，下令收回金幣和銀幣，只有一種鐵製的錢幣能夠流通，重量大而幣值低，運用起來極其不便。

殿，琉克特拉(Leuctra)會戰之前遺失下落不明[50]。布拉西達斯和阿康修斯人的寶庫，裡面有一艘黃金和象牙製成的三層槳座戰船[51]，長兩肘尺，是居魯士送給賴山德的禮物，用來紀念他贏得海戰的勝利。德爾斐的亞歷山瑞德(Alexandrides)在他的歷史著作中記載[52]，賴山德把1泰倫的銀兩、52邁納以及11個金幣存放在那裡，大家一直認為他有安貧樂道的情操，看來與這些陳述與普遍接受的說法有相當的矛盾。

在那個時代，事實上賴山德比起以往任何一位希臘人擁有更大的權勢，表現出強烈的自負和崇高的精神更是超邁古人。杜瑞斯(Duris)在編年史中提到，有些城市為他修建祭壇，奉獻犧牲，當成神明一樣的膜拜，這在希臘人當中可算是第一位。大家最早唱出他的《凱旋曲》，開始的樂章流傳到今日，仍舊弦歌不絕：

> 偉大的希臘將領來自開闊的斯巴達，
> 慶祝光榮的大捷齊聲頌揚他的武德。

薩摩斯人通過一項律令，他們祭祀朱諾的莊嚴儀式使用賴山德的名字稱之為Lysandria。他讓奇瑞盧斯(Choerilus)[53]這位詩人一直追隨在他的身邊，好用詩篇來讚譽他的豐功偉業。安蒂洛克斯(Antilochus)寫出一些韻文對他大事吹捧，使得他樂不可支，獲得的報酬是一頂裝滿銀兩的帽子。科洛奉(Colophon)的安蒂瑪克斯(Antimchus)和赫拉克利的尼西拉都斯(Niceratus)，爭著寫出一首詩來描述賴山德的氣節情操，賴山德將一頂花冠贈送給尼西立都斯，安蒂瑪克斯[54]在惱怒之餘，就將詩集置之高閣。柏拉圖當時還是一位年輕人，非常欣賞安蒂瑪克斯的詩

---

50 這些祭品被人偷走，蒲魯塔克所以提這件事，意思是說有預兆出現，斯巴達在琉克特拉會戰受到極其慘重的損失。

51 所以後來猶太人的君主亞里斯托布拉斯(Aristobulus)，才會送給龐培一座黃金製成的葡萄園或花園，價值500泰倫。如同這艘戰船奉獻給德爾斐一樣，這個葡萄園當作朱庇特神廟的祭品。

52 這位亞歷山瑞德或稱安納克薩瑞德(Anaxandrides)的學者，就德爾斐神廟被竊走的神聖物品，寫出一本專書。

53 同名的詩人有三位之多，他們的作品都已失傳：頭一位是薩摩斯人，在奧林匹克75會期第1年即480B.C.，寫出長詩歌頌雅典人戰勝澤爾西斯；其次就是這位斯巴達人，他出名在前一位的70年以後；第三位是隨伴亞歷山大大帝的詩人，時間更要晚70年。

54 有人說安蒂瑪克斯來自小亞細亞的克拉魯斯(Clarus)，是歷史上僅次於荷馬的大詩人，只是風格過於華麗而且描述極其冗長。

作，爲了安慰他衡文失利，於是對他說「豁達之人無須自尋煩惱」。

後來，亞里斯托努斯（Aristonus）這位在皮提亞賽會中贏得六次優勝的音樂家，爲了討好賴山德說了一些奉承話，如果他再度得勝就會公開宣布他是賴山德的部從，針對眾人的質問，他回答道：「就是當他的奴隸，又有什麼不好？」

19 賴山德的雄心壯志對於斯巴達的高層人員甚至他的同儕都是很重的負擔，雖然有很多人願意追隨前後提供忠誠的服務，他的性格隨著勃勃的野心逐漸變得傲慢而暴虐。他不具備一個凡人所常見的謙和之心，無論是賞賜或懲罰都趨向極端。他的朋友和門客所能獲得的回報，是統治城市的絕對權力。他擁有最高職位然而無須負任何責任，只有毀滅敵人才能滿足他的憤怒，看來放逐已經無法達到他對懲罰的要求。在後期出現一個案例，他生怕米勒都斯民主黨派的重要分子高飛遠走，同時想要找出那些躲藏起來的人員，他發誓不會給他們帶來任何傷害，等到這些人相信他的話並且現身出來，就把他們解交給寡頭政體的領導人物，結果有800多人慘遭屠殺。各個城鎮的民主黨派面臨整肅的狀況屢見不鮮，被害者不計其數，他不僅處死那些唱反調的人，還允許他的親信可以痛下毒手，同時親自參加這些排除異己的行動，因爲他的朋友一直在包圍著他，使他不得不滿足這些人的仇恨和貪婪。

拉斯地蒙人伊特奧克利（Eteocles）有句名言流傳於世：「希臘無法忍受兩位賴山德。」根據狄奧弗拉斯都斯的說法，阿奇斯特拉都斯用同一句話來描述亞西拜阿德。亞西拜阿德最讓人詬病之處，在於自以爲是的放蕩和驕縱；賴山德擁有權力所以遭到畏懼和痛恨，完全是他那毫無惻隱之心的性格使然。

拉斯地蒙人根本不在意任何一位指控者，後來，法那巴蘇斯受到賴山德的傷害和打擊，統治的地區遭到他的劫掠和蹂躪，派人前往斯巴達揭發他的罪行。民選五長官爲此極其不滿，就將他的幕僚和手下的船長索拉克斯，以私人財產擁有銀兩爲由處以死刑，同時派人送給賴山德一個卷軸，命令他立即返國。

這種卷軸的運用方式，就是民選五長官派遣一位提督或將領出國作戰，準備完全一樣的兩塊圓木，大小尺寸要求非常精確，自己保留一個，另一個發給派出的指揮官。這根木棒他們稱之爲Scytales。因此，當他們有重要或秘密的事情需要通知將領的時候，就拿一些狹長的羊皮紙卷，捲在自己這根木棒上面，每一個摺層緊壓著另一個摺層，然後把要通知的事項用文字寫在上面，再將紙卷從木棒上

取下來，派人送給在外的將領。等到他收到這個卷軸，就將自己的木棒拿出來，大小和對方完全一樣，所有的摺層再一個壓一個，如同書寫時的位置；原來這些文字散開沒有連接在一起，根本無法看懂，使用這種裝置使得文件能夠閱讀。他們也把這種卷軸稱爲Staff，就是要使用一個木製的器具進行調整的意思。

20 等到這個卷軸送到海倫斯坡，賴山德知道有了麻煩，同時害怕法那巴蘇斯會有更多的指控，火速前去與他商量，希望藉著開誠布公的會晤終止雙方的齟齬。當他們見面的時候，賴山德想要對方另外寫一封信給民選五長官，說是賴山德沒有犯下過失，所以他自己也沒有冤屈可言。賴山德根本不了解法那巴蘇斯，這個人真可以說是「強中更有強中手」，假裝願意配合的樣子，同意如賴山德所望當面寫出這樣的信，當他們在蓋封印的時候，他就偷換一張信紙，內容與原來看過的完全不同，所以他給賴山德的信等於是私下所寫，已經改頭換面。賴山德回到拉斯地蒙以後，按照慣例他前去民選五長官的辦公室，交出法那巴蘇斯的書信，說是經過雙方的溝通，原告願意撤銷那些重大的指控。

法那巴蘇斯受到拉斯地蒙人的愛戴，因爲他在戰時對斯巴達國王所有的將領，非常熱誠給予援助，所以對他的指控非常重視。等到民選五長官讀過來信，再讓賴山德過目，這時他才明白法那巴蘇斯的爲人有如：

> 尤利西斯富於心機何其深沉，
> 舉世再無智者足當彼之大名。

賴山德陷入極其難堪的處境，只有趕快離開。過了幾天以後，他再去見民選五長官，說他必須前去朝拜阿蒙神廟[55]，戰爭時期立下的誓言，現在要還願向神明奉獻犧牲。

有人說確有其事，他在色雷斯的阿皮提(Aphytae)城受到敵人圍攻，阿蒙在夢中向他顯靈，等到他解圍以後，認爲這是神明的指示所致，吩咐阿皮提人(Aphytaeans)向阿蒙獻祭，決定不惜長途跋涉前往利比亞，這樣做更能獲得神的恩寵。大多數人的意見認爲神明不過是藉口而已；真正的原因是他對民選五長官

55　這座廟宇在利比亞大沙漠一個綠洲之中，西蒙曾經派人前往求取神讖的指示。

心存憚忌，無法忍受本國的束縛和限制，更不願生活在權勢之下，尤其是經過長時期在外的遊歷和飄泊以後，就像一匹馬從放牧的原野被帶回狹小的馬廄，再度從事平凡無味的工作。我在下面就會提到民選五長官所以同意他外出旅遊的理由。

21 克服相當的困難，終於獲得當局的同意可以離開本國，賴山德啓碇出海。當他正在航行之中，兩位國王認為要是保持原來的辦法，讓賴山德的朋友和黨羽擁有這些城市，事實上他還是統治者和希臘的令主。因此他們採取相關的措施，恢復原來的制度把權力授與市民大會，他的朋友全部被趕下台來。這樣一來重新引發動亂，首先是雅典人從菲勒（Phyle）[56]對三十執政發起攻擊，推翻他們以後再度掌握權力。

賴山德火速趕回本國，呼籲拉斯地蒙人要支持寡頭派系，鎮壓現在的民主政體，要在雅典重新任命三十執政；具體的做法是提供100泰倫的戰爭經費，選派賴山德為將領對他們給予協助。兩位國王對他非常嫉妒，為了不讓他再度立下占領雅典的大功，決定由他們之中推舉一人負責指揮。鮑薩尼阿斯向著阿提卡進軍，表面上看來是支持僭主對抗人民，實際上在盡力求取和平結束戰爭，賴山德無法拿他的朋友作為工具，重新成為雅典的主人。鮑薩尼阿斯很容易獲得成效，對雅典人進行調停同時使得動亂平息下來，賴山德充滿野心的希望完全破滅。然而沒有過多久太平歲月，雅典人再度高舉起義的旗幟，鮑薩尼阿斯的作為受到譴責，說他從人民的嘴裡取下寡頭政體這個口勒，使他們變得更加傲慢無禮。賴山德運用指揮的才華，不在於滿足其他人的需要，更不是為了獲得讚譽，而是堅持斯巴達的利益，這樣一來使得他能夠恢復原來的名聲。

22 賴山德講話的語氣就反對他的人而言，不僅凌厲而且極盡威脅之能事。例如，亞哥斯人與拉斯地蒙人就邊界的土地問題發生爭執，他們認為自己的上訴理由比拉斯地蒙人更為充分，賴山德舉起他的佩劍說道：「所有邊界問題的爭議，都靠這個東西來當家做主。」麥加拉有個人在會議中與他談

---

56 位於雅典上方的一個城堡，形勢極其險要，色諾芬在他的歷史著作第2卷中，經常提到這個地方。

起言論自由，他說道：「老兄！只有來自那種城市的人才會說這種話，因爲他們根本沒有言論自由的本錢。」

皮奧夏的立場有的地方讓人產生懷疑，於是賴山德問他們一個問題，當他經過他們國家的時候，到底應該把長矛豎起還是放平（這裡的豎起是和而放平是戰）。科林斯人煽起叛變的行動，他們進軍抵達城牆的底下，賴山德發覺拉斯地蒙人對於發起攻擊，有些舉棋不定的樣子，這時正好看到一隻野兔跳過壕溝，他說道：「怠惰的敵人讓野兔睡在城牆下面，你們還這樣害怕，難道不感到慚愧？」

當埃傑斯王崩殂的時候，留下弟弟亞傑西勞斯（Agesilaus）和據稱是他兒子的李奧特契德（Leontychides）。賴山德擁戴亞傑西勞斯，敦促他要堅持繼承王國的權利，因爲他是海克力斯眞正的後代子孫。李奧特契德受到懷疑說他是亞西拜阿德的兒子，那是亞西拜阿德流亡到斯巴達以後，與埃傑斯的妻子泰密婭（Timaea）私下很親密生活在一起。他們說埃傑斯計算他離開的時間，不可能使她懷孕，因此公開否認李奧特契德是他的兒子。等到埃傑斯在赫里亞（Heraea）[57] 染病不久人世，因爲這位年輕人和他的朋友不斷要求，當著很多人的面承認李奧特契德是他合法的嫡子，要是有任何拉斯地蒙人對此有所爭議，他期望所有在場的人士能爲他作證，然後很快亡故。他們爲了討好李奧特契德，願意遵守埃傑斯的遺言。

亞傑西勞斯雖然有更爲響亮的聲譽，獲得賴山德強烈的支持，在另一方面，由於戴奧披昔斯（Diopithes）是精通神讖的知名之士，出於惡意的成見，使獲得的預言涉及到亞傑西勞斯的跛足[58]：

> 高傲的斯巴達人雖然提高預警，
> 還是不要讓瘸腿的統治者來到[59]；
> 展現長久而且出乎意料的紛爭，

57　根據色諾芬的說法，398B.C.埃傑斯前往德爾斐的途中，在阿卡狄亞一個名叫赫里亞的小鎮感到身體不適，趕快抬回斯巴達。

58　亞傑西勞斯年輕時容貌相當漂亮，雖然生下來有一條腿較短，他用平常心來看待這種殘疾，有時還拿自己的缺陷來開玩笑，從來不讓跛足成為拒絕參與辛勞工作和勇敢行動的藉口。

59　神讖所要表達的意思是斯巴達有兩位國王如同人有兩條腿，才能獲得行動的自由，事實上這種制度與神讖的說法完全是背道而馳，就是要發揮互相牽制的功能，不會形成一個專制獨裁的政體；因此特別提醒拉斯地蒙人，不要讓一個國王有擅權獨大的狀況，所以一個跛子當國王就是不吉利的預兆。

慘烈的戰事有如暴風雨的襲擾。

　　因此，很多人聽從神讖的指示，傾向於接受李奧特契德，賴山德責怪戴奧披昔斯沒有提出合理的預言，即使有任何一位跛足者統治拉斯地蒙人，也不會冒犯到神明，如果野種和私生子竟然管轄海克力斯的後裔，那麼這個王國就會成爲殘廢的瘸子。基於這種論點以及他所能發揮巨大的影響力，終於占有優勢獲得大家的支持，亞傑西勞斯能夠登極成爲國王[60]。

23 賴山德催促亞傑西勞斯立即對亞洲展開遠征行動，激起他的希望能夠摧毀波斯人的國家，使自己成爲舉世最偉大的人物。因此賴山德寫信給亞洲的朋友，吩咐他們請求亞傑西勞斯親自指揮對蠻族的戰事，他們受到賴山德的遊說，派遣使者前往拉斯地蒙進行陳情的工作。這件事可以視爲賴山德第二次對亞傑西勞斯的效力，不下於第一次讓他獲得王座[61]。有些人的天性就是野心勃勃，如果他身邊的人不斷用高貴的行動獲得名聲，既使對他的領導統御沒有不利的影響難免就會遭到他的嫉妒。他可以把這些人看成實踐武德的敵手，事實上相互的競爭反而有助於他在這方面的成就。亞傑西勞斯把賴山德安置在30名資政之首，形影不離成爲身分很特別的朋友，爲的是要借重他的長才。

　　等到他們抵達亞洲以後，當地的居民對國王所知不多，謁見的人很少可以說是門可羅雀；賴山德因爲過去交遊廣闊，來人之多眞是門庭若市，這些朋友完全是趨炎附勢，也有人出於畏怯顧忌。這種狀況在戲劇中並非罕見之事，那些扮演信差或奴僕的演員，插科打諢引起大家的注意，反而是頭戴王冠手執權杖的莊嚴角色，很難聽到唸出一句台詞。賴山德身爲資政高據統治的職位，國王空有頭銜而無權力；這種讓人側目的野心應該知道收斂才對，要滿足於「一人之下，萬人之上」的地位。整個看來是出於爭取光榮名聲的緣故，才會讓賴山德引來羞辱和冒犯，亞傑西勞斯也不必運用這種手段，來對付他的恩主和朋友。

60　本書第十六篇〈亞傑西勞斯〉第3節和色諾芬《希臘史》第3卷，對於亞傑西勞斯接位始末有
　　詳盡的敘述。

61　賴山德寫信給亞細亞的友人，要他們派遣使者，請求亞傑西勞斯擔任他們的領袖。因此亞傑
　　西勞斯親自參加市民大會，提出他要為國出征的意圖，認可的條件是要任用30名斯巴達人為
　　軍師和將領，從新獲得自由的農奴中徵加2000名選鋒，盟邦出兵的數量要有6000人。

首先，他不給賴山德有機會從事任何作戰行動，也不讓賴山德擔任指揮的職務；其次，要是他發覺賴山德想要讓他對某個人產生興趣，那麼這個人會受到拒絕並且打發走路。賴山德所受到的注意和重視，比不上任何一個最普通的求情者，就在不知不覺中減低和削弱他的影響力。賴山德發現事事都不順利，他愈是想要幫朋友的忙遭遇的阻礙愈大，只有盡量克制不要去找麻煩，交代他們不要來見他或是遇事都要來請示；他們應該去與國王交談，或是去見那些比他更講得上話的人。這樣的要求所產生的結果，是他們給他增加更多的困擾，還是像過去那樣對他百般曲意奉承，當他散步和鍛鍊身體的時候，他們都隨待在一旁。這樣一來使得亞傑西勞斯比以往更爲惱怒，嫉妒賴山德奪去所有的光彩。最後，他擢升很多軍官出任指揮官或者成爲城市的統治者[62]，竟然指派賴山德在餐桌上爲他切肉，此外還用這種方式侮辱愛奧尼亞人：「現在讓他們去向我的切肉者獻殷勤好了。」

雙方的關係惡化到這種狀況，賴山德認爲應該前去把話講清楚。兩人之間出現一段簡潔而又針鋒相對的交談：「啊！亞傑西勞斯！說老實話，你眞是讓朋友寒了心。」他回答道：「那是因爲這些朋友的胃口太大，說是要增加我的權力，卻被他們瓜分得一乾二淨。」賴山德回答道：「啊！亞傑西勞斯！雖然有這種可能，在我看來你是言過其實。我特別請求，爲了確實看清我並沒有做出你所說的事，可以把我置於你直接指揮之下，就會發現我不會違忤你的命令，反而能夠發揮最大效用。」

24 基於這種觀點，他出任使者前往海倫斯坡。雖然他對亞傑西勞斯的態度感到無比憤怒，並未忽略自己應盡的職責；波斯人斯皮司瑞達底[63]驍勇善戰，指揮一支兵力相當大的部隊，冒犯法那巴蘇斯生怕受到陷害，於是在賴山德的引誘之下發生叛變。後來經過賴山德的推薦，投奔亞傑西勞斯的麾下任職[64]。不過，這是賴山德唯一對他效勞之處，等到任期結束就回到斯巴達，

---

62 雖然在30名斯巴達人組成的智囊團中，賴山德是頭號人物，亞傑西勞斯不予重用，從其他成員中挑選指揮官和統治者，色諾芬《亞傑西勞斯傳》的記載非常翔實。

63 蒲魯塔克的希臘原文說這個人是米塞瑞達底，根據色諾芬的《亞傑西勞斯》改為斯皮司瑞達底。

64 後來雙方因為戰利品的問題引起反目，迫得斯皮司瑞達底再度改變陣營，給亞傑西勞斯帶來

氣惱亞傑西勞斯沒有讓他獲得應有的榮譽，憤怒的對象甚至及於整個斯巴達當局，決心掌握時間不再耽擱，要盡快實施他的計畫，徹底改革斯巴達的制度。

赫拉克萊迪家族參與多里斯人的行動，進入伯羅奔尼撒半島以後，在斯巴達成為人數眾多的門第，擁有光榮而高貴的地位，然而在這個家族裡面，並非所有的成員都有繼承王國的權利；他們選出的國王僅限於優里龐和阿埃傑斯兩個世系，其餘人員因為具有貴族的身分，不能參與政治活動成為民選的官員。所有的職位來自他們的才幹，完全公開每人都可以獲得晉身之路。賴山德出身於這一個名門世家，他有傲人的功勳贏得舉世讚譽的聲望，擁有大批的朋友和驚人的權勢。他帶著懊惱的眼光看待這個城市，不滿的情緒與時俱增，認為掌權的人論家世並不比他更為優越，從而形成一種構想，要把統治的權利從這兩個世系中攫走，給予赫拉克萊迪家族每一個成員；還有人認為，不僅是赫拉克萊迪家族而是所有的斯巴達人。繼承的權利不再屬於海克力斯的後裔，而是那些作為像海克力斯的人士，判定的標準完全出於個人的優點和功績，甚至能夠擢升到與神明同等的地位。他的希望是當大家要靠著競爭來贏得王國的時候，沒有一個斯巴達人比他更具備當選的資格。

25 他的做法第一步是自己先完成準備工作，然後私下去說服主要的市民，同時要讓他們記得哈利卡納蘇斯人克利昂為他撰寫的演說，著眼是為了達成這個目標。第二步是他認為這樣一項重大的改革，完全出乎大家意料之外，需要用大無畏的勇氣給予支持，就像在舞台上面的表演用得著各種機械裝置一樣[65]，他要用神明的認可來加強對同胞的影響力。他對這方面非常清楚，除非在開始的時候，就用宗教和迷信的力量，喚起市民的注意以及控制他們的思想，否則僅靠克利昂的文筆，還是無法發揮說服的功效，為了達成這個目標，他運用各種手段並且加以安排，才能獲得阿波羅的指示和神讖。

民選五長官特別提到，他費盡心機想要竄改阿波羅的神讖，派遣菲利克利帶著厚禮，想要賄賂多多納的祭司，結果還是行不通。他自己到阿蒙神廟去參拜，

（續）————————

　　　　極大的困擾，受到貪婪的指責幾乎名譽掃地。

65　希臘的劇院在演出的時候，裝扮神明的角色要用活動吊桿吊起來，懸在半空之中，表現出超
　　越凡人的能力。

要與神讖的保管者進行討論，答應提供他們大批黃金。這些人對他這種褻瀆的行為表示不滿，派人到斯巴達指控賴山德，等到他獲得無罪的判決以後，這些利比亞人在離開之際，向大家說道：「啊！斯巴達人！等你們來到利比亞與我們生活在一起，就會知道我們是非常公正的裁判。」這番話基於某種古老的神讖，說拉斯地蒙人會在利比亞定居。整個圖謀的目標和過程非比尋常，在保持機密的狀況下繼續進行。就像學者要證明重要的數學定理，必須經過一系列複雜而困難的演算，才能獲得結論一樣，我們靠著當代一位歷史學家也是哲學家的探索[66]，最後從他的記載才知道這件事的眞相。

26 潘達斯有一位婦女公開宣布阿波羅使她懷孕，自然有很多人視爲無稽之談，還有很多人表示相信的態度。當她把一位「人之子」抱了出來，就有人對於這個嬰兒的撫養和教育感到興趣，當然這些人在社會上並非泛泛之輩。他們基於某些理由，給他取的名字是西列努斯(Silenus)[67]。賴山德拿這件聳人聽聞的生育當作基礎，加上自己的手段和謀略，希望能夠發揮最大的功效。他要使得大家對這個嬰兒的出身完全相信，毫無懷疑的地方，這樣才能在他主導的事件中成爲最緊要的關鍵人物。另外還有一個奇聞出現在德爾斐，傳播到斯巴達變得眾人皆知，說是有些非常古老的神讖，經由祭司私下的抄錄得以保存下來，他們不能擅自處理，沒有人可以合法的閱讀，直等到出現阿波羅的後裔，把一些已知的表徵顯示給保管人，就可以拿走那些登錄神讖的書卷。這些事情都已先行完成準備，他們的打算是西列努斯以阿波羅之子的身分，前來查問這些神讖，祭司早已與聞此事，當然會大開方便之門，在問到有關他的出身以後，承認他是阿波羅的兒子，就把這些著作交付給他。然後西列努斯可以公開閱讀這些預言，特別是整個計謀所要達成的目標，就是提到國王這個職位，從優秀的市民中選出，合於斯巴達人的意願而且更爲有利。

等到西列努斯已經長大成人，正要準備開始行動，由於某位重要角色膽怯償事，或者是得力的助手氣餒打退堂鼓，賴山德導演的戲劇以致功敗垂成。然而整

66　這人很可能是來自小亞細亞賽麥(Cyme)的埃弗魯斯(Ephorus)。

67　西列努斯是半人半獸的精靈，通常與薩悌(Satyr)有顯著的不同：前者是長著馬耳的老人，表現出睿智和審慎的形象；後者是長著羊蹄的青少年，一副嬉遊玩樂的樣子。

個內情在賴山德生前並未外洩，要到他死後才讓人知曉。

27 他死在亞傑西勞斯重返亞洲之前，完全是他想把全希臘拖進皮奧夏戰爭所致[68]。對於這件事有不同的說法：有些人認為他是始作俑者，還有人怪罪底比斯人，或者說是雙方都難辭其咎。另一方面，底比斯人受到指責，說他們在奧利斯（Aulis）把祭品丟在地上[69]，那是安德羅克萊德和安菲修斯（Amphitheus）用波斯國王提供的金錢[70]，賄賂他們做出褻瀆的行為，目的是要使拉斯地蒙人無法置身事外，涉入一場希臘人的戰爭，對福西斯人發起攻擊，蹂躪他們的國土。

據說還有就是底比斯人提出要求，對於這次的雅典人的戰爭，他們應該分配十分之一的戰利品，其他的盟邦毫無怨言的接受，賴山德不禁火冒三丈；因為賴山德把獲得的金錢全都運回斯巴達，盟邦用這種方式表示他們的憤怒。有一件事特別重要，雅典人第一次有機會從三十僭主的統治中獲得自由，然而雅典的寡頭政體是他創立，為了大力支持起見，促使拉斯地蒙人頒布一項敕令，雅典的政治流亡人士不論出現那個國家，都應立即逮捕，要是有任何人妨礙到逮捕的行動，受到逐出聯盟的懲處。

底比斯人為了回報這種處理的方式，頒布立場完全對立的敕令，就像海克力斯和巴克斯的作為，具有大無畏的精神和寧折勿彎的性格：那就是只要雅典人提出要求，皮奧夏每座房屋和城市，都應該開門接納；要是有人不願幫助一位逃亡人士，因而使這位逃亡人士被抓走，要處以1泰倫的罰鍰用來賠償該員的損失。要是有任何人攜帶武器經由皮奧夏到阿提卡去對抗僭主，底比斯人都不應該加以

---

68 斯巴達在395B.C.的侵略行動，導致底比斯和雅典的結盟，接著是科林斯和亞哥斯加入，共同對抗斯巴達的勢力，這場科林斯戰爭一直拖到386年，在薩迪斯簽訂和平條約才告結束。

69 拉斯地蒙當局對底比斯不滿，宗教問題不過是藉口，真正的原因是底比斯人向他們要求迪西利亞所獲財富的十分之一，再有就是拒絕派兵攻打派里猶斯港，而且還阻止科林斯人參加這項軍事行動。實在說，底比斯人對斯巴達的權勢日增，感到芒刺在背，所以不能讓雅典滅亡，就是要保持一個制衡的力量。

70 不僅僅是這幾個人拿了波斯人的錢；亞傑西勞斯在亞細亞的進展，使波斯國王起了警惕之心，命令泰什勞斯底派羅得島人泰摩克拉底，帶著50泰倫送給希臘各城邦的首腦人物，科林斯和亞哥斯如同底比斯都拿收到豐碩的禮品。後來，福西斯和底比斯雙方為領土的主權發生爭執，底比斯教唆洛克瑞斯人去搶劫這個地區，引起福西斯人的報復行動，底比斯支持洛克瑞斯人，所以福西斯向斯巴達求援，因而爆發長達10年科林斯戰爭。

干涉，保持視而不聞聽而不見的態度。他們在通過這些具有人道主義和希臘精神的敕令，並不是沒有考慮符合令出必行的要求。色拉西布拉斯(Thrasybulus)[71]和他的戰友從底比斯出發，從事冒險行動占領菲勒，底比斯人不僅供應所需的武器和金錢，還在各方面給予協助，大力鼓舞他們的士氣。這些原因使得賴山德憤怒難消，要與底比斯人勢不兩立。

28 雖然他到老年在性格上逐漸出現憂鬱的氣質，這件事還是讓他大肆發作狂暴的脾氣。他向民選五長官進言並且說服他們，要在底比斯配置一支守備部隊，得到將領的職位以後，親自率領一部兵力開始進軍[72]。經過很短的期間，鮑薩尼阿斯王奉派率領一支軍隊出發，要繞過西第朗(Cithaeron)山[73]入侵皮奧夏。這時賴山德帶著大批士兵，繼續前進要通過福西斯去與他會師。奧考麥努斯人(Orchomenians)自動前來投效，使他得以占領他們的城市；接著用強打猛攻奪取勒貝迪(Lebadea)[74]，縱兵洗劫全城。他從這裡派人送信給鮑薩尼阿斯，希望他從普拉提亞開始接敵運動，與他在哈利阿都斯(Haliartus)會師。根據他的計畫，預計次日拂曉可以抵達哈利阿都斯的城下。派出的信差為對方的斥候擄獲，所有的函件送往底比斯。現在底比斯接受雅典人的援助，把城市的防務交給雅典的部隊來負責，然後集結本城的兵力在起更時分開始行軍，抵達哈利阿都斯的時間比賴山德早不了多少，只有部分人員進入城內。賴山德到達以後立即做出決定，把軍隊部署在一座小山上面，等待鮑薩尼阿斯的到來。白日將盡使他失去耐性，吩咐手下的士兵拿起武器，鼓勵盟軍的鬥志，領導大家排成縱隊沿著道路向城牆推進。

這時底比斯人仍舊留在城外，他們從城市的左邊，靠近有泉水湧出稱為西蘇沙(Cissusa)的地點[75]，對敵人的後衛發起攻擊。傳說巴克斯出生以後，他的保母

---

71 色拉西布拉斯是雅典力行民主政治的領袖人物，先後反對四百人會議和三十僭主，完成雅典的中興大業，光復海外失去的領土和屬地，388B.C.在阿斯平杜斯(Aspendus)的作戰行動中被殺。

72 賴山德奉命在福西斯徵召一支聯邦軍隊，鮑薩尼阿斯率領所屬部隊前來會合，色諾芬《希臘史》第3章說明來龍去脈，蒲魯塔克語焉不詳。

73 西第朗山分隔阿提卡和皮奧夏兩個地區。

74 勒貝迪是希臘中部福西斯地區的城市，在德爾斐東南約40公里。

75 鮑薩尼阿斯和斯特拉波認為這個地點的名稱是特弗薩(Tilphusa)。

立即將他放在這道泉水裡面，洗濯得乾乾淨淨。從此以後，舀出來的水閃爍著葡萄酒的顏色，極其清澈，入口令人感到愉悅。四周生長著克里特的安息香[76]樹叢，哈利阿都斯人用來證明拉達瑪蘇斯（Rhadamanthus）[77]曾經在此居住，指出墳墓就是他們稱為阿莉（Alea）的地點。阿爾克美娜（Alcmena）的紀念碑也在附近，那裡是她埋葬的墓地，據說阿爾克美娜是在安斐特里昂（Amphitryon）逝世以後，才嫁給拉達瑪蘇斯。

城內的底比斯人與哈利阿都斯人，共同排成會戰的隊形，保持在原地一段時間，看到賴山德在部分人員的隨護之下，位於隊伍的前面快要接近，突然打開城門發起攻擊，他們殺死賴山德的時候，只有預言者以及少數人員留在身邊。大部分人員馬上逃回主力部隊，底比斯人絲毫不肯鬆手，在後面緊追不捨，整個部隊轉身逃向小山。賴山德的手下有1000人喪生；底比斯人有300人陣亡，那是他們追趕進入崎嶇不平和難以通行的地方，結果被敵人殺死。這樣的結局反而讓拉斯地蒙人獲得好評，能夠在市民同胞的眼前洗淨戰敗的羞辱，因為他們即使遭到敵人的追擊，仍舊可以置對手於死地。

29 噩耗傳給鮑薩尼阿斯之際，他正在從普拉提亞到帖斯庇伊（Thespiae）的路途上面，立即下令部隊向著哈利阿都斯前進。色拉西布拉斯率領雅典人從底比斯趕來救援。鮑薩尼阿斯的意見是簽訂停戰協定，讓對方交還死者的遺體，斯巴達的老兵聽到大為不滿，怒氣衝天來見國王，宣稱不能為陣亡的賴山德答應任何條件；他們全副武裝用戰鬥方式奪回他的屍體，獲勝以後會為他舉行莊嚴的葬禮，萬一他們戰敗，情願與他們的指揮官死在同一地點。當這群老兵還在講個不停的時候，鮑薩尼阿斯知道底比斯人剛剛贏得勝利，正是士氣高昂不可一世，要想打敗他們談何容易，賴山德的遺骸躺在靠近城牆的地方，除非大家暫時休兵，就算打一次勝仗，也很難把他的屍首搬回來。因此他派遣一位傳令官，前去處理停戰事宜，帶著賴山德的遺體開始向後撤退。等到他們越過皮奧夏

---

76 斯特拉波告訴我們，說是哈利阿都斯這個城市在帕修斯的戰事中，被羅馬人夷為平地。他還提到附近有一個湖泊，盛產蘆葦可以用來製造笛子，要是拿來作為箭桿或標槍的槍桿，反而不太適合。蒲魯塔克在蘇拉的傳記中曾經提及。

77 拉達瑪蘇斯是希臘神話中宙斯和歐羅巴的兒子，克里特國王邁諾斯的兄弟，他從克里特逃到皮奧夏，娶阿爾克美娜為妻，後來成為地府三判官之一。

的邊界，就把他埋葬在帕諾普人(Panopaeans)的國度，這塊友善的土地上面。你要是經過那條從德爾斐到奇羅尼亞(Chaeronea)的道路，還可以看到巍然屹立的紀念碑。

斯巴達的軍隊現在駐紮在那裡，據說一位福西斯人向沒有在場的朋友提到這次會戰，說是賴山德正好渡過荷普萊特斯(Hoplites)河，就受到敵人的攻擊。賴山德的朋友一位斯巴達人感到非常驚奇，問荷普萊特斯河[78]在什麼地方，過去沒有聽說這個名字。福西斯人回答道：「從城市旁邊經過的溪流名字叫做荷普萊特斯，因為敵人在這裡殺死位居前列的士兵。」這位斯巴達人聽到以後流下眼淚，感嘆禍福無門，天命難違。看來賴山德的下場正如神讖所言：

> 轟鳴的河流注視汝牢記於心，
> 人間的惡龍躡其後遽然降臨。

不過，有人說荷普萊特斯河並沒有流過哈利阿都斯，這是一條靠近科羅尼亞的水道，注入斐拉魯斯(Philarus)河，不遠處就是過去稱為荷普利阿斯(Hoplias)的小鎮，現在的名字是伊索曼都斯(Isomantus)。

哈利阿都斯有位名叫尼奧考魯斯(Neochorus)的人殺死賴山德，他的盾牌上面繪著一條龍當作紋章，大家認為這是用來表示神讖非常靈驗。據說在伯羅奔尼撒戰爭期間，底比斯人從伊斯明努斯(Ismenus)的聖所獲得一道神讖，立即可以用來印證迪利姆(Delium)會戰[79]，過了30年以後在哈利阿都斯出現類似的情節。那道神讖的字句：

> 狩獵豺狼應展望浩瀚的邊地，
> 低矮山丘僅尋獲瘦弱的狐狸。

---

78 Hoplites雖然是一條河流的名字，這個字的意義是「一個重裝步兵」，在下面的詩句中，才出現「注視汝」這樣的話。

79 雅典人被皮奧夏人擊敗的迪利姆會戰，發生在奧林匹克89會期第1年即424B.C.，應該說是29年後在哈利阿都斯出現類似的情狀，歷史學家除了特別要求精確，一般在敘述年代的時候都會取整數。

這裡所說「浩瀚的邊地」是指迪利姆，包括皮奧夏和阿提卡接壤的廣大地區，奧查萊德斯（Orchalides）這座小丘，現在稱為阿洛披庫斯（Alopecus）[80]，位於哈利阿都斯一路向著赫利康（Helicon）延伸過去。

30 賴山德落得這種下場，當時的斯巴達人非常悲傷，他們將國王交付審判，有罪就處以死刑，鮑薩尼阿斯不敢留下面對指控，逃到特基亞（Tegea）[81]，終其一生在密涅瓦的聖所乞求庇護。賴山德的貧窮處境，死後完全揭露出來，使得他的勳業益增光彩。他們雖然發現大批錢財經過他的手中，他擁有的權力控制很多城市，甚至連波斯王國都唯命是從，但是他絕沒有斂財自肥。如同狄奧龐帕斯在他的歷史著作記載的事項，我們相信他對賴山德的讚譽勝於所發現的缺失，一般而言史家都是指責多於頌揚。

民選五長官其中一位成員曾經提起，盟邦在斯巴達為某些事項發生爭議，認為可以參考賴山德的著作，這些他都已保存起來。亞傑西勞斯到他的家中，發現他草擬有關斯巴達制度的演說，都已撰寫完成編纂成冊，要旨是王國應從優里龐家族和埃傑斯家族中收回，為了使全民都能擁有繼承王位的權利，國王應選擇最優秀的市民出任。亞傑西勞斯最初的想法充滿熱情，要將這些著作公諸於世，讓他的同胞明瞭賴山德偉大的人格。拉克拉蒂達斯（Lacratidas）是一位見識高明的智者，當時他出任民選五長官的首輔，對亞傑西勞斯加以勸阻，說是目前不應該再將賴山德從墳墓裡挖出來，特別是他寫出的演說極其強辯狡譎之能事，這些煽動的言辭倒是有與他合葬的必要。

他故世以後，各種榮譽都傾注到他身上，其中有一件事說出來也不能增加他的光彩。那些原來與他的女兒訂婚的人，等到賴山德死後，發現女方非常貧窮於是退婚。這些人為了錢願意聯親，現在看到未來的妻室落到清寒的環境，雖然證明賴山德的公正和廉潔，反而使他的女兒受到遺棄，所以當局就對這幾位賴婚的人施以罰鍰的處分。就這裡可以看出，斯巴達人要處分的對象是不結婚的人、晚婚的人，以及婚事不當的人，特別針對那些視財富重於家世和品德的人。以上是我們從各種史書上找到的資料，經過整理讓大家對賴山德有更深的認識。

---

80 Alopecus意為「狐丘」。
81 特基亞是伯羅奔尼撒半島中部阿卡狄亞的城市，在斯巴達的北方約50公里。

第二章
蘇拉(Sylla)

138-78B.C.，羅馬將領，贏得內戰勝利，
成為笛克推多，大殺民黨，進行暴虐統治。

1 盧契烏斯‧高乃留斯‧蘇拉(Lucius Cornelius Sylla)出身貴族世家，據說他有一位祖先名叫盧方努斯(Rufinus)曾經出任執政官，遭到罷黜的醜聞較之顯赫的地位更為知名於世，只為擁有一個超過10磅重的銀盤，觸犯法律因而被逐出元老院[1]。他的後裔始終處於沒沒無聞的景況，蘇拉自己也沒有富裕的家境。年輕的時候住在租賃的寓所，費用非常低廉，後來被反對他的人拿來做文章，說他吉星高照才能平步青雲。有一次他在大事吹噓，誇耀自己在利比亞的功動，有位貴族出身的人士說道：「你父親過世沒有留下什麼產業，現在變得這樣的富有，這樣說來你怎麼能算是一個誠實的正人君子？」

雖然他所處的時代不再重視純潔和正直的生活方式，已經傾向而且屈從於財富和奢華的慾念，就一般人的看法來說，要是有人使他的家庭擺脫祖傳的清寒門風，所受的責怪遠大於用盡富足的世襲產業。後來，等他手攬大權將很多人處死，有位自由人涉嫌藏匿列名「公敵宣告名單」的朋友，經過定罪要從塔皮安的懸岩扔下去，就用一種譴責的口氣提醒蘇拉，說是他們過去有很長一段時間，同住在一個屋頂下面，他自己住在上面的房間租費2000塞斯退司，蘇拉住下層要付3000塞斯退司。看來兩人命運的差異又豈止是1000塞斯退司而已，要是算成希臘的幣值只有250德拉克馬。因而知道他早年的處境不過差強人意而已[2]。

---

1 這位祖先的名字叫做高乃留斯‧盧方努斯，290年和277B.C.的執政官，征討皮瑞斯的軍事行動中是一位戰功彪炳的將領，275年由於過於炫耀自己的財富，受到元老院除名的處分。當時一個羅馬磅的重量相當於327公克，所以10磅重的銀盤並非碩大之物。
2 從這裡知道蘇拉在沒有獲得後面所說的遺贈之前，一直過著清寒的生活，可見他在羅馬受到

2 從他的雕像可以看出他的容貌和身材,除此以外聽說他有藍色的眼睛,銳利的眼神閃爍著懾人的光芒,最冷峻和恐怖的地方是面孔的膚色,非常白皙上面長滿鮮紅的粉刺,據稱他的綽號蘇拉因此而來[3]。雅典那些毫無教養的小丑,用隱喻的方式寫出這樣的詩句:

　　要説蘇拉是何人?
　　麥粉上面撒桑椹。

　　外來的人士無法想像會出現這樣的人物,實在說蘇拉的天性喜歡戲謔,在年輕毫無聲望的時期,無拘無束與伶人和小丑交往,參加他們那些低俗的歡樂活動,即使後來大權在握,還是習以為常與最著名的演員和幫閒人員在一起,飲酒作樂相互開些無傷大雅的玩笑,根本不考慮年齡和地位是否適宜,有時甚至對重要的事務也置之不理。蘇拉參加宴會只要就座以後,習慣上對任何事情都不裝出正經八百的樣子。雖然其他的時候他用嚴峻的神色擺出公事公辦的態度,只要有酒可喝和稱心的伴侶,整個情緒作一百八十度的改變,對於普通的歌手和舞女來說,他的個性溫和而且為人友善,任何人都可以和他很隨便談話,相互之間能夠打成一片。這種放蕩的生活可能歸於好色荒淫的習氣,沉溺於歡愉之中無法自拔,已經到不知羞恥的地步,甚至就是老病侵尋仍然無法抑制。

　　他有很長一段時間迷戀梅特羅拜斯(Metrobius)這位伶人,首次與一名叫奈柯波里斯(Nicopolis)的女子有了愛情,他對這位面貌平常而又富有的貴婦大獻殷勤,可能是他的年輕或是長期的親密行為,能夠贏得她的芳心,不僅把他看成入幕之賓,死後還把全部財產遺贈給他。蘇拉同樣還繼承一位後母的家產,她將他視為己出。他用這種方式大幅增加他的財富。

(續)────────────

　　　貴族階層的冷落,這也是他與藝人熟悉以及他掌權後對上流社會人士不假辭色的原因。
3　暗示Sulla這個名字來自「紅色」或「上面蓋著一層紅色」,但是這種說法在語意學看來沒有任何根據;他的祖父就用這個名字,所以有人說這個字來自surula,意為「纖細的腳」,表現出一種身體的特徵。

3 馬留第一次出任執政官負責對朱古達(Jugurtha)的戰事[4]，選擇蘇拉為財務官，隨著他乘船前往利比亞。蘇拉在那裡建立聲譽，特別是在極其偶然的狀況下，運用機靈的手段，能與努比底亞國王包克斯(Bocchus)交上朋友。國王的使臣從努米底亞強盜的手裡脫逃，他給予親切的接待表現和善的態度，安排他們的行程並且贈送禮物，派遣一支衛隊保護他們的安全。包克斯長久以來就憎恨而且畏懼他的女婿朱古達；現在朱古達在戰場被羅馬人打敗，逃到岳父那裡尋找庇護，竟然會遭到一場密謀的陷害，很可能被出賣給羅馬人。包克斯邀請蘇拉前來會晤，認為讓蘇拉逮捕朱古達並且接受投降的條件，總比他直接交出朱古達在面子上要好看得多。蘇拉將整個狀況報告馬留以後，率領一支兵力很小的特遣部隊，志願從事這個極其危險的任務。那就是蘇拉要相信一位蠻族的誠意，會讓受到庇護的人去向他投降，事實上這位蠻族對自己的親人都毫無信用可言。包拉斯在這兩個人都投入羅網以後，必須打定主意是到底要出賣那一個，內心經過不斷的掙扎和考量，最後還是決定維持最早的圖謀，就把朱古達交到蘇拉的手裡。

產生的結局讓馬留獲得舉行凱旋式的榮譽，嫉妒這位執政官的人士都把功勞歸於蘇拉，使得馬留在暗中對他心懷恨意[5]。蘇拉原本就是虛榮心很強的人，發生這件事以後，第一次使他從階層很低和藉藉無名的位置，飛黃騰達能與顯赫的市民平起平坐，嘗試到勝利的榮譽極其甜美的滋味。他對出人頭地的欲念已到大肆誇耀的程度，為了表現這次偉大的冒險行動，特別製作一枚作為信物的指環，不僅戴在手上還經常使用，上面鐫刻「包克斯奉上朱古達，蘇拉接受獻俘」的圖案。

4 這種做法當然會傷到馬留的感情，不過，考量到蘇拉還不夠資格成為競爭的敵手，於是他第二次當選執政官任命蘇拉為副將，等到第三次出任執政官蘇拉是護民官。蘇拉完成很多重大的工作，服務的成績極其優異；當他出任副將的時候，曾經俘虜特克托沙杰斯人(Tectosages)的酋長科皮拉斯(Copillus)，迫使實力強大和人口眾多的民族馬西人，成為羅馬人的朋友和同盟[6]。雖然如此，後來蘇

4　有關朱古達戰爭可以參閱本書第十一篇〈該猶斯・馬留〉第10節有關內容，馬留出任執政官前往阿非利加是在羅馬建城647年即107B.C.。

5　蘇拉在105B.C.將朱古達押解回營，結束長達8年的戰爭，104年1月1日舉行凱旋式。

6　蘇拉擔任副將是在104 B.C.，馬留在高盧擔任總督準備迎擊日耳曼人；提到的特克托沙杰斯人是高盧的部族。蘇拉在103年成為軍事護民官，這時馬留仍舊在高盧。馬西人可能是日耳

拉發現馬留用嫉妒的眼光注視著他，不再讓他有機會參與軍事行動，對他的發展進行打壓。

逼得蘇拉只有去投靠卡圖拉斯；卡圖拉斯是馬留的同僚，一位敦品力學的君子，作為偉大的將領缺乏積極進取的精神。等到蘇拉接受卡圖拉斯的指揮以後，受到高度的信任以及賦予最重要的使命，很快獲得擢升擁有名聲和權力。他用武力敉平大部分阿爾卑斯山的蠻族，當軍隊出現缺糧的狀況，他非常慎重的處理可能引發的危機，趕緊購買大批庫存的穀物，不僅使卡圖拉斯的士兵有豐富的供應，還能支援馬留的需要，根據他的記載，說這件事讓馬留感到很傷顏面。出於細故和非常幼稚的動機使得雙方反目成仇，後來發展成長期的血腥內鬥，造成難以彌補的黨派分裂，帶來的暴政使整個國家陷入動亂之中。

看來優里庇德真是一位智者，明瞭國家這個政治實體產生失序的成因，他呼籲人類特別要留神「野心」，所有那些擁有最高「權力」的人，終究會摧毀和毒害追隨的群眾[7]。

5 蘇拉這個時候認為自己在軍中的名聲已經傳播開來，有足夠的資格從事政府的工作，立即進行安排離開軍營進入議會，他想成為法務官候選人，只是願與事違[8]。這次失敗讓他感到失望，全部歸咎於民眾對他的看法，大家都知道他與包克斯的關係非常密切，所以都抱著很大的期望，如果他在候選法務官之前先擔任市政官，就可以讓大家看到極其壯觀的表演項目，利比亞人的狩獵和與野獸搏鬥。所以他們才選別的人出任法務官，逼得他非要接下市政官[9]的職務不可。事實證明這種藉口毫無根據完全是虛榮心作祟。等到下一個年度，一

（續）
　　曼部族，名稱到後來才知道。只有蒲魯塔克記載他負有這方面的使命。
　7　這番話引用優里庇德的《腓尼基婦女》一劇，約卡斯塔（Jocasta）阻止她的兩個兒子，不要爭奪底比斯的統治權，以免兩敗俱傷。藉此批評馬高和蘇拉出於野心，置城邦的利益和人民的生命於不顧，引起連年的戰爭。蒲魯塔克經常在傳記中引用悲劇的情節和悲劇的意象。
　8　蘇拉何時出任法務官？以及期滿以後是否以代行法務官的頭銜出任西里西亞總督？這些問題都引起爭論。根據學者的考據，當選法務官應該是羅馬建城684年即93B.C.；因為他回到羅馬是在101年，所以有人說是97或95年出任法務官；如果是93年當選，那麼選舉失敗那次是在95年。要說在擔任法務官以後過了幾年，才到西里西亞去當總督，好像會產生很大的困難，應該是在法務官任期完畢，接著就以代行法務官的頭銜到行省去。
　9　雖然市政官的職責是要給市民提供各項表演和娛樂；蘇拉在擔任位階較高的市政法務官時，憑著他與波克斯國王的關係，有次展出一百頭獅子，以及努米底亞獵人的搏獸競技。

方面出於討好民眾，另一方面是捨得花錢，他還是出馬競選法務官。他在擔任這個職務的期間，有次對著凱撒[10]大發脾氣，說他要用他的職權全力反對，凱撒笑著回答道：「你可以說這是『你的職權』，因為這是你花錢買來的。」

　　法務官任期結束以後，他被派到卡帕多西亞[11]，表面的理由是要幫助亞里奧巴札尼斯（Ariobazanes）重建王國，事實上是要阻止米塞瑞達底毫無停息的擴張行動。米塞瑞達底經過不斷的努力，現在新獲得的權力和疆域極其巨大，與他從上代繼承所得，就範圍而言已經不相上下。蘇拉帶來兵力不算強大，能夠運用那些樂意前來支援的盟邦部隊，殺死相當數量的卡帕多西亞人，把哥狄斯（Gordius）趕走以後，扶植亞里奧巴札尼斯登極稱王[12]，這時亞美尼亞的援軍損失雖然不少，乃舊保持很大的實力。

　　當他停留在幼發拉底河河岸那段期間，阿薩西斯（Arsaces）王的使臣帕提亞人奧羅巴蘇斯（Orobazus）前來會晤，雖然這兩個國家至今還沒有任何交往。我們也可以說是出於蘇拉的外交手腕非常高明，成為第一個能與帕提亞人建立聯盟和友誼的羅馬人[13]。流傳的故事有這樣的說法，接待貴賓的時候要他們準備三張座椅，一張給亞里奧巴札尼斯，一張給奧羅巴蘇斯，蘇拉坐在第三張座椅上面，然而他把自己的位置放在兩人中間接受觀見。帕提亞的國王因為這個緣故，後來將奧羅巴蘇斯處死。有些人讚譽蘇拉對蠻族擺出很高的姿態，當然也有人指責他過於傲慢，毫無道理誇耀自己的身分。

10　應該不是朱理烏斯・凱撒，蘇拉擔任法務官的時候，他才7歲；可能是色克都斯・朱理烏斯・凱撒（Sextus Julius Ceasar），他在蘇拉擔任法務官4年之後出任執政官。

11　原來分配給他的行省是西里西亞，上任的時間有96、94和92B.C.等不同的說法；元老院認為卡帕多西亞的情勢緊張，特別加以注意也是理所當然之事。

12　米塞瑞達底早在幾年前要他的兒子登上卡帕多西亞的王座，哥狄斯擔任攝政；羅馬進行干預，同意卡帕多西亞人選擇亞里奧巴札尼斯為他們的國王，米塞瑞達底逼不得已只有接受這種安排，撤去哥狄斯的職位，後來反悔將亞里奧巴札尼斯趕走，讓哥狄斯繼位為王。蘇拉奉派前來處理這場變局，完滿達成任務。

13　帕提亞人推翻馬其頓人的統治，繼塞琉卡斯王朝以後，成為幼發拉底河到印度之間，這個廣大地區的君主，將首都設在今天巴格達附近的帖西奉（Ctesiphon）。他們對於羅馬人在小亞細亞擴張勢力，當然會引起反感，特別是在亞美尼亞扶植一位受保護的國王。剛開始接觸保持友善的關係，後來產生衝突發生戰爭，像是克拉蘇在54-54B.C.和馬克・安東尼在36年的入侵，還有就是圖拉真皇帝在114-116年的大舉進攻，經過近百年的塵戰，使得幼發拉底河成為兩個強權之間的邊界。

　　據說奧羅巴蘇斯的隨員當中有位迦勒底人[14]，看到蘇拉的面貌陷入沉思之中，然後仔細觀察他的心靈和身體的活動狀況，從而深入了解他的性格，按照他們這門手藝的法則，獲得的結論是他會成為最偉大的人物，費解之處在於他怎麼能克服所有的困境。等他回到羅馬以後，申索瑞努斯（Censorinus）指控他犯下勒索的罪行，從一個友善的兄弟之邦搞到大筆金錢；不過，審判的時候申瑞努斯沒有出庭，接著就撤銷這個訟案的控訴[15]。

6 就在這個時候，包克斯為了討好羅馬民眾，同時要向蘇拉表示感謝之意，在卡庇多的朱庇特神廟豎起勝利女神的雕像，用黃金製成朱古達向蘇拉投降的浮雕，當成禮物送給蘇拉；等到他們接受包克斯的好意，馬留與他又開始爆發新的爭執。馬留怒火衝天想要退還禮物，這時有些人幫著蘇拉說話，整個城市因為雙方各執一辭產生騷動和暴亂，如果不是「社會戰爭」的關係，長期累積的抑鬱和壓制最後一定爆發開來，現在城市面對外來的威脅，內部的口角自然就會平息。

　　這場戰爭進行期間，個人的氣數產生重大的變化，不僅給羅馬人帶來痛苦，也危及共和國的生死存亡[16]。馬留已經沒有能力在軍事行動中表現出英勇的氣概，可以向人們證明確切的道理，那就是卓越的尚武精神需要強壯和有力的身體。另一方面，由於蘇拉的戰功彪炳，市民讚許他是一位偉大的指揮官；他的朋友認為他在所有指揮官之中最為偉大，這時他的敵人卻說這一切都歸於他有鴻福齊天的運道。他對這方面的看法與雅典人康儂（Conon）之子泰摩修斯（Timotheus）[17]大不相同。泰摩修斯的政敵把他的成就全部歸於好運，甚至繪出一

14　迦勒底人繼承巴比倫的傳統，是精於占卜和星象之學的民族；蘇拉經常要他們就這方面提供意見。

15　類似的指控在羅馬通常帶有政治的動機，像是申索瑞努斯這樣的人物，後來在87B.C.，殺死執政官屋大維烏斯，將他的頭顱獻給辛納。

16　羅馬市民緊張的對立情勢，影響到意大利的盟邦，加強他們要求平等的權利，這樣才爆發90-88B.C.的社會戰爭，本書第十一篇〈該猶斯‧馬留〉第32-33節對整個過程有詳盡的記載。蒲魯塔克敘述的重點在於讓大家知道蘇拉有鴻福齊天的運道，對於他參加多次戰役的過程反而隻字未提。

17　泰摩修斯是伊索克拉底的弟子，與凱利克拉蒂達斯（Callicratidas）是同個時代的人物，375-354 B.C.，提任雅典的水師提督，獲得一連串光榮的勝利。

幅圖畫，他正在睡覺的時候命運女神就站在旁邊，撒出網將整個城市籠罩在裡面。他對這件事眞是深痛惡絕，抱怨他們剝奪他應有的榮譽。等到他從另外一場戰爭結束以後返國，乘機對人民說道：「你們這些雅典人要搞清楚，這次勝利可是貨眞價實，跟運氣沒有一點關係。」

據說，命運女神對他這種舉動不以爲然，難免採取報復的手段，以後不僅沒有任何建樹，可以說是一事無成，人民在厭惡之餘就將他施以放逐的處分。蘇拉的做法完全相反，很高興聽到有人把他的成就歸於運道，同時還贊同他們的說法，認爲可以使得他的地位更爲崇高，所有的行動帶有神聖的意味。無論他這種觀點是出於虛榮心作祟，或是眞正感覺到神明的力量，這方面我們已經無法證實。在他的《回憶錄》裡面，特別提到那些考慮周詳的戰爭作爲，並不見得比無所畏懼的冒險行動，在執行的時候能夠獲得更好的運道，可見勝利的基礎並非出於審愼的籌算而是來自適合的時機。因而他認爲自己最特殊的地方，就是他有今天的成就，絕非戰爭而是命運所賜與；可見他重視命運較之功勳更要高出一籌。

他把自己當成至高無上的造物主所寵愛的子民，對他而言，像是與梅提拉斯的合作無間、能夠勝任各種職位、甚至婚姻建立的關係，無一不是令人難以置信的福份。預期會遇到一位最難相處的同僚，竟然發現最容易溝通[18]；此外，在這本他敬獻給盧庫拉斯的《回憶錄》[19]，特別要盧庫拉斯相信神明在夢中顯靈所提出的勸告，沒有任何事情比這個更爲重要。當他率領軍隊離開羅馬參加社會戰爭的時候，拉維納(Laverna)附近的地面裂開，大量熔岩爆發出來，明亮的火焰噴射到高空。預言家對這種自然現象提出解釋，說是有一個人具備這種性格，容貌非常罕見而且奇特，會將政權掌握在手裡，羅馬目前遭遇的困難都能解決，大家可以過和平安寧的生活。蘇拉非常肯定那個人就是他，所謂特殊的長相是指他滿頭的金髮，因此他不能妄自菲薄，後來他完成卓越的軍事行動，證實他擁有偉大的

18　蘇拉第二次出任執政官是在80B.C.，西昔留斯·梅提拉斯·庇烏斯(Caecilius Metellus Pius)成爲他的同僚，因爲蘇拉娶他的堂妹西昔莉婭爲妻，雙方有親戚關係。西昔莉婭的父親是西昔留斯·梅提拉斯·德瑪蒂庫斯(Caecilius Metellus Delmaticus)，曾在119年出任執政官，從114年起擔任祭司長或最高神祇官，直到104年逝世爲止。

19　黎西紐斯·盧庫拉斯(Licinius Lucullus)是74B.C.的執政官和名聲顯赫的將領，他的母親西昔莉婭·梅提拉是西昔留斯·梅提拉斯·努米迪庫斯(Caecilius,. Metellus Numidicus)的姊妹；而努米迪庫斯是梅提拉斯·庇烏斯的父親。所以蒲魯塔克在本書第十三篇〈盧庫拉斯〉第4節中提到，蘇拉將他的《回憶錄》獻給盧庫拉斯，裡面的題辭是「獻給比他寫得更好的人」。

個人風格。就他的觀點認爲這一切都出自神明的力量。

一般而論，他似乎具備極其難以定型的性格而且充滿矛盾：掠奪他人之物據爲己有，揮霍的作風可以一擲千金，拔擢或罷黜隨心所欲讓人無法捉摸。對於他所需要的人不惜屈就奉承，對那些有求於他的人難免作威作福，以致很難認定在他的天性之中，高傲自負或卑躬屈節的成分究竟以何者爲多。他對懲罰根本沒有標準可言，例如，他會爲微不足道的理由施加最殘忍的酷刑，然而對於天大的錯誤反而置之不理，即使罪大惡極的敵對行動可以原諒或是和解，倒是無足輕重的冒犯毫不留情的處死或籍沒財產。經過深入的研判，了解他確實具備暴虐和報復的心態，無論如何，他的作爲完全在於滿足及反映自己的癖好和興趣。

社會戰爭期間，士兵用棍棒和石頭將阿比努斯(Albinus)活活打死，這位阿比努斯不僅是騎士階級的軍官還是他的副將。他對這件惡性重大的罪行，沒有進行任何調查就宣告無罪，找到機會就加以吹噓，說是士兵會有更好的表現，特別是他們違犯軍紀，經過矯正會變得額外的勇敢。他對於要求公正的叫囂聲並不注意，一心想要排擠馬留，現在他看到社會戰爭即將結束，特別要討好軍隊，希望自己成爲統領大軍征討米塞瑞達底的將領[20]。

等到回到羅馬以後，他與年屆50歲的奎因都斯·龐培烏斯(Quintus Pompeius)當選爲執政官[21]，同時與祭司長梅提拉斯的女兒西昔莉婭(Caecilia)即梅提拉(Metela)結爲連理，對蘇拉來說是高攀名門世家；普通老百姓寫出很多的詩歌來諷刺這門親事，引起很多貴族的反感，正如李維記載的實情[22]，說他雖然夠資格擔任執政官，雙方的聯婚還是有點門不當戶不對。這不是他第一次結婚，年輕的時候娶艾莉婭(Ilia)爲妻，爲他生了一個女兒；後來又娶伊莉婭(Aelia)；第三位是克黎莉婭(Cloelia)，因爲沒有生育而離異[23]，爲了表示毫無芥蒂，送給她很多

---

20 米塞瑞達底向外的擴張行動，使得元老院要蘇拉到卡帕多西亞加以遏制。潘達斯的國王還是繼續激怒羅馬人，迫得他們在派一位將領掌握全盤戰局的時候，要從政治上加以考量，到底應該是馬留或是蘇拉。

21 這件事發生在羅馬建城666年或奧林匹克173會期第1年或88B.C.。

22 據說李維的《羅馬史》第77卷有詳盡的記載，但是在124卷的《羅馬史》中，現在留存只有第1到第10卷和第21卷到第45卷，以及若干後世摘錄的殘篇，下面提到的梅提拉就是西昔莉婭，使用這個名字表示出身於梅提拉斯家庭，身分更爲高貴而已。。

23 他的第一位妻子名字有錯，不是艾莉婭而是朱麗亞，她所生的女兒高乃莉婭後來買下馬留在貝宜(Baiae)的府邸。這裡所說伊莉婭和克黎莉婭兩位妻室，根本沒有人知道。

禮物。不過在他要娶梅提拉前幾天，克黎莉婭抱怨她被休沒有正當的理由，引起
雙方對這件親事的猜疑。蘇拉對梅提拉表現非常尊敬的態度，馬留的派系受到放
逐的人員，親人擔心他們的召回會受到蘇拉的拒絕，於是懇求梅提拉爲他們講情
說項。大家認爲雅典人在城市被蘇拉占領以後，所以受到嚴苛的處置，那是因爲
他們在圍攻期間，在城牆上面用侮辱的言辭嘲笑梅提拉所致。這些在後面都會提到。

7 蘇拉認爲執政官的職位與未來的出路相比已經味同嚼蠟，急著要想要掌
控對米塞瑞達底的戰爭，這方面能與他相爭的敵手只有馬留一人。馬留
喜愛榮譽和渴望名聲已到瘋狂的程度，雖然已到知命之年身體日益衰老，仍舊滿
腔抱負存有幻想，經過上次的戰役以後放棄軍中的職位，對於指揮遙遠海外的戰
爭抱著垂涎之心。蘇拉前往軍營處理尚未完成的公務[24]，他抓住這個千載難逢的
機會，在羅馬發起令人厭惡的政變，帶來的損害超過以往所有的戰爭。神明的預
兆更是無比的靈驗：有些隊標的旗桿自動起火燃燒，很難加以撲熄；三隻烏鴉將
幼鳥帶到通衢大道上面，啄死以後吞食，吃不完的部分帶到鳥巢裡面；有一座廟
宇老鼠囓咬奉獻的金器，廟祝用捕鼠器抓住一隻母鼠，發現這隻母鼠將五隻幼鼠
帶到籠內，並且吃掉其中三隻。發生最讓人驚異之事，就是晴朗的天空傳出號角
的聲音，如同一陣咆哮的疾風迎面襲來，對人們的心靈造成恐怖和驚懼的打擊。
托斯坎(Tuscan)的智者認爲這些異事奇聞是時代發生突變的預兆，整個世界會有
一場驚天動地的革命。

依據他們的論點，說是全世界可以分爲八個世代，每個世代在人類的生活方
式和性格特徵中都有差異。神明對每個世代分配某種時間的度量標準，由「大年」
也就是甲子的循環一周來決定。當一個世代用完他的配額，在下一個世代即將接
近的時候，從地球或是上天會出現一些奇異的預兆，對那些曾經對此有研究的人
來說，讓他們明確知道會有那些事情會發生；這些事情不外乎一個新的種族要繼
承這個世界，他們在生活的習慣和規則方面有所不同，比起前面那個種族受到神

24　蘇拉成為88B.C.的執政官，獲得亞細亞行省的統治權，負責討伐米塞瑞達底，先決條件是要
　　結束社會戰爭。因此他要離開羅馬，前往康帕尼亞圍攻諾拉(Nola)這個反叛的城市。蒲魯塔
　　克避開這些錯綜複雜的政治狀況，把護民官蘇爾庇修斯・魯弗斯(Sulpicius Rufus)企圖提升
　　意大利人的地位，要求將羅馬市民權授與他們這件事混淆在一起。因為蘇拉不贊同此事，所
　　以蘇爾庇修斯支持馬留反對蘇拉，回到羅馬幫助馬留獲得征伐米塞瑞達底的指揮權。

明或多或少的關照。根據他們的說法，在世代的轉換過程中還會產生更重大的變革，占卜術在預言的部分獲得很大的成就，使得神明送來更爲清晰和確切的表徵，這時就會受到人們的重視，接著在另一世代這種占卜術逐漸式微，使得可用的技術非常低劣，大部分只能靠著猜測，要想洞悉未來的事物只能憑著模糊和難以確定的暗示。托斯坎的智者深入研究最爲神秘的學說，大家認爲他們在這方面的知識超越所有的世人。

這時元老院對發生的異象詢問占卜官的意見，說是一大群麻雀之中有一隻飛進貝洛納(Bellona)神廟[25]，牠的嘴裡啣著一隻蟋蟀，落在地上將這隻蟋蟀撕成兩半，留下一半將其餘的帶著飛走。占卜官判爲不祥的徵兆，富有的大地主和城市的平民會發生激烈的衝突和鬥爭；後者如同蟋蟀只會大聲嚷嚷吵鬧不休，麻雀代表「擁有田產的人」。

8 馬留與蘇爾庇修斯(Sulpicius)結成同盟，這位護民官膽大包天，可以說是壞事做絕無人能及，個性不僅殘酷、鄙卑、貪婪，而且行事寡廉鮮恥毫無是非之心。他把羅馬的市民權公開發售給奴隸和外國人，就在羅馬廣場公設的櫃台上面講價收錢，根本不知道有所顧忌。他維持3000名(另外一個版本是300名，比較合理)全副武裝的衛士，經常有一群騎士階級出身的年輕人聚集在他身旁，隨時準備應付所有的狀況，他把這些人稱爲「反元老院」幫。他制定的法律規定元老院議員的債權契約不得超過2000德拉克馬，等他過世以後發現他放高利貸的總額300萬德拉克馬。就是這樣一個人馬留放任讓他在共和國胡作非爲；蘇爾庇修斯運用他的勢力和刀劍擊敗反對派，通過幾個在爾後危害社會的法律，其中之一就是授權馬留指揮米塞瑞達底戰爭。

執政官不予同意就宣布關閉公眾場所停止商業活動，他們在卡斯特和波立克斯的神廟附近集會，蘇爾庇修斯指使暴民進行挑釁，很多人被殺，包括執政官龐培烏斯(Pompeius)那個正在市民廣場的幼子，龐培烏斯本人免遭毒手可以說是間不容髮，蘇拉在緊追不捨的狀況下逃進馬留的府邸[26]，被迫前往市民廣場取消休

---

25 貝洛納是羅馬人的女戰神，牠的廟宇位於戰神教練場，正在卡庇多山的西邊。
26 這裡提到蘇拉逃到馬留的府邸，與本書第十一篇〈該留斯·馬留〉第35節所述情節大同小異，只是他說他被人拔劍趕到馬留家裡；龐培烏斯的兒子娶蘇拉的女兒高乃莉婭爲妻，他們的女兒龐培婭(Pompeia)，後來成爲朱理烏斯·凱撒第二位妻子。

市的公告，等到這件事處理完畢以後，蘇爾庇修斯罷黜龐培烏斯，讓蘇拉繼續擔任執政官，條件是將米塞瑞達底的遠征行動轉交給馬留負責。立即派出軍事護民官前往諾拉(Nola)，接收駐紮當地的軍隊帶回來交給馬留。

9 蘇拉早一步抵達軍營，士兵聽到這些信息，受到蘇拉的教唆用石頭擊斃軍事護民官，馬留爲了報復屠殺蘇拉留在城市的朋友，搶劫他們的財產和貨物。到處人心惶惶一片混亂不堪，有些人火速從軍營趕回城市，也有人逃出城市前去軍營。元老院失去自主的權力，所有的事務只有聽從馬留和蘇爾庇修斯的指示，蘇拉率領軍隊向著城市前進的警報傳來，派遣兩位法務官布魯特斯和塞維留斯，阻止他們不得繼續接近。因爲這兩位大員與蘇拉的談話過於耿直，士兵極其憤怒準備將他們殺掉，受到勸阻以後，爲了消氣就將他們的權杖折斷，紫邊的官袍撕碎，盡其羞辱之能事再把他們放回去。看到他們這番模樣，代表權威的儀仗受到毀棄，羅馬城內充滿悲傷和驚愕，宣稱這種公開的叛亂無法制止也沒有挽回的餘地。

馬留完成戰爭的準備；蘇拉和他的同僚從諾拉出發的時候，率領六個完整的軍團，全都士氣高昂要直薄羅馬。蘇拉自己還是心存顧慮，擔憂未來可能的危險[27]。他在獻祭的時候，占卜官波斯吐繆斯(Postumius)檢視內臟，向蘇拉伸出雙手，要他們將他綁起來派人看管，如果無法獲得快速而全面的成功，他願意接受最嚴厲的處分。據說，蘇拉在夢中看到某一位女神，對祂的崇拜從卡帕多西亞傳入羅馬，大家對祂的稱呼是月神或者是帕拉斯(Pallas)或貝洛納。他認爲這位女神站在他的身旁，把雷電交到他的手裡，然後一一叫出敵人的名字，吩咐他將這些人全部擊斃，接著他大發神威使得他們灰飛煙滅。神明的顯靈能夠鼓舞他的勇氣，就將這一切告訴他的同僚，次日繼續向著羅馬前進。

抵達派西尼(Picinae)[28]附近遇到一個代表團，懇求蘇拉不要立即發起攻擊，特別是在炎熱的天氣經過辛苦的行軍，更應該慎從事；說是元老院要頒布敕令，使他擁有一切可以想像得到的權利。蘇拉同意在這個地點暫時停下來，派遣他的

27　蘇拉剛剛奉命征付意大利的叛亂，現在自己不僅要反抗合法的政府，還要領軍去攻打羅馬城，如果無法獲得元老院全力的支持，或是手下的士兵一旦軍心不穩，很可能會死無葬身之地，因此不得不審慎從事。

28　派西尼位於羅馬南邊約20公里，是濱海一個港口。

軍官進行規劃，如同平常的做法去設置一個營地。代表團相信他們的誠意返回羅馬。蘇拉下令軍隊立即開拔前進，派遣一部分兵力在盧契烏斯‧巴西拉斯（Lucius Basillus）和該猶斯‧穆米烏斯（Caius Mummius）的指揮之下，先去占領城門和靠近伊斯奎林山[29]這邊的城牆，他自己會用最大速度在後面跟進。

巴西拉斯一路順利進入城內，那些沒有武裝的群眾，爬上房頂用石塊和屋瓦向他們投擲，阻止部隊繼續深入，還要把他們擊退回到城牆。蘇拉這個時候抵達現場，看到士兵受到阻擋，大叫他們放火燒屋，自己手裡拿起一根點燃的火把，向著裡面衝進去，同時下令要弓箭手向著房頂射出火箭。他現在的行動毫無策略可言，只好發洩內心的憤怒，整天的工作都受到熾熱情緒的驅使，在他的眼裡都是急待報復的仇敵，對於朋友、親戚和相識的市民不再關心和同情；等到他要用縱火來打開一條通路，那就是不論敵友一概玉石俱焚。經過這場激戰，馬留被趕到「大地之母」的廟宇，在那裡為了要奴隸參加他的陣營，允許賜給他們自由；敵人很快來到，抵抗不住只有逃出羅馬。

10 蘇拉在元老院召開會議，通過提案宣判馬留和少數人員的死刑，其中包括護民官蘇爾庇修斯，結果蘇爾庇修斯遭到奴僕出賣被殺；蘇拉首先將自由賜給這位奴隸，然後將他頭朝下從塔皮安的懸岩上扔下去。有一件事他欠負馬留良多，看來不僅毫無感激之心，也不會在政治上有妥協的餘地；不久以前他逃到馬留的家裡，等於把性命交到對方的手中，馬留還是讓他安全離去。要是馬留把他交給蘇爾庇修斯，要知道這個傢伙恨不得吃他的肉寢他的皮，那麼馬留就會成為羅馬唯一的執掌大權的人物。雖然馬留饒他一命，也不過僅僅幾天的功夫，情勢發生逆轉，使得蘇拉處於大權在握的地位，採取的手段就有天淵之別。

蘇拉的處理方式過於毒辣，使得元老院的議員敢怒不敢言；民眾用行動表示他們的不滿，發洩憤怒的情緒。他們用羞辱的動作拒絕接受他的姪兒諾紐斯（Nonius），還有那位塞維烏斯，他想謀得一官半職完全為了是要照顧自己的生意；市民選出另外的人士擔任最高的職位，這種毫不給蘇拉情面的做法，難怪要讓他苦惱不已。蘇拉對於推舉候選人的過程裝出極其滿意的樣子，說是他很高興看到

29　伊斯奎林山在羅馬七山中位置最西，地勢較高，防衛的兵力薄弱。

民眾在獲得自由以後，能夠完全當家作主；不僅如此，蘇拉為了安撫公眾的對立，推舉敵方黨派的盧契烏斯・辛納(Lucius Cinna)出任執政官[30]，首先要辛納發誓賭咒支持他的政治利益。辛納的手裡拿著一塊石頭登上卡庇多神殿，舉行莊嚴的宣誓儀式，對著神明發出可怕的詛咒，要是背棄蘇拉的友誼，他的屍體如同手裡這塊石頭，會從羅馬城裡扔出去；說完當著大群民眾的面將石頭拋到地上。雖然如此，辛納走馬上任以後，立即採取抵制的手段反對現行的辦法，準備檢舉蘇拉的不法行為，讓一位名叫弗吉紐斯(Virginius)的護民官出面指控。蘇拉告別辛納和為他設置的法庭，率領軍隊去討伐米塞瑞達底[31]。

11 就在蘇拉啟碇離開意大利，米塞瑞達底留在帕加姆斯(Pergamus)期間，遇到很多不利的徵兆。據說在劇院有一種機械裝置，可依據劇情的需要，把王冠放置在勝利女神的頭上，不知什麼原因竟然操作失靈，王冠掉在舞台上面摔得粉碎。民眾認為這是上天的示警，米塞瑞達底也感到憂心忡忡，雖然他的大業始終一帆風順，可以說已經超過他的預期。他從羅馬人的手裡奪走亞細亞，據有俾西尼亞和卡帕多西亞，是得自其他的國王；帕加姆斯成為統治的首府，讓他的朋友分享財富、權勢和王國[32]。

他的長子統治潘達斯和博斯普魯斯(Bosphorus)，繼承古老的領地，疆域越過米奧提斯湖直達遙遠的沙漠，處於平靜不受干擾的狀況。這時他另一位兒子亞里阿拉昔斯(Ariarathes)，率領一支大軍征服色雷斯和馬其頓，讓當地的人民屈服在他的統治之下。他的幾位將領分別掌握相當兵力，使得他能在各個地區建立至高無上的權威，特別是阿奇勞斯(Archelaus)指揮一支艦隊，成為控制海洋的霸主，擁有塞克拉德斯(Cyclades)群島所有的島嶼，勢力範圍最遠抵達馬利亞(Malea)海

30 高乃留斯・辛納當選87B.C.的執政官，他的同僚是個性保守的屋大維烏斯。
31 弗吉紐斯是87B.C.的護民官。蒲魯塔克沒有提到蘇拉所制定的法律，那就是任何提案沒有經過元老院的審查和通過，不得提交市民大會進行表決；同時將元老院議員的數量增加到300人，這些都是用來限制護民官濫權的措施。
32 米塞瑞達底在91B.C.，先後將奈科米德五世(Nicomedes V)從俾西尼亞，以及將亞里奧巴札尼斯從卡帕多西亞趕走，羅馬提出嚴正的抗議，逼得他只有撤離奈科米迪亞(Nicomedia)，後來奈科米德受到羅馬人的唆使，開始攻擊潘達斯，這時他占領亞細亞行省大部分地區，下令屠殺遷入的意大利籍居民，受害者高達8萬人。等到88年他能控制愛琴海，派遣艦隊入侵希臘。

岬，接著占領優卑亞地區。

阿奇勞斯把雅典當成大本營，使得從這裡到帖沙利之間希臘的城邦，要與羅馬脫離聯盟的關係，除了奇羅尼亞以外，都如他所願達成目標。蠻族擁有強大的兵力像是淹沒皮奧夏地區的洪流，勢不可當。馬其頓總督森久斯(Sentius)的副將布魯久斯·舒拉(Bruttius Sura)，作戰英勇而且足智多謀，領軍迎擊，在奇羅尼亞附近發起三場會戰，打敗阿奇勞斯將他逐回海上。等到盧契烏斯·盧庫拉斯(Lucius Lucullus)負起這個地區的指揮責任，下達命令要布魯久斯將作戰的事務交給接替的蘇拉。雖然布魯久斯的成就超過所有人的期望，英勇的行為即將引發希臘人要進行一場重大變革，還是很快離開皮奧夏回到森久斯的麾下，可以說布魯久斯已完成極其光榮的任務[33]。

12 蘇拉到達以後，希臘的城邦全都派遣使者來見，願意開城順服，只有雅典的僭主亞里遜(Aristion)受到米塞瑞達底的指使拒不從命。他指揮大軍進犯派里猶斯，安置各種投射器具開始正式的圍攻作戰，竭盡諸般手段發起攻擊，經過一段期間堅強的抵抗，他能在毫無風險的狀況下靠著饑饉奪取上城，缺糧帶來的災禍使雅典人已到無法忍受的地步。蘇拉急著想趕回羅馬，害怕政府的改革造成不斷的衝突，花費無數的資源不能達成任務，會讓他陷入險境，所以他只有繼續從事東方的戰爭。這時他除了其他的軍用設備，每天僅是運送和操作發射器具，要就準備兩萬匹騾子，他的木材非常缺乏，工程消耗的數量極其巨大，有的被沉重的機具壓得不堪使用，有的被敵人不斷的縱火所焚毀，逼得他對神聖的叢林打主意，砍伐柏拉圖學院和呂克昂(Lyceum)學府的樹木，濃蔭密布的郊區全部毀於一旦。

戰事的進行需要大量的金錢，他派兵強行進入希臘各地的聖所，連伊庇道魯斯(Epidarus)和奧林匹亞的神殿都無法倖免，存放在那裡的祭品不僅華麗無比而且價值連城，都被他們搜刮帶走。他還寫信給德爾斐的安菲克提昂聯盟，要他們最好把神明的財寶解繳給他，不僅可以安全的保管，就是暫時挪用也會如數歸

---

33 蒲魯塔克對於發生在他的故鄉奇羅尼亞的戰事特別感到興趣；他在盧庫拉斯的傳記裡面，極力推崇這位將領的事功和武德，就是羅馬有位百夫長冬營期間在奇羅尼亞受害，盧庫拉斯能夠主持正義，使得他的故鄉免於遭到嚴屬的報復。

還。他派他的朋友卡菲斯(Caphis)一位福西斯人，帶著他的信函前往，特別交代要點清所接收的項目，稱出重量——註明在清單上面。卡菲斯到達德爾斐以後，帶著非常勉強的態度去處理這些神聖的物品，當著安菲克提昂聯盟各國代表的面，流著眼淚哀悼羅馬人怎麼會提出這種需要。這時他們之中有人宣稱，聽到內殿的神龕裡面發出七弦琴的聲音，不知是他自己真的相信，還是想要讓宗教的畏懼之心能夠影響蘇拉，立即派遣一位信差趕回去報告此事。蘇拉用戲謔的口吻給予答覆，說是音樂表示歡欣而非憤怒，他對卡菲斯不懂這個道理感到非常驚異；因此，他應該鼓起勇氣，接受神明仁慈而豐富的賞賜。

這些財寶在運送的過程中，沒有引起很多希臘人的注意；王室奉獻的紀念物[34]當中，有一個銀製的大甕，體積碩大而且沉重，沒有任何運輸工具可以容納，安菲克提昂聯盟的人員只有將它分割成大塊。他們在做這件事的時候，心中想起那些羅馬的將領，無論是提圖斯·弗拉米尼努斯還是孟紐斯·阿西流斯，或者是後來的包拉斯·伊米留斯，其中一位將安蒂阿克斯驅離希臘，另外兩位制伏馬其頓的國王[35]，他們不僅禁止士兵褻瀆希臘人的廟宇，同時還將禮物和位階奉獻給神明，促進大家對宗教的敬仰和虔誠。他們都是擁有合法權力的指揮官，率領堅忍而服從的士兵；只要出於高尚的心靈和簡樸的習性，受到重責大任的約束使生活知所檢點，就會把討好自己的部下，認為比起畏懼當面的敵軍，令人感到更為可恥。

蘇拉這個時代的指揮官有所不同，擢升到高位靠實力而非功勳；將領要士兵作戰的對象不是外國人而是自己同胞，這樣一來對他們只有百般遷就；為了要買得士兵忠心的服務，付出的代價是縱容他們的惡行，實在說等於是在出賣整個共和國。這些指揮官一心想要成為主人，好來控制那些比他更優秀的市民，豈不知他們已經成為一群卑劣惡漢的奴隸。這種風氣使得馬留遭到放逐，後來還能再度出馬對抗蘇拉；辛納才會暗殺屋大維烏斯，費布里亞(Fimbria)對弗拉庫斯如法炮製[36]。蘇拉運用這種方式更是不遺餘力，他要收買人心以及別人指揮的部隊，還

34　克里蘇斯(Croesus)將四個大銀甕奉獻給德爾斐的阿波羅神廟，可以參閱希羅多德《歷史》第1卷第51節，現在只剩下一個，其餘可能是福西斯人在4世紀B.C.的神聖戰爭中將它鎔掉支付戰爭費用。

35　弗拉米尼努斯在197B.C.的賽諾西法立會戰擊潰菲利浦五世；伊米留斯·包拉斯在168年的皮德納會戰打敗菲利浦五世的兒子帕修斯；191年阿西留斯·格拉布里奧在色摩匹雷獲得勝利，將安蒂阿克斯三世驅出希臘。

36　執政官屋大維烏斯是蘇拉的支持者，86B.C.在羅馬被申索瑞努斯所殺，完全是馬留和辛納在

要對他的人馬大事犒賞;他為了引誘其他將領的士兵背叛,以及自己要過荒淫無恥的生活,自然需要大量的財源,特別是在對城市進行圍攻的期間。

13 蘇拉帶著熾熱而執拗的欲望要征服雅典,可能是出於好勝的心理,這座著名的城市已經日薄西山,圍攻作戰當然可以成功;也可能是出於憤怒的情緒,僭主亞里遜用下流的言辭和無聊的嘲笑,對著他百般謾罵,每天在城牆上面做出不雅的手勢,激怒蘇拉和他的妻子梅提拉。僭主亞里遜可以說集邪惡和殘酷之大成,具備米塞瑞達底極其敗壞和荒謬的本質,像是給城市帶來致命的疾病,使得雅典命中註定要在戰爭、暴政和叛亂之中苟延殘喘。一斗小麥在城內要賣到1000德拉克馬,人們被迫要用城堡四周生長的野荽裹腹,煮著自己的鞋跟和裝油的皮袋作為食物,他在白天大開宴席痛飲美酒,全身披掛還在跳舞作樂,用諷譏的言語嘲笑他們的敵人。女神的聖燈因缺油而熄滅,他根本不以為意,祭司長向他要一升小麥,他給的是同樣分量的胡椒[37]。

元老院議員和祭司前來請願,懇求他同情這個城市所遭受的痛苦,盡速與蘇拉談和獲得開城的條件;他用一陣箭雨將這群人趕得四散逃走。最後,總算費盡力氣,他派出兩三位酒肉朋友去進行磋商,蘇拉發覺這幾位對於調解雙方的歧見,根本沒有具體的議案,只會長篇大論讚譽帖修斯、優摩帕斯(Eumolpus)這些古人,還有他們在波斯戰爭中所獲得的戰利品。於是蘇拉說道:「我的朋友,你們可以閉上尊口趕緊離開,我派羅馬人到雅典,不是來向你們學習古人的德行,而是要教訓這些叛徒讓他們知道服從。」

14 就在這個時候,蘇拉聽到傳來的信息,說是有群老人在西拉米庫斯(Ceramicus)聊天,譴責僭主沒有加強靠近赫塔克孔(Heptachalcum)[38]那條接近路線的防務,因為那個地點敵人很容易進入。蘇拉非常重視有關的情

(續)————

後面的指使。華勒流斯・弗拉庫斯當選執政官接替馬留,86年前往亞細亞,不僅要阻撓蘇拉的行動,還要指揮征討米塞瑞達底的戰爭,結果翌年被叛變的部將費布里亞謀殺。

37 提及的女神是雅典娜或密涅瓦;要小麥而給胡椒這是傲慢而又無禮的舉動,胡椒是極其昂貴的香料,無法當作糧食餵飽肚皮。此外,亞里遜在白天飲酒作樂,完全違背希臘人傳統的禮儀規範。

38 要說這段城牆有什麼特點已不可考,它的位置是在派里猶斯門和聖門之間。

報，親自在夜間前去查看，發現真是有隙可乘，立刻著手發起突擊。蘇拉特別在他的《回憶錄》提到此事，馬可斯・提烏斯(Marcus Teius)[39]是第一個爬上城牆的士兵，遇到一個敵人對著他的頭盔施以致命的一擊，竟然把自己的劍都砍斷，雖然如此，他還是沒有倒下去，屹立不移很穩的站立。按照雅典人最古老的傳說，城市只有那個位置被敵人占領才會陷落。

他們將派里猶斯門和聖門之間的城牆拆除[40]，夷平所有的障礙，蘇拉在午夜進入這段缺口，喇叭和號角的聲音聽起來非常恐怖，夾雜著喜氣洋洋的吶喊和吼叫，這支軍隊正在盡情的搶劫和殺戮，帶著出鞘的刀劍在大街上面到處搜索張望。屠殺的市民不計其數，這一天的慘狀只能用血流漂杵來形容，除了那些死在城市其他區域的人，僅僅市場流出的鮮血淹沒甕門之內整個西拉米庫斯的地面。要是據大部分史家的形容，血液從城門流出氾濫到整個郊區。雖然有這樣多的人死於刀劍之下，還有很多人出於熱愛和同情這個城市，知道已經陷入萬劫不復的處境，就用自己的手來尋求了斷。他們之中那些最優秀的分子，認為國家的覆滅已成定局，生怕自己還倖存在世，他們知道蘇拉的心狠手辣絕不寬恕。最後，一方面是米迪阿斯(Midias)和凱利奉(Calliphon)這兩位被放逐的人士，投身在羅馬人的腳下苦苦哀求；另一方面是隨著前來營地的元老院議員出面講情，蘇拉感到他的恨氣已消，還要對古代的雅典人表示尊敬之意，他說道：「我要看在少數人的面上赦免多數人，我為了推崇死者原諒現在還活著的人。」

按照他在《回憶錄》的記載，奪取雅典是在3月的朔日(3月1日)，與Anthesterion月的初盈(2月5日)，就曆法而言還算很接近，雅典人認為這一天發生大洪水[41]，每年此日舉行各種活動，使大家不要忘記這場天災帶來的苦難和破壞。敵軍突入之際僭主逃進衛城，古里歐(Curio)將它圍得水洩不通，開始輪番攻打。亞里遜還是固守一段時間，缺乏飲水最後只有降服，很快暗示神明的力量發揮作用。就在古里歐押解僭主離開的那天同一時辰，晴朗的天空立即堆滿烏雲，傾盆大雨使城堡滿是積水。不久以後，蘇拉攻破派里猶斯，縱火將大部分城區焚毀，斐洛(Philo)修建的軍械庫保留下來，這項工程一直受到世人的讚譽[42]。

39　這個人的名字有錯，可能是阿提烏斯(Ateius)，克拉蘇的傳記中提到這麼一位護民官。

40　兩座城門位於城市的西北方，聖門非常接近迪皮朗(Dipylon)門。

41　奧基斯(Ogyges)時期出現在阿提卡的大洪水，大約發生在1700年以前。

42　斐洛的軍械庫修建在4世紀B.C.，位置很靠近港口，受到大建築師魏特魯維烏斯(Vitruvius)

15 就在這個時候，米塞瑞達底的將領塔克西勒斯(Taxiles)從色雷斯和馬其頓大舉進兵，一支大軍包括10萬名步卒、1萬名騎兵和90輛軸輪上面裝著鎌刀的戰車，要與阿奇勞斯會師。阿奇勞斯將水師配置在靠近慕尼契亞(Munychia)[43]的海岸，不願就此返國將海上霸權拱手讓出，也無意與羅馬人實施會戰決一勝負，他的著眼是要延長戰爭，切斷敵軍的海上補給線。蘇拉看出危機所在，率領他的部隊退到皮奧夏，離開這個五穀難以生長的地區，即使在平時都不適合維持一支軍隊。有人認為他棄守阿提卡是不智之舉，這個地形崎嶇的國度，騎兵部隊的運動受到限制，他明明知道蠻族的實力主要是騎兵和戰車，就不應該進入皮奧夏一望無垠的平原。如同他以後提出的理由，為了避免缺糧發生饑饉，被迫在無法獲得兵力優勢的狀況下，冒著極大的危險與敵人會戰。再者他對賀廷休斯(Hortensius)面臨的處境感到憂慮；賀廷休斯是一位勇敢而積極的軍官，離開帖沙利正在增援蘇拉[44]的途中，蠻族在必經之路以逸待勞等他投入羅網。基於這些緣故蘇拉要撤向皮奧夏。

這時賀廷休斯在我們的老鄉卡菲斯的引導下，使用另一條為蠻族所不知的道路，經由巴納蘇斯(Parnassus)山到達位於上方的泰索拉(Tithora)；現在這個地方是一個相當規模的市鎮，當時不過是個堡壘，四周都是懸岩絕壁，澤爾西斯入侵的時候[45]，年老的福西斯人逃到此地來避難，生命和財產都能獲得安全。賀廷休斯設好營地，白天避開敵人的追躡，等到夜晚經過險要的通路，從崇山峻嶺中下來安然抵達佩特羅尼斯(Patronis)，與來到此地的蘇拉會師。

16 雙方會合以後，就將營地設置在伊拉提亞(Elatea)平原[46]中央一座青蔥的小山上面，到處是濃蔭的樹林和清澈的流泉，這個地方被稱為斐洛畢奧都斯(Philoboeotus)，蘇拉對於地形的適中和環境的優美，每一思及始終嚮往不已。等到他們紮好營寨，兵力不過1500名騎兵和1萬5000名步卒，敵人還

(續)————
的讚譽，描繪出很精確的藍圖；庫房外面埋下幾尊青銅雕像，用來保護建築物不受損毀，1959A.D.出土，目前展示在派里猶斯博物館。
43 慕尼契亞是派里猶斯三個港灣之一。
44 賀廷休斯是蘇拉的副將。塔克西勒斯防守色摩匹雷隘道，不讓北部的援軍南下。
45 參閱希羅多德《歷史》第8卷第32節。
46 通往色摩匹雷的道路要經過這個平原，位於阿奇勞斯大軍的西邊，從羅馬軍隊的機動到奇羅尼亞會戰，蒲魯塔克讓我們知道他對這個區域的地形極為熟悉。

是不把他們放在眼裡。因此，其餘的指揮官說服阿奇勞斯將軍隊排成陣式，平原上面滿布馬匹、戰車，以及各種式樣的盾牌。這樣多民族發出戰鬥的喧囂和喊叫眞是驚天動地，奢華的服裝所展現的排場和炫耀，還是帶來非常強烈的震懾作用，他們穿的鎧甲鑲嵌金和銀的華麗飾物，反射耀人眼目的光芒，波斯人和錫西厄人的外衣有著鮮豔的彩色，青銅和鋼鐵製成的兵器閃閃發光混雜其間，他們只要揮舞或在隊列中移動，遠遠看來就像升起一陣令人畏懼的火陷。

羅馬人極其驚惶，龜縮在他們的塹壕後面不敢應戰，蘇拉講不出一番道理讓他們免於恐懼，也不想強要他們違反自己的意願，迫於當前的狀況只坐在那裡生悶氣，感到成爲蠻族羞辱和嘲笑的對象而憤憤不平。不過，這樣倒是給他帶來很大的好處，蠻族憑著數量的優勢對敵人抱著藐視的態度，逐漸不受軍紀的約束而亂成一片，對於他們的將領不如過去那樣從命行事。除了少數人員仍舊留在營地，絕大部分受到引誘，懷抱著搶劫和掠奪的希望，亂竄到四周的地區，有的人到達離開自己的崗位有數天行程的地方，他們提到對帕諾普(Panope)的摧毀和勒貝迪(Lebadea)的洗劫，沒有奉到指揮官的命令就把廟宇保管的神讖搶走[47]。

看到這些城市就在眼前遭到摧毀，蘇拉感到極其悲傷和憤恨，把工作加在士兵的身上，不讓他們整日無所事事。他要使西菲蘇斯(Cephisus)河不再流過古老的河道，強迫大家挖掘壕溝進行改道的工程，任何人都不得休息，發現有怠忽就給予重懲。這些消耗體力的勞動使得大家疲憊不堪，讓他們知道要想免除不斷的勞累，就得面對戰爭的危險。果然不出所料，第三天蘇拉繼續加重工作的負荷，他們派出代表前來乞求，大家異口同聲要在他的領導下與敵人決一死戰。蘇拉的回答是他們並沒有戰鬥的意願，只是爲了規避辛苦的工作，所以才提出這種需求，如果眞心要與敵人接戰，那麼就要拿起武器，立刻去占領前方的陣地。

這時他指著帕拉波塔米亞人(Parapotamians)的古老堡壘，城市荒廢以後遺留在布滿岩層的小丘上面，四周非常陡峭而且崎嶇難行，阿蘇斯(Assus)河使得它與赫迪利姆(Hedylium)山形成分離。這條河從兩山之間流過，水勢非常猛烈在山麓注入西菲蘇斯河。士兵占領小丘的頂部，可以構成一個易守難攻的堅強陣地。蘇拉看到敵人一個叫做「銅盾軍」的單位，正向著那個要點前進，他想要搶占先機，

47　勒貝迪的神龕和特羅弗紐斯的洞窟，都在伊拉提亞平原的南邊，帕諾普斯在平原的西邊，這些地點離奇羅尼亞都很近。

總算將士用命獲得成功。阿奇勞斯被逼退以後,只有轉用兵力到奇羅尼亞。那些在羅馬軍營地的奇羅尼亞人全副武裝,懇求蘇拉不要放棄這個城市。蘇拉派護民官蓋比紐斯(Gabinius)率領一個軍團隨著奇羅尼亞人前往救援;雖然奇羅尼亞人心急如焚,還是無法較之蓋比紐斯更早到達,也沒有人比他更熱心城市的防務。朱巴(Juba)的著作提到這個人是伊瑞修斯(Ericius)並非蓋比紐斯。總算在千鈞一髮之際,讓我們位於故土的城市逃過一劫[48]。

17 從勒貝迪的神廟到特羅弗紐斯(Trophonius)的洞窟,流傳著羅馬人贏得勝利能夠鼓舞士氣的謠言和預兆,當地的居民告訴我們很多有關的故事,就是蘇拉在他的《回憶錄》第10卷也都肯定所言不虛。羅馬人當中有位奎因都斯・提久斯(Quintus Titius)小有名氣,一直在希臘從事經商貿易,蘇拉在奇羅尼亞獲勝以後,他前來謁見並且告知特羅弗紐斯的預言,很短的期間之內,會在同個地點贏得另一場會戰的勝利[49]。後來,又有他手下一位名叫薩維紐斯(Salvenius)的士兵前來見他,說是從神明那裡得到信息,提到未來在意大利發生的事件。這兩個人都承認發生顯靈的現象,說起這位神明無論姿態和神情都像奧林匹克山的朱庇特。

蘇拉渡過阿蘇斯河,在赫迪利姆山下行軍,迫近阿奇勞斯設置營地。阿奇勞斯在阿康廷姆Acontium)山和赫迪利姆山之間,修築堅固的工事和塹壕,緊靠一個名叫阿西亞(Assia)的地點,直到今天這個地點反而因為他的防禦工事而稱為阿奇勞斯(Archelaus)。蘇拉在經過一天的休息以後,派穆里納(Murena)率領一個軍團和兩個支隊在後追躡,使得敵軍一直處於驚惶不安的狀況,自己前往西菲蘇斯河的河岸向神明獻祭,等到神聖的儀式舉行完畢以後,繼續向著奇羅尼亞進發,將派往城市的守備部隊納入編制,開始觀察休里姆(Thurium)山的敵情,對方有一部兵力配置在該處。這是一塊懸岩絕壁的高地,外形類似圓錐體逐漸上升到一個名叫奧索帕古斯(Orthopagus)的地點,摩里烏斯(Morius)河流過山麓,還有一座稱為休流斯(Thurius)的阿波羅神廟。神明的稱號來自奇朗(Chaeron)的母親休

---

48 蓋比紐斯和伊瑞修斯都是蘇拉的軍事護民官;然而伊瑞修斯在名義上是派往奇羅尼亞這支特遣部隊的指揮官,因為要扮演不同的角色,所以會引起混亂。

49 第一次是奇羅尼亞會戰,第二次發生在奧考參努斯。

羅(Thuro)，根據古老的記載說她是奇羅尼亞的奠基者。另外有種說法是指那裡曾經出現一頭母牛，就是阿波羅送給卡德穆斯(Cadmus)當作嚮導之用，所以從牲口的身上獲得這個名字，thor這個字在腓尼基語是指母牛[50]。

　　蘇拉趨近奇羅尼亞，奉到指派負責城市守備的護民官，把他的士兵全副武裝帶出城來，手裡拿著月桂葉編成的花冠前去迎接。蘇拉接受護民官的祝賀，這時兩個奇羅尼亞人荷摩洛克斯(Homoloichus)和安納克西達穆斯(Anaxidamus)，向著士兵歡呼致敬，能夠相遇非常激動，當著蘇拉的面提出請求，只要帶少數人馬就可擊退配置在休里姆山的敵軍。他們利用一條蠻族無法通視的小徑，從附近有繆司神廟稱為佩特羅克斯(Petrochus)的地點，可以引導到高於休里姆山的位置，在那裡很容易用拋下的石塊將他們擊斃，或是將他們趕到下面的平原。蘇拉聽到蓋比紐斯保證他們的忠誠和勇氣，允許他們進行冒險的行動，同時將全軍列成陣線，騎兵部署在兩翼，他自己指揮右翼的部隊，左翼交給穆里納負責。他的副將伽爾巴(Galba)和賀廷休斯(Hortensius)指揮位於戰線後方的預備隊，保持在高地觀察敵軍的行動，不能讓他們形成包圍的態勢。很容易看出敵人在兩翼所進行的準備，有無數的騎兵和機動迅速的輕裝步兵，完全依據他們的意願如同一陣疾風，從側翼採取迂迴行動來包圍羅馬軍隊。

18 就在同個時候，伊瑞修斯奉到蘇拉的派遣指揮奇羅尼亞人，隱藏他們的行跡繞過休里姆山，現身以後使得蠻族陷入混亂和潰敗之中，雖然有很多人被殺，大部分還是死在自己人的手中。他們無法保有原來的陣地，逼得在陡峭的斜坡向下急衝，有人被後面的長矛刺穿，相互猛烈的碰撞從懸岩上墜落。這個時候敵人一直在上面施加壓力，只要身體暴露就會受到傷害，最後竟有3000人在休里姆山喪失性命。有部分人員能夠逃到山下，遇到穆里納列陣的隊伍，還是被他們輕而易舉的殲滅。還有一些人衝破阻擋的敵人逃向友軍，零零星星回到隊列之中，使得自己的軍隊到處充滿驚懼和混亂，將領為重大的失利產生猶豫和遲延的心理。

50　卡德穆斯(Cadmus)是腓尼基國王阿吉諾(Agenor)的兒子，歐羅芭(Europa)的兄長，後來歐羅芭被宙斯劫走，這些兄弟奉父親之命出去尋找，不能達成任務就不許返家；卡德穆斯向阿波羅請示，何處可以安身，說是他會遇到一頭沒帶軛具的母牛，跟著牠到休息的地點，就可以在那裡建立一座城市；卡德穆斯果然遇到一頭母牛，使他成為底比斯的奠基者。

　　蘇拉趁著敵人處於惶恐不安的狀況，盡全速發起衝鋒，很快越過兩軍之間的空地，這樣一來使得戰力強大的戰車喪失作用，因為它們需要一段距離加速疾馳，才能獲得巨大的衝力發揮殺傷敵人的效果，過短的行程只是暴露出自己的弱點毫無成效可言，就像沒有拉滿的弓射出力道全失的箭。蠻族現在陷入不利的處境，這些戰車的速度很慢給人的印象是有氣無力，羅馬人在歡呼的喊叫聲中將他們擊退，如同在賽車場那樣要他們再來一次。這個時候兩軍的主力已經遭遇，蠻族這邊大家都挺起長矛，盾牌緊密靠攏連成一體，盡力保持完整的戰線。羅馬人這邊在投出標槍以後，拔出佩劍向前猛衝，立即與蠻族的長矛接觸發生激烈的戰鬥。

　　當羅馬人看到正面的敵人是1萬5000名奴隸的時候，這股憤怒之氣使他們占得上風。米塞瑞達底的王室指揮官公開宣布要把自由賜給這群奴隸，所以才將他們配置在武裝的人員當中。據稱有位羅馬的百夫長看到這種情形，說他除了在農神節，從來不知道其他時間還可以讓奴僕擺出主人的派頭[51]。這些人的隊列不僅密集而且形成很大的縱深，加上無畏的勇氣，能夠抵擋軍團的攻擊並且使得前進的速度放慢下來，最後還是羅馬人將投射武器的威力，如同暴風雨傾注在敵人的正面，迫得他們放棄抵抗四散逃竄。

19 阿奇勞斯延伸右翼要去包圍敵軍；賀廷休斯率領所屬支隊向前挺進，意圖攻擊對方的側翼。這時阿奇勞斯帶著2000名騎兵突然旋轉過來，賀廷休斯兵力處於劣勢而且受到極大的壓力，只有退到地面較高之處，發現自己與主力逐漸分離，有被敵人包圍之虞。蘇拉聽到出現這種狀況，右翼還未接戰，立即抽調人馬派出援軍，阿奇勞斯從部隊行進的塵頭判斷蘇拉已經離開，想要趁著指揮官不在，轉向右翼發動奇襲。就在此刻，塔克西勒斯率領銅盾軍攻打穆里納，從兩處地點發出吶喊聲，回音在四周山巒之間激盪。蘇拉停下來考量應採取的行動，決定回到原來的位置，派遣賀廷休斯帶四個支隊前去增援穆里納，親自帶著第五支隊火速趕往右翼，發現自己不在仍能堅守不退與阿奇勞斯打成平手，等到他一現身立即產生驚人的效果，士兵勇氣百倍能夠主宰戰場，戰敗之敵秩序大亂向著河流和阿康廷姆山奔逃。不過，蘇拉並未忘懷穆里納所面臨的

51　農神節是羅馬人12月的重要慶典，所有的奴隸在那天無須工作，可以與主人同桌用餐，獲得平素所沒有的自由。

危險，等到他趕往得知同樣贏得勝利，接著參加他們的追擊行動。

很多蠻族在戰場陣亡，還有更多人員留守營地被殺，數量極其龐大的隊伍，只有1萬人逃到卡爾西斯獲得安全[52]。根據蘇拉的記載，他們的士兵只有14人失蹤，其中有2人還在傍晚回到營地。因此，他把馬爾斯、勝利女神和維納斯的名字[53]刻在勝利紀念碑上，認為本次大捷應該歸功於他的用兵高明而非機運湊巧。有一座會戰紀念碑位於平原，靠近摩盧斯(Molus)溪，就是阿奇勞斯首先棄守的位置；另外一座紀念碑豎立在休里姆山的頂峰，蠻族受到圍攻的地點，上面刻上希臘文的題銘，意為這一天的光榮屬於荷摩洛克斯和安納克西達斯[54]。蘇拉在底比斯慶祝勝利舉行很多表演活動，靠近厄迪帕斯(Oedipus)泉[55]的地點建立一個舞台，戲劇比賽的裁判都是希臘人，從其他的城市選出；蘇拉對底比斯始終保持難以平息的敵意，幾乎有一半的領土被他拿走或是奉獻給阿波羅和朱庇特，下令將歲入的金額支付給廟宇，賠償他從神明那裡挪用的財富。

20 這件事過後，聽到敵對派系成員弗拉庫斯(Flaccus)當選執政官的信息，率領一支軍隊渡過愛奧尼亞海，公開宣稱要對米塞瑞達底採取行動，真正的意圖是要對付蘇拉。於是蘇拉火速前往帖沙利，決定迎擊弗拉庫斯，他行軍快要接近梅萊提(Melitea)[56]，接到各方對他的勸告，說是他把那些國家留在後面，就會遭到一支皇家軍隊的顛覆和蹂躪，而且這支軍隊的實力比過去更為強大。多里勞斯(Dorylaus)率領船隻數量眾多的艦隊抵達卡爾西斯，船上裝載8萬名士兵，這是米塞瑞達底經過挑選和訓練嚴明的部隊，立即入侵皮奧夏，占領這個國家的目的是要逼使蘇拉接受一場會戰，根本不予理會阿奇勞斯提出的諫言。同時多里勞斯認為阿奇勞斯最後的作戰，結果出乎大家的意料之外，如果他沒有使出見不得人的手段，為什麼還有數以萬計的部隊沒有遭到消滅。

不過，蘇拉非常敏捷面對當前的局勢，使得多里勞斯明瞭阿奇勞斯是一個非

---

52 卡爾西斯在優卑亞島，這座城市有良好的港口，潰軍可以與米塞瑞達底的艦隊在此地會合。

53 羅馬人認為維納斯這個神明會給人帶來好運。

54 休里姆的紀念碑後來被發現，上面的銘文與蒲魯塔克所述沒有不同。

55 傳說厄迪帕斯殺死他的父親以後，就用這裡的泉水將手上的血洗去。

56 梅萊提是位於亞該亞·賽歐蒂斯(Achaea Phthiotis)地區的村莊，座落在色摩匹雷和帖沙利之間。

常有見識的人，同時知道他對羅馬人的英勇作爲有非常高明的因應之道；因而多里勞斯在泰福西姆(Tilphossium)與蘇拉進行幾場小規模的接戰以後，成爲第一個贊同阿勞斯這種概念的將領，不要想把所有的事情都用武力來解決，而是拖延戰事靠著消耗時間和金錢獲得最後的成果。雖然如此，他們設營的位置在奧考麥努斯附近，地形的狀況激勵阿奇勞斯的勇氣，戰場有利於騎兵占優勢的軍隊。所有位於皮奧夏的平原都以風景優美和面積廣寬知名於世，只有這一處平原上面沒有生長樹木，從奧考麥努斯開始一直延伸到沼澤的邊緣，流經奧考麥努斯城下的默拉斯(Melas)河就消失在這個沼地之中；這是希臘僅有一條從源頭開始就可以通航的河流，像尼羅河一樣從夏至起水量會增加，當地的植物具備類似的性質，非常矮小貧瘠生長稀疏的果實。水道很短，大部分停滯在陰暗多泥的沼澤，有一條小支流連接到西菲蘇斯河，形成的湖泊生長一種蘆葦，可以用來製造最好笛子。

21 兩軍的營地距離不遠，阿奇勞斯無法有任何積極的作爲，蘇拉挖掘溝渠引水泡浸地面，要將敵人驅離堅實而開闊的平原，逼得他們進入沼澤。另一方面，蠻族無法忍受蘇拉的策略，接到將領出擊的命令，怒氣高漲的主力部隊一擁而出，不僅是施工的人員四散奔逃，就是全副武裝保護工程的單位秩序大亂向後撤離。蘇拉看到這種狀況，從馬背上跳下來，從掌旗手那裡攫走一面鷹幟，穿過潰退的人群向著敵人衝過去，大聲吼叫道：「啊！羅馬人！對我而言，在這裡是光榮的戰死；對你們來而言，要是有人問起是在那裡拋棄你們的將領，記得要說是在奧考麥努斯。」

他的手下聽到這些話停止逃走，整頓隊伍再度投入戰鬥，兩個支隊從右翼趕來支援，他領導他們立即進擊，使得當天的情勢發生逆轉。然後向後退卻很短一段距離，好讓大家獲得休息；接著他還是繼續挖壕施工用來阻絕敵人的營地。他們再度排出聲勢更爲浩大的會戰隊形，阿奇勞斯的繼子戴奧吉尼斯(Diogenes)在右翼英勇戰鬥，最後的結局是光榮的陣亡。蠻族的弓箭手被羅馬人緊迫不放，想要後撤保持發揮武器效能的距離，抓起一把箭矢當作刀劍，打退那些追趕的敵人。不過，到最後這些弓箭手還是被驅回營地，圍困在四周的溝渠當中，蠻族有很多人被殺和受傷，他們度過極其悲痛的夜晚。第二天蘇拉還是整隊離開營地，要完成溝渠的挖掘工作，當蠻族再度派遣大量人員進行會戰，蘇拉打敗敵人逼得他們向後潰退，全軍將士用命，對手失去抵抗能力，營地被羅馬人攻破

接著大肆殺戮。沼澤滿溢鮮血，湖泊堆積屍體，當天有大量蠻族的弓箭、頭盔、鐵器的碎片、胸甲和刀劍埋在很深的淤泥當中，離那次會戰過了兩百年以後還陸續發現[57]。這些就是在奇羅尼亞和奧考麥努斯的作戰行動有關記載。

22 辛納和卡波[58]在羅馬用不義和暴力對付那些地位最為顯赫的人士，蘇拉的營地成為安全的港口，很多人為了逃避暴政投奔他的陣營，很短期間之內，在他周圍的知名之士幾乎可以組成一個元老院。梅提拉幾經困難帶著兒女從羅馬偷偷溜走，遣人通知蘇拉說他們在城內和鄉間的房舍，全部被他的仇敵焚毀，懇求他趕緊返國給予援手。這時他感到無所適從，聽到家園遭到荼毒令他難以忍受，米塞瑞達底戰爭尚未結束不知如何離開這個重要的工作。這時一位名叫阿奇勞斯的提洛商人來見蘇拉，說他接到國王的將領阿奇勞斯的私人信函，希望這位同名的人物能夠出面調停。蘇拉非常高興有這樣的安排，很想盡快與阿奇勞斯本人見面會商，會晤的地點選在靠近迪利姆(Delium)的海岸，那裡有一座阿波羅的神廟。

阿奇勞斯在談話中開誠布公提出條件，他勸蘇拉放棄對亞細亞和潘達斯的主權要求，然後回航本國在羅馬進行戰爭，接受國王提供的金錢和船舶及所需的軍隊。蘇拉提出不同的意見，他要阿奇勞斯根本不必理會米塞瑞達底，應該自己登極稱王，與羅馬建立聯盟，交出國王的水師。阿奇勞斯嚴正聲明他厭惡叛逆的行為，蘇拉繼續說道：

> 阿奇勞斯，你是一個卡帕多西亞人，說得好聽是蠻族國王的朋友，實際上只是他的奴隸[59]，怎麼敢不接受我蘇拉這位羅馬將領深思熟慮的計畫，反而說是叛逆這個可恥的罪行？你不是就是那個在奇羅尼亞逃走的同一位阿奇勞斯，身邊剩下少數幾個人，12萬大軍只不過兩天的功夫，就葬身在奧考麥努斯的沼地，成堆的死屍留在皮奧夏讓人無法

---

57 從這段話可以知道蒲魯塔克撰寫這本傳記的大致時間，要是從86B.C.算起，過了200年就是115A.D.，比起我們推斷的寫作時間不過早5-10年，因而可以作為一個重要的旁證。

58 卡波和辛納當選85B.C.的執政官。

59 阿奇勞斯是卡帕多西亞人，所以他是米塞瑞達底的奴隸，一點都不會讓人感到奇怪。根據希羅多德的說法，對東方的君王而言，所有的臣民都是他的奴才。

通行。

　　阿奇勞斯改變說話的語氣，用謙卑的態度懇求蘇拉摒除戰爭的想法，與米塞瑞達底簽訂和平協定。蘇拉同意他的請求，最後擬定雙方接受的條款：米塞瑞達底放棄亞細亞和帕夫立果尼亞，將俾西尼亞歸還奈科米德，卡帕多西亞送回亞里奧巴札尼斯的手中，支付羅馬2000泰倫，交給蘇拉70艘戰船和所有的裝備。在另一方面，蘇拉應該承認米塞瑞達底擁有其他的領土，公開宣稱他是羅馬的盟友。

23 等到這些事務處理完畢以後，他動身經過帖沙利和馬其頓指向海倫斯坡，阿奇勞斯全程陪同，表現出非常尊敬的態度。阿奇勞斯在拉立沙罹患危險的疾病，蘇拉下令停止行軍，給予妥善的照料，把他當成自己的部下或是負責指揮的同僚。因而讓人懷疑阿奇勞斯在奇羅尼亞會戰有極其不當的表現，同時看到除了僭主亞里遜一個人，蘇拉釋放米塞瑞達底所有成為戰俘的朋友，須知亞里遜是阿奇勞斯的仇敵，後來遭到下毒而亡；還有更明顯的證據，那就是這位卡帕多西亞人獲得在優卑亞的一萬畝土地，接受蘇拉賜與的頭銜，說他是羅馬人的知己和盟友。上面所提的疑點，蘇拉在他的《回憶錄》中都有詳盡的辯白。

　　米塞瑞達底的使臣到達以後宣稱，他們願意接受這些條件，僅有帕夫拉果尼亞不能歸還，至於提到船隻並不知道條款裡面還有這一項。蘇拉怒極大叫道：「你說什麼？米塞瑞達底現在還不願交出帕夫拉果尼亞？說起船隻，難道他否認有這一項條款？要是我饒恕他犯下殺害那麼多羅馬人的罪行，就可以看到他趴在我的跟前感謝我賜給他的恩典。等我在很短期間內回到亞細亞，他說話的方式會用另外一種嘴臉。要是他還留在帕加姆斯，再也不會讓他像從前那樣，置身一邊很安逸的操控一場戰爭。」

　　使臣害怕得講不出話來，阿奇勞斯盡力用謙卑的態度和懇求的言辭安撫他的暴怒，緊抓住他的右手淚下如雨。最後他獲得蘇拉的許可親自去見米塞瑞達底，斡旋和平條約要能讓蘇拉滿足，否則他就會自裁謝罪。蘇拉將他們打發去辦事以後，立即入侵密迪卡(Maedica)，實施大規模的掃蕩行動[60]，然後班師回到馬其頓。

60　密迪卡人是色雷斯一個部族，他們的領地已經併入馬其頓，後來重新恢復獨立的地位。等到西庇阿以代行執政官頭銜出任馬其頓總督，又採取行動要密迪卡人歸順。

他得知阿奇勞斯已到腓力比(Philippi)，傳來的信息說是事情全都辦理妥當，米塞瑞達底表現熱誠的態度要與他晤面。這次會商的主要原因是爲了費布里亞。弗拉庫斯是敵對派系選出的執政官，被費布里亞殺害；後來費布里亞打敗米塞瑞達底的將領，進軍前去對付他本人，這樣一來使米塞瑞達底感到畏懼，經過考量還是尋求蘇拉的友誼[61]。

24 他們在特羅阿斯(Troas)的達達努斯(Dardanus)會談，米塞瑞達底這方有200艘船隨護，陸上部隊包括2萬名全副武裝的士兵，6000名騎兵和一大批裝上鎌刀的戰車。另一方的蘇拉只有4個支隊的步兵和200名騎兵。當米塞瑞達底走近伸出手來的時候，蘇拉詢問他是否願意按照阿奇勞斯認同的條件結束戰爭，看到國王沒有回答，他繼續說道：「這是怎麼一回事？難道非得乞求者先開口，征服者只是靜聽不給答覆？」等到米塞瑞達底開始爲自己辯解，認爲戰爭之所以曠日持久，部分原因出於神意，部分原因要歸咎於羅馬人；蘇拉打斷他的長篇大論，說是過去聽人提到米塞瑞達底，大家都認爲他是一位口若懸河的演說家，今天領教他的本領眞是名不虛傳，辯護卑鄙齷齪和違背正義的行爲，根本不需要任何冠冕堂皇的藉口。然後用非常沉痛的口吻對他大肆抨擊，指責他對羅馬人犯下神人共憤的罪行，蘇拉再度問他是否願意批准阿奇勞斯帶給他的和平條約？米塞瑞達底給予肯定的回答，蘇拉走向前去擁抱他並且相互吻頰致意。不久以後蘇拉介紹亞里奧巴札尼斯和奈科米德這兩位國王與他認識，使得他們建立友誼。米塞瑞達底把70艘敍利亞船隻和500名弓箭手交給蘇拉，啓碇返回潘達斯。

蘇拉知道士兵不滿意雙方簽訂的和平條約(他們認爲這件事極其荒謬，照說這位國王應該是罪無可逭的敵人才對，他在亞細亞不過一日之間，屠殺15萬羅馬人[62]，現在竟然讓他帶著亞細亞的財富和戰利品安然回去，要知道這是他用4年的時間，搶劫和搜刮的成果。)蘇拉對他們的意見提出答辯，要是費布里亞和米塞瑞達底聯合起來，他沒有足夠的實力擊敗堅強的抵抗。

61　費布里亞是弗拉庫斯的部將，後來他謀殺直屬長官接收留下的部隊，然後渡過海峽開始襲擊米塞瑞達底，將這位國王從帕加姆斯趕走，並且圍困在披塔尼(Pitane)一段時間。要是提到費布里亞的階級和出身，衆說紛紜，引起爭論。

62　蒲魯塔克說米塞瑞達底在一天之內殺死15萬意大利人，大多數史家都同意華勒流斯‧麥克西穆斯(Valerius Maximus)的論點，遭到屠殺的數量在8萬人左右。

25 他率軍出發前去尋找費布里亞；這時費布里亞的軍隊部署在特阿蒂拉（Thyatira）周邊地區；蘇拉在距離城市不遠處設置營地，挖掘一道塹壕使得防禦工事更為堅固。費布里亞的士兵匆忙之中穿著單衣出來迎接，向蘇拉的部隊歡呼致敬，主動幫助他們進行設營的工作。費布里亞看到這種狀況，知道蘇拉不會善罷甘休，就在營地引刀自盡。

蘇拉徵收亞細亞的稅賦是2萬泰倫，讓士兵用無法無天的行為和長期居住民宅，對所有的家庭進行個人的掠奪，他規定每位主人每天要付給家中的貴賓4德拉克馬，如同平常邀請很多朋友赴宴一樣招待晚餐；一位百夫長每天笑納50德拉克馬，加上在家中和外出穿著的衣服各一套。

26 整個水師從以弗所開航，第三天抵達派里猶斯下錨。蘇拉在雅典初次參加西瑞斯祭典的神秘儀式，獲得提奧斯人（Teian）阿皮利坎（Apellicon）的圖書館，狄奧弗拉斯都斯和亞里斯多德的著作幾乎都包括在內，在那個時候還流傳不廣。等到全部書籍運到羅馬以後，據說這批典藏絕大部分經過文法學家泰蘭尼昂（Tyrannion）的整理，得到妥善的保管，羅得島人安德羅尼庫斯（Andronicus）盡最大能力，製作大量抄本公開供應學術之用，他們完成的目錄仍舊留存在世[63]。那些已臻高齡的逍遙學派哲學家，不僅熟知禮儀而且學富五車，他們對於亞里斯多德和狄奧弗拉斯都斯的作品很少接觸，要不然就是看到謬誤很多的抄本，因為狄奧弗拉斯都斯將他的書遺贈給懷疑學派的尼琉斯（Neleus），落到不負責任的老粗手中真是可惜[64]。

蘇拉停留在雅典的期間，他的腳部罹患非常嚴重的痼疾，引起劇烈的疼痛，從前斯特拉波首次用口齒不清的發音說這種病是痛風。因此，他乘船前往伊迪普蘇斯（Aedepsus），利用當地的溫泉進行治療，能與演員在一起打發空閒的時間，使他暫時忘懷所有的煩惱。有一天他沿著海岸散步，一群漁夫送給他碩大而又新鮮的魚，他很高興這些禮物，經過交談知道他們是哈利伊（Haelaeae）的土著，他問道：「難道哈利伊還有人倖存在世？」他在奧考麥努斯贏得勝利以後，狂熱的追

63　泰蘭尼昂是知名學者和西塞羅的朋友，對於亞里斯多德的作品加以整理和編目，所得成果就是我們目前見到的形式；安德羅尼庫斯是羅馬一位逍遙學派的哲學家。

64　這批書籍後來歷盡滄桑，還是能造福無數學子，就是蒲魯塔克也都受惠不淺，他的學識來自後續的抄本，可以說蘇拉毀滅亞里斯多德的學院，卻拯救這些經典能在西方世界流傳。

擊行動中，他毀滅皮奧夏的三個城市，就是安塞敦(Anthedon)、立里那(Larymna)和哈利伊。這些漁夫害怕得說不出話來，蘇拉帶著笑容，交代他們要放心，可以安全返回故鄉，因爲他們送來非常管用的講情者，使他無法拒絕。哈利伊人說這是第一次給他們勇氣，可以回去重建他們的城市。

27 蘇拉通過帖沙利和馬其頓向著海岸前進，準備1200艘船從狄爾哈強渡海抵達布林迪西[65]。距離阿波羅尼亞不遠之處，有個非常出名的地點叫做寧斐姆(Nymphaeum)，那裡的林木和草原分外的青蔥，到處是潺潺的流泉還不斷噴出熊熊的火焰。他們說有一位山林的精靈薩悌(Satyr)，與雕塑和畫像看到的長相幾乎沒有差別，在睡夢中被他們抓住帶到蘇拉的面前，靠著幾位通事在一旁擔任口譯，希望可以克服語言的困難，最後發現他的話根本讓人無法理解，只能算是刺耳的噪音，有點類似馬的嘶吼和羊的咩咩聲，蘇拉在驚慌之餘不肯接受這樣一個預兆，吩咐他們將這個山林的精靈帶走。

就在部隊登船的地點，蘇拉起了警惕之心，生怕踏上意大利的土地以後，士兵一哄而散回到他們自己的城市。因此，大家採取一致的做法，對他宣誓要追隨到底絕不中途變卦，也不會做出任何損害意大利的行爲。他們知道他需要大量現金，就盡所有拿出自己的錢財，收集起來交給蘇拉統籌運用。不過，他沒有接受他們的捐獻，感謝大家的支持和愛戴，鼓勵全軍官兵對未來懷抱美好的希望，然後下令開航。他告訴我們(完全是他自己所寫)說他要與敵對派系的15位將領對陣廝殺，在他們指揮下的兵力不少於450個支隊[66]，神明會保佑他走上成功的幸運之路。等到他在塔倫屯(Tarentum)附近登陸[67]向神明獻祭的時候，發現犧牲的肝臟很像桂冠，還有兩根束帶垂在兩旁。

他進軍康帕尼亞之前，在靠近赫非烏斯(Hephaeus)山的地方，大白天看到兩

---

65 蘇拉橫越希臘北部到狄爾哈強。阿皮安說蘇拉從派里猶斯出航，率領的船隻多達1600艘；但是毫無疑問，蘇拉一定是行軍走陸路抵達狄爾哈強，船隻分開走海路前往。

66 450個支隊相當於45個軍團，總兵力可達27萬人；根據阿皮安的說法，兩個執政官率領200個支隊，每個支隊500人，共計10萬人；蘇拉從東方帶來的兵力是4萬人，加上梅提拉斯從北方來的2個軍團，還有龐培自行編成的3個軍團，總兵力也有7萬5000人，雙方的實力相差有限。

67 蘇拉的主力83B.C.的春天在布林迪西登陸，可能有一部是在塔倫屯上岸；這時羅馬的執政官是西庇阿·亞細亞蒂庫斯和諾巴努斯。

隻巨大的山羊在打鬥，施展的招式就像人類在作戰，爲了讓我們知道這是幽靈，逐漸從地面升起，在空中分散開來，如同雲層所形成的幻影，慢慢消失不見。過了沒有多久[68]，就在這個地點，小馬留和執政官諾巴努斯（Norbanus）率領兩支軍隊對蘇拉發起攻擊。蘇拉沒有排出會戰的隊形，也沒有按照行軍序列完成展開，完全憑著士兵的機敏和高昂的士氣，使得他擊敗敵軍，諾巴努斯在損失7000人馬以後，逃進卡普亞的城牆之內閉門不出[69]。根據蘇拉的說法，就是因爲這次的勝利，士兵不再離開他返回自己的家園，從此捨命相隨，即使敵人在兵力方面占有極大優勢，他們還是抱著藐視的態度。

大軍抵達希維姆（Silvium）（他自己提到這件事），潘久斯（Pontius）的一位奴僕前來謁見，這個傢伙處於神明附體的狀況，說是從戰爭女神貝洛納（Bellona）的手裡，爲他帶來刀劍的威力和勝利的成果。這個人在同一天還宣布一項預言，說是他如果不趕緊採取行動，卡庇多神殿就會被焚毀，特別提到那個時間是Quintilis月第6天（7月6日），這個月份現在的名字是July[70]。

非登夏（Fidentia）同樣發生一件事，馬可斯・盧庫拉斯（Marcus Lucullus）是蘇拉麾下一位指揮官，他對士兵勇往直前的精神深具信心，自己只有16個支隊的兵力竟敢面對50個支隊的敵軍。對方的數量雖然占有優勢，因爲很多人沒有攜帶武器，只有延後發起攻擊。他在等候並且考慮因應之道的時候，颳起一陣狂風從鄰近的草地吹來很多花朵，飄浮在軍隊的上方，自動落在士兵的盾牌和頭盔的上面，從敵人的眼裡看起來，他們的頭上像是戴著花圈。這種情形像是上天的賜福，使得他們勇氣百倍進行戰鬥，殺死敵軍8000人，趁勝奪取他們的營地。這位盧庫拉斯有個兄弟，後來征服米塞瑞達底和泰格拉尼斯[71]。

68　時爲羅馬建城671年或奧林匹克164會期第2年或83B.C.。

69　蒂法塔（Tifata）山會戰發生在卡普亞附近，諾巴努斯和小馬留想要阻止蘇拉，不讓他繼續向羅馬挺進，根據阿皮安的說法，對手的損失是6000人。

70　卡庇多的朱庇特神廟遭到焚毀，等於是宣告一個時代的結束。雖然這座神廟是塔昆（Tarquins）所建，奉獻的時間是509B.C.，那是他剛被驅離羅馬沒有多久的事。

71　這場會戰發生的地點靠近波河河谷的非登夏和普拉森夏（Placentia），時間是82B.C.，瓦羅・盧庫拉斯的部隊中伏，遭到執政官卡波的包圍攻擊，他能突破敵軍的重圍，贏得最後勝利。他的兄弟就是蘇拉最器重的盧契烏斯・黎西留斯・盧庫拉斯，他擊敗米塞瑞達底（74-72 B.C.）和泰格拉尼斯（69B.C.）。

28 蘇拉有鑑於自己被實力強大的敵軍所包圍，面臨兵力劣勢的處境，必須運用權謀進行欺敵作爲。他向另外一位執政官西庇阿提出談和的要求，建議獲得接受隨之產生很多協商和會議，蘇拉通常都會拿出各種藉口，拖延下去以獲得所需要的時間；他們的將領運用各種引誘的手段，同時還拿部下當作工具來敗壞西庇阿的士兵。他派出的人進入敵軍的營地與他們交談，爲了獲得士兵的投效，有的用金錢收買，有的答應給予承諾，還有就是奉承的語言和說服。等到後來，蘇拉率領20個支隊迫近對手的營地，他的人召喚西庇阿的士兵來歸，他們表示歡迎並且加入蘇拉的陣營，只留下西庇阿一個人在帳篷之中，被俘以後立即安全釋放。蘇拉運用20個支隊作爲媒鳥，使得40個支隊的敵軍落入他的羅網，然後率領他們一起返回他的營地[72]。卡波聽到有這種狀況發生，就說蘇拉在與別人打交道的時候，他的內心兼具狐狸和獅子的性格，特別是狐狸的狡猾更讓人受不了。

過了一段時間以後，小馬留率領85個支隊的兵力要與蘇拉進行會戰[73]；蘇拉有非常強烈的意願要在特定的日子與他決一勝負。然而蘇拉在前一個夜晚，看到老馬留的幻影在夢中出現，這位過世已有相當時間的人物，提醒他的兒子在次日要當心，特別是那一天對他會產生致命的影響。蘇拉出於這個緣故，渴望雙方進行一場會戰，多拉貝拉(Dolabella)的營地與他有一段距離，派人召喚他盡快趕上來。

敵人的圍攻和隘道的阻絕，他的士兵爲不斷的前哨戰鬥和行軍而勞累不堪，加上暴風雨的天候不僅使得行動困難，也給他們帶來更大的災禍。負主要責任的軍官來請示蘇拉，懇求他同意當天的會戰延後實施，說是所有的士兵累得站立不住，四肢伸開倒在地上，還有的人用頭靠在盾牌上面休息。蘇拉很勉強接受他們的建議，下令設置營地，部隊立即開始挖掘壕溝和堆起防壁。小馬留騎在馬上怒容滿面，率領部隊列出會戰的隊形，這樣做的目的是要讓對方陷入混亂和慌張之中。看來神明是要讓蘇拉的美夢成眞；他的士兵激起滿腔怒氣，離開工事把長矛

---

72 這件事於83B.C.發生在康帕尼亞的提亞諾(Teano)，執政官西庇阿率軍前來救援諾巴努斯，部隊全部投向蘇拉的陣營。

73 小馬留於82B.C.成爲執政官，當時不過26歲，他的同僚卡波是第三次出任最高職位。小馬留想要在拉丁姆(Latium)的希格尼亞抵擋蘇拉的大軍，因爲這時蘇拉正沿著拉蒂納大道(Via Latina)前進。

插在壕溝的土堤上面,拔出劍發出勇氣百倍的吶喊,向著對手衝殺過去,敵人的抵抗非常輕微,在潰敗之中損失大量人員。

小馬留逃到普里尼斯特(Praeneste),發現城門已經關閉,用垂下的繩索把自己綁起來,再拉到城牆上面。還有一些人(菲尼斯提拉[Fenestella]就是其中之一)很肯定的表示,小馬留並不知道發生這場戰鬥,煩重的職責使他操心而疲累,當戰鬥的信號下達的時候,他在樹蔭下面休息,即使雙方激戰之際仍舊熟睡未醒。根據蘇拉的記載,這次戰鬥只陣亡23個士兵,殺死敵軍2萬人,有8000人成為俘虜。蘇拉的副將龐培[74]、克拉蘇[75]、梅提拉斯和塞維留斯都獲得同樣的成就,大量敵軍死在他們的手裡,本身的損失可以說是微不足道,以致對方陣營最主要的支持者卡波,放棄軍隊指揮的職責,在夜間偷偷溜走,乘船渡海前往利比亞。

29 最後這場激戰,薩姆奈人特勒西努斯[76]就像比武場最後出戰的勇士,要去對抗那位疲憊不堪的征服者,然而蘇拉還是在羅馬的城門前面將他擊潰。特勒西努斯得到盧卡尼亞人蘭潘紐斯(Lamponius)的協助,集結一支實力強大的軍隊,火速趕往普里尼斯特要解小馬留之圍。他發覺蘇拉在前而龐培在後,很快來到對他形成夾擊之勢。他是一個作戰英勇而又經驗豐富的士兵,全軍連夜拔營,出乎大家的意料之外,行軍的目標指向羅馬。他在離開科林尼門只有10弗隆的地點停頓下來,抵達城下只用一夜功夫覺得相當滿意,對於自己的用兵之道能超過很多卓越的指揮官,不僅感到驕傲而且對未來充滿希望[77]。

天明以後,城市裡面一位年輕的貴族率領人馬衝殺出來。特勒西努斯擊敗他們並且殺死相當數量的人員,其中包括阿庇斯·克勞狄斯(Appius Claudius)在內,無論是家世或人品都有顯赫的名聲。可以想像得到,整座城市陷入騷亂之中,婦

---

74 當蘇拉與小馬留鏖戰的時候,龐培負責羅馬以北地區的軍事行動,獲得極其豐碩的戰果。

75 羅馬那場最重要的「柯林尼門」會戰,蘇拉面臨極其惡劣的局勢,有幾個營的部隊放棄守備的陣地,他的戰線已經遭敵軍突破。克拉蘇在右翼獲得勝利,親自指揮部隊整夜發起追擊,同時派員去向蘇拉報告大捷的信息。

76 自從89B.C.社會戰爭結束以後,薩姆奈人和盧卡尼亞人對羅馬保持敵意,馬留派與他們已經和解,只是他們仍舊與蘇拉有不共戴天之仇。

77 等到蘇拉回到普里尼斯特主持圍攻,特勒西努斯和蘭潘紐斯率領薩姆奈人和意大利人組成的大軍,火速向著羅馬前進,迫得蘇拉放棄圍攻,在離開城市大約2公里的地點紮下營案,這時龐培也從伊楚里亞(Etruria)趕過來,科林尼門(Colline Gate)會戰發生在82年11月1日B.C.。

女發出尖叫四處奔竄,好像他們已經展開突擊破門而入。巴爾布斯(Balbus)奉蘇拉之命率領700名騎兵全速趕到,暫停一會兒僅讓馬匹拭乾汗水,接著控制韁繩向敵軍發起衝鋒。這時蘇拉到達戰場,指揮前列隊伍成為接替戰鬥的生力軍,部隊展開排出會戰的陣式。多拉貝拉和托夸都斯力勸他要稍候片刻,不要讓部隊在疲憊的狀況下投入戰鬥,後來證明這樣做極關緊要,差一點讓過去的成就全部付之東流。要知道他現在的對手不是卡波和馬留,而是與薩姆奈人和盧卡尼亞人進行殊死之鬥,這兩個部族始終是羅馬不共戴天的仇敵。他根本不加理會,命令號角手發出進攻的信號,大約是在午後第四個時辰。

這場激戰猛烈的程度可以說是前所未見,克拉蘇指揮的右翼很明顯已經占了上風,左翼的傷亡慘重形勢極其危險,蘇拉率軍前來救援,胯下的戰馬不僅精力充沛而且腳程快速,兩名敵軍發覺他就在近旁,舉起標槍投射過來,這時他自己毫無所悉,他的隨從趕緊給他的坐騎一鞭,帶著他向前離開原來的地點,致命的標槍擦過馬匹的尾巴插在地面。據說他有一尊從德爾斐得來的阿波羅雕像,進入戰場經常將這尊小小的金像揣在懷裡,這時他親吻著它說道:「啊!皮提亞的阿波羅!你在很多會戰當中,將榮譽和偉大賜給蒙神明保佑的高乃留斯.蘇拉,現在已經將他帶到羅馬的城門前面,難道還會讓他與他的同胞落到羞辱的下場?」他們說蘇拉向神明祈禱以後,他為了整頓再戰,對手下的人員有的懇求或是施加威脅,再不然就緊抓住他們的手,雖然已盡最大努力,最後整個左翼還是潰敗,被迫後撤退回營地,喪失很多朋友和相識多年的人士。還有很多從城裡出來看熱鬧的旁觀者,不是被殺就是遭到踩死。這時整個城市都相信蘇拉的大勢已去,普里尼斯特即將解圍。很多離開戰場的逃亡者趕向普里尼斯特,雖然盧克里久斯.歐菲拉(Lucretius Ofella)奉派負責圍攻作戰,他們勸他立即開拔,因為蘇拉已經喪生,羅馬落在敵人的手裡[78]。

30 就在這天晚上的深夜,克拉蘇的信差來到蘇拉的營地,要求供應部隊所需的糧食,他們擊敗當面的敵軍,緊追不放已經抵達安廷納(Antemna)的城牆,在那裡暫時安頓下來。蘇拉知道大部分敵人遭到殲滅,天亮

---

78 蘇拉在左翼潰敗以後,被迫只有後撤,逃到歐菲拉營地的人員,要求他立即解圍,帶著部隊前往羅馬,救援剩餘的殘部。

以後前往安廷納，那裡有3000人被圍，派遣一位傳令官懇求給予赦免，蘇拉答應饒他們的性命，條件是投降之前要清理自己的隊伍。相信他的承諾引起自相殘殺，很多人死在戰友的手裡。雖然如此，蘇拉將這些放下武器的俘虜和派系倖存的人員，全部集中在大賽車場，總數大約有6000人。他在貝洛納神廟[79]對元老院的議員發表演說，這時指派的部隊進行無情的屠殺，慘叫的聲音從不遠處傳來，這種恐怖的情景真是難以想像。元老院的議員聽到耳裡無不膽顫心驚，他帶著面不改色的神情繼續講個不停，特別吩咐他們專心傾聽他的說話，不必管門外發生的事，他已經下達指示，要懲罰那些違犯國法的惡徒。

　　這樣一來即使是最愚蠢的羅馬人都知道，暴政已有改變但是讓人無法避免。馬留天生嚴苛的性格，始終堅持到底即使掌握權勢絕不改變。蘇拉則不然，崛起的初期完全靠著機運，為人溫和沒有表現出鋒芒畢露的態度，大家認為他是一個真正的愛國分子，會給人們帶來美好的希望，無論是貴族或平民的利益，都會受到他堅定不移的照顧。再者，他在年輕的時候是一個喜愛玩樂的花花公子，富有同情心很容易受到感動流下淚來。因此，即使後來有所改變不會給他的權勢帶來任何瑕疵；從他的記載中我們得知，地位和運道不可能讓一個人仍舊過原來的簡樸生活，只會變得更為蠻橫、傲慢和殘暴。是否出於運道的關係，使他的心靈產生變化氣質的作用，或者在權勢薰人之下暴露出潛伏的邪惡本性。要想對這方面有所闡述，那是另外一類論文所要研討的範圍。

31　蘇拉全力投入殺戮的工作，整個城市充滿行刑的隊伍，處決的數量和範圍根本沒有限制。他的朋友獲得他的允許和縱容，使得許多毫無利害關係的人士，成為世仇宿怨的犧牲品。有一位名叫該猶斯‧梅提拉斯（Caius Metellus）的年輕人，竟然敢在元老院提出質詢，問他這場災禍何時才會終結，要到達那一種程度才會停止？他說道：「我們並不是懇求你原諒那些你已經決定要消滅的人，但是請釋放那些受到嫌疑而你樂意赦免的人。」蘇拉的答覆是他不知道有那些人應該赦免。年輕人說道：「怎麼會這樣，請告訴我們你打算處決那些人。」蘇拉說他會這樣做。有些史家提起，講這些話的人不是梅提拉斯，而是蘇拉的朋友阿菲狄斯（Afidius），他對蘇拉可是百般奉承。很快就有反應，蘇拉根本

79　弗拉米紐斯賽車場離貝洛納神廟很近，都在卡庇多山的西邊靠著台伯河。

不與任何官員溝通，就將80人列入「公敵宣告名單」[80]，雖然引起大眾的憤怒，經過給予一天的緩刑，又公布220人的名單，到第三天的人數更多。他向人民提到這個狀況，說是現在發布的名單都是他記得起來的人，那些暫時忘記的人等他想來，還是逃不過未來的的追捕。

　　他發布敕令要處死那些敢收容和包庇國家公敵的人士，即使這些人士是國家公敵的兄弟、兒子和父親，也都罪在不赦。要是有人殺死任何一位國家公敵，他的規定是應該給予2泰倫的獎勵，甚至奴隸謀害主人或是兒子弒殺父親都包括在內。大家認為最不合乎正義原則之處，就是罪行要牽連到兒子和孫子，他們的產業要全部公開發售。公敵宣告並不僅僅盛行在羅馬一地，遍及意大利所有的城市使得血流成河；無論是神明的聖所還是待客的爐邊，都無法提供安全的庇護，古老的名門世家幾乎無一倖免。男子被殺死在妻子的懷中，母親就是用手護著兒女還是在劫難逃；那些死於政治的仇恨和私家積怨的人，遠不及因財產遭到毒手的人為多[81]，甚至就是那些謀財害命的告發人經常提到：「有人因華屋而喪生，另外一位是因花園而遭禍，第三位是他的浴場。」

　　奎因都斯・奧里留斯(Quintus Aurelius)是一位寡言慎行而且與世無爭的人，大家認為他要面對的災難，就是要哀悼他人的不幸，有次他到市民廣場去讀名單，發現自己成為國家公敵，大聲叫喊道：「我真慘哪！阿爾巴的田莊讓我死無葬身之地。」他沒走多遠就被攬下這分差事的惡棍殺死。

32 就在這個時候，小馬留在被捕的地點自殺身亡[82]，蘇拉來到普里尼斯特，開始想要對每個特定人員進行各別的審判，後來發現這樣做是很費時的工作，就把所有人員拘禁在一個地方，總數到達1萬2000人，除了接待

80　蘇拉採用「公敵宣告」的方式殺害反對派人士，後來的內戰還是繼續沿用。凡是列在公敵宣告名單的人員，不再受到法律的保護，任何人可以將他殺死，不僅無罪還可以領賞。據稱在蘇拉當政期間受到公敵宣告的人員共達4700餘人，其中元老院議員有80餘人，以及1600多位騎士階級人員。

81　受到公敵宣告的人士即使保住性命，他們的財產都被籍沒，此外，他的子孫從事公職者一律革職。凡是籍沒的家產予以拍賣，蘇拉陣營的人士從賤價拍賣中獲取暴利，特別是蘇拉家中解放奴更是藉此成為巨富。

82　普里尼斯特被圍是在11月中旬，第一批「公敵宣告名單」頒布，小馬留列名其上，等到想要挖一條地道逃走的打算破滅以後，小馬留只有自裁免得被俘受辱。

過他的主人以外，下令處決全部人員。這位人士有高貴的情操，告訴蘇拉說是整個城邦都被他滅亡，自己不能接受他的恩典苟且偷生，情願與同胞一起從容赴義。

盧契烏斯・加蒂利納（Lucius Catilina）的行為可以說是極其怪異，在這個事件還沒有發生之前，他將自己的兄弟殺死，後來他懇求蘇拉將他兄弟列入公敵宣告名單，好讓人以為他還活在世上，結果這件事倒是沒有什麼困難就辦成。加蒂利納為了回報善意的幫忙，刺殺敵對派系一位名叫馬可斯・馬留的人，趁著蘇拉坐在市民廣場的時候，就將這顆頭顱帶去獻給他，然後走到附近的阿波羅聖泉，去洗滌他的雙手[83]。

33 屠殺並非唯一讓羅馬人感到痛苦的事，他公開宣布自己是笛克推多[84]，雖然這個職位遭到擱置不用已有120年之久。他通過一個法案使得他過去所有的行為，都獲得法律的豁免；如同對於未來的事務所授與他的權力，包括生與死的判決、籍沒、土地的分配、城市的興建和拆除，以及就他的喜怒決定王國的廢滅和賜與。他用極其專制和傲慢的方式執行出售或籍沒財產的工作，法庭成為謀利的工具比起篡奪本身更讓人厭惡。他把國家的土地和城市的稅收，當成禮物送給婦女、伶人、樂師，甚至那些最低賤的自由奴。他根本不考慮婦女的出身和階級，按照他的意願來決定許配的對象。

蘇拉想用一種更近的血緣關係來確保龐培大將[85]的忠誠，就要龐培與他的髮妻離婚，然後逼伊米莉婭（Aemilia）嫁給他。伊米莉婭是蘇拉的妻子梅提拉與前夫斯考魯斯（Scaurus）所生的女兒，她在離開自己的丈夫馬紐斯・格拉布里歐（Manius Glabrio）之際，還懷著身孕。雖然她帶著一個小孩嫁給龐培，後來還是難產而死。

---

83 據稱盧契烏斯・加蒂利納所殺之人，不是他的兄弟而是他妹婿昔西留斯；這個人就是後來的加蒂藍（Catiline），63B.C.涉及陰謀叛國被西塞羅處決。蘇拉同樣不講親情，將妹婿馬留・格拉蒂迪阿努斯（Marius Gratidianus）殺害，因為這位馬留是老馬留的姪子。

84 等到卡波在西西里被龐培殺死以後，82B.C.的兩位執政官全部喪命；羅馬市民在武力的威脅之下，只有選出蘇拉擔任笛克推多，授與最高的權力，可以制定法律和重建共和國政府。自從202年出現最後的笛克推多，中斷已有120年之久，蘇拉又重新運用這種獨裁的統治方式，從此為後人所沿用，像是凱撒和奧古斯都都出任過笛克推多。

85 「大將」的頭銜最早是蘇拉授與龐培，本書第十六篇〈龐培〉第13節有這方面的記載。譯者認為"the Great"是一種頭銜，根據身分譯為名詞的「亞歷山大大帝」或「龐培大將」，較形容詞「偉大的龐培」更為適合。

盧克里久斯‧菲歐拉圍攻馬留完成任務以後，很想出任執政官的職位，蘇拉在開始就加以禁止，看到他不聽勸告還是一意孤行，帶著大群隨從人員前去市民廣場。蘇拉派一位百夫長立刻跟上去將他殺死，這時他坐在卡斯特神廟的審判台上面，觀看這場謀殺的活動。市民抓住百夫長將他拖到審判台，蘇拉吩咐大家不要喧囂生事，百夫長是奉他的命令行事，應該立即讓他離開[86]。

34 他在這個時候舉行凱旋式，盛大的場面特別壯觀，皇家的戰利品更是富麗堂皇且極其罕見，最光榮和最高貴的隊伍是放逐的人員，都是最優秀和最卓越的市民，頭戴花冠跟在戰車的後面，高呼蘇拉是他們的救主和父親，出自他的恩典才能返回故國，享受妻兒子女圓聚的天倫之樂。等到莊嚴的典禮舉行完畢，他在市民大會發表演說，讓大家明瞭他的作戰行動，將戰爭所建立的功勳全部歸於洪福齊天的運氣；最後，他認為憑著美滿的成果可以接受菲力克斯(Flix)這個稱號，在用希臘文寫作和處理政務的時候，就把自己的名字叫做伊帕弗羅迪都斯(Epaphroditus)(菲力克斯的含意是「幸運」，而伊帕要羅迪都斯是「維納斯的寵兒」)，在他的戰勝紀念碑上面，我們現在還可以看到留存的全名是盧契烏斯‧高乃留斯‧蘇拉‧伊帕弗羅迪都斯。他的妻子梅提拉給他生了一對攣生子，他把男孩取名為福斯都斯(Faustus)女孩是福斯塔(Fausta)，就羅馬人使用的語文來說分別是「吉祥」和「快樂」。

等他辭去笛克推多的職位以後，證明他對於運道勝過成就具有更為強烈的信心。雖然他處死不計其數的人民，破壞法律的規定，改變政府的體制，竟然有膽識把選舉執政官的權力還給人民[87]，同時不用任何藉口來控制他們的投票，像一個平民那樣在市民廣場步行，讓每個人都有權力取他的性命。

馬可斯‧雷比達(Marcus Lepidus)是一個膽大包天的傢伙，蘇拉在政壇上的敵手，竟然違反蘇拉的意願想要成為執政官，這並不是雷比達要維護他的利益，而是出於龐培的權勢和教唆，人民對於龐培可以說是有求必應。等到選舉塵埃落

---

86 奧菲拉非常固執非要參選不可，非但違反蘇拉新制定的法律，同時沒有獲得元老院議員的身分，雖然他立下很大的功勞，蘇拉取他的性命可以說是標準的「殺雞儆猴」手法。
87 蘇拉何時辭去笛克推多的頭銜，大家的說法不一，可以知道應該是完成各種必要的改革以後，很可能是在79B.C.，因為次年選出78年的執政官；也有人說蘇拉先在80年，與昔西留斯‧梅提拉斯‧庇烏斯同時出任執政官，然後逐步交出權力。

定以後，看到龐培獲得成功帶著喜氣洋洋的神情回家，蘇拉叫住他向他說道：「小伙子，你的行爲眞是不夠光明磊落，竟然擠掉卡圖拉斯這個好人，拉拔雷比達這個壞蛋，從這件事看你實在很勇敢，不顧一切加強敵手反對自己的力量。」蘇拉這樣說似乎具備一位預言家的本能，因爲沒有過多久，雷比達變得驚悍不馴，對於龐培和他的朋友公開表示難掩的敵意[88]。

35 蘇拉把全部家財的十分之一奉獻給海克力斯，用奢華的宴會款待人民，供應的食物超過需要，每天都有大量吃剩的肉類丟進河裡，他們喝40年以上的陳年美酒。在延續很多天的歡宴中，梅提拉罹患重疾即將謝世，祭司禁止他去探視病人，爲了不讓家宅染喪事的霉氣，他立了一紙休書，當梅提拉還活在世上的時候，就將她搬到另外的住所，這種出於宗教的顧慮使他遵守祭司嚴格的規定。在葬禮的開支方面違反自己所制定的法律，有關的條文對於費用的總額和物品的價格都有限制。他爲了用最奢華的酒會來緩和悲傷的情緒，以及只要能與普通的丑角在一起就能產生莫大的樂趣，違犯自己所訂的〈節約法〉有關宴會支出費用的規定。

過了幾個月以後，參觀角鬥士的搏鬥表演，劇院裡男女混雜在一起，座位並沒有隔開。有位漂亮的婦女坐在蘇拉的旁邊，她的名字叫華勒麗婭（Valeria），出身高貴的家庭，梅撒拉（Messala）的女兒也是演說家賀廷休斯的姊妹，這時剛剛與丈夫離婚。當她從蘇拉的前面經過的時候，就用手撐了他一下，順勢從他的長袍上面扯下一小塊羊毛；蘇拉注意到這個動作感到很奇怪，就問她這是什麼意思，她說道：「尊貴的閣下，我毫無冒犯之意，只是一直在想怎樣才能分享你一點福氣？」蘇拉不僅沒有表示不滿，反而有搔到癢處的感覺，於是詢問她的姓名、家世和過去的生活。從那時起雙方開始眉目傳情，只要眼光接觸就面露笑容。結局是經過追求終於完成婚禮。女方從沒有像現在這樣的嫻淑文靜，至少一切都很清白沒有惹來閒言閒語。就蘇拉來說能夠找到理想的對象，就像回復到少年時期激起內心的火焰，面對挑逗的眼光，就會不顧一切追求情慾的滿足。

---

88 伊米留斯·雷比達（Aemilius Lepidus）是78B.C.的執政官，等到蘇拉亡故，他反對為蘇拉舉行盛大的葬禮。不久傳出他要叛變，很快戰敗而且死亡，據說龐培在這個事件中，扮演主要的角色。事實上雷比達被迫離開意大利逃到薩丁尼亞，後來生病鬱悒以終，據說起因不是在政壇受到挫折，而是發現一封信證明他的妻子對他不忠。

36 雖然他已經結婚，還是經常與演員、樂師和舞女作伴，躺在臥榻日夜不停的飲酒作樂，最受寵愛的伶人是喜劇演員羅斯修斯(Roscius)、啞劇名角索里克斯(Sorex)和扮演女角見長的梅特羅拜斯[89]，雖然廝混一起度過壯年的歲月，現在宣稱仍舊保有溺愛的熱情。蘇拉在開始只是身體稍有不適，不知節制的生活方式使得他的病情加重，而且經過很長的時期還不知道自己的腸胃長著腫瘤，直到最後他的身體開始潰爛長出很多的寄生蟲。運用大量人員日夜照顧和清除，這種工作絕非用手可以獲得成效，不僅是他的衣服、浴室、面盆、甚至他的食物都受到流出的穢物所污染，而且這些寄生蟲都是成群的排出。他經常一天幾次到浴室去清理和洗刷他的身體，還是完全無濟於事。這些可怕的東西繁殖的速度驚人，產生的數量極其龐大，真是讓人束手無策。

罹患這樣的疾病過世的人物，古代有佩利阿斯(Pelias)之子阿卡斯都斯(Acastus)；稍後是詩人阿克曼(Alcman)、神學家菲里賽德(Pherecydes)、死在監牢的奧林蘇斯人(Olynthian)凱利昔尼斯，還有律師穆修斯(Mucius)；如果我們提到一位出身寒微而又名聲狼藉的人物，就是逃亡在外的優努斯(Eunus)，後來在西西里煽動奴隸叛亂反抗主人，死於這種身上長著寄生蟲的惡疾[90]。

37 蘇拉不僅預見他的死期將至，而且在他的著作裡面提及此事。他的《回憶錄》共22卷，在他逝世前兩天完成，裡面有記載說是迦勒底人曾經告訴他，等他抵達一生最光榮的頂點，會在滿溢著幸福的歲月結束他的生命。再者，蘇拉特別談起在夢中見到他的兒子顯靈，這個兒子早在梅提拉不久之前過世，說是他穿著襤褸的衣服，懇求他的父親不要再理會世事，跟隨他到他的母親梅提拉那裡去，一同過著平靜而安寧的生活。雖然如此，他無法抑制自己不去插手政府的事務，逝世前10天還要調停狄西阿契亞(Dicaearchia)[91]的內部爭

89　西塞羅曾為羅斯修斯的訟案擔任辯護律師，對他有很好的印象；索里克斯有自己的戲班子；梅特羅拜斯是知名的歌手和悲劇演員，只是蒲魯塔克對他頗不以為然。

90　阿卡斯都斯是愛奧庫斯(Iolcus)國王，阿耳戈號(Argonauts)的英雄人物之一。阿克曼是7世紀B.C.斯巴達的抒情詩人。賽羅斯人菲里賽德是6世紀B.C.的神話作者。凱利昔尼斯是亞歷山大大帝很親近的哲學家和歷史學家。穆修斯‧西伏拉是法學家和133年的執政官。優努斯的奴隸叛亂發生在134年。

91　狄西阿契亞最早是一個希臘殖民地，位於那不勒斯灣的海港城市，離蘇拉療養的地方很近，他對這個城市可能具有庇主的身分。

端，爲他們擬訂法律使得政治更能造福民眾。就在他亡故前一日，獲得告知說是
行政官員格拉紐斯要延後歸還所欠公家的債務，好等蘇拉去世以後再處理。格拉
紐斯就把蘇拉帶到自己的家裡，要一群隨從圍住蘇拉好讓他窒息而亡，這時蘇拉
高聲叫喊而且扭動身體，腫瘤破裂引起大量流血，精力慢慢消失，度過一個痛苦
的夜晚終於死亡。梅提拉給他留下兩個年幼的子女，華勒麗婭後來爲他生了一個
女兒叫做波斯都瑪（Postuma），羅馬人通常用這個名字來稱呼父親過世以後所生的
遺腹子。

38 很多人得到信息以後趕了過來，大家吵鬧不休之餘，要與雷比達聯
手剝奪死者依據傳統應有的莊嚴儀式。龐培雖然不爲蘇拉所喜（在他
所有的朋友當中，只有龐培的名字沒有出現在遺囑裡面），還是運用他的關係和
求情，對某些人拿出威脅的手段，總算將蘇拉的遺體運到羅馬，能夠舉行安全而
尊榮的葬禮。據說羅馬的婦女捐獻大量的香料，總數有210升之多，就用最貴重
的乳香和肉桂，製成尺寸如同實物的兩尊塑像，分別是蘇拉和一位扈從校尉。這
一天從早晨開始就烏雲密布，他們的行程受到耽誤直到下午第三個時辰才抵達，
隨時可能降下大雨。一陣狂風使火葬堆升起明亮的烈焰，遺骸很快焚燒得乾乾淨
淨，等到積薪開始悶燒，火焰熄滅以後，暴雨傾盆而下，一直延續到夜晚。可見
他的一生好運不斷，連最後的葬禮都受而上天的保佑。他的紀念碑建立在戰神教
練場，上面有他自己撰寫的墓誌銘：

　　有仇報仇，有恩報恩；
　　連本帶利，加倍還清[92]。

---

[92] 蘇拉的墓誌銘表示出他的遺願，這種方式非常的直率，5世紀B.C.的居魯士二世也如此表示，
只是生前並沒有如其所願，不像蘇拉完全可以兌現。他可能模仿英紐斯（Ennius）為西庇阿‧
阿非利加努斯所撰的悼辭：「此處長眠一位偉人，無論是市民或仇敵，都無法報答他的恩情
和盛意。」

第三章
賴山德與蘇拉的評述

1 寫完賴山德和蘇拉的傳記以後，要對他們進行評述。這兩個人都是當代最偉大的人物，不同之處在於賴山德接受的職位，斯巴達的市民基於冷靜判斷，獲得他們的同意；他對他們的善意心懷感激，所有的行動不會採取對立的態度，更不會濫用權勢違背法律的規定。然而，

> 舉國鬩牆之爭，
> 惡賊得享大名。

羅馬出現這種狀況：人民完全腐敗不堪，政府已經病入膏肓，專制權力的崛起成為前仆後繼之勢。當格勞西阿斯和薩都尼努斯驅逐梅提拉斯家族的時候，當執政官的兒子在市民大會被殺的時候，當用金錢買到選民和武力以及用火與劍來制定新的法律和鎮壓合法反對派的時候，要說蘇拉能夠掌握統治大權，也是不足為怪的事。

我並不指責他們在在那種環境之下，攫取最高權位有什麼不對，而且看到共和國陷入極其不幸的動亂之中，為什麼不能登高一呼以天下國家為己任？賴山德被一個政局穩定而且行事廉明的城市，畀以負起軍國大事的主要職責，在於他的名聲和德行使人讚賞，這在一個重視美德的共和國而言，也是理所當然之事。因此，他經常將這些權力歸還到市民的手裡，等到國家有了需要，他再接受這些權責，完全憑著建立的功勳，能夠永保無人可取代的地位。在另一方面，蘇拉一旦使得自己成為軍隊的將領，就保持指揮的職位長達10年之久，無論他使用的頭銜是執政官、代行前執政官還是笛克推多，他的言行讓人把他看成一位僭主。

2 如同我在前文所說那樣，賴山德的確想要改革城邦的體制，比起蘇拉的做法更爲溫和而且更合於法律的要求，採用說服的方式而不是武力的強迫，更不像蘇拉那樣要進行翻天覆地的變動，僅僅在於修正國王的繼承規定。一個在希臘世界居於領導地位的城市，它的統治者應該出於德行而非家世，這才合乎自然和公正之道。如同獵人要考慮這隻幼犬本身是否達到標準，而不是生牠的母犬，馬販子要買一匹馬，他不在乎是那匹母馬生下的幼駒，（難道非要拿幼駒來證明牠將來會是一匹騾子？）同樣一個政治家所犯最大錯誤，是在選擇主要官員的時候，探求的重點不在這個人的品格和能力而是家世和出身。

斯巴達人經常罷黜他們的國王，主要的理由是望之不似人君，所作所爲可以說是一無是處。甚至在一個古老的家族當中，如果邪惡的天性會帶來恥辱，先決條件是德行本身而不是家世會讓人擁有榮譽。再者，要是一個人爲他的朋友做出不公正的行爲，別人就會產生聯想，認爲他期望朋友對他亦復如此。大家都會同意，賴山德犯下滔天大罪是爲了政治上的夥伴，不惜展開大規模的屠殺來維持他們的權力和統治。蘇拉出於嫉妒的心理，才會將龐培爲數甚多的士兵置之死地；雖然他把水師提督的職位授與多拉貝拉，所以他又試著要拿回去；盧克里久斯・歐菲拉自忖立下蓋世大功，硬要出馬競選執政官，結果當著他的面被他所派的人殺害。所有的羅馬人在內心對於蘇拉不僅恐懼而且厭惡，就是因爲他用殘酷的手段對待最親密的朋友。

3 即使是爲了追求財富和歡愉，我們發現這兩位有天淵之別，一位流露著帝王的風範，另外一位顯示出暴君的氣質。賴山德充分運用軍事指揮的資源和機遇，既不會狂妄放縱也不會滿懷惡意，不僅如此，他能保持開闊的心胸和明晰的理念，超出凡人能到達的程度，有一句諺語倒是很適合：

　　獸王登極，
　　狐犬遠逸。

不論他到達何處，就像一個眞正的斯巴達人，維持實事求是和重視紀律的指導方針。說起蘇拉，無論是年輕窮困的時候，或是進入花甲的老年，從來不知道抑遏那些不堪聽聞的嗜好，始終違犯用來規範市民必須貞潔和節制的法律，誠如

薩祿斯特斬釘截鐵表示，宣稱蘇拉這一輩子都過著猥褻和通姦的生活。就是因為這些無恥的行徑，他耗費羅馬整個城市的財富到山窮水盡的地步，即使每天都在籍沒那些最有勢力的家族，公開賣掉豪門世家的產業，然而為了獲得現金，把市民權和豁免稅捐出售給聯盟和友好的城市。不僅如此，他的周圍有很多奉承和諂媚的無恥之徒，浪費在他們身上的金錢多得更是無法計算，特別是那些有預謀想要圖利自己的傢伙，更要藉著酒色建立私人的關係，等到要拍賣一處龐大的產業的時候，雖然公開給民眾參加，他想讓朋友用很少的金額獲得，要是有人出價較高，拍賣員宣布提高標價，這時他會大發脾氣，說道：「啊，各位市民，要是我不能隨心所欲處理我的戰利品，那不僅令人感到奇怪，也是非常不公平的事。」

賴山德的做法與蘇拉完全背道而馳，把所有的戰利品，甚至別人送給他的禮物，統統運回國內充當政府的公共開支。然而我並不讚揚賴山德的行為，因為這種過度的慷慨給斯巴達帶來的傷害，可能要超過蘇拉對羅馬的掠奪。我僅僅拿來當作一種論點，證明每個人對於財富有不同的處理方式。還有就是他們對各自的城市，能夠發揮非常獨特的影響力。蘇拉雖然是一個窮奢極侈的浪蕩子，竭盡努力要讓羅馬市民恢復過去那種嚴肅和端莊的生活；賴山德是潔身自愛的君子，卻讓斯巴達充滿他所不以為然的奢華風氣。因此這兩位都應該受到譴責：一位是逾越自己所制定的法律；另外一位是貶低市民到他的榜樣之下，所以賴山德教斯巴達人去做那些他知道不應該做的事情。從這方面來看，他們對自己的城邦帶來驚天動地的變化。

4 談到用兵之法、為將之道、獲勝次數和冒險事蹟，蘇拉穩操左券；賴山德只不過在兩次海戰中贏得勝利，我要是把雅典的圍攻也加上去，這件工作真是風險低而收益大。他到了皮奧夏以後，遭遇在哈利阿都斯的狀況，雖然可以歸於氣運乖戾，仍舊是人謀不臧所致，國王的部隊即將從普拉提亞到達，他們仗著暴虎馮河的勇氣，不願等待強要出戰，在態勢不利的狀況下向著城牆前進，結果一小股兵力的出擊，落到戰敗身亡的下場。他之所以受到致命的重傷，不像克利奧布羅都斯在琉克特拉那樣，抱著大無畏的勇氣在戰場上面抵抗敵人攻擊；更不能與居魯士或伊巴明諾達斯相比，為了從事一場決定性的會戰，或是確保已經到手的勝利，這些人都是在戰場上陣亡的國王和將領。他等於在前哨戰鬥或斥候行動中，就那麼毫不光彩的輕易喪生，可以證實斯巴達古老的教戰守則是

如何的睿智，其中說到要避免攻擊防衛森嚴的城池，因為最勇敢的戰士都可能臨戰失利，不僅落在實力較弱的敵人手裡，甚至會被婦孺奪走性命；就像他們所說那樣，阿奇里斯是在城門口被帕里斯所殺。很難計算蘇拉打贏多少次重大的會戰，殺死多少萬的敵人，他曾經攻占羅馬兩次，還有就是拿下雅典人固守的派里猶斯，不像賴山德運用饑饉的手段，而是一序列重大的會戰，把阿奇勞斯從陸地趕到海洋。

談到最重要的一點，是要考量他們所交手的指揮官，彼此有非常明顯的差異。我認為最容易的任務，也可以說是遊戲之作，就是打敗亞西拜阿德的領航員安蒂阿克斯，或是制伏雅典的政客斐洛克利，這個傢伙：

> 徒逞口齒之利。

就像米塞瑞達底不屑於同他的馬夫相比一樣，馬留也不願與他的扈從校尉相提並論。蘇拉如同馬留在羅馬人中間可以說是戰無不勝，他們的敵手都是一些君王、執政、將領和政客，難道還有那位國王比米塞瑞達底擁有更大的權勢？意大利人中間還有那一位的武藝比蘭潘紐斯和特勒西努斯更為高強？然而這些人當中，一位被他驅逐，一位被他制伏，一位被他殺害。

5 就我個人的意見，還有一件事比起前面所提的例證更為重要，賴山德的成功是他能獲得斯巴達當局的協助；蘇拉則不然，除了他是受到放逐的人，還受到黨派傾軋的迫害，就在他的妻子被趕離自己的家園，房舍被人夷為平地，追隨人員慘遭殺害的時候，他在皮奧夏列陣對抗數量龐大的敵軍，為了國家不避危險艱辛，終於能樹立戰勝紀念碑。等到米塞瑞達底提出建議，要與他成立聯盟並且協助他去對付國內的政敵，他沒有表示順從的意願和友善的態度，一直到他聽到國王親口說出要放棄亞洲、交出他的水師、把俾西尼亞和卡帕多西亞還給原來的國王，這才願意與他打招呼和他握手。蘇拉一生的言行沒有比這個使他獲得更大的榮譽，表現出更為崇高的信念，因為他堅持「先公後私」的原則，重視國家的利益甚於個人的利益，就像一條訓練良好的獵犬，只要咬住獵物絕不鬆口，更不會讓它逃走，非要對手屈服不可；也只有到這個時候，才會報復私人所受的傷害和冤屈。還有就是從他們對待雅典的方式，使我們能夠據以比較他們的

性格和作風。米塞瑞達底運用權勢和實力對雅典大力支持，等到蘇拉力戰奪取這個城市以後，還是恢復它的自由權利和獨立自主。賴山德的處理方式完全相反，雅典從過去權傾天下的地位一落千丈，陷入萬劫不復的處境，這時賴山德毫無惻隱之心，盡力摧毀民主政體，扶植殘酷暴虐和無法無天的僭主。

　　從而我們最後對這兩位的蓋棺論定，可以說是雖不中亦不遠矣。那就是蘇拉立下戰功彪炳的勳業，賴山德的處身行事更是瑕不掩瑜，同時還可以這樣說，後者以謙遜和自制的德性卓然有成，前者在於謀略和用兵的將道戰無不勝。

第十三篇

決勝千里者

第一章

西蒙（Cimon）

510-450B.C.，雅典將領和政治家，
團結希臘人贏得波斯戰爭的勝利。

1 預言者佩瑞波塔斯（Peripoltas）說服歐菲塔斯（Opheltas）王，率領他的臣
民從帖沙利遷到皮奧夏，其中有一個家族在那裡興旺很長的時期；大部
分族人都居住在奇羅尼亞，這是他們驅逐蠻族以後所建第一個城市[1]。這個家族
的後裔都是英勇善戰之輩，他們在米提人的入侵和對抗高盧人的戰爭中，冒險犯
難歷經艱苦，最後幾乎全部死傷殆盡。

這個家族只留下一位名叫達蒙（Damon）的孤兒，他獲得佩瑞波塔斯的綽號，
雖然個性粗野缺乏教養，但是就英俊的相貌和進取的精神而言，在那個時代可以
說是首屈一指的人物。羅馬軍隊在奇羅尼亞實施冬營，一個連隊的百夫長對這位
青年產生愛慕之情，這時候達蒙的身材看起來就像成年人[2]。等到這位羅馬人發
現他的殷勤、禮物和懇求都遭到拒絕，就用暴力的手段迫使達蒙就範。那時我們
的故鄉奇羅尼亞處於非常悲慘的狀況，人口稀少而且居民貧困，無論遇到任何問
題都無法秉公處理。達蒙明瞭他受的冤屈不可能獲得公正的審判，決心自己對施
暴者加以懲處，就與16個同伴在暗中準備對這位百夫長下手，為了不讓人認出他
們的長相帶來危險，在夜晚用煙灰抹黑自己的面孔。他們用飲酒來掩飾心中的不
安和壯膽，等到天明趁著這位百夫長在市場獻祭，發起襲擊將他以及跟隨的人員

1　歐菲塔斯是佩尼勞斯的兒子，佩尼勞斯是率領皮奧夏部隊參加特洛伊戰爭的指揮官。蒲魯塔
　　克認為歐菲塔斯是他的祖先，而且奇羅尼亞是他的故鄉，這個地方正當帖沙利至皮奧夏的要
　　衝。

2　羅馬軍隊的冬營居住於民舍，大約發生在88-87B.C.的米塞瑞達底戰爭時期，高乃留斯·蘇
　　拉正在圍攻雅典，盧契烏斯·盧庫拉斯以卸任財務官的身分擔任指揮官。

一齊殺死，然後逃出城市。這一次的謀殺行動使得全城陷入混亂和極其緊張之中，奇羅尼亞的元老院立即召開會議，公開宣布達蒙和從犯的死刑，他們這樣做完全是爲了向羅馬人表態，免得節外生枝帶來不利的影響。當天到了夜間，主要官員按照習慣在一起晚餐，達蒙和他的同伴打進大廳，將他們殺死以後潛逃無蹤。

這時正好盧契烏斯‧盧庫拉斯(Lucius Lucullu)率領一支部隊經過此地進行遠征，得知新近發生慘劇就停下來處理，經過調查發現城市對於百夫長之死沒有任何過失，他的被殺完全是咎有應得，於是撤收守備部隊將所有的士兵全部帶走。然而達蒙繼續蹂躪附近的鄉村，市民派遣信差送給他赦令，從表面上看已經赦免他的犯行，就是爲了要引誘他回到城內，並且讓他擔任體育督導官[3]的職位，後來等他在蒸氣瀰漫的浴場，用油膏塗抹身體之際，他們突然發難將他殺死。後來有很長一段時間可以遇見這個鬼魂，出事的地點回響著呻吟的聲音，我們的父執輩提到此事，說是他們將這座浴場的門全部堵塞，甚至到今天住在鄰近的人，經常看到出沒的幽靈，聽到可怕的聲音。達蒙的後裔一直延續到現代，大多數住在福西斯靠近一個名叫司蒂瑞斯(Stiris)的小鎮，獲得阿斯波洛米尼家族(Asbolomeni)的稱號，伊奧盧斯人(Aeolian)的土語Asbolomeni這個字意思是「煙灰抹黑面孔的人」，因爲達蒙從事謀殺行動的時候，用這種方式將自己僞裝不讓人辨識出來。

② 後來奇羅尼亞與鄰近的奧考麥努斯發生紛爭，後者花錢收買一個羅馬人擔任告發者，出面指控奇羅尼亞整個社區，說他們犯下謀害百夫長的罪行，由達蒙和他的同伴擔起全部的刑責。這時羅馬人還沒有派總督到希臘，整個案件上訴到馬其頓的法務官手裡，按照法律進行審判程序。律師爲居民辯護向盧庫拉斯要求提供證詞，他在給法務官的回信中詳述整個事實，因而使得奇羅尼亞的市鎮獲得無罪的判決，逃脫最嚴重的危險後果。市民就在市場靠近巴克斯神廟的地點，豎起盧庫拉斯的雕像，一直保存到現在。

我們同樣還能從這個雕像獲得感恩圖報的印象，雖然這件事距離當今已有數個世代之久，仍舊感覺到這種義務延伸到我們身上。我們認爲用文字描述他的風

---

3 這個職位從字面上看是負責體育訓練，實際上是一種頭銜，用來頒贈給城市裡面傑出的人士，他有責任維護社會的秩序。達蒙獲得這個頭銜，不是基於他的行為而是他有良好的家世。

格和習性，比起用雕塑表現他的容貌和體態，可以讓他獲得更大的榮耀。因此我們把盧庫拉斯的一生與最顯赫的人物進行比較，記錄他的作戰行動絕不會偏離事實。紀念的本身就是一種證據，說明我們存著大德不言謝的情懷；如果我們報答他的照顧只是實話實說，那麼他也不必有任何感激表示，我們無須用虛假和杜撰的故事來污衊對他的追思。

我們所能抱持的希望，就像畫家正在描繪一張美麗的面孔，雖然還有一些不夠完美的地方，無須完全忽略不理，也不應該刻意突出，因為後者會使畫像變得醜陋，前者損害到本人和像畫的相似之處。拿我們現在的工作來說，要是一個人的生平都找不到任何瑕疵，這是極其困難而且幾乎是不可能的事，只能就表現卓越和優異之處據實以報，要能充分的表達不可故意疏忽。只要出於人類的熱情或政治的需要，發生任何過錯或缺失，我們寧可認為這是特定德性的美中不足，而不是邪惡行為的必然後果。如果這種惻隱之心出於軟弱的天性，不可能成功造就人類的特質，在德行方面達到如此完美的境界，那就是能從混雜錯亂之中出現純真，開闊的心胸不會任意的責難；因此我們抱著愛管閒事的態度，不將這些負面的報導寫進傳記之中。

3 考量我個人的特定想法，發現除了西蒙(Cimon)以外，沒有任何人能與盧庫拉斯進行更為精確的比較。這兩位面對戰爭表現出驍勇善戰的特色，對抗蠻族獲得極大的成就。他們都能用溫和的風格獻身政治生涯，為了使同胞能從內鬥中獲得喘息的機會，他們的做法比任何人都更為出色；同時在海外能夠建立很多座勝利紀念碑，多次贏得聞名於世的大捷。使得戰爭的場地遠離本國，就這點而論以前的希臘人沒有一個能與西蒙相比，盧庫拉斯在羅馬人當中亦復如是。傳聞中的巴克斯和海克力斯可以超越他們，還有帕修斯對抗埃塞俄比亞人(Ethiopians)、米提人和亞美尼亞人的功勳，以及傑生的探險；只是這些記錄到今天還有幾分可信，實在令人懷疑。再者他們兩人還有共同之點，就是著手進行的冒險事業始終沒有完成，雖然他們給敵人帶來毀滅和死亡，從未達成徹底的征服。他們還有更為顯著的類似之處，就是他們的款待和殷勤不僅充滿善意而且極盡豐碩之能事，他們的日常生活帶有赤子之心的縱容和任性。還有相似之點因為疏漏而未提及，從我們的敘述中可以很容易看出來。

4 西蒙是密蒂阿德(Miltiades)和赫吉西帕勒(Hegesipyle)的兒子。這位女士是色雷斯人歐洛魯斯(Olorus)王的女兒,麥蘭修斯(Melanthius)和阿奇勞斯(Archelaus)的詩篇說很清楚,這些作品是用來讚譽西蒙的事蹟。同時也讓我們知道修昔底德是西蒙母系方面的親戚;修昔底德的父親名字也叫歐洛魯斯,就是為了不能忘記他們的祖先,何況他還擁有色雷斯的金礦[4],據說他遭到橫死的地點,就是色雷斯區域的斯卡普特·海勒(Scapte Hyle)[5],他的遺體後來帶回阿提卡,為了表示他與西蒙家族的關係,特別建立一座紀念碑,靠近西蒙姊姊艾爾萍妮絲(Elpinice)的墳墓。修昔底德的戶籍屬於哈利穆斯區(Halimus),密蒂阿德和他的家族屬於拉西阿迪區(Laciadae)。

密蒂阿德定罪以後受到50泰倫罰鍰的處分,無力支付被關進監牢,後來死在裡面。西蒙很小的時候就成為孤兒,他的姊姊艾爾萍妮絲年紀很輕尚未結婚。開始的時候他的風評很差,不僅穿著很襤褸而且喜愛飲酒,個性酷似名字也叫西蒙的祖父,過著簡樸的生活獲得科爾穆斯(Coalemus)的稱號。薩索斯(Thasos)的司提辛布羅都斯(Stesimbrotus)與西蒙是同時代的人物,說西蒙不懂音樂,就連普通希臘人都熟悉的才藝也一竅不通,不像那些阿提卡的同胞,無論在何處都可以信口開河講個不停。他的言行極其高貴而誠摯,身為雅典人個性很像土生土長的伯羅奔尼撒人,如同優里庇德描述海克力斯:

　　其質若璞玉兮渾金,
　　天將降大任於斯人[6]。

司提辛布羅都斯的說法不過泛泛之言,這句詩才是西蒙個性的最佳寫照。

他們指責他在年輕的時候曾與自己的親姊妹艾爾萍妮絲同居[7],說起艾爾萍妮絲在其他方面也不清白,她與畫家波利格諾都斯(Polygnotus)發生肉體關係,據說

4　參閱修昔底德《伯羅奔尼撒戰史》第4卷第105節。

5　Scapte Hyle意為「滿布木樁的壕溝」,司提法努斯(Stephanus)把這個地方稱為斯卡普特蘇勒(Scaptesule)。

6　這句詩出於優里庇德的悲劇,至於是哪一齣戲,已經佚失無法查證。

7　有人說艾爾萍妮絲是西蒙的同父異母姊妹,所以他才能娶她為妻;雅典的法律不禁止同父異母的兄妹或姊弟結婚,然而同母異父的手足則不可以;因為同母的手足容易得知,反之異母的兄弟姊妹很難查明。高乃留斯·尼波斯同意這種論點。

他在稱爲皮西勒(Poecile)(過去的名字叫做普勒西納克屯[Plesianactium])的柱廊畫《特洛伊婦女》這幅名作的時候,勞迪西(Laodice)的面貌繪得與她惟妙惟肖。波利格諾都斯不是一般匠人,並非靠著這門技藝謀生,他在柱廊的作品不要任何報酬,完全是爲了取悅雅典人。史家曾經提及此事,詩人麥蘭修斯寫出如下的詩句:

妙手神奇奪天工,
英豪千載逞雄風;
歷來名都多古寺,
意匠慘淡經營中。

有些人硬說艾爾萍妮絲與她的兄弟公開同居,好像是他娶過來的妻室,主要原因是她的貧窮無法找到門當戶對的良人。後來雅典最富有的人士之一的凱利阿斯(Callias),愛上艾爾萍妮絲,只要答應這門親事,願意爲她父親付出所欠的罰鍰,獲得艾爾萍妮絲的同意,西蒙將她許配給凱利阿斯。

　　毫無疑問西蒙是個多情種子,麥蘭修斯在他的輓詩裡面,曾經挖苦西蒙迷戀薩拉密斯的阿斯特里婭(Asteria),接著是一位名叫妮斯特拉(Mnestra)的少女。他的髮妻伊蘇迪斯(Isodice)是優里普托勒穆斯(Euryptolemus)的女兒,麥加克利(Megacles)的孫女。他對伊蘇迪斯在生前不僅極其溺愛,就是死後更是哀毀逾恆,從留存的輓詩中可以感到他的悲悼和用情之深。哲學家帕尼久斯(Panaetius)認爲這些輓詩的作者是藥物家阿奇勞斯,因爲當時他的詩流傳甚廣,這種臆測之辭也有可能。

5 西蒙的人品在其他方面可以說是高貴而正直,他的膽識可比密蒂阿德而機智不遜提米斯托克利,特別是公正和誠信更在這兩人之上,提到武德大家都在伯仲之間,就一個市民在國內盡一般責任而言,西蒙不論在那一方面都要較他們爲優,即使是他在年輕的時候沒有任何經驗,就有極其卓越的表現。米提人入侵之際,提米斯托克利勸雅典人放棄他們的城市和家園,帶著武器上船與敵軍在薩拉密斯海峽進行海戰,當全體人民爲這個建議的大膽和輕率感到極其驚愕的時候,大家看到西蒙面露興高采烈的神情,第一個領著他的同伴經過西拉米庫斯(Ceramicus)進入衛城,把手裡握著的韁繩奉獻給女神,表示雅典現在不需要

騎兵，未來的作戰完全靠著水手。他把韁繩交出以後，取下掛在廟宇牆上的盾牌，立刻趕往港口，這種以身作則的行動給許多市民帶來信心。

他是一位英俊瀟灑的男士，根據詩人艾昂的描述，說他身材修長而挺拔，一頭濃密而鬈曲的長髮。他參加薩拉密斯會戰[8]表現英勇出眾，在雅典人中間贏得極大的名聲，受到大家的愛戴和推崇。有很多人願意追隨他的行動，鼓勵積極進取的精神，要比起他父親參加的馬拉松會戰，獲得更高的成就[9]。等到後來他投身政壇，受到民眾的歡迎，更加厭煩提米斯托克利；大家之所以反對提米斯托克利，因為西蒙的性格坦誠容易接近，能夠獲得每個人的贊同，他們擁戴西蒙在政府躍升最高職位。特別是亞里斯泰德很早就了解西蒙的人品和才幹，對他的拔擢不遺餘力，其目的是要與提米斯托克利的狡詐和蠻橫取得分庭抗禮的均勢。

6 米提人被趕出希臘以後，西蒙出任水師提督的職位[10]，這時雅典人在海上尚未建立霸權，仍需聽從鮑薩尼阿斯的調度，一切唯拉斯地蒙人馬首是瞻[11]；這時雅典的同胞在他的領導之下，無論是訓練的優異或戰備的完善，都有卓越的表現和成就。後來，等到發覺鮑薩尼阿斯與蠻族建立秘密的聯繫，寫信給波斯國王要出賣希臘的權益，何況他還仗著權勢和功勳，用極其傲慢和無禮的態度對待盟邦，犯下很多放縱和不法的惡行。西蒙之所以占了上風，是他用仁慈的作風對待那些受到冤屈的人，抱著關懷和同情傾聽他們的訴求，在拉斯地蒙人感到大事不妙之前，他用口才和德行而非艦隊的實力，剝奪鮑薩尼阿斯指揮希臘人的權利。絕大部分的盟邦無法忍受鮑薩尼阿斯的粗暴和驕傲，厭惡之餘表示願意接受西蒙和亞里斯泰德的領導，一旦負起這個責任，寫信給斯巴達的民選五長官，希望他們召回鮑薩尼阿斯，因為這個人不僅讓斯巴達蒙羞，還給希臘帶來很大的困擾。

他們提到鮑薩尼阿斯在拜占庭的時候，愛慕並且誘騙一位貴族出身，名叫克

8　薩拉密斯海戰發生在奧林匹克75會期第1年即480B.C.。
9　西蒙的父親蒂阿德是贏得馬拉松會戰的雅典將領，時為奧林匹克72會期第3年即490B.C.。
10　西蒙出任水師提督是在奧林匹克75會期第3年即478B.C.。
11　奧林匹克第75會期2年即479B.C.發生普拉提亞會戰，波斯人潰敗退回小亞細亞。鮑薩尼阿斯擔任希臘聯軍的統帥，指揮艦隊在愛琴海與波斯人對陣，478年被斯巴達當局召回，免去所有職務。這件事所產生的後果，是雅典與愛琴海周邊的城邦建立聯盟，逐步發展成為一個帝國。可以參閱修昔底德《伯羅奔尼撒戰史》第1卷第94-97及128-134諸節。

麗奧奈斯(Cleonice)的少女。她的父母畏懼他的殘暴被迫同意，只有放棄女兒去
滿足他的獸慾。這位少女要求寢室外面的奴僕將燈火熄滅，等到她在黑暗中毫無
聲息抵達他的床邊，不小心被燭台絆倒。鮑薩尼阿斯在熟睡中被一陣雜音驚醒，
認為是一位兇手利用深夜前來謀害他，很快抓起放在身邊的短劍，向著這位女郎
刺過去，她受到致命一擊倒地身亡。從此以後，他再也無法安睡，像是不斷有鬼
魂出沒一樣，在夢中看到她的幽靈，向他唸出哀怨難息的詩句：

> 今夜郎邊來，
> 妾心願比翼，
> 命喪白刃裡，
> 冤魂無所依。

　　這件事讓盟邦氣憤不已也是反對他的主要原因之一，大家極其惱怒就與西蒙
的部隊聯合起來，對拜占庭進行圍攻作戰。據說他在逃脫正義之手的報復以後，
還是受到幽靈的糾纏，於是前往赫拉克利的廟宇，要求祭司舉行儀式，安撫克麗
奧奈斯的亡魂獲得和解[12]。她顯靈給予答覆，只要他回到斯巴達，所有的孽債一
筆勾消。看來他即將喪命黃泉，隱約已有預兆[13]。很多作者都提到這個故事。

　　7 西蒙鞏固對聯盟的指揮和掌握的能力以後，就以將領的身分率領大軍前
往色雷斯[14]。根據他獲得的情報，知道波斯一些地位很高的人士，包括
國王的親戚在內，現在據有埃昂(Eion)這座位於斯特里蒙(Strymon)河畔的城市，
經常騷擾鄰近的希臘地區。首先他在會戰中擊敗波斯人，讓他們躲在城牆裡面不
敢應戰，然後他攻擊斯特里蒙河對岸那片國土的色雷斯人，因為他們供應埃昂所
需的糧食，等到將色雷斯人從這個地區驅離以後，他成為擁有一切的征服者，使
敵人陷入受到圍攻的困境。布提斯(Butes)是奉國王之命，在該地負責指揮的將

12　赫拉克利這個地方靠近奧林匹亞，鮑薩尼阿斯運用的巫術稱為Psychagogi，據稱在當地極為
　　流行，可以用咒語召來死者的亡靈。

13　拉斯地蒙人做出決定要將鮑薩尼阿斯逮捕入獄，他知道大事不妙，逃到一座名叫Chalcioucos
　　的密涅瓦神廟去尋求庇護，他們把大門封起來讓他活活餓死在裡面。

14　這件事發生在476-475B.C.。

領，絕望之餘只有縱火焚城，將他本人和所有的財產以及親戚朋友，全部投身於
熊熊烈焰之中。西蒙面對這種玉石俱焚的手段，攻下城池也得不到多少戰利品，
蠻族不僅犧牲自己的性命，連帶最值錢的財富都為大火所噬。

　　雖然如此，他將這一大片國土納入雅典人的版圖，當作一個屯墾區具備優越
的條件和良好的位置。設立殖民地的行動獲得極大的成功，市民大會同意他在各
地豎起雕刻麥邱里頭像的方形石柱，他在第一座神像上面刻著如下的銘文：

　　　　希臘人有英勇而堅忍的精神，
　　　　來到斯特里蒙河畔的埃昂城；
　　　　他們運用饑饉和刀劍的力量，
　　　　逼得米提人的子孫降服割讓。

第二段的詩句：

　　　　雅典何幸產生偉大領導人物，
　　　　獲得如此相稱的酬勞與服務。
　　　　他們擁有千秋萬世不朽美譽，
　　　　後人效法忠勇樂於為國捐軀。

第三段詩文有如下述：

　　　　往昔阿楚斯之子已來到本城，
　　　　神聖的後裔抵達特洛伊海濱。
　　　　荷馬的詩篇提及全體希臘人，
　　　　無敵選鋒組成大軍出戰列陣。
　　　　子孫的命名能用古老的頭銜，
　　　　勇士在戰場贏得他們的主權[15]。

15　這首詩是描述雅典人組成的部隊，在麥內修斯的領導之下，參加特洛伊戰爭。

8　雖然這篇銘文沒有提到西蒙的名字，但是同時代的人士認為雅典人把最高的榮譽賜給他，密蒂阿德和提米斯托克利都望塵莫及。密蒂阿德要求一頂桂冠，迪西利亞區(Decelea)的索查里斯(Sochares)在市民大會站起來反對，措辭雖然不雅，卻受到民眾的稱許：「密蒂阿德！你打勝仗是為了自己，又何必向我們要凱旋式！」到底是出於何種原因，使得他們如此特別厚愛西蒙？難道其他的指揮官都能忍氣吞聲不表示意見？在他的指導之下，雅典人不僅攻擊敵人還入侵對方的國土，獲得新的地區成為埃昂和安斐波里斯的主人。

雅典人能夠在這裡建立殖民地，等到後來奪取西羅斯(Scyros)島[16]也如法炮製。這個島嶼的居民是多洛皮斯人(Dolopians)，他們根本不知道耕種為何物，多少世代以來靠著搶劫為生；後來猖獗到這種程度，連外國人把貨物帶到他們的港口，都毫無保障被掠奪一空。有一些帖沙利商人來到靠近帖西姆(Ctesium)的海岸，不但貨物搶走連人都遭到拘留。這些人後來從監獄中逃走，前往安菲克提昂的法庭獲得對西羅斯島的判決，西羅斯島的人民因為他們並沒有參加搶劫，拒絕給予公眾的賠償，就前去訪問那些得到好處的人，要他們把搶來的貨品交出來，這些人感到驚惶不安就寫信給西蒙，請他率領艦隊前來援助，說他們準備將市鎮交到他的手中，西蒙運用這種方式獲得整座島嶼，將多洛皮斯人的海盜趕走，使得愛琴海的貿易能夠暢通無阻。

西蒙將這件事情處理完畢以後，想起古老的英雄人物伊吉斯(Aegeus)之子帖修斯(Theseus)，當年從雅典到西羅斯島尋找庇護，因為黎科米德(Lycomedes)王起了畏懼之心，運用奸詐的手段將他殺死，現在西蒙要盡力找出埋葬的地點。有一份神讖要雅典人找回他的遺骸[17]，把他當成英雄授與所有應得的榮譽；很不容易知道他究竟葬在那裡，西羅斯的人民隱瞞實情，不願雅典人的搜尋獲得結果。西蒙展開大規模的調查行動，幾經困難終於發現墓地，將帖修斯的遺骸搬上他的戰船，用盛大的排場和飾典運回雅典，從帖修斯受到放逐起已有400年之久[18]。

從這件事可以知道民眾對西蒙是何等的愛戴，讓他出任悲劇演出的裁決者，成為流傳千古的佳事。索福克利(Sophocles)還是一個年輕人，正好完成第一個劇

16　雅典人獲得西羅斯島是在奧林匹克77會期第1年即472B.C.。

17　找到帖修斯的遺骸是在476B.C.，獲得神讖是4年前的事。

18　蒲魯塔克不可能在時間上有400年的誤差，希臘文的抄本上面說是「從帖修斯遭到放逐起已有800年之久。」

本，觀眾的意見有很大的分歧，每一邊的支持者都表現出熱情的態度，阿普西菲昂（Apsephion）那時正出任執政，不願讓演出的勝負像平常那樣由裁判員投票來決定。等到西蒙和手下的指揮官進入劇院，對於慶典的神明進行酹酒的儀式以後，執政不讓他們告退，帶到前面去宣誓（他們一共有10個人，每個人代表一個部族）出任裁判，然後坐下參觀演出裁決優勝。參賽的單位燃起更為熾熱的野心，要爭取這些極具盛名的裁判投他們一票。最後裁定索福克斯贏得勝利，據說伊斯啓盧斯（Aeschylus）感到極其沮喪，沒過多久就離開雅典，帶著滿腔怒氣前往西西里，逝世以後葬在傑拉（Gela）這座城市附近。

9　艾昂提起他還是一個年輕人的時候，正好從開俄斯島來到雅典，有幸在勞美敦（Laomedon）的家中與西蒙共進晚餐，飯後按照習俗要向神明酹酒，接著同席的客人請求西蒙為大家高歌一曲，他的獻唱非常成功，接受大家的讚譽並且說他的造詣要比提米斯托克利高明得多；據說提米斯托克利在同樣的場合，宣稱他從來沒有學過唱歌，也不會演奏任何一種樂器，只知道如何使城市富足而強大[19]。大家在表演節目的時候一直在聊天，話題轉到西蒙那些最著名的軍事行動，當他們提出很多膾炙人口的事蹟時，他說其中最讓他感到足智多謀的一項被大家遺漏，於是就源源本本交代清楚。

　　盟邦的軍隊在塞斯托斯和拜占庭擄獲數量極其龐大的蠻族戰俘，大家讓他主持戰利品的分配事宜，他把所有的東西區分為兩大部分來抽籤，一個籤是所有的俘虜，另外一個籤包括掠奪的貴重衣服和珠寶。盟邦抱怨說這種分法不公平，他說可以讓他們先選所要的籤，雅典就是拿剩下的也會感到滿足。薩摩斯的希羅菲都斯（Herophytus）建議他們的選擇是所有的掠奪品，就把可以出售為奴的戰俘留給雅典人；等到西蒙返國以後，大家嘲笑他分配極其荒謬，盟邦運走無數黃金的手鐲、臂鐲、項圈和紫袍，雅典人只有赤身裸體的俘虜，這些人就是作為勞工都不適用。但是沒有過多久，俘虜的親戚和朋友都從利底亞和弗里基亞來到，每個人都花了很高的贖金才獲得自由，西蒙用這種方法增加財源，除了為整個艦隊的

所有船隻購買四個月的給養，還剩下很多錢存放在雅典的金庫[20]。

10 西蒙現在已經非常富有，只要他能戰勝蠻族因而擢升到更高的地位，就會把這些職務所獲得的好處花費在市民的身上。他把花園和田莊的圍牆全部推倒，外鄉人如同市民同胞，只要願意都可以任意採摘樹上的果實。他的家裡隨時都會準備一桌便餐，足夠相當多的來客食用，每一位貧窮的老鄉都能自由的進出，他從來不料理家事，所有的時間都用來處理公務。亞里斯多德提到他接待的對象並非所有的雅典人，以同住在拉西阿迪區(Laciadae)的市民為限[21]。他外出通常會有兩三位年輕人作伴，都穿著質料很好的衣服，如果遇到年老的市民身上破爛不堪，其中一位年輕人就會與這個家道沒落的人士交換彼此的穿著，這種做法是很高貴的行為。他很高興讓隨從攜帶相當數量的錢幣，看到階級較高的窮苦人士在市民大會中站在他們的旁邊，盡量不讓人知道好把錢交到他們的手裡。

詩人克拉蒂努斯(Cratinus)[22] 在他的喜劇《阿奇洛奇》(*Archilochi*)中，有這樣的一段詩句：

> 我不過是一個貧窮的書證，
> 希望安度平靜舒適的晚境，
> 垂老之年能在西蒙的餐桌，
> 享受殷勤款待和盛宴歡酌。
> 西蒙！希臘人高貴的兒子，
> 嗚呼哀哉！竟然早我而逝。

李昂蒂尼區(Leontine) 的高吉阿斯(Gorgias)認為他具備這種特質，就是善用財富

---

20 希臘聯軍在478B.C.奪取拜占庭及海倫斯坡海峽周邊的城市，截斷波斯人的退路，擄獲大量俘虜和財物。

21 雅典的市民分隸十大部落，領地分為城市、沿海和內陸三個地區，每個地區都有十個部落的選區，共選出五百人會議的五百名代表；西蒙屬於厄尼斯部落，居住在城市地區的拉西阿迪區，這個區等於是一個選區，要選出五百人會議的兩位代表。

22 克拉蒂努斯是5世紀B.C.活躍於雅典的「老式喜劇」戲劇家，他的作品以抨擊時政和裝瘋賣傻知名於當代，現在提到這個喜劇《阿奇洛奇》，僅知道名稱和遺留的詩文殘句。

以爭取榮譽。

克瑞蒂阿斯(Critias)是三十僭主之一,在他所寫的輓詩中表明自己的願望:

> 史柯帕斯的財富和西蒙的尊榮[23],
> 以及亞傑西勞斯王的四海縱橫[24]。

我們知道拉斯地蒙人李克斯(Lichas)在希臘人中間享有大名[25],也不過是在舉行運動會的時候,招待外鄉人參觀全身赤裸的兒童表演各種節目。西蒙的慷慨好施勝過古代雅典人的待客之道和敦友睦鄰。雖然這個城市最喜歡吹噓,說他們的祖先教導其他希臘人種植五穀[26]、引水灌溉和用火熟食;然而西蒙的大門爲市民同胞敞開,田地上面四時生長的水果任憑外鄉人食用[27],像是恢復到財貨共享的大同世界,根據傳說只存在於農神統治的時代。

有人指責他的大方僅是爲了討好人民獲得大眾對他的讚譽[28],實際上他的所作所爲都是爲了貴族的利益,全力支持斯巴達所運用的制度和策略,提米斯托克利要增加人民的權力超過規定的限度,他與亞里斯泰德大力反對;等到伊斐阿底

23　史科帕斯是帖沙利最富有的人士,過著極其奢華的生活,本書第九篇〈馬可斯‧加圖〉第18
　　節提到這個人,特別闡明財富的欲望並非一種天生的激情,而是庶民的心態和外在的意見。
24　三十僭主的下台是在奧林匹克94會期第2年即403B.C.,亞傑西勞斯的建功是在394年以後的
　　事,克瑞蒂阿斯難道有未卜先知的本事?所以這個人不應是亞傑西勞斯,而是斯巴達的阿昔
　　西勞斯(Arcesilaus),5世紀B.C.中葉的奧林匹克競賽中,他的馬匹兩次贏得賽車冠軍,還有
　　無數次的優勝。所以這首詩應該是:
　　　　史柯帕斯的財富和西蒙的尊榮,
　　　　還加上阿昔西勞斯的頭角崢嶸。
25　李克斯正是阿昔西勞斯的兒子,克瑞蒂阿斯和色諾芬都提到他的一擲千金,當然不像蒲魯塔
　　克就這麼輕描淡寫一句話帶過。
26　特里普托勒穆斯(Triptolemus)前往希臘各城市,教導農耕和種植的技術,雅典人把它看成神
　　聖的責任和光榮的傳統。
27　雅典通過一項法律,公家編列費用招待國外的來賓和受到尊榮的市民,諸如奧林匹克運動會
　　的優勝選手,供應飲食的地點在市政廳。本書第三篇〈梭倫〉第24節特別提到這種稱為
　　parasitein即「公眾接待」的規定,要是有人經常前往參加,就會受到「貪食」的處罰;如果
　　拒絕接受邀請,就會成為「蔑視」國家不知好歹的傢伙。
28　蒲魯塔克在本書第五篇〈伯里克利〉第9節中,特別提到西蒙能夠運用財富的優勢去照顧窮
　　人,每天把沒有飯吃的市民請來用餐,把自己田莊的圍籬拆除,任何人都可以進去拿走所需
　　的糧食,知道西蒙的慷慨是出於政治的動機,為了要贏得民眾的好感。

為了取悅民眾，要廢除阿里奧帕古斯會議的司法審判權，他堅持杯葛的立場。當
那個時代除了亞里斯泰德和伊斐阿底以外，大家都在追求權勢貪污公款的時候，他
仍舊能保持清白不受腐敗風氣的影響，終其一生無論一言一行從來沒有圖利自己。

　　他們特別提到一位波斯人里薩西斯(Rhoesaces)，陰謀背叛他的主子波斯國
王，事敗後帶著大批錢財逃到雅典，受到告發者在市民大會的指控，給他帶來很
大的困擾，想要西蒙出面為他緩頰，為了贏得好感就將兩個銀爵放在西蒙的門
廳，一個裝滿金塊，另一個是達里克(Daric)銀幣[29]。西蒙笑著問他的意圖何在，
到底是為了花錢消災，還是為了贏得友情。他的回答是為了建立友誼，於是西蒙
說道：「如果這樣，那就請你把東西拿回去，只要我是你的朋友，一旦有需要就
會向你開口。」

11　雅典的盟邦現在對戰爭和軍隊感到厭煩，願意過休閒的生活照顧自
己的田莊和生意。看到波斯的蠻族已經被趕出他們的國家，無須畏
懼這些戰敗的敵人會帶來新的騷擾。他們還是按照原來的估算值繳納稅金，只是
不再派出人員和戰船，一切又恢復原來的做法。其他的雅典將領希望採取強迫的
手段，對於未履行責任的人提出控訴，施以刑責或罰鍰的處分，讓雅典當局使他
們感到不安甚至有所憚忌。西蒙反其道而行，他不強迫任何希臘人違背個人的意
志，只要能收到盟邦提供的金錢和未配備人員的船隻，答應他們的市民無需在軍
中服役，讓他們屈從誘惑留在家庭，只從事私人的行業。這樣一來盟邦的人民會
失去軍中養成的習性，追求奢華和歡樂的生活，完全出於個人的愚行，變成不諳
戰陣的農夫和商賈。西蒙在這時繼續讓大量雅典人登上他們的戰船，參加他的遠
征行動不斷進行訓練，不久以後使得他們成為付款人的領主。雅典人到處遠航，
不斷從事征討，精通作戰的技巧，盟邦習於怠惰毫無作為，產生畏懼之心只能多
方奉承，逐漸發現喪失平等的地位，在不知情的狀況下成為雅典的附庸和奴隸。

29　里薩西斯的叛逃已不可考，那個時代的希臘人和波斯人的來往非常頻繁，出於政治的迫害，
　　很可能獲得庇護。darics是波斯鑄造的銀幣，它的得名來自大流士(Darius)，銀幣上面有他
　　的頭像。

12 沒有任何人能像西蒙那樣重挫波斯國王高傲的氣焰。他不以蠻族在希臘無法容身爲滿足，緊跟在他們的後面繼續追蹤，不讓對手有喘口氣重新整頓的機會，用報復的手段蹂躪希臘人的國土；有的要點他率領軍隊強行攻占，其餘的地區煽動起義讓蠻族知難而退，最後的結果是從愛奧尼亞到龐菲利亞，整個亞細亞的波斯士兵全部肅清[30]。傳來信息說是國王派遣的指揮官率領人數眾多的陸上部隊，加上一支實力強大的艦隊在龐菲利亞海岸以逸待勞。他的決定是確保西部海域的安全，契利多尼亞(Chelidonia)島的防務堅強，所以蠻族不敢輕舉妄動發起攻擊。他從尼杜斯(Cnidos)發航，特里歐皮亞人(Triopian)以200艘戰船打頭陣，這些船隻開始建造的時候，提米斯托克利特別用心，行駛的速度和操縱的靈活都有很大的改進。西蒙把船身增寬加多甲板的面積，可以從兩舷來回的行走不會受到阻礙，容許人數更多的全副武裝士兵有接戰的位置，從上面發起的攻擊更加方便。他進軍首先要對付的目標是法西利斯(Phaselis)，這個城鎮的居民雖然都是希臘人，仍舊沒有與波斯人斷絕關係，不准戰船進入他們的港口。西蒙看到這種狀況，先派兵掃蕩四周的國土，然後列陣在城牆的下面，那些在他指揮之下的開俄斯士兵，他們與法西利斯人(Phaselites)有長遠的友誼，盡力居間說項懇求將領不要使出激烈的行爲，把信附在箭桿上射進城去傳達信息，最後還是獲得和平解決，條件是城鎮支付10泰倫的罰鍰，派兵隨著他去征討蠻族。

根據民選五長官的說法，波斯艦隊的提督是泰斯勞斯底(Tithraustes)，陸地部隊的將領是菲倫達底(Pherendates)；凱利昔尼斯斬釘截鐵表示，戈布里阿斯(Gobryas)之子亞里奧曼德(Ariomandes)是全軍的統帥。他把整個艦隊配置在優里米敦(Eurymedon)河的河口待敵，目前沒有出戰的意圖，等候80艘腓尼基戰船的增援部隊從塞浦路斯的到來。西蒙明瞭敵情立即出海，要是波斯人避而不出，決定竭盡諸般手段迫使接受會戰。蠻族得知這種情形，退到河口之內避免遭到攻擊，等到他們看到雅典人還是不顧一切大膽進犯，雖然他們準備撤退，還是派出600艘船迎戰；這是費諾德穆斯(Phanodemus)的記載，按照民選五長官的說法是350艘船。對手實在是虛有其表，很快調轉船頭朝向陸地，人員棄船登上海岸逃

30　奧林匹克78會期第2年即467B.C.，西蒙贏得優里米敦海戰的勝利，摧毀波斯艦隊和入侵的威脅，整個小亞細亞的西部和南部海岸已無敵蹤。優里米敦河現名帕札卡維(Pazarcavi)河，注入安塔利亞(Antalya)灣。

到軍隊列陣的地點,任憑船隻撞毀或是讓敵人捕獲。波斯艦隊的數量確實龐大無比,可能有很多逃回本國,沉沒的船隻爲數不少,還有200多艘落到雅典人手中。

13 蠻族的陸地部隊列陣向著海岸前進。西蒙對於是否應該冒險犯難率領部隊上岸,感到猶豫不決,特別是他們剛剛接戰完畢,經過一場殺戮勞累不堪,現在要將希臘人暴露在蠻族的生力軍前面,何況他們的兵力多過數倍都不止。他看到部隊的表現極其勇敢,爲獲得勝利而興奮無比,趁著他們還未喪失第一次會戰的熱情,他就下令部隊登陸。等到他們剛一接觸陸地,馬上發出吶喊向著敵軍攻擊,波斯人用最大勇氣忍受開始的壓力堅持不退,雙方進行激烈的肉搏戰鬥,有些地位顯赫的雅典人在隊列中英勇陣亡,他們奮不顧身最後還是擊潰蠻族,部分人員慘遭屠殺,還有很多成爲俘虜,搶劫所有的帳篷和廬幕,獲得極其豐碩的戰利品。

西蒙就像一位卓越的選手參加運動會,在一天之內獲得兩大捷,較之薩拉密斯的海戰和普拉提亞的陸戰更爲出色,使得他要鼓起勇氣尋求另一次的勝利。傳來信息說是腓尼基的援軍共80艘戰船,出現在海德魯斯人(Hydrum)[31] 的視線之內。西蒙立即發航前去搜索敵軍,由於腓尼基人還不知道艦隊已被擊潰,在高枕無憂的狀況下遭到奇襲,他們喪失所有的船隻和大部分人員。西蒙的獲勝給波斯國王帶來莫大的威脅,雅典人得到可以大肆慶祝的和平,從此蠻族的軍隊不得進入距離希臘海岸騎兵的一日行程之內[32],戰船和軍用船隻不得出現在塞阿尼亞(Cyanea)島和契利多尼亞島之間的水域。

根據凱利昔尼斯的說法,波斯國王並沒有接受諸如此類的條款,這次勝利讓他們心存畏懼之感,從實際的行動來看,他們與希臘人保持敬鬼神而遠之的態度。後來伯里克利和伊斐阿底分別率領50艘和30艘戰船,巡航的行程超過契利多尼亞島[33],沒有發現一條波斯的船隻。不過,克拉提魯斯(Craterus)將市民大會制

31　我們找不到叫做海德魯斯(Hydrus)的地點,盧比努斯(Lubinus)認爲應該是賽德拉(Sydra),西里西亞一個瀕海的市鎮。達西爾(Dacier)把這個地點讀成海德魯撒(Hydrussa),賽克拉德斯(Cyclades)群島的一個島嶼;根據波利努斯(Polyaenus)的說法,以訛傳訛的關係把塞浦路斯(Cyprus)弄錯成爲海德魯斯,西蒙在獲得兩次海戰勝利以後,立即駛往這個島嶼。

32　要是按照騎兵的行程來說,應該是400弗隆或80公里。

33　優里米敦海戰或西蒙入侵賽浦路斯以後,雅典和波斯之間存在著凱利阿斯簽訂的和平條約,雖然引起很多爭論,像這種狀況的出現也可能是明顯的證據。

定的法案編成文集，裡面有這份和平條約的抄本。據說雅典人表彰這項成就，特別爲和平女神興建一座祭壇；市民大會通過一項敕令將榮譽賜予凱利阿斯，因爲他擔任使節促成條約的簽訂。

雅典的市民大會將戰利品公開發售獲得大量錢財，除了其他的支出，用來興建要塞的南面城牆。不僅如此，他們開始爲整體的防務奠基，實在說，全部工程的完成還是以後的事，他們將這座長牆稱爲「雅典的雙腿」。選定的位置土壤很鬆軟還要經過沼澤地區，迫得他們用很重的大石和磚塊來確保基礎的穩固，西蒙所供應的金錢不敷支用。他爲了妝點雅典上城的市容，建造供體育和聚會之用的場地，全都修飾得美侖美奐。他在市場種植很多棵篠懸木，學院從前位於貧瘠、乾燥而又污穢的地點，經過他的改建成爲泉水流溢的叢林，有濃蔭的小徑可供散步，也有寬闊的跑道用來比賽。

14 波斯人自從擁有克森尼斯就不願放棄，召喚色雷斯的屬民給予協助與西蒙對抗，他們輕視雅典人的兵力太過弱小認爲不足爲懼。西蒙用4艘戰船對他們發起攻擊，擄獲對手的船隻就有14艘，將波斯人趕走以後，色雷斯人只有降服，就將克森尼斯納入雅典的版圖。他接著向薩索斯（Thasos）島進攻，這裡的人民背叛雅典[34]，他在一場海戰中擊敗島民，奪得33艘船，用圍困的方式占下城市[35]。因爲薩索斯島的勢力範圍及於對岸的小亞細亞，使得雅典能將整個地區的所有的金礦據爲己有。

這樣一來使得馬其頓的門戶大開，大家認爲他在這個地區已經據有最有利的位置，因爲他沒有運用最好的時機有所作爲，懷疑他接受馬其頓國王亞歷山大的賄賂。所有的政敵聯合起來指控他欺騙和誤導國家[36]，他提出辯護告訴法官和所有人員，在他的公職生涯中除了以拉斯地蒙人爲友外，從未像其他人那樣去討好富有的愛奧尼亞人和帖沙利人，貪圖他們所送的禮物。他之所以讚譽拉斯地蒙人[37]，

34 這件事發生在奧林匹克78會期第4年即465B.C.。
35 波斯戰爭之前，西蒙的父親密蒂阿德控制克森尼斯或加里波利半島。薩索斯的叛亂花了兩年的時間，才完成綏靖的工作(465-463B.C.)，可以參閱修昔底德《伯羅奔尼撒戰史》第1卷第100節，只有蒲魯塔克提到西蒙擔任很重要的角色。
36 這件訟案發生在奧林匹克79會期第2年即463B.C.。
37 譯者看到有另外兩個版本，上面說西蒙讚譽的對象是「馬其頓人」而不是「拉斯地蒙人」，主要原因是他平素與拉斯地蒙人的來往極其密切，特別要撇清這層關係，所以才會避而不提。

是因為他們的習性、堅忍和簡樸的生活，表現出坦誠正直的氣質，使他願意模仿和效法。他認為所有能夠致富的方式，都不如獲得敵人的戰利品來為國家創造財富，使他感到更加的驕傲，事實上他對這方面有很大的貢獻，以後還會繼續如是不改初衷。

司提辛布羅都斯提及這次審判，說伯里克利在所有的控訴者當中態度最為激烈。艾爾萍妮絲非常關心她的弟弟，特別去向伯里克利求情，伯里克利笑著回答道：「艾爾萍妮絲！妳太老了！一切聽其自然，不要管這種閒事吧！」不過，後來知道他在這些原告當中，只有他的發言最溫和，不過站起來輕描淡寫說了幾句就離開。

15 審判結果西蒙無罪開釋。這時他留在雅典投身政治生涯，還是繼續過去的理念，要對平民有所操控和限制；不讓他們藐視貴族的利益，獨攬城邦的軍政大權。等到他領軍外出作戰[38]，群眾除去約束可以為所欲為，過去必須遵守的古老法律和慣例，現在都被他們推翻和廢止，主要是受到伊斐阿底的蠱惑，所有的案件不再讓阿里奧帕古斯會議審理。一旦司法權轉移到平民的手裡，可以說已經達成完美的民主政體，這時伯里克利大權在握，有力的支持更容易水到渠成，同樣使他能獲得平民的擁戴[39]。等到西蒙返國以後，看到古老的會議被剝奪所有的權勢，心中真是極度煩悶，竭盡努力矯正這種失序的現象，要把法庭的審理重歸以往的程序，恢復克萊昔尼斯(Clisthenes)時代古老的貴族政治[40]。

他的政敵引發極其激烈的反對聲浪，再度傳播有關他和他姊姊的流言，到處叫囂說他是拉斯地蒙人的走狗。為了誹謗西蒙，詩人優波里斯(Eupolis)寫出著名的詩句：

眾人期望西蒙能蹈矩循規，

38　發生在奧林匹克79會期第3年即462B.C.，西蒙率領一支軍隊前往拉斯地蒙從事救援的任務。

39　伊斐阿底和伯里克利認為雅典實行民主制度，最重要的工作是要改革阿里奧帕古斯會議，使得政令的推行不受既得利益人員的制約，本書第五篇〈伯里克利〉有翔實的敘述。西蒙的海上遠征使人感到迷惑，就時空關係而言謬誤甚多，也有人認為他這樣做，那是斯巴達在埃索姆遭到不利，他所進行的救援行動，但是這樣就要運用陸上部隊而不是水師。

40　奧林匹克68會期第1年即508B.C.，雅典驅逐僭主以後，克萊昔尼斯引進主張激進的民主體制。

> 誰知他喜愛飲酒怠惰如龜；
> 常在夜晚偷偷溜到斯巴達，
> 只留下他的姊姊獨守空閨。

即使生活懶散而且是一個酒鬼，他還是奪取很多城市，贏得很多勝利；然而只要他保持清醒專注自己的工作，就完成偉大而光榮的軍事行動而論，他在希臘人當中可以說是前無古人後無來者。

16 西蒙從年輕的時候開始，就對拉斯地蒙人極有好感，甚至把他一對孿生的兒子取名為拉斯地蒙紐斯（Lacedaemonius）和伊琉斯（Eleus）。根據司提辛布羅都斯的說法，他們是一位克萊托里姆（Clitorium）的婦人所生[41]；伯里克利經常就母系的血胤對他們大肆抨擊。戴奧多魯斯（Diodorus）非常肯定的表示，西蒙的孿生子和另外一位名叫帖沙盧斯（Thessalus）的兒子，都是伊蘇迪斯（Isodice）所生，她是優里普托勒穆斯的女兒和麥加克利的孫女[42]。

實在說，西蒙的出人頭地與拉斯地蒙人大力贊助很有關係，主要原因是他們討厭提米斯托克利，到處加以抵制所致。西蒙還年輕的時候，拉斯地蒙人對他青睞有加，就在雅典盡力提高他的聲譽。雅典人對這件事也感到高興，西蒙獲得拉斯地蒙人的厚愛，水漲船高他們在各方面沾光不少，那個時候能夠提升權勢和地位，特別是贏得盟邦倒向他們那一邊。等到西蒙能夠主導希臘所有的事務，不僅拉斯地蒙人完全接受，就是盟邦也極力支持，即使他對他們表現出推崇和友善的態度，不會引起雅典人的反感；後來雅典人的權勢日增，看到西蒙還是敬愛拉斯地蒙人，難免讓雅典人感到惱怒，特別是他在任何場合都幫拉斯地蒙人說話，每當有人指責對方犯下錯誤，或是激起自己的好勝心絕不退讓的時候，西蒙總是高聲喊叫：「拉斯地蒙人不會這樣做！」市民聽見當然感到不滿甚至滋生痛恨的情緒。

後來對他提出控訴的主要原因還是出現了下述的狀況。朱克西達穆斯

41　克萊托里姆是伯羅奔尼撒半島阿卡狄亞地區一個小市鎮。伊琉斯這個名字出於歐留斯（Oulius）而非伊利斯（Elis），證明雅典與愛奧尼亞有密切的關係。

42　從伊蘇迪斯父親和祖父的名字，我們知道她的出身是阿爾克米昂家族，與伯里克利同屬阿卡瑪蒂斯部落，基於這層關係，因此西蒙和伯里克利有親戚關係。

(Zeuxidamus)之子斯巴達國王阿契達穆斯(Archidamus)統治第四年[43]，拉斯地蒙發生有史以來最強烈的地震，地面陷落造成很寬的裂隙，台吉都斯(Taygetus)山不停搖晃，使得很多岩層崩塌，除了留下5間完整的房屋，斯巴達全城被夷為平地。

他們說是變故剛發生之前，有一群年輕人和成長的兒童，聚集在柱廊的中間從事體育活動，突然有一隻野兔出現在他們面前，雖然這些青少年全身赤裸，有的人還在皮膚上面塗油，還是有些玩心很重的人起身追趕，就在隨著野兔離開這個地方的剎那之間，強震使得體育館倒塌，巨大石塊砸在停留原地的兒童頭上，只有少數倖免於難，其餘人員當場喪生。這一天的死者所埋葬的墓地稱為西斯瑪蒂阿斯(Sismatias)。

阿契達穆斯看到市民正在全力搶救值錢的物品，從家中搬到安全的地點，這時他突然產生警惕之心，害怕隨之發生其他的危險，下令吹起號角發布警報，好像是有敵進犯，召集大家攜帶武器到他面前編成接戰的隊伍。這樣的措施正是時機湊巧，能夠拯救斯巴達於危亡之際。希洛特人(Helots)已經從鄉村聚集起來，想要對斯巴達人發動奇襲，將地震災害的殘餘人員全部殲滅。等到發現對方全副武裝已經完成準備，希洛特人退回居住的村落，對斯巴達人公開宣戰，附近地區數量龐大的拉柯尼亞人(Laconians)，他們不滿斯巴達人，對於叛亂願意鼎力相助。而且就在這個時候，梅西尼人(Messenians)也對斯巴達人發起攻擊[44]。

拉斯地蒙人處於內憂外患的險境，派遣伯里克萊達斯(Periclidas)趕赴雅典懇求出動援軍。亞里斯托法尼斯(Aristophanes)[45]用諷嘲的口吻提到他的來到：

猩紅的外衣與慘白的面孔難以相適，

躬身端坐祭壇的前面乞求救援之師。

伊斐阿底大聲疾呼反對派兵援救一個與雅典為敵的城市，斯巴達的傲慢和蠻橫終

---

43 這個時間是奧林匹克79會期第1年即464B.C.。要說地震和斯巴達的農奴叛亂發生關聯，這方面的問題引起學者的爭論。

44 拉柯尼亞人並沒有擁有斯巴達的市民權，他們的地位是居於武士的拉斯地蒙人和奴隸的希洛特人之間；梅西尼人是獲得自由的希洛特人，4世紀B.C.控制梅西尼地區，所以與拉斯地蒙人是世仇大敵。

45 亞里斯托法尼斯是5-4世紀B.C.希臘最偉大的喜劇家之一，全部作品有四十多齣喜劇，尚有11齣存世，這兩句詩是引用自《黎西斯特拉塔》(*Lysistrata*)一劇。

究會自食其果，最好是任其滅亡不予理會。根據克瑞蒂阿斯的說法，西蒙的意見是要讓拉斯地蒙安全無虞，這樣雅典才能獲得更高的榮譽，他說服市民大會，立即派遣一支大軍出發從事救援的任務。艾昂的記載提到他用最適當的表達方式，使雅典人深受感動。西蒙說道：「我們不應該讓希臘變成一個跛子，也不應該讓我們的城市喪失一個並駕齊驅的夥伴。」

17 當他完成救援拉斯地蒙人的任務返國的時候，率領部隊行軍經過科林斯的疆域。拉查都斯(Lachartus)譴責西蒙擅自進入他們的國土，事先沒有徵求市民大會的允許。如同一個人即使敲過門，也要等到獲得主人的同意才能進入。西蒙回答道：「拉查都斯，你沒有獲得克利奧尼人(Cleonaeans)和麥加拉人的允許，還不是破門而入，始終認爲憑著實力就可以無往不利。」他用這話來嘲笑科林斯人，然後全軍安然通過[46]。

過了一段時間，梅西尼人和希洛特人占領埃索姆(Ithome)，拉斯地蒙人第二次要求雅典派遣援軍[47]。等到各城邦的部隊全部到達以後，他們害怕雅典人過於膽大而英勇，用企圖改變他們的政體作爲藉口，把雅典的援軍打發回去。這些雅典人返國以後，對於斯巴達人過河拆橋的行爲極其痛恨[48]，遷怒對拉斯地蒙人表示支持的人士，用微不足道的理由將西蒙處以10年的流放[49]，那是適用貝殼放逐制的時代[50]。

就在這個時候，拉斯地蒙人把德爾斐從福西斯人手中解救出來的回國途中，他們在坦納格拉(Tanagra)設置營地，雅典人放膽進軍要與他們在此地進行戰鬥。

---

46 從這段話看來，科林斯人過去曾經攻擊過鄰近這兩個城市：麥加拉在它的東面，是前往雅典的必經之地；克里奧尼在西邊，攻打亞哥斯先要奪取此城。

47 主要原因是斯巴達人對圍攻作戰不內行，缺乏攻城所需的技術和器具。

48 這件事引起軒然大波，雅典與斯巴達的聯盟關係破裂，轉而與亞哥斯人簽訂盟約，全力對付斯巴達人。

49 西蒙受到放逐是在奧林匹克79會期第4年即461B.C.。

50 有關貝殼放逐制度，是何人將它引進雅典已不可考，有人說是彼昔斯特拉都斯(Pisistratus)，或者是他的兒子，也有人認爲是克萊塞尼斯，甚至早到帖修斯的時代。當一個人的權力變得極大，達到會給城邦帶來危險的程度，就可以用這個制度將他放逐10年，並且要在10天之內離開雅典的疆域，運作的方式是每一個市民用一塊陶片或貝殼，寫上想要給放逐者的名字，交給官員開始統計，總數超過6000名就加以分類，只要是絕大多數貝殼上有名字的人，就遭受放逐10年的判決。至於西蒙遭受放逐的確實時間，以及蒲魯塔克所述，是否未滿10年就獲得赦免，還是引起很多爭論。

西蒙全身披掛參加所屬的厄尼斯部落(Oeneis)所組成的隊伍，要與同胞並肩對斯巴達人作戰。五百人會議知道這個消息以後，感到非常緊張，尤其是他的政敵在大聲叫囂，說他會使全軍陷入混亂之中，然後帶著拉斯地蒙人進入雅典，下令所有的軍官不得接受他的效命。因此西蒙只有黯然離開軍隊，懇求安納弗利夏區（Anaphlystian）的優底帕斯(Euthippus)和其餘的同伴，面臨涉嫌支持和徇私拉斯地蒙人的處境，要奮不顧身勇敢殺敵，用行動來向同胞證明自己的清白。這一百多人帶著西蒙的武器，聽從他的勸告，單獨編成一支隊伍，義無反顧與敵軍戰鬥，全部在戰場陣亡，這些勇士的犧牲使雅典人感到無比的悔恨，過去不應該用偏頗的看法懷疑他們的忠誠[51]。

這樣一來，五百人會議對西蒙不再擺出嚴峻的姿態，一方面是想起他過去服務的績效，另一方面或許出於當時出現的危機。雅典人在坦納格拉吃了一場大敗仗，害怕伯羅奔尼撒人在次年春天的大舉進犯，通過一項敕令召回西蒙，幕後主使人就是伯里克利。在那個時代一個人竟然如此的理性，為了公眾的利益，不惜拋棄憤慨之情，盡量平息自己的怒氣；甚至就是操控人類激情的野心，也可以屈就於國家的需要。

18 西蒙返國以後立即結束戰爭，兩個城市能夠進行調解。等到和平條約簽訂以後[52]，知道雅典人不甘寂寞，對於戰爭的榮譽和利益始終滿懷熱情，為了避免他們攻擊其他的希臘城邦；或者派出很多船隻在各個島嶼和伯羅奔尼撒四周巡弋，只要時機不對就會引起內部的戰爭；或者是抱怨盟邦對他們的抗拒。他完成200艘戰船的備便，企圖入侵埃及和塞浦路斯，目的是運用這種方式使雅典人習慣於征討蠻族，擊敗希臘人的世仇大敵，掠奪戰利品來增加國家的財富[53]。

當一切準備完畢，部隊正在裝載的時候，西蒙做了一個夢，好像有一隻凶惡

---

51 伯羅奔尼撒人在皮奧夏的坦納格拉會戰擊敗雅典聯軍是在457B.C.，本書第五篇〈伯里克利〉第10節提到此事，說是伯里克利的朋友提出建議，要他不允許西蒙參加戰鬥；蒲魯塔克並沒有提到幾個月後，雅典在厄諾菲塔(Oenophyta)贏得一次大捷。
52 簽訂和約是在奧林匹克82會期第3年即450B.C.。
53 埃及反抗波斯的統治發生全面叛亂以後，希臘的支援行動主要是在458-453B.C.這段期間，到453年已經全部停頓；本章敘述的海上遠征是在451-450年，這時波斯控制地中海從黎巴嫩(Lebanon)到北非的海岸，埃及和塞浦路斯都在它的勢力範圍之內。

的母犬對著他狂吠，混雜著人聲在說這兩句話：

> 來吧！再也等不了多久，
> 快樂降臨到幼犬和母狗。

這個夢境很難解釋，然而波塞多尼亞（Posidonia）的阿斯提菲盧斯（Astyphilus）精通占卜術，與西蒙非常熟悉，告訴他這是他即將死亡的預兆。根據他的詳夢說那隻向他吠叫的狗是他的仇敵，一個人的死亡通常會使仇敵感到高興，混雜在吠叫中的人聲代表著米提人，因為米提人的軍隊是由希臘人和蠻族混合編成。當他向巴克斯獻祭的時候，祭司切開犧牲的軀體，一大群螞蟻將凝結的血塊，抬起來放在西蒙的大腳趾上面。大家沒有發現這種狀況，等到西蒙看見的同時，祭司前來向他報告，說是犧牲的肝臟出現瑕疵，缺少他們稱之為「頭」的主要部分。

西蒙並沒取消這次遠征行動，還是按照計畫啓碇出海。他派出60艘船航向埃及，親自率領其餘的兵力迎上前去，要與波斯國王由腓尼基和西里西亞戰船編成的艦隊進行決戰；光復附近地區所有的希臘城市，接著趁勢向埃及進擊，他的意圖是著眼於波斯帝國的全面顛覆。還有一件事讓他感到憤怒，就是聽到提米斯托克利在蠻族中間擁有很高的聲望，答應率領國王的軍隊，無論在何處都要進行與希臘人的戰爭。據說提米斯托克利放棄達成原來的構想和希望，更不願意在英勇和運道方面取得對西蒙的勝算，最後決定自裁了此殘生[54]。

他有偉大的抱負和積極的意圖，現在開始全力著手執行，將他的水師部署在塞浦路斯周邊海域，派員前往朱庇特‧阿蒙的廟宇，就一些秘密的事務求得神讖的指示[55]。沒有人知道這件事的底細，朱庇特也沒有給予任何答覆，得到的神讖只是命令來人趕快回去，說是西蒙很快就要與祂在一起。他們聽到以後從海路返航，等到他們來到位於埃及附近的希臘軍營，才知道西蒙已經逝世。他們推算獲得神讖的時間，發現西蒙正好死在神明有所交代的那一瞬間。

---

54 除了這方面的考量，最主要的原因還是提米斯托克利不願玷污過去的豐功偉業所獲致的榮譽。

55 這座神廟位於利比亞沙漠的西華（Siwah）綠洲，亞歷山大大帝曾去求取神示，本書第十七篇〈亞歷山大〉第26-27節詳述這次朝聖的冒險情節，獲致的效果是亞歷山大成為「神的兒子」。

19 有人說他在塞浦路斯圍攻西蒂姆(Citium)的時候患病亡故[56]；要是按照其他人的意見，認為他與蠻族發生一次小規模的戰鬥，受到致命的重傷而死。他知道自己即將不久於人世，下令全軍立即回航，並且盡力掩飾不讓人知道他已喪生的消息，等到敵軍或盟邦明瞭實情以後，他們在保持秘密的狀況下能夠安全返國。因此，根據費諾德穆斯(Phanodemus)的說法，西蒙在死亡以後還繼續指揮希臘軍隊達30天之久。

等到他逝世以後，沒有一位希臘將領願意採取任何措施前去征討蠻族；各城邦居於領導地位的演說家以及他們的黨羽，除了煽動希臘人彼此對抗，涉及為期長遠的國內戰爭，沒有人能像他那樣運用優勢地位的職權，對於雙方進行調停和干預。他們相互之間的爭執會削弱希臘的權威，讓波斯人獲得時間休養生息，恢復所有的損失。實情的確如此，亞傑西勞斯率領希臘大軍進入亞細亞，這已經是很久以後的事[57]。這一場戰爭發生在濱海的行省，他與國王的將領只打了幾個短暫的照面而已，很快雙方就休兵止戰。在他要採取任何行動之前，國內新近發生的紛爭與動亂將他召喚回去。他處於不得已的狀況下，只有聽任波斯國王的官吏隨心所欲，將貢金的徵收強加在亞細亞的希臘城市；這些城市都是拉斯地蒙人的盟邦。回想當年西蒙的時代，距海400弗隆之內的地區，看不到蠻族一條小船或一位騎兵。

雅典有一座紀念碑直到現在還稱為西蒙尼亞(Cimonia)，可以證明他的遺骸已經運回家鄉。西蒂姆這個城市的居民還是賜予非常特殊的榮譽，就把一塊墳地稱為「西蒙之墓」，根據修辭學家瑙西克拉底(Nausicrstes)的說法，西蒂姆有次遇到荒年，田地的作物全都枯死毫無收成，他們派人去求得神讖，指示他們不要忘記祭祀西蒙，將他視為神明給予應有的尊榮。以上就是一位希臘將領的平生事蹟。

56　可以參閱修昔底德《伯羅奔尼撒戰史》第1卷第112節。

57　這段期間是在396-394B.C.。

第二章
盧庫拉斯(Lucullus)

110-56B.C.，羅馬將領，贏得東方戰事的勝利，
主導元老院的政治運作，以生活奢華著稱於世。

1 盧庫拉斯的祖父曾經擔任過執政官，從母系方面來說他的舅舅是梅提拉斯，綽號叫做努米迪庫斯(Numidicus)[1]。提到他的雙親都不光彩，父親因貪瀆受到定罪，母親西昔莉婭(Caecilia)的名聲很壞。盧庫拉斯在沒有獲得任何職位以及從事公務之前，僅僅是一個年輕人就出面指控占卜官塞維留斯(Servilius)，舉證說他的罪行已經違犯國家法律；當年塞維留斯是原告，讓他的父親受到處分。這件事在羅馬社會引起眾人的關注，認為報復的行動值得高度的讚許。大眾沒有把檢舉視為可恥的事情，就一般的看法也不會激起憤慨之情，何況還很高興看到這位青年非常熱心攻擊不義的行為，就像一隻優良的獵犬咬住兇狠的野獸不放。家族之間的積怨引起很多事故，雙方在爭吵中有人受傷和被殺，塞維留斯最後還是逃脫刑責。盧庫拉斯學以致用成為一位潛力無限的演說家，同時精通希臘語和拉丁語。蘇拉用紀事的文體敘述他的平生事蹟和作戰行動，《回憶錄》完成以後的題辭就是奉獻給盧庫拉斯，認為羅馬人當中只有盧庫拉斯在這方面會比他更有成就。盧庫拉斯的演說用辭文雅，事先對法律的業務有準備充分，不僅使得那些在市民廣場無往不利的普通辯護術：

　　酷似金槍魚已經受傷，

1　奎因都斯・西昔留斯・梅提拉斯(Quintus Caecilius Metelius)的綽號是努米迪庫斯，羅馬建城645年即109B.C.任執政官，是朱古達的征服者，102年成為監察官，準備將薩都尼努斯和格勞西亞趕出元老院，結果自己反而受到放逐的處分。

在海洋當中趕緊逃竄。

即使在任何其他的場合，那些律師要是與他相比就像是：

欠缺機智索餌上了當，
奄奄一息乾涸而死亡。

　　盧庫拉斯從幼年時代開始，爲了達到從政的目的，致力於精研經國濟世之學，等到年齒日增，經歷奮鬥和艱苦的人生，他的心智開始自由奔放，不爲現實的需要所束縛，每有閒暇就會享受哲學的溫故知新之樂，激發沉思默想的天賦才華，後來他與龐培最大不同之處，在於棄絕野心勃勃的念頭，不再與人爭權奪利。據說他不僅愛好文學，而且在語文方面有很深的造詣，從一個例子可以看得出來。

　　當他還是一個年輕人的時候，有一天他與演說家賀廷休斯（Hortensius）[2] 和歷史學家西森納（Sisenna）開玩笑，說他要寫一部馬西人（Marsians）[3] 的戰史不知是用希臘韻文還是拉丁散文那個較好，倒是可以用抽籤來決定，他們聽了以後要他說話數算，抽籤的結果是用希臘文，他所寫的這部戰史現在還是傳世之作。

　　從各種現存的證據得知他非常愛護他的兄弟馬可斯，羅馬人經常提到這件事。雖然他是年紀較大的兄長，不願單獨就任官職，一直等他的弟弟到達適當的年齡，獲得人民的厚愛，在馬可斯離開羅馬的狀況下，兩個人同時當選爲市政官。

2 馬西人的戰爭發生的時候，他的年紀還很輕，就有很多事蹟能夠證明他作戰英勇而且指揮卓越。蘇拉對他的堅忍和寬厚讚不絕口，經常將重要的工作交給他處理，特別是製幣廠的業務，米塞瑞達底戰爭所需的錢幣，根據士兵的需要大部分是他在伯羅奔尼撒鑄造，能夠很快流通成爲長期運用的通貨，得到「盧庫拉斯銅板」的稱呼。

　　這件任務完成以後，蘇拉占領雅典，陸上作戰獲得勝利，發覺敵人擁有海上

2　奎因都斯・賀廷修斯（Quintus Hotensius）是當代的歷史家和演說家，曾經擔任過蘇拉的副將，小加圖曾將妻子瑪西婭讓給他，真是驚世駭俗的行為。

3　馬西人是意大利中部一支古老的部族，與薩賓人有血緣關係，90-88B.C.發起社會戰爭又稱馬西戰爭，戰敗後與其他的部族取得羅馬的市民權。

優勢,軍隊的補給線遭到切斷;盧庫拉斯奉命往埃及和利比亞[4]購買糧食用船隻運送過來。這時正是嚴冬之際,他竟敢只率領三艘希臘商船和許多羅得島戰船,不僅要經過洶湧的大海,還要穿越大群敵軍的船艦,他們到處巡航控制所有的航路。他總算不顧一切平安抵達克里特島。他再從該地前往塞倫尼亞(Cyrenia)[5],發現當地人民苦於長期的暴政和戰爭,他將他們從水深火熱之中解救出來,爲他們安排統治的方式和架構。對這方面盧庫拉斯應該緊記柏拉圖有如神讖的格言,當這個城市要求他爲大家制定所需的法律,建立制度使政府更爲穩定的時候,他要像柏拉圖那樣大聲回答,爲塞倫尼亞人(Cyrenians)制定法律是極其困難的工作,因爲他們的城市繁榮而且人民富裕。一個功成名就的人最難駕馭,要是受到命運的播弄以至一事無成,這種霉運臨頭的人當然比較溫馴。雖然如此,塞倫尼亞人還是誠心誠意願意遵守盧庫拉斯的規定。

他啓碇前往埃及,途中遭到海盜的襲擊,喪失大多數船隻,他自己非常僥倖能夠逃離險境,還能以盛大的排場進入亞歷山卓(Alexandria)。埃及整個艦隊裝飾得花團錦簇出來迎接,就像他是具有皇室身分的貴賓;年輕的托勒密[6]對他表現出極其友善的態度,把他的住所和飲宴都安置在王宮裡面,從來沒有一位外國的指揮官受到如此隆重的款待。除此以外,國王贈送給他的金錢和禮物都逾越原來的規格,就他的地位和身分而論,超出標準達四倍之多。不過,盧庫拉斯除了生活必需品拒絕接受所有的禮物,雖然這些貴重的物品價值高達80泰倫。據說他沒有前去參觀孟菲斯(Memphis)[7],也沒有遊歷埃及膾炙人口的名勝古蹟。一個人要是沒有閒情去遊山玩水,就不會把他的指揮官丟在敵軍的防壁下面受罪。

---

4 他前往阿非利加是在87-86B.C.的冬天。

5 塞倫尼亞位於北非瀕臨地中海,後來成爲羅馬的行省,首府稱爲塞倫尼是希臘人建立的殖民城市,與迦太基、希臘和埃及有密切的商業和貿易來往。

6 帕默流斯(Palmerius)認爲這位國王是托勒密十二世奧勒特斯(Ptolemy XII Auletes),然而奧勒特斯即位是在80B.C.,算起來時間不合,所以應該是托勒密九世拉特魯斯(Ptolemy IX Lathyrus)才對,統治期間是88-81年。蘇拉與米塞瑞達底簽訂和約是在羅馬建城670年即84年。

7 孟菲斯是古代埃及的都城,離西邊的金字塔和南邊的三角洲都只有很小一段行程,整個城市的周長有150弗隆,展現出雄偉的氣勢,托勒密王國興起以後遷都到亞歷山卓,孟菲斯的宮殿和廟宇淪落到荒涼和頹敗的狀態。從此地溯流而上遊歷尼羅河,古今中外的西方人士仍舊認爲這是畢生最大的樂趣,很少有人會放棄這個難得的機會。

3 托勒密害怕會惹來戰爭，所以不願與蘇拉成立聯盟，雖然如此他還是派出一個運輸船隊隨著前往塞浦路斯。雙方分手的時候舉行盛大的慶典，祝福盧庫拉斯的航程順利，贈送給他極其貴重的禮物，那是一件鑲嵌著翡翠的金飾。盧庫拉斯開始的時候婉辭，等到國王表示那上面刻著他的肖像，他認爲不應該擺出拒人於千里的態度，公開的冒犯可能會危及到他的航行。除了那些涉嫌勾結海盜的城鎮之外，他在回程中從其他的濱海城鎮召集相當數量的船隻，隨著他一起前往塞浦路斯。他發覺敵軍配署在沿途的海岬等他自投羅網，於是他把艦隊拖上陸地暫時閒置，派人通知附近的城市，準備他們過多所需的居所和用品。

等到度過這段時期，他在突然之間將船隻全部下水，開航以後在夜間升起所有的船帆，在白天就降下來，能夠安全抵達羅得島。他在羅得島使船隻完成備便，說服考斯(Cos)和尼杜斯(Cnidus)兩個島嶼[8]的居民脫離潘達斯國王的陣營，加入他們的遠征行動去對付薩摩斯人。他運用自己的兵力將國王的人馬從開俄斯島趕走[9]；擒獲僭主伊庇哥努斯(Epigonus)讓科洛奉人(Colophonians)[10]得到自由。

就在這個時候，米塞瑞達底被迫放棄帕加姆斯退守披塔尼(Pitane)[11]，結果被費布里亞從陸上將他緊緊圍住；他不敢與這位驍勇而且長勝的將領接戰，一心一意想從海上逃走，從各地召喚分散的艦隊前來接應。費布里亞明瞭這種狀況以後，自己沒有船隻可以用來阻絕，派人去見盧庫拉斯，懇求他協力去消滅這個受人憎惡和黷武好戰的國王，以免米塞瑞達底在窮途末路之際又找到脫身的機會，羅馬人過去爲了報仇雪恥不知流出多少鮮血和克服多大困難，在付出這麼多的損失以後，總算讓他陷身羅網即將束手就擒。盧庫拉斯所要做的事是堵住他的通路，然後在戰鬥中將他俘虜，沒有人比他獲得更高的讚許。現在只要兩個人合作，一位從陸地向他施壓，另外一位從海上向他迎擊，米塞瑞達底就會將名聲和光榮向他們兩人拱手奉上，在羅馬人看來就是蘇拉在奧考麥努斯的大捷，加上在奇羅尼亞的勝利全都相形見絀。

這個建議的理由非常充分，任何人看來都是當然之事，只要盧庫拉斯傾聽費

8　考斯島位於卡里亞的西南方，與突出在半島上的尼杜斯遙遙相對，控制愛琴海向南的通道，形勢非常險要；尼杜斯是多里斯人建立的城市，成爲小亞細亞地區主要港口和貿易中心。

9　發生在羅馬建城669年即85B.C.。

10　科羅奉是愛奧尼亞內陸的城市，位於小亞細亞的西部。

11　披塔尼是古老的伊奧利斯城市，位於小亞細亞的西北海岸。

布里亞的安排，何況他的水師就在他的手邊，港口被堵讓米塞瑞達底插翅難逃，戰爭很快就會結束，隨後無數不幸事件和重大的傷亡全可避免。然而就盧庫拉斯的立場來說，不知道是否把他與蘇拉的友誼看得極其神聖，認爲無論從公私兩方面都不能讓他的利益和顏面受到損害；或者是出於他對卑鄙的費布里亞抱著深痛惡絕的態度，在殺害他的朋友和軍隊的將領以後，還敢前來向他提出野心勃勃的計謀；再不然就是老天保佑米塞瑞達底，他總認爲時機來到時可以靠自己的力量去制伏這個敵手。不管出於那種理由，盧庫拉斯拒絕接受費布里亞的意見，任憑米塞瑞達底逃脫樊籠嘲笑費布里亞的詭計無法得逞。

盧庫拉斯單獨領軍前往特羅阿斯(Troas)，首先在李克屯(Lectum)附近的一場海戰擊敗國王的水師；後來他發現尼奧托普勒穆斯(Neoptolemus)率領一支實力強大的艦隊，部署在特內多斯(Tenedos)[12] 島以逸待勞。他登上一艘羅得島的五層槳座戰船，威風凜凜行駛在隊伍前面；這艘船的指揮官是達瑪哥拉斯(Damagoras)，海上作戰的經驗豐富而且對羅馬人友善。尼奧普托勒穆斯的怒氣發作，指揮他的座艦盡全力對著盧庫拉斯的戰船衝擊，達瑪哥拉斯擔心對方旗艦的船體較重，而且還裝著青銅撞角，要是兩艘船的船頭對面碰撞會帶來危險，於是當機立斷下令趕快轉向，使船尾接受敵船的撞擊，因爲部位很低而且都沉在水中，所以沒有很大的損害。這個時候他的艦隊全都趕了上來，盧庫拉斯下令他的座艦轉過船身，領導全軍英勇攻擊敵人，打得對手大敗而逃，接著對尼奧普托勒穆斯發起追擊。

4 這場會戰結束後，他發航去與蘇拉會師[13]。蘇拉正在克森尼蘇斯準備渡過海峽，他及時來到爲全軍提供安全的運輸工具。雙方講和休戰，米塞瑞達底向著黑海返航，蘇拉課以亞細亞的居民2萬泰倫的重稅，命令盧庫拉斯負責徵收並且用來鑄造錢幣。這些城市在蘇拉的苛政高壓之下，已經毫無安居樂業的生活可言，像他這樣一個清白公正的人，個性又極其溫和，竟然要從事一個沉重而又惹人憎惡的職位。

邁提勒尼人(Mitylenaeans)[14] 發起公開的叛亂，他還想爲他們緩頰能有挽回的

12　特內多斯島在愛琴海的東北，離開特羅阿斯地區不到10公里，是控制海倫斯坡海峽的門戶。

13　他與蘇拉的會師是在84B.C.，接著蘇拉與米塞瑞達底講和，然後率領軍隊回師意大利。

14　邁提勒尼是列士波斯島最大的城市，這個島在小亞細亞的西北方，距離海岸約30公里。

餘地，對於居民參加馬留的陣營，只施以罰鍰的處分。後來發現對抗拒不從命要自取滅亡，率領艦隊前來討伐，先在一場海戰中將敵人擊敗，堵塞所有的通路然後進行圍攻作戰。他在大白天眾目睽睽之下，整個艦隊發航前往伊利亞(Elaea)[15]，然後在暗中偷偷回來，在靠近城市的地點部署一支伏兵，保持安靜不能讓敵人發覺。等到邁提勒尼人很高興的一擁而出，毫無秩序去洗劫他們遺棄的營地，他發起突然的攻擊，很多人成為俘虜，繼續抵抗的人員當中有500人被殺。他將6000名市民發售為奴，並且獲得大批值錢的戰利品。

　　蘇拉和馬留在意大利引發極其嚴重的事變，雙方要做生死存亡的一戰，盧庫拉斯獲得神明的保佑，滯留在亞細亞處理事故未能參加[16]。無論如何，在蘇拉的朋友當中盧庫拉斯最受器重，前面說過，蘇拉將他的《回憶錄》[17]題獻給盧庫拉斯，當成友善的信物，等到他過世以後，跳過龐培讓盧庫拉斯做他兒子的監護人。看來好像是蘇拉要在他們之間挑起爭執和猜忌，特別是這兩個年輕人對於榮譽和地位抱著滿腔的熱情。

5　蘇拉逝世後沒有多久，他與馬可斯‧科塔(Marcus Cotta)擔任執政官，時為奧林匹克176會期[18]。米塞瑞達底戰爭在元老院引起爭議，馬可斯認為目前無法解決，只有緩延一段時間，因此，要分配任滿後應前往治理的行省，盧庫拉斯抽中山內高盧，這個行省是很平靜的地區，沒有重大的行動只能讓他無所事事。主要在於龐培綏靖西班牙的成就惹得他煩躁難安，除了可以使龐培贏得莫大的名聲，一旦西班牙的戰事在任期內終結，要選出一位將領去討伐米塞瑞達底，除了龐培不作第二人想。龐培為了獲得糧餉，寫信給當局表現非常激烈的態度，如果不能充分供應所需，就要率領他的部隊回到意大利，把整個西班牙留給塞脫流斯。盧庫拉斯對於龐培大力支持，充分滿足他的需要，目的是不讓龐培有任何藉口，在他的執政官任期內返國。因為這樣一來所有的事務都以他馬首是

15　伊利亞是小亞細亞的伊奧利斯城市，成為帕加姆斯的外港，與列士波斯島的邁提勒尼遙遙相對。

16　他在84-80B.C.一直留在亞洲，進行第二次米塞瑞達底戰爭，沒有涉及蘇拉和馬留的內戰。

17　蘇拉在逝世前數日完成他的22卷《回憶錄》，他之所以將這本書獻給盧庫拉斯，因為裡面的題辭是「獻給比他寫得更好的人」，特別要盧庫拉斯相信神明在夢中顯靈所提出的勸告，沒有任何事情比這個更為重要。

18　奧林匹克176會期相當於76-73B.C.，盧庫拉斯出任執政官是在74年即該會期第3年。

瞻，順理成章統率一支大軍出征。

西第古斯(Cethegus)在當時是最有影響力的護民官，由於他在言語和行動方面要討好一般民眾，難免會對盧庫拉斯產生恨意。盧庫拉斯厭惡他的淫亂、粗野和無法無天的生活，表現出毫不掩飾的態度。因此，盧庫拉斯與他發生公開的衝突。盧契烏斯·奎因久斯(Lucius Quintius)是另外一位民選的領袖，他採取相關的步驟來反對蘇拉建立的制度，竭力設法要使事務的處理失去秩序。盧庫拉斯用私下的勸告和公開的駁斥，阻止圖謀不軌的行動，壓制蠢蠢欲動的野心，運用明智而安全的手段，將危害國家的嚴重災禍消弭於無形。

6 這個時候傳來信息，西里西亞總督屋大維烏斯(Octavius)逝世，很多人謀取那個職位，都來討好西第古斯，這個人有本領幫很大的忙。盧庫拉斯並不認為西里西亞對他有多大價值，沒有人想到他會接受那裡的職位，然而西里西亞接近卡帕多西亞，如果他獲得那個行省的統治權，一旦要指派征討米塞瑞達底的將領，那麼除了他以外，就不會考慮選擇其他的人士。本著這種構想他要盡最大努力，使得所望的行省分派給自己，不要落在別人的手裡。最後迫得他採用權宜的辦法，說起來不夠誠實而且喪失顏面，為達目的不擇手段只有委屈自己低聲下氣。

羅馬有一位名叫普里西婭(Praecia)的婦女，機智靈巧而且美豔動人，不管從那方面來看都絕非一個普通的娼妓，她利用那些拜倒在她石榴裙下的人士，幫助她的朋友在政壇建立關係，然後運用她的人脈廣結善緣，使得她的影響力能夠水漲船高，可以說在都城已經建立相當的名氣。西第古斯當時在整個羅馬城，無論就聲譽或權勢而言都是首屈一指的人物，後來受到誘惑成為她的入幕之賓，隨之而來的權力都被她掌握在手中。西第古斯對於羅馬的大小事務都要插手，然而他對普里西婭卻是言聽計從。

盧庫拉斯用禮物和奉承將這位婦女拉到他這一邊（能夠吸引像盧庫拉斯這樣人物，把她看成儀態萬千的貴婦人，這是讓她最受用的事），使得西第古斯成為他的朋友，運用護民官的影響力讓他獲得西里西亞。等到他達成這個目標，無須再借重普里西婭或西第古斯，大家會一致推舉他負責米塞瑞達底戰爭，認為沒有人比他更為合適。龐培這時與塞脫流斯仍舊鏖戰不已，梅提拉斯老邁年高無法勝任，只有這兩個人可以與盧庫拉斯一爭長短。他的同僚科塔在元老院下了一番功

夫，奉派率領一支艦隊前去防衛普羅潘提斯(Propontis)海[19]，確保俾西尼亞的安全。

7 盧庫拉斯率領他所徵召的一個軍團，渡海前往亞細亞接管軍隊的指揮權[20]。部隊的狀況非常惡劣，士兵過著淫亂不堪的生活，除了搶劫已失去作戰的能力；他們被人稱爲「費布里亞幫」的老兵油子，很久以來不知紀律爲何物，根本不接受任何管制和約束。這幫人過去在費布里亞指揮之下，身爲執政官和將領的弗拉庫斯(Flaccus)就是死在他們的手裡，後來他們背叛費布里亞投靠蘇拉，已經養成任性而爲和無法無天的習氣，但是他們驍勇無比，在戰場上面不僅經驗豐富而且膽識過人。盧庫拉斯在很短期間之內，就壓下他們那股驕縱的氣焰，使得部隊能夠達成軍紀的要求，他竭盡諸般手段要讓大家知道，現在來了一位眞正的將領和總督，不像過去那樣要討好他們去服行勤務，攜帶武器也沒有人指揮，一切工作讓他們隨心所欲。

敵人的戰爭準備有如下述：米塞瑞達底就像一位詭辯家，開始的時候只會吹噓，表現出傲慢的態度，用毫無能力的軍隊攻打羅馬人，這些部隊的表面看起來很壯觀，實際上作戰一無可取。遭到一場可恥的潰敗以後，米塞瑞達底吸取經驗和教訓，第二次接戰他的部隊在各方面有很大的進步。整個軍隊不再是一群混雜起來的烏合之眾，不像過去那樣是操著各種語言的野蠻部落，隨時隨地都在相互指責大聲的威脅；要求他們的身上不再裝飾著黃金和寶石，因爲不能增加使用人的安全，反而給戰勝者帶來更大的誘惑。他把羅馬人使用的寬劍發給士兵，還把盾牌加大，選擇的馬匹受過訓練以實用爲主，他有12萬名步卒排出的隊形類似羅馬人的方陣，騎兵有1萬6000人，還有100多輛車軸裝上鎌刀的戰車。他的艦隊開始啓碇出海，船隻上面沒有鍍金的艙房、豪華的浴室和婦女的擺設，再也不像從前那樣受到拖累，而是裝滿武器、裝備和各種補給品，對俾西尼亞發起突擊。不僅這個地區願意接受他的統治，幾乎整個亞細亞都把他視爲救主，羅馬的放高貸者和租稅承包商讓這裡的居民過著悲慘不堪的生活，亟待他來解除他們的痛苦。

19　普羅潘提斯海是位於愛琴海和黑海之間一個內海，現在稱爲馬爾馬拉(Marmara)海，分別有海倫斯坡海峽和博斯普魯斯海峽與外相通。

20　盧庫拉斯渡海到亞洲是在羅馬建城680年即74B.C.。

那些殘酷貪婪的怪物偷走人民賴以維生的糧食，後來才被盧庫拉斯趕走；處於目前的狀況，他只能對他們加以譴責，使得他們能夠採取比較溫和的手段，防止大規模的叛亂在各個地區爆發開來。

8 盧庫拉斯爲了矯正這些缺失而耽誤他的行程，這時科塔發現採取行動的時機已經成熟，準備與米塞瑞達底發起會戰。消息從各方面傳來，盧庫拉斯即將進入弗里基亞，向著敵人進軍。科塔認爲勝利唾手可得，不願與同僚分享這份光榮，急著要與對手決一高下。他在海上和陸地同時被敵軍擊敗，損失60艘船隻和配置的人員，還有4000名步卒，自己被圍在卡爾西頓（Chalcedon）[21]，等待盧庫拉斯前來解救。那些在盧庫拉斯旁邊的人向他進言，暫時不要理會科塔，繼續前進希望能夠奇襲米塞瑞達底毫無防衛的王國。就是士兵也抱著這種想法，他們對科塔的私心自用感到氣憤不已，不僅喪失自己的軍隊，同時也妨礙他們的征服，如果他沒有犯下這樣大的錯誤去與敵人會戰，只要他們的兵力會合起來，一定可以達成最後的目標。盧庫拉斯公開向他們講話，說他認爲從敵人的手裡救出一位羅馬市民，遠比戰勝所有敵人更爲重要。

阿奇勞斯曾在米塞瑞達底的麾下服務，是皮奧夏地區的前任指揮官，後來背棄他的主子投效羅馬人的陣營，向盧庫拉斯提出保證，只要他隨著前往，整個潘達斯地區會迎風而降。盧庫拉斯的回答是他不願讓自己變得比一個獵人還膽小，非要等到猛獸離開去覓食，才前往空空如也的巢穴。等他說完這話以後，率領3萬名步卒和2500名騎兵，前去迎戰米塞瑞達底。等他見到敵人的龐大陣營和眾多人員感到驚訝，決定避免會戰等待時機。塞脫流斯從西班牙派遣一支部隊，由馬留（Marius）[22]率領前來協助米塞瑞達底；現在馬留衝了出來向盧庫拉斯挑戰。盧庫拉斯接受並且下令排出會戰隊形，就在雙方快要接觸的一刹那，在毫無任何可見天候變化的狀況下，空中像是打開那樣，一個巨大的發光體落在兩軍之間，形狀很像一個大桶，顏色有如融化的白銀，雙方在驚怖之餘只有趕快收兵。這種奇特的異象出現在弗里基亞的奧特里伊（Otryae）附近。盧庫拉斯後來深入考量當前的敵情，認爲沒有一種人爲的能力和財富，可以維持像米塞瑞達底所擁有的龐大

---

21 卡爾西頓是位於博斯普魯斯海峽南端的俾西尼亞城市，面對拜占庭控制進入黑海的通道。
22 根據阿皮安（Appian）的記載，這個人應該是瓦流斯（Varius）。

軍隊，能與敵人曠日持久的對峙下去。盧庫拉斯下令將一位俘虜帶到面前，首先問這位俘虜有多少同伴與他一起共餐，接著問他的帳篷裡面還留下多少糧食；等到他得到答覆以後，吩咐將這位俘虜帶到一邊，再問第二位和第三位俘虜同樣的問題。然後，他將對方的糧食存量與人數做一比較，發現敵人不過三到四天的時間就面臨缺糧的困境。這樣更堅定他要採用持久作戰的決心，採取各種手段將獲得的糧食儲存在他的營地，在本身不虞匱乏的狀況下，坐視飢火中燒的敵人無法獲得所需。

9 米塞瑞達底面臨這種情勢，決定先攻打西茲昔尼人(Cyzicenians)[23]，上次在卡爾西頓附近的接戰[24]中，西茲昔尼人慘遭敗績，損失3000人馬和10艘戰船。米塞瑞達底為了騙過盧庫拉斯，好在他沒有發覺之下偷偷溜走，就在晚餐以後拔營，藉著夜暗和天雨的掩護安全離開，在天明之際占領西茲庫斯(Cyzicus)周邊地區，並且將他的主力部署在亞德拉斯提安(Adrastean)山[25]。盧庫拉斯發現對手已經遁走，躡足在後面追趕，盡量掌握行軍速度不要超越敵人，以免自己的部隊陷入混亂之中。他在一個名叫色雷西亞(Thracia)的小村附近停留下來，這個位置是交通的樞紐，可以控制所有的道路和四周的要點，必須經過這裡才能將糧食運往米塞瑞達底的營地。盧庫拉斯判斷當前情勢，不再藏在內心不讓士兵知道，當他們將營地的防務加強，完成所有的工事以後，集合大家講話，說是不要幾天的功夫，保證無須付出犧牲的代價，就能給他們帶來最後的勝利。

米塞瑞達底在陸上設置10個營地圍困西茲昔尼人，他的船隻控制城市和陸地之間的水道[26]，使得西茲庫斯被圍得插翅難飛。不過，他們有充分的準備和堅定的意志面對來犯的敵人，同時決定即使忍受最大的痛苦，也不會放棄與羅馬人的盟約。現在他們感到最困擾的地方，是不知道盧庫拉斯究竟位於何處，同時也得不到他的消息，雖然不久以前還可以看到他的軍隊出現在城市的前面。米塞瑞達底現

23　西茲昔尼是普羅潘提斯海南岸一個區域，西茲庫斯是地區內最大的城市。

24　執政官科塔也參加這次會戰。

25　有人說亞德拉斯提安不是山嶺而是廟宇。這座廟宇在城市裡面，有個名叫亞德拉斯都斯(Adrastus)的人奉獻給尼密西斯(Nemesis)女神，所以這座廟獲得亞德拉斯提安的稱呼。

26　斯特拉波說西茲庫斯座落在普羅潘提斯海的小島上面，有兩道長橋與大陸相連接，旁邊還有一個同名的城市，形成兩個非常優良的港口，可以容納200艘船。

在開始欺騙他們，指著羅馬人在山上紮營的位置說道：「你們難道沒有看見？那些都是亞美尼亞人和米提人的輔助部隊，泰格拉尼斯特別派來增援米塞瑞達底。」

實力龐大的敵軍成壓倒之勢包圍在四周，他們認爲即使盧庫拉斯揮軍前來也沒有解救的希望。德謨納克斯(Demonax)是阿奇勞斯派來的信差[27]，第一位告訴他們盧庫拉斯即將到達的人；他們並不相信他帶來的消息，認爲不過是杜撰一個故事來鼓勵士氣。那個時候發生一件事，有個被俘的小孩從敵人那裡逃了出來，帶到大家的前面，被問到盧庫拉斯在那裡的時候，他認爲大家在說著玩自己先笑了起來，發現他們帶著渴望的表情，這個小孩用手指著羅馬人的營地，大家確信其事激起高昂的勇氣和鬥志。達西利蒂斯(Dascylitis)湖[28]可以航行體積較小的船隻，盧庫拉斯選出最大的一艘，拖上岸來用大車載運到海邊，裡面裝滿士兵然後出航，漆黑的夜晚不讓敵人看見，安全抵達西茲庫斯。

10 神明也要讚許西茲昔尼人堅忍不拔的精神，就用明顯的徵兆對他們加以激勵，特別現在是普羅塞派尼(Proserpine)[29]的祭典，無法獲得一隻黑色的母牛用於獻祭的犧牲，就用生麵糰做一個模型，放在祭壇的前面[30]。原來那隻爲女神所準備的聖潔的母牛，正與西茲昔尼人其他的牲口，一起放牧在海峽對面的草地，竟然離開牛群單獨游過海峽來到城市，奉獻爲祭祀神明的犧牲。當天夜晚女神託夢給城市的書記亞里斯塔哥拉斯(Aristagoras)，祂說道：「告訴你的市民同胞，大家要鼓起勇氣，我已經帶來利比亞的吹笛人對抗潘達斯的號角手。」

就在西茲昔尼人奇怪這句話是什麼意思的時候，突然颳起一陣強風使得海面波濤洶湧。國王的攻城撞車是帖沙利的奈科尼德(Niconides)很獨特的設計，現在正在城牆的下面，發出爆裂和嘎嘎作響的聲音，顯示出即將來臨的厄運，被格外猛烈的南風吹襲而解體，在很短的時間內所有的器械無一倖免，高達100肘尺的

---

27 說是這個信差將充滿氣的膀胱綁在身上，然後游到島上的城市。

28 達西利姆(Dascylium)是普羅潘提斯海南岸的城市，瀕臨面積很大的達西利蒂斯湖。

29 這個慶典祭祀的神明是普羅塞派尼和祂的母親西瑞斯；西瑞斯是羅馬神話的穀物和耕種女神，普羅塞派尼是冥王哈得斯(Hades)的妻子和冥后。

30 畢達格拉斯學派的信奉者，認為宰殺牲口敬神是違法的行為，致於用麵糰、沒藥或其他的材料作成模型，這在希臘人來說還是第一次聽到。據說那些非常貧窮的埃及人，就是用這種方式向神明奉獻祭品。

木塔因大幅度的搖擺而倒塌。據說在艾利姆(Ilium)[31]這個城市，很多人在夜晚夢到密涅瓦，看見祂汗流滿面而且長袍有一處破損，祂告訴大家說是剛剛前去解救西茲昔尼人。當地的居民到今天還可以指出一座紀念碑，上面刻著城邦的敕令，說明這件事的始末。

11 只要米塞瑞達底被他的軍官欺騙，不知道饑饉在營地猖獗到何種程度，內心裡面總是認為西茲昔尼人的抗拒，目前給他帶來最大的煩惱。當他看到他的士兵的缺糧狀況極為嚴重，甚至到達吃人肉的地步[32]，這時他的野心和憤怒全部化為烏有。實在說，盧庫拉斯從事戰爭並沒有玩弄虛誇的花招，諺語講得好：「戰爭的弱點是士兵的肚皮」，所以要竭盡所能去切斷敵人的食物供應。現在，米塞瑞達底趁著盧庫拉斯猛攻一處堡壘，趕緊掌握時機將所有的騎兵撤到俾西尼亞，還有大批馱獸和牛群，以及數量龐大現在無法運用的步卒。這個消息傳來的時候已經是夜晚，盧庫拉斯剛剛回到營地，第二天早晨雖然是暴風雨的天氣，還是率領10個支隊的步兵和所有的騎兵發起追擊，在大雪紛飛之下，酷寒使得很多士兵失去行動的能力，仍舊帶著其餘的人員趕上敵軍，在靠近蒂迪庫斯(Rhyndacus)河的地方，徹底擊潰對方造成慘重的傷亡，就連阿波羅尼亞(Apollonia)[33]的婦女都趕來搶奪戰利品，搜刮死者身上的財物。我們可以推測有大量人員被殺，獲得的戰馬有6000匹以及不計其數的馱獸，還有多達1萬5000名的俘虜，這些都是他得自敵人的營地。

我很奇怪不知道薩祿斯特(Sallust)[34]出於何種緣故，說羅馬人在這場會戰中第一次見到駱駝[35]，事實上很久以前在西庇阿擊敗安蒂阿克斯的時候，以及後來

---

31 艾利姆是古代的特洛伊，位於海倫斯坡海峽進口的南岸，20世紀初期在此地挖出古城的遺跡。

32 很不可能發生這種慘劇，盧庫拉斯無法嚴密封鎖米塞瑞達底，要是陷入這種絕境還不如冒死一戰。歷史上有很多記載都是言過其實，這也是無可奈何之事。

33 古代希臘有三個城市稱為阿波羅尼亞，分別位於伊里利亞(Illyria)、利比亞(Libya)，和保加利亞(Bulgaria)，與本章提到的地點有非常遙遠的距離，可能在普羅潘提斯海的四周還有一座城市名叫阿波羅尼亞，只是查不到有關的資料。

34 薩祿斯特即該猶斯·薩祿斯久斯·克里斯帕斯(Gaius Sallustius Crispus, 86-35 B.C.)，凱撒手下主要將領，活躍於軍界和政壇，44年凱撒被刺，即退隱專心從事寫作，主要著作有《羅馬史》、《朱古達戰爭》和《加蒂藍之謀叛》等書，其中《羅馬史》只留殘頁，後兩種完整傳世。

35 李維特意告訴我們說安蒂阿克斯的軍隊用駱駝當馱獸：「他在騎兵部隊的前面配置輪軸裝著

在奧考麥努斯和奇羅尼亞附近與阿奇勞斯的接戰,就已經有很多人熟悉這種動物。米塞瑞達底下定決心要逃走,僅僅是為了延誤盧庫拉斯的行動和轉移他的注意,派遣他的水師提督亞里斯托尼庫斯(Aristonicus)向希臘海進出,不過,他在正要出發的時刻被部下出賣,盧庫拉斯成為他的主子,還加上他攜帶的1萬金幣,原來準備用來收買一些羅馬的部隊。經過這件事以後,米塞瑞達底從海上逃走,留下步兵軍官指揮他的軍隊,盧庫拉斯在格拉尼庫斯(Granicus)河[36]附近向他們發起攻擊,大量人員成為俘虜,兩萬人戰死。據說被殺總數包括戰鬥部隊和隨軍人員不會少於30萬人。

12 盧庫拉斯首次前往西茲庫斯,接受適合於這種場合的歡樂和感激,然後巡視海倫斯坡,沿途收容船隻編成一支艦隊,到達特羅阿斯以後,他暫時住在維納斯神廟,夜晚夢到女神顯靈對他說道:

> 正逢逐鹿之際,
> 獸王安能入睡?

他醒來以後馬上將幕僚叫來,這時還是夜間,就把夢中的情景告訴大家,就在此刻一些艾利亞人前來報告,看到國王所屬13艘五層槳船離開亞該亞的港口,向著林諾斯(Lemnos)[37]島行駛。他立即出海將他們捕獲,殺死水師提督艾西多魯斯(Isidorus)。然後他發航去追趕另外一支分遣艦隊,這時他們剛剛進港,看到他來到就用繩索將船拖到岸邊,在甲板上面與他們的對手戰鬥,這給盧庫拉斯的士兵帶來非常痛苦的經驗。羅馬人的船隻沒有夠大的空間可以圍繞對方航行,只有這樣才能使得攻擊更為靈活;再者即使對準衝過去也無法造成對方船隻的損害,因為羅馬人的船隻飄浮在海面,對方船隻的底部固定在沙灘上面非常安全。盧庫拉斯費了很大的努力,在這個島嶼僅有的登陸位置,讓經過精選的戰鬥人員上岸,攻擊留在島上的敵人,殺死部分人員,迫得其他人斬斷船上的纜繩,使得船

(續)

　　鐮刀的戰車,用來運輸的駱駝都是單峰駝。」參閱李維《羅馬史》第37卷第40節。

36　格拉尼庫斯河位於特羅阿斯地區,向北流入普羅潘提斯海。

37　林諾斯島是愛琴海北部一個很大的島嶼,距離特羅阿斯的海岸約有70公里。

隻無法緊靠海岸，不是相互發生碰撞，就是漂到盧庫拉斯的艦隊所能抵達的地點，很多人在作戰中陣亡，被俘的人員包括馬留在內，他是塞脫流斯派來的指揮官只有一隻眼睛。盧庫拉斯在接戰之前就嚴格要求手下，任何一個敵人只要是「獨眼龍」都不可以殺害，免得他以後遭到報應死於羞辱和譴責之中。

13 等到解決這個敵人以後，他十萬火急前去追趕米塞瑞達底，因為對手的退路被浮康紐斯(Voconius)截斷，希望發現米塞瑞達底仍舊留在俾西尼亞無法後撤。早在他抵達奈科米迪亞(Nicomedia)[38]之前，就派浮康紐斯率領艦隊的部分船隻，前去阻止米塞瑞達底的逃走。這位將領在薩摩色雷斯(Samothrace)[39]逍遙自在，參加神秘儀式[40]和慶祝祭典節日，讓大好的機會白白溜走，米塞瑞達底率領艦隊安全通過。他急著在盧庫拉斯到達之前趕回潘達斯，不幸遇上一場暴風雨，艦隊被颳得七零八落，還有很多艘戰船沉沒，破損的船隻飄流在鄰近的海岸，有的歷時很多天還可見到。他自己乘坐的商船因為體積很大，在強湧的推送之下向著海岸飄去，帶來極其不利的結局，等到海水浸入以後很快就會沉沒。米塞瑞達底離開座艦登上一艘海盜船，把自己交到強人的手中，經歷這番不可思議的奇遇，總算安全抵達潘達斯的赫拉克利Heraclea)[41]。

　　盧庫拉斯將整個戰局的狀況，運用自負的言辭呈報元老院，現階段的作戰已圓滿結束，沒有發生任何不幸的憾事。當局頒布敕令撥款3000泰倫，用來整備他所率領的水師。他寫信告知元老院，無須大筆鉅款和昂貴的供應品，僅僅靠著盟邦提供的船隻，就可以將米塞瑞達底驅出海洋。他所以能獲得巨大的成功是依靠神明的援助，據說普里阿帕斯(Priapus)的黛安娜(Diana)[42]在震怒之下，讓潘達斯

38　奈科米迪亞是俾西尼亞的首府，在普羅潘提斯海的東北方，離開拜占庭約有80公里，現在稱為伊茲密特(Izmit)。

39　薩摩色雷斯島在愛琴海的北部，靠近色雷斯海岸，最早是希臘人的殖民地和貿易站，後來為雅典據有，曾經產生多次大規模的叛亂，對於雅典的發展有極大的影響。

40　希臘宗教的要旨在於個人的救贖，所以才出現以入會禮和天啟為中心的神秘儀式，通過繁複的程序，授與口傳教義、祭典方式、秘傳知識，為秘密教團接受，使得會眾擁有較血緣更為緊密的關係。

41　很多城市都取名赫拉克利，本章提到的城市位於俾西尼亞瀕臨黑海的南岸，又稱為潘提卡(Pontica)。

42　黛安娜是羅馬神話的月神和狩獵女神，即希臘的阿提米斯，與阿波羅是攣生兄妹。普里阿帕斯地方的黛安娜神廟，出現很多神蹟非常靈驗。

的人民飽受猛烈暴風雨的摧殘，因爲他們搶劫祂的神廟和搬走祂的雕像。

14 很多人勸盧庫拉斯延長戰爭的時間，他拒絕接受他們的建議，通過俾西尼亞和蓋拉夏向著國王的疆域進軍[43]。首先要解決的困難是糧食的嚴重缺乏，下令要3萬蓋拉夏人隨軍行動，每個人背負一個蒲式耳[44]的小麥。他深入敵境征服所到的城市，最後發現這些地方非常富裕，一把斧頭在營地只賣1德拉克馬，一個奴隸也不過4德拉克馬。其他的戰利品眞是不計其數，只有留在後面或是將它毀棄；所有的物品不僅繁多而且容易獲得，所以無法將掠劫的東西賣出去。他們用騎兵部隊發起經常的入侵行動，前進的距離已經到達提米西拉(Themiscyra)平原，上面有瑟摩敦(Thermodon)河流過[45]，僅僅蹂躪在他們前面的國土。士兵主觀認定盧庫拉斯犯有很大的錯誤，於是提出質問：

> 爲什麼你奪取城市都讓居民開城投降，不用強攻硬拔的方式，這樣一來怎麼能讓我們靠著搶劫發財？的確如此，你現在把阿米蘇斯(Amisus)[46]留在後面，這是一個繁榮而富裕的城市，況且非常容易攻取，只要能夠實施水洩不通的包圍，城破以後讓我們大肆洗劫，你就可以率領我們前往泰巴里尼人(Tibarenian)和迦勒底人(Chaldean)的曠野[47]，與米塞瑞達底決一死戰。

盧庫拉斯不認爲他們的話會產生危險的後果，雖然爾後證明卻有其事，當時沒有多加注意就置之不理。他在心煩之餘，還得對責備他的行動過於遲緩的人士表示諒解，他們說他在那些一無所取的地點浪費寶貴的時間，讓米塞瑞達底獲得東山再起的機會。他說道：

> 我的構想就是如此，靠著遲延不前讓他達成圖謀保有希望，能夠再度

---

43 盧庫拉斯進軍潘達斯是在羅馬建城681年即73B.C.。
44 原文是medimnus爲希臘固體容量單位，相當於1又1/2蒲式耳。
45 潘達斯有一處平原和一個城市都取名爲提米西拉，位於瑟摩敦河的河口。
46 阿米蘇斯是俾西尼亞的一個城市，位於黑海的南岸，離開西邊的夕諾庇約有150公里。
47 泰巴里尼人是潘達斯北部海岸的一個部族；迦勒底人是閃族的一支，居住在兩河流域。

重新組成一支大軍，自忖實力強大就會站穩足跟，不會等我們一接近
就趕緊逃走。難道你們沒有看到在他的後面是廣寬而未知的荒漠？距
此不遠的高加索(Caucasus)山脈不僅峰巒起伏而且面積遼闊，足夠藏
匿一萬個避戰不出的國王。除此以外，不過幾天的行程，就可以引導
他從卡比拉(Cabira)[48]到達亞美尼亞，那是萬王之王泰格拉尼斯統治
的地區，他所擁有的權勢和實力：可以將帕提亞人局限在狹窄的疆域
之內；可以將希臘人的城市整個遷移到米地亞；可以征服敘利亞和巴
勒斯坦；可以處死有塞琉卡斯皇室血胤的國王，用暴力將他們的妻子
和女兒劫走。他們之間有親戚關係，他還是米塞瑞達底的女婿，所以
不會坐視不理，提出任何要求就會全盤接受，為了保護他的岳父就會
與我們引發戰爭。因此，我們要是費盡力氣把米塞瑞達底趕出他的國
土，就會面臨泰格拉尼斯與我們對抗的危險，何況他處心積慮找機會
要與我們開戰，還未發現比用派出援軍的方式更合他的需要，何況這
種派遣是以一個朋友和君主的身分。因此，我們不能逼著米塞瑞達底
走上絕路，只要他認為與我們的戰爭還有幾分勝算，就不會非要去屈
從泰格拉尼斯不可。所以我們不如去與柯爾契斯人(Colchians)[49]和泰
巴里尼人作戰，讓他有時間去徵集一支新軍再度建立信心；過去我們
經常擊敗柯爾契斯人和泰巴里尼人，對於米提人和亞美尼亞人就沒有
多大把握了。

15 盧庫拉斯基於這種動機，頓兵在阿米蘇斯的城牆前面，慢慢展開圍
攻作戰，冬季即將結束，留下穆里拉(Murena)負責這方面的行動，
他自己領軍去征討米塞瑞達底[50]。這時候米塞瑞達底將兵力集結在卡比拉，決定
在此等候羅馬人來攻。他的軍隊包括4萬名步卒和1萬4000名騎兵，後者是最獲信

---

48 在斯特拉波的著作中，提到弗里基亞的邊境有一個區域名叫卡比拉，在那裡所興起的諸神崇
　 拜和宗教儀式，後來傳到羅馬使信徒獲得「神之友」的名銜。

49 柯爾契斯位於黑海的東端，夾在高加索山脈和亞美尼亞之間，就是現在的喬治亞共和國，米
　 勒都斯人最早在此建立殖民地，是波斯進入中亞草原的孔道。

50 這場戰事發生在羅馬建城682年即72B.C.。

任的主力。米塞瑞達底渡過黎庫斯(Lycus)河[51] 進入平原向羅馬人挑戰，騎兵部隊適時從兩翼投入，羅馬人被打得大敗。龐波紐斯(Pomponius)是頗有名氣的高階人員，受傷被俘，強忍痛苦帶到米塞瑞達底的前面，國王問他如果饒他一命是否可以成為他的朋友。他回答道：「如果你與羅馬人講和就是朋友，否則只是敵人。」米塞瑞達底對他的愛國心感到驚訝，他本人並沒有受到任何傷害。

敵軍的騎兵部隊在平原所向披靡，盧庫拉斯對此頗為忌憚，對退到山區還在猶豫不決，不僅是範圍極其遼闊而且深林密菁，進出非常困難。他的運氣很好，有幾個希臘人逃到一個山洞被抓住，其中有位名叫阿提米多魯斯(Artemidorus)的老者，答應領著盧庫拉斯去到有堡壘可以俯瞰卡比拉的地點，能夠讓軍隊很安全的駐紮。盧庫拉斯相信他的話，在夜間點著火把行軍，安全通過狹谷抵達要到的位置，早晨就看到在下方的敵軍，他們的營地形勢非常險要，進可以攻而退可以守。目前的狀況是雙方都不願冒險求戰。

據說國王這邊的人員出來獵鹿，有些羅馬人想去攔截，發生遭遇引起一場混戰，雙方都獲得更多的支援，最後是國王的人馬占了上風，營地裡的羅馬人看到他們的戰友逃走，激起眾怒跑去懇求盧庫拉斯發出會戰的信號，領導全軍列陣出擊。他命令他們要堅守崗位，不得擅自行動；處在緊急和危險的關鍵時刻，大家應該知道一位明智的指揮官，他所表現的態度和神色是何等重要。這時他自己進入平原，迎上前去阻止向後奔逃的前列人員，要他們停下來隨著他一起轉回去迎戰，大家都服從他的命令，經過整頓再度納入編組繼續戰鬥，沒有費多大力氣就將敵人擊退，並且把他們趕回營地。等到他鳴金收兵以後，按照慣例對臨陣脫逃者施以處罰，剝光他們所穿的衣物，全身赤裸挖一條12尺的壕溝，全軍人員站在一邊觀看。

16 米塞瑞達底的營地有一位名叫歐塔庫斯(Olthacus)的丹達里亞人(Dandarians)酋長，這個野蠻民族住在米奧提斯(Maeotis)湖[52] 附近地區。歐塔庫斯的名聲響亮，孔武有力而且英勇過人，參加會議能夠提出很明智的意見，非常樂於與人交往，談吐很會逢迎和奉承。他的個性極其好強，總想比其

---

51 黎庫斯河是注入拜占庭的一條河流，與博斯普魯斯海峽的匯合處是極其出名的金角。
52 古人所稱的米奧提斯湖即亞速夫(Azov)海，位於黑海的北端有刻赤(Kerch)海峽相連，四周的草原興起很多強大的游牧民族。

他的酋長更能出人頭地，答應爲米塞瑞達底做出最有價值的服務，就是取盧庫拉斯的性命。國王讚許他的決心，按照事先的安排，故意裝出震怒的模樣，免去歐塔庫斯的職位。這時他帶著一些騎兵投奔盧庫拉斯，因爲他在軍隊的地位顯赫，受到盧庫拉斯熱烈的歡迎和誠摯的接待。他的睿智和毅力在短期內受到一番考驗以後，獲得重用能與盧庫拉斯同桌進餐並且參與各種會議。

這位丹達里亞人認爲他可以找到一個好機會，於是命令他的奴僕把他的坐騎先牽到營地外面，他趁著正午士兵都在休息的時候，前去將領的中軍大帳，藉口有重要的事務要稟見，以目前相熟的狀況料想不會受到擋駕。盧庫拉斯有位管家名叫麥內迪穆斯(Menedemus)，站在帳幕的門口，告訴歐塔庫斯這個時候不適合面見將領，外出視察和辛苦的工作非常勞累，現在正躺下休息。歐塔庫斯受到拒絕仍不願離開，堅持有重要事情必須當面報告，使得麥內迪穆斯怒不可遏，說是沒有任何事比起盧庫拉斯的安全更爲重要，於是用雙手將他推走。這樣一來使他產生畏懼之心，只有直接離開營地騎上馬背不告而別，沒有達成任務回到米塞瑞達底的陣營。暗殺的行動如同治病一樣，在關鍵時刻發生重大的效果，不是使人起死回生就是萬劫不復。

17 等到這件事以後，索納久斯(Sornatius)奉派帶著10個連隊外出徵收糧草，米塞瑞達底手下有位部將名叫米南德(Menander)，率領人馬趕上前去攔截，索納久斯轉到身來抵擋，經過一場激戰，打敗敵人將對方殺死不少。後來盧庫拉斯命亞德萊努斯(Adrianus)率領護衛的兵力，安全運送大批糧食滿足營地的需要；米塞瑞達底爲了不要喪失大好的機會，派遣麥內瑪克斯(Menenachus)和邁羅(Myro)指揮戰力強大的部隊，包括步兵和騎兵在內，意欲一舉殲滅對方，讓羅馬人得不到糧食的供應。

據說接戰以後，米塞瑞達底的部隊只有兩個士兵逃得性命，其餘人員全被羅馬人屠殺殆盡。米塞瑞達底爲了隱瞞損失，說是僅僅吃了一場小敗仗，同時歸咎於指揮官的處置失當所致。亞德萊努斯擺出浩浩蕩蕩的隊伍從敵人的營地前面經過，很多運輸車輛裝滿糧食和各種戰利品，米塞瑞達底看在眼裡極爲憂慮，全軍陷入混亂和驚怖之中。因此，他決定不再留下非要與敵人分出勝負。國王的奴僕在暗中裝載財物準備後送，同時還要阻止別人有這種行動，士兵在暴怒之下聚集在營地的門口擠成一堆，抓住國王的奴僕將他們殺死，然後開始搶劫行李。有一

位將領名叫多里勞斯(Dorylaus)，就是因為身上穿著紫色的斗篷，混亂之中當場喪命。祭司赫米烏斯(Hermaeus)在營門口被爭先恐後的群眾踩死。

米塞瑞達底的四周沒有一個護衛，甚至連馬夫都不跟在身旁，連一匹坐騎都找不到，雜在群眾當中走出營地。過了一會兒有位宦官托勒密在人群中看到他，趕緊下馬將國王扶上馬背。羅馬人跟在後面追趕，所以沒有抓到國王並不是他們的速度不夠快捷。實在說，他們的距離已經很近應該可以到手，就是因為士兵的貪婪使得他們經過很長的追擊，吃盡千辛萬苦還是失去獵物，剝奪盧庫拉斯戰勝最大的獎賞。國王騎在馬上已經在伸手可及之處，突然有一匹裝載著財物的騾子闖了進來，或許是國王的指使出現在他和追兵的中間。他們截住這匹馱獸要分上面的黃金，結果讓擒住米塞瑞達底的機會溜走。這種貪財好貨的惡習不僅使盧庫拉斯失去應得的榮譽，更讓他們殺死凱利斯特拉都斯(Callistratus)；這個人是國王最寵信的侍從，盧庫拉斯特別下令要把他安全送到營地，士兵懷疑他的腰帶藏有500金幣因而受害。雖然出現這些未能盡如人意的情況，他還是讓部隊搶劫敵軍的整個營地。

18 接著他攻下所有的堡壘和要塞，在卡比拉發現裝滿錢財的金庫，還有不少的秘密監牢，裡面關著很多希臘人和國王的親戚，他們長久以來認為自己與死人沒有差別，如果不是盧庫拉斯的解救和恩典，他們不可能獲得復活和重生。米塞瑞達底有一個姊妹名叫奈撒(Nyssa)，非常幸運能夠成為俘虜。米塞瑞達底其他的姊妹和妻子，安置在安全的地點好像可以免於危險，然而遠離戰爭卻遭到悲慘的死亡，米塞瑞達底在逃走之前，派遣宦官巴契德(Bacchides)前往弗納西亞(Phernacia)，奉到命令不要讓她們再留在人世。

他還有兩位姊妹羅克薩娜(Roxana)和史塔蒂拉(Statira)[53]，已經四十多歲尚未結婚，以及兩位愛奧尼亞的妻子，分別是開俄斯的貝麗奈西(Berenice)和比勒都斯的摩妮美(Monime)。後者在希臘人當中極其著名，因為她一直抗拒國王的求愛，即使送給她的禮物價值1萬5000金幣，還是不願有苟且之事，最後只有正式訂下婚約，戴上冠冕獲得王后的稱號。從此摩妮美成為哀怨的婦女，惋惜自己空

---

53 這兩姊妹何以取名為羅克薩娜和史塔蒂拉，真是令人感到奇怪。亞歷山大大帝先娶羅克薩娜為妻，後來又立大流士之女史塔蒂拉為后，等到亞歷山大崩殂，羅克薩娜封鎖消息，將史塔蒂拉騙到她的住處，殺害以後埋於井中。

有美麗的容貌，她只得到監護人而不是丈夫，一切都在蠻族的看管之下，是沒有家室之樂和無人照料的妻子。像受到放逐一樣遠離希臘，生活中真實的一面全被剝削，所有的愉悅只能出現在夢境。

巴契德來到以後吩咐她們料理後事，每個人可以採用容易和免於痛苦的方式自行了斷。摩妮美取下頭上的王冠，用上面的束帶綁住頸子準備自縊而死，結果立即斷裂，她說道：「啊！可惡的東西，連幫我這點小忙都不行。」就把王冠丟在地上向它吐口水，接著要巴契德割斷她的咽喉。貝麗奈西為自己準備一劑毒藥，當她的母親進來以後，就分給她一部分。她們兩個人吞服下去，認為只要藥效發作虛弱的身體馬上不支，但是貝麗奈西服下的分量不夠，一直拖著無法斃命，巴契德為了趕時間只有把她勒死。據說未嫁的姊妹當中有一位服毒，死前不斷的詛咒和謾罵；史塔蒂拉沒有說任何怨天尤人的話，她讚許她的兄弟陷身危險之中，還沒有將她們忘懷，她們絕不會偷生怕死，更不會帶著羞辱和污名離開這個世界。

19 盧庫拉斯是一位滿懷惻隱之心的君子，非常關切已經發生的事情。不過，他繼續向著塔勞拉(Talaura)[54]前進，在他抵達前四天米塞瑞達底已經逃走，到亞美尼亞去奔投泰格拉尼亞。他只有回師去討伐迦勒底人和泰巴里尼人，接著征服小亞美尼亞地區，攻占所有的堡壘和城市，他派阿庇斯(Appius)去見泰格拉尼斯要求交出米塞瑞達底。這個時候他前往阿米蘇斯，留置的部隊仍舊進行圍攻，羅馬人無法奏功完全是凱利瑪克斯的功勞，他負責城市的守備，不僅熟悉攻城器械的運用，而且精通圍攻作戰的方式和技巧，連羅馬人都自嘆不如。

盧庫拉斯運用聲東擊西和攻其不備的策略，趁著他們的士兵換班和休息的時候發起出其不意的攻擊，占領一部分的城牆，逼得他只有撤出城市，在離開的時候卻縱火焚城，一方面是抱著忌恨的心理不讓羅馬人得到戰利品，再方面是使自己的逃脫更為安全。現在沒有人注意他們登船準備出海，烈焰蔓延開來，城牆的周圍是一片火海，士兵都在摩拳擦掌要動手搶劫。盧庫拉斯不忍心看到全城變成一座廢墟，在沒有人救災的狀況下要給予協助，大聲鼓勵他的手下先要熄滅這場

54　塔勞拉是潘達斯境內一處防衛森嚴的要塞。

大火。大家的注意力都集中在洗劫的對象，根本沒有人響應他的行動，只是用手裡的武器打擊著盾牌，發出不滿的吶喊聲，一直到他同意他們進行掠奪爲止，他還是希望能救這座城市不要被烈焰吞噬。他們的做法適得其反，在打著火把和燈籠到處搜尋財物的時候，就會使得多建築物遭到毀滅。

盧庫拉斯在第二天進入城市，流著眼淚對他的幕僚說道：「我過去經常羨慕蘇拉的運氣很好，這種意念從來沒有比今天還要強烈，他想拯救雅典免於毀滅，結果能夠功德圓滿，我處於目前的狀況，希望盡力仿效他的行爲，卻讓我成爲穆米烏斯(Mummius)[55] 這一號的人物。」雖然如此，他還是不氣餒要盡力減輕城市的災難，就在這個時候靠著神明的恩澤，下了一場大雨總算澆熄各處的火焰。他在停留期間盡力修復損毀的建築物，讓逃走的市民能夠安全回來，同意很多希臘人遷移到此地定居，將整座城市的範圍再擴大100弗隆。

阿米蘇斯過去是雅典的殖民地，興建的時期正是國力臻於巔峰而且掌握海權的優勢，後來很多人爲了逃避亞里遜的暴政[56]，搬來以後獲得市民的身分，在家鄉喪失的權利能在海外擁有未嘗不是一件幸事。盧庫拉斯對於倖免的希臘人，供應所需的衣物，每人發給200德拉克馬，將他們送回故鄉。文法學家泰蘭尼昂(Tyrannion)[57] 在這種狀況下被俘，穆里拉向盧庫拉斯提出請求將這個人賜給他，後來才釋放泰蘭尼昂成爲自由人。就這方面來說穆里拉實在有欠考量，盧庫拉斯不會對這樣一位知名的學者，先像奴隸一樣的看待，然後才給他自由。市恩的做法才是眞正剝奪一個人與生俱有的權利；穆里拉的氣度和胸襟實在不如他的主將，還可以從其他的案例看出來。

20 盧庫拉斯忙著處理亞細亞所屬各城市的事務[58]，目前沒有發生戰爭占用他的時間，力求施政作爲合乎法律的規範，達成正義的要求。行省長期以來陷入水深火熱之中，成爲俎上魚肉任憑宰割，眞是苦不堪言。他們遭

---

55 是指146B.C.的亞該亞戰爭，羅馬人鎮壓伯羅奔尼撒半島的叛亂活動，將科林斯焚毀後夷為平地，下令的人就是指揮官穆米烏斯。

56 羅馬建城667年即87B.C.，蘇拉圍攻雅典，亞里遜是該城的僭主。

57 文法學家泰蘭尼昂生於潘達斯的阿米蘇斯，後來被盧庫拉斯帶到羅馬，開辦學院教授修辭和文法，受到西塞羅的讚揚和推崇，聚積資財成為當時的富翁。

58 這段時間是71-70B.C.。

受租稅承包商[59]和放高利貸者的剝削和奴役，平民被迫賣掉青春年華的兒子和尚是處子的女兒，就連城邦都要公開出售奉獻給神明的祭品、圖畫和雕像。到最後命運乖戾成為債權人的奴隸，他們在沒有落到這個地步之前，遭受更多的凌虐和迫害，身上帶著木枷打入監牢，夏天被烈日曝曬得體無完膚，冬季輾轉在寒風和冰雪之中，看來奴役可以讓他們蒙受贖身反倒是一種福份。盧庫拉斯在很短期間內讓這些城市從苦難和壓迫中獲得解救。首先他下令每月的利息不得超過1%[60]，其次是違反這條規定的債權人，雙方的債務關係消失；第三條規定最關緊要，就是債權人所能拿走的金額不得超過債務人收入的四分之一。任何人要增加貸款的利息，就會喪失債權人的法定權利[61]。

　　在這個辦法實施以後，不過四年的時間，所有的債務全部付清，田產重新回到原主的手中。蘇拉要求亞細亞支付2萬泰倫的稅金，租稅承包商以兩倍金額獲得徵收的權力，他們用高利貸的方式獲得12萬泰倫的歲入。這些人的利益受到很大的損失，就在羅馬痛責盧庫拉斯不當措施，他們拿出龐大的經費來收買和運作（實在說，租稅承包商的勢力極其龐大，因為很多政要都欠他們的債），唆使一些高居領導地位的元老院議員與他作對。盧庫拉斯不僅受到所有管轄的城市的敬愛，就是在其他的行省也有很好的口碑，只要提到那些在他統治之下的民眾，都說他們何其幸運，對於有他擔任總督感到非常羨慕。

21 盧庫拉斯派他的妻弟阿庇斯‧克洛狄斯（Appius Clodius）擔任使者去見泰格拉尼斯。國王的嚮導領著阿庇斯經過位於上方的國度，繞著圈子走了很多冤枉路，有一位自由奴是土生土長的敘利亞人，向他報告可以直接前往不必浪費這麼多的時間，於是他辭退蠻族的嚮導，不過幾天功夫就渡過幼發

59　羅馬的稅收主要的項目是田賦、丁稅、關稅和遺產稅，幾乎全由私人組成的租稅承包商用投標的方式，獲得徵稅的權力；無論是共和國還是帝國時代，對各行省的人民而言，租稅承包商比起官員、軍隊更令人痛恨，像是繁榮的阿非利加，不到幾年功夫，在他們的壓榨之下，化為赤地千里的荒漠。

60　羅馬十二表法第8表第18條：「任何人不得以高於1/12的利息放高利貸……放高利貸者罰款四倍。」從這個條文來看，盧庫拉斯把每月利息訂為1%倒是很合理，因為這樣一來年息為12%，已經超過1/12的限制。

61　卡圖在《論農業》第1卷第1節中提到：「我們的祖先根據公正的原則制定法律，特別規定：竊賊罰雙倍，放高利貸者罰四倍。」可見羅馬人認為放高利貸的罪行較之偷竊更為嚴重。

拉底河，走到達芬尼（Daphne）的安提阿[62]。泰格拉尼斯爲了對抗羅馬人，想把很多酋長爭取到他的陣營，然而這些人不願聽命於亞美尼亞的國王，其中包括哥迪尼（Gordyene）[63]國王查比努斯（Zarbienus）在內，所以他這時候正在征討腓尼基人的城鎮，就指示阿庇斯留在安提阿等他回來。

查比努斯和其他的城市都派人私下去見阿庇斯，他提出保證盧庫拉斯會出兵前來援救，但是面臨目前狀況，他們對泰格拉尼斯只能虛與委蛇。亞美尼亞人運用高壓和專制的統治方式，對於希臘人毫無寬容之心，特別是當前的國王處於順境，變得更加傲慢和驕縱，那些受到垂涎和讚賞的事物全部屬於他所有，而且認爲這是當仁不讓之理。泰格拉尼斯崛起的初期實力薄弱，後來陸續征服很多國家，特別是抑制帕提亞人（Parthian）[64]的勢力，這是過去從未有人做到的事。他把西里西亞和卡帕多西亞數量極其龐大的希臘人，遷移到美索不達米亞，成爲人煙輻輳和交通發達的地區。他把住在帳篷裡面的阿拉伯人，從他們的家園搬到亞美尼亞定居在附近，好借重他們經商貿易的能力。他有很多國王在旁伺候，特別是其中四位成爲他的隨從和警衛，當他騎馬出巡的時候，他們穿著短袍內衫跑在身邊一路追隨；要是他坐在寶座上面，批示頒布給人民的詔書，他們就抱著雙臂站在後面。所有那些在宮廷的人全都表現出卑躬屈節的態度，好像他們已經賣身求榮任憑主子作威作福。

阿庇斯對這種誇張的排場毫無懼畏和驚奇之感，等到觀見開始，他向泰格拉尼斯提出要求，交出米塞瑞達底好在盧庫拉斯的凱旋式中亮相，如果拒絕羅馬人就要向他宣戰。泰格拉尼斯帶著安詳的面色和勉強的笑容，盡量耐著性子接見阿庇斯，對於站在前面侃侃而談的年輕人，仍舊難掩惶悚不安的神情，這是25年來第一次聽到如此直率的語調，他的統治已有這樣長的時間，要是說成令人難以忍受的暴政也沒有錯。不過，他的答覆是不能遺棄米塞瑞達底，對於羅馬人的攻擊他有自衛的能力。同時他對盧庫拉斯感到極其氣憤，因爲給他的信函只稱他爲國王而不是萬王之王，所以在他的回信裡面也不用「凱旋將軍」的頭銜稱呼盧庫拉斯。泰

---

62 安提阿這座大城建在奧龍特斯河畔，達芬尼是城市附近一處巧奪天工的林園，拿月桂女神當作名字，是奉獻給阿波羅的聖地。

63 哥迪尼是亞美尼亞南部的一個區域，底格里斯河成爲東邊的國界。

64 帕提亞最早是米提帝國一個屬國，位置在裡海的南部即現在德黑蘭周邊地區，到盧庫拉斯時代，統治的區域包括亞美尼亞東部、亞述和美索不達米亞。

格拉尼斯贈送給阿庇斯很多名貴的禮物，都遭到他的婉拒，等到他們再度送過來並且與他爭執不休，這時爲了不要傷到泰格拉尼斯的顏面，他只收下一隻酒杯，其餘的東西還是璧還，毫不耽擱盡快趕回去見將領報告出使的狀況。

22 在這之前，泰格拉尼斯雖然與潘達斯國王建立親密的聯姻關係，現在米塞瑞達底被迫離開一個顯赫的王國，他還是不肯撥冗前去看他的岳父，相互寒暄一番；竟然把米塞瑞達底當成俘虜，安置在對身體有害的沼澤地區，擺出傲慢和輕視的神色保持相當的距離。現在狀況改變，他表現出尊敬和友善的態度將他的岳父請到王宮，私下進行商議，雙方原來的猜忌都已經一掃而空，彼此的不和都歸罪於寵信在中間挑撥所致。

昔普西斯(Scepsis)[65]的梅特羅多魯斯(Metrodorus)算是其中一位，不僅能言善辯而且博學多聞，君臣之間關係密切到被稱爲國王的「尙父」。過去米塞瑞達底派他出任使臣，請求派遣援軍對抗羅馬人，泰格拉尼斯問道：「梅特羅多魯斯，你個人對這件事有什麼意見？」他的答覆說是基於使臣的職責，必須達成所負的任務；要是出於朋友的身分，認爲泰格拉尼斯應該加以拒絕；他現在所持的立場，完全著眼於泰格拉尼斯的利益，根本不考慮米塞瑞達底的處境。等到現在兩人會面以後，泰格拉尼斯認爲不會對梅特羅多魯斯造成多大傷害，就將這件事透露讓米塞瑞達底知道，所以他不出兵的理由。這位不幸的君王立即處死梅特羅多魯斯，泰格拉尼斯知道以後感到內疚，雖然大臣的慘死並不能完全歸罪到他的身上，只不過挑起長久以來米塞瑞達底對他積壓的恨意，等到在私室中取得當時商談的記錄，一聲令下使得梅特羅多魯斯難逃殺身之禍。泰格拉尼斯爲他安排很風光的喪禮，生前遭到出賣總算後事方面有所交代。

演說家安菲克拉底(Amphecrates)在泰格拉尼斯的宮廷同樣丟掉性命(因爲有關雅典的問題，我們還會提到他)，據說他離開自己的國家逃到塞琉西亞，一直到達底格里斯河才停下來，當地的居民希望他在那裡教授邏輯，他很傲慢的回答：「小河難容大舟」。接著就去投奔米塞瑞達底的女兒克麗奧佩特拉，她是泰格拉尼斯的王后，後來遭到指控觸犯國法，禁止他與同胞不得有任何聯繫和來往，一氣之下絕食身亡。克麗奧佩特拉給予厚葬，他的墓地靠近一個名叫薩發(Sapha)

---

65 昔普西斯是特羅阿斯東部古老的市鎮，後來成爲帕加姆斯王國的屬地和學術中心。

的地方。

23 盧庫拉斯爲亞細亞行省制定各種法律，維持長久的和平關係，也沒有忘懷要給人民帶來歡樂和消遣，當他居留在以弗所的時候，所有的城市都能觀賞到體育活動、節慶祭典、摔跤比賽和角鬥士的搏命表演。爲了報答他的恩情，舉辦名稱叫做「盧庫利亞」（Lucullean）的賽會，這對個人而言是莫大的榮譽，也是大家敬愛他的表現。等到阿庇斯出使歸來，向他提出報告必須對泰格拉尼斯加強戰爭的準備。他再度進軍潘達斯，部隊完成集結開始圍攻夕諾庇（Sinope）[66]；這個城市被參加國王陣營的西里西亞人所據有，他們殺死很多夕諾庇人，縱火焚城然後趁夜間逃走。等到盧庫拉斯發覺狀況不對，領軍進入城市，殺死還留在裡面的8000名西里西亞人，把私人財產歸還給居民，對於這個城市的福利特別予以照顧，主要原因是受到顯靈的感召。

他在夢中見到有人向他說道：「繼續前進！盧庫拉斯，你就會遇到奧托利庫斯（Autolycus）。」他醒來以後不知道夢中這句話代表何種意義，等到他在同一天奪取城市，追趕逃向海上的西里西亞人，發現他們遺留下來的神像，雖然不辭辛勞想要帶走，現在已經沒有時間可以裝船。有人告訴他這個雕像是城市創建人奧托利庫斯，出自第尼斯（Sthenis）[67]之手的偉大作品。根據傳說奧托利庫斯是戴瑪克斯（Deimachus）之子，曾經在海克力斯的麾下從事遠征行動，前往帖沙利對抗亞馬遜人[68]，當他與德謨利昂（Demoleon）、弗洛吉鳥斯（Phlogius）一起返航的時候，乘坐的船隻在克森尼蘇斯一個名叫披達利姆（Pedalium）的地點失事。他與這些同伴獲救以後，帶著武器前往夕諾庇，從敘利亞人手裡將城市奪走。擁有這個地區的敘利亞人是敘魯斯（Syrus）的後裔，敘魯斯是神話中阿波羅和夕諾庇（Sinope）的兒子；夕諾庇是鼎鼎有名的阿索帕斯（Asopus）[69]的女兒。盧庫拉斯聽到這番話以後，想起蘇拉對他的叮嚀，特別在他的《回憶錄》中提到，沒有任何

66　夕諾庇是黑海南岸非常重要的希臘城市，最早由米勒都斯人建立，位置在帕夫拉果尼亞的西南部。

67　奧林蘇斯的第尼斯是雅典著名的雕塑家，他的作品在4世紀B.C.獨領風騷。

68　斯特拉波記載在他的作品裡面，說奧托利庫斯是參加阿爾戈號遠征的英雄，等到從柯爾契斯回航以後，定居在夕諾庇，死後獲得封神的尊榮。

69　阿索帕斯是希臘神話中的河神，他的後裔有阿奇里斯和埃傑克斯；皮奧夏境內有一條阿索帕斯河。

事比起夢中的顯靈更值得信賴。

　　等到消息傳來，說是米塞瑞達底和泰格拉尼斯正準備將軍隊運到黎卡奧尼亞
(Lycaonia)[70] 和西里西亞，主要著眼是要先他之前進入亞細亞。他對這件事感到
很奇怪，如果亞美尼亞人眞正存心要與羅馬人作戰，爲什麼不在米塞瑞達底處於
巔峰狀況給予協助，時機最佳的時候加入他的陣營，非要在他遭到擊敗以後，到
達最後階段再重啓戰端，不僅前途毫無希望，要是非常魯莽一頭栽進來，連帶自
己陷入無法挽回的命運。

　　24 米塞瑞達底的兒子馬查里斯(Machares)是博斯普魯斯(Bosporus)[71]
的總督，派人送來一頂價值1000金幣的冠冕，表示要做羅馬人的朋
友，願意建立聯盟的關係。這時他非常自信，認爲緒戰已經結束，留下副將索納
久斯和6000人馬，維護潘達斯的安全，他自己率領1萬2000名步卒和數量略少於
3000名的騎兵，進軍從事第二階段的戰爭[72]，在有欠考慮之下拿出最大速度，深
入一個黷武好戰的國度，面對的敵軍是數以萬計的騎兵部隊，整個地區非常遼
闊，到處是深邃的河川和冰雪不消的山嶺，雖然他的士兵有很好的訓練和紀律，
現在帶著很勉強的態度遵守他的命令，隨時都有譁變的可能。基於同樣的理由，
操縱民意的政客在羅馬公開對他大肆抨擊，指控他掀起一個接著一個的戰爭，根
本不考慮國家的利益，始終想要掌握軍權，不惜大動干戈，完全爲了圖利自己，
使得城邦陷入危險之中；這些人最後還是達成目的標把他召回羅馬。

　　盧庫拉斯經過長途跋涉，抵達幼發拉底河，發現冬季的暴雨使水位高漲而且
流速急湍，無論是徵集船隻還是架設舟橋，不僅困難重重還會延誤戰機，使得他
感到極其焦慮。等到傍晚洪水開始消退，整個夜間水位都在低落，天明以後看到
水流遠離河岸，當地民眾平常難以見到的小島都出現在眼前，甚至就是激流竟然
會停滯不前。他們現在知道盧庫拉斯絕非一個凡人，連河流都聽命順從他的意
願，能夠輕易而平穩的渡過這道天塹。他掌握機會迅速率領大軍登上彼岸，立即

70　黎卡奧尼亞是小亞細亞中部一個區域，位於蓋拉夏和西里西亞之間。

71　這裡的博斯普魯斯不是指海峽而是一個區域的名字，位於黑海和米奧提斯湖之間，就是今天
　　的刻赤半島，古代又稱為辛米里亞·博斯普魯斯(Cimmerian Bosphorus)，最早是米勒都斯
　　人建立的殖民地。

72　第二階段的戰事發生在羅馬建城685年即69B.C.。

獲得帶來吉兆的徵候。

幼發拉底河這邊的蠻族，在所有神明之中以波斯的黛安娜，最受他們的頂禮膜拜，特別為祂在草原放牧神聖的母牛，當成供奉的犧牲。這些牛隻平素到處遊蕩不會受到打擾，因為身上烙著女神的印記一把火炬。即使他們偶然有所需索，要想擒獲一隻都是非常困難的事。就在羅馬軍隊渡過幼發拉底河之際，一隻母牛來到祭祀女神的地點，那是一處特定的山岩，站著動也不動，低垂著頭像是受到繩索的牽引一樣，主動讓盧庫拉斯把牠當成祭神的犧牲。他為了大軍的平安無事，還向幼發拉底河供獻一頭公牛。當天他留在原地休息，次日拔營前進，接連幾天的行軍通過索菲尼(Sophene)[73]地區，居民簞食壺漿歡迎軍隊的來到，他也就要求官兵做到匕鬯不驚。不僅如此，當他的士兵想要攻打一座城堡，好去搶劫財物的時候，他就說道：「我們必須強攻硬打，才能奪取要塞裡面極其有限的東西，那又何苦。」他指著一段距離之外的陶魯斯山脈，繼續說道：「只有那邊的城市才值得我們拚命去征服。」因此他兼程趕行，渡過底格里斯河進入亞美尼亞。

25 第一位探子向泰格拉尼斯報告盧庫拉斯即將到達，他聽了大怒竟然將來人的頭砍了下來，從此再沒有任何人敢向他提供信息，即使戰火已經燃燒到他的周圍，連一點情報都無從獲得，僅是一些奉承話聽得進耳中，說是盧庫拉斯看到數以千計的勇士向他前進，要是能夠不趕快逃出亞細亞，膽敢在以弗所抵擋泰格拉尼斯的攻擊，這才夠資格成為一個偉大的指揮官。只有身體強壯的人才能飲下多量的烈酒，只有心智堅定的人才能容忍巧妙的措辭，米塞羅巴札尼斯(Mithrobarzanes)是最受他器重的寵臣，第一個敢向他講真話的人，逆耳之言不可能獲得絲毫的感激，反倒是奉派率領3000名騎兵和大量步卒，前去對付盧庫拉斯，強制要求他生擒對手，粉碎當面的敵軍。

盧庫拉斯的部隊有些正在紮營，還有很多單位還在行軍的途中，這時他接到斥候的報告，敵軍正在接近之中，為了避免在前後分離和未及列陣的狀況下遭到襲擊，他自己留下來安排營地，派遣副將色克蒂留斯(Sextilius)率領1600名騎兵，以及相當數量的重裝和輕裝步兵，向著敵軍前進保持接觸，等待營地完成準備以後再聽命行事。色克蒂留斯的打算是遵守命令不主動出擊，米塞羅巴札尼斯氣勢洶洶

73　索菲尼是亞美尼亞西南部一個區域。

直衝過來，迫得他只有挺身而鬥，經過一番激戰，米塞羅巴札尼斯被殺，除了少數逃走，大部分人員在戰場陣亡。泰格拉尼斯獲得戰敗的消息，趕緊丟掉他建立的城市泰格拉諾塞塔(Tigranocerta)[74]向著陶魯斯山脈撤退，召集所有的部隊前來勤王。

　　盧庫拉斯等不及部隊集結完畢，立即派遣穆里納對救援泰格拉尼斯的敵軍，進行騷擾和阻絕作戰。色克蒂留斯奉命在前往國王的道路上面，驅散成群結隊的阿拉伯人；他對留在營地的游牧民族發起突擊，大多數遭到殲滅。穆里納在泰格拉尼斯的後面緊追不捨，經過一處崎嶇而狹窄的隘道，趁機發起攻勢，泰格拉尼斯措手不及，只有拋棄所有的輜重急忙逃走。很多亞美尼亞人被殺，還獲得大量俘虜。

26 盧庫拉斯戰勝敵軍以後，向著泰格拉諾塞塔前進，面對城市停頓下來，開始進行圍攻作戰。這裡有很多希臘人是從西里西亞遷來，還有大量蠻族和希臘人、阿底比尼人(Adiabenians)[75]、亞述人(Assyrians)、哥迪尼人(Gordyenians)和卡帕多西亞人一樣，遭遇相同的處境，他們那些在故土的城市，都被泰格拉尼斯夷為平地，迫使他們搬到這裡定居，充實當地的人口。這是一個富裕而美麗的都城，不論任何階層甚至是一個普通市民，都在仿效他們的國王，盡力擴大範圍和美化市容。盧庫拉斯基於一種理念要盡全力進行攻城，他認為泰格拉尼斯受到激怒，就會放棄原來的構想，進軍前來與他會戰決一勝負。他的判斷正確果然料敵如神。

　　米塞瑞達底派遣使者帶著他的書信，力勸國王要審慎從事，不可以冒險出擊與羅馬人會戰，應該派出騎兵部隊切斷敵軍的補給線。塔克西勒斯(Taxiles)帶著米塞瑞達底一部分兵力，前來協助泰格拉尼斯，懇求他要避開羅馬的銳鋒，一旦兩軍接觸就很難保證可以全身而退。他在開始還聽得進這些諫言，等到大批亞美尼亞人和哥迪尼人，以及米提人和阿底比尼人組成的軍隊，分別在他們的國王率領之下，前來加入他的陣營，當很多阿拉伯人經由海洋[76]繞過巴比倫前來投效，還有他們的鄰居阿爾巴尼亞人(Albanians)和伊比里亞人(Iberians)[77]，從裡海地區

74　泰格拉諾塞塔是泰格拉尼斯所建的城市，後來成為亞美尼亞的都城，位於尼昔比斯的西邊，正在陶魯斯山脈的南麓。

75　阿比底尼是位於亞述西部的行省，底格里斯河流過其間。

76　這裡所指的海洋是波斯灣。

77　阿爾巴尼亞是位於亞美尼亞、裡海和高加索山脈之間的國家，西邊與伊比里亞接壤；還有個

趕了過來，以及不少居住在阿拉克斯(Araxes)河[78]流域的游牧民族，他們雖然沒有國王，經過懇求和雇用，也都聚集在他的周圍。所有這些國王的歡宴還是會議，除了期望不勞而獲、不然就是相互吹噓、甚至彼此蠻橫威脅之外，根本無法達成任何共識。塔克西勒斯在會中反對開戰，有隨時喪失性命的危險；他們指責米塞瑞達底出於嫉妒的心理，所以才打擊大家的士氣，不願從事極其光榮的冒險行動。

因此，泰格拉尼斯不願再等待米塞瑞達底的會師，以免戰勝的榮譽爲他的岳父分享。他率領全軍出動，據說臨行前向朋友很懊惱地表示，爲什麼他的對手僅有盧庫拉斯一個人，而不是所有的羅馬將領。實在說，國王的誇張口氣並非狂亂的囈語，也不是沒有充分的道理，他非常清楚有那樣多的民族和國君在他的旗幟之下，聽到重裝步兵的數量會令人瞠目結舌，何況還要加上不知多少萬的騎兵部隊。根據盧庫拉斯送到元老院的報告，曉得泰格拉尼斯有1萬名弓箭手和投石手，5萬5000名騎兵，其中1萬7000名穿著精鋼製成的冑甲。他的步兵共有15萬人，一部分編成建制的支隊，其餘的兵力組成龐大的方陣，此外有各種不同的隊伍，負責修護道路，搭建橋梁、疏浚水道、砍伐樹木，以及執行勤務工作，總數多達3萬5000人，這些單位都在大軍的後面跟進，除了可以增加作戰的實力，更能維持無堅不摧的後勤保障。

27 泰格拉尼斯越過陶魯斯山脈，將他的部隊展開在平原上面，立即見到羅馬人正在圍攻泰格拉諾塞塔，城裡那些野蠻的民族看在眼中，不禁發出吶喊和歡呼，他們站在城牆上面，指著來援的亞美尼亞人對羅馬人做出威脅的手勢。有些人在作戰會議勸盧庫拉斯放棄圍攻，前去迎戰泰格拉尼斯；還有些人認爲這樣做等於把很多敵人留在後方，有遭到兩面夾擊的危險很不安全。他的回答是雙方各執己見都有問題，綜合兩邊的意見就是非常正確的建議。他將軍隊區分爲兩部，留下穆里納指揮6000名步兵負責圍攻，他自己率領24個支隊，沒有超過1萬名全副武裝的戰鬥人員，加上所有的騎兵、投石手和弓箭手大約有1000名，在一個寬廣的平原上面設置營地，前面有一條河流形成掩護。他的兵力在泰格拉尼斯看來實在太過薄弱，給那些奉承他的人帶來很好的話題，有些人對

此大開玩笑說些風涼話，還有人拿穩到手的戰利品當成賭注擲骰子定輸贏，每一位國王和將領都前來打聽，想要單獨率領自己的部隊去與敵人戰鬥，這時泰格拉尼斯坐在一邊，看到這種狀況非常高興。他在這個場合為了表現睿智和歡愉，說出眾所周知的傳言：「當面之敵，充當使者則太多，列陣出戰則太少。」大家不斷地譏笑羅馬人，擺出不屑一戰的姿態。

整天無所事事的過去，到了次日清晨，盧庫拉斯的軍隊全副武裝列出陣勢。蠻族的營地在河川的東邊，河流到此開始向西形成一個大灣，大部分的地點都很容易徒涉，盧庫拉斯率領軍隊向著這邊急進，泰格拉尼斯看在眼裡以為他們正在逃走；因此，他叫出塔克西勒斯，用嘲諷的口氣說道：「你難道沒有看到所向無敵的羅馬人正在飛奔逃命？」塔克西勒斯回答道：「啊！國君！我們仰仗您的鴻福齊天，希望能夠不戰而勝，當羅馬人在進軍的時候，不會穿上最光彩的衣服，手裡沒有拿耀眼的盾牌，也不會戴上頭盔，就像您看到的那樣，把皮革撕成條狀掩蓋在冑甲上面，這就是他們完成出擊的準備，要去與敵人決一死戰。」正在塔克西勒斯說話的時候，盧庫拉斯的部隊已經轉了過來，可以看到第一面鷹幟，所有的支隊按照連隊和百人隊的建制編組，井然有序的渡過河流。最後他總算費盡力氣，像是一個人從神志恍惚中清醒過來那樣，泰格拉尼斯不禁大叫兩三聲：「什麼！竟然要攻擊我們？」

因此，在一陣大亂之下，軍隊趕緊排出迎戰的隊形，國王將主力掌握在自己手裡，左翼交給阿底比尼人負責，右翼是米提人，大部分的重裝騎兵配置在兩翼正面的後方。就在盧庫拉斯策馬渡河之際，有些軍官向他提出勸告，說今天是凶日不利於羅馬人出兵交鋒，想當年昔庇阿就在這個日期被辛布里人擊敗以致全軍覆沒[79]，所以應該延後再與敵軍會戰。盧庫拉斯回答道：「那麼我們就將這一天變為羅馬人的『吉日』。」當天是10月的初盈[80]，他的話非常出名，一直流傳到今日。

79　昔庇阿戰敗是在羅馬建城649年即105B.C.，本書第四篇〈卡米拉斯〉第19節有相當篇幅，討論希臘人和羅馬人對日期凶吉的看法。

80　根據羅馬的曆法，3、5、7、10月的望日是每月15日，其餘各月是13日；初盈是在望日前九天，所以這一天應該是10月7日。本書第四篇〈卡米拉斯〉第19節說這場會戰發生在Boedromion月第20天（9月20日），算起來日期有很大的出入，當時的曆法非常混亂，這也是無可奈何之事。

28 他說過這句話以後，叮嚀他的將士要奮勇殺敵，渡過河就身先士卒向著敵軍發動衝鋒，身穿一副鎖子甲，上面有閃耀的鋼片，外紮一件裝飾著流蘇的披風，他的佩劍已經出鞘，像是發出信號要他們不能有任何耽擱，立即與精通遠距離接戰的敵人，進行單兵之間的肉搏戰鬥；同時加快速度縮短彼此的空間，以減低弓箭手帶來的危害和造成的損失。這時他看到敵軍的精銳部隊重裝騎兵，在一座小山上列陣，到達山頂要經過開闊平坦的原野，大約有4弗隆的距離，接敵路線沒有障礙不致造成行進的困難，他下令要色雷斯和蓋拉夏的騎兵部隊攻擊對方的側翼，用他們的短劍打敗敵人的長矛，這是重裝騎兵唯一可用的防衛武器，根本沒有辦法保護自己，也不可能傷害到敵人，這樣鈍重而堅硬的鎧甲，等於是將他們囚禁在裡面。他自己領兩個支隊，保持高昂的士氣向著小山進擊，看著他身穿甲冑在前面不辭辛勞地向上攀登，所有的將士全力效命在後面跟進。

到達頂端站在一個開闊的位置，他用力拚命喊叫：「我們一定會贏！兄弟們！我們一定會贏！」說完以後，他領導部隊去攻擊這些重裝騎兵，交代他們不要投擲標槍，而是要與敵人進行一對一的搏鬥，盡量去砍傷對手的大腿和脛部，重裝騎兵只有這個部位沒有鎧甲的保護；他們根本不需要用這種方式進行戰鬥，敵軍不等羅馬人攻上去，發出大聲的喊叫不顧顏面趕緊逃走，重裝騎兵部隊拋棄編成隊列的步兵，讓他們留下來自生自滅。就在開始戰鬥之前，還沒有人受傷或是犧牲性命，數以千計的精銳已經潰不成軍。當他們正在逃跑或是準備溜走的時候，羅馬人已經展開屠殺，這些縱深很大而且人員緊接的陣列，對於所有後撤的行動都造成妨害。

泰格拉尼斯在兩軍剛接觸就帶著少數隨員逃走，看到他的兒子也落入這種不幸的狀況，把王冠從頭上取下來，含著眼淚交給他，吩咐他為了逃命盡可能使用另外的道路。這位年輕人不敢將王冠戴在頭上，就將它交給一位最信任的奴隸保管，後來這位奴隸被抓住，當成俘虜送到盧庫拉斯面前，泰格拉尼斯的冠冕成為戰利品，更能增加他的榮譽。據說敵人的損失是10萬名步卒，就是騎兵也只有少數脫逃。羅馬的士兵只有100多人受傷，5人陣亡。

哲學家安蒂阿克斯(Antiochus)有一本神學方面的著作，書中提到這場會戰，

說是千載難逢的奇蹟。另外一位哲學家斯特拉波(Strabo)[81]在他的歷史叢書中，說是羅馬人應該感到羞愧，竟要大費周來對付這種跳梁小丑。李維告訴我們，說是羅馬人從來沒有從事這樣兵力懸殊的作戰，征服者的人數少到只有戰敗者的十二分之一。那些智慧過人和經驗豐富的羅馬指揮官，對於盧庫拉斯的將道讚譽備至，說他用兩種完全相反的戰術，速戰速決和遲滯持久，分別戰勝兩位權勢顯赫的國王。他用拖延戰術和以時間換取空間的指導原則，將米塞瑞達底的優勢戰力消耗殆盡；還有就是採用強打猛衝的攻勢作為，一舉將泰格拉尼斯的戰鬥部隊完全殲滅。不管是那個時代的將領，很少有這種戰例，遲滯持久獲得這樣大的成就，速戰速決使得攻勢更為安全。

29 米塞瑞達底為什麼不急著趕去參加會戰，主要理由是根據過去的經驗，認為盧庫拉斯從事戰爭非常審慎，任何作為務必三思而後行，所以他雖然要與泰格拉尼斯會師，行軍的速度還是保持緩進的姿態。首先他在路上看到一些亞美尼亞人，表現出慌張驚惶的神色，急著向後方奔逃，無須推測就知道大事不妙。等到遇見大批衣服破爛和身體受傷的人員，確定他們已經全面潰敗，他開始到處尋找泰格拉尼斯，發現這位國王不僅缺乏食物而且感到無地自容，米塞瑞達底不想報復過去他那種無禮的行為，立即從坐騎上面下來，對他溫語勸勉不要把這種損失掛在心上，同時要皇家衛隊指派一部分人去照顧他，盡力激勵他要對未來抱著希望。然後他們重新集結兵力準備東山再起。

這個時候在泰格拉諾塞塔的希臘人，要與其他的蠻族分道揚鑣，準備把這座城市獻給盧庫拉斯，他再度發起攻擊很快加以占領，他將金庫掌握到手裡，讓士兵洗劫整個城市，結果他發現，僅僅錢幣的價值已達到8000泰倫。因此，每個士兵可以擁有戰利品，還能分到800德拉克馬的犒賞。他們在城市裡面抓到很多藝人，後來才知道泰格拉尼斯修建一座劇院，就從各地邀請他們前來表演，盧庫拉斯為了慶祝他的勝利，安排他們舉行盛大的演出招待大家觀賞。

他將希臘人送返家園，發給他們金錢供旅程之用，對於蠻族一視同仁，他們

---

81 斯特拉波(64B.C.-21A.D.)是一位斯多噶派學者、歷史學家和地理學家，生於黑海南岸的小亞細亞邊陲，曾經旅遊各地，見識極其豐富。他的《羅馬編年史》有43卷全部佚失，傳世之作是《地理志》17卷，描述羅馬世界的社會、經濟、風土、產物、習俗、宗教等，成為古代的百科全書。

之中有很多人被迫離開原來的居留地,即使讓這樣一個都城消失絕滅,原來的居民給更多城市恢復失去的生機。盧庫拉斯受到大家的敬愛,被這些城市視爲恩主和奠基者。他還獲得其他方面的成就,比起他的戰功彪炳和所向無敵,表現的公正無私和人道精神更值得大眾的讚譽,何況這些豐功偉業,只有部分歸功於他的士兵,主要還在於他的氣數和機運,這也是非常確切的證據,讓我們知道他具備溫和與慷慨的心靈,使得盧庫拉斯在那個時代,可以不借重武力就可以降服蠻族。阿拉伯的國王前來見他,願意盡其所有都奉獻出來,索菲尼人跟著歸順;他用同樣的方式與哥迪尼人打交道,他們情願離開居留的城市,帶著妻兒子女前來追隨,他們這樣做是出於這種原因。

　　前面說過哥迪尼的國王查比努斯(Zarbienus),無法再忍耐泰格拉尼斯的暴虐行爲,私下透過阿庇斯達成協議,要與盧庫拉斯建立聯盟關係,等到這件事暴露以後,就在羅馬人進入亞美尼亞之前,他與妻子兒女都遭到處決。盧庫拉斯並沒忘懷此事,後來他前往哥迪尼地區,爲了推崇查比努斯的行爲舉行莊嚴的喪禮,他用王室的紫袍、各種金器和得自泰格拉尼斯的戰利品,裝飾死者的火葬堆,他親自舉火引燃,並且向國王的朋友和親戚酹酒,稱呼查比努斯是他的夥伴和羅馬人的盟友。他還下令要爲他建立一個花費很大的紀念碑。查比努斯的宮殿發現一個很大的庫房,裡面裝滿金銀財寶,同時還有不少於三百萬斗的穀物,使得士兵獲得充分的糧食供應,盧庫拉斯受到極高的讚許,因爲他靠著自己的力量維持整個戰爭的進行,並沒有花費國庫一個銅板。

30 等到這件事辦完以後,帕提亞國王派遣使臣前來晉見,表示友善並且要訂約結盟。盧庫拉斯接受他們的好意,派出使者回報帕提亞,發現這位國王是一個三心兩意的雙面人,竟然同時私下與泰格拉尼斯達成協議,條件是只要他參加他們的陣營,泰格拉尼斯就將美索不達米亞割讓給他。盧庫拉斯了解狀況以後,很快做出決定,泰格拉尼斯和米塞瑞達底已經是手下敗將,暫時可以擺在一邊,要率領軍隊去討伐帕提亞,看看他們到底有多大的力量。他認爲這是非常光榮的壯舉,就像運動員參加競賽獲得優勝一樣,僅僅一場戰爭就連續制伏三位國王,成爲戰勝世界上三大強權國家的征服者。

　　他下令給索納久斯和他的同僚,要他們將軍隊帶過來,加入他從哥迪尼發起的遠征行動。不過,那些士兵原來就已驚悍不馴,當前更是表現出公然叛變的舉

動，無論是勸說或強制都不能發生作用，他們大聲抗議而且不斷叫囂，要是他們不能留在當地，潘達斯一旦棄守，很快就會失去。等到消息傳過來以後，對於盧庫拉斯身邊的部隊同樣發生很大的影響，大家在發了橫財以後，習於奢華想要過更舒適的生活。聽到在潘達斯的士兵竟然如此勇敢，就把他們稱為「男子漢」，同時到處宣揚要拿他們當作榜樣，認為過去作戰賣命立下大功，現在應該減輕所負勤務讓他們能夠休養生息。

31 這些措辭非常激烈的言論傳到盧庫拉斯的耳裡，逼得他只有放棄入侵帕提亞的念頭，在夏季最熱的時候出兵討伐泰格拉尼斯[82]。等到越過陶魯斯山脈，看到田野的穀物尚未成熟心中充滿焦慮，寒冷的氣候使得這個地區的季節向後推移[83]，他向著山下行軍，那些膽敢前來迎戰的亞美尼亞人，接二連三被他打得大敗而逃。他縱兵四處劫掠然後放火焚燒村莊，將原本供應泰格拉尼斯的糧食全部搶走。開始他很怕會遭到供應不及的狀況，現在反倒是敵人蒙受其害。他想盡辦法要激怒敵軍出戰，像是用挖掘壕溝來包圍敵軍的營地，以及在他們的眼前燒殺擄掠，這一切都沒有發生效果，他們採取守勢仍舊龜縮不出。盧庫拉斯拔營向著阿塔克薩塔(Artaxata)[84] 進軍，這是泰格拉尼斯的王城，他將妻子和年幼的兒女都留在該處，盧庫拉斯判斷他迫於親人的安全勢必冒險出戰。

據說安蒂阿克斯被羅馬人擊敗以後，迦太基人漢尼拔投奔亞美尼亞國王阿塔克薩斯(Artaxas)，給他提出很多富國強兵的意見，特別是看到這個地點的天然形勢險要，位置適中有利攻防，沒有好好利用實在可惜，於是繪出一座城市的草圖，要阿塔克薩斯親自前來勘察，指出現地的關係以後，鼓勵他大興土木開始建城。國王非常高興，特別商請漢尼拔督導整個工程，果然建造出一座富麗堂皇而且占地極廣的城市，用自己的名字為它命名，成為亞美尼亞的首都。

等到盧庫拉斯進軍攻打這個城市，泰格拉尼斯再也無法置之不理，率領自己的部隊趕來救援，第四天就面對敵軍建立營地，阿薩尼阿斯(Arsanias)河橫亙兩軍之間，羅馬人必須渡過才能到達阿塔克薩塔。盧庫拉斯向神明獻祭以後，認為

82　盧庫拉斯再度攻打泰格拉尼斯是在68B.C.。

83　現代旅行家對這個區域有很深的印象，說是一直到8月還是積雪不消。

84　阿塔克薩塔是亞美尼亞古老的都城，位於阿拉克斯河畔。

可以穩操勝券，指揮20個支隊打頭陣先行渡河，其餘部隊在後面列陣，防止敵軍
從側方發起的包圍攻擊。大群精選的騎兵前來迎戰，最前列是馬迪亞(Mardian)[85]
的騎馬弓箭手，以及伊比里亞的長矛兵，都由最驍勇善戰的部隊族組成，是泰格
拉尼斯最倚重的外籍隊伍。他們真是不堪一擊，與羅馬騎兵在相當距離之外開始
接觸，經過一場小規模的戰鬥就無法抵擋步兵的進攻，全線崩潰開始敗逃，引起
對方的騎兵在後面追擊。

　　雖然這些傭兵已經潰散，看到泰格拉尼斯威風赫赫，身先士卒率領大批騎兵
出現在他的面前，盧庫拉斯還是不敢掉以輕心，立即召回在追擊中的騎兵部隊，
他自己指揮手下最精銳的選鋒，一馬當先向著當面的薩特拉帕尼人(Satrapenians)
衝殺過去，根本不需要近身搏鬥，僅僅這股凶狠的氣勢就使得敵人潰不成軍。三
位國王在這場會戰中與他對陣，潘達斯的米塞瑞達底率先可恥的逃走，羅馬人的
吶喊聲嚇得他魂不附體。整夜發起持續的長距離追擊，羅馬人都處於極度疲憊的
狀況，不僅要英勇殺敵，還要捕捉俘虜和奪取各種戰利品。李維提到第一次會戰，
殺死和擄獲的敵人數量極其龐大，然而這一次會戰，他們損失的人員屬於更高的
階層。

　　32 這次勝利使得全軍得意洋洋，激起前所未有的高昂士氣，盧庫拉斯
決定向內陸進軍，徹底完成對蠻族的征服工作。冬季出乎意料之外
早在秋分的時節就已來到，經常出現暴風雨和降雪的天氣，甚至就是最晴朗的時
刻，地面鋪滿白色的冰霜，極度的寒冷使牲口很難獲得飲水，河面上破裂的冰層，
馬匹在渡過的時候腿腱很容易受到割傷。這個國度大部分地區他們還不熟悉，通
行其間非常困難，密布的森林使得他們全身潮濕不堪，在白天行軍會遇到大雪紛
飛，夜間睡在泥濘和積水的地面。會戰勝利後跟隨盧庫拉斯進軍的期間並不長，
這些士兵不願吃苦受罪又開始表現出倔強的態度，首先他們懇求軍事護民官去見
盧庫拉斯，為他們講情說項，接著聚在一起鬧事，整夜在他們的帳篷裡面不斷叫
囂，從外表看來就像一支叛亂的軍隊。盧庫拉斯抱著熱誠的態度與他們溝通，勸
他們要忍耐一段時間，直到攻下亞美尼亞的迦太基，把頭號敵人漢尼拔所建的工
程夷為平地。

85　馬迪亞人是居住在裡海南岸的一個部族，騎術精良而且英勇善戰，構成波斯騎兵部隊的主力。

他無法說服這些士兵，只有率領軍隊班師，採用另外一條道路越過陶魯斯山脈，進入穀物豐收和陽光普照的國度，這裡有一個人口眾多的大城，蠻族把它叫做尼昔比斯(Nisibis)[86]，安提阿的希臘人稱之為邁格多尼亞(Mygdonia)[87]。泰格拉尼斯的兄弟古拉斯(Guras)擁有總督的頭銜，負起整個城市的防守責任；精通工程和器械各種技術的凱利瑪克斯在旁協助，這個人在阿米蘇斯給羅馬人帶來很大的煩惱。不過，盧庫拉斯的軍隊到達以後，立即將城市包圍得水洩不通，很短期間用強攻的方式奪取。古拉斯投降以後受到相當禮遇，雖然凱利瑪克斯想要將功折罪，願意透露藏匿的金庫，盧庫拉斯還是不願領情，下令將他加上枷鎖，為了懲罰他放火燒掉阿米蘇斯，使得盧庫拉斯無法對希臘人表達仁慈和善意。

33 從開始到現在為止，大家可以說盧庫拉斯一直是鴻福齊天，好運站在他這一邊幫著戰勝所有的強敵。接著以後氣數即將轉變，他在外力的迫逼下要面對很多事情，結果不是到處碰壁就是困難重重。他仍舊是一個才智過人的領導者，展現出高明的指揮能力和忍耐功夫，已經無法給他帶來新的榮譽和名聲，非僅如此，他的士兵給他帶來不利的結局和難言的困窘，甚至會把過去贏得的成就全部喪失殆盡。產生這些缺失主要問題還是出在個人的性格和觀念，他並沒有意願要去贏得整個士兵階層的認同與支持，總以為對他們做出任何縱容和遷就，必然侵犯到他的權威和職責。

其中最不可原諒的行為，就是他對於那些職權相等以及階級相同的人士，根本談不上「合作」兩字。他瞧不起當代所有的人物，認為他們都不夠資格與他相提並論。即使他有這些過錯，就盧庫拉斯完美的長處來說只是白璧微瑕，他的家世高貴富有，身材強壯高大，無論是在政壇還是軍營，他都是一個口若懸河的演說家，以及才智過人的領袖人物。

根據薩祿斯特(Sallust)的說法，士兵從戰爭開始以後，所以對他表示不滿，那是因為連著兩個冬天，他都要求軍隊在戰場繼續作戰，一次是在西茲庫斯而另一次在阿米蘇斯。就是其餘的幾個冬季，他們還是覺得未能盡如人意，要不就是

86　尼昔比斯後來成為羅馬邊陲要地和屏障，防衛極其森嚴，曾經遭遇無數次的圍攻作戰。

87　這個城市同樣被稱為安提阿，因為無論是優越的位置、舒適的環境、雄偉的建築和整潔的市容，拿來與達芬尼的安提阿比較，可以說是不分軒輊。

留在充滿敵意的國度，即使進入盟邦的區域，也在空曠的原野宿營，限制在帳篷裡面不能任意外出。盧庫拉斯從來沒有讓他的軍隊進駐希臘聯盟的城鎮。這種不滿的聲浪擴展開來，就是羅馬的護民官都不願置身事外，他們心中充滿嫉妒，惡意指控盧庫拉斯，爲了能夠掌握軍事指揮權，奪取龐大的財寶私心自用，所以才將戰爭一直延續下去。

他們說他對西里西亞、亞細亞、俾西尼亞、帕夫拉果尼亞、潘達斯、亞美尼亞和遠到費西斯(Phasis)河[88]的廣大地區，擁有至高無上的權力，可以爲所欲爲；他現在已經搶劫泰格拉尼斯的王宮，好像他奉派的職責不是降服那些國王，而是要去盡情搜刮財物。據說有位名叫盧契烏斯·奎因都斯(Lucius Quintius)的法務官曾經提到，特別是處於目前的狀況下，市民大會決定要派遣大員到行省去接替盧庫拉斯的職位，投票通過議案，可以讓這些士兵不要在他的麾下服務，解除他們立下的誓言。

34 除了要面對這些打擊，對於盧庫拉斯傷害最大的人要算巴布留斯·克洛狄斯(Publius Clodius)，一個粗野無禮的傢伙，極其邪惡而且膽大包天，也是他的內兄。盧庫拉斯的妻子是一個行爲放蕩的女人，讓人懷疑與克洛狄斯有不正常的關係，相互狼狽爲奸犯下很多罪行。克洛狄斯曾經在盧庫拉斯的麾下服務，沒有獲得他期望中的權勢和地位(他一直以爲自己的升遷比另人占有優勢，由於他行爲和性格反而落在很多人的後面)，因而懷恨在心暗中與費布里亞的部隊來往，唆使他們反對盧庫拉斯，特別說一些奉承話投士兵之所好。

費布里亞過去曾經鼓動這些人去殺害執政官弗拉庫斯，選擇盧庫拉斯擔任他們的指揮官也是基於這種關係；所以他們對於克洛狄斯挑撥的言辭能聽得進去，稱爲他士兵之友。克洛狄斯表現出氣憤的神色，對於他們的遭遇裝出關懷的樣子，經常說起：

> 這眞是毫無盡期的戰爭和沒完沒了的勞累，要與這樣多的民族作戰，不停在全世界各處飄泊，他們耗盡一生精力所能獲得的酬勞，不過是爲盧庫拉斯看管他的車輛和駱駝隊，那裡滿載黃金和裝飾著寶石的酒

88　費西斯河是柯爾契斯境內最大的河流，從東端流入黑海，據說龐培逆流而上，得以進入裡海。

具。不像龐培的士兵都是市民，可以與妻兒子女在故鄉安全地生活在一起，擁有肥沃的土地或居住在城鎮裡面；他們在趕走米塞瑞達底和泰格拉尼斯以後，不必留在蠻荒的曠野，更無須前往亞細亞去摧毀王室的城市；僅有的任務是到西班牙討伐受到放逐的流亡人士，或是在意大利鎮壓那些造反的奴隸。事情應該如此，假使仍舊需要我們不停的作戰，那我們應該保存完好的身體和心靈，交給一位值得追隨的將領，他把士兵的財富看成個人最大的光榮。

盧庫拉斯的軍隊基於這些因素，變得軍紀敗壞士氣渙散，拒絕追隨他去對抗泰格拉尼斯，或是去攻打米塞瑞達底；何況米塞瑞達底已經從亞美尼亞回到潘達斯，盡一切力量要恢復原來的權勢和地位。羅馬人拿冬季當作藉口，整日無所事事，隨時隨地都在期待龐培，或者是任何一位將領，前來接替盧庫拉斯的職責。

35 等到傳來信息，說是米塞瑞達底擊敗費比烏斯[89]，正在進軍要去對付索納久斯和特瑞阿流斯(Triarius)，所有的將士出於羞愧只有跟隨盧庫拉斯出征。特瑞阿流斯野心勃勃，想要在盧庫拉斯領軍到達之前，獨吞勝利的成果，雖然援軍即將到來，他在一次重大的會戰中被敵人擊潰，據稱有8000名羅馬人陣亡，包括150位百夫長和24位軍事護民官，連營地都被敵人占領。盧庫拉斯在幾天以後抵達，把特瑞阿流斯藏起來不讓憤怒的士兵找到。米塞瑞達底拒絕接受他的挑戰，等待泰格拉尼斯兼程來援。他決定要在他們會師之前，先轉移兵力去迎戰泰格拉尼斯。

就在這個時候，叛逆的費布里亞部隊脫離戰鬥序列，宣稱他們接到敕令解除隸屬關係，行省已經指派給接替的人員，盧庫拉斯沒有指揮他們的權力。現在盧庫拉斯除了低聲下氣沒有別的辦法可施，於是他一個接著一個對這些士兵講好話，同時一座接著一座到這些帳篷去求情，不惜聲淚俱下，好像一位懇求者把自己交到他們的手中。他們轉過頭去對他的致意置之不理，只是把空空如也的錢袋丟在他的面前，說他已經賺飽士兵的血汗錢，吩咐他單獨去迎擊敵軍。最後還是其他的士兵出面說項，費布里亞部隊答應留下來，整個夏季聽從他的指揮，要是

89　米塞端達底的東山再起是在67B.C.。

這段期間沒有與敵軍作戰,過了以後讓他們解甲歸田。盧庫拉斯基於需要只有接受這些條件,否則就要將占領的國度放棄給蠻族。因此他僅僅將這些部隊掌握在手裡,對他們並沒有運用強制的手段,也不帶領他們與敵軍進行會戰。雖然他看到卡帕多西亞遭受泰格拉尼斯的蹂躪,米塞瑞達底再度表現出趾高氣揚的樣子,現在只要能保有這些部隊就感到滿足。

不久之前他在給元老院的文書中,提到整個王國已經被他完全征服;等到一個委員會奉派前來處理潘達斯的事務,以為他所擁有的行省全都平靜無事。結果他們來到以後發現,他對很多事務已經無法作主,就是普通的士兵都對他擺出藐視和嘲笑的態度。他們對將領最無禮冒犯之處,是在夏季即將終了的時候,全副武裝拔出他們的佩劍,說是要去挑戰當面的敵軍,事實上這些敵軍已經不在早就撤離。他們發出吶喊的聲音,揮舞手中的佩劍離開營地,宣布他們答應留下的時間已到,可以不再與盧庫拉斯相處。

龐培來信徵召其餘的部隊,說他即將來到要大家參加他的陣營;受到市民大會的厚愛和羅馬領袖人物的推薦,龐培被選為將領負責指揮大軍,前去討伐米塞瑞達底和泰格拉尼斯[90]。元老院和貴族階層全都認為盧庫拉斯受到很多的委屈:他們說他遭到取代是有人在鑽營所致,不是他沒有打贏戰爭,而是凱旋式受到別人的垂涎;他之所以被迫放棄將一切都交出來,不是他指揮的會戰出了問題,而是勝利所獲得的光榮和利益引起嫉妒。

36 不管任何人面臨這種處境,總會感到極其憤懣而惱怒。盧庫拉斯對於作戰的行動已經喪失賞罰的權力,龐培不讓任何人前來見他,即使是他對十人委員會所做的建議,無論是命令還是安排龐培全都置之不理,同時還發布敕令採取完全相反的措施,雖然大家心懷不滿也只有服從,因為龐培擁有更高的權力。雖然如此,雙方的幕僚決定讓這兩位見面晤談,就在蓋拉夏一個村莊相聚,表達友好的問候和致意,祝賀彼此的成功和勝利。盧庫拉斯的年齒較長,還是龐培格外受到尊敬,因為他的戰功彪炳而且位高權重,還有獲得兩次凱旋式的榮譽。

兩人攜帶的權標為了表彰勝利上面裝飾著月桂葉,經過長途跋涉通過炎熱而

---

90 龐培在肅清地中海的海盜以後,羅馬建城688年即66B.C.,全權負責東方的戰事。

乾燥的國度，龐培的權標上面的葉片已經枯萎，盧庫拉斯的扈從校尉出於好意，就將新鮮而碧綠的月桂葉送給對方加以更換，龐培的幕僚認為這是一個好兆頭，事實上這種看法很對，盧庫拉斯的成功有利於龐培的指揮。雖然如此，這次會面沒有達成任何友善的協議，更加深彼此的成見和誤會。龐培廢止盧庫拉斯所有的規定和做法，收買他的士兵幾乎全部帶走，只給他留下1600人參加他的凱旋式，甚至這些人都沒有意願與他同行歸國。

　　無論是出於先天的習性還是不利的環境，盧庫拉斯身為將領最大的缺失，就是無法獲得士兵的真心擁戴。除此之外，特別要提到他具備極其卓越的武德，諸如勇敢、機警、智慧、公正。羅馬帝國並沒有用幼發拉底河作為邊界，而是遙遠沒有盡頭的亞洲和海卡尼亞(Hyrcanian)海[91]；泰格拉尼斯最近的征戰，幾乎使得所有的國家都無力反抗，還是敗在盧庫拉斯的手裡；帕提亞的實力在盧庫拉斯的時代，並沒有表現出所向無敵的氣勢，不像克拉蘇以後發現的狀況，帕提亞成為令人畏懼的強敵，羅馬人之所以無法獲得堅定的軍備，在於連年的內戰和動亂的邊疆已經削弱他們的力量，甚至沒有能力率領部隊去制止亞美尼亞人的犯邊。

　　就我個人的看法，盧庫拉斯的征戰雖然已經達到完美的地步，反而對國家造成更大的損害，主要原因在於別人受到他的影響要加以仿效。他在亞美尼亞樹立的戰勝紀念碑，位置靠近帕提亞的邊界，他將泰格拉諾塞塔和尼昔比斯納入版圖，從那裡獲得巨額的財富帶回羅馬，泰格拉尼斯的王冠在凱旋式中展示，這一切都在鼓舞著克拉蘇的鬥志，認為攫取蠻族的戰利品和掠奪物易如反掌折枝；等到他的人馬喪生在帕提亞弓弩手的箭雨之下[92]，這時才了解到盧庫拉斯的勝利，不是靠著敵軍的疏忽和柔弱，而是在於他的勇氣和才華。

37 盧庫拉斯回到羅馬，知道他的弟弟馬可斯受到該猶斯·門繆斯(Caius Memmius)的控訴，說他擔任財務官接受蘇拉的命令發生重大的違失，等到被判無罪開釋，門繆斯將矛頭指向盧庫拉斯，唆使民眾對他採取杯葛的行動，指控他侵占戰利品和延長戰爭，要求大家拒絕給予舉行凱旋式的榮譽，盧

91　裡海在古代稱為海卡尼亞海，因為濱海的南部地區又稱海卡尼亞。

92　53年6月B.C.帕提亞人運用大量騎兵和弓箭手，僅是供應箭矢就使用1000頭駱駝，發揮強大的火力，在卡里會戰擊敗克拉蘇，羅馬人陣亡2萬人，有1萬人被俘。

庫拉斯積極爭取，貴族和高階人員出面幹旋，與各區部的知名之士溝通聯繫，費盡九牛二虎的力氣，總算說服市民大會同意取消原來的裁定。

凱旋式的排場無論就遊行隊伍的長度和展示的數量而言，雖然達不到驚奇的效果，也不致於令人感到厭煩；那些主要的品項，像是從國王那裡獲得的武器和投射器具，全都陳列在弗拉米紐斯(Flaminian)賽車場[93]，整個展出極其可觀。在他的遊行隊伍當中，展示的項目是少數穿著全副鎧甲的騎兵；10輛車軸裝上鎌刀的戰車；60名國王的大臣和將領；110艘戰船的青銅撞頭，分別用車輛裝運；2公尺高米塞瑞達底的黃金雕像；1個鑲嵌著名貴寶石的盾牌；20個人背負銀製的瓶甕；32個人背負金杯、甲冑和錢幣。除此以外，還有8匹騾子負載金製臥榻；56匹騾子裝運金塊；107匹騾子裝運銀幣，總數有270萬枚。有1塊石碑上面刻著銘文，提到盧庫拉斯支助金錢給龐培從事清除海盜的戰爭；充實國家的財政需要；以及獎勵麾下士兵的征戰和效命，每位犒賞950德拉克馬。他那一擲千金的豪舉，還包括邀宴羅馬和稱為Vici的鄰近所有村莊的全體市民。

38 克洛迪婭(Clodia)是個邪惡而放蕩的女人，盧庫拉斯與她離婚以後娶小加圖的姊妹塞維莉婭(Servilia)為妻。後來證明這是非常不幸的婚姻，塞維莉婭除了沒有像克洛迪婭那樣與她的兄長發生醜聞以外，其餘的惡行應有盡有；出於對小加圖的尊敬，盧庫拉斯只有盡量容忍和克制，最後還是落得休妻的下場。

元老院產生一種不可思議的構想，希望他出面反對龐培的暴政，發揮崇高地位和影響力的優勢，成為維護貴族體制的勇士。他從政壇隱退不再過問公眾的事務，一方面是他看到城邦陷入困難的狀況，可以說是已經病入膏肓迴天無力，再方面是他獲得應有的榮譽必須加以珍惜，在克服重重困難以致勞累不堪以後，現在可以享清福過奢侈的生活。

很多人高度推崇他能很快改變環境，說他能夠避免馬留的不克善終；馬留戰勝辛布里人獲得極高聲譽，不知道潔身自愛和急流勇退，抱著難以饜足的野心追求名位和權力，甚至到了垂暮之年，還要領導政治黨派與年輕人爭權奪利，讓自

93　該猶斯‧弗拉米紐斯(Gaius Flaminius)220B.C.出任監察官，任內建成弗拉米紐斯大道和弗拉米紐斯賽車場，等到後來出現更為龐大的麥克西穆斯賽車場，這個地方改建為尼祿的宮殿和花園。

己陷入悲傷的處境，最後遭到更爲悽慘的下場。西塞羅要是在加蒂藍(Catiline)[94]
叛國案處理完畢以後，立即揚帆出國退隱林下，爾後可以安享晚年的寧靜和舒
適。甚至就是西庇阿在征服努曼夏人和迦太基人以後，應該對家居的生活感到滿
足。

　　國家的政治活動如同其他的事物，都有一定的周期；政治家如同角力手，等
到精力不濟或是時不我與，就應該主動下台以免遭到挫敗。在另一方面，克拉蘇
和龐培卻對盧庫拉斯的縱情聲色大加訕笑，認爲自己還沒有到沉溺於奢侈生活的
年齡，應該在羅馬政壇呼風喚雨或是領軍外出進行東征西討。

39

盧庫拉斯的傳記就像一齣老式喜劇[95]，開幕的時候呈現在我們的前面
是政治作爲和戰爭行動，到了終場除了吃喝玩樂可以說一無是處，
看來「人生如戲」倒是所言不虛。我對他那些所費不貲的廳堂、柱廊和浴場評價
不高，就是收藏的畫作和雕塑覺得也不過爾爾，他對這些愛好之物都花了一番心
血，付出很大的價錢，他從戰爭中獲得的財富和金錢很多浪費在這些方面。甚至
就是今天這種窮奢極慾的環境之下，盧庫拉斯的花園只有皇帝的富有四海可以比
擬。

　　他在那不勒斯的莊園，挖掘巨大的隧道穿過小山，使得環繞在房舍四周的濠
溝和魚池能與大海相通，同時在海中建造表演大廳，當斯多噶派哲學家圖貝羅看
到以後，就把盧庫拉斯稱爲「身穿羅馬長袍的澤爾西斯」[96]。他在突斯庫隆也有
極其精美的府邸，建有多處望樓，每個套房都有寬大的陽台，以及可供散步的柱
廊。龐培前來拜訪，看到建好的房舍只供夏季使用，冬天沒有人居住，難免譏諷

94　盧契烏斯・塞吉烏斯・加蒂利納(Lucius Sergius Catilina)出身沒落的貴族家庭，60年代B.C.
　　崛起於羅馬政壇，受到執政官西塞羅的指控，說他在意大利煽起風潮，從事陰謀叛國的活動，
　　下達元老院最終敕令，62年逮捕加蒂藍案的涉嫌人員，將他們全數處死。

95　老式喜劇盛行於5世紀B.C.，這個時期只有亞里斯托法尼斯(Aristophanes)留下完整的劇本傳
　　世，其他主要的劇作家還有克拉蒂努斯(Cratinus)、克拉特斯(Crates)、菲里克拉底
　　(Pherecrstes)、優波里斯(Eupolis)和柏拉圖(Plato)，內容方面帶有悲劇和喜劇的雙重性質，
　　通常將諷刺劇和喜悲劇都包括在內。

96　蒲魯塔克拿盧庫拉斯來與波斯國王比較豪華和奢侈，那真是過譽之辭。我們從希羅多德的《歷
　　史》因而得知，澤爾西斯不僅富甲天下還擁有至高無上的權勢，無論是盧庫拉斯還是當代的
　　羅馬人，可以說全都望塵莫及。

他過於浪費；這時他帶著微笑回答道：「要是我不能按照季節變換住所，那你就會把我看成連大鶴和鸛鳥都不如了。」

一位法務官花很大的費用和精力，要為民眾舉辦一場表演，特別向他借若干件紫袍供合唱團的人員穿著，他說要回家看一下，會按照法務官的需要如數送過去。次日他問這位法務官需要多少，說是100件就夠了，他的囑咐是可以加倍帶走。詩人賀拉斯聽到這件事特別有所感慨，說是一座房屋是否值錢，不在可以看得到的建築物，而在裡面所貯藏的財寶。

40 盧庫拉斯每日的飲食，舖張浪費已經到了招搖的程度，不僅使用紫色的餐巾，就連餐具都鑲嵌著名貴的寶石，穿插著舞蹈和短劇，每道菜都變化多端而且烹調極其精美，引起庶民的羨慕和嫉妒。據說龐培有次生病，醫生給他的處方是晚餐食用一隻鶇鳥[97]，他的奴僕說是除了盧庫拉斯家裡為了催肥養在籠裡，在夏季根本找不到這種食材。龐培不願開口向他索取，於是對醫生說道：「總不能說龐培靠著盧庫拉斯是個老饕才能活下去吧！」於是吩咐他找些容易得到的東西給他治病。

小加圖是盧庫拉斯的朋友和親戚，然而非常痛恨他的生活方式和飲食習慣，有次一個年輕議員在元老院發表極其冗長的演說，讚譽省儉和節約的美德，小加圖站起來說道：「你要好久才能做到搞錢像克拉蘇、生活像盧庫拉斯、講話像小加圖？」不過，據稱是有人說過這句話，只是這個人並不是小加圖。

41 從稗官野史的記載可以知道盧庫拉斯的生活方式，不僅可以讓他優游其中，同樣可以獲得光榮的成就。據說他曾經接連很多天款待來到羅馬的希臘人，他們純粹出於一種顧忌心理，後來就婉拒他的邀請，說是每天花費這麼多錢讓他們感到無法安心。盧庫拉斯笑著對他們說道：「各位希臘朋友，這些花費只有一部分用在大家身上，主要還是為了盧庫拉斯自己。」有一次他獨自用餐，家常的飲食只上了一道菜，他將管家叫來加以責備，管家回答說是今天沒有邀請客人，所以沒有大費周章準備豐盛的菜餚，於是他說道：「什麼！今天

97　英譯本指這種食材是thrush，一種鶇鳥或是歌鶇，文內提到在夏天要催肥，很可能是拉丁人最喜愛一種稱為glis的野味，法文叫做loir，要是我們說它是「果子狸」也沒有什麼不對。

是盧庫拉斯請盧庫拉斯吃飯，難道你不知道？」

　　城市裡面流傳這樣一件事，西塞羅和龐培有天在市民廣場遇見他無所事事到處閒逛，前者是他非常親近而且來往密切的朋友，龐培與他在戰時因為指揮權轉移的關係，雙方各持己見弄得很不愉快，後來回到羅馬還是經常見面聊天，心中毫無芥蒂。西塞羅向他打招呼，說是像今天這樣一個好日子，應該答應他一個請求，盧庫拉斯回答道：「那有什麼問題！」於是求他說出來聽聽。西塞羅說道：「我們今天想與你用餐，看看你在家裡吃些什麼好菜。」盧庫拉斯感到很驚奇，說是需要一天的時間準備，他們不答應而且還不許他告訴奴僕，不願他們先知道有貴賓要去用餐的消息。不管怎麼說總得讓他交代幾句，於是他當著這兩位的面，向跟在旁邊的奴僕說他今天要在「阿波羅廳」（他的府邸有很多間餐廳，他用這個名字來稱呼其中擺設最豪華的一間）用餐，這種隱語可以不讓他的客人知道他交代的內情。

　　好像是每一間餐廳供應用餐都有固定的額度，就像裡面各有特定的裝潢和擺設一樣，他的奴僕只要聽到要在那一間餐廳請客，就知道花費應該是多少，如何去裝飾和安排臥榻的位置，通常在阿波羅餐廳晚宴的費用是1萬5000德拉克馬[98]，而且所有的工作都早已完成準備，使龐培和西塞羅感到吃驚之處，不在於設置的豪華和飲食的昂貴而是款待的周到和執行的快速。從這些方面來看，盧庫拉斯把他的財富當成征戰的收穫，好像與俘虜和蠻族沒有什麼分別，所以才會任意的糟蹋和揮霍。

42 他蒐集很多精選的抄本，建立一所典藏豐富的圖書館，值得大事讚譽和列入史籍，特別對於這些書籍的運用，比起花錢去購買更讓人感到心折不已。這所圖書館開放給公眾使用，四周的迴廊和閱讀室，讓所有來訪的希臘人自由進出。他們很高興能夠拋開職業和工作，趕到繆司的殿堂，在迴廊中散步，彼此提出問題來研討獲得莫大的樂趣。盧庫拉斯自己常去那裡消磨空閒的時間，在散步中辯論一些學術的題材，對於有需要的政壇人物提出他的論點和建議。

98　《晉書》卷33〈何曾傳〉：「曾日食萬錢，尚稱無下箸處。」看來無論中外都有這樣豪奢成性的老饕；但是中國的「萬錢」比起羅馬的「一萬五千德拉克馬」，價值還是低太多了，因為前者是銅板而後者是銀幣。

那些前來訪問羅馬的希臘人，都把他的府邸當成居所和歡聚的公共會堂；盧庫拉斯對各門各派的哲學都能欣然接受，不僅經常閱讀而且非常專精，特別愛好柏拉圖學派，極力推崇的對象，並非斐洛(Philo)[99] 時代流行喀尼德(Carneader)[100] 精義的新學派，而是由阿斯卡隆(Ascalon)的安蒂阿克斯(Antiochus)[101] 所支持和代表的老學派，安蒂阿克斯本人不僅學識淵博而且辯才無礙。盧庫拉斯非常用心也下了一番功夫，使得安蒂阿克斯成為他的朋友和鬥士，鼓勵這位學者與斐洛的門生弟子辯駁。

西塞羅是新派的中堅人物，特別寫出一篇論文來為他的學派辯護，他提出的論點到了盧庫拉斯的口裡變成支持「內涵」，可以拿來反對自己的學說。因此這本書被冠上「盧庫拉斯」的名稱。我在前面說過，盧庫拉斯和西塞羅是很好的朋友，在政治上屬於同一個陣營；他並沒有完全擺脫公眾的事務，只是不再有野心和抱負，更不想冒著危險和運用非法的手段在政壇呼風喚雨。他把這些事情留給克拉蘇和小加圖去做，他們都是元老院的議員，對於龐培偉大的功勳始終嫉妒不已，等到盧庫拉斯不願出頭，這兩位要當中流砥柱的勇士。盧庫拉斯還是會到市民廣場去支持他的朋友，為了挫折龐培的野心和傲慢，他也會進入元老院參加會議。像是龐培在制伏那些國王以後，提出的處理方式受到他的杯葛而被刪除；還有龐培的提案要將土地分配給士兵，他的反對獲得小加圖的支持，結果全案無疾而終。迫得龐培要與克拉蘇和凱撒成立聯盟，也可以說是一個謀逆組織。他們將全副武裝的士兵布滿城市，逼於武力的威脅發布律令批准他們的提案，同時將小加圖和盧庫拉斯驅離市民廣場。

貴族人士對這些立法程序極其厭惡，龐培的黨徒故意陷人入罪，一位名叫維久斯(Vettius)的人出面作證，說是這些貴族人士要在暗中謀害龐培的性命。這個人在元老院指控很多人參加，等到市民大會就舉出盧庫拉斯的名字，說是受到他的唆使要去殺死龐培。維久斯的說法根本沒有人相信，完全是龐培的黨徒把他推到前面，提出錯誤百出的指證和控訴。過了幾天以後，等到維久斯的屍體從監獄

99　斐洛是柏拉圖學派哲學家，生於拉立沙，大約在88B.C.從雅典前往羅馬，西塞羅受教於門下，80年逝世。

100　塞倫的喀尼德在2世紀B.C.中葉，成為雅典柏拉圖學派的領導人物，曾經以哲學家的身分擔任使節前往羅馬，憑著口若懸河的辯才使得朝野為之心折，逝世於129年。

101　阿斯卡隆的安蒂阿克斯是一位哲學家，斐洛的門人也是盧庫拉斯的好友，曾經做過西塞羅的老師，亡故於68B.C.。

裡面丟了出來，這件陰謀看起來更加明顯。據說報告上面開列他是自然死亡，但是身體出現絞刑和毆打的傷痕，很可能是那些雇用他的人下的毒手。發生這些事故以後，盧庫拉斯為了明哲保身，更不願陷入政治的漩渦之中。

43 當西塞羅受到放逐離開羅馬，小加圖被派到塞浦路斯的時候，他不再參與共和國的事務能夠全身而退。據說他在去世之前，記憶力已經有相當程度的減退，高乃留斯·尼波斯(Cornelius Nepos)不認為是年齡或病痛損害到他的心智，可能是受到服用藥物所產生的影響，是他的自由奴凱利昔尼斯(Callisthenes)所提供。凱利昔尼斯使用這種藥劑的目的是要獲得他的歡心，同時認為藥性非常溫和，結果服用以後慢慢心神渙散，最後喪失感覺，雖然還活在世上，完全靠他的弟弟料理所有的事務。

不過，等到他逝世以後[102]，人們還是非常悲傷，即使他亡故在政壇或軍隊達到巔峰的時候，看來與現在也不會有多大差別。聚集起來的人群愈來愈多，那些出身最高階層的年輕人，抬著他的遺骸到市民大會讓大家瞻仰，想要強行將盧庫拉斯安葬在戰神教練場，蘇拉的墓地就在那裡。家屬並不期望出現這種狀況，一時之間要想安排妥當也不是一件容易的事，經過他的弟弟出面懇求和勸說，總算讓他們同意將遺體安葬在突斯庫隆一處產業上面，可見整個喪事都早已完成準備。馬可斯在他身後只活了很短一段時間，雖然他們的年齡和名聲都很接近，等到盧庫拉斯過世，他的弟弟很快撒手長辭，從各方面看來，他們是一對極為友愛的手足。

---

102 盧庫拉斯大約是在羅馬建城698年即56B.C.病故。

第三章
盧庫拉斯與西蒙的評述

1 羅馬的內戰帶來驚天動地的變革，對於當時的政局造成極大的影響，這是天意使然已非人力所能挽回；有人認為盧庫拉斯能夠先一步離開世間未嘗不是一件幸事，共和國在他活著的時候雖然充滿憂患還能維持市民的自由權利。從這方面來看，兩位傳主的遭遇極其類似。西蒙亡故在希臘國勢陵夷之前，當時正處於權力的巔峰狀態。這兩位還是有很大的差異，一位在軍營亡故的時候還擔任將領的職務，不像另外一位受到召回，何況他的心志遭遇挫折，如果不急流勇退很可能玷污戰爭的榮譽，等到解甲歸田就用醇酒美人來打發時日，好像他人生的目標不過如此而已。

柏拉圖提到奧斐烏斯(Orpheus)就用藐視的口吻說他為陽間做善事的人安排永恆的歡宴。實在說，對於一個從軍界或政壇退休的老人而言，能夠享受輕鬆而平靜的生活，有暇研究學問或是沉潛於哲學的思惟而自得其樂，不僅合乎他的身分也能獲得最大的安慰。等到告別戎馬生涯以後，垂暮之年還要涉足花叢或是流連聲色，那就無法接受柏拉圖的學說和色諾克拉底(Xenocrates)的教誨，最多不過拿伊庇鳩魯(Epicurus)的享樂主義作為藉口罷了。他們之間的際遇有很大的差異，真是令人感到驚奇不已；西蒙在年輕的時候，聲譽不佳而且言行放縱，盧庫拉斯不僅謹言慎行而且自律甚嚴。毫無疑問，後來的際遇對他們的言行產生很大的影響，一個人處於順境就會遷善改過日起有功。兩個人都擁有龐大的財富，運用的方式卻有天淵之別：西蒙可以為衛城修建南面的高牆；盧庫拉斯在那不勒斯蓋別墅和長廊，海面的景色盡入眼底。雖說這些費用都來自敵人的金庫或蠻族的戰利品，硬要做一番比較也沒有多大道理。他們的待客之道同樣無法相提並論，西蒙非常平民化而且來者不拒，不像盧庫拉斯那樣奢華到東方人都自嘆不如的地步；前者的精打細算每天招待大量來客，後者的揮金如土只為少數人滿足口腹之

欲；當然也可以說是相處的時代不同所致。還是有人會提到，如果西蒙邁入老年趨於平淡和孤寂，等到從政治和戰爭中退休以後，是否會去過更爲奢華和放縱的生活，他一直喜愛美酒和賓客，過去不是經常傳聞他與女性有曖昧的關係？投身於光榮的冒險事業和重大的作戰行動，會帶來另外一種不同性質的樂趣，使人沒有閒暇或位置容納較爲低級的欲念，那些行動積極帶著英雄思想的人物，會暫時忘懷這些嗜好。要是盧庫拉斯在戰場或是擔任指揮職位時告別人世，就沒有人出於嫉妒和誹謗對他大加譴責。有關他們的生活方式談得太多，就此打住。

2 提到戰爭中的表現，無論是在陸地還是海洋，他們兩位都是極其優秀的指揮官。參加運動會的選手在一天之內連續獲得角力和拳擊的桂冠，這時就會獲得「超級運動員」的稱號。西蒙在同一天爲希臘帶來海戰和陸戰的勝利，這份殊榮使他在所有的指揮官當中成爲首屈一指的人物。羅馬將權位授與盧庫拉斯，西蒙卻使雅典獲得權勢。一位所處的狀況是羅馬已經統御所有的盟邦，他運用這個機會征討強敵爲國家開疆闢土；西蒙在開始的時候要追隨其他的城邦，經過他的努力使得雅典能夠領導盟邦和戰勝敵國，迫使波斯人放棄對海洋的控制，拉斯地蒙人也聽從他的指揮。

如果說將領的主要職責是心存善意獲得士兵的欣然從命，在這方面盧庫拉斯可以說是受到軍隊的鄙視，即使那些同時代的將領都對西蒙有高度的評價。一位被他的士兵所背棄而另一位卻受到盟軍的推崇。盧庫拉斯班師羅馬他帶出的部隊不願隨行；西蒙在出發之際是盟邦的成員之一，必須聽命於人，等到返國已經掌控全局，主要的成就是爲雅典完成三個困難的工作：波斯的議和、盟邦的領導以及斯巴達的修好。摧毀波斯王國和征服全亞洲的目標未能畢其全功；西蒙是出於天命難違，竟然在聲威到達巔峰，已經全面展開攻勢之際不幸亡故；盧庫拉斯所以失去將領的權威，個人的作爲難辭其咎，忽略士兵的委屈和苦況，最後引起軍隊對他產生無法挽回的嫌惡，何況他還不思匡正和補救。

西蒙爲何沒有他那樣的好命？一旦雅典的市民對他有所挑剔，就毫不講情面對他施以放逐的懲處；柏拉圖說得好，他們有10年的時間可以不要聽到他在耳邊咶噪。實在說，居於高位的貴族心態不爲平民所喜，更是很少爲他們所接受，有時不得不忍痛去矯正那些受到扭曲的行動，就像外科醫生用繃帶將折斷的骨骼固定在正常的位置。或許我們在這方面要用寬容的態度，爲他們略加辯白一二。

3 盧庫拉斯的戰爭發生在遙遠的邊陲，他是第一位率領羅馬軍隊，翻越陶魯斯山脈和渡過底格里斯河的將領，到達亞洲占領泰格拉諾塞塔、卡比拉、夕諾庇和尼昔比斯這些城市，就在國王的眼前焚毀他們的宮殿。他所據有或蹂躪的區域，向北直抵費西斯河，向東到達米地亞，在阿拉伯國王的協助之下向南進入紅海。他將兩位權勢強大的國王打得無還手之力，將他們控制下的人民解救出來，使得他們像野獸一樣，只有逃到沒有人煙的荒漠或是極其濃密難以深入的森林。從這方面來看，盧庫拉斯的確占到上風；西蒙對波斯人並沒有造成多大的損害和打擊，他們很快編組一支大軍來對付希臘人，在埃及把雅典的聯軍打得一敗塗地。米塞瑞達底和泰格拉尼斯受到盧庫拉斯的教訓以後，沒有採取任何報復行動，等到後來再度與羅馬人發生戰爭，已經衰弱到不敢在營地外面列陣對抗龐培，米塞瑞達底逃到博斯普魯斯就在那裡亡故。泰格拉尼斯赤裸著身體向龐培負荊請罪，把頭上戴的王冠放在他的腳前，恭維龐培說他完成盧庫拉斯未竟之功。

據說指揮官如同角力家有同樣的作風，就是把即將制伏的對手留給接替他的人。還有就是西蒙在獲得指揮權以後，發現波斯國王的權勢已經碎裂，他們不斷敗於提米斯托克利、鮑薩尼阿斯、李奧特契德等人的手裡，重大的損失使得士氣低落，當一個人的精神飽受挫折和打擊，身體很容易喪失鬥志和耐力。泰格拉尼斯經過多次會戰從未嘗過敗績，當他與盧庫拉斯首次接觸的時候，大家都在奉承他會贏得勝利。被西蒙擊敗的敵軍，從兵力的大小和數量來說，當然無法與盧庫拉斯相比。剛才所提到的這些因素只能用來參考，很難做出蓋棺論定的判斷。這兩位都獲得上天的厚愛，冥冥之中一位要積極奉行而另一位要力求規避，同樣都能成就豐功偉業，也可以說他們蒙受神明的保佑，所以才會決勝千里無往不利。

第十四篇
戰敗被殺者

第一章
尼西阿斯(Nicias)

470-413B.C.，雅典將領，伯羅奔尼撒戰爭威名遠播，
在民意難違狀況下，遠征西西里全軍覆滅。

1 就我個人的意見，認為將克拉蘇與尼西阿斯放在一起最為適合，主要原因是帕提亞人帶來的不幸可以比擬西西里的災難。本人請求讀者無論如何不要把我寫的傳記，拿來與修昔底德(Thucydides)的大作相比，我們知道修昔底德的著作充滿憐憫之情，敘述極其生動，談吐激昂慷慨，將作者內心的感受發揮得淋漓盡致，獨特的筆法和簡潔的措辭讓人無從模仿和效法。

不管怎麼說，我有自知之明，不像泰密烏斯(Timaeus)[1] 那樣愚蠢。因為泰密烏斯希望他的編年史，無論是寫作的風格或藝術的素養，能夠超過修昔底德的標準，同時想要使菲利斯都斯(Philistus)[2] 的作品在對比之下，內容瑣碎繁雜像一個剛出道的新手；泰密烏斯的描述重點在於戰役的始末、海戰的過程和演說的內容等方面，認為能夠獲得莫大的成功，即使他對自己抱著很高的期許，還是可以用品達(Pindar)的警句給予蓋棺論定，那就是：

> 健足如此逞能，
> 敢與駿馬爭勝。

---

1 泰密烏斯(350-250B.C.)生於西西里的陶羅米尼姆(Tauromenium)，受到放逐長住雅典，寫出一部卷帙浩繁的《西西里史》，涵蓋的時期從古老的時代到264年。

2 菲利斯都斯是敘拉古人，這次圍城作戰的目擊者，他在30年後敘述西西里這個時期的歷史，西塞羅對他的評價很高，譽之為「修昔底德第二」。

這只是很簡單的表示，泰密烏斯只不過是一個危言聳聽的作家[3]；然而在迪菲盧斯（Diphilus）[4] 的詩文當中：

嗟爾睿智超群，
竟然油脂蒙心。

使得泰密烏斯落到與色納克斯（Xenarchus）[5] 同樣的水平，他的著作告訴我們這些事情：認爲這對雅典人而言是不祥之兆，就是那個因自己的名字使城邦獲得勝利的將領[6]，竟然毫無意願要去指揮這次遠征行動。

赫耳墨斯石像的毀損就是神明的暗示，他們將在戰爭中遭受赫蒙（Hermon）之子赫摩克拉底（Hermocrates）[7] 給他們帶來痛苦的打擊。他還說到：海克力斯因爲普羅塞派尼（Proserpine）的關係，會幫助敘拉古人，不惜派出地獄的惡犬色貝魯斯（Cerberus）；伊吉斯提人（Egesteans）是古代特洛伊人的後裔，雅典人竟敢給予保護，使得海克力斯大爲震怒，不僅他們的國王勞美敦（Laomedon）受到傷害，就是他們的城市也被他摧毀。不過，這些只是證明泰密烏斯有很高的品味，所以他要修正菲利斯都斯在內容方面的錯誤，責怪柏拉圖和亞里斯多德的文筆竟然不夠流暢通順。

就我個人的看法，不管怎麼說，這種競爭和敵視也不過是故做姿態而已，無足掛齒而且極其迂腐；要是他寫作的主題毫無創意，模仿的作品即使非常優秀，還是讓人感到欠缺一言九鼎的力量。他的《尼西阿斯傳》所敘述的軍事行動，修昔底德和菲利斯都斯都曾經提過，特別是他的性格和作風，因爲他出現很多重大

3　泰密烏斯極其自負，要是想勝過修昔底德，就量的方面來說倒是不爭的事實。西塞羅和戴奧多魯斯（Diodorus）都說他是才華出眾的歷史學家，隆吉努斯（Longinus）調和別人對他的讚譽和貶損，說他有很多地方的確有獨到的見解，表達的方式極其有力，只是對自己的缺點好像視而不見，經常引起很大的爭論，特別是他想標新立異，稍一不慎就讓人感到幼稚和有欠成熟。

4　笛菲盧斯是4世紀B.C.的詩人和「新喜劇」戲劇家，生於昔諾庇（Sinope），前往雅典定居，在西麥那（Smyrna）逝世，生平寫作100多齣戲劇，只有60多齣留下名字，無傳世的作品。

5　我們知道有兩位色納克斯：一位是逍遙學派的哲學家，斯特波拉的老師；另外一位是喜劇作家和詩人，寫出很多膾炙人口的作品；但是沒有人知道有那位歷史學家用這個名字。

6　這個人就是尼西阿斯，他的名字就希臘文的語源即「勝利」之意。

7　隆吉努斯特別舉出這一段，說是泰密烏斯的推論極幼稚，意思是不能用 Hermae 來影射 Hermon。

的差錯，難免受到掩飾或是引起誤解，他們兩人不會略而不提；我雖然不會有意疏漏，也只能簡述一二。還有那些難爲一般人所熟知的史實，散布在其他學者的著作之中，或者來自古老的碑銘和檔案，我費了一番心血加以蒐集，不僅僅是爲了作學問求虛名，而是讓人對尼西阿斯的生平有更深入的了解。

2 我提到頭一件與他有關的事，就是亞里斯多德曾經說過，雅典三位最有名望的人，像大家的父執輩一樣用友愛的態度善待所有的人民，他們是尼西拉都斯(Niceratus)之子尼西阿斯、米勒西阿斯(Melesias)之子修昔底德和黑格儂(Hagnon)之子瑟拉米尼斯(Theramenes)。實在說最後一位沒有像前兩位那樣受人尊敬，主要是他的出身受到指指點點，說他是來自西奧斯(Ceos)島的異鄉人；何況他的意志不夠堅定，很容易隨風轉舵，用這種態度來處理公務，大家稱他爲「牆頭草」[8]。

修昔底德在三個人當中年紀最大，所言所行表現貴族的風範，伯里克利用奉承的手段來討好民眾，他一直抱著反對的態度。

雖然尼西阿斯比他們都要年輕，當伯里克利在世的時候，他就享有很大的名聲，經常在戰爭中出任將領，成爲共同指揮的同僚，有時還獨當一面。等到伯里克利亡故[9]以後，他很快擢升到最高職位，主要是富有和顯赫的市民都對他懷有好感，他們無法忍受克利昂(Cleon)的僭越和粗暴，希望他能發揮阻遏的作用。雖然如此他還是沒有喪失平民對他的善意，他們同樣對他的升遷大有幫助，即使克利昂具有很大的影響力，完全在於他：

> 取悅老人，
> 惠及貧民[10]。

雖然克利昂的作爲可以讓人得到好處也獲得他們的愛戴，看到他的貪婪、傲慢和無禮，其中有很多市民更加支持尼西阿斯。

8　原文說他是Buskin即「厚底官靴」，這種靴子有個特點，就是不分左右，無論那個腳都可以穿。

9　伯里克利逝世於奧林匹克87會期第4年即429B.C.。

10　這首抑揚格三音步英雄體詩出於佚名詩人之手，可能是某齣悲劇中一段。

要說尼西阿斯的神色非常端莊，並非拒人於千里之外，而是抱著如履薄冰不願得罪人的態度，似乎畏懼市民大會的力量，這樣使他更加贏得大家的信賴。所以他對戰爭失去信心並不抱很大的希望，這也是很自然的事。他的好運能夠彌補勇氣的缺乏，讓人根本無法了解真相，以為只要是在他的指揮之下，總是可以贏得最後的勝利。他在過平民生活的時候，非常膽小怕事，對當時的告發者極其恐懼，這就一個重視自由權利的城邦而言，所有的市民都已習慣這種風氣。來自民眾的善意和厚愛，使他比其他人擁有更大的權力。人民總是害怕那些藐視他們的人，願意拔擢那些敬畏他們的人，認為事事恭維他們的人就不會一味指責所犯的過錯。

3 伯里克利運用廉能的德行和雄辯的才華治理雅典共和國，拿出光明磊落的態度，無須掩飾自己的作為更不要遊說市民大會。尼西阿斯在這方面的稟賦不足，只有拿出富可敵國的錢財用來獲得民眾的支持。他不像克里昂有機智的應變能力，談吐不僅大膽而且笑語如珠，同樣可以贏得雅典人的贊同，達成所望的目標。尼西阿斯缺乏這方面的素養，只能用戲劇演出、體育競賽和其他展示活動來娛樂大眾，場面極其盛大華麗令人應接不暇，非但是他那個時代所僅見也是空前的壯舉。他在宗教方面所奉獻的飾物和祭品，一直保存到今日，有一座較小的密涅瓦雕像矗立在衛城，外面所包一層黃金已經失去；巴克斯神廟供奉一個神龕，下面放置數個三腳鼎，這是在競賽或表演中獲勝所得的獎品。只要是他贊助的劇團或派出的人員參加比賽，就會獲得優勝，從沒有空手而回。

據說有次出現這樣的狀況，他派出一個奴隸在巴克斯神廟獻唱，表演者的面貌俊美，一舉手一投足表現出高貴的姿態，年紀輕得面頰上面還沒有長出鬍鬚，雅典人看得如醉如癡，大家拚命鼓掌叫好。尼西阿斯站起來說他基於對宗教的虔誠，務必要將這位奴隸當成奉獻神明的禮物，接著他讓這位青年獲得自由。

他在提洛（Delos）[11]島的音樂演出是盛大的宗教活動，表現高貴的風格，同樣在歷史上留下記錄。希臘的城市所派去的合唱團，要向保護神唱出讚美的頌歌[12]，

---

11 提洛是愛琴海的賽克拉德斯（Cyclades）群島中央的島嶼，雅典與希臘各主要城邦結盟，將金庫設在提洛而以「提洛聯盟」知名於世，位於雅典東方約120公里。

12 希臘各主要城市每年輪流派遣最佳的音樂團體，前往提洛向阿波羅致敬，所維成的遊行隊伍稱為Theoria，務求壯觀華麗，有相互較量的意味。

到達以後已經習慣毫無秩序的場面，成群的民眾大聲叫喊前來迎接，急著要讓他們開始演出，通常在混亂的狀況下登岸，使得他們在離船的時候就要戴上花冠，並且要將服裝換好。等到尼西阿斯負責演出的事項，他讓合唱團先在雷尼亞(Rhenea)登岸，還有奉獻的祭品和其他神聖的法器和裝具。

　　他在離開雅典的時候，先在船隻上面裝配一座橋梁，有的地方鍍金並且漆上各種彩色，用花環和繡帷妝點得無比華麗，在夜晚把這座橋架在雷尼亞和提洛之間的水道上面，好在兩者的距離並不遠。到了天明以後，他帶著進香的行列和合唱團，擺出非常盛大的陣容，唱著讚美歌在橋上面走過去。接著就是供奉祭品，表演節目和舉辦宴會，全都按照程序實施，他特別將一棵青銅製作的棕櫚樹當作禮物獻給神明，加上價值1萬德拉克馬的土地，提洛的居民將歲入全部用來舉行祭典和辦理飲宴，他們祈求神明降福給尼西阿斯。這些事蹟刻在一根石柱上面，作為他贈送給提洛人的紀念物。後來這棵青銅棕櫚樹為狂風吹斷，倒下來將納克索斯人奉獻的巨大雕像砸得粉碎。

4 這些做法讓人感到自負而且虛榮，著眼於贏取民眾的好感和獲得外人的讚賞；從這個人其他的性格作風和言行舉止來看，大家相信他大費周章在公眾面前的展示，是為了表現宗教的敬畏和信仰的虔誠。修昔底德曾經提過，說他對神明的威力感到極其畏懼，特別相信預言和子平之術。帕西奉(Pasiphon)[13]的《對話錄》中記載他每天的敬神活動，家裡始終有一位占卜者，對他參加公眾活動提供意見，絕大部分還是有關私人的事務，特別是他的銀礦，在勞里姆(Laurium)擁有很多工場，有很高的利潤難免發生危險的事件。他在這裡維持很多擔任勞工的奴隸，所以他的家業和財富主要來自生產的銀錠。他的四周有很多門客和靠他養活的人，只要提出請求從來不會讓他們空手歸去，即使那些會對他帶來危害和災難的人，他也不會得罪他們，盡量滿足他們的要求。

　　總之，他的怯懦怕事使得歹徒惡棍向他予取予求，他的慈善為懷使得正人君子蒙受他的接濟救助。我們從喜劇家的作品中獲得證明，特勒克萊德(Teleclides)藉著一位專業告發者的獨白：

13　伊里特里亞(Erectria)的帕西奉是3世紀B.C.的學者和作家，模仿蘇格拉底的風格寫出多部對話錄。

查瑞克利願意花一邁納封住那人的嘴，
不要說他來到世上是母親得到遮羞費；
換成尼西阿斯願意付出四個邁納的錢，
因爲他是一個好人我絕對不會亂宣傳。

優波里斯(Eupolis)在他的喜劇《馬瑞卡斯》(*Maricas*)中，描述告發者責怪一位老實、簡單而又貧窮的傢伙，說他沒有用處，最後一段詩人挖苦這位告發者有眼無珠：

告發者：多久之前你遇到尼西阿斯？
老實人：我剛與他打招呼正在鬧市。

告發者：見過他的人從來不會否認，
　　　　這是賣票給他確鑿的明證。

　　　　啊！老兄，你看這是實情，
　　　　尼西阿斯收下才大獲全勝。

詩　人：笨蛋！一位君子竟會賄選，
　　　　那完全是你愛錢看走了眼。

亞里斯托法尼斯(Aristophanes)的喜劇裡面，克里昂發出以下的威脅之辭：

我要所有的政客高聲尖叫大笑，
讓尼西阿斯渾身打抖顫慄難消[14]。

弗里尼克斯(Phrynichus)同樣暗示他欠缺大丈夫氣概，很容易受驚害怕，特

---

14 亞里斯托法尼斯在〈論平等〉中提到此事，但是說這個話的人是阿果拉克瑞都斯
　　(Agoracritus)，並不是克里昂。

別寫出令人同情的詩句：

> 尼西阿斯的高貴讓我無法細訴，
> 沒有人走路像他低首畏縮如鼠。

5 他對於告發者一直抱著避之大吉的審慎態度，從來不與任何一位市民在外面進餐，即使與自己的朋友在一起也不會放言高論，根本沒有閒情從事娛樂活動，通常他會停留在辦公室直到夜晚，參加會議都是最先到達最後離開。如果他沒有公務要處理，旁人很難與他見面或是交換意見，這時他會回到家中閉戶不出，如果有任何人來到門口，有些朋友就會出面打圓場，說是尼西阿斯很忙無法接見，請求訪客原諒，好像城邦的事務和公職的責任使他分身乏術。

有一個名叫海羅(Hiero)的子弟，在他的家中接受教育，尼西阿斯還親自教過海羅的文學和音樂，後來在他的身邊幫忙，幾乎主要的公務和接待都由海羅負責處理。海羅自稱是戴奧尼休斯(Dionysius)之子，戴奧尼休斯得到卡爾庫斯(Chalcus)的綽號，所寫的詩現在還存世，據說是他領導一批人遷移到意大利，後來建立休里埃(Thurii)這處殖民地[15]。海羅管理尼西阿斯所有的機密文件，包括與他有關的預言和占卜，同時海羅還讓民眾知道，尼西阿斯為了全民的福祉，經歷辛勤而悲慘的一生。海羅說道：

> 尼西阿斯無論是在沐浴或用餐的時候，沒有一次不是因為必須處理公務而中斷，他對於私事很少過問，盡心盡力推行政務，每天的工作很晚，等到大家入睡他才就寢，過分的勞累以致損害他的健康，產生身體失調的現象。他的朋友無法從他那裡獲得關照和好處，因為這些朋友如同他的金錢，全部奉獻為國所用，即使犧牲亦在所不辭。然而其他的政客用公開的關說來羅致朋黨，從政當權的目標完全是為了分肥致富，圖利個人。

---

15 伯里克利派遣一些市民到意大利，正值西巴瑞斯(Sybaris)這個城市需要充實人口的時候，後來將它改名為休里埃。

事實上尼西阿斯的生活方式，阿格曼儂（Agamemnon）所說的話是最好的寫照：

> 虛榮的排場有如皇帝，
> 艱辛的工作勝過奴隸。

6 他發覺市民大會利用那些才華出眾和能力高強的人士，對這些人的長處和優點抱著猜忌的心理，用警覺的眼光注視他們的一舉一動，找到機會就要挫折他們的銳氣和貶損他們的名聲，有些明顯的案例像是伯里克利受到罰鍰，達蒙（Damon）處以流刑，拉奴西亞人（Rhamnusian）安蒂奉（Antiphon）遭到罷黜[16]，特別是帕奇斯（Paches）的冤案，在攻占列士波斯島以後[17]，被召回要他就指揮的問題提出解釋，使得他氣憤不已在法庭上面拔劍自殺。

尼西阿斯基於這些考量，一直婉拒困難而費時的冒險行動，如果要他擔任指揮官，一切作為以安全為首要，這樣使得他大多數狀況都能獲得成功，為了避免引起別人的嫉妒，對於自己的睿智、指導或勇氣絕不沾沾自喜，全部歸功城邦的氣數和神明的保佑，表現出感激和虔誠的態度。然而這些作戰行動本身可以證明他的確不同凡響，雅典在那個時代遭受不少次嚴重的打擊，在他的手裡還沒有出現任何災難。

雅典人在色雷斯被卡爾西斯人（Chalcidians）打得大敗而逃，主要的指揮官是凱利阿德（Calliades）和色諾芬[18]。當他們在艾托利亞（Aetolia）遭遇不幸的時候，笛摩昔尼斯是負責的將領[19]。他們在迪利姆（Delium）損失一千市民[20]，派出的軍隊是由希波克拉底（Hippocrates）統率；發生瘟疫使得伯里克利受到指控，戰爭爆發以後，他將四鄉的民眾聚集在城內，緊閉城門不讓人員進出，生活方式的改變和衛生條件的惡化，使得疫情一發不可收拾。

---

16 奧林匹克92會期第2年即411B.C.，安蒂奉參與政爭，改革四百人會議的體制，失敗後遭到免職的處分。

17 這次作戰行動發生在427B.C.，參閱修昔底德《伯羅奔尼撒戰史》第3卷第28節。

18 這裡提到凱利阿德可能是凱利阿斯（Callias）之誤；但是凱利阿斯在波蒂迪亞（Potidaea）會戰之前已經喪生，那是432B.C.的事；色諾芬和他的兩位同僚戰敗被殺是在429年，可以參閱《伯羅奔尼撒戰史》第2卷第79節。

19 整個事件發生在奧林匹克88會期第3年即426B.C.，參閱《伯羅奔尼撒戰史》第3卷第91-98節。

20 發生在奧林匹克89會期第1年即424B.C.。

　　這些都怪罪不到尼西阿斯；反而在他的指揮之下，雅典占領賽舍拉(Cythera)
這個面積寬廣的島嶼，過去為拉斯地蒙人的移民所據有，現在成為騷擾拉柯尼亞
最適合的基地。色雷斯有很多發生叛亂的城市，經過他征討贏得勝利重新接受雅
典的統治[21]。他擊敗麥加拉人，使他們龜縮在城內不敢出戰，接著他奪取邁諾亞
(Minoa)島。

　　不多久他繼續向尼西亞(Nisaea)進軍[22]，一舉攻克成為該地的主人，然後對科
林斯的領地發起一次襲擊，打了一場成功的會戰，殺死很多科林斯人和負責的將
領萊柯弗朗(Lycophron)[23]。當他們將陣亡弟兄的遺骸找到運走以後，一時疏忽留
下兩具屍體，等到他發覺出現這種狀況，馬上要艦隊停止前進，派出傳令官到敵
軍那裡協商讓他們搬運死者，按照法律和慣例，這樣一來等於他懇求對方停戰，
就得放棄勝利應有的權利。他原來已經主宰整個戰場，等到他向敵人提出要求，
就表示他無法據有優勢，缺乏奪回死者遺體的力量，這就不能合法建立戰勝紀念
碑。他的選擇是情願放棄勝利和光榮，也不要讓兩名市民曝屍於戰場[24]。他沿著
拉柯尼亞海岸搜索敵情，迎頭痛擊拉斯地蒙人，接著奪取為伊吉納人(Aeginetans)
占領的特里亞(Thyrea)[25]，帶著捕獲的俘虜返回雅典。

7　笛摩昔尼斯加強皮洛斯(Pylos)[26]的防務，伯羅奔尼撒人從海上和陸地來
　　到這個地點，經過激烈的戰鬥以後，400名斯巴達的土著留在史法克特
里亞(Sphacteria)[27]島的海岸，沒有來得及退走。雅典人認為把這批人抓住成為俘

21　斯巴達名將布拉西達斯遠征色雷斯和馬其頓，占領很多城市，423B.C.尼西阿斯光復門德
　　(Mende)並且圍攻西奧尼(Scione)，獲致豐碩的戰果。

22　這件事發生在424B.C.，應該是笛摩昔尼斯的功勞，參閱《伯羅奔尼撒戰史》第4卷第66-69節。

23　這是425年9月B.C.的蘇利基亞(Solygia)會戰，參閱《伯羅奔尼撒戰史》第4卷第42-44節。

24　在希臘世界認為埋葬死者是最重要的責任，否則亡靈不能渡過冥河獲得最後的安息。尼西阿
　　斯逝世8年以後，雅典人處死8名將領，罪名是在阿金紐西會戰獲勝後，沒有妥善處理陣亡人
　　員的遺體予以安葬。

25　特里亞是位於拉柯尼亞和亞哥斯領地之間一座堅強的城堡，本來屬於拉斯地蒙人所有，後來
　　他們用來安置被雅典趕出家園的伊吉納人。

26　伯羅奔尼撒人和他們的盟邦，在阿契達穆斯之子埃傑斯的指揮之下，入侵阿提卡蹂躪整個地
　　區。雅典將領笛摩昔尼斯發起攻勢轉移，迫使他們回師；於是他奪取堅強的要塞皮洛斯，埃
　　傑斯只有返回斯巴達保衛自己的國家。

27　史法克特里亞是一座面對皮洛斯灣的島嶼，位於伯羅奔尼撒西南方海岸。

虜，可以獲得很大的獎賞，這些都是實情。圍攻作戰非常困難而且辛苦，特別是整個地區缺乏飲水，甚至在夏天運送必需的補給品，繞過伯羅奔尼撒半島航程漫長而且耗費很大，到了冬天非常危險航行幾乎是不可能的事。他們現在感到極其煩惱，對於否決拉斯地蒙人的建議覺得非常後悔。克里昂所以反對使者帶來的和平協定，主要原因是他與尼西阿斯站在敵對的立場，看到尼西阿斯支持拉斯地蒙人的論點，表現出極其讚賞的態度，因而生氣深爲不滿，說服市民大會拒絕接受來使提出的條件。

這樣一來，勢必延長圍攻作戰的時間，大家聽到軍隊陷入困難之中，也感受到他們施加的壓力，難免就會遷怒於克里昂。然而克里昂把所有的譴責轉移到尼西阿斯身上，提出指控說是他的軟弱和怯懦，使被圍的斯巴達人一直無法擒獲。克里昂說道：「我要是那裡的將領，戰事絕不會拖這麼久。」雅典人只有就教於他，於是問道：「爲什麼你不率領一支分遣艦隊前去完成這個任務？」尼西阿斯站起來表示願意辭職，同意將皮洛斯的指揮權交給克里昂，而且如他所願派出一支大軍，要他利用這次機會多爲國家眞正出力，而不是躲在後方盡說大話。

克里昂在開始的時候心裡毫無準備，對於這個提案感到驚惶失措，一直在支吾想打退堂鼓。在雅典人的堅持和尼西阿斯的叱責之下，激起了他的怒火和雄心，接受這個挑戰，還大聲宣布要在登陸後20天之內，殺死那些頑抗的敵軍，或者是將他活捉帶回雅典。長久以來他們已經習慣他那浮誇之言，認爲講講笑話讓人高興倒也無傷大雅，即使處於目前狀況之下，民眾聽到作爲趣談，並沒有將他的話當眞。

8 克里昂這種不負責任的例子眞是不勝枚舉，據說有一次召集市民大會，大家一直在等他，最後他頭戴花冠總算來到，提出請求會議延後一天召開，他說道：「今天我一點空閒的時間都沒有，除了要向神明獻祭，還要招待外地的朋友。」雅典人只有笑著站起來，大家散會回家。不過，克里昂的運道眞是一帆風順，等到他與笛摩昔尼斯會師以後，立即發起攻擊，在限期內完成任務，所有的斯巴達人除了在會戰中被殺，其餘全部成爲俘虜被他押回雅典。

這件事給尼西阿斯帶來很大的羞辱。他現在處於挨打無法還手的局面，而且最不光彩和名譽受損之處，是讓人認爲他接受怯懦的指控，自己還配合無間一樣放棄指揮權，等於將機會交到政敵的手裡，任憑克里昂去完成轟轟烈烈的偉業。

亞里斯托法尼斯看到竟有這種狀況出現，就在《鳥群》這齣戲裡用諷嘲的口吻說道：

　　尼西阿斯！活該如此！
　　退避三舍，令人不齒。

接著在他的《農夫》一劇中，借用兩個人的對話來表示：

　　某甲：我情願待在家鄉和農場，
　　　　　過著平淡的日子又何妨？
　　某乙：真要這麼做誰又礙著你？
　　某甲：是你，就你這位好老鄉。
　　　　　倒是願意花過千把塊錢，
　　　　　讓我辭官返家四處徜徉。
　　某乙：老兄，對你可是沒話說，
　　　　　尼西阿斯非得兩千大洋。

　　除了上面所提的狀況，尼西阿斯對雅典這個城邦所犯最大錯誤，就是讓克里昂擁有顯赫的聲望和巨大的權力。這個人現在認為自己高高在上，可以大膽狂妄任性而為不受約束，後來所以引起很多不幸的結局，就這方面而言有大部分克里昂難辭其咎。在其他的事務方面，克里昂廢棄公開演說所應保持的禮儀，他是第一個在講壇上面，大呼小叫、指手劃腳、來回走動而且衣冠不整的傢伙，這種風氣傳播開來，讓那些負責國家政務的人，將恣意任性和傲慢無禮視為正當的行為，這樣一來就會引起社會的混亂。

9　早在這個時候，亞西拜阿德開始在雅典崛起，他是獲得民意支持的領袖人物，倒是沒有像克里昂那樣無法無天，如同埃及的土地雖然極其肥沃，據說：

　　生長富饒的物產供應民眾需要，

包括養生的本草和致命的毒藥[28]。

亞西拜阿德的本性愛好趨向極端，充滿強烈的激進思想，一直在走改革和進步的道路。這些事件的發生，正好是在尼西阿斯動手清除克里昂的勢力之後，他還沒有機會使得整個城市完全恢復寧靜。等到能將事物妥善安置到所希望的狀態，立即發現又脫離正軌一切陷入混亂，這些都是亞西拜阿德的野心作祟，充滿狂暴和憤怒的氣氛，再度牽連到比過去的局勢更為惡劣的戰爭之中。

發生這種狀況，最主要原因是克里昂和布拉西達斯(Brasidas)[29]兩個人阻礙雙方的和平，戰爭可以凸顯一個人的武德，同時還掩飾另一個人的邪惡，給一個人機會去完成勇敢的作戰行動，對另外一個人而言可以從事欺詐的政治騙術。等到安斐波里斯(Amphipolis)附近的會戰大事殺戮以後，尼西阿斯這時知道斯巴達人長久以來盼望和平，雅典人對戰爭已經不再有多大的信心。事實上，兩個不共戴天的陣營對於敵對行動已感到勞累不堪，準備放下手中的武器。

因此，他在這個關鍵時刻，盡其所能使得兩個城市建立友誼，就是其他的希臘城邦也能獲得解救，不必再忍受災難和禍害帶來的痛苦，政治家要為未來的幸福奠定基礎，這種成就才能使他獲得崇高的聲譽。他發現雅典那些有資產的人、長者、地主和農夫一般而言全都傾心於和談；除此以外，他運用演說、交談、辯論等方式，讓很多對戰爭存著幻想的人士，逐漸冷卻心中的熱情。他現在鼓勵拉斯地蒙人懷抱希望，幫他們出主意去追求和平。拉斯地蒙人只信賴尼西阿斯一個人，因為他們知道他的心地善良，特別是那些在皮洛斯被俘現在仍舊囚禁的同胞，尼西阿斯對他們非常照應，盡量減輕他們遭遇的不幸。

雅典人和斯巴達人最後簽署一年的停戰協定，他們在這段期間經常舉行會議，能夠享受到和平的美好和安全的幸福，不會妨礙到朋友和親戚之間的來往，因此他們渴望能結束鬥爭和流血，很高興聽到合唱團齊聲唱出大家的心聲：

　　干戈已貯藏，

28　引用荷馬《奧德賽》第4卷第230行。

29　布拉西達斯是斯巴達的名將，以驍勇善戰知名於世，425B.C.與雅典爭奪皮洛斯發生多次激戰，424-423年領軍征服色雷斯和馬其頓，占領安斐波里斯和托羅尼(Torone)，將雅典的勢力清除殆盡，422年在安斐波里斯會戰與雅典的將領克里昂同時戰死。

第十四篇第一章 尼西阿斯 ❖ 951

　　零落結蛛網。

他們每當記起他所說的話都表現出愉悅的神情。太平的歲月，大家的睡眠爲雞鳴
叫起，而不是爲號角聲所驚醒。還有人提出振振有辭的預言，根據命運之神頒布
的敕令，歷時一場長達三個九年的戰爭[30]，所有的問題經過徹底的討論，最後才
會得到和平；大家對這種說法根本聽不進去，有的人索性開口大罵。

　　現在大部分人都認爲已經終結所有的厄運和不幸，尼西阿斯在他們的嘴裡是
受到神明青睞和眷愛的人，特別是他的虔誠和崇敬，憑著他的名字爲人們帶來永
恆和美好的祝福。事實上他們把戰爭當成伯里克利的工作一樣，尼西阿斯的使命
就是和平；伯里克利爲微不足道的理由，使得希臘人淪入巨大的苦難之中，這時
尼西阿斯要他們相互諒解，忘懷過去彼此的衝突，重新建立友愛的情誼，因此他
們將這段日子稱之爲尼西阿斯的和平時期[31]。

10 主要的條款[32]是雙方撤回派出的守備部隊，歸還占領的市鎮和捕獲的
俘虜；用到神廟去抽籤的方式決定最先交出的一方。根據狄奧弗拉
斯都斯(Theophrastus)[33]的說法，尼西阿斯花了很大一筆錢，經過安排使得拉斯地
蒙人中籤，逼得要領先履行條約的要求。後來，等到科林斯人和皮奧夏人對他們
的談和表示極度的不滿，種種的抱怨和指控幾乎又再度引起戰爭，尼西阿斯說服
雅典人和拉斯地蒙人，雙方除了和平條約再簽訂一個包括攻擊和防衛的同盟協
定[34]，使得和平帶有強制和約束的功能，對外來的干涉和破壞產生令人恐懼的制

30　這是指第二次伯羅奔尼撒戰爭，從321B.C.斯巴達聯軍入侵阿提卡，到404年雅典投降為止，
　　歷時27年。
31　雅典和斯巴達以及雙方的盟邦，奧林匹克89會期第4年即421B.C.4月簽訂尼西阿斯和平條
　　約，終結第二次伯羅奔尼撒戰爭第一階段的阿契達穆斯(Archidamian)戰爭，這次戰爭從431
　　年到421年長達10年，名稱來自斯巴達國王阿契達穆斯(Archidamus)；條約簽訂後到413年重
　　啟戰端，只維持了8年的和平。
32　這個條約的主要條款有18條，有效時間是50年，可以參閱修昔底德《伯羅奔尼撒戰史》第五
　　卷第18節。
33　狄奧弗拉斯都斯在亞里斯多德的門人弟子之中，享有很大的名聲，後來成為逍遙學派的領袖
　　人物，他生於列士波斯島的伊里索斯(Eresos)，287B.C.亡故於雅典，時年85歲。
34　421B.C.5月雅典與斯巴達訂立50年同盟條約；主要原因是雙方的盟邦當中，除了科林斯、皮
　　奧夏和亞哥斯，尚有幾個城邦不願接受和約，所以雅典和斯巴達獨締結同盟，用來防備其他

裁力量，進而促成兩個城邦的關係更為緊密。

就在這些事務正在密鑼緊鼓積極進行的時候，亞西拜阿德原本就愛喜惹事生非，現在他為拉斯地蒙人所激怒，因為他們事事向尼西阿斯請教和求助，使得他受到冷落和忽視。事實上，在開始的時候反對和平條約不可能發生作用，他還是絲毫沒有放棄這方面的工作。等到他發現拉斯地蒙人不像以往那樣，繼續能夠向雅典人表示好感；雅典人認為拉斯地蒙人與皮奧夏人的結盟，完全是一種不友善的行動；何況他們應該交還潘納克屯（Panactum），連同現有的工事都不得拆除，拉斯地蒙人還是繼續占領，還有安斐波里斯也出現同樣的狀況。這在亞西拜阿德來說是達成企圖的機會，可以運用這些問題激怒人民產生不滿。

後來，亞哥斯派遣一個使節團[35]，他費了很多心血終於使雅典人和他們建立聯盟關係。拉斯地蒙派出授與全權的使節團來到雅典，他們初次與常務委員會晤面，就提到他們針對各方面的問題帶來公正的提議。亞西拜阿德很怕市民大會接受他們的意見，事先與斯巴達使節團的成員接觸，用虛假的誓言和欺騙的手法答應給予協助，就是要他們不得公開承認擁有當局授與的全權，他的說法是只有這樣才不會讓雅典人的意圖得逞。亞西拜阿德說服這些斯巴達人聽他的安排，同時還讓尼西阿斯蒙在鼓裡，成為他用來誘人上當的工具。

亞西拜阿德將使節團介紹給市民大會，非常客氣提出問題，他們奉命前來對於所要討論的各點是否擁有全權，當使者否認具備這種身分的時候，他出乎他們的意料之外，馬上臉色一變，要求常務委員會證實他們所說的話，接著向市民大會提出警告要大家注意，說來使每個時候的說法不一致，即使同一個問題會有完全相反的論點，對這樣一群騙子所提的任何事項如何能夠相信，更不可能接受。這些全權使節陷入混亂之中，不知如何是好；就是尼西阿斯也顯得手足無措，因為他被蒙在鼓裡，改變說法使他感到驚訝和憤怒。市民大會決定立即召來亞哥斯人，同意他們加入聯盟。這時突然發生地震，市民大會的議程為之中斷，總算讓尼西阿斯獲得一點時間，可以用來扭轉不利的態勢。第二天繼續召開市民大會，經過長篇大論的演說和提出要求以後，費了很大的力氣，亞哥斯的聯盟暫緩辦

（續）————————————

城邦因不滿所帶來的攻擊行動。

35 亞哥斯派出使者是在419B.C.春天，次年斯巴達在曼蒂宣會戰擊敗亞哥斯聯軍，接著這兩個城邦訂立50年同盟條約。

理，他奉派前往拉斯地蒙，抱著很大的期望認爲一切都會好轉。

　　等到尼西阿斯抵達斯巴達，大家認爲他是一位極其友善的人，處處都在向著他們，所以對他非常禮遇；然而所有的事務都無法辦成[36]，對於斯巴達人捨棄黨派的成見，轉而支持皮奧夏人感到百思不解。尼西阿斯返國不僅大失顏面，而且有些話還無法直說，主要原因還是他對雅典人民抱著畏懼之心。雖然會引起民眾的憤怒和不滿，他還是說服市民大會，釋放從皮洛斯帶回來的俘虜，數量很多其中還有一些人出身斯巴達的名門世家，他們的朋友和親戚在城邦居有高位掌握實權。市民大會並沒有拿出激烈的手段來對付他，只是選出亞西拜阿德擔任將領，等到曼蒂尼人和伊利亞人(Eleans)公開宣布與拉斯地蒙斷絕關係，就將他們與亞哥斯人一起納入聯盟，從皮洛斯派出一群流寇，前去蹂躪拉柯尼亞地區，因而重新爆發一場戰爭。

11 尼西阿斯和亞西拜阿德之間的敵意愈來愈深，要想解決雙方的矛盾看來只有借重貝殼放逐制度。任何人要是具有極高的名聲使民眾產生猜疑之心，或是極其富有引來大家的嫉妒，使得市民經常運用這種伎倆，就是將這個人的名字寫在貝殼或陶片上面，然後施以10年的放逐處分。他們兩個人現在提高警覺，同時也感到非常憂慮，知道總有一個人會成爲制度的犧牲品。人民痛恨亞西拜阿德的生活方式，始終對他的膽大妄爲和果敢決斷極其憚忌，從他一生的事蹟可以清楚的得知。要是拿尼西阿斯來說，家世的富有和龐大的財產使他成爲嫉妒的目標，他的生活習慣特別是不善交際和孤芳自賞，引起同胞甚或同僚的對立；還有就是很多次他對眾人的愛好和意願抱著反對的態度，迫得他們要放棄自己的想法和觀點，一旦認爲這樣就會損害到個人的利益，當然會爲民眾所不喜。

　　要是打開天窗說亮話，這是狂熱獻身戰爭的年輕人和愛好和平生活的老年人，他們之間所產生的鬥爭，於是前者想用貝殼放逐來對付尼西阿斯，後者就以亞西拜阿德爲對象。然而：

　　　舉國鬩牆之爭，

36　尼西阿斯堅持斯巴達要與皮奧夏解除聯盟的關係，因為皮奧夏人沒有加入和平條約；當時民
　　選五長官的首輔支持皮奧夏人，所以沒有同意，使得尼西阿斯無功而返，雅典人極其不滿。

惡賊得享大名[37]。

雅典出現這種狀況以後，市民產生兩個對立的黨派，這樣一來就留來折衷的餘
地，用來對付不知天高地厚和行為不檢的人。

這些人物中間，有一位是佩瑞昔迪區（Perithoedae）的海帕波盧斯
（Hyperbolus）；這個人不能說他濫用權力，而是濫用手段去謀求權力。他之所以
在城市獲得名氣，並非出於崇高的榮譽而是不斷的醜聞。這個時候，他認為自己
有受到放逐處分的資格，事實上他只配得上奴隸的絞架；海帕波盧斯期望這兩個
敵對者有一個受到放逐，他可以擢升到與留下那位處於對立的地位，於是公開表
示他很高興發生衝突，想要激起市民的怒火來對付這兩個人。尼西阿斯和亞西拜
阿德發覺海帕波盧斯的惡意，暗中聯手運用雙方的各種關係，使得他們兩人都逃
脫放逐的制裁，讓海帕波盧斯成為代罪的羔羊[38]。

這是第一次用嘲弄的手法對待他們的制度，茶餘酒後成為民眾的笑談。等到
後來大家才感到這是一種冒犯，要是將美好的制度用在一個毫無價值的目標，除
了帶來羞辱可以說毫無榮譽可言。懲罰本身具備適當的地位，貝殼放逐制度只能
施用於修昔底德、亞里斯泰德和諸如此類的人物。要知道也用這種方式對待海帕
波盧斯，等於把這位惡漢看成正人君子，不僅將榮譽賜給他還讓他有足夠的理由
去大肆吹噓。柏拉圖是一位喜劇作家，對這件事寫一首詩刻劃得入木三分：

> 混帳傢伙活該倒霉，誰說不對？
> 可憐得到放逐懲處，地位不配！
> 雅典人民手拿貝殼，交給我們，
> 目標不應針對著他，奴隸身分。

事實上，以後沒有人再受到這種懲罰，就像考拉古斯人（Cholargian）希帕克斯
（Hipparchus），因為是僭主的親人第一位接受貝殼放逐[39]的處分，海帕波盧斯成

---

37 這首六音步的輓詩，據稱是3世紀B.C.亞歷山卓詩人和學者凱利瑪克斯（Callimachus）所著。

38 可能發生在417B.C.。

39 這是488B.C.的事，所指的僭主是雅典的彼昔斯特拉都斯（Pisistratus）。

爲最後一位受害者。

　　人的命運眞是沒準，俗語說「塞翁失馬，焉知非福」的確很有道理。當這兩個人都有可能受到貝殼放逐的懲處之際，要是雙方放手一搏，如果尼西阿斯能占上風，他的敵手被趕出城市，那麼他以後的處境就會非常安全；即使他輸了這一回合，就可以避免爾後致命的災難，還能保有最佳常勝指揮官的聲譽。附帶一句，我並不清楚狄奧弗拉斯都斯的目的何在，他認爲海帕波盧斯遭到放逐，與亞西拜阿德聯手的人是菲阿克斯(Phaeax)並非尼西阿斯；大多數史家並不同意他這種論點。

12 不管怎麼說，問題還是出在亞西拜阿德身上。伊吉斯提(Egestae)[40]和李昂蒂尼(Leontini)[41]派來的使者，力勸雅典人對西西里發起遠征行動；尼西阿斯極力反對，後來發現完全失敗，就是出於亞西拜阿德的遊說和他的野心作祟。早在召開市民大會之前，亞西拜阿德就用光明的遠景加上如簧之舌，先入爲主誤導大家的判斷。甚至年輕人在運動場以及老年人在作坊，都會一同坐在長凳上面，把西西里的地圖畫出來，標示出海洋和港口的位置，特別提到這個島嶼的海岸正對著阿非利加。他們不認爲到了西西里就能結束戰爭，這裡變成他們的前進基地和司令部，接著要與迦太基人對陣，一直到據有阿非利加和海克力斯之柱以內的海域。

　　因此，成群民眾有著嚮往之心逼得要走這條不歸路，尼西阿斯的反對只找到很少支持者，而且缺乏足夠的影響力。那些家產殷實的豪門富室怕人說他們的反對，是爲了規避繳納公家所需的金額和造船費，只有用沉默對熱烈的贊同作爲無言的抗議。雖然如此，他還是極力奮鬥絲毫不肯放棄。甚至就是雅典人已經頒布戰爭的敕令，他當選爲居於首位的將領，與亞西拜阿德和拉瑪克斯(Lamachus)負起軍隊指揮的責任，等到市民大會召開，他還是站起來苦口婆心極力勸說，大聲反對他們做出的決定，把一切都怪罪在亞西拜阿德的身上，指控他將整個城市涉入遠征的危險和困難之中，完全是爲了滿足個人的私欲和野心。

　　即使如此，再怎麼說都是徒然，尼西阿斯愈是堅持讓人感覺他愈是適合的人

40　伊吉斯提是西西里島西北部一個古老的城市，不是希臘的殖民地，居民也不是西西里的土著，據說是特洛伊的流亡人士所建。

41　李昂蒂尼是西西里古老的希臘城市，最早是優卑亞人所建的殖民地，位於敘拉古和卡塔那之間，地處內陸離海岸約有十餘公里。

選，他的經驗加上審慎的個性，配合亞西拜阿德的勇敢和拉瑪克斯的隨和，更能保證部隊的安全，因此他們更加肯定人事的安排和最後的裁決。笛摩斯特拉都斯（Demostratus）是深孚眾望的領袖人物，也是堅持雅典人必須從事遠征行動的首要分子，站起來說他能讓尼西阿斯閉嘴不再有任何藉口，於是提出動議將領無論是在國內或海外擁有絕對的權力，可以下令或是執行他們認為最有利的行動；經過市民大會的表決獲得通過。

13 不過，據說祭司全都激烈反對這次的冒險行動，只有亞西拜阿德的占卜官與眾不同，說是來自古老的預言因而宣稱「雅典人在西西里擁有極高的名望」，同時派遣特使前往朱庇特·阿蒙神廟[42]，帶回的神讖旨意為「雅典必將擁有敘拉古的全部居民」。即使有那一位市民知道這是凶兆，還是會很小心的隱瞞起來不讓人知道，他們不願讓這次冒險行動出現任何不祥的徵候，免得同胞的心理受到影響。甚至就是極其顯見的奇聞異事，都不可能產生攔阻的作用；赫耳墨斯石像受到損毀[43]，雅典人還是不能接受所帶來的警告。所有的石像除了有一座稱為「安多賽德（Andocides）的赫耳墨斯」以外，其餘全在一夜間遭到破壞；未毀的石像是伊吉斯（Aegeus）的部落豎立在一所房屋前面，現在這所房屋住著安多賽德一家人。

還有就是十二神明的祭壇發生褻瀆神聖的事件，有一個人突然跳上去，用一塊石頭把自己打成重傷。德爾斐出現類似的狀況，那裡有一座密涅瓦鍍金的雕像，雅典人用得自米提人的戰利品，鑄造一棵青銅的棕櫚樹，豎立在神像的旁邊；連接幾天有一群烏鴉聚集在樹上，把棕櫚樹上用黃金製造的果實，啄下來掉得滿地都是。根據雅典人的說法，認為都是德爾斐人杜撰這些傳聞，因為他們收了敘拉古人的好處。

有某一道神讖吩咐他們把密涅瓦的女祭司，從克拉卓美尼（Clazomenae）接到雅典，結果他們接到以後發現她的名字叫做赫西契亞（Hesychia）即「寧靜」之意，

---

42 這座神廟位於利比亞沙漠的綠洲。西蒙曾經派員前去就秘密的事務求取神讖的指示，沒有給予任何答覆要來人趕快回去，返航位於埃及附近的希臘軍營，才知道西蒙已經逝世，推算獲得神讖的時間，西蒙正好死在神明有所交代的那一瞬那。

43 雅典人為了祈求神明的保佑，在城市、廟宇和住家的大門外，豎立方形的赫耳墨斯石像；赫耳墨斯是宙斯的使者，也是司旅遊、商業和貿易之神，羅馬人稱為麥邱利。

看來神明施展大能提出勸告，要城市在這個時期不可輕舉妄動。

　　不知道占星家梅頓(Meton)(他已經奉派擔任指揮職位)出於對徵兆的畏懼，或是從個人的經驗懷疑這次行動是否獲得成功，裝出陷入瘋狂的模樣，竟然放火燒掉自己的房屋。有人說他並沒有裝瘋，只是在夜晚縱火燒屋，第二天早晨表情非常悲傷趕到市民大會，請求大家考慮他面臨重大的災難，免除他的兒子在軍隊的服役，因為其子已經奉派為一艘戰船的船長，即將前往西西里。

　　哲學家蘇格拉底在這種局勢之下，他的睿智可以從一般的徵候看出未來的發展，認為這次的遠征行動會給共和國帶來絕滅的後果，這些話他僅僅告訴朋友和家人，他們再轉告很多的民眾。

　　大軍開拔的日子引起不少人的驚惶，婦女正在那天祭祀阿多尼斯(Adonis)的關亡節，每個地方都擺出死者的遺像，整座城市籠罩著悲傷和哀悼的氣氛，那些在這一年之中辦過喪事的家庭，所有的女性把自己的胸膛拍得一陣山響。每個人只要看到這種情景所表示的預兆，就會關心他們的同胞未來的命運，所有的戰爭準備和出征行列，雖然是如此的耀目和盛大，生怕在抵達巔峰的宏偉時期，突然之間遭到打擊全部灰飛煙滅[44]。

　　14 尼西阿斯對表決通過的遠征行動仍舊持反對的態度，他不鼓勵大家對於未來的發展抱任何希望，即使授與他最高指揮官的榮譽，也不會讓他感到樂不可支而改變原來的判斷，從這裡就可以看出他是一位誠信君子。他竭盡努力還是無法轉換民眾對戰爭的看法，不能解除所授與的指揮責任；因為市民非要選他不可，等於是違反他的意願將他推上將領的職位。從現在的局勢來看，他沒有時間採取格外審慎的做法或是運用拖延的手段；他也不可能像一個無助的兒童，為了想家只有坐在船上向著後面觀望；他經常再三的反覆考量，為什麼沒有更好的觀點來支持他的意見，使得同僚的勇氣產生挫折，遠征行動因為季節不合而取消。雖然他抱著這種想法，還是應該盡快與敵人接觸好讓整個事件得到解決，雙方的命運就會在會戰中得到考驗。

　　他的指導與兩位同僚可以說是大相逕庭；拉瑪克斯的建議是直接向著敘拉古

44　415B.C.6月遠征部隊開往西西里，共有134艘三層槳戰船、130艘運輸船、5100名重裝步兵、1300名弓箭手，此外還有30名騎兵，總兵力是2萬7000人。

發航，逼近城牆與敵軍戰鬥；亞西拜阿德勸他要與其他城鎮建立穩固的友誼，然後再向敵人進軍[45]。尼西拉斯根本不接受兩個人的意見，堅持他們應該擺出和平的姿態，巡航整個島嶼一周用來展現強大的軍威，派出一支小部隊增援伊吉斯提人聊表心意，接著全軍返回雅典；手下的將士得知他的打算，全都士氣委靡毫無鬥志[46]。沒有過多久的時間，雅典人命令亞西拜阿德返國接受審判，雖然尼西阿斯就正式任命而言，還有一位同僚負起共同指揮的責任，事實上他已經獨攬大權。現在開始可以說是整天無所事事，要不就是率領艦隊在海上到處巡弋，或者召開冗長的會議，大家逐漸對於未來不抱希望。他們的軍隊在到達之初，第一次被敵人看在眼裡所引起的驚慌和恐懼，現在已經慢慢消退，反而讓雅典人陷入這種難堪的處境。

當亞西拜阿德還在艦隊的時候，他率領一支有60艘戰船的分遣隊前往敘拉古，其中50艘戰船留在港外列出接敵隊形，只有10艘戰船划進港內進行偵察，同時有一位傳令官在大聲宣布，要李昂蒂尼的市民趕快返回自己的家園[47]。這次的搜索行動使他們捕獲敵人一艘戰船，他們在船上發現很多簿冊，所有敘拉古人按照他們的部族，全部列名在上面。他們通常將這些文件保存在離城市較遠的地點，就是奧林庇烏斯（Olympius）的朱庇特神廟，現在要帶來進行查驗以供應及齡的年輕人，納入編組從事戰爭。雅典人拿到這些資料以後送到官員那裡，可以看到無數服役人員的名字，占卜官認為這件事大不吉利，內心很怕預言所說「雅典必將擁有敘拉古的全部居民」已經獲得驗證。然而還是有人在過去遇到這樣的狀況，就是雅典人凱利帕斯（Callippus）殺死狄昂（Dion），成為敘拉古僭主那個時候[48]。

---

45 亞西拜阿德認為最重要是與墨西那人建立友好關係，贏得他們的支持，不僅可以作為征服西西里的基地，更可以控制墨西那海峽，使斯巴達和科林斯無法獲得西西里的穀物。

46 伊吉斯提人的使者提出保證，願意負擔遠征行動所需戰費，並且先支付60泰倫，等到他們抵達西西里，發現伊吉斯提的金庫空空如也，才知道受騙，當然雅典人的行動不會積極。

47 雅典遠征軍抵達西西里以後，雖然盡力爭取主要城市的支持，最後還是沒有達成企圖，就連卡塔那都是靠著詐術才能占領。雖然提到李昂蒂尼的使者，那是因為產生內爭，弱勢的黨派私下派往雅典。

48 篡奪事件發生在奧林匹克106會期第3年即354B.C.，第二十二篇〈狄昂〉第57-58節有詳盡的敘述。

15 沒過多久，亞西拜阿德乘船離開西西里[49]，指揮大權全部落在尼西阿斯身上。拉瑪克斯是一位勇敢的戰士，根本不考慮自己的安全，在戰場上面衝鋒陷陣毫無畏懼，他的家境貧窮而且食指浩繁，只要奉派擔任將領就盡量支用國家的經費，甚至很少的數額像是買衣服和鞋子的錢都要報公帳。尼西阿斯的作風與拉瑪克斯完全相反，他不但具備其他的長處，僅就他的財富和地位而言，就能使他擁有極大的權勢。有個故事提到他在議事廳召集將領開會，特別吩咐詩人索福克利(Sophocles)首先發表意見，因為在座人員中他最資深。索福克利說道：「我的年紀雖然最長，在這裡聲望最高的人還是你。」拉瑪克斯的作戰經驗豐富，精通用兵之道還是屈居他的下屬。尼西阿斯的行動遲緩，任何舉措要三思而行，從不願輕易涉險，運用部隊極其慎重。

他首次率領艦隊繞著西西里航行，始終與敵軍保持最大距離，對手以為他畏戰因而士氣大振。後來他攻擊海布拉(Hybla)防衛薄弱沒有多大價值的堡壘，在他攻克之前守軍已經安全撤離，這件事讓他的顏面盡失。後來他僅僅摧毀蠻族一個名叫海卡拉(Hyccara)的荒涼小鎮，除此以外毫無任何成就，接著撤退到卡塔納(Catana)[50]。據說有位名叫拉伊斯(Lais)的娼妓，那時還只是一個少女，就與其他的俘虜一起被賣掉，買主將她帶到伯羅奔尼撒半島。

16 等到夏日將盡，他獲得報告說是敘拉古人現在信心十足，很快要對他發起攻擊。少數擔任前哨的騎兵抵達營地的前面，揶揄他的士兵問他們是否要留在這裡幫卡塔納人開墾，或者是想將李昂蒂尼人趕走好占據他們的城市。最後，不知費了多大力氣，尼西阿斯總算下定決心，啓航前往敘拉古與敵軍比個高下。他的構想是能安全建好營地，不要受到任何外來的干擾。他買通一個人從卡塔納帶著情報去見敘拉古人，說是他們只要在安排好的那一天，率領所有的部隊行軍前往卡塔納，就能在無人防守的狀況下，奪取雅典人的營地和全部武器裝備；因為大部分的雅典人都住在城鎮裡面，敘拉古人的友人會採取一致的行動，只要發覺他們即將來到，就會占領一座城門，同時放火燒掉軍械庫；很

---

49 雅典人民對於石像破壞事件還是餘怒未息，最後決議是派薩拉密斯號聖船，將亞西拜阿德從西西里接回國門，在法庭對於指控提出答辯。

50 卡塔那是西西里東海岸古老的城市，最早是優卑亞人建立的殖民地，位於敘拉古和陶羅米尼姆的中途，座落在著名的艾特納(Aetna)火山的山麓。

多當地人士參加這次陰謀活動，等待他們的到達[51]。

尼西阿斯指揮之下的整個遠征行動，只有這一次的反間計獲得最大的成功。敵軍已經傾巢而出，城市空虛無人防守，尼西阿斯離開卡塔納進入敘拉古的港口，選擇最適當的位置作爲營地。現在即使是敵軍的兵力據有優勢，對他可以說是無可奈何；要是他的兵力能占上風，可以順利遂行戰爭，達成所望的企圖。

敘拉古人從卡塔納回師，就在城門前面列出會戰的隊形，尼西阿斯立即指揮雅典人發起攻擊將他們打敗，對方的騎兵擋住他們的追擊，所以斬獲不多。尼西阿斯將河流上面的橋梁全部破壞殆盡，使得赫摩克拉底有機會鼓舞敘拉古人的士氣，他說尼西阿斯的行動極其荒謬，看來他主要的目標是避免作戰，如果他不想作戰那他來這裡做什麼。不過，他目前所處的位置使得敘拉古人提高警覺，同時也使他們感到驚愕，決定另外找人接替現有15位將領，所有市民經過宣誓，授與選出的3位將領指揮戰爭的絕對權力。

奧林庇烏斯的朱庇特神廟離營地很近，雅典人對占領這個地點非常熱中（因爲神廟貯存大量奉獻的金銀財寶），尼西阿斯蓄意制止，等到敘拉古人派出守備部隊進駐，這個大好機會就白白溜走。他的論點是士兵發了不義之財對國家並沒有好處，褻瀆神聖的罪行卻要他來承擔。獲得勝利的消息已傳遍整個島嶼，尼西阿斯並沒有好好加以利用。他在停留幾天以後，前往納克索斯（Naxos）在那裡實施冬營，維持這樣一支大軍的軍費負擔極其沉重，除了一些西西里的土著投向他的陣營，後來能夠發生一點影響以外，所有的作爲可以說是乏善可陳。敘拉古人再度鼓起勇氣入侵卡塔納，大肆破壞整個區域，將雅典人的營地付之一炬。每個人都指責尼西阿斯，說他經過長期的準備、周密的策劃和全面的警戒，還是未能採取及時的救援行動。當他一旦著手開始工作的時候，再也沒有人發現他會犯錯，等到首當其衝就會表現出英勇和積極，只是行動還是非常緩慢而且希望獲得安全的保證。

---

51 尼西阿斯知道敘拉古人已經有周密的準備，運用艦隊發起奇襲不可能奏功；而且他們缺乏騎兵部隊，陸上的進軍極其危險。

17 因此，他再度進軍敘拉古[52]，部隊在他的指揮之下，行動不僅迅速而且安全，等到他的戰船停靠在塔普蘇斯(Thapsus)[53]的岸邊，人員開始登陸，敵人還不知道他已經抵達；他無須任何外來的幫助，就對伊庇波立(Epipolae)[54]發起奇襲，擊退前來救援的選鋒，有300人成為俘虜，雖然對方的騎兵部隊公認所向無敵，還是被打得潰不成軍。尼西阿斯在很短的期間之內，構建一道長牆將敘拉古緊密包圍起來；使得敘拉古人驚慌無措，就是希臘人也感到不可思議；因為這個城市的面積並不小於雅典，四周的地面崎嶇不平，依山瀕海而且與沼澤為鄰，要想達成圍困的目標，進行的工程極其艱鉅。除此以外，幾乎可以說完全是一個人的努力，何況他的健康狀況根本無法負擔這樣沉重的任務，特別是他一直受到腎臟結石帶來疼痛的折磨，如果說這件工程無法全部完成，只能歸咎於不利的環境和條件。

我讚譽將領的勤奮和士兵的勇敢，使得他們繼續戰鬥下去。優里庇德在這件慘劇發生以後，為陣亡的將士寫出葬禮的輓詩：

> 雅典勇士前往敘拉古贏得八場大捷，
> 島國神明保佑西西里對陣雙方英傑。

事實上不止八次，這些人對抗敘拉古人贏得無數次的勝利，出於神明的干預和命運的逆轉，雅典人到達權勢和功績的頂峰，受到遏制開始向下滑落。

18 尼西阿斯親自參加大多數的作戰行動，他的身體得不到調養，使得病情加重引起劇痛，有次他只能留在營地，少數僕人陪伴著他。這個時候拉瑪克斯正在指揮與敘拉古人的戰鬥；敘拉古人要從他們的城市到雅典人的長牆，建一道交叉通過的縱向柵欄，發揮截斷的作用並且阻止雅典人完成工程。等到雅典人獲得勝利，急忙發起追擊引起一陣混亂，使得拉瑪克斯與他的手下分開，接著他要抵抗敘拉古騎兵對他發起的襲擊。凱利克拉底(Callicrates)不僅

---

52 是在414B.C.春天，《伯羅奔尼撒戰史》第6卷有詳盡的敘述。

53 塔普蘇斯是位於敘拉古北部的一個半島。

54 伊庇波立是一塊三角形的高地，從敘拉古的西郊逐漸向上升起，其餘三面是懸岩絕壁，奪取以後瞰視內城，據有高屋建瓴之勢。

作戰勇敢而且武藝高強，出現在隊列的前面，拉瑪克斯接受他的挑戰要進行個人的決鬥，雖然拉瑪克斯先受了傷，還能及時回手使凱利克拉底無法避開，結果兩個人雙雙倒地斃命。

敘拉古人帶走屍體和他的武器，用最大速度向著雅典人的長牆疾進。這時尼西阿斯躺在帳幕中，發現沒有部隊可以抵擋敵軍，等到他起來看到危險即將臨頭，吩咐四周的人放火焚燒放在長牆前面的木頭和材料，還有那些已經製造完成的攻城器具，這樣才擋住敘拉古人的攻擊，拯救尼西拉斯的性命，以及長牆和雅典人所有的錢財。敘拉古人看到在他們和長牆之間燃起一場大火，只有退回城內。

現在他成為碩果僅存唯一的將領，對於勝利的遠景抱著非常樂觀的期望；所有的城市開始要與他結盟，船隻裝載糧食從各個海岸來到他的營地，等到他的進展非常順利的時候，每個人都想前來分一杯羹。有些敘拉古人對於防守他們的城市已經感到絕望，就投降的條件提出他們的意見，並且準備將這份文件交給尼西阿斯。

這時捷利帕斯(Gylippus)率領一支分遣艦隊正在路上，他們從拉斯地蒙出發前來援助敘拉古人。他在航行途中聽到他們的城市已遭長牆圍困的信息，知道他們即將面臨最大的災難，他還是繼續冒險的行動，即使西西里的喪失逼得他們必須放棄，還是要確保意大利人在此地所建城市的安全。有一份驚人的報導在當地流傳，尼西阿斯靠著卓越的指揮和順遂的氣運，使得他的軍隊所向無敵，雅典人獲得所有勝利的成果。

雅典的將領因為目前的實力和成功，顯得各方面都非常英勇，這種表現有違他的本性；特別是他在暗中從敘拉古人所獲得的情報，相信只要提出適當的條件，整個城鎮很快就會投降。因此，尼西阿斯對於捷利帕斯前來幫助抱著漠不關心的態度[55]，沒有派出警戒人員注意觀察海面，完全是出於忽略和輕視，使得捷利帕斯坐著長船已經登陸，尼西阿斯還不知道有這回事；上岸的地點位於敘拉古最遙遠的區域，能夠集結一支有相當實力的部隊。就是敘拉古人也不知道他的到達，何況他們並沒有抱著可以獲得援軍的期望。所以他們召開市民大會，考慮要向尼西阿斯提出的條件。不僅如此，還有人正要上路，認為要在城市完全被圍之

---

55 尼西阿斯知道捷利帕斯帶著4艘船即將來到，他不以為意因為他認為捷利帕斯乘私掠船來巡邏，必要時弄點油水，根本不會幫助敘拉古人作戰。

前，要將這些條件送到對方的手裡。現在這道長牆只有很小一段沒有完成，所需的材料都已經沿著建築的路線準備妥當。

19 正是攸關生死存亡最危急的時候，貢吉拉斯(Gongylus)率領一艘戰船從科林斯來到，可以想見大群人士圍在他身邊，捷利帕斯帶著很多船隻火速趕來救援。就在他們還無法相信確有其事之際，捷利帕斯送來急報，要求他們出港將他接進去。現在大家放心不再憂慮，開始全身披掛起來，捷利帕斯立即領軍出戰，面對雅典大軍排列會戰隊形，好像尼西阿斯正在布陣準備迎擊。捷利帕斯等到隊伍在雅典人的注視下，整理完畢排好陣式，派出一位傳令官告訴對方，他會讓雅典人在不受干擾的狀況下安全離開西西里。

尼西阿斯根本不願回答，他的士兵有很多在高聲大笑，他們帶著嘲弄的口吻問傳令官，難道看到一個穿著粗斗篷和手拿拉柯尼亞手杖的人，就會使敘拉古人的外表變得更為光彩耀目？他怎麼敢擺出一副瞧不起人的樣子？難道不是雅典人將300個斯巴達人[56]的腳鐐手銬解開，然後將他們放回去？要知道從這些人中間無論找任何一位，他都會比捷利帕斯的能力更強，長的頭髮也更好看。

根據泰密烏斯的記載，甚至連敘拉古人對於捷利帕斯都不怎麼重視，初次見面就嘲笑他的手杖和一頭長髮，要到後來查明清楚原因，才開始譴責他的貪婪和卑鄙。這位作者還特別加以補充，捷利帕斯剛一露面，就像天空出現一隻梟，所有的人就像鳥群一樣聚集在他周圍，願意在戰爭中為他奉獻犧牲。這兩種說都非常正確：他們從手杖和斗篷看到斯巴達的標記和權威；而且大家就像所說那樣簇擁著他前往戰場。不僅只有修昔底德肯定他的功績，認為所有事情都是他一人獨自所為。敘拉古人菲利斯都斯是一個目擊證人，認為情況確實如此。

不過，雅典人在第一次接戰中占了上風，有一些敘拉古人被殺，包括科林斯的貢吉拉斯在內。第二天捷利帕斯讓人知道他是作戰經驗豐富的將領，雖然是同樣的武器裝備、兵力編組和地形條件，他運用不同的戰術戰法就能克制雅典人，打得他們逃回營地。他安排敘拉古人從事各項工程，運用獲自雅典人用來修建長牆，已經堆起來的石頭和各種材料，他建起一道交叉通過的柵欄，可以對敵人產生阻絕和截斷的作用，即使雅典人在戰場獲勝，原來的長牆也無法給他們帶來多

56　雅典人在史法克特里亞捕獲的斯巴達俘虜，一共是292人。

大的的好處。經過這幾場接戰以後，敘拉古人的勇氣百倍，就將他們的人員安置在戰船上面，配合他們的騎兵部隊和盟邦人員，對周邊地區進行突擊，捕獲相當數量的俘虜。捷利帕斯到很多城市去訪問，呼籲他們參加他的陣營，當地的人士願意傾聽他的需要，答應給予有力的支持。尼西阿斯看到整個局勢發生重大的變化，像過去一樣再度陷入沮喪和失望之中，於是他寫信給雅典當局，請求他們派遣另外一支軍隊，要不然讓他們離開西西里，特別提到不論採用那一個方案，要先解除他的全部指揮權，因爲他患病在身[57]。

20 早在這件事發生之前，雅典人打算派遣另外一支軍隊前往西西里，尼西阿斯在開始就獲得很高的成就，加上無往不利的運道引起很多人的嫉妒，找到很多藉口一直耽擱下來，現在他們非常熱情急著派遣援軍。優里米敦(Eurymedon)[58]在隆冬之際帶著金錢打前站先到，通知他當局派遣優特迪穆斯(Euthydemus)和米南德(Menander)前來效力，接受他的管轄並且協助他負起部隊指揮的責任。笛摩昔尼斯率領一支大軍要在春天才能抵達。

就在這個期間，尼西阿斯在海上和陸地同時受到猛烈的攻擊，初期的水面作戰他陷入不利的態勢，最後不但粉碎敵軍的攻勢，還擊沉對方很多艘戰船。陸地的戰鬥他未能及時提供救援部隊，捷利帕斯運用奇襲一舉攻占普勒米瑞姆(Plemmyrium)[59]，使得水師的倉庫和存放在該地的大量金錢，全部落到敵人手中，不少守軍被殺還有很多人成爲俘虜。最關緊要而且產生重大影響，是捷利帕斯切斷尼西阿斯的補給線，過去雅典人擁有普勒米瑞姆這個要點，可以安全的貯存和轉運所需物資；等到被敵人奪去以後，可以在內港配置戰船以逸待勞，阻止外來運輸船隻的停靠，要想獲得糧食就備感困難。敘拉古人對於當前的狀況了解更爲清楚，知道自己被敵人擊敗並非實力不足，而是在追擊行動中過於混亂所致。

因此，他們努力加強艦隊的整備工作，即將重新發起攻勢行動，獲得比過去更爲豐碩的戰果。尼西阿斯毫無從事一場海戰的意願，他說笛摩昔尼斯率領一支

---

57 這封信寫得非常詳細，特別提到他們所以能在西西里支持下去，完全靠著意大利的希臘人給予最大的幫助，可以參閱《伯羅奔尼撒戰史》第7卷第11-15節。

58 優里米敦率領10艘戰船先行馳援。

59 普勒米瑞姆是一個突出的海岬，與敘拉古的內城遙遙相對，所懷抱的海灣形成面積廣大的內港，並且控制進出的通道。

龐大的艦隊，裝載著生力軍即將前來救援之際，他要用數量不足和供應缺乏的船隻與敵人交戰，豈不是極其愚蠢的行動。然而在另一方面，米南德和優特迪穆斯剛剛授與指揮職位，急著想有一番表現，能夠與敵我雙方兩位將領比過高下，那就是在笛摩昔尼斯到達之前獲得很大的成功，還讓大家知道他們的能力較之尼西阿斯更為卓越。他們認為事關雅典的榮譽因而據理力爭，特別提到要是拒絕敘拉古人的挑戰，有傷顏面會使他們慚愧得抬不起頭來。因之他們逼著尼西阿斯要進行海戰，科林斯船長亞里斯頓(Ariston)的策略(修昔底德敘述[60]他運用的詭計，就是趁著雅典人下船用餐發起攻擊)得逞，使得他們一敗塗地，損失很多人手，尼西阿斯感到極其沮喪，單獨指揮為自己帶來很大的痛苦，現在再度受到同僚的誤導。

21 就在這個時候，笛摩昔尼斯威風凜凜的艦隊到達港外[61]出現在視線之內，敵人看到不禁膽裂魂飛。他帶來70艘艨艟巨艦[62]，還有5000名帶甲戰士，外加矛鋋手、弓箭手、投石手不少於3000人；全身披掛金光閃閃的鎧甲，戰船上面旗幟招展，划槳手配合軍樂的節奏鼓浪前進，表現出軍容肅然的雄偉隊伍和莫之能禦的氣勢，使得敵軍為之奪志傷神。現在每個人都認為敘拉古人再度陷入驚惶失措的處境，這種沒完沒了的災難幾乎毫無解救的希望，即使加倍努力和極度勞累還是徒然無益，所有的犧牲奉獻不可能達成任何目的。不過，尼西阿斯對於增援的生力軍並不抱欣喜若狂的心理，就在他第一次與笛摩昔尼斯進行會商的時候，這位新來的將領向他提出建議，克服一切困難和危險盡速發起攻擊，只要戰勝敘拉古人就立即班師返國。

尼西阿斯對笛摩昔尼斯的激進和膽識印象非常深刻，同時也讓他吃驚不已；他還是囑咐這位同僚無須急躁更不可暴虎馮河。只要拖延時日會使敵軍自動崩潰，他們沒有金錢足以支撐下去，就是盟軍也會離心離德。等到他們再度落入山窮水盡的地步，如同過去那樣重新啓開談判之門。實在說，有很多敘拉古人與他保持秘密的聯繫，力勸他務必堅持到底，說是他們的民眾因為戰爭已筋疲力竭，

60　敘拉古的水手就在船邊用餐，突然登船向雅典人發起攻擊，使得對手措手不及，遭到相當的損失，可以參閱《伯羅奔尼撒戰史》第7卷第36-41節。

61　大約是在413B.C.仲夏。

62　戴奧多魯斯的說法是船隻有310艘。

對於捷利帕斯的需索無度感到民窮財盡，祇要斯巴達人的供應無法減輕，很可能被迫放棄盟軍提供的援助。

尼西阿斯隱匿這些事務不讓同僚知曉，更不會對人合盤托出，使得他的同僚認為他膽怯，經常在談話中如此表示。他們還是舊事重提，說他在開始的時候就故意延宕，遲疑不為，以致喪失機會沒有立即向敵人發起攻擊，所以才造成目前不利的局面，連敵人都不把他們放在眼裡。因此他們都站在笛摩昔尼斯一邊，盡力逼迫尼西阿斯要順從他們的意思。笛摩昔尼斯指揮陸上部隊在夜間對伊庇波立發起攻擊，傳出警報之前有部分敵軍被殺，其餘人員盡力抵抗都被他驅散，他並不以小勝為滿足，繼續向前進迫，直到與皮奧夏人發生接戰。這是他們第一次與雅典人臨陣交兵，發出吶喊向前衝鋒，用長矛對抗長矛，很多人當場被殺，一陣驚慌蔓延全軍立即陷入混亂之中，逃走的人員產生的畏懼使勝利的單位受到感染，已經登岸向前趕行的後衛，現在與向後撤退的前鋒迎頭碰撞在一起，把逃走的友軍當成在後追擊的敵軍，在敵友難辨的狀況下，使得雅典人之間引起一場混戰。

大家在雜亂之中擠成一團，畏懼和迷失讓人無所適從，朦朧之中所有的事物都難以確定，這不是一片漆黑的夜晚，卻也沒有穩定的光源，月亮開始西沉，武器和身體的投影不停前後移動，隱約的微光無法顯示明確的目標，恐懼造成的疑惑使朋友變成敵人，雅典人完全陷入困惑和絕望之中。因為月亮在他們的背後，投射的影子出現在他們的前面，人員的數量和武器的閃耀都被遮住，讓人無法看見，然而敵人的盾牌反射著月光，好像他們不但人數眾多而且有精良的武器。最後，當雅典人開始不支後退，接著變得潰不成軍，敵軍從四面八方發起攻擊，使他們遭到慘重的傷亡。他們之中有很多人在友軍的手裡送命，還有不少人從懸岩或城牆上面跌下去摔死，其他人員迷失方向散布在廣大的原野，第二天早晨遭到騎兵部隊的搜捕，全都喪命在敵人的刀劍之下。雅典人這次作戰行動的損失是2000名士兵，只有很少數人員能夠全身而退。

22 雖然這次失敗在尼西阿斯而言是意料中事，仍舊給他帶來極其慘痛的打擊。因此他嚴詞譴責笛摩昔尼斯的冒失和莽撞；這位將領只有盡力為自己辯護，而且就在這個時候，提出的建議是盡可能趕快登上船隻返國，他的意思是不可能另外再派部隊前來助戰，要靠現有的軍隊已經無法戰勝敵人；

實在說，他們在任何狀況之下要想不受制於敵人，就應該離開並且放棄現在占領的位置，大家都知道這個地點不利大軍的紮營，不僅地勢低下危及到營地的防禦，而且每年到這個季節，衛生條件很差影響到身體的健康。這個時候正是初秋，患病的人數很多，全軍的士氣極其低落。

聽到要逃離西西里返回家鄉，尼西阿斯感到無比的傷心，即使他忌憚敘拉古人三分，然而他卻更爲畏懼雅典人的指控和告發。他公開宣稱心中毫無牽掛，再大的傷害對他已經是無濟於事，因爲他寧願斃命在敵人劍下，也不想喪生在同胞手中。就這方面來說，他沒有記取拜占庭(Byzantium)的李奧(Leo)對市民同胞所說的話[63]，李奧說道：「我情願爲你們喪生，不要你們陪著我送命。」

考慮到目前的陣地和住處，是否需要遷移營地，他的說法是等有閒暇再深入研究。笛摩昔尼斯因爲他的計畫沒有成功，現在也就不再向他堅持個人的意見，其他人認爲尼西阿斯預期的目標有充分的理由，城市裡面有很多人對他提出保證，看來還是值得信賴，所以使他強烈反對他們的撤離行動，這樣使得他們只有勉強從命。等到敘拉古人現在陸續獲得新來的生力軍因而聲勢大振，加上營地生病人數增加狀況更爲惡化，他同意大家提出的建議，下令給士兵準備上船撤離此地。

23 等到撤離的工作全部準備妥當，敵人對這次的行動並未察知，然而發生完全意外的事件，夜間出現月蝕[64]，尼西阿斯和其他人員都感到驚怖萬分，可能是無知或者出於迷信，他們認爲這種現象是上天的示警，不可等閒視之。日蝕發生的時間多在每月的月終，甚至普通人都知道這是月亮產生的遮蔽作用，但是月亮從滿月的狀況突然喪失光芒，不僅變得黑暗而且會顯現不同的彩色，這種成因就很難理解。他們獲得的結論這是一種凶兆，神明預告會出現重大的災難。

第一位用平舖直入的筆調，很大膽宣示觀察的結果，寫出月相的變化以及月蝕之際光度消長的人，就是安納克薩哥拉斯(Anaxagoras)；他雖然是一位現代人[65]，所持的觀點知道的人不多，盡可能保持秘密，用小心翼翼的態度和公諸值

---

63 這是340B.C.發生的事，當時馬其頓的菲利浦正在圍攻拜占庭，李昂是一位修辭學家和歷史學家。

64 月蝕的時間經過推算，應該是413年8月27日B.C.。

65 安納克薩哥拉斯和伯里克利以及尼西阿斯都是同時代的人物；他逝世於奧林匹克88會期第1

得信賴的人士，所以他的論文只在少數人之間流傳。民眾對於自然哲學家和所謂
的理論家，不僅產生反感而且抱著毫不寬容的態度，因爲他們把事物歸之於無理
性的成因、無思想的權勢和無抉擇的需要，從而削弱神性的力量，認爲並非萬事
萬物都與上天有關，更不需要一位無法制約的人間代理人。

　　就是出於這種反科學的宗教觀，所以才有普羅塔哥拉斯(Protagoras)[66] 的放
逐；安納克薩哥拉斯的入獄，伯里克利花很大力氣才讓他恢復自由[67]；還有蘇格
拉底[68]，雖然他並不重視這方面的學問，還是因爲哲學的觀點而喪失性命。只有
等到爾後的時代，柏拉圖贏得莫大的名聲，平生的事蹟發射出耀目的光芒，經過
他的倡導，自然成因的必要性成爲更有力和更神聖的原則，可以洗刷思惟哲學附
屬的污名和羞辱，獲得的學識傳播給全世界的人民。所以他的朋友狄昂在札辛蘇
斯(Zacynthus)[69] 上船，啓碇前去推翻戴奧尼休斯的暴政[70]，這時正好出現月蝕，
他還是一點都不受干擾，繼續他的行程駛往敘拉古，要去達成他的任務。

　　尼西阿斯之所以運道乖戾，在於那個時候他的身旁沒有一位見解高明的占卜
官，斯蒂畢德(Stilbides)過去常爲他出主意，減少迷信對他造成的影響，不幸在
前些日子亡故。根據斐洛考魯斯(Philochorus)[71] 的說法，事實上出現這種異常的
天象，對那些想要高飛遠走的人，並沒有什麼不利可能反而是一種吉兆。因爲做
這種事害怕被人發覺，所以要隱藏形蹤，那麼月蝕又有什麼不好，要是天色太亮
看得清楚，那是在幫助他的仇敵。奧托克萊德(Autoclides)[72] 在他的《實錄》提到
出現日蝕或月蝕，最多只要繼續觀察三天的天象；尼西阿斯說服大家等待運行整

（續）

　　　年即428B.C.，尼西阿斯亡故是在15年之後。

66　普羅塔哥拉斯生於色雷斯的阿布德拉，第一位稱爲「詭辯家」的學者，後來靠教授這門技藝
　　爲生，411B.C.第三次到雅典講學，被控褻瀆神聖，逃走之際淹斃海中。

67　這件事大約發生在432B.C.，被伯里克利的政敵控以褻瀆神聖之罪，獲得幫助逃到蘭普薩庫
　　斯，在那裡講學以終。

68　蘇格拉底在他的〈答辯書〉中提到，他致力於研究學問的好奇心，用來窺伺天國的地獄的奧
　　秘，犯下褻瀆神聖的罪行。所以他喪失性命不能說是因爲哲學，完全是神學的問題。

69　札辛蘇斯是伯羅奔尼撒半島西北海岸一座島嶼，現在的名字叫做占特(Zante)島。

70　狄昂推翻暴君發生在357B.C.，第二十二篇〈狄昂〉第24節。詳述這件事的本末。

71　斐洛考魯斯(340-262 B.C.)是希臘的歷史學家，著有17卷《阿提卡史》，敘述268-262B.C.雅
　　典和斯巴達對抗馬其頓的克里摩尼迪(Chremonidean)戰爭，最後七卷已佚失。

72　這個人的名字很可能是安蒂克萊德(Anticlides)，蒲魯塔克在第十七篇〈亞歷山大〉第46節
　　中提到此人，他對埃及的宗教信仰有深入的研究，寫過幾部有關的著作。

個一周期的時間，好像月亮通過地球遮蔽光線形成的陰影區域以後，不會再像以往那樣的皎潔。

24 他除了全心全意從事奉獻犧牲舉行占卜，幾乎對其他的事情全都漠不關心。敵軍派出步兵來攻打他們，將堡壘和營地圍困得水洩不通，對方的船隻配布在港內同樣形成一個包圍圈，不僅是戰船上面的戰士，就是划著漁舟的小孩，也敢到前面來向雅典人挑戰，盡情辱罵或是作出褻瀆的手勢。其中有一個名叫赫拉克萊德(Heraclides)的青年，出身高貴的門第，竟敢越過其他的人，有一艘雅典人的船隻在後追逐，幾乎就要將他抓住。他的叔叔波利克斯(Pollichus)害怕他有什麼閃失，率領自己指揮的10艘戰船出來接應，艦隊其餘的船隻爲了援救波利克斯，全部向前行駛開始列陣。結果出現一場激烈的戰鬥，敍拉古人贏得勝利，很多人被殺包括優里米敦在內。

經過這次戰役，雅典士兵不願再留在這個地方，他們已經失去耐心，對著他們的上官高聲喊叫，提出從陸地撤離的要求。敍拉古人在獲勝以後，立即封鎖和阻塞港口進出的通道。尼西阿斯不答應用這種方式退卻，把這麼多滿載的船隻拋棄眞是天大的恥辱，何況還有不少於200艘的戰船。因此，他要驍勇善戰的步兵和技術純熟的矛鋋手登船，配置在110艘戰船上面，其餘的船隻缺乏划槳無法出戰。然後他將軍隊剩餘的人員沿著內港的海岸部署，放棄主要的營地以及與海克力斯神廟相連接的長牆。敍拉古人已經很久沒有能向海克力斯獻祭，現在他們的祭司和將領前去朝拜並且奉上犧牲。這時他們的戰船完成備便。

25 腸卜者從敬神的犧牲預知敍拉古人的勝利和光榮，主要在於他們不是侵略者，迫於防衛的要求而作戰，海克力斯的作風是先禮後兵和靜以制動，所以能夠戰無不勝。敍拉古人有了信心開始動手，證明他們從事的海戰不僅最激烈，而且他們的表現最凶狠；岸上的旁觀者比起戰鬥員更爲關心他們的結局，引起更爲激昂的情緒。他們從岸上的高處可以注視整個作戰行動，命運的變化是如此的不可預期和突然。在一個很狹小的空間之內，就像目前在內港遭遇的狀況，雅典人最大的問題不是來自敵人，完全是本身的配備形成很大的缺陷，迫得他們的水師要用滿載而鈍重的戰船，去與敵人輕便而靈巧的船隻作戰，這樣一來對手能從各個方向對他們發起攻擊。敍拉古人投射大量的石塊在天空呼

嘯而過，產生很大的阻絕和破壞作用；雅典人只能投擲標槍和彎弓射箭來對抗，因爲船隻的運動產生起伏顛簸，使得他們很難擊中目標。科林斯船長亞里斯頓將海上作戰的技巧教授敘拉古人，等到戰鬥開始他可以說是奮不顧身，等到敘拉古人已經確定勝券在握，這時他不幸力戰以殉[73]。

雅典人的損失和傷亡極其巨大，他們從海上逃走的歸路已經切斷，要想在陸地獲得安全的保障更是困難。敵人就在他們親眼目睹之下，把擄獲的船隻拖走，這是無法掩飾的事實；他們也沒有提出要求處理陣亡人員的遺體。實在說，比起他們以後在不得已的狀況下，只有將生病和受傷的人棄而不顧，不能埋葬死者好像不算是什麼災難。然而他們爲了求生，可以說是竭盡最大的努力，遭遇無數的痛苦，最後還是落得同樣的下場，這才是人間最悽慘的事。

26 他們準備在夜間拔營離開，捷利帕斯和他的朋友看到敘拉古人，在獲得大捷以後，好像在歡度節慶一樣[74]，向神明獻祭接著就是飲宴作樂，根本不要想用說服或是強迫的方式，讓他們全身披掛列出陣式，前去阻止雅典人的撤走。赫摩克拉底想出一個詭計[75]要去騙尼西阿斯，派一些同伴假裝帶給他非常機密的消息，說是敘拉古人設下伏兵，要在他們行經的道路上面發起圍攻，特別勸他們不要在夜間有任何行動。這個策略非常有用，尼西阿斯相信他們的話，害怕落入敵人的圈套，打消原訂的計畫。等到第二天清晨，敘拉古人提早出動，先期占領各處隘道和關口，加強兵力守備河流可以徒涉的地點，切斷各地的橋梁，將騎兵部隊配置在平原和開闊的地面，使得敘拉古周邊整個區域，雅典人要想行動都得經過一番苦鬥。

他們第二天起又多停留整整一天一夜，開始行軍的時候非常哀傷和悲痛，好像是離開自己的家園而不是敵人的領土，他們不僅缺乏糧食，還要與無法行動的朋友和同伴告別，雖然如此，他們認爲目前的不幸比起預期的災難，還是要好得

73　413年9月10日B.C.的海戰，敘拉古人用76艘戰船對抗雅典人的110艘戰船，這樣多的船在內港狹窄的水面作戰，可以說是史無前例，一切正規的作戰方式都不適用，船隻很少有後退和脫離戰線的機會，相互碰撞亂成一團，勝負取決於高昂的士氣和堅強的意志；結果是敘拉古人大獲全勝，雅典人損失50艘戰船，而他們的敵人有20艘沉沒。

74　事實上那天正是祭祀麥邱利的日子。

75　赫摩克拉底知道阻止尼西阿斯從陸上撤退的重要性，一支4萬人的軍隊無論留在西西里任何地點，只要守住一個堅強的城市，就可以重新發起一場戰爭。

多。營地裡面不知出現多少悽慘的場面，沒有比看到尼西阿斯的模樣更能引起大家的同情，病體支離還是如此的勞累，就普通的飲食需要而言，他已經減少到最低的供應量，事實上他因爲生病應該比常人更多才對；然而他還是盡量忍受痛苦，比起身體健康的人他的工作更爲繁重。可以很明顯地看出，所有的辛勞他不是爲了自己，他對自己的生命一點都不關心，完全是爲了那些在他指揮之下的將士，才不放棄任何希望。其他的人員因爲恐懼或悔恨，只能從流淚和悲傷中尋求安慰；然而他無論在任何地點被迫屈從這種狀況，即使也會表現出類似的情緒，還是可以明確的看出，是對這次冒險行動感到可恥和羞辱。

　　他曾經預期可以獲得成功的偉大和光榮，這不僅只是他個人的看法，雖然在與失敗對比之下更加痛苦，然而回憶當時他用來阻止遠征行動所持的論點以及他的勸說，使他感到爲此而受苦更是不值得。當他們提到尼西阿斯對宗教是這樣的虔誠，平生的善行可以說是不勝枚舉，神明對他與對軍隊最低賤和最放蕩的人並沒有什麼差別，也沒有獲得更好的運道，看來上天已經將他們拋棄不會伸出援手，使得他們喪失所有的希望。

27 不過，尼西阿斯還是竭盡所能，用他的聲音、表情和姿態，向大家做出明顯的表示，他並沒有被這些不幸和災難所擊敗。不僅如此，在這八天的行軍中[76]，沿途遭到敵人不斷的攻擊，尼西阿斯本人受到多處箭傷，他還能保持軍隊在他的指揮下是一個有組織的團體，直到笛摩昔尼斯和他率領的一部兵力，全部成爲俘虜，才讓他感到大勢已不可爲[77]。笛摩昔尼斯尾隨在後且戰且退，一路上堅強抵抗，最後走到波利捷盧斯(Polyzelus)的莊園附近被圍，笛摩昔尼斯拔劍想要自裁，身體受傷未能如願，敵人很快上來將他抓住。敘拉古人派員通知尼西阿斯這個不幸的消息，他立即派騎兵前去查明，笛摩昔尼斯的部隊是否全部成爲俘虜，然後向捷利帕斯提出停戰協定，要求他們同意雅典人離開西西里，雅典人向敘拉古人提供人質，願意支付他們花費在戰爭上面的金錢。

　　現在敘拉古人不願聽他的提議，一直在威脅和責罵他們，爲了表示氣憤和侮

76　8天的退卻過程，修昔底德逐日有詳盡的描述，參閱《伯羅奔尼撒戰史》第7卷第78-85節。

77　敘拉古人同意笛摩昔尼斯投降的條件：放下武器以後，不當場殺死任何人、囚死任何人和餓死任何人；他的手下有6000人投降，並且交出所有的金錢。

辱不斷對他們發射投擲武器，雅典人的現狀況是缺乏所有賴以維生的物質。然而尼西阿斯還是整夜保持良好的撤退行動，次日躲開不停的標槍攻擊，他們一路來到阿西納魯斯（Asinarus）河。不過，他們在這裡與敵軍發生接戰，有一部分被他們趕向溪流，其他人因為口渴到立即倒斃的程度，不顧一切跳進河中，就在他們拚命喝水的時候，敵軍趁機痛下毒手，這可以說是最殘酷和血腥的屠殺。最後尼西阿斯只有跪在捷利帕斯的面前說道：「啊！捷利帕斯！贏得大捷總要有點同情心吧！我喪失昔日的榮譽和生命已不足為惜，只是請你放過其他的雅典人。你也知道戰爭的氣數是算不准的事，有朝一日雅典人得勢，會用仁慈和寬厚來報答你今天的恩情。」

聽到尼西阿斯所說的話，看到他乞求的樣子，捷利帕斯難免有點感動。特別是捷利帕斯知道當年為了簽訂和約，拉斯地蒙人從他那裡得到很大的好處，所以始終對他懷有好感，同時他認為能夠活擒雅典人的主將帶回斯巴達，可以提高他的聲望和榮譽，未嘗不是一件好事。因此，他非常禮遇將尼西阿斯扶起來，用和顏悅色的口吻向他致意，下令給手下的人員要他們不得濫殺無辜。命令的傳遞非常緩慢，被殺者的數目遠超過被擄獲的人員[78]；不過，有很多是被身分很特殊的士兵私下運走。俘虜很快集中起來成為數量非常龐大的團體，沿著河岸那些高大和挺直的樹木，上面掛滿雅典人的武器和掠奪的戰利品。征服者在進入城市的時候，他們的頭上戴著花冠，坐騎裝飾得極其華麗，那些從敵人手中獲得的馬匹，將鬃毛和尾巴剪得很短。他們在一場希臘人對希臘人最激烈的衝突中，發揮奮勵進取的氣概和驍勇善戰的實力，贏得極其完美和毫無缺陷的勝利。

28 敘拉古召開市民大會，盟邦的人員列席，素孚眾望的領導人物優里克利（Eurycles）[79]提出動議：首先，擒獲尼西阿斯那一天訂為城邦的假日，要向神明奉獻祭品，同時該日禁止任何形式的工作，名字來自那條河流稱為Asinarian Feast即「阿西納魯斯節慶」；日期定為Carneus月第二十六天，這個月份即雅典的Metagitnion月[80]（8月26日）。其次，凡是擒獲的奴僕為雅典人和他的盟

78　尼西阿斯向捷利帕斯投降的時候，大多數遭到殺害或被私下送走，僅有1000人成為俘虜；雅典先後總共約派出4萬5000到5萬人到敘拉古，現在殘存7000人。

79　戴奧多魯斯認為這個人應該是戴奧克利（Diocles）才對。

80　要是按照月蝕發生的時間推算，雅典全軍覆滅發生在9月，甚至更晚一點要到10月，但是那

友所有，一律當成奴隸出售；凡是戰爭的當事人和西西里的輔助部隊成員，留在西西里送到採石場服行苦役；將領應予處死[81]。

敘拉古人贊同這個議案；等到赫摩克拉底發言，說是妥善運用勝利比起全力獲得勝利能夠發揮更大的作用，他這種論點引來一陣騷動和高聲反對。捷利帕斯提出把雅典將領交給他的要求，然後由他將這些人押回拉斯地蒙，敘拉古人大勝之餘氣焰高漲，就對著他破口大罵。老實說，在此之前甚至戰爭進行之際，他們對於拉斯地蒙人粗暴的行為和傲慢的姿態，早已經無法忍受。根據泰密烏斯的說法，他們曾經公開指摘捷利帕斯過分的卑鄙和貪婪，認為這種惡行是遺傳自他的父親克倫底萊德(Cleandrides)，過去受到賄賂的定罪和放逐的懲處。就是這個傢伙將賴山德托他運回斯巴達的1000泰倫財物，侵占其中30泰倫據為己有，然後將這些銀塊藏在屋頂的瓦片下面。等到查明下落在顏面盡失的狀況下逃離自己的國家。這些在第十二篇〈賴山德〉有詳盡的記載[82]。

根據泰密烏斯的說法，笛摩昔尼斯和尼西阿斯並不像修昔底德[83]和菲利斯都斯記載那樣，死於敘拉古人的敕令，當市民大會仍舊在進行的時候，赫摩克拉底送給他們一個信息，在一些警衛的共謀之下，讓他們能夠自行了斷；不過，他們的遺體後來丟在城門口公開示眾。我聽說直到今天還可以在敘拉古一座寺廟裡面，看到一面據說是尼西阿斯的盾牌，上面鑲嵌著黃金和紫色交錯的花紋，裝飾得精美無比。

29 大多數雅典人在採石場中因疾病和惡劣的飲食而死亡，他們每天的給養僅是一品脫的大麥和半品脫的飲水[84]。不過，他們之中有很多人

(續)

　　個時代的曆法，甚至月份的名稱都非常混亂，所以才出現這種錯誤。
81 據說，敘拉古有一些和尼西阿斯私下通信的高層人士，害怕他受到拷問將他們的名字供出來，所以要置他於死地以滅口；還有就是科林斯人擔心他賄賂看守而逃走，會給他們帶來很大的麻煩。
82 出現這種狀況以後，斯巴達那些明智的人物，害怕金錢帶來貪婪和腐化，甚至最偉大的市民都因而敗壞自己的聲譽，呼籲回歸古老的制度，把金銀當成「外國的災禍」全部送走。
83 記載在《伯羅奔尼撒戰史》第7卷第86節。
84 就是供給奴隸的配額也比這個多一倍，特別是飲水半品脫不過是一小杯之量，不過幾天功夫就會活活渴死；雅典人對史法克特里亞的俘虜發給的口糧，每人每天大麥飯兩夸特和酒一品脫。所以這裡所說的半品脫水應該是酒才對。

被暗中帶走，說是去當僕從，後來都當作奴隸賣掉，這些人的前額都被烙上一匹馬的印記。這些雅典人面臨不幸的奴役生活只有盡量忍耐。

還有一些人認為能夠留得性命，要歸功於優里庇德的緣故；西西里人比起所有遷移到國外的希臘人，對於優里庇德的戲劇有更深的感受和愛好，外來的旅客在抵達以後，只要將他寫的悲劇其中的情節告訴他們，或是唸出他的詩文或劇中的台詞，就會贏得他們的好感和周到的款待，還將來客介紹給其他的人。很多戰俘安全回到雅典，他們特別提到在返家以後，曾經前去拜訪優里庇德向他致謝，有些人說起他們還能記得他的詩文和劇本，就拿來教導當地的主子和他們的家人，這樣才獲得釋放脫離奴役的苦難；還有很多人說是經過一番激戰以後，能夠高聲朗誦他的詩歌，比起填飽肚皮能得到更大的撫慰。

據說高努斯(Caunus)[85]有一艘船為了逃脫海盜的追捕，向西西里一個港口請求給予保護，遭到拒絕被迫離開，這時有個人問船員是否知道優里庇斯的悲劇，得到回答是他們很熟悉，馬上獲得允許讓他們的船進入港口，所以會有這種情形出現，也就不足為怪了。

30 有人曾經提起，雅典人不相信他們遭到這樣慘重的損失，主要原因是最早帶來信息的人讓他們感到懷疑。好像有一個外鄉人來到派里猶斯，坐在理髮舖談起這件事，還以為雅典人已經全都知道。理髮師聽到以後，還來不及告訴其他人，馬上跑到城市源源本本向執政提出報告，消息在公眾場所傳開以後，讓聽到的人感到震驚和恐懼。執政立即召開市民大會，就將這個人帶來加以盤查，問他從何處獲知這個信息，得到的回答無法令人滿意，說他故意散播錯誤的傳聞，擾亂城市的安寧，因此將他綁在輪架上面，運用車刑施以相當長時間的拷問，直到其他的信差抵達，述說這件慘劇的整個情況，才將這個人放走。雖然很早以前就已經出現徵兆，聽到尼西阿斯竟會遭遇這種不幸，還是讓雅典人難以置信[86]。

85　高努斯這座城市位於小亞細亞的卡里亞地區，主權屬於羅得島人所有。

86　修昔底德提到西西里的遠征，不僅是這次戰爭中兩軍最主要的交鋒地區，也是希臘歷史中最龐大的軍事行動，勝利者獲得最光輝的大捷，戰敗者面臨最悲慘的命運，因為他們是全軍覆滅。陸軍和水師完全被殲帶來巨大的痛苦，這樣多的出征將士只有極少數能夠返回故鄉。

第二章
克拉蘇(Crassus)

115-53B.C.，羅馬將領，內戰追隨蘇拉，巧取豪奪成為帝國首富，
能與龐培和凱撒分庭抗禮，最後遠征帕提亞戰敗被殺。

1 馬可斯‧克拉蘇(Marcus Crassus)的父親曾經出任過監察官，獲得舉行一次凱旋式的榮譽。他和兩位兄長擠在很小的房間裡面長大，他們結婚都是父親在世的時候，大家在同一個桌子上用餐，處於這種狀況下不可能講究飲食的精美和生活的舒適。等到他的一位兄長去世，他娶寡嫂爲妻並且撫養留下的子女；一個人在羅馬爲了表示對女性的尊敬，沒有任何方式比這個更合於傳統。雖然在很多年以後，他涉嫌與灶神處女黎西妮婭(Licinia)犯下褻瀆神聖的戀情；有一位名叫普洛蒂努斯(Plotinus)的市民出面指控黎西妮婭，審判結果受到無罪的宣告。好像女祭司在市郊有一處很非常優美的產業，克拉蘇很想用低價買到手，所以才經常對她獻殷勤，被人認爲他們之間有不可告人的醜聞，據說還是他的貪婪使他免於定罪的處分，他在獲得產業以後就不再理會那位女士。

2 民眾只要提到克拉蘇，出於習慣說他那唯一的惡行即貪婪，掩蓋很多美德使之暗淡無光，這種敗壞的特性在他的生命中具備主宰的力量，其他的欲望和嗜好對比起來可以說是微不足道。他的貪婪最明顯的證據是他有龐大的家產，不擇手段斂財自肥。雖然開始的時候他有300泰倫的家產，等到他參加政治活動，曾經將十分之一的財富奉獻給海克力斯，舉行盛大的宴會招待民眾，發給每位市民三個月的糧食，即使這些方面的花費非常巨大，在他進行帕提亞的遠征行動之前，經過計算他的全部財產總值7100泰倫[1]。大部分都是不義之財來自

---

1 要將古代的通貨換算成現在的幣值，很難有一個共同的準標；要是照19世紀末期一位譯者的

羅馬的大火和巧取豪奪，也就是說公眾的災難使他獲得巨大的利益，這些都是實情難免會引起大家的反感。蘇拉奪取羅馬以後，處決很多反對派的人士，他們的產業都遭到充公和拍賣，將這些財富稱之爲掠奪物和戰利品，他盡可能將那些知名之士拉下水去，與他一起犯下這種罪行，其中以克拉蘇最爲賣力，對於接受和買下這些產業，從來不會拒絕²。

克拉蘇見到城市經常發生的現象，就是火災頻仍和房屋倒塌，原因在於建築物的高度和位置的過分緊密³，他手下的奴隸有很人是營造商和建築師，他獲得這方面的人才數量有500名之多，開始著手買下在火災中遭到損毀的房屋，還有那些靠近火場的建築物，認爲不知道什麼時候會發生危險，所以物主願意賤價脫手甚至奉送，因此羅馬絕大部分的建地逐漸落到他的手中。雖然他的手下有很多工匠，沒有要他們爲自己蓋一間房屋用來居住，他經常說一個人要是喜愛高樓大廈，根本不需要敵人在後面推一把，很快就會自動落入物欲的深淵之中。

雖然他有幾處銀礦，很多值錢的土地以及無數在上面耕種的勞工，所有這一切都比不上他的奴隸，他擁有大量各行各業的人員，像是優秀的教師、謄錄、銀匠、管家和侍者，他非常重視他們的專業訓練，不僅因才施教經常自己給他們上課，認爲主子的首要職責是用心照料所有奴僕，成爲家庭的生財工具。關於這方面他始終奉行不渝，經常掛在口中一句話：要想奴僕將事情做好，在於主子的指揮和管理。就一個生性慳吝的人而言，除了搞錢其餘都是毫無趣味的瑣事，於是將斂財置產當作爲人處世的最高原則。

克拉蘇認爲沒有一個人擁有足夠的財富，靠著自己的經費來維持一支軍隊，這種看法倒是沒有什麼錯誤。如同阿契達穆斯（Archidamus）⁴所說那樣，戰爭永

（續）————————————

算法，1泰倫約爲240英鎊或1200美元，所以克拉的財產約爲當時的850萬美元，實際上的購買力還要增加幾倍才對。我們知道1泰倫等於36000奧波銀幣，當時一名船員的日薪是三個奧波，所以克拉蘇的財產7100泰倫相當於230000名船員的年薪，按照現代的換算，一個船員的年薪即使是60萬新台幣，他的財產也有1400億新台幣，要是用美元計算更是驚人。

2　在下面第6節中，提出幾個例子說明克拉蘇的巧取豪奪，已經到了寡廉鮮恥無所不用其極的程度。

3　自從高盧人放火燒掉這城市以後，重建的街道不僅狹窄而且曲折，大部分都是木頭房舍。

4　第十九篇〈克利奧米尼斯〉第27節提到雅典政治家迪瑪德斯（Demades）在市民大會的名言：「兵精糧足，才能出戰。」還舉例說是伯羅奔尼撒戰爭開始的時候，盟邦提出要求，盡早決定他們繳交貢金的數額，斯巴達國王阿契達穆斯答覆道：「戰爭不可能在一天之內滿足需要。」第二十篇〈笛摩昔尼斯〉第17節記載克羅拜盧斯（Crobylus）的回答：「戰爭的每日需要無法

難饜足極其巨大的胃口，再多財富也不敷運用。從這方面來看，馬留的觀點與克拉蘇大不相同，他分配每位士兵14畝的土地，聽到有人想得到更多，於是他說道：「有這種念頭的人真是天理不容，每個羅馬人都知道，卻使土地的面積還要少一點，都可以維持一個小康之家的生活。」

3 不過，克拉蘇對於外鄉人講究待客之道，來者不拒給予妥當的安排，他借錢給朋友不要利息，到時候會提出的要求，會讓人產生「滴水之恩，湧泉相報」的感覺，他的善意會給人帶來比支付利息更重的負擔。他宴請的賓客大多是一般的平民，大家在一起毫無拘束，家常的菜餚和友善的氣氛比起奢侈的排場和豪華的飲宴，給人帶來更大的歡樂和喜悅。

他的研習重點是講演術，運用這門學問在法庭幫助很多人士，他靠著勤學苦練能夠勝過那些天生稟賦優異的演說家，成為羅馬最具影響力的辯護律師。無論是多麼微不足道的訟事，要是沒有充分的準備就不會出庭，不僅如此，有幾個遭到龐培、凱撒和西塞羅拒絕的案件，他竟敢接手辦理能夠有始有終，特別是他為了獲得人民的愛戴更是如此，大家把他視為一個做事勤勉和細心的人，隨時準備為市民同胞伸出援手。除此以外，民眾為他那殷勤和謙遜的致意和問候，感到窩心不已，那怕遇到出身貧賤和家世清寒的市民，他在答禮的時候都會叫出對方的名字。

克拉蘇曾經廣泛閱讀各種歷史書籍，對於亞里斯多德的哲學有深入的研究，有位名叫亞歷山大[5]的學者傳授他有關這方面的知識，在與他多次的交談中，證明克拉蘇有渾厚的天性和克己的修養。我們不能說這位哲學家進入克拉蘇的家中提供服務，是否會變得更為窮困，然而亞歷山大是唯一陪著克拉蘇到國外旅行的朋友，通常都會從他手裡接過一件斗篷來禦寒，等到他返國以後還會要求亞歷山大歸還借用的東西。我們對亞歷山大的安貧樂道極其欽佩，即使他所主張的哲學對於貧窮並沒擺出漠不關心的態度[6]。我們在後面還要提到克拉蘇有關這方面的事蹟。

（續）
　　精確估算。」好像雅典演說家赫吉西帕斯(Hegesippus)也有類似的說法。
5　這位學者可能是亞歷山大‧高乃留斯(Alexander Cornelius)，有個綽號稱之波利赫斯托(Polyhistor)，在蘇拉那個時代享有盛名。
6　亞里斯多德和柏拉圖的人生觀，認同有錢人真正獲得上天的恩典，有助於美德的履行。

4 辛納和馬留的黨派現在占到優勢 [7]，很快讓大家知道他們回師羅馬，並沒有爲全民謀福祉，所作所爲是要消滅和摧毀貴族的力量。他們其中有部分人士遭到逮捕和處死，包括克拉蘇的父親和哥哥在內，他自己那時還很年輕能夠逃過一劫，知道暴君絕不會放過，一定會派人前來取他的性命，立即帶著3位朋友和10名奴隸，盡最大速度趕到西班牙，認爲他的父親曾經以卸任法務官的身分在該地出任總督，可以獲得很多友人提供安全和庇護。他發現人民都陷入驚愕之中，大家對馬留的殘酷感到無比的恐懼，好像已經率領大軍來到此地。

克拉蘇不敢讓任何人發覺他的蹤跡，就在海邊一個很大的洞穴裡面藏身，這個地方屬於維比烏斯·帕西阿努斯（Vibius Pacianus）所有，於是克拉蘇派一個奴隸去通知他，這時他們開始缺乏糧食。帕西阿努斯很高興克拉蘇能夠安全逃脫，查問跟隨他前來的人數和狀況，以及現在停留的地點。雖然帕西阿努斯自己沒有去會見克拉蘇，立刻派出一位管家負責供應每天所需的食物，要他送到他們藏身之處附近一塊岩石，留在那裡讓他們自己去拿取，同時特別交代不要讓人注意或是引起懷疑。帕西阿努斯告訴這位管家，要是這件事辦得妥當，以後就會釋放他讓他成爲自由人，如果他疏忽驚動官府，就會將他殺死滅口。

這個山洞離海不遠，從外面看很小而且一點都不起眼，開口在懸岩上方，等到進去以後，發現像一個屋頂向著裡面延伸，形成很多連接起來的大廳，不但可以獲得充足的飲水而且非常明亮，一道清澈而可口的泉水從絕壁的底部流過，出現很多自然形成縫隙，只要是白天就有光線射入，空氣從厚實的岩層中間滲入變得非常純淨，水滴和濕氣都被流泉帶走，使得洞內保持乾燥和溫暖。

5 克拉蘇留在這裡的時候，都由那位管家供應需要的東西，雖然他們知道他來的時間很遠看到他的身影，但是這個管家從來沒有見到他本人或是其他人員。他送來的食物不僅分量非常豐富而且極其可口。帕西阿努斯決定要用難以想像的善意來款待他們，考慮到他是一個年輕人，認爲需要滿足本能的情欲，比起堅實友誼更能解除單調的禁閉所帶來的煩惱。有一次就將兩個女奴送過去，他把要去的地點告訴她們，吩咐她們可以大膽前往。等到克拉蘇和他的朋友看到她們以後，害怕藏身之地已經洩漏出去，就開始盤問她們是何許人以及她們

7　辛納和馬留占領羅馬是在羅馬建城667年即667B.C.，克拉蘇當時已將近30歲。

來此的目的。兩位女奴遵照教導的話回答，說她們前來伺候藏身在岩洞裡的主人。克拉蘇知道這是帕西阿努斯一番好意，要讓他們的生活能獲得樂趣，就將她們留下來跟大家在一起，有時要她們將需要通知帕西阿努斯，或者由他那裡獲得一些消息。菲尼斯提拉(Fenestella) [8] 說是後來見過其中一位女奴，年齡已經很大，談起這件往事表現出興高采烈的神情。

6 克拉蘇隱身匿跡達8個月之久，最後傳來辛納去世的信息，他馬上公開露面，很多人聚集在他的身旁，開始招兵買馬選出2500人組成一支隊伍，接著前去訪問很多城市。有些史家說他曾經洗劫馬拉卡(Malaca) [9]，他一直否認這件事，如果有人提到他會立即駁斥。後來他徵召一些船隻，渡海前往阿非利加參加梅提拉斯·庇烏斯(Metellus Pius)[10] 的陣營，這位現任官員的名氣很大，已經編成一支實力相當強大的軍隊。可能是他與梅提拉斯的意見不合，只在他那裡停留很短一段期間，就去投效蘇拉，在各方面都受到器重。

等到蘇拉決定回師意大利，要使這些年輕人都能派上用場，發揮他們的才華，親自分配工作，從不同的崗位展開進軍的行動。克拉蘇負責前去徵募馬西人(Marsians)[11]，這時他因為要通過敵人控制的區域，要求派給他一支衛隊，蘇拉毫不留情的說道：「你的父親、你的兄長、朋友，和你的親戚，慘遭謀殺死於非命，我正要為他們報仇雪恨的時候，你竟然向我要一支用來保衛自己的衛隊。」

克拉蘇受到這番話的刺激，立即出發，大膽穿過敵人的地區，徵召實力強大的部隊，整個戰爭期間表現出熱烈的情緒和英勇的行動。根據大家的說法，處於這個時代和局勢之中，為了爭取榮譽和名聲，他和龐培開始競爭成為針鋒相對的敵手。龐培除了年紀更輕，還有其他不利的條件，因為羅馬的市民極其痛恨他的父親，然而在這次的戰爭中他的作為大放異彩，受到蘇拉的器重，當他前來晉見

8　菲尼斯提拉是羅馬歷史學家，曾經著有幾部編年史，奧古斯都時代受到朝野的尊敬，提比流斯在位第6年去世，當時已有70多歲。

9　馬拉卡是西班牙南部瀕臨地中海的城市，與北非貿易的海運中心，現在的名字叫做馬拉加(Malaga)。

10　梅提拉斯·庇烏斯是梅提拉斯·努米迪庫斯(Metellus Numidicus)的兒子，在第十二篇〈蘇拉〉、第十六篇〈龐培〉和第十七篇〈凱撒〉中都提到他的事蹟。

11　馬西人是一支古老的部族，與薩賓人有血緣關係，定居意大利中部的亞平寧(Apennines)山區，90-88B.C.為了爭取羅馬市民權，發起社會戰爭又稱馬西人戰爭。

的時候，蘇拉站起來脫帽相迎，這種禮遇就是對年齡較長或位階相等的人士也很少見到，有時還會用「凱旋將軍」的稱號向龐培致敬。

這樣一來使得克拉蘇深受刺激而且大為光火，實在說，他沒有理由可以獲得優容的待遇，不僅缺乏龐培在軍旅方面的經驗和本事，何況他還有兩種天生的惡習，就是卑鄙的伎倆和貪財的欲念，使得他在作戰行動獲得的成就為之失色不少。當他攻下翁布里亞（Umbria）[12]一個名叫圖德夏（Tudertia）的市鎮以後，據說他侵占大部分的戰利品，怨聲載道甚至傳入蘇拉的耳中。羅馬最後那場重要的會戰，蘇拉面臨極其惡劣的局勢，有幾個營的部隊放棄守備的陣地，他的戰線已經遭敵突破。克拉蘇在右翼獲得勝利[13]，親自指揮部隊整夜追擊敵軍，同時派員前去向蘇拉報告大捷的信息，要求撥發糧食給他的士兵。

不過，等到整肅和籍沒雷厲風行的時期，他用很低廉的價格，甚至不花一文錢獲得大量充公的產業，同時不斷提出賞賜的請求，使得個人的聲望大跌。不僅如此，他們說他為了圖利個人，沒有獲得蘇拉的同意，就將一個布魯提姆人（Bruttian）列入「公敵宣告」的名單，等到蘇拉發現以後，對於他涉入任何公家的事務都抱著難以信任的態度。要說用討好的言辭使人上當受騙，沒有人比克拉蘇更為精明；但是也沒有人比他更易受到奉承的擺布。雖然他是全世界最為貪財好貨之人，要是他發現有人向他看齊，立即面露不豫之色而且大聲反對。

7 克拉蘇看到龐培在各方面都大獲成功，心中極其惱怒；特別是還沒有進入元老院，就得到舉行凱旋式的榮譽，民眾將他的名字冠上瑪格努斯（Magnus）或大將的稱號。有人向他說到龐培大將正要進來，克拉蘇笑著問道：「他能有多『大』？」

知道自己在戰場的功勳無法與龐培相比，他離開軍隊從事文職的工作，靠著施惠賈恩、訴訟辯護、借貸金錢、助選拉票為人謀得一官半職，如同龐培從事多次著名的遠征行動一樣，逐漸獲得高官厚爵和顯赫權勢。在這兩個敵手當中產生一種奇特的現象，只要龐培離開羅馬身處異國，由於戰爭的功勳和建樹，他在首

---

12 翁布里亞是意大利中部一個區域，位於羅馬的北方，是屏障首都的門戶。
13 科林尼門（Colline Gate）之戰，左翼傷亡慘重，蘇拉率軍來救還是無法挽回劣勢，最後退回營地，喪失很多朋友和相識多年的人士，這時他們認為大勢已去，等到深夜克拉蘇的信差來到，才知道當面的敵軍已被擊敗，退向安廷納（Antemna）遭到克拉蘇的包圍。

都的名聲和勢力如日中天[14]；等到他班師返國以後，就不如克拉蘇那樣一帆風順，起因在於他自負和傲慢的處世方式，對民眾擺出避鬼神而遠之的態度，很少出現在羅馬廣場和市民大會，只願對少數幾個人施以援手，他認為無需廣結善緣，已經有強大的勢力足以解決本身的問題。克拉蘇則不然，凡有需要的人他都願意給予支助，他的善門大開很容易與人來往交際，全心全力獻身於公眾的事務，對人彬彬有禮而且言行輕鬆自如，比起龐培的拘泥於禮儀眞是有天淵之別。

　　要是提起聲勢顯赫的職位、口若懸河的辯才以及引人注目的容貌，這兩個人可以說是不分軒輊，雙方的競爭沒有使得克拉蘇對於龐培，到達引起敵視或產生惡意的程度，雖然他看到龐培和凱撒的聲勢已經凌駕於他之上，使得他感到不勝煩惱，然而他的嫉妒並沒混合仇恨和怨懟，當凱撒在亞洲被海盜抓住成為人質[15]的時候，曾經大叫道：「啊！克拉蘇！你聽到我被擄的消息不知該有多麼高興！」後來雙方的共事建立友誼關係，等到要前往西班牙以卸任法務官的頭銜出任總督，沒有足夠的金錢足以擺平債務，債權人出面阻止他成行並且扣押他的行李，克拉蘇出面支持將他救出困境，為他的830泰倫欠款提出擔保。

　　一般而論，羅馬後來區分為三個巨大的勢力集團，他們的首領分別龐培、凱撒和克拉蘇(小加圖的名聲大於他的勢力，他受到大家的推崇但是沒有人願意追隨)，龐培的派系保守傾向無為而治，那些積極進取熱中權勢的人士要追隨凱撒的雄心壯志，克拉蘇在兩人之間產生制衡的作用，可以獲得最大的優勢，不斷改變自己的立場，既不是可以信賴的盟友也不是難以化解的仇敵。只要他發覺有利於自己，可以隨時放棄對這兩個人的忠誠或憎惡，所以在這個短暫的期間之內，同一個人採取類似的手段，可以成他們的支持者和反對者。他非常喜歡這種處理方式，等到後來愈來愈讓凱撒和龐培對他感到畏懼。

　　不管怎麼說，西辛紐斯(Sicinius)是那個時候經常找官員和當局麻煩的傢伙，有次他被人問到為什麼不敢去惹克拉蘇，他回答道：「啊，克拉蘇的角上面掛著一頂破草帽。」[16] 要是有人養了一條經常會撞人的莽牛，就會出現這種危險的標

14　這種狀況並非單單發生在龐培身上，像是馬留、蘇拉、凱撒和很多有名的將領，莫不如此。

15　年輕的凱撒從東方返回羅馬，在法瑪庫薩(Pharmacusa)附近為海盜所擄，訂出20泰倫的贖金，凱撒提高到50泰倫，等到獲得自由，在米勒都斯編組追捕的隊伍，將抓到的海盜全部處以磔刑。

16　後來這句話成為經常用到的諺語。

誌，好讓人看到以後繞道而行。

8 就在角鬥士舉事造反使得意大利慘遭蹂躪那段期間，大家將這場浩劫稱為斯巴達卡斯(Spartacus)之亂[17]。有一個名叫連圖盧斯·貝蒂阿底(Lentulus Batiates)的傢伙，在卡普亞(Capua)[18]開辦角鬥士訓練營，其中絕大部分是高盧人和色雷斯人，並不是這些人犯下過失或罪行，完全是主人的殘酷和不義，將他們監禁起來，被迫在不斷的搏鬥中喪失性命。有200人計畫脫逃，後來他們的企圖被主人發覺，其中有78個角鬥士先行下手，從廚房裡面搶了很多切肉刀和烤肉叉，穿過城市向外逃走，路上遇到幾部車輛上面裝滿武器，通常是從其他城市運來供角鬥士使用。他們獲得以後部全身武裝起來，然後占領一個可以防守的地點，選出3個人擔任隊長[19]，其中又以斯巴達卡斯為首領，這個人出身色雷斯的游牧民族，不僅積極主動和英勇善戰，還有豐富的知識和高尚的心靈，即使在希臘人中間也是出類拔萃的人物。他在最早被賣到羅馬的時候，據他們說有次他正在睡覺，竟然看到一條蛇盤在他的臉上。他的妻子是他的同鄉也是女預言家之類的巫師，經常出現酒神附體的狂熱激情，說是這種徵兆使他具備無可匹敵的權力，對他而言可以蠱惑群眾未嘗不是一件好事。她特別提到她的丈夫能夠獲得圓滿的結局[20]，後來一直隨伴他度過逃亡的歲月。

9 首先，奴隸軍打敗從卡普亞派出來的部隊，從此擁有適合士兵運用的武器，這種表現讓他們極其興奮，不再被人視為野蠻和可恥的角鬥士。然後是法務官克洛狄斯從羅馬率領3000人馬前來征討，把他們圍困在崇山峻嶺裡面，四周都是插翅難飛的懸岩絕壁，進出只有一條狹窄而崎嶇的通道，克洛狄斯派出重兵看守。不過，山頂上面生長很多野葡萄，他們砍下很多的枝條，編成非常結實的繩梯，長度足夠從頂端垂到山腳，全部人員順著向下爬毫無危險，只留

---

17 這次叛亂從73-71B.C.，延續三年之久，意大利南部化為一片焦土。
18 卡普亞是共和國時期在全意大利列名第二的城市，僅次於羅馬，位於那不勒斯的東北約30公里，貴族和富豪都在此地廣建莊園和別墅。
19 三位首領的名字是斯巴達卡斯、克里蘇斯(Chrisus)和伊諾繆斯(Aenomaus)。
20 斯巴達卡斯被捕以後，被迫在羅馬的軍隊前面與他的戰友肉搏而死，這是一個角鬥士應有的下場。

下一個人最後將他們的武器垂放下去，務使一切工作都能完善的執行。他們在羅馬人毫不知情的狀況下，從後方發起攻擊，打敵人一個措手不及，接著占領整個營地。這時很多牧人都是身體強壯和行動機敏的角色，前來入伙加入他們的陣營，他們選出一些人配發全副武裝，另外有些人擔任斥候或輕裝步兵。

羅馬當局現在派法務官巴布留斯‧華瑞努斯(Publius Varinus)負責蕩平動亂，他的部將弗流斯(Furius)指揮2000人出戰，被他們打得潰不成軍。接著派遣科西紐斯(Cossinius)帶來一支實力強大的援軍，要他向華瑞努斯提出分兵合擊的建議；科西紐斯抵達薩利尼(Salinae)正在洗浴，斯巴達卡斯發起突擊，使得他僅以身免沒有被俘，輜重和行李都被搶走，使得他的脫逃極其艱辛，發起的追擊造成慘重的傷亡，攻破他的營地加以占領，科西紐斯無法倖免於難。斯巴達卡斯與法務官展開小規模的戰鬥，每次都能占上風，有一次還俘擄對手的扈從校尉和坐騎，使得斯巴達卡斯的名聲大振，羅馬人聽到膽顫心驚。

經過審慎的考量，斯巴達卡斯有自知之明，非常清楚無法對抗整個帝國的力量，他率領全體人員向著阿爾卑斯山進軍，等到越過這道天險以後，大家分道揚鑣返回自己的家鄉，有的人走向色雷斯，還有人趕往高盧。這些群眾因為龐大的數量讓他們充滿自信，連續的勝利使他們洋洋得意，不願服從他的命令，想要繼續留在意大利燒殺擄掠。元老院不僅把他們的敵人和這次的叛變，視之為國家的羞辱和社會的亂源，深切感受已經面臨危險的局面和存亡的後果；認為這是當前最重要和最困難的工作，派出兩位執政官負責征討和安撫。

有一部日耳曼人過分自信藐視敵人，與斯巴達卡斯的主力形成分離，遭到執政官傑留斯(Gellius)的襲擊因而全軍覆滅。等到另外一位執政官連圖拉斯，率領一支大軍圍攻斯巴達卡斯的時候，斯巴達卡斯列陣出戰擊敗連圖拉斯最得力的部下，將他的輜重和行李全部劫掠一空。這時斯巴達卡斯繼續向著阿爾卑斯山前進，卡修斯以卸任法務官的身分出任山內高盧的總督，配置在波河一線進行對抗，與斯巴達卡斯的前衛1萬人馬交鋒，結果全軍潰敗損失慘重，卡修斯力戰之餘僅以身免。

10 羅馬當局得知整個狀況以後，對於執政官極其不滿，頒布敕令要求他們交出指揮權，指派克拉蘇為將領負責這次的戰爭，很多貴族精英和高階人士主動請纓，有人出於朋友情誼，有人為了獲得榮譽。克拉蘇頓兵在

派西隆(Picenum)[21] 的邊界，期望斯巴達卡斯的軍隊經由這條路線向北前進，同時派遣他的副將穆米烏斯(Mummius)率領兩個軍團，在敵軍的四周盤旋並且窺伺他們的動靜，特別交代不能主動接戰或是發生衝突。穆米烏斯抓住機會就發起會戰，潰敗之餘很多士兵陣亡，還有更多人員為了逃命，將武器裝備拋棄不顧。

克拉蘇嚴辭譴責穆米烏斯，再度裝備這些兩手空空的士兵，他為了使他們確保不會丟失武器，更不會再度犯下「臨陣不前」這類過失，就將500名最早逃走的人員分為50個十人組，每個組用抓鬮的方式抽出一個人立即處死，他恢復羅馬最古老的懲罰「十一之刑」，這種極其殘酷的過程，是當著全軍官兵的眼前執行，不僅死者遭到無情的羞辱，就連旁觀者都感到「殺雞儆猴」的驚愕和恐懼。

等到他運用這種手段矯正部隊的不良風氣以後，率領他們前去討伐奴隸軍。斯巴達卡斯這時通過盧卡尼亞地區向著海岸退卻，在海峽裡面遇到一些西里西亞的海盜船隻，給他帶來入侵西西里的打算，只要登陸2000人，希望能夠使剛剛熄滅的奴隸戰爭死灰復燃[22]，他認為只要添加一點燃料，就會轟轟烈烈燒起一場大火。海盜與他訂好契約收取定金以後，根本不講信用就啟航告別。這樣一來只有打消出海的念頭，將全軍安置在雷朱姆(Rhegium)[23] 所在的靴尖上面。

克拉蘇跟蹤而至，等他看到當地的自然形勢，認為可以有一番作為，最後決定要建築越過地峽的阻絕工事。他知道這樣做不僅可以使士兵免於怠惰，更可以切斷敵人對外的補給線。這項工程極其龐大而艱鉅，他能在很短期間之內，超出大家的想像全部完成。挖掘一道塹壕從這邊的海面至另外一邊的海面，長度到達300弗隆(超過60公里)，深度和寬度大約是5公尺；同時在這道深壕的後面建起一條高牆，有相當的高度和強度。斯巴達卡斯在開始的時候，對於克拉蘇的施工抱著嘲笑和輕視的態度，當他將搶劫的糧食耗用將盡，這時就有離開的打算，看到橫阻在前面的高牆，知道無法在這個半島生存下去。他在一個雨雪紛飛的夜晚，認為出動的時機已經來到，於是用泥土和大量樹枝填平部分塹壕，他的奴隸軍大約有三成人員突圍而出。

21　派西隆地區位於羅馬的東方，瀕臨亞得里亞海，龐培是這個地方的土著。

22　這裡所指的奴隸戰爭是104-101B.C.在西西里發生的大規模奴隸暴動，經過殘酷的鎮壓終於敉平動亂，西西里的元氣大傷，無法供應羅馬所需糧食，造成極其嚴重的後果。

23　雷朱姆位於意大利半島的尖端，現在的名稱叫做雷久(Reggio)，與西西里的墨西拿(Messina)隔著墨西拿海峽遙遙相對。

11 克拉蘇開始很怕斯巴達卡斯直接向著羅馬進軍，等他看到對方爆發內訌，很多人離開斯巴達卡斯，在盧卡尼亞(Lucanian)湖的岸邊建立營地，這才使他放下心來。據說這個湖泊經過一段時間會產生變化，一般來說湖水清淨適口，有時水質苦鹹不能飲用。克拉蘇對這部分的奴隸軍發起攻擊，將他們趕離湖岸，還是無法在追擊中達成全部殲滅的目標；斯巴達卡斯突然趕來馳援，敵人可以站穩腳跟不再敗逃。不久之前他致書元老院，請求從色雷斯召回盧庫拉斯[24]，或是從西班牙召回龐培，現在看到局勢的發展感到後悔，雖然他在他們到達之前，已經完成這次戰爭的大部分工作，所有的榮譽會從他的手裡奪走，交給前來對他施以援手的將領。

因此，他決定第一步還是繼續展開攻擊，目標是背叛斯巴達卡斯那一部分的敵人，這時他們已經紮下營寨。他命令該猶斯·坎尼修斯(Caius Cannicius)和卡斯都斯(Castus)負責指揮，事先派出6000人馬去占領一個小高地，要求盡可能保持秘密不要讓對方知曉，甚至連戴的頭盔都用樹枝掩蓋。不過，還是被在敵軍營寨前面獻祭的兩位婦女發現。他們現在面對極其危險的處境，克拉蘇沒有辦法立即趕到，他們被迫要與敵人會戰，事後證明這是犧牲最為慘重的一場硬仗。克拉蘇的軍隊殺死奴隸軍1萬2300人，除了兩個人的傷口是在背上，其餘人員拚死不退奮戰到底，表現極其英勇。

斯巴達卡斯遭受重大失利以後，向著佩提利亞(Petelia)[25]的山區退卻，克拉蘇的部將奎因久斯(Quintius)和財務官史卡羅非(Scrofa)，領軍在後追趕並且想要將他攔截下來。斯巴達卡斯列出陣勢開始迎擊，把他們打得四散逃竄，還讓他們費很大力氣，帶走已經受傷的財務官。不過，這一次的勝利給斯巴達卡斯帶來毀滅的結局；這群奴隸的勇氣受到激勵，現在不再避戰或是聽從領袖人物的指示，他們的手裡拿著刀劍要開始進軍，同時逼著他們的隊長帶著他們轉回去，經過盧卡尼亞去對付羅馬人；這是克拉蘇求之不得的事。

克拉蘇獲得信息龐培正在進軍的途中，羅馬市民公開談論這件事，戰爭的榮譽是為龐培而保留，只要等他到達就會迫使敵人接受戰鬥，立即可以贏得最後的

24　這位是指馬可斯·黎西紐斯·盧庫拉斯(Marcus Licinius Lucullus)，他是盧契烏斯·黎西紐斯·盧庫拉斯(Lucius Licinius Lucullus)的兄弟，當時是蘇拉的副將。

25　佩提利亞是布魯提姆(Brutium)地區一個古老的城市。

勝利。克拉蘇急著要打一場決定性的會戰，基於這種想法將他的營地盡量靠近敵人，同時開始構築對壘線，奴隸軍排出陣式攻擊他們的前鋒，兩邊的生力軍不斷加入戰鬥，斯巴達卡斯這時看到已經無法避免，就將全軍列隊出戰，有人把他的坐騎牽出來，他拔出劍來將馬殺掉，並且說只要獲勝，敵人的好馬多得可以任意挑選，如果一旦戰敗，他也不會拿來當作逃命之用。他直接向著克拉蘇衝過去，在拿著武器激戰和受傷倒地的人員之中，還是遍尋不著他的對手，有兩個百夫長聯手掄戰被他殺死，最後四周追隨的人都棄他而去，還是堅持不退，抵擋敵人的圍攻直到最後被擒。

　　雖然克拉蘇有很好的運道，是一個非常稱職的將領，表現出驍勇善戰的精神，不管怎麼說還是讓龐培不勞而獲。龐培在進軍途中遇到潰退的隊伍，率領的部隊斬獲極其豐碩[26]，於是他寫信給元老院，克拉蘇在一次決定性的會戰中擊敗反叛的奴隸，還是靠著他才能結束這場戰爭。龐培擊滅塞脫流斯（Sertorius）和平定西班牙，獲得的榮譽可以舉行場面盛大的凱旋式。克拉蘇打了一場勝之不武的奴隸戰爭，根本就不可能得到典儀極其隆重的大凱旋式，頂多是不夠光彩的小凱旋式，將領用徒步的方式領導遊行的行列。關於這兩種凱旋式不同之處，以及稱呼的起源，在第八篇〈馬塞拉斯〉中有詳盡的說明[27]。

12 龐培很快成為執政官的候選人，克拉蘇希望能與他配合參選，毫不遲疑向他提出請求，過去龐培一直想要效勞克拉蘇，好讓對方欠他的人情，現在能有這個機會，當然會盡力照顧克拉蘇的利益，最後在市民大會的一次演講中，他說最為感激的事，不是他能獲得執政官的高位，而是大家讓克拉蘇成為他的同僚。他們一旦就職[28]，友善的關係立即消失無蹤，幾乎對每一件事都有迥然相異的看法，雙方相互攻訐造成不斷的爭執和口角，這段期間除了克拉蘇對海克力斯舉行盛大的祭祀，擺出一萬桌的宴席招待民眾，以及發給大家三個月的糧食配額之外，兩人在執政官任內的政績可以說是乏善可陳和一無是處。

　　他們的任期即將結束，出席一次市民大會之際，有位名叫歐納都斯‧奧理留

26　第十六篇〈龐培〉第21節中提到，會戰以後有5000人逃出落在他的手裡，全部被他屠殺殆盡。

27　根據羅馬的習俗，將領在為他舉行的凱旋式中，必須用一頭牛當作奉獻給神明的犧牲，但是小凱旋式只要一隻羊，因此他們將小凱旋式稱為ovation，來自拉丁文的 ovis即「羊」。

28　龐培和克拉蘇出任執政官是羅馬建城684年即70B.C.的事，這時克拉蘇45歲正當盛年。

斯(Onatius Aurelius)的羅馬騎士，是生活在這個國度當中非常普通的市民，竟然上了講壇，向大家宣布神明顯靈的事。他說道：「朱庇特託夢給我，命令我要在這裡向大家提出報告，那就是各位務必要讓執政官交班下台之前，恢復以往的友誼。」等到他說完以後，大家高聲呼叫，他們兩人應該重修舊好。龐培站在那裡一語不發，克拉蘇向他伸出手來，說道：「各位同胞，要是我先向龐培致敬表示友善，一點都不會感到自慚或羞愧。他還是乳臭未乾的幼童，就被各位封上『大將』的頭銜；即使在元老院還沒有席位，就獲得舉行凱旋式的榮譽。」

13 這是克拉蘇在執政官任內唯一讓人記憶猶新的事，要是提及他的監察官職位[29]，根本就是一潭死水，毫無成效可言。他不願對元老院的議員實施資格的審核，也不願對騎士階級的人員進行年度的檢閱，更不願對全體市民展開戶口的普查，何況他的同僚盧塔久斯·卡圖拉斯(Lutatius Catulus)[30]也是個性極其溫和的長者。據說埃及要減少支付羅馬的貢金，克拉蘇不求法律解決要訴諸激烈的手段，卡圖拉斯表示反對，兩人產生齟齬而失和，以致兩敗俱傷遭到免職的下場。

加蒂藍陰謀叛國[31]的重大案件，幾乎造成顛覆國本的後果。克拉蘇並不是沒有受到嫌疑，有人出首說他參與陰謀事件，只是沒有市民會相信而已[32]。西塞羅這位演說家，曾經提到克拉蘇和凱撒犯下這方面的罪行，雖然他的講詞是在他們兩人亡故以後才公布於世。西塞羅出任執政官時期的演說稿[33]中，提到克拉蘇在夜間到家中來拜訪，帶著一封有關加蒂藍的信函，陳述整個陰謀事件的細節[34]。

29　他從65B.C.起擔任監察官，任期5年。

30　盧塔久斯·卡圖拉斯是共和國末期極其顯赫的人物，羅馬帝國第六任皇帝塞維烏斯·伽爾巴(Servius Galba)是他的後裔子孫。

31　加蒂藍叛國案發生在63-62B.C.，克拉蘇這時擔任監察官，對於處理這個案子應該負起很大責任。

32　薩祿斯特為克拉蘇辯護，提出很多理由說他不可能涉入加蒂藍的叛變，特別是他當時出任監察官，位高權重而且又是羅馬首富，否則的話只要出面登高一呼，配合加蒂藍的人馬，奪取羅馬的政權有如探囊取物。他在共和國是既得利益的支持者，參加革命和改變現況對他沒有絲毫好處，何況他的產業在羅馬城占了很大的面積，叛黨最重要的手段是縱火，這樣一來他未得其利先蒙其害，任何人都不會做這種傻事。

33　這份演說稿沒有傳世，只能從當時的著作中知道西塞羅發言的概要。

34　克拉蘇在夜間接到未具名人員的來信，提到加蒂藍即將展開大屠殺，勸他立即離開羅馬。他

克拉蘇從此對西塞羅極為憎恨，由於他的兒子巴布笛斯在旁緩頰，才沒有做出損害西塞羅的舉措。巴布留斯熱愛學術研究和法庭辯論，一直是西塞羅的追隨者，等到西塞羅受到指控以後，他對這件事感到非常傷心，就是其他的年輕人也有類似的感覺。最後巴布留斯還是使西塞羅與他的父親和好如初。

14 凱撒離開行省的職位返回羅馬，他的打算是出任執政官，看到克拉蘇和龐培再度反目成仇，很不願意得到其中一位的贊助而得罪另一位，然而他要是沒有獲得其中任何一位的幫助就會落選。因此他認為最重要的工作是要讓克拉蘇和龐培恢復友誼，同時他要讓他們知道，雙方的對立不僅減弱彼此在民眾中間的影響力，反而增加諸如西塞羅、卡圖拉斯和小加圖之流人物的聲勢。反之，只要克拉蘇和龐培所採取的行動，從公眾的立場來看是統一的政策和聯合的權力，那麼上述幾個人的利害關係和他們的黨派，在羅馬的政壇就會變得無足輕重。

他的這番說辭確能達成和解的目標，他們組成所向無敵的前三雄執政，操控元老院和市民大會推翻現有的政府架構。凱撒不僅使龐培和克拉蘇變得比過去更加權高望重，特別是運用他們當作工具，使自己成為羅馬首屈一指的人物。他得到這兩個人的站台相助，立即贏得大選的勝利成為執政官[35]，任內完成重大的建樹，卸任以後負起軍隊指揮的責任，高盧成為他所統治的行省。這樣使他立於不敗之地，同時也使另外兩位稱心如意，以後可以比照辦理，獲得他們所想要的行省。

龐培受到激勵所以會採行這種方式，完全是他對統治的權力抱著不知節制的愛好；克拉蘇原來就患有貪婪的惡疾，受到凱撒建立功勳的刺激，現在更加熱中於戰利品和凱旋式。雖然他在其他方面都占有絕對的優勢，在這方面屈居他人之下，使他永遠無法滿足，所以才使自己落得差辱的下場，也給國家帶來最慘痛的災難。

凱撒離開高盧前往盧卡（Luca）[36]，一大群人從羅馬前來見他，龐培和克拉蘇

（續）
帶著信去見西塞羅，不僅感到畏懼也要洗刷自己的嫌疑，因為他與加蒂藍很熟，已經有人對他起了猜忌之心。
35 克拉蘇再次出任執政官是在羅馬建城695年即59B.C.，當時他已經56歲。
36 盧卡是山內高盧（Cisalpine Gaul）行省最南端的城市，凱撒當時是這個行省的總督，後來這個

與他在暗中舉行很多次會議，他們一致同意要採取更為決定性的步驟，把整個國家的事務掌握在三個人的手裡。凱撒仍舊保有他的軍隊和行省，龐培和克拉蘇可以獲得其他的行省，同樣擁有指揮軍隊的權力。要想達成這個目標，他們唯一的路途是要第二次當選為執政官，凱撒為了大力贊助，就寫信給他在羅馬的朋友，同時派他的士兵回羅馬去投票。

15 當他們回到羅馬以後，商議好的圖謀遭到質疑，會議的內容洩漏變得眾人皆知，引起很大的風波。馬塞利努斯(Marcellinus)[37] 和杜米久斯(Domitius)[38] 在元老院向龐培提出質詢，是否要參選執政官，他的答覆模稜兩可，經過追問，他說他的目的是追求榮譽而不是圖利自己。這種答覆不僅傲慢而且自負，克拉蘇的回答態度非常謙恭，說他這樣做完全是基於公眾的利益，否則他會婉拒。

這件事發生之前，所有的候選人包括杜米久斯在內，全都充滿信心。等到龐培和克拉蘇公開表示他們的意圖，其餘人士感到畏懼只有打退堂鼓；小加圖是杜米久斯的朋友和親戚，特別鼓勵他要堅持到底，為著人民的自由權利奮鬥不息。小加圖的說法是他們想當選執政官，不完全是為了擁有政府的絕對權力，目標是要攫取行省和軍隊。

小加圖的觀點和說辭逼得杜米久斯只有在市民廣場現身，幾乎各方面的人士都在這裡拉票。他在這裡向民眾提出他的質疑：「為什麼龐培和克拉蘇想要再選執政官？為什麼他們兩個人又要聯合起來？為什麼不單獨參選找另外一個人當他的同僚？大家要知道，無論是成為龐培或克拉蘇的同僚，我們中間有很多人都夠資格。」

龐培的黨徒對他的演說起了警惕之心，生怕會發生不利的影響，於是撕下假面具，採用最暴力的手段。選舉那天拂曉杜米久斯和朋友出來拉票，暴徒等待在

（續）

城市劃入伊楚里亞(Etruria)地區。

37　格耐烏斯‧連圖盧斯‧馬塞利努斯(Gnaeus Lentulus Marcellinus)是56B.C.執政官，西塞羅的朋友和支持者，反對龐培和克拉蘇的擅權。

38　盧契烏斯‧杜米久斯‧伊諾比布斯(Lucius Domitius Aenobarbus)是54B.C.的執政官，小加圖的女婿，擁護元老院派的權利，反對前三雄執政，等到龐培和凱撒兵戎相見，他投身龐培陣營，法爾沙拉斯會戰陣亡。

那要對他們痛下毒手，結果是持炬者當場被殺死，包括小加圖在內還有幾個人受傷。然後將他們趕進一間房屋將他們關在裡面，直到龐培和克拉蘇當選執政官³⁹才放他們出來。過了沒有多久，他們派出全副武裝的人員包圍元老院議事廳，將小加圖趕出市民廣場，有幾個人要抵抗就被殺害，然後通過成議頒布敕令，授與凱撒原來行省和軍事指揮權，再增加5年的期限。敘利亞和兩個西班牙由抽籤決定，結果敘利亞落在克拉蘇的手裡，龐培擁有兩個西班牙。

16 所有的人都很高興政局能有所改變，民眾並不願意龐培離開羅馬太遠，他本人極其依戀他的嬌妻⁴⁰，樂得留在這裡過以往的生活。克拉蘇對於他能夠抽中敘利亞，真是大喜若狂，認為他這一輩子從來沒有這麼好的運道，甚至就是在外鄉人或群眾的前面，都難以掩飾這副興奮的神情。當他私下與親密的友人在一起，講出很多充滿自負和極其幼稚的話，跟他的年齡和身分都不相稱，過去他從來沒有這樣的大吹法螺。妄自稱大的心態非常奇特，比起他的狂熱已經有所保留，他把盧庫拉斯對抗泰格拉尼斯的行動，以及龐培擊滅米塞瑞達底的遠征，視為童稚的嬉戲易如反掌折枝，認為發揮自己的運道不限於敘利亞和帕提亞這個範圍之內，將未來的目標定在巴克特里亞和印度，還有就是更為遙遠的海洋。

他受領的敕令沒有指明他的任務是要對帕提亞人發起遠征行動，大家心中有數知道他極其熱中此事。凱撒從高盧寫信給他，讚譽他從事戰爭的決心，並且百般予以鼓勵。護民官阿提烏斯(Ateius)的打算是要在他啟程時加以攔阻，還有很多市民在私下抱怨，認為帕提亞這個民族不僅沒有傷害到羅馬人的利益，反而表現出善意，那就不應該對他們發起戰爭。基於龐培在民眾當中有很大的聲望，克拉蘇要求龐培給予支持並且陪著他一起出城。有些人準備提出抗議和大聲喊叫，龐培帶著愉快的神色出現，很快安撫民眾的不滿，大家安靜下來讓克拉蘇通過。

阿提烏斯迎向克拉蘇，提出口頭警告勸他不要成行，接著他下令給屬下的官員，要他們逮捕克拉蘇以後關起來，其他的護民官不同意這種做法，只有釋放克拉蘇。因此阿提烏斯跑到城門口，在那裡點燃一個火盆，焚香醇酒，召喚奇特和

39　克拉蘇第三次出任執政官是在羅馬建城699年即55B.C.，當時他已經60歲。
40　龐培的妻子茱麗亞是凱撒的女兒，54B.C.因難產去世。

可怖的神明，用他們的名字對克拉蘇發出毒惡的詛咒。在羅馬人的信仰之中，這種神聖和古老的儀式具備奇異的功效，沒有人能夠逃脫因而產生的作用，不僅如此，他們特別強調施法者本身會蒙受不利，除非基於非常重要的狀況，所以很少有人使用。阿提烏斯應該受到譴責，他是爲了羅馬來對付克拉蘇，沒想到會使得整個城市受到牽連，超乎自然的恐懼得以發揮最大的效應。

17 克拉蘇到達布林迪西(Brundisium)[41]，雖然海面波濤洶湧，他沒有耐心等待，立即登船發航，途中損失一些船隻。他率領剩餘的軍隊，快速行軍通過蓋拉夏，在那裡遇見戴奧塔魯斯王(King Deiotarus)[42]，已經到達知命之年，還在建立一座新城市。克拉蘇嘲笑他道：「陛下非要等到日暮西山才開始大興土木。」國王說道：「啊！將軍！彼此彼此，你遠征帕提亞也不能說是英年壯舉。」這時克拉蘇已經有60多歲，外表看起來更要顯得蒼老[43]。

他抵達敘利亞以後，所有的事務都能得心應手，毫無困難就在幼發拉底河上搭起一座橋梁，軍隊能夠安全渡過，美索不達米亞很多城市迎風而降。他的士兵有一百多人在一個城市被害，出於暴君阿波羅紐斯(Apollonius)的唆使，於是他率領部隊進行征討，用突擊的方式攻下城市，大事洗劫以後將所有的居民出售爲奴。希臘人將這個城市稱爲齊諾多夏(Zenodotia)[44]，他在奪取以後就讓軍隊用「凱旋將軍」的頭銜向他歡呼，這種做法實在是大錯特錯，好像他不追求更爲偉大的建樹，獲得微不足道的成就感到自滿。

他在新征服的地區留下一支守備部隊，共有7000名步卒和1000名騎兵，回師敘利亞實施冬營。克拉蘇的兒子離開凱撒，從高盧前來與他會相見，帶來1000名身經百戰的騎兵，這是凱撒爲了獎賞他兒子過去英勇的行爲，也是最有價值的禮物。

除了這次遠征本身就有問題以外，克拉蘇所犯第一個也是最嚴重的錯誤，就

---

41 布林迪西是意大利東海岸卡拉布里亞(Calabria)地區最重要的城市和港口，也是從意大利進入東方的孔道，羅馬帝國在亞得里亞海的水師基地。

42 等到安東尼和屋大維爭天下，這位國王發揮很大的作用。

43 克拉蘇到達東方是在羅馬建城700年即54B.C.，他在執政官任期結束後，前往他的敘利亞行省，當時已經61歲。

44 齊諾多夏這個城市位於奧斯浩尼(Orshoene)行省。

是他沒有繼續前進奪取巴比倫和塞琉西亞(Seleucia)[45]，何況這些城市仇視帕提亞
人，這樣一來使得敵軍有充分的時間，加強準備與他對抗。他在敘利亞那段時間
給人的印象，好像是一位放高利貸的掌櫃而不是一位統率大軍的主將，對於軍事
方面漠不關心，沒有想到要加強部隊的訓練，增進士兵的戰鬥技巧，全部用來計
算城市的稅收。當地的金庫存放在海拉波里斯(Hierapolis)[46]的廟宇，他花很多天
的時間用天平和大秤去稱金銀的重量；對於特定的市鎮和王國發布徵召士兵的命
令，等到他們支付相當數額的金錢，就可以免於服行兵役，這樣使得他的信用掃
地同時還爲人所不齒。

第一次出現凶兆是來自一位女神，有人說祂是維納斯，也有人認爲是朱諾，
還有人說是自然女神，產生水氣使萬物得以孕育和發芽，供應人類生存所需的各
種技能和知識。他們走出神廟大門的時候，年輕的克拉蘇不小心絆倒在地，竟和
他的父親跌成一堆。

18 等到他率領軍隊離開冬營準備出兵，阿薩西斯(Arsaces)[47]派來的使
節團帶來簡短的口信：「要是羅馬人民派遣軍隊前來挑釁，他會與對
手打一場你死我活的戰爭；據他所知，這件事完全是克拉蘇違背城邦的意願，基
於個人的貪婪才侵入他的領土。頭銜爲阿薩西斯的國王有好生之德，對於克拉蘇
的老邁昏憒產生同情之心，所以願意讓克拉蘇留下的士兵安然撤離，因爲這些人
員在他看來，並非守備部隊而是一群可憐的俘虜。」克拉蘇帶著吹噓的口吻告訴
使者，說他會在塞琉西亞答覆他們提出的要求。使節團中最年長的瓦吉西斯
(Vagises)笑著舉起手說道：「如果你能活著見到塞琉西亞，這個手掌就會長出頭
髮。」

他們返國報告海羅德(Hyrodes)[48]王戰爭迫在眉睫，已經無法挽回。有些在美

45　塞琉西亞是塞琉卡斯‧尼克托(Seleucus Nicator)所建的城市，位於底格里斯河右岸，在巴比
　　倫的東北方約70公里。

46　這個城市離開幼發拉底河有30多公里，有幾個不同的名字像是海拉波里斯、班比昔
　　(Bambyce)和埃笛莎(Edessa)。敘利亞人將它稱爲瑪果吉(Magog)，當地土著信仰阿塔加蒂
　　斯(Atargatis)女神，詩人盧西安(Lucian)提到供奉祂的廟宇在全世界最爲富有。

47　這個名字在後面的章節稱爲海羅德。

48　帕提亞人將他們的國王尊稱爲阿薩西斯，海羅德是現任國王的名字。他的父親是弗拉阿底二
　　世(Phraates II)，爲了登上寶座他殺死他的兄長米塞瑞達底(Mithridates)。後來自食惡果，被

索不達米亞責負防衛任務的羅馬人，擔心大難臨頭只有趕緊逃走，到處傳話說是處於危險關頭，當局要再三考量不可輕舉妄動，特別提到敵人在攻擊這些城鎮的時候，他們親眼目睹對手不僅聲勢浩大，作戰的方式令人感到恐懼；當然，就一般人而言有誇大其辭的習性。他們還補充說明，敵人的機動極其迅速，羅馬人在逃走的時候，無法擺脫帕提亞人的追擊，然而等到敵人不支撤離，羅馬人沒有能力趕上將他們捕獲。他們使用一種非常奇特的新型箭矢，速度有如閃電那樣快捷，到達的距離使弓箭手已經無法看清楚目標，疾飛的箭矢增加殺傷的效果。他們的騎兵部隊使用攻擊性武器，可以穿透所有的盾牌和鎧甲，然而他們的防護裝備是如此的堅硬，沒有任何武器能夠對他們造成傷害。

　　羅馬軍隊聽到這些傳聞，士氣受到很大的打擊，逐漸喪失英勇殺敵和積極進取的精神。過去他們一直認爲帕提亞人與亞美尼亞人和卡帕多西亞人沒有多大差別，盧庫拉斯劫掠他們已經到了令人厭煩的地步，他們之所以願意出征，就是受到蠱惑說是戰勝敵人極其容易。他們談起戰爭中主要的困難是冗長的行軍，還有就是帕提亞人不敢與羅馬人接戰，帶來追躡敵蹤的煩惱。等到發現面臨會戰的危險，這已經超過原來的預料之外，有些軍官勸克拉蘇目前不要過分深入敵境，全般考量遠征行動的狀況再做決定，這些人當中還包括財務官卡修斯(Cassius)[49]在內。占卜官在私下向他提起犧牲的腸卜，連續發現不祥和大凶的徵兆，除了那些建議他盡快進軍的人士以外，他對其他人的勸告一概置之不理。

19 亞美尼亞國王阿塔伐斯德(Artavasdes)[50]的到達，使得克拉蘇感到自己的作爲完全正確，這位君主僅僅衛隊就有6000名騎兵，他答應支援1萬名重裝騎兵和3萬名步卒，所需費用由他自行負擔。同時他勸克拉蘇取道亞美尼亞入侵帕提亞，不僅可以獲得全力的供應和充足的給養，而且沿著一條山脈的邊沿前進，帕提亞人實力強大的騎兵部隊，在這種地形無用武之地，可以確保行軍的安全。克拉蘇的答覆表現冷靜的態度，感謝阿塔伐斯德的鼎力援助和高貴

（續）

　　　他的兒子弗拉阿底所獻。

49　財務官卡休斯的全名是該猶斯・卡休斯・隆吉努斯(Caius Cassius Longinus)，後來成為殺害凱撒的主謀。

50　這個名字在正史中稱為阿塔巴蘇斯(Artabazus)，可能是蒲魯塔克引用錯誤，後來以訛傳訛，未曾改正。這位國王多才多藝，在〈安東尼〉的記述中有精采的表現。

風範，他的決定還是要經過美索不達米亞地區，因為有相當數量的英勇羅馬士兵留在那裡；亞美尼亞人與他告別打道回國。

克拉蘇率領大軍正在朱格瑪（Zeugma）[51]渡過幼發拉底河之際，他們遭遇到一場極其猛烈的大雷雨，閃電在部隊的頭上來回竄動，接著出現風暴將浮橋吹斷，有部分舟船逐流而下，軍隊開設營地的位置有兩次被落雷擊中，將領有一匹戰馬，裝備著極其名貴的馬具，從馬夫的手裡掙脫逃到河中淹斃。據說隊標舉起全軍即將開拔，有面鷹幟竟然轉頭向後；等到全軍渡過大河以後，糧食發給各單位的時候，最早領到就是小扁豆和鹽，羅馬人辦喪事要用這種食物供奉死者。

克拉蘇向他的士兵訓話，一時失言大家聽了認為對全軍極其不利，他說：「我要將舟橋拆掉，讓你們沒有一個人可以回得去。」等到他發覺這番話只是未經思索脫口而出，看到大家為奇特的表達方式感到吃驚，他應該提出更正或者就他的本意加以解釋，然而出於剛愎固執的個性並沒有這樣做。占卜官向神明獻祭，最後一頭犧牲的內臟拿來出交給他，竟然從他的手裡滑落掉在地上，他看到旁邊的人都注意這個失誤，就笑著說道：「看來我真是一個老人，以後要把劍握得更緊一點才行。」

20 他率領7個軍團沿著幼發拉底河進軍，還有不足4000名的騎兵以及大量輕步兵，探子回報沒有發現敵蹤，只是有些地方看到大量馬匹的足跡，好像是在飛奔逃走。克拉蘇聽到以後覺得不出所料，對於遠征行動充滿希望，羅馬人開始蔑視帕提亞人，認為他們不敢挺身而出，進行短兵相接的戰鬥。卡休斯再度向他進言，要讓軍隊在設置守備部隊的城鎮，獲得充分的休息恢復行軍的勞累，繼續派出偵搜部隊獲得更為確實的敵情；要不然也要向著塞琉西亞前進，不要遠離幼發拉底河，運用隨軍的船隻供應所需糧食更為方便，河流可以掩護翼側比較安全，即使要與敵軍接戰，在地形上能夠處於對等的條件。

51　敘利亞的城市位於幼發拉底河右岸，建有一座用船隻連成的浮橋可以渡過河流，因而獲得朱格瑪這個名字。

21 就在克拉蘇仍在考慮還未做出最後決定的時候，有一位名叫亞里阿姆尼斯(Ariamnes)[52] 的阿拉伯酋長來到營地，這個傢伙狡猾而又機警，在他的引導之下使克拉蘇走向毀滅的道路，雖然羅馬人遭遇各種不利的逆境，他還是造成全軍覆沒最主要和最致命的因素。有些龐培手下的老兵還認識他，記得他曾經獲得龐培的好處和優待，看起來應該是羅馬人的朋友，誰知國王的將領出錢將他收買，派來引誘克拉蘇盡可能離開河流和山地進入開闊的平原，好將他包圍一舉予以殲滅，帕提亞人認為當務之急是要與羅馬人進行當面對決的遭遇戰。

因此，這個阿拉伯人見到克拉蘇以後，把龐培當成自己的恩主，極盡吹捧之能事(這個傢伙能言善道很有一套)，讚譽克拉蘇的軍隊有強大的戰力，只是有一點讓他感到奇怪，就是完成各項準備工作，為什麼要耽誤這麼多寶貴的時間，要是不加快進軍的速度，當面的敵人早就有打算，帶著他們的家庭和財富，逃到錫西厄人和海卡尼亞人那裡去避難。他說道：「你如果想要作戰，應該在國王恢復勇氣和集結軍隊之前，打他一個措手不及；目前他派蘇里納(Surena)和塞拉西斯(Sillaces)前來牽制你的行動，就是不要讓你發起追擊，好讓他能置身事外確保安全。」

這些情報全都是一片謊言，海羅德將他的軍隊區分兩部，他自己率領一部入侵亞美尼亞，對阿塔伐斯德進行報復，同時派遣蘇里納去對抗羅馬人。他這樣做並不像一般人看法，說他是出於藐視對手的心理，何況克拉蘇是羅馬最有權勢的人物之一，不應該說他因為瞧不起這位將領，所以自己才去對付阿塔伐斯德和入侵亞美尼亞。很可能是他擔心自己先陷入兵凶戰危之中，因此他想等待以觀後效，打的如意算盤是要蘇里納先行冒險進行一場會戰，運用諸般手段將敵人誘入對他們有利的地形。

蘇里納不是尋常人士，無論是財富、家世和聲譽，在王國可以說是一人之下萬人之上，要是說到武德和勇氣更是首屈一指的名將，體態勻稱而且容貌英俊是出名的美男子，無論他的私人出遊和旅行，總是有1000匹駱駝裝載他的行李，200輛大車運送他的侍妾，1000名全副武裝的衛士，加上無數的輕裝士兵，至少有1

52　阿皮安(Appian)和狄昂‧卡休斯(Dion Cassius)將這個阿拉伯酋長稱為阿克巴魯斯(Acbarus)
　　或阿格薩魯斯(Agsarus)。

萬名騎兵，爲他服行各種勤務和充當隨護的行列。他的家族長久以來享有高官厚祿的地位，海羅德王的登極由他來加冕，即使後來遭到放逐，受到他的擁戴得以復位。他奪取塞琉西亞的主要城市，第一位爬雲梯登上城牆，親自出戰打敗防守的部隊。雖然這個時候他的年紀不到三十歲，智慧和見識都有高人一等的美譽，完全是基於這種特質他才能擊敗克拉蘇；雖然克拉蘇在開始的時候極其傲慢自大，後來屢遭不幸的打擊變得自暴自棄，可以說克拉蘇是他的謀略和詭計的犧牲者。

22 亞里阿姆尼斯騙得克拉蘇言聽計從，部隊離開河流到達面積廣大的平原地區，這條路線在開始的時候走得輕鬆而愉快，接著就是深厚的沙層帶來很多的困難，沒有樹木也沒有水源，一眼看過去是無邊無際的空曠。他們不僅感到口渴難忍，特別是路途的單調更是使他們的士氣沮喪，除了一片沙海像是洶湧的波濤包圍大軍，見不到一根樹枝、一條溪流、一座小山和一棵青草。

有人懷疑是否這是出賣他們的詭計，阿塔伐斯德派來信差，說是海羅德正在入侵，使他受到猛烈的攻擊，現在已經不可能派遣任何的援軍，因此他勸克拉蘇回師，等到他們會合以後再與海羅德決戰。如果克拉蘇不接受他的意見，爲了安全起見，他認爲克拉蘇的行軍和宿營的位置要選在山區，這是敵人騎兵部隊不易到達的地點。克拉蘇完全是憤怒和剛愎作崇，他拒絕回信只是告訴他們，說他現在沒空管亞美尼亞人的閒事，以後再找時間與阿塔伐斯德見面，對於叛逆的行爲要好好算一算帳。

卡休斯和他的朋友再度提出諫言，發現這樣做僅僅讓克拉蘇感到不悅，他們除了私下咒罵那位蠻族，別的話只有閉口不提。卡休斯說道：「啊，你這個奸詐小人，怎麼會把這種混帳主意帶到我們的營地，用花言巧語和迷魂藥劑蠱惑克拉蘇，竟然使得他率領大軍開進廣闊無垠的沙漠，難道他不知道，這個地方能讓阿拉伯的強盜頭子感到如魚得水，對羅馬大軍的將領而言卻會帶來大禍臨頭的災難嗎？」這位蠻族是個極其狡猾的傢伙，迎合大家的想法提出勸告，鼓勵卡休斯再忍耐一下就會離開這片沙海，同時他在營地裡面到處走動，說一些讓士兵聽了以後會高興的話，同時他用開玩笑的口吻問道：「什麼，難道你們認爲是在康帕尼亞行軍，到處都是奔流的泉水、蔭涼的樹叢、休憩的浴場和客棧？要知道你們正在通過阿拉伯和亞述（Assyria）的邊界。」他把羅馬人視爲無知小兒玩弄於掌中，

就在陰謀暴露之前他已經遠離，克拉蘇並不是不知道他的告辭，而是他能說服克拉蘇，表示他要幫助羅馬人，運用各種伎倆使得敵人自亂陣腳。

23 據說有一天克拉蘇出現在眾人的面前，穿著一套黑色的袍服，沒有披上羅馬將領常用的紅色斗篷，這是他發覺自己犯下錯誤，希望能有所改變。掌旗手使很大的勁還是拔不起鷹幟，好像已經固定在地上。克拉蘇對於這種朕兆只是一笑置之，急忙發起行軍並且要求步兵能與騎兵保持相同的速度，直到一些探子前來報告，說是他們間不容髮逃得性命，同伴有些被殺，發現敵人已經大舉來襲，決定要與我軍進行會戰。

這些消息引起部隊的騷動，克拉蘇聞言大吃一驚，面對突然發生的狀況，很難使軍隊排出最適切的戰鬥序列。剛一開始，他接受卡休斯的建議，延伸步兵部隊的正面，可以據有更為廣大的空間，以免遭到敵人的包圍，同時將他的騎兵配置在兩翼。接著他改變心意，將他的軍團排成一個大型方陣，每邊由十二個支隊構成，所有的支隊各配置一隊騎兵，使得每個部分都可以獲得可靠的支援，在緊急狀況之下，整個方陣可以相互給予密切的協助。卡休斯和年輕的克拉蘇各指揮一翼，克拉蘇本人位於中央。

他們擺出這個戰鬥隊形以後開始前進，直到抵達一條名叫巴利蘇斯（Balissus）[53] 的小河為止；雖然這條河流可以說是毫不起眼，讓士兵看到以後大為高興，他們在沙漠的行軍已經吃盡炎熱和乾渴的苦頭。所有的指揮官共同的意見是留在此地宿營，盡可能了解敵軍兵力的大小和作戰的序列，等到第二天的早晨進軍與敵接戰。克拉蘇之子巴布留斯統率騎兵部隊，要求巴布留斯立即領導他們出戰，這種激情使得克拉蘇受到影響，於是他命令那些想要進食和飲水的人，仍舊留在隊列之中。部隊沒有補充最急迫的需要，他就領導大家繼續前進，甚至不讓他們暫時休息喘一口氣，他要趕著前去迎擊，一直保持快速的步伐，直到看見敵軍為止，完全出於羅馬人的意料之外，沒有強大的兵力和壯盛的軍容。蘇里納將他的主力藏在第一道戰線的後方，命令他們要用外衣和毛皮掩蓋鎧甲反射的亮光。

等到兩軍接近將領下達會戰的信號以後，戰場上面回應著可怕的聲音和恐怖

53　巴利蘇斯河是幼發拉底河一條小支流，位於卡里的南邊。

的呐喊。帕提亞人不用號角和喇叭來激勵作戰的勇氣，他們裝備一種巨大的銅鼓，片刻之間在隊伍中間敲打起來，配合一種充滿死亡氣息和沉重抑制的喊叫，就像一群野獸的咆哮，混合著驚天動地的雷霆之聲，讓人聽到以後就會感覺到驚懼和困惑，立即使得情緒受到刺激理智受到制壓。

24 這種突然發出的鼓聲使得羅馬人大吃一驚，敵軍的戰士將甲冑的外罩除去，那些用瑪吉阿尼亞人（Margianian）[54] 精鋼製成的胸甲和頭盔，以及坐騎上面青銅和鋼鐵馬具，全都發出耀目的光芒。蘇里納出現在隊伍的前面，苗條的身裁和俊美的容貌，加上精緻的外形和華麗的服裝，缺乏男子漢的氣質一點都不像是指揮大軍的統帥。他的面孔經過化粧，頭髮梳成米提人的型式，至於其他的帕提亞人蓬頭垢面，像錫西厄人那樣在前額盤成一堆，讓人看起來格外猙獰可怖。

蠻族開始時的打算是用長矛在第一線的正面打敗羅馬人，逼得他們只有後退，等到發現對手的會戰陣式有很大的縱深，士兵一步不退堅守原來的陣地，於是帕提亞人鳴金收兵，裝出已經喪失秩序，人員零落分散開來，想要在對手發覺之前，對羅馬人的方陣從後方實施包圍。克拉蘇命令輕步兵出擊，沒有走多遠就遭到陣陣的箭雨，他們很高興能退回重裝步兵的行列之中，現在首次發生失序和驚慌的現象，他們這時才得知箭矢的強勁和威力，能夠貫穿他們的鎧甲，無論是那一種護身器具，不管是堅硬還是柔軟，都無法產生抵擋的作用。帕提亞人保持一段距離從四面八方對他們彎弓射箭，根本無須瞄準任何特定目標（實在說，羅馬人的序列是如此的緊密，他們只要發射就不會失誤），他們只要搭上箭用力拉開強硬的弓，可以發揮極具破壞性的打擊力量。

羅馬人從開始就落入挨打無法還手的局面，如果他們要保持防衛的隊形，很多人會受到箭傷，要是他們冒險出擊，無法傷害到敵人而自己的損失更為慘重。帕提亞人即使在逃走的時候，仍舊可以射出大量箭矢，這種技巧除了錫西厄人根本沒有對手；實在說這是一種極其高明的戰術，不僅可以避免敗退帶來的損失，反而可以對追兵予以致命的打擊。

---

54 瑪吉阿尼亞是亞洲中部一個地區，位於西錫厄（Scythia）之南和巴克特里亞（Bactria）之西。

25 不過，羅馬人感到情勢將會好轉，他們認為帕提亞人用完箭矢以後，就會放棄這種作戰方式，或者再度前進與他們進行肉搏戰鬥，現在面對這種災難只有忍耐。他們很快就知道，敵人的後方有成群的駱駝負載著箭矢，那些在第一線的作戰人員，等到箭囊已空就立刻加以補充，看到目前的苦難可以說毫無終止的跡象，克拉蘇飽受挫折心情極其沮喪。這時帕提亞人的前進非常快速，似乎想要繞過去攻打他的後方，克拉蘇派出他的兒子要在敵軍完成包圍之前，盡一切可能將對方擊退。這位年輕人率領1500名騎兵，其中1000名是凱撒派遣的部隊，以及500名弓箭手，還有8個支隊的重裝士兵在後面跟進支援，他的意圖是要對帕提亞人發起攻擊。有人認為蠻族發現位於沼澤地區不利於作戰，或者是他們圖謀引誘年輕的克拉蘇遠離他的父親，他們轉過身來趕快逃走[55]。於是他大叫敵人不敢抵抗，全速在後面追趕。申索瑞努斯（Censorinus）和梅加貝克斯（Megabacchus）[56]效法他的行動，這兩位都是出類拔萃的人物，後者是憑著他的英勇和膽識，另一位出身元老院議員的世家，是口若懸河的演說家，都被克拉蘇當成密友而且年齡相若。

騎兵繼續壓迫敵軍，步兵停留在後面不遠之處，因為希望和興奮激起旺盛的士氣，他們認為已經打敗敵人，現在僅僅是擴張戰果而已。直到他們走得太遠，這才發現自己受到敵人的欺騙，那些看起來在奔逃的蠻族現在轉過身來，還有很多生力軍加入他們的行列。羅馬人眼見情勢的轉變就停了下來，這時他們非常肯定敵人會發起攻擊，因為他們的兵力居於劣勢。帕提亞人僅僅將重裝騎兵配置在羅馬人的當面，其餘的騎兵部隊繞著他們疾馳，揚起陣陣的沙塵，使得羅馬人無法通視，連相互的談話都很困難，最後被驅趕在一起成為緊密的團體，使得他們受到攻打和殺戮。那些瀕臨絕境的人不是獲得快速和如願的死亡，而是帶來悲慘的痛苦和不斷的抽搐；他們的身體忍受被箭射中的折磨，只能先將傷口的箭桿弄斷，等到用力拔起打出倒鉤的箭頭，就會帶著糾纏在一起的神經和血管，像是在對自己施以無法忍受的酷刑。

---

55 帕提亞人是游牧民族，長於騎射而且民性剽悍，藉著行動的敏捷飄忽，和地形的平坦開闊，利於快速的進攻和退卻，當然不會與羅馬人進行正式的會戰決以勝負，加上誘敵的作為，不僅使對手疲於奔命，更可達成區分擊滅的效果。

56 要說羅馬人中間沒有梅加貝克斯這個名字，實在很難提出確切的證明；亞歷山大告訴我們，他在一個古老的抄本上面，發現這個名字應該是格耐烏斯·普蘭庫斯（Gnaeus Plancus）。

他們之中有很多人因而死亡，那些倖存的傷者已經失去服行勤務的能力，巴布留斯・克拉蘇要求大家對敵人的重裝騎兵發起攻擊，他們向他展示手和腳都被箭射中，分別釘在盾牌上和地面，使得他們無法逃走也不能戰鬥。因此他只有鼓舞騎兵的鬥志，親自率領他們向敵人衝鋒，無論是防禦還是攻擊，雙方的兵力和裝備相差得實在是過於懸殊。羅馬人只有短短的標槍，用來對付帕提亞的重裝騎兵全身披掛的鋼甲，無法發揮殺傷的效果；然而敵人的長矛讓人產生深刻的印象，那就是他們可以很輕易的擊敗赤裸上身的輕裝高盧騎兵。

巴布留斯對這支部隊非常倚重，事實上他們的表現確實名不虛傳。他們抓住敵人的長矛欺身而上，進行短兵相接的廝殺，並且將對手拉下馬來，同時對他們所穿沉重的鎧甲，絲毫不感到畏懼。還有很多高盧人下馬不使用坐騎，在地面匍匐而行用佩劍襲擊敵人坐騎的腹部。馬匹受傷產生難以忍受的劇痛，就會亂奔亂跳將騎士摔落地面，將整個隊伍衝得七零八落。

高盧人為天氣的炎熱和口渴感到痛苦萬分，對於這種狀況很難適應，他們的馬匹在向敵人的長矛進行攻擊的時候，已經損失殆盡，現在被迫只有徒步撤離，帶著受傷很重的巴布留斯，看到前面不遠處有一座砂質小丘，他們開始退到那裡，騎兵也都魚貫而上，將馬匹放在中間，四周用盾牌圍住，認為可以在這裡實施防禦，對抗蠻族的攻擊。狀況適得其反，他們經過一個平原，發現前緣可以用來阻擋追兵，等到他們登上一座小山，雖然地勢比附近要高，但是毫無掩護，完全暴露在敵人的箭雨之下，只有哀嘆即將死無葬身之地。

海羅尼穆斯(Hieronymus)和奈科瑪克斯(Nicomachus)這兩位住在卡里(Carrhae)[57]附近的希臘人，現在還沒有離開巴布留斯，力勸他跟著他們一起撤退然後逃到伊克尼(Ichnae)，這是一個距此不遠的小鎮，對於羅馬人非常友善。他說道：「謝謝你們的好意，死亡並不可怕，巴布留斯不能離開為他而喪生的朋友。」囑咐他們路上要小心，相互擁抱以後就要他們趕快離去。他的手被箭矢所貫穿所以無法使用佩劍，於是他掀開體側的鎧甲，命令他的負甲者用劍刺進去，據說申索瑞努斯也運用同樣的方式，梅加貝克斯自刎而死，其餘的軍官都仿效他的做法。還有很多人奮戰到最後，都死在帕提亞人的長矛之下，敵軍的俘虜沒有超過500人，然後砍下巴布留斯的頭顱，直接向著克拉蘇進軍。

---

57 卡里是美索不達米亞北部地區的一個小鎮。

26 克拉蘇的狀況有如下述：當他下令要他的兒子攻擊敵軍以後，消息不斷傳來說是帕提亞人敗逃，已經開始遠距離的追擊。他自己也能感覺到敵軍施加的壓力，已經不如剛才那樣的強烈，大多數可能轉移前去對付巴布留斯，使得開始擔心起來，就將軍隊部署在稍有傾斜的坡地，期望他的兒子這時能結束追擊返回本隊。

就在巴布留斯向他派出信差的時候（已經知道自己極其危險），第一位受到敵人的攔截而被殺；最後一位歷盡艱險逃脫包圍，來到以後提出報告，要是得不到立即派遣的援軍，巴布留斯就會喪生在該地。克拉蘇陷入驚懼之中幾乎使他魂飛魄散，面對的困境毫無辦法可施，實在說已經沒有能力採取任何行動，很想前去救助自己的兒子，然而目前更為嚴重的狀況，是害怕因而導致全軍覆滅。最後他決定還是要出動軍隊。

就在這個時候，來到的敵軍發出吶喊和叫囂，聽起來比剛才更讓人感到恐怖。驚天動地的鼓聲再度傳入羅馬人的耳中，現在他們害怕敵軍會發動新一波的攻勢。帕提亞人將巴布留斯的頭顱插在長矛的矛尖上，他們騎在馬上帶到近得可以分辨出來的地點，用嘲諷的口吻詢問誰是這位死者的父母，還有就是他出身於那一個家族，他們還說像克拉蘇這樣一位可憐的懦夫，不配有如此英勇善戰的兒子。

看到這一幕比起所有的災難使得羅馬人更加懷憂喪志，並沒有像所期望那樣會激起他們為死者復仇的心理，反倒是全軍瀰漫著恐怖和驚懼的氣氛。雖然如此，克拉蘇面對慘痛的處境，表現出從容沉著的態度，可以說是前所未見。他從隊列中走出來大聲叫道：

> 同胞們，我遭到喪子之痛是個人的事，只要各位能夠安然返國，羅馬的運道和光榮可以長保令譽，不會受到任何玷污，要是有人同情我失去一位跨灶之子，那麼請他表示要向敵人討回公道。不能讓這些蠻族如此興高采烈，要報復他們的殘酷行為，對於過去的挫折不必沮喪，無論我們遭遇多大的困苦，更能激起我們建立豐功偉業的決心。盧庫拉斯之所以無法征服泰格拉尼斯，以及西庇阿沒有擊敗安蒂阿克斯，就是因為他們沒有付出犧牲的代價。我們的祖先難道不是在西西里損失1000艘船？在意大利犧牲多少位將領和隊長？沒有一個人因為害

怕損失，就不去推翻那些外來的征服者。羅馬這個城邦不是靠著運道才能抵達登峰造極的地步，而是運用堅忍和武德來面對險惡的局勢。

27 克拉蘇想用說服的方式開導他們，發現沒有幾個人注意他講的話，當他高聲下達會戰的口令的時候，部隊的士氣已經降到谷底，突然引起一陣微弱和不穩的抗議之聲，這時敵軍的吶喊非常清楚傳入耳中，表現出驚天動地的聲勢。等到開始發起攻擊，輕裝騎兵指向羅馬人的側翼，射出陣陣濃密的箭雨；重裝騎兵用長矛在正面發動衝鋒，驅趕羅馬人將他們聚集在一起，有些人為了害怕被箭射死，不顧一切要硬撞出來，這樣做沒有什麼成效，很快他們就陷入困獸之鬥。緊密的長矛造成致命的傷口，強力的衝刺一次可以貫穿兩個人的身體[58]。

兩軍繼續戰鬥下去，直到黑夜才收兵，帕提亞人大言不慚，說是要讓克拉蘇有整晚時間去哀悼他兒子的陣亡，同時他應該多考慮一下，目前已經沒有再戰的能力，只有趁早向阿薩西斯投降。因此，帕提亞人緊靠著羅馬人設營，陶醉在即將來臨的勝利之中。

羅馬人度過一個悽慘和痛苦的夜晚，他們不去掩埋陣亡的將士也不去救治受傷的弟兄，對於死者毫無哀悼之心，每一個人只為大難臨頭的命運悲嘆不已。無論他們等待黎明的來到再與敵人戰鬥，還是冒險在夜暗中撤向浩瀚的沙漠，可以說已失去脫逃的機會。這些受傷的人員給全軍增加新的困難，如果帶著他們同行，一定會拖累整體的行動，要是將他們留下，哀鳴和叫喊就會引來敵軍。

就拿克拉蘇來說，他們雖然認為他是這些災難的始作俑者，還是希望見到他，聽他向大家說幾句話。他用斗篷裹著身體，躲起來不肯現身。他的貪婪成性給普通人帶來一個壞榜樣，對於那些有見識的人而言，是他的自私和野心。克拉蘇高居在數百萬人之上還感到無法滿足，僅僅屈從於兩個人之下就認為自己低於所有的人。

副將屋大維烏斯(Octavius)和卡休斯前去安慰克拉蘇，發現他陷入絕望之中，根本無法接受他們的意見，於是這兩位就召集所有的百夫長和軍事護民官，

---

58 古老的時代經常提到韃靼人(Tartars)的戰鬥，形容他們的膂力驚人，要說實戰中出現這種狀況，很難讓人相信。

大家同意目前最好的辦法是立即撤離，下達命令部隊開始行動，不得使用號角要保持靜肅。等到病號和傷患知道即將遭到遺棄，整個營地充滿慟哭和哀號的聲音，使得全軍的秩序大亂。他們在行進中仍舊憂心忡忡，先頭部隊成爲驚弓之鳥，想像中敵軍已經接踵而至。在這種狀況下，他們不斷迷失道路，經常停下整理隊伍，有時照應隨隊行動的傷患，有時逼得要將他們拋下。

他們白白浪費得多時間，只有伊格納久斯（Egnatius）率領的300名騎兵，能夠在午夜時分抵達卡里，他用羅馬話叫喚城上的守衛，等到知道他們正在聆聽，吩咐守衛通知該城的總督科波紐斯（Coponius），說是克拉蘇與帕提亞人打了一場極其重要的會戰，僅僅如此而已，甚至連他的名字都沒有說出來，全速疾馳趕往朱格瑪，這樣才能使自己和他的手下脫離險境，被人視爲背棄主將和貪生怕死以致名譽掃地。

不過，伊格納久斯通報科波紐斯的信息倒是使克拉蘇蒙受其利，科波紐斯有鑑於報信者的行動過於倉促和急迫，看來情勢非常惡劣，立即下令守軍全副武裝加強戒備，等他知道克拉蘇向著他撤退，就率領所屬前去迎接，將全軍帶進市鎮。

28 雖然帕提亞人在夜間發覺羅馬人已經逃走，他們卻沒有發起追擊，天明以後攻進營地殺死留下的4000人，派出騎兵搜尋原野中迷路和四處亂竄的殘兵敗卒。有一位名叫瓦岡蒂努斯（Varguntinus）的副將，率領的4個支隊在夜間與本隊失去聯繫，還在途中尋路前進，結果被帕提亞人困在一座小山上面，除了20個士兵逃得性命，其餘人員全部遭到屠殺。那些倖存的人員靠著手裡的刀劍，衝過敵軍層層包圍，他們的勇氣獲得敵人的欽佩，列陣的隊伍從右方開放到左方，讓這些人的通過不受阻攔，後來能夠安抵卡里。

這時蘇里納接到不實的信息，說是克拉蘇和主要的官員都已脫逃成功，只有一群隨軍的烏合之眾退入卡里，根本不值得他發起圍攻行動。看來好像是他喪失勝利的冠冕和榮譽，然而這些傳聞是眞是假還無法得知，他非常焦急想要獲得確切的事實，才能做出正確的決定，留下來圍攻卡里抑或繼續追隨克拉蘇的行動。他派出一位通事到城牆下面，事先指示用拉丁語呼喚克拉蘇或卡休斯，說是蘇里納這位將領想要與他們舉行一次會議。

克拉蘇聽到以後立即接受對方所提建議，很快來到一幫阿拉伯人，熟悉克拉蘇和卡休斯的容貌，因爲在會戰之前經常在羅馬人的營地見面。他們注視在城牆

上面的卡休斯，告訴他說是蘇里納想要和平，只要羅馬人與帕提亞國王簽訂條約，將所有的軍隊撤出美索不達米亞，蘇里納會遵守主人的諾言讓大家平安離去，這樣總比最後落得兩敗俱傷要好得多。卡休斯同意他們的提議，指定時間和地點使得克拉蘇和蘇里納能夠舉行會談，阿拉伯人說他們只是信差，還要回報蘇里納。

29 蘇里納極其高興知道克拉蘇被圍在城內，次日他率領全軍列陣，對於羅馬人擺出侮辱的姿態，非常橫蠻的指出如果他們想要活命，就得將克拉蘇和卡休斯五花大綁送出來。羅馬人見到他們遭到敵人的欺騙和戲弄，感到非常痛心，力勸克拉蘇要打消從亞美尼亞人獲得幫助的希望，不僅是路途遙遠而且緩不濟急，應該下定決心從這裡逃走；這個打算要保持秘密，直到他們展開行動，都不能讓卡里的居民得知。克拉蘇讓安德羅瑪克斯（Andromachus）知悉此事，不僅如此，還鬼迷心竅選他擔任嚮導，豈不知這個傢伙毫無誠信可言。帕提亞人得自叛徒供應的情報，對羅馬人的行動瞭如指掌。

通常羅馬人的習慣是不實施夜戰，認為會帶來很多不易克服的困難，然而克拉蘇選在夜間大軍開拔，安德羅瑪克斯為了使得追兵能夠趕上來，所以他引導的行程會不斷的更改路線，最後進入一個沼澤地區，到處都是縱橫的溝渠，給羅馬人帶來很大的困擾，以致陷入進退不得的地步。有些人認為安德羅瑪克斯沒有懷好心，所以他帶的路線才會這樣的曲折難行，決定不再跟隨前進。最後卡休斯返回卡里，他的嚮導是一個阿拉伯人，向他建議要等待月亮過了天蠍座再啟程，卡休斯的回答是他在意的星辰是射手座[59]，後來還是能夠率領500名騎兵回到敘利亞。還有一些單位得到誠實可靠的嚮導，他們使用的路線經過辛納卡（Sinnaca）山脈，即使白天通行都可以獲得安全保障，在英勇的將領屋大維烏斯指揮之下，這批人馬共有5000之眾。

克拉蘇的處境極其惡劣，天色大亮以後還受到安德羅瑪克斯的欺騙，在沼地當中掙扎前進，這是一個難以穿越的地區。共有4個支隊的軍團士兵與他同行，加上少數的騎兵，他的身邊只有5名扈從校尉。經過一番努力以後再度回到道路，

59　黃道十二宮的射手座緊接在天蠍座之後；這裡提到這個星座暗示帕提亞人的弓箭手，給他們帶來最大的困擾。

這時敵軍已經追趕上來，他距離屋大維烏斯所率領的部隊不超過12弗隆。然而他已經無法與他會合，敵軍準備向他發起攻擊，逼得他只有退向一個小山，騎兵可以長驅直入所以很難防守，然而位置是在辛納卡山脈的下方，有一道長長的山脊通過平原與山區相連。屋大維烏斯看到克拉蘇陷入危險之中，立即率領少數官兵衝下去給予援助。這樣一來，其他人員相互譴責怎麼如此卑鄙竟然背棄自己的長官，接著從高處向下進軍攻擊帕提亞人，將他們趕出小山，然後圍繞在克拉蘇四周，用他們的盾牌層層防護，很驕傲地宣稱帕提亞人的箭矢無法傷害到他們的將領，他們即使犧牲自己的性命也在所不惜。

30 因此，蘇里納見到他的士兵喪失攻擊的勇氣，知道羅馬人要是能夠堅持這場會戰延長到夜晚，就可以獲得高山的掩護，崎嶇的地形使他的騎兵無法前進，只有想辦法運用鬼蜮伎倆。他的謀略是釋放一些俘虜，先讓他們聽到士兵之間的談話，意思是帕提亞人的將領並不想與羅馬人同歸於盡，情願用友情善待克拉蘇，好為雙方恢復邦交建立穩固的基礎。經過這番安排以後，蠻族停止作戰行動，蘇里納在主要的軍官陪同之下，騎著戰馬非常安詳來到小山，他們的弓已經取下弓弦同舉起雙手表示沒有攜帶武器，邀請克拉蘇會面達成一項協議，說這樣做不僅是國王的旨意，同時他們已經見識到羅馬士兵的勇氣和體力，現在他希望雙方不再非要拚個你死我活，而是要建立善意和友誼，等到簽署停戰協定，就可以讓他們安全離去。

羅馬軍隊非常高興接受蘇里納的建議，克拉蘇對他們的奸詐背信有充分的經驗，何況看不出有什麼理由竟能產生如此重大的改變，所以不願聽他的花言巧語，一直站在那裡沉吟思考。這時士兵就鼓譟起來，全都要求克拉蘇要去與對方談判，還走向前去對他加以指責和威脅，說是他毫無道理要他們去與全副武裝的敵軍作戰，自己卻不敢面對那些赤手空拳的人士。

他在開始就對士兵訴諸懇求和說服，特別表示要是他們撐過這一天的苦難，等到天黑以後進入崎嶇的山地和易守難攻的隘道，只要馬匹無法通行就可以脫離危險，同時他指出他們應該採行的方式，乞求他們不要放棄即將到手的安全和希望。他發現他們聽到這番話的時候竟然怒氣衝天，大家敲著兵器擺出威脅的姿態，感到畏懼只有動身前去商議，這時轉過頭來說出這些話：「你！屋大維烏斯，還有你！佩特羅紐斯，以及所有在場的羅馬軍官，你們可以看到我之所以成行並

不是受到謊言的欺騙，也不是不知道會遭到羞辱和迫害，要是你們能逃得性命，可以告訴所有的人，克拉蘇的喪生不是中了敵人的詭計，而是同胞的不守紀律和違抗命令。」

31 不過，屋大維烏斯和佩特羅紐斯並沒有留在後面，他們陪著克拉蘇下山，他的扈從校尉也要跟著前往，但是他要他們回去。蠻族那邊有兩個混血的希臘人前來迎接，他們從馬上跳下來，對克拉蘇表現出非常尊敬的樣子，就用希臘語向他致意，說他可以派幾個人前去接頭，蘇里納和他的隨從人員都沒有攜帶武器，他們的衣服下面也沒有藏著刀劍。克拉蘇的回答說是他如果珍惜自己的性命，就不會將自己交到他們的手裡。他還是派出名叫羅斯修斯（Roscius）的兩兄弟，去了解他們提出的條件，以及雙方參加商議的人數。

蘇里納下令立即將來人抓住，他自己和主要軍官騎馬前去向克拉蘇致意，這時他說道：「這到底是怎麼一回事？一位羅馬指揮官步行，而我和一群隨員騎在馬背上。」克拉蘇的回答是雙方的禮節並沒有出錯，他們的會面是遵從自己國家的習俗。蘇里納古訴克拉蘇說是從現在起他的主子帕提亞國王和羅馬人建立聯盟關係，克拉蘇必須與他一起到河邊去簽署條約，他並且說道：「羅馬人經常記不住他們應遵守的條款。」他說過這句話以後，就向克拉蘇伸出手來。這時克拉蘇下令將他的坐騎帶過來，蘇里納告訴他說是沒有這個必要，說道：「我的主子國王陛下，要將這份禮物送給你。」立刻有一匹套上黃金口嚼的駿馬牽出來交給他，一群馬夫強將他送上馬鞍，在他的兩側鞭策馬匹快速的前進。屋大維烏斯跑上前去抓緊韁繩，接著就是佩特羅紐斯加以援助，其他的羅馬人趕來費很大力氣制止馬匹，驅離克拉蘇兩旁迫他前行的人員。

雙方的推擠產生一場騷動，接著就是大打出手。屋大維烏斯拔出劍斬殺一位蠻族馬夫，卻被在他後面的人所擊斃。佩特羅紐斯沒有攜帶武器，他的胸甲遭到重擊就從馬背摔落地面，雖然如此倒是沒有受傷。克拉蘇被一位名叫波瑪克薩司里斯（Pomaxathres）[60] 的帕提亞人殺害，傳聞說是另有其人，克拉蘇倒斃以後，就被波瑪克薩司里斯砍下頭顱和右手。的確如此，所有的狀況只是臆測，並不清楚

---

60 阿皮安在他的著作裡面，稱這個人是麥克西里斯（Maxaethres）。蒲魯塔克有一些抄本寫成阿克西里斯（Axathres）。

發生的詳細情節，在當時的混戰之中都已經自顧不暇，有些人不是在克拉蘇身邊的戰鬥中被害，就是立即跑回位於小山的戰友當中。

等到這件事處理完畢，帕提亞人列隊前進，告訴羅馬人說是克拉蘇已經伏誅，蘇里納吩咐其餘人員無須畏懼，可以從山頂下來，有些人遵命投降。還有很多人趁著夜晚一哄而散，其中只有少數人安全返國，阿拉伯人在四鄉進行清剿，大多數人在捕獲以後立即處決。一般說法是總共有2萬人慘遭殺害，1萬人成爲俘虜。

32 蘇里納派人將克拉蘇的頭顱和手臂，送往已經進入亞美尼亞的海羅德王。他自己要一些信差到處散布消息，說他帶著活捉的克拉蘇到達塞琉西亞，擺出一個看起來極其荒唐的隊伍，這是用來嘲笑羅馬人，所以他稱之爲凱旋式。這群俘虜當中，有一個名叫該猶斯‧帕西阿努斯(Caius Paccianus)的士兵，面容酷似克拉蘇，穿上蠻族婦女的服裝，有人用克拉蘇和「凱旋將軍」的頭銜向他稱呼，他受到教導是要答禮，然後牽來一匹馬讓他乘坐，跟著一群號角手和扈從校尉，全都坐在駱駝上面，他們的束棒上面掛起很多錢袋，斧頭懸吊新砍下來的人頭。後面的隊伍是塞琉西亞的歌女，唱起下流的小調嘲笑克拉蘇的柔弱和怯懦。

每個人都可以看到這場表演，蘇里納將塞琉西亞的元老院成員集合起來，向他們展示帶有惡意的書籍，就是亞里斯泰德(Aristides)的著作《米勒西卡》(*Milesiaca*)[61]，實在說這並非無的放矢的杜撰之言，是從魯斯久斯(Rustius)[62]的行李中翻出來，蘇里納大做文章用來詆毀羅馬人，說他們即使在戰時沒有忘掉這些作品，還想照本宣科拿來如法炮製。

塞琉西亞的人民看到他們的將領蘇里納背著大袋子，裡面裝滿米勒都斯的色情書籍。他們雖然是帕提亞人，爲了展現西巴瑞斯的奢華作風[63]，就用很多輛大

61　這本書很可能是愛情故事集，背景和情節都發生在米勒都斯，作者在2世紀B.C.非常出名，關於他的平生事蹟沒有留下任何資料。

62　波德里安圖書館有一個手抄本，上面的名字是羅斯修斯(Roscius)。

63　西巴瑞斯是希臘人建立在塔倫屯(Tarentum)灣的殖民地，位置極其優越，財富和權勢使居民享受奢華的生活，雅典人對他們的優雅和精緻讚不絕口。

車載運他的侍妾，對於伊索(Aesop)[64]寓言有關皮袋的故事[65]，難免要稱讚他的智慧；以致人民將他的軍隊稱之爲角蝰或毒蛇，含意是位於先頭的騎兵運用弓箭和長矛，如同毒牙一樣凶狠無比，後方不僅鈍重而且脆弱，充滿人盡可夫的婦人和舞女，到都是靡靡之音和徹夜的狂歡痛飲。實在說，魯斯久斯不必爲此找任何藉口，帕提亞人或許已經忘記，當他們對米勒都斯的故事大肆嘲笑的時候，要知道阿薩西斯家族的血胤，其中很多人的生母是米勒都斯和愛奧尼亞的妾媵。

33 這些事情正在處理當中，海羅德與亞美尼亞國王簽訂和平條約，爲了鞏固雙方的友誼，亞美尼亞國王將妹妹許配給海羅德的兒子帕科魯斯(Pacorus)。宮廷舉行很多次盛大而奢華的宴會和表演，各種希臘的著作和戲劇，只要適合當前的情景，都在他們的前面高聲朗誦或演出。因爲海羅德對希臘的語文和學術並不陌生，阿塔伐斯德更是學有專精，他曾經撰寫許多悲劇、講辭和編年史，有一些還流傳到現在。

當克拉蘇的頭顱送到宮廷的大門外，這時正在舉行宴會，有一個出生在特拉勒斯(Tralles)[66]名叫傑生(Jason)的悲劇演員，在優里庇德(Euripides)[67]的《巴奇》(*Bacchae*)一劇中，演出阿加維(Agave)那個角色[68]，他的唱作俱佳贏得滿堂的喝采，塞拉西斯進入大廳向國王致敬，就將克拉蘇的首級丟在他的腳下。帕提亞人看到以後樂不可支大聲歡呼，塞拉西斯奉到國王的指示在宴席上就座，這時傑生將平特烏斯(Pentheus)的劇裝遞給合唱隊中一名舞者，然後拾起克拉蘇的頭顱當

---

64 伊索是希臘寓言作家，寫作的時代約6世紀B.C.的前期，出於亞里斯托法尼斯Aristophanes）的推薦在雅典流行一時，直至今日仍受喜愛。

65 這個寓言說是每個人都帶著兩個皮袋，一個放在身前，裡面裝著鄰居的缺失，所以時時都可以看得很清楚；另外一個放在身後，裡面裝著自己的過錯，根本沒有辦法看到。

66 特拉勒斯位於小亞細亞的呂西亞地區，瀕臨米安德河，距離海岸約有30公里；另外還有一個同名城市位於色雷斯和馬其頓的邊界。

67 優里庇德(485-406 B.C.)是希臘三大悲劇家之一，平生事蹟鮮為人知，寫出92部劇本，其中82部僅留劇名，存世的悲劇有10 齣，以《阿爾西斯蒂斯》、《米狄亞》、《希波利都斯》和《特洛伊的婦女》最為知名，影響後世極其深遠。《巴奇》這齣悲劇首次演出是在405B.C.，可以說是他的遺作。

68 阿加維是卡德穆斯(Cadmus)的女兒，她和艾克昂(Echion)所生的兒子平特烏斯是底比斯國王。平特烏斯不相信戴奧尼休斯(Dionysius)擁有神明的威力，於是戴奧尼休斯使阿加維發狂殺死自己的兒子，她的手裡拿著平特烏斯的頭顱，出現在酒神的宴會當中，帶著狂喜的情緒像是除去凶殘的野獸。

成道具，像是一位酒神祭司陷入瘋狂的狀況，表現出激昂慷慨的神情，唱出極其感人的抒情詩：

> 今日我們進行陣容龐大的追捕，
> 要從高山峻嶺獲得高貴的獵物。

全體人員興高采烈之餘，接著聽到合唱隊與阿加維應和的詩句：

> 是誰有幸獲得殺死猛獸的榮譽？
> 是我，這要歸功我無上的勇氣。

　　波瑪克薩司里斯當時在座，站起來從傑生的手裡奪走克拉蘇的頭顱，他說道：「現在該我來處理，這不是一個演員的責任。」國王看見這種狀況感到非常高興，認為波瑪克薩司里斯很識大體，將禮物贈給他，並且遵照帕提亞人的習俗，獎賞傑生這位藝人1泰倫。我們從而知道這種表演的方式非常低級，克拉蘇的遠征行動完全是一場悲劇。

　　不過，公正的神明最後還是懲罰海羅德的殘酷和蘇里納的偽誓。沒過多久，蘇里納由於功高震主為國王處死；海羅德的兒子帕科魯斯在一次會戰中被羅馬人擊敗，因而喪失性命[69]，他自己因傷心過度患病最後變得全身水腫，他的第二個兒子弗拉阿底(Phraates)開出毛茛給他服用，沒想到這種帶有毒性的藥物反而發揮功效，國王很快恢復健康，最後逼得弗拉阿底採取更迅速的方式，用弓弦將自己的父親絞死。

69　帕提亞國王之子帕科魯斯(Pacorus)於38B.C.率領大軍進犯敘利亞，安東尼的部將溫蒂狄斯
　　(Ventidius)立即進擊，賽里斯提卡(Cyrrhestica)原野進行會戰，羅馬人斬獲極其豐碩，帕科
　　魯斯陣亡，這場大捷能夠洗雪15年前克拉蘇的喪師辱國，帕提亞人在連續遭遇三次失敗以
　　後，只能固守米地亞和美索不達米亞的國境線。

第三章
克拉蘇與尼西阿斯的評述

1 在評述這兩位傳主的時候，如果我們要就尼西阿斯和克拉蘇的家產作一比較，首先我們應該知道，尼西阿斯是用誠信的方式得到這些財富。老實說就開礦獲利而言，對尼西阿斯也不見得非常適合，因為絕大部分礦工都是罪犯和蠻族，很多人帶著腳鐐從事開採的工作，喪生在與世隔絕和衛生條件極其惡劣的環境之中。我們要拿這種方式來與克拉蘇的查封和籍沒對比，甚至提到克拉蘇是用縱火獲得房契，相形之下尼西阿斯的錢財可以說是非常清白。

克拉蘇對上面這些手段都供認不諱，就像有些人從事農業或放貸生息一樣，只是在受到大眾的斥責，說他在元老院為了個人利益進行賄賂，傷害盟友，討好婦女或是縱容犯罪，這時他會一概否認。尼西阿斯從未受到這方面的指控，非但如此，大家還嘲笑他僅僅因為膽小怕事，送錢給那些以告發當作生計的人士，實在說他不可能成為伯里克利和亞里斯泰德這類的人物，因為他的性格最大的缺點是沒有安全感，所以在他來說是有其必要。甚至就是演說家萊克格斯對人民都會坦誠的承認；當他受到指控說他花錢收買一位證人的時候，他說他很樂意這樣做，長期以來只有這樣才能順利推行公務，不會受到告發者的干擾，何況他是送錢保平安而不是接受賄賂。

再者，尼西阿斯的各種支出比起克拉蘇更能表現出公益的精神，他最感自豪的事務是奉獻禮物給寺廟、主持各種體育活動和競賽、戲劇演出供應合唱團、以及將遊行的隊伍裝飾得富麗堂皇。克拉蘇的花費主要用於舉辦宴會，後來還供應糧食給數以萬計的民眾，這方面支出的數額非常巨大，比起尼西阿斯所有產業還要多得多。要是說克拉蘇的惡行與個人的習性是如此的前後矛盾和無法相稱，特別是像這樣一個例子，他用極其卑劣的的手段獲得錢財，然後不當一回事的任意浪費，任何人都會看走眼因而感到不可思議。

2 對於他們的從政如同他們的財產一樣要交代得清清楚楚，我在尼西阿斯的身上未曾發現有任何欺騙、偏頗和專權的行為，他可以說是亞西拜阿德陰謀詭計的受害者，從而知道他只要與雅典的人民打交道，總是保持小心翼翼如臨深淵的態度。提到克拉蘇則不然，經常善變以致敵友難分，為人處世不守誠信原則，為達目的可以不擇手段，諸如此類的行徑受到大家的譴責；就是他自己也沒有否認，為了當選執政官，甚至花錢僱人對杜米久斯和小加圖行兇。後來他在市民大會上面，為了保有指派的行省，發生的爭執造成很多人受傷，還有4個人因而被殺身亡，甚至他自己揮拳毆打公開反對的元老院議員盧契烏斯·安納留斯(Lucius Analius)，離開會場時頭上鮮血直流，在他的傳記中我並未敘述這件事。

要是說克拉蘇的暴行和擅權受到譴責，尼西阿斯的怯懦和欠缺男子漢的氣概，使得他對最卑賤的民眾還要百依百順，這種行為同樣為人所詬病；然而克拉蘇在這方面表現出崇高的精神和開闊的器度，他要與之競爭的對象，並非不入流的克里昂和海帕波盧斯，而是建立豐功偉業的凱撒和舉行三次凱旋式的龐培。事實上他從未降格以求，能夠挺身而出與這兩位分庭抗禮，被人民授與監察官的職位，甚至超越龐培擁有更人的權勢。一位政治家要有高貴的情操，關注國計民生的重大事務，不在乎是否引起民眾的反感，運用個人的才華克制外來的妒忌。

如果像尼西阿斯那樣，施政的作為是要達到安全和平靜的目標，無論是位於講台的亞西拜阿德、留在皮洛斯的拉斯地蒙人、還是在色雷斯的帕迪卡斯，如同芒刺在背使他感到畏懼，這時的雅典還有足夠的空間和機會，可以讓他退避三舍，面對所有的紛爭置之不理，如同一位詭辯家所說那樣，要拿「無為而治」來為自己編織一頂用於凱旋式的花冠。尼西阿斯一直盼望著和平，就一個希臘人來說，終止他們之間的戰爭，不僅是一個極其神聖的任務，也是一個充滿野心的使命。雖然克拉蘇的目標是要將羅馬帝國的疆域擴張到裡海或是印度洋，就這方面而言，他還是沒有資格能與尼西阿斯相提並論。

3 城邦之內能夠感覺到德行的重要，在於高居領導地位的掌權者，不要任用那些帶有惡意或喪失原則的人，不能將政權交給沒有能力的人，不可過分信賴那些缺乏誠信的人。然而尼西阿斯出於鄉愿的心理，擢升克利昂指揮一支軍隊，這個傢伙除了嗓門大和臉皮厚別無任何長處。實在說我並不願意讚許克拉蘇，但是他在與斯巴達卡斯的戰事中，不願讓人把他視為一個穩紮穩打的將領

而要採取積極的進剿行動，雖然他強調這樣做完全基於榮譽的要求，實際上是為了免得龐培搶走他的功勳，如同穆米烏斯攻占科林斯使得梅提拉斯功敗垂成一樣。

就這方面而言，尼西阿斯的作為可以說是不可原諒，因為他根本不想掌握機會，面對競爭的對手使自己獲得職位和優勢，從頭到尾一直相信這次遠征非常危險，為了保護個人的安全，留下共和國去面對未來的命運。想當年提米斯托克利在波斯戰爭中，為了不讓一個軟弱無能的傢伙出任指揮官，免得城邦陷入萬劫不復的地步，不惜花錢買通他放棄這個重要的職務。像是小加圖面臨最危險和最緊急的局勢，為了國家的利益堅守護民官的崗位，不再謀求更高的職務。尼西阿斯讓自己主持小規模的遠征行動，用來對付邁諾亞(Minoa)和賽舍拉(Cythera)這兩個城市，以及處境悲慘的米洛斯人(Melians)，要是有機會對拉斯地蒙人施以打擊，他會解下將領的斗篷，交給不懂兵法和盲從冒進的克利昂，還有艦隊、部隊、裝備和整個指揮權，加上所有的後勤設施和技術人員。我認為這種做法根本不顧慮個人的名譽，同時還忽略國家的利益和安全。後來雅典人還是通過提案強迫他參與西西里戰爭，主要是民眾對他非常信任，因為只有他很誠實的陳述這次冒險行動是多麼困難，要是考量到他不僅喜愛平淡的生活而且個性極其膽小怕事，就知道雅典完全喪失征服西西里可以獲勝的機會。

在另一方面，克拉蘇雖然經常懷著雄心壯志要去指揮軍隊作戰，除了奴隸戰爭發生以後，因為龐培、梅提拉斯和盧庫拉斯兩兄弟都不在國內，需要他出馬負起清剿的責任，就是這段期間使得他的權勢和聲望到達頂點，從此再也沒有這種良機。大部分人對他所抱持的看法，即使與他親近的朋友也難以否認，如同喜劇作家的詩句：

> 世間多勇士，
> 戰場無儔類。

不過，這種說法對於抑制羅馬人想要領導統御和揚名立萬的熱情，絲毫不會發生任何作用。雅典人對尼西阿斯的反對置之不理，還是選派他投身戰爭之中；克拉蘇違背羅馬人的意願，仍舊要領兵出征。結果是雅典使得尼西阿斯葬身異域，如同克拉蘇給羅馬帶來莫大的災難。

4 有充分的理由去讚揚尼西阿斯的言行，而不是爲了找出克拉蘇的差錯。
尼西阿斯是一位經驗豐富而且判斷正確的將領，他的同胞滿懷虛幻不實
的希望，然而對他絲毫不發生影響，使得他對於征服西西里這件事，在自己的心
中不存任何期許。另一方面，克拉蘇最大的失誤，在於將帕提亞戰爭視爲易如反
掌折枝。正當凱撒征服西方的高盧、日耳曼和不列顛的時候，這種成就使得克拉
蘇激起高昂的熱誠要去討伐亞洲，從他的行省向著東方和印度海前進，要完成龐
培的入侵行動和盧庫拉斯的最終企圖。這兩位雖然也與克拉蘇一樣心存同樣的計
畫，同樣相信所應採取的行動，但是他們卻具備行事審愼的性格和從不失誤的長
處。

如果說克拉蘇的帕提亞遠征受到一位護民官的反對，想當年龐培奉派出任同
樣的職位，整個元老院都反對他的軍事行動；等到凱撒擊敗30萬日耳曼人以後，
小加圖認爲他犯下背約的罪行，爲了贖罪起見提案是將他解交給被他打敗的敵人
去處置，羅馬人民在這個時候（他們難道會聽小加圖的話！）很高興享受15天的假
期；要是克拉蘇從巴比倫傳來大捷的信息，同時他從那裡向內陸前進，將米地亞
和波斯、海卡尼亞人、蘇薩和巴克特拉（Bactra），全部納入羅馬的行省之內，這
時可以知道他們會有什麼想法，以及他們會安排多天的假期來大肆慶祝？

優里庇德曾經說過，有些事情明知錯誤還是要去做，對於和平相處以及目前
到手的好處並不感到滿足；很多事件完全是橫加干涉才會造成不幸的結局，像是
門德（Mende）或斯坎迪（Scandea）的毀滅；或者是那些受到放逐的伊吉納人
（Aeginetans），他們如同被捕獵的鳥兒在逃走，等找到庇護地還要加以痛打；當
他們被趕出家園以後，即使有更爲豐碩的報酬也要置之不理才對。讓我們不要爲
著微不足道的代價，就將公理正義置於一邊，認爲這種行爲極其尋常而又普遍。
有些人稱讚亞歷山大大帝的軍事冒險，卻指責克拉蘇犯下大錯，他們是用結局來
判斷開始的行動。

5 有關實際的軍事作爲方面，尼西阿斯獲得很高的讚許，他經常在會戰中
擊敗敵軍，幾幾乎即將據有敘拉古整個城市，最後雖然發生全軍覆滅的
災禍，他在指揮上並沒有任何過失，即使基於道義也不必負起所有的責任，持平
而論他的健康欠佳會帶來相當的影響，還有就是那些在本國的同胞對他充滿嫉妒
的心理，才會帶來如此不幸的結局。

　　就另一方面而論，克拉蘇犯下很多錯誤，完全喪失可以掌握機運的餘地，帕提亞擁有的權勢使他成為愚行下的犧牲品，可以說是意料中事；當時的羅馬對外作戰始終是無往不利，帕提亞能夠占上風，才讓人感到不可思議。有人很審慎地提到這些都是天意所致，還有一些人對這種說法嗤之以鼻，這兩種觀點同樣有致命的缺失，困難之處在於我們想要推斷出那種結論；根據古老和一般的見解，說他最大的錯誤是太過於小心翼翼，對於這種說法我們大可不必理會，主要原因還是他的剛愎固執和違背兵法的原理原則。

　　不過，克拉蘇的死亡並未玷污他的名聲，因為他自己沒有投降，他的部屬沒有將他綑綁交給敵軍，也沒有中了對方的詭計而被俘虜，完全是他的幕僚力主求和以及敵人的不忠不義，才使他成為不幸的犧牲品；尼西阿斯抱著希望想要在喪失尊嚴和榮譽的狀況下逃走，以致死亡為他帶來更大的羞辱。

第十五篇
叛徒殺害者

第一章
塞脫流斯（Sertorius）

123-72B.C.，羅馬將領，追隨馬留，
在西班牙起兵反抗蘇拉，被叛徒所害。

1 在歷史的時間長流之中，運道和氣數的路徑無法捉摸，要是自動出現很多巧合之處，這也是無足爲怪的事。世間的事物可以說是無窮無盡，從如此多樣化的材料中，根據機率總是會出現類似的結果。

人們很喜歡蒐集所有的巧合事件，不論是他聽人說起或是閱讀得知，也會認爲這種工作是出於合理推斷的力量和未卜先知的本領。譬如，他們提到兩位顯赫之士的名字都叫阿蒂斯（Attis），一位是敘利亞人而另一位是阿卡狄亞人，都喪生在野豬的獠牙之下[1]。還有兩個叫做阿克提昂（Actaeon）的人，其中一位被他的狗群咬死，另外那位死於情人手中[2]。西庇阿家族出了兩位舉世聞名的人物，一位在戰爭中擊敗迦太基人，還有一位將他們連根剷除。特洛伊這個城市，第一次是被海克力斯占領，因爲勞米敦（Laomedon）答應送給他馬匹才願意這樣做；第二次遭到阿格曼儂的攻略，他的工具就是那個著名的木馬；第三次是查瑞迪穆斯（Charidemus），利用一匹馬倒斃在城門口的機會，使得特洛伊人無法很快關閉城門。愛奧斯（Ios）[3] 和西麥那（Smyrna）這兩座城市的名字來自討人喜愛的芳香植

1　鮑薩尼阿斯（Pausanias）的《希臘風土志》第7卷提到這個故事，說是利底亞人（Lydian）阿蒂斯被野豬殺死；另外還提到弗里基亞人阿蒂斯是一位美男子，自宮以後服侍自然女神西布莉（Cybele），從此宦官和太監都奉阿蒂斯爲始祖。至於阿卡狄亞的阿蒂斯沒有人知道他的事蹟。

2　阿卡提昂是亞里斯特烏斯（Aristaeus）的兒子，偷看狩獵女神阿提米斯（Artemis）出浴，被女神變成一頭雄鹿，遭自己豢養的獵犬殺死後吃掉。另外一位阿卡提昂是梅利蘇斯（Milessus）的兒子，科林斯人阿基亞斯（Archias）愛上他要將他劫走，他的朋友盡力援救，飛馳中摔落地面被拖死。

3　有人認爲愛奧斯是島嶼而不是城市的名字，一般而言，希臘的島嶼上面通常有一個同名的城市。

物，前者是紫羅蘭而後者是沒藥，據說詩人荷馬生於西麥那歿於愛奧斯。

　　同樣的例子還有很多，那些作戰最英勇的指揮官，特別是運籌帷幄的名將很多是「獨眼龍」；像是菲利浦、安蒂哥努斯、漢尼拔，和塞脫流斯等人。現在要寫出塞脫流斯的平生事蹟，我們可以據實以告，他比菲利浦更能節制對婦女的情欲，比安蒂哥努斯更能保持對朋友的忠誠，比漢尼拔更能表現對敵人的寬大，提起行動的審慎和判斷的正確，他比起上述幾位毫不遜色，至於運道和氣數只能敬陪末座。他的時運不濟而且手風不順，比起那些公開的敵人，天命難違一直是他最難制伏的對手。雖然他受到城邦的放逐，以外鄉人的身分統率一大群蠻族，面對精通兵法的梅提拉斯、英勇過人的龐培、無往不利的蘇拉，以及擁有莫大權勢的羅馬人民，仍然可以保持分庭抗禮的局面。

　　在所有希臘的將領當中，卡迪亞(Cardia)[4] 的攸門尼斯是可以與他相提並論的最佳人選，這兩個人對於用兵、作戰和謀略具備天生的本領，全都受到本國的放逐處分，在異鄉人當中獲得指揮大軍的權力。兩位都要與命運抗衡，然而末日的來臨是何其倉促，全都受到屬下的出賣和謀殺，他們過去領導這些叛徒戰勝敵軍。

2 奎因都斯‧塞脫流斯(Quintus Sertorius)是一位世家子弟，出生在奴西亞(Nursia)，這個城市位於薩賓人的國度。他的父親過世時他還年幼，就在寡母的呵護和教養之下長大，母親的名字叫做雷婭(Rhea)，塞脫流斯終其一生對她都極為敬愛。他在年輕的時候非常用心學習演講和辯護，由於他的口才極佳在羅馬獲得相當的名聲和影響力，後來他投筆從戎有出色的表現，參加戰爭有光榮的建樹，激起他的雄心壯志要向軍事方面發展。

3 他剛開始是在昔庇阿(Caepio)[5] 的麾下服務，正當辛布里人和條頓人入侵高盧的時候，羅馬人的接戰極其不利，被打得大敗而逃，他的軀體有多處受傷，損失胯下的坐騎，雖然如此他還能全副武裝游過隆河，忍受急流的沖

4　卡迪亞這個城市位於色雷斯‧克森尼斯(Thracian Chersonese)地區。

5　有的版本將這個名字拼成Scipio，但是最早的抄本是Caepio，所以全名應該是奎因都斯‧塞維留斯‧昔庇阿(Quintus Servilius Caepio)，105B.C.他與執政官瑪流斯‧麥克西穆斯(Mallius Maximus)，在阿勞西奧被辛布里人擊敗，損失8000人。

激，連胸甲和盾牌都沒有丟掉，可見他的體能是多麼的強壯有力。

第二次辛布里人和條頓人有數十萬之眾南下牧馬[6]，揚言要摧毀所有的抵抗使得寸草不留，就在羅馬人軍心不穩和號令難行之際，馬留負起統率大軍的責任，塞脫流斯奉命前去偵察敵軍營地。他穿上一套塞爾特人的服裝，熟悉他們通用的語言能夠進行日常的談話，混雜在這群蠻族之中，用眼睛仔細的觀察，聽取那些最重要的消息，對於他們的動靜瞭如指掌，然後向馬留回報，英勇的行動獲得將領親手賜予的獎賞。他在後續多次會戰之中，能夠充分發揮指揮若定的才華和驍勇善戰的本領，獲得不次的擢升和上官的信任。

等到辛布里人和條頓人的戰爭結束以後，他奉派到西班牙，在羅馬將領迪狄斯(Didius)的麾下出任軍事護民官[7]，指揮一支有一千名兵員的部隊。他們在卡斯突洛(Castulo)進入冬營，這個城市位於塞爾特布里亞人(Celtiberians)[8]的國度。士兵在此地享用充分供應的給養，言行變得極其傲慢而且縱飲終日不知節制。當地的居民對於羅馬人產生藐視之心，獲得鄰近的捷瑞西尼亞人(Gyrisoenians)[9]給予的協助，他們在夜間襲擊羅馬人的住所，很多人員受到殺害。

塞脫流斯帶著少許士兵離開城市，將其餘逃出的人員整頓以後集結起來，繞著城牆行進發現城門大開，所以捷瑞西尼亞人才能暗中進入，他鑑於前車之失不讓他們有逃脫的機會，就在城門配置一隊衛兵，然後占領整個城市，將所有及齡男子全部屠殺殆盡。他下令士兵放下自己的武器和脫去所穿服裝，換成蠻族的裝扮，要他們隨著他前往一個城市，從那裡來的蠻族對羅馬人發起夜間的襲擊。那些捷瑞西尼亞人看到來人身上的甲冑因而上了大當，他們認為是自己的朋友和同胞從事勝利的遠征回來，就打開城門出去迎接，不僅使塞脫流斯獲得大量俘虜，還有很多人在城門口遭羅馬人殺死，其餘人員全部被出售為奴。

6　第一次入侵是在羅馬建城649年即105B.C.；第二次是在三年以後。事實上，113年執政官帕皮流斯·卡波(Papirius Carbo)在諾利孔(Noricum)的諾里亞(Noreia)，已經初嘗敗績。

7　97B.C.迪狄斯以卸任法務官的身分到近西班牙行省出任總督。

8　塞爾特布里亞人是塞爾特人一個部族，居住在近西班牙的山地區域。

9　從來沒有人聽過捷瑞西尼亞人這個名字，可能是塞爾特人一個名叫歐瑞西亞(Orisians)的部落，塞勒流斯(Cellerius)曾經提過這個蠻族，作戰非常英勇。

4 這次作戰行動使得塞脫流斯在整個西班牙成爲名聞遐邇的人物，很快他
奉召返回羅馬，指派爲山內高盧（Cisalpine Gaul）[10] 的財務官，這正是整
個國家處於風雨飄搖的時刻，爆發馬西人的戰爭[11]。塞脫流斯受命徵召兵員和供
應武器，他執行任務不僅勤勉而且敏捷，那些與他同齡的官員在對比之下，顯得
軟弱無力且又怠惰遲緩。他獲得極其響亮的名聲，大家認爲他這一生會有卓越的
建樹。雖然他已經擁有將領的職位，但是從不放棄一位士兵的職責，令人感到驚
訝之處是他事必躬親，從不爲自己找任何藉口，參加所有的激戰都能身先士卒，
以致喪失一目成爲「獨眼龍」。

他對這件事感到自豪，說是其他人不像他有這樣顯著的記號，可以成爲作戰
勇敢的標誌，那就要經常用手撥弄掛在頸子上的金項鍊，舉起或戴上發給他們表
彰勇士的長矛或冠冕。然而「獨目」對他而言，可以說是無上光榮的紋章，也是
勇冠三軍的明證，終其一生都要與他長相左右。任何人只要看到他的殘疾同時就
會承認他的功績。民眾對他的態度非常尊敬，當他進入劇院的時候，大家鼓掌發
出熱烈的歡呼，即使是功成名就的人士也很少遇到這種場面。雖然他受到人民的
愛戴，等到他競選連任護民官，受到蘇拉派的反對失去這個職位，讓他感到非常
難過，這是他後來敵視蘇拉最主要的原因。

馬留被蘇拉擊敗逃到阿非利加[12]，接著是蘇拉離開意大利發起對米塞瑞達底
的戰爭[13]。羅馬的兩位執政官屋大維烏斯和辛納不和，屋大維烏斯仍舊堅持蘇拉
的路線，辛納想要改變現狀，準備讓馬留恢復已失去的權利。塞脫拉斯參加辛納
的陣營，特別是他看到屋大維烏斯的能力不足，還對馬留的朋友產生猜忌之心。
等到這兩位執政官在羅馬廣場發生一場激戰，屋大維烏斯獲勝，辛納和塞脫流斯
損失至少1萬人馬以後，被迫離開城市。這時還有很多士兵分散在意大利各地，

---

10 羅馬共和國時期，羅馬人稱爲高盧（Gaul）的地區，是指意大利盧比孔（Rubicon）河以北，庇
利牛里（Pyrenees）山以東、萊茵（Rhine）河以西，直到北海和大西洋的蠻荒之地。這個區域又
以阿爾卑斯山為界，分為山外高盧（Gallia Transalpina）和山內高盧（Gallia Cisalpina）（簡稱外
高盧［Gallia ulterior］和內高盧［Gallia citerior］）；山內高盧再以帕度斯（Padus）即波河（Po）為
界，分為河南高盧（Gallia Cispadana）和河北高盧（Gallia Transpadana）。

11 羅馬在意大利的盟邦為了爭取市民權，90-88B.C.進行的社會戰爭。

12 羅馬建城666年即88B.C.，馬留戰敗失去羅馬，被放逐到阿非利加。

13 87B.C.蘇拉和米塞瑞達底的將領在皮奧夏（Boeotia）接戰，消息傳到羅馬，引起兩位執政官的
不和，造成黨派的傾軋，整個城市陷入爭權奪利的惡鬥。

他們徵召這群人組成一支實力強大的部隊，在很短期間內完成整備要與屋大維烏斯決戰。

5 馬留從阿非利加渡海前來投奔辛納[14]，就像一個普通士兵接受執政官的指揮。他們這邊大多人願意接受馬留的效命，只有塞脫流斯表示反對，一方面他認爲馬留是作戰經驗非常豐富的將領，會搶去他的光彩和表現的機會；另方面他害怕馬留在獲得勝利以後，無法控制的憤怒和報復帶來的暴力行爲，將使所有的善後工作形成一片混亂。塞脫流斯對辛納堅持自己的立場，特別提到勝利即將來到，所有的工作都已完成，要是他們同意馬留加入，戰爭的光榮和利益會被他攫走，而且這個人很難打交道，無法相信他會與別人共享權力。

辛納的回答說是塞脫流斯的判斷相當正確，他自己的做法非常失策，等到他派人邀請馬留前來共體時艱以後，現在已經沒有理由拒人於千里之外。塞脫流斯對於這方面有自己的看法，於是他特別提及馬留前來意大利完全是爲自己打算，

因此他自己必須審愼考量未來的出處，要怎樣做才給國家謀求最大的利益。辛納在提出邀請以後，現在不應該再有任何疑慮，從而出現很多節外生枝的問題，所以辛納不僅要光明正大的接納馬留，還要盡量運用他的長處和優點，只要他提出的諾言一旦通過大家的審核，再也沒有討價還價的餘地。辛納派人通知馬留，軍隊編成爲三個部分，分別由辛納、馬留和塞脫流斯指揮。

戰局的進展順利即將接近尾聲[15]，辛納和馬留所運用的手段極其傲慢而且殘酷。羅馬人認爲戰爭雖然邪惡，要是與戰後的狀況對比可以說是黃金時代。塞脫流斯的做法則大相逕庭，他從來沒有爲報復個人的私怨而濫殺一人，也沒有侮辱任何一位被他打敗的敵手，他不在乎冒犯馬留的虎威，還私下懇求辛納運用權力要能節制。等到馬留在意大利登陸，就讓奴隸獲得自由可以加入軍隊以擴大聲勢，使得他們不僅成爲共患難同生死的戰友，同時在他篡奪權位以後充當他的私人衛士。這些奴隸[16]受到他的重用所以才能發財，擁有很大的權力，犯下各種十

14　馬留從阿非利加帶來的部隊僅有1000多人，主力是騎兵，等到他在伊楚里亞(Etruria)登陸以後，將自由權賜給奴隸，還吸引很多牧人投效，很短期間組成一支實力強大的軍隊，人數之多可以裝滿40艘船。

15　蘇拉的黨派和元老院停止抵抗，羅馬開城投降。

16　這批奴隸軍稱爲Bardyaei，名字的含意已不可考，進入羅馬發起5天5夜的殺戮，死者包括元

惡不赦的大罪，殺害自己的主人，強姦主人的妻子，蹂躪主人的子女，有些是在馬留的指使和認可之下，還有一些是出於他們的無法無天。種種令人髮指的狀況使得塞脫流斯無法忍受，於是他下令要士兵將這群奴隸包圍起來，然後用標槍將他們一一射殺，整個隊伍無一倖免，死亡人數多達4000名之眾。

6　馬留過世以後，沒多久辛納遭到殺害[17]，小馬留不顧塞脫流斯的反對，違背法律的規定，使得自己成為執政官[18]。蘇拉在進軍羅馬的途中，卡波、諾巴努斯（Norbanus）和西庇阿的攔阻不能發揮作用，失利的主要原因在於指揮官的怯懦和疏忽，還有就是黨派成員的背叛。要是負主要職責的首領不能審慎從事，所有的行動都會出差錯，塞脫流斯認為即使自己在場也無法力挽狂瀾。後來蘇拉將營地緊靠西庇阿設置，假裝要與他建立友誼，讓他存著簽訂和平協定的希望，好讓他的軍隊喪失鬥志易於收買[19]，雖然塞脫流斯一再向他提出警告，西庇阿像是對這些事漠不關心。最後塞脫流斯對羅馬完全感到失望，火速趕往西班牙先期加以占領，使得在家鄉慘遭不幸的友人，能夠找到安全的庇護地。

經過崎嶇的山地行程遇到惡劣的天氣，當地的居民阻擋他們的行動，要求來人拿出一筆錢才能平安通過，他們聽到以後感覺受到羞辱極其憤怒，羅馬的卸任執政官竟然要向卑賤的蠻族支付買路費。塞脫流斯對這件事不以為忤，認為當地的蠻族只是態度缺乏禮貌而已，同時他告訴大家必須用錢買到時間，當務之急是不惜代價盡速去完成重大的使命。於是他花錢去安撫蠻族的居民，能夠迅速趕路將西班牙掌握在手中。

西班牙是個物產豐富而人口眾多的國度，有大量及齡男子可以徵召入伍，長久以來羅馬派駐的總督不僅傲慢而且貪婪，使得他們逐漸憎恨羅馬的統治權力。他與貴族的來往很快獲得他們的擁護，減免稅賦也讓民眾對他有良好的印象，最得人心之處還是不要居民為士兵安排住處，他下令部隊不得在城市過多，要將營

（續）─────────────────

　　老院議員50餘人和騎士階級1000多人，後來這筆帳全算在馬留頭上。
17　馬留去世是羅馬建城668年即86B.C.；辛納亡故是在84年，謠傳他害死龐培，引起眾怒要施加報復，他知道大事不妙，逃走途中被一位百夫長所殺。
18　小馬留出任執政官是在82B.C.。
19　蘇拉用20個支隊作為誘敵的工具，使得敵軍的40個支隊落入他的圈套，然後率領他們一起返回他的營地。

地開設在郊區，他自己以身作則，中軍大帳的四周沒有城牆的保護。他並不是一廂情願靠著對居民的施恩討好，對於住在這個國度的羅馬人，只要是及齡男子全部武裝起來，開始著手建造船隻和各種投射機具，用這種方式使得所有的城市都服從他的命令。他在和平時期處理所有的公務都表現出溫和的態度，其間對於戰爭有周詳的準備不會讓敵人越雷池一步。

7 傳來信息說是蘇拉已經奪取羅馬[20]，馬留和卡波領導的派系面臨絕滅的命運，塞脫流斯預判蘇拉會派將領率領大軍很快前來討伐，因此他要朱理烏斯‧薩利納托(Julius Salinator)立即率領全副武裝的士兵，前去加強和守備庇里牛斯山的各處隘道。不久蘇拉果真命令猶該斯‧安紐斯(Caius Annius)出征，等到發現朱理烏斯據守要點難以攻破，頓兵在山麓下方不遠之處可以說是一籌莫展。有一位名字是卡普紐斯(Calpurnius)而綽號叫做拉納流斯(Lanarius)的傢伙，背叛朱理烏斯並且將他殺死，所屬的士兵只有棄守庇里牛斯山的高地；該猶斯‧安紐斯指揮大軍趁勢進擊，竭盡努力想要拒止他長驅直入的守軍，全部被他趕走。

塞脫流斯的兵力不足無法與來犯之敵進行會戰，只有率領3000人馬退到新迦太基(New Carthage)[21]，從那裡登船渡過大海抵達阿非利加，等到接近茅利塔尼亞海岸，那些上岸打水的人毫無戒心在四處開逛，土著發起襲擊有很多人遭到殺害，新發生的災難迫得他只有回航西班牙，他在那裡還是接連敗北，後來有些西里西亞的海盜加入陣營，他們得以航向彼提沙(Pityussa)島，登陸以後擊敗安紐斯配置在該地的守備部隊。

不過，沒等多久，安紐斯率領一支龐大艦隊和5000名兵員進行掃蕩，塞脫流斯擁有的船隻建造得不夠堅固，行駛起來輕巧而且快速，準備要與對手在海上決戰。洋面突然颳起一陣猛烈的西風，他有很多船隻在岸邊觸礁沉沒，只有他的座艦和少數戰船得以倖免，狂暴的天氣逐漸將他們帶往外海，而且敵軍的勢力使得他們不敢登陸，一共有10天之久，在白浪滔天的波濤之中飽嘗顛沛流離之苦。

20　蘇拉獲得科林尼門(Colline)會戰的勝利占領首都，是在羅馬建城672年即82B.C.。
21　新迦太基是迦太基人所建殖民地，位於西班牙東南海岸，是向歐洲大陸發展的基地和跳板。

8 他的敗逃歷盡艱辛，等到風暴停息下來，這時他們到達的海域散布荒涼的島嶼，連飲水都無法獲得，在該地度過一個夜晚，再度向著外海行駛，通過卡地茲(Cadiz)海峽以後繼續前進，保持西班牙海岸在他的右手方向，進入貝蒂斯河河口不遠處登陸，這條河注入大西洋還用它的名字來稱呼西班牙這個區域。他在那裡遇到一些水手，剛剛來自位於大西洋的兩座島嶼[22]，中間被一條窄狹的水道分開，距離阿非利加海岸大約有1萬弗隆。

他們將這個群島稱之為布勒斯特(Blest)即「幸福」之意；該地的雨量稀少而且雨勢不大，大部分地區吹著柔和的微風，帶來陣陣輕盈的霧氣，土壤非常肥沃適合種植各種作物，無須栽培就能生產無數碩大而美味的水果，使得當地居民的糧食不致匱乏，享受無憂無慮和輕鬆愉快的生活。一年到頭都是溫暖的季節，氣候的變化非常緩和，晴朗的天空讓人感到愉悅，強勁的北風和東風從歐洲和非洲的海岸颳過來，在到達島嶼之前，它的力道在廣闊的空間中逐漸消失，柔和的西風和南風在吹拂的過程中，有時就會產生來勢緩和的間歇陣雨，這是從海洋中帶來的水分，平常的日子靠著潮濕的空氣和豔陽的高照，使得土壤涼爽肥化更為容易。即使蠻族都深信這是「至福之地」，也是備受荷馬讚許的Elysian Fields即「極樂世界」[23]。

9 當塞脫流斯聽到這番話的時候，對於這個群島流露出極其強烈的嚮往之心，想要帶著他們前往那個地方，在和平與寧靜的環境中生活，不再受到敵人的迫害，可以脫離沒完沒了的戰爭。西里西亞的海盜毫無遺世遠遁的念頭，一心只要劫掠財物，等到發覺塞脫流斯懷有這種企圖，馬上將他丟在一邊向著阿非利加開航，要去幫助伊弗薩(Iphtha)之子阿斯卡利斯(Ascalis)，光復失去的茅利塔尼亞王國。他們突然離開並沒有使塞脫流斯喪失勇氣，決心要去助阿斯卡利斯的敵人一臂之力，他相信即將執行的冒險行動會使士兵團結起來，可以感受到新的希望，就會用行動創造出新的局面。

他抵達茅利塔尼亞受到摩爾人的歡迎，立刻不失時機與阿斯卡利斯發起會

22　這就是加那利(Canary)群島，原是西班牙的殖民地，後來成為兩個省，兩個大島是瑪迪拉(Madeira)和桑多港(Porto Santo)，相距約70公里。

23　可以參閱《奧德賽》第4卷第563-568行。

戰，在戰場打敗這位敵手再實施圍攻。蘇拉派遣帕西阿努斯(Pacianus)帶著實力強大的援軍前來解圍，結果被塞脫流斯殺死在戰場，部隊全部落到他的手裡。接著塞脫流斯攻占廷吉斯(Tingis)[24]，阿斯卡利斯和他的兄弟逃到這個城市尋求庇護。

阿非利加人提到安提烏斯(Antaeus)[25]過世後安葬在此地，塞脫流斯不相信當地居民的說法，就是安提烏斯的軀體極其魁梧，於是挖開墳墓量裡面的骸骨，竟然長度達六十肘尺[26]，他看到以後大驚失色，趕快奉獻祭品並且重新整修墳墓，這樣一來他不僅相信有關安提烏斯的傳說，還對這位神話人物表達尊敬和崇拜之意。阿非利加人說是安提烏斯逝世以後，他的妻子廷加(Tinga)與海克力斯同居，生下一個兒子叫做索法克斯(Sophax)，成為這個地區的國王，就將首都取上他母親的名字。

戴奧多魯斯(Diodorus)這個偉大的征服者是索法克斯的兒子，他從海克力斯所建立的殖民地，徵召歐比烏斯人(Olbians)和邁森尼人(Myceneans)組成一支希臘人的軍隊，使得大部分的利比亞部族成為他的臣民。上述這些傳說因為朱巴(Juba)[27]王的緣故我曾經提及；要知道在所有的君王當中朱巴是最偉大的歷史學家，據說他的祖先來自古老的戴奧多魯斯和索法克斯。

等到塞脫流斯成為這個國度擁有絕對權力的主人，對於那些仰賴他的民眾行事非常公正，凡是敵人只要歸順就既往不咎。他把財產、城市和政府都還給他們，除了他們心甘情願的奉獻，他可以說是一介不取。

---

24 希臘原文是廷吉尼(Tingene)，按照斯特拉波(Strabo)的說法，蠻族將這個城市叫做廷加，阿提米多魯斯(Artemidorus)和伊拉托昔尼斯(Eratosthenes)的稱呼分別是林加(Linga)和黎克薩斯(Lixus)。

25 神話中居住在利比亞的巨人，是海神波塞登(Posideon)和大地女神蓋亞(Gaia)之子，善於角力戰無不勝，敗者被他殺死，最後遇到海克力斯知曉他的秘密，故能制他於死地。

26 一肘尺的長度相當於50公分，所以這個巨人的身高有30公尺。

27 朱巴從50B.C.開始就是努米底亞(Numidia)和蓋吐利亞(Gaetulia)國王，內戰中支持龐培，塔普蘇斯會戰失敗後自殺身亡，王國改為羅馬行省，他的兒子朱巴二世被凱撒帶到羅馬，接受完善的教育，成為當代最有名的歷史學家。

10 他正在考量如何轉用手上所擁有的武力之際，露西塔尼亞人 (Lusitanians)[28]派遣使者提出邀請，希望他能出任他們的將領；因為他們需要一位在戰爭中建立名聲和深具經驗的指揮官，率領他們對抗羅馬令人敬畏的權勢。這些人非常肯定他的分量和成就，認為只有他會關心他們所遭遇的狀況。據說塞脫流斯的個性耿直絕不遷就，無論是恐懼或愉悅都難以讓他屈服，在逆境和危險中表現出大無畏的精神，即使一帆風順也不會擺出趾高氣揚的態度。面對敵軍要勇往直前的戰鬥，在塞脫流斯那個時代沒有任何一位指揮官比他更為勇敢和大膽，不論在任何地方從事戰爭他總是強調謀略、安全和奇襲。如果說任何堅強的陣地必須確保無虞，或是任何險要的隘路必須盡快奪取，為的是要欺騙和誤導敵軍，就手段的狡黠和技巧的熟練而言，沒有人能有資格與塞脫流斯一較高下。他的出手極其大方慷慨，任何人只要在戰爭中有良好的表現，他就賜給豐碩的報酬和授予更高的職位，然而他對於犯罪的懲罰力求寬大與溫和。

說到他在生命的末期，對於西班牙人質的處置不僅草率而且殘酷，這倒是確有其事，從而獲得的論點是他的天性並不仁慈，僅僅當成一件外衣用來欺騙世人，他在運用的時候充滿心機，完全根據當時的狀況和環境的需要。我個人的看法，認為純粹的美德建立在理性和判斷的基礎上面，無論出現任何不幸和災難，都不會曲解或轉變到對立的方面，也就是說使美德換成惡行。然而我認為有時也會出現這種可能，當不幸和災難帶來無法忍受的壓力，善良的性向和美好的氣質會因運道的乖戾，使他們的脾氣隨之產生變化。我相信就塞脫流斯所發生的狀況而言，當前途已經喪失希望，面臨的災難使得他怒火中燒，那些傷害他或是背叛他的人，難免要受到嚴苛的報復。

11 露西塔尼亞人獲得塞脫流斯的效力，於是他離開阿非利加，抵達以後被他們任命為將領擁有絕對的權力，下令徵兵組成軍隊，征服西班牙的鄰近地區，他那仁慈和英勇的聲名贏得人心，使得大部分的部族願意自動歸順。在某些狀況之下，他運用狡猾的計謀作為說服的手段，能夠發揮最大的影

---

28 露西塔尼亞人是居住在西班牙西部地區的一個塞爾特人部族，這個區域相當於現在的葡萄牙。

響力。如同下文所提到的幼鹿，並不是唯一的例子[29]。

斯巴努斯(Spanus)是住在當地的一位鄉下人，有次偶然遇到一隻剛生產過的母鹿躲避獵人的追捕，他看到幼鹿長著乳白色的皮毛非常可愛，就留了下來讓母獸逃走。這時正好塞脫流斯駐紮在附近，非常高興接受居民所送的水果、家禽和獸肉，還很慷慨給予適當的報酬。這位鄉下人就將幼鹿送給他，塞脫流斯當成禮物收下，看到頭一眼就感到很高興。過了一段時間，這個動物是如此的柔順和馴服，聽到他的召喚就會跑過去，無論他到那裡都會在後跟隨，忍受軍營的嘈雜和叫囂。塞脫流斯了解到未開化民族充滿迷信的習性，逐漸他將這件事渲染成超自然的奇蹟，說是黛安娜將這隻幼鹿贈送給他，能夠揭露出很多不可告人的秘密。

他還添油加醋發揮更大的作用，無論任何時間如果他在私下獲得情報，像是在他控制之下的地區，有敵軍入侵其中任何一個部分，或是想要煽動任何一個城市發起叛變，他會假裝這是幼鹿在他睡覺時用託夢的方式把信息通知他，或者指示他要讓他的部隊保持待命的狀態。如果他獲得通知說是他手下的將領贏得一次大捷，他藏起信差不讓人看見，然後將頭上插著花朵的幼鹿帶到前面，說是非常高興有好消息即將到來，鼓舞大家激起歡樂的情緒並且向神明奉上祭品，他們很快會蒙受上天的賜福，獲得作戰的成功和勝利。

12 他運用這些伎倆使得民眾更加馴服，在各方面都會唯命是從。現在他們認為不是在一個外鄉人的領導之下，而是聽令於神明的指示，更有甚者是他們相信這些證據，塞脫流斯的權勢不斷高漲，已經超過他的預期和想像。他基於個人的名望徵召到2600名羅馬人，還有初次隨著他登陸進入露西塔尼亞的700名阿非利加人，會合由露西塔尼亞人組成的4000名盾牌兵和700名騎兵；他率領這批人馬發起戰爭，先後對抗4名羅馬將領。這些將領指揮的部隊，共有12萬名步卒、6000名騎兵，以及2000名弓箭手和投石手，還有無數的城市在他們的統治之下；這時塞脫流斯擁有的市鎮沒有超過20個。

塞脫流斯在開始的時候實力是如此弱小和不足，崛起以後征服人口眾多的國家，占領數量極其龐大的城市，為了對付那些派來討伐他的羅馬指揮官，他在一

29　塞脫流斯仿效馬留的伎倆；20世紀以前，民智未開，無論中外的將領，在戰場使用各種迷信和宗教的手段，真是屢見不鮮。

場海戰中擊敗科塔(Cotta)，地點是在梅拉里亞(Mellaria)附近的水道之中；接著
又在貝蒂斯河的岸邊將貝蒂卡(Baetica)[30] 的總督弗菲狄斯(Fufidius)打得大敗而
逃，損失2000名羅馬人。盧契烏斯·杜米久斯(Lucius Domitius)是西班牙另外一
個行省[31] 代行執政官頭銜的總督，被他的一員副將所擊敗。梅提拉斯派索拉紐斯
(Thoranius)[32] 擔任指揮官，率領一支兵力強大的部隊前來搦戰，結果被殺身亡；
梅提拉斯本人雖然是羅馬名將立下不世的功勳，屢戰屢敗僅以身免，已陷入山窮
水盡的地步；盧契烏斯·曼留斯(Lucius Manlius)從納邦高盧(Narbonese Gaul)[33] 行
省發兵前來救援，龐培大將奉派從羅馬率領一支戰力甚強的部隊，火速進軍挽回
危局。

　　梅提拉斯根本不知道在當前的戰爭中，如何應付像這樣一位驍勇而又準備充
分的指揮官。塞脫流斯不斷對他進行騷擾，始終不願與他進行決定性的會戰，主
要是塞脫流斯麾下的西班牙士兵，他們具備行動快捷和反應機警的特質，能夠適
應和配合任何環境的改變。梅提拉斯對於會戰有豐富的經驗，運用的部隊是正規
的軍團士兵，全副武裝按照戰鬥序列排成一個四平八穩的重型方陣[34]，他們經過
嚴格的訓練，發揮整體力量向著敵人戰線進擊，實施近接作戰用單兵搏鬥擊敗當
面的敵軍。羅馬人的戰鬥編組完全不適合在高原區域攀登，去與那一群行走如飛
的山地人爭強鬥勝，何況對手的攻擊和退卻是如此的敏捷和飄忽不定。他們不如
蠻族能夠忍受飢餓和乾渴，要是缺乏篝火和帳篷，就無法生活在凜冽的寒風和嚴
苛的氣候當中。

30　這裡的貝蒂卡是指遠西班牙行省，得名來自貝蒂斯(Baetis)河，就是現在的瓜達爾基維爾
　　(Gaudalquivir)河。

31　羅馬人將西班牙分為兩個行省，就是近西班牙(Hispania Citerior)和遠西班牙(Hispania
　　Ulterior)。弗菲狄斯是以卸任法務官的身分出任遠西班牙行省的總督；另外一個行省是指近
　　西班牙。

32　歷史學家弗洛魯斯(Florus)在他的作品中將這位將領稱為索流斯(Thorius)。

33　羅馬建城633年即121B.C.，羅馬人征服隆河地區的阿羅布洛及斯人(Allobroges)，在外高盧
　　建立納邦高盧行省，這也是羅馬人第一個行省，以首府納邦而得名，今天法國南部的普羅旺
　　斯(Provence)就從Provincia即「行省」這個字轉變而來。

34　王政時期或共和國早期的軍團，作戰時排成方陣，有5、6列的縱深，形成一條完整的戰線。
　　到4世紀B.C.，採用分連制度，軍團的步兵編成10個支隊，每個支隊3個連隊，每個連隊有2
　　個百人隊；軍團可以排成三線，相互錯開成梅花形，正面的空隙得到掩護，這種隊形給個別
　　的士兵較大的戰鬥空間，散開容易，便於支援第一列的戰鬥。所以梅提拉斯編成重型方陣，
　　違背羅馬的戰法，武器也不適合，缺乏長時間的訓練，根本無法有效運用。

13 更有甚者，梅提拉斯的年事已長，在歷經許多次慘烈的戰事和危險的搏鬥之後，現在一心一意嚮往安逸而奢華的生活；反之他的對手正值精力旺盛的壯年，身體的狀況非常適合戰爭的需要，擁有強健的體魄、積極的精神和節制的習性，經過不斷的磨練能夠忍受極其辛勞的工作，可以實施困苦的長途跋涉，經常幾個晚上得不到睡眠，滿足於非常粗糙的飲食，供應的分量不足以充飢，甚至就是戎馬倥傯之際稍有空閒，他也是滴酒不沾。只要有一點閒暇的時間，他都用來狩獵和騎馬到處巡視，所以他對當地的狀況極其熟悉，知道在大軍敗退的時候，可以運用那些道路逃走，或是用來趕過或是攔截敵人的追擊行動；還獲得非常完整的地理知識，明瞭那些地區可以進入或是繞路通過。

這樣一來，即使梅提拉斯對戰鬥抱著莫大的熱誠，要想使被他擊敗的敵人無法逃脫殲滅的命運，就當時的情況來看也是無法達到的企圖；塞脫流斯雖然拒絕與敵人在戰場上決一勝負，倒是像一個征服者能夠在各方面占有上風。塞脫流斯運用的手段是阻止敵人獲得糧食和切斷水源。如果羅馬人要進軍清剿，他就躲藏起來讓他們無法找到；如果他們停留在某個地點開始紮營，他不斷進行騷擾和恐嚇；如果他們圍攻任何一個城鎮，他馬上現身實施反包圍，讓對手陷入無法獲得供應的困境。運用這種方式使得羅馬軍隊疲困不堪之後，塞脫流斯向梅提拉斯下戰書要進行單人搏鬥，兩軍都極力贊同認為這是非常公平的解決之道，不僅是羅馬人也是將領之間的廝殺，等到梅提拉斯拒絕塞脫流斯的挑戰，大家都對他交相指責，梅提拉斯對這件事抱著嘲笑和不以為然的態度，這方面倒是很有道理，狄奧弗拉斯都斯(Theophrastus)說得好，將領之死有重於泰山，不應像一個列兵輕言犧牲。

他發覺朗格布瑞提(Langobritae)這個市鎮對塞脫流斯大力鼎助，只要圍攻者據有郊區的水源，城牆裡面沒有一口井的狀況下很容易奪取。於是他向著該城進軍，認為只要切斷水源，預料會在兩天之內可以攻占，因此下令他的士兵僅帶5天的糧食。然而塞脫流斯決定火速派軍前往救援，下令將2000個羊皮袋裝滿水，凡是出力背負的人可以獲得相當的報酬，很多西班牙人和摩爾人願意從事這項工作，他從中間選出身強力壯和健步如飛的人，派遣他們經過山區抵達城市，等到將水袋放下以後，同時要求他們暗中將那些在圍城之中，無法發揮作用的民眾帶出來，好讓送進去的水足夠守軍飲用。

梅提拉斯知道此事以後感到極其焦慮，因為他的士兵即將耗盡所帶糧食，於

是他派遣阿奎努斯（Aquinus）率領6000人馬，到處搜集和尋找新的補給來源。塞脫流斯注意這支部隊的動向，就在阿奎努斯返回的路旁設下埋伏，將3000名士兵部署在樹叢密布的河床裡面，準備攻擊敵軍的後衛。這時他自己先身士卒施以迎頭痛擊，殲滅一部敵軍，其餘人員成為俘虜，只有阿奎努斯喪失戰馬和兵器以後倖免於難。梅提拉斯被迫在羞辱狀況下解圍而去，撤退之際飽受西班牙人的訕笑和藐視。

14 塞脫流斯在蠻族當中推行紀律和服從，使他備受當代人士的讚譽，同時他改變他們那種有勇無謀的作戰方式，還讓他們使用羅馬人的鎧甲，要保持戰線和隊列的完整，遵守信號和口令，他竟能將一大群盜賊出身的烏合之眾，用兵法部勒成為一支紀律嚴明訓練有素的軍隊。他將黃金和白銀賜給他們，好用來裝飾頭盔，鍍成金光閃閃的樣子，讓他們的盾牌精工打造出各種浮雕和章紋，給他們規定服制好穿著刺繡的外衣和斗篷，他不僅提供所需的費用，還參加所有這些改革的工作，從而贏得蠻族全心全意的歸順。

不過，讓他們最為欣喜的事，莫過於塞脫流斯對他們的子女照顧得無微不至[35]。他要各部落那些出身高貴的家庭，將他們的男童送到他那裡，然後全部安置在一個叫做奧斯卡（Osca）[36] 的大城，他指派老師教導他們希臘和羅馬的課程，特別答應等到這些兒童成人以後，有足夠的知識可以與他共享統治的權力，管理政府的施政工作，雖然他是拿這個作為藉口，實際上是將他們當作人質。不過，他們的父親很高興看到這些小孩每天很守秩序去上學，穿著很漂亮的長袍還鑲著紫邊，塞脫流斯幫他們付脩束，經常給他們測驗和考試，優勝的人員獲得獎賞，用黃金製作球狀雕飾送給他們掛在頸上，羅馬人將這種飾物稱為bullae。

西班牙有一種習俗，當一位將領在戰場被殺，那些在他身旁的人員要激戰到底，直到全部犧牲為止，他們將這種行為稱之為「赴難」或「偕亡」[37]。有些將

35　亞歷山大征服波斯以後，為了加強族群的融合，建立親密的關係，遠征期間免除後顧之憂，選出3萬波斯男孩，教授希臘語文，運用馬其頓訓練方式讓他們精通各種武器。後來引起馬其頓人惶惴不安，帶來很多問題和煩惱。

36　這是位於庇里牛斯山山區的城市，易守難攻形勢險要，現在的名稱是胡斯卡（Huesca）。

37　凱撒在《高盧戰記》第3卷提到高盧人的酋長和戰士，經常訂立生死與共的權利義務關係，稱之為Soldarii。

領擁有相當數量的衛士或侍從，塞脫流斯卻有數以千計的追隨者，他們發誓要為他流血犧牲，死而後已。據說他的軍隊在西班牙一個城市附近進行防衛作戰，敵軍有強大的實力將他們制壓在陣地以至於動彈不得，這些西班牙人奮不顧身，全部擁上來搶救塞脫流斯，他們用肩膀把他抬起來，一個接一個向後傳遞，直到將他送進城市，他們要等將領脫險以後才會考慮本身的安全。

15 不僅是西班牙人對他忠心耿耿，就是從意大利來的羅馬士兵也願意為他效命。帕平納‧溫托(Perpenna Vento)與塞脫流斯是同一個派系，帶著巨額錢財和大批部隊來到西班牙，為了本身的利益著想，要用作戰行動來解決他與梅提拉斯的爭執，然而他的士兵反對這種做法，不斷向塞脫流斯談起他們的不滿，這樣一來使得帕平納有受辱的感覺，因為他一直在吹噓自己有顯赫的家世和傲人的財富。當他們獲得信息說是龐培正在越過庇里牛斯山，士兵拿著武器和舉起隊標，要求帕平納領著大家去投靠塞脫流斯，提出威脅的言辭如果他拒絕接受，他們就會放棄他逕自前往，塞脫流斯的指揮才華可以發揮防衛的能力，大家在他的麾下服務才能打出一條生路。帕平納處於這種狀況之下只有屈服，等到他們會合以後整個兵力增加到53個支隊[38]。

16 現在厄波羅(Ebro)[39] 河這邊的所有城市，把全部的實力集結起來置於他的指揮之下，人群從四面八方前來投效，使得軍隊的編組變得格外龐大。等到他們對於待機和持久失去耐心，一直在叫囂要攻擊敵人，所暴露的缺點非但是缺乏作戰經驗，暴虎馮河的冒進給塞脫流斯帶來很多麻煩。他在開始的時候舉出很多理由和良好的意見，想要約束他們的衝動，等到發覺這些蠻族不僅難以駕御，而且一切都付諸毫無理性的暴力行為，最後他對這種暴烈的欲望束手無策只有讓步，允許他們與敵軍接戰，認為最好能產生這種結果，那就是他們被擊退而不是全軍覆沒，那麼會在未來的作戰中變得更為聽命行事。態勢的發

38　羅馬人早期的兵力計算多以軍團為準，如兩個執政官各率2個軍共4個軍團出戰；到了馬留時代以支隊為戰術單位，出現很多獨立支隊，凱撒在高盧戰爭中為了執行特定任務，經常以支隊為派遣單位，使得戰術運用更為靈活，所以兵力計算也改為支隊，這裡的53個支隊，包括軍團、獨立支隊和協防軍在內。

39　厄波羅河所形成的盆地，構成近西班牙行省的精華地區，位於半島的東北部。

展果然不出所料，他立即發起救援行動，將他們安全帶回營地。

過了幾天以後，他爲了鼓舞部隊的鬥志，下令全軍集合起來，牽出兩匹馬到廣場中間，其中一匹老弱瘠瘦，然而另外一匹不僅強壯而且挺拔，更爲醒目是長著一條濃密的長尾。瘦馬的旁邊站著一位身材魁梧的大漢，那匹駿馬反而配合一個體型矮小長相猥鄙的傢伙。等到一聲令下，壯漢用兩隻手抓住瘦馬的尾巴，使出吃奶的力氣想要將所有的尾毛扯下來；另外那位手無縛雞之力的老兄，就用手將駿馬尾巴上面的尾毛一根一根的拔下。無論壯漢怎樣用力還是徒然，最後只有放棄，那種狼狽的模樣讓他的戰友看得樂不可支。然而那位虛弱而又可憐的傢伙沒花多少時間和力氣，就將那匹駿馬尾巴的毛拔得一乾二淨。然後塞脫流斯站起來說道：

> 各位弟兄，大家請看，毅力比起蠻力是不是更爲有效。從很多事物的狀況可以知道，只要他們聚集在一起就無法制伏，想讓他們屈從只有一個一個的清除。唯有勤勉和堅忍可以使我們所向披靡，無論敵人擁有多麼強大的戰力，只要花時間總可以將它擊敗和殲滅。任何人如果能夠善於運用判斷力來守機待勢，時間就會成爲他最好的朋友和最有利的幫手，在作戰中要是毫無理性的橫衝直撞，這才是給自己帶來毀滅的大敵[40]。

他經常運用類似的說詞和示範的方式，陶冶蠻族鷙悍不馴的性格，教導他們要能順應時勢和掌握機會。

17 在他所有的功績當中，沒有比制伏卡拉西塔尼亞人（Characitanians）更能爲他贏得舉世讚譽的。這個民族位於塔古斯（Tagus）河的上游地區，那裡沒有城市或鄉鎮，全部住在一座大山的獸窟和岩洞裡面，所有的開口都朝向北方。這個國度的低窪地區，土壤的成分是質量很輕的細泥，非常鬆散很容易形成粉末狀，不夠堅實連踐踏其上的腳步都無法負擔，像是塵土或未經燒結的

---

40 華勒流斯・麥克西穆斯是羅馬共和國初期的將領，出任執政官獲得舉行凱旋式的榮譽，他曾經用這種方式教導部隊。

石灰，只要輕輕接觸就會飛揚起來。那些土著每當面臨戰爭的危險，帶著他們搶來的東西和獵物，進入下方的山洞，很安靜的停留其中，地勢所形成的天險，可以保障他們的安全不會受到敵人的攻擊。

　　塞脫流斯要與梅提拉斯保持相當的距離，就將他的營地設置在這座山嶺的附近，卡拉西塔尼亞人對他產生藐視和輕忽之心，認為他們被羅馬人擊敗才逃到這個地點。塞脫流斯很可能是憤怒所致要教訓無禮的土著，或許是他想要表示他並沒有被敵人打得大敗而逃。第二天清晨他騎馬巡視整個地區了解當前的狀況，在附近跑了一圈根本找不到進入的道路，所有那些威嚇的言辭等於是無的放矢，使他感到非常懊惱。最後他發現風帶起大量的塵土吹向卡拉西塔尼亞人的山洞，我在前面說過這些敞開的洞口都對著北方。那個稱之為Caecias的北風，經常在這個地區肆虐，將潮濕的平原和高山覆蓋著白雪，但是等到炎熱的夏季，吹起使人感到心曠神怡的強勁狂風，北部地區的厚冰融化可以獲得充分的水源，使得卡拉西塔尼亞人和他們的牲口，整天不受悶熱之苦而能精神百倍。

　　塞脫流斯根據從當地居民所獲得的消息和他本人在西班牙的作戰經驗，使他對整個地區瞭如指掌，下令給士兵用鏟子挖掘大量質地很輕有如灰塵的泥土，面對蠻族民眾居住的山嶺堆積起來，成為一道長長的土堤。這些蠻族看到以後，以為塞脫流斯進行準備工作，就是要建造土堤作為發起攻擊的接近路線，可以說是毫無效用對此大肆嘲笑。不過，他還是繼續施工直到夜晚，然後率領士兵回到營地。

　　次日早上開始颳起一陣溫和的微風，土壤中最輕的物質飛揚起來，就像有人在風中播散糠　，等到太陽升得更高，強烈的北風使得整個山嶺被灰塵遮蓋，士兵一直在翻動這條土堤，將固結的泥塊打得粉碎，還有很多人騎在馬背上來回疾馳，激起成團的塵霧飄浮在大氣之中，趁著風勢帶向卡拉西塔尼亞人朝向北方的居所。等到Caecias呼嘯而入，沒有其他的出口或通風的位置，很快他們眼睛無法張開，肺部難以呼吸，所有的人都感到窒息，因為他們吸入污穢的空氣混合著塵土和泥粉。這些蠻族處於惡劣的環境之中，盡最大能力只能忍受兩天，到了第三天只有屈服，從這裡可以知道，塞脫流斯擊敗敵人不是完全靠著武力，而是運用策略和計謀達到不戰而屈人之兵的目標。

18 只要是塞脫流斯與梅提拉斯之間的戰事，大家認爲塞脫流斯之所以
獲得勝利，完全因爲於他的對手年齡老邁和行動遲緩，根本不提他
的作戰英勇和主動積極，何況他所率領一支輕裝部隊，要是與正規軍隊相比有如
一幫土匪。龐培越過庇里牛斯山[41]以後，塞脫流斯將營地開設在靠近敵軍很近的
地方，雙方的將道得到充分的發揮和驗證，無論在攻擊和防禦塞脫流斯占有優
勢，在這種狀況之下，使得塞脫流斯的聲望如日中天，甚至在羅馬都盛傳他是當
代最熟諳兵法的名將。龐培絕非等閒之士，他在蘇拉蕩平意大利的征討之中，戰
功彪炳備受嘉許，接受Magnus即「偉大的」這個頭銜而被人稱爲「龐培大將」，甚
至他還在嘴上無毛的年紀，已經獲得舉行一次凱旋式的榮譽。這樣一來使得塞脫
流斯所控制的城市，有很多已經出現叛變的跡象，準備投向龐培的陣營。塞脫流
斯在勞隆(Lauron)[42]附近的作戰行動，完全出乎大家的意料之外，可以遏阻這些
城市的倒戈背叛。

塞脫流斯正在圍攻勞隆，龐培率領全軍前來解救，接近城市有一座小山形勢
極其險要，雙方急著想要盡快奪取使得爾後的作戰有利；塞脫流斯先下手爲強將
它占領。龐培率領所屬官兵列陣出戰，對於這個狀況沒有深入考量，認爲已經將
敵軍包圍在他的軍隊和城市之間，派遣一位傳令去通知勞隆的市民，吩咐他們要
鼓起勇氣出擊，只要他們到城牆上面，就可以看見圍攻者反而被圍得有如金桶。
塞脫流斯了解對手的意圖，笑著說要給蘇拉的門生一個教訓，拿出諷嘲的態度向
著龐培叫道，將領在作戰的時候不僅首尾兼顧還要前後並重，同時向龐培顯示留
在前面營地的6000名精兵，從那裡出動已經奪取小山，如果龐培要用全軍向他發
起襲擊，這支部隊就可以從龐培的後方採取夾攻的行動。

等到龐培明瞭這個狀況已經太遲，無法採取補救的措施，因爲怕陷入前後無
法兼顧的困境，不敢與塞脫流斯會戰，要是在最危險的時刻放棄他的朋友和盟
軍，會給他帶來莫大的羞辱，於是龐培被迫留在原地，眼睜睜看著他們在他的面
前被敵人殲滅。被圍的市民已經喪失解救的希望，只有向塞脫流斯投降，條件是
饒恕他們的性命，答應讓他們自由離去，塞脫流斯要放火燒掉他們的城市，這並

---

41 龐培越過庇里牛斯山進入西班牙是在羅馬建城678年即76B.C.。

42 勞隆是近西班牙行省的城市，距離華倫夏(Valentia)只有25公里，華倫夏現在稱爲瓦倫西亞
(Valencia)。

不是出於憤怒或殘酷，所有的戰場指揮官甚至塞脫流斯本人，在獲得勝利以後難免要縱情而爲，現在他之所以要這樣做，僅是要讓那些頌揚龐培的人士感到羞辱和困惑。在西班牙人當中流傳著這樣的消息，說是盟友的城市在發生大火以後，龐培的位置近到可以感覺到火焰的熱力，他始終不敢出面阻止[43]。

19 不過，塞脫流斯還是遭到相當大的損失，這都是他手下的將領所造成的失利，那些在他指揮之下的部隊以及他本人從來沒有吃過敗仗。他能夠很快補充損失恢復戰力，這方面的能耐使他備受讚譽，雖然羅馬的將領比他據有更大的優勢，他還是再度獲得勝利；像是在蘇克羅(Sucro)會戰[44]中他要與龐培對抗，以及在圖蒂亞(Tuttia)附近的戰役，他的敵手是梅提拉斯和龐培會師的部隊。蘇克羅附近的會戰是在龐培失去耐心以後，雙方立即展開準備決一勝負，據說龐培所以這樣做，免得讓梅提拉斯分享勝利的榮譽，塞脫流斯當然願意在梅提拉斯到達以前與龐培接戰。塞脫流斯拖延時間直到傍晚，他的著眼是漆黑的夜間對敵軍不利，無論是戰敗的逃走還是戰勝的追擊，這些外來人都不熟悉當地的狀況。

當兩軍開始接戰之際，塞脫流斯發現當面敵軍的主將是阿非拉紐斯(Afranius)[45]，他並沒有與龐培對陣。因爲阿非拉紐斯負責羅馬軍隊的左翼，他親自指揮本軍的右翼部隊。等到他知道左翼抵擋不住龐培的猛烈攻擊，即將不支後退，他要另外一位指揮官負責右翼，自己火速前去援救陷入困境的部隊，他把那些逃離戰線的士兵集結起來，鼓舞其他人員要繼續保持隊列的完整，然後重新戰鬥，對追趕中的敵人發起的攻擊是如此有效，竟然使得他們大敗而逃，甚至連龐培本人都面臨喪生的危險。他在身體受傷和失去坐騎以後，出乎意料之外竟能逃過一劫。塞脫流斯帶來的那些阿非利加人，他們擄獲龐培的坐騎，裝飾著黃金的

43 雖然這件事讓龐培灰頭土臉，接著他在華倫夏附近發起一場會戰，將塞脫流斯的部將赫里紐斯(Herennius)和帕平納(Perpenna)打得大敗而逃，殺死他們的手下1萬多人。

44 阿皮安《羅馬史》第1卷，提到梅提拉斯和龐培同時參加蘇克羅會戰，可能是史實的記載有錯誤。蘇克羅河流經西班牙的東南部，還有一個名叫蘇克羅的小鎮，現在的名字是胡卡(Jucar)，位於瓦倫西亞(Valencia)的南邊。

45 盧契烏斯‧阿法拉紐斯擔任龐培的副將參與東方各次戰役，55B.C.在近西班牙行省代理總督，伊利達(Ilerda)與凱撒對陣，兵敗投降被釋，追隨龐培參與法爾沙拉斯會戰，戰敗逃到阿非利加繼續反抗，塔普蘇斯會戰後在暴亂中被殺。

製品，使用的馬具都非常名貴，因而使得他們發生爭執，大家為了要分戰利品，放棄追擊的行動。

阿非拉紐斯在這個時候，趁著塞脫流斯離開右翼前去救援其他的部隊，擊敗當面的敵軍，將他們趕進營地，不僅斬獲甚多，還大肆搶劫直到深夜。他這時還不知道龐培已經戰敗，也無法制止士兵的四處掠奪。當塞脫流斯獲勝歸營，就對阿非拉紐斯的部隊發起攻擊，敵軍在秩序大亂的狀況下，傷亡極其慘重。他在次日早晨再度率領軍隊全副武裝進入戰場，要與對手進行會戰，但是發覺梅提拉斯的位置已經很近，於是鳴金收兵退回營地，同時說道：「要不是老太太急著趕來，我會好好鞭打這個頑童一頓，然後把他送回羅馬。」

20 那隻白色的幼鹿失去蹤影到處都找不到，給他帶來很大的困擾，使得他在最為需要的時刻，竟然失去對蠻族人民可以激勵鬥志極其有用的工具。不過，有些人在夜間到野外搜尋敵人，湊巧遇到這隻幼鹿，從它的毛色分辨出來，然後將它捉住。塞脫流斯答應給這些人豐碩的報酬，條件是他們不要讓任何人知道這件事，同時要立刻將它關起來。過了幾天以後，他帶著興高采烈的神色出現在公眾的面前，告訴當地蠻族的酋長說是神明曾經託夢給他，要在很短期間之內會給他帶來最大的好運和福氣，然後他坐在將壇的座位上面，按照程序對陳情者答覆請願的事項。那些保管幼鹿的人離開塞脫流斯不遠，現在就將它放出來，幼鹿很快看到塞脫流斯，非常高興地飛奔到他的腳邊，將頭倚靠在他的膝蓋上面，然後像平日那樣舔他的手。塞脫流斯很溫柔地撫摸著幼鹿，甚至流出愉快的眼淚，所有在場的人員都感到驚奇和不可思議，帶著歡呼的聲音陪伴他返回住處，認為他不是一個普通的世俗之人，可以說是深受神明的恩寵，因此大家對於未來滿懷勇氣和希望。

21 等到塞脫流斯削弱敵軍的實力，使得他們陷入缺乏穀物的困境，為了阻止對手到四鄉去搶劫和搜尋糧食，他被迫要與龐培在薩岡屯（Saguntum）[46] 附近的平原進行會戰。兩軍展開陣勢堂皇的戰鬥，門穆斯是龐培軍隊裡面作戰能力最強的指揮官，正當會戰到達高峰的時刻被殺身亡，塞脫流斯擊

46　薩岡屯瀕臨地中海，是一個貿易發達的商業城市。

敗當面的敵軍，使他們遭到很大的傷亡，接著全軍壓向梅提拉斯的戰線。老邁的指揮官還是竭力抵抗，在光榮的戰鬥中被長矛戳傷，一個人要是到達這樣的年齡，很難期望他能有如此卓越的表現。任何一位看到或聽到這件事的人都感到羞愧，竟然會讓他們的將領陷入危險的困境，就在這個關鍵時刻激起士兵的怒氣，不顧一切要向敵人討回公道。他們用盾牌掩護梅提拉斯，帶著他安全離開，然後鼓起英勇的鬥志擊退西班牙人，這樣一來使得兩軍的勝負發生改變，塞脫流斯還是使他的軍隊能夠全身而退，為了使補充的生力軍更容易徵召，就撤向位於山區一座防務堅強的城市。

　　雖然他的意圖並不是要維持一次長期的圍攻，他還是開始整修所有的城牆，加強城門的守衛，可以用來迷惑他的對手；這時敵軍已經來到，紮營在市鎮的前面，希望在沒有多大抵抗之下攻占目標。龐培的軍隊放棄對西班牙人的追擊行動，讓蠻族有機會為塞脫流斯召募新的部隊，而且塞脫流斯為達成這個目的，特別派出他的指揮官到他們所擁有的城市，奉到的命令是當他們獲得足夠的兵員以後，要送信給他讓他知道發展的狀況。

　　一旦他接獲送來的消息，就從城內出擊，在敵軍中間強行打出一條通路，他的軍隊很容易與其他單位會師。等到他接收相當實力的援軍以後，再度對羅馬人發起攻勢，他用快速的突擊行動、不斷的警報威脅、道路上設置陷阱、各種欺敵作為，以及伏擊作戰，從陸上切斷敵軍的糧道。同時他運用海盜船使得各處海岸都成為商旅的畏途，從而阻止敵人從海上獲得補給。他運用這種方式迫使羅馬的將領撤收他們的部隊，而且相互之間必須分散配置。梅提拉斯只有退守高盧；龐培處於惡劣的狀況下，要在瓦西人（Vaccaei）中間實施冬營，這時他缺乏金錢已到無法籌措的地步，就寫信給元老院，讓他們知道要是無法迅速獲得所需的經費，他必須撤回他的軍隊，準備自己出錢來防守意大利[47]。龐培已經處於窮途末路的困境，熟諳兵法的塞脫流斯打敗當代極其卓越和最有權勢的指揮官，在羅馬的一般看法是他會在意大利和龐培對陣。

47　薩祿特斯在他的編年史詳述事件的始末，原信還保存在元老院，內容極盡威脅之能事，說是　　如不妥善處理戰火會蔓延到意大利。當時的執政官是盧庫拉斯，雖然與龐培不和，考慮到自　　己想前往東方指揮與米塞瑞達底的戰爭，不希望龐培回來與他爭奪這個職位，只有想盡辦法　　供應西班牙的需要。

22 梅提拉斯對塞脫流斯是如此的畏懼，也可以說是表現出最大的敬意，那就是明確的宣布，懸賞100泰倫和2萬畝土地給任何一位殺死塞脫流斯的羅馬人，即使受到放逐的處分也可以榮返國門。那是他想要用光明正大的戰爭，制伏這位對手已經完全無望以後，只有用這種邪惡的手段，收買叛徒好取塞脫流斯的性命。他在一場會戰中打敗塞脫流斯獲得勝利，就為自己的好運感到欣喜若狂，公開接受「凱旋將軍」的歡呼。他訪問的城市全都開城相迎，還為他設置祭壇和奉獻犧牲。

據說他在自己的頭上戴著花冠，參加極其奢華的宴會，穿著凱旋式的長袍坐在那裡痛飲美酒，活動的機械裝置將勝利女神的畫像和雕塑推了出來，還有黃金製作的冠冕和紀念品當成贈送給他的禮物，成群的男女青年在他的面前舞蹈，為他唱出歡樂和凱旋的歌曲。他將塞脫流斯稱之為在蘇拉手下逃走的奴隸，對手的軍隊說成是被卡波擊潰的殘兵敗卒，他之所以如此吹噓和感到驕傲，甚至到樂不可支的地步，只不過是對塞脫流斯的作戰占了一次上風，使得塞脫流斯在他的面前敗走，這種小題大作的方式難免引起別人的訕笑。

這時的塞脫流斯表現出極其高明的風格，他召集那些從羅馬逃走的元老院議員，前去會合並且與他們居住在一起，然後將這批人稱之為元老院，他從他們之中選派法務官和財務官，裝飾和美化他的政府完全是羅馬的法律和制度。雖然他能夠運用的資產，都是西班牙人的武力、財富和城市，從來沒有將帝國的權柄交到他們的手裡，甚至連口頭表示虛應故事，都認為無此必要。他讓羅馬官員和指揮官的地位高於西班牙人，口口聲聲要恢復羅馬人的自由權利，並沒有提升西班牙人的戰力使之能與羅馬對抗。他對國家抱著摯愛之情，熱切期望能返回故土，處於逆境只能表現出大無畏的勇氣，面對敵人他的行為絕對不能懷憂喪志。當他的冒險事業很有成就，已經抵達勝利的巔峰狀況，他派人傳話給梅提拉斯和龐培，如果允許他歸國，他準備解除兵權去過平民生活，同時還宣稱他寧願在羅馬當一個最貧賤的市民，也遠勝於受到放逐在其他的城市成為擁有最高權勢的指揮官。

據說他對故國始終念念不忘，最主要原因是他想對母親盡孝，幼年父親見背全靠慈母的撫養，所以他的心中永懷孺慕之思。當他的朋友召喚他到西班牙擁戴他成為將領以後，很快獲得母親逝世的信息，悲傷到自己要從之於地下，連著7天他躺在帳篷裡面不說一句話，即使最親近的朋友也不願相見，等到軍隊裡面主

要的將領和地位顯赫的人士，全都前來探視，他們圍著他住的帳篷，花很大力氣將他說服，要他出來對士兵講話，繼續從事日常的工作，這個時期他們正好處於無往不利的狀況。很多人對他有這種看法，認為他的個性溫和而且富於同情心，喜歡過淡泊而寧靜的生活，在軍中擔任指揮的職位完全違背他的本意，也使他無法獲得個人的安全，等到他受到政敵的驅逐只有將一切訴諸武力，採取戰爭的手段，要使自己成為不可或缺的保護者，來捍衛他這個陣營的權益。

23 塞脫流斯與米塞瑞達底王的談判更能證明他有偉大的心靈。米塞瑞達底被蘇拉擊敗以後，現在又恢復原有的聲勢，就像一位強壯的角力家再度爬起來，繼續比賽要大顯身手。當他竭盡全力正在亞細亞重建勢力範圍的時候，塞脫流斯的名氣如日中天，傳遍各地受到大家的讚譽。那些來自歐洲西部的商人，將這些消息連同外國的貨物都帶了進來，使得塞脫流斯在戰爭中所建的功勳，能夠在潘達斯王國到處流傳。米塞瑞達底很想派遣使節前去見塞脫流斯，特別是他的廷臣用奉承的言辭大事吹噓，使得他精神百倍。他們將他比為皮瑞斯而塞脫流斯是漢尼拔，等到兩支大軍從東西兩面對羅馬發起攻勢以後，一邊是作戰最為剽悍的將領，而另一邊是權勢極其驚人的君王，羅馬人根本沒有辦法抗拒這股泰山壓頂的力量和舉世無匹的名將。

根據這番構想，米塞瑞達底派出一個使節團，帶著他的信函和建議到西班牙去見塞脫流斯，要是塞脫流斯對他在亞細亞的權利抱持肯定的態度，同意由他獲得過去他與蘇拉所簽訂的和平條約中所放棄給羅馬人的領土，那麼他願意供應塞脫流斯所需的船隻和金錢以發起對羅馬人的戰爭。塞脫流斯在他稱之為「元老院」的機構召開會議，當其他人都興高采烈同意所提出的條件，願意立即接受米塞瑞達底的建議。這時卻發現他對他們的看法並不重視，元老院只是一個名義上的機構，所有的議員只徒有虛名的頭銜，國王願意供應的援助確有必要，他們卻無權批准。

塞脫流斯對於米塞瑞達底的要求並不完全表示同意，公開宣稱他不反對米塞瑞達底王擁有俾西尼亞和卡帕多西亞的主權，因為這些國家習慣於君主政體，過去也不屬於羅馬所有；然而他無法同意潘達斯的國王攫走或奪取亞細亞這個行省，無論是基於法理和稱謂都是羅馬人的領土，米塞瑞達底過去曾經一度擁有整個地區，後來在與費布里亞的公開戰爭中喪失殆盡，何況還與蘇拉簽訂和平條約

正式放棄所有的主權。所以他以為用征討的武力擴大羅馬的領地是應盡的責任，不能為了增加自己的勢力而縮減羅馬的疆域。作為一個具備高貴心靈的男子漢，要在獲得榮譽的前提下接受戰爭的勝利，不能為了拯救自己的生命而屈從任何羞辱的條件。

24 等到使臣將這些狀況很詳盡向米塞瑞達底提出報告以後，他像是受到突如其來的打擊一樣感到驚奇不已，私下向他親密的朋友說道：「塞脫流斯現在被他的同胞驅趕到遙遠的大西洋海岸，還要對我們在東方的疆域有所限制，我們想要恢復失去的亞細亞，他不惜用發起戰爭來加以威脅；要是等到他回到羅馬，在帕拉提姆（Palatium）[48]的寶座上面坐穩以後，更不知道會對我們下達什麼命令呢？」雖然如此，他們還是立下莊嚴的誓言簽訂一個同盟協定，其中主要的條款：為了滿足米塞瑞達底的要求，國王可以擁有卡帕多西亞和俾西尼亞；塞脫流斯派遣一支援軍和一名將領去指揮所有的部隊，獲得的報酬是國王供應300泰倫和40艘船隻。

馬可斯・馬留（Marcus Marius）是一位羅馬元老院的議員，他離開都城去追隨塞脫流斯，後來受命出任將領帶著一支軍隊前往亞細亞[49]。等到亞細亞的那些城市，無法抗拒米塞瑞達底的大軍迎風而降的時候，馬留的進城式要將手執權標和斧頭的扈從校尉擺出盛大的行列，米塞瑞達底反而跟隨在他的後面，這完全是出於自願的行為。他自由權利授與有些城市，還有一些城市獲得稅務的豁免，同時還特別提到，他們之所以能獲得這些特權完全是出於塞脫流斯的厚愛。過去的亞細亞，一直受到租稅承包商的壓榨和迫害，加上士兵的蠻橫和貪婪，使得人民過著悲慘的生活；現在再度產生新的希望，帶著歡愉的心情前瞻未來的發展，期望政府的體制能有所改變。

25 在西班牙出現的狀況，那是塞脫流斯身旁的元老院議員以及貴族階層的人士，發現他們的實力非常強大足以對付敵軍，等到不再有畏

---

48 羅馬七山以帕拉廷山居中，這個區域稱為帕拉提姆，提比流斯和圖密善的皇宮都建於此處，所以登上帕拉提姆的寶座，就是成為羅馬帝國的主人。

49 盧庫拉斯攻占西茲庫斯（Cyzicus），馬可斯・馬留被俘，這位敗將只有一隻眼睛。盧庫拉斯在開戰之前嚴格要求部下，任何一位敵人只要是「獨眼龍」都不可以殺害，免得他遭到報應。

懼之感，這時他們對於塞脫流斯的權勢，大家的內心充滿著嫉妒和無理性的猜忌。最主要的人物還是帕平納，受到出身高貴的激勵，帶著渴望指揮全軍的野心，私下在他的知心好友之間透露出不懷好意的口風，他說道：

> 為什麼會有這種邪惡的守護神，在祂的感召之下使得我們的處境愈來愈為困難？蘇拉是主宰海洋和陸地的統治者，然而我們不屑於遵從他的指示，那些在家園中過著安寧和平靜生活的人，所以願意來到這個遭受蹂躪的國度，所抱的希望是享受自由權利，結果成為受人輕視的衛士和跟班，即使塞脫流斯是一位放逐者，我們還得追隨在他的後面，心甘情願要做他的的奴隸。在表面上看他將我們這群人稱為元老院，這個名字卻令聽到的人都感到荒謬。他不僅要我們從事辛勞的工作，還逼迫我們聽命於傲慢的指示和無禮的態度，好像我們跟西班牙人和露西塔尼亞人沒有什麼兩樣。

帕平納把這種叛逆的言辭灌輸到大家的腦裡，雖然對大多數人而言並沒有引起公開的兵變，因為忌憚塞脫流斯擁有的軍政大權，這些羅馬人受到說服，要竭盡諸般手段在暗中去摧毀塞脫流斯的勢力。因此他們虐待露西塔尼亞人和西班牙人，任意施以嚴厲的懲罰，還要加上各種苛捐雜稅，所有這一切都有充分的藉口，說是遵奉塞脫流斯嚴格的命令。他們製造一些非常棘手的問題，使得很多城市揭竿而起高舉義幟，那些奉命去安撫和解決這些困難的官員，他們不僅沒有善盡責任，反而要激怒當地的人士，使得塞脫流斯的敵人愈來愈多，等到這些人回來報告，說是情勢的發展已經不可收拾，塞脫流斯不禁怒火中燒，現在完全忘懷過去的仁慈和善意。很多高貴的西班牙人將他們的兒子交到他的手裡，在奧斯卡這個城市接受教育，塞脫流斯非常殘酷將其中部分人員處死，其餘發賣為奴。

26 就在這個時候，帕平納為了增加陰謀分子的人數和實力，就將軍隊裡面一位指揮官曼留斯(Manlius)[50]拉了進來。曼留斯剛好與一位年

輕人打得火熱，爲了抓住對方的心意，就將這件陰謀洩漏讓對方知道，要求他的
愛人不要理會其他人，僅僅與他交往，因爲過不了幾天，他會擁有更大的權勢和
更高的職位。這位年輕人對於奧菲狄斯(Aufidius)一往情深，就一五一十將所有
事情告訴他，使得奧菲狄斯感到驚異不已。因爲奧菲狄斯本人也是叛黨的成員之
一，只是不知道曼留斯已經加入這個團體；等到他的愛人開始提到帕平納、格拉
西努斯(Gracinus)和其他人的名字，這些人他都知道得很清楚，全是立下誓言的
陰謀分子，這時他感到極其恐懼和驚怖，害怕秘密已經洩漏出去。於是他對於這
位年輕人的說法，刻意用輕描淡寫的態度來應付，提到曼留斯就說他是一個愛慕
虛榮喜歡吹噓的傢伙，根本不要在意他的亂開黃腔。雖然如此，奧菲狄斯立刻去
見帕平納，特別提醒他現在是處在危險之中，時機的掌握非常緊迫，需要立即按
照計畫採取行動。

等到叛黨所有的成員都同意以後，他們派出信差帶著僞造的函件去見塞脫流
斯，報告他的部將獲得一次大捷，敵軍的傷亡極其慘重。塞脫流斯獲得信息不勝
喜悅，奉獻犧牲感激神明的保佑，使得他的戰事能夠一帆風順。帕平納和追隨在
身邊的黨羽說要舉行盛大的宴會，慶祝會戰的勝利，力邀他前往使他無法拒絕。
凡是塞脫流斯參加的各種社交和娛樂的活動，總是要求大家要遵守秩序和禮儀，
他無法忍受聽到或看見有任何粗魯或不得體的行爲，因此他的習慣是所有消遣都
要讓參與者保持寧靜和舒適的心情。等到宴會進行到中場的時候，他們找機會引
起爭吵，大家用不堪入耳的話相互叫罵，好像已經飲酒過量，表現各種無禮的行
爲，目的是要激怒塞脫流斯使得事態擴大無法收拾。

塞脫流斯對於他們這種失格的行爲非常反感，同時從他們說話的方式和不夠
尊敬的態度，感覺到情勢極不尋常，因而察知他們別有用心，馬上從躺臥的姿態
變換成向後倚靠，好像他既不想聽他們說什麼也不願理會他們。帕平納拿著一隻
斟滿酒的杯子，像是正在飲用的樣子，突然從手裡掉到地上發出響聲，這就是要
他們動手的信號，座位在塞脫流斯旁邊的安東紐斯(Antonius)，立刻拔出劍刺進
他的身體，塞脫流斯受傷以後用力掙扎想要站起來，安東紐斯撲在他的胸膛上
面，緊抓住他的雙手，接著受到幾記重擊當場斃命，使得他根本沒有反抗的餘地。

27 等到他死亡的消息傳出來，絕大多數西班牙人拋棄帕平納的陣營，
他們派遣代表團前去蹉商，然後向龐培和梅提拉斯投降。帕平納要

想有所作爲只能靠著殘餘的人員，雖然他運用塞脫流斯的武力和整備遂行戰爭，毫無成效可言，他給人的印象是可以作爲聽命從事的部下，絕非獨當一面的大將，等到他去迎戰龐培，很快遭到擊潰自己成爲俘虜。他沒有勇氣去承當不幸的後果，因爲手上有塞脫流斯的文件和資料，爲了討好龐培，就將在羅馬擁有執政官身分的顯赫人士，與塞脫流斯聯繫的書信呈獻出來，這些親筆所寫的函件是要塞脫流斯回到意大利，同時讓他知道有很多高層人員，渴望改變目前的政治情勢，要在他的主導之下開創新的局面。

　　龐培面對這種狀況，他的行爲不像思考欠周詳的年輕人，反而表現出個性堅定、人格成熟和判斷正確的男子漢氣概，他不願羅馬陷入恐懼和危險的巨變之中，就將塞脫流斯的文件和信函全部收集起來，自己不讀一個字也不許任何人閱覽，舉火全部燒燬，然後立即處決帕平納，免得他將這些人的名字說出來，不僅帶來很多困擾，甚至會在羅馬引發一場革命[51]。

　　那些追隨帕平納的陰謀分子，有些人被捕以後龐培下令將他們殺死，還有一些人逃到阿非利加，遭到摩爾人的襲擊，喪命在他們的長矛之下。只不過一段很短的期間，除了曼留斯和他的情敵奧菲狄斯以外，沒有一個人活在世上。曼留斯藏匿起來，後來沒有人清查此事，使他能夠老死在西班牙一個偏僻的村莊，生前的處境極其窮困，後人只要提到他都感到無比痛恨。

51　蒲魯塔克對於龐培不公布塞脫流斯與羅馬政壇重量級人士來往的信函，極口讚譽他有政治家的胸襟和風範，要說洩漏以後嚴重到會引起內戰，不僅牽強而且過分誇張。

第二章
攸門尼斯（Eumenes）

362-315B.C.，亞歷山大大帝部將，戰功彪炳，
一身繫東部地區的安危，部隊背叛因而被殺。

1 根據杜瑞斯（Duris）[1] 的記載，卡迪亞（Cardia）[2] 的攸門尼斯（Eumenes）是一位貧窮車夫的兒子，住在色雷斯地方的克森尼蘇斯（Chersonesus），然而他還是接受通識教育 [3]，能夠成爲學者後來投筆從戎。當攸門尼斯的年紀還很輕的時候，菲利浦出外巡視經過卡迪亞，爲了消遣打發時間起見，參觀該城的青年所舉行的角力比賽和其他體育節目 [4]，攸門尼斯出賽獲得優勝，表現的智慧和勇氣給菲利浦很好的印象，非常樂意徵召他入伍在軍中服役。他們還提到一個更可能的狀況，說是菲利浦提拔攸門尼斯完全出於與他父親的友誼，菲利浦在過去經常到他家中拜訪，成爲他父親的貴賓。

等到菲利浦被刺亡故以後，他繼續在亞歷山大的麾下服務，雖然他的官銜只是首席秘書，受到亞歷山大的重用，可以說是最獲信任的親密幕僚，無論是見識和忠誠都超過他的同僚，於是在印度的遠征行動中，他奉派到部隊出任將領，就

---

1 薩摩斯人杜瑞斯（340-270B.C.）是狄奧弗拉斯都斯的學生，當代知名的歷史學家和學者，曾任薩摩斯的僭主達22年之久，平生著述甚豐，包括文學、音樂、法律和歷史等範疇。

2 卡迪亞是色雷斯·克森尼斯（Thracian Chersonese）地區主要的城鎮，位於加利波利（Gallipoli）半島，扼達達尼爾海峽的門戶，形勢極其險要。亞歷山大大帝的主要將領和幕僚，幾乎都是馬其頓人，所以攸門尼斯置身其中經常受到排擠，有時反而因禍得福，不會陷入派系的傾軋，羽毛未豐就遭到迫害。

3 這個地區的文風極盛，城鎮設立公立學校，各階層的兒童都可接受教育，沒有任何差別待遇。

4 原文說他另外還參加一種名叫pancratium即「鬥拳」的項目，混合著摔角和拳擊的技巧和手法。

在亞歷山大的直接指揮之下 [5]。等到赫菲斯提昂(Hephaestion)逝世，帕迪卡斯(Perdiccas)更上層樓，留下的職位由攸門尼斯接任。沒有多久亞歷山大崩殂，衛隊隊長尼奧普托勒穆斯(Neoptolemus)說他用盾牌和長矛追隨亞歷山大，攸門尼斯不過是使用筆墨和紙張的文人而已；馬其頓人知道其中的底細，就笑尼奧普托勒穆斯的大言不慚，除了賜給攸門尼斯高官厚爵，國王還運用聯姻的關係與他成為親戚，使他獲得最高的尊榮。因為亞歷山大在亞洲所娶第一位夫人，就是阿塔巴蘇斯(Artabazus)的女兒巴西妮(Barsine)，她還給他生一個兒子取名海克力斯(Hercules)，後來他把波斯的貴婦人許配給手下的將領 [6]，巴西妮有兩位姊妹，托勒密娶了阿帕美(Apame)，另外一位也叫巴西妮嫁給攸門尼斯 [7]。

2 雖然如此，他還是因為赫菲斯提昂的緣故，經常惹得亞歷山大大發雷霆，險些危及自己的性命。安排給攸門尼斯居住的房舍，赫菲斯提昂分配給笛手優烏斯(Euius)，攸門尼斯和門托(Mentor)[8] 極其憤怒，去見亞歷山大高聲抱怨，說要是接受這種待遇，不如丟掉手裡的武器，去做一個樂師或悲劇演員算了。這樣一來亞歷山大聽得進這番話，就將赫菲斯提昂痛責一頓。很快亞歷山大就改變心意，對攸門尼斯非常生氣，認為他這樣做不是找赫菲斯提昂的麻煩，而是要故意去頂撞國王。

後來，當亞歷山大派遣尼爾克斯(Nearchus)[9] 率領艦隊前往南海的時候，國庫已經耗用一空，於是要向他的朋友借錢，攸門尼斯答應300泰倫，後來只送去100泰倫，藉口是從他的管家那裡籌到這些款項，已經是費了九牛二虎之力。亞歷山大既沒有任何表示，也沒有收下這筆錢，卻在私下發出命令要人去燒攸門尼斯的

---

5 阿里安的《遠征記》第5卷24節，提到亞歷山大遠征印度的時候，派遣他的秘書攸門尼斯，率領300名騎兵前往桑加拉和另外兩座同時叛亂的城市，要他們放下武器歸順。

6 亞歷山大大帝在蘇薩娶大流士的女兒史塔蒂拉(Statira)為王后，同時將波斯出身貴族的婦女，許配給他的部將和幕僚，舉行一次盛大的宴會，慶祝在波斯成家的馬其頓人有美滿的婚姻。

7 阿里安《遠征記》第7卷，提到這對姊妹的名字是阿塔卡瑪(Artacama)和阿托妮絲(Artonis)。

8 門托是門儂的兄弟；門儂去世後，他的妻子巴西妮成為亞歷山大的夫人。

9 尼爾克斯是亞歷山大最早的友伴和親信，被菲利浦放逐，等到亞歷山大繼位為王，屢蒙重用，遠征印度負責指揮艦隊，完成從經過印度洋和波斯灣的航行，阿里安《遠征記》第8卷是歷史上最早有關這方面的記錄。

帳篷，想要在他將金錢運出來的時候，正好抓住就可以戳穿他的謊言，誰知錢未運出來帳篷已經焚毀，亞歷山大非常後悔下達這樣的命令，他的文件全部被燒掉，不過，所有的金銀都在火裡熔化，後來經過搜集發現價值超過1000泰倫，然而亞歷山大並沒有拿走，只是寫信給各地的總督和將領，要他們將已燒去的文件製作新的複本，命令他們都送交給攸門尼斯處理。

關於一件禮物使得他和赫菲斯提昂發生衝突，引起雙方口出穢言，然而攸門尼斯還是寵信不絕，等到赫菲斯提昂過世後，國王正在悲傷之中，認爲平素與赫菲斯提昂不和的人現在一定非常高興，於是亞歷山大的行爲對那些人來說，表現出嚴苛和無情的態度，特別對攸門尼斯更是如此，過去亞歷山大經常爲著他與赫菲斯提昂的爭吵和惡言相罵，對他痛加譴責。雖然亞歷山大對他懷著偏見，他身爲一個聰明而又機巧的廷臣，還是占著很大的優勢。攸門尼斯對這位過世的朋友不斷表揚他在世時的豐功偉業，建議各種計畫用來提升他的榮譽，還捐助大筆款項要給他建立雄偉的紀念物，這樣做使得國王深受感動。

3 亞歷山大崩殂[10]以後，馬其頓主力部隊的士兵與他們的軍官爆發爭執，這些軍官都是亞歷山大的友伴[11]，一般人認爲攸門尼斯基於同僚的情分，會偏袒友伴這一邊，然而他公開宣稱要保持中立，因爲自己是外鄉人，不適於介入馬其頓人私下的齟齬。當亞歷山大的朋友都離開巴比倫以後，只有他留下來，去安撫那些馬其頓的重裝步兵，盡力勸他們要接受調解，等到軍官也都同意這些條件，初期的混亂局勢很難安定下來，對於有些指揮職務和行省大家開始分贓，他們讓攸門尼斯成爲卡帕多西亞和帕夫拉果尼亞的總督，擁有潘蒂克（Pontic）海的全部海岸，一直到達特里比森德（Trebizond）[12]爲止。然而在那個時候，特里比森德並不是馬其頓人的屬地，亞里阿拉昔斯（Ariarathes）成爲統治該地的國王。李昂納都斯（Leonnatus）和安蒂哥努斯（Antigonus）[13]率領大軍，使得攸門尼斯能夠

10　亞歷山大大帝崩殂於323年6月10日B.C.。

11　亞歷山大的部將和友伴贊同羅克薩娜（Roxana）的兒子繼承王位，但是這時王后僅是有孕而已，所以步兵部隊的馬其頓人擁護菲利浦之子阿瑞笛烏斯（Arrhidaeus）；最後達成協議，羅克薩娜生下男孩與亞歷山大的異母兄弟共治。

12　特里比森德在那個時代的名字是特拉庇蘇斯（Trapezus），位於黑海東部的南岸，最早是米勒都斯人建立的殖民地，從萬人大撤退開始就享有盛名。

13　李昂納都斯是亞歷山大麾下地位顯赫的將領，第十七篇〈亞歷山大〉第21節曾經提到亞歷山

占領特里比森德。

　　安蒂哥努斯對未來滿懷希望，瞧不起所有的人，根本不在意帕迪卡斯的來信；李昂納都斯帶著自己的軍隊南下到弗里基亞去為攸門尼斯效命，等到卡迪亞的僭主赫卡提烏斯(Hecataeus)前來拜會，說起安蒂佩特和馬其頓人被圍在拉米亞(Lamia)[14]，提出要求請他前去解救，李昂納都斯決定展開遠征行動，邀請攸門尼斯前來助一臂之力，同時還盡力出面調解，使得攸門尼斯能與赫卡提烏斯和好如初。這兩人開始是繼承所產生的宿怨，發展成為政治的對立，大家都知道攸門尼斯不止一次公開指責赫卡提烏斯是一個暴君，力勸亞歷山大要將自由權利還給卡迪亞人。因此在這個關鍵時刻，他還是婉拒遠征作戰的建議，藉口是安蒂佩特對他滿懷恨意，生怕這個仇人為了討好赫卡提烏斯，隨便找個理由將他殺害。李昂納都斯相信他的說法，就將他的計謀源源本本告訴攸門尼斯，所謂出兵幫助安蒂佩特不過是掩人耳目，真正的意圖是要奪取馬其頓王國。他還將克麗奧佩特拉(Cleopatra)[15]的信函拿出來給攸門尼斯過目，裡面提到她邀請李昂納都斯前往佩拉(Pella)[16]，同時答應與他結婚。

　　然而，不知是攸門尼斯畏懼安蒂佩特，還是他把李昂納都斯看成一個草包，讓人毫無安全感可言；於是他在夜間偷偷溜走[17]，帶著他所有的人馬，僅不過是300名騎兵和200名武裝奴隸，還有他所有的黃金，價值5000泰倫的白銀，逃到帕迪卡斯那裡，揭發李昂納都斯的圖謀，從而使他獲得很大的好處，帕迪卡斯將他納入作戰會議的成員。接著帕迪卡斯親率大軍，引導攸門尼斯進入卡帕多西亞，亞里阿拉昔斯成為俘虜，征服整個國度，宣布攸門尼斯是這個地區的總督。這樣一來攸門尼斯才能派遣他的朋友去治理主要的城市，只要是他認為適合的人選，

(續)—————————

　　大派他去安慰大流士被俘的家屬，同時還批評他的生活非常奢侈；後來他領軍離開亞洲，與安蒂佩特會師，和希臘人在帖沙利打一場會戰，陣亡於該役。安蒂哥努斯的綽號是「獨眼龍」，306B.C.與他的兒子德米特流斯‧波利奧西底(Demetrius Poliocetes)，同時登基成為馬其頓國王，伊普蘇斯(Ipsus)會戰戰敗被殺。

14　亞歷山大逝世以後，受到馬其頓欺壓的希臘人開始反叛，他們將安蒂佩特和他的軍隊趕到拉米亞(Lamia)，這個城市位於帖沙利的南部。

15　克麗奧佩特拉是亞歷山大的姊妹，伊庇魯斯(Epirus)國王娶她為妻，326B.C.以後成為寡后，亞歷山大的部將當中，至少有6位想與她結成連理。

16　佩拉是馬其頓的都城，距離德密(Therme)灣約有30公里。

17　根據尼波斯(Nepos)的說法，李昂納都斯遊說攸門尼斯失敗以後，想要殺他滅口。

就授與守備部隊的隊長、法官、稅吏和其他的職位，帕迪卡斯絲毫不加干涉。不過，攸門尼斯還是繼續追隨帕迪卡斯，一方面是出於對他的尊敬，另方面是要與皇室保持良好的關係[18]。

4 帕迪卡斯自信無須任何幫助可以達成更爲深遠的目標，反倒是留在後面的國度需要一個積極而忠誠的總督，當他前往西里西亞的時候不讓攸門尼斯隨行，表面看來是要他善盡總督的職責，眞正的意圖是要保障亞美尼亞的安全，這個相鄰接的地方在尼奧普托勒穆斯(Neoptolemus)[19] 的治理之下，現在陷入動盪不安的局面。尼奧普托勒穆斯是一個高傲而且虛榮心很重的人，攸門尼斯運用私人關係總算能夠發揮約束的功效。

他發現馬其頓的重裝步兵不僅粗野無禮而且鷙悍不馴，爲了制衡起見千方百計想要召募一支騎兵部隊，特別宣布任何本國人士只要能夠自備坐騎參加這個單位，就可以豁免租稅和貢金，同時還購買相當數量的馬匹分配給他的手下，這些人都經過挑選最受他的信任，他用禮物和職位鼓舞新進士兵的勇氣，爲了鍛鍊他們的身體能夠服行勤務，他經常實施行軍和各種戰鬥教練，在很短的期間內他編成一支部隊，共有6300名騎兵，使得有些馬其頓人感到驚訝，還有一些人在看到以後不禁大喜若狂。

5 等到克拉提魯斯[20] 和安蒂佩特敉平希臘[21] 的動亂以後，開始向著亞洲前進[22]，目的在於摧毀帕迪卡斯的勢力，據稱當前的意圖是要入侵卡帕多西亞。帕迪卡斯決定進軍對付托勒密[23]，使得攸門尼斯成爲亞美尼亞和卡帕多西

---

18 阿瑞笛烏斯和亞歷山大的遺腹子，都接受帕迪卡斯(Perdiccas)的監護，攸門尼斯參加的陣營，自認在法律上可以站得住腳。

19 尼奧普托勒穆斯擔任過衛隊隊長，也是亞歷山大最倚重的將領，指定亞美尼亞成為他管轄的行省。

20 克拉提魯斯是亞歷山大麾下能力最強的將領，等到大帝亡故以後，帝國隨之四分五裂，只有他與安蒂佩特成為馬其頓和希臘的統治者。

21 322年8月7日B.C.發生的克拉隆(Cronon)會戰，終結希臘人的叛變和所謂的拉米亞戰爭。

22 克拉提魯斯前往亞洲是在奧林匹克114會期第4年即321B.C.。

23 那個時候的托勒密在埃及擔任總督。

亞所有部隊的主將，為此他寫信給阿爾西塔斯(Alcetas)[24]和尼奧普托勒穆斯，要求他們服從攸門尼斯的指揮，同時授與攸門尼斯全權，對於任何事務可以自行作主便宜行事。阿爾西塔斯一口拒絕在攸門尼斯的麾下服務，說是手下的馬其頓人想到要與安蒂佩特交戰就會感到羞愧，而且他們是如此敬愛克拉提魯斯，準備擁戴他為他們的指揮官。尼奧普托勒穆斯圖謀反叛攸門尼斯，不軌的行動受到揭發，於是召喚所有馬其頓人拒絕服從，要他們列隊擺出防衛作戰的姿態。

　　從這裡攸門尼斯首次得知自己的先見之明和練兵策略，已經獲得莫大的利益。雖然他的步兵被打敗，他用騎兵擊潰尼奧普托勒穆斯的部隊，同時奪取對方所有的輜重。當尼奧普托勒穆斯的方陣分散開來從事追擊的時候，他用全部騎兵對他們發起攻擊，這些重裝步兵不得不放下武器，經過宣誓願意在他的麾下效命。尼奧普托勒穆斯收容一些散兵游勇，前去投靠克拉提魯斯和安蒂佩特。這時他們已經派出一個代表團去見攸門尼斯，邀請他參加他們的陣營，保證他擔任目前的職務同時要增加他的軍事指揮權力，包括更多的兵力和更大的區域。他所獲得的好處是過去的敵人安蒂佩特現在變成他的朋友，還可以與克拉提魯斯保持原有的友誼不至於反目成仇。攸門尼斯對這些條件的答覆：他無法在非常倉卒的狀況下與多年的死敵安蒂佩特講和，特別是在這個時候，他看到安蒂佩特像對付仇敵一樣利用自己的朋友；他願意基於公正而平等的條件，準備出面要求帕迪卡斯與克拉提魯斯復交，設若有任何一方破壞協定發動攻擊，他拚著最後一口氣也要堅缺抵抗這種不講信義的行為，在他來說，寧願喪失性命也不會違背諾言。

6 安蒂佩特接到答覆，表示要花點時間對局勢做整體的考量。等到尼奧普托勒穆斯吃了敗仗以後，馬上投奔他們的陣營，告訴他們說是僅憑他的軍隊已無法奏功，力勸他們給予援助，如果可能最好兩個人率軍前去，無論如何克拉提魯斯是絕不少，因為馬其頓人敬愛他到無以復加的程度，只要他們看到他的帽子或是聽到他的聲音，全都成群結隊帶著他們的武器前來效命。實在說克拉提魯斯在他們當中擁有極大的名聲，士兵在亞歷山大崩殂以後對他更是傾心不已，記得他為了袒護他們惹得亞歷山大經常大發脾氣，等到亞歷山大開始仿效波斯的生活方式，他盡最大力量加以抑制和抗拒，始終要維持本國的習慣和傳統，

24　阿爾西塔斯是帕迪卡斯的兄弟，表現出絕裂的態度，讓人感到意外。

雖然他們現在將這種傲慢和奢華已經認為理所當然之事。

　　因此，克拉提魯斯將安蒂佩特派到西里西亞，他自己和尼奧普托勒穆斯率領大部分的軍隊，開拔前去對付攸門尼斯[25]。他期望對方在無法察知的狀況下遭到襲擊，緒戰的勝利會使他的軍隊在狂喜中喪失秩序。攸門尼斯猜測克拉提魯斯在進軍的途中，準備接受克拉提魯斯即將來臨的事實，有人抱持這種論點，認為這是他的警覺性很高，並不能證明他是格外的精明和睿智。攸門尼斯必須運用兩手的策略，一方面是不讓敵人發覺他的位置處於不利的狀況，另方面是不讓他這邊的人馬知道他們要與誰作戰，以致他在領導他們與克拉提魯斯對抗的時候，他們還不知道就是克拉提魯斯指揮當面的軍隊，實在說，這可以表現出一位將領處理特殊狀況的本領和技巧。攸門尼斯故意放出風聲，說是尼奧普托勒穆斯和皮格里斯(Pigres)率領若干卡帕多西亞和帕夫果尼亞的騎兵部隊正在接近之中，他的決定是進軍前去迎戰，到了夜晚紮營他已經入睡，夢中出現奇特的景象。攸門尼斯以為看到兩位亞歷山大準備接戰，每個人都指揮所屬幾個方陣，雙方分別有密涅瓦(Minerva)和西瑞斯(Ceres)[26]給予援手，經過一場激戰，密涅瓦那一邊吃了敗仗，西瑞斯摘下麥穗為勝利者編織一頂冠冕。

　　攸門尼斯立即將這次的託夢解釋為預示他的勝利，因為他在一個作物豐收的國度進行戰鬥，這個季節大地覆蓋著綠油油的麥穗，整個地區全都種滿各種穀物，田野上面的植被是如此的濃密，美麗的景象表現出長期和平所創造的成就。當他知道敵人使用的口令是「密涅瓦和亞歷山大」的時候，他為了進一步增進軍隊的戰鬥氣勢，因而下達指示將口令改為「西瑞斯和亞歷山大」，要求他的手下戴上花冠，將麥穗綁紮在他們的武器上面。他發現自己受到很多引誘，想要讓他的將領和軍官知道誰是他們接戰的對手，他不願在這樣重要的時刻，仍舊將這個秘密僅僅藏匿在自己的心中，然而他還是堅持最早的決定，相信自己的判斷敢於冒險出戰。

25　安蒂佩特、克拉提魯斯和托勒密聯合起來向帕迪卡斯宣戰。消滅帕迪卡斯的盟友攸門尼斯是當急之務。帕迪卡斯抓住這個機會，帶著阿瑞笛烏斯和羅克薩娜以及她的嬰兒，入侵埃及先解決托勒密，安蒂佩特火速前去救援。

26　密涅瓦是羅馬神話的智慧女神，司藝術、發明和武藝，相當於希臘神話的雅典娜，是雅典的守護神，宙斯和墨提斯(Metis)所生。羅馬神話的西瑞斯是穀物和耕種女神，相當於希臘的德米特(Demeter)女神，泰坦神(Titan)克羅努斯(Cronus)和雷亞(Rhea)所生。

7 當他出兵要與敵軍會戰之際，還是不相信有任何馬其頓人會與克拉提魯斯對陣廝殺，於是指派兩支來自外國的騎兵部隊，分別接受阿塔比蘇斯之子法那巴蘇斯（Pharnabazus）和特內多斯（Tenedos）島人斐尼克斯（Phoenix）的指揮，他們奉到的命令是看到敵軍立即發起衝鋒，不讓其他的馬其頓人有空閒的時間相互交談或打退堂鼓，更不能讓他們接受敵人派出的傳令官或是聽從對方號角的指示。因為他對這些馬其頓人的動向極其忌憚，生怕他們見到克拉提魯斯出現在當面的戰線之中，就會離開隊列投向敵方的陣營。攸門尼斯親自率領300名最精銳的騎兵，負責右翼對抗尼奧普托勒穆斯的部隊。等到通過一座小山兩軍在望，看到對方前進的步伐更為輕快而且從容，克拉提魯斯感到大為驚異，嚴辭譴責尼奧普托勒穆斯的欺騙行為，讓自己抱著希望以為馬其頓人會陣前起義。雖然如此，克拉提魯斯還是鼓舞手下的將士要英勇作戰，接著下令全軍出擊。

首次交鋒的力量極其猛烈，長矛經過撞擊破裂成為碎片，雙方衝上前去用短劍進行近接戰鬥，克拉提魯斯沒有玷污亞歷山大的名聲，殺死很多敵人也擊退很多次的進攻，最後有一位色雷斯人從側面給他一擊，使他帶傷從坐騎上面摔了下來躺在地上，大家都不知道他是何人就從旁繞過去。高古阿斯（Gorgias）是攸門尼斯手下的隊長，認出克拉提魯斯的身分就從馬上跳下來，站在一邊擔任護衛，看起來他受傷很重已經奄奄一息。

就在這個緊要關頭，尼奧普托勒穆斯與攸門尼斯已經接戰，這兩位有不共戴天之仇，在頭兩輪的交鋒中錯失機會，等到第三輪才相互辨認出來，他們拔出佩劍，發出大聲吶喊立即衝了上去，胯下的坐騎就像兩艘戰船迎頭發生撞擊，他們就把手裡的韁繩丟掉，相互抱在一起想要拉下對方的頭盔，或是從肩膀上面扯脫冑甲。當他們在奮力掙扎的時候，所騎的馬匹走開使得這兩人都跌落在地上，他們再度緊抱著扭打和角力，尼奧普托勒穆斯最先站了起來，攸門尼斯乘機刺傷他的髖部，接著攻擊他的雙腳。尼奧普托勒穆斯跪下用一隻膝蓋支撐體重，另外一條腿受傷已經喪失站立的功能，這時他雖然被壓制在下面還是拚命搏鬥，雖然他擊中敵手並未帶來致命的傷害，等到他的頸脖挨了一劍，就倒了下去停止反抗。攸門尼斯充滿報復和仇恨的心理使得他欣喜欲狂，一面不停咒罵一面要剝去尼奧普托勒穆斯的冑甲，根本沒有發現敵人的手裡還握著佩劍，結果他胸甲下方的鼠蹊部被刺中，顯然力道不夠只是皮肉之傷，還是讓他嚇了一跳。

等到他把死者的衣物剝光，身體稍感不適是因為大腿和手臂受傷的關係，他

騎上馬背急忙趕往戰線的左翼，以為那裡還在激戰之中，聽到克拉提魯斯陣亡的消息，策馬疾馳而去，發現已經是迴光返照，他下了馬不禁流出眼淚，用右手扶住克拉提魯斯的身體，接著開始痛罵尼奧普托勒穆斯，為克拉提魯斯不幸的下場和自己受苦受難的命運悲悼不已，迫得要與老友和知己兵戎相見，無論成敗如何對他們都是一場災難[27]。

8 攸門尼斯在上次作戰打敗尼奧普托勒穆斯以後，不過10天功夫又贏得另一場會戰的勝利。他建立功勳在於運籌帷幄和驍勇善戰，使得他擁有莫大的聲名，從另一方面而言，無論是在本軍裡面還是敵人的陣營，他都成為猜忌和嫉妒的主要對象，作為一個異鄉客和外國人，他竟然運用馬其頓的軍隊和武器，殺死他們之中最為勇敢和備受尊敬的人物。要是這次大捷的信息能夠及早送給帕迪卡斯，毫無疑問他會在所有馬其頓人當中出人頭地掌握權柄，然而埃及發生一場叛變使得帕迪卡斯被害身亡，這是大捷信息到達前兩天所發生的不幸事件，馬其頓人在盛怒之下，要攸門尼斯負責因而宣判他的死刑。安蒂哥努斯和安蒂佩特為共同的目標聯合起來，他們要對攸門尼斯發起戰爭。

越過愛達(Ida)山就是皇家放養馬匹的場地[28]，攸門尼斯趁機大肆捕捉，同時將一份清單送給當地的督導人員，安蒂佩特聽到以後就笑了起來，說是攸門尼斯的做法值得嘉獎，看來準備將這批馬匹歸還給他(難道攸門尼斯是從他那裡拿走？)才會對所有的公務都有詳盡的記錄。

攸門尼斯的打算是要在靠近薩迪斯的利底亞平原與敵軍接戰，這是出於兩方面的考量，因為他的主要戰力是騎兵部隊，同時要讓克麗奧佩特拉看到他的軍容是何等雄壯。但是她害怕這樣做會使安蒂佩特感到不快，所以特別提出請求，這樣一來攸門尼斯向著上弗里基亞進軍，在西立尼(Celaenae)紮營過冬。當阿爾西塔斯、波勒蒙(Polemon)、多西穆斯(Cocimus)和他發生爭執，究竟應該讓誰出任指揮全軍的主將，這時他說道：「你們要知道，古人有言：『覆巢之下焉有完卵』，大家榮辱與共還有什麼好爭的呢？」

---

27 尼波斯在《攸門尼斯傳》中提到攸門尼斯給克拉提魯斯舉行盛大的葬禮，將遺骸運回馬其頓交給他的家人。

28 越過愛達山進入卡帕多西亞地區，這是自古以來養育和放牧良駒的產地，羅馬帝國時代這個區域由皇帝派員管轄。

他答應士兵在三天之內支付所欠的糧餉，目前沒有這麼多的現金，只有將這個國家所有的農莊和城堡全都分給他們去處理，那些地方還有很多的奴隸和牲口，每個將領和軍官都從攸門尼斯那裡獲得攻城機械，然後他們用來打破這些城池，能夠與他的戰友分享獲得的戰利品，按照比例使得每個人的欠債可以全部付清。攸門尼斯運用這種方式再度獲得全軍的擁戴，等到發現敵人丟進營地的信函，懸賞100泰倫加上授與很高的官位，給任何一位殺死攸門尼斯的人士，所有的馬其頓人感到極度憤慨，下令從現在開始用1000名最優秀的士兵編成衛隊，保護他的人身安全，到了夜晚大家輪班留值，在他的四周維持嚴密的警戒和監控。像這種命令大家都樂於服從，他們很高興從攸門尼斯那裡接受各種職位，通常只有國王會用類似的方式賞賜他的寵臣。他現在開始將紫色的官帽和斗篷發給大家，馬其頓人認爲這是從國王那裡所能獲得的最高榮譽。

9 好運會讓人改頭換貌，即使卑下的心靈都可提升到更高層次，好像站在頂點俯瞰這個世界，看起來現出偉大和莊嚴的形象。然而只有面臨挫折和逆境的時候，變得更爲顯赫和突出的人士，才是眞正擁有高貴的心靈和堅定的意志，我們這位傳主就是最好的例子。攸門尼斯被手下的人員出賣[29]，卡帕多西亞的奧辛尼(Orcynii)會戰中爲安蒂哥努斯擊敗[30]，他在逃走的途中，爲了不讓叛徒有機會投奔敵軍，立即逮捕處以絞刑。然而他的逃亡採取與追擊部隊方向相反的路線，在避免對方發覺的狀況下偷偷開溜，返回已經打過會戰的地點，將陣亡將士的遺體蒐集起來，用鄰近村莊拆下的門窗架起火葬堆舉行葬禮，然後在上面堆土作爲墳墓，以致安蒂哥努斯隨後來到此地，提到他的勇氣和百折不撓的決心，感到驚異之餘表示極其欽佩。

後來他要襲擊安蒂哥努斯的輜重縱隊，可以很容易擄獲很多俘虜，包括奴隸和自由人在內，還有大量財富都是許多次戰爭中所得到的戰利品。他非常擔心手下的人員要背負這麼多的財物，就無法實施快速的撤退。他非常愛好簡單的生活，可以維持不斷的行軍和忍受長期的等待，只有靠著這種方式才能獲得成功，

---

29 阿波羅奈德(Apollonides)是攸門尼斯麾下騎兵指揮官，他被安蒂哥努斯收買，會戰進行之際，他領著部隊投降敵軍。

30 這件事發生在奧林匹克114會期第3年即320B.C.年初。

他的期望是疲勞安蒂哥努斯的兵力，迫使對手改用其他的手段。他經過深入的考量，知道要想約束馬其頓人不讓他們搶劫，這是極其困難的工作。等到出擊有如箭在弦上不得不發的時候，他給部隊下令先要休息恢復疲勞，完成馬匹的餵食，然後才向敵人發起攻擊。就在這個時候，攸門尼斯暗中派出一位信差去見負責照應輜重縱隊的米南德(Menander)，說是關心這位交情很好的老友，特別勸他要離開平原地區，只有在鄰近山地的兩側才能保障他們的安全，騎兵在那種地形無法包圍整個輜重縱隊。

　　米南德這時發覺陷入險境，立即裝載物品開始拔營而去，攸門尼斯當著眾人的面派出探子偵察敵情，下令給所屬官兵要他們全副武裝備好馬匹，像是打算立即進行戰鬥，探子回報米南德目前的位置很難進入，已經不可能獲得所望的戰果。攸門尼斯裝出失望和懊惱的模樣，率領部隊從另外的道路離開。據說米南德後來將整個狀況向安蒂哥努斯提出報告，馬其頓人讚許攸門尼斯的仁慈。他有權力可以將他們的子女發售為奴以及強暴他們的妻室，然而他不僅禁止這種惡行，還寬大為懷將他們全部釋放。安蒂哥努斯回答道：「哎呀！各位弟兄，他完全是為自己打算，當他決定逃走的時候，總不希望有那麼多的累贅。」

10 這個時候的攸門尼斯，每天都在逃亡和飄泊中度過，很多手下的將士受到勸說要他們離開軍隊[31]，無論是出於善意或是他不願領導這樣一個團體，就兵力的大小而言，要是作戰嫌人數過少，要是逃亡則太多難以掩飾行蹤。他帶著500名騎兵和200名重裝步兵在諾拉(Nora)[32]找到棲身之所，這個地方位於黎卡奧尼亞(Lycaonia)和卡帕多西亞的邊界[33]，他再度遣散很多願意離開的朋友，那是因為他們害怕在這裡會面臨很多困苦的日子，雖然如此他還表現出仁慈的一面，發給他們離職的文件與他們擁抱作別。

　　沒過多久，安蒂哥努斯率領大軍兵臨城下，在圍城之前希望與攸門尼斯會晤。他的答覆是安蒂哥努斯有很多朋友，可以出任接班人負起指揮的職責；如果攸門尼斯出現任何閃失沒人可以替換，那就無法對所屬人員繼續提供防護的力

31　根據戴奧多魯斯的說法，有很多人背棄安蒂哥努斯，投向敵軍的陣營。

32　諾拉這個城堡的面積很小，周圍只有250步。

33　黎卡奧尼亞位於小亞細亞的內陸地區，後來併入弗里基亞，133B.C.成為直屬羅馬元老院的亞細亞行省一部。

量，要是安蒂哥努斯認為確有必要與他磋商，就應該派出一個人質使他的人身安全獲得保障。當安蒂哥努斯提出要求，說是攸門尼斯首先應該承認他有這樣一位上官的時候，攸門尼斯回答道：「只要我還能揮動手中的刀劍，就不以為有任何人的職位比我更高。」最後，還是依據攸門尼斯提出的條件，安蒂哥努斯派他的姪兒托勒密到城堡，攸門尼斯出來相會，他們以前就非常熟悉，現在相互擁抱表現出善意和友情。

雙方舉行冗長的會議，攸門尼斯始終不提有關赦免和安全的問題，只是要求保證他的職位和權責，對於他的服務要恢復應有的酬庸，所有在場的人士對他的勇氣和率直感到無比的驚奇。很多馬其頓人聚集起來想要看看攸門尼斯是何許人也，自從克拉提魯斯亡故以後，在軍隊裡面還沒有任何一位像他這樣經常被人談起。安蒂哥努斯很怕他受到暴力傷害，開始的時候命令士兵要保持距離，喝叫他們退後並且丟石塊砸那些向前推擠的人，最後他用手臂圍著攸門尼斯，在他的護衛之下不讓群眾接近，幾經困難還是讓他安然回到城堡。

11 安蒂哥努斯環繞諾拉築起一道高牆，留下一支足夠負起圍攻任務的軍隊，將其餘的人馬全部撤走。攸門尼斯在被圍得水洩不通的狀況下，仍舊保有守備部隊，穀物、飲水和食鹽的供應都很充足，其他的食物和調味品都很缺乏，雖然在這種艱苦的狀況下，他還是盡量為朋友安排可口的菜餚，輪流邀請他們前來享用，他的款待能適時表現出殷勤和友善的舉止。他一直保持和顏悅色的容貌，看起來不像一個久經戰陣的老兵，現出持重和文雅的態度，他的肢體是如此的纖細好像是比例極其精確的藝術品。他不是一個口若懸河的演說家，從他的信函中得知，他擁有說服他人的本事而且無往不利。

他們在被圍狀況下最大的不利之處是所在的地方過於狹小，活動的面積極其有限，整個區域就周長而言只有2弗隆，無論是人員或馬匹都沒有可供訓練的空間。因此，不僅要防止在得懶散的生活中變得怠惰，而且要他們在機會來臨的時候體力可以合於逃亡的需要。他將城堡中最大的房間有21呎長，供作人員在裡面步行之用，指示他們在開始的時候步伐要和緩，逐漸增加步幅和速度。為了訓練馬匹，他用很長的韁繩一端固定在屋頂，垂下來綁住馬匹的頸脖，然後用滑車慢慢將牠拉起來，直到後腿可以很穩當的站在，前腿只有蹄尖可以接觸地面。馬夫讓馬匹處於這種姿勢，然後不斷予以鞭策和大聲吆喝，激怒牠使出騰躍的動作，

或是用後腿向著後方蹴踢，同時必須用前腿支持所有的掙扎和頓足，這樣一來使得體軀和四肢得到充分的運動，直到嘴裡吐出泡沫和汗流滿身爲止。無論就加強體能或是增進速度這都是極其有效的訓練方式[34]，然後餵食粗磨的穀粒，這些馬匹會很快吃光而且消化的狀況非常良好。

12 圍攻繼續很長一段時間，安蒂哥努斯得到安蒂佩特在馬其頓去世[35]的信息，由於卡桑德(Cassander)與波利斯帕強(Polysperchon)之間的不和[36]，國家的事務都受到牽連而陷入混亂之中。這種狀況的發生使得安蒂哥努斯充滿希望，目標是要使自己成爲擁有整個帝國的主人，爲了達成他的企圖，一定要獲得攸門尼斯的支持和幫助。因此他派海羅尼穆斯(Hieronymus)[37]前去與攸門尼斯磋商，提出他所擬爲保證和平的誓詞要對方遵守，攸門尼斯到手以後就修改其中的條件，然後交給圍攻的馬其頓人，要求他們判定那一種誓詞更爲公平合理。安蒂哥努斯在開始的時候，出於禮儀的要求只是輕描淡寫提到國王的頭銜，到後來所有的內容都用他的名義，攸門尼斯變更這種格式，將名字全部改爲奧林庇阿斯[38]和國王，所以他宣誓的對象不是安蒂哥努斯而是馬其頓的統治者，因而所產生的朋友和仇敵，不是來自安蒂哥努斯而是承受於奧林庇阿斯和國王。馬其頓人認爲攸門尼斯修改過的格式更有道理，依據這種條件與攸門尼斯宣誓遵守雙方的協定，然後他們解圍而去，同時將協定送給安蒂哥努斯，要他用同樣的格式與攸門尼斯宣誓。

就在同時，攸門尼斯將所有扣留在諾拉的卡帕多西亞人質全部遣回，他們就

---

34 戴奧多魯斯的作品和尼波斯的《攸門尼斯傳》，提到攸門尼斯在不得已的狀況下用這種方式訓練馬匹，都有很詳盡的敘述。

35 安蒂佩特死於320B.C.。自從帕迪卡斯亡故後，攝政的職位落在安蒂佩特身上，他帶著兩位國王回到馬其頓。他在過世之前將攝政交給波利斯帕強，反而將他的兒子卡桑德排除在外，主要原因在於波利斯帕強是亞歷山大麾下戰功彪炳的將領。

36 319-316B.C.卡桑德與波利斯帕強始終爭執不斷，後來獲得奧琳庇阿斯的支持，波利斯帕強被驅出馬其頓，接著喪失伯羅奔尼撒的基地，卡桑德取而代之成爲馬其頓的攝政。

37 這位海羅尼穆斯是攸門尼斯的老鄉，他們都是卡迪亞人。他是從亞歷山大逝世到皮瑞斯亡故，這段戰亂頻仍時期最重要的歷史學家，還是表現優異的將領和政治家，他的作品除了被引用的片段，全部都已佚失，260B.C.去世時高齡已達104歲。

38 奧琳庇阿斯是菲利浦的妻子和亞歷山大的母親，等到這對父子過世以後，她成爲地位最高的太后。

將戰馬、馱獸和帳篷送給他以報答這番好意。那些他在逃亡期間所遣散的士兵，目前都在這個國度到處飄泊，他重新將他們收容起來，用這種方法他成立一支部隊幾乎有1000名騎兵[39]，因為他始終抱著戒慎恐懼之心，再度帶著所有的人馬逃離安蒂哥努斯的陣營。安蒂哥努斯下達命令，不僅對攸門尼斯加以攔截和圍攻，還對馬其頓人贊同攸門尼斯修正他的誓詞，給予措辭極其嚴厲的答覆。

13 攸門尼斯即使在逃亡時期，還接到從馬其頓送來的信件，有些人對安蒂哥努斯的權勢高漲感到嫉妒；亞歷山大的幼子面臨遭人謀害的危險，奧林庇阿斯發函邀請，要他前往俾能負起保護的責任；還有其他的信函來自波利斯帕強和菲利浦王[40]，要他出任將領指揮在卡帕多西亞的軍隊，發動對安蒂哥努斯的戰爭，經過授權他可以從設在奎因達(Quinda)[41]的國庫領取500泰倫，用來補償他所蒙受的損失，兵員徵召的數量完全依據他逐行作戰行動的需要。他們寫信給Argyraspids即「銀盾軍」的首長安蒂吉尼斯(Antigenes)和圖塔穆斯(Teutamus)，期望能產生同樣的效果，對攸門尼斯給予最大的支持。

　　兩人在接到這些信函以後，為了掩人耳目對於攸門尼斯表示尊敬和善意，明眼人可以看出他們充滿猜忌和競爭之心，不屑於屈居在他之下。攸門尼斯藉口沒有需要拒絕接受金錢，這樣使得他們對他的嫉妒稍為和緩下來。攸門尼斯對這兩位的野心和好勝，既沒有能力加以限制也不願讓他們隨心所欲，然而他借重迷信的幫助，使得他們服服貼貼接受他的擺布。他告訴他們說是亞歷山大在他的夢中顯靈，指出一個王室使用的帳幕，各種擺設極其華麗，中間放置一張御座，特別向他交代，要是他們在這裡舉行會議，亞歷山大就會親自參加，所有的磋商和行動必然無往不利，只是他們所有的作為都要用亞歷山大的名義向世人宣告。安蒂吉尼斯和圖塔穆斯很容易被說服，相信他所說的一切事情，然而他們不願前去向他請益，而且攸門尼斯認為等候在他人的門前會有失尊嚴。因此，他們設置御用帳篷和寶座，奉獻給亞歷山大，然後他們在此集會討論所有的軍國大事。

39　要是按照戴奧多魯斯的說法是2000人。
40　這位菲利浦王是指菲利浦的兒子阿瑞笛烏斯。
41　奎因達又叫賽因達(Cyinda)，大家更為熟悉的名字是安納札布斯(Anazarbus)，這是位於西里西亞境內一處守備森嚴的城堡，安蒂吉尼斯和圖塔穆斯將皇家金庫從蘇薩搬到此地。

後來他們向亞洲的腹地進軍[42]，途中遇見普西斯底(Peucestes)[43]，以及其他的省長，這些人對他們非常友善，率領所屬軍隊參加他們的陣營，兵力增加使得聲勢浩大，馬其頓人的士氣受到鼓舞。自從亞歷山大崩殂以後，他們變得極其傲慢而且無法控制暴躁的脾氣，日常的生活方式已經奢華成性，幻想自己是偉大的君主，接受蠻族的奉承縱容誇耀的心理，等到所有這些相互矛盾的自負到目前能夠聚集在一起，很快發現他們之間會出現苛求和爭執。這時所有的人同樣運用毫無節制的方式取悅馬其頓人，供應他們金錢去飲宴和獻祭，在很短期間之內使得整個營地變成花天酒地的淫亂場所，軍隊僅僅是由一大群選民所組成，像是在民主體制中用拉票的方式選出諸如此類的指揮官。攸門尼斯知道他們之間相互藐視，然而對他卻極其忌憚，只要找到機會就會將他殺害。於是他藉口缺乏金錢，向他們借了很多泰倫的現款，特別是那些最恨他的人士，這樣一來立即使他們對他產生信賴之心，為了不讓自己蒙受財務的損失，禁止所有人對他採取暴力行為。因而敵人的產業可以拿來保護自己，要知道一般人用交付金錢的方式買到所需的安全，只有他反其道而行可以大賺一筆。

14 不過，馬其頓人在沒有感到危險帶來威脅的時候，仍舊過著墮落和腐化的生活，他們的法庭到處都接受賄賂，等到有了隨護的衛隊以後，很喜歡擺出主將的派頭。安蒂哥努斯率領一支大軍向他們發起攻勢，狀況的發展似乎提出呼籲要有真正的將領，不僅普通的士兵在期望攸門尼斯，即使那些在和平時期享受安閒生活的高階人員，全部都願意服從他的指揮，保持平靜的態度各別接受任命，好像這些職位都是他所指派。安蒂哥努斯企圖渡過佩西蒂格瑞斯(Pasitigris)河，所有那些受到派遣去防衛渡口的人，對於他的進軍並沒有提高警覺，僅有攸門尼斯前去迎戰，殺死大量敵軍，河流裡面到處都是屍首，還獲得4000名俘虜。

最不可思議之處發生在攸門尼斯生病的時候，就馬其頓人的看法來說，其他人都是酒囊飯袋和無用之輩，只有攸門尼斯知道如何指導大軍作戰。普西斯底在

---

42 317B.C.攸門尼斯抵達美索不達米亞與安蒂哥努斯兵戎相見，在波斯人當中接受省長的職位。

43 普西斯底是亞歷山大大帝的負盾者，後來成為威名顯赫的部將之一，大帝在世的時候他就在波斯出任省長。

波斯曾經舉行場面極其盛大的宴會，他送給每位士兵一隻羊作爲祭神的犧牲，這樣才使自己成爲軍隊的主將。過了幾天以後軍隊開始出發，攸門尼斯的病情非常險惡，用一架舁床抬著他與開大軍的主力保持分離，免得他的休息受到其他人員的干擾。

他們前進並沒有多少距離，在毫無預期的狀況下看到敵軍，正通過橫亙在他們前面的一列山嶺，浩浩蕩蕩的隊伍走向下方的平原，黃金的鎧甲在豔陽之下反射出耀眼的光芒，表現出行軍縱隊的秩序井然，戰象的背上安置角塔，戰士穿著紫色的服裝，他們接著列出會戰的隊形。看到這種狀況，最前列的馬其頓人停止進軍的行動，大聲呼叫攸門尼斯的名字，除非在他的指揮之下，否則不願再向前一步，將他們的武器插在地上，相互傳話要留在原地等待，向他們的軍官提出要求，說是沒有攸門尼斯在場，他們不會移動更不會與敵軍接戰，即使陷入危險之中也在所不惜。

攸門尼斯接到這個消息，吩咐抬舁床的轎夫盡快趕上前去，他把兩邊的簾幕拉到背後，面露非常高興的神色向前伸出右手。士兵很快看到他就用馬其頓的方言向他行禮致意，同時舉起盾牌用投矢將它敲得山響，發出驚天動地的吶喊聲，現在他們有了一位領袖，激起高昂的鬥志就向敵軍捌戰。

15 安蒂哥努斯抓到一些俘虜因而知道攸門尼斯的身體不好，甚至到了要坐在舁床上面抬著走的程度，他認爲只要攸門尼斯生病，要擊滅其他的將領並不是很艱鉅的任務。因此他十萬火急要他的軍隊前去接戰，等他到達相當接近的地點，能夠看清當面敵軍所排出的會戰隊形和指定的陣地位置，使得他大吃一驚，曾經下達幾次暫停的命令。最後他終於看到舁床從戰線的一翼抬著走向另一翼，這時他的舉止一如既往，發出幾聲大笑然後向他的幕僚說道：「舁床在那裡出現，看來他準備與我軍會戰。」立即轉過身來對全軍下達撤退的命令，開始收兵紮營[44]。

攸門尼斯這邊的人員有了喘息的機會，又開始故態復萌，帶著自以爲是的想法，根本不把他們的將領看在眼裡，安排冬營的住處遍布加比尼(Gabeni)全境，

44　戴奧多魯斯是1世紀B.C.出生在西西里的希臘人，著有《世界史》40卷，其中第19卷對這件事的來龍去脈有詳盡的記載。

以致前線駐紮的位置與後方的距離幾乎有1000弗隆。安蒂哥努斯明瞭當面的敵情，突然拔營向前進軍，使用最難以通行的道路，經過的地區缺乏可以飲用的水源，這條接近路線雖然崎嶇不平但是距離較短，如果他能奇襲那些分散在冬營住處的敵軍，所抱的希望是那些士兵很難集結起來，要與他們的軍官會合更加不易。

就在安蒂哥努斯通過杳無人煙的國度之際，遭遇到凜冽的風暴和冰凍的天候，使得行軍屢屢受阻，他的人馬可以說是吃盡千辛萬苦。唯一可以讓他們減輕痛苦的方法，就是生起篝火取暖，四處出現的火光會使敵人發覺他們的到來。居住在山區的蠻族可以俯瞰下方的沙漠，他們看到無數的火堆覺得非常奇特，派遣信差騎著單峰駝前去通報普西斯底。

普西斯底聽到這個消息極其驚訝幾乎到喪失神志的程度，發現其餘人員也都陷入一陣混亂之中，於是他們決定逃走，然後盡可能沿路收容他們的人馬。攸門尼斯極力解說讓他們免於恐懼和憂慮，答應要去阻止敵軍的前進，特別提到安蒂哥努斯不管如何努力，也要花三天的時間才會到達。等到說服這些將領以後，立即派遣專人到各地通知所有的軍官，要他們把士兵帶出冬營居住的房舍，用最大速度完成軍隊的集結。他自己在幾位主要指揮官的陪同下騎馬前去偵察敵情，選擇一個突起的高地能在相當距離之外，看到敵軍正在沙漠中跋涉前進，這樣使得他靈機一動想出主意，下令要他們在各處生很多火堆，看起來好像這裡就是營地一樣。

等到他們執行他的指示以後，敵人看到山區的火光，安蒂哥努斯心中充滿煩惱和失望，認為敵軍早就知道他的進軍，現在已經是嚴陣以待。因此，他的部隊經過長途行軍已經勞累不堪，當面的敵人在冬營中獲得休養生息，為了免得被迫要與這批生力軍接戰，只有拋棄最靠近敵軍的路線，放慢前進的速度經過城鎮和村莊，使得他的人馬能夠恢復體力。但是他沒有遭遇前哨戰鬥，通常兩軍接近的時候都會發生，也沒有看到當地的民眾攜帶作戰的武器，只是繼續在那些地方維持燃燒的火堆。安蒂哥努斯從而得知他被攸門尼斯的計謀所哄騙，使得他後悔不迭，只有前進與敵軍展開堂堂正正的會戰。

16 這個時候，大部分的部隊已經前來與攸門尼斯會合，他們對他的機智讚不絕口，宣稱只有他是全軍的主將。這樣一來使得「銀盾軍」的指揮官安蒂吉尼斯和圖塔穆斯極其反感，嫉妒攸門尼斯的成就，成立一個陰謀

組織對他進行打擊。他們與大多數的省長和軍官集會，討論要在什麼時候和運用何種方法謀害他的性命。他們一致同意的方式，利用他的能力贏得下一次會戰的勝利，然後再找機會將他殺死。戰象的主人優達穆斯(Eudamus)還有斐迪穆斯(Phaedimus)，私下將他們的打算通知攸門尼斯，他們這樣做並非基於對他的愛心和善意，那是因為他們已經借錢給他，不願血本無歸[45]。攸門尼斯在感謝他們的關懷以後，回到帳篷告訴他的朋友，說他與一群野獸生活在一起，寫下他的遺囑並且焚毀所有的信函，免得在他喪生以後，那些與他通信的人因為秘密文件的揭露受到質問和懲處。

等到這些事務處理完畢以後，他在考量是否讓敵軍在戰場贏得勝利，抑或他經過米地亞和亞美尼亞逃走和奪取卡帕多西亞，始終無法下定決心，這時他的朋友還一直與他在一起。雖然他的心中想到很多權宜的措施，等到機運改變一切都是徒然。最後他還是要所有的人馬列陣出戰，鼓舞希臘人和蠻族高昂的鬥志，馬其頓方陣和「銀盾軍」的表現使他勇氣百倍，他們要他放心，說是敵軍沒有辦法抵擋強大的攻勢。實在說他們是菲利浦和亞歷山大的士兵中最年長的人員，接受長時期的戰爭考驗是一群本領高超的勇士，幾乎從未被人打敗或者在進攻中遭到擊退，大部分人員的年紀已有70，沒有人少於60歲。

他們在向安蒂哥努斯的人馬發起衝鋒的時候，不禁大聲叫道：「你們這些小壞蛋，怎麼敢與你們的父執輩動手。」凶狠的攻勢立即擊潰敵軍的方陣，沒有人能穩住陣腳，絕大部分陣亡者都死在他們的手裡。安蒂哥努斯的步兵部隊潰不成軍，他的騎兵有很好的表現，由於普西斯底極其怯懦，不僅疏忽職責而且畏敵如虎，聽任他們奪取他所看管的行李和輜重。安蒂哥努斯面臨危險的關頭能夠冷靜思考做出正確的判斷，當前的戰場對他提供最大的助力。他們作戰的地方是廣闊的平原，腳下的土壤既不潮濕也不很堅硬，就像覆蓋著一層柔軟細沙的海岸，會戰的時候經過很多人馬的踐踏，就會升起一陣白色的塵土，像是撒起石灰所形成的雲霧，使得空氣為之暗淡無光，無論距離的遠近都無法讓人看得清楚，這樣一來使得安蒂哥努斯在沒有被敵人發覺的狀況下，能夠擄獲這些行李和輜重。

45　將領向部下借錢是屢見不鮮的事，加上欠餉和各種承諾的利益，使得上下之間產生極其複雜的債權和債務關係，尤其在軍心不穩的狀況下，可以用來保證將領的安全，同時使得部隊不至於譁變；像是凱撒、龐培、蘇拉都曾經運用這種伎倆。

17 　會戰過後，圖塔穆斯派一位信差去見安蒂哥努斯要回失去的行李；安蒂哥努斯的答覆是他們只要將攸門尼斯交給他，不僅將擄獲的物品送回「銀盾軍」，他們還可以得到更多的好處。爲了這個條件「銀盾軍」作出非常邪惡的決定，他們要將活生生的攸門尼斯解交到敵人的手裡。他們前去等待與他見面，同時要不讓他產生懷疑，好找機會下手；於是有人向他訴苦有關行李的損失，還有人把他當成勝利者對他百般鼓勵，也有人咒罵其他未盡職責的指揮官，等到最後他們一擁而上，奪去他的佩劍，解下他的腰帶將他的雙手緊緊綁住。

　　當安蒂哥努斯派尼卡諾爾(Nicanor)前來接收這位俘虜的時候，攸門尼斯乞求尼卡諾爾讓他從這群馬其頓人中間走過，能有向他們發表談話的自由，保證他不會有任何請求，對他們的做法也不會抗議，僅僅爲著他們的利益向大家提出幾句逆耳之言。等到他站在一塊突起的地面，全場是一片寂靜，他伸出被綁的雙手說道：

　　　啊，你們這群最卑劣的馬其頓人，請看這樣一座戰勝紀念碑，雖然安蒂哥努斯想要獲得始終未能得逞，難道不是靠著你們把將領當著俘虜解交給他而建立？當你們是征服者的時候，僅僅爲了行李情願接受失敗，你們並不爲此感到慚愧，好像勝利完全靠著財富而不是武力，不僅如此，你們還把將領解交給敵人好贖回你們的資產。我認爲我並沒有被敵人打敗，雖然我是一個俘虜，那是因爲我被自己的戰友出賣，對於我的敵人而言我始終是征服者。我向軍隊保護神朱庇特以及執掌懲治僞誓的神明提出祈求，請你們用自己的手將我刺死，怎麼說這個結局還不是一樣，即使我在其他的地方遭到謀殺，還是要歸罪於你們的行爲，如果你們完成這個工作不讓安蒂哥努斯動手，我想他也不會抱怨，因爲他不希望我活下去，非要拔出我這個眼中釘不可。如果你們不願讓自己的手沾著我的血，那麼可以鬆綁讓我自行了斷。要是你們不相信我會用這把劍，那就把我綁緊丟在戰象的腳下，讓牠將我踩死。如果你們願意用這樣的行爲來對待你們的將領，我會認爲你們是一群講究公道和主持正義的人，就會赦免你們對我所犯下的罪行。

18 就在攸門尼斯用這種言辭向大家說話的時候，士兵感到悲傷都禁不住流下眼淚，只有「銀盾軍」大聲呼叫要他快走，對於他的喋喋不休根本不加理會。根據他們的說法，要是這個來自克森尼蘇斯的禍害因而被難，就他們來說只是不足掛齒的事；在一千場會戰中，攸門尼斯給馬其頓人帶來無窮的煩惱和巨大的損失，對於菲利浦和亞歷山大的士兵中那些選鋒而言，最讓人痛心的事莫過於他們長期服役所獲得的成果，全部被敵人用欺騙的手法攫走，使得他們在古稀之年要前來向他乞求糊口之物，留下他們的妻子有三個夜晚處於敵人的淫威之下。於是他們強迫他趕快離開。

安蒂哥努斯害怕手下的人員有不當的舉動，現在大家都去觀看使得營地為之一空，派出10頭最強壯的戰象，加上為數眾多來自米提和帕提亞的長矛手，要他們將群眾保持在相當距離之外。然而他對於要與攸門尼斯見面之事覺得難以忍受，藉口過去是親密的朋友加以迴避。當那些人將攸門尼斯收押以後，便問他警衛如何配備最為妥當，安蒂哥努斯說道：「就像你在看管一頭戰象或是一隻雄獅。」雖然如此，很快就表現出憐憫之情，他下令除去沉重的腳鐐手銬，讓攸門尼斯的朋友可以自由前來探監，允許他們帶來所需要的東西。他經過審慎的考量要如何處理最為合適，有時候傾向於聽取他的兒子德米特流斯(Demetrius)和克里特人尼爾克斯的勸告和請求，這兩位非常熱心要他保留攸門尼斯為他所用，然而其餘人士一致提出建議，說他不能養虎遺患，應該立即將攸門尼斯處死。

據說有一天攸門尼斯問守衛歐諾瑪克斯(Onomarchus)，安蒂哥努斯現在已經將心腹之敵掌握在手中，不是立即處決那就用寬宏大量的氣度予以釋放，難道還有什麼好猶豫之處？歐諾瑪克斯帶著不以為然的神情回答，說是他要表現出藐視死亡的態度，戰場是一個更為適合的地點。攸門尼斯說道：「即使對天上的神明，我也不會改變原來的態度，可以去問那些與我戰鬥過的人士，我從來沒有遇過一位可以成為我的上官。」歐諾瑪克斯接著答道：「然而現在你就可以發現有這樣一位人物，為什麼你不心甘情願的順服使他感到莫大的愉悅呢？」

19 等到安蒂哥努斯決定處死攸門尼斯，吩咐手下停止供應食物，經過兩三天的齋戒，他知道自己的大限將至。營地突然奉命遷移，派來

一位劊子手執行他的死刑[46]。安蒂哥努斯將遺體交給他的朋友，允許他們舉行火葬，收集他的骨灰裝在一個銀甕裡面，派人送給他的妻子和兒女。

攸門尼斯含冤送命以後，上天並沒有指派其他人士去懲罰那些背叛他的指揮官和士兵，安蒂哥努斯本人極其憎惡「銀盾軍」，把這批人看成不講信義和毫無人性的惡徒，就將他們發配到阿拉考西亞（Arachosia）[47]的總督西拜久斯（Sibyrtius）那裡，指使他運用各種手段和伎倆將他們清除殆盡，以致他們之中沒有一個人能回到馬其頓，甚至連看希臘海一眼都辦不到。

---

46 按照尼波斯在《攸門尼斯傳》的記載，攸門尼斯被看守的警衛用繩索絞斃，事先安蒂哥努斯並不知曉。

47 阿拉考西亞是帕提亞地區一個行省，靠近巴克特里亞（Bactria）邊境。

第三章
塞脱流斯和攸門尼斯的評述

1 有關攸門尼斯和塞脱流斯的平生事蹟當中，上面所述是最爲顯著和突出的情節。要是拿他們的傳記作比較，我們可以看出雙方共有的特點：這兩位都是外國人、異鄉客和受到放逐的人士，他們成爲擁有極大權勢的指揮官，領導人數眾多和戰力強大的軍隊，而且這些單位是由許多不同的種族所組成。特別是塞脱流斯成爲軍隊的主將，是他那個陣營所有人員共同推舉，完全在於他建立最大的功勳和擁有最高的聲望。然而攸門尼斯遭遇很多對手要與他爭奪指揮的職位，僅僅靠著他採取積極的行動才能獲得主導的優勢。他們抱著誠摯的態度追隨塞脱流斯，完全出於願意接受他的領導；他們缺乏指揮的能力，爲了本身的安全才順從攸門尼斯。

前面那位是羅馬人出任西班牙人和露西塔尼亞人的將領，這些民族很多年來都在羅馬的統治之下；另外那位是克森尼蘇斯人卻成爲馬其頓人的主要指揮官，要知道馬其頓人是人類有史以來最偉大的征服者，他們在那個時代已經主宰整個世界。塞脱流斯在晉升將領這個顯赫的職位之前，無論過去在戰爭中卓越的服務和在元老院裡傑出的表現，已經獲得公眾的尊敬和肯定；然而攸門尼斯獲得目前的高位是從書記或秘書的職務逐漸擢升，這種出身使他受到別人的藐視。

因此攸門尼斯在事業的開始階段就難以獲得有利的機會，即使後來在他掌握權勢的過程中也遭遇很大的障礙；不僅有人公開反抗而且還在暗中施展陰謀的伎倆。塞脱流斯則不然，在他那個陣營裡面沒有人公開反對過他，僅僅在他生命的末期，有幾位與他相熟的人士秘密組成謀叛團體，要下手取他性命。塞脱流斯經常在戰場獲得勝利，可以免於遭到危險；然而攸門尼斯的勝利使得那群嫉妒他的人充滿惡意，他從開始就陷入毫無安全可言的處境。

2 他們在戰爭中建立的功勳可以說是難分軒輊，要是提到對戰爭所抱持的觀念那就大相逕庭；攸門尼斯喜愛戰爭而且天生具備挑釁的性格，塞脫流斯讚許和平與安寧。攸門尼斯堅持要與馬其頓那些最偉大的領袖人物進行極其危險的鬥爭，如果他能稍為退讓一步自己不涉入其中，肯定可以享有安全的生活和崇高的地位。塞脫流斯根本不願自尋煩惱，去與公眾的動亂發生任何關係，完全是為了自身的安全，逼得要用戰爭來對付那些不讓他過和平生活的人。

只要攸門尼斯願意屈居「一人之下，萬人之上」的位置，從開始就放棄與安蒂哥努斯的競爭，那麼這位對手就會盡可能籠絡他給予重用；然而龐培的黨羽絕不會允許塞脫流斯過普通市民生活。一位為了滿足出人地頭的領袖欲，純粹出於個人的意願要掀起戰爭；另一位被迫接受指揮的職位好在戰爭中保護自己的權利，何況這場戰爭是為了對付他而發起。攸門尼斯確確實實是一位戰爭的愛好者，認為那永難饜足的野心比起個人的安全更為重要；塞脫流真正具備尚武精神，他的軍隊獲得勝利用來保障他的安全。

談起他們死亡的方式，一位從來沒有預料到會發生這種狀況，另外一位每天都生活在疑慮之中；這樣可以證明塞脫流斯有公正的器度和高貴的心靈，不會對朋友產生猜疑之心；攸門尼斯的性格還是有弱點出現，雖然有逃走的打算，未能當機立斷，所以落到敵人的手中。塞脫流斯之死並未讓一生的榮譽受到羞辱，遭到朋友的暗算而敵人對他無能為力；攸門尼斯沒有辦法避開監獄之災，等到成為囚犯還想活下去，他對於面臨的下場沒有採取防備的措施，也沒有預期他的命運竟然如此不幸，就這方面而言談不上榮譽或勇敢，即使他願意乞求或要人代為講情，使得他的敵人原來以為只能控制他的肉體，現在不僅能夠掌握他的肉體還要主宰他靈魂。

第十六篇
武功彪炳者

第一章
亞傑西勞斯（Agesilaus）

444-360B.C.，斯巴達國王，雖然腳有殘疾，
在位四十一年，南征北討，無役不與。

1 朱克西達穆斯（Zeuxidamus）之子阿契達穆斯（Archidamus）[1] 光榮統治拉斯地蒙，崩殂後留下兩個兒子，長子埃傑斯（Agis）是家世高貴的婦女蘭庇多（Lampido）[2] 所出，次子亞傑西勞斯（Agesilaus）的生母是米勒西披達斯（Melesippidas）之女優波莉婭（Eupolia）。埃傑斯依據法律的規定擁有王位繼承權，亞傑西勞斯不管怎麼說只能做一個平民，遵照國家對紀律的要求接受艱困而苛刻的學習過程，教導年輕人要服從前輩和長官。

世人都說賽門尼德（Simonides）[3] 稱斯巴達人是「聽話乖寶寶」，因為他們從小處於嚴管勤教的環境，沒有任何城邦能與他們相比，就像戰馬要從幼駒開始調教一樣，訓練市民遵守法紀的規範，養成服從的習慣和忍耐的性格。成規沒有將冷酷的教條強加在王國的皇儲身上，所幸亞傑西勞斯出生就是上有長兄的幼弟，勢必要在強調服從的理念中成長茁壯，等到天命所歸更適合於治國教戰的工作，同時也證明他是斯巴達最為親民勤政的國王；雖然他天生具備王者的氣質和指揮的才華，幼年生活在市民之中使得他和藹可親而且平易近人。

1　這位斯巴達國王是優里龐世系的阿契達穆斯二世，在位間為476或469-427/426B.C.。

2　蘭庇多或稱為蘭庇托（Lampito），是阿契達穆斯二世同父異母的姊妹；斯巴達人允許同父異母的兄妹或姊弟結婚，但是同母異父者於法不合。

3　賽門尼德（556-467B.C.）生於西奧斯島，是希臘最著名的抒情詩人。

2 當亞傑西勞斯還是幼童的時候，在一個稱之爲flocks的「團體」或「班級」中接受教養，出於個人良好條件受到賴山德的愛慕[4]，特別是他表現循規蹈矩的性格，更是讓賴山德深受感動。他具備積極進取的精神和雄心壯志的抱負，遠遠超過所有的同伴，使得他能表現出激烈和狂熱的心志，面對所有的橫逆和困難都能一一克服。然而，從另一方面來看，他的天性是如此的溫柔敦厚，雖然他做事主動無須強制，還是習於屈從權威，雖然他光明磊落從不取巧，還是願意服從指揮；這樣一來，比起任何辛勞或困難所造成的不幸，即使微不足道的譴責或羞辱會給他帶來更大的傷害。

他在年輕的時候容貌相當漂亮，雖然生下來就有一條腿較短，這種殘疾對外表沒有產生任何影響。他用平常心對待先天的不幸，經常拿自己的缺陷開玩笑，故意走很遠的路表示出不予理會的態度。實在說他的上進和熱心使得他更爲突出，經常受到大眾的注目；他從不讓跛足成爲拒絕參與辛勞工作或勇敢行動的藉口。他沒有雕塑或畫像傳世，活著的時候從不允許，死後還留下遺言加以禁止。據說他長得矮小而且體型不夠雄壯，心地非常善良，始終保持樂觀而幽默的習性，從來不會亂發脾氣或者表現倨傲的神色；使得他甚至他到了老年，比起國內那些最漂亮的年輕人更有吸引力。根據狄奧弗斯都斯(Theophrastus)[5]的記載，民選五長官曾經對阿契達穆斯娶一位身材纖細的妻子給予罰鍰的處分，他們說：「她使得我國以後的君王，就體型來說失去泱泱大國的風範。」

3 就在身爲長兄的埃傑斯統治期間，亞西拜阿德被雅典放逐，離開西西里來到斯巴達，雖然沒有停留很長的時間，後來受到嫌疑認爲他與國王的妻子泰密婭(Timaea)發生親密關係；埃傑斯公開拒絕承認這個小孩，說是她和亞拜西阿德有了私通，所以不是他的兒子。要是我們相信史家杜瑞斯[6]的記載，說是泰密婭並不在乎埃傑斯的聲明，經常與她的希洛特侍女竊竊私語，這個嬰兒的

---

4 斯巴達人在孩童的時候，只要看起來將來會有出息，或多或少都可以找到作伴的愛慕者，同性之愛受到讚許，如果有好幾個男子將愛慕之情放在一個人的身上，反倒成爲親密友誼的開始，大家集中力量給予支持，使得愛慕的目標出人頭地大有作為。

5 狄奧弗拉都斯是亞里斯多德的弟子當中名望最高的人物，生於列士波斯島的伊里索斯(Eresos)，287B.C.在雅典逝世，享年85歲，他的門徒成為雅典逍遙學派的宗師。

6 薩摩斯人杜瑞斯是狄奧弗拉斯都斯的門人，名重一時的史家也是薩摩斯島的僭主，生卒時間大約是350-280B.C.。

名字是亞拜西阿德而不是李奧特契德(Leotychides)。同時也應該相信他們之間的戀情，不是出於他對她的真愛而是個人的野心，那就是他要讓自己的後裔成為斯巴達的國王[7]。這件醜聞為公眾知曉以後，亞拜西阿德立即從斯巴達脫身；李奧特契德在幼年並沒有得到合法嫡子的名分，埃傑斯始終不願鬆口，直到臨終之際經過不斷的哀求和哭泣，病榻的前面獲得幾位見證，才承認李奧特契德是他的兒子。埃傑斯崩殂[8]以後，即使這樣並不能保證他可以登上空下的王位。

賴山德剛從海上完成對雅典的征服，在斯巴達擁有莫大的權勢，力挺亞傑西勞斯登基，斷言李奧特契德是個私生子，這是成為王位繼承人的最大障礙。很多市民對亞傑西勞斯有好感，非常熱心參加他的陣營，特別是大家都知道他有美好的德行，一直養育和成長在庶民之中，所以他的言行舉止他們都是旁觀的目擊者。斯巴達有一個名叫戴奧披昔斯(Diopithes)的人，對於古老的神讖可以說是無所不知無所不曉，特別有關宗教和神學的問題不僅精通而且極有見地，他力言在拉斯地蒙出現一位跛足的國王是不合法的行為，下面的神讖引起爭論：

> 高傲的斯巴達人雖然生性機警，
> 還是不要讓瘸腿的統治者來到[9]；
> 展現長久而且出乎意料的紛爭，
> 慘烈的戰爭有如暴風雨的襲擾。

賴山德還是振振有辭，公開宣稱要是斯巴達人真正畏懼神讖，那麼問題出在李奧特契德身上；即使有任何一位跛足者統治拉斯地蒙人，也不會冒犯到神明，要是海克力斯家族純潔的血胤喪失應有的權利，竟然接受一位私生子，那會使得這個王國變成瘸子。亞傑西勞斯同樣提出疑義，認為海神尼普頓可以見證李奧特契德是一個野種，是祂用一個強烈的地震[10]把埃傑斯推到床下，從此他就沒有與

---

7 第六篇〈亞西拜阿德〉第23節對這件戀情有詳盡的敘述，實在說任何人要是抱著這種野心，也是中外古今絕無僅有之事。

8 這位是埃傑斯二世，亡故於奧林匹克95會期第2年即399B.C.。

9 斯巴達的制度是設置兩位國王，等於這個城邦有兩條腿可以站得更穩。所以神讖才有這樣表示，一位瘸腿的國王會給國家帶來凶兆；從後來發生的狀況來看，單獨統治不是僭主就是暴君。

10 色諾芬《希臘史》第3卷對這次地震有詳盡的描述，顯示當時的災難極其嚴重，引起一序列

妻子燕好，李奧特契德出生之際，他離家的時間已經超過十個月[11]。

4 運用這種方式使亞傑西勞斯得以登基為王，埃傑斯的家產連同寶座全部為他所有，李奧特契德被視為私生子遭到拒絕。亞傑西勞斯這時特別注意他母親這邊的親戚，他們憑著能力和德行深受民眾的讚譽但是極其貧窮，於是他將得自其兄的產業撥出一半分給這些親人，慷慨的行為使他的繼承獲得善意的回應和頌揚，不再遭到嫉妒和惡意的攻訐。色諾芬特別提到，亞傑西勞斯遵守國家的法律，後來能夠達成擁有權力的意圖並沒有引起任何爭議。就當時的狀況而言，國家的政務和主權掌握在民選五長官和元老院的手裡，前者的職位要每年經過選舉獲得，元老院的元老或議員是終生保有，設置這兩個機構的目的是要限制國王的權力，這在前面第二篇〈萊克格斯〉已經闡明。

從此以後代代相傳的城邦體制和政府架構在他們和國王之間，因為積怨過深引起激烈的爭執。亞傑西勞斯運用另外的方式，那就是對他們殷勤有禮而不是與他們劍拔弩張。無論是召開會議還是主持審判，都要先聽取他們的意見；元老院有所召喚他不僅立即前往而是跑著趕去；要是他坐在寶座上面聽訟問政，只要民選五長官蒞臨他馬上站起來迎接；無論任何人當選為元老院的議員，他贈送的禮物是一襲官袍和一頭公牛[12]。他用這種手腕表現出順從的態度，願意擴大他們的職權和責任；暗中卻為自己的利益奮鬥不息，運用他們的友誼和自己適當的讓步，總算沒有遭到留難能夠增加國王的權勢。

5 他對所有的市民都能保持尊重的態度，始終認為仇敵比起朋友更能使他知所檢點，不會逾越本分。即使他對敵人非常嚴厲，還是不會仗勢欺人運用非法的伎倆；然而他對朋友卻百般呵護，難免事事偏袒出現不公的狀況。要是一位政敵有任何值得嘉許的舉措，他會為自己沒有能善盡職責而感到羞愧；等到他的朋友做了錯事卻不知道如何加以譴責，只是去盡力幫助他們甚至願意分擔他們的責任；同時他還認為要對所有的官員付出友情，讓他們能夠盡心盡力為城

(續)─────────────

的內憂外患。

11 這部分史實在第六篇〈亞西拜阿德〉第23節和第十二篇〈賴山德〉第22節在有記載，也可以參閱色諾芬《希臘史》第3卷第3節。

12 斯巴達的高級官員或貴族世系都用公牛作為家族的標誌或圖騰。

邦服務。不僅如此，要是他的政敵陷入災難和不幸之中，他是最早表示同情的人，只要他們願意他會立即伸出援手。因此，他的言行德操和爲政之道能夠贏得人心的歸附。他的深獲民意使得民選五長官起了猜忌之心，說他的產業屬於城邦所有，不能私下撥發給一般市民，所以對他施以罰鍰的處分。

根據哲學家所持論點，要是一旦宇宙之間失去衝突和對立，天體就會靜止不再運轉；如果所有事物處於相互和諧的狀態，會使繁殖爲之中斷而行動爲之停頓。斯巴達的立法者基於這種緣故，允許這個政體的組成分子逐行野心和競爭，如同對武德的刺激或基於實踐的動機，對於精英之士的爭辯和角逐懷抱更大的期望，他們認爲一味順從是沒有進行爭執的屈服，表現出軟弱的心態，不能產生成效也沒有奮鬥的勇氣，而且得到一個錯誤稱呼就是和解共生。

有人認爲荷馬對這種現象了然於心，要不是他很清楚這些將領之間，常常因爲個人的利害關係，引起敵對的行爲和激烈的吵鬧，那麼當尤利西斯和阿奇里斯發生口角，用威脅的語氣惡言相向的時候，他也就不會描述阿格曼儂喜悅的表情[13]。這種風氣不能只是毫無所謂予以認同而不加限制，仇恨意識的過分發展對城市帶來莫大的危險，產生影響深遠而且極其有害的後果。

6 亞傑西勞斯剛登上王位從事政務工作，亞細亞傳來信息說是波斯國王大力擴展和整備水師，決心用強大的實力奪走斯巴達人的海上霸權。賴山德掌握這個良機離開國門去援助亞細亞的朋友。他把這些人留在那裡的城市出任總督和統治者，由於施政不當和行爲暴虐遭到驅離，還有人命喪黃泉。因此他說服亞傑西勞斯挺身而出指揮遠征行動，對於蠻族的計畫採取先發制人的策略，將戰爭由希臘帶到波斯。他寫信給亞細亞的友人要他們派遣使者，請求亞傑西勞斯擔任他們的領袖。因此亞傑西勞斯親自參加市民大會，提出他要爲國出征的意圖，認可的條件是他要任用30名斯巴達人擔任軍師和將領，從新獲得自由的農奴中徵召2000名選鋒，盟邦出兵的數量要有6000人。

亞傑西勞斯對賴山德在東方的權勢和協助至感需要，所選派的30名斯巴達人組成智囊團，賴山德很自然成爲頭號人物，不僅僅是他的實力和名望，更重要的是他與亞傑西勞斯的友誼；亞傑西勞斯認爲賴山德輔助他完成任務，比起擁戴他

13　參閱荷馬《奧德賽》第8卷第75行。

登上王座，更能發揮舉足輕重的作用。

軍隊從各地趕來吉里斯都斯（Geraestus）[14] 集結，這時亞傑西勞斯在友人的陪同下前往奧利斯（Aulis）[15]，夜晚在夢中見到一個人走過來，用這種口氣向他說話：「啊，拉斯地蒙人的國王，你不會不知道在你之前，只有阿格曼儂出任全希臘的統帥。現在，你接替同樣的職位，指揮同樣的軍隊，接戰同樣的敵人，從同一個地點發起遠征行動，那麼你在啓碇之前，應該與阿格曼儂一樣給神明奉獻犧牲。」

亞傑西勞斯這時記起，阿格曼儂遵守神讖的指示，拿親生女兒當成供奉神明[16] 的祭品。然而他對這件事一點都不感困擾，醒來以後與朋友談起夢中的情景，特別提起他爲了邀寵於女神，所奉獻的祭品一定會讓祂滿心愉悅，因爲祂是女神，所以不會仿效前輩那種無知而殘酷的先例。於是他下令準備一頭母鹿，身上裝飾花圈，吩咐他的占卜官舉行儀式，沒有按照慣例指派皮奧夏人負責祭祀。

因此，皮奧夏的首長聽到以後不禁怒氣大發，派遣官員阻止亞傑西勞斯，不得違背皮奧夏的法律和習俗獻祭，這些官員不僅要信差前去通告，還把放在祭壇上面的犧牲肢體奪走丟在地上。亞傑西勞斯沒有辦法舉行祝禱，在心情極其鬱積的狀況下發航，對於皮奧夏人的行爲非常不滿，這種徵兆使他的銳氣受挫，預告整個遠征行動的航程不順和出師不利。

7 亞傑西勞斯抵達以弗所（Epheues）[17] 之後，發現賴山德勢力之大和關係之佳，已經到了令人難堪的地步，幾乎是他負起所有的職務；有任何要求都去向他請教，絡繹不絕的訴願者使得門庭若市，外出也都一步一趨緊跟在後面。亞傑西勞斯除了是名義上的統帥，個人完全無法發揮作用，大家對他的態度不過敷衍了事；全部軍政大權已經旁落在賴山德的手裡。所有那些派往亞細亞的要員都向他看齊，擁有很大的權力而且聲勢奪人，也沒有人像他一樣對於朋友是百般照應，對於敵人是趕盡殺絕。

---

14 吉里斯都斯是優卑亞島西南端的一個市鎮和海岬，這次集結是在396B.C.的春天。

15 奧利斯是優里帕斯（Euripus）海峽靠皮奧夏這邊的市鎮，因為阿格曼儂將出征特洛伊的艦隊和所有的將領在此地集結而出名。

16 這位神明是月神和狩獵女神阿提米斯（Artemis），羅馬神話稱為黛安娜（Diana）。

17 以弗所是十二個愛奧尼亞城市之一，位於小亞細亞的利底亞，靠近卡伊斯特魯斯（Caystrus）河口。

過去發生的事件仍舊讓人記憶猶新，在大家的內心留下深刻的印象，特別是拿亞傑西勞斯樸素的生活和友善的行為，與賴山德那根深蒂固的粗暴態度和言簡意賅的表達方式做一比較，所有的事務都按照賴山德的指示，很少有人理會亞傑西勞斯的看法。最早感覺受到冒犯是那些斯巴達陪同前來的部將，他們對於成為賴山德的隨從而不是亞傑西勞斯的親信深表憤怒。

雖然亞傑西勞斯不是一個猜忌成性的君主，更不會做出損人利己的事，對應有的榮譽非常熱中而且不容侵犯，開始擔心賴山德形成尾大不掉的局面，使得個人能從重大的軍事行動獲得的名聲，都會被他剝奪和侵占。因此他勢必採取某些措施來鞏固自己的地位；首先是對他所有的發言都表示反對的態度，特別是他的建議都拒不接納，至於別人的意見全都接受。不論是誰受到推薦，只要他發現這個人附合賴山德，一定會失去應得的職位。任何司法案件只要賴山德厲言抨擊，都可以獲得勝訴；任何人只要他在旁美言請求網開一面，不僅在劫難逃最少也要受到破財的損失。賴山德很快覺察這些事件不是偶然發生，已經經常出現而且是別有用心，毫不遲疑趕快告訴他的朋友，要他們有什麼事都去請求國王，照說他比賴山德有更大的權力。

8 這種說法和行動帶有欺騙的意圖，激起國王的不爽使得內心充滿惡意，亞傑西勞斯為了公開表示藐視，當著眾人的面指派他負起侍膳的任務，用不屑一顧的口氣說道：「現在讓他們前來討好我的切肉者。」賴山德再也忍受不了這種羞辱，最後對著亞傑西勞斯不禁滿腹牢騷，說國王很會把自己的朋友損得一文不值。亞傑西勞斯回答道：「我只會貶抑那些權力比我更大的人。」賴山德說道：「這種說法真是言過其實，我的本意絕非如此；只要能不引起你的反感，赴湯蹈火我欣然從命。」[18]

亞傑西勞斯派他前往海倫斯坡海峽，賴山德在那裡策反一位名叫斯皮司瑞達底（Spithridates）的波斯人，這個人在法那巴蘇斯（Pharnabazus）的行省供職，帶著200名騎兵和大批金錢前來投效希臘人。賴山德的憤怒未曾平息，後來圖謀要將

---

18 雙方出現像這樣針鋒相對的談話，當然難保過去的友情，等到賴山德任期結束就返回斯巴達，氣惱亞傑西勞斯沒有讓他獲得應有的榮譽，憤怒的對象甚至及於整個斯巴達當局，決心盡快實施計畫，要徹底改變斯巴達的王位繼承制度。

王國的統治權，從長期獨享的兩個家族手裡奪走[19]，經由選舉爲全民所共有。如
果他沒有在皮奧夏戰爭中陣亡，促成此事所造成的爭執，會給斯巴達人帶來極大
的動亂。國民當中那些抱著雄心壯志的野心分子，要是踰越限制和範圍，對於群
體不會帶來福利只會造成損害。即使賴山德的驕傲和僭越非常不合時宜而且令人
難堪，亞傑西勞斯還是能用其他的方式來堅持他的權利，無須傷害一個知名之士
的聲望和抱負。實在說，分庭抗禮的激情使得兩位陷入盲目的狀況，一位難以承
認君王的職權，另一位不願原諒朋友的過失。

9 泰薩菲尼斯（Tisaphernes）[20] 開始就對亞傑西勞斯抱著忌憚之心，相互簽
訂協定讓希臘的城市獲得自由權利。沒有過多久覺得自己已經集結相當
實力的軍隊，決定發起戰爭俾能一勞永逸解決雙方的矛盾，亞傑西勞斯對於這種
行動深感滿意不以爲忤。他原來對遠征抱持很大的期望，想當年色諾芬和一萬希
臘人，行軍通過亞洲的腹地到達海邊，能夠隨心所欲打敗波斯的軍隊，他現在率
領斯巴達人，控制著陸地和海洋，要是不能爲希臘人建立永難忘懷的功動，那眞
是平生最大的恥辱。他爲了報復泰薩菲尼斯的背信，運用欺敵的計謀，裝出要向
卡里亞進軍的模樣，等到牽制住泰薩菲尼斯的軍隊以後，他迅速退回轉向攻擊弗
里基亞，奪取很多城市，帶來數量龐大的戰利品，等於向盟邦提出警告，違犯莊
嚴的誓約等於藐視神明的威力，在戰爭中運用謀略來陷害敵人，這種行爲不僅公
正而且光榮，最大的報酬是立即掌握與敵軍對峙的優勢。

騎兵的實力過於薄弱，加上腸卜出現不利的徵兆，使得士氣大受影響，亞傑
西勞斯退兵回到以弗所，開始成立一支騎兵部隊。他要求所有的富人應盡服役的
義務，如果不願親自入營，繳納費用召募代理的人員和購買馬匹。用這種方式獲
得大量志願投效的人員，部隊很快增加新的生力軍，除了步卒還有作戰英勇而且
人數眾多的騎兵[21]。這樣一來，沒有意願從軍作戰的人，可以雇樂於過軍旅生活
的人來取代，至於那些不願在服役時擔任騎兵的人，只要花錢就可解決問題。阿
格曼儂的辦法就是很好的榜樣，每一位有錢的膽小鬼要離開軍隊，必需奉上一匹

19　所謂兩個家族是指優里龐世系和埃傑斯世系，斯巴達的國王由這兩個世系包辦。
20　波斯人泰薩菲尼斯從414B.C.起出任下小亞細亞的省長，401年小居魯士逝世後，治理的地區
　　將小亞細亞的濱海地區包括在內。
21　參閱色諾芬《希臘史》第3卷第4節。

經過調教的母馬[22]。

　　亞傑西勞斯下令將弗里基亞捕獲的俘虜公開發售，全被剝得赤身裸體再出賣，發現衣物的買主很多，人員的皮膚白嫩表示缺乏勞動和操作，不僅賣不出去而且受到戲謔和嘲笑。亞傑西勞斯站在拍賣場向追隨他的希臘人說道：「就是這種沒有用的人跟我們戰鬥，才讓你們得到這些不值錢的東西。」

10 這一年適合作戰的季節來到[23]，亞傑西勞斯非常大膽地公開宣布要入侵利底亞，率直的言論讓泰薩菲尼斯發生錯誤，以為又是欺敵的謀略；因為過去曾經受騙，所以不相信亞傑西勞斯會說真話，免得上當蒙受不利的後果。他認為對方的選擇是卡里亞，這是一個地形崎嶇的國度，不適合騎兵的作戰，特別是他以為亞傑西勞斯在這方面的實力很弱，因此他依據自己的判斷，派遣軍隊直接進入所料想的地區。等到他發現對方說話算話，已經揮軍進入薩迪斯（Sardis）[24] 的領地，被迫只有回師救援，他的騎兵部隊實施急行軍，趕過在四鄉搶劫的零星敵人，有些人被他殺死。這個時候，亞傑西勞斯考量騎兵的進展神速，已經把步卒丟在後面，位置在前面的軍隊集結成整體沒有分離，所以要盡快與敵軍交鋒。他把攜帶圓盾的輕裝步兵與騎兵混編在一起，下令全速前進開始會戰，他親率重裝步兵在後面跟進。這次大捷完全符合他的構想，蠻族被打得潰不成軍，希臘人緊追不捨，趁勢奪取營地，很多人喪生在刀劍之下。

　　亞細亞的勝利產生巨大的影響，他們不僅在波斯的國土橫行無阻，隨心所欲搜集糧草和搶劫錢財，還能對泰薩菲尼斯這個世仇大敵，用「以眼還眼，以牙還牙」的方式進行殘酷的報復。波斯國王派遣泰什勞斯底（Tithraustes）前去處理，到達以後就將泰薩菲尼斯斬首，同時要他與斯巴達人磋商返回希臘的條件。使者奉命前去晉見亞傑西勞斯，說是他只要同意他們的請求就會奉上大筆金錢[25]。亞傑西勞斯的答覆是談和之權操在拉斯地蒙當局手裡，與他沒有關係；要是說起財

22　可以參閱荷馬《伊利亞德》第23卷第296-301行。

23　這次入侵發生在奧林匹克96會期第2年即395B.C.春天，參閱色諾芬《希臘史》第3卷第4節。

24　薩迪斯是古代利底亞王國的都城，後來成為小亞細亞的波斯省長府邸所在地。

25　泰什勞斯底同意在亞洲的希臘城市恢復自由權利，條件是他們支付原來規定的貢金；他希望這種讓步能說服亞傑西勞斯接受和平，然後班師回朝。泰薩菲尼斯首先違背雙力的協定，所以他被砍頭是罪有應得。

富，他的意思是寧願分給士兵，自己根本不想落到任何好處。希臘人認為接受敵人的賄賂而發財是寡廉鮮恥的行為，倒是可以光明正大擁有戰利品。然而，他對泰什勞斯底主持正義，制裁希臘人的公敵泰薩菲尼斯感到滿意，就將軍隊的駐地搬到弗里基亞，接受30泰倫作為退兵的代價。

他在行軍的途中收到斯巴達送來的緊急文書，除了身為將領還授與水師提督的職位，亞傑西勞斯獲得的榮譽，可以說是前無古人、後無來者，毫無疑問他是那個時代最偉大和最顯赫的人物，如同狄奧龐帕斯(Theopompus)[26] 所說，他靠著自己的德行和功勳，比起他的職位和權勢，能夠創造更多的機會獲得榮譽。他還是犯下一個錯誤，麾下有更為資深和經驗更為豐富的人員，仍舊任命平山德(Pisander)指揮水師。他在這方面沒有考慮公眾的利益，而是要滿足親戚的請求，何況平山德是他妻子的兄弟。

11 等到營地遷到法那巴蘇斯的行省，不僅糧食獲得充分的供應，還能徵收大量金錢，進軍到帕夫拉果尼亞的邊界，很快與該地的國王柯特斯(Cotys)建立聯盟，主要是亞傑西勞斯的美德能讓人產生信心，使得國王對他的友誼傾心不已。斯皮司瑞達底自從背叛法那巴蘇斯投奔亞傑西斯以來，始終陪伴在他的身邊不曾離開，斯皮司瑞達底有一個兒子名叫麥加巴底(Megabates)，是長得非常漂亮的男孩，亞傑西勞斯對他極其寵愛。斯皮司瑞達底還有一個待字閨中的女兒，經過亞傑西勞斯的撮合許配給柯特斯，獲得1000名騎兵和2000名輕裝步兵的支援。

亞傑西勞斯領軍回到弗里基亞，在法那巴蘇斯的領地四處掠奪。法那巴蘇斯不敢與他在戰場決一勝負，對於自己的守備部隊缺乏信心，帶著所有的動產與一支逃亡的軍隊到處遷移和飄泊。直到最後，斯皮司瑞達底會合斯巴達人赫瑞披達斯(Herippidas)[27]，占領法那巴蘇斯的營地拿走全部家財。不過，赫瑞披達斯對於搶劫獲得的物品看管很緊，蠻族士兵要想自肥被他用嚴厲的手段迫得吐出來，不斷的質問和檢查激怒斯皮司瑞達底再度改變陣營，率領帕夫拉果尼亞人前往薩迪

26　狄奧龐帕斯是開俄斯人，和埃弗魯斯是同學共同師事伊索克拉底，著有411-394B.C.的《希臘史》和360-336B.C.的《馬其頓編年史》。

27　赫瑞披達斯在第二年即395B.C.春天，成為30名智囊團為首的人物，襄助亞傑西勞斯在東方的遠征行動，參閱色諾芬《希臘史》第3卷第4節。

斯。造成的後果給亞傑西勞斯帶來很大的困擾，喪失一位英勇指揮官的友誼，還要加上一支有相當實力的部隊，更爲嚴重是要面對貪婪的指責幾乎使得名譽掃地，特別是他經常要求自己和他的國家重視這方面的榮譽。

除了公事帶來的災難還有私事的困擾，亞傑西勞斯非常喜愛斯皮司端達底的兒子，現在還在他的心中占有很大分量，雖然他盡力裝出主子的模樣，特別是這個幼童出現在他的面前，總要擺出一副凜然的神色。有次麥加巴底走來向他致敬，要求能夠受到他的親吻，亞傑西勞斯予以拒絕。這個幼童面紅耳赤只有退了下去，以後再來向他致敬就保持相當距離以外，亞傑西勞斯這時後悔他的冷淡，心意也跟著改變，裝出驚奇的神情問這個幼童，向他致敬爲什麼沒有像從前那樣親近，他周圍的朋友說道：「那完全是你的錯，沒有接受這個小孩的親吻，還很驚慌地轉過頭去；如果你給他一點鼓勵，讓他還是像從前那樣，他就會到你的跟前來。」亞傑西勞斯停下來想了一會兒，最後回答道：「你們根本不要多慮，如果能夠重歸舊好，這在我而言比起點石成金還要讓我喜稅。」他見到麥加巴底不惜低聲下氣的屈就，後來等到分手感到極其痛苦，問題是這個幼童要是再回來，他是否有毅力拒絕第二次獻上的親吻。

12 這件事情平息以後，法那巴蘇斯要找機會與亞傑西勞斯當面會商，西茲庫斯(Cyzicus)的阿波羅法尼斯(Apollophanes)是雙方的朋友，向他提出邀請。亞傑西勞斯頭一個來到指定的地點，躺在樹蔭下的草地上面，等候法那巴蘇斯的到來。法那巴蘇斯帶來柔軟的羊皮和精美的地毯，當他看到亞傑西勞斯非常自在的神情，爲自己的奢華感到有點難爲情，準備的東西不再使用也就坐了下來，顧不得身上穿著精美繡製的禮服。雙方致意問候以後，法那巴蘇斯開始向亞傑西勞斯訴苦，說他在阿提卡戰爭期間盡心盡力幫助拉斯地蒙人，誰想到欠負他這麼多的人竟然會恩將仇報，不斷騷擾和洗劫他的國度。

斯巴達人想起他們對盟友所犯的大錯，聽到這些話以後只有低垂著頭感到羞慚，最後亞傑西勞斯說道：

> 啊！法那巴蘇斯！當我們與你的主子波斯國王保持結盟關係的時候，我們對待你一直極其友善；現在雙方反目成仇，你對我們的期望除了敵意不可能別的東西。因此，只要我們把你視爲國王的產業的

一部分，即使我們不打算傷害你，為了透過你使他受到損失，必須對你施展暴力的行為。一旦你的擇抉要成為希臘人的朋友而不是波斯國王的奴才，就可以進一步的考量，認為這些在你指揮之下的軍隊和水師，能夠用來保你的城邦和自由權利；要是你做不到這點，對我們這些男子漢而言，沒有榮譽一切都免談[28]。

　　法那巴蘇斯聽到以後，推心置腹毫無保留回答道：「要是國王派一位總督來取代我的職位，那麼我會投奔你的陣營；長久以來他對我始終信任有加，那麼我也應該感恩圖報才是正理。因此我必須盡全力反對你，這也是無可奈何的事。」亞傑西勞斯傾聽他的答覆，執著他的手站起來說道：「能有這樣一位勇士做我的朋友而不是敵人，那該多好！」[29]

13 法那巴蘇斯正要離開，他的兒子跟在後面，跑過來笑著對亞傑西勞斯說道：「亞傑西勞斯，你是我仰望的貴人。」就將拿在手裡的長矛送給他，亞傑西勞斯接受這份禮物，對於這位青年的風度和禮節非常欣賞，向著隨從的隊伍張望，看看有什麼合適的東西可以回報。他的秘書愛迪烏斯(Idaeus)騎著一匹鞍轡非常精美的駿馬，就要他牽過來賜給這位年輕的世家子弟。亞傑西勞斯對他有很好的印象，以後還一直惦記著他，等到後來被他的兄弟趕出國門，在伯羅奔尼撒過著流亡的生活，亞傑西勞斯對他非常照顧，甚至對於他所喜愛的事務給予協助。他迷戀一位出生於雅典的青年，是經過嚴格訓練的角力家，身強力壯已經完全成長，年齡不合規定沒有辦法列入競賽名單[30]；於是這位波斯人運用友誼關係，請求亞傑西勞斯出面講情，總算排除困難達成所願。

　　這位國王在其他方面嚴守分際，只要涉及到朋友的案件，如果他還要拘泥於正義的原則，照他個人的說法，僅僅用來作為拒絕的藉口而已。這裡有一封他寫

28　他特別增加下面幾句話：「如果雙方的戰事還繼續下去，我也盡可能避開你的行省，到其他地區去搜集糧草和徵召人員。」

29　參閱色諾芬《希臘史》第4卷第1節，亞傑西勞斯向法那巴蘇斯提出保證，即使將來雙方發生戰爭，他還是尊重對方的財產，不會侵犯、破壞或籍沒。

30　希臘的各種運動會有時訂下年齡的限制，歲數不足的幼童沒有列入名單之內，就不得參加比賽。

給卡里亞國君艾德里烏斯(Idrieus)的短信，可以知道亞傑西勞斯的爲人。上面寫著：「如果尼西阿斯(Nicias)清白無辜，請你釋放他；要是他犯下罪行，請看在我的份上不要追究；總之，無論如何要讓他平安無事。」這就是他在性格方面對朋友所表現的風範，然而這種他願意遵守的法則並非一成不變，有時他會考量國事的需要重於友情，這裡可以舉出一個例子，有次出於突發和混亂的狀況要變換營地，就把一位生病的朋友留下來，當這位朋友在他的後面大聲呼叫懇求給予幫助，他轉過身去說道，同情和睿智很難兩全。哲學家海羅尼穆斯(Hieronymus)[31]提過這件軼事。

14 亞傑西勞斯把另外一年的時間，全部用在從事戰爭，使得他的名聲日益高漲；波斯國王幾乎每天獲得的情報，裡面都會提及他的德行，特別是他那節制的習性、樸素的生活和謙和的風範，在在都受到舉世的讚譽。當他在外巡視的時候，通常拿寺廟當作臨時的寓所，就是最隱私的行爲神明都能爲他見證，沒有不可告人之事，從其他居高位人士的身上，很難找到像他這樣願意一切公諸於世的做法。在這樣一支人數龐大的軍隊裡面，不容易發現有任何 一位列兵，睡覺的草墊比亞傑西勞斯所用更爲粗糙。留在亞細亞的希臘人，最樂於見到的場面，莫過於那些傲慢、殘暴和奢華的波斯領主和總督，擺出畢恭畢敬的態度，站在一個穿著脫毛斗篷的人的面前，把他簡潔的交代當成聖旨，絲毫不敢有所怠忽和違背。難免會有泰摩修斯(Timotheus)[32]詩句浮現在腦海：

> 戰神馬爾斯眞是殘酷的暴君，
> 讓希臘人敬畏在於未塑金身。

15 亞洲現在有很多地方背叛波斯，亞傑西勞斯恢復城市的秩序，在沒有流血和任何一個成員受到放逐的狀況下，重建政府的架構和適用的制度。接著決定要將戰爭從海濱帶到內陸地區，進入他們的家園蘇薩(Susa)和

---

31 這位哲學家海羅尼穆斯是羅得島人，亞里斯多德的及門弟子，他的著作在4世紀B.C.左右風行一時，西塞羅經常引用他的學說和論點。

32 米勒都斯人泰摩修斯是著名的詩人和音樂家，生卒時間是446-357B.C.，他的劇作表現流暢和華麗的風格，在當時受到熱烈的歡迎，對後世的影響深遠。

伊克巴塔納(Ecbatana)³³攻擊波斯國王，不讓這個專制君主安坐在寶座上面，拿錢來賄賂民選的領袖人物，充當希臘人自相殘殺的裁判。這些偉大的構想被來自斯巴達的噩耗所打消，現在他們涉及一場攸關生死存亡的戰爭，伊庇賽德達斯(Epicydidas)奉命前來要求他返國，抵禦外侮不讓敵人侵犯家園：

> 希臘人總是助長蠻族的威風，
> 那些城邦始終還在鷸蚌相爭³⁴。

　　希臘人的聯盟和陰謀都是出於本身的過錯，整個發展的過程會讓我們的好運逐漸流失。那些原本高舉起來用以征討蠻族的刀劍，現在轉過來對付自己；那些在希臘之間應該停息的戰爭，現在又開始死灰復燃；我們對這些彼此的猜忌要怎麼辦才好呢？

　　科林斯的笛瑪拉都斯(Demaratus)曾經提起，希臘人最感遺憾的地方，是他們沒能活著看到亞歷山大登上大流士的寶座，對於這種說法我完全不表同意；他們認為那種事可以留給亞歷山大和馬其頓人去做，好讓自己的將領能在琉克特拉、科羅尼亞、科林斯和阿卡狄亞的戰場上拚個你死我活³⁵，只有看到這種勇於內鬥的情景，才會使他們感動得流下淚來。

　　面臨這種情況，沒有人能比亞傑西勞斯表現出更為偉大或高貴的行為；就服從命令和遵守規定來說找不到可以匹敵的崇高案例；漢尼拔處於不利的狀況，幾乎就要被趕出意大利，受到召喚要他回師保衛祖國，還是費了很多口舌才勉強從命。亞歷山大竟把埃傑斯和安蒂佩特(Antipater)³⁶之間的會戰看成鬧劇³⁷，他一面笑著一面說道：「可以這麼比喻，我們在亞洲征服大流士之際，那些人在阿卡狄

33　波斯的古老城市伊克巴塔納，位於高原地帶成為歷代國王的夏宮，現在是伊朗的哈馬丹(Hamadan)。

34　這首詩出於優里庇德的《特羅德斯》(Troades)第766行。

35　這是指亞傑西勞斯在位期間，斯巴達和希臘城邦之間的衝突，像是395-386B.C.的科林斯戰爭，394年的科羅尼亞會戰，371年的琉克特拉會戰，以及370-368年的阿卡狄亞的入侵。

36　亞歷山大大帝遠征亞洲留在東方的時期，安蒂佩特出任馬其頓和希臘的攝政，亞歷山大崩殂以後，他負責馬其頓的政事直到319B.C.過世為止。

37　奧林匹克112會期第2年即331B.C.，這場會戰發生在阿卡狄亞的參加洛波里斯(Megalopolis)，埃傑斯三世戰敗，斯巴達的叛亂立即遭到鎮壓，亞歷山大毫無返國幫助安蒂佩特的念頭。

亞進行一場鼠輩之戰。」

　　這時的斯巴達何其幸運，亞傑西勞斯的人品是如此的公正和謙遜，全心全意順從國家的法律，雖然他擁有很好的運道和很大的權力，還是立即接受命令，雖然他充滿希望可以獲得偉大和光榮的成就，還是馬上放棄一切趕快離開，在亞細亞的盟邦中間留下「未竟全功」的憾事。他的例子可以拿來證明斐阿克斯之子笛摩斯特拉都斯的說法錯誤，那就是「拉斯地蒙人公事重於私誼，而雅典人私誼重於公事。」大家都同意他是卓越的國王和優秀的將領，要是談起私誼他是有情有義的朋友和令人愉悅的同伴。

　　波斯的錢幣上面打著一個弓箭手的圖案，亞傑西勞斯說是一千個「弓箭手」把他趕出亞洲，意思是波斯人用錢買通底比斯和雅典的政客和演說家，激起這兩個城邦對斯巴達發洩他們的敵意[38]。

16 渡過海倫斯坡海峽以後，他的陸上行軍要經過色雷斯地區[39]，一路上沒有提出懇請或是乞求，只是派出一位信差告知沿途的城市，願意讓他們用朋友或敵人的方式通過。幾乎所有的地方都把他當成朋友接待，盡量使得他們的行程獲得協助。特拉勒斯人(Tralians)[40]的說法是澤爾西斯也要交出買路錢，提出的要價是100泰倫的銀兩和100名婦女；亞傑西勞斯很輕蔑的答覆，他們為什麼不趕快來拿呢？他繼續前進，發現對手已經全副武裝完成備戰，立即發起攻擊把特拉勒斯人打得一敗塗地，損失極其慘重。他同樣派遣使者去見馬其頓國王，答覆是他還要時間多加考量。亞傑西勞斯說道：「讓他多想想也好，我們還是繼續向前邁進。」馬其頓人對他的決定感到驚訝，難免產生畏懼之心，下令讓斯巴達人像朋友一樣安全通過。

　　當他進入帖沙利以後，因為他們與敵人聯盟，在這個國度大肆破壞和劫掠。等到他抵達地區的主要城市拉立沙(Larissa)[41]，派遣色諾克利(Xenocles)和西瑟

38　根據色諾芬的說法，泰什勞斯底派羅得島人泰摩克拉底，帶50泰倫分送底比斯、科林斯和亞哥斯的政要；「雅典雖然沒有分到黃金，始終保持對斯巴達發起戰爭的熱情。」

39　亞傑西勞斯循「波斯國王澤爾西斯入侵希臘的同一路線前進」，參閱色諾芬《希臘史》第四卷第2節。

40　除了利底亞的特拉勒斯，伊里利亞有一個同名的城市，位於色雷斯和馬其頓的邊界，根據達西爾的說法，狄奧龐帕斯證實確有其事。

41　帖沙利地區的重要城市拉立沙，形勢險要是馬其頓南下希臘的門戶，位於佩尼盧斯(Penelus)

斯（Scythes）前去談和，市民把這兩個人抓起來關進監獄。他的部隊非常氣惱，建議他立即發起圍攻作戰。他的回答是這兩個人的生命，就他看來比起整個帖沙利更爲重要。因此他與對方磋商條件，經過調解讓兩個人毫無損傷的放回。

我們一點都不奇怪爲什麼亞傑西勞斯會這樣說，他接到從斯巴達傳來的信息，主要的將領參加在科林斯附近的會戰[42]，很多希臘人慘遭屠殺，拉斯地蒙人以很少的代價贏得重大勝利。他聽到以後沒有激起興奮的情緒，深深嘆息一聲說道：「啊！希臘人！這麼多的勇士白白犧牲，要是能將他們用在正途，很快就會征服整個波斯。」然而，當法爾沙利亞人（Pharalians）[43]對他的部隊發起攻擊，阻撓他的行程給他帶來很大困擾的時候，他親自率領500名騎兵將對手打得大敗而逃，然後在納薩修斯（Narthacius）山的山麓建立一座戰勝紀念碑。他對這場勝利感到非常得意，辛苦訓練出來一支人數不多的勁旅，竟然擊潰全希臘最出色而且占有兵力優勢的騎兵部隊。

17 民選五長官之一的迪弗瑞達斯（Diphridas）前來與他相見，奉斯巴達當局派遣傳達信息，命令他立即入侵皮奧夏。雖然他認爲在目前狀況下，並不是適合的時機，應該延後運用更大的兵力，還是服從民選官員的敕令。他告訴士兵從亞洲返回以後，能夠發揮本領善盡職責的日子即將來到，就在科林斯附近派出兩個團的部隊協助他完成任務。本國的拉斯地蒙人爲了推崇他的功績，對於那些志願列入徵召名冊，投效在國王麾下的人員大聲歡呼，發現城市所有的年輕人都要投筆從戎，結果只選出50名最強壯的新兵，就將他們派遣出去。

亞傑西勞斯獲得色摩匹雷這處天險，兵不血刃經過福西斯地區，立即進入皮奧夏，將營地設置在奇羅尼亞（Chaeronea）[44]附近，很快遇到一次日蝕[45]，接著就

（續）—————————

河畔。

42 這是394B.C.的尼米亞（Nemea）會戰，斯巴達聯軍打敗雅典、科林斯、皮奧夏、亞哥斯和其他希臘城邦。

43 法爾沙利亞是位於帖沙利中部的平原，上面有同名的城市法爾沙拉斯，48年8月B.C.，凱撒在此擊敗龐培，贏得內戰的勝利。

44 蒲魯塔克的故鄉是奇羅尼亞這個小鎮，控制福西斯通往皮奧夏的要道和附近的平原，這個地點在古代發生很多場會戰，338B.C.馬其頓的菲利浦在此擊敗希臘聯軍。

45 這次日蝕發生在奧林匹克97會期第1年即392年8月29日B.C.。

是從東方傳來噩耗，斯巴達的艦隊在尼多斯(Cnidos)[46]會戰被法那巴蘇斯和康儂(Conon)[47]擊潰，水師提督平山德陣亡，這場慘敗使他於公於私都感到極其痛苦。他的部隊即將接戰，爲了免得士氣受到影響，命令信差大聲宣布斯巴達人是征服者，他自己戴上花冠，爲傳來的好消息向神明舉行莊嚴的祭祀儀式，同時讓他的朋友分享奉獻的犧牲[48]。

18 他的進軍快要來到奇羅尼亞[49]附近，敵人出現在他的視線之內，他立即展開軍隊排列會戰隊形，將左翼交給奧考麥努斯人(Orchomenians)[50]負責，自己親自指揮右翼。當面敵軍的右翼是底比斯人，亞哥斯人位於左翼。色諾芬從亞洲追隨亞傑西勞斯的陣營，他的記載是親身經歷，據稱這場會戰的慘烈艱辛爲平生僅見。開始的狀況是各有勝負，底比斯人很快將奧考麥努斯人擊潰，亞傑西勞斯對亞哥斯人如法炮製，於是這兩邊都獲得左翼不幸戰敗的信息，要趕快前往援救。

在這個關鍵時刻，亞傑西勞斯要是忍耐片刻，等待底比斯人從他的前面通過，然後抓住機會包抄敵人的側翼或後衛，無須冒任何危險即能穩保勝利[51]；他無法抑制憤怒的情緒，非要展現英勇氣概堅持正面攻擊。底比斯人的豪邁並不輸對手，雙方使盡全力的會戰眞是悲壯無比，特別是在亞傑西勞斯的身邊，50名志願軍組成新的護衛，鏖戰終日屹立不搖，爲拯救國君的性命不惜犧牲自己。他們的戰鬥極其英勇，經常用自己的身軀去爲亞傑西勞斯抵擋危險，即使這樣還是無法確保安全無虞，身穿鎧甲被長矛戳穿或遭刀劍砍中就會出現很多傷口，要不是在他的四周結成圓形防禦，想要讓國王活命還眞不容易，在這種嚴密的保護之

46　尼多斯是小亞細亞一個城市，位於卡里亞的西南端，瀕臨愛琴海。

47　康儂是雅典戰功彪炳的水師提督，405B.C.的伊哥斯波塔米(Aeggospotami)會戰逃過一劫後，獲得波斯國王和法那巴蘇斯的援助，394年在尼多斯擊潰斯巴達的艦隊，393年重建雅典的長牆。

48　按照色諾芬在《希臘史》的記載，亞傑西勞斯的士兵在後續的前哨戰鬥中獲得勝利，所以才會向神明獻祭。

49　雖然原文是科羅尼亞沒錯，但是實際上應該是奇羅尼亞才對，因爲科羅尼亞位於帖沙利，53年之前曾經在那裡發生一場會戰。

50　奧考麥努斯是位於皮奧夏北部的城市，臨近科佩克(Copaic)湖。

51　色諾芬是亞傑西勞斯最熱心的擁護者，認爲他始終不會犯錯，即使沒有掌握戰機，也有冠冕堂皇的理由可以說得振振有詞。

下，殺死很多悍然來犯的敵人，本身也遭受相當的損失。

最後，發現要突穿底比斯軍隊的正面是過於艱鉅的任務，只有從自己這邊的隊列中留出一條通路，讓敵軍從中間穿過（在開始的時候他們對這種計謀感到不齒）並且特別注意對方的狀況，等到通過以後發現自己脫離危險，斯巴達人可以利用他們的警覺開始鬆弛，立即從後方發起攻擊，即使如此他還是無法打敗敵軍。底比斯人向著赫利康（Helicon）退卻，對於這次會戰的表現感到驕傲，因為他們的軍隊能與拉斯地蒙人不分軒輊。

19 亞傑西勞斯雖然多處受傷身體非常虛弱，一直支持到鳴鑼收兵以及將死者運回營地，才進入他的帳篷休息，他還下令給部隊，凡是到聖地尋求庇護的敵人不必前去搜捕，靠近戰場有愛托尼亞人（Itonian）的密涅瓦神廟，皮奧夏人很久以前在廟宇正面建立一個戰勝紀念碑，他們在斯巴達人的指揮之下，擊敗雅典人並且殺死他們的將領托爾邁德（Tolmides）[52]。第二天早晨，他要考驗底比斯人的勇氣，看看他們是否願意接受第二次的挑戰。下令給部隊要士兵頭戴花冠，吹奏簫笛，當著敵人的面高舉一根戰勝紀念柱。等到對手不願戰鬥，派員前來提出要求，離開戰場使得陣亡的將士可以安葬，他沒有留難欣然接受，可以確保到手的勝利。後來他前往德爾斐參加皮提亞賽會[53]，為了慶祝他獲得大捷，協助辦理各種活動和宴會，舉行莊嚴的典禮將亞洲獲得的戰利品，拿出十分之一奉獻給神明，價值高達100泰倫。

等到他回到自己的家園，生活的方式和習慣受到斯巴達人的敬愛和讚譽。不像其他的將領，一旦從遙遠的異地享譽歸國，難免學會其他國家的風尚和時樣，不是忘懷本國的傳統，就是抱著厭惡或藐視的態度。他還是奉行和尊敬斯巴達人所有的習俗、飲食和沐浴的方式，以及妻子的服飾沒有絲毫改變，好像從來沒有離開優羅塔斯河到外地旅遊。甚至家中的擺設和穿著的甲冑都保持原樣，府邸的大門非常古老，大家認為是亞里斯托迪穆斯（Aristodemus）[54]所建，始終沒有修改換新。

---

52 這就是53年前的科羅尼亞會戰。

53 他把軍隊交給軍事執政官捷利斯（Gylis）指揮，參閱色諾芬《希臘史》第4卷第3節。

54 海克力斯之子亞里斯托迪穆斯是斯巴達皇室的創始人，在1100B.C.左右顯赫一時，如果亞傑西勞斯宮殿的大門是亞里斯托迪穆斯所建，那麼已經矗立780年之久。

色諾芬提到他女兒的Canathrum，並不比別人更爲華麗和貴重；他們所說的Canathrum是木製的抬椅或輕型車輛，外形很像神話中半獅半鷲的怪物或似羊似鹿的異獸，上面坐著幼童或年輕處女參加遊行的行列。色諾芬沒有將亞傑西勞斯女兒的名字記下來，笛西阿克斯(Dicaearchus)表示出不以爲然的樣子，說是不僅如此，就連伊巴明諾達斯的母親的名字，我們都無法知道。拉柯尼亞發現的銘文上面刻著他妻子的名字是克里奧拉(Cleora)，兩個女兒分別是優波莉婭(Eupolia)和普羅莉塔(Prolyta)。就是到今天還可以看到他的長矛，仍舊保存在斯巴達，與一般人用的沒有兩樣。

20 他發現有些斯巴達人出於一種炫耀的心理，藉著養育馬匹參加奧林匹克競賽來自抬身價，於是慫恿他的姊妹賽尼斯卡(Cynisca)，派出一輛馬車入場比賽。他所以這樣做，是爲了向希臘人表示，贏得這種勝利無關於積極的精神或額外的能力，完全取決於擁有的財富和龐大的費用。他與哲學家色諾芬相交甚久而且言談之間非常尊敬；甚至他建議色諾芬將兒子送到斯巴達來接受教育，不僅讓他們見多識廣，還知道如何服從指揮和領導統御。賴山德從亞細亞返國以後，組成實力強大的黨派，用來對付亞傑西勞斯，這個陰謀等賴山德死後才被發現。

哈利卡納蘇斯人(Halicarnassean)克利昂(Cleon)[55]所寫的演說稿，準備讓賴山德在市民大會宣布，用來革新和改變政府的體制；亞傑西勞斯的打算是將這件事公諸於世，讓大家明瞭賴山德的企圖和爲人。有一位長老經過詳細的閱讀以後，發現這份文件擁有極大的威力，向他提出建議，與其將賴山德從墳墓裡面挖出來鞭屍，還不如將這些演說稿與他一起埋藏得不見天日。他認爲這個意見非常明智，按照建議迅速將全案妥當處理。他禁止公開懲處這些政敵，找到機會就將爲首的分子甄選出來，派到國外去服務。這些人授與很高的職位，一旦有了權力就會暴露出貪婪和不公的習性，等到出現問題要受法律的制裁，這時他會加以援手，運用這種手段化敵爲友，最後幾乎再也沒有人與他作對。

亞傑西波里斯(Agesipolis)是共同統治的斯巴達國王，因爲他的父親受到放逐

---

55 哈利卡納蘇斯的克利昂是桃李滿天下的修辭學家，名聲最盛的時期是5世紀B.C.末和4世紀B.C.初。

的處分[56]，無論名望和聲勢都無法與亞傑西勞斯相提並論。特別是他年輕、謙恭而且行動消極，所以對政事保持無爲而治的態度。亞傑西勞斯的意圖也想使他盡量聽話，不要擅做主張。遵照斯巴達的傳統，兩位國王只要都在城內，通常會一起用餐。亞傑西勞斯有機會就與亞傑西波里斯談論交友之道，因爲他知道對方與他一樣對年輕人充滿愛慕之情，就把自己的經驗告訴亞傑西波里斯，同時參加有關的活動並且提供幫助，他的做法如同亞傑西波里斯是他最信任的人。這種「同性相吸」的戀情在斯巴達是受到推崇的行爲，認爲可以表現出溫柔的情感、武德的愛好和高尚的競爭；有關這些我在第二篇〈萊克格斯〉談了很多[57]。

21 亞傑西勞斯掌握斯巴達的軍政大權以後，很容易使得他的異父同母兄弟特琉蒂阿斯（Teleutias）當選爲水師提督，然後對科林斯發起遠征行動，獲得他的兄弟從海上的接應，他從陸地的進軍能夠攻入當形勢險要的長牆[58]。亞哥斯人據有科林斯舉行地峽運動會，正當他們爲神明奉獻祭品的時候，斯巴達人把他們打得大敗而逃，所有用來供應歡宴的糧食全都無法帶走。那些在斯巴達軍隊的科林斯流亡人士，希望他出面大擺宴席和主持慶典；亞傑西勞斯拒絕接受，要讓科林斯人依自己的心願舉行莊嚴的儀式，他在這個時候會留下來善盡保護之責。

等到亞傑西勞斯班師離去，亞哥斯人再度回來舉行運動會，有些人原來獲得優勝現在還是如願以償，還有人失去已經到手的獎品。亞傑西勞斯獲得機會公開宣示，亞哥斯人在大家的眼裡犯下懦怯的罪行，他們雖然擁有主持運動會的特權，卻不敢挺身而出爲這個神聖的使命而戰。他自己的意見是對這一類的活動，最好是放低身段不要招搖。他通常支助本國的體育和舞蹈，凡是少男或少女表演的節目，他都很熱心的參加，那些很多人喜愛的戲劇活動，他一點都沒有興趣。

---

56 亞傑西波里斯的父親鮑薩尼阿斯在395B.C.受到指控，自願接受放逐的處分，亡故於羞辱之中。

57 我國將分桃斷袖視爲文人之間的雅事，從來沒想到可以提振尚武精神，事實上同性之戀極易在軍隊發生，特別是古代久戍邊疆的士兵，成爲發洩性慾的唯一方式。

58 亞傑西勞斯對科林斯有兩次遠征行動，一次發生在393B.C.，另一次是390年，蒲魯塔克將兩次的狀況弄得混淆不堪，色諾芬《希臘史》第4卷說得很清楚，事實上他的兄弟特琉蒂阿斯對他的幫助不大，主要是雅典將領伊斐克拉底發揮很大的作用。

凱利彼德(Callippides)[59]是一個悲劇演員，參加很多次演出，在希臘擁有很大的名聲，有一次遇到亞傑西勞斯就向他致敬。結果凱利彼德發現他根本沒有在意，還是滿懷信心加入隨員的行列，期望能獲得亞傑西勞斯的青睞，看來這一切都不發生效用以後，就大著膽子前去搭訕，問亞傑西勞斯是不是對他沒有印象？亞傑西勞斯轉頭來直視他的臉孔說道：「你不就是那個藝人凱利彼德嗎？」

某次有人邀請他去聽一個人的表演，模仿夜鶯美妙的聲音受到大眾的讚賞，據說他拒絕的理由是他已經聽過夜鶯有如天籟的啼鳴。麥內克拉底(Menecrates)[60]是一位名醫，治療各種疑難雜症可以說是藥到病除，很多奉承他的人把他稱為「朱庇特」。他的虛榮心很強就以這個綽號自居，很偶然有次寫信給亞傑西勞斯，起首是：「朱庇特‧麥內克拉底致亞傑西勞斯王，敬祝萬事如意。」國王的回信：「亞傑西勞斯致麥內克拉底，敬祝身心健康。」

22 亞傑西勞斯進入科林斯的國境之內，很快占領赫里姆(Heraeum)，看著他的士兵處理俘虜和搬運劫掠的物品，這時使者從底比斯前來與他談和，他一直非常厭惡這個城市，現在認為自己占有優勢可以公開藐視對方，於是他抓住這個機會，對他們擺出視而不見的態度，就是他們的說話也都充耳不聞。他這樣做的目的好像是用高傲懲罰來使，就在他們離開之前，信差送來消息說是伊斐克拉底(Iphicrates)[61]殲滅一支斯巴達軍隊，比起很多年前落在他們頭上的災難更為慘重，特別讓他們感到傷心之處，是一小撮僱來的圓盾兵，打敗拉斯地蒙人的一個團，這個部隊是全副武裝的士兵經過精選以後編成。亞傑西勞斯從座位上面跳了起來，立即前去救援，發覺時機已過於事無補[62]。

他只有回到赫里姆，召喚底比斯的使者讓他們前來觀見。這些底比斯人決定以其人之道還治其人之身，來到以後絕口不提「和平」兩字，只是說要返回科林斯。亞傑西勞斯為他們的態度所激怒，帶著輕蔑的口吻告訴他們，要是他們急著

59　凱利彼德隨著亞西拜阿德的艦隊從亞洲返回雅典，他穿上官靴和紫袍打扮成劇中人物，在甲板上面對著所有的乘員口唸台詞，表演極其出色。

60　麥內克拉底是一個敘拉古醫生，從359-336B.C.，一直在菲利浦的宮廷服務；根據伊利安(Aelian)的記載，這個故事說的是他和菲利浦通信所用的稱呼。

61　390B.C.這次作戰發生在李契姆(Lechaeum)，位於科林斯灣的一個科林斯海港，參閱色諾芬《希臘史》第4卷第5節。

62　亞傑西勞斯率軍前去救援，一直抵達李契姆的平原。

想看那群朋友獲勝以後趾高氣揚的樣子，明天可以很安全的狀況之下滿足心願。第二天早晨他將使者帶在身邊，縱兵在科林斯的疆域之內大事蹂躪，前鋒直抵城市的門口，然後駐馬停留待敵出戰，讓使者看到科林斯人不敢出兵保衛自己的國土，然後才要他們告辭離去。雖然這支團級部隊被敵人打得七零八落，他還是將殘餘的人員收容起來，開始啟程返回家鄉，通常在天亮之前拔營出發，入夜之後紮下帳幕休息，用倍道兼進的方式去阻止那些正在阿卡狄亞地區的敵人，不讓他們有機會利用斯巴達遭到慘重損失而大舉入侵。

經過這次的事件以後，為了回應亞該亞人的要求[63]，他與盟邦提供的部隊向著阿卡納尼亞進軍，掠奪大量戰利品，會戰中擊敗阿卡納尼亞人。亞該亞人想要說服他將冬營設在該地，好阻止阿卡納尼亞人種植穀物。他持異議，認為讓他們耕耘田地比起迫使他們停止農作，使得對手在來年夏天更加畏懼戰爭的發生。後來出現的結局證明他的觀點正確，亞該亞人在下一個夏季再度發起遠征，阿卡納尼亞人立即與他們講和。

23 康儂和法那巴蘇斯率領波斯水師成為海上的霸主，他們開始侵擾拉柯尼亞的海岸，法那巴蘇斯供應經費重建雅典的長牆。拉斯地蒙人的想法轉變，認為最好還是與波斯國王簽訂和平協議。為了達成這個任務，當局派遣安塔賽達斯(Antalcidas)[64]去見泰瑞巴蘇斯(Tiribazus)，這種卑鄙和邪惡的行為將居住在亞洲的希臘人全部出賣，過去亞傑西勞斯就是為了他們的利益發起戰爭。和談由安塔賽達斯全權負責，造成的羞辱不會落在亞傑西勞斯的頭上，何況安塔賽達斯是他難以和解的政敵，不惜屈從任何條件達成使命，因為只有戰爭會增長亞傑西勞斯的權勢和聲譽。雖然如此，一旦有人談起這個問題，難免要譴責拉斯地蒙人投靠米提人，這時他加以辯護，說道：「不對，應該是米提人倒向拉斯地蒙人。」等到有些希臘人不願接受這個協議，他用發起戰爭施加威脅[65]，說

---

63 位於小亞細亞的卡萊敦，在落入艾托利亞人手中之前，很早就為亞該亞人所擁有，阿卡納尼亞人得到雅典人和皮奧夏人的協助，想要占領這個城市，但是亞該亞人獲得斯巴達的支持，亞傑西勞斯負起救援的任務，這次作戰的時間是390-389B.C.。可以參閱色諾芬《希臘史》第4卷第6節。

64 安塔賽達斯是拉斯地蒙一位能力很強的政治家，388B.C.指揮斯巴達艦隊，後來經由他的努力使得希臘和波斯在387年簽署和平條約。

65 按照協議，波斯國王所提出的條件：在小亞細亞的希臘城市、克拉卓美尼的島嶼和塞浦路斯

是除非他們願意履行波斯國王的條件，否則他會拿出武力逼他們順從。

　　他所以會這樣倒行逆施，完全是爲了削弱底比斯人的勢力；因爲和平協議裡面有一個條款，就是讓皮奧夏的城市獲得獨立。後來發生的事件證明他的論點非常正確。等到菲比達斯(Phoebidas)在和平時期，用極不正當的方式奪取卡德密(Cadmea)[66]，所有的希臘人都爲之氣憤不已，就是拉斯地蒙人同樣表示不滿，特別是那些與亞傑西勞斯有仇的政敵，他們帶著怒意向他提出質問，菲比達斯這樣做是奉誰的指使以及有無獲得授權，懷疑是他在後面搞鬼。亞傑西勞斯堅持菲比達斯的立場，斷然給予答覆，說是這個行動的主要考量在於是否對國家有利，只要能達成這個目標，有無獲得任何人的授權已經無關緊要。

　　這種做法非常特別讓人印象深刻，因爲他經常提到自己要做「正義維護者」，認爲「公正」在所有的德行之中居於首位，不能主持正義則英勇無用武之地，如果全世界邁向大同之境，三達德之「勇」亦無必要。當有人向他說，波斯的「萬王之王」也會這樣做的時候，他回答道：「除非他比我更爲公正，要不然他爲什麼有比我更偉大的頭銜？」暗示衡量偉大事功的皇家標準，在於高貴與合法的主持正義而不是運用武力。

　　等到和平協議簽署以後，波斯國王派人送來信函，要求與他建立私人的情誼和友好的關係，亞傑西勞斯斷然拒絕，說是公開的友誼已經足夠，比起私人之間的來往，更加可長可久。他的作爲並不完全拘泥於個人的原則，有時基於野心和抱負，有時出於憤怒和氣惱，這些都受到情緒的左右。特別是處理底比斯的事件，他不僅要拯救菲比達斯，還要說服拉斯地蒙人記取這個錯誤，要想保有卡德密就得派遣守備部隊，同時要把底比斯的政府交到阿基亞斯(Archias)和李昂泰達斯(Leontidas)的手裡，因爲是他們將城堡出賣給菲比達斯這批人。

24 大家全都懷疑菲比達斯的行動是奉亞傑西勞斯的命令，後來發生的事件更是確鑿的證據。等到底比斯人驅逐守備部隊[67]，維護城邦的自

（續）

　　仍舊歸波斯所有；其餘的城邦無論是大是小都獲得自由權利，只有林諾斯、伊姆布羅斯和西羅斯自古以來是雅典人的屬地，因而被排除在外；要是有任何城邦不願接受和約的條款，必要時使用武力強制實行。

66　這是底比斯最堅固的要塞，383B.C.被菲比達斯襲取，參閱色諾芬《希臘史》第5卷第2節。

67　這件事發生在379B.C.，雅典派出軍隊協助底比斯人將卡德密奪回，斯巴達的守備部隊有1500

由權利，亞傑西勞斯指控他們謀殺阿基亞斯和李昂泰達斯，要用戰爭來對付這些叛徒；雖然阿基亞斯和李昂泰達斯名義上擔任軍事執政官的職位，所作所爲卻像是篡位的僭主。他派遣克利奧布羅都斯(Cleombrotus)[68]負起出兵的任務，克利奧布羅都斯是亞傑西波里斯過世以後，登基成爲共同統治斯巴達的國王。亞傑西勞斯沒有領軍的藉口是年齡過大，從他第一次披掛上陣已經過了40年，遵奉法律規定免於服行兵役；事實上真正的理由是畏懼人言，說他上次作戰是爲了幫助弗留斯人(Philiasians)[69]反抗暴政，現在卻要保護暴政而與底比斯人作戰。

有一位拉斯地蒙人名叫司福德瑞阿斯(Sphodrias)，屬於反對亞傑西勞斯的黨派，出任帖司庇伊(Thespiae)的總督，個性大膽而且積極進取，顯然是信心大過智慧的人物。菲比達斯的行動使他怒火中燒，激起他的野心要完成更爲冒險的事業，同時他發覺要像菲比達斯攻占卡德密那樣才能名揚天下。他的想法是用突擊的方式奪取派里猶斯，切斷雅典人與海洋的交通路線，這才是光宗耀祖的豐功偉業。據說皮奧夏的首腦人物佩洛披達斯和梅朗(Melon)[70]，都從旁推波助瀾多方鼓勵。他們私下派人去見他，裝出知道斯巴達的黨派對他極口讚譽，讓他對自己充滿信心，然後再推崇他是全世界唯一能從事偉大冒險事業的勇士。像是奪取卡德密那種不義而又背叛的行動，不能發揮英勇的精神，也不能獲得多大的成功，所以根本不夠資格與他的作爲相比。於是激起他的萬丈雄心，白天他仍舊留在色萊西亞平原，計畫在夜色掩護之下進行整個冒險行動。

據說他的士兵看到伊琉西斯(Eleusis)[71]的寺廟反映初升的朝陽，發射出萬丈光芒，他們的內心頓生氣餒和畏懼之感。他這時才明白自己的行動不像在夜晚可以獲得隱藏，喪失繼續冒險的勇氣，就在四周的鄉野大掠一陣，滿懷羞慚回到帖司庇伊。雅典派出一位使節團到斯巴達，抗議他們違背和平協定。使者發現此行已無必要，斯巴達當局對司福德瑞阿斯提出控訴進入審判程序。司福德瑞阿斯知道無法逃脫法律的制裁，因爲他發現自己犯下十惡不赦的重罪，整個城市對他嚴

(續)———————
　　名，沒有及時採取平亂的行動，經過談判以後安全離開，赫瑞披達斯(Herippidas)和阿西蘇
　　斯(Arcissus)是派駐底比斯的總督，受到當局嚴屬指責而被處決。
68　克利奧布羅都斯是鮑薩尼阿斯最小的兒子，也是亞傑西波里斯的弟弟。
69　弗留斯是伯羅奔巴撒半島東北部的城市，位於西賽昂的南方。
70　他們的策略是引起兩個強權的反目，造成「鷸蚌相爭，漁人得利」的局面，使得弱小的城邦
　　能擁有更大的自由權利。
71　伊琉西斯是神聖的城市以神秘的儀式知名於世，位於雅典的西邊約二十公里。

厲譴責，市民爲他的行爲感到羞愧，特別是各級官員期望在雅典人的眼裡，他們是這件過錯的共同受害者，而不是參與其事的從犯。

25 司福德瑞阿斯有一個兒子名叫克利奧尼穆斯(Cleonymus)，長得非常漂亮，亞傑西勞斯之子阿契達穆斯(Archidamus)對他極其寵愛。阿契達穆斯因爲愛烏及屋的緣故，對朋友的父親面臨危險相當關心，因爲司福德瑞阿斯是亞傑西勞斯眾所周知的政敵，所以他不敢公開採取行動給予援助。克利奧尼穆斯流著眼淚向他懇求，特別是司福德瑞阿斯的仇敵非常畏懼國王的權勢，都會聽從亞傑西勞斯的吩咐；這位年輕人有兩三天的時間跟隨在父親的身旁，不僅害怕而且心亂如麻，就是不敢隨便開口。直到最後，判決書送到他父親手上那天，只有鼓起勇氣全盤托出，說是克利奧尼穆斯懇求他爲他的父親司福德瑞阿斯講情。

亞傑西勞斯雖然早就知道這兩個年輕人相互愛慕，並沒有加以禁止，因爲克利奧尼穆斯從小就看得出來，將來是一位有抱負和理想的青年。他對這個案子並沒有給兒子任何承諾或希望，只是很冷靜地告訴阿契達穆斯，他會基於誠實和榮譽的原則做進一步的考量，然後打發他的兒子離開。阿契達穆斯認爲事情沒有辦成感到很羞慚，避開不與克利奧尼穆斯相會，通常他們每天都見面幾次。這樣一來使得司福德瑞阿斯的親友認爲案子已經絕望，最後還是亞傑西勞斯一位名叫伊特摩克利(Etymocles)的幕僚，發覺國王的心意，那就是整個案情讓人感到痛恨，然而他認爲司福德瑞阿斯是一位勇士，就那個時代而言，國家用得到這種人才。

亞傑西勞斯用這種方式對審判進行關說，完全出於滿足兒子的需要和請求。現在克利奧尼穆斯知道阿契達穆斯的一片誠意，運用所有的關係來幫助他的父親，司福德瑞阿斯的朋友也敢出面爲他辯護。實在說，亞傑西勞斯非常溺愛子女，有一個故事說是他們在年幼的時候，他用一根手杖當成馬匹，抱著他們騎在上面玩耍，有次被他的一位朋友看到，他要這位朋友不要提這件事，說是等他自己成爲父親，也會這樣做。

26 在此期間，司福德瑞阿斯無罪開釋，雅典人大動干戈，亞傑西勞斯開始受到人民的指責，他爲了滿足年輕人的戀情，竟然任意曲解司法公正的原則，使得整個城市受到私人罪行的拖累，違背正義的行爲最爲嚴重之

處，在於破壞希臘的和平局面。這時他發現共同統治的國王克利奧布羅都斯，對
於底比斯戰爭沒有多大意願，因此他必須放棄年齡所帶來的特權，公開發表聲明
要親自領軍進入皮奧夏[72]。他在各方面的進展都很順利，有時發起征戰的行動，
有時保持征戰的成果，甚至有次在會戰中受傷，安塔賽達斯對他嚴詞指責，說他
與底比斯人的作戰等於給對方學習的機會，現在底比斯人讓他知道這種方式非常
有成效。實在說，他們現在已經成為優秀的士兵，這是從前根本無法想像的事，
就是因為拉斯地蒙人經常發起的遠征行動，使得他們保持不斷的訓練。古代的萊
克格斯就有這種先見之明，在三條各別的法規中，有一條就是禁止對同一個國家
進行長期的戰爭，免得將用兵布陣和戰鬥技巧教會他們的敵人。

在此期間，斯巴達的盟邦對於亞傑西勞斯極其不滿，因為戰爭的緣起並非公
眾事務的齟齬和摩擦，僅僅是起於私人的恩怨產生對底比斯的仇恨[73]。他們帶著
氣憤的神色不斷抱怨，說是盟軍的人數最多，卻為了少數人長年累月暴露在危險
和困苦之中。據說就在那個時候，亞傑西勞斯想出一個辦法表示異議，盟邦的出
兵就人數而言並非最多。他對全體盟邦下令，要他們不分國籍混雜起來坐在一
邊，所有的拉斯地蒙人坐在另一邊，等到坐好以後，他命令一位傳令官大聲宣布，
所有的陶工不論坐在那邊都站起來，接著是所有的鐵匠、磚瓦匠、木匠，一直到
所有的工匠，這時幾乎所有的盟邦全都站了起來，拉斯地蒙人卻一個都沒有，因
為法律禁止他們從事任何行業[74]。於是亞傑西勞斯笑著說道：「各位朋友請看，我
們派來的士兵比起你們實在是多太多了。」

27 他開始從皮奧夏經由麥加拉向後撤軍，就在他登上衛城前往元老院
的途中[75]，原來很健康的腿突然疼痛而且抽筋，接著腫得很大開始發

---

72 根據色諾芬的說法，拉斯地蒙人要求他出任統帥，並不同意克利奧布羅都斯，那是因為他是
   經驗豐富的將領，由他負責戰事對城邦更為有利；這次作戰發生在378B.C.。

73 亞傑西勞斯對於底比斯人，基於個人的因素產生厭惡和仇視的心理，最後帶來兩敗俱傷的後
   果。

74 斯巴達人的一生都要受到紀律的約束，沒有人可以選擇自己的生活方式，也無從獲得謀生的
   技能，整座城市就像是一所軍營，每個人有分配的口糧和指派的任務，生命不是為了達成個
   人的目標，而是在於維護城邦的整體利益。

75 這是他第二次入侵皮奧夏，發生在377B.C.，根據色諾芬的記載，說是他的發病是從維納斯
   神廟前往元老院的途中。

炎。一位敘拉古的醫生給他治療，從足踝的下方施以放血，立即緩和患部的疼痛，然而流血無法停止，直到昏厥人事不知，最後總算費很大功夫將血止住。亞傑西勞斯的身體非常虛弱，被抬回斯巴達的家中，他的精力一直無法恢復，要過很長一段時間才重上戰場。

在此期間，斯巴達人的厄運連連，無論海上還是陸地都遭到很大的損失，最嚴重的災難發生在特基里(Tegyrae)[76]，在一場決定性的會戰中被底比斯人擊敗，這是有史以來第一次。

經過這次戰爭以後，希臘人傾向於全面的和平，為了達成這個目標，所有的城邦都派遣使者前往斯巴達。雖然底比斯人伊巴明諾達斯在那個時候，還以淵博的哲學素養享譽於世，沒有機會表現出身為將領的才華和本事。他看到其他人對於亞傑西勞斯畏之如虎，爭相奉承巴結不敢稍有違命，只有他能保持一位使者的氣節，他的發言不是僅僅著眼於底比斯的利益，雖然這是來此的目的，主要在於爭取希臘人的自由權利；特別指出戰爭只有讓斯巴達獨自坐大，所有鄰近國家感受到災禍和痛苦。他力主和平協議著重於公正和平等的條款，唯有對等的立場和共同的利害，才能確保地區的和平垂諸久遠。

28 亞傑西勞斯有鑑於所有的希臘人注意傾聽他的談話，表現出歡欣鼓舞的神色，立即向他提出問題，皮奧夏的城市要是獲得獨立自由，他是不是認為同樣符合公正和平等的原則。伊巴明諾達斯立即毫不猶豫地回答，是不是亞傑西勞斯認為拉柯尼亞的市鎮獲得自由權利，能夠符合公正和平等的要求。亞傑西勞斯從座位上站起來，吩咐他立即同意皮奧夏的城市擁有獨立的權利，伊巴明諾達斯的回答是基於相同的平等原則，拉柯尼亞應該比照辦理。亞傑西勞斯在暴怒之下拿這個當作藉口，馬上將底比斯的名字摒除在聯盟之列，並且宣稱要用戰爭當作懲罰的手段。他與其他的希臘人建立和平的關係，然後打發他們離開，同時提到有很多問題大家可以協商，要知道和平條約並不是萬靈丹可以解決所有的困難，最重要的歧見只有訴諸戰爭。

76　這次會戰發生在奧林匹克106會期第2年即375B.C.，色諾芬的著作無論是《希臘史》還是《亞傑西勞斯傳》，都沒有記載，可能與371年的琉克特拉會戰混淆在一起；蒲魯塔克在第八篇〈佩洛披達斯〉有詳盡的描述，毫無疑問是引用埃弗魯斯非常權威的史籍。

民選五長官派專人持命令，送往這個時候位於福西斯的克利奧布羅都斯，立即開拔向著皮奧夏進軍，同時通知盟邦給予支援。盟軍部隊藉口要處理本身的事務，不僅行動遲延而且沒有作戰的意願，只是對斯巴達人懷著畏懼之心不敢拒絕。雖然出現很多顯示凶兆的徵候和異象，我在前面的〈伊巴明諾達斯〉已經提過，即使拉柯尼亞人普羅索斯（Prothous）多方阻撓[77]，亞傑西勞斯還是不顧一切，由於他的意見占到上風，戰爭的敕令得到通過。他認為當前的局勢有利採取報復的行動，只有底比斯人排除在和平條約之外，其餘的希臘人都已經獲得自由。事實可以證明，戰爭的發生在於激昂的情緒而非正確的判斷，和平條約的簽署是在Scirophorion月第十四天（6月14日），他們在琉克特拉會戰[78]的慘敗，是在Hecatombaeon月第五天（7月5日），只不過相隔二十天的時間罷了。斯巴達的損失是1000人，除了克利奧布羅都斯王，還有圍繞在他四周舉國最勇敢的戰士；特別是那位漂亮的年輕人司福德瑞阿斯之子克利奧尼穆斯，他在國王的前面被擊倒三次，每次還是站起來為保護國王而戰，直到最後被殺身亡[79]。

29 這次未預期的失利對拉斯地蒙人而言是沉重的打擊；任何一個希臘共和國在內戰的相互鬥爭中，沒有能像底比斯人獲得這樣偉大的光榮。雖然斯巴達人遭到慘敗，表現出慷慨悲壯的行為，如同底比斯人廣受舉世的讚譽。誠如色諾芬所言，很多正直之士的談話，甚至那些茶餘酒後的閒聊，說出的格言警語雖然值得保存，那些忠義之士身處逆境，他們用言語和行為表達出堅毅的心志，更值得記載讓後人效法。發生不幸事件的時候，正值斯巴達人舉行莊嚴的慶典，很多外鄉人從別的國家前來參加，慘敗的消息傳送過來之際，市鎮裡

---

77 普羅索斯的意見是斯巴達與所有的城邦簽署協定，然後解散軍隊，大家把經費全部送到阿波羅神廟集中保管，只對反對自由權利的城邦發起戰爭，同時所有的行動要獲得神意的允許，希臘各城邦才能和平相處。根據色諾芬的說法，斯巴達的市民大會對他的建議嗤之以鼻。這裡所提的〈伊巴明諾達斯〉已經失傳。

78 琉克特拉只是皮奧夏一個小村，底比斯的西南方位於帖司庇伊和普拉提亞之間，371B.C.底比斯人在此地擊潰斯巴達的大軍。

79 伊巴明諾達斯為了對抗斯巴達傳統的方陣衝擊戰術，命令他的部隊列成的陣勢，不要與斯巴達軍的正面平行，而是一個斜行的戰鬥序列，左翼領先而右翼後退，同時在左翼方面集中兵力，把縱深增加到50列，其目的是用超級的衝擊來反制衝擊，還能控制足夠的預備隊以迂迴敵軍的名翼。

面到處都是擁擠的人群。信差從琉克特拉抵達城市，全身赤裸的兒童正在劇院表演舞蹈，民選五長官知道這件事的影響極其深遠，斯巴達的霸權可能付諸東流，對於希臘的城邦喪失主導的力量。然而還是交代不要中斷舞蹈的演出，所有的慶典和祭祀活動還是按照規定舉行。私下將陣亡者的姓名通知他們的家庭；雖然這些家庭遭受莫大的損失，他們還是繼續參加公眾的活動，觀看所有的表演節目。

　　第二天早晨獲得的信息更加明朗，每個人都知道何人陣亡以及何人倖存；那些戰死者的父親、親戚和朋友興高采烈來到市場，大家抱著狂喜的神情相互祝賀，家庭的成員光榮犧牲，無忝所生；相反的是那些倖存者的父親躲在家中與婦女在一起，如果需要外出走在路上垂頭喪氣的樣子，流露出一副不敢見人的憂傷面容。婦女的表現更甚於男子，那些兒子被殺的母親感到欣喜無比，非常高興出去拜訪親友，在廟宇裡面見到熟人感到極其得意；對於那些活著的子弟，家人希望他們返家時保持安靜，無須讓人知道，更不必驚動親友。

30 斯巴達現在受到盟邦的背棄，伊巴明諾達斯對於勝利充滿信心，預期率領一支軍隊入侵伯羅奔尼撒半島；斯巴達的人民抱著宗教的敬畏心理，加上他們受到戰敗的打擊，開始認真關切亞傑西勞斯的跛足，因為神讖曾經向他們示出警告，就是他們選擇一位有缺陷的國王，而不是立足穩固的君主，所以才遭到巨大的災難。雖然如此，他們還要考量亞傑西勞斯的功勳和名望，即使難免人民還會發出喃喃不滿之聲，只有國家面臨不幸時刻，他是療傷止痛的唯一人選，無論有關戰爭或和平的事務，在他的仲裁之下才能解決所有的困難。

　　目前最關心的問題是tresantes[80]（這是他們使用的稱呼）的處理，就是那些臨戰退卻擅離職守的「逃兵」，不僅人數眾多而且有些出身權貴，為了防止法律處罰他們的懦怯，很怕他們的反抗會引起國家動亂。有關這類案件所運用的法條極其嚴屬，犯者不僅禁止授與任何職位，門當戶對的婚姻都要解除，任何人在街上遇到他們都可以擅自毆打，要是還手就違背法律。犯者在外出的時候要穿沒有洗滌和襤褸的衣服，上面滿是五顏六色的補釘，他們的鬍鬚要剃一半留一半，真是不堪入目。執行的法律是如此嚴苛，涉案的人員是如此的眾多，他們之中有很多人的地位顯赫，這個時候的國家正是需要士兵，稍為處理不慎就會產生危險的後果。

80　tresantes這個字的本意是「被畏懼所控制的人」。

他們為了應付當前的情勢，特別選亞傑西勞斯出任新一代的立法者。他對條文既不增加也不減少，毫無改變法律的意圖，前往市民大會提出說明，法律在「今日」沉睡所以不追溯既往，等到過了這一天還要嚴格執行。他運用這種權宜措施拿「暫停使用」來保存國家的法律，用「以觀後效」來免除市民的恥辱。他為了鼓勵年輕人的士氣和信心，對阿卡狄亞發起入侵行動[81]，盡量謹慎避免雙方的戰鬥，只要能在敵國境地進行搶劫就感到滿足，占領一個屬於曼蒂尼人的小鎮，他用這種方式慢慢恢復人民的鬥志，讓他們看當前的局勢仍是大有可為。

31 伊巴明諾達斯率領一支4萬人的大軍侵入拉柯尼亞[82]，除了輕裝人員以外，那些隨著營地前進的各色人等都想趁火打劫，所以總數到達7萬人。自從多里斯人據有拉柯尼亞以來已有六百年之久，這段期間沒有人膽敢寇邊，所以在這個地區之內從來沒有見過敵軍。他們現在一擁而入，到處燒殺擄掠沒有人抵擋，經由這個從未受到褻瀆的神聖區域，上溯優羅塔斯河直抵斯巴達的城郊。根據狄奧龐帕斯的說法，亞傑西勞斯不允許斯巴達人迎戰聲勢強大的進犯隊伍，他盡力加強城市主要部分的防禦力量，警備部隊配置在最適當的地點，純粹以守勢作戰為滿足，在這個期間忍受底比斯人的揶揄，他們罵他是戰爭販子和國破家亡的始作俑者，為了保護自己的權益為什麼不敢出來一戰。

不僅如此，城市的囂喧和譴責使得他面臨內外交相迫的處境，老年人看到當前的局勢大為憤怒，到處喊叫奔走惶惶不可終日，婦女的表現更加惡劣，除了不斷吵鬧，看到敵軍出現在原野就使她們抓狂。他自己也為喪失榮譽感到無比的痛心，在他登上斯巴達王位之際，正是國家處於繁榮和權勢的巔峰，現在看到悽慘的前途真是不堪回首。所有可以用來吹噓的往事都已消失，甚至習慣的說法對現況都是一種諷刺，那就是斯巴達的婦女從未見過敵軍的炊煙。

據說，有一次安塔賽達德與一個雅典人爭辯，兩個國家到底誰最英勇，這個雅典人大肆誇耀，說是他們經常將斯巴達人從西菲蘇斯（Cephisus）河趕走。安塔賽達斯說道：「沒錯，但是我們一直沒有機會將你們從優羅塔斯河趕走。」

有一個藉藉無名的斯巴達人與一個亞哥斯人作伴，這個人吹牛說是有不計其

81　這次入侵行動發生在奧林匹克102會期第3年即370B.C.。

82　發生在同年，亞傑西勞斯返國和解散軍隊以後，伊巴明諾達斯立即進入拉柯尼亞。

數的斯巴達人，葬身在亞哥斯的原野，斯巴達人回答道：「很可惜你們沒有一位能埋骨在拉柯尼亞。」

32 現在這個狀況有所改變，等到安塔賽達斯成為民選五長官之一以後，出於對未來的發展感到畏懼，就將他的子女暗中送往賽舍拉(Cythera)島[83]。當敵軍企圖渡過河流，好對市鎮發起攻擊之際，亞傑西勞斯放棄其他的地區，全力掌握制高點和堅強的要塞。優羅塔斯河在這個季節因為降雪的關係，水勢高漲開始泛濫，底比斯人要渡過非常困難，不僅河水很深而且極其寒冷。就在他們準備克服這些障礙之際，伊巴明諾達斯位於步兵方陣的前面，有人把他指給亞傑西勞斯看，國王對他注視一會兒然後說了這句話：「啊！勇敢的人！」伊巴明諾達斯來到這座城市，最大的期望是能與敵人決戰，然後能夠建立戰勝紀念碑；看到亞傑西勞斯堅守不出，無法可施只有退兵，臨行之際蹂躪整個地區。

在此期間，拉斯地蒙人中間有一個兩百人的團體，全由心術很壞的市民組成，長期以來對亞傑西勞斯極其不滿；現在趁機進入市鎮一個防衛堅強的區域名叫伊索里昂(Issorion)，黛安娜神廟矗立在此地，他們占領以後實施守備。斯巴達當局的意圖是立即發起攻擊，亞傑西勞斯並不知道叛亂的情勢有多嚴重，波及的範圍有多大，吩咐他們暫時忍耐一下。他穿著一件普通服裝只帶一名隨從，走到接近叛徒的地方就大聲叫喚，說是他們誤解他的命令，現在守備的區域完全不對，他們應該離開；根據他的交代一部分在這邊，就將城市另外一個地點指給他們看，還有一部分在那邊，同樣將那個位置指出來。這些陰謀分子很高興聽到他這麼說，認為當局並沒有發覺他們的叛國行為，準備前往他所指派的地點。這時亞傑西勞斯派一隊衛兵躲在他們要進入的房間，抓住15名為首的叛賊，就在夜晚將他們全數處決。

經過這次事件以後，斯巴達的市民中間發現更為危險的陰謀活動，他們暗中在一個成員的家中相聚，企圖推翻政府發動一場革命。然而對這些人無論是依據法律提起公訴，或是縱容不予理會，都會產生危險的後果。亞傑西勞斯與民選五長官開會商議，雖然無先例可循，一致決定還是不經審判程序，暗中將他們處死

83　賽舍拉是伯羅奔尼撒半島南方的大島，位於拉柯尼亞灣的外海。

以絕後患。

此時，那些在軍隊服役的農奴和村民，有很多人投效敵軍的陣營，這種事情使得整個城市感到極其驚愕。因此他指派一些軍官每天一大早就去巡視士兵的住處，發現有任何人離開就將留下的武器收藏起來，這樣就很難讓人知道逃兵的數量，使得士氣不致受到很大的影響。

史家對於底比斯人離開斯巴達的原因有不同的說法，莫衷一是。有人說多天的嚴寒逼得他們退兵；再就是阿卡狄亞的士兵已經解散，勢單力孤只有撤走。還有人說他們留在此地已有三個月之久，四周的鄉野受到蹂躪成為一片焦土[84]。狄奧龐帕斯是唯一持下述說法的人：皮奧夏的將領準備即將撤退的時候，斯巴達人弗里蘇克斯(Phrixus)前來見他們，遵奉亞傑西勞斯的指示，只要他們離開願意送10泰倫；雖然達成收買的目標，因為他們早有班師的打算，所以這筆錢是白白浪費。

33 我並不清楚為什麼只有狄奧龐帕斯一個人知道這件事的來龍去脈；所有的作者都會同意，那就是亞傑西勞斯為了拯救斯巴達免於毀滅，一定會竭盡他的才華和智慧。他現在處於城邦存亡繼絕的緊急關頭，把野心和倨傲丟到九霄雲外，為了救亡圖存不惜運用一切可用的策略。他的睿智和勇氣不足以恢復昔日的光榮，更難提升目前的地位能與古代的偉大並駕齊驅。就像我們看到一個人的身體，長久以來習慣於嚴格和正常的生活作息，任何偏離養生之道的暴飲暴食都會造成致命的危險，所以對國家而言，只要走錯一步也會使長期的繁榮化為烏有。我們對這種現象不應感到奇怪；萊克格斯構建的國體所以備受讚譽，在於適合市民過和平、友善和簡樸的生活。他們要是不自量力去奪取外國的領土，從事專制的統治，就會面臨失敗的命運，根據萊克格斯的研判，缺乏憂患意識的城邦處理的事務就不盡理想，很難達成所望的目標。

亞傑西勞斯現在已經老邁年高，交出所有的軍事職位和權力；他的兒子阿契達穆斯得到西西里僭主戴奧尼休斯[85]的援助，在所謂的「無淚之戰」中大敗阿卡狄亞人，殺死很多敵人本身卻沒有任何損失。然而這次大捷比起其他的事物，更

84　完全是色諾芬在《希臘史》第6卷第5節提出這些理由。
85　這位僭主是戴奧尼休斯一世，亡故於次年即367B.C.。

可以發現斯巴達目前落入衰弱的處境。從前他們把戰勝當成理所當然之事，不會大張旗鼓的慶祝，就是奉獻給神明的祭品也不過是一隻雞；參戰的士兵沒有到處吹噓自己有多麼英勇，市民對於送來的信息沒有表現出歡天喜地的樣子。根據修昔底德(Thucydides)[86] 的記載，甚至就是他們的軍隊在曼蒂尼[87]獲勝的急報送到的時候，信差得到的獎賞不過民選五長官從餐桌上拿起的一塊肉。

收到這次阿卡狄亞大捷的信息，他們再也無法控制自己的感情，亞傑西勞斯親自參加歡迎的行列，流著欣慰的眼淚擁抱出征歸來的兒子，民選五長官和所有的官員全都陪伴在他的身旁，老年人和婦女一直走到遠處的優羅塔斯河，向著上天伸開雙手感謝神明，賜給他們機會能夠洗刷祂所降臨的羞恥和凌辱，重現光明的日子總算已經來到。根據他們的描述，在這以前的斯巴達男子為帶來的災難感到慚愧，甚至不敢直視妻子的臉孔。

34 等到伊巴明諾達斯光復梅西尼(Messene)[88] 以後，就從希臘各地號召古老的市民返國定居[89]；斯巴達人沒有能力阻止這個計畫，更沒有條件逼他在戰場上面決一勝負。他們發現這樣廣大的區域，幾乎相當於他們現有的領土，而且是全希臘最肥沃的土地，被他們擁有很多年以後，從他們的統治下搶走，當然會讓亞傑西勞斯的同胞在內心對他大起反感。因此，對於底比斯人提供的和平協議，國王當然會一口拒絕，雖然這塊土地已經被人拿走，還是不願在他的手裡簽字放棄原來的主權。堅持下去產生的結果，不僅無法達到策略所望的成效，由於技不如人幾乎連斯巴達全都喪失。當曼蒂尼人再度背叛底比斯投向斯巴達的時候[90]，伊巴明諾達斯預判亞傑西勞斯會率領一支實力強大的軍隊前來援助，於是他非常秘密在夜間離開位於特基亞(Tegea)的軍營，在不讓曼蒂尼人知曉

---

86 修昔底德(460或455-400/399 B.C.)是雅典的政治家、將領和歷史學家，著有《伯羅奔尼撒戰史》8卷是古代希臘最有名的巨著。

87 奧林匹克90會期第3年即418B.C.，斯巴達在曼蒂尼會戰擊敗雅典和亞哥斯的聯軍，參閱修昔底德《伯羅奔尼撒戰史》第5卷第64-75節。

88 梅西尼亞是伯羅奔尼撒半島西南部的一個地區，很早就被斯巴達人征服，埃索姆是地區內最重要的城市，伊巴明諾達斯在市內建造堅強的要塞稱為梅西尼。

89 底比斯人在伊巴明諾達斯的指揮之下，369B.C.第二次入侵伯羅奔尼撒半島，占領梅西尼召喚流亡在外的人士返國定居。

90 這件事發生在奧林匹克104會期第3年即362B.C.。

的狀況下，繞過亞傑西勞斯向斯巴達進軍，趁著城防空虛和無人守備，襲取這個城市應該易如反掌。

根據凱利昔尼斯（Callisthenes）[91]的說法，帖司庇伊人優特努斯（Euthynus）派員將這個情報送給亞傑西勞斯；色諾芬說是一個克里特人奉命面報國王。亞傑西勞斯立即派遣一名騎士，前往拉斯地蒙將此事通知民選五長官，要他們提高警覺，同時讓他們知道他率領大軍隨後趕回。就在他到達以後片刻功夫，底比斯人已經渡過優羅塔斯河。他們對市鎮發起猛烈的突擊，亞傑西勞斯鼓起勇氣極力抵抗，表現出老當益壯的精神超過大家的期望，他現在的戰鬥方式不像過去，經常保持審慎的態度和運用權謀的手段，而是負嵎頑抗體現絕望中的奮鬥。雖然沒有拿出常用的手段還是同樣獲得成功，他把即將落入伊巴明諾達手中的城市救出來，還迫使他退卻。他在市民的妻兒子女的面前建立一座戰勝紀念碑，大聲宣布拉斯地蒙人用高貴的行動，回報國家對他們的栽培和養育。他的兒子阿契達穆斯在那天的表現特別突出，不僅作戰英勇而且行動敏捷，迅速採取最短的途徑抵達最危險的地點，只獲得最少的幫助能擊敗來犯的敵軍，確保城鎮的安全無虞。

我認為菲比達斯之子伊薩達斯（Isadas）的作為同時受到敵友雙方的讚譽；這位年輕人容貌漂亮而且身材挺拔，當他從兒童進入成人這段期間，正值一生中積極進取和引人愛慕的年華。當敵人入侵的警報傳來的時候，他洗浴完畢正在塗油，沒有帶武器而且衣不蔽體，在緊急狀況下等不及穿著，一手攫取長矛另一手拿劍，一路上穿越戰鬥人員向著敵軍衝過去，可以說是當之披靡。他經過激烈的戰鬥全身毫無損傷，神明為了獎勵他的英勇特別給予保佑，或者是他的體型是如此的雄偉，身材表現出勻稱之美，加上他的服裝是如此奇特，給敵人的感覺不是一個凡人，難免產生畏戰之心。民選五長官將一頂花冠賜給他，同時對他施以1000德拉克馬的罰鍰，因為沒有全身披掛就出陣作戰。

35 這次進襲以後沒過幾天，曼蒂尼附近又發生一場會戰，伊巴明諾達斯擊潰拉斯地蒙人的前鋒，非常勇猛進行追擊，根據戴奧斯科瑞德

91 凱利昔尼斯出生於奧林蘇斯，是當代的歷史學家和哲學家，陪同亞歷山大大帝遠征東方，直到328B.C.被他處死為止，除了記錄亞歷山大的功勳，還寫出一部希臘的編年史，時期是從387-357年。

(Dioscorides)[92]的說法，拉柯尼亞人安蒂克拉底(Anticrates)用長矛使伊巴明諾達斯受到重創。另外有種說法[93]，斯巴達人因爲這一天的關係，把安蒂克拉底的後裔稱爲machaeriones意爲「劍士」，那是說他用劍把伊巴明諾達斯殺傷。伊巴明諾達斯在世的時候，斯巴達人對他極其忌憚，所以殺死他的人受到大家的推崇和讚許，他們特別通過敕令賜予榮譽和禮物，這位勇士的後代受到免除賦稅的優待，有一位名叫凱利克拉底(Callicrates)的人，直到今天還享有這種特權[94]。

等到伊巴明諾達斯重傷身亡後，希臘的城邦再度開始談和，亞傑西勞斯和他的盟友把梅西尼人排斥在外，說這些人沒有城市的組織，因此不讓他們宣誓加入聯盟。當其他的希臘人全都接受他們的時候，拉斯地蒙人片面毀約，抱著降服梅西尼人的希望繼續從事戰爭。因此大家認爲亞傑西勞斯是固執而又倔強的君主，對於戰爭堅持永不饜足的貪念，竭盡所有的手段來破壞和平條約，即使處在財力不足的時期還要延長戰事，甚至逼得要向朋友告貸或者增加民衆的捐款；特別是城市遭遇很多困難亟待與民休息。他們的所作所爲只不過要恢復原來的主權，因爲他們從開始統治就已經擁有，現在帝國即使在海上和陸地遭到再大的損失，也絕不放棄梅西尼這個貧窮的城鎮。

36 亞傑西勞斯要爲埃及人塔克斯(Tachos)[95]服務一定有損他的聲譽，他們認爲像他這樣有很高地位的人，做這種事很不值得，特別他是全希臘居於首位的指揮官，他的名聲在各國眞是如雷貫耳，現在竟然受雇於一位蠻族，爲了金錢要替這位埃及強盜(這種說法對塔克斯產生不利的後果)打仗，自己屈就一幫傭兵的首領[96]。他以80多歲的年紀，忍受高齡的衰弱和渾身創傷的痛苦，再度發起高貴的行動，要與波斯對抗來爲希臘人爭取自由權利，即使說他有

92　戴奧斯科瑞德是伊索克拉底的學生，寫出4世紀B.C.末葉斯巴達的政治、軍事和社會有關的論文，他還是居住在亞歷山卓的諷刺詩詩人，有40首短詩存世。

93　戴奧多魯斯‧西庫拉斯(Diodorus Siculus)把這個功勞歸於色諾芬之子格瑞拉斯(Grillus)，據說他接著就被敵人所殺；看來還是蒲魯塔克的記載較爲合理。

94　這已經是500年以後的事，眞是有點讓人難以置信。

95　波斯國王阿塔澤克西茲二世統治期間(405-362B.C.)，塔克斯有很短一段時間成爲埃及國王，後來爲臣民和傭兵所背棄，逃到阿塔澤克西茲三世的宮廷避難，最後死在該地。

96　色諾芬爲亞傑西勞斯辯護，說他這樣做是爲了報復波斯國王，使埃及脫離波斯人的掌握，進而爲亞洲的希臘人爭取自由權利。

再大的野心也是無可厚非的事。任何一個光榮的軍事行動，要符合個人的年齡或其他的情況，不僅如此，還要考量所有的限制因素，否則所具備的性質就會變得好壞難分。亞傑西勞斯認為這種論點沒有價值，他個人的看法是從事公職並不羞辱，最令人感到不齒的事莫過於鎮日遊手好閒，不務正業在家中等待死神的光臨。因此他接受塔克斯送來的金錢，用以召募所需人手，將幾艘船隻裝滿以後，像從前對亞洲發起遠征行動一樣，指派30名斯巴達人充當他的顧問和參贊，然後向著埃及發航。

等到他抵達埃及[97]，上岸的時候受到熱烈的歡迎，王國的重要官員全都對他大肆恭維。他擁有極其響亮的名聲，全國上下對他抱著如大旱之望雲霓的期許，群眾來看熱鬧已到萬人空巷的程度。他們沒有看到想像中雄壯威武的君王，而是一個外觀猥瑣的瘦小老頭，身穿起毛脫線的粗布衣服，沒有任何排場站在海邊的草地上面，大家在訕笑之餘擺出一副鄙夷的樣子，高聲呼叫說是古老的諺語一點都沒錯[98]：「費盡移山倒海之力，找來一隻無用鼠輩。」埃及人對他的愚蠢感到更為驚奇，當各種食物和供應品送到他們那裡，只收下肉類、牛犢和鵝隻，退回甜點、糖果和香料，如果硬要他們接受，在卻之不恭的狀況下，就把這些東西讓軍隊裡的農奴去享用。狄奧弗拉斯都斯告訴我們，說他非常喜歡一種稱之為papyrus的織物，質地很薄而且柔軟，用來製作戴在頭上的花冠非常適合，在他離開埃及的時候，要求國王送一些給他帶回國去。

37 亞傑西勞斯參加塔克斯的陣營以後，發現他要出任統帥的願望已經落空。塔克斯自己擔任這個職位，亞傑西勞斯僅僅是率領傭兵的將領，雅典人查布瑞阿斯(Chabrias)[99]成為艦隊的指揮官。這是首先引起他不滿的安排，後來接二連三出現很多事故，逼得自己每天都要屈從埃及人的無禮和虛榮。最後他被迫要跟隨塔克斯前往腓尼基，受到的待遇和當時的處境已經是每下愈況，他只有忍耐等待這段困難的時間能夠過去，最後還是獲得機會宣洩心頭之憤。

---

97 亞傑西勞斯到達埃及是在361B.C.。
98 阿廷尼烏斯(Athenaeus)讓塔克斯這麼說，亞傑西勞斯回答：「不久你就知道我是一隻獅子。」
99 查布瑞阿斯是戰功彪炳的雅典將領，從392B.C.起所向無敵，357年開俄斯的圍攻光榮戰死。

尼克塔納比斯(Nectanabis)是塔克斯的堂兄弟,曾經在他的麾下指揮一支實力很強的部隊,沒有多久起兵反叛,受到埃及人擁戴成爲國王。這個人邀請亞傑西勞斯加入他的起義,答應給予優渥的報酬,同時還對查布瑞阿斯開出同樣的條件。塔克斯知道大事不妙,表露謙卑的態度提出請求,要與亞傑西勞斯和查布瑞阿斯維持友好關係。查布瑞阿斯答應他的要求,還用動人的言辭想要說服亞傑西勞斯採取同一步驟。他的答覆很簡短:「啊!查布瑞阿斯!你來這裡出於自願,要留要走可以隨心所欲;我是斯巴達的公職人員,被派前來領導埃及人,除非奉到國家的命令,否則我不能反目成仇與友軍開戰。」

這已經很明確的表示,他派遣信差返回斯巴達,會將他受到塔克斯的藐視和尼克塔納比斯的敬仰,源源本本向當局提出報告。兩位埃及人同時派遣使者到拉斯地蒙,一位要求繼續原來的聯盟關係,另一位主張除舊布新答應更爲優厚的條件。斯巴達人聽到兩造的提議之後,公開給予答覆,說他們全權交由亞傑西勞斯處理。民選五長官私下寫信給他,要他採取最符全民利益的行動。等到他接受當局的指令以後,立即改變他的立場,帶領所有的傭兵部隊倒向尼克塔納比斯,就用國家利益作爲藉口,來掩飾叛逆和背信的行爲,他的指導雖然引起質疑,倒是逃過令人不齒的指責。拉斯地蒙人始終將城邦的利害關係當作施政的主要原則,所以無論從任何方面加以衡量,能否主持正義和公道成爲無足掛齒的小事。

38 傭兵部隊背棄塔克斯以後,逼得他只有流亡外國。這個時候在門德(Mende)[100] 行省出現一位新即位的國王,自認是合法的繼承人,率領一支十萬大軍要與尼克塔納比斯爭天下。尼克塔納比斯與亞傑西勞斯談到此事,特別表示他藐視這些新徵的兵員,說他們是一群烏合之眾,完全不諳軍旅的本事,大都是生意人和工匠,從來沒有戰爭的經驗。亞傑西勞斯的看法是他根本不在意敵軍有龐大的數量,只是他們對軍事的無知使他感到憂慮,因爲這樣一來所有的策略和計謀都無用武之地。因爲謀略在於使敵軍產生猜疑或期望之心,所以「攻者示之以守而守者示之以攻,進則示之以退而退者示之以進」,如果敵軍既無猜疑亦無期望,就像一位角力者站著不動,對手拿他毫無辦法。

這時門德人(Mendesian)盡力爭取亞傑西勞斯,使得尼克塔納比斯極其忌憚只

---

100 門德是埃及北部的大城,人口眾多,物產豐富,控制尼羅河向南進出的門戶。

有提高警覺，等到亞傑西勞斯勸他立即與敵人接戰，面對沒有經驗的對手不能拖延戰事靠時間來解決問題；因為據有數量優勢的敵軍有能力實施包圍，挖掘塹壕切斷尼克塔納比斯對外的聯絡路線。這樣一來使得尼克塔納比斯有先入為主的成見，認為敵人在各方面占有優勢，更加肯定他的畏懼和猜疑。他不僅沒有接受亞傑西勞斯的意見，反而採取背道而馳的措施，退守一個範圍廣大而且防衛嚴密的市鎮。亞傑西勞斯發現自己不受信任感到大失顏面，雖然心中極其惱怒，要是再度背叛一定會名譽掃地，就是返回本國也無法獲得諒解。因此，他只有追隨尼克塔納比斯進入那個市鎮。

39 不過，當敵軍抵達以後，開始挖掘塹壕將市鎮包圍起來，埃及人害怕會被困死當中，決定要與對手進行會戰。希臘人大力支持，因為市鎮出現缺糧的狀況。亞傑西勞斯表示反對，埃及人對他更加疑心，公開把他稱為出賣國王的叛徒。他對這些譴責只有忍耐，等待敵人出現「強弩之末」的有利時機，再執行他早已成竹在胸的計謀。

敵軍構建一道深壕和高牆，下定決心要將守軍圍得有如金桶，最後全部餓死在城中。當這條圓形塹壕的兩端幾乎快要連接起來的時候，他認為現在可以獲得優勢，在夜間要所有的希臘人完成出戰準備，然後去見埃及人，他說道：

> 年輕人，現在是反敗為勝的大好機會，我必須留到最後時刻才說，以免洩漏出去使得對方有所防備。敵軍費那樣大的力氣，投入全部兵力來挖掘塹壕，等於用自己的手來保障我們的安全。因為完成的部分高牆，可以用來阻止他們運用數量的優勢來包圍我們，而留下尚未連接的缺口，可以供我們在這裡用對等的條件發起攻擊。那麼現在馬上出兵展現你的勇氣，只要能用希臘人作為榜樣，奮戰不息就可以救出自己和你的軍隊。他們的正面抵擋不住我們的攻擊，挖掘好的塹壕可以保護我們側翼的安全。

尼克塔納比斯推崇亞傑西勞斯的睿智，自己馬上加入希臘的部隊一起併肩戰鬥，發起第一次的衝鋒就將敵人打得潰不成軍。亞傑西勞斯獲得國王的信任，就像在角力比賽中使出同樣的妙招一樣，他在一天之中再度運用同樣的計謀。他有

時裝出要撤退的態勢，有時又向前挺進去攻擊對方的側翼，運用這種伎倆將敵人引進預定的位置，就是被兩條塹壕所包圍的絕地，因為塹壕很深而且已經灌滿水。等到在這個地點獲得優勢，他立即發起突擊，會戰所排列的正面正好與兩條塹壕所留的空間等長，這樣一來敵軍無法實施包圍，因為他的兩個側翼有塹壕作為依托。他們的進攻幾乎沒有遇到抵抗，很多人被殺，其餘的叛軍逃走以後消散無蹤[101]。

40 尼克塔納比斯穩固政權建立王國以後，用仁慈而友善的態度邀請亞傑西勞斯在埃及過冬。他急著趕回家鄉處理國內的戰爭，知道城市亟需金錢而且要雇用傭兵，然而自己帶著人反而在國外作戰，難免會有羞慚之感。因此，國王擺出盛大的場面為他餞行，除了禮物還送他價值230泰倫的銀塊，用來充做戰爭的經費。天候非常惡劣，船隻只能靠著岸邊航行，於是沿著阿非利加的海岸到達一處沒有人煙的地點稱之為麥內勞斯(Menelaus)港，他在船隻正要靠岸時崩殂，享年84歲，在拉斯地蒙的統治有41年之久。其中有31年的時間他獨享大名，成為全希臘擁有最高權勢的偉大人物，直到琉克特拉會戰，他都視為唯一的將領和國王。按照斯巴達人的習俗，一般人不論亡故在那個國家都是就地埋葬，他們會將國王的遺體帶回家鄉；亞傑西勞斯的隨從因為沒有蜂蜜，就用蠟將屍首封存起來，然後運返拉斯地蒙。

他的兒子阿契達穆斯接位登基，繼承的後裔一直延續到埃傑斯，從亞傑西勞斯算起是第五代，後來李奧尼達斯(Leonidas)將他殺害[102]，為的是埃傑斯企圖恢復斯巴達古老的紀律。

---

101 戴奧多魯斯對於亞傑西勞斯在埃及的戰役，細節部分有完全不同的敘述。

102 發生在奧林匹克125會期第1年即公元前240年，第十九篇〈埃傑斯〉對這件事的來龍去脈有詳盡的記載。

第二章
龐培(Pompey)

106-48B.C.，羅馬大將，平定海盜發起東方戰役，
組成三人執政團，內戰失敗在埃及被害。

1 就龐培從小時開始就受到羅馬人民的寵愛，如同伊斯啓盧斯
(Aeschylus)[1] 的悲劇，普羅米修斯(Prometheus)[2] 獲得海克力斯的搭救以
後，就向他的恩人表示感激之情，有詩如下：

> 啊！殘酷的父親，我們疼愛你的後裔，
> 如此可恨的仇敵竟有生性慷慨的子弟。

從這方面來看，雖然斯特拉波(Strabo)是龐培的父親，羅馬人從來沒有對任何一
位將領，像對他那樣充滿強烈和凶狠的恨意。說老實話，斯特拉波活著的時候，
是一個所向無敵的勇士，在軍方有很大的權勢，所以一般人對他極其畏懼，只是
敢怒不敢言，等到他遭到雷擊亡故，大家爲了洩憤就將他的遺體從火葬堆的屍架
上拽下來，這是對死者最大的羞辱[3]。

---

1 伊斯啟盧斯(525-455B.C.)是成名最早的希臘悲劇作家，生於伊琉西斯，參加過馬拉松會戰
  和薩拉密斯會戰，平生的作品約有80到90齣悲劇，至今尚有5部存世，如《波斯人》、《七
  士對抗底比斯》和《懇求者》等。
2 普羅米修斯是泰坦神拉佩都斯(Lapetus)之子，盜火給世人遭到天神宙斯的懲處，將他鎖在
  高加索山，日受惡鷹啄食肝臟之苦，後來海克力斯射殺這隻猛禽，斬斷普羅米修斯的鐵鍊將
  他解救。
3 龐培烏斯‧斯特拉波是羅馬建城665年即89B.C.的執政官，攻占派西隆地區的反叛城市阿斯
  庫隆，有助於結束社會戰爭；他獲得戰利品不肯分給眾人要獨吞，以及在87年不願防守羅馬
  對抗辛納和馬留，使得他樹敵甚多。

　　然而從另一方面來看，沒有一位羅馬人能與龐培相比，不論命運的枯榮盛衰，能夠長遠獲得同胞衷心的善意和摯愛，更不要提他的崛起是那樣的快速，他的成就是那樣的偉大，他的不幸是那樣的恆久。他們痛恨斯特拉波只有一個主要理由，就是他那永不饜足的貪婪；龐培有很多長處使他獲得大眾的擁戴，諸如節制的個性、用兵的素養、雄辯的口才、正直的精神，以及友善的談吐，任何人在向他請求幫忙的時候，都不會感到自慚形穢，即使他賜給任何人恩惠，表現的風度使人感到如沐春風。總之，他的施與決不擺出傲慢的神色，他的受惠盡量保持尊貴的身分。

　　2 龐培從幼年時代開始，憑著英俊的容貌使他大占便宜，比起口若懸河的辯才更加無往不利，通常在未開口之前已經贏得民眾的歡心。即使是玉樹臨風的年華，就能表現慷慨的習性和高貴的品格，等到成年更加成熟以後，自然流露威嚴的氣勢和王者的風範。他的頭髮從前面稍微向上梳起來，略帶憂鬱氣質的眼睛和面孔的輪廓，與亞歷山大大帝的雕像極為神似，大家都有這種說法，事實也的確如此。因此，年輕的時候，很多人用這個名字來稱呼他，龐培自己沒有加以拒絕，後來即使有人帶著嘲笑的口吻，他也不以為忤。盧契烏斯·菲利帕斯(Lucius Philippus)是擔任過執政官的知名之士[4]，有一次要請龐培施加援手，說是這種事並沒有什麼不好意思開口，亞歷山大敬愛菲利浦就會照他的吩咐去做，民眾不應該感到奇怪才對[5]。

　　現在提到的茀洛拉(Flora)是一位娼妓，在她年歲已高的時候，很喜歡談起當年與龐培情投意合的往事，每次與他分手總不會忘記在他的臂上輕齧一口。她還說到龐培有個知己名叫傑米紐斯(Geminius)，深深地愛慕著她，然而他的追求給她帶來很大的困擾。最後她只有打開窗子說亮話，她之所以不接受他的愛是因為龐培的關係。這樣一來傑米紐斯向龐培提出請求，要他看在朋友的份上成全他。龐培很爽快地答應，雖然他對茀洛拉用情很深，以後不再與她有任何來往。茀洛拉遇到這種狀況，不僅是失去一個一擲千金的恩客而已，悲傷和情思使得她大病

4　盧契烏斯·菲利帕斯是當代知名的演說家，他娶了屋大維的母親阿蒂婭(Attia)，成為奧古斯都的後父。
5　蒲魯塔克說龐培很像亞歷山大，不過是泛泛之言的恭維話，盧契烏斯·菲利帕斯雖然出任過執政官和監察官，卻拿名字來大作文章，自認是龐培的父執輩，實在令人不齒。

一場，有段期間人變得非常憔悴[6]。我們聽說弗洛拉是一位沉魚落雁的美女，西昔留斯・梅提拉斯（Caecilius Metellus）整建卡斯特和波拉克斯的神廟，裡面裝飾很多畫像和雕塑，因為她的美貌在當時已經是聞名於世，所以特別把她的像繪出來掛在中間。

德米特流斯（Demetrius）是龐培釋放的自由奴（這個人對龐培的一生都有很大的影響，留下的產業值4000泰倫），等到他亡故以後，龐培同樣用光明磊落的行為對待他的妻子，還是如同往常一樣，不會過分親近或非常慷慨，以免引起外面的流言和譴責，說他垂涎她的美貌有非分之想；事實上她極其豔麗幾乎使人無法抗拒。雖然他是如此檢點而且謹慎，還是無法避免政敵的誹謗之辭，說他不僅勾引已婚的婦女，指控他在很多方面都縱容妻室為所欲為，侵占公款滿足她們的奢侈和揮霍[7]。

從他的飲食可以知道他不講究排場，生活非常簡樸。據說有一次他生病胃口不好，吃下普通的肉類就會引起嘔吐，醫生的處方是要他每餐吃一隻鶇鳥，發現時令不合無法買到，有人告訴龐培說只有盧庫拉斯才會終年供應不絕，於是他說道：「總不能說靠著盧庫拉斯的奢侈，龐培才能活下去吧！」[8]因此，就不理會醫生建議他的食療，將就吃些易於購買到的肉類。當然，這些都是很久以後發生的事[9]。

3 當他非常年輕的時候，就在自己的父親麾下服務，後來斯特拉波起兵反抗辛納，有一位名叫盧契烏斯・特倫久斯（Lucius Terentius）的戰友與他共住一個帳篷。這位老兄受到辛納的收買，等其他人去放火燒將領的帳篷，他好乘機下手殺死龐培。龐培獲知這件陰謀時正在用餐，一點也沒有表露出慌亂的神色，還是與往常一樣自由自在的飲酒，對於特倫久斯表現非常親切的態度，等到

6　談起龐培與弗洛拉的關係，除了本章第53節再度提到外，找不到其他的佐證資料。他的「輕色重友」固然是一種美德，也可以視為個性的弱點，這要看從那個角度去評論。

7　龐培曾經結婚四次，他的妻室分別是安蒂斯夏、穆西婭、茱麗亞和高乃莉婭；蒲魯塔克認為後面兩位對他的影響最大，這是因為她們的父親是凱撒和梅提拉斯・西庇阿的關係。

8　雖然這兩位都是征服東方的大將，獲得無數的金銀財寶，對照之下，龐培過的生活要比盧庫拉斯簡樸得多，再方面也可以看出龐培不像盧庫拉斯那樣圖利自己。

9　米塞瑞達底戰爭期間，盧庫拉斯和龐培為了軍事指揮權，雙方的關係非常惡劣，後來一直針鋒相對，所以出現這種狀況。

就寢的時間藉口要休息先離開，然後偷偷溜出帳篷，安排一個衛兵在他父親的身邊，然後靜待事件的發生。特倫久斯等了一會兒以為龐培已經擁被入夢，拔出劍向著床單刺下去。

事情爆發以後，蔓延到整個營地引起極大的騷動，士兵懷著對將領的恨意，決定投奔敵人的陣營，都在折卸帳篷和裝載兵器，斯特拉波畏懼這些亂兵對他不利所以不敢現身，只有龐培到處奔走，流著眼淚懇求他們不要離開，最後來到營地的大門，面對大家將身體躺在通道上面，不斷嚎啕大哭，說是要走可以，必須先踩過他的屍體。這一招非常管用，除了800人堅持己見，其他的士兵基於羞愧或同情的心理，對於魯莽的行動也感到後悔，就與將領言歸於好，仍舊聽從他的指揮[10]。

4 斯特拉波亡故以後沒有多久，龐培身為繼承人因為父親侵占公款被告上法庭，經過查訪發現亞歷山大是罪魁禍首，這個人是他父親的自由奴，龐培在法官面前陳述事實，證明亞歷山大才是盜用的罪犯。他還是被控不法擁用一些獵具和書籍，都是得自阿斯庫隆(Asculum)[11]的戰利品。他承認曾經接受這些物品，那是他父親從阿斯庫隆攜回，等到辛納重返羅馬，他的房舍遭到辛納衛隊的闖入和洗劫，這些東西都已蕩然無存。在這件訟案中，他有準備充分和內容完善的答辯狀來應付原告的指控，所表現出的主動積極和沉著穩健，超出他這個年齡應有的水平，獲得很大的聲譽和各方的支持，特別是負責的法務官和主審法官安蒂斯久斯(Antistius)[12]，更是對他厚愛備至，表示要將女兒許配給龐培，並且與他的朋友進行商議。

龐培願意接受這門親事，私下雙方簽訂婚約，即使如此，事機不密還是洩漏出去，特別是在審判的過程中，安蒂斯久斯對龐培非常照顧，明眼人一看就知道底細。最後，安蒂斯久斯宣布無罪的判決，圍觀的民眾在一個信號之下，同時發

10 斯特拉波在87B.C.對於反對辛納抱著小心翼翼的態度；這裡說的故事很可疑，我們從圍攻阿斯庫隆以後所樹立的一塊石碑上面，看到銘文記載龐培和盧契烏斯‧特倫久斯參加作戰會議的史實。
11 斯特拉波奪取阿斯庫隆是在羅馬建城665年即89B.C.。
12 在審判的過程中，為龐培出庭辯護的人士有菲利帕斯、知名的演說法賀廷休斯(Hortensius)和85B.C.的執政官帕皮流斯‧卡波(Papirius Carbo)；安蒂斯久斯不是法務官，可能是法庭的庭長。

出Talasio的歡呼聲，這是極其古老的習俗，通常在婚禮中用來祝福新人。

Talasio用語的起源有這樣一種說法：在那個時代，薩賓人的女兒來到羅馬觀賞各種表演和運動節目，被最顯赫和最勇敢的羅馬人，用暴力搶走當作自己的妻室，在混亂當中有些身分很低微的牧人，乘機帶走一位漂亮而又身裁苗條的少女，為了免得那些地位更高的人遇到他們，會把這個少女帶走，於是他們一邊跑一邊喊叫Talasio。塔拉休斯(Talasius)是一位年輕人，在當時聲望很高受到大家的讚譽，大家只要聽到這個名字就高興得鼓起掌來，為了慶祝和恭賀他有這樣好的豔遇，全都參加歡呼的行列。據說塔拉休斯這門親事非常幸福，從此以後帶著開玩笑的性質，用這個字表示祝賀在禮婚中高聲歡呼。現在提到Talasio這應該是最可信的說法[13]。這次審判過後沒有幾天，龐培娶安蒂斯夏(Antistia)為妻。

5 婚事完畢他前往辛納的營地，發現一些反對他的意見和不利的風評，好像大家都聽得進去，他開始感到害怕，很快在暗中秘密的離開，突然消失不見使人疑惑不已，營地裡到處流傳著謠言和耳語，說是辛納謀殺這位年輕人。有很多人痛恨辛納，不願再忍受這種殘酷的行為，決定要置他於死地。他在盡力逃走的時候，一位手執長劍的百夫長趕上將他抓住，辛納在危難之中跪在地上求饒，奉上一枚價值不貲的指環當作他的贖金，這位百夫長用很粗暴的態度加以拒絕，說道：「我又不能拿來在契約書上用印，看來還是採取報復手段，對付無法無天而又邪惡萬分的暴君要好得多。」於是立即將他殺死。

辛納喪生以後，卡波是一位比他更沒有人性的暴君，接替他的職位繼續統治，這時蘇拉率領大軍回師意大利正在迫近，大多數的羅馬人都對此抱著希望，面臨當前極其不幸的環境，認為更換一位主子應該可以帶來相當的好處。城市在經歷高壓的統治和巨大的災難以後，他們已經不奢望自由權利，人們所擔憂的事是如何才能獲得比較溫和與寬容的束縛[14]。

---

13 這種習俗在第一篇〈羅慕拉斯〉第15節和李維的《羅馬史》，都有詳盡的說明。

14 辛納和馬留在87B.C.據有羅馬，等到馬留去世後與卡波進行統治到84年被殺為止，蘇拉這段期間一直留在東方。蒲魯塔克對於這部分的敘述過於簡略。

6 這個時候龐培滯留在意大利的派西隆(Picenum)，因為他有產業在這個行省[15]，主要原因還是他熱愛這裡的城鎮，特別是大家將他視為繼承人，更讓他感到應盡的情誼和責任。等到他看見城市裡面最高貴和最顯赫的人士，拋棄他們的家園和財產，從各個地區飛奔到蘇拉的營地，好像只有那裡才能找到安全的避風港。他也想前去追隨蘇拉，絕不做一個兩手空空毫無貢獻的逃亡人士，要率領一支部隊前去幫助他，這樣才能成為他的朋友而不是懇求者，獲得應有的榮譽和尊嚴。他向派西隆提出呼籲要求他們給予協助，大家毫無異議接受他的意見，同時拒絕卡波派來的使者；有一個名叫溫狄烏斯(Vindius)的人公開抨擊，說龐培不過剛剛離開學校，就妄想出來領導民眾，一定不會有好的結果，市民聽到以後勃然大怒，毫不留情將他立即殺死。

從此以後，龐培的內心產生一種「以天下國家為己任」的信念，雖然這時他的年齡不到23歲，也沒有任何人依據權責授與他職位，卻能掌握時機擁有莫大的權勢。奧克森姆(Auximum)是一個人口眾多的城市[16]，維蒂狄斯(Ventidius)兩兄弟為當地知名之士，他們公開支持卡波反對龐培的舉措，於是龐培在市場設置將壇，這也是一個軍事法庭，發布命令將這兩個人驅逐出境。然後進行徵兵作業，挑選人員擔任百夫長和其餘的軍職，依據建制嚴格要求軍紀和訓練。他運用類似的方式遍及地區內所有的城市。卡波的黨羽全部逃走，留下的人員樂於聽命於他的指揮，能夠在很短的期間內編成三個完整的軍團，供應糧食、馱獸、車輛和戰爭所需的裝備和器具。等到整裝完畢開拔向著蘇拉前進，他不要求快速趕路，也不掩飾自己的行動，不過是一段很短的行程，他就在道路上面多次停頓，敵人不知他的意圖何在感到苦惱不已，他在意大利行軍經過的地區，花費很多心血將卡波的勢力清除得一乾二淨[17]。

---

15 龐培家族在派西隆(這個地區包括現在的馬策斯[Marche]和阿布魯佐[Abruzzo])擁有非常龐大的產業，可以供應作戰所需的金錢和人力。

16 奧克森姆是意大利東北部派西隆地區一個城市，位於安科納的南方。

17 當時私人徵集和召募兵員非常風行，比起地方官員更為有效；蘇拉率軍在83B.C.初進入意大利，接著是兩年的內戰，龐培選擇加入蘇拉的陣營，對他爾後的發展有莫大的影響。

7 敵軍的三位將領同時向著龐培進攻，卡林納(Carinna)、克里留斯
(Cloelius)和布魯特斯(Brutus)率領的軍隊[18]，沒有排列一條陣線也沒有
會師組成一支大軍，而是兵分三路形成分進合擊之勢，要將他包圍起來一舉徹底
殲滅。龐培對此毫無所懼，集中所有的部隊避免被各個擊滅，將騎兵部隊配置在
戰線的前列，親自率領向著布魯特斯發起攻擊。當塞爾特(Celtic)騎兵從敵方衝出
來迎戰的時候，龐培與最前列和他對陣的勇士進行肉搏戰，用長矛將敵手挑下馬
來刺死。其餘人員看到這種狀況，全都轉過身去逃走，把自己這方的步兵行列衝
得大亂，以致造成全面的潰敗。三位將領彼此爭吵不休，只有分手各奔前程，把
一切付之於天命。等到四周的城鎮全都歸順龐培，敵軍已無存身之所，畏懼之餘
大家一哄而散。

接著就是執政官西庇阿向他發起攻擊，可以說是毫無成功的把握，兩軍還未
接觸到投擲標槍所及的距離之內，西庇阿的士兵就向龐培問候致敬，全部倒戈投
向對方陣營，西庇阿一看大事不妙只有趕緊逃走[19]。最後是卡波派出大量騎兵在
阿西斯(Arsis)河附近迎戰來敵，龐培還是像過去那樣驍勇萬分，他的出擊大有斬
獲，打得對手棄甲丟盔而逃。追擊行動迫得敗兵進入崎嶇的地形，馬匹很難通行，
他們看到沒有逃脫的希望，放下兵器連人帶馬一起降服，所有人員獲得赦免爲他
所用[20]。

8 蘇拉在開始的時候並不清楚龐培的行動，最早獲得的信息是他要與敵方
這樣多有經驗的將領接戰，非常擔心龐培的安全，生怕他被敵軍殲滅殆
盡，所以全速趕去救援。龐培獲得通知蘇拉即將接近，對他的軍官下達命令，集
結所有的隊伍編成爲強大的陣容，全軍盛裝呈現堂堂正正和雄壯威武的氣勢，要
將所向無敵的精神展示在主將的面前。龐培所獲得的榮譽可以說超過他的期望；
蘇拉看到他前來迎接，率領一支精練的勁旅，兵卒充滿朝氣而且英勇善戰，士飽

18　這三位是馬留陣營也是「平民派」的主要人物。

19　蒲魯塔克像是把蘇拉建立的功勳安在龐培的頭上，第十二篇〈蘇拉〉第28節在敘述這件事的
　　時候，根本沒有提龐培的名字；阿皮安的《內戰記》也持這種觀點。

20　這節敘述龐培在意大利北部和中部的作戰，不僅為他贏得身為將領的名聲，也獲得蘇拉的器
　　重。這裡提到的西庇阿是指高乃留斯·西庇阿·亞細亞提庫斯(Cornelius Scipio Asiaticus)，
　　蘇拉登陸初期他去迎擊，已經在提亞儂(Teanum)喪失一支譁變的部隊，現在是第二次出師
　　不利。

馬騰前途無限；於是蘇拉立即下馬，全體人員用Imperator即「凱旋將軍」[21]的頭銜
向他歡呼致敬，蘇拉同樣用這個稱號向龐培答禮，這樣一來使得大家都感到驚
奇，像是只有蘇拉、西庇阿或是馬留才有資格競爭的名銜[22]，怎麼會落在一個年
輕人的頭上，龐培甚至還不是元老院的議員。

　　實在說在第一次的會晤中，從蘇拉的言行可以看出對龐培非常尊重，當龐培
來到他的面前，他不僅站起來還取下所戴的帽子，即使很多來客的階級很高而且
地位顯赫，還是很少看到他有這樣的表示。龐培並沒有得意忘形，對於這些禮遇
也不會欣喜若狂。蘇拉派他盡速進入高盧，說這個行省在梅提拉斯的統治之下，
雖然指揮一支大軍卻毫無作為。龐培力言梅提拉斯曾經是蘇拉的上官而且名聲極
其顯赫，現在要從他的手裡奪去行省的指揮權，這種做法不當會引起非議；不過，
要是梅提拉斯本人有這個意願，想要得到他的服務，那麼他會完成一切的準備，
趕赴高盧在戰爭方面給予協助。梅提拉斯了解狀況以後，接受龐培的建議，正式
去函邀他前往相助[23]。

　　龐培到達高盧以後，不僅自己建立令人吃驚的功勳，還能激起和振奮勇敢和
好戰的精神，梅提拉斯的年事已高早已喪失的熱情又能重新恢復。這種情形就像
大家所說那樣，把冷而硬的銅器投入成為鎔化狀態的銅液中，這些器皿融解的速
度比放在火上更快。當一位角力家的排名已經居於首位，在所有的比賽中戰無不
勝，對他在幼年時期的勝利會略而不提，也不會留下什麼記錄。因此年輕的龐培
建立的功績，在當時看來已經是極不尋常，要是與後來的戰爭和征服完成無數的
偉大事業，相較之下必定會黯然失色。

9 等到蘇拉將全意大利置於個人的統治之下，把自己封為笛克推多，這時
他開始酬庸那些追隨他出生入死的人員，賜給他們巨額的財富，授與他
們國家的官位，只要提出給予好處的請求，超越法律限制盡量滿足他們的欲望。

21　「凱旋將軍」或「大將軍」，士兵向會戰獲勝的將領用於歡呼的榮譽稱號；等到帝國時代，
　　Imperator成為皇帝的官式頭銜。

22　蘇拉在提亞儂收編西庇阿起義的部隊，接著於82B.C.初在薩克瑞波都斯擊敗小馬留；蘇拉本
　　人在東方的勝利已經接受「凱旋將軍」的頭銜。

23　高乃留斯・梅提拉斯・庇烏斯是89B.C.的法務官，88-82年成為執政官和行省總督，83年蘇
　　拉將他派到山內高盧平定當地的叛亂活動。

蘇拉對於龐培，除了讚譽他的作戰驍勇和指揮才華，還要能夠保證他是一個堅定
不移的支持者，爾後自己的政令才能順利推展。因此，蘇拉運用的手段是要與龐
培建立私人關係，他的妻子梅提拉贊同他的意見，這兩個人勸龐培休掉安蒂斯
夏，娶蘇拉的繼女伊米莉婭（Aemilia）為妻[24]；伊米莉婭是梅提拉和前夫斯考魯斯
（Scaurus）所生，當梅提拉與斯考魯斯生下這個女兒的時候，她還是另外一個人的
妻子。

像這類的婚姻具備極其暴虐的性質，完全出於蘇拉那時的政治需要，絕非龐
培的本意或習性。伊米莉婭已經有身孕，只有告別另外一個男子進入龐培的家
門；安蒂斯夏的離婚備受羞辱，這些不幸完全是龐培所造成，何況她不久之前喪
失父親。安蒂斯久斯在元老院被人謀殺，就是因為龐培是他的女婿，所以懷疑他
是蘇拉的支持者。她的母親面對這樣多有傷尊嚴的災難，最後自裁而亡，新的不
幸使得這椿親事增添悲劇的氣氛，但是還沒有就此了結，伊米莉婭進入龐培的家
門沒多久，就難產逝世[25]。

10 這個時候有信息傳到蘇拉耳中，帕平納（Perpenna）在西西里加強防衛
的工作，成為反對派流亡人士的庇護所和收容站，卡波率領一支艦
隊在附近的海面盤旋不去，杜米久斯（Domitius）已經據有阿非利加，很多地位顯
赫的人士逃脫「公敵宣告名單」的追捕，聚集在那裡使得勢力日益壯大。因此，
龐培奉命率領一支實力強大的軍隊前去鎮壓[26]，等他到達西西里，帕平納馬上潛
逃無蹤，整個島嶼落在他的手裡；那些遭到不幸和災難的城市，龐培用禮遇的態
度接受他們的歸順，除了住在墨西拿（Messena）的瑪默廷人（Mamertines），對待所
有的市民都非常仁慈。瑪默廷人對他的法庭和審判進行抗議，聲稱他們有一份經
過羅馬人批准的古老特許狀或議定書，可以獲得特權和赦免。龐培用極其尖銳的

24 蘇拉權傾天下，即使當時最有名望的人物，像是畢索在蘇拉的要求之下，與他的髮妻安妮婭
離婚；就是龐培為了與蘇拉聯姻，只有拋棄自己的妻子安蒂斯夏。當時是公元前82年，蘇拉
基於同樣的目的想讓朱理烏斯·凱撒與他的妻子離異，遭到凱撒的拒絕。
25 這次短暫的婚姻使得龐培成為蘇拉和伊米留斯·斯考魯斯（115B.C.的執政官，109年的監察
官，元老院的首席議員，死於88年，未亡人梅提拉斯成為蘇拉的妻子）的女婿，而且與梅提
拉斯家族建立親屬關係。
26 屬於馬留陣營的帕平納是西西里總督，收容很多逃亡人員，龐培以法務官的頭銜率領6個軍
團前去討伐，帕平納逃到西班牙投奔塞脫流斯，卡波被擒後處死。

口吻給予答覆：「什麼！難道我們手裡拿著刀劍，還不能馬上讓你們停止說那些法律的廢話？」

　　基於同樣的理由，一般人認爲龐培對卡波毫無人道可言，看來不是懲罰他所犯的罪行爲是羞辱他所處的逆境。如果有需要對他處以死刑，那麼他已經成爲階下囚，龐培所要做的事就是下達執行的命令。龐培不爲此圖，卻將一位在羅馬擔任過三次執政官的人，腳鐐手銬帶到軍事法庭的面前，他自己坐在審判台上，盤問案情以確定違反那些法律條文，所有在場的人員都感到憤憤不平，然後下令將他帶走立即處死。據說卡波被帶到刑場，看到劍已出鞘準備執行，突然發覺自己的腸胃不適有點疼痛，要求劊子手暫停片刻，好找個地方讓他方便一下。

　　根據凱撒的朋友該猶斯·歐庇斯(Caius Oppius)[27] 的說法，還有更加離譜的地方，龐培對待奎因都斯·華勒流斯(Quintus Valerius)極其殘酷，這個人不僅學識淵博，對於自然科學有很深的造詣。華勒流斯被帶到龐培面前，龐培就在他的旁邊不停走動，接著開始與他談話，提出很多不同的問題，聽取他的回答以後，下令立即執行死刑。我們對歐庇斯所敘述的情節，不能太過於認眞或是確信毫無謬誤，特別是他提到的事涉及到凱撒的朋友或敵人的時候，更是無法作持平之論。龐培對蘇拉很多敵人非常嚴厲，因爲確有需要這也是實情，至少是那些知名之士或者被捕已是眾所周知之事，除此以外他盡可能運用仁慈的手段，對於有些人的藏匿他裝著不知情，對於另外一些人他甚至願意作爲他們脫逃的工具。

　　就是拿希米拉人(Himeraeans)[28] 的案子來說，龐培決定要對這個城市施加嚴厲的處罰，因爲他們受到教唆要支持敵人，第尼斯(Sthenis)是市民的領導人物，向龐培要求給予發言的機會，於是告訴龐培說他的處置不夠公正，因爲有罪的人逍遙法外而讓無辜者慘遭誅戮，龐培要他說出來是誰有罪竟然讓大家受到牽連，第尼斯的回答是他自己，運用說服的本領讓他的朋友下水，對他的政敵就用強迫的手段。龐培認爲這個人坦誠的談吐和高貴的精神極爲可取，首先是赦免他的罪行，然後原諒所有其他的希米拉人。還有一件事，就是他聽到士兵在行軍途中紀律敗壞，一路上經常發生暴力事件，他下令封刀每個人的劍不能出鞘，如有違背

27　該猶斯·歐庇斯是一個傳記作家，曾爲凱撒立傳，現已佚失；後來爲了討好屋大維，寫文章證明凱撒里昂(Caesarion)不是凱撒和克麗奧佩特拉所生的兒子。

28　希米拉是西西里北部海岸的一個城市。

嚴重懲處。

11

就在龐培忙於西西里的民事和政務的時候，接到元老院的和敕令和蘇拉的派職，命令他立即發航前往阿非利加，運用他麾下所有的部隊對杜米久斯發起作戰行動，因爲經過杜米久斯的整頓和重建，已經組成較馬留當時更具實力的大軍，過不多久等到他從阿非利加向意大利進軍[29]，就會在羅馬引起一場革命。他從法律不能保護的亡命之徒，變成一個暴君爲了報復而不惜血流成河。

龐培要盡快完成所有的準備，留下他的姊夫門繆斯(Mimmius)出任西西里的總督，啓碇的水師有120艘戰船，還有800艘其餘的船隻裝戴糧草、錢財、軍械和投射器具。他的艦隊抵達以後，一部分在烏提卡(Utica)的港口下載，另外一部在迦太基，等到他的部隊登陸以後，7000名敵軍譁變投奔他的陣營，這時他自己的兵力是6個足額的軍團。據說他剛到達就發生一起意外事件，聽到以後覺得匪夷所思。

有幾位士兵機緣湊巧獲得一處寶藏，使得他們發了一筆橫財，軍隊裡面其餘的人員聽到這件事，開始幻想這裡的田野到處都是金銀，迦太基人面臨絕滅的災難，就把財寶埋藏起來，這已經是年代久遠的往事。他們開始到處尋找線索，全都無心工作在四周亂逛，龐培在很多天都沒有部隊可以運用，特別是看到數以萬計的人員在挖掘和翻動地面，這種景觀眞是讓人啼笑皆非。最後，他們累得半死毫無收穫只有放棄，懇求龐培原諒他們的錯誤，願意追隨他到天涯海角，特別是愚笨的念頭已經讓他們受夠了罪。

12

這個時候杜米久斯已經完成作戰準備，軍隊排出陣式要與龐培接戰；兩軍之間有一道山澗，地勢嶇崎，要想渡越極其困難。天明以後出現風暴隨之大雨如注，兩軍無法繼續前進，杜米久斯認爲這天不會再有接戰行動，於是下令收兵退回營地休息。龐培始終注意情勢的發展，掌握戰機下令向前挺進，克服困難渡過急流，立即對宿營地區發起突擊。敵軍陷入極度混亂和騷

29　馬留在87B.C.從阿非利加向羅馬進軍，占領首都以後縱使奴隸軍大肆屠殺，死者包括元老院議員50多人和騎士階級1000餘人。

動之中，部隊雖然失去控制仍舊進行抵抗，已經無法發揮整體的力量，彼此之間不能支援只能單打獨鬥。除此以外，狂風開始轉向夾雜著暴雨迎面打在他們的臉上。強烈的暴風雨同樣給羅馬人相當大的困擾，主要是在這種狀況下相互無法辨識所致；龐培就是因為沒有被人認出，千鈞一髮之際逃過殺身之禍，有位士兵向他問口令，他的回答稍有遲疑，幾乎就此喪失性命。

　　敵軍的潰敗造成慘重的傷亡(據說2萬名士兵當中只有3000人逃脫)，軍隊用「凱旋將軍」的稱呼向龐培致敬，他立即加以拒絕，說是只要還看到敵人的營地仍舊屹立不搖，他就沒有辦法接受大家的好意，要是他們認為他夠資格擁有這個榮譽，首先要做的事就是把當前的要塞夷為平地。士兵聽到這番話以後，立即襲擊堅強的工事和塹濠；龐培在戰鬥的時候沒有戴上頭盔，記起剛才所遭遇的危險，要避免再次發生。經過強打猛攻終於占領營地，杜米久斯在亂軍之中被殺。這次大捷以後，整個周邊地區的城市不是為了保命而投降，就是被強攻所奪取，像伊阿巴斯(Iarbas)王是杜米久斯的盟友，曾經支援大量輔助部隊，被俘成為階下囚，將他的王國送給海普薩爾(Hiempsal)。

　　龐培不願停下休息，要把握良好的機運和軍隊的英勇，抱著雄心壯志揮軍指向努米底亞，經歷很多天的行程進入幅員廣大的國家，所到之處都被他一一征服。他能夠重新使得大家對於羅馬的權勢產生畏懼之心，這種觀念在野蠻民族當中幾乎已經消失殆盡。他本著同樣的想法，說是要讓阿非利加的猛獸，不能不對羅馬人的英勇和成就留下深刻的印象，因此他花很多天的時間去獵殺獅子和大象。據說他最多只用了40天的時間，完成擊滅敵人和征服阿非利加的任務，同時還處理這個地區所有的國王和所屬王國的事務，然而他的年紀不過24歲[30]。

13 龐培回到烏提卡，接到蘇拉的來信和命令，除了留下一個軍團，要解散其餘的部隊，等待另一位將領前來接替他的職位。他的內心極其憂慮還要保持平靜的神色，軍隊公開表示憎惡這種安排，等到龐培懇求他們提早離開返回自己的家園，大家開始辱罵蘇拉，非常露骨的宣稱他們絕不會遺棄龐培，認為信任這位暴君並不能帶給他安全，龐培用坦誠的談話努力想要安撫他

30　龐培收復努米底亞以後，推舉海普薩爾接位成為國王，當馬留在阿非利加的時候，海普薩爾起兵反對。龐培生於羅馬建城648年即106B.C.。

們，冷靜下來不要衝動，當他看到所有的勸告毫無效果，就離開將壇，流著眼淚退到自己的帳篷。士兵跟隨在後面然後把他架起來，再度簇擁著他上了將壇，這一天的大部分時間都花在爭執上面，他們要說服他留下來繼續領導軍隊，在他這一邊卻反覆地加以開導，要求他們服從命令並且要了解叛亂的危險，最後，群情激動變得纏擾不休而且喧囂不已，他當眾發誓說大家要是逼他就範，他只有一死了之；這樣一來才勉強平息憤怒的情緒。

雖然如此，蘇拉接到最初的信息，說是龐培已經叛變，於是蘇拉對一些幕僚說道：「在我看來，這也是命中註定的事，衰老之年還要與黃口小兒爭強鬥勝。」暗示當時所發生的事極其嚴重，使得他記取小馬留雖然僅僅是一個年輕人，卻給他帶來極大的困擾和危險。

接著傳來更為詳盡的情報，使得蘇拉從而明瞭實情，發現整個城市為了表示關愛和尊敬，全都出城前去迎接龐培，蘇拉決定他的做法要超出所有的人。因此，蘇拉站在歡迎隊伍的最前面，見面就與龐培熱烈擁抱，口裡大聲叫出他的頭銜Magnus即「大將」[31]，吩咐所有在場的人員都用這個名字向他打招呼。還有人說阿非利加的軍隊，在向他歡呼的時候早就用上這個頭銜，經過蘇拉的批准才為他所專有。他自己一直到最後才覺得當之無愧，那已經是很久以後的事，當他以卸任執政官的身分派往西班牙征討塞脫流斯的時候，開始在信函和委任狀上面簽上龐培烏斯·瑪格努斯(Pompeius Magnus)的名字，經常運用使得大家熟悉以後，這個頭銜就不會引起反感。

就這方面來說，大家非常欽佩古代的羅馬人，他們對那些只能在戰爭中建立豐功偉業的人，不會用如此尊榮的頭銜作為酬庸，但是在民事方面那些德行高潔和表現卓越的人士，倒是獲得這些殊榮。有兩個人從市民大會接受Maximus即「偉人」這個名字，華勒流斯(Valerius)的功勞能使元老院和市民大會和好如初[32]；費比烏斯·魯拉斯(Fabius Rullus)把自由奴的兒子逐出元老院，這些人是因為有錢才獲得允許成為議員[33]。

---

31 一般都把Pompey the Great或 Pompey Magnus譯為「偉大的龐培」，個人認為「偉大的」是形容詞，用做頭銜不太適合，比照Alexander the Great是「亞歷山大大帝」譯為「龐培大將」。

32 羅馬歷史上有三次平民脫離運動，第一次發生在494B.C.，經過華勒流斯的磋商和協調，同時建議設置護民官以保障平民的權益，使得城邦沒有造成分裂。

33 費比烏斯·魯拉斯是304B.C.的監察官，將自由奴的戶籍全部編入城市的4個區部，其餘31

14 龐培現在渴望獲得舉行凱旋式的榮譽，蘇拉反對，聲稱根據法律的規定，除了執政官和法務官以外，任何人不得有所僭越[34]；因此，老西庇阿在西班牙從事更爲偉大和高貴的長期戰爭，終於征服迦太基人，因爲他不是執政官或法務官，從來沒有提出舉行凱旋式的請求。他還說龐培連鬍鬚都沒有長出來，僅就年齡而言不夠資格出任元老院議員，要是用凱旋式的行列進入城市，大家在嫉妒之餘會抨擊當局的縱容，反而損害到龐培的榮譽。

這是他向龐培表明他的立場，等於暗示他絕不會讓步，如果龐培還是野心勃勃堅持到底，他的決定是運用職權加以制止，並且給予適當的處分。不過，龐培並不在意恐嚇之辭，特別叮囑蘇拉要記得頂禮膜拜東升的旭日而非西沉的夕陽；好像在告訴對方他的權勢逐漸高漲蘇拉卻日益衰微。蘇拉並沒有聽到他當面說出這番話，那些聽到的人所呈現的表情和姿態，蘇拉看在眼到感到有異，於是追問龐培說了些什麼。等他們把龐培說的話一五一十回報，蘇拉對這種狂妄的論調驚愕得不敢置信，只是大聲叫道：「讓他舉行凱旋式！讓他舉行凱旋式！」

其他人士對這件事表示異議和反感，據說龐培爲了氣他們，準備用四頭大象(他從亞非利加的國王那裡獲得幾頭)拖曳他乘坐的戰車領導凱旋式的遊行，發現城門過於狹窄，迫得他只有放棄這個計畫還是使用戰馬[35]。等到參加的士兵認爲發給的犒賞沒有預期那麼多，開始鼓譟要讓凱旋式無法舉行，龐培不爲所動而且挑明了對他們說，寧可失去舉行凱旋式的榮譽，也不會低聲下氣任憑他們的勒索。

塞維留斯(Servilius)是羅馬地位很高的人物，反對龐培舉行凱旋式最力，聽到這件事就說他現在才發覺龐培確實有資格要求那種權利。龐培如果願意，成為元老院的議員可以說是易如反掌折枝，所以在他看來沒有什麼光彩可言；難道在沒有進入元老院之前就有驚人之舉，才算是光宗耀祖的事？就拿堅決要求舉行凱旋式來說，他認爲只有破例而爲才是前所未有的榮譽。還有就是凱旋式舉行完畢以後，民眾很高興看到他與騎士階層的人員坐在一起，這樣說來他運用攏絡的手段倒是非常高明[36]。

(續)————
　　　個農村區部不得列入，因而保障市民的投票權和選舉權。
34　李維曾經提過，元老院用同樣的理由不同意高乃留斯·連圖盧斯舉行凱旋式，雖然他們認為
　　他建立的功勳夠資格獲得最高的榮譽。
35　龐培第一次舉行凱旋式的日期是3月12日，年份無法確定可能是81或80B.C.。
36　龐培的父親曾經出任執政官，所以他的出身應該是第一階級，在「百人連大會」的193個百

15 從另一方面而言，龐培的擢升是如此的快速，擁有這樣高的聲望和權力，難免會讓蘇拉感到吃味，要是採取攔阻的手段會讓人說他以大欺小，只有保持沉默。後來龐培完全違背他的意願，公開參加拉票的行列，擁護雷比達（Lepidus）出任執政官，由於他得到民眾的愛戴，所以大家樂於支持雷比達。蘇拉看到他帶著一大群人，選舉完畢經過市民廣場，再也忍耐不住就對他大聲說道：「太好了，年輕人，我看到你獲得勝利竟會這麼高興。實在說這件事可以說是錯得離譜，竟然把執政官的職位送給那個卑劣小人雷比達，而不是正人君子卡圖拉斯（Catulus），難道不全是你在操縱民意嗎？不過，要是你讓敵手的實力強過自己，最好還是提高警覺，否則所有的好處就會被人從手中攫走。」

從蘇拉最後所立的遺囑，可以很明顯的看出他對龐培極其不滿，他對所有的朋友都贈送遺物，同時還指定一些人擔任他兒子的監護人，裡面竟然對龐培隻字不提。不過，龐培氣量很大只有容忍，等到雷比達和其他人不讓蘇拉的遺體安葬在戰神教練場，同時對於公開的儀式予以百般阻撓，龐培親自前往參加他的葬禮，這樣一來沒有人鬧場過程非常安全，使得蘇拉在身後能獲得應有的尊榮[37]。

16 蘇拉逝世沒過多久，他的預言開始兌現，雷比達企圖繼承遺留的權力和職位成為笛克推多，根本無須任何藉口也不裝模作樣，為了達成目標立即運用武力，那些古老黨派的殘留分子都是一些危險人物，過去逃脫蘇拉的追捕，現在都聚集在他的周圍。他的同僚卡圖拉斯在以智慧和公正著稱的羅馬人當中，是最受尊敬的人物，身後追隨著元老院和市民大會的正派人士；他的才能在於城市的行政而非軍營的操練，所以迫切需要龐培的支持和協助。因此，龐培不再遲疑立即加入貴族的陣營，成為將領奉命率領軍隊前去討伐雷比達。這時意大利已經全面燃起戰火，布魯特斯的軍隊占領山內高盧，使得雷比達擁有北部地區[38]。龐培在進軍的途中，很容易制伏所有城市的防衛部隊，位於高盧的穆

（續）

人隊中，第一階級分配98個百人隊，騎士階級占其中的18個百人隊，所以騎士階級的政治實力不強，但是卻掌握羅馬的經濟和貿易。

37 羅馬建城676年即78B.C.當選的執政官是雷比達和卡圖拉斯，前者反對蘇拉所制定的法律，後者支持元老院最力，蘇拉正好去世於78年1月，所以他的葬禮受到雷比達的抵制。

38 雷比達在執政官任內就開始叛亂行動，他的部將朱尼烏斯‧布魯特斯（Julius Brutus）在77B.C.據有山內高盧，當代很多人士指責龐培支持雷比達選執政官，所以讓他獲得更多的資源和充分的準備時間。

蒂納(Mutina)激烈抵抗，最後發展成為正規的圍攻作戰，很長時間與布魯特斯對峙，雙方相持不下。

　　就在這個時候，雷比達全速向著羅馬急進，帶領數量龐大的追隨者來到城下，使用恐嚇的手段要求第二次出任執政官。這時龐培派人送來的信件，市民的畏懼立即消失無蹤，宣稱他無須進行一次會戰已經終止這場戰爭。可能是布魯特斯背叛他的軍隊，再不然就是他的軍隊反正將他出賣，等到他向龐培自首以後，派出一隊騎兵當他的護衛，送到波河旁邊一個小村，傑米努斯執行龐培的命令，第二天將他殺害[39]。龐培對這件事的處理方式，受到很多的責難，他在叛變開始寫給元老院的信函中，提到布魯特斯自願向他投降，接著在送來的第二封信裡面，說是布魯特斯經過指控罪狀確鑿，已經遭到處決。

　　與卡休斯一起弒殺凱撒的布魯特斯，就是這位布魯特斯的兒子，無論是作戰的過程還是死亡的方式，都與他的父親非常相似，有關這些情節大部分已經寫進他的傳記之中。雷比達被迫離開意大利逃到薩丁尼亞，後來生病悒鬱以終，據說起因不是在政壇上遭到挫折，而是發現一封信證明他的妻子對他不忠。

17 塞脫流斯(Sertorius)是一個與雷比達風格大不相同將領，現在仍然據有西班牙，對著羅馬虎視眈眈[40]；就像患有重病的人，所有不良的體液都集中在感染的部位一樣，內戰中殘餘的人員全都聚集在他的身旁。他已經擊敗很多名聲不夠響亮的指揮官，這個時候正與梅提拉斯‧庇烏斯(Metellus Pius)對陣。梅提拉斯的聲望很高也是一位優秀的軍人，因為年齡的關係現在的行動比較緩慢，在戰爭最為重要和急需救援的時刻，塞脫流斯靠著快速和機警，把作戰的優勢從他的手裡搶走。塞脫流斯在梅提拉斯的附近盤旋不去，伺機下手使他防不勝防，那種方式有點像盜匪的首領而非軍隊的將領，不斷運用伏擊或小規模的前哨戰鬥，騷擾行動給對方帶來極大的不便。梅提拉斯習慣於正常的指揮程序，

39　龐培在穆蒂納(即現在的莫德納[Modena])圍攻布魯特斯的時候，卡圖拉斯在羅馬城外擊敗雷比達，這位傑米紐斯就是龐培的好友，曾經將弗洛拉讓給他。

40　塞脫流斯和馬留、辛納都屬於平民黨，83B.C.逃脫蘇拉「公敵宣告名單」的追捕，在西班牙自立為總督，81年被逐離，獲得露西塔尼亞人和反蘇拉逃亡人士的協助，80年重回西班牙再度統治；西昔留斯‧梅提拉斯‧庇烏斯是80年的執政官，以卸任執政官的名義前去討伐叛黨。

全副武裝的士兵排出陣式進行堂堂正正的會戰。

龐培保持他的軍隊完成各種準備,他的目標是奉派前去援助梅提拉斯,雖然卡圖拉斯命令他解散部隊,他找出很多藉口將這些軍隊駐守在羅馬的附近地區,最後還是盧契烏斯・菲利帕斯(Lucius Philippus)在元老院提出報告,頒布敕令授與他軍事指揮權[41]。據說有一位元老院議員對於這個提案感到奇怪,問菲利帕斯派遣龐培是否用卸任執政官的身分前往西班牙,菲利帕斯回答道:「不僅如此,要使用兩位卸任執政官的頭銜。」他的意思是這個年度的兩位執政官都派不上用場。

18 等到龐培抵達西班牙,每當出現一位新來的將領,要是他過去有顯赫的名聲,總會使人激起新的希望,特別是西班牙的土著依附塞脫流斯不久,開始改變心意,隨時有叛變的可能。塞脫流斯對於龐培擺出傲慢的態度,提到他的時候用輕視的口吻加以嘲笑,他說如果不是怕老太太不高興,他就會用戒尺和籐鞭教訓那個小孩一頓,他口裡的老太太是指梅提拉斯[42]。事實上他對龐培極其忌憚,特別提高警覺加強防務,對於作戰的指導非常審慎,這是以往從未有的事。至於梅提拉斯,大家已經不對他抱任何希望,現在養成奢侈的習性縱情於聲色犬馬之中,一改過去的淡泊和節制要過僭越和誇耀的生活。

龐培對人直爽而且做事勤奮,雖然有的方面不能盡善盡美,憑著冷靜和本分的意圖,使他獲得更高的名聲和更大的好處[43]。戰爭的氣運可以說是變化無常,不過,塞脫流斯奪取勞隆(Lauron)給龐培帶來很大的打擊[44];龐培認為已經很安全的拒止敵人,吹噓他可以很快解勞隆之圍,突然發現自己被敵人包圍得水洩不通,困守在營地裡面動彈不得,眼看整個城市被敵人攻占以後縱火燒成一片焦土。不過,後來在華倫夏(Valentia)附近的一場會戰中,他把赫里紐斯(Herennius)

---

41 元老院一直有人作梗不讓龐培掌權,他還是操縱民意排除障礙,後來任命他為近西班牙行省總督, 76B.C.春天抵達駐地。

42 第十五篇〈塞脫流斯〉對龐培在西班牙的作戰有詳盡的記述,從那時起,龐培在西班牙建立根深蒂固的勢力,直到45年3月B.C.的孟達會戰,才被凱撒剷除殆盡。

43 塞脫流斯的游擊戰術使得梅提拉斯毫無招架之力,到了77B.C.西班牙幾乎全部落在他的手中;雖然蒲魯塔克一直讚譽龐培的主動積極,還是無法扭轉整個形勢的不利。

44 勞隆位於沙袞托(Sagunto)的南部海岸,是形勢極為險要的兵家必爭之地;帕平納在西西里被龐培趕走以後,便到西班牙出任塞脫流斯的副將。

和帕平納(Perpenna)打得大敗而逃，殺死他們的手下有1萬人之多；這兩位都是高階軍官，在加入塞脫流斯的陣營以後，成爲他的副將。

19 獲得這次勝利，龐培高興萬分同時還充滿信心，想要盡快與塞脫流斯接戰，免得梅提拉斯前來分享勝利的榮譽。就在這一天將近日暮之際，兩軍在蘇克羅(Sucro)河[45]附近發起一場會戰，雙方都怕梅提拉斯領軍到來：龐培希望靠著單打獨鬥贏得勝利；塞脫流斯更不願意兩面受敵。會戰的結果可以說是難分高下，兩軍各有一翼占到上風。就這兩個將領來說，塞脫流斯獲得更大的榮譽，他能維持自己的陣地，將當面對抗的部隊打得不支敗逃。龐培在馬背上遭到敵方一位步兵的攻擊，這個人身強力壯已經逼近身旁，在用劍拚鬥之際兩人的手部都被砍中，龐培只受到輕傷卻斬斷敵人的手臂。現在很多敵人朝著他衝殺過來，自己的部隊正在潰退之中，他跳下馬來將牠趕向敵人，能夠逃脫被俘眞是難以置信。這匹坐騎身上裝飾著黃金的馬具，非常値錢引他們貪婪之心，士兵爭這個戰利品發生吵鬧，爲了分贓甚至大打出手，這樣才使龐培安全脫身[46]。

次日早晨破曉以後，兩軍的部隊在戰場展開要爭取最後的勝利。梅提拉斯領軍趕到，塞脫流斯立即撤走，整個部隊無人領導就一哄而散。他經常用這種方式召集和解散他的軍隊，所以他有時候獨自在廣大的國度到處飄泊，有時卻率領15萬戰鬥人員出現在戰場，就像冬天的急流突然變得水勢洶湧。龐培在會戰以後前去迎接梅提拉斯，當雙方快要接近的時候，命令扈從校尉將權標放低向梅提拉斯致敬[47]，並且把梅提拉斯視爲自己的前輩和長官。梅提拉斯這邊認爲受之有愧，他自己對龐培表現謙恭的態度，不敢以執政官的位階和資深自居，認爲可以擁有任何特權，當他們駐紮在一起的時候，只有口令是由梅提拉斯發給整個營地，大部分時間他們還是分開配置。敵人來自各方通常會切斷他們之間的聯絡線，運用熟練的技巧能在極短的時間出現在很多地點，不斷發起攻擊使得他們疲於奔命，最後不讓他們獲得糧草的供應，把整個鄉村化爲一片焦土，掌握整個海域的安

---

45 蘇克羅河流經西班牙的東南部，位於華倫夏和勞隆之間。

46 阿皮安《羅馬史》第1卷第110節，敘述梅提拉斯和龐培同時參加蘇克羅會戰，這件史實的記載有錯，蘇克羅現稱胡卡(Jucar)位於瓦倫西亞(Valencia)的南邊。

47 羅馬的笛克推多、執政官、法務官和擁有軍事指揮權的總督，配置人數不等的扈從校尉所組成的儀仗隊，手執權標以顯示授與打殺的權力。權標爲一根束棒中央的位置嵌著一個斧頭。

全；塞脫流斯從他所控制的部分把他們兩個逐出西班牙，在缺乏給養的狀況下只有退到不歸他們統治的行省[48]。

20 這場戰爭將龐培大部分的私人財產都已耗用殆盡，派人前往元老院要求供應所需經費，特別提到要是不能很快獲得，在逼不得已的狀況下，只有率領軍隊退回意大利[49]。那個時候的執政官是盧庫拉斯（Lucullus），雖然他與龐培曾經發生摩擦，然而考慮到自己是指揮米塞瑞達底戰爭的候選人，所以才會想盡辦法即時供應所需，免得龐培有藉口返回羅馬，不僅塞脫流斯留下來無法處理，還會從他手裡奪走米塞瑞達底戰爭的指揮權，何況像這樣的遠征行動，從各方面加以評估以後，知道所冒風險甚少能夠獲得更大的榮譽[50]。

正在這個時候，塞脫流斯的下屬有人陰謀叛亂，他遭到暗殺而死亡，帕平納成為大家的首領，接替指揮以後還要繼續塞脫流斯的冒險事業，雖然兵力大小和作戰方式並未改變，只是他缺乏塞脫流斯所特有的技巧和才華。因此，龐培直接進軍前去討伐帕平納，同時得知他經常任性而為行事毫無計畫，於是設置陷阱好讓他中伏，於是派遣10個支隊進入平坦的原野，奉到命令是分散開來到處進行搜索和騷擾。果然帕平納吞下這個誘餌，離開營寨前去追捕獵物，龐培突然率領大軍出現，加入戰鬥使得對手全軍覆滅，帕平納的下屬大部分在戰場被殺，他自己成為俘虜帶到龐培的面前，龐培下令將他處決[51]。

這樣做並沒有讓他得到忘恩負義的指責，或者說他抹殺帕納平在西西里的功績，反而說他為了維護國家的利益，堅持高尚的情操和審慎的作為。因為帕平納在塞脫流斯死後保管他的文件，現在他呈給龐培一些信件，來自羅馬一位地位很高的人士，想要改變體制和顛覆政府，特別發函邀請塞脫流斯進軍意大利。龐培唯恐這件事洩漏出去掀起軒然大波，引發更為激烈的內戰，比現在即將結束的戰爭，給國家帶來更大的危害。他基於合理的判斷只有立即處死帕平納，也不啓封

---

48 他們退到高盧，在那裡實施冬營。
49 薩祿斯特在他的著作裡提到龐培送到元老院的信還保留下來，特別說是信中極盡威脅之能事，很可能戰爭會蔓延到意大利。
50 黎西紐斯·盧庫拉斯是74B.C.的執政官，事實上他已經受領這個任務。米塞瑞達底原來與蘇拉簽訂和平條約，到了76或75年，奈科米德四世想把他的王國交給羅馬統治，米塞瑞達底極力反對，甚至要與塞脫流斯結成聯盟。
51 塞脫流斯是在73B.C.秋天被害，龐培捕獲帕平納以及將他處決可能是在72年的年初。

閱讀就把所有信件燒掉[52]。

21 龐培在行省花很長時間鎮壓重大的動亂，現在還繼續留在西班牙，和緩對立引起的緊張情勢，排除製造暴力事件的誘因，達成任務以後率領軍隊返回意大利。等他到達以後發現時機湊巧，正好遇到奴隸戰爭處於戰況最激烈的期間[53]。克拉蘇是這場戰爭的指揮官，知道他班師回朝，只有冒著危險不待準備完成突然發起會戰，結果獲得大捷，殺死亂黨1萬2300人。龐培的運氣實在太好而且動作很快，就連這場戰爭他都可以分一杯羹，會戰中逃出5000人落在他的手裡，全部被他誅殺殆盡。他寫信給元老院表功，說克拉蘇在會戰中殲滅作亂的奴隸，然而這場戰爭卻被他予以敉平[54]。

這件事傳播開來讓所有的羅馬人聽到以後眉飛色舞，因為大家對龐培都有好感。提起西班牙戰爭和制伏塞脫流斯，即使用開玩笑的口吻，都會把所有的榮譽加在龐培的頭上，沒有任何一個人可以與他分享。大家對他表示高度的尊敬，歡迎他凱旋返國，雖然如此，還是不免要混雜著憂慮和疑惑，因為他還沒有解散軍隊，很可能追隨前人的做法，運用武力掌握最高軍事指揮權登上蘇拉的寶座。羅馬人成群結隊出城去迎接，祝賀他光榮返鄉，很多人是出於善意和愛戴，還是有很多人出於畏懼不得不爾。

龐培很快消除他們的疑慮，公開宣布要在舉行凱旋式以後讓士兵解甲歸田。那些忌恨他的人現在只能怨聲不斷，說他的做法在於提高自己的聲望，討好市民大會把元老院丟在一邊，過去蘇拉所廢棄的護民官，他為了滿足民眾的要求，決

52　有人認為龐培非常容易平定西西里，是因為帕平納不願作戰有放水之嫌；蒲魯塔克對於龐培不公布塞脫流斯的信函，極口讚譽他有政治家的胸襟和風度，至於嚴重到會引起內戰，不僅牽強而且過分誇張。龐培在庇里牛斯(Pyrenees)山建立一座戰勝紀念碑，上面刻著他占領的876個城鎮的名字。

53　有位色雷斯的奴隸斯巴達卡斯(Spartacus)從卡普亞(Capua)附近一所角鬥士訓練營逃脫，在羅馬建城681年即73B.C.掀起一場奴隸戰爭，72年擊敗兩支執政官的軍隊，後來元老院將指揮權交給黎西流斯‧克拉蘇，他幾乎就在71年初敉平大部分的亂事。這裡提到龐培正在「戰況最激烈」時返回意大利，是一種自我標榜的說法。

54　元老院的確有意要龐培前來相助，克拉蘇聽到龐培要回來，趕緊發起最後的會戰，龐培還是有所斬獲，克拉蘇獲得的榮譽大為失色；還有就是元老院的召喚給龐培一個藉口，可以保持軍隊全數留在意大利。從此以後，克拉蘇再也不相信龐培，即使他們結成聯盟，仍舊對他深具戒心。

定要恢復這個職位和應有的權力。這些都能說到做到，成為事實。沒有一件事情比起恢復護民官，使得羅馬人民更為熱心，甚至到感激涕零的程度；龐培認為他有這個機會是一生之中最幸運的事，如果有人搶在他前面辦妥此事，即使用其他的方式向人民表示感謝，所收到的效果根本不可同日而語。

22 頒布敕令要舉行第二次凱旋式，龐培當選為執政官已經確定[55]；這些榮譽還是比不上一個明顯的證據，讓大家知道他的權勢和名聲已經超過克拉蘇。克拉蘇在那個時代的政治家當中，擁有的財富可以說是首屈一指，他的口才極佳而且在政壇很有勢力，輕視龐培和所有地位較下的人士，現在卻已面臨這種局勢，要是沒有獲得龐培的認同，不敢出面爭取執政官的候選人。龐培很高興克拉蘇提出這種要求，何況他很久以來就想找機會向克拉蘇表示善意，不僅答應還懇求民眾看在他的面子上給予支持，同時還宣稱選擇克拉蘇擔任他的同僚，比起他自己成為執政官更為榮幸。選舉的過程順利進行，等到他們就任執政官以後，雙方經常齟齬而且不斷產生衝突[56]。克拉蘇在元老院占有上風；龐培在市民大會擁有很大的權勢，他不僅恢復護民官的職位，還制定新的法律將法院的審判權再度授與騎士階層[57]。

然而他讓所有觀眾大開眼界，就是親自出面提出請求從軍中退伍。這在羅馬的騎士階層來說這是古老的傳統，他們在戰爭中完成法律規定的服役年限以後，牽著自己的馬前往市場，來到兩位稱為監察官的面前，交出一份記錄，上面列舉服役單位的指揮官和將領的名字，還有駐防和作戰的地點，每個人在除役的時候按照他們的功過獲得榮譽或貶斥。兩位監察官——傑留斯（Gellius）和連圖盧斯（Lentulus）非常莊嚴坐在將壇上面，審查聚集在他們面前等待通過的騎士。大家遠遠看到龐培親自牽著馬匹，帶著執政官的仗儀來到市民廣場，等他到達就吩咐扈從校尉為他開路，然後牽著馬到達將壇的下面，所有的民眾都一頭霧水，大家

---

55 元老院特別為龐培放寬候選執政官的年齡限制，這是蘇拉經過立法所規定；因此他與克拉蘇才能當選為70B.C.的執政官。龐培第二次凱旋式在71年最後一天舉行，次日他正式就任羅馬最高職位。

56 完全出於雙方的個性差異和派系鬥爭，根據大家的看法，他們在執政官任內的政績可以說一無是處。

57 蘇拉制定法規，法庭的審判和陪審全部由元老院的議員充任，龐培支持護民官的提案，陪審團的成員應由元老院、騎士階級和稱為tribuni aerarii的地方團體各遴選三分之一組成。

安靜下來，監察官看到這種狀況，臉上現出混合著尊敬和欽佩的神色。然後資深監察官開始問他：「龐培烏斯‧瑪格努斯，我要求你回答，是否按照法律的規定，完成戰時所需的服役年限？」龐培很大聲地回答道：「是的，我已經全部完成，都是我在擔任將領。」民眾聽到非常高興發出響亮的叫聲，沒有人出面制止；監察官從審查席上起身陪他返家，追隨的群眾感到滿足一路上鼓掌和歡呼。

23 龐培的執政官任期即將結束，然而他與克拉蘇的爭執更加激烈。有一個騎士階層的人名叫該猶斯‧奧里流斯(Caius Aurelius)，平生從未涉及公眾事務，有天在市民大會召開會議的時候，登上講台向大家發表演說，宣稱朱庇特在夢中向他顯靈，交代他要告訴兩位執政官，他們應該在離職之前，雙方成為朋友和好如初。等到這個人說完以後，龐培保持很平靜的神色；克拉蘇抓住他的手向他致敬，然後用這種方式說道：「各位市民同胞，你們是這樣的寵愛龐培，在他還沒長鬍鬚的時候，就把『大將』的頭銜賜給他以示尊榮，即使他沒有進入元老院，就同意給他舉行兩次凱旋式的殊榮，所以今天我不認為先向龐培表示歉意，會給個人帶來什麼羞辱或委屈。」因此他們重修舊好才交卸職位。

克拉蘇還是過他早年所追求的生活方式，龐培不再像一個律師那樣到市民廣場去亮相，甚至很少出現在公眾場合，當他露面的時候，通常都會跟著一大群追隨者。事實上，不論是遇到他還是去拜訪他，很少沒有成群結隊的民眾在他的身旁，他自己對於受到簇擁一直是樂此不疲，四周包圍水洩不通的人群，就是一種無上的誇耀和排場。他認為只要與羅馬人民建立緊密的接觸和親切的關係，可以保持永久長存的尊嚴和地位。

一個人要是立下汗馬功勞，就很難適應平等的庶民生活，仍舊期望在城市受到尊重如同在軍營一樣；文官的治理只要經歷長期的和平，武人的名聲必然逐漸遭人淡忘。從另一方面來看，一個人即使在戰爭中毫無表現，要說他在城市就不能居於領導的地位，一樣讓他無法容忍。因此，當一個勇士的聲譽來自勝利和凱旋式，搖身一變成為辯護律師出現在市民廣場，那些同行當然會盡全力對他施以封殺和打壓，要是他放棄以法學專家自居或是退出這個行業，只要沒有到達遭到嫉妒的程度，他們還是願意維持他的軍事榮譽和權勢。這話是否有理，且聽下回

分解[58]。

24 海盜的橫行最早出現在西里西亞，老實說開始的時候這個行業不僅危險而且毫無名氣。等到米塞瑞達底戰爭發生[59]，雇用他們為國王服務，這樣才變得極為活躍和膽大包天。後來，羅馬人受到內戰的拖累，相互之間要拚個你死我活，甚至在羅馬的城門前面發生激戰，海洋的門戶大開根本無人保護，所以這些海盜受到引誘，不僅在海上搶劫船隻和擄人勒索，還要蹂躪島嶼和海港城鎮。還有很多出身良好、家庭富裕和能力高強的人士上船入伙，好像這是光宗耀祖的事業。海盜有各種軍械庫和專用港口，沿著海岸設置瞭望站和烽火台，他們的艦隊配置優秀的水手，有專業的領航員和舵手提供服務，全部由快速和輕便的船隻組成，適合特定的目標。

最讓人感到氣憤之處，不在於他們橫行四海所向無敵，而是那種目中無人的誇耀，所以他們的實力不但引起人們的畏懼，更讓人感到厭惡。他們的船隻有金色的桅桿立在船頭，船帆染成紫色，搖櫓上面嵌著銀板，好像他們最高興的事莫過於不法行為所帶來的榮譽。絲竹之聲和飲宴之樂遍及他們的海岸。守土有責的軍官成為俘虜，城市要向他們繳納貢金，羅馬最高當局的權威受到譴責和羞辱。

海盜船的數量超過1000艘，他們曾經洗劫400個城市，到處褻瀆神明的廟宇，很多聖地以前從未受到侵犯，獲得的戰利品使得他們富埒王侯。像是位於克拉羅斯（Claros）、迪第瑪（Didyma）和薩摩色雷斯（Samothrace）等地名聞遐邇的朱庇特神殿；赫邁歐尼（Hermione）的大地之母廟[60]；伊庇道魯斯（Epidaurus）的藥神廟；以及位於地峽、提納魯斯（Taenarus），和卡勞里亞（Calauria）的海神廟；還有在阿克興（Actium）和琉卡斯（Leucas）的阿波羅神廟；以及在薩摩斯（Samos）、亞哥斯（Argos）和拉西尼姆（Lacinium）的朱諾神廟。他們自己在奧林匹克山[61]奉獻非常奇

---

58 龐培離開軍職能夠有機會建立政治勢力，經常與元老院的議員聚會，可以運用征戰和龐大的家業組成自己的庇主和部從關係。等到基礎穩固以後，獲得的報酬是奉命指揮海盜戰爭和米塞瑞達底戰爭。

59 羅馬和潘達斯國王米塞瑞達底六世共發生三次戰爭：第一次米塞瑞達底戰爭88-84B.C.；第二次米塞瑞達底戰爭83-82年；第三次米塞瑞達底戰爭74-63年。

60 大地之母可能是西布莉（Cybele），古代小亞細亞人崇拜的自然女神；也可能西瑞斯（Ceres），希臘神話中司穀物和耕種的女神。

61 這個市鎮在小亞細亞南部地區，是海盜最堅強的據點。

特的祭品，舉行某些秘密的宗教儀式，米塞拉斯(Mithras)是其中一種，還保存到我們這個時代，可以說是從他們那裡接受最早的習俗。

他們除了在海上殺人越貨，還在陸地藐視羅馬的法律，經常順著道路進入內陸，搶劫和摧毀村落和莊園。有一次海盜擄走兩位羅馬法務官，就是身穿紫邊官服的克蒂留斯(Sextilius)和貝利努斯(Bellinus)，連帶他們的下屬軍官和扈從校尉。安東紐斯(Antonius)是出任過執政官的顯赫人士，他的女兒在旅行途中被他們搶走，付出大筆贖金才放回。

他們的行事真是讓人感到痛恨；當抓到的俘虜有人自稱是羅馬人，而且報出姓名的時候，他們故意裝出驚惶和畏懼的樣子，拍打自己的大腿拜倒在他的面前，說是冒犯大駕務必請求原諒。這位俘虜看到他們這樣的謙恭而且苦苦哀求，對他們的熱誠就信以為真，這時有些海盜就讓這位羅馬人穿上官靴和袍服，說是免得再產生誤會。等到他們把他打扮好，覺得欺騙和戲弄得夠久了，等到航行到大海之中，就把船上的跳板伸出去，告訴他已經獲得自由可以離開，並且祝他旅途順利，要是他拒絕不走上去，他們就直接把他丟進大海淹死。

25 海盜的勢力擴展開來能夠控制整個地中海海域，無論是航行和通商都沒有任何保障，羅馬人受到的影響最大，糧食缺乏使得市場蕭條價格居高不下[62]，狀況要是繼續惡化下去，就會給意大利帶來饑饉和災難，最後他們決定派龐培去肅清海盜，恢復海域的安寧。龐培的朋友蓋比紐斯(Gabinius)提出一個法案，對他授與專閫的重任，不僅是在海洋進行征討的水師提督，換句話說是超過軍民人等獨一無二的統治者，他的所作所為無須對任何人負責。據以頒布的敕令將要賦予他絕對的權力和職責，運用於海克力斯之柱[63]以內所有的海域，以及距海不超過400弗隆的鄰接陸地[64]，羅馬帝國只有少數區域越出這個範圍，還把疆域最大的國家和權勢最盛的國王全都包括在內，再者，根據敕令的授權他可以在元老院遴選15員副將，並且指定他們每人負責一個行省；他可以隨心

62　糧食最短缺的年代是68-67B.C.的冬天，埃及的穀物運不進來，完全靠西西里和阿非利加的糧食供應羅馬所需，而且這兩個地區當年出現歉收。

63　是指直布羅陀海峽，分隔地中海和大西洋。

64　蓋比紐斯是67B.C.的護民官，所以能提出這個法案，這個人的品德高尚為人正直，受到西塞羅的讚譽；龐培那年不過39歲。400弗隆相當於50哩或80公里。

所欲支用國庫的經費，或是租稅承包商手裡的錢財。他的水師擁有200艘船隻，只要他認為有這個需要，可以隨時徵召士兵和水手，必要時有權採用強迫服役的方式。

當法案的條文在宣讀的時候，民眾的情緒激動表示贊同，那些居於首腦地位的元老院議員和身分顯赫的人士，認為這個法案授與過度的權力，到達使人不敢企望或垂涎的地步，難免讓他們感到畏懼和緊張。因此他們的結論是無法節制的權勢會給城市帶來危險，獲得一致的共識是反對這個提案。只有凱撒投票支持，他這樣做不是為了向龐培示惠而是要討好民眾，從最早開始就希望能受到他們的擁戴[65]。知名之士無不對龐培大肆抨擊，有一位執政官甚至對他說起，如果他有野心要坐上羅慕拉斯的位子，就難免遭到他那種下場[66]；這位執政官發表這種言論，冒著被群眾撕成碎片的危險。

卡圖拉斯站起來發言反對這個法案，因為民眾對他非常尊敬，所以安靜下來傾聽他的意見。他開始用最推崇的語氣對龐培大肆恭維，然後他建議民眾用仁慈的態度對待龐培，特別要諒解他的苦衷，不要讓羅馬最有身價的正人君子，陷身在危險和戰爭之中而無法自拔。最後他說道：「如果你們不幸失去龐培，難道還能找到可以接替他的人物？」這時全場異口同聲大叫道：「那就是你！」卡圖拉斯發現他即使舌燦蓮花還是無能為力，只有黯然退下。

接著是羅斯修斯（Roscius）鼓起勇氣上台講話，根本沒有人願意聽，就舉起一根手指暗示：「不要讓他獨撐大局。」[67]意思是給他找一位同僚賦予同等的權力。據說，民眾聽到以後暴怒如雷，發出強烈的喊叫，一隻烏鴉正好飛過市場的上空，像是受到打擊而墜入人群當中。出現飛鳥掉落地面的現象，並非空氣的破裂或排擠造成真空所致，純粹是聲波的打擊作用，當數量龐大的群眾發出強烈的喊叫，上升的氣流使空氣產生暴風和巨浪的效果。

---

65 當時的凱撒在政壇正是起步的階段，69-68B.C.在西班牙擔任財務官，等到67年返國以後未出任官職；凱撒所以支持龐培肅清海盜，因為他曾經被擄要求交贖金。

66 意思是龐培想要獨攬大權，就會不得好死，第一篇〈羅慕拉斯〉第27節和李維《羅馬史》都提到，元老院的議員在伏爾康神廟殺害羅慕拉斯，然後將他的屍體切成碎塊，每個人分別藏在懷中帶走。兩位執政官是卡爾普紐斯‧畢索（Calpurnius Piso）和阿西留斯‧格拉布里奧，說這個話的人是前者。

67 這位羅斯修斯是護民官，不是那位名聲響亮的啞劇演員。卡休斯‧笛翁《羅馬史》第36卷第24-36節有詳盡的描述。

26 市民大會在那天沒有獲得結果就散會，等到法案交付投票的日子來到，龐培私下前往鄉下的莊園，聽到提議通過的消息確實無誤以後，為了避免引起旁人的猜忌，他在夜間回到城內，因為白天會有成群結隊的民眾前來歡迎和祝賀。次日早晨他外出露面向神明奉獻祭品，參加正在召開的市民大會，能夠掌握所有的事務，擴大所賦予的權力，除了原來同意的內容以外又增列很多項目，比起當初的敕令所要進行的備戰工作加多一倍都不止。他的水師擁有500艘人員配備齊全的船隻，徵集一支大軍包括12萬名步卒和5000名騎兵，他可以指派24名元老院議員出任他的副將和軍隊的將領，同時可以擁有兩位財務官。就在這個時候，糧價開始滑落使得民眾無不歡天喜地，大家都說只要憑著龐培的名望就可以結束這場戰爭。

龐培為了完成使命，將整個地中海和所有海洋劃分為13個區域，分別設置一個分遣艦隊，由他任命的軍官負責指揮。他的作戰兵力分散到各個方面，對於任何地區的海盜都形成合圍之勢。這時海盜的船隻幾乎被他一網打盡，只要捕獲就將他們帶回港口。那些及時撤離的船隻或是能夠擺脫他的將領緊跟不捨的追捕，他們全部駛向西里西亞，就像蜂群要躲藏在蜂房裡面一樣。龐培首先要搜索和肅清羅馬附近的第勒尼安(Tyrrhenian)海和阿非利加海，以及薩丁尼亞、科西嘉和西西里四周的海域，靠著他不知疲累的勤奮和部將積極進取的熱誠，在40天之內完成這些工作，然後再親自率60艘狀況最佳的船隻，向著西里西亞進擊[68]。

27 龐培在羅馬遭遇人為的干擾；執政官畢索(Piso)出於惡意和嫉妒，故意扣壓他的補給品或是解散船隻所需的水手，對於他的作戰行動已經造成阻礙。就在他命令艦隊繞過意大利南端前往布林迪西這段期間，他自己抄近路從托斯坎尼登岸，經由奧里利亞大道抵達羅馬，民眾知道以後群聚前來迎接，就像不過幾天之前在那裡歡送他一樣的熱烈，他們根本沒有料想到市場會有這樣迅速的變化，各種商品的供應非常充分，可以說是應有盡有，這是讓他們感到欣喜無比的主要原因。這樣一來，畢索陷入極大的危險之中，很可能被免去執政官的職位，特別是蓋比紐斯已經為他的瀆職草擬一份法案；龐培不願這樣做，

68　史家特別注意到龐培率領部隊的眾多和權力之龐大，在羅馬人而言可以說是從無前例，他絕沒有與人分享的意圖；龐培第一步行動是肅清意大利周邊海域，確保穀物供應的安全。

對於畢索還是保持謙虛的態度，等到他所缺乏和需要的項目全部確保供應無虞以後，立即離開羅馬趕往布林迪西，再從那裡發航前去追捕海盜。

雖然他的行程安排非常緊湊，為了趕路沿途經過的城市都沒有稍做停留，但是他不可能對雅典疏於致意，等到登陸向神明奉獻犧牲以後，在市民大會對群眾發表演說，就在他離開城市的時候，讀到刻在城門口的雋語，短短兩行對他表達讚美之情。刻在門裡的詩句：

惟謙卑得以使汝更甚於神祇。

另外一句詩刻在門外：

與汝千里之別終將後會有期[69]。

還有一些海盜的幫派到處流竄，主要的目的是希望他們的罪行獲得赦免，特別是龐培對待他們非常仁慈，凡是捕獲的船隻和人員都沒有加以摧毀和傷害，其餘的海盜得知這種狀況，都希望能有這種好運，盡量能從其他指揮官的手下逃脫，帶著妻兒子女向龐培投降，就能獲得他的庇護。他雖然是來者不拒，那些犯下十惡不赦之罪的匪徒，還是想逃脫正義的制裁。

28 海盜之中數量最多和實力最強的幫派，他們將家人、財富和那些在戰爭中派不上用場的民眾，全部送到陶魯斯山脈四周的城堡和堅強的要塞，他們在將戰船完成備便以後，就在西里西里的科拉西色姆（Coracesium）登船啟碇，要去迎擊龐培進行海上的會戰。他們吃了一場決定生死的敗仗，只有撤退回到陸地，還是被圍得插翅難飛。最後，只有派出呈獻降書的使者，為了求饒無條件交出一切，包括他們的城鎮、控制的島嶼和堅強的據點，這些地方不僅防衛森嚴而且易守難攻，何況還缺乏可用的接近路線。

戰爭在短短的三個月之內宣告結束，海盜橫行四海的勢力完全冰消瓦解，除

---

69 雅典人對龐培推崇備至，懷念他的功勳和孺慕之情，僅這兩句詩讓他享有千秋萬世不朽的聲譽。

了數量極其龐大的各型船隻，他還捕獲90艘安裝青銅撞角的戰船；戰俘的人數不少於2萬。

在考慮如何處理這些俘虜的時候，他從來沒有存著要將他們全部處死的念頭，從另一方面來看，就是將他們分散開來還是要冒很大的風險，基於數量龐大、生活貧困而且好戰成性這些因素，他們很快就會糾合聚集伺機東山再起。他的想法是這些人並非天生殘暴非要危害社會不可，完全是因為處於罪惡的環境之中不得不爾，要是能改變居住的地點，習慣於新的生活方式，可以獲得教化重新為人，就像野獸經過培育和馴服，就會喪失凶狠的天性。經過深入衡量得失，他決定將這些海盜從大洋遷入內陸，讓他們住在市鎮從事農耕，親身體驗真誠和清白的生活。因此，有些人獲得允許可以和西里西亞人同住在半成廢墟的小鎮，這些當地的土著要擴大他們的領地，所以願意接受他們。龐培還把其他的人遷移到索利人（Solians）的城市[70]，所以荒廢是亞美尼亞國王泰格拉尼斯一手造成，他現在要將它恢復舊觀。安置在迪姆（Dyme）的人數最多，這是位於亞該亞的市鎮，正好處於人口極度稀少的時期，每人可以分到肥沃和廣闊的田地[71]。

29 不過，這些處理方案不可能避免政敵的猜忌和譴責，他在克里特對付梅提拉斯的手法，甚至那些支持他最力的朋友都深感不以為然。梅提拉斯與他有很長久的關係，過去在西班牙是他的同僚，濱海的行省指定由龐培負責之前，梅提拉斯以法務官的身分在克里特出任總督。現在的克里特是僅次於西里西亞，海盜為患極其猖獗的地區。他們之中有部分被梅提拉斯封鎖在堅強的據點之內，人數在不斷接戰之下已經減少即將遭到殲滅。那些仍舊被圍的殘餘海盜，派人向龐培提出請求前來這個島嶼，聲稱他們遭到圍攻的地點是他所管轄的部分，所有的區域都在距海400弗隆的範圍之內。

龐培接受這些海盜的投降，正式發函給梅提拉斯，命令他立即中止戰爭，同

---

70 稱為索利的城市有兩處，一在西里西亞海岸，一在塞浦路斯島，此處所指是前者。

71 羅馬人對奴隸戰爭放下武器的俘虜6000人，全部釘死在十字架上，龐培對海盜這樣仁慈真是讓人難以置信，只能說是安撫和招降的手段不得不爾；要是與凱撒將擄他的海盜抓到都施以磔刑相比，顯得龐培更是人道主義的信徒。雖然西里西亞從72B.C.起已經成為羅馬的行省，東部地區不是羅馬的領土，所以有鞭長莫及之感，經過龐培的建議和征討，陸續將俾西尼亞、潘達斯、克里特、塞倫、敘利亞陸續成為羅馬的行省。

時派人前往所有的城市，他要求大家善盡職責，不得遵從梅提拉斯的指揮和命令。接著派出他的一員部將盧契烏斯・屋大維烏斯(Lucius Octavius)，執行將領的職責，進入被圍的防衛工事之內，為了保護海盜而戰鬥。龐培的做法不僅讓人感到厭惡而且極其荒謬。他要讓他的名字成為盜匪巢穴的護衛，完全違背天理人情和法律規章，純粹是出於他對梅提拉斯的嫉妒和爭勝，才會把他的聲譽放在為海盜建立庇護上面。阿奇里斯用手勢禁止其他的希臘人與赫克托搏鬥，大家認為他這種動作非常幼稚，不是一個男子漢應有的行為，也可以說是瘋狂追求榮譽的表現：

> 害怕別人施以致命的一擊，
> 讓他喪失戰勝敵將的榮譽[72]。

因之龐培甚至不惜保護世上毫無價值的敵人，僅僅為了剝奪一位羅馬法務官舉行凱旋式的榮譽，不過，梅提拉斯對恐嚇之辭置之不理，繼續從事征討海盜的戰事，最後將他們從堅強的據點趕出來給予應有的懲處，他在釋放屋大維烏斯的時候，整個營地都對這個傢伙施加羞辱和譴責[73]。

30 海盜戰爭即將結束的信息傳到羅馬，空閒的龐培為了有事做正在訪問各地的城市。護民官曼留斯(Manlius)提出一個法案，要把盧庫拉斯統率的軍隊和所屬行省，以及格拉布里奧(Glabrio)[74] 管轄的俾西尼亞，交給龐培統一指揮，全盤籌劃對米塞瑞達底和泰格拉尼斯這兩位國王的作戰事宜；如同往昔仍舊擁有水師用以控制所有的海域[75]。過去從來沒有像這樣將羅馬帝國置於

72　這兩句詩引用荷馬《伊利亞德》第22卷第205-207行。

73　雖然龐培擁有海盜戰爭的軍事指揮權，這時卸任執政官西昔留斯・梅提拉斯・克里特庫斯(Caecilius Metellus Creticus)進駐克里特，同樣負起清剿海盜的責任；因為雙方的權限並沒有劃分清楚，所以才會發生衝突，主要問題還是出在龐培不願任何人分享他的權勢和榮譽，類似的事件爾後經常發生。

74　格拉布里奧是67B.C.的執政官，奉派前去接替盧庫拉斯的職務。

75　護民官曼留斯在66B.C.的提案，獲得西塞羅的大力支持得以通過，成為非常有名的曼留斯法(Lex Manlia)，當然會引起在外征戰的將領表達不滿，造成很多不必要的困擾，特別是盧庫拉斯和阿西留斯・格拉布里奧(Acilius Glabrio)兩人。

一位專制君王的掌握之下。元老院上次頒布的敕令，有很多行省沒有列入授權範圍之內，諸如弗里基亞、黎卡奧尼亞（Lycaonia）、蓋拉夏、卡帕多西亞、西里西亞、上柯爾契斯（Upper Colchis）和亞美尼亞，只要法案通過全部加進新的敕令，連同盧庫拉斯用來擊敗米塞瑞達底和泰格拉尼斯，所有可用的部隊和兵力。盧庫拉斯血戰沙場應得的榮譽會被這個法案所剝奪，繼任者要接收一次凱旋式而不是一場戰爭[76]；沒有一件事能對貴族控制的元老院比這次造成更大的影響。

很多人在元老院進行遊說，讓他們知道這樣做對盧庫拉斯非常不公平，可以說是忘恩負義的行為；只要想到大權已經落在龐培的手裡，大家全都痛心疾首，感到無能為力只有將他稱為暴君。因此，他們彼此勉勵相互打氣要反對這個法案，維護他們的自由權利。然而交付表決的時間來到，他們畏懼已占上風的市民大會，除了卡圖拉斯沒有人敢在這個場合發言，他提出很多論點極力反對這個法案的通過，等到他發現苦口婆心對於平民根本不發生作用，只有對元老院議員下功夫，多次站在講壇上面對他們大聲疾呼：「我們要效法古代的祖先，為了維護自由權利不惜落草為寇。」[77] 據說，所有的區部投票贊成[78]，法案通過交由元老院頒布敕令。龐培人不在朝中卻成為獨攬大權的領主，想當年蘇拉手握重兵攻下羅馬，也不過如此。

據說龐培收到來信得知頒布敕令的時候，他的幕僚都在場，大家非常高興向他祝賀，這時他露出不豫之色，皺起眉頭拍打大腿，帶著不勝其煩的樣子，用抱怨的口氣說道：「唉呀！怎麼這些苦差事一樁接著一樁而來，要是我不能像一個士兵那樣結束役期，就無法逃脫他們授與我的重責大任，何況還要招來怨恨和嫉妒。我真羨慕那些沒沒無聞的人，他們能在家鄉與妻兒子女過太平日子。」雖然他輕描淡寫說了幾句，即使是與他最親近的幕僚，對於他的裝腔作勢都抱著不以為然的態度，事實上他所以會敵視盧庫拉斯，就是他胸中始終燃起追求榮譽和權勢的熊熊火焰。所以這樣看來，他是其辭若有憾焉，其心實竊喜之。

---

76 元老院和貴族階層全都認為盧庫拉斯受到很多委屈，他們說他遭到取代是有人在鑽營所致，不是他沒有打贏戰爭，而是凱旋式受到別人的垂涎。

77 他的意思是過去平民為了維護他們的權益，引起三次脫離運動前往羅馬附近的聖山；現在元老院和貴族的職權和利益受到侵犯，他們也應該擺出不惜絕裂的姿態。

78 羅馬的公民大會由35個區部組成，每個區部是一個投票單位，用多數決顯示投票的結果，選舉官吏和通過法律要獲得超過半數即18個區部的贊成票。看來這次投票是一面倒的全數通過。

31 過了沒有多久以後，從他的行動可以看出來，已經掀開所戴的假面具。首先是他派人到各個駐防地點發布公告，指示所有的士兵要納入他的建制，召集所有屬國的國王和君主要聽從他的調度，盧庫拉斯裁定的事項和頒布的規定，全部遭到廢除和變更；他赦免有些人的懲處或者剝奪某些人的獎賞，各方面的作爲都是針對那些聽命於盧庫拉斯的人，要讓他們知道盧庫拉斯的權勢已經全部終結[79]。

盧庫拉斯聽從幕僚的規勸，認爲雙方最好先舉行會議，於是安排他們在蓋拉夏晤面。兩位都是位高權重的將領，扈從校尉攜帶權標走在行列的前面，權標上面用月桂葉當作裝飾，盧庫拉斯來自林木青蔥的國度，龐培行軍經過苦寒貧瘠的地區；因此盧庫拉斯的屬下見到龐培的權標，裝飾的月桂葉已經枯萎，就送一些新鮮的葉片給他們更換，看起來更顯得生氣勃勃。這樣一來給龐培帶來吉利的徵兆，像是盧庫拉斯的勝利所獲得的報酬和榮譽，全部被他從手中奪走。盧庫拉斯任職執政官在前而且年歲較長，龐培的兩次凱旋式使得他的地位更爲顯赫。會晤之初的談話還能保持禮儀和友善的氣氛，盡力恭維對方的作戰行動，相互祝賀彼此的勝利和成功。在接著的會議當中，雙方無法達成善意或理性的協議，不僅如此，他們開始運用詆譭的言辭，龐培指責盧庫拉斯貪婪成性，盧庫拉斯反擊龐培野心勃勃，即使幕僚出面斡旋還是不歡而散。

盧庫拉斯仍舊留在蓋拉夏，把他征服區域的田地分配出去，同時將禮物送給他所賞識的人士。這時龐培駐紮的位置相距不遠，特別對此頒布禁令，要求當地政府不得執行盧庫拉斯的命令。同時下令接收他的士兵，將其中1600名摒除在外，因爲這批人軍紀敗壞容易作亂犯上，他認爲用來作戰已經一無是處，何況他還知道他們對盧庫拉斯充滿敵意。除此以外，他經常用譏諷的言辭，公開貶損盧庫拉斯作戰所獲致的光榮成就，批評盧庫拉斯的會戰只能算是舞台的表演，講究耀人眼目的排場，陳腐而且遲緩一無是處；留給他要對付一支實力強大和訓練良好的軍隊，自從米塞瑞達底熟悉攻防作戰的要領以後，知道如何正確運用他的騎兵部隊。在另一方面，盧庫拉斯也不甘示弱，反譏龐培前來打一場虛無縹緲的戰

---

79 龐培的意圖是要建立指揮的權威不容侵犯，必須把統治的權力和城市的管轄掌握在自己的手裡；像是賴山德雖然在小亞細亞擁有指揮權，等到亞傑西勞斯來到，就要對他進行打壓和抑制是同樣的道理。

爭，他通常表現在人前的作爲，就像一隻腐食的兀鷹，聚在別人所殺的屍體上面，把戰爭的遺骸啄得七零八落。

盧庫拉斯對龐培大加譴責，說他把對塞脫流斯、雷比達和斯巴達卡斯（Spartacus）叛黨的勝利全部據爲己有；嚴格說起來，應該分別歸功於梅提拉斯早期的大捷、卡圖拉斯打下的基礎和克拉蘇用兵的成就。因此，要是潘達斯和亞美尼亞戰爭的光榮被人篡奪，這也沒有什麼奇怪之處。這個人運用極其可恥的伎倆，僅僅征服幾個逃跑的奴隸，就能贏得舉行凱旋式的榮譽。

32 盧庫拉斯離開是非之地返回羅馬，龐培將整個水師配置在腓尼基和博斯普魯斯之間，用來維護這片海域的安全；他自己進軍前去討伐米塞瑞達底。這時潘達斯國王用3萬名步卒編成方陣，還加上2000名騎兵，還是不敢出兵應戰。米塞瑞達底將營地設置在防衛森嚴的山地，這個地方易守難攻；缺乏飲水無法長期停留只有放棄。龐培等到國王剛一離開就立即占領，他發現這裡的植物生長非常茂盛，幾處低凹的所在更是草長林深，推測這些地點不會沒有流泉，因此命令他的手下在每角落向下挖井，只花很短的時間使得整個營地獲得充沛的水源[80]。

米塞瑞達底在此紮營很長一段時間，竟然會一無所知使他感到非常詫異。接著龐培追躡在後進入下一個營地，構築對壘線用來封鎖對手。米塞瑞達底忍受45天圍攻以後，先將病患和無用之人全部殺死，率領精銳的部隊趁著夜暗逃走，終於能夠安全的脫離。沒過多久，龐培在幼發拉底河附近再度趕上米塞瑞達底，緊靠著他設置營地；爲了怕他渡過河又讓自己撲個空，於是龐培展開軍隊在夜間發起攻擊。

據說米塞瑞達底就在這個時候，獲得夢中顯靈預先知道將要發生的事故；他好像是在黑海上面航行，獲得一陣順風的吹送，博斯普魯斯已經在望，他與船上的朋友相談甚歡，正爲過去的危險和現在的安全感到萬分的欣慰，突然發現所有的人都離他而去，只有他一個人留在破爛的船板上隨著風浪飄蕩，懇求海洋要對他大發慈悲。就在他陷入夢魘和幻象之中難以自拔的時候，幕僚前來喚醒他報告

80　包拉斯・伊米留斯在馬其頓戰爭中，同樣用這種方式找到飲水；第七篇〈伊米留斯・包拉斯〉第14節的記載更爲詳盡而且有趣，即使從現在來看都很有道理。

龐培即將接近的信息。現在敵人進軍到伸手可及之處，他被迫要用會戰來防衛自己的營地，各級指揮官將部隊排成陣式準備接戰。

龐培發覺敵人完成迎擊的準備，開始懷疑夜間戰鬥是否會帶來危險，認為目前最審慎的做法是繼續包圍敵人，免得他們逃走，等到次日可以發揮兵力優勢再與他們會戰。那些年歲最大的軍官有其他的意見，對他提出請求和加以鼓勵，允許他們立即衝向敵人。因為夜晚並非一片黑漆，雖然月亮開始西沉，發出的光線足夠辨識每個人的模樣，實在說還有對國王的軍隊極其不利之處。羅馬人向前攻擊月亮出現在他們的後方，正在下沉所以位置很低，把身體的陰影投射在前面很遠的地方，幾乎到達敵人排列的陣線，使得他們的眼睛產生錯覺無法判定正確的距離，認為羅馬人非常接近，他們對著陰影所投擲的標槍都無法命中目標。龐培的部隊看到這種狀況，發出洪亮的吶喊聲向前衝殺，蠻族陷入驚慌之中失去抵擋的能力，轉過身向後逃走，得勝一方大肆屠殺，殲滅的數量多達1萬人，趁勢奪取敵軍的營地[81]。

米塞瑞達底在接戰開始的時候，帶領800名騎兵衝出羅馬人的陣線，很快四周的人員一哄而散，只留下三個同伴跟在身邊，其中一位是他侍妾海普昔克拉夏（Hypsicratia），雖然是一個女郎，天生豪邁的性格和無畏的精神，國王常用海普昔克拉底（Hypsicrates）這個男性的名字來稱呼她。她的穿著和騎馬的姿勢就像一位波斯騎士，陪伴國王參加所有的戰鬥，長途跋涉從不感到疲憊，對於國王的照顧非常周到，就是他的坐騎也不會疏忽；他們來到英諾拉（Inora），這是國王的一座城堡，裡面存放很多黃金和財寶。米塞瑞達底從那裡拿走最貴重的衣物，把錢財送給那些幫助他逃走的人員，同時他還將致命的毒藥分發每一位朋友，他們就不會違背他的意願活著落在敵人手中。他原來的盤算是前往亞美尼亞投奔泰格拉尼斯，後來只有打消這個念頭，泰格拉尼斯為了能抓到他懸賞100泰倫，因此他逃亡的路線是渡過幼發拉底河的源頭和穿越柯爾契斯的原野[82]。

---

81 就後來的史料很難明瞭龐培的軍事行動和戰役的過程，就這次會戰的敘述而論，與阿皮安《米塞瑞達底戰爭》第100節和卡休斯·笛翁《羅馬史》第36卷第49節的記載有很大出入。
82 米塞瑞達底是亞美尼亞國王泰格拉尼斯的岳父，現在他戰敗以後逃向的黑海和柯爾契斯，這個地區正與亞美尼亞的東部邊界接壤。

33 龐培在這個時候接受到小泰格拉尼斯的請求，開始入侵亞美尼亞；小泰格拉尼斯不僅背叛他的父親，還要與龐培在阿拉克斯（Araxes）河附近舉行會議。這條河的發源地與幼發拉底河的源頭距離很近，它轉向流向東方最後注入裡海。龐培和小泰格拉尼斯向著會師的地點進軍，他們在一路上接受附近城市的歸順。亞美尼亞國王泰格拉尼斯不久以前，在戰爭中吃過盧庫拉斯的苦頭[83]，現在聽說龐培具備仁慈和慷慨的性格，允許羅馬部隊進入他的都城和王宮，然後帶著自己的朋友和親戚，前去見龐培親呈降表。他騎在馬上抵達營地前面的壕溝，兩位龐培的扈從校尉吩咐他下馬步行，羅馬人的營地不容許有人騎在馬上行進。泰格拉尼斯立即聽從指示，還解下佩劍交給來人，最後他們很快來到龐培的前面，國王取下所戴頭巾放在他的跟前，不僅如此，最讓人感到可恥之處，如果不是龐培加以拒止，泰格拉尼斯就會像一個哀求者趴俯在地面[84]。龐培用手扶著他坐在自己的身旁，他兒子的座位在另一邊。

龐培現在開始告訴泰格拉尼斯，過去之所以遭到損失是因為他與盧庫拉斯對抗的關係，這樣才使得盧庫拉斯從亞美尼亞人手奪去敘利亞、腓尼基、西里西亞、蓋拉夏和索菲尼（Sohpene）；現在龐培可以將這些區域歸還給他以共享和平的喜悅，但是要付給羅馬人總額6000泰倫的罰鍰或賠款，要為過去的犯錯表達歉意，同時讓他的兒子擁有索菲尼王國。泰格拉尼斯贊同和平的條件，當羅馬人向著國王歡呼的時候，充滿喜悅的心情答應給每一個士兵半邁納銀幣，每位百夫長10邁納，軍事護民官是1泰倫。他的兒子小泰格拉尼斯聽到很不樂意，受到晚餐的邀請，竟然答覆說他無須接受龐培的恩惠，大可以找另外的羅馬人用餐。這樣一來使他當場被抓，監禁起來作為凱旋式亮相之用。沒有過多久，帕提亞國王弗拉阿底（Phraates）派人來見龐培，要求把他的女婿小泰格拉尼斯交給他，同時提到帝國的邊界應該是幼發拉底河。龐培的回答是兒子的一切屬於他的生父而非岳父，至於邊界問題他會審慎處理，依據的原則是主權和正義[85]。

---

83 第十三篇〈盧庫拉斯〉第14-36節對於盧庫拉斯與泰格拉尼斯的作戰有極其冗長的描述。
84 蒲魯塔克在第十三篇〈盧庫拉斯與西蒙的評述〉當中，特別提到盧庫拉斯把即將制伏的對手交給接替他的人，所以泰格拉尼斯才會恭維龐培，說他完成盧庫拉斯未竟之功。
85 帕提亞人推翻馬其頓人的統治，繼塞琉卡斯王朝以後，成為幼發拉底河到印度河之間，這個廣大地區的君主，將首都設在今日巴格達附近的帖西奉，他們對於羅馬人在小亞細亞擴張勢力，當然會引起反感。龐培在對米塞瑞達底發起攻擊前，已經與帕提亞國王弗拉阿底三世進行談判，可以參閱卡休斯·笛翁《羅馬史》第36卷第45節。

34 等到龐培前去追捕米塞瑞達底，留下阿非拉紐斯監控亞美尼亞的動靜。爲了達成這個任務，迫得龐培要經過居住在高加索山區的幾個民族，其中以阿爾巴尼亞人和伊比里亞人爲主。伊比里亞人的國度一直延伸到摩斯契亞(Moschain)山區和潘達斯，阿爾巴尼亞人位於更東朝著裡海的方向。阿爾巴尼亞人首次答應龐培的要求，同意他通過他們的國家；當寒冬突然降臨到羅馬人的頭上，這時他們仍舊停留在他們的疆域之內。他們利用慶祝農神節的機會，羅馬人把它看成宗教活動，他們集結的兵力達4萬人之多，決定要對羅馬人發起攻擊，爲了達到這個目的，必須先渡過色努斯(Cyrnus)河。這條河發源在伊比里亞山區，與從亞美尼亞流來的阿拉克斯會合以後，要經過12個月的時間才注入裡海。還有人說阿拉克斯河沒有流經此處，這是一條與色努斯河完全分離的水道，注入同一個大海但是距離較近。

龐培雖然有實力將敵軍拒止在對岸，還是不干擾他們的渡河行動，然後率領大軍進行會戰，擊敗對手使得他們在戰場損失大量人馬。國王派遣使者求和願意歸順，龐培接受他們的討饒原諒冒犯的行爲，雙方簽訂和平條約。他直接進軍前去討伐伊比里亞人，這個民族不僅人多勢眾而且驍勇善戰，他們對米塞瑞達底始終抱感激的情意，要擊退龐培的入侵。

這些伊比里亞人從未臣屬於米提人或波斯人，同樣能夠逃脫馬其頓人的統治，因爲亞歷山大大帝行軍通過海卡尼亞，行動迅速並未停留[86]。龐培經過一場激烈的會戰，將他們徹底擊潰，當場有9000人被殺，俘虜超過1萬人。他接著進入柯爾契斯地區，塞維留斯率領守衛潘達斯的艦隊，布防在費西斯(Phasis)河準備迎戰。

35 米塞瑞達底投奔居住在博斯普魯斯和米奧提斯(Maeotian)海岸的部族，追擊行動現在極其困難[87]。接著傳來阿爾巴尼亞人再度叛變的信息，出於憤怒更不能讓他們在背後的打擊得逞，他領軍轉回來克服渡過色努斯河的困難和危險，蠻族動員大量人力在河岸安裝一大段柵欄。等到完成渡河行動以

---

86 亞歷山大大帝雖然到過裡海的南岸，並沒有進入海卡尼亞地區。

87 米塞瑞達底逃到位於克里米亞(Crimea)半島的博斯普魯斯王國，控制亞速夫(Azov)海進入黑海的海峽，這個地區有部分屬於他的帝國；後來他的兒子弗拉阿底(與帕提亞國王同名)背叛，他自己被迫自殺。

後，實施長途行軍通過缺水和崎嶇的國度，他下令準備1萬個羊皮袋裡面裝滿飲水，向著敵人前進。這時他發現敵軍已經在阿拔斯(Abas)河[88]附近，完成準備排列出會戰隊形，他們的兵力是6萬名騎兵和1萬2000名步卒，運用的武器一般而言質地很差，大部分人員身上披著野獸的皮毛。國王的兄弟柯西斯(Cosis)出任統兵的將領，會戰剛開始就單騎衝向龐培，非常魯莽發起攻擊，用力投出標槍擊中龐培所著胸甲的接合部位，這時龐培回手用長矛刺穿他的身體，挑下馬來斃命於沙場。

據說亞馬遜人派出援軍參加這場戰鬥，她們順著瑟摩敦(Thermodon)河從山區趕下來。等到這場會戰結束後，羅馬人從戰場獲得的戰利品和掠奪物之中，找到一些亞馬遜人用過的圓盾和長靴，在陣亡的人員當中沒有發現女性的屍體。她們在高加索山脈定居的部分向下朝著海卡尼亞海延伸，位於傑立(Gelae)和李吉斯(Leges)之間，沒有直接與阿爾巴尼亞人[89]為鄰。亞馬遜人與瑟摩敦河周遭的部族，每年當中有兩個月的時間混雜在一起，然後退回自己的居住區過著母系社會的生活[90]。

36 經過這次激戰以後，龐培充滿熱情率領軍隊向著海卡尼亞地區和裡海前進，走到一個地方到處遍布毒蛇，逼得他們立即後撤[91]，用三天的行軍拉開一大段距離，已經退到小亞美尼亞。就在他進入這個國度的時候，伊利米亞人(Elymaeans)[92]和米提人的國王派遣使臣前來覲見，他用信函給予友善的答覆。帕提亞國王這時入侵哥迪尼，泰格拉尼斯的臣民受到燒殺擄掠。阿非拉紐斯指揮一支軍隊把他打得大敗而逃，跟在後面追擊直到阿貝拉地區[93]。

---

88 阿拔斯河發源於阿爾巴尼亞的高山，注入裡海，托勒密稱之為阿爾巴努斯(Albanus)河。

89 根據斯特拉波的說法，阿爾巴尼亞的軍隊雖然兵力龐大，完全是沒有訓練和紀律的烏合之眾，攻擊性武器只有標槍和弓箭；所穿的甲冑全是動物的皮毛製成。

90 這個地區是傳說中亞馬遜人的家園，克爾久斯和戴奧多魯斯在他們的著作裡面，提到亞馬遜女王勒斯特里斯(Thalestris)離開黑海海岸，前來拜訪亞歷山大要求為他生一個小孩，他答應以後同居13天，這件插曲發生在他進入帕提亞之前。

91 到達裡海是龐培最感自豪的功勳，提到地區很多毒蛇可能是撤軍的藉口。

92 伊利米亞人據有亞述大部分地區與米地亞接壤，他們保持強大的武力，拒絕向帕提亞國王稱臣。

93 阿貝拉是巴比倫尼亞一個小鎮，位於底格里斯河東岸高原地區，331B.C.亞歷山大大帝在此擊敗大流士，贏得整個波斯帝國。

　　米塞瑞達底王有一群侍妾帶到龐培的面前，他一個都沒有留下，派人將她們送還她們的父母和親人[94]，其中大部分都是君王和重要將領的女兒和妻室。斯特拉托妮絲(Stratonice)是最有權勢的人物，對於國王可以發揮很大的影響力，奉有命令要照料極為重要和存放寶藏的城堡。她是一位貧窮老樂師的女兒，偶然有個機會參加宴會為米塞瑞達底獻唱，使得他一見傾心，立即要與她廝守在一起。國王把她的父親打發回去，並沒有交代一句話，使得他的心中極不樂意。當他第二天早晨起身的時候，發現房間的桌子上面擺滿各種金銀器具，一大群奴僕、宦官和侍童組成的隨從行列，帶來名貴的華服和飾品，牽著一匹馬來到門口，配備華麗的行頭和馬衣，從各方面來看只有國王的寵臣，才夠資格得到這種坐騎。他看到這些出乎意料的物品認為是受到愚弄，同時想到自己是個微不足道小人物，唯一的念頭是趕快準備溜走。這些奴僕把他攔下來同時告訴實情，說是國王要把剛過世一位富豪的府邸和擺設全部賜給他，現在看到的東西是他獲得的財富之中很少一部分而已。雖然很難信以為真，最後還是被他們所說服這不是作夢。他們幫他穿上紫袍，扶著他上了坐騎，當他在眾人簇擁之下經過城市的時候，大聲叫道：「這些都是我的！」對於那些取笑他的人，他說他們對他的行為不必感到驚奇，要是他沒有對遇到的人扔石頭那才是真正的怪事；看來他是喜不自勝已到瘋狂的程度。上面所說就是斯特拉托妮絲的雙親和家世。她現在把城堡交到龐培的手中，同時還送給他很多名貴的禮物，他只接受那些可以用來裝飾神明的廟宇，或是增加凱旋式光彩的品項，其他的東西他退還斯特拉托妮絲，隨她如何處理都沒有意見，只要她高興可以全部留給自己。

　　他用同樣的方式處置伊比里亞國王贈送的重禮，那是床架、餐桌和一把華麗的座椅，全部是用黃金製作，而且務必要他收下。他把這些物品送進國庫保管，當作共和國的歲入用於公務。

37 龐培在西隆姆(Caenum)城堡[95]發現米塞瑞達底的私人文件，他在閱讀的時候感到很高興，因為可以了解這位君王的性格。從這些備忘

94　龐培在這方面的德行完全效法亞歷山大大帝，這位馬其頓國王在伊蘇斯(Issus)會戰以後，對於擄獲的大流士的妻室和家屬都能以禮相待，深受後人的讚譽。

95　西隆姆是前面提到那個不知名的城堡，位於阿米蘇斯西南方傍著黎庫斯(Lycus)河。

錄知道米塞瑞達底用毒藥奪走很多人的性命，包括他的兒子亞里阿拉昔斯（Ariarathes）和薩迪斯人阿爾西烏斯（Alcaeus）；後者冒犯他是在賽馬中取得優勝。還有一些解夢的意見，包括他自己和他的妻子在內；以及他和侍妾摩妮美（Monime）很多封極其猥褻的情書[96]。狄奧法尼斯（Theophanes）說是發現魯蒂留斯[97]的一封信函，企圖用激怒暴君的方式讓他屠殺亞細亞全部羅馬人；大部分人經過公正的研判，證明出於狄奧法尼斯惡意的杜撰，因爲他痛恨魯蒂留斯是個正人君子不像他那樣的邪惡。還有人認爲是龐培的報復行爲，魯蒂留斯在他著述的史書中，描述龐培的父親是個卑鄙小人。

38 龐培從西隆姆向著阿米蘇斯進軍[98]，這個時候他那沖昏頭的野心，已經到達令人感到厭惡的地步。過去他經常用極其苛刻的口吻抨擊盧庫拉斯，說是敵軍仍舊活躍，他就等不及發布敕令，開始分配和享用報酬和榮譽，然而征服者通常是在結束戰爭以後，才會有這種舉動。現在他還不是如法炮製，米塞瑞達底成爲博斯普魯斯王國最高統治者，仍舊率領一支實力強大的軍隊，他就以爲戰爭結束可以從事其他的事務，像是調整行省的編組，分配獎賞和報酬，許多重要的將領和君王都聚集在他的身邊，僅僅蠻族國王就有12位之多。他爲了要讓這些國王稱心如意，當他寫信給帕提亞國王的時候，一點也不肯降尊紆貴，好像別人所做那樣，在信函的封面上寫著「萬王之王」的頭銜。

更有甚者，他帶著爭強鬥勝的心理想要占領敘利亞，接著行軍經過阿拉伯抵達紅海[99]，就能擴大征服的範圍從各個方向延伸到主要的海洋，把人類居住的地球全部包圍起來。他在阿非利加是第一個羅馬人，展開勝利的進軍直指大洋；他在西班牙再度使大西洋成爲帝國發展的極限；然後是第三步，最近對阿爾巴尼亞人的追擊行動，只差那麼一點就接觸到海卡尼亞海。因此，他爲了紅海可以使他

96 我們從一塊碑銘中知道阿爾西烏斯是薩迪斯的領袖人物。摩妮美是米勒都斯人也是米塞瑞達底的妻子，後來怕她落到羅馬人手裡被賜死，另外一位妻室是開俄斯人貝麗奈西（Berenice），還有米塞瑞達底的兩位姊妹羅克薩娜（Roxana）和史塔蒂拉（Statira）。
97 魯蒂留斯・魯弗斯是104B.C.的執政官，西塞羅對他的評價很高，後來因故被放逐到亞洲，拒絕接受蘇拉的召回，用希臘文寫成《羅馬編年史》，阿皮安引用甚多。
98 阿米蘇斯（現在是土耳其的桑孫[Samsun]）位於黑海的南岸，是米塞瑞達底行宮所在地之一，龐培在64B.C.春天抵達該地，接著將潘達斯改組成爲羅馬的行省。
99 有人認為這裡所說的紅海很可能就是波斯灣；那時要到現在的紅海可不是一件容易的事。

的軍事遠征行動連成一個完美的圓圈，於是他拔營要大展身手。特別是知道率領一支軍隊跟在米塞瑞達底的後面，想要達成追獵的目標是何等的困難，何況他已經證明這位對手是一個毫無價值的敵人，只會逃走不願戰鬥。

39 他聲稱要把比他更厲害的敵人留給米塞瑞達底，那就是饑饉；因此他配置船隻保持警戒，不讓商船航向博斯普魯斯，抓到載運糧食一律處以死刑。然後他率領全軍開拔，行軍途中偶然見到一些尚未埋葬的屍體，是在與米塞瑞達底的部隊接戰時，不幸隨著特瑞阿流斯(Triarius)一起被殺的士兵，他用盛大的排場和光榮的喪禮將他們安葬。盧庫拉斯所以被他的士兵憎恨，以致雙方毫無感情有如路人，主要原因就是他對這方面的事務非常疏忽[100]。等到阿非拉紐斯指揮部隊在阿曼努斯(Amanus)山周邊擊潰阿拉伯人以後，龐培順利進入敘利亞[101]，發現那裡沒有可以合法繼承的君王，改變統治的方式設置一個行省，成為羅馬人民擁有的領土[102]。

他接著征服朱迪亞(Judaea)，把他們的國王亞里斯托布拉斯(Aristobulus)當作階下囚[103]。他重新建設一些殘破的城市，或是將自由權利授與有些城市並且懲處他們的暴君。他的大部分時間用在審判和主持正義，裁定國王和城邦所發生的爭執，要是他自己不克分身，授權給他的幕僚前去處理。

亞美尼亞和帕提亞因領土問題發生糾紛，雙方同意交由他來裁決，他任命三位法官和仲裁人組成一個委員會，聽取證詞再對爭議做出最後的決定[104]。他的權勢使他擁有崇高的威望，公正和仁慈所建立的聲譽絕不亞於權勢。帶來的後果就像一道簾幕，可以用來掩蓋他的朋友和親人所犯大量過失，雖然他的天性是不會

---

100 67B.C.特瑞阿流斯在齊拉(Zela)會戰失利，盧庫拉斯的軍團有7000名羅馬人被米塞瑞達底所殺，包括24名軍事護民官和150名百夫長，事後盧庫拉斯沒有收集遺骸安葬，士兵對他極其不滿，不僅使得他有虧將道，也是後來遭遇各種挫折的主要原因。

101 是在B.C.64的春天。

102 龐培用大軍奪取耶路撒冷，在這次作戰行動中至少殺死1萬2000名猶太人，他違反他們的法律進入神殿，但是非常虔誠沒有觸摸聖物，也沒有拿走屬於他們的財寶。

103 經過馬加比家族(Maccabees)不斷努力，朱迪亞成為一個獨立的城邦，63B.C.秋天，亞里斯托布拉斯與他的兄弟海卡努斯(Hyrcanus)爭奪王位，因為亞里斯托布拉斯獲得納巴薩首領的支持，所以龐培扶植海卡努斯登基稱王。

104 弗拉阿底再度入侵哥迪尼，泰格拉尼斯請求羅馬人給予協助，後來經過仲裁，判定這個地區要歸還給泰格拉尼斯。

去阻止和懲罰那些出錯的親友，他對那些前來申訴受到委屈和迫害的人士，會很客氣而且很有耐心，總算讓他們感到多少有點安慰。

40 龐培的幕僚和朋友當中，有一位名叫德米特流斯(Demetrius)的傢伙[105]，對他比起任何人能發揮更大的影響力。德米特流斯是一個自由奴，看起來是非常有見識的年輕人，只是有時好像不知天高地厚，這裡可以提一些他的軼事。「哲學家」小加圖在年紀很輕的時候，就有很好的名聲而且心地非常高貴，有一次能到安提阿去旅行讓他感到很高興，那時正好龐培不在城內，他到了以後就去參觀城市。小加圖的習慣是步行朋友騎著馬相陪；這時看到前面的城門口聚集一群人穿著白色的衣服，年輕人站在路的一邊而兒童在另一邊，他感到非常氣惱，認為這種官式的歡迎排場，對他而言根本沒有這個必要。不過，他還是要他的同伴下馬與他一起步行，等他們快要接近，儀式的主人從行列中走出來迎接，他的頭上戴著花冠手裡拿著木杖，詢問德米特流斯是否還在後面，何時可以抵達？小加圖的朋友看到這個場面爆發出一陣笑聲，他僅說了一句話：「啊！可憐的城市！」沒有答腔就走了過去[106]。

雖然如此，龐培與旁人兩樣，對於德米特流斯倒是不以為忤，能夠忍受他的僭越和無禮。據說龐培邀請朋友前來赴宴，非常講究禮數在門口等候，一直到大家來齊就位；這時德米特流斯早已躺在臥榻上面，對人一副愛理不理的樣子，穿的長袍掛在耳朵上面，從他的頭頂垂下來[107]。就在他回到意大利之前，已經在羅馬附近購買一座非常舒適的別墅，有豪華的柱廊和大廳可以招待賓客，還有景色優美的花園，使用德米特流斯這個名字。這時他的主人龐培正好舉行過第三次凱旋式，對於普通和簡單的住所已經感到滿意。後來，龐培建好一座富麗堂皇極其著名的劇院送給羅馬人民，附帶給自己蓋了府邸，比起原來的房舍是要講究得多，然而還沒有到達遭忌的程度[108]，在龐培之後那些住進去的主人，難免要表示

---

105 德米特流斯的出身是一名猶太籍奴隸，來自加利利(Galilee)海南部蓋達拉(Gadara)地區的迪卡波里斯(Decapolis)。

106 這件事使得小加圖對龐培產生極其不良的印象，對於後來的政局發生很大的影響。

107 用這種方式穿著長袍是極不禮貌的方式，表示毫無教養而且粗魯不文。

108 龐培在羅馬建城693年即61B.C.舉行第三次凱旋式，將東方獲得的財富帶回羅馬，他的府邸在當時以建築雄偉和寬大知名於世，要不遭忌是不可能的事；他所建的龐培劇院完成於55年。

很奇怪的樣子，說是經過查問還是不知道龐培大將在那裡進晚餐。這就是我們聽來的傳聞。

41 佩特拉(Petra)附近有位阿拉伯的國王[109]，往常對於羅馬人的權勢抱著輕視的態度，現在開始大爲緊張，寫信給龐培說是願意聽從他的指揮，只要他認爲適合的工作絕對效勞，不過，龐培想要讓他死心塌地沒有其他的念頭，於是向著佩特拉進軍。這次的遠征行動很多人認爲是不負責任的做法，他眞正應該做的事是繼續追擊米塞瑞達底，這個人是羅馬自古以來絕不能寬恕的敵人。特別是他又要掀起另一場戰爭，正在加緊準備之中。據說他要率領軍隊經過錫西厄和皮歐尼亞(Paeonia)入侵意大利[110]。龐培是從另一方面來看米塞瑞達底這個問題，經過判斷認爲在會戰中殲滅他的部隊，比起抓住逃走的人員要容易得多，決定不再疲勞兵力從事徒然無用的追逐，還不如運用閒暇的時刻用來對付另外的敵人，就此時此刻而言也是一種節外生枝的做法。他的運道會解決這些疑難雜症，離開佩特拉不遠之處，那天正在安設帳篷準備宿營，龐培離開營地去試騎，信差快馬加鞭從潘達斯趕到，標槍上面按照習慣綁些月桂枝，大家一看就知道帶來重大的信息。士兵立刻聚集到龐培的前面，雖然龐培這時也有意思要結束練習，當他們開始鼓譟和不斷要求，他才下馬接信走進營地。

這裡沒有建好的將壇，甚至連規定的代用物都來不及準備，就是挖出厚草皮然後一層一層疊起來；大家非常熱誠而且沒有耐心，立刻把馱鞍堆高讓龐培站在上面，他向士兵報告米塞瑞達底死亡的消息。米塞瑞達底的兒子法納西斯(Pharnaces)叛變，使得他只有自行了斷以免受辱；現在所有一切都落到法納西斯的手中，同時從來函可以知道，他表示所作所爲都是爲了他自己和羅馬人[111]。

---

109 蒲魯塔克將龐培進軍阿里塔斯(Aretas)和納巴薩人的首府佩特拉視爲單獨的軍事行動，事實上與他征服朱迪亞有密切的關係。

110 這個入侵的行動要繞過黑海，穿越巴爾幹半島，完全超出米塞瑞達底的能力。

111 63B.C.法納西斯在羅馬人的監督之下，控制位於克里米亞的博斯普魯斯王國，根據約瑟法斯(Josephus)的記載，龐培在哲立科(Jericho)而非佩特拉得知這個信息，他並沒有立即採取離開的行動。

42 這個消息給全軍帶來歡樂，奉獻祭品感謝神明的保佑。大家笑容滿面，米塞瑞達底的喪生好像抵得上他們殺死1萬名敵人。龐培負責的戰爭在出現這樣一樁意外事件之後，等於劃上完美的句點，比起預期要輕易得多，他立即離開阿拉伯，快速通過幾個行省，最終抵達阿米蘇斯這個城市。在這裡他收到法納西斯送來很多禮物，幾具王室人員的屍體以及米塞瑞達底的遺骸。米塞瑞達底的臉孔腫脹很難分辨，醫生在做防腐處理的時候沒有把腦漿抽出，好讓頭顱保持乾燥，經過仔細的檢查，從身上的傷疤可以確知他的身分。

龐培不忍心褻瀆死者，為了取悅復仇女神[112]就將他的屍體送到夕諾庇。他對死者入殮所穿的袍服和鎧甲全都表示讚許，不僅非常合身而且極其華麗。不過，米塞瑞達底的劍帶價值400泰倫，巴布留斯偷走以後賣給亞里阿拉昔斯；頭上戴的冠冕是名貴的藝術精品，蘇拉的兒子福斯都斯(Faustus)向米塞瑞達底的義兄弟該猶斯索取，只有暗中送給福斯都斯了事。所有發生的事情龐培一無所知，後來等到法納西斯發覺，就對偷竊遺物的人員施以嚴厲的處罰。

龐培將事務處理妥當，完成敘利亞建為行省的工作，擺出壯觀的排場和強大的陣容開始班師還朝。當他經過邁提勒尼(Mitylene)的時候，為了推崇狄奧法尼斯，將自由權利賜給這個城市[113]；他還贈送禮物給詩人的定期聚會，這次的題目和素材當然是對龐培的歌功頌德。他特別歡喜該地的劇院，特別為此做了一個模型，打算在羅馬仿建一座，規模要大很多而且更為富麗堂皇[114]。等他抵達羅得島以後，參加哲學家主持的講座，每個人送1泰倫的束脩。這時波塞多納斯(Posidonius)發表他與修辭學家赫瑪格拉斯(Hermagoras)的辯論文章，題目是「創作之道」。他在雅典對於哲學家還是同樣的慷慨大方，贈送50泰倫作為整修和美化市容之用[115]。

他希望回到意大利成為最偉大和最幸福的男人，整個家庭洋溢著喜悅和睦熱烈歡迎他的歸來。超越自然的神靈在一個人踏上名利雙收的巔峰，總是要他嘗一

---

112 這位復仇女神也稱地府女神尼密西斯(Nemesis)，祂是復仇三女神之一。

113 還有一個理由就是邁提勒尼因為幫助米塞瑞達底，受到盧庫拉斯嚴厲的懲處，龐培要為這個城市平反。

114 這是著名的「龐培劇院」在羅馬建城699年即55B.C.完工，可以容納4萬名觀眾。

115 蘇拉圍攻雅典造成巨大的破壞，城破以後的大屠殺可以用血流漂杵來形容，龐培的做法帶有補償和安撫的作用。

些不能盡如人意的苦果，就在他趕著返回家門的時刻，卻要面對悲傷的情景。穆西婭（Mucia）在他離家的時候給他戴上綠頭巾，他處在遙遠的國外拒絕相信這些傳聞，等到快要接近意大利，趁著閒暇的時刻更爲審愼地考量，還是派人送給她一紙休書，無論是書面的文件，還是後來他所說的話，都沒有提到他任何歸罪於她的理由，西塞羅的《書信集》中詳述這件事的本末[116]。

43 各式各樣有關龐培的謠言向著四面八方散布開來，先於他之前傳到羅馬，在各階層激起軒然大波，說是他要率領大軍直薄都城，建立和鞏固唯我獨尊的專制統治。克拉蘇帶著他的子女和財產離開羅馬，或許是他眞正感到畏懼，更可能是故意裝出相信誹謗的流言，激怒人民產生猜疑之心。因此，龐培登上意大利的土地[117]，馬上召集部隊，發表一次適合當時氣氛的演說，與他的士兵珍重告別，特別叮囑他們離開軍營要回到自己的家鄉，不要忘記在他的凱旋式大家相聚。

軍隊已經解甲歸田，信息如往常一樣傳播出去，發生極爲奇特的結局。當那些城市看到龐培大將通過田野，沒有武裝部隊相隨，身旁只有一小群親密的幕僚，如同經過愉快的旅行正要返回家園，不是從事激烈征戰的光榮凱旋。民眾傾城而出向他表示敬仰和擁戴，一路上陪伴和追隨他抵達羅馬，聲勢之大遠超過解散的軍隊，如果他想要對國家進行改革或者別有用心，可以說不費吹灰之力。

44 擁有軍事指揮權的將領在舉行凱旋式之前，根據羅馬的法律不得進入城市。他去函元老院懇求惠予同意，執政官的選舉延後辦理，使他有時間能夠出面支持畢索，這時畢索是登記在案的候選人。小加圖的堅持使得他的要求遭到拒絕，不過，龐培對於小加圖發表自由和大膽的言論，用來維護法律的尊嚴和正義的原則，這種獨樹一格的精神使他深表欽佩。因此，龐培迫切渴

---

116 穆西婭是穆修斯・西伏拉（Mucius Scaevola）的女兒，梅提拉斯・塞勒（Metellus Celer）和梅提拉斯・尼波斯（Metellus Nepos）的姊妹，出身羅馬最有名望的世家，她與龐培結婚爲他生了三個兒女，就是格耐烏斯、色克都斯和龐培婭，都是當代鼎鼎大名的人物。據稱凱撒與她勾搭成姦；西塞羅現存的書信中提到她的離婚，沒有說明是何緣故。凱撒先是與龐培的妻子通姦，再將女兒嫁給龐培爲妻，這種錯綜複雜的政治婚姻眞是令人眼花撩亂。

117 龐培班師意大利是在62B.C.。

望贏得他的支持，願意竭盡全力建立雙方的友誼。小加圖有兩位姪女，龐培爲了達成所望的目標，派人前去求親，一位與龐培自己結婚，另外一位嫁給他的兒子。小加圖毫不領情，把家庭之間的聯姻看成一種賄賂行爲，認爲他要接受就會有損他的誠信。

　　他的妻子和姊妹爲此感到傷心欲絕，每一想到他竟然拒絕與龐培大將結親無不怒氣衝天。就在這個時候，龐培希望阿非拉紐斯爭取執政官的職位，爲了選舉獲勝大量金錢用於羅馬的各區部，民眾親自前往他的花園去領取，這件事變成舉城俱知的醜聞，買官的行爲使龐培受到嚴厲的指責，他靠著作戰的勝利獲得的榮譽，竟然爲有財無德的人大開方便之門，能夠擢升到國家最高的職位。小加圖對他的妻子和姊妹說道：「現在你們知道，要是我們與龐培訂親，就會落得裡外不是人的下場。」她們也只有承認，小加圖不是女流之輩，他的智慧和見識還是要高明得多[118]。

45 龐培的凱旋式非常的華麗和壯觀，雖然花了兩天總覺得時間不夠，準備的項目無法全部展示出來，僅就取消的部分來說，可以用來另外舉行一場還綽綽有餘。遊行隊伍最前面的位置，高舉著很多塊木牌，上面寫著他征服國家和民族的名字和頭銜，像是潘達斯、亞美尼亞、卡帕多西亞、帕夫拉果尼亞、米地亞、柯爾契斯、伊比里亞人、阿爾巴尼亞人、敘利亞、西里西里、美索不達米亞、腓尼基和巴勒斯坦算在一起、朱迪亞、阿拉伯，以及在海洋和陸地被他消滅的海盜勢力。在這些不同的國家和地區裡面，可以很清楚看到，他攻取不下於1000個堅強的據點，占領900多個城市，擄獲800多艘海盜的船隻，建立39個城鎮。除此以外，還有很多木牌上面記載著帝國遍及各地所能獲得的貢金，在他開始征戰之前，歲入的總額是5000萬德拉克馬，經由他的努力使得國家的稅賦到達8500萬德拉克馬，龐培挹注到國庫的財富，有錢幣、各種金銀器具和貴重的飾物，總值到達2萬泰倫；支出最大的金額還是發給士兵的犒賞，每個人最少可以得到1500德拉克馬。

　　凱旋式的行列由戰爭的俘虜在前面領導前進，除了海盜的頭目，還有就是泰格拉尼斯的兒子，亞美尼亞的國王連帶他的妻子和女兒；泰格拉尼斯王的妻子佐

---

118 蒲魯塔克在第十八篇〈小加圖〉第30節，對這件事的本末描述得極其生動。

西姆(Zosime)；朱迪亞的國王亞里斯托布拉斯；米塞瑞達底王的姊妹和她的5個
兒子以及一些西錫厄的貴婦女。後面跟著阿爾巴尼亞人、伊比里亞人和康瑪吉尼
(Commagene)王送來的大群人質。除此以外，還有數量極其龐大的戰利品，來自
他成為征服者的每一場會戰，包括他自己或他的部將所獲得。看來他得到最大的
光榮，沒有任何一位羅馬人所能達成，就是他在世界三個不同區域分別贏得三次
凱旋式，其他的羅馬人所獲得的榮譽也有多過三次，他的第一次凱旋式是討伐非
洲，第二次是敉平歐洲，第三次是征服亞洲，看來他用三次凱旋式將全世界掌握
在自己的手裡[119]。

46 有人想要拿他與亞歷山大大帝從各方面進行比較，特別會提到他的
年齡這時不過34歲，事實上已經超過40大關[120]。如果他能在臨終之
際，讓人認為他有亞歷山大的好運，那才真正算得上幸福的人生[121]。然而在他的
一生之中，有了成就難免遭到嫉妒，犯了錯誤幾乎無法補救，這種例子可以說不
勝枚舉。他在羅馬獲得的無可匹敵的職權完全來自他的功勳，竟然用來保護其他
人士的不法行為，不僅使得受惠者蒙受其利還貶損自己的榮譽，可以說他擁有高
高在上的地位，因而產生的力量和建立的事業，最後使他自己遭到毀滅。如同市
鎮裡面最堅固的城堡或據點，一旦被敵軍占領，還是能發揮友軍在時同樣的作
用。龐培等於是凱撒的城堡，等他獲得龐培的協助，實力強大到足以公然藐視國
家的制度，原來讓他用以對抗其餘人士的強硬後台，立即被他推翻且視之若敝
屣[122]。

盧庫拉斯從亞細亞回國以後，由於龐培讓他備受委屈，所以元老院對他極其

---

119 第三次凱旋式61年9月28-29日B.C.連續舉行兩天，根據阿皮安的記載，龐培從東方為國家帶
　　來的財富真是無法估量，僅是國庫的現金收入就有4億8000萬塞斯退司，加上每年從新設行
　　省獲得巨額的稅賦，龐培的私人財產極其驚人，這是他一生之中到達巔峰的時期。
120 龐培生於羅馬建城648年即106B.C.，這一年他是45歲的盛年。
121 據說他在第三次凱旋式中，身披亞歷山大大帝的斗篷。古往今來的偉大人物都沒有亞歷山大
　　那樣的好命，逝世於登峰造極之英年，未留遺憾於天地，古人有言「壽高必辱」，誠不我欺；
　　龐培要與亞歷山大相比真是不自量力。
122 蒲魯塔克分析龐培最大弱點是屈從於朋友的情分，像是對傑米紐斯的割愛，對凱撒的力挺，
　　對西庇阿、杜米久斯、阿拉紐斯的容忍；特別是最關鍵時刻發生問題，結果是犧牲自己成全
　　別人。

禮遇，等到龐培領軍班師，這種現象看起來有增無減。他們鼓勵他爭取政府的職位用來抑制龐培的野心[123]，這時盧庫拉斯對政治活動非常冷淡而且排斥，他要享受龐大財富所帶來歡愉和輕鬆的生活。不過，他開始找機會修理龐培，發起非常犀利的攻訐，小加圖給予協助能在元老院獲得優勢，對於龐培所廢止的法案和敕令，重新拿出來討論獲得通過。

龐培在元老院到處碰壁吃了閉門羹以後，被迫要獲得護民官的庇護，接納一群年輕人作爲羽翼。其中一位名叫克洛狄斯，是個生性邪惡而又膽大妄爲的傢伙，他拿龐培當護身符，願意充當用來籠絡市民大會的工具；他隨著龐培前往市民廣場在人群中到處走動，支持的法案和發表的演說都以討好民眾有利個人爲原則。等到最後，好像龐培沒有遭到罷黜是他立下大功，克洛狄斯提出放棄西塞羅（最後龐培還是將西塞羅棄而不顧）的要求，這不僅是他應得的報酬也是龐培仁至義盡的表現。

事實上，西塞羅是龐培的朋友，有關政治方面對他有很大的貢獻和幫助。當西塞羅面臨險惡的處境急需他的援手，這時不僅避不見面，還關起大門不讓斡旋的人士進入，自己偷偷從後門溜走。西塞羅害怕審判會帶來不利的後果，只有暗中離開羅馬[124]。

47 大約在這個時候，凱撒辭去遠在行省的軍職[125]，投身政壇必須在開始時獲得有力的奧援，才有利爾後的握掌權勢，結果證明對龐培和共和國帶來極大的損害。他現在成爲第一次出任執政官的候選人，克拉蘇和龐培處於明爭暗鬥的狀況，知道只要與其中一位交好，就會與另外一位爲敵；因此最高明的策略是盡力讓雙方修好，照說這種作爲不僅光明磊落而且有利於國計民生，然而他採行的手段變質成爲有害和訴諸權術的密謀。他應該知道共和國的反對黨或對立的派系，就像坐在小船上的乘客，要讓不穩定的運動保持平衡，如果他們聚在一起坐在一邊，立即引起搖晃使得船隻翻覆，讓所有的人員和物品全部

---

123 元老院有強烈的動機要限制龐培發揮巨大的影響力，在當時只有盧庫拉斯是最適合的工具，他雖然很勉強的答應，最後還是全力以赴。

124 龐培處於和元老院對立的狀況下，最需要爪牙和打手發揮暴民的特質，所以才會尋求克洛狄斯的友誼，最後犧牲西塞羅是他始料未及之事。

125 凱撒從西班牙返回羅馬是在60B.C.，接著組成前三雄執政。

落到水中。有人把羅馬的災難歸咎於龐培和凱撒的相爭，小加圖非常明智的指出這種錯誤在於倒果為因，龐培和凱撒對共如國造成最嚴重的打擊，是他們的聯合與友誼而不是他們的爭執和敵對[126]。

　　凱撒的策略奏效贏得執政官的職位，立即著手照顧貧苦大眾，俾能獲得他們的擁戴發揮更大的影響力，運用的方式包括：草擬和制定各種法律以建立殖民地和分配土地；抑制官員的身分和地位避免出現作威作福的狀況；雖然身為位高權重的執政官，不惜降尊紆貴執行護民官的職責。他的同僚比布盧斯（Bibulus）對他持反對的態度，小加圖大力支持比布盧斯處處加以杯葛。

　　凱撒陪著龐培一起登上講台，當著市民大會全部成員發表演說，並且要他就提出的法案表達意見。龐培說他認可此事絕無異議。凱撒說道：「那麼，要是有任何人破壞這項法律，你願意出面幫助人民嗎？」龐培回答道：「我願意，為了對付那些運用武力來進行威脅的人，我已經準備好劍和盾。」龐培的言行從來沒有像這一天那樣的無禮和狂妄，他的朋友為了他的無心之過深表歉意，從他後來的行為可以很明白的看出，已經是全心全意為凱撒效勞出力。

　　突然之間龐培娶凱撒的女兒茱麗亞為妻，完全出乎大家意料之外；茱麗亞與昔庇阿（Caepio）早有婚約，不過幾天之內就要迎親。龐培的女兒原來已經與蘇拉的兒子福斯都斯訂婚，為了安撫昔庇阿的憤怒不平，龐培先要女兒退婚再把她許配給昔庇阿。凱撒自己再娶畢索的女兒卡普妮婭（Calpurnia）為妻。

48 龐培為此在市內布滿士兵，處理所有的事務都憑藉武力一意孤行。有次執政官比布盧斯在盧庫拉斯和小加圖陪伴下前往市民廣場，突然遭到不意的攻擊，扈從校尉攜帶的權標都被折斷，有人將一桶糞便倒在比布盧斯的頭上，兩位前來保駕的護民官，在一場混戰中被打成重傷。市民廣場所有的反對派人士全被清除乾淨，土地分配辦法提出以後通過成為法案，民眾在嘗到甜頭以後死心塌地聽從指使，只要是凱撒的提案無需審查也不置一辭，投票就會全數過關。龐培的法案和敕令過去受到盧庫拉斯的質疑和爭辯，現在獲得他們的批

---

126 小加圖的論點還是不夠周全，羅馬處於急速擴張和征戰不已的狀況下，原來從城邦所建立的共和國，已無法適應目前的需要，如果不是少數人聯合統治的寡頭政體，就是經過一場內戰帶來專制獨裁的君主政體，這是命中注定的結局。

准，凱撒擁有山內高盧、山外高盧和伊里利孔三個行省的統治權，任期為5年，加上由4個建制軍團編成的軍隊。還有就是將翌年的執政官授與凱撒的岳父畢索和蓋比紐斯，後者的飛黃騰達在於對龐培極力奉承和討好[127]。

正在處理這些事項的期間，比布盧斯閉門留在家中，8個月沒有在公眾場合露面，雖然他是執政官已經不理政事[128]，只能寫些宣告書充滿抨擊和指控的苦澀言辭，用來譴責凱撒和龐培兩人。小加圖搖身一變成為先知，好像他擁有通靈的本領，整天在元老院無所事事，預告厄運即將降臨到共和國和龐培頭上。盧庫拉斯以年邁體衰做藉口，好像拿公職養老金一樣要退休過閒暇的生活；龐培針對他這種情況特別提到，花天酒地的生活所帶來的勞累，比起從事公職的繁忙更不適合老年人的養身之道。雖然他有這種說法，卻難逃自譏之諷，為了疼愛嬌妻過不少多久就習於優柔頹廢的習性，他把所有的時間都花在她的身上，陪著她在別墅和花園裡面優游度日，對於市民廣場的狀況也都置之不理。

克洛狄斯目前還是護民官，開始擺出不屑一顧的態度，經常信口雌黃大肆抨擊。等到他放逐西塞羅，用履行軍職作為藉口將小加圖派到塞浦路斯[129]，以及凱撒在高盧發起遠征行動以後，認為民眾已經把他視為領袖，所以他的一切作為要能譁眾取寵。他有更進一步的企圖是要廢止龐培的敕令，從監獄裡面將俘虜泰格拉尼斯放出來，安排在身邊當作他的同伴，同時採取行動對付龐培的朋友，這些打算都在於擴展他的權勢[130]。最後，龐培有次親自聽審一件訟案[131]，克洛狄斯帶著一群膽大妄為的無賴，站在台上對下面追隨的群眾發問：「誰是生活淫蕩的將

---

127 龐培在東方的諸般行政措施和善後處理事項，還未獲得元老院的批准，現在總算通過一個法案可以全數過關；凱撒獲得所望的行省和任期以及龐大的軍隊；克拉蘇將亞洲的稅收全部掌握在手中，可以說是三人結盟已達成各取所需的目標。這裡所說的蓋比紐斯就是當護民官的時候，通過一個法案讓龐培指揮海盜戰爭，龐培的投桃報李讓他當選成為執政官。

128 羅馬有些人開玩笑說道，這一年的執政官不是凱撒和比布盧斯而是凱撒和朱理烏斯（朱理烏斯是凱撒的族姓，用這種方式諷刺他一人兼任兩個執政官）。

129 克洛狄斯是58B.C.的護民官，在放逐西塞羅以後，通過一個特別法案，指派小加圖以卸任法務官的身分出任塞浦路斯的檢查官。

130 克洛狄斯靠著龐培的支持，能夠在59和58B.C.出任護民官，等到羽毛已豐就會與龐培的利益發生衝突，小加圖被派往塞浦路斯等於是干預龐培對東方的人事掌控，泰格拉尼斯從軟禁狀況下被放出，等於在挑戰龐培的權威；克洛狄斯殺死龐培安置在他身旁的一位朋友，還有就是他有一幫流氓對蓋比紐斯暗中加以襲擊。

131 這是「元老院派」米羅的審判案，發生在56B.C.，參閱卡休斯・笛翁《羅馬史》第39卷第19節。

領？誰是依靠別人的軟骨頭？誰已經是孤掌難鳴？」他用抖動所穿的長袍當作信號，就像合唱隊齊聲高歌一樣，這些暴民對每一個問題都發出響亮的回答：「龐培！」[132]

49 龐培並不習慣別人的惡言相向，何況他對這種當面叫陣毫無經驗，實在說這給他帶來相當的困擾。讓他最感到生氣的地方是元老院的議員，對於這種下流的行為抱著袖手旁觀的態度，當作是他背叛西塞羅應受的懲罰。不過，當雙方的人馬打成一團，甚至有人在市民廣場受傷的時候，克洛狄斯的一個奴隸從旁觀的人群中，手裡拿著出鞘的劍偷偷向著龐培接近，龐培就用這個當成藉口，當然他也害怕克洛狄斯的濫權對他產生危害，只要這個傢伙在擔任護民官期間，總是留在家中不再前往市民廣場。

這時他為了打發時間經常與朋友討論，用什麼方法安撫元老院和貴族階層消除對他的敵意。大家提出很多因應之道，庫勒奧（Culleo）勸他與茱麗亞離異，放棄凱撒以贏得元老院的友誼，龐培聽不進這些逆耳之言。還有些人再度建議他將西塞羅從放逐的地方召回，這位大律師不僅是克洛狄斯的死對頭，而且是元老院最為器重的人物；他對這個倒是從善如流。因此，他帶著西塞羅的兄弟到市民廣場，身邊有實力強大的黨派施以保護，為西塞羅的返國提出請願訴求。經過非常激烈的爭執，不僅有人受傷還有人因而喪生，龐培壓倒克洛狄斯贏得勝利[133]。

西塞羅接到赦令很快返回羅馬，立即發揮作用促成元老院和龐培的和解，發表演說支持穀物輸入的法案，獲得豐碩的成果，羅馬的疆域無論海洋和陸地，都奉龐培為擁有最高統治權的領主。根據這個法案把所有的港口、市場和倉庫置於他的控制之下，總而言之，所有與商人和農人相關的事務全部掌握在他的手裡[134]。克洛狄斯針對這種狀況提出指控，說是這個法案的制定並非出於穀物的存量不足，而是用人為的糧食短缺來迫使通過立法的程序。龐培逐漸衰退和耗盡的

---

132 蒲魯塔克舉出很多案例證明克洛狄斯的魯莽和邪惡，然而他主張免費將小麥配給貧民，廣受歡迎成為「平民派」的首領，後來與另一名護民官即「元老院派」的米羅（Milo），在選舉執政官時發生嚴重的爭執，使得克洛狄斯為米羅的幫派所殺，引起羅馬的暴動和騷亂。

133 克洛狄斯的奴隸企圖暗殺龐培的事件，發生在58年8月11日B.C.，西塞羅經過他兄弟的陳情，同意將他召返，是在57年6月，同年9月4日回到羅馬。

134 這個法案使得龐培擔任5年的「糧食督辦」。

權力又能重整旗鼓，在一個嶄新的帝國裡面復位登基。

另外有些人提出別的主張，認為這是執政官司頻澤爾(Spinther)的詭計，把龐培安置在很高的職位讓他動彈不得，自己可以派出去幫助托勒密王。不過，護民官坎奈狄斯(Canidius)為龐培提出一個法案，派遣他擔任使節，無須率領軍隊只有兩位扈從校尉隨侍身邊，前去斡旋國王和亞歷山卓臣民之間的爭端。

龐培對於這個建議倒不是無法接受，只是元老院用頗有道理的托辭加以否決，說是他們不願龐培輕身涉險。不過，曾經有些傳單出現在市民廣場附近和元老院四周，暗示托勒密的打算是要當局指派龐培為他的將領而不是司頻澤爾[135]。泰瑪吉尼斯(Timagenes)[136]談起這件事很堅定的表示，托勒密的下台和離開埃及，根本沒有這個必要，完全是被狄奧法尼斯說服所致，因為這個人急著想要龐培有機會重新擁有軍事指揮權，可以攫取更多的財富。狄奧法尼斯在政治方面缺乏誠信，杜撰的故事就連龐培都很難聽得進去，何況龐培志不在此，所以更加反對這個動機卑劣而又謊言成篇的提案。

50 龐培出任糧食督辦，穀物交易的管理和運作全部交由他負責，派出代理人和貿易商到海外各個地方，處理糧食的採買和運送事宜。他自己親赴西西里、薩丁尼亞和阿非利加等地，收購和聚集大量穀物。就在他們裝載完畢開始啟碇返國的時候，海上突然發生強烈的暴風雨，所有的船長都擔心航行的安全，龐培看到這種狀況第一個登船，吩咐水手起錨，同時大聲叫喊，性命可以不要也得出航。受到他奮不顧身精神的鼓舞，加上有老天保佑能夠順利返回國門，市場出售廉價的穀物，海面的船隻來往絡繹不絕。這樣一來，不僅羅馬就是意大利其他的城市，裝滿倉庫的穀物使民眾獲得充分的供應，就像一道洶湧而出的清泉流過廣大的地區。

---

135 雖然有很多人想謀得這個職務，後來還是敘利亞總督蓋比紐斯在55B.C.，協助托勒密十二世奧勒底復位受到重用，連龐培的希望全都落空。

136 亞歷山卓人泰瑪吉尼斯是修辭學家和歷史學家，55B.C.以俘虜的身分被蓋比紐斯將他從埃及帶到羅馬，後來成為安東尼、奧古斯都和阿西紐斯·波利歐的朋友。

51 這段期間，高盧戰爭使凱撒變得名滿天下[137]，表面看來他在距羅馬極其遙遠的地方，無論是和是戰與貝爾京人（Belgians）、蘇伊威人（Suevians）和不列顛人（Britons）糾纏不清，事實上他用精巧的伎倆暗中對羅馬人民下手，就極關重要的政治事務削弱龐培的實力。他與軍隊建立密切的關係，不僅僅著眼於征討蠻族，就像是鍛鍊自己的身體一樣，這裡的作戰類似狩獵的運動和實地的演習，用來加強訓練和紀律的要求，俾能成為一支攻無不克戰無不勝的勁旅。他的征戰使他從敵人手裡獲得大量金銀，還有無數的戰利品和他們的財富。他派人前往羅馬用分發禮物的方式拉攏民眾，幫助市政官、法務官和執政官以及他們的妻子，解決經濟方面的問題，因而得到無數的朋友。

每當他越過阿爾卑斯山，把冬營設置在盧卡的時候，馬上聚集成群結隊的男子和婦女，大家爭先恐後要盡早與他會晤，包括200位元老院的議員，連龐培和克拉蘇都算在裡面，以致在凱撒府邸的門口，一次看到120個卸任執政官和法務官的權標束棒[138]。他對於這些來訪的求助者，總能饜足他們的願望可以滿載而歸；只有龐培和克拉蘇就協議事項討論一些特別的條款，這兩位要成為翌年的執政官候選人，凱撒這邊要派出大量士兵返鄉投票保證他們當選。等到他們上任以後，根據賦予的職責擁有行省的統治權和軍團的軍事指揮權，務使凱撒現在管轄的行省增加5年的期限。

當這些幕後的交易曝光以後，羅馬的高層人士當中激起惱怒和氣憤，現任執政官馬塞利努斯（Marcellinus）在市民大會，公開對這兩位提出質詢，他們是否要參選翌年的執政官。市民大會催促他們要當場答覆，龐培首先向大家報告，說是可能參選也可能打消這個念頭[139]。克拉蘇的回答更為審慎，說是他這樣做還要進一步的評估，一切以確保有利於共和國為原則。馬塞利努斯不斷攻擊龐培而且語氣非常激烈；這時龐培就說馬塞利努斯不是一個正派人物，是他讓這個人成為演

---

137 羅馬在共和時期有許多戰爭，其目的在摧毀敵國的城市，樹立統治的權威，滿足的私慾，出賣征服地區的人民為奴。蒲魯塔克在第十七篇〈凱撒〉第15節，敘述凱撒在高盧的作戰，「像一陣旋風攻下800個城鎮，征服300個部族，與300萬人發生多次激戰，屠殺100萬人，將100萬人鬻賣為奴」，雖然數字過於誇大，但與實情相差不遠。

138 執政官和有軍事指揮權代行執政官頭銜的總督，有12名攜帶權標束棒的扈從校尉，法務官有6名。

139 卡休斯・笛翁記下他的回答，更能表現出他的性格；龐培說道：「我並不想當官獲得名聲和好處，而是要盡一份力量去抑制當前的騷動和亂象。」

說家而不是啞巴，是他讓這個人有東西吃不致餓死，是他讓這個人發了大財成爲富翁，然而這個人卻用忘恩負義的行爲來回報[140]。

52 雖然大多數候選人處於這種狀況下，不願再花精力去拉票，只有小加圖給盧契烏斯・杜米久斯(Lucius Domitius)打氣，鼓勵他堅持到底。小加圖說道：「我們爭的不是職位，而是反對僭主和篡賊的自由權利。」龐培和他的黨羽看到小加圖的行動這樣的活躍，整個元老院都會站在他那一邊。後來他們害怕那些沒有被收買的民眾，因爲小加圖的關係轉而支持杜米久斯，決定立刻採取行動，不讓杜米久斯進入市民廣場，派出一幫武裝分子，把走在杜米久斯前面領路的執炬者殺死，其餘人員全被趕得四散奔逃。小加圖在保護杜米久斯的時候，右臂受傷被迫只有暫避風頭。他們靠著這種卑鄙的手段獲得執政官的職位，要想他們爾後的作爲會循規蹈距，那根本是癡人說夢。

接著首先做的第一件事，就是民眾準備投票選小加圖出任法務官的時候，龐培藉口鳥卜出現不祥的徵兆解散市民大會，趕緊花錢收買各個區部，投票的結果宣布瓦蒂紐斯(Vatinius)當選法務官。同時他們要履行與凱撒的協議事項，護民官特里朋紐斯(Trebonius)的提案通過，對所屬行省再授與5年的軍事指揮權，指派克拉蘇統治敘利亞負責帕提亞戰爭，龐培的地盤是阿非利加和兩個西班牙行省，擁有的兵力是4個軍團，其中兩個借與凱撒投入高盧戰爭[141]。

克拉蘇的執政官任期終結，離開羅馬到行省履新[142]。龐培留在首都主持劇院的落成和奉獻典禮，安排各種表演和展示招待民眾參觀，還主辦體育比賽和音樂活動。大規模的獸鬥和角鬥士的血腥節目，僅僅獅子就有500頭慘遭誅戮，特別是戰象的對陣廝殺，恐怖的場面使人終生難忘[143]。

---

140 高乃留斯・連圖盧斯・馬塞利努斯是56B.C.的執政官，海盜戰爭擔任龐培的副將，他在元老院而非市民大會發表攻擊龐培的演說。

141 根據凱撒《高盧戰記》第8卷第54節的記載：「元老院作出成議，爲了帕提亞戰事失利，龐培和凱撒應各派一個軍團前去支援；然而這兩個軍團要從一個人手裡調出來，因爲龐培派到凱撒那裡的第一軍團，雖然是從凱撒的行省徵召人員組成，卻被認爲是龐培借給凱撒。」從而得知，龐培只借給凱撒一個軍團，就是第十七篇〈凱撒〉第29節也有同樣的錯誤。

142 是在羅馬建城700年即54B.C.。

143 這次的戰象獸鬥表演，據卡休斯・笛翁的記載，列陣對抗有18頭之多，並非代表凱撒和龐培的2頭而已，這裡所說的恐怖難忘象徵著內戰的殘忍激烈。

53 這些劇院和露天的娛樂活動使他獲得榮譽和聲望，另一方面卻引起旁人的側目和嫉妒，特別是他把指派給他的行省和軍隊，全部交由他的幕僚和部將去統治；他自己卻與妻子在意大利過著悠哉遊哉的生活。無論是鶼鰈情深還是陷入溫柔鄉中，龐培無法忍受與茱麗亞分離的痛苦，這些都被人當作話題來批評。年輕的妻子所以會愛老邁的丈夫也是常有的事，主要還是龐培對婚姻生活的忠誠以及言行舉止的高貴，特別是在配偶的親密關係中，表現出優雅和慷慨的風度，對於婦女具有更大的吸引力，可以從弗洛拉這位娼妓對他的情意，足以證明所言不虛。

年度市政官選舉期間發生激烈的打鬥，有幾個人在龐培的身邊被殺，衣服上面沾著血跡需要更換，他的奴僕在忙亂之中把這些東西帶到家中，龐培的年輕妻子正好懷著孕，看到染滿鮮血的長袍，一陣緊張竟然暈倒在地，醒來以後造成的創傷性休克使得她流產。即使龐培對凱撒無法長保友誼引來民眾的批評，從來沒有人認為他對茱麗亞的愛情出現任何差錯。她再次有妊生下一個女嬰，卻因難產而喪命，沒過幾天嬰兒跟著夭折[144]。龐培已經安排要把她安葬在阿爾班的產業上面，民眾堅持要為她舉行喪禮，俾能長眠在戰神教練場的墓園，不僅是出於對龐培和凱撒的感激之情，也是對她香消玉殞的追思。這時的羅馬人民看出這兩位產生高下之別，征戰在外的凱撒比起長留家園的龐培，無論名望還是聲勢已經後來居上。

整個城市有山雨欲來風滿樓之勢，大家可以聽遠處傳來滾滾的雷聲。雙方的聯姻關係等到宣告終結，原本受到抑制可以掩飾的野心已是昭然若揭，所有的事物都處於混亂不安的狀況，每個人的談話都認為分手是不可避免的後果。除此以外，沒有過多久，信差從帕提亞帶來克拉蘇死亡的噩耗[145]。防止內戰的安全機制又被拿走一個，凱撒和龐培都把目光注視在克拉蘇的身上，對他的畏懼在於怕造成「鷸蚌相爭，漁翁得利」的後果，所以雙方在有生之年都會公正分配應有的利益，維持和平共存的局面。等到命運奪走能力較次的人物，征戰的爭執會報復在行省的身上，這時你可以用喜劇的詩句來描述：

---

144 茱麗亞亡故於54年8月B.C.或9月初。
145 克拉蘇在卡里(Carrhae)會戰被害，時為53年6月9日B.C.，他的軍隊有7個軍團和大量騎兵和輕步兵，據稱有2萬人被殺，1萬人成為俘虜。

將士磨拳擦掌，
準備決一死戰。

命運對人的影響力要是與性格相比眞是微不足道，何況還無法餵飽貪婪的胃口；所以即使一個帝國有廣大的疆域和權勢，仍然不能滿足兩個人的野心，他們知道也曾經讀過下面這首詩[146]：

神明分三界，
各自逍遙遊；
可嘆世間人，
何事不罷休。

這話要是拿過去的狀況來看是沒錯，現在他們認爲整個羅馬帝國再大，就是容不下這兩個針鋒相對的人[147]。

54 龐培有次在市民大會表演說，提到他爲國家服務是「召之即來，揮之即去」，絕不戀棧職位和權勢；一點沒錯，每次他都自動解除兵權，可以證明他的確如此。等到他發覺凱撒不願交出軍隊，只能運用在城市所擁有的職務和軍事指揮權，加強自己的實力來與他對抗，除此以外，他表示沒有意圖進行任何政治的改革。看來他並非不相信凱撒，但是他寧可對凱撒加以忽略或藐視。後來看見官員的施政完全違背他的意願，民眾在選舉中接受賄賂，他袖手旁觀任憑事態自然發展，直到整個城市陷入無政府的混亂狀況[148]。

爲了趕快指派一位笛克推多，護民官盧庫拉斯[149]是第一個敢提出這種議案的

---

146 詩中的三界是指天神宙斯、海神波塞登和冥神普祿托；引自荷馬《伊利亞德》第15卷第189-120行。

147 羅馬的內戰都是兩雄對決，像是馬留與蘇拉、凱撒與龐培以及屋大維與安東尼；然而羅馬共和國的政體設計是「兩頭馬車」制度，所以這種現象是特例而非通則，不像東方所謂「天無二日、國無二君」，必須拚到最後只有一人獨霸天下。

148 這裡所說無政府狀態是指無法選出下個年度的執政官。

149 這位人士的名字錯誤，應該是53B.C.的護民官盧西留斯・赫魯斯(Lucilius Hirrus)，他是龐培的表弟。

人，在市民大會呼籲民眾推舉龐培出任這個職位，小加圖的反對使護民官陷入險境，最後還是逃不了免職的懲處。龐培要他的朋友出面爲他辯護，強調他沒有獨攬權力的意願，即使有人推舉也不會接受。小加圖在元老院發表演說，讚譽龐培深明大義，規勸他要支持共和國恢復社會秩序的諸般措施，龐培願意從命並不覺得有辱他的身分。

杜米久斯和梅撒拉當選執政官[150]，沒過多久國家大亂，政府出現空位期，任命笛克推多之說甚囂塵上，小加圖這派的元老院議員生怕到時無法應付，被迫要擁護龐培出馬，因而商議對策，爲了不讓他獲得專制和獨裁的權力，最好是授與他擁有合法職權的高位。比布盧斯雖然是龐培的政敵，在元老院提出動議，要求同意他出任唯一的執政官；公開宣稱這樣做是要讓共和國從目前的混亂狀況中脫困，同時龐培也能夠使出渾身解數放手去做[151]。這個議案出自比布盧斯之口倒是奇特的事。

小加圖這時站了起來準備發言，全廳鴉雀無聲以爲會聽到反對的聲音，他說他個人不會提出這種動議，既然有其他的人挺身而出，他也願意從善如流，因而建議元老院接納並且通過，還特別提到任何形式的政府總比無政府狀況要好得多，在目前這個敗法亂紀的時刻，龐培是負起重責大任的最佳人選。元老院的表決毫無異議，發布敕令將唯一的執政官授與龐培，同時加一條但書，如果他認爲有必要可以按他的意思指派一位同僚，任期不得少於兩個月。

蘇爾庇修斯是空位期的攝政[152]，就把唯一的執政官這個職位授與龐培。這時龐培對小加圖產生感恩圖報的心理，要求小加圖對於他的施政作爲提供最好的建議。小加圖的答覆是不必多此一舉，自己的所作所爲是爲了共和國並非龐培；如果龐培願意向他請教，他在私下一定是「知無不言，言無不盡」；要是龐培不願這樣做，也會在公開的場合把個人的看法全盤托出。這就是小加圖的一貫作風。

---

150 首都的動亂使執政官的選舉發生延誤，53B.C.的執政官杜米久斯和梅撒拉，要到當年的6月才就職，這時任期已過去一半。

151 52B.C.的選舉仍舊延後，主要原因是克洛狄斯被殺引起暴動，比布盧斯是59年的執政官也是凱撒的同僚，他建議龐培出任單一的執政官，避免非要選出笛克推多形成獨裁的局面不可。

152 空位期是指兩位國王之間一段過渡時期，老王逝世而新王尚未經過合法程序而產生；到了共和國時代，年度已過而新的執政官尚未選出，由元老院指派資深議員以攝政的名義負責政事。

55 龐培回到羅馬娶梅提拉斯・西庇阿[153] 的女兒高乃莉婭爲妻；新娘不
是少女而是新寡的孀婦，過世的丈夫巴布留斯是克拉蘇的兒子在帕
提亞遇害。這位貴夫人綺年貌美還有高深的學養，不僅彈得一手好琴還精通幾何
學，經常聆聽哲學講座獲得很多受益，最可貴之處不像一般年輕婦女，因爲追求
學術變得驕縱而自負。無論是她的娘家還是個人的名譽都沒有一點非議之處[154]；
不過，每個人談起來總覺得年齡過於懸殊還是美中不足，就這方面來說龐培的兒
子倒是很好的對象。

　　雖然他的結婚對共和國而言是一件微不足道的事，大家對他抱著很高的期
望，就像一個醫生能治癒這個脫序的社會，現在看到他頭戴花冠舉行婚禮盛宴，
根本沒有考慮自己的執政官任期，已經成爲一場公眾的災難，不僅沒有使得國家
更爲繁榮興旺，反而以身試法帶來更多的困擾。後來，他要根據職權審理涉及瀆
職和貪污的案件，制定有關的法條和規定，按照審判程序提審犯罪人，力求公正
做到勿枉勿縱，他會帶著大批士兵到場，使得法庭保持安靜，恢復原來的安全和
秩序。等到他的岳父西庇阿受到指控，就把360名陪審員請到家中，要求他們看
在他份上給予協助，原告看到西庇阿上庭應訊有大批陪審員陪同，只有馬上撤回
告訴。

　　普蘭庫斯(Plancus)的訟案使得龐培的風評很差，就是當事人也沒有得到一點
好處。雖然他制定的法條禁止在法庭，公開發表演說對當事人大肆讚揚，龐培主
持審判即違背這條禁令，對於被告普蘭庫斯多方給予開脫，身爲審判員之一的小
加圖只有用手摀著耳朵，說不願聽到這番吹捧之辭以免違背法律。小加圖在判決
發布前拒絕履行陪審員的職責，結果普蘭庫斯經過其餘陪審員的投票，受到有罪
的宣告，讓龐培感到大失顏面[155]。

　　沒有過多久，海普西烏斯(Hypsaeus)是擔任過執政官的高階人士，東窗事發
受到控訴，等候在龐培從浴場回家的路邊，跪在地上懇求他高抬貴手，他擺出不
屑一顧的態度，從海普西烏斯的身旁繞了過去，同時還說這樣做除了讓他的晚餐

---

153 梅提拉斯・西庇阿是西庇阿・納西卡(Scipio Nasica)之子，他被梅提拉斯家族收養。

154 從這裡的描述得知高乃莉婭是一位沉魚落雁的才女，並非英國廣播公司的連續劇《羅馬的榮
　　耀》(Rome)中那位又老又醜的女人。

155 穆納久斯・普蘭庫斯(Munatius Plancus)是52B.C.的護民官，受到西塞羅的控訴犯下暴行脅迫
　　罪，龐培為他寫信說項，並沒有公開讚譽他的言行。

倒盡胃口，其他一點都不受影響。大家認為龐培對於海普西烏斯有成見，所以才表現出傲慢的行為，引起很多人的大聲抨擊[156]。不過，他處理所有的事務一直小心翼翼，使得政府的施政工作能夠正常的運作，執政官後面5個月的任期，他選擇他的岳父西庇阿擔任他的同僚。龐培繼續保有原來的行省，法定的期限還有4年，每年從國庫獲得1000泰倫的經費，用來維持他的軍隊所需的糧餉[157]。

56 凱撒的幕僚認為這是一個可以比照辦理的大好機會，特別是凱撒在高盧戰爭有突出的表現，為帝國立下汗馬功勞，應該第二次出任執政官，或者是繼續統治他的行省。他們宣稱是他結束戰爭帶來和平，不能任由羅馬派來一個接班人，剝奪他千辛萬苦獲得的成果，搶走他身經百戰擁有的榮譽。這件事在元老院引起很大的爭論，龐培裝出和事佬的樣子，對於大家誤解凱撒讓他感到遺憾，說是他接到凱撒的來信，表示願意解除兵權以及元老院派人接替行省的職務，唯一的要求是同意凱撒不必親自到首都登記，可以參選下個年度的執政官[158]。

小加圖這派的元老院議員不願接受凱撒的條件，說他如果想要獲得市民的支持，就應該離開軍隊，以私人身分辦理登記進行選舉的活動。龐培對小加圖的話沒有加以答辯，好像也把凱撒的意見不放在眼裡，就讓元老院通過小加圖的否決案，這樣使得凱撒猜疑龐培不懷好意。接著就是龐培藉口帕提亞戰爭，要凱撒讓借走的兩個軍團歸建。雖然凱撒知道他們這樣做的目的何在，還是對這兩個軍團給予豐盛的犒賞，然後打發部隊返國。

---

156 普勞久斯・海普西烏斯(Plautius Hypsaeus)並沒有擔任過執政官，而是53B.C.執政官候選人，選舉結果不但落選還吃上官司。

157 凱撒解散部隊交出兵權以後，龐培繼續保有軍隊達5年之久並且編列龐大的預算，兩相比較凱撒深感不公，所以才會逼上梁山。

158 凱撒訴求的重點在於他交出總督到就任執政官，中間要完全銜接不能出現空隙。因為羅馬有禁止告發公職人員的規定，一旦他沒有職位成為「赤手空拳」的平民，等他從行省回到首都，就會面臨法律的制裁。他的政敵非要他交出職位，親身到羅馬辦理執政官候選人登記，也就是要抓住這個機會將他揪上法庭。

57 就在這個時候，龐培在那不勒斯(Naples)染上重病[159]，經過調理得以痊癒，整個城市在普拉薩克哥拉斯(Praxagoras)的領導之下，奉獻豐富的祭品感謝神明的保佑。鄰近的城鎮都仿效這種做法，最後遍及整個意大利，無論是大城小鎮，全都連續舉行很多天的慶典和歡宴。成群結隊的民眾從各地前來迎接，人數之多已經到無法容納的地步，附近的村莊、港口還有大道上面到處是擁擠的人群，像是熱鬧的節日向著神明奉獻犧牲。不僅如此，當他在回到羅馬的路上，那些前來歡迎他的民眾，頭上戴著花冠，手裡拿著火炬，把花朵和花束像雨點一樣，灑在他的身上。

這種感人的場面和盛大的行列真是令人無法想像，據說這也是發生內戰的主要理由；龐培對於民眾的擁戴感到樂不可支，過去他對於自己的運道和勳業，都抱著如臨深淵如履薄冰的態度，現在被這些表面的景象沖昏了頭，把過去的克制和容忍都拋到九霄雲外，趾高氣揚到旁若無人的程度，甚至對凱撒都不屑一顧，公開宣稱他無須武力更不必任何額外的準備，要讓凱撒垮台比起栽培凱撒更為容易。

除此以外，阿庇斯(Appius)帶著借給凱撒的兩個軍團從高盧回來，談話之間把凱撒在高盧的作戰行動貶得一文不值，到處傳播誹謗和不實的言辭，同時阿庇斯告訴龐培說他根本不了解自己的實力和名聲強大到何種程度，無須吹灰之力只要用凱撒自己的部隊就可以制凱撒於死命，因為這些士兵都痛恨凱撒，他們的心中只愛戴龐培一個人，只要龐培露面全都會投效到他的麾下。奉承的迷湯使得龐培自我膨脹到極點，對於意大利的安全絲毫不放在心中，公開取笑那些畏懼戰爭臨頭的人。有人提及要是凱撒向著首都進軍，他們看不到有任何部隊可以加以阻止；這時他笑著回答，吩咐他們不必杞人憂天，說道：「我只要在意大利頓一下腳，到處都會出來勤王之師。」

58 凱撒的行動更加積極而且活躍，不但自己進駐到意大利邊界，派遣他的士兵到羅馬去投票操縱選舉，除此以外，他花錢買通在職的官員投效他的陣營，其中他送給執政官包拉斯的金額高達1500泰倫；護民官古里歐

---

159 這件事發生在50B.C.。

(Curio)負債累累到身敗名裂的程度，由他負責全部償還[160]；還有古里歐的難兄難弟安東尼，靠著凱撒的支助才度過財務的難關[161]。據說凱撒手下有一位百夫長，等候元老院的大廳，聽到元老院拒絕延長凱撒在行省的任期，用手拍著他的劍說道：「有這個就沒有辦不到的事。」實在說他的企圖和準備的工作已經是昭然若揭。

古里歐向元老院提出的議案，要求能夠尊重凱撒應有的權利，表面看起來更符合人民的意見，他希望在兩個辦法中擇一而行，龐培必須同時放棄對軍隊的指揮權，否則就不能剝奪凱撒在這方面的權力。他的說法是如果兩個人都成為平民，雙方受到公正的待遇該沒有怨言；要是兩人都能維持現有的權力，雙方處於勢均力敵的狀況下，應該感到滿足才對，這時也沒有畏懼之心，但是只要削弱任何一方，就會猜忌另一方別有圖謀，造成難以善了的後果[162]。

執政官馬塞拉斯對古里歐的提案根本不予受理，罵凱撒是個強盜，要是他不在限期之內解散軍隊，就要宣布他是人人可得而誅之的國賊。不過，古里歐在安東尼和畢索的協助之下，說服在座的議員，提案在經過辯論以後應該付諸表決，一切聽命於元老院投票的結果。按照程序先提出的議案是「凱撒應該解散軍隊而龐培繼續保有軍隊的指揮權」，投票的結果得到大多數的同意票；護民官古里歐提出反對動議，新的議案是「兩人都應解散軍隊交出指揮權」，除了22票反對以外，其餘全部同意古里歐的提案[163]。古里歐為議場的勝利感到非常驕傲，興高采烈來到市民大會，那些擔心的民眾大聲歡呼和鼓掌，把花冠戴在他的頭上。龐培那天沒有出席元老院的會議，因為法律禁止有軍事指揮權的將領進入城市。馬塞拉斯宣布休會，說當他看到10個軍團翻過阿爾卑斯山，向著羅馬奔殺而來的時

---

160 古里歐是一位能力極強的演說家，大膽妄為而且生活腐化，50B.C.擔任護民官，凱撒為了收買他替他償還6000萬塞斯退司的債務，49年以卸任法務官出長西西里總督，率軍出征阿非利加，兵敗被殺；可以參閱凱撒《內戰記》第2卷第23-44節。

161 安東尼接著出任49B.C.的護民官，當時他32歲，高盧戰爭期間曾經出任凱撒的財務官和副將，這是他離開軍職第一次從政。

162 高乃留斯‧西庇阿雖然是龐培的朋友，還是對這件事打抱不平，他認為當前的問題出在處理不公，對於西班牙和高盧這兩位總督有差別待遇，前者受到元老院大力的支持，而後者受到無情的打壓。

163 卡休斯‧笛翁對於這個提案有完全不同的記載，他說元老院幾乎毫無異議全部支持龐培，只有兩票投給凱撒，就是馬可斯‧西昔留斯和古里歐。

候，他沒有辦法坐在這裡困手待斃，因此他要依據職權派出人馬前去迎戰，保護共和國的安全[164]。

59 這樣一來城市馬上陷入愁雲慘霧之中，國家已經難逃一場巨大的災難。馬塞拉斯在元老院議員的陪同之下，擺出莊嚴的行列經過市民廣場去與龐培會面，對他發表談話，說道：「啊！龐培！我給你的命令是要去保衛我們的國家，運用你現在所指揮的部隊，必要時可以徵召更多的兵員。」當選為翌年執政官的連圖盧斯有同樣的表示。安東尼反對元老院的成議，前往市民大會宣讀凱撒給人民的公開信，裡面特別提到解決的辦法，就是他和龐培都辭去公職，解散他們的軍隊，他們願意聽命於人民的裁決，所有的行動完全著重公眾的利益，這些建議的確能夠獲得民眾的共鳴和好感。當龐培開始徵召新兵的時候，發現完全不能符合他的期望：有些人根本拒絕接受召集的命令，雖然有少數人加入徵兵的行列，表現出一副無精打采的樣子，絕大多數在高叫要和平解決問題。

連圖盧斯現在已經舉行就職典禮，還沒有召開元老院的會議；西塞羅剛從西里西亞返回首都，馬上盡全力從事斡旋的工作，他的建議是凱撒交出高盧的行省和軍隊，可以保留兩個軍團和伊里利孔的統治權，同時讓凱撒獲得第二次出任執政官的提名。龐培對這個提案表現出厭惡的神色，凱撒的幕僚願意讓步將兩個軍團減為一個，連圖盧斯仍舊反對，小加圖大叫要龐培不要再上人家的當，所有的調解工作毫無成效可言[165]。

60 就在此時，傳來凱撒占領阿里米隆（Ariminum）的消息，這是位於意大利境內的大城，他率領全部軍隊直接向著羅馬前進。後面這個傳聞的內容還是與事實不符，因為這個時候和他在一起的兵力只有300名騎兵和5000名步卒，其餘的部隊還留在阿爾卑山的那一邊。他不願等待全軍的集結，運

---

164 馬塞拉斯是50B.C.的執政官，畢索是監察官，古里歐在當年12月1日的元老院會議中，提出反對動議獲得通過，執政官憤而休會。

165 49年1月1日B.C.在元老院宣讀凱撒的來信，等於是最後通牒；1月4日西塞羅回到羅馬進行斡旋，沒有成效；1月7日元老院通過最後敕令：「執政官、法務官、護民官和位於羅馬附近的卸任執政官，應採取行動使國家免於危難。」使得護民官古里歐和安東尼逃離羅馬，加入凱撒的陣營。

用出敵意表的攻擊使得對手陷入混亂之中，總比與準備妥善的敵軍接戰，能獲得
更大的成功公算。他來到行省的邊界盧比孔河，站在那裡低迴沉思不已，心中衡
量這件驚天動地的壯舉，最後，就像一個人從懸岩上面投身到萬丈深淵之中，帶
著義無反顧的神色把一切置之於度外，僅僅對著他身邊的人用希臘語叫道：「聽
天由命，孤注一擲！」接著策馬領軍昂然而過[166]。

　　等到第一道信息傳到羅馬，全城立即發生囂喧和騷動，引起前所未有的混亂
和驚怖，元老院的議員跑去見龐培，所有的官員也都跟著前來，圖拉斯（Tullus）
開始查問他的軍團狀況和兵力部署，龐培支吾片刻以後，帶著含糊其辭的回答，
說是凱撒遣返的兩個軍團已完成準備，還有就是新徵的人員，相信在短期內可以
組成一支3萬人的大軍。圖拉斯聽到以後大聲叫道：「啊！龐培！你過去一直在騙
我們！」於是他提出建議，立即派遣使者去見凱撒。

　　弗浮紐斯除了性子急躁，喜歡模仿小加圖那口無遮攔的率直，倒是沒有多大
的缺失；他要龐培用腳頓地，看看答應的勤王之師是不是真的會出來。龐培只有
忍住冷嘲熱諷沒有發脾氣；小加圖提醒龐培說他不是警告過龐培，要小心凱撒會
先動手。龐培的回答說小加圖是講過這些話，非常靈驗有如預言家，他所以未採
取行動，是不讓人講閒話說他以小人之心度君子之腹。

61　小加圖向大家提出建議推舉龐培為擁有最高權力的將領，然後像是
　　　旁白一樣說了幾句話，意思是解鈴還得繫鈴人；接著他就趕往指派
給他的西西里行省赴任，有任所的元老院議員也都離開羅馬各奔前程。整個意大
利是有點大動干戈的氣氛，沒有人說得清楚到底要怎麼做才好；住在羅馬以外地
區的人士都逃進城來找避難之地；原來就在城裡的人看到日益混亂和脫序，所有
美好的事物都已消失，官員無法掌控當前的局面，沒有人願意聽命或服從，就想
盡快離開這裡。不僅如此，要想讓人民不害怕談何容易，他們無法容忍龐培只按
照自己的判斷行事，每個人都依據個人的想法，無論是出於疑慮、畏懼、悲傷或
任何情緒，對他施加壓力和進行規勸，甚至在一天之內出現完全相反的意見。他
不可能獲得敵軍行動的正確信息，因為各種謠言到處傳播，每個人只要聽到都以
為確有其事，趕來向他報告，龐培要是表現出不信的神色反而惹來責怪。

---

166 凱撒渡過盧比孔河是羅馬建城705年即49年1月12日B.C.；凱撒《內戰記》沒有提到這條河。

　　龐培有鑑於羅馬混亂的情勢，最後決定離開才能終止各方的抨擊和囂喧，命令元老院全體成員同行，公開宣稱任何人只要留下來就被視為凱撒的同路人，趁著黃昏天色已暗趕緊走出羅馬城。執政官也都匆匆撤離，沒有向神明奉獻祭品，按照慣例從事一場戰事都要舉行傳統的儀式。不管怎麼說龐培還是感到非常榮幸，國家陷入災難之中，大家仍舊愛戴他處處表現出善意，即使他對戰爭的指導犯下很多的錯誤，沒有人因而痛恨他們的將領。然而最讓他釋懷之處是他發現大家所以離開羅馬，不是為了愛自由而逃走而是不願拋棄龐培。

62 龐培逃亡以後不過幾天功夫，凱撒進入羅馬。雖然成為城市握有生死大權的主子，對待每個人都非常客氣，要化解大家的畏懼之心。只有護民官梅提拉斯，因為不讓凱撒拿走金庫的錢財，受到要立即處死的威脅，言下之意說是取護民官的性命易如反掌；他使出殺手鐧排除梅提拉斯的攔阻，能夠隨心所欲運用這些經費。凱撒對龐培發起追擊，要盡快將他逐出意大利，不讓在西班牙的軍隊前來與他會師。

　　龐培抵達布林迪西(Brundusium)獲得大量船舶，吩咐兩位執政官立即登船，帶領30個支隊駛往狄爾哈強(Dyrrhachium)。他派遣岳父西庇阿和長子格耐烏斯(Cnaeus)前往敘利亞，要在那裡建造和裝備一支艦隊。他自己這個時候將城門堵塞，輕裝步兵配置在城牆上面擔任警衛，對居民下達緊閉家門不得外出的禁令，城內各處挖掘深溝作為陷阱，每一條街道都埋設尖利的木樁，只保留兩條通往海邊的道路。他在三天之內很容易將其餘的部隊裝載完畢，突然之間對城牆的警衛下達撤離的信號，很快登上安排好的船隻迅速離開。凱撒等到看見城牆沒有人防守才發覺他們已經退卻，趕快採取行動，那些追擊過於急切的士兵，陷身於尖樁和壕溝反而受到拖累。布林迪西人提出警告城內非常危險，向他指出可以運用的道路，於是他繞過城市從旁邊向著港口進擊，除了擄獲兩艘船，上面只有少數士兵以外，其餘的船隻已經發航出海[167]。

---

167 龐培在2月19日離開羅馬趕赴布林迪西，凱撒在後緊追不捨，3月9日抵達意大利最南端的海港，雖然立即展開圍攻已經無法阻止龐培的行動，龐培於3月17日航向亞得里亞海對岸的狄爾哈強，凱撒於3月31日回到羅馬，4月1日和2日召開元老院會議，4月7日離開羅馬趕赴西牙，4月19日抵達馬賽安排圍攻，6月22日到達西班牙的伊利達，4月至9月實施西班牙戰役。從這裡看出凱撒的行動快如閃電，要到19世紀鐵路開通後，才有人打破他的記錄。

63 根據大多數人的意見，龐培的撤離行動可以算是極其卓越的戰術作為。凱撒的看法卻有不同，他認爲龐培這樣做令人感到奇怪，在一個戒備森嚴的城市配置重兵，期望西班牙的部隊前來與他會合，而且又掌握海上的優勢，竟然會放棄意大利率軍遠走高飛。西塞羅批評他只知仿效提米斯托克利的離城，而不是伯利克利的固守；事實上目前的處境適合採用伯里克利的作爲，而不是提米斯托克利的策略。

不過，從凱撒的行動可以明確看出，他非常害怕一場曠日持久的戰爭，龐培的朋友努米流斯(Numerius)被他俘虜，就派這個人當作他的使者前往布林迪西，提供對等的條件雙方休戰談和[168]；努米流斯未能達成使命，隨著龐培發航前往伊庇魯斯。凱撒沒有經過奮戰和付出犧牲的代價，只用60天的時間就把意大利攫到手中，雖然充滿希望想要尾隨龐培與他決一勝負，因爲缺乏運輸工具只有作罷，逼得他改變作戰的方向進軍西班牙，要把龐培的部隊收編爲自己所用。

64 在此期間，龐培在海上和陸地集結一支大軍。特別是他的水師可以說是所向無敵，一共有500艘戰船，加上不計其數的小型船隻，像是黎布里亞(Liburnians)雙桅船和各種運輸船，陸上部隊僅騎兵就有7000人[169]，可以說羅馬和意大利的精華全部集結在他的麾下，所有的成員出身良好、家世富裕而且士氣高昂。步兵部隊雖然數量龐大，是從各地區徵召而來新兵混合編成，幾乎全無作戰經驗，他將部隊駐紮在貝里亞(Beroea)[170]，加緊各種訓練和操演，他自己不再像以往過著奢靡怠惰的生活，如同生龍活虎的年輕人接受所有的課目，將領用以身作則激起士兵奮發圖強的精神。他們看到龐培以58歲的高齡，全身披掛徒步進行全程的軍事演習，部隊立即鼓舞高昂的鬥志；同時他還能騎在馬上，全速疾馳之際很輕易的拔劍和很技巧的入鞘。他投擲標槍不僅富於技巧能夠命中目標，力道極大投出的距離很遠，很少年輕人能夠超越。

---

168 努米流斯是龐培軍中負責工程的軍官，途中被擒，凱撒派他帶口信給龐培。凱撒的意思是兩人一直沒有機會見面，為了國家的利益和全民的福祉，希望雙方面對面會談作詳盡的討論。

169 凱撒《內戰記》第3卷第4節特別提到龐培有大量騎兵，總數達7000人之眾，並且將組成單位交代得非常清楚，可以說是涵蓋整個東方的主要國家和城邦，不僅人多嘴雜而且素質參差不齊，很難發揮統合戰力；反觀凱撒的騎兵人數雖少，全部是高盧騎兵和西班牙騎兵，指揮和統御都比較簡單。

170 貝里亞是馬其頓一個小鎮，位於德密灣的西岸。

有幾個國家的國王和大君前來參加他的陣營，還有一大群羅馬市民包括所有
的官員在內，特別是議員之多可以組成一個元老院。拉頻努斯(Labienus)[171]是凱
撒的老戰友，高盧戰爭期間全程追隨征討各地，現在他背棄凱撒投奔龐培。甚至
還有積極進取的布魯特斯，那位在山內高盧被他用不光明的手段殺掉的布魯特
斯，就是現在這位老兄的父親[172]；他在過去從來沒有與龐培講過一句話，因為他
一直把龐培視為謀殺父親的仇人，然而為了維護國家的自由權利，投效到龐培的
旗幟之下。西塞羅冒著喪失性命和財產的危險前來保護他的國家，即使他的著作
和建議經常有不同的看法，從此再也不必為此感到羞愧[173]。蒂狄斯‧色克久斯
(Tidius Sextius)已經老邁年高還瘸一條腿，趕到馬其頓要為他效命疆場，雖然有
人看到這種情形難免要打趣一番，龐培馬上起身前去迎接，說是一個人到知命之
年不在家中享清福，反而願意前來與他冒險犯難，這對他而言可以說是最大的恭
維。

65 龐培召開元老院的會議，通過小加圖的動議頒布敕令：除了在戰場
不處死一個羅馬人，凡屬羅馬帝國的城市不受洗劫和掠奪。做出這
個決定使得龐培的陣營獲得更高的聲望，甚至那些對於這次戰爭認識不多的人
民，可能是他們住的地方很偏遠，或者是實力太弱引不起別人的注意，不管怎麼
說，在他們的心裡或在他們的談話之中，要講公道正義在戰鬥的時候就得支持龐
培的黨羽。他們認為要是有誰不希望龐培獲勝，可以肯定他就是神明和人類的仇
敵。凱撒在贏得勝利的時刻，總能表現出寬宏大量的一面，等到他在西班牙打敗
龐培的軍團，大部分人員成為他的俘虜，他把指揮的官員全部放走，普通士兵全
部收編到他的部隊[174]。

凱撒翻越阿爾卑斯山，貫穿整個意大利半島，冬至過後來到布林迪西，渡過

---

171 拉頻努斯是凱撒在高盧戰爭中最得力和深獲信任的副手，每當凱撒離開駐地前往盧卡，就將
　　高盧地區全部交給他負責；他的投奔龐培陣營不僅對凱撒打擊甚大，更助長龐培的聲勢，何
　　況他還是極具盛名的騎兵將領。
172 本章第16節曾經提到「殺父之仇」這段過節，這在東方人來看是不可思議之事，何況凱撒與
　　布魯特斯同屬同一階層，從內心就看不起出身平民的龐培。
173 西塞羅經過一番痛苦的掙扎才決定加入龐培的陣營，在他的書信中有詳盡的陳述。
174 希臘的羅馬元老院，像是組成一個流亡政府。小加圖聽到龐培離開意大利，在西西里不戰而
　　逃；凱撒在西班牙擊敗龐培的副將阿非紐斯和彼垂烏斯，讓他們離開前往希臘去追隨龐培。

大海在歐瑞孔(Oricum)的港口登陸[175]。朱比烏斯(Jubius)是龐培很熟的朋友成爲他的俘虜[176]，凱撒派朱比烏斯當他的使者去見龐培提出邀請，安排時間召開會議，雙方在三天之內解散軍隊，舉行莊嚴的宣誓典禮，重新恢復以往的友誼，大家一起返回意大利。龐培把他的提案看成緩兵之計，火速揮軍指向海岸地區，占領城堡和要點加強防衛力量，陸上部隊在適合的地點設置營地，確保本身的安全，嚴密守備港口和船隻停泊的海灣，不讓敵人能從海上接近；到後來只要颳起利於航行的風，就會給龐培帶來糧食、人員和金錢。當時凱撒的處境無論是在海上或陸地都非常艱困，生怕拖延時日被迫求敵會戰，每天都向敵軍挑釁，對他們的堡壘發起突擊，全線各處常發生小規模前哨戰鬥，每次都能占得上風。僅有一次慘敗幾乎使得全軍覆沒，龐培的作戰極其英勇，使得凱撒的部隊望風而逃，接戰的地點有2000人被殺。龐培可能是後力不繼或者是心存畏懼，沒有擴張戰果就收兵歸營。凱撒評論此役：「敵軍應勝而未勝，此乃爲將者之失也。」[177]

66 龐培的部隊因這次勝利而士氣大振，抱著渴望的態度要與敵人進行決戰，雖然龐培像一個勝券在握的征服者，用文書通知遠方的國王、將領和同盟的國家，事實上他希望能避免極其危險的會戰。龐培認爲勝利的機會在於延長戰爭，獲得因敵軍補給品短缺所形成的優勢，雖然對手習慣於長期的征討在戰場所向無敵，只能用飢餓和勞累使他們精疲力竭，這樣才能使得龐培達到不戰而屈人之兵的目標。龐培還知道年齡過大所造成的弱點，使得凱撒的軍隊不適合戰爭的其他作業，像是長途行軍、退卻轉進、挖掘壕溝和修建堡壘，就是出於這種顧慮，凱撒總是希望能夠盡快會戰決一勝負。

龐培基於這種觀點，總算說服他的士兵不可冒然出擊。凱撒經過上次接戰以後，缺乏糧草被迫拔營離去，經過阿薩瑪尼亞(Athamania)[178]進入帖沙利地區；

---

175 49年12月2日B.C.凱撒回到羅馬，只停留很短一段時間，宣布出任笛克推多，接著辦理下年度的執政官選舉，指派伊索瑞庫斯擔任他的同僚，48年1月4日從布林迪西發航，翌日在伊庇魯斯海岸登陸。

176 這位軍官應該是維布留斯·魯弗斯(Vibullius Rufus)，參閱凱撒《內戰記》第3卷第9節。

177 凱撒與安東尼會師以後，構築長達24公里的對壘線，用來包圍位於狄爾哈強的敵軍，龐培在南翼衝破凱撒的封鎖，使得對手損失慘重，而且凱撒喪失海上交通線，在糧食缺乏的狀況下只有被迫撤離，有關這部分的作戰可以參閱凱撒《內戰記》第3卷第59-71節。

178 阿薩瑪尼亞是馬其頓北部一個地區，位於帖沙利和伊庇魯斯之間。

這樣一來，龐培對於士兵高漲的熱情，再也無法加以抑制或緩和。他們異口同聲大叫凱撒已經逃走。有些人認爲應該發起追擊，對凱撒不斷施加壓力；另外有人建議回師意大利。甚至還有人派遣他的幕僚或奴僕先回羅馬，在靠近市民廣場的地點租賃房屋，好爲謀求新職預爲準備。還有些人馬上坐船前往列士波斯，去向高乃莉婭(龐培爲了安全起見，將家屬送到這個島嶼去居住)通報戰爭結束的喜信。龐培召開元老院會議討論有關重大事項，阿非拉紐斯發表意見，認爲當急之務是立即光復意大利，所有的戰爭都以這個爲目標，可以獲得豐碩的成果，只要掌握羅馬以後，西西里、薩丁尼亞、科西嘉、西班牙和高盧這些行省都會自動歸順；他特別提到，近在咫尺的故鄉正向大家伸出求援的雙手；他認爲對龐培而言，不僅令人感到氣憤不平，最羞辱的事莫過於坐視他的出生地，被暴君的僕從和寵倖所奴役和凌虐。

　　龐培有不同的看法，一方面是有損他的聲譽，竟然第二次在凱撒的面前逃走，命運讓他擁有優勢成爲追捕者，不應放棄使得自己成爲追擊的目標；再方面這樣做與法不容也違背天理人情，等於放棄西庇阿和擁有執政官職位的高階人士，他們分散在希臘和帖沙利，連帶鉅額的金錢和大量的兵員，無可倖免很快落到凱撒的手裡。他對羅馬非常關心，最好的辦法是讓都城遠離戰爭，不必爲那裡的災難和邪惡的聲音影響到當前的作爲，羅馬可以等待他們即將到手的勝利，和平就會很快來臨。

67 龐培在說服大家以後，開始行軍追躡凱撒，保持堅定的決心不與他會戰，用緊緊跟蹤的方式，採取包圍或騷擾的行動，切斷他的補給線，使敵手陷入坐以待斃的困境。雖然有很多理由要讓他繼續原來的決定，不過，有些羅馬騎士階層的閒言閒語傳入他的耳中，說是他們應該盡快消滅凱撒，這樣龐培才不會逞他的威風。還有一些傳言說是龐培基於這個原因，爲了避免出現不利的結局，整個戰爭期間一直不願重用小加圖，等到他開始追擊凱撒，就把小加圖留在海岸看守他們的行李，免得凱撒被除去以後，小加圖過不多久就會使出手段，逼他放棄所擁有的權力。

　　這時他一步一趨追隨敵軍的行動，因而遭到各方的叫罵和責難，說他運用主將的職權不是想要打敗凱撒，而是用來對付元老院和整個共和國，他之所以要維持現狀爲的是能夠繼續掌握權勢，侍衛和奴僕簇擁在他的四周，就像他在統治整

個世界。杜米久斯‧伊諾巴布斯(Dominius Aenobarbus)一直稱他爲阿格曼儂(Agamemnon)意爲「萬王之王」,就是要激起大家的猜忌之心,弗浮紐斯的熱嘲冷諷比起公開的指責,對他造成更大的傷害,像是他曾經大聲叫道:「各位戰友,看來今年又吃不到突斯庫隆的無花果了!」盧契烏斯‧阿非拉紐斯在西班牙喪失所有的軍隊,大家都責怪他的賣國行爲,這時他看到龐培拒絕與敵人會戰,公開發表意見說要那些指控他的人去作戰,可是一件相當困難的事,因爲他們要拿行省去交易,好賣給出價的商人。

到處傳播的流言對龐培發生很大的影響,何況他從來無法忍受旁人對他的指責,更不願辜負朋友對他的期望,等到他們強迫他變更原來的構想,只有放棄穩紮穩打的決定,滿足他們出於虛榮的希望和幻想。就拿一艘船的舵手來說,最大的忌諱是「懦弱無能」,一位指揮大軍的將領,身負國家的重任,更不能出現這種「軟腳蝦」的行事作風。經常有人讚譽他是一位名醫,不會聽從病人的無理取鬧,然而他在戰爭期間,對於他的同僚和參贊的「沉痾」一籌莫展,不敢使出用「猛藥」的激烈手段。

看看那些在營地進進出出的人們,誰能說他們的心身沒有問題,誰敢說他們不需要治療。他們一心想要當執政官,或是弄一個法務官的職位;就是司頻澤爾、杜米久斯和西庇阿都在拉黨結派,彼此爭吵要接替凱撒遺留祭司長的高位[179],把當前的情勢看成小事一椿,好像他們在與亞美尼亞國王泰格拉尼斯作戰,或者在與可憐的納巴薩(Nabathaean)國王爭鋒,難道他們不知道這個對手凱撒和他的軍隊,曾經攻下1000多個城鎮,制伏300多個部族,與高盧人和日耳曼人從事無數次的會戰,總是他贏得勝利,捕獲100萬個俘虜,在數不清的戰場上面殺死同樣數量的敵人嗎[180]?

---

179 凱撒從63B.C.起就是祭司長或最高神祇官,大家要爭奪這個職位,可以參閱凱撒《內戰記》第3卷第83節。

180 龐培從內戰開始,帶著執政官一起行動,難免受到制肘,希臘的作戰西庇阿分擔指揮的責任,所以龐培還是習慣二元甚至多元領導的方式,代表寡頭政治的殘餘勢力,心理上不能團結合作,充滿自私和驕縱的情緒,作戰的目的在於得勝後如何在羅馬擭取更大的政治利益。反之凱撒從領軍作戰開始,就全權負責到底,運用親臨戰場、以身作則的方式,建立起部隊和將士的信心,培養出甘苦共嘗、福禍同當的命運共同體。

68 他們還是前來懇求和在旁邊聒噪，等到抵達法爾沙利亞（Pharsalia）平原[181]，大家不斷對龐培施壓，迫得他只有召開作戰會議，騎兵將領拉頻努斯站起來首先立下誓言，非要擊潰當面敵軍，否則絕不返回營地；其餘人員也都賭咒發誓，好像取勝之易有如反掌折枝。當天晚上龐培夢到他進入劇院，人民用響亮的歡呼迎接他的到臨，這時他用無數的戰利品裝飾勝利女神維納斯的神廟。這個夢境從表面看可以鼓勵他的鬥志，深入思考反而讓他產生氣餒的感覺，生怕自己成爲光輝而華麗的祭品，被凱撒拿來奉獻給維納斯，因爲凱撒的家族根據傳說是出自這位女神。除此以外，在恐懼和緊張的籠罩下夜間發生鬧營的現象[182]，喧囂喊叫的聲音將他從熟睡中驚醒。大約在快要接近黎明的時刻，凱撒的營地在萬籟俱寂的狀況下，突然騰起一陣火光，化爲一個火球躍入龐培的營地；凱撒說他在巡查的時候親眼所見。

　　凱撒現在的打算是破曉以後拔營向史科圖薩（Scotussa）[183]運動，這時士兵都在忙著拆除帳篷，牲口和奴僕背負行李先行出發，探子前來報告說是他看到敵人的營地裡面，全副武裝的人員開始調動，聽到嘈雜的口令和四處奔跑的音聲像是在準備作戰，沒過一會兒其他的探子帶來更多的情報，前列戰鬥人員已經排成會戰隊形。因此，凱撒告訴他們說他終於等到這一天，就要與敵人而不僅僅是與渴望和饑饉戰鬥，立即下令將他的猩紅外衣高掛在中軍大帳的前面，這在羅馬人而言就是要進行會戰的常用信號。士兵看到以後馬上離開帳篷，發出歡樂的呼喊跑去拿取他們的武器，軍官同樣的萬分興奮，把他們的連隊按照戰鬥序列排出陣式。每個人都在預定的行列就位，井然有序而且鴉雀無聲，熟練的程度像是在跳一場綵排已久的舞蹈。

69 龐培親自指揮戰線的右翼面對安東尼，他的岳父西庇阿配置在中央對手是盧契烏斯・卡維努斯（Lucius Calvinus）；左翼受盧契烏斯・杜米久斯的指揮，幾乎全部騎兵都部署在這一翼[184]，要用雷霆萬鈞之勢將當面的凱

---

181 法爾沙利亞平原位於帖沙利南部地區，附近一個同名的城市名叫法爾沙拉斯。

182 這種狀況在軍營經常發生，是士氣不振和軍心不穩的徵候，據說馬拉松會戰前夕，波斯軍隊發生這種現象，第二天果然慘敗。

183 史科圖薩的位置在法爾沙拉斯東北方約20公里。

184 會戰的部署與凱撒的記載有很大的不同，根據《內戰記》第3卷第88節的描述：「龐培的左

撒擊成齏粉，連帶殲滅敵軍當中最爲強悍的第十軍團，特別是凱撒自己也會加入
戰鬥。凱撒注意到敵軍的左翼已經列陣，同時用大量騎兵加強側翼的戰力，表現
出來英勇的氣勢使他起了警惕之心，趕緊從預備隊中抽調6個支隊組成一個分遣
部隊，配置在第十軍團的後方，同時命令他們不要亂動，以免被當面的敵人發覺；
等到對方的騎兵發起衝鋒，就用最大速度到達第一線的前面列陣，特別交代他們
不要像作戰英勇的士兵那樣，在一段距離之外就投擲標槍，然後拔劍與敵人進行
近身搏鬥；而是用手中的標槍去刺敵人的眼睛和面孔。他告訴他的士兵，說這些
年經氣盛的小伙子，無法忍受耀目的兵器在他的眼前閃動，爲了保護漂亮的面孔
只有轉身逃走[185]。

　　這是凱撒當時的處置方式和權宜措施；就在他對士兵循循教誨的時候，龐培
騎在馬上視察兩軍的陣式，看到敵軍能夠保持毫不紊亂的隊形，安靜期待會戰開
始的信號，自己這邊的表現完全相反，所有的人員沒有耐性也不夠穩重，因爲缺
乏臨戰經驗出現人心浮動的狀況。龐培非常害怕他的戰線在第一次進攻就會斷
裂，因此下令給前鋒留在原地不要移動，保持緊密相連的隊伍接受敵人的衝擊。
凱撒指責這種指揮方式的不當，非僅喪失打擊的力量和先制的良機，更重要是在
戰鬥的氣氛下，每個人都會自動發生戰勝敵人的熱情，指揮官要加以鼓勵而不是
抑制，所以在對壘進攻的時候，要用戰鬥的吶喊和迅速的步伐，提升高昂的士氣，
使得敵人看到以後膽顫心驚；龐培的做法等於削弱士兵的鬥志，打擊部隊的士
氣，熄滅求勝的熱情。凱撒的兵力一共是2萬2000人，龐培在數量上占有兩倍的
優勢[186]。

（續）────────

　　翼有兩個軍團，是凱撒交出去的部隊，番號分別是第一和第三軍團，龐培自己的指揮位置在
　　此；中央是西庇阿率領的敘利亞軍團；右翼是阿非拉紐斯，由西里西亞軍團和西班牙各支隊
　　混編而成，因為右翼依托一條小溪有很陡的堤岸，所以把全部騎兵、弓箭手和投石手配置在
　　左翼。」

185 第十七篇〈凱撒〉和阿皮安《內戰記》第2卷第76節都有這方面的記載，凱撒的《內戰記》
　　沒有提到諸如此類的戰鬥方式，事實上這種說法非常牽強，接戰之際生命尚且不顧，還在乎
　　顏面之傷？

186 龐培全軍包括中央和兩翼共有110個支隊，4萬1000名兵員，再加上老兵2000名負有特別任
　　務，還留下7個支隊防守營地和堡壘；凱撒全軍共有80個支隊，列陣兵員2萬2000人，留下2
　　個支隊守營地。

70 兩軍的會戰信號下達，吹起號角發出衝鋒的聲音，每個人全神貫注自己所從事的任務，只有少數最高貴的羅馬人以及某些在場的希臘人，沒有參加會戰純粹是個旁觀者，看到兩軍已經接觸，難免心中思考怎麼會將私人的野心和競爭帶進整個羅馬帝國。雙方使用同樣的武器和裝備，部隊按照相同的步驟排成陣式，在樣式相同的鷹幟和隊標下面列隊進擊，整個戰場的精英和實力在那裡拚個你死我活，都是來自同一個城市。從這件事可以提供一個明確的證據，人類只要受到激情的煽動和蠱惑，人性就會變得如此的盲目和瘋狂，如果他們的欲望僅僅是統治，全世界無論是陸地還是海洋，最廣寬和最美好的部分都在他們的管轄之下，這些在戰爭中征服的區域，可以讓他們在和平中享受成果。

或許，他們還有如飢如渴的野心和抱負，要靠不斷的勝利和凱旋才能餵飽，那麼帕提亞人和日耳曼人可以用來滿足貪得無饜的榮譽。錫西厄人和印度人仍舊沒有征服，他們的野心還可以用說得通的藉口加以掩飾，那就是要教化這些野蠻的民族。龐培和凱撒的名字極其響亮，所有的蠻族早已耳聞其事，特別是擊敗那些粗野、遙遠、橫蠻和殘酷的民族，使得這兩位征服者的神勇比起羅馬人的聲譽，傳遍更為廣闊的世界。不管是錫西厄人的騎兵、帕提亞人的弓箭還是印度人的財富，難道抵擋得住有良好的制式武器，在兩位像龐培和凱撒這樣的將領指揮下的7萬羅馬士兵？

他們在今天的接戰要拚個你死我活，顧不得過去犧牲多少性命所獲得的榮譽，這兩位保有常勝的令名總有一位即將喪失。茱麗亞的美色以及聯姻的親情，在過去形成緊密的關係，從現在看來只不過是一種權宜之計；基於安全的需要所簽訂的協議，並不能當作永保真誠友誼的誓言。

71 因此，法拉沙利亞平原上面黑壓壓一片人員、馬匹和閃亮的鎧甲，兩軍的會戰信號都已高高升起。該猶斯·克拉西阿努斯（Caius Crassianus）是一位百夫長，指揮一個百人隊的120名戰士，從凱撒的大軍中一馬當先衝出去，要用搴旗斬將的精神表達他對將領的犬馬之勞。他在早晨走出營門的時候，是第一位被凱撒見到的人，等到他用軍禮致敬以後，凱撒問他對於這場會戰有什麼看法，克拉西阿努斯伸出右手高聲說道：「啊！凱撒！你會獲得光榮的勝利，我在今天無論是生是死，都要贏得你的讚譽。」為了實踐他的諾言，就在手下弟兄的追隨下，迅速衝進當面敵軍的戰線。接著他們立即拔出佩劍進行近身

搏鬥，給敵人帶來很大的損失，他還是緊壓對手毫不放鬆，終於突破敵軍前鋒的隊列，一位龐培的士兵用劍從他的嘴裡戳進去直穿過頸脖，克拉西阿斯當場陣亡。會戰變得勝負難分，雙方在勢均力敵的狀況下繼續打下去。

龐培在右翼按兵不動，一直注視左翼的騎兵，等候他們出擊以後看會造成何種情勢，再配合出擊以獲致最大戰果。這時他們的騎兵部隊拉開來形成縱長戰力，打算轉向凱撒的側翼，迫使配置於最前列的少數騎兵，退到步兵戰線的後面，位於另一邊的凱撒發出信號，他的騎兵部隊後退少許，把正面讓給6個步兵支隊，原來部署在後面當作掩護側翼的預備隊，現在共有3000人衝出來接戰敵軍。當他們迎上前去的時候，被敵人的騎兵擋住，按照指示的要領用他們的標槍向著上方戳刺，目標是這些騎士的臉孔。這些騎兵對戰鬥的技巧不夠熟練，起碼沒有料想到有這種方式的接戰，根本不知道如何應付，也沒有勇氣耐受對著顏面的打擊，只有轉過身體用手掩蓋著眼睛，很可恥的逃走。

凱撒的手下沒有追過去，而是配合步兵攻擊敵人的左翼，這時騎兵的敗逃已失去應有的掩護，使得在這個部位的防線等於是門戶大開，因此，6個支隊在側翼的策應配合第十軍團在正面的突擊，龐培的部隊開始頂不住前後的夾攻，他們的打算是要包圍敵軍，現在看到自己反而陷入四面楚歌的困境，經過短暫的抵抗以後，他們放棄陣地大敗而逃[187]。

72 左翼升起巨大的煙塵，龐培可以臆測騎兵部隊即將面臨的命運，很難說出他的內心有什麼想法和打算，從外表看起來一副失魂落魄的樣子，根本無法思考或者認定他就是龐培大將，沒有與任何人說過一句話，離開戰線慢慢回到營地。他的表現有詩[188]為證：

> 朱庇特在天上把畏懼拋了下來，
> 勇敢的阿傑克斯頓時目瞪口呆；
> 背起七層牛皮大盾牌趕緊逃亡，

---

187 凱撒能獲得大勝，根據《內戰記》第3卷第94節的評論：「凱撒算無遺策，勝利肇始於組成第四線的6個支隊反制敵軍騎兵，正如他所宣稱，在第一波的攻擊中敗敵軍龐大騎兵，進而殲滅弓箭手和投石手，導致左翼部被圍，接著開始崩潰。」

188 荷馬《伊利亞德》第11卷第544-546行。

驚駭的眼神不停四處逡巡戰場。

處於這種極其難堪的狀況，他進入自己的中軍大帳然後坐了下來，仍舊是啞口無言，直到最後發現有些敵軍尾隨逃走的人員進入營地，這時他只問了一句：「什麼，已經進了營地？」再也沒說站起身來，換上一套適合目前身分的服裝，就此不告而別[189]。

這個時候潰軍在敗逃之中，營地的奴僕和保衛大帳的人員遭到大肆殺戮，根據阿西紐斯・波利奧（Asinius Pollio）的說法，被殺的士兵沒有超過6000人[190]，他自己投入凱撒的陣營參加這次會戰，等到凱撒的士兵奪取營地以後，他們看到的景象可以顯示敵人的愚昧和虛榮，所有的帳篷和涼亭都點綴著桃金孃的花環，用地毯和掛氈裝飾得富麗堂皇，餐桌上面都是名貴的器具，排列著裝酒的大銀杯，所有的準備和安排，像是這些人要舉行獻祭或是慶祝節日，跟他們要士兵上戰場去打仗毫無關係；可以知道他們那天早上出戰的心態，那就是擁有勝利的期望和滿懷虛榮的信念。

73 龐培離開營地有段行程將坐騎放走，他的身旁只有少數人員追隨，等他看到沒有追兵就開始慢慢行走；這樣一位人物縈迴在心頭的想法，那就是34年的時間習慣於征服和勝利，到老邁之年才首次知道什麼是戰敗和逃亡。最大的痛苦是多少次浴血戰爭所能獲得的光榮和權力，竟然在一個小時之內喪失得乾乾淨淨。就在片刻之前他的護衛是隊列整齊的步卒，數量驚人的騎兵和陣容龐大的艦隊，現在的敗逃是處於此如羞愧的狀況，只有這樣一支不起眼的隨從隊伍，他的敵人想要找他也不知應該如何下手。他經過拉立沙進入田佩山谷之際，感到非常口渴，就跪在河邊飲水[191]，然後起來穿過這條險道到達海邊，夜晚餘下的時間就在一位貧窮漁人的木屋裡休息，第二天早上天亮以後，登上一條

---

189 龐培軍戰敗後退守營寨，抵抗激烈，尤其是色雷人和地區協防軍更是拚死不退，防壁被攻破後，營地人員和戰場敗軍在小山據險以待，最後在退向拉里沙途中被圍只有投降。由此觀之，要是龐培不拋棄軍隊私自逃走，大局仍有可為。

190 根據凱撒《內戰記》的記載，龐培的軍隊有1萬5000名戰死，2萬4000名投降，一共擄獲180面軍旗，其中有9個軍團的鷹幟；盧契斯・杜米久斯潰敗後逃離營寨，在山嶺間被騎兵殺死。凱撒的損失是200名將士，包括30名百夫長。

191 這是流過田佩山谷的佩尼烏斯（Peneius）河，現在的描述逃亡的過程就像是小說的情節。

小船繼續前進，他只帶幾位釋放的自由奴，吩咐其他的奴隸不必追隨，要他們去見凱撒，會得到收容和安排。他們划船沿著岸邊上下顛簸，湊巧看到一艘商船下卸完畢準備開航，船主是羅馬市民名叫佩蒂修斯（Peticius），雖然他與龐培並不熟悉，見到以後還是認得出來。

佩蒂修斯在前夜做了一個夢，朦朧之中龐培不再有從前的氣派，一副潦倒落魄的模樣，還用這種姿態與他談話。他在閒聊無事的時候，就將這個夢說給同船的人聽，特別是不知道會產生什麼後果。突然間有位水手前來報告，說他看到一條在河裡航行的小船，划著槳離開海岸向著他們前進，有幾個人揮舞身上穿的衣服，招著手打信號要他們靠過來。佩蒂修斯一眼就把龐培認出來，外表的形象與他夢中所見完全一模一樣，他不禁用手打著頭覺得真是難以置信，馬上吩咐水手讓來船靠著他們的小艇，等到他們安排妥當，他就伸出右手向龐培打招呼，從龐培的裝扮就知道落入困難的處境，根本不等提出請求或解釋，就讓龐培和其他幾位上船，接著就升起船帆開航。

龐培在船上由兩位連圖盧斯和弗浮紐斯相陪，過了一會兒以後，他們看到戴奧塔魯斯（Deiotarus）王在岸上急著向他們招手求救，同樣還是把他接上船來[192]。船主盡最大可能供應豐盛的晚餐，龐培因為沒有奴僕在身旁，開始自己脫下所穿的靴子，弗浮紐斯看到就跑過來幫忙，替龐培洗淨身體然後塗上膏油。弗浮紐斯在船上這段期間，一直負起奴僕的工作，甚至給他洗腳和服侍用餐。他的服務是如此的熱心、坦誠和無微不至，看到的人就讚譽：

　　啊！天神！他是多麼的高貴，
　　言行和舉止是那樣中矩中規[193]。

74 龐培沿著安斐波里斯（Amphipolis）的海岸航行，渡過大海到邁提勒尼（Mitylene）去接高乃莉婭和他的兒子[194]，等他到達那座島嶼的港口，

---

192 兩位連圖盧斯是57B.C.出任執政官的連圖盧斯・司頻澤爾和49年出任執政官的連圖盧斯・克魯斯（Lentulus Crus）；蓋拉夏國王戴奧塔魯斯率領600名騎兵來為龐培助陣。

193 這兩句詩可能出自優里庇德的悲劇。

194 安斐波里斯位於愛琴海北岸的斯特里蒙河河口，他的妻子高乃莉婭和穆西婭所出的兒子色克都斯在列士波斯島的邁提勒尼。這時凱撒在後追擊極其緊迫。

派遣一位信差進入城市，帶來的消息與高乃莉婭的期望迥然不同。先前她一直接到樂觀的新聞和信件，使得她相信戰爭在狄爾哈強已經決定成敗，龐培爲了犁庭掃穴全力追擊凱撒。信差發現她的內心仍舊滿懷希望，現在已經無法保持平常的禮數，流出的眼淚比起要說的話，更讓她明白龐培大將遭遇的不幸，同時交代如果她要見龐培就得趕快走，那裡只有一艘船，而且那艘船還不屬他所有。

　　年輕的貴婦人聽了這番話，立即昏倒在地上，很長一段時間毫無知覺也說不出話來，經過一番掙扎最後還是清醒過來，知道沒有時間去傷心和痛哭，馬上出發穿過城市來到海邊，龐培見到她馬上用手將她抱住，像是她生病不良於行一樣。她大聲叫嚷道：

> 夫君，這都是我的命不好，給你帶來禍害；在你娶高乃莉婭之前，率領一支有500艘船的艦隊縱橫四海，現在落在我眼裡只有一條可憐的小船。就是因爲我的厄運連累到你，爲什麼你還要來找我？爲什麼你不丟掉我這個天生苦命的婦人？如果我的命眞的很好，那我應該死在第一任丈夫巴布留斯的前面，就不會聽到他在帕提亞陣亡的消息；早知如此，我何不在當時就認命，可以追隨他於地下[195]。最後我還是保留最大的災難，給龐培大將帶來毀滅的結局[196]。

75 等到高乃莉婭講完以後，據說龐培是這樣回答：「高乃莉婭，你所知道的我總是事事順遂，認爲這一切必然如此，因而產生無窮的希望。然而我們僅是凡人，要能忍受目前的處境，接受命運帶來的考驗，我始終保持這種信念，就是『剝往而復，否極泰來』。」因此高乃莉婭派人將她的奴隸和行李送到城外，邁提勒尼的市民前來向龐培致敬邀請他進城，龐培婉拒並且勸他們要順從征服者無須畏懼，因爲凱撒的爲人非常善良，對待他們會很仁慈。

　　克拉蒂帕斯（Cratippus）[197]隨著大家一起出城來迎接他，龐培這時轉過頭來與

---

195 高乃莉婭第一任丈夫巴布留斯·克拉蘇隨著他的父親在帕提亞戰死。

196 盧坎把龐培的不幸歸咎於他與高乃莉婭的婚姻，特別爲此寫出動人的詩篇；前三雄執政期間，克拉蘇始終是個制衡的力量，等到克拉蘇戰死他的兒媳嫁給龐培，等於整個中間勢力全部倒向一邊，平衡遭到破壞就會引起戰爭。

197 邁提勒尼人克拉蒂帕斯是逍遙學派哲學家，受到西塞羅的推崇也是他兒子的教師，布魯特斯

這位哲學家交談，對於上天未能保佑他頗有幾句埋怨之辭。克拉蒂帕斯希望他保持樂觀的心情，不願反駁他所說的話，要是這樣做不僅失之苛刻也不合時宜。他為了給天神辯護就向龐培提出一個問題，譬如說共和國的治理表現很差，難道就該改為君主國一樣，於是他問道：「啊！龐培，我們無法事先得知，你也不能提出保證，要是你戰勝的話，難道認定你有好運會比凱撒做得更盡善盡美？我們只有聽從上天的安排，冥冥中自有定數。」

76 龐培帶著他的妻子和朋友登船，除了必須獲得糧食和飲水，否則不進港口也不停靠任何陸地。他進入的第一個城市是位於龐菲利亞的阿塔利亞（Attalia），這時他獲得幾艘從西里西亞開來的戰船，加上一隊人數不多的士兵，幾乎又有60位元老院議員與他在一起，然後他聽說整個水師安然無事，小加圖在他潰敗以後，經過收容和整頓又獲得相當數量的士兵，現在帶著他們渡海到達阿非利加[198]。

他開始抱怨這些朋友同時自己也感到內疚，竟然受不住他們的壓力要在陸地與敵人接戰，何況還沒有使用那些戰力更為強大的部隊；甚至對於戰鬥沒有靠近他的艦隊都毫不在意，否則他的會師要是在陸上受到阻攔，就可以運用海上交通線供應援軍，可以在對等條件下有足夠的戰力與敵人分庭抗禮。實在說，龐培所犯最大的錯誤，不是他對整個戰事的指導沒有先見之明，也不是小加圖沒有運用更為高明的策略，而是他們的作戰遠離水師不能發揮統合戰力的功效[199]。

他現在要在能力可及的範圍之內，做出某些決定並且進行若干計畫；於是他派遣代表前往鄰近的城市，有些地方是親自乘船前往拜訪，要求他們對他所需的船隻提供金錢和人員。他生怕敵軍很快來到，就會摧毀所有的準備工作，開始考量在何處可以獲得安全的庇護，使得他現在能夠撤退到該地。於是他召開會議共商對策，大家都同意沒有一個羅馬行省合於條件，要是把那些王國列入討論，龐

（續）
在雅典受教於他的門下。

198 小加圖在阿非利加繼續抵抗，46年4月6日B.C.凱撒在塔普蘇會戰獲得勝利，此時小加圖留守烏提卡，得知凱撒即將前來圍攻，不願投降於4月12日自殺身亡。

199 龐培陣營於內戰全期，未能發揮海權優勢和內線之利，用分進合擊對凱撒取攻勢，反而採守勢作戰，在態勢、心理和士氣方面均已落入下風，尤其是龐培在馬其頓坐視凱撒各個擊滅他的部將，而不採積極之救援行動，更是敗亡的主因。等到凱撒渡海到希臘求敵決戰，龐培大勢已去，無論是否能與水師配合，終歸難逃失敗之命運。

培非常中意帕提亞，雖然他們現在處於弱勢，他認為帕提亞人會接納他們並且給予保護，只有這個王國最有能力供應所需的戰爭工具，還會派遣一支大軍前來助戰。會議中還有人建議他們前往阿非利加，努米底亞國王朱巴是聲勢強大的盟友。

列士波斯人狄奧法尼斯另有看法，認為不去埃及是瘋狂之舉，因為距離很近，航程只要三天；況且對於托勒密要是不善加利用更是不智，這位國王現在還是幼童，特別是龐培幫助他的父親復位建立很深的友誼，所以他欠龐培很大的情分[200]。這樣看來，他更不應該將自己置於帕提亞人的控制之下，要去相信世界上最卑鄙無恥的民族。還有就是他不為自己也要為他的岳父打算，雖然屈居他的下面成為第二號人物，還是對其他人起領導的作用，難道還要他去接受阿薩西斯（Arsaces）的恩惠，甚至克拉蘇遇到他都丟掉性命[201]。再者，就是會讓年輕的妻子和西庇阿的家庭在蠻族當中拋頭露面，這些人都好色如命，為了表現他們高人一等，有了權力就會無禮冒犯，雖然她重視榮譽甚於生命，一旦落入他們的手中還是無法倖免。據說，僅僅最後這個理由就足以說服他改變行程，決定前往埃及，看來命中注定龐培要走上這條不歸路。

77 因此，當他們決定逃到埃及以後，就與高乃莉婭乘坐塞琉西亞的戰船立即從塞浦路斯啟碇，其餘的朋友分乘戰船或商船相伴一起航行，渡過大海沒有任何危險。後來聽說托勒密王親率大軍進駐佩盧西姆（Pelusium）[202]，與他的姊姊發生戰事。龐培還是按原來的航程繼續前進，派遣一位認識國王的信差去通報他要抵達的信息，並且要求給予保護。托勒密的年齡很輕，波瑟努斯（Pothinus）是負責國家政務的首席大臣，召集主要的人員舉行會議，無論大家的建議多麼有分量，最後還是取決於他的好惡。這次會議討論如何接待龐培，他命令大家都要發表意見，想起龐培大將的命運操縱在這幾個人的手裡，一位宦官波瑟努斯，一位是開俄斯人狄奧多都斯（Theodotus）——雇來教修辭學的老師，還有一位是埃及人阿奇拉斯（Achillas），怎麼不讓人怒氣填膺。參加會議的

200 龐培透過代理人敘利亞總督蓋比紐斯協助托勒密十二世奧勒底斯復位，現在的埃及國王托勒密十三世年僅15歲，正與其姊克麗奧佩特拉發生爭執。
201 克拉蘇和他的部下相信阿薩西斯的部將蘇里納（Surena）提供安全保證，放下武器以後難逃殺身之禍。
202 佩盧西姆位於尼羅河最東邊的支流，城池堅固，是亞洲進入埃及的門戶。

人員還有寢宮總管和奴僕頭目，這些都是宮廷重要人物。龐培認為要靠著凱撒才能獲得安全是非常羞辱的事，就在離海岸有相當距離的位置拋錨，被迫要等待他們像開庭一樣做出最後的判決。會議中大家的的意見分歧，有人主張將龐培打發走路，還有人打算將他接進國門。

　　狄奧多都斯為了表現他的睿智以及修辭學的說服力，說是為了處理目前的問題，會中所提兩個方案都無法確保國家的安全。如果他們善意接待龐培，就會使得國王成為凱撒的敵人，到時龐培反而成為他們的主子。要是他們不理龐培要他離開，就會得罪他有朝一日引來報復；同樣會惹起凱撒的仇視，因為沒有把龐培交到他的手中。因此，他認為最好的辦法是派人去見龐培，然後就勢取他的性命；這樣一來他們讓凱撒欠國王的情，無須對龐培存著畏懼之心。最後狄奧多都斯帶笑加了一句話：「死者不會反噬。」

78 建議的事項獲得批准，他們把這個任務交給阿奇拉斯去執行。因此他帶著兩位幫兇和三、四名隨從趕往龐培的戰船所在地；兩位幫兇當中有一位叫做塞普蒂繆斯（Septimius），過去是龐培麾下的指揮官，另外一位薩維烏斯（Salvius）擔任過百夫長。就在此時，這次航行陪伴龐培的主要人物都來到他的船上，想要知道國王派遣的使者所帶來的信息。當他們看到接待的方式既不夠隆重也談不上禮遇，完全不能符合狄奧法尼斯的希望，跟他們的預期有天淵之別的時候（只有幾個人乘著一艘漁船前來迎接），他們開始懷疑這種待客之道是否有見不得人的陰謀，就對龐培提出警告，應該將他的戰船向後划到投射武器不及之處，然後航向大海。

　　這時埃及人的船隻已經駛近，塞普蒂繆斯首先站起來，用拉丁語向龐培致敬，稱呼他的頭銜是「凱旋將軍」。然後阿奇拉斯用希臘語向他問候，要求他登上他們的船隻，特別告訴他說是從這裡到海岸都是淺灘，戰船的負載很重，船底會陷在沙中動彈不得。就在這個時候，他們看到幾艘國王的戰船，甲板上面裝了很多人，所有的海岸滿布士兵，現在他們即使想改變心意，很可能無法逃脫。除此以外，他們的不信任會給這些兇手有施暴的藉口。因此，龐培與高乃莉婭作別，他的妻子看到這種狀況就開始哀傷，生怕他難逃殺身之禍，吩咐兩位百夫長還有他的自由奴菲利浦和另外一位名叫西瑟斯（Scythes）的奴隸，隨著龐培一齊上埃及人的小船。一些水手和阿奇拉斯都伸出手來扶他，龐培轉過頭來對著他的妻子和

幼兒，口裡唸著索福克利的抑揚格詩句：

> 他一旦踏進暴君的大門，
> 變成奴隸失去自由之身。

79 這是龐培對他的朋友說出最後的遺言，然後才登上對方的船隻。從戰船到岸邊還有相當的距離，他發現船上沒有一個人同他寒暄，或者表示歡迎之意，就用誠摯的眼神看著塞普蒂繆斯說道：「要是沒弄錯人的話，我記得過去你是我的戰友。」他只是點了一下頭，沒有答腔甚至一句客氣話都不說。像死一樣的靜寂再度籠罩全船，龐培的手上拿著一本小書，上面寫著希臘文的講詞，他打算說給托勒密王聽，現在開始誦讀一遍。等到他們快要接近海岸，高乃莉婭和他的朋友在戰船上面，非常焦急地注視著事態的發展，最後她看到幾位王室的護衛跑過來迎接，顯然是給他更爲禮遇的款待，使得大家放心不少。

就在這個時候，菲利浦用手扶著龐培，像是使他更容易站起來，塞普蒂繆斯首先用劍從他的背後刺進去，薩維烏斯和阿奇拉斯接著也都拔出劍來，因此，龐培用雙手將他的長袍拉起來蓋住他的臉孔，面臨無濟於事的狀況什麼也沒說什麼也沒做，忍受傷口帶來的痛苦只呻吟片刻，就此終結他的一生。他是59歲去世，這一天正好是他的生日[203]。

80 高乃莉婭和她的同伴在戰船上面，親眼看到謀殺的一幕，發出的喊叫連岸上都能聽到。他們用最大的速度拉起船錨，趕緊升帆逃走。一陣強風從岸上吹來，幫助他們很快駛向開闊的海洋，埃及人想要攔截已經來不及，只有停止追趕的念頭。他們把龐培的頭砍下來，然後把屍身拋下船隻，任憑裸露在沙灘，任何人只要好奇都可以看到這悲慘的情景。菲利浦留在旁邊照料，一直等到大家看夠了離開，就用海水清洗遺體，他手頭沒有任何東西，脫下身上的外衣當作裹屍布。他在沙灘附近到處尋找，最後發現一艘小漁船剩下破爛的船板，雖然能用來充當燃料的不多，足夠爲赤裸而殘缺不全的屍身搭起一個火葬堆。

---

203 龐培亡故於48年9月28日B.C.，享年58歲，離他舉行第三次凱旋式（那天是他的生日）正好是13年。

正當菲利浦忙著將古老的船板收集起來之際，一位年老的羅馬市民前來問他是誰，爲什麼要爲龐培大將料理後事，因爲這個人在年輕的時候，曾經在龐培的手下服役參與作戰的行動。菲利浦回答說他是龐培的自由奴；這位老人說道：「既然如此，你可不能獨享這份榮譽，我請求你讓我也能爲虔誠而神聖的工作盡力，這樣我不致後悔這麼多年一直留在異鄉的土地，爲了補償我這麼多的遺憾，最後終於讓我獲得幸福，那就是能用我的手接觸到龐培的身體，能爲羅馬最偉大的將領克盡終飾的義務。」基於這種狀況能爲龐培舉行體面的葬禮。

盧契烏斯·連圖盧斯對於發生的事件毫不知情，從塞浦路斯出發在次日沿著埃及海岸航行，看到一個火葬堆只有菲利浦站在旁邊，除此以外沒有別的人，他說道：「誰會想到就在此地結束生命？」停了一會嘆口氣說道：「龐培烏斯·瑪格努斯，或許就是你！」等到他登岸，立刻遭到逮捕和處死[204]。這些是龐培臨終時發生的狀況。

沒有過多久，凱撒來到這個國家，發現到處都留下令人痛心的痕跡，有一個埃及人把龐培的頭顱當成禮物送進來，他帶著厭惡的神色轉過臉孔，把來人當成謀殺龐培的兇手；還收到龐培的私印，上面刻著一頭用爪握劍的獅子，他看到以後忍不住流下眼淚。

阿奇拉斯和波瑟努斯都被凱撒處死，托勒密王在尼羅河畔的會戰全軍覆沒，逃走以後從此下落不明。狄奧多都斯逃離埃及，沒有受到凱撒主持正義應得的制裁，像一個流浪的乞丐過著放逐的生活，不停在四處飄蕩，受盡世人的輕視和痛恨，最後就是弒殺凱撒的馬可斯·布魯特斯，發現他在亞細亞行省，抓到他以後讓他受盡折磨而死。後來凱撒把龐培的骨灰送給他的妻子高乃莉婭，她就將它安厝在靠近阿爾巴的莊園。

---

204 這位是49B.C.的執政官盧契烏斯·連圖盧斯·克魯斯，他隨同龐培從法爾沙拉斯逃走，後來龐培要去列士波斯他們才分手。

第三章
亞傑西勞斯與龐培的評述

1 以上所述是亞傑西勞斯和龐培的傳記，現在要就他們的平生事蹟進行比較，首先將他們之間大相逕庭而容易引起爭論之處，非常簡略加以分析。

第一點，龐培運用公平和正直的手段達到偉大和光榮的目標，憑著不懈的努力獲得名望和權勢，大力協助蘇拉要將意大利從暴政的桎梏中解救出來。亞傑西勞斯登上王位顯然違背神和人的旨意：李奧特契德是他的兄長公開接受的合法哲嗣，被他稱爲私生子；竄改神讖的說明和註釋，避開跛足者不得爲王的辭句。

第二點，蘇拉在世的時候，龐培對他保持應有的尊敬，等到蘇拉亡故，根本不理會雷比達的反對，用體面的喪禮將蘇拉安葬；後來又將自己的女兒許配給蘇拉的兒子福斯都斯。亞傑西勞斯卻用微不足道的藉口，厲言指責賴山德並且讓他陷入羞辱的處境。事實上，龐培並沒有受到蘇拉的提拔，反倒是蘇拉欠負龐培良多；然而賴山德使得亞傑西勞斯成爲斯巴達的國王和全希臘的統帥。

第三點，龐培的政治生涯所以遭受重大的挫折，無論從法理和正義而言，並非是個人的錯誤或過失，完全受到其他人士的影響，特別是他的兩位岳父凱撒和西庇阿。亞傑西勞斯溺愛自己的兒子，雖然司福德瑞阿斯對雅典人的寇邊行爲應予誅戮，他用曲解法律的手段赦免所犯罪行；菲比達斯實施陰謀活動破壞斯巴達與底比斯的和平協定，非常明顯是他在後面教唆和指使，這種不義的行爲難免引起對方的氣憤。

總之，龐培可以說是爲了順從親友的意願或是本人過分的疏忽，給羅馬帶來災難和不幸。亞傑西勞斯可以說是出於個人的固執和惡意，引發皮奧夏戰爭才會給斯巴達釀成大禍。

2 再者，我們可以將部分災禍歸咎於個人的厄運，有些眞是與生俱來而且命中注定。不過，就拿龐培來說，非要讓羅馬人有先見之明，那也是毫無道理的事。亞傑西勞斯則不然，拉斯地蒙人事先有預兆，向他們提出警告要避開「瘸腿的統治者」。要不是賴山德擁戴亞傑西勞斯站出來主持公道，對神讖的本意加以掩飾和隱瞞，即使李奧特契德受到一萬次的指控，說他是一個外來的野種，仍舊無濟於事，到最後還是優里龐世系占有上風，很輕易爲斯巴達推出合法而又四肢健全的國王。

亞傑西勞斯的守法精神使他在必要時運用一種政治詭辯術，處於人民動盪不安的時刻，面臨琉克特拉會戰失利的打擊，他用法律在「今日」沉睡不醒，對於那些逃兵不給予嚴屬的懲處，讓他們能有改過自新之路，在歷史上很不容易找到能夠相比的案例，就是龐培也難以施展這樣高明的手法。龐培則不然，他認爲對自己所制定的法律擁有豁免權，甚至就是他的朋友違法犯紀都可以安然無事，一方面表示他的重視友誼，另一方面展現他的權勢薰人。

亞傑西勞斯發覺有與法律牴觸的需要，用來拯救爲數眾多的市民，他會採用一種權宜措施，使得法律的本體和犯法的人員都不會受到傷害。我必須推崇亞傑西勞斯一種無可比擬的行動，能夠善盡市民的責任和服從當局的指示，當他接到斯巴達送來的緊急文書，立即將亞洲的戰爭棄之不顧趕忙返回國門。他不像龐培服務國家的著眼在於成就個人的偉大事功，堅持的觀念是城邦的利益才是全力以赴的目標，古往今來除了亞歷山大大帝，沒有人能像他那樣把權力和榮譽視爲過眼煙雲。

3 現在我們就另一個因素加以考量，要是提到龐培的軍事作爲和戰爭成就，他實施大規模的遠征行動，建立無數的戰勝紀念碑，擊敗舉世實力最大的強權，在數不清的會戰中贏得大捷。我相信色諾芬即使對亞傑西勞斯佩服得五體投地，無論是在著作或是演說中，都將亞傑西勞斯看成最優秀的英雄人物，而且還認爲這是身爲目擊者獨有的特權，也不敢把他的勝利拿出來與龐培較量一番。

我認爲在這兩人對於敵人的仁慈和寬容，表現的作爲還是有很大的差異。亞傑西勞斯要奴役底比斯人並對梅西尼採取絕滅的手段，須知後者是斯巴達古老的兄弟之邦，提起底比斯更是赫拉克萊德家族的故鄉和發源地；何況他爲了達成這個企

圖，幾乎使斯巴達陷入萬劫不復的處境，連帶希臘的政治權力都落到異族的手中。然而龐培卻讓海盜到那些城市去定居，好使他們能夠改變生活的方式；當他有權力使亞美尼亞國王泰格拉尼斯，在凱旋式行列中亮相增加他的光彩，他的抉擇是與泰格拉尼斯建立聯盟關係，說是一天的炫耀與未來的榮譽其價值完全無法相比。

如果這些偉大而明智的將領，因為擁有卓越的武德，才能完成軍事的行動和計畫，我認為就這方面而言，拉斯地蒙人為羅馬人遠所不及。亞傑西勞斯絕不會放棄他的城市，雖然有一支7萬人的大軍把斯巴達圍得水洩不通，何況他是在琉克特拉會戰新敗之後，只有少數守備部隊進行堅決的抵抗。凱撒的進軍只有區區5300人的部隊，也不過占領意大利一個小城，然而龐培在驚慌之中離開羅馬；要不是因為怯懦對少數敵軍產生畏懼，就是情報不靈誤以為敵軍大舉來攻。他在逃亡的途中還帶著自己的妻兒子女，留下市民落入毫無防衛能力的處境，這時他應該為了保衛國家與敵人戰鬥直到贏得勝利，或者屈服於征服者所提出的條件；無論如何，凱撒還是他的同胞、親人和盟友。他不僅拒絕延長凱撒的總督任期，還不容許他獲得另一次執政官的職位，過去他讓凱撒獲得權力，現在還將羅馬拱手讓給這位對手，同時告訴梅提拉斯，他會使凱撒和那些留下來的人，全部成為他任憑處置的俘虜。

4 一位稱職的將領最重要的工作，擁有優勢要迫使敵軍戰鬥一舉將其擊滅，屈居劣勢或力有不逮應該避免與敵決戰；亞傑西勞斯明瞭這個道理而且奉行不渝，這樣才能夠有戰必勝，所向無敵。然而在龐培與凱撒爭天下的過程中，凱撒居於劣勢卻能避開內線作戰的危險，運用陸上部隊各個擊敗當面的敵軍；即使龐培擁有錢糧、庫儲和海權，最後都變成對手的囊中物，凱撒能夠達成不戰而屈人之兵的目的。龐培是一位年事已高的將領，擁有豐富的戰陣經驗，現在遭到平生最大的羞辱，可以說是找不到藉口也無從辯白。年輕的指揮官受到喧囂和爭吵帶來的脅迫，意志不夠堅定就會改變原來的態度，即使判斷非常正確也會因軟弱的個性而放棄，這種事情不僅經常發生而且值得原諒。

然而就龐培而言，羅馬人把整個營地看成他的王國，中軍大帳就是他的元老院，他們把留在羅馬掌握政府的執政官、法務官和各級官員，一律稱之為奸賊和叛徒。對於龐培這樣一位從未屈居於他人之下，無論任何戰役所有人員都要聽命的唯一將領而言，會被弗浮紐斯和杜米久斯的嘲笑激起怒火，為了不讓阿格曼儂

這個綽號加在頭上而失去理智，最後逼得要把整個羅馬帝國和自由權利，冒著孤注一擲的危險，出現這種狀況眞是令人難以忍受。

如果龐培這麼在意現在的羞辱，那他應該在開始就用軍隊保護城市，爲防守羅馬與敵軍進行會戰，也就不會離開造成目前的狀況，無須說是爲了採行提米斯托克利的策略，所以不與敵人在意大利鏖鬥，將遲延的戰爭當作審愼考量的結果，面帶愧色在帖沙利與敵軍拚出勝負。上天並沒有指定法爾沙利亞平原，是他們逐鹿羅馬帝國的舞台，也沒有派出傳令官提出挑戰的要求，宣布他們必須進行決鬥讓勝者獲得獎賞。這裡有無數的平原，數以千計的城市，只要他的艦隊擁有海上優勢，甚至整個陸地都在他的控制之下，就能仿效麥克西穆斯、馬留、盧庫拉斯這些人的作爲，甚至就拿亞傑西勞斯來說，等到底比斯人要激怒他爲保衛自己的領土出城決戰的時候，他對斯巴達城內的喧囂充耳不聞；他在埃及向國王提出高掛免戰牌的建議以後，就得忍受數不清的中傷、誹謗和疑懼。他還是堅持立場不爲所動，對於自己的判斷深具信心。他提出的應變措施雖然違背埃及人的意願，最後還是讓他們獲得拯救；即使斯巴達受到天災人禍的威脅，只有他的作爲使得城邦化險爲夷。不僅如此，他與底比斯人的對抗能夠樹立最壯觀的戰勝紀念碑，保持堅忍不拔的信心面對絕滅的困境，後來還是重建征服的權威和實力。

亞傑西勞斯最受讚譽之處，在於抗拒外在的騷擾，使出孤力回天的本領。龐培所以出錯是受到別人的拖累，尤其是那些指控他的人，他們出一些餿主意對他造成誤導。還有人言之鑿鑿，說他爲他的岳父西庇阿所騙，因爲西庇阿在亞洲弄到巨額錢財，想要瞞住大家好一人獨呑，就向龐培施壓進行會戰，藉口是缺乏經費難以持久。即使確有其事，一位將領還是不應該輕易上當，更不能因受騙產生喪失最大利益的危險。這是我對他們就戰爭的指導和作爲進行比較以後，所抱持一些看法和觀念。

5 當他們向著埃及進發的時候，一位的航行是出於逃亡的需要；另一位既無充分的理由也無需要，作爲一個傭兵完全是爲了錢財去爲蠻夷之邦服務，使得他以後有能力對希臘人發起戰爭。因此，我們要是指控埃及人用殘酷的行爲對待龐培，那麼埃及人同樣可以埋怨亞傑西勞斯的不義。龐培相信埃及人所以遭到他們的背叛和謀殺；亞傑西勞斯受到信任反而出賣他們，轉過來幫助他們的敵人攻擊那些原來他答應給予支援的人。

第十七篇
繼往開來者

第一章
亞歷山大（Alexander）

356-323B.C.，馬其頓國王和戰無不勝的希臘統帥，
入侵波斯和印度，建立前所未有的大帝國。

1 我在本章敘述亞歷山大大帝和凱撒的平生，前者是馬其頓國王而後者擊敗龐培大將。這兩位顯赫的人物可供頌揚的偉大事蹟實在無法勝數，只能將他們一生當中最為人津津樂道的傳聞軼事概約加以描繪，無法對每一項傲世驚人的豐功偉業都做詳細的記載。大家應該記得我是在撰寫傳記而非歷史。

我們從那些最為冠冕堂皇的事功之中，並不一定能夠極其清晰看出人們的美德或惡行，有時候一件微不足道的瑣事，僅是一種表情或一句笑談，比起最著名的圍攻、最偉大的軍備和最慘烈的戰爭，使我們更能深入了解一個人的風格和習性。如同一位人像畫家進行細部的繪製，特別要捕捉最能表現性格的面容和眼神，對於身體其他的部位無須刻意講求。因之要請各位容許我就人們在心理的跡象和靈魂的徵兆方面多予著墨，用來追憶他們的平生，把光榮的政績和彪炳的戰功留給其他作家去撰寫。

2 史家認為亞歷山大在父系方面是海克力斯和卡拉努斯（Caranus）[1] 的後裔，母系方面出於伊阿庫斯（Aeacus）和尼奧普托勒穆斯（Neoptolemus）[2]。

---

1 卡拉努斯是海克力斯第16代子孫，794B.C.成為馬其頓的君主，亞歷山大大帝是他第22代的後裔，因此，從海克力斯到亞歷山大一共有38代。

2 4世紀B.C.歷史學家狄奧龐帕斯（Theopompus）在他的著作裡面，首次提到卡拉努斯是馬其頓人的祖先。據說阿奇里斯之子尼奧普托勒穆斯（阿奇里斯是伊阿庫斯的孫子），參加特洛伊戰爭歸來以後定居在摩洛西亞（希臘的西北部山區），建立一個出現很多位國王的王朝。根據這種宗譜和世系，使得亞歷山大與希臘主要的英雄人物產生血緣關係。

他的父親菲利浦年輕時候住在薩摩色雷斯，對於奧琳庇阿斯（Olympias）一見傾心，在她的陪同之下接受當地的宗教禮儀，因為奧琳庇阿斯的父母雙亡，獲得她的兄長阿里姆巴斯（Arymbas）的同意之後，兩人結成連理[3]。舉行婚禮的前夜，她夢到一道閃電擊中她的身體，引燃一陣大火，使得烈焰到處蔓延擴散，最後才慢慢熄滅。菲利浦在結婚以後，有一次夢到他用一個印蓋在妻子的身上，表示要把她封存起來，在他的印象之中最令人感到奇怪的地方，是這個印的形狀很像一頭獅子。有些占卜者把這個夢解釋為一個警告，要菲利浦對自己的妻子多加防範。特密蘇斯（Telmessus）的亞里斯坦德（Aristander）[4]認為封起空無一物的東西，是毫無必要的動作，所以他斷言那個夢是表示王后已經懷有身孕，會生出像獅子一樣強壯和勇敢的男孩。

有次奧琳庇阿斯在睡覺的時候，菲利浦發現有一條蛇盤在她的身旁，據說這樣一來使得他的慾念大為減退，從此以後很不樂意與她同床共枕，很可能是他怕她是一位妖婦，或許是他認為她與神明有了戀情，產生受到冷落的感覺。還有其他的說法，那個國度的婦女極度迷戀奧斐烏斯（Orpheus）的儀式和對巴克斯的狂熱崇拜（她們被稱為克洛多尼斯[Clodones]和密瑪洛尼斯[Mimallones]），在很多地方模仿希慕斯（Haemus）山附近伊多尼安（Edonian）和色雷斯婦女的舉止，在希臘文中threskeuein這個字，就是因此演變而來，表示一種「極其繁瑣而且大肆舖張的拜神禮儀」。奧琳庇阿斯特別喜愛這種帶有幻想風格的神召方式，為了增加來自蠻荒的恐怖氣氛，在儀式的舞蹈當中用一些馴養的大蛇當作道具，從常春藤掩蓋的神秘竹簍中爬出來，盤繞在聖矛和婦女的花環上面，讓人看起來有不寒而慄之感。

3 菲利浦在看到這種異象之後，派遣麥加洛波里斯的奇朗（Chaeron）前往德爾斐，請示阿波羅的神讖，接奉的吩咐是要向阿蒙（Ammon）獻祭，從此要對這位神明格外的尊敬，告訴他有天他會失去一隻眼睛[5]，因為他竟敢從門縫

3　薩摩色雷斯位於愛琴海的北海岸，神秘的宗教儀式在希臘極其出名，提到菲利浦和奧琳庇阿斯的相遇有很多不同的說法；菲利浦生於382B.C.，奧琳庇阿斯是375年。阿里巴斯應該是奧琳庇阿斯的叔父，蒲魯塔克引用有錯，或者出於於抄本的筆誤。

4　亞里斯坦德是亞歷山大最信任的占卜官，一直隨他遠征亞洲。

5　奧林匹克106會期第3年即354B.C.，菲利浦攻打瀕臨德密灣的梅索尼（Methone）城，中箭喪失

中偷窺與他的妻子作伴的巨蛇，那就是神明的化身。伊拉托昔尼斯（Eratosthenes）曾經提過，亞歷山大第一次出發遠征，奧琳庇阿斯在送行的時候告訴他的秘密身世，要求他的行爲舉止表現出大勇的氣概，才能配得上神聖的血統。另外有些人很肯定地表示，她對這種誹謗的言辭完全否認，她總是這麼說：「什麼時候亞歷山大才不會聽信謠言，說我與朱諾毫無關係呢？」

　　亞歷山大 [6] 生於Hecatombaeon月 [7] 也就是馬其頓的Lous月第六天（7月6日），以弗所的黛安娜神殿焚毀的同一天。馬格尼西亞的赫吉西阿斯（Hegesias）對這件事表示自己的意見，冷酷的言辭足以撲滅一場大火。他說神殿失火被燒得片瓦不留，因爲正好是亞歷山大出生之時，女神前去幫忙沒有留在廟裡所致 [8]。正當以弗所遭遇不幸的時候，那些東方的預言家認爲神廟的被焚，是另外一場災難的徵兆，他們滿城到處亂跑，一邊打著自己的臉一邊高聲喊叫，這一天從上天降下一個禍害，將來要爲整個亞洲帶來苦楚和絕滅。

　　菲利浦剛剛占領波蒂迪亞（Potidaea），同時傳來三個信息：巴米尼奧（Parmenio）在一場大戰中擊敗伊里利亞人；他派出的馬匹在奧林匹亞競技會的賽車中獲得優勝；以及他的妻子平安生下亞歷山大。這樣一來使他感到非常高興，那些占卜者的話更是錦上添花，告訴他說他的兒子和三個勝利同時降臨，將來一定百戰百勝所向無敵。

4 黎西帕斯（Lysippus）的大理石像把亞歷山大的形像面貌表現得最爲神似（他只讓這位雕塑家爲他製作雕像），頭部向著左肩微傾（睥睨一切的神態，經常爲他的朋友和繼承者用心模仿），還有凝視的眼神，都被這位藝術家表

（續）──────────────

　　一目成爲「獨眼龍」。

6　亞歷山大生於奧林匹克106會期第1年即356B.C.。

7　伊利安（Aelian）非常明確的表示，亞歷山大的出生和死亡都在Thargelion月第6天（5月6日）。根據菲利浦的書信和笛摩昔尼斯的演講，都說亞歷山大生於馬其頓的Lous月即9月，那時希臘的Boedromion月與馬其頓的Lous月相應，並非蒲魯塔克所說的Hecatomboeon月即7月。要到後來馬其頓的Lous月相應於希臘的Hecatomboeon月；所以嚴格說起來亞歷山大應該是出生在9月而非7月。古代的曆法非常混亂，經常在換算的時候出現各說各話的現象。

8　以弗所的黛安娜神廟是古代最宏偉而神聖的建築物，曾經遭遇七次災難，重建後更能踵事增華，3世紀A.D.哥德人第三次海上入侵中最毀。這次發生大火是在356年7月20日B.C.。黛安娜女神是產婦和嬰兒的保護神，這種說法帶有諷刺的意味。

達得維妙維肖。阿皮勒斯（Apelles）畫出亞歷山大手執雷電的肖像，面容看起來卻稍嫌黝黑，因為亞歷山大有白皙的膚色，尤其是他的面孔和胸膛從皎潔中透出紅潤的光澤。

亞里斯托克森努斯（Aristoxenus）的《回憶錄》讓我們知道，亞歷山大的皮膚會散發一種好聞的氣味，他的呼吸和全身都是香氣襲人，使得他穿過的內衣帶著撲鼻的芬芳，所以有這種現象是出於他體質的燥熱和火氣過於旺盛。按照狄奧弗拉斯都斯的診斷，這種芳香的氣味是潮濕的體液受到心火的炙烤所調製出來[9]，世界上最好的香料大量出產在最炎熱和最乾燥的地區，就是這個道理。那些聚集在植物表面，可以引起腐敗的多餘水分，都被太陽的熱力蒸發殆盡。亞歷山大的體質屬火，所以才耽湎於痛飲之中，脾氣變得極其暴躁。他在幼年時期就表現出節制的天性，特例是有關肉體的愉悅，很難激起這方面的興趣，即使偶一為之也能保持溫文有禮的態度。

然而在其他方面他不僅格外急躁而且表現非常激烈，對於光榮的愛好和追求，他具有崇高的精神和恢宏的器度，這種實事求是的風格遠超過他的年齡和歷練。他並沒有刻意去浪得虛名，或是想在各方面都能出人頭地，就像他的父親那種習性（菲利浦最愛炫耀自己的辯才，已到舞文弄墨的程度，甚至把奧林匹克競技會獲得賽車的優勝，刻在錢幣上面作為紀念）。有些追隨他左右的人問他，是否願意參加奧林匹克競技會的賽跑項目，因為他的腳程非常的快，他的回答是如果有其他的君王願意和他一起跑，倒是可以上場比試一下。他對那些所謂的運動員，不能說是討厭但是保持冷淡的態度[10]。

他經常提供獎品，不僅是劇作家和音樂家，就是簫笛手或豎琴演奏家，甚至吟遊詩人都可以參加，彼此相互切磋和競爭。他愛好各種狩獵，偶爾也會下場用棍棒比劃幾個回合，對於拳擊和格鬥[11]這些極其暴力的運動，從來不會加以鼓勵和推展。

9　滿身異香是神明和英雄的特徵之一，蒲魯塔克運用自然的定理來闡明亞歷山大的個性和特有的體質，他的一生表現出堅毅不屈的風格可以說是其來有自。
10　斐洛波門同樣對於角力頗有反感，認為訓練的方式過於刻板不適合戰爭之用。
11　亞歷山大並非對角力抱反對的態度，只是他不喜歡把拳擊和角力混在一起的格鬥，認為太過血腥和暴力。

5 當他還是一個幼童的時候，正好他的父親不在宮廷，由他出面接待波斯國王派來使臣。他同他們的談話非常深入，保持安詳而和藹的態度獲得他們的尊重，他所提出的問題相當老練而且頗有見地(他詢問來訪路途的里程、亞洲內陸地區的道路狀況、波斯國王的性格、對待敵人可能運用的方式，以及可以調動多大的兵力進入戰場)。他們在吃驚之餘對他大爲讚揚，菲利浦的兒子在這樣幼小的年紀，就能表現出積極進取的精神和非比尋常的抱負，即使以菲利浦的精明能幹和聞名遐邇，看來還是雛鳳清於老鳳聲。

每當他聽到菲利浦占領一個重要的市鎮或是贏得一場重大的勝利，不會表現出高興的樣子，反而對他的友伴說道，要是他的父親把所有的事情都料理妥當，那麼他和他們就沒有機會去完成偉大而光輝的軍事行動。他熱中於積極的作爲和光榮的成就，對於享受或財富則不屑一顧。亞歷山大抱著一種觀點就是從父親那裡得到的疆域愈爲廣闊，將來可供成就事功的範圍會愈爲狹窄。如果要他選擇，寧願繼承一個飽受憂患和戰亂的王國，這是一大片光榮的場地，使他能夠經常發揮他的勇氣；而不願登上一個繁榮而穩定的寶座，只能享受富貴和奢侈，過著毫無作爲的生活。

菲利浦關心他的教育，可以想像得到，有許多人奉派成爲他的伴讀、教練和導師，李奧尼達斯(Leonidas)總攬全責。這個人是奧琳庇阿斯的近親，個性不苟言笑，他並沒有婉拒身爲老師的名義，認爲這是高尚而光榮的職位，從旁人來看他律己甚嚴而且與王后有親屬關係，所以稱爲亞歷山大的義父和監護人。

真正全權負責的教師是阿卡納尼亞人(Acarnanian)黎西瑪克斯(Lysimachus)，雖然沒有特別過人之處，經常朗朗上口，把自己稱爲斐尼克斯(Phoenix)，這樣一來亞歷山大就是阿奇里斯而菲利浦是佩琉斯(Peleus)[12]，因而獲得大家的敬重，成爲次於李奧尼達斯的二號人物。

6 帖沙利人斐洛尼庫斯(Philonicus)將一匹取名爲布西法拉斯(Bucephalus)的駿馬，帶到菲利浦的面前，出售給他的要價高達13泰倫[13]。當他們到

12　斐尼克斯和佩琉斯分別是阿奇里斯的嚴師和父親；有關斐尼克斯的事蹟可以參閱《伊利亞德》第九卷第432-496行。

13　1泰倫等於6000德拉馬或36000奧波，當時一個水手的日薪是4奧波，所以13泰倫相當於300個水手的年薪，要是算成現在的幣值，這匹馬的身價應該在一億五千萬新台幣左右，古人所

原野試騎的時候，發現這匹馬的性子激烈根本無法駕馭，只要有人想要騎上去它就高舉兩條前腿直立起來，對於菲利浦的隨員任何安撫的手法，完全不予理會。這樣看來一匹野性未馴的馬沒有什麼用處，只有讓他們把它牽走。站在一旁的亞歷山大說道：「多麼好的一匹駿馬，只因爲缺乏駕馭的本領和膽量，大家只有空手而返！」菲利浦開始沒有注意他在說什麼，聽到他一再把這幾句話重複說了好幾遍，看到他爲這匹馬被牽走而深感煩惱的表情，就對他說道：「聽你這種口氣，竟敢指責那些比你年長的人，難道你比他們更會調教這匹劣馬？」亞歷山大回答道：「要說這方面，我是比他們更行。」菲利浦說道：「如果做不到，你說說看，這種莽撞的行爲應該怎樣辦？」亞歷山大回答道：「我願意付這匹馬的價錢。」

所有在場的人員聽到以後都大笑起來。等到打賭的事說定，亞歷山大立即跑到馬的旁邊，先抓住韁繩，把馬頭轉到對著太陽的方向，因爲他觀察到這匹馬看到自己的影子在移動，產生畏懼而深感不安。這時就引導它向前走幾步，仍舊將韁繩握在手裡，當他發現這匹馬開始急躁要使性子，就用手輕輕撫摩它的軀體，然後不動聲色脫掉上衣，身手敏捷一躍上了馬背，坐定以後稍微拉緊韁繩，無須鞭策也不用馬刺，就將它制伏得服服貼貼。不過一會功夫，他發覺胯下的坐騎不再倔強反抗，已經耐不住要盡力疾馳，便讓它用全速奔跑起來，現在用一種帶有權威的聲音激勵牠，同時還用腳後跟的壓力驅策牠，所有的動作非常自然而且平順。菲利浦和他的朋友在開始的時候保持沉默在一旁觀望，非常焦慮可能產生的後果，等到他飛馳到盡處轉過馬頭，帶著得意洋洋的神色回到他們的身旁，所有人員都爆發出一陣喝采之聲。

據說他父親快樂得流下興奮的眼淚，當他跳下坐騎就去親吻他，帶著不勝歡欣的神情說道：「啊！我兒！去找一個配得上你的王國吧！馬其頓對你而言實在是太小了。」

7 發生這件事情以後，菲利浦知道應該採取更爲容易的方法，就是用理性去引導他克盡自己的責任，而不是運用強制的手段；所以總是盡力加以說服，而不是拿出高壓或命令的方式。他現在認爲對於這個年輕人的教育和指導，是一件非常困難而且極其重要的事情，不能全部委託給教授音樂、詩歌和一

（續）─────────────────
說「聲色犬馬」此之謂也。

般學科的冬烘先生，就像索福克利(Sophocles)所說那樣，需要：

> 騎士之韁，掌握發展的途徑；
> 導師之舵，引導正確的方向。

他延聘當代最博學和最知名的哲學家亞里斯多德，支付極其豐碩的束脩，能與教
導他兒子的重大任務相稱。

史塔吉拉(Stagira)城是亞里斯多德的故鄉，菲利浦原本已經下令要夷爲平
地，現在他又將它重建起來[14]，爲了充實當地的人口，使那些遭到流放或發售爲
奴的人員，予以赦免使之返鄉[15]。他特別撥出位於邁查(Mieza)[16]附近的寧弗斯
(Nymphis)神廟，用爲講學和作息的場所，直到今日，他們爲你指出亞里斯多德
的石質座位，以及經常用來散步那條濃蔭處處的路徑。亞歷山大在明師的指導之
下，不僅受教倫理學和政治學，還有更爲深奧和隱微的理論，從哲學家所賦予的
名稱看來，只能用口口相傳的方式授與少數門人弟子，很難公開讓大眾明瞭精義
之所在。

後來等到亞歷山大在亞洲的時候，聽到亞里斯多德出版若干這方面的著作，
他用非常坦率的語氣就個人的意見，寫了下面的一封信給亞里斯多德：

> 亞歷山大致亞里斯多德：敬候祺安。你將口授的奧密之學撰寫成書以
> 後出版，實在有欠允當。如果你所教導給我的知識全部公開，那麼我
> 對別人又怎能穩操勝券？就我的立場而論，可以在此明確相告，寧可
> 在學問方面居有相當的優勢，遠較權力和統治凌駕眾人之上，使我感
> 到更大的滿足。亞歷山大頓首。

14　史塔吉拉在350B.C.被毀，何時重建並未得知，蒲魯塔克讚譽亞里斯多德的工作不是爲了金
　　錢而是爲同胞謀福利。
15　根據老普里尼和華勒流斯・麥克西穆斯(Valerius Maximus)的說法，是亞歷山大完成史塔吉
　　拉的重建，那時亞里斯多德已經很老。
16　邁查離開馬其頓首府佩拉(Pella)約有40公里，就是現在的納烏沙(Naoussa)附近，蒲魯塔克
　　曾經去過這個地方。

亞里斯多德的回信對他卓越的成就極口讚譽，並爲自己的著作提出辯解，深奧的典籍是否出版無關緊要，那些形而上學的著作就一般人而言，等於天書毫無用處，僅僅對於熟悉這門學問的知識分子，可以讓他們收到溫故而知新的效果。

8 亞歷山大對醫術的愛好，無疑也是得自亞里斯多德的傳授，對於理論和臨床都很精通。從他的書信裡可以知道，當他的朋友生病的時候，不僅爲他們規定飲食還開出藥方。他的生性極其喜愛各種知識和學問，根據歐尼西克理都斯(Onesicritus)的說法，常常把經過亞里斯多德校訂過的荷馬《伊利亞德》(這個版本稱爲袖珍本[17])和他的短劍放在枕頭下面，他說這部書是一切武德和用兵的懷中寶庫。

當他進入上亞洲地區以後，因爲無法找到所要的書籍，列出清單下令給哈帕拉斯(Harpalus)[18]派專人送過去，計有菲利斯都斯(Philistus)的歷史著作[19]，優里庇德、索福克利和伊斯啓盧斯的悲劇和喜劇，特勒斯底(Telestes)[20]和斐洛克森努斯(Philoxenus)[21]所著若干卷頌歌集。

他自己曾經提過，有段時期他對亞里斯多德的敬愛不下於自己的父親，因爲父親給他生命而亞里斯多德教導他過美好的生活。後來亞歷山大對這位哲學家產生誤會，雖然沒有嚴重到要對他加以懲處，已經無法保持親密和友愛的關係，像過去那樣摯愛的交往不復存在，顯然雙方的情誼開始疏離和冷淡。不過，深植在他心靈之中對求知的強烈渴望和嚮往，仍舊與日俱增，始終未曾衰退。從他對安

---

17 這個袖珍本也稱巾箱本，因為保存在一個很名貴的珠寶箱內，這是取自大流士的戰利品。這個版本經過亞里斯多德、凱利昔尼斯和安納薩爾克斯的校訂，亞歷山大逝世以後才出版。亞歷山大得到這個小箱以後說道：「大流士將他的膏油放在裡面，我可沒有空閒去塗油將身體弄得芳香四溢，不過倒是可以供更高貴和文雅之用。」

18 哈帕拉斯是亞歷山大兒時的朋友，後來負責管理他的財務，生活變得非常奢侈腐化，就在亞歷山大從東方回來之前，他從巴比倫逃到雅典。

19 菲利斯都斯是4世紀B.C.的歷史學者，主要的著作是《西西里史》13卷，蒲魯塔克據以寫出第十四篇〈尼西阿斯〉。

20 特勒斯底是名聲響亮的詩人，錫西尼(Sycionians)僭主亞里斯塔都斯(Aristatus)曾經為他蓋一個紀念堂，普羅托吉尼斯(Protogenes)受託繪一幅壁畫，未能按時完成，導致僭主不滿有性命之憂，靠著快速的手法和優異的技術總算逃過一劫。

21 斐洛克森努斯(435-380B.C.)生於賽舍拉(Cythera)，是一位擅長神劇和合唱的詩人，在敘拉古為戴奧尼休斯一世的宮廷服務。

納薩爾克斯(Anaxarchus)的敬重、致贈50泰倫給色諾克拉底(Xenocrates)[22]，以及對丹達米斯(Dandamis)和卡拉努斯(Calanus)的特別照應，可見一斑。

9　菲利浦遠征拜占庭期間[23]，任命16歲的亞歷山大為他的部將，留在馬其頓主持國政，並且將印璽交給他保管。這時他並非無所事事，平定密迪人(Maedi)的叛亂，用強襲的方式占領他們的城市，將野蠻的居民驅離出境，留下的版圖安置由幾個民族組成的移民隊伍，將那個地方用自己的名字命名為亞歷山卓波里斯(Alexandropolis)。他的父親和希臘人進行的奇羅尼亞(Chaeronea)會戰之中，據說他是第一位膽敢對底比斯的神機隊[24]發起攻擊的人。甚至我現在還記得，西菲蘇斯(Cephisus)河畔有一株古老的樹木，人們稱之為「亞歷山大的橡樹」，當年他在那棵樹下搭過帳篷。不遠之處還可以看到一片墓地，是那場會戰陣亡的馬其頓人埋骨之所[25]。這些早年的英勇事蹟使得菲利浦欣喜萬分，要是聽到他的部屬稱他為「將領」，而把他的兒子尊為「國王」，更是讓他窩心不已。

　　家庭不和主要原因出於菲利浦第二次的婚姻和對新婦的愛情(這場糾紛起於閨房，逐漸擴大蔓延到整個王國)，使得父親和兒子之間發生多次的爭執和衝突，奧琳庇阿斯是一個嫉妒和難以相處的女人，用激烈的言辭使亞歷山大對他的父親產生不滿，造成火上加油的效果。除此以外，下面發生的狀況使得問題到無法收拾的地步。菲利浦愛上比他年輕很多的少女克麗奧佩特拉(Cleopatra)，並且娶她為妻[26]，在結婚的喜宴上面，新娘的伯父阿塔盧斯(Attalus)藉酒裝瘋，要馬其頓人祈求天神的賜福，讓他的姪女給他們一位合法的王國繼承人。這番話激怒亞歷

22　這位哲學家只收下很少一部分錢，把其餘的退回去，他告訴來人說是亞歷山大比他更需要這些財物，因為身為國王要養活更多的人。

23　菲利浦遠征拜占庭是在奧林匹克110會期第1年，即340B.C.。

24　底比斯的神機隊是高吉達斯精選300人組成的隊伍，成員之間有生死同命的友誼和情意，第八篇〈佩洛披達斯〉第18節有極其奇特的記載。

25　338B.C.菲利浦在奇羅尼亞會戰擊敗雅典和底比斯的聯軍，成為希臘世界的共主，蒲魯塔克的家鄉就在附近，所以他對這個歷史上重大事件的本末，以及四周的環境知之甚詳。這個公共墓地已由考古學家實施大規模的挖掘。

26　菲利浦在337B.C.娶克麗奧佩特拉為妻，蒲魯塔克對於白髮紅顏嚴詞抨擊。菲利浦是個多妻主義者，至少有7個老婆，有些是出於政治的需要，其中奧琳庇阿斯、菲拉(Phila)和克麗奧佩特拉有王后的封號。克麗奧佩特拉出身馬其頓的貴族，所以才能與奧琳庇阿斯和亞歷山大分庭抗禮。

山大,把一個杯子向著阿塔盧斯的頭部擲過去,說道:「你這個狗賊,竟敢把我當成私生子?」

菲利浦護著阿塔盧斯,拔劍向著他的兒子刺過去,好在他們兩人都很幸運,不知是他氣得昏了頭,還是飲酒過量,竟然滑了一跤跌倒在地板上面。亞歷山大用譴責的態度羞辱他,說道:「大家看看,這個準備從歐洲深入亞洲腹地的人,連座位之間幾步路都走不過去。」經過這次公開鬧翻以後,亞歷山大帶著母親離開菲利浦的宮廷,先把奧琳庇阿斯安頓在伊庇魯斯,自己退到伊里利亞過著不問世事的生活[27]。

大約在這個時候,科林斯人笛瑪拉都斯(Demaratus)[28]前來拜訪菲利浦;這個人是王室的老朋友,有話可以暢所欲言,不會有所忌憚或是引起反感。雙方經過一番寒暄之後,菲利浦問他希臘各城邦之間是否能夠保持友善的關係,笛瑪拉都斯回答道:「你的家庭烏煙瘴氣已經使你焦頭爛額,想不到還有精力來管希臘的閒事。」時機恰當的責斥使得菲利浦產生悔悟之心,馬上派人將兒子接回家,笛瑪拉都斯從中調停,父子之間的關係重歸於好。

10 這一次的和解沒有維持多久的時間,卡里亞的總督皮克索多魯斯(Pixodorus)派里亞斯托克瑞都斯(Aristocritus)前來提親,要把他的大女兒嫁給菲利浦的兒子阿瑞笛烏斯(Arrhidaeus),想藉著聯婚使雙方建立同盟,以確保城邦的安全。亞歷山大的母親和那些自以為是的朋友,在他的耳邊講了很多閒言蜚語,菲利浦的打算是利用門當戶對的婚姻和實力強大的聯盟,完成準備的工作好把王國傳給阿瑞笛烏斯。亞歷山大對這件事產生警惕的心理,為了防範未然就派悲劇演員帖沙盧斯(Thesalus)前往卡里亞,勸皮克索多魯斯摒除阿瑞笛烏斯,因為提親的對象不僅庶出而且生性魯鈍,不如選擇亞歷山大為他的女婿。

皮克索多魯斯很高興接受這番說辭,菲利浦得知婚事有變以後,立即到亞歷山大的房間,還帶著他兒子的密友即帕米尼奧(Parmenio)之子斐洛塔斯(Philotas),嚴辭痛責而且用語極其苛刻,說他自甘墮落根本不配接受留給他的大

---

27 從這裡知道宮廷的鬥爭極為激烈,奧琳庇阿斯返回故鄉,亞歷山大是嫡長子,可能受到放逐的處分。

28 笛瑪拉都斯在科林斯是親馬其頓黨的領導人物,曾經成為亞歷山大的友伴參加格拉尼庫斯會戰,後來在蘇薩相見不久逝世。

寶，竟敢與卑賤的卡里亞人結親，那個傢伙充其量不過是蠻族君王的奴才而已。菲利浦的怒氣並未就此平息，寫信給科林斯人要他們把帖沙盧斯鎖起來押解回國，並且將他兒子的朋友和親信，像是哈帕拉斯、尼爾克斯(Nearchus)、伊瑞吉烏斯(Erigyius)和托勒密全都施以流放的處分，後來都被亞歷山大召回，授與高階的職務和尊榮的地位[29]。

沒過多久，有人在阿塔盧斯和克麗奧佩特拉的教唆之下，對於鮑薩尼阿斯(Pausanias)橫加打擊和迫害，當他發現菲利浦不願出面為他遭受差辱主持公道，找到機會謀殺這位國王。大家都認為奧琳庇阿斯主使這項罪行，據說她激起年輕人的怒火並且慫恿他採取報復的行動，就是亞歷山大也受到猜疑，傳聞提到鮑薩尼阿斯去見亞歷山大，訴說自己所受的冤屈，這時亞歷山大曾經吟誦優里庇德在《米狄亞》(Medea)一劇中的詩句：

何人應墮修羅場？
其夫其父與新娘[30]。

雖然這種說法甚囂塵上，亞歷山大後來還是徹查這項陰謀事件，涉案人員不分首從給予嚴懲。他對於奧琳庇阿斯趁著他不在朝中，殘酷處置克麗奧佩特拉的手段極為憤怒[31]。

11 亞歷山大因為他的父親遭到謀殺而繼承王位當時只有20歲，國家的處境在強敵環伺之下可以說是凶險無比。那些和馬其頓毗鄰的野蠻民族，無法忍受他們的壓迫和奴役，情願接受本國君王的統治。菲利浦雖然已經

---

29 這四位友伴後來成為他得力的將領和助手：哈伯拉斯是財務大臣；尼爾克斯是省長，擔任印度洋艦隊的指揮官；伊瑞吉烏斯出任騎兵主將；托勒密是特種部隊指揮官，後來成為埃及國王。科林斯人沒有把帖沙盧斯押回馬其頓。

30 優里庇德的悲劇《米狄亞》第288行，米狄亞要害死三個人，就是新娘的父親克里昂(Creon)、新娘的丈夫傑生(Jason)和她的情敵新娘格勞西(Glauce)。這裡影射阿塔盧斯、菲利浦和克麗奧佩特拉。

31 菲利浦被弒後，奧琳庇阿斯用其殘酷的手段處置克麗奧佩特拉和她的嬰兒，根據鮑薩尼阿斯(Pausanias)的記載，說是她用小火將這對母子活活烤死；不過，比起我國漢朝呂后對付戚夫人那種方式，還是小巫見大巫。

打敗希臘人，還沒有足夠的時間完成綏靖的工作，讓他們習慣於他的統治，留下來的政局是一片混亂和紛擾。在馬其頓人看來這是面臨生死關頭的時刻。有人想要說服亞歷山大完全放棄希臘各個城邦，即使維持現狀也無須使用強制的武力；對於那些企圖叛亂的蠻族部落，要用溫和的手段贏回他們的效力，設法在變故剛剛開始之初，就採取安撫的措施並且防範事端的擴大。

亞歷山大認為這些建議不僅示弱而且過於怯懦，他非常明智的決定自救之道在於堅定的意志和恢宏的精神，任何屈從和退縮只會鼓勵對手進一步的侵凌和蹂躪[32]。為了貫徹他的構想，用迅速的遠征行動深入蠻族的國土直到多瑙(Danube)河，特瑞巴利人(Triballians)的國王敘穆斯(Syrmus)被打得潰不成軍，敉平蠻族的動亂使能保持穩定的狀態，以後不再擔心他們會發起戰爭[33]。等到他聽到底比斯人起義，雅典人附和他們的行動，他立即率領軍隊通過色摩匹雷隘道，要是根據笛摩昔尼斯(Demosthenes)的說法，他在伊里利亞和特瑞巴利人的國土只能算是一個幼童，等他到達帖沙利可以說是一個少年，現在來到雅典城下已經是一個頂天立地的大丈夫。

他到達底比斯為了表示既往不咎，並且給他們一個悔過的機會[34]，僅僅要把倡導叛亂的斐尼克斯(Phoenix)和普羅昔底(Prothytes)交出來，對於其他附和的人員一概赦免。底比斯人反而將他一軍，要他把斐洛塔斯和安蒂佩特交給他們來處置，同時向希臘人提出呼籲，願意為自由而奮鬥的人士都應投效他們的陣營。亞歷山大決定要讓他們嘗到戰爭的苦果，底比斯人在兵力居於劣勢的不利狀況下，以超過本身實力的熱情和勇氣進行自衛戰鬥。馬其頓派駐的守備部隊從城堡裡面衝殺出來，他們遭到四面環攻，大部分人士都在這場會戰中陣亡捐軀。城市在強

---

32 我們找不到任何證據，說是馬其頓人運用過安撫的手段，這裡也沒有提到331B.C.入侵伯羅奔尼撒半島，擊敗拉斯地蒙人，這場會戰比圍攻底比斯更為重要，如果不能折服斯巴達人，征服亞洲不過是幻想而已。

33 特瑞巴利人居住在多瑙河盆地，就是現在的保加利亞。蒲魯塔克僅提到335B.C.對蠻族的攻擊，省略渡過多瑙河的作戰，以及對馬其頓西邊的伊利里亞人的遠征，接著就是向著希臘的進軍，這一連串的軍事行動極其緊湊，使人應接不暇。

34 亞歷山大登基以後，發現他的四周全是敵人，立即用驚人速度採取行動，首先南下進軍帖沙利，在田佩(Tempe)山谷迂迴守軍的側翼，贏得不流血的重大勝利，被選為帖沙利同盟的盟主，接著控制色摩匹雷隘道，德爾斐的安菲克提昂聯盟馬上承認他是菲利浦的繼承人，接著科林斯的聯邦大會推舉他為希臘的最高統帥。

攻之下陷落，面臨洗劫和夷為平地的命運。亞歷山大要用殺雞儆猴的伎倆，使得所有的希臘人在驚怖之餘只有開城降服。還有就是要滿足盟軍的意願，像是福西斯人和普拉提亞人對底比斯人充滿敵意。除了祭司、少數與馬其頓人有友情或親屬關係的人士、詩人品達(Pindar)的家族，以及公開投票反對這次戰爭的人員以外，所有的人全無分男女全部發售為奴共有3萬人，另外有6000人死於刀劍之下。

12 城破以後發生很多慘絕人寰的災禍。有些色雷斯的士兵闖進一位貴婦人的家裡，這位名叫泰摩克利(Timoclea)的婦女在當地有很高的地位和聲望，他們的隊長除了用暴力手段占有她的身體，還逼問她把錢財藏在什麼地方。她說有這麼一回事，帶他到花園的水井前面，告訴他在城市陷落的時候，把那些最值錢的東西全都丟了進去。貪婪的色雷斯人俯身察看財寶所在的位置，婦人從後面將他推到井裡，然後把大石塊扔下去一直到將他殺死。

後來士兵把她綁起來送到亞歷山大那裡，從她的態姿和步伐可以知道她是一個出身高貴的婦女，非常鎮靜絲毫不露驚惶之色。國王問她是什麼人，她說道：「我是瑟吉尼斯(Theagenes)的姊妹，他在奇羅尼亞會戰中擔任指揮官，與你的父親菲利浦作殊死之鬥，為了維護希臘的自由而陣亡。」亞歷山大為她所做的事和所說的話感到十分驚訝，非常明智將她釋放，讓她和她的兒女到任何想去的地方。

13 經過這次的事件以後，雖然雅典人對底比斯人的災難表示極度的關切，亞歷山大還是用優容的態度對待雅典人。他們為了哀悼底比斯人的不幸，停止將要舉行的神秘祭典，對於逃到雅典的底比斯人，務使各種接待讓他們感到賓至如歸。很可能是亞歷山大像獅子的性格因為血腥的場面得到滿足，或是在殘酷的暴行以後再度表露慈悲為懷的心情，他對於雅典人不僅完全寬恕過去冒犯的行為，並且交代他們自行做主處理有關的事務，特別提醒他們要是一旦他有任何不測，雅典擔任整個希臘的仲裁人。

後來他為嚴厲處置底比斯人感到遺憾倒是確有其事，他的懊悔對於他的性格產生很大的影響，使他爾後能以比較不苛刻的態度對待其餘的國家。他把酒後殺害克利都斯(Clitus)，以及馬其頓人不願追隨他遠征印度，使得他的功業和榮譽無

法到完美的境地，全都歸罪於底比斯的守護神巴克斯的憤怒和報復[35]。據說後來那些倖存的底比斯人，不論向他提出任何要求，獲得他的同意都沒有多大的困難。

14 不久以後，希臘各城邦在科林斯地峽舉行大會，決定和亞歷山大共同發起對波斯的戰爭，同時推舉他爲全軍的統帥。當他停留在科林斯的時候，很多政要和哲人從各地前來拜訪他，祝賀他當選爲聯軍的指揮官。出乎他的意料之外，夕諾庇(Sinope)的戴奧吉尼斯(Diogenes)那時與他住在同一個城市，竟然對他毫不理會，不僅沒有前來致意，而且一直不願離開那個稱爲克拉尼姆(Cranium)的郊區，等到亞歷山大前去拜訪，發現他正躺在地上晒太陽。戴奧吉尼斯看見很多人走到身旁，稍微抬抬身子，用一種降尊紆貴的神色望著亞歷山大，等到亞歷山大很客氣問他有什麼地方可以效勞的時候，他說道：「很好，請你站開一點，不要擋住陽光。」有如赤子之心的回答使得亞歷山大深深受到感動，一個對他不理不睬的人竟有這樣偉大的氣質，讓他極爲驚奇。當他們走開的時候，隨行人員嘲笑哲學家的說話竟然一點都不懂人情世故，他卻告訴他們，如果他不是亞歷山大的話，也願意做一個像戴奧吉尼斯那樣的人物[36]。

接著他前往德爾斐，爲了即將進行的戰爭能否達成目標，獻祭向阿波羅請求指示，抵達那天正好遇上忌日，按照規定不能頒布任何神讖。他派遣使者去請女祭司前來執行職務，遭到拒絕說是違背法律的規定，他便親自前往，要強行把她拉到神殿裡面，女祭司被他糾纏得毫無辦法，便對他說道：「你這個孩子，眞是讓人無法抗拒。」亞歷山大聽到這句話，宣布他已經得到所盼望的神讖，不需要神明再給他任何其他的指示。

他的大軍在開拔的時候出現很多靈異的事：黎勃什拉(Libethra)[37]的奧斐烏斯神像是用柏木雕成，發現流出很多的汗水，大家看到以後感到非常的沮喪。亞里

---

35 酒神巴克斯的希臘名字叫做戴奧尼休斯，祂的父親是天神宙斯，母親是出生於底比斯的塞默勒(Semele)，所以底比斯人把祂奉爲保護神。據說亞歷山大的酗酒和殺死克利都斯都是受到戴奧尼休斯在暗中的陷害。

36 這個故事在西洋世界極其有名，一方面可以提高哲學家的名聲和地位，另一方面在於尊重學術的自由和個人的權利；雖然戴奧吉尼斯是一個憤世嫉俗的哲人，亞歷山大的包容和讚譽更加證明他有王者之風。

37 黎勃什拉在色雷斯的歐垂斯姆(Odrysm)地區，這個地方的山林水澤精靈有個洞窟在赫利康(Helicon)山，很可能是奧斐烏斯給他們命名。

斯坦德(Aristander)告訴亞歷山大，這絕非任何不祥之兆，預示他要完成重大而光榮的事蹟，使得後世的詩人和音樂家要不辭辛勞，以至於汗流滿面來描述和讚頌他的豐功偉業。

15 他的軍隊就兵力而言，有人提出最低的數量是3萬步卒和4000名騎兵，最高也不過4萬3000名步卒和5000名騎兵[38]。根據亞里斯托布拉斯(Aristobulus)的說法，他為支付兵員的薪餉所籌措的經費不過70泰倫，要是杜瑞斯(Duris)的話可信，他所準備的給養僅夠三十天之用；歐尼西克里都斯說他為此舉債200泰倫。雖然在開始大舉行動之初，他的財力極其薄弱，軍隊上船之前還不厭其煩詢問跟隨他的朋友，要了解他們安置家眷的情形，盡量供應他們的需要：像是有些人就送肥沃的農場；或是把一個村莊送給一位友人；或是將某些小村或海港市鎮的歲入，賜給另外一些朋友。到後來幾乎把王室的產業全部送光。帕迪卡斯(Perdiccas)偶然問到他為自己留下什麼，他的回答是未來的希望；帕迪卡斯對他說道：「你的士兵會與你分享這些成果。」然後拒絕接受他賜予的產業。另外還有一些朋友也都這樣做。對於那些願意接受並且希望他加以幫助的人，他都盡其所能滿足他們的要求，使得在馬其頓所繼承的遺產，大部分都當成捐贈品送給大家。

他帶著堅強的決心和高昂的士氣渡過海倫斯坡海峽[39]，在特洛伊向密涅瓦獻祭，舉行莊嚴的酹酒儀式向埋葬在那裡的英雄致敬。他還在阿奇里斯的墓碑塗上油膏，按照古代的習俗全身赤裸繞著墳墓賽跑，獻上花圈並且宣稱這位英靈何其幸運，生前有一位忠實的朋友，死後還有一位著名的詩人頌揚他的事蹟[40]。他在該地探訪古蹟和名勝，有人問他是否願意去看看帕里斯(Paris)的七弦琴，他說那個人的東西不值得一觀，倒是很高興去看阿奇里斯同類的樂器，偉大的前輩生前用來歌頌勇士的光榮和戰爭的場面[41]。

38　從這個兵力數字，可以看出亞歷山大的軍隊由不同的來源，混合各城邦和地區提供的單位，包括小亞細亞的輔助部隊和唯利是圖的傭兵，在渡過海倫斯坡海峽之前，馬其頓的步兵約為1萬5000名，還未達全軍的半數。

39　亞歷山大渡過海峽開始遠征是在奧林匹克111會期第3年即334B.C.的春天。

40　這位詩人是指荷馬，《伊利亞德》的第一男主角就是阿奇里斯，奠定他穩居希臘名列首位的英雄人物，也只有海克力斯可以與他相提並論。

41　參閱荷馬《伊利亞德》第9卷第185-191行。

16 就在這個期間，大流士(Darius)手下的將領調動大軍，將營地設置在格拉尼庫斯(Granicus)河[42]的對岸，看來亞歷山大需要經過一番苦鬥，才能進入亞洲的門戶。河幅很寬而且水流深邃，對岸的地形崎嶇還要爬上陡峭的高坡，軍隊的接敵運動非常困難，大部分人員非常擔心。還有一些人宣稱當時的季節不宜作戰，因為馬其頓的歷代國王都不在Daesius月(5月)領軍出征。亞歷山大要除去他們的忌諱，要他們把這個月稱為第二個Artemisius月(4月)[43]。

帕米尼奧向他提出勸告，天色已晚，不要在當天採取攻勢行動。他告訴帕米尼奧，渡過海倫斯坡海峽的人要是害怕格拉尼庫斯河，面對古代的英雄豈不感到羞愧。於是二話不說立即率領13隊騎兵渡河，險峻的堤岸滿布敵人的步卒和騎兵，箭矢和標槍如陣雨向頭上發射，面對占有地形優勢的陣地以及湍急的水流，他當時所採取的行動，完全是狂熱的冒險而非審慎的判斷。雖然如此，他還是堅持要打開一條通路，經歷很多的艱辛困苦以後終於抵達對岸，沿著泥濘而滑溜的高坡費力向上爬越，還沒有來得及將正在渡河的部隊排列出戰鬥隊形，馬上被迫要與敵軍打一場混亂的遭遇戰，進行面對面的近身搏鬥。波斯軍隊發出驚天動地的吶喊聲向著他們衝殺過來，騎兵使用長矛來對抗騎兵，等到長矛折斷就拔出佩劍。

亞歷山大從他所持的盾牌，以及頭盔上面兩大簇白色的翎毛，很容易被人辨認出來。敵人從四面八方向著他攻擊，雖然他胸甲的接縫被長槍刺穿，好在他並沒有受傷。波斯兩位將領里薩西斯(Rhoesaces)和斯皮司瑞達底(Spithridates)聯手出擊，他避開斯皮司瑞達底，前去迎戰里薩西斯，對手穿著一副堅固的胸甲，使得手上的長矛在戳中以後，由於用力過猛而折斷，於是他改用短劍。正當他們兩人交戰極為激烈之際，斯皮司瑞達底又從一側殺來，從坐騎上抬起身體，使出全力用戰斧向著亞歷山大的頭盔砍過去，結果砍掉上面一簇羽飾，堅固的頭盔總算勉強擋住沉重的砍劈，鋒利的武器已經接觸到他的頭上的髮絲。

42　這條河流現在的名字叫做康・笛瑞西(Can Deresi)河，注入馬爾馬拉海，整個河道刻蝕出很深的河岸，會戰的地點靠近丁米托卡(Dimetoka)鎮，從對戰場的敘述來看，整個地形和景觀有很大的變遷。

43　馬其頓人採用陰曆，所以他們的Daesiusue 月和Artemision月只能相近於我們所說的4月和5月；事實上每個民族的作戰季節不盡相同，像我國以秋天為主，所謂「秋高馬肥」最宜用兵；羅馬的軍隊在4月舉行大規模齋戒儀式，陳列各種兵器和接受校閱，因為這時部隊離開冬營，準備從事作戰。要說馬其頓人不在5月作戰，這可能出於迷信或傳統，與季節沒有關係。

　　斯皮司瑞達底再度提高手臂進行第二次的攻擊，被稱爲「黑旋風」的克利都斯(Clitus)出手阻擋，用長矛刺穿他的身體。就在同時，亞歷山大用他的短劍殺死里薩西斯[44]。雙方的騎兵部隊正在鏖戰之中，馬其頓的方陣已經渡河完畢，兩軍的步卒也投入戰鬥。等到發起攻擊敵軍就招架不住，很快放棄陣地向後逃竄。只有希臘的傭兵部隊繼續保有位於高處的陣地，要求給予赦免才願放下武器，亞歷山大沒有判斷當時的狀況，憑著個人的情緒不肯答應他們的請求，自己先行發起攻擊，他的坐騎(這匹馬不是布西法拉斯)也被敵人殺死。這些希臘傭兵抱著負嵎頑抗的決心，而且他們的作戰經驗極其豐富，他的部下除了受傷的人員外，陣亡的人數超過前面整個會戰犧牲的人數。

　　這場會戰波斯軍隊的損失是2萬名步卒和2500名騎兵[45]。在亞歷山大這邊，根據亞里斯托布拉斯的說法，戰死者不過34人[46]，其中有9名是步卒。爲了紀念這些陣亡的勇士，亞歷山大下令爲每人建立一座銅像，全部委由黎西帕斯鑄造[47]。爲了使希臘人能分享這次勝利的光榮，他送回去一部分戰利品，特別把300面盾牌贈予雅典人，在所有的戰利品上面都刻上銘文：「菲利浦之子亞歷山大和全體希臘人，取自居住於亞洲的蠻族[48]；所有的希臘人當中，只有拉斯地蒙人不在其列。」他從波斯人手裡得到的器皿、紫袍和其他的東西，除了少部分自己留用，全部當作送給母親的禮物。

44　亞歷山大這場肉搏戰鬥有不同的說法和敘述，莫衷一是。克利都斯是皇家騎兵隊的隊長，負有保護亞歷山大之責，所以他的拚命救主也是份內之事，獲得「黑旋風」的稱呼，爲了有別於另外一位穿白色服裝的大將克利都斯。

45　有些抄本提到被殺的步兵僅有1萬人，這個數字來自戴奧多魯斯；阿里安在《遠征記》中說到被殺的騎兵不到1000人。

46　阿里安提到塑像紀念的人都是皇家騎兵隊的成員，在菲利浦時代，馬其頓的騎兵是由貴族所組成，所以他們被稱爲Hetairoi意爲「國王的夥伴」，遠在荷馬的史詩中，阿奇里斯的兩千500名選鋒，也使用這個名稱。

47　黎西帕斯是4世紀B.C.的希臘雕塑家，作品以大理石爲主，人物的體態修長，富於視覺效果，除仿製品外無原件存世。他受命雕成25座戰友像，9名步卒未包括在內，放置在馬其頓的狄姆(Dium)城，148B.C.羅馬人獲得馬其頓戰爭的勝利，奎因都斯·梅提拉斯將這批雕像當成戰利品搬到羅馬。

48　亞歷山大遠征的對象是亞洲的原住民和蠻族，呼籲居住在小亞細亞的希臘移民投效他的陣營，提出的號召是要爲480B.C.波斯人入侵希臘報一箭之仇。

17 這次會戰使得亞歷山大的處境變得非常有利,蠻族權力所及的瀕海行省,包括首府薩迪斯(Sardis)和很多重要的地方,全都向他投降。只有哈利卡納蘇斯(Halicarnassus)和米勒都斯(Miletus)繼續抵抗,他運用武力加以蕩平,並且征服附近地區[49]。接著他對如何實施下一步驟有點遲疑不決,有時他認爲最好是盡速尋求大流士的主力,冒著最大的危險進行會戰;要不然就採取穩紮穩打的辦法,先占領沿海的地方,等到鞏固統治的權力,獲得行省的資源,再向內陸的敵軍求戰。正當他在審慎評估的時候,呂西亞(Lycia)的詹蘇斯(Xanthus)城附近有一道泉水,突然暴漲溢出堤岸,竟然沖出一塊銅牌,邊沿上面刻著古代的文字,說是波斯帝國被希臘人絕滅的時機已經到來。

亞歷山大受到這個意外事件的鼓勵,開始討伐瀕海的區域像是西里西亞和腓尼基[50],他的軍隊沿著龐非利亞的海岸向前進軍的遠征行動,很多史家記述這個過程都讚不絕口,認爲是天神賜予恩典所帶來的奇蹟。大海的波浪很猛烈的衝向岸邊,在懸崖絕壁下面非常狹窄的海灘都會被淹沒,他們卻說海水自動後退爲他留出一條通路。米南德(Menander)在他的一齣喜劇裡面[51],用詩歌來描述這個奇異的傳聞:

> 亞歷山大所受眷佑不過如此?
> 要找的人都會自動尋上門來。
> 當我想從海洋的中間走過去,
> 只要一聲吩咐波濤就會分開。

亞歷山大在他的書信裡面,根本沒有提到這些怪異的事,只說他離開法西利斯(Phaselis)以後,取道稱爲天險的「雲梯之路」向前挺進[52]。他曾經在城市停留

---

49 這些城市的攻略和占領,一直拖延到334B.C.的晚秋。

50 這個地方並非腓尼基而是腓尼基人居住的殖民地,位於呂西亞或龐菲利亞。

51 米南德是4至3世紀B.C.的雅典戲劇家,也是「新喜劇」的創始人,作品多達100多齣,僅有一個完整劇本傳世。這首詩所引用的原本已經佚失。

52 斯特拉波在《地理風俗志》中描述險峻的通道:「這條道路正當呂西亞到龐菲利亞的半途,從高山下來經過海邊的懸岩和絕壁,非常狹窄,低潮的時候比較安全,等到潮水上漲會淹沒路面,人像是在海中行走,稍有不慎就會落入海中,特別是夏季風浪大作更爲危險;亞歷山大曾率大軍通過此處。」

一段時間，市場樹立著狄奧迪克底(Theodectes)的雕像，這位著名的土著已經逝世，他在晚餐的時候喝了很多的酒，就繞著雕像跳舞並且為它戴上花環，在歡笑之中用風雅的態度向這位哲學家致敬，過去當他在亞里斯多德門下受教的時候，與狄奧迪克底的交談讓他得益匪淺[53]。

18 然後他征服帶頭抗拒的皮西迪亞人(Pisidians)和弗里基亞人[54]。弗里基亞的首府是哥迪姆(Gordium)，據說古代的邁達斯(Midas)把住所安置在這裡。亞歷山大看到那輛著名的戰車，上面用山茱萸的樹皮製成的繩索所綁的大結，當地居民有一個傳說，誰能解開那個結就會擁有全世界的帝國。很多作家都提到這個故事，說亞歷山大看到整個繩結很複雜，尾端還摺在裡面，解不開之後就拔出佩劍將它斬斷。亞里斯托布拉斯告訴我們，亞歷山大很容易就解開，因為轅桿和車軛是用一隻木栓連結在一起，把轅桿上的木栓拔掉，車軛就可以卸了下來。

他從哥迪姆向著帕夫拉果尼亞(Paphlagonia)和卡帕多西亞(Cappadocia)進軍[55]，這兩個國度立即聽命服從。然後接到門儂(Memnon)死亡的信息，這位重要的人物是大流士派駐沿海地區最優秀的指揮官，要是活著會對他的軍事進展形成很大的困擾和阻礙，這樣一來使他受很大的鼓勵，決心把戰爭帶到亞洲的內陸行省[56]。

大流士在這個時候已經從蘇薩開始進軍，所以自信滿滿不僅在於兵力強大有60萬之眾，而是他做了一個夢，波斯的占卜者沒有按照事物本質的或然率加以說明，完全基於阿諛君王做出解釋。他夢見馬其頓的方陣陷入熊熊大火之中，亞歷山大在旁邊伺候，身上穿著就是當年在菲利浦王身邊當差的服裝，接著亞歷山大

53　狄奧迪克底是演說家和劇作家，360至350B.C.在雅典非常活躍，亞歷山大不一定與他相識，要說與亞里斯多德討論過他的作品，那是毫無問題的事。

54　亞歷山大沿著小亞細亞的南海岸向東進軍，最遠抵達賽德(Side)，到了333B.C.春天，經過阿斯平杜斯(Aspendus)轉向內陸地區，攻略弗里基亞和主要的城市塞勒尼(Celenae)和哥迪姆。

55　這兩個地區位於弗里基亞的北方和西方，亞歷山大並沒有真正派軍占領，只是在安卡拉(Ankyra)接受他們的投降，然後向著西里西亞的塔蘇斯進發。

56　門儂已經奪取開俄斯島，對邁蒂勒尼(Mytilene)進行圍攻，嚴重威脅到亞歷山大的側翼，然而他卻在333B.C.夏天亡故。

走進貝拉斯（Belus）神廟，就在他的眼前消失不見。這個夢眞正的意義是在向大流士顯示，馬其頓人將要成就顯赫的事業，如同他能從廷臣登極稱王，亞歷山大將要成爲亞洲的主子，完成征服以後他能倖存的時日不多，在榮譽之中結束他的一生。

19 亞歷山大留滯在西里西亞不前，大流士認爲對手怯戰更是充滿信心。事實上亞歷山大停頓甚久是患了重病，有人說是過於勞累，還有人認爲他在賽德努斯（Cydnus）河洗浴，河水冰涼所致。等到事情發生以後，所有的醫生都不敢用藥治療，害怕萬一有個三長兩短，受到馬其頓人的怪罪，懷疑他們有著不良的企圖。只有阿卡納尼亞人（Acarnanian）菲利浦鑑於他的病情非常凶險，憑著兩個人之間的友誼，決心竭盡自己的醫術來救治他，寧願自己的信譽和生命面臨危險，也不願讓他缺乏醫治而喪失性命。菲利浦非常自信地開出藥方，勸他大膽的服用，才會迅速康復，可以繼續從事戰爭[57]。

就在這個時候，帕米尼奧從營地寫信給亞歷山大，要他防範菲利浦的不軌，說大流士答應給菲利浦大量財富，並且將女兒嫁給他，要他謀害亞歷山大。亞歷山大讀完這封信以後，壓在枕頭下面，包括最親近的朋友都不讓他們看到。菲利浦捧著藥劑進來，亞歷山大帶著信賴的神色很高興的接過來，同時把那信封信遞給他看。這一幕的景象確實富於戲劇性，亞歷山大在服藥而菲利浦在閱信，然後兩人彼此相望，各自有不同的心情。亞歷山大的神色愉快而且態度坦誠，表示對這位醫生的友情和信任；菲利浦對於這樁誹謗充滿驚訝和憤慨，雙手舉起乞求神明爲他的清白做見證，然後俯伏在亞歷山大的床邊，要他不必有任何疑慮，放心接受他的處方。藥力的功效非常強烈，可以說已經把他的生命力全部凝聚在身體的內部，這時他無法講話，陷入昏迷狀態，幾乎完全失去知覺，脈搏停止跳動[58]。可是，在菲利浦細心的照應和治療之下，不久就恢復健康，公開出現在馬其頓人的面前，他們看到亞歷山大，才消除憂慮和沮喪的心情。

---

57 從亞歷山大幼年開始，菲利浦就是他的好友和醫生，這一段用來說明亞歷山大「用人不疑」的領導作風，以及他的朋友對他有「犧牲奉獻」的無私精神。

58 亞歷山大昏迷的時間長達三天之久。

20 大流士的軍隊裡面這時有一個馬其頓的叛逃人員，名字叫做阿明塔斯(Amyntas)，對於亞歷山大的性格和作風非常熟悉。這個傢伙看出大流士要在隘道和山谷襲擊敵軍，非常誠懇提出建議要他留在原地，可以在開闊的平原上面，有足夠的空間展開優勢的兵力迫敵決戰。大流士沒有接納阿明塔斯的意見，說他擔心敵軍撤離，這樣一來亞歷山大就會逃脫他的掌握。阿明塔斯回答道：「有關這點你倒不必擔心，他不但不會逃避而且會儘速前來求戰，很可能已經率領部隊在進軍的途中。」阿明塔斯完全白費功夫，大流士立即撤收營地，就在亞歷山大進軍敘利亞迎戰他的同時，他率領大軍進入西里西亞，雙方在黑夜之中錯身而過，於是同時轉過頭來。亞歷山大很高興出現這種局面，火速趕往谷地去截擊大流士，這時大流士急著要從不利的狀況中脫身而出，重新回到原來的陣地[59]。

大流士現在已經有所悔悟，知道把軍隊投入這樣的區域，根本就是用兵的重大錯誤，這裡的地形一邊是大海而另一邊是高山，派納魯斯(Pinarus)河橫貫其間，他的軍隊被迫形成分離，騎兵幾乎無用武的機會，對於人數較少的敵軍，可以獲得掩護和支援大為有利。亞歷山大選擇戰場感到力不從心，然而運用極其妙巧的部署，更能發揮他所占有的優勢。因為他在兵力方面處於不利的劣勢，絕不能讓敵人從他的側翼對他發起攻擊，就延長他的右翼超過敵人的左翼，親自在第一線進行激烈的戰鬥，蠻族不支終於潰退。這次會戰他的大腿受傷，根據查里斯(Chares)的說法，是大流士與他近身戰鬥時造成。亞歷山大在寫給安蒂佩特的信裡，敘述這次會戰的狀況，說他的大腿捱了一劍傷勢並不嚴重，沒有提到是誰使他受傷[60]。

亞歷山大贏得極為炫目的勝利，殲滅敵軍11萬餘人，唯一美中不足之處是未能俘虜大流士，波斯國王在間不容髮的狀況下得以逃脫。不過他在追擊中獲得大流士的戰車和弓箭，等到收兵回來，這時發現他的部下正在忙著掠奪蠻族的營

---

59 從雙方對陣的狀況中可以明顯看出，大流士沿著阿曼努斯(Amanus)山脈的東麓向北進軍，亞歷山大是在西麓向南前進，兩軍相距不到50公里，中間隔著高達2000公尺的山嶺。雖然大流士在北部可以切斷亞歷山大的後方交通線，進入的地區崎嶇沒有較為闊廣的平原，優勢兵力無法展開，反而有利亞歷山大的作戰。

60 這是亞歷山大四大會戰中發生在333年11月B.C.的伊蘇斯會戰；查里斯用史詩的體裁敘述兩軍主將的廝殺，情節有點像色諾芬的《遠征記》中，小居魯士與阿塔澤克西茲的決鬥，勝者擁有波斯的江山。

地，那裡的財物極其豐富（雖然大流士爲了避免妨礙到作戰行動，把他的輜重和行李都留在大馬士革（Damascus））。大流士那座充滿精美家具和金銀器具的御帳，亞歷山大的部下爲他保留不敢亂動。等他卸下全身的披掛以後，要去沐浴時隨口說道：「讓我們用大流士的浴室洗淨戰爭的疲憊吧！」他的一個隨員回答道：「現在狀況不一樣了，應該說是亞歷山大的浴室，被征服者的財產屬於征服者所有，這是理所當然的事」。他在浴室裡面看到浴池、水瓶、淺盆和放置膏油的箱子，全部都用黃金製作，精巧美觀充滿芬芳的香氣，然後走進一個高大寬敞的篷幕，其中的擺設都是金碧輝煌的躺椅和長桌，滿是各種山珍美味的荣餚，亞歷山大轉過身對左右的隨員說道：「看來這才眞正是帝王的排場。」[61]

21 他正在進晚餐之際有人前來報告，俘虜的人員中間發現大流士的母親、妻子和兩位未婚的女兒。她們看到大流士的戰車和弓箭，以爲他已經死亡，全都悲傷和慟哭。不過稍爲遲疑一下，他的惻隱之心比起勝利的欣喜更爲強烈，派遣李昂納都斯（Leonnatus）去告訴她們，大流士沒有過世，亞歷山大不會傷害她們所以無需害怕，他之所以發起戰爭是爲了開疆闢土。她們能從大流士獲得的供應，現在還是同樣的享用。仁慈的信息使那些被俘的婦女全都感到安慰，亞歷山大後來用人道和慷慨的行動來實踐他的諾言。他准許她們埋葬那些願意土葬的波斯人，可以從戰利品當中拿取辦理喪事所需的衣物和器具。

他沒有減少她們的排場，所受到的照應和尊重都和從前一樣，支付給她們的費用比過去還要增加。他最能體現君主的高貴和氣質，在於對待這些顯赫的俘虜，絕不損害到她們的美德和懿行，不會聽到、接觸或擔心有任何非禮的行爲。她們好像住在一個神廟或聖潔處女的殿堂裡面，過著不受干擾或侵犯的隱密生活，根本不像是關在敵人的營地。據說大流士的妻子是當代最美麗的后妃，如同他的丈夫是最挺秀和最英俊的男子，女兒長得像她們的父母。亞歷山大認爲克制自己比起征服敵人更具備王者之風，所以他沒有前去親近這些女士，而且在結婚之前除了巴西妮（Barsine），沒有與別的婦女發生親密的關係。

巴西妮是門儂的遺孀在大馬士革被俘，這位女士精通希臘文學，性情嫻淑，

---

61 好像他在說：「難道國王的幸福就在於享受這些東西？」這時的亞歷山大還沒有被波斯的奢侈生活腐化，不用多久就有很大的轉變。

氣質高雅，她的父親是阿塔巴蘇斯(Artabazus)，所以具有王室的出身[62]。根據亞里斯托布拉斯的說法，亞歷山大受到帕米尼奧的慫恿和鼓勵，更加愛慕這位雍容華貴的女子。儘管其他的女性俘虜也都容貌豔麗體態輕盈，他並沒有放在心裡，只是用開玩笑的口吻說道，波斯女人的秋波一轉眞是讓人失魂落魄[63]。他自己表現出克制和愼獨的美德，能夠與異性的美貌分庭抗禮，所以才能把那些女子視爲沒有生命的雕像，保持坐懷不亂的君子風度。

22 他的部將斐洛克森努斯(Philoxenus)駐防在濱海地區，寫信給他提到一個塔倫屯人狄奧多魯斯(Theodorus)，有兩個非常俊美的男童出售，問他是否有興趣。他看了那封信感覺受到冒犯，向身邊的朋友大聲詢問很多遍，不知斐洛克森努斯發現他有什麼極其卑劣的品性，膽敢向他提出這種可恥的建議。他立即回覆一封封措辭非常嚴厲的信函，告訴他狄奧多魯斯及其貨品和他的好意，應該一起遭到毀滅。黑格儂(Hagnon)來信告知，要將一個名叫克羅拜盧斯(Crobylus)的科林斯美少年，買來送給他的時候，同樣受到毫不寬貸的譴責。

他聽說帕米尼奧手下兩名馬其頓士兵達蒙(Damon)和泰摩修斯(Timotheus)，姦污幾位外籍傭兵的妻子，他致書給帕米尼奧提出非常嚴格的要求，如果發現那兩名士兵確實犯下罪行，就像對付那些危害人類的野獸一樣，馬上處死。在那封信裡他特別提到，他未曾見過大流士的妻子也沒有這種意願，不希望有任何人在他的面前講起她是如何的美麗。他時常說起，睡覺和交媾使人覺得終究難逃一死，疲勞和快感是人類的弱點和愚行的必然結果。

他的飲食極有節制，這方面的事例很多，我們只舉出他與阿達(Ada)所說的話作爲證明。他奉阿達爲義母，後來封她爲卡里亞女王[64]。阿達非常關心他的飲

62　巴西妮的父親是波斯國王的外甥。

63　從這幾句話就讓亞歷山大的「柳下惠」功夫全部化爲烏有，可以讓我們記起希羅多德《歷史》第五卷第18-21節所說的故事，波斯的使者到斯巴達接受國王的飲宴，就是看到拉斯地蒙婦女「秋波的一轉」，起了淫心全部死於非命。

64　阿達本人有公主的身分，等到她的長兄茅索拉斯(Mausolus)和其嫂阿提米西婭(Artemisia)去世後，因爲沒有留下子女，所以由她和她的兄弟希德魯斯(Hedreus)登基接位，同時她嫁給希德魯斯爲妻；誰知這位兄弟很快逝世，她被迫遜位給第三位兄弟佩克索多魯斯(Pexodorus)；等到這位國王死亡，王座又被她的女婿歐隆底(Orontes)奪走。亞歷山大的支持使她復辟重掌國政。

食起居，每天送給他一些美味的菜餚和甜點，要幾位善於烹調的廚子和麵包師傅來伺候。他告訴阿達說他沒有這個需要，因爲他的老師李奧尼達斯已經爲他準備最好的廚子，那就是：一次夜行軍使他在早餐有更好的胃口，節制的午餐會增強晚餐的食慾。他還特別強調，這位老師經常到他的房間去搜查那些櫥櫃，看看他的母親是否爲他留下精美或奢華的東西。

23 他並不如一般人所想那樣嗜酒如命，之所以給眾人這種印象，那是因爲他常常在餐桌上面花費很長的時間，其實大多用於談話而非暢飲，可以說他每一杯酒都在冗長的閒聊中慢慢喝下去，往往用這種方式度過他的餘暇。當他有重要的事情要辦的時候，不會像其他的將領那樣，被飲宴、睡眠、房事、觀賞或其他各種消遣所耽擱。他能在短短的一生之中，完成爲數眾多而又極其偉大的事蹟，就是一個強而有力的證據。他在平素的日子裡，起床之後總是先向神明獻祭，然後坐下來進早餐；這一天其餘的時間，他都是用來打獵或是寫回憶錄，對軍事問題做出裁決，再不然就是閱讀。在行軍之中要是不急著趕路，他總是邊走邊練習箭術，或是在戰車全速行駛之中，從車上跳下來再跳上去。有時如同〈起居注〉的記載，他也用獵狐或打鳥作爲消遣[65]。等到晚上回到營地，沐浴和塗油以後，他總是把麵包師傅和首席廚師叫來，詢問晚餐準備的狀況，他要等到天已全黑才開始用餐。他對同席的人士非常殷勤周到，務使每個人得到同等的飲食，不會使任何一個人受到冷落。如同我們在前面講過，他喜歡談話使得飲宴花費很長的時間。

他的談吐比起任何帝王都要風趣使人如沐春風。只是常犯一種毛病，像一個士兵那樣誇耀自己的蓋世武功，這種情形使得脅肩諂笑之徒趁機對他大肆奉承，那些益友反而感到不安。因爲他們認爲要與阿諛之輩爭寵，是一種卑鄙的行爲，如果不對他的豐功偉業加以恭維，又有引起反感的危險。因此他們在羞恥和危機之間，常常舉棋不定而深以爲苦。經過一場歡宴聚談之後，他再去沐浴一番然後就寢，一直睡到中午甚或一整天。他在吃的方面毫不挑剔，有時會將呈奉的稀有魚類和水果，全部分給他的朋友，自己一點都不留下。可是他的宴席總是極其豐

---

65 宮廷的〈起居注〉記載亞歷山大的日常生活情形，324B.C.在巴比倫的時候，經常外出狩獵，從波斯人習得放鷹的技術。

碩，所需費用隨著他的帝業而水漲船高，最後每天膳食的經費是1萬德拉克馬，如果有人宴請他不許超出這個規定的額度[66]。

24 伊索斯會戰之後，他派人到大馬士革去攫取波斯人的錢財、輜重和他們的妻兒子女。在這些戰利品當中，帖沙利的騎兵分得最多，因為他們在戰爭中的表現極為出色，特別將這個美差派給他們，英勇的行為有恰如其分的報酬。其餘的部隊也分到很多劫掠物，大家都發了一筆橫財。馬其頓人第一次嘗到波斯人的富裕、女色和豪華生活的滋味，就像追蹤的獵犬急著想搜尋更多的東西。亞歷山大認為必須確保沿海地區，然後才能向內陸發展。塞浦路斯的統治者將整座島嶼奉獻給他，腓尼基除了泰爾城以外全都向他降服。

圍攻泰爾(Tyre)的7個月期間[67]，築起高高的土堤，使用各種投射器具，在海上有200艘戰船參加攻擊，他曾經夢見海克力斯向他招手[68]，讓他進到城裡。很多泰爾人夢到阿波羅對他們的行為表示不滿，說要離開他們投奔亞歷山大[69]。泰爾人把這位神明當成被捉回的逃兵，用繩索把祂的雕像綑綁起來，再用長釘釘在底座上面，譴責祂是偏袒亞歷山大的變節分子。又有一次，亞歷山大夢到半人半羊的薩悌神在遠處向他扮鬼臉，等趕上去捉的時候還是被他逃走，亞歷山大追捕很久，最後才算把他制伏。占卜者把Satyrus分解為兩個字Sa Tyros，向亞歷山大提出保證說是泰爾將歸他統治。直到今天，居民還會指出一道泉水的位置，據說亞歷山大當年就在那個地點做了這個夢。

就在大軍的主力圍攻泰爾期間，亞歷山大親自率領一部人馬征討居住在安蒂利巴努斯(Antilibanus)山區一帶的阿拉伯人。他的老師黎西瑪克斯堅持要隨他前往，因為黎西瑪克斯說自己並不比阿奇里斯的監護人斐尼克斯更為老邁，或者更缺乏勇氣。因而在這次出征期間，他為了照顧這位老師，使自己陷入極端危險的狀況之中。部隊行軍走近山地，只有下馬步行，其餘的士兵走在他們的前面，這

66　要是與盧庫拉斯招待兩個人用餐，花去1萬5000德拉克馬相比，亞歷山大還是自嘆不如。

67　泰爾的圍攻是從332B.C.的1月到7月。

68　希臘人認為泰爾的保護神美克特(Melqart)就是海克力斯，據說亞歷山大要求進城為祂獻祭，遭到泰爾人的拒絕。

69　有一個泰爾人夢到阿波羅逃出城市，等到他告訴大家的時候，認為是惡意的恫嚇，遭到石塊的攻擊，因此只有逃到海克力斯的廟裡尋找庇護。官員經過深思熟慮，決定用一根黃金鍊條，一端固定在阿波羅的雕像上面，另一端綁在海克力斯的祭壇。

時黑夜即將來臨，距離敵人很近，亞歷山大不肯拋棄這位行動遲緩而又疲憊的老人，鼓勵他並且扶著他慢慢前進，旁邊只有少數幾位隨員，不知不覺與大隊拉開距離，最後失去聯絡，被迫要在非常不便的地方，度過極其寒冷的漆黑長夜。後來看到遠處有敵軍很多散布的營火，他對自己靈活的身手很有信心，只要馬其頓人處於艱困的狀況，他總希望能分擔他們的辛苦和勞累，鼓舞他們的士氣和支援他們的戰鬥。他朝著最近的營火跑去，用他的短劍把坐在那裡的兩個蠻族殺死，拿起一根燃燒的木材，回到自己人的身邊，立即點燃一大片的野火，敵人看到大為驚慌，很多人趕緊逃走。那些膽敢前來攻擊的人都被他們打敗，讓他們得以平安度過一夜。這是根據查里斯的記載。

25 現在回頭敘述圍攻作戰的經過以及最後的結局。亞歷山大的軍隊作戰甚久已經疲困不堪，為了使得他們有整補休養的機會，只率領少數部隊去攻城，目的在於使敵人忙碌無法安息，並不希望能有多大收穫。這時候占卜官亞里斯坦德向神明獻祭，經過檢視內臟以後，很有信心向四周的人員宣稱，一定可以在該月之內攻下泰爾城。那些士兵聽到他的話就大肆嘲笑，因為當日是那個月最後一天。國王看到亞里斯坦德窘迫不安的樣子，而且他一向都希望的預言非常靈驗，所以規定不要將那一天算成第三十日而是第二十三日，同時下令號角手吹響進擊的號聲，全面發起攻城的行動。攻勢極其猛烈，留守在大營的軍隊都忍不住興奮的情緒，紛紛出動前去協助，聲勢浩大以致泰爾人不支後退，真的在那天占領這座城市。

接著的行動是圍攻敘利亞主要城市之一的加薩（Gaza）[70]，有一天一隻大鳥從他的頭頂飛過，口裡啣著的泥塊落下來打中他的肩膀，然後停在一門弩砲上面，突然與牛筋製成的網子糾纏在一起而被捉住，原本設置這種網子是為了保護操縱這部器具的繩索。後來發生的事情與亞里斯坦德對這個朕兆的解釋完全吻合：亞歷山大的肩膀受傷，他占領這座城市。

他從這個城市將大部分的戰利品，送給奧琳庇阿斯、克麗奧佩特拉和其餘的朋友；當然不會忘掉他的老師李奧尼達斯，送給他的禮物是重達500泰倫的乳香和100泰倫的沒藥，為了感激在幼年時期對他的栽培和期許。因為有一次亞歷山

---

70 圍攻作戰是在332B.C.的9月和10月。

大在敬神的時候，李奧尼達斯站在他的身邊，看見亞歷山大雙手捧著大把的香投進火裡，他便提出告誡，說目前還是要節省一些，等到將來把生產樹膠和香料的國家占領以後，就是浪費再多也沒有什麼關係。亞歷山大寫信給他，說道：「我現在送給你大量的乳香和沒藥，以後你對神明就不必那樣小氣了。」[71]

26 從大流士那裡獲得的財寶和戰利品當中，有一隻非常名貴的小箱子，被當成罕見的珍品呈送到他的面前，他詢問身旁的人員把什麼東西放在裡面最爲合適，他們提出種種建議他都不以爲然，最後他說要用那個小箱來裝他收藏的荷馬的《伊利亞德》。很多可信的作家都提過這個傳聞，要是亞歷山卓人根據赫拉克萊德的權威說法，所告訴的事情的確眞實不虛的話，那麼荷馬在他出征期間成爲裨益最大的良伴。

他在征服埃及以後，決定建造一個幅員廣大和人民眾多的城市，供希臘人居住，同時用他的名字爲它命名。他聽取一些優秀工程人員的建議，已經測量出一片土地，豎起木樁標明地界，即將開始破土奠基。有一天晚上他夢到奇異的景象，一位面貌莊嚴可敬的白髮老人，走到他的身邊讀出兩行詩句：

> 那座島嶼在波濤怒號的大洋，
> 唯有法羅斯守護埃及的海岸[72]。

亞歷山大馬上起來前往法羅斯，當時的法羅斯還是一個島嶼，不像現在用堤道與大陸相連接，位於尼羅河的坎諾比克(Canobic)河口不遠之處。那個地方是一個長長的地峽，一邊是礁湖而另一邊是海洋，在大海這邊的盡頭有一個面積廣大的港口，等他一看到就覺得非常便利而感到滿意。他說荷馬除了其他的長處，還是一個極其優異的建築師，於是他吩咐按照地勢畫出整個建造的圖樣。他們沒有粉筆便在黑色的土壤上面用灑麥粉的方式，規劃出一個半圓形的範圍，然後再在裡面用直線表示道路，使整個城市構成一個斗篷或披肩的形狀。

---

71 亞歷山大從波斯的王室倉庫獲得大約15噸香料和3噸沒藥。

72 《奧德賽》第4卷第354-355行敘述法羅斯島的狀況，亞歷山大就這個島嶼的附近興建亞歷山卓城。

亞歷山大用高興的心情在打量這個設計圖的時候，突然出現無數各個種類的大鳥，像一片烏雲從河流和湖泊飛過來，把用來畫線的麥粉啄食得乾乾淨淨，這個兆頭使亞歷山大感到煩惱，那些占卜官卻告訴他，這個朕兆所表示的意義，是指他所建造的城市資源極其豐富，不僅毫無匱乏的顧慮，還可以把食物供應很多國家。於是他又恢復信心，命令工程人員繼續工作，他前去參拜阿蒙（Ammon）的神廟[73]。

行程極其漫長而又艱辛[74]，還要冒著兩種危險：首先，他們的飲水可能無法供應，在路上會接連有好幾天見不到一滴水；其次，當他們通過廣袤無邊而又土質很軟的沙漠，如果遇到強烈的南風，就會陷入康貝西斯（Cambyses）率領大軍的處境，巨風吹起成堆的黃沙如同波濤洶湧的海洋，結果是5萬大軍被埋沒而葬身其間[75]。所有的困難經過考量和評估，並且向他提出報告；亞歷山大想要有什麼舉措，其他人員很難改變他的意念。命運之神一直眷顧著他的作為，使得他遇到任何事都會堅持自己的主張，總認為他的看法最正確。勇敢的天性會激起克服一切困難的雄心壯志，不僅要在戰場上面保持常勝的威名，還要征服空間、時間以及大自然所形成的阻障。

27 有關這次的行程，他遭遇險惡之際神明所施與的解救和幫助，讓人感到驚奇無比，較之他以後所獲得的神讖更容易取信於人，我們也可以這麼說，由於神明相助的事蹟，才會重視和相信那些啓示和朕兆。首先，豐富的降雨使他們免於渴死的恐懼，極端乾燥的沙漠變得潮濕，地面結實易於行走，空氣更為乾淨清純。除此以外，每當導引的標誌毀損不見而迷路，以至於往返徘徊無所適從的時候，便有一些烏鴉出現為他們帶路，它們飛在行軍隊伍的前面，要是有些耽擱和落後烏鴉就在等待，凱利昔尼斯告訴我們，最奇怪的現象是有人在夜間走錯路，烏鴉不停發出嘶啞的叫聲，直到把他們引導到正確的路途為

73　阿蒙（天神宙斯另一種稱呼）神廟建在西華（Siwah）綠洲，位於開羅以西約500公里的沙漠地區。
74　亞歷山大實施這次遠行的動機，歷史學家見仁見智說法各有不同。阿里安認為他是在模仿帖修斯和海克力斯。
75　康貝西斯的遠征發生在6世紀B.C.，可以參閱希羅多德《歷史》第3卷第26節。

止[76]。

亞歷山大穿過那片渺無人跡的荒野，到達目的地受到大祭司的歡迎，開始的致意如同阿蒙就像是他的父親。亞歷山大首先提出詢問，謀殺他父親的凶手有無漏網逃過懲處，大祭司要他在說話的時候用語要審慎，因為他的父親不是一位凡人。亞歷山大於是變換措辭的方式，想要知道謀殺菲利浦的人員當中，是否還有兇手沒有受到該得的報應，再者就是有關統治的問題，這個全世界的帝國是否會為他所有？神明給他的答覆是他將擁有全世界，菲利浦的死亡已經獲得充分的報復。亞歷山大感到極其滿意，於是向朱庇特奉獻豐富的祭品，餽贈祭司貴重的禮物。

有關神讖的問題大部分作者的記載都大同小異。亞歷山大在給他母親的一封信裡，提到還有一些神秘的指示，等他返家以後，會把內容只告訴她一個人。有些人說祭司為了向亞歷山大表示好感，在向他致意的時候用希臘語稱呼他為O Paidion，意為「我的孩子」；由於發音不正確，把最後一個字母n讀成s，因而說成O pai dios，意為「神的兒子」，亞歷山大對這項錯誤感到很高興，後來流傳的說法是神讖上面有這種稱呼，也是淵源於此[77]。

亞歷山大在埃及聽到哲學家薩蒙(Psammon)的格言和警語，他最為讚譽的一句話：世人都受到神明的主宰，萬事萬物的統治和支配莫不來自天意。他自己對這個問題所表示的意見更富於哲學的意味，他說神明是全人類共同的父親，那些最優秀的人便是祂寵愛的子女。

28 他在蠻族的面前表現出傲慢的姿態，好像他確信自己具有天神後裔的身分，然而他在希臘人中間就比較謙虛，很少擺出神聖不可侵犯的模樣。有一次他為薩摩斯人的事務寫信給雅典人，特別提到他不是把自由和光榮的城市賜給他們的那個人，他說道：「你們從他的的手裡接受慷慨的布施，就

76　說到凱利昔尼斯很會奉承亞歷山大，這個傳說是很明顯的證據；其他的歷史學家也報導這次旅行的異事奇聞，像是兩隻烏鴉出現在亞里斯托布拉斯的前面，托勒密特別提到兩條會說話的蛇在給軍隊帶路。

77　柏拉圖在他的《理想國》中提出君王要成為哲學家的看法，等到亞歷山大在阿蒙神廟接受神意的感召，這位受過哲學教育的國王，搖身一變成為君權神授的皇帝。通過亞歷山大的征戰，西方世界才從東方接受神權統治和君主崇拜的觀念，後來的羅馬帝國和基督教帝國更加發揚光大。

是當時稱爲我的君主和父親的人。」這裡所說的父親是指菲利浦而言。雖然如此，有一次他爲箭矢所傷，覺得非常痛苦的時候，曾對身旁的人說道：「我的朋友，這裡流出眞正的鮮血，並非『聖靈』即詩句所稱：

　　永垂不朽的神祇，
　　生生不息的元氣[78]。」

　　曾經又有一次，天空突然霹靂大作，每個人都感到害怕，詭辯家安納薩爾克斯[79]問他，如果他是朱庇特的兒子是否可以如法施爲。亞歷山大笑著回答道：「沒這回事，我不願像你所希望那樣去恐嚇自己的朋友，你對我的餐桌上面擺著魚而不是行省總督的頭顱，隱約之間就有藐視之意。」[80]

　　據說事情的眞相如此，安納薩爾克斯有次看到國王送給赫菲斯提昂（Hephaestion）的禮物是一些小魚，才有那種表示的方式，藉以諷刺和貶抑那些有雄心壯志的人，他們費盡千辛萬苦冒著生命危險去追求偉大的目標，最後所獲得的樂趣和享受並不比別人更多。從上面這些敘述看來，亞歷山大並沒有傻到以神明自居，或是因而感到洋洋得意，僅把個人的神性當作促成其他民族臣服的一種手段。

29 當他從埃及回到腓尼基以後，爲了敬神舉行獻祭和莊嚴的遊行，還有歌舞節目和悲劇演出，各種表演非常精采，服裝和布景都很華麗，所有的藝人都發揮高度的競爭精神。塞浦路斯那些國王擔任贊助人，就像雅典從各部族用抽籤的方式選出演員一樣。他們之間相互爭奇鬥勝，特別是薩拉密斯國

78　這句詩引用於《伊利亞德》第5卷第340行。亞歷山大的意思在告訴他的朋友「他是人而不是神」。

79　阿布德拉（Abdera）的安納薩爾克斯是4世紀B.C.的哲學家和詭辯家，德謨克瑞都斯（Democritus）的弟子也是皮羅（Pyrrho）的老師，曾經陪伴亞歷山大大帝遠征亞洲，後來被塞浦路斯國君奈柯克里昂（Nicocreon）處死。

80　戴奧吉尼斯認爲安納薩爾克斯說這句話的目的，是爲了反對塞浦路斯僭主奈柯克里昂，說是亞歷山大有一天請安納薩爾克斯吃飯，問他是否滿意當天的菜餚，客人回答道：「美中不足之處是還少一樣菜，就是僭主的頭顱。」這裡指的並非蒲魯塔克所說行省總督的腦袋。如果這位哲學家的意思是要砍下奈柯克里昂的頭，那麼他要爲禍從口出付出慘痛的代價。

王奈柯克里昂(Nicocreon)和索利(Soli)的帕西克拉底(Pasicrates)，競爭最爲激烈，他們供應所需的合唱隊，分別負擔著名演員阿瑟諾多魯斯(Athenodorus)和帖沙盧斯(Thessalus)的費用，前者代表帕西克拉底的演出，後者使用奈柯克里昂的名義。亞歷山大對於帖沙盧斯的表演大爲激賞，他並沒有表示個人的意見，後來投票的結果是阿瑟諾多魯斯獲得優勝。

　　他在臨去之前讚揚裁判員的決定，接著又說寧願失去一部分王國也不願看到帖沙盧斯被人擊敗。後來，阿瑟諾多魯斯未參加巴克斯祭典的演出，遭到雅典人施以罰鍰的處分，請求亞歷山大爲他寫一封信向雅典人說情，亞歷山大沒有答應他的要求，送給他一筆款項足夠支付罰金之用。

　　又有一次，斯卡菲亞(Scarphia)的黎坎(Lycon)在劇院有很精釆的演出，爲了插科打諢在戲詞中加進一首詩，請求送給他10泰倫，亞歷山大當場笑著答應給他那筆錢。

　　大流士寫一封信給他，並且派朋友前來說項，請他接受1000泰倫當成俘虜的贖金，把幼發拉底河這邊的土地都割讓給他，並且將一個女兒嫁給他爲妻，條件是結成聯盟友善相處[81]。亞歷山大把這些建議告訴他的幕僚。帕米尼奧提出意見，說他如果是亞歷山大就會接受。亞歷山大說道：「如果我是帕米尼奧，也會如此。」[82]在回覆大流士的信函裡面，他告訴對方，要是願意親自前來投降，就會受到最親切的接待，如不其然，他會盡快進軍找大流士做一個了斷。

30 過了不久以後，大流士的妻子因爲難產死亡[83]，使得亞歷山大對於覆函的部分內容感到很遺憾，爲失去一個表現仁慈寬厚的機會而難過，因此他爲這位皇后舉行盛大的葬禮以資彌補。

81　阿里安在《遠征記》中提到波斯派遣使臣是在伊蘇斯會戰的翌年，當時亞歷山大正進行泰爾的圍攻；其他的記載有不同的時間和提出的條件。蒲魯塔克所以延後敘述，是為了情節的需要。

82　隆吉努斯特別把這件事提出來當成一個例證，亞歷山大的確是舉世無匹的天才人物，甚至很普通一句話，都會表現出偉大的風範和崇高的情操。

83　大流士的王后史塔蒂拉(Statira)在伊蘇斯會戰被俘，這時她已有身孕，因難產死於332B.C.，正是泰爾圍攻的時期；這個故事無論是國王的對話，宦臣的誓言或是後來寫成劇本，所有的情節都是一位歷史學家所杜撰，很可能就是凱利昔尼斯；克爾久斯(Curtius)和阿里安(Arrian)的記載，有另外的說法。

　　有一位在寢宮服侍皇后的太監名字叫做泰里烏斯(Tireus)，與那些婦女一起被俘，皇后死後逃出亞歷山大的營地，騎馬趕到大流士那裡，報告他妻子亡故的消息。大流士聽到以後就用手打頭，號啕痛哭淚流滿面，說道：「老天爺！波斯人怎麼會遭到這樣巨大的災難，國王的配偶和姊妹生前成為俘虜，死後無聲無息草草下葬。」太監回答道：

> 啊！陛下！提到皇后的喪禮和所受的尊榮，你不應該有所抱怨，更不應把它歸於國家的厄運。根據我所了解的狀況，你的皇后史塔蒂拉(Statira)在世的時候，連同你的母親和女兒，都過著養尊處優的生活，除了見不到你的天顏，其他方面與過去並沒有差別。就這點來說，天神歐羅瑪斯德(Oromasdes)[84]會恢復你昔日的光榮。我確實告訴你，在她過世以後，不僅葬喪的典飾極其隆重，就是你的死敵也流下同情的眼淚，看來亞歷山大獲勝以後的溫和如同在戰場的凶狠，同樣令人畏懼。

　　大流士聽到這些話以後，處於情緒的憂傷和激動之中，竟然產生極度的猜疑心理，就把泰里烏斯帶到帳篷比較隱蔽的角落，對他說道：

> 如果你沒有像波斯的氣運一樣背棄我，在內心之中把自己看成一個馬其頓人；如果你還承認我是你的主子大流士，就要憑著尊敬米塞拉斯(Mithras)的光明和國王的右手，在這裡向我發誓，史塔蒂拉的被俘和死亡，就我的哀悼而言難道只是最小的不幸？在她活著的時候，我是否遭到更為可恥的悲痛？如果我要面對一個更為嚴苛和殘酷的敵人，我的榮譽是否會少受一些損毀？因為像他這樣一位年輕人，所以對敵手的妻子如此優待，難道他的動機不是出於對我的羞辱？

　　他的話還沒有說完，泰里烏斯便趴俯在他的腳下，請求他不要講這種話，以

84　天神歐羅瑪斯德就是代表「善」的光明之神阿胡拉(Ormusd)，和代表「惡」的黑暗之神阿里曼(Ahriman)，進行永不間斷的鬥爭，這是祆教善惡兩元論的基本要旨。

免冤枉亞歷山大，玷辱他過世的妻子和姊妹，國王應該知道那位戰勝他的敵手，具備超越凡人的美德，這也是他在災難之中最大的安慰，要是他的心裡還存著上面的想法，這種僅有的慰藉也會破壞無遺。泰里烏斯勸他用敬愛和佩服的態度來對待亞歷山大，因為從不少的證據看來，他對波斯婦女所表現的克制，不下於對波斯男子所表現的英勇。這位太監用正式和可怕的誓言，力言他所說一切都真實不虛，並且詳細描述亞歷山大在其他場合的謙遜和慷慨。

大流士離開以後走到帳篷另外一邊，他的朋友和朝臣都在那裡，向著上天舉起雙手開始禱告，說道：

> 主宰我的家族和王國的神明，懇求你們振興波斯的頹廢和劣勢，恢復原有的昌隆和繁榮，使得我有能力報答亞歷山大，他在我遭遇不幸的時候，給我最親近的人施加的恩惠。如果命運的安排使得波斯王權必須中止，神意和世事的變遷，我們難以逃脫滅亡，我懇求你們允許，除了亞歷山大不讓別人坐上居魯士(Cyrus)的寶座。

很多史家都敘述過這件事情的始末。

31 現在我們轉過來敘述亞歷山大的狀況：他征服幼發拉底河西岸全部亞洲土地以後，率領軍隊向著大流士前進，大流士指揮100萬人馬迎戰[85]。他在行軍的途中發生很可笑的鬧劇。隨營的奴僕為了遊戲分為兩隊，把一隊的首領稱為亞歷山大，另一隊的首領稱為大流士，開始的時候他們只不過互擲土塊，接著就動起拳頭，最後為了競爭的熱情，大家用石塊和木棍打得不亦樂乎。亞歷山大聽說這件事情，命令兩位首領單獨交戰決定勝負。他把自己的披掛讓那位亞歷山大穿著起來，斐洛塔斯(Philotas)則為稱為大流士的首領加以武裝。全軍都在一旁觀戰，想要從搏鬥的結果獲得未來勝利的預兆。兩位首領奮力接戰，很久以後才由那位亞歷山大獲勝，國王賜給他12個村莊，作為英勇行為的報酬，並

---

85 波斯的兵力真正的數字已不可考：賈士丁(Justin)認為是40萬名步卒和10萬名騎兵；克爾久斯算法是20萬名步卒和4萬5000名騎兵；戴奧多魯斯(Diodorus)和蒲魯塔克都說總數是100萬；亞歷山大的總兵力是4萬名步兵和7000名騎兵。

且讓他穿上波斯的官袍。這是伊拉托昔尼斯（Eratosthenes）告訴我們的故事。

亞歷山大與大流士打了一場規模極其龐大的會戰，雖然很多作者說是在阿貝拉（Arbela），事實上是在高加米拉（Gaugamela）[86]。gaugamela這個字在波斯語的意義是「駱駝之家」[87]，古代有位波斯國王騎著一匹腳程很快的駱駝逃脫敵人的追擊，後來他爲了感恩起見，就在那裡爲這匹駱駝建立一個放養的牧場，並且指定某些村莊的收益來維持所要的開銷。Boedromion月（9月）發生一次月蝕，大約是在雅典的神秘祭典剛開始的時候[88]。

月蝕之後第十一天的夜間，兩軍已到可以相互通視的距離，大流士下令他的部隊全副武裝，在火把的照耀之下實施一次盛大的校閱。亞歷山大趁著部隊入睡之際，他的占卜官亞里斯坦德的陪同下，在他的帳幕前面舉行神秘的儀式，並且向恐懼之神獻上祭品[89]。這個時候，那些年紀較長的部將，特別是帕米尼奧，看到尼法特斯（Niphates）和哥迪尼（Gordyaean）山脈之間的整個平原上面，閃耀著蠻族的燈光和篝火，聽到一片混亂喧囂的聲音從他們的營地傳過來，好像遠處大海波濤的怒號。他們對於敵軍人數之眾極爲驚愕，大家經過一番討論，認爲白天要與兵力占有優勢的軍隊交戰，不僅非常困難而且會使全軍有被殲之虞，便去面見祭神已畢的國王，請求他在夜間對大流士發起攻勢，用黑暗來掩蓋即將來臨的會戰無法避免的危險[90]。

他對這項請求給予一句著名的回答：「我要獲得光明正大的勝利。」雖然當時有些人認爲這句話說得幼稚而輕率，拿著全軍的危險來開玩笑。還是有人知道他對當時的情勢深具信心，就未來的發展做出正確的判斷。他不願大流士在戰敗以後可以找到藉口，能夠重整旗鼓再做打算，因爲大流士很可能把失敗歸咎於黑夜的不利條件，就像過去把吃了敗仗都怪罪於高山、深谷和大海一樣。只要他擁

86　高加米拉是一個小村莊而阿貝拉是最近的大城市，這場會戰可以通用這兩個名字，發生的地點是高加米拉平原，在現代城市摩蘇爾（Mosul）東北約30公里。會戰的時間是331年10月1日B.C.。

87　這位國君是海斯塔斯帕斯（Hastaspes）之子大流士一世。

88　月蝕發生的時間是331年9月20日B.C.，從而很精確算出會戰的日子。

89　希臘人在從事戰爭和攸關生命之重大事件，都會向恐懼之神獻祭，很多地方都建有祂的祭壇，帖修斯、埃傑斯和克利奧米尼斯的傳記中都有這方面的敘述。拉斯地蒙人蓋了一座「恐懼之神」廟，並沒有將祂看成作祟害人的魔鬼，而是行善除惡的正神。

90　阿里安《遠征記》第3卷第10節，記載帕米尼奧建議發起夜戰。

有強大的實力和廣寬的領土，絕不會因為缺少兵源和武器而放棄戰爭，唯有使他相信已經遭遇一場無可否認和眾所周知的失敗，喪失一切勇氣和希望，才會死心塌地稱輸。

32 這些部將在得到這個答覆離開以後，亞歷山大就在自己的帳幕裡面躺下睡覺，整夜在酣睡中度過，比起平日感到更為舒暢。第二天早上他的部將前來請示，見到他仍舊沉睡不醒都感到非常的驚奇，他們只有自行做主發布命令，要士兵先吃早飯。等到最後時間無法再拖延下去，帕米尼奧走到他的臥榻旁邊，叫了兩三聲他的名字才把他喚醒。帕米尼奧問他，一場規模最大的會戰即將開打，為何他還能睡得那樣熟。亞歷山大笑著回答道：「現在我們不必再像過去那樣，在一片廣大而荒涼的國度裡到處飄蕩，去尋找一個避免與我們決戰的大流士，這樣看來我們豈不是已經獲得勝利了嗎？」不僅在會戰之前，就是處於危險的高潮期間，他的表現一直令人感到神乎其神，對於自己的遠見和信心顯示出堅定不移的態度。

這場會戰有一段時間譎詭多變，讓人難以預測會出現何種後果。帕米尼奧指揮的左翼受到巴克特里亞(Bactrian)騎兵部隊的猛烈衝擊，陷入混亂被迫後撤；就在相同的時刻，馬舍烏斯(Mazaeus)派遣一隊騎兵，迂迴到後方去攻擊守護輜重的馬其頓士兵。這樣一來給帕米尼奧帶來很大的困擾，派人前去報告亞歷山大，如果不立即從第一線抽調相當兵力，解救後方的危急狀況，整個營地和輜重即將不保。消息傳到的時候，亞歷山大正要向位於身旁的部將，下達進攻的信號，他聽到這項報告，便叫他們傳話給帕米尼奧，問他是否已經喪失理性，在緊張之中竟然忘記最重要的原則：如果戰勝，敵軍的輜重全部歸你所有；要是失敗，也就不必顧慮你的財富和奴隸，只有英勇戰死在光榮之中。

等他說完這幾句話，立刻戴上頭盔，在走出帳幕之前已經全部披掛完畢。他穿上西西里人製作的緊身上衣，外面有一件亞麻布縫合的厚馬甲，這是他在伊蘇斯會戰獲得的戰利品，他的頭盔是狄奧菲拉斯(Theophilus)的工藝品，雖然鐵質卻光亮如最精煉的純銀。頭盔的下面是一塊頸甲，也是鐵製品上面鑲著寶石，他的劍是他作戰最常的武器，西提亞(Citieans)的國王贈送的禮物，淬鍊之精和質量之輕令人激賞不已。他的皮帶是每逢出戰必須佩帶的裝具，比起其餘的甲冑更為精美名貴，古代赫利康(Helicon)的精品，羅得島人為了表示敬意特別贈

送給他[91]。他在排列陣式、下達命令或是校閱部隊的時候，都不會騎布里法拉斯，這匹駿馬現在年歲已老，每當他要出陣作戰，必定會叫人把布里法拉斯牽過來，只要跨上這匹坐騎立即開始進攻。

33 他在那天向帖沙利人和其他的希臘人發表一篇很長的演說[92]，大家報以熱烈的歡呼，要求他率領他們去攻打那些蠻族，於是他把標槍移到左手，右手朝天舉起，懇求神明的賜福，如果他真的是朱庇特的兒子，請他們幫助希臘人，加強他們作戰的力量；這是凱利昔尼斯告訴我們的說法。在這個時候，占卜官亞里斯坦德身穿白色斗篷，頭戴金冠，騎馬從行列中間走過去，向大家指點有一隻鷹在亞歷山大的頭頂翱翔，指示他進攻敵人的路線，全軍看到這個景象更為振奮，在相互的鼓舞和勉勵以後，騎兵用全速向敵人發起衝鋒，步兵方陣排成森嚴的隊形在後面跟進[93]。

兩軍的前列還未接戰，蠻族開始退縮不前，在亞歷山大窮追猛打之下，把敗退的敵人趕向戰線的中央，也就是大流士所在的位置。亞歷山大越過最前面的行列，在很遠的地方就看到大流士，身分顯著置身於衛隊之間，一個身材挺直相貌英俊的男子，站在一輛高大的戰車上面，無數最優秀的騎士在旁護衛，圍繞著戰車排成密集隊形，準備迎擊敵人。亞歷山大的到來讓人驚懼萬分，迫得後退的人群逃向固守的陣地，以致全體敵軍不堪一擊四散奔逃。只有少數最勇敢的士兵在抵抗追擊，他們在國王的面前被殺，成堆的屍體倒下去，有些人在瀕死之際還在奮力拒止騎兵的前進。大流士眼看大勢已去，配置在前面保護他的軍隊被驅退，轉過身朝著他蜂湧而來。他的戰車無論是轉動還是脫離都很困難，車輪已經糾纏受阻於屍體，累積成堆不僅讓馬匹無法行動，幾乎將牠們掩蓋起來，使得牠們豎

---

91 這段文章描述亞歷山大出戰的披掛和裝飾，完全是模仿荷馬的風格和語氣，可以參閱《伊利亞德》第2卷第15-46行。

92 亞歷山大口裡的希臘人有時將馬其頓人包括在內，有時是指馬其頓人和帖沙利人以外的希臘人。從47節他對馬其頓人的講話中可以很清楚的分辨。

93 根據阿里安在《遠征記》的描述，亞歷山大贏得勝利在於掌握四個要點：第一是戰鬥序列和部署，第一線的後面安排第二線，兩個快速突擊縱隊可以應付各方面的攻擊；第二是攻勢發起以後，左翼採用斜行接敵運動，逼使敵軍延伸陣線造成分離；第三是利用分離形成的空隙，向大流士的指揮位置發起騎兵衝鋒。第四，這個衝鋒在左側有步兵方陣的掩護，使得波斯國王受到震撼，立即逃出戰場，造成全線的崩潰。

起前腿，完全不聽駕馭。御手在驚恐之中毫無辦法可施，處於這種極其驚險的局面，大流士只有拋棄他的戰車和鎧甲，據說是騎上一匹剛生過馬仔的母馬逃走。

如果不是帕米尼奧再度向亞歷山大告急，要求他趕快回師救援，大流士也無法脫身。帕米尼奧說有大批敵軍仍舊集結，不肯後退。大家認為這次會戰之中，帕米尼奧的表現欠佳，行動遲鈍毫無貢獻，可能是年紀衰老勇氣消失的關係，或許如同凱利昔尼斯所言，他對亞歷山大的威望日增存著嫉妒心理[94]。亞歷山大被逼回師救援未能追擊擴大勝利成果，雖然心中深感不快，並未向部將宣布實情，只說天色已晚，不必繼續追殺因而發出收兵信號。當他騎馬趕往危險地區的時候，在途中得到消息，知道敵軍大敗潰逃。

34 會戰結束帶來波斯帝國的滅亡。亞歷山大宣布為「亞洲之王」，為了表示感激向神明奉獻非常豐盛的祭品，同時獎賞他的朋友和屬僚，分別賜與大量的金錢、土地和行省的統治權。他為了使希臘人獲得榮譽，寫信告訴他們將要廢除所有的暴政，大家可以按照本地的法律過自由的生活。他特別致書普拉提亞人，說要為他們重建城市，因為從前希臘人為了共同的自由權利，與蠻族發生戰爭的時候，他們的祖先曾經將國土奉獻出來作為戰場[95]。他還把一部分戰利品送給意大利的克羅頓人（Crotoniats），藉以對於他們的市民菲拉斯（Phayllus）的熱誠和勇氣表示敬意[96]。菲拉斯是一個角力者，波斯戰爭期間，意大利的希臘人都不肯支持希臘，他卻自行出資建造一艘船，到薩拉密斯參加希臘艦隊，負起危險的任務。亞歷山大用這種方式表示關切人類擁有的美德，對於偉大的事蹟保持永不忘懷的記憶[97]。

94　這些指控可以說是言過其實，帕米尼奧是作戰經驗極其豐富的將領，右翼遭到堅強的抵抗有戰敗之虞，波斯軍的方陣仍舊保有原來的陣地，左翼貿然發起追擊，戰力形成分離有遭各個擊滅的危險。

95　479B.C.普拉提亞人願意將土地割讓給雅典以符合神讖的要求，希臘聯軍在鮑薩尼阿斯指揮之下，終於擊敗波斯人，主將瑪多紐斯被殺。

96　有關情節可以參閱希羅多德《歷史》第8卷第47節。

97　亞歷山大為了鞏固希臘聯軍的團結，激勵高昂的鬥志，一直在扮演復仇者的角色，要向世人表明他的遠征是對波斯在480-479B.C.入侵希臘的報復行為。所以才舉出這兩個案例，表示他沒有忘懷過去的歷史。

35 他從會戰的地方行軍經過巴比倫行省，整個區域馬上向他投降，在伊克巴塔納（Ecbatana）[98] 看到火從地表的裂縫中間不斷外湧就像泉水一樣，使他大爲驚奇，距離不遠的地方，原油大量流出形成一個湖泊。這種物質像瀝青非常容易著火，不同之處在沒有接觸火焰之前，僅僅火焰周圍熾熱的光線就可以把它點燃，中間的空氣也會燃燒起來。那些蠻族爲了顯示這種物質的力量和特性，把小量的原油灑布在通往亞歷山大府邸的大街上面，當時天已經黑了，他們持著火炬站在街頭較遠的一端，將火炬移近被原油沾濕的地面，立即點燃速度有如閃電，頃刻之間整條街道成爲一面長長的連續火牆。

服侍亞歷山大的一群人員當中，有個人在他沐浴的時候爲他塗上油膏，非常得到他的歡心，這位雅典人名叫阿瑟諾法尼斯（Athenophanes）。他要求在司提法努斯（Stephanus）的身上用原油做一個試驗；司提法努斯是一個面貌醜陋到令人發噱的少年，歌聲非常優美，當時也在浴室裡面，站在亞歷山大的旁邊。阿瑟法尼斯說道：「如果燃燒起來無法撲滅，我們才相信它具有無法抗拒的力量。」那位少年很高興的接受，等到把原油塗滿全身以後，馬上迸發出一片火焰，燃遍他的軀體，狀況非常危急，亞歷山大在場感到驚恐和不安，也不是沒有道理；要不是正好有很多伺候沐浴的人，拿著水桶站在一旁，費了很多力氣把火澆滅，那個少年一定會燒成焦炭。雖然在這種情形下保住性命，全身都被灼傷，過了很久才治癒。

有些人用神話來附會事實，看來也不完全是無稽之談，說這種物質就是很多悲劇裡提到一種藥品，米狄亞（Medea）用來塗在她送給克里昂（Creon）之女的冠冕和長袍上面[99]。因爲原油和這類物質不會自行燃燒，必須有火焰在旁邊，不知不覺之中與這些藥物發生接觸才會著火。從遠處傳來的光線和火的放射物，對於某些物體，除了爲它帶來光和熱，不會發生其他的影響。在另外一些物體的身上，光線和放射物會遇到流通的乾燥和豐富的水氣，聚集能量產生變化，便會很迅速的燃燒起來。

不過，原油生產的方式有很多不同的說法……[100]，是否只有出自巴比倫行省

---

98 這裡提到的伊克巴塔納是波斯人的夏都，位於伊朗高原，現在的名稱是哈馬丹（Hamadan）；亞歷山大要在次年對大流士的追擊，才到達這個城市。

99 從這裡看來，新娘格勞西穿上結婚禮服應該是起火燃燒才對，神話裡的情節是被毒斃。

100 此處的原文有脫落。

的液體物質始能著火，因為此地的土壤不僅肥沃而且充滿沼氣，像是強烈的燃燒在使大地震顫，大麥的穀粒就從田裡跳出來；在這種極端炎熱的氣候當中，居民在裝滿涼水的皮囊上面睡覺。哈帕拉斯留在這個國度擔任總督，想用希臘的植物來裝飾皇宮的花園和步道，除了長春藤種下去會枯萎以外，其他的花木都能生長。這種爬藤植物喜歡涼爽的土壤，炎熱如火的性質對它不適宜。不過，節外生枝的敘述可以就此停住，免得遭到缺乏耐性的讀者大聲責怪。

36 亞歷山大占領蘇薩[101]以後，在皇宮裡面找到價值4萬泰倫的錢幣，提起擺設和財寶數量之多幾乎無法形容，僅僅赫邁歐尼人(Hermionian)進貢的紫色衣物就值5000泰倫[102]，收藏的時間長達190年之久[103]，顏色仍舊鮮豔有如新品。據說他們在紫色染料中摻入蜂蜜，白色染料中摻入白橄欖油，這樣一來兩種混合物經過漫長的期間，可以保持原有的色澤。狄農(Dinon)曾經提到，波斯歷代國王從尼羅河和多瑙河汲水運回來，和那些財寶一起收藏，作為他們疆域寬廣和權勢薰人的象徵。

37 波斯是個易守難攻的國度，進入的關隘都由英勇的戰士嚴密防衛，大流士本人已經逃到更深遠的內地[104]。亞歷山大非常意外找到一名嚮導，完全驗證他在幼年時代，阿波羅女祭司給他的預言，將來會有一位呂西亞人引導他進入波斯。這個嚮導的父親是呂西亞人而母親是波斯人，所以會講兩種語言，現在帶領他進入這個地區，所走的路徑雖然迂迴曲折，並沒有繞多少遠路。亞歷山大在這個國家屠殺無數的俘虜，根據他自己的說法，完全是他下達的命

---

101 高加米拉會戰以後，波斯的首都開城投降，時為331年12月B.C.。

102 要是價值5000泰倫的衣服倒不是很希奇，在第39節中提到他將裝著1000泰倫衣物的衣櫃送給帕米尼奧；所以有人認為所指的泰倫是重量單位。

103 赫邁歐尼是伯羅奔尼撒半島瀕海的希臘城市，面對海德拉(Hydra)島，出產可以提煉紫色染料的貽貝。現在這批衣物是大流士一世登基時製作，他在位的期間為公元前521-486年。泰倫作為重量單位約為26公斤，所以五千泰倫的紫色衣物相當於十三萬公斤即130噸，聽來真是不可思議。

104 本文所說的內陸是波斯人的發源地帕西斯(Persis)，這個山區位於現在伊朗人的法斯(Fars)行省，首府是夕拉茲(Shiraz)，離開兩個皇家城市帕西波里斯(Persepolis)和佩薩加迪(Pasargadae)約有300公里。

令，這種手段有利於最終目標的達成。他說在這裡[105]發現的金錢不少於蘇薩，此外還有各種家具和財寶，要用1萬對騾子和5000隻駱駝來搬運。

有一次他看到澤爾西斯的巨大雕像倒在地上，這是一大群士兵在衝進皇宮的時候，混亂之中不小心所推翻。亞歷山大站在雕像前面和它說話，好像它是一個活人，他說道：「你在過去曾經侵略過希臘，我就此讓你躺在這裡不理不睬呢？還是因為心儀你的慷慨和其他的德行，要把你重新豎立起來呢？」他在那裡站了很久，默默考慮一番，最後決定還是置之不理。他就在那個地方實施冬營，住了四個月讓士兵有休養生息的機會[106]。

據說當他第一次坐在波斯張著黃金華蓋的寶座上面，與他和他的父親都有深厚友情的科林斯人笛瑪拉都斯，老態龍鍾流著眼淚說道，那些死去的希臘人，未能看到亞歷山大坐上大流士的龍椅，實在是一件憾事。

38 他的計畫是從此地進軍征討大流士，開拔之前他出席軍官的宴會，每個軍官的伴侶獲得允許，可以參加飲酒作樂。與會的婦女當中，最著名的人物是雅典人泰綺思(Thais)，她是托勒密的情人，後來托勒密做了埃及國王。泰綺思一方面是為了對亞歷山大說些恭維話，一方面是藉這個機會開開玩笑，就在酒酣耳熱之際發表一番議論，雖然符合雅典人的習性，就她的身分來說有所僭越。她說她隨著軍隊走遍亞洲，經歷無數的艱辛，今天能夠在波斯國王富麗堂皇的宮殿參加宴會，已經得到應有的補償；接著說道，想當年是澤爾西斯把雅典化為灰燼，現在為了增加歡樂的興致，為了能讓她感到更為愉悅，可以當著國王的面，由她動手放火燒澤爾西斯的宮廷；這樣一來使得後人知曉，追隨亞歷山大的婦女代表希臘人對波斯人所做的報復，超越知名的將領在陸地和海上的作為。

她說完這些話以後，舉座喝采的聲音不絕，亞歷山大在大家的慫恿之下，覺得盛情難卻，從座位上起身，頭上戴著花冠，手裡拿著一隻火炬，走在前面領路，其餘人員一陣喧囂跟在後面，一邊行走一邊跳舞，同時高聲喊叫，最後來到皇宮的旁邊，其他的馬其頓人聽到消息，也都興高采烈帶著火把趕到那裡，他們認為

---

105 這個地方就是澤爾西斯的故都帕西波里斯，位於蘇薩的東南方約500公里。
106 馬其頓軍隊在帕西波里斯停留的時間，大約是330年的2月到5月B.C.。

國王焚毀波斯皇宮，表示他有意返回故國，不想長期居留蠻夷之邦。關於火燒皇宮這件事，有的作者如此記載，然而也有作者認爲他之所以這樣做，完全是一種預謀行爲。不過，大家一致的說法，那就是亞歷山大馬上感到後悔，立即下令撲滅大火[107]。

39 　亞歷山大的個性極其慷慨大方，等到財富大爲增加以後，行事更是一擲千金[108]，對人只要有所餽贈，總是帶著殷勤和坦率的態度，使得受恩者永銘五中。我現在舉幾個例證：皮歐尼亞人（Paeomians）指揮官亞里斯頓（Ariston）殺死一個敵人，把首級拿給亞歷山大看，並且對他說，要是在自己的國家，這樣的獻禮要獲得一個金杯作爲獎賞。亞歷山大笑著對他說道：「你們給的金杯是空的，我爲了向你致敬，要送你一個斟滿酒的金杯。」[109]

又有一次，一名普通士兵趕著一匹騾子，上面馱著國王的一些財寶，那隻牲口不勝負荷，士兵便把馱著的東西搬下來，背在背上繼續前進，亞歷山大看到他非常勞累，詢問他是怎麼一回事，他明白真相以後，當那個人因爲疲勞過度正要把重負放下來的時候，亞歷山大對他說道：「現在可不能洩氣，只要繼續走完行程，把東西背到自己的帳篷裡面，全部都歸你所有。」

那些不肯接受餽贈的人，比起向他請求贈與的人，更引起他的反感。因此他致書給福西昂，如果拒絕他的禮物，就不再承認這個朋友[110]。有位和他一起玩球的年輕人名叫塞拉皮恩（Serapion），從來沒有接受他的餽贈，因爲塞拉皮恩未曾向他提出要求。有一天輪到塞拉皮恩同他玩球，這個人總是把球投向另外的隊友，國王問塞拉皮恩爲什麼不把球投給他，塞拉皮恩說道：「因爲你沒有向我提出要求。」亞歷山大聽了非常高興，以後主動賜給他很多東西。

---

107 阿里安提到亞歷山大酒醉以後，燒掉澤爾西斯的宮殿洩憤，沒有加上羅曼蒂克的情節，其他的作者有不同的看法。

108 亞歷山大放火燒掉帕西波里斯王宮的行為，無論是出於一時的衝動還是經過仔細的衡量，證明他已經徹底制伏波斯人可以為所欲為。從此才流傳這麼多的軼事向世人訴說他對朋友的慷慨、體貼和忠誠，特別可以從他的書信中知道他那些一擲千金的豪舉。

109 皮歐尼亞人組成一支輕裝騎兵部隊，投效到他的麾下以後，參加過三次重大的會戰，立下很大的汗馬功勞，特別是高加米拉會戰有突出的表現。

110 福西昂是雅典的政治家，特別推崇亞歷山大的生活非常簡樸，為人非常誠懇，所寫的傳記為蒲魯塔克所引用，他與亞歷山大的關係在第十八篇〈福西昂〉第17-18節有詳盡的敘述。

一個生性詼諧又愛好飲酒的傢伙名叫普羅提阿斯（Proteas），不知道因爲什麼事情冒犯亞歷山大，除了請朋友爲他說情，自己也痛哭流涕請求他寬恕，最後還是產生效用，亞歷山大宣布大家還是好朋友。普羅提阿斯說道：「我無法相信你的話，除非能給我一些事實來證明。」國王明瞭他的用意，馬上派人送給他5泰倫。

從奧琳庇阿斯給他的信，可以知道他對朋友和服侍他的人員，賞賜已到揮霍無度的地步。她在那封信裡，告訴他對跟隨的人，獎賞應有分寸，她說道：「你現在使得他們富垺王侯，每個人都有權力和機會爲自己結交許多朋友，最後你自己落得兩手空空。」奧琳庇阿斯經常因爲這個緣故寫信給他，但是他從來不會把這些信函的內容向旁人透露，只有一次他在看信的時候，赫菲斯提昂正好站在旁邊，如同慣常一樣他會把信的內容高聲朗誦，等他讀完以後，馬上取他的戒指，用印璽封住赫菲斯提昂的嘴唇[111]。

馬舍烏斯（Mazaeus）是大流士宮廷中最有權勢的人物，有一個兒子已經是行省的總督。亞歷山大現在要賜給一個更好的職位，不過這位年輕人很謙遜的推辭，並且向他說道：「過去波斯只有一個大流士，現在卻造就出許多亞歷山大。」他把巴哥阿斯（Bagoas）的房屋贈送給帕米尼奧，裡面有一個衣櫃裝著價值超過1000泰倫的衣物。他寫信給安蒂佩特，吩咐他雇用一批衛士，免得遭人在暗中謀害。

亞歷山大送給母親很多禮物，卻不願她多管閒事干預軍事和政治，等到她爲這方面的事項與他爭吵，他總是有耐心容忍她的無理取鬧。不僅如此，有一次他讀到安蒂佩特寫給他的一封長信，裡面對奧琳庇阿斯大加指責。他說道：「安蒂佩特一點都不懂事，母親的一滴眼淚，可以抹去一萬封像這樣的書信。」

40 他現在發現這些寵臣變得奢侈無度，過著豪華的生活，所有的開支極爲浩繁。提奧斯人（Teian）黑格儂穿的鞋子上面飾著銀釘；李昂納都斯用幾匹駱駝，從埃及運來他在角力時用的粉末；斐洛塔斯的獵網長達100弗隆。他們在沐浴的時候，使用貴重的油膏而不是普通的橄欖油，到處都有奴僕在旁伺候，包括盥洗和寢室的整理。他用溫和的措辭和理性的態度對他們加以責

---

111 意思是要他閉嘴不可亂說。

斥，說他感到非常奇怪，這些身經百戰的人爲何不能從經驗中明瞭事理，從事勞動的人比起受到服侍的人，睡得更爲深沉甜美，爲何不能就希臘人與波斯人的生活方式做一比較，可以看出奢侈逸樂是奴性的標誌，刻苦自勵才是高貴的表徵。

他進一步的規勸他們，一位士兵如果連動手清潔自己的身體都感到麻煩，那又如何能夠照料自己的坐騎，使自己的武器甲冑保持光亮如新。他說道：「勝利最完美的境界和最崇高的目的，就是避免被征服者的弱點和惡行，難道你們還沒有認清這一點？」他用以身作則的方式來加強告誡的力量，比起從前更常常從事狩獵活動和軍事偵測，不辭一切辛勞，甘冒各種危險。

有次當他遇到一隻雄獅並且將它制伏以後，正好有位拉斯地蒙的使者在他的身旁，說他與這個猛獸的搏鬥極其英勇，大概是想分個高下，看誰應該稱王。克拉提魯斯命人將這場狩獵製成雕塑，包括雄獅和幾條獵犬，國王與猛獸的搏鬥，以及他趕來相助的情景，所有的雕像都是青銅製品，有些由黎西帕斯負責製作，其餘是李奧查里斯(Leochares)的手筆，後來把這組作品奉獻給德爾斐的阿波羅神廟[112]。亞歷山大用這種方式不惜冒著生命的危險，一方面是鍛鍊自己的體能，另一方面是激勵其他人員從事英勇和高尚的行爲。

41 那些追隨他的人士，財富的增加變得驕橫傲慢，耽逸於享樂和怠惰，無法忍受行軍和遠征的勞累；最後竟然指責他並且說他的壞話[113]。對於這些不當的作爲，他起初非常有耐性的忍受，說國王的責任是要善待別人還要接受誹謗之言[114]。同時他只要有一點機會能向朋友表示情誼，總是無微不至的呈現親切和敬重之意，他聽到普西斯底(Peucestes)被熊咬傷，馬上寫信給普西斯底提出指責，爲什麼把這件事告訴旁人，單單沒有通知他，他在信裡說道：「雖然如此，你馬上把目前的狀況告訴我，並且要讓我知道，那些打獵的同伴，有沒

---

112 這些雕刻的作品在德爾斐發現，上面有奉獻者的銘文；蒲魯塔克曾經見過。克拉提魯斯是亞歷山大最器重的親信，特別是430B.C.帕米尼奧遭到處死以後，掌握遺留的權勢。等到亞歷山大過世，他在馬其頓帝國扮演主要角色，一直到321年亡故為止。黎西帕斯和李奧克里斯都是當代最有名的雕塑家。

113 蒲魯塔克現在提到這些事，好讓讀者產生先入為主的成見，認為馬其頓人對他懷有敵意，所以後來才發生很多不必要的事故，過錯不在亞歷山大。

114 伏爾泰曾經說過，忘恩負義有時是很高貴的行為，看來他對亞歷山大的情操應該有很深的感慨。

有人在你遭遇危險的時候棄你不顧，如果有這種人我要對他加以懲處。」

赫菲斯提昂出外處理公務，亞歷山大派人送信給他，說他們在獵貓鼬[115]作為消遣的時候，克拉提魯斯的兩隻大腿碰巧為帕迪卡斯的標槍戳傷。普西斯底的身體康復以後，亞歷山大寫信給為他治傷的醫生阿勒克西帕斯（Alexippus）表示謝意。克拉提魯斯在養傷那段期間，亞歷山大在夢中見到異象，他就為朋友的健康向神明獻祭，吩咐克拉提魯斯比照辦理。鮑薩尼阿斯這位醫生決定給克拉提魯斯服用藜蘆根藥劑，亞歷山大特別寫信給他表示關切之意，對於處方的運用提供意見。

他非常愛護朋友的名聲，哈帕拉斯逃走和背叛的信息，最初是由伊弗阿底（Epaialtes）和西蘇斯（Cissus）向他提出報告，他竟然認為這兩人做了不實的指控，就把他們監禁起來。他把衰老和患病的士兵送回國內，伊吉（Aegae）有一位市民優里洛克斯（Eurylochus）登記在病患名單上面，後來發現他根本沒有生病，這時才承認愛上一位名叫特勒西帕（Telesippa）的年輕女子，想和她循海路一起回國。亞歷山大經過調查，知道那個女子是具有自由人身分的娼妓，於是他對優里洛克斯說道：「如果你的情人可以藉著禮物和勸說就能獲得，我倒是可以助你一臂之力。因為她是一個自由人，我們不能使用其他的手段。」

42 說起來令人感到驚奇，就是亞歷山大每為細微的瑣事寫信給朋友。他曾經寫一封信，為的是下令尋找一位年輕的西里西亞奴隸，這位奴隸屬於塞琉卡斯[116]所有。他還向普西斯底送上私函，表示感謝和讚許，因為他捕獲克拉提魯斯的奴僕奈康（Nicon）。他在寫給米嘉柏蘇斯（Megabyzus）的一封信裡，對於一位奴隸藏身在神廟裡尋找庇護，表示關切之意，根據他的指示，如果可能就將那位奴隸誘出神廟，然後加以逮捕，盡量避免到神殿裡面去抓人。

據說，在他開始審判死刑案件的初期，只要是控方發言，他總是用手堵住一隻耳朵，保留起來可以毫無偏見聽取被告的陳述。等到後來控告的案件數量增加，很多指控證明真實不虛，使得他漸漸喪失惻隱之心，甚至對於偽證都深信無

---

115 埃及人把這種動物稱為ichneumon，棲息地是河岸，最喜覓食鱷魚卵，有助於抑制有害爬蟲的繁殖，受到埃及人的愛護。

116 這位就是建立塞琉西亞王朝的塞琉卡斯一世，在位期間是305-281B.C.。

疑。特別是有人對他加以誹謗，他便會氣憤得完全喪失理性，表現得極其殘酷而且鐵石心腸絕不通融，因為他珍惜自己的榮譽和名聲，甚於他的生命或王國。

　　如同我們在前面提到的狀況，他現在開始出發去尋找大流士的下落[117]。總以為可以在另一次會戰大顯身手，結果消息傳來，大流士為貝蘇斯(Bessus)扣押[118]。他把帖沙利人遣返國門，在應得的薪俸之外還賞賜2000泰倫。對於大流士的追擊不僅漫長而且艱苦，他實施11天的急行軍，趕了3300弗隆的路，缺少飲水的緣故，他手下的士兵大部分都無法支持下去[119]。他們在行軍途中正為口渴所苦，幾個馬其頓人從一條河裡打了水，裝在皮囊裡面用騾子馱著，向著亞歷山大這邊走過來，正是中午最熱的時辰，他們看到亞歷山大渴得非常厲害，趕忙用頭盔裝滿水奉上。亞歷山大問他們這些水原來是給誰飲用，他們回答是給他們的小孩，不過他們接著說，卻使他們的小孩都死掉，只要亞歷山大活著，這些損失還是可以獲得彌補的機會。

　　亞歷山大把頭盔接到手裡，向四周望一下，看到所有的士兵都伸著頭在注視他飲水，於是他一滴水都沒有喝，把水歸還原主並且向他們道謝，他說道：「如果我單單一個人喝水，就會影響到大家的士氣。」[120]那些士兵看到他所表現的克制的精神和恢宏的氣概，立即高聲呼喊，要求他領導他們勇敢的前進，開始鞭策馬匹趕路。他們的說法是有這樣一位國王，就不會把自己看成一位會死的凡人，所以就不會在乎疲勞和口渴。

　　43 雖然大家很高興能夠繼續奔馳，等到亞歷山大衝進敵軍營地的時候，據說只有60名騎兵追隨在身旁。他們在那裡騎馬踏過遍布金銀的地面，經過許多裝滿婦女的車輛，沒有御者在毫無目標的亂走。他們用盡力氣趕上逃在最前面的人群，以為大流士會在其中，經過搜尋終於發現他躺在一戰車上面，遍體都是標槍刺穿的傷口，已經處於彌留的階段。雖然如此，他還是要求

---

117 大約是在330B.C.春天。

118 亞歷山大離開帕西波里斯大約在5月底，這時大流士棄守伊克巴塔納向東逃亡，貝蘇斯是巴克特里亞(Bactria)的省長，趁著大流士在旅程上對他發起突擊。

119 這段追捕的距離為420哩(一弗隆相當1/8哩)或670公里，平均每天的行程是60公里，何況經過的地區是缺水的荒漠和崎嶇的山地，可以說是非常了不起的成就，最後到達的地點接近赫卡托菲拉斯(Hecatompylus)，位於現代伊朗首都德黑蘭以西。

120 盧坎用類似的故事來頌揚小加圖的德行，看來僅僅是模仿罷了。

飲水止渴，等他喝下一些涼水以後，他向那個給他水喝的波利斯特拉都斯(Polystratus)表示，他遭到最大的厄運，在於受到恩惠而無法報答。他說道：「亞歷山大用仁慈的態度對待我的母親、妻子和小孩，我希望神明會酬庸他的美德。毫無疑問，他也會爲你的善行而給予獎賞。請你告訴他，我要伸出這隻右手作爲感謝的信物。」他說完話以後握住波利斯特拉都斯的手，接著就氣絕身亡[121]。

亞歷山大趕到以後，看到現場的狀況，顯出很憂傷的神色，脫下自己的斗篷，用來蓋住大流士的屍體。後來，當他捉到貝蘇斯就下令將他撕成兩半：他們用力將兩棵樹拉彎在一起，再把他的兩條腿分別綁在兩棵樹上，突然鬆開的強大彈力使得他的身體爲之肢解[122]。大流士的後事按照皇家的規範來處理，擺出盛大的排場將遺骸送交給他的母親。亞歷山大將他的弟弟伊克薩昔里斯(Exathres)納入親信之列。

44 然後他率領軍隊特選的精兵進入海卡尼亞(Hyrcania)，從那裡可以看到一個海灣，面積好像並不比黑海爲小，海水與其他海洋的水比起來帶有甜味。他對當面的海灣沒有任何概念，認爲很可能是米奧提斯(Maeotis)湖的另一個出口。古代的博物學家對整個地區非常清楚，在亞歷山大從事這次遠征許多年之前，他們的作品中已提到，共有四個海灣從大洋延伸到內陸，這個海灣就是其中最北邊的一個，被人稱爲裡海或海卡尼亞海[123]。

當地的蠻族出人意料竟與牽著布西法拉斯的馬夫相遇，他們俘虜這些人並且將那匹駿馬帶走。亞歷山大聽到這個信息非常憤怒，派遣傳令官去通知那些蠻族，如果他們不交還他的坐騎，就要將他們和他們的妻兒子女趕盡殺絕，等到他們把馬匹交還，連同城市也都降服的時候，亞歷山大對他們非常和善，送給擄去馬匹的人一大筆錢算是他出的贖金。

---

121 阿里安的《遠征記》沒有提到大流士死亡的細節部分，倒是克爾久斯和戴奧多魯斯的著作有詳盡的敘述。

122 貝蘇斯殺害大流士以後篡位爲王，稱號是阿塔澤克西茲(Artaxerxes)，329B.C.被捕落到亞歷山大的手裡，次年遭到處決，只是情節與蒲魯塔克的敘述有所不同，沒有那樣的聳人聽聞。讀吉朋的《羅馬帝國衰亡史》，奧理安皇帝用這種綁在樹上分屍的酷刑，來處分違犯軍紀的士兵，原來以爲是他的創意，現在知道是模仿亞歷山大大帝，可以參閱該書第十一章。

123 普里尼犯下同樣的錯誤，他們不知道裡海是個內海，根本不與大洋相通。

45 亞歷山大接著從海卡尼亞率軍進入帕提亞[124]，沒有戰爭以致整日無所事事，他第一次穿上蠻族的服裝。或許他的用意是易於推行教化的工作，因為爭取民心的方法莫過於遵行他們的風氣和習俗，另外還有更深一層的考量，就是他的統治和生活方式的改變，用這件事當作試驗，使馬其頓人能夠容忍而且習慣，看看是否能使他們對他就像波斯人對他們的國王那樣的俯伏跪拜。米提人的服裝充滿異國情調粗俗不堪，沒有長褲和帶袖的背心，也不帶頭巾，所以他沒有採用。他的穿著是介乎波斯人和馬其頓人之間的式樣，沒有前者那般炫耀花稍，卻比後者更為莊嚴華貴[125]。最初他只在與蠻族交往，或者在家中與親密友人和夥伴相聚的時候，才穿上這種服裝。

等到習慣以後，就是外出和公務接見訪客也用這些打扮，馬其頓人看到難免感到憂慮，他們敬重他的美德和高貴的品格，認為在這些方面可以滿足他的嗜好和榮譽，過去他除了經歷種種艱辛險阻，他的腿部最近挨了一箭，脛骨破裂出現一些碎片。還有一次敵人猛擲的石頭擊中他的頸背，影響到他的視力有一陣子模糊不清。可是這些傷勢都不能阻止他繼續冒險犯難，他渡過那條以為是塔內斯(Tanais)河的奧里克薩特斯(Orcxartes)河，打得錫西厄人(Scythians)大敗而逃，雖然那段期間他一直患有痢疾，還是在後追逐他們達100弗隆的距離[126]。

46 許多作者信誓旦旦，說是亞馬遜人的女王曾經拜訪亞歷山大，像是克萊塔克斯、波利克萊都斯、歐尼西克里都斯、安蒂吉尼斯和伊斯特(Ister)都提到此事。擔任宮廷需求供應職務的亞里斯托布拉斯和查里斯，還有托勒密和安蒂克萊德(Anticlides)，以及底比斯人斐隆(Philon)、瑟吉拉人

---

124 這次進軍的時間是330B.C.的早秋，從海卡尼亞的札德拉卡塔(Zadracarta)到伊朗西北部的帕昔伊(Parthyaea)，征服整個裡海的南部地區，再向東進到赫拉特(Herat)，在那裡建立阿里亞(Areia)境內的亞歷山卓城。

125 亞歷山大的心願是繼承大流士成為波斯的國王，發生貝蘇斯謀篡事件以後，他的意圖更為強烈；從生活上來說，首先用改換服裝進行試探，達成逐漸轉變習慣的目標。典型的波斯服式是燈籠褲和寬大長袖的上衣，配上頭巾或錐型頭飾，顯得更為威嚴和莊重。

126 亞歷山大在329B.C.的春初，穿越哈華克(Khawak)隘道和興都庫什(Hindu Kush)山脈，進入巴克特里亞，渡過歐瑟斯(Oxus)河即阿姆(Mu Darya)河到達錫西厄地區，建立一連串的堡壘用來保護北疆的安全，最堅強的要塞是位於奧里克薩特斯河亞歷山卓·艾斯恰特(Alexandria Eschate)。古代所說的塔內斯河和奧里克薩特斯河分別是現在的頓(Don)河和錫爾(Syr Darya)河，而且這兩條河經常混淆難以分辨。

(Theangela)菲利浦、伊里特里亞人(Eretrian)赫卡提烏斯(Hecataeus)、卡爾西斯
人菲利浦和薩摩亞人杜瑞斯,都說這是無稽之談。亞歷山大自己也證實後面的說
法,他在寫給安蒂佩特一封信裡,源源本本敘述所有經過情形,說是錫西厄國王
要把女兒許配給他,根本沒有提到亞馬遜人。許多年以後,歐尼西克里都斯為黎
西瑪克斯朗誦他的歷史著作第四卷,裡面提到這個故事,那位身為國王的人帶著
微笑問他道:「那個時候我在那裡呢?」不論我們相信這件事與否,對於亞歷山
大的影響甚微[127]。

47 亞歷山大生怕馬其頓人對於繼續戰爭感到厭煩,就把大部分人員留
在防區的駐地,只率領少數精兵計為2萬名步卒和3000名騎兵前往海
卡尼亞。他為了要達成目標,開拔之際就向他們發表演說:大意是迄目前為止,
那些蠻族看到他們好像是出現在夢境之中,如果他們沒有征服亞洲,只是騷擾一
番就此離去,敵人會把他們當成一群懦弱無知的婦女,可以盡情加以攻擊。雖然
如此,亞歷山大還是對他們說明白,他對他們的意願絕不勉強,任何人只要高興
都可以離開。他要這些人將來為他作證,當他為馬其頓人征服世界的時候,僅有
少數朋友和自願參加的人員與他在一起。這段話與他寫給安蒂佩特的信,內容方
面可以說是一字不漏,同時他在信裡特別提到,當他講完話以後,大家高聲歡呼,
願意追隨他到天涯海角。等到他成功說服這批精選的士兵,不難促使整個軍隊遵
從他的意願,大家拿優秀的成員當作仿效的榜樣是很自然的事。

現在他愈來愈使自己適應當地人民的生活方式,同時也使他們盡量熟悉馬其
頓人的風俗習慣,他有極其明智的想法,認為民族的融合和交往會產生親善的關
係,可以保持地區的平靜,使得他在遠征期間免除後顧之憂,這種方式當然遠較
暴力和強制的手段為佳。為了達成這個目標,他選出3萬男孩[128],延聘老師教授
他們希臘語文,用馬其頓的訓練方式讓他們精通各種武器。他與羅克薩娜
(Roxana)的婚姻完全是愛情的成果,他在一次宴會中看到她在跳舞,青春氣息和

---

127 克爾久斯和戴奧多魯斯在他們的著作裡面,都提到亞馬遜女王莎勒斯特里斯(Thalestris)離開
　　黑海的海岸,前來拜訪亞歷山大要求為他生了一個小孩。他答應以後同居13天,這件插曲發
　　生在亞歷山大進入帕提亞之前,他們相處在海卡尼亞一個城市。
128 他做出這個決定可能是在327B.C.,這批年輕人到達蘇薩加入他的軍隊是在324年,引起馬其
　　頓人的惶惶不安,生怕國王不像過去那樣重用他們,因而產生很多的問題和煩惱。

綺年美貌使他迷戀難以自拔。然而這樣的聯姻對達成他所望的目標大有裨益[129]。那些征服的人民看到亞歷山大從他們中間擇偶，都感到十分高興。這樣一個極其節制的男子，要先經過正當而合法的方式，去獲得他所傾心的女子，更贏得大家對他的好感。

　　亞歷山大注意到他那些主要的朋友和親信當中，赫菲斯提昂贊成他的做法，隨著他一起改　波斯人的服裝，克拉提魯斯繼續堅決維護本國的習性和樣式；他為了量材施用要前者負責波斯人有關的事務，而後者的職務要同馬其頓人和希臘人打交道[130]。一般而論，他對赫菲斯提昂比較親密而對克拉提魯比較敬重，正如他常常所說那樣，赫菲斯提昂是亞歷山大的朋友而克拉提魯斯是國王的幕僚。基於這種緣故，這兩個人總是在暗中彼此較勁，經常公開發生衝突。有一次在印度的時候，彼此拔劍相向，甚至捨命惡鬥，雙方的朋友在旁邊吶喊助威。亞歷山大聞訊騎馬趕來，當眾責斥赫菲斯提昂，罵他是一個笨蛋和瘋子，因為他一點都搞不清楚，要是沒有亞歷山大的寵信，他可以說是一無是處。他又在私下對克拉提魯斯嚴辭譴責，然後將兩個人叫到他面前，親自為他們講和，同時他憑著阿蒙和其他神靈的名字發誓，說他寵愛他們兩位甚於其他所有的人員，要是再聽到他們爭吵，就會將兩人處死，至少那個挑釁者在劫難逃。從此以後這兩個人的言行都能相敬如賓，就是開玩笑也保持和諧的氣氛。

48 在這些馬其頓人當中，談起顯赫的名聲莫過於帕米尼奧之子斐洛塔斯，他有勇敢進取的精神，能夠忍受戰爭的困苦艱辛，個性極其慷慨僅次於亞歷山大，能夠為朋友兩肋插刀在所不惜。有一次他的朋友向他借錢，他吩咐管家照辦，得到的回答是家中沒有餘款，這時他說道：「難道不會將我的餐具和衣物拿去賣掉？」然而他的態度極其驕橫，經常炫耀他的財富，那種奢侈揮霍的習性，已經超越一個臣民應有的本分。他裝出一副高貴和嚴肅的神色，未能表現出一個偉大人物應具備的雅量和風度，這種虛偽和做作的尊嚴只會引起別人的猜忌和反感，甚至帕米尼歐有時會勸他說道：「我兒，大可不必擺出高人一

---

129 亞歷山大與錫西厄人締結盟約，為了收買巴克特里亞的人心起見，就與當地酋長歐克雅底（Oxyartes）的女兒羅克薩娜結婚，時間約在327B.C.初春。

130 赫菲斯提昂是亞歷山大兒時的友伴，斐洛塔斯在330B.C.遭處決後，由他擔任騎兵部隊指揮官，324年逝世使得亞歷山大極為悲傷。

等的姿態。」

很久以來有許多人抱怨，就到亞歷山大的面前提出指控，特別是大流士在西里西亞的挫敗，馬其頓人在大馬士革（Damascus）獲得大批戰利品，在帶到營地的許多俘虜之中，有一個非常漂亮的皮德納（Pydna）少女，名叫安蒂哥妮（Antigone），成為斐洛塔斯的禁臠。有一天這位年輕人在飲酒的時候，用士兵那種直爽而誇張的口吻，向他的情人宣稱，所有偉大的軍事行動都是由他和他的父親來執行，獲得的榮譽和利益連同國王的頭銜，卻由那個童稚無知的亞歷山大坐享其成。安蒂哥妮不能守口如瓶，將這番話告訴她認識的熟人，就像通常情形那樣的輾轉相傳，最後落入克拉提魯斯的耳中，暗中將她帶到國王的面前。等到亞歷山大聽到這位女人的陳述，命令她繼續與斐洛塔斯交往，把他所說的話隨時前來報告。

49 斐洛塔斯還不知道自己已經陷入羅網之中，有時為了發洩怒氣，有時為了愛慕虛榮，仍舊不斷在安蒂哥妮的面前，講了許多愚蠢而輕率的話，用來攻擊亞歷山大。雖然亞歷山大知道這些談話的內容，得到證明完全相信所言不虛，當時他還是置之不理，可能是他對帕米尼歐的友誼和忠誠深信不疑，或許是他對他們父子在軍中的權勢和聲望存著忌憚的心理。

大約就在這個時候，有位來自查拉斯特拉（Chalastra）的馬其頓人黎努斯（Limnus），密謀要取亞歷山大的性命，還把這個計畫告訴一位他所喜愛的年輕人名叫奈科瑪克斯（Nicomachus），邀請他參與其事。奈科瑪克斯沒有接受，並且將這件事洩漏給他的兄弟巴利努斯（Balinus），於是巴利努斯立刻去見斐洛塔斯，請求他帶他們兄弟去見亞歷山大，說是他們有很重要的事情要當面報告。出於一種無法確知的原因，斐洛塔斯不願帶他們去，他說國王正在處理更為重要的事務。他們再度向他請求，仍舊遭到拒絕。他們只有去找別的人，得以覲見亞歷山大，他們首先報告黎努斯的密謀，因為兩度拒絕他們的請求，暗示斐洛塔斯的嫌疑重大。

亞歷山大聽到大為憤怒，後來黎努斯自衛不肯束手就縛，被前去逮捕的士兵殺死[131]，使他的心情更為紊亂，這樣一來無法查明共謀的叛徒。等到亞歷山大開

---

131 克爾久斯和戴奧多魯斯都把黎努斯稱為迪努斯（Dymnus），說他是畏罪自殺身亡。

始對斐洛塔斯表示不滿，那些與他有仇的老對頭馬上出來搬弄是非，他們公開宣
稱，國王居然相信像黎努斯這樣一位名不見經傳的查拉斯特拉人，竟會獨自著手
重大的陰謀，看來確實太容易受騙。他們認爲黎努斯只是一位執行計畫的幫手，
或者是受有力人士利用的工具，要向掩飾此事的人員進行嚴密的查究。國王一旦
聽得進這些傳言對斐洛塔斯更加猜忌，他們舉出數以千計的理由說他涉嫌此案，
斐洛塔斯終於被捕遭到拷問，主要官員在場陪審，亞歷山大藏身在帷幕後面，聆
聽審訊的全部過程。當他聽到斐洛塔斯發出可憐的叫聲，向赫菲斯提昂提出低賤
的請求，據說他突然脫口而出：「斐洛塔斯，像你這樣的怯懦優柔，怎麼還有膽
子從事不惜身家性命的陰謀？」

　　斐洛塔斯難逃一死，亞歷山大立即派人前往米地亞，處決他的父親帕米尼
歐，這個人在菲利浦的麾下有卓越的表現，亞歷山大那些年長的朋友和顧問當
中，只有他鼓勵國王入侵亞洲。他有三個兒子在軍中服務，其中兩個已經陣亡，
現在他卻陪著第三個兒子命喪黃泉。這件事使得亞歷山大成爲恐怖的化身，特別
是安蒂佩特更加惴惴不安，他爲了增強實力，密秘派人去與艾托利亞人（Aetolians）
商議盟約。艾托利亞人曾經摧毀厄奈阿迪家族（Oeniadae）的市鎮，擔心亞歷山大
會來攻打他們。亞歷山大得知城破的消息以後，曾對厄奈阿迪家族的子弟說過，
他們無須去爲自己的父老復仇，因爲他要親自去懲罰艾托利亞人。

50 這件事過了沒有多久，克利都斯悲悽的下場，就僅僅聽說當時情況
的人員看來，比起斐洛塔斯的遭遇更加不近情理[132]。如果我們考量
事件發生的時機和原因，發現這種不幸完全出於偶然，國王的憤怒和過量飲酒對
克利都斯產生刺激，使得他好像惡魔附體，終於慘遭殺身之禍。有人從海岸地區
給亞歷山大帶來希臘的水果，非常新鮮美觀使他感到驚奇，召喚克利都斯過來看
看，打算分一些給他嚐嚐。克利都斯正在獻祭，放下手邊的工作立即趕到，已經
酹酒用來當作犧牲的三隻綿羊跟在後面。亞歷山大聽到這種情形，告訴占卜官亞
里斯坦德和拉斯地蒙人克利奧曼蒂斯（Cleomantis），問他們這種朕兆預示何種吉

---

132 這件慘劇於328B.C.秋天發生在粟特（Sogdiana）的馬拉坎達（Maracanda），這位綽號「黑旋風」
　　的克利都斯在格拉尼庫斯會戰救過亞歷山大的性命，等到斐洛塔斯斃命以後，他與赫菲斯提
　　昂共同出任騎兵主將，新近發布爲巴克特里亞和粟特的總督。

凶。他們兩人斷言這是不祥之徵，亞歷山大吩咐他們馬上為克利都斯的安全向神明奉獻祭品，因為三天前在他的夢中出現奇特的情景，克利都斯坐在帕米尼歐死去兒子的身邊舉喪。克利都斯沒有等祭神完畢，就過來與國王共進晚餐；亞歷山大那天曾向卡斯特(Castor)和波拉克斯(Pollux)獻祭[133]。

等到大家酒酣耳熱興致高漲，就有人開始唱起普拉尼克斯(Pranichus)的詩歌，一些作者認為這是派里昂(Pierion)的作品，內容是提到那些被蠻族打敗的百夫長，用不敬的言辭對他們加以羞辱和諷嘲。這樣一來，引起在座年紀較長人員的反感，對詩人和歌手都加以譴責。亞歷山大和身邊那些年輕人很高興聽，鼓勵他們繼續唱下去。克利都斯當時飲酒已經過量，生性剛愎而且衝動，氣憤得無法忍受，他說不該在蠻族和敵人的面前揭露馬其頓人的短處，那些百夫長不幸落到下風，卻比嘲笑他們的人要強得多。這時亞歷山大特別指出，克利都斯替怯懦畏敵加上時運不濟的美名，實在來說是為他自己的行為提出辯護之辭。

克利都斯跳起來說道：「當天神之子從斯皮司瑞達底的劍下逃走的時候，就是你所說的這位懦夫救了那個人的性命。你今天所以能爬上這個崇高的位置，完全靠著馬其頓人流的血和受的傷。所以才會不承認菲利浦是自己的父親，到處吹噓是阿蒙的兒子。」

51 亞歷山大現在怒火沖天，說道：「你這個卑鄙的傢伙，到處胡說八道，認為煽動馬其頓人反叛可以不受懲罰嗎？」克利都斯回答道：「我們受的懲罰已經夠多了，這就是我們辛勞賣命所獲得的代價。我們實在羨慕那些已經陣亡的馬其頓人，他們看不到自己的同胞被人用米提人的棍棒毆打，要向波斯人講好話才能見到自己的國王。」克利都斯還在信口雌黃加以數落，亞歷山大身旁的人站起來反唇相稽，那些年長者在盡力平息這場紛爭。亞歷山大轉身對著帕地亞人(Pardian)色諾多克斯(Xenodochus)和科羅奉人(Colophonian)阿提繆斯(Artemius)，問他們是否認為希臘人與馬其頓人相處，如同許多半神置身在一群野獸當中。

---

133 亞歷山大的傳記和資料中，沒有找到有關這方面的記載，說是克利都斯出現在危險的夢境和為菲洛塔斯的舉喪；有人說亞歷山大是對酒神巴克斯的獻祭，所以才產生酗酒的狀況，以及隨之而來的悲慘結局。

克利都斯還是咄咄逼人，要亞歷山大把心中的想法盡量說出來，否則他何必邀請他們這些人前來晚餐，因爲他們有話直說毫不保留，如果他無法忍受，還不如去與那些蠻族和奴隸生活在一起，只有他們才會毫不遲疑向著他的波斯腰帶和白色袍服跪拜致敬。這些話激怒亞歷山大再也無法忍耐，拿起桌上一顆蘋果向克利都斯擲去，打中以後亞歷山大又在身旁找自己的佩劍，他的一位衛士亞里斯托法尼斯(Aristophanes)把劍藏了起來，其他的人都過來勸他息怒，現在已經毫無作用。他突然離開用馬其頓語大聲向衛士喊叫，表示有重大動亂發生的信號。他命令一位號角手吹號，沒有立即服從他的命令被他打了一拳。等到事情過去以後，那名號角手因爲沒有遵命行事受到讚揚，如果當時發出緊急的號音，會使全軍陷入驚慌和騷動之中。

克利都斯還是不肯讓步，他的朋友盡力把他拉到室外，他馬上從另一扇門走了進來，用傲慢的態度唱出優里庇德《安德羅瑪琪》(Andromache)一劇的詩句：

> 可嘆希臘人，
> 相爭亂紛紛[134]。

最後亞歷山大從衛士手裡奪來一根長矛，在克利都斯揭起門帘的時候正好相遇，用力刺穿他的身體，克利都斯倒在地上發出一聲叫喊和一句呻吟，當場氣絕身亡。國王的怒氣馬上消失得無影無蹤，整個人清醒過來，看到他的朋友默然無語站在那裡，他從克利都斯的屍體上面把長矛拔出來，就朝著自己的咽喉戮去，正好他的衛士抓住他的手，強行把他帶進寢宮。

52 整夜和次日他都痛哭不已，最後直到精疲力竭才一語不說躺在床上，不時發出深深的嘆息。他的幕僚看到他保持沉默，非常擔心他的身體受到損害，進入他的房間加以勸解，他對他們所說的話都不在意，後來亞里斯坦德提及那個有關克利都斯的夢境，以及隨之而來非常怪誕之事，認爲這一切都難逃命運的安排，這時他的心情才略爲好轉。他們又把亞里斯多德很親近的

---

[134] 這是神話中英雄人物佩琉斯對斯巴達國王麥內勞斯所說一句台詞。

友人哲學家凱利昔尼斯[135]和阿布德拉（Abdera）的安納薩爾克斯找來。凱利昔尼斯用溫和的口氣非常委婉進行疏導，希望亞歷山大聽得進他所講的道理，可以控制心中那股悲痛的激情。

安納薩爾克斯在哲學方面一向標新立異，不把同時代的人物放在眼裡，他一走進房間裡面便高聲說道：

> 全世界都在仰望的亞歷山大，竟然會畏懼旁人的批評，像一個奴隸那
> 樣躺在這裡哭泣？就事實而論，他應該是法律和是非的尺度，因為他
> 的征服所能擁有的權利，使他成為最高的主宰統治一切，根本不必遷
> 就虛榮和無用的輿論。大家所敬畏的朱庇特兩手分掌著正義和法律，
> 那表示一個征服者所做一切事情都合法而正當，難道你對這些道理都
> 不明白？

安納薩爾克斯所說諸如此類的話，的確免除國王的憂慮，同時也敗壞他的品德，比起從前更加膽大妄為而且目無法紀。安納薩爾克斯因而博得國王的寵信。這樣一來，他更不願與凱利昔尼斯交談，這位哲學家的態度非常嚴肅，國王原本就認為難以溝通因而引起反感。

兩位哲學家有次共同出席宴會，大家的話題轉到天候方面談起各地的氣溫。凱利昔尼斯支持一派人的意見，認為這個國度的氣候比希臘要冷，冬季更是酷寒難忍。安納薩爾克斯不同意這種說法，認為比起來還要熱一點。凱利昔尼斯說道：「當然，你嘴裡說不同意，事實上卻承認這個地方比希臘冷，當年你在希臘，即使最寒冷的冬天身上只穿一件脫線的斗篷，在這裡你卻穿了三件溫暖的外套。」[136]諷刺的口吻使得安納薩爾克斯非常惱怒。

53 那些自認才高八斗的人，以及亞歷山大身邊的寵佞，看到凱利昔尼斯的辯才獲得年輕人的擁護，特別是他的生活非常規律，態度極其

---

135 凱利昔尼斯與亞里斯多德有親戚關係，因而受到推薦給亞歷山大。但是耿直的個性和諫言不適合宮廷的生態，特別是亞里斯多德提出警告，逆耳之言和率性之行會給自己惹來殺身之禍。
136 一位哲學家應該像蘇格拉底，身上只穿一件質地很薄的斗篷，特別是出身於安納薩爾克斯門下更應有安貧樂道的精神。從這則軼事看來，蒲魯塔克要強調凱利昔尼斯鋒芒畢露的機智。

端莊，保持安貧樂道的精神，使得年長的人都對他深加敬重，當然會更不高興。從這些方面來看，證實凱利昔尼斯宣稱他追隨亞歷山大前來亞洲的目的，只是爲使受到放逐的同胞能夠返回故土，重新建立他們的城鎮和家園[137]。除了他的盛名會引起別人的嫉妒，就是他處世的態度，也使得那些懷有惡意的人得到中傷他的機會。他收到邀請參加公眾的宴會，平時多半都會拒絕，即使參加保持嚴肅的面孔，一語不發像是拒人於千里之外，對所看到的一切都表示不滿。

連亞歷山大都唸出這樣的詩句[138]來形容他：

> 欺世盜虛名，
> 令人何其厭；
> 心盲如瞽者，
> 漆黑無所見。

有一次，凱利昔尼斯和許多人受邀與國王共進晚餐，等輪到他敬酒的時候，大家要求他發表即席演說讚譽馬其頓人，他的論點極其精闢，在座人員全體起立鼓掌喝采，向他投擲花環，只有亞歷山大對他引用優里庇德的詩句：

> 尋章摘句無足論，
> 語不驚人死不休。

並且說道：「如果你要表現出眾的辯才，最好指出馬其頓人的缺點，對他們曉以大義，讓他們明瞭自己的錯誤，將來可以改進。」

凱利昔尼斯立遵照亞歷山大的指示，收回他在前面所說的話，對馬其頓人盡情的抨擊，他提到菲利浦之能夠崛起，主要在於希臘人的彼此不合，並且對先王引用這一句詩文[139]：

---

137 348B.C.菲利浦將奧林蘇斯夷爲平地，亞歷山大是否答應凱利昔尼斯，同意這個城市的重建，已經不得而知，西塞羅提到這個城市，在他那個時代非常的繁榮興旺。

138 這首抑揚格三音步的短詩，引用自優里庇斯一齣失傳的悲劇。

139 這是六音步的輓詩，據說作者是凱利瑪克斯（Callimachus），3世紀B.C.亞歷山卓的詩人和學者。

閱牆萁豆之爭，
豎子得享大名。

這樣一來他觸怒所有的馬其頓人，以後大家對他非常憎恨，亞歷山大的說法是他
在演說中的表現不是辯才無礙，而是對馬其頓人充滿惡意。

54 赫米帕斯(Hermippus)告訴我們，說是凱利昔尼斯雇用一位為他朗誦
作品的僕人，名叫斯特里布斯(Stroebus)，後來把這件事的來龍去脈
告知亞里斯多德。並且提到，凱利昔尼斯發覺國王對他愈來愈心生反感，臨別之
前把下面兩行詩反覆唸了幾遍：

人生自古誰無死，
留取丹心照汗青[140]。

所以，亞里斯多德對他的蓋棺論定並不是沒有道理，他說凱利昔尼斯是一位才華
卓越的演說家，只是對事物欠缺判斷的能力。

凱利昔尼斯不僅表現出哲學家的氣節，拒絕向亞歷山大行跪拜之禮[141]，就是
那些立下大功的年老馬其頓人，在暗中發牢騷的事情，都要公開提出來加以譴
責。他打消向國王跪拜的禮儀，使希臘人和亞歷山大免於身陷羞辱之中，只是表
現的態度過於魯莽，使人覺得他用強迫的手段，來完成應該對國王加以勸服的事
情，結果使自己遭遇毀滅的命運。

根據邁提勒尼(Mitylene)的查里斯記載，亞歷山大參加一次宴會，喝完酒將
杯子遞給一位幕僚，那人接過杯子站起來面對宮廷的祭壇把酒喝下去，然後跪下
致敬再親吻亞歷山大，等這套儀式完成才回到自己的席位。所有的賓客都按照程
序行禮如儀，輪到凱利昔尼斯的時候，他接過杯子喝完酒。亞歷山大正與赫菲斯

---

140 引自荷馬《伊利亞德》第21章第107行；亞歷山大要是看到這句詩的前後文，就知道對他是
很大的侮辱。
141 臣民對國王的禮節，從躬身致敬、親吻雙手到趴俯懇求不一而足，這要視階級和場合而定；
希臘人認為跪拜之禮通常只對神明使用，因此，亞歷山大要求他的宮廷採納波斯人的習俗，
就會涉及到宗教信仰的問題，不僅是單純的禮儀之爭。

提昂說話，沒有看到經過的情形，就接受凱利昔尼斯前來親吻。這時綽號費敦(Phidon)的德米特流斯的橫加干涉，說道：「陛下，不要讓他吻你，只有他一個人拒絕向你行禮致敬。」於是國王拒絕他的吻頰，然而他卻毫不在乎高聲說道：「那麼我在離席的時候會比各位少親一個嘴。」

55 亞歷山大相信赫菲斯提昂的話，說是凱利昔尼斯答應像其他人一樣向國王行禮，現在他沒有遵守諾言，國王當然不會高興。黎西瑪克斯和黑格農一班人對他大加攻訐，說這位詭辯家到處吹噓，有本事反抗專制權力，獲得年輕人的擁護，認為他是千萬人當中唯一有勇氣保持自由權利的人，這樣才造成他最後的滅亡。

等到赫摩勞斯(Hermolaus)的陰謀遭到破獲[142]，凱利昔尼斯的敵人對他的指控，更加容易使人相信，特別是那個年輕人問到他，怎樣才能成為世界上最有名的人，凱利昔尼斯告訴那個年輕人，最簡便的辦法是殺死最顯赫的人物。他鼓勵赫摩勞斯動手去做叛逆的事，不要被國王的黃金臥椅所嚇住，要記得亞歷山大像旁人一樣會生病和受傷。赫摩勞斯的共犯即使受到令人髮指的酷刑，沒有供出凱利昔尼斯曾經參與叛逆活動。非但如此，亞歷山大不久以後寫信給克拉提魯斯、阿塔盧斯和阿爾西塔斯，提到那些受到刑求的年輕人，都宣稱整個陰謀事件完全由他們策劃，沒有任何旁人參與這項罪行。

雖然如此，後來他在寫給安蒂佩特一封信裡，指控凱利昔尼斯犯下滔天大罪，他說道：「那些青年都被馬其頓人用石頭擊斃，至於那位辯詭家(指凱利昔尼斯)，我要把他和派他來到我這裡的人，連同在自己的城市裡面窩藏要謀害我的犯人，一併加以懲罰。」在這裡很明顯表示對亞里斯多德的敵意，因為凱利昔尼斯是亞里斯多德的姪女希羅(Hero)的兒子，在他的家裡接受撫養和教育。

有關凱利昔尼斯的亡故有不同的說法。有些人說是亞歷山大下令將他絞死；還有人說他是在監獄裡病故。查里斯的的作品裡面，提到他在被捕以後被關了7個月，為的是要舉行正式的審判，到時亞里斯多德也要到場候傳作證，這時他的身體很胖，從跳蚤傳染一種疾病，不久就死在獄中，大約是亞歷山大在印度的瑪

---

142 327B.C.在巴克特拉破獲「侍衛叛案」，發現有人涉嫌謀刺亞歷山大，都是隨伴在亞歷山大身邊年輕貴族，主謀是赫摩勞斯，這些人經過逮捕、審訊以後，判以投石擊斃之刑。

利·奧克西德拉昔（Malli Oxydracae）地方， 被敵人打成重傷的時候。

56 這些都是後來發生的事情，現在按照時間的次序繼續敘述。科林斯的笛瑪拉都斯的年歲已經老邁，還是不辭辛勞前來訪晤亞歷山大，見面以後提到那些沒有福氣的希臘人，未能看到亞歷山大登上大流士的寶座，一定會死不瞑目。他對國王的盛情未能享用多久，就因病亡故，喪禮極其隆重，軍隊爲他樹立一座紀念碑有80腕尺高，骨灰裝載在華麗的戰車上面，用四匹馬拖曳運到海濱，再送回家鄉。

57 亞歷山大現在的企圖是印度的遠征行動，特別注意到士兵擁有的戰利品過多，對於行軍構成妨礙。一天早晨當行李裝車綁好以後，他先把自己所有的東西放火燒掉，接著焚毀朋友的行李，最後下令全軍一律遵行[143]。這件事的策劃和決定看起來比執行更爲困難和危險，因爲在縱火的時候沒有什麼人表示不滿，大多數的士兵像是受到心靈的感召，發出高聲的歡呼和戰鬥的吶喊，除了相互贈送一些絕對必需的物品，就把多餘和累贅的東西全部付之一炬。

這種情景使亞歷山大對貫徹自己的計畫更有信心而且更加熱情，對於犯有過失的人員在懲處方面更爲嚴苛而且絕不通融。他有位幕僚米南德（Menander）放棄一個由他負責防守的城堡，被判處極刑；另外一位名叫奧索達底（Orsodates）的蠻族，因爲反叛被他用箭射死。

這個時候有一頭綿羊產下一隻小羊，頭部的形狀和色澤酷似波斯的冠冕，而且在體側各有一副睪丸。這個不祥之兆使亞歷山大極其不悅，立即吩咐他的巴比倫祭司爲他齋戒禳解，他經常爲了這個目的把神職人員帶在身邊。他告訴他的幕僚，他不爲自己擔憂而是爲他們擔心，生怕在他過世以後，神明的意願使得帝國落入低賤和無能者的手裡。

不久以後出現一件奇特的事情，可以視爲一種吉兆，從而消除他的恐懼。主管國王的裝備是馬其頓人普羅森克努斯（Proxenus），在靠近奧瑟斯（Oxus）河一個地點，爲了給國王搭御帳掘土的時候，發現一個流出油液的泉源，等到表層揮發

---

143 克爾久斯早在329B.C.，就有記載曾經出現「燒掉個人行李」的情況；亞歷山大越過興都庫什山脈入侵印度是在327年的晚春。

以後，便流出很清純的油，它的味道和香氣酷似橄欖油，就是光澤和滑潤也都毫無二致，雖然那個地方並不生長橄欖樹。據說奧瑟斯河的河水質地非常滑潤，人們在河裡洗浴皮膚上面會留下一層光澤[144]。從亞歷山大寫給安蒂佩特的一封信，可以知道他對這件事感到非常高興，說是神明賜給他最吉利的徵候，占卜官說這個預兆表示他的遠征行動會獲得輝煌的成效，同時也會遭遇許多艱辛困苦，因為神明賜給油膏用來恢復疲勞。

58 他們的判斷非常正確，亞歷山大後來所打的會戰中遭遇很多危險，受過幾次重傷，軍隊最慘重的損失，出於氣候惡劣和給養不足。他仍舊堅持決心和勇氣克服命運和反對的力量，認為一個人具備大勇就沒有不能征服的對象，那些懦怯之輩即使有金城湯池，還是得不到安全。據說西昔密什里斯（Sisimithres）防守的城堡[145]，位於一個難以接近而險峻的山岩上面，亞歷山大實施圍攻的時候，他的部隊士氣低落，認為這個要點毫無攻克的希望。亞歷山大詢問歐克雅底（Oxyartes），西昔密什里斯是不是一個勇敢的人，歐克雅底的回答說那個人的性格極其懦弱，於是他說道：「要是在防守方面有這種弱點存在，等於告訴我們說這個地方很容易攻下來。」他很快用恐嚇的方式來威脅西昔密什里斯，毫無困難占領那個城堡。

他率領一些馬其頓士兵攻擊位於險峻高地的城鎮，告訴一個名叫亞歷山大的士兵，僅僅為了那個名字的緣故，就應該奮勇戰鬥。那個年輕人發揮大無畏的精神，終於陣亡於敵人的刀劍之下，亞歷山大知悉以後非常難過。還有一次，圍攻一個名叫奈薩（Nysa）的地方，士兵的接敵運動非常緩慢，顯出遲疑不決的樣子，因為在他們與城市之間，有一條水很深的河流。亞歷山大看到這種情形，走在他們的前面，站在河岸上面說道：「真糟糕！我沒有學過泅水！」說著便打算不顧一切持盾涉水過河。

等到這場攻勢作戰結束後，幾個受到圍困的城市派出使者前來求和，發覺他仍舊全副披掛，身旁沒有一員隨從，都感而很奇怪。最後終於有人為他送來一個

---

144 普里尼提到這些河流的表面有鹽結晶，河水如同從冰層下面流過，不像蒲魯塔克所說含有任何油質的成分。

145 328B.C.冬天，攻占位於巴克特里阿納這座防衛森嚴的城堡，整個地區是海拔15弗隆的高原，亞歷山大在這裡娶歐克雅底的女兒羅克薩娜為妻。

坐墊，卻讓使者中最年長的阿庫菲斯（Acuphis）使用。這位老人對他的禮貌殷勤非常感動，便詢問亞歷山大他的同胞要保持何種態度，才能獲得他的友誼。亞歷山大對他說道：「我要他們推選你來治理國家，送100位最優秀的人員到我這裡來作爲人質。」阿庫菲斯說道：「如果我把最壞的人送給你當作人質，那麼要把國家治理好會更加容易。」

59 據說塔克西勒斯（Taxiles）王的疆域[146] 和埃及一樣大，有許多肥沃的牧場，各種產物非常豐富。這位國王是一位極有見識的人，他第一次與亞歷山大見面時說道：「明智的人確認戰爭的目標，通常是爲了搶奪水源和生存所需的糧食，如果你們來到沒有懷著這樣的企圖，那麼彼此之間爲什麼非要拚個你死我活？至於那些看在世人眼裡的財富和所有的物品，如果我擁有的數量較你爲多，我願與你分享；要是命運之神厚待於你，我也不會婉拒你的賜與。」亞歷山大欣聞這種論點，擁抱著他對他說道：「你以爲憑著溫和的言辭以及謙恭的態度，使我們不必經過競爭，就可以結束這次會晤嗎？你不可能避開與我交手一番，無論你是多麼的仁慈和藹，我絕不容許你比我更爲慷慨大方。」亞歷山大接受他的餽贈，回報更爲貴重的物品，最後竟然送給他價值1000泰倫的錢幣，這種做法使得他的老友深表不悅，卻贏得很多蠻族的好感。

印度最優秀的戰士是城市付給薪餉的傭兵，他們作戰英勇善盡防衛之責，亞歷山大感到非常苦惱。有次在某個地方與這些傭兵談好投降條件，讓他們放下武器動身回去的時候，對他們發起襲擊，斬草除根殺得一個不留。這種背信殺降的行爲，是他投身戰爭建立勳業唯一白璧之瑕，除此以外他的言行都合於公理和正義，表現出帝王的風範。印度的哲者也像那些傭兵給他帶來很多困擾，他們對那些歸順亞歷山大的王侯痛加抨擊，鼓舞崇尚自由的民族挺身反抗，有些哲者被他捕獲以後處以絞刑[147]。

---

146 這個國家位於印度河與海達斯披斯河之間。

147 這些人是印度祭司階級的婆羅門，他們在印度河流域的穆西坎努斯（Musicanus）和薩巴斯（Sabbas）地區，鼓勵民眾的起義行動。

60 亞歷山大在信函之中，曾經敘述他與波魯斯(Porus)之間的戰爭[148]。兩支大軍隔著海達斯披斯(Hydaspes)河對峙，波魯斯在河的對岸用戰象列成陣線，面對敵軍不讓他們渡河。亞歷山大的營地每天發出喧囂的鬧聲，蠻族聽到以後慢慢習慣，不再有畏懼之感。在一個暴風雨的黑夜，他率領部分步兵和最優秀的騎兵渡河，到達與敵軍有一段距離的小島上面，這時暴雨傾盆，狂風和閃電大作，有些士兵被雷殛斃，他還是從小島出發向著對岸前進。這場驟雨過後，海達斯披斯河暴漲，流勢湍急將河岸沖潰，形成一個缺口，河水湧洩而出。他率軍登岸之後，那片陸地正好處於兩條河流之間，到處泥濘不堪，很難立足。他在那裡說了這幾句話：「啊！你們這些雅典人，我爲了贏得你們的讚譽，經歷種種險阻艱辛，有人會相信嗎？」歐尼西克里都斯的著作裡面提到此事。

根據亞歷山大本人的說法，他們下船以後，全身披掛要從漫腰的深水中徒涉，然後他率領騎兵，在步兵的前面約20弗隆的距離，向著敵軍前進。他的看法要是敵人用騎兵迎擊，他居有絕對優勢，如果用步兵進攻，他的步兵可以及時趕到參加戰鬥。他的判斷非常正確，敵軍先派1000騎兵和60輛戰車向他發起衝鋒，他擄獲全部戰車，當場殺死400名騎兵。這時波魯斯推測亞歷山大本人已經渡河，便率領全軍向他進攻，只留下小數人馬拒止對岸的馬其頓人，不讓他們越過這道天險。亞歷山大顧慮敵軍的人數眾多，又有戰象列陣，避免正面的交鋒，於是兵分兩路，他親自率領一路人馬去攻擊敵軍的右翼，命令西努斯(Coenus)指揮另一支部隊進襲左翼，都能獲得豐碩的戰果。他用這種作戰方式擊潰敵軍的兩翼，敗兵退向中央，將戰象擠得動彈不得。敵軍重整旗鼓再戰，與馬其頓軍隊短兵相接，到當天八時才完全被擊敗。這位征服者在他的書信中敘述有關的詳情。

所有的史家都說波魯斯的身高是4腕尺加1掌幅[149]，體型特別魁梧，當他乘坐在最大的戰象上面，非常相稱，就像馬上的騎士。整個作戰期間，這匹戰象的表現可以說是智慧過人，對於國王特別的照顧。國王發揮他的精力奮戰不息，牠非常勇敢給予保護，驅退所有來襲的敵人；等到發覺國王受創多處無法支持，爲了避免他從背上跌落，牠輕輕跪下用長鼻將他身上的箭矢拔出。

---

148 326B.C.亞歷山大渡過海達斯披斯河，擊敗印度國王波魯斯，海達斯披斯之戰是四大會戰最後一個（其餘三個是格拉尼庫斯會戰、伊蘇斯會戰和高加米拉會戰），從戰術的運用而論可謂極其卓越。這次會戰的資料來自亞歷山大的書信，敘述的內容大致與事實相差不遠。

149 這個高度相當於6呎3吋或190公分。

波魯斯被俘以後，亞歷山大問他希望受到何種待遇，波魯斯回答道：「就像國王一樣。」當他第二次被問到有沒有其他要求的時候，他的答覆是那句話把他的意思表達得一清二楚。亞歷山大不僅讓他用省長的名義繼續統治從前的國家，還把征服的獨立部族所有的土地，一共有15個國家包括5000個有相當規模的市鎮[150]和無數的村莊，全部劃歸到他的版圖。另外一個地方面積還要大三倍，交給他的幕僚菲利浦去治理。

61 他與波魯斯的會戰結束以後，戰馬布西法拉斯亡故，權威說法是牠在療傷時死去，歐尼西克里都斯說牠出於衰老的緣故，因為當時牠的年紀有30歲。亞歷山大非常難過，就好像失去一位老夥伴和親密的朋友。他為了紀念這匹坐騎，特別在海達斯披斯河的岸邊建立一個城市，命名為布西法利亞（Bucephalia）。據說他另外還建立一個城市，用死去的愛犬佩瑞塔斯（Peritas）為名，那條狗從小受到他的調教。索蒂昂（Sotion）告訴我們，說這件事是他從列士波斯人波塔蒙（Potamon）[151]那裡聽來。

62 最後這場與波魯斯的戰鬥，馬其頓人的勇氣受到打擊，不敢再深入印度的國土[152]。對方在戰場只運用2萬名步卒和2000名騎兵，就使他們費盡九牛二虎之力，才將敵軍擊敗，當亞歷山大下定決心要渡過恆（Ganges）河的時候，他們全都堅決反對，因為他們聽說那條河有32弗隆寬和100噚深，對岸布滿無數的敵軍。他們還聽說格蘭達瑞特人（Gandaritans）和普里西人（Praesians）的國王，正率領8萬名騎兵、20萬名步卒、8000輛戰車和6000頭戰象，在那裡等待他們自投羅網。這些話不是用來恐嚇他們的浮誇之辭，不久以後，統治那個地區的安德羅科都斯（Androcottus）[153]，有一次送給塞琉卡斯500頭大象，用60萬人

---

150 可能是抄寫發生錯誤，將一個城市的人口數當成地區內的城市數。阿里安在他的著作裡敘述：「亞歷山大奪取37個城市，每個城市居民最少都有5000人，多者到達1萬人，還有不計其數的村莊，加起來的人口要比城市還多，他把這些全部交給波魯斯治理。」

151 列士波斯的波塔蒙是修辭學家和歷史學家，他的著作在一世紀B.C.風行一時；後來又被雜文作者索蒂昂（Sotion）所採用。

152 亞歷山大的征服行動從印度河轉向海費西斯（Hyphasis）河，平定整個旁遮普（Punjab）地區，這個時候是326年9月B.C.。

153 這個人可能是投奔亞歷山大的印度酋長，有一個更正確的名字叫做旃陀羅笈多

馬的大軍[154]征服整個印度。

起初亞歷山大對於部下這種不願繼續前進的態度，非常煩惱而且憤怒。他自己躲在帳幕裡面，躺在地上不肯出來；同時宣稱如果他們不願渡過恆河，就對他們以前的成就毫無感激之情，認為現在要是退卻，等於公開承認他已經失敗。他的幕僚極其得體的勸解和慰勉，還有那些士兵的痛哭和哀號，他們帶著懇求的態度聚集在帳幕的入口，終於使他軟化下來答應帶大家回國。

可是在他臨行之際，還為他的遠征行動建立一些言過其實的紀念物，用來矇騙後代的人士，藉以誇大舉世無雙的聲譽。像是把一些比他實際佩帶更大的武器，馬匹使用尺寸更大的料槽、口嚼和籠頭，散置在各處。他還建立一些禮拜神明的祭壇，直到今天普里西人的國王在渡河的時候，還要到那裡去致敬，比照希臘人的儀式奉獻犧牲。安德羅科都斯當時還是一位少年人，在那裡見過亞歷山大，他後來常常對人說起，他們的國王由於行為卑鄙而且出身微賤，深受人民的厭惡和蔑視，亞歷山大差一點要指派他接位。

63 亞歷山大現在急著見到海洋，因而下令建造大量拖船和木筏，軍隊乘坐這種交通工具，非常安閒的順流而下[155]；這趟航程倒也不是沒有收穫或是無所作為。他不時登岸突襲，進攻那些防衛森嚴的城市，終於征服河流兩岸的全部地區。

瑪利人(Mallians)是印度最英勇的民族，亞歷山大圍攻他們的城市，幾乎斷送自己的性命。射出一陣箭雨將防衛部隊驅退，他第一個用雲梯爬上城牆，剛一抵達牆頭梯子折斷，一個人毫無掩護留在那裡，受到蠻族從下面投擲大量標槍的攻擊。處於這種緊急的狀況之下，他轉過身來向著敵人聚集的地方跳了下去，落到地面所幸能夠站穩腳跟。當時他披掛的鎧甲閃耀發光，叮噹作響，那些蠻族以為他的身體能發出閃電或是籠罩著神秘的光芒，在驚怖之餘紛紛逃散。後來他們

(續)————————————————————

　　(Chandragupta)，不過幾年的功夫，建立偉大的孔雀王朝(Maurya Dynasty)，首都設在恆河岸邊的巴利波塔(Palibotha)。

154 達西爾提到兵力只有5000人，也沒有說出是奉誰的命令；很可能是抄寫所產生的筆誤。

155 亞歷山大撤軍回到印度河流域，在基拉姆(Jhelum)建立一支艦隊，326年11月B.C.開始順流而下，次年7月抵達印度洋。當他無法渡過恆河用東面的海洋作為帝國的邊界，那麼印度河是最好的防線，要是從它的河口與幼發拉底河建立交通和聯繫，就可以將波斯沙漠和印度西部山地，全部包括在帝國的疆域之中。

看到他的身邊只有兩名衛士，便又逼近過來與他面對面交戰，亞歷山大非常英勇進行自衛，幾個敵人想用刀劍和長矛刺穿他的鎧甲。一個站在較遠處的敵人向他射來一箭，極其準確而且有力，竟然貫穿他的胸甲，插入他的肋骨當中。這一箭的力道非常猛烈，使他的身體向後倒退，最後一膝跪在地面。那位蠻族拿著彎刀奔上前來，想要結果他的性命，所幸普西斯底（Peucestes）和黎尼烏斯（Limnaeus）挺身相救，使他倖免於難。這兩個人都受了傷，黎尼烏斯當場陣亡，普西斯底仍舊不斷抵抗，亞歷山大趁機殺死那位蠻族。他並沒解除危險，除了受很多創傷之外，最後他的頸部受到敵人用棍棒猛擊，使他不得不把身體靠在牆上，他的眼睛還是瞪著敵人。

馬其頓人在最危急關頭蜂擁而來，圍聚在他的身旁，他們把他抱起來送回帳幕，這時他已昏迷過去，對於身旁發生的事情渾然毫無知曉，當時整個營地盛傳他已經死亡。他們首先費一番手腳將木頭箭桿鋸斷，把他的胸甲脫下，最後把插在肋骨之間寬3指長4指的箭頭挖出。國王在手術進行之時陷入虛脫狀態，瀕臨死亡的邊緣，等到箭頭取出來以後，他便甦醒過來。雖然險境已經度過，身體仍舊極其衰弱，有很長一段期間，他只能吃規定的飲食，接受醫生的治療。有一天他聽到馬其頓人在帳幕外面鼓譟不已，知道他們急於想知道他的狀況，於是穿上斗篷出去與大家相見。他在向神明奉獻祭品以後，不再耽擱立即登船，沿途又征服兩岸許多地區和幾個有相當規模的城市。

64 他在這次航行途中，擒獲十名印度哲學家，因為他們積極規勸薩巴斯（Sabbas）高舉起義的旗幟，給馬其頓人帶來很大的困擾。這些人稱為天衣派的智者（Gymnosophists），他們的回答敏捷而簡潔聞名於世。亞歷山大向他們提出一些難解的問題，加以考驗，他宣稱要將答案不適的人處死，並且指定他們之中年紀最長者擔任裁判。

亞歷山大向第一個人發問：世界上活著的人和死去的人，那一種人的數量較多？那個智者的回答：「活著的人較多，因為死去的人不復存在。」

他向第二個人詢問：陸地或海洋，那裡出產的動物較多？回答是：「陸地。因為海洋是陸地的一部分。」

他對第三位提出的問題：一切動物之中，以何者最為狡猾？他說：「是迄今尚未發現的一種動物。」

他問第四個人：爲什麼要勸薩巴斯反叛？他的回答：「沒有別的原因，不論是活著還是死去，都要像一個大丈夫。」

他問第五個人：夜或畫的年齡，以何者爲大？回答是：「畫的年齡至少要比夜大一天。」這位哲者發覺亞歷山大對於他的回答並不滿意，他加以補充，奇怪的問題得到奇怪的答覆，他不應該感到驚異才對。

然後亞歷山大繼續問下一位：一個人如何能夠受到旁人特別的擁戴？那個人回答說：「擁有權勢還能使人免於畏懼。」

第七個問題是：一個人怎樣才能成爲神？回答是：「做人所無法做到的事情。」

第八個人告訴他：「論及生或死的性質，以生比較強，因爲要忍受許許多多的困苦。」

他詢問最後一個人的問題：人最好能活多長的時間？他回答說：「直到覺得生不如死的時候。」

然後亞歷山大吩咐那位裁判宣布他的裁決。那個人回答道：「我的判定是他們每個人的回答都不如另一個人。」亞歷山大對他說道：「如果這樣，我要先將你處以極刑。」那位天衣派的智者說道：「啊！國王，你除非要自食前言，否則不能這樣做，因爲你方才說過，要把回答得最壞的人先行處死。」結果，他送給他們許多禮物再放他們回去。

65 歐尼西克里都斯是犬儒學派哲學家戴奧吉尼斯的弟子，亞歷山大派遣他去拜訪最負盛名過著隱遁生活的哲者，請他們前來與他相見。據說卡拉努斯(Calanus)的態度極其傲慢無禮，要求來者赤身裸體才能與他交談，否則就是朱庇特派來的人，他也不肯開口講一句話。丹達米斯(Dandamis)的接待比較謙恭有禮，願意聽歐尼西克里都斯談論蘇格拉底、畢達格拉斯和戴奧吉尼斯的學說，然後發表他的意見，認爲這幾位都是才華出眾之士，只是犯了一項最大的錯誤，就是過於尊重本國的法律和習俗。還有人說丹達米斯僅僅問他，亞歷山大爲什麼要長途跋涉前去那些地方。

後來卡拉努斯經過塔克西勒斯的勸說，還是前去晉見亞歷山大。他的本名是斯芳尼斯(Sphines)，見到希臘人總用Cale這句印度語打招呼，所以大家稱他爲卡拉努斯。據說他對亞歷山大就統治的方式提供極具啓發性的教誨。他把一張乾枯皺縮的皮革放在地上，然後用腳踩在它的邊緣，在任何一個位置踩下去，相對的

位置就鼓了起來，所有的邊緣都會出現這種狀況，只有站在皮革的中央，各部分才會顯得平整服貼。這個比喻的含意是說他應該留在帝國的中央，不可在邊界花費太多的時間。

66 這一段順流而下的航程用去7個月，進入大海以後駛向一個島嶼，他把那個島稱之西盧斯蒂斯(Scillustis)[156]，也有人認爲就是西多突西斯(Psiltucis)島。他登岸向神明獻祭，對於海洋和海岸的狀況進行觀察和研究，懇求神明不要讓任何人超越他這次遠征的範圍；然後準備啓程返國。他任命尼爾克斯爲水師提督，歐尼西克里都斯爲導航，下令給艦隊要繞道前進，右方要盡量靠著印度海岸行駛[157]。

他自己從陸路穿越歐瑞特斯人(Orites)的國度，由於缺欠給養的供應陷入困境，損失大量人馬。他在進入印度的時候，共有12萬步卒和1萬5000騎兵，班師以後只剩下四分之一的士兵。他們死於疾病侵襲、飲食惡劣和天氣酷熱，其中絕大多數爲飢餓奪去性命。他們行經不事農耕的地區，居民的生活非常困苦，只放牧少數品質極其低劣的山羊，肉的味道腥臭難聞，因爲當地土著經常以海魚爲主食。經過60天的行軍他們進入吉德羅西亞(Gedrosia)，各種物質在這裡應有盡有，鄰近的君王和總督聽說他即將到來，刻意準備供應他的需要。

67 軍隊經過休養和整頓，繼續行軍通過卡瑪尼亞(Carmania)地區，沿途舉行7天的宴會。亞歷山大與最親密的朋友乘坐的馬車，用8匹馬拉著緩緩前進，上面搭建一座高台，他們不分晝夜的暢飲作樂。爲數眾多的馬車跟隨在後面，有些張起刺繡圖案的紫色天篷，有些是用經常更換的綠色樹枝作爲裝飾，他的幕僚和指揮官頭上戴著花冠在痛飲美酒。這時再也看不到盾牌、頭盔和長矛，士兵手裡拿著各式各樣的酒杯和酒具，沿途他們不斷從大盆和酒罈裡舀酒相互致敬，有些人坐著猛灌黃湯，還有人邊走邊開懷暢飲。到處飄蕩著笛、簫和歌唱的樂聲，婦女的舞蹈像是參加巴克斯的慶典。這個混亂而迤邐的行軍隊伍，除了可以大吃大喝，還表現出酒神信徒的嬉戲和放蕩，如同巴斯克親自率領

---

156 阿里安將這個地方稱爲西路塔(Cilluta)島，特別敘述印度洋的潮流狀況，說是潮差非常的大。

157 阿里安在《遠征記》第8卷第二部分，敘述的內容主要依據尼爾克斯這趟航行的記錄。

這個遊行的行列一樣[158]。

等到他抵達吉德羅西亞的行宮，又讓軍隊休息一段期間，每天大肆歡宴。有一次他在酒酣耳熱以後，前去觀賞歌舞競賽，他所寵愛的巴哥阿斯(Bagoas)獲得優勝，穿著舞蹈的服裝從舞台走下來坐在他的身邊。馬其頓人看到這種情形非常高興，大家鼓掌喝采，要他親吻巴哥阿斯，他們不停的叫鬧，亞歷山大也就當仁不讓。

68 水師提督尼爾克斯前來晉見[159]，向他報告印度洋的航行的狀況，聽到以後極其欣慰，決定要親率一支龐大的艦隊，駛出幼發拉底河的河口，環繞阿拉伯半島和阿非利加，從海克力斯之柱進入地中海。為了達成這個目標，他下令在塔普薩庫斯(Thapsacus)建造各型船隻，羅致大量水手和領航人員。這次印度的遠征行動所經歷的種種困難，包括親身在瑪利人中面臨的危險，以及軍隊遭受重大的損失，早已經流傳各地，人們普遍懷疑他是否能平安歸來。所以那些被征服的國家都在醞釀要高舉義幟，他委派在各行省的省長和指揮官，很多人未能善盡職責，做出違法、貪婪和暴虐的行為，整個局面動蕩不安，大家期望出現一場變革[160]。

甚至就是在國內，奧琳庇阿斯和克麗奧佩特拉結成黨派反對安蒂佩特，瓜分他統治的地區，由奧琳庇阿斯掌握伊庇魯斯，克麗奧佩特拉治理馬其頓。等到亞歷山大聽到這個信息，說他的母親所做的選擇非常高明，因為馬其頓人絕不甘心聽命於一個婦女[161]。

亞歷山大為了應付當前的狀況，再度派遣尼爾克斯率領艦隊去討伐沿海的行省，他本人在行軍途中懲罰那些違紀犯法的指揮官，特別是阿拜勒底(Abuletes)的一個兒子歐克雅底(Oxyartes)，被他親手用長矛戳死。阿拜勒底沒有盡責供應

---

158 除了阿里安提到這段花天酒地的行程，沒有其他的資料可以證明確有其事。

159 尼爾克斯率領艦隊進入波斯灣抵達幼發拉底河口，登岸趕了5天的路，到蘇薩向亞歷山大報告整個航行的狀況，然後再返回艦隊。

160 亞歷山大採取大規模的整肅行動，凡是忠誠有問題的將領和省長，一律處死絕不寬恕；巴迪安(Badian)的著作對這段期間有詳盡的描述，並且稱之為「恐怖的統治」。

161 蒲魯塔克對這部分的敘述過於簡略：奧琳庇阿斯在她的兄弟伊庇魯斯國王崩殂後，331B.C.趕回故國，以確保對該地的控制；這時她的女兒也是國王的孀婦克麗奧佩特拉，被她遣回馬其頓。

所需的給養，卻送來值3000泰倫的錢幣，亞歷山大叫他把那些銅板丟到馬匹的前面，這些牲口當然不予理會，亞歷山大說道：「這些東西飢不能食渴不能飲，能有什麼用處？」於是下令把他關起來。

69 當他進入波斯的時候，把金錢散發給婦女，她們的國王過去有這種習俗，每當他們回到本國，總要送給每位婦女一個金幣。據說因為這個緣故有些國王很少回來，尤其是渥克斯（Ochus）竟然慳吝到卑劣不堪的程度，他為了省下這筆開支，在位期間一次也不曾返回故國。

亞歷山大發現居魯士的墳墓被人盜掘，馬上把幹壞事的波利瑪克斯（Polymachus）處死，雖然這個人很有名氣，是出生在佩拉（Pella）的馬其頓人。當他讀到石碑上面的墓誌銘，吩咐譯成希臘文刻在古老原文的下面：「啊！來人哪！無論你是何人，無論來自何處（我知道你一定會來），我是居魯士，波斯帝國的創始者，不要沒有容人的雅量，連給一小塊葬身之地都捨不得。」亞歷山大讀了以後，頓生命運變幻和人生滄桑之感，不勝欷歔之至。

就在這個時候，卡拉努斯害了腸胃病感到不適，要求為他搭一個火葬堆，他騎馬前往，祈禱完畢以後酹酒祭神，割下一些頭髮投進火裡[162]，登上柴堆之前先與旁邊的馬其頓人擁抱告別，希望他們與國王能在歡樂和喜悅中度過今天這個日子，他說不久就可以與國王在巴比倫相見。他說完這些話以後，便躺在火葬堆上，把臉蒙起來，等到火焰燒過來的時候，保持原來的姿勢動也不動，按照印度那個國度的哲學家經常運用的古老習俗，拿自己當祭品奉獻給神明。很多年以後，有一位隨著凱撒[163]來到雅典的印度人，也用同樣的方式給束自己的生命，直到現在，他們還能為你指出那座「印度人之墓」[164]。

70 亞歷山大從火葬堆回來以後，邀請他的幕僚和主要的將領共進晚餐，提議舉行飲酒比賽，勝利者得到一頂冠冕當作禮物。普羅瑪克

---

162 阿里安在《遠征記》中提到卡拉努斯用自己當作犧牲獻祭的行為。
163 這位凱撒是指奧古斯都。
164 20B.C.當奧古斯都在雅典的時候，印度國王派遣的使臣前來覲見，不幸因病亡故。斯特拉波的著作中記載這座墳墓上的銘文，蒲魯塔克可能見過：「巴哥薩（Bargosa）的印度人查曼諾契迦斯（Zarmanochegas）在此長眠，依據印度古老的習俗可以獲得永生的輪迴。」

斯(Promachus)喝下12夸特的酒，獲得價值1泰倫的金冠，贏得勝利以後僅僅活了三天就亡故。其他的賓客當中，據查里斯的說法，後來還有41人死於這場暴飲，因為酒醉之後正好遇到極其酷寒的天氣[165]。

亞歷山大在蘇薩娶大流士的女兒史塔蒂拉(Statira)為王后，同時把波斯最高貴的女士許配給最優秀的部將和幕僚，舉行一場盛大的宴會，慶祝已經在波斯成家的馬其頓人有美滿的婚姻。據說出席這場盛會的賓客不下9000人之多，亞歷山大贈送每位來賓一隻酹酒的金杯。他的大手筆不必細述，甚至代為償還全體賓客所欠債務，這項開支的總額是9870泰倫[166]。喪失一目的安蒂吉尼斯(Antigenes)雖然沒有欠債，卻把自己的名字列入債務人名單，找一個傢伙冒充他的債務人，說過去曾經借給他多少錢，現在就把那筆欠款領走。

後來這個騙局被揭穿，國王非常憤怒，雖然他是一個優秀的軍人和勇敢的將領，還是把他趕出宮廷，並且剝奪他的指揮權。安蒂吉尼斯在年輕的時候，曾經追隨菲利浦圍攻佩林蘇斯(Perinthus)，當時他的一隻眼睛被弩砲射出的箭矢所傷，他不讓人將那支箭動手術取出，也不肯離開戰場，還是繼續英勇作戰，直到敵人被驅回城中。他現在當然無法忍受所受的羞辱，在憂傷和絕望之餘很可能自尋短見，國王生怕釀成一場悲劇，不僅寬恕他的行為，就連騙去的金錢也不再追究。

71 過去他指派專人加以教育和訓練的3萬名兒童，等到他回來以後發現他們大有進步，不僅身體強壯、儀容英俊，各種操練非常靈巧而且純熟，亞歷山大看到以後極其喜悅。馬其頓人感到惴惴不安，擔心國王不像過去那樣重視他們。等到國王宣布要將患病和殘廢的馬其頓人，經由海運遣送回國，他們說受到不義和羞辱的待遇，想當年他們追隨亞歷山大遠征各地，無役不從，等到身疲力竭卻遭到擯棄，被遣返回到他的朋友和親戚之中，處於淒涼的景況之下，迥非在離開時意氣風發的心情。因此他們要求亞歷山大把他們全體打發回

---

165 希臘人飲酒總是加水沖淡再喝，所以酒精含量很低，看來12夸特的葡萄酒相當我們的一打半啤酒，照說是喝不死人。依據西方古代的醫學，認為酒是強烈的冷卻劑，會降低身體的熱度，寒冷的天氣喝酒非常危險，這種說法與我們大相逕庭。

166 阿里安提到亞歷山大為他的士兵支付債務，額度到達2萬泰倫；蒲魯塔克所說金額可能是婚禮的費用。

去，證實馬其頓人都是一群無用的懶漢；因為他現在有了那批會跳舞的兒童，只要他高興盡可以帶著他們去征服世界[167]。

這番講話使得亞歷山大非常生氣，惱怒之餘對他們痛加譴責，除了把他們趕走，還將警衛的工作交給波斯人，並且從他們當中選出衛士和侍從。當馬其頓人看到亞歷山大被這些人護衛，自己遭到排斥職位都已罷黜，他們的士氣極為消沉，大家經過一番商討，發現那種嫉妒和憤怒的心情幾乎要使他們發狂。等到後來情緒開始平靜下來，沒有帶武器只穿一件內袍，來到亞歷山大的御帳外面，痛哭流涕向他請罪，說自己是一群忘恩負義的人。可是這些話並沒有發揮作用，雖然他的怒氣已經受到安撫，還是不願與他們見面。他們也不願離開，就在他的御帳前面站了兩天兩夜，齊聲哀號，懇求君王要原諒他們。

他到第三天才出來，看到他們低聲下氣深表懺悔的模樣，自己也痛哭起來，經過一番溫和的斥責以後，下令遣返不適現役的人員，給予豐富的賞賜和酬庸[168]。他特別致書給安蒂佩特，在一切公眾表演的場合以及劇院裡面，應該讓他們坐在最前排的座位，並且為們戴上花冠。他還下令，所有陣亡人員的子女，繼續領取他們父親的薪餉。

72 亞歷山大來到米地亞的伊克巴塔納[169]，把最緊急的公務處理完畢以後，因為剛剛從希臘派來3000名演員和藝人，為了使大家獲得消遣，舉辦各種娛樂節目和戲劇的演出。赫菲斯提昂患了熱病，無法參加這些活動，他的年紀很輕又是一個軍人，不肯嚴格遵守必需的飲食規定，趁著他的醫生格勞庫斯(Glaucus)去看戲，吃了一隻雞並且喝很多的酒，病情轉劇不久就過世。

亞歷山大對這場不幸感到非常的悲傷[170]，為了表示哀悼，立即下令將所有的馬匹和騾子的尾巴和背鬃剪掉，鄰近城市的城垛一律折除。可憐的醫生處以礫

---

167 阿里安在《遠征記》第7卷第8-11節，敘述亞歷山大與馬其頓人發生爭執，內容與蒲魯塔克的說法大不相同。

168 324B.C.在歐庇斯(Opis)發生的叛亂，引起士兵不滿的原因有很多種說法，後來經過安撫沒有造成難以收拾的後果；但是在海費西斯(Hyphasis)的叛變非常嚴重，幾乎使得整個軍隊失去控制。阿里安在《遠征記》中記載對叛黨領袖的逮捕和處決，蒲魯塔克就這部分隻字未提。

169 抵達伊克巴塔納是在324B.C.的秋天。

170 阿里安在《遠征記》第7卷第14節，記載赫菲斯提昂的逝世，與一般所說亞歷山大極其悲傷，有關情節出現完全不同的描述。

刑，很長一段時期禁止在軍營中吹奏笛子或演奏其他的樂器，直到接到阿蒙的神讖爲止，奉到指示把赫菲斯提昂當成一位英雄，可以獲得獻祭的尊榮。然後他用戰爭蘇解他的悲傷，竟然把人當成狩獵的對象，因爲他去攻擊科薩人（Cossaeans），用刀劍消滅整個民族。這件事被他稱爲向赫菲斯英靈的獻祭。爲了修建他的墳墓和紀念物加上所有的裝飾，他的打算是要花1萬泰倫，尤其是設計的新奇和手藝的精巧，更是不惜工本特別考究。

他認爲史塔西克拉底（Stasicrates）是首屈一指的大師，希望由他擔任這項工作，因爲他的設計表現出豪邁、雄偉和堂皇的氣勢。從前他們兩個人曾經見過一面，他對國王提到在他所見過的山嶺當中，色雷斯的阿索斯（Athos）山最適於整修，用來表現一個人的形狀和輪廓，只要國王下達命令，他會把整座山修造成全世界最高貴和最耐久的雕像，它的左手握著一個有1萬居民的城市，右手則使一條大河從中傾注入海，亞歷山大雖然婉拒這個建議，現在卻花費更多的時間，要與藝術家究擬一些更爲荒誕而豪奢的計畫。

73 他在向巴比倫前進的途中，尼爾克斯從海洋班師已經進入幼發拉底河口，現在前來報告，說他曾經遇到幾位迦勒底（Chaldaean）占卜者，他們提出警告認爲亞歷山大不能進入這個城市。亞歷山大根本不予理會，繼續前進；當他走近巴比倫的城牆之際，看到許多烏鴉在打架，有些死去的烏鴉掉落在他身邊。後來他得到密報，知道巴比倫總督阿波羅多魯斯（Apollodorus）向神明獻祭，想要探明他未來的命運。亞歷山大派人把預言者畢達格拉斯找來，畢達格拉斯承認確有其事，他便詢問犧牲的狀況如何，預言者告訴他犧牲的肝臟找不到肝葉，亞歷山大說道：「這眞是很明顯的朕兆。」

不過，他並沒有懲處畢達格拉斯，只是後悔沒有聽從尼爾克斯的勸告。大部分時間他都在巴比倫的城外度過，御帳的位置經常的搬動，爲了消遣起見有時會在幼發拉底河上航行。除此以外還出現很多奇異現象，使他傷透腦筋。一隻溫馴的驢子竟會攻擊他所豢養一頭漂亮的雄獅，而且一腳就將那頭猛獸踢死。

有一天，他脫下衣服塗上油膏，然後開始玩球，等到他們前去爲他拿衣服的時候，與他玩球的年輕人看到一個人穿著國王的袍服，頭上戴著王冠，不發一言坐在他的寶座上面。他們審問他是何許人，很久都沒有講話，最後他的神志清醒過來，說他的名字叫做戴奧尼休斯（Dionysius），是梅西尼亞人（Messenia），受到

指控成為罪犯，從他的家鄉送到海邊；他在那裡監禁很長一段時間，剛才是塞拉皮斯（Serapis）出現在他面前，解除他的腳鐐手銬把他帶來這裡，要他穿上王袍戴起皇冠，坐在上面不要講話[171]。

74 亞歷山大問明所有的情形，聽從預言者的建議，將那個人處死。從此以後他的精神顯得非常消極，不再相信神明給予的庇護和協助，對於他的朋友產生猜疑之心。他特別擔心安蒂佩特和他的幾個兒子會對他不利[172]，安蒂佩特有一個兒子愛奧勞斯（Iolaus）擔任他的司酒長，另一個兒子卡桑德（Cassander）最近來到巴比倫，完全是按照希臘的禮儀教養長大，第一次看到蠻族跪拜國王，禁不住大笑起來，亞歷山大非常氣惱，就用兩手抓住卡桑德的頭髮，把他的頭往牆上撞。

還有一次，有人指控安蒂佩特，卡桑德為他的父親辯護，亞歷山大打斷他的話說道：「你有什麼好說的？你也不想一想，這些人如果沒有受委屈，怎麼會走這麼遠的路來誣告你的父親？」卡桑德回答說，他們走這麼遠的路可以避開那些反駁他們的證人，就這可以證明他們的指控虛偽不實。亞歷山大聽到這話以後，笑著說這是亞里斯多德的詭辯，同樣可以適用於兩造。他並且說，如果查明父子兩人確實對指控的人犯下不義的罪行，就會對他們嚴懲不貸。

所有這一切，在卡桑德的心中留下非常深刻的恐怖印象，過了很多年以後，他成為馬其頓王和全希臘的共主，當他前往德爾斐，到處走動欣賞那裡的藝術品，等他一眼看到亞歷山大的雕像，突然緊張起來，全身發抖，頭暈眼花，要過很久才會恢復[173]。

75 亞歷山大對於超自然的力量極其畏懼，一旦屈服就會終日心神惶惶易於感受驚慌，任何一件事稍有不正常的地方，他就把它看成奇異

---

171 阿里安提到亞歷山大逝世前還出現很多徵兆，可以參閱《遠征記》第7卷第18、22及24各節。

172 安蒂佩特當時是馬其頓的攝政，接到解除職務的命令並且要他率領馬其頓的新兵前去增援亞歷山大；就在這個時候亞歷山大崩殂，他繼續留在馬其頓，直到319B.C.去世為止。

173 卡桑德是安蒂佩特的長子，他的父親過世後由他掌握馬其頓的政局，根本不願盡心盡力去重建分崩離析的帝國。他後來殺害奧琳庇阿斯、羅克薩娜以及她和亞歷山大所生的兒子。卡桑德在305B.C.登基為王，亡故於297年

的現象或預兆，他的宮廷充滿各種占卜官和祭司，忙著向神明獻祭、齋戒禳解或是預告吉凶。沒有宗教信仰和藐視神明的力量，讓人感到何其不幸；然而過於迷信同樣使人難以自拔，就像水往低處流動一樣，使得心靈充滿奴性的恐懼和愚蠢，亞歷山大現在的情形就是如此。

等到獲得有關赫菲斯提昂的神讖以後，他又會拋開煩惱，再去奉獻祭品和飲酒作樂。他為尼爾克斯舉行豪華的宴會之後，已經按照習慣沐浴完畢，正要上床就寢又應米狄斯(Medius)的請求，前去赴他的晚宴。在那裡通宵達旦痛飲接著第二天又喝了一整天，因而受到熱病的侵襲。他得這場病，並非像一些作者所說，是用「海克力斯之杯」飲酒的關係，也不是背部突然劇痛，就像被長槍刺中那樣。這些情節都是一些作者杜撰，他們認為一齣偉大悲劇的結局，應該哀怨動人才說得過去。根據亞里斯托布拉斯的說法，他的熱病來勢洶洶以致口渴難忍，喝了一些酒以後，很快陷入神志昏迷狀況，崩殂於Daesius月第三十天(5月30日)[174]。

76 宮廷的〈起居注〉有如下的記錄：5月18日，他害熱病睡在一個浴室裡面。第二天他在沐浴以後搬回寢宮，米狄斯陪他擲骰子消遣；夜晚在沐浴以後獻祭，隨意進食，熱度整夜未退。20日，例行的獻祭和沐浴以後，他躺在浴室裡面，聽取尼爾克斯提出的航海報告，以及在大海中所做的天文觀察。21日，所有的狀況同前，熱度稍有增加，夜間深感痛苦。第二天，熱病的病情加劇，他吩咐將他的睡床搬到大浴場，與主要的將校討論如何選拔適當的人員，填補軍隊中空出的職位。24日，病情更加惡化，把他抬下床去獻祭，下令重要的將領留在宮廷裡面，下級軍官整夜在宮門外面守候。25日，把他搬到河對面的皇宮，在那裡睡了一些時候，熱度始終未退，等到將領進入寢宮，他已無法說話，這種狀況一直延續到第二天。因此，馬其頓人認為他已經逝世，大家一路喧譁吵鬧來到皇宮門口，威脅那些幕僚人員，被逼只好讓他們進來，沒有穿著鎧甲魚貫從他的臥榻旁邊走過。就在同一天，皮同(Python)和塞琉卡斯奉到派遣到塞拉皮斯神廟，請示是否要將亞歷山大帶到那裡，奉到神讖是不必移動。28日，他

---

174 古代的記錄並不是很精確，所以宮廷的〈起居注〉記載崩殂的時間是5月28日夜晚，後來經過換算說是6月13日黃昏，1955年發現巴比倫的天文觀察表，經過修正以後，斷定亞歷山大逝世的時間是323年6月10日B.C.。

在夜晚崩殂。這一段的敘述，包括在〈起居注〉原來的字句。

77 當時沒有任何人懷疑亞歷山大被人毒死，等到過了6年以後，奧琳庇阿斯獲得若干密告的資料，很多人遭到處決，甚至愛奧勞斯已經亡故，還把他的屍體挖出來燒成灰，認為他就是下毒的兇手[175]。還有人斬釘截鐵認定，說是亞里斯多德出的主意要安蒂佩特下手，同時由他提供毒藥，為了使得他們的說法具有權威，特別舉出一個名叫黑格諾瑟米斯(Hangnothemis)的人，說他親耳聽到安蒂哥努斯王談起這件事[176]。同時還告訴我們這種毒藥是像冰一樣冷的水，諾納克里斯(Nonacris)地區一座岩石上面滲出來，採集的時候就像淡淡的露滴，要收藏在驢蹄裡面，因為非常寒冷具有侵蝕作用，其他的容器都不適用。大多數人的意見說這是杜撰的故事。他手下的將領為權位發生爭執歷時數日之久[177]，使得屍體無人照料放在一個悶熱不透氣的地點，始終能保持膚色清新的狀態，沒有出現腐敗或潰爛的跡象，這就是一個很有力的證明。

羅克薩娜當時已經有孕在身，因而受到馬其頓人的敬重。她對史塔蒂拉極其嫉妒，不讓對方知道亞歷山大已經過世，派人執一封假信把史塔蒂拉騙到她那裡去，等到史塔蒂拉落到她手中，便把她和她的姊妹一起殺掉，將她們的屍體投到井裡，然後用土將那口井填起來。這項謀殺行為是在帕迪卡斯的參與和協助之下進行。亞歷山大逝世後，帕迪卡斯立即利用阿瑞笛烏斯(Arrhidaeus)的名義作為掩飾，藉口負責國王的護衛使得大權落入他的手中。阿瑞笛烏斯是菲利浦的兒子，一個名叫菲莉納(Philinna)出身微賤女子所生。他是一個智力非常遲鈍的人，並非生來就在身體和心靈方面有什麼缺陷，反倒是他在兒童時期表現出受人喜愛而且前途遠大的氣質。後來奧琳庇阿斯給他服用某種藥物，出現病態的習性，不僅損害他的健康，同時還敗壞他的心智。

---

175 卡桑德為他的兄長報仇，所以在316B.C.謀殺奧琳庇阿斯，而且還不准安葬她的屍體。

176 參閱阿里安《遠征記》第7卷第28節。

177 這些將領達成一個協議，就是帝國由羅克薩娜所生的男孩和亞歷山大的異母兄弟阿瑞笛烏斯共治，這時羅克薩娜只是有孕而已。一直要到301B.C.的伊普蘇斯會戰，亞歷山大大帝建立的帝國才分裂為幾個王國。

第二章

凱撒（Caesar）

100-44B.C.，羅馬名將、政治家、獨裁者和激進分子，
贏得內戰勝利宣告共和體制結束，遭暗殺身亡。

1 凱撒 [1] 的妻子高乃莉婭（Cornelia）是共和國已故唯一執政官辛納（Cinna）[2] 的女兒。自從蘇拉成爲羅馬的主子以後，想要凱撒休掉高乃莉婭，雖然答應給予好處或是使出威脅的手段，都無法讓凱撒就範 [3]，最後只有藉沒高乃莉婭的陪嫁的產業。蘇拉對凱撒懷有敵意主要原因在於凱撒與馬留有親戚關係。老馬留娶凱撒的姑母茱麗亞爲妻，生下小馬留，因此小馬留和凱撒是姑表兄弟。

蘇拉在執政之初，需要處決的政敵爲數眾多，國務繁忙，所以無暇理會凱撒。可是當時還是孩童的凱撒，不知道避禍養晦，竟然以祭司候選人 [4] 的身分出現在人民的面前。蘇拉沒有公開表示反對，卻在暗中採取措施，凱撒的登記受到拒絕，等到商議是否要將他處死的時候，有人認爲對幼童進行圖謀有點小題大作，蘇拉的回答是他們毫無先見之明，未能從這個小孩身上看出一個比馬留更厲害的角

---

1 本章〈凱撒〉的前面應該還有1到2節，描述凱撒的家世、容貌和性格，現在已經佚失。他在羅馬建城654年即100年7月12日B.C.生於一個貴族世家。等到蘇拉占領羅馬這時凱撒有十八歲，不是小孩而是青少年，何況他的父親過世並無兄弟，已經能夠當家作主。

2 86B.C.，辛納的同僚華勒流斯・弗拉庫斯（Valerius Flaccus）逝世，他成爲唯一的執政官。

3 凱撒有威武不屈的個性，根本不賣笛克推多的帳；即使當時最有名望的人物，像是畢索在蘇拉的要求之下，與他的髮妻安妮婭離婚；就是龐培爲了要與蘇拉聯姻，只有拋棄自己的妻子安蒂斯夏。

4 凱撒在17歲那年與康蘇夏（Cossutia）解除婚約，雖然對方的家庭出過執政官而且極為富有，基於馬留的關係和政治的要求，與辛納的女兒高乃莉婭結婚。等到他要選大燃火祭司或朱庇特祭司，蘇拉這時在羅馬掌握生死大權，要他與高乃莉婭離婚，遭到拒絕以後，就剝奪他擔任這個職位的權利。

色。

　　凱撒聽到這些話以後就隱匿起來，很長時期住在薩賓人的區域，經常更換藏身的地點。有天晚上因為便於休養起見，從一所房屋遷移到另一所房屋，為蘇拉的士兵捕獲，當時那些士兵正在那些地區搜查逋逃人員。凱撒用2泰倫向他們的隊長高乃留斯行賄，獲得釋放以後馬上登船出海，駛往俾西尼亞避難。他在奈科米德(Nicomedes)王的宮廷稍作停留，返回羅馬的途中，法瑪庫薩(Pharmacusa)附近為海盜所擄 [5]，那個時候他們擁有實力強大的艦隊和無數小船，橫行海上殺人越貨無所不為。

　　2 這些海盜起初對他只訂出20泰倫的贖金，凱撒笑他們狗眼看人低竟然不明瞭他的身價，主動答應要給他們50泰倫。他立即派遣隨行人員分別到幾個地方去籌措所需款項，最後只有一個朋友和兩名待從，陪著他留在全世界最凶惡殘暴的西里西亞人中間。然而他並不將他們放在眼裡，每當他想要睡覺，便派人去吩咐他們不要大聲喧譁。在以後這38天當中，他如同全世界最自由的人，可以任意參加他們的運動和遊戲，好像他們不是看管肉票的禁卒，而是他的衛士。他寫作詩歌和演說辭，把他們當成聽眾，那些不能極口讚譽的人，被他當面斥為大字不識的蠻族，時常用開玩笑的口吻，威脅要將他們全都吊死。海盜都很欣賞他這種天不怕地不怕的態度，把毫無顧忌的信口開河，視為直爽的純樸天性和童稚的調皮心理。

　　等到他的贖金從米勒都斯送過來，獲得釋放以後，立即把人員配置在幾艘船上，從米勒都斯的港口發航去追捕海盜，奇襲他們原來停泊的地方，使得大多海盜都被抓住。他們的錢財成為他的賞金，人員全部關在帕加姆斯(Pergamus)的監獄裡面，然後與擔任亞洲總督的朱尼烏斯(Junius)聯繫，懲治海盜是他的職責所在。朱尼烏斯心中盤算那筆鉅款，說他得暇時會考量如何處置他擄獲的人員。凱撒告辭離開，前往帕加姆斯，將海盜押出來一一用磔刑釘死在十字架上。這種懲

　　5　凱撒在81B.C.離開羅馬到東方，先去馬其頓總督米努修斯‧色穆斯(Minucius Thermus)的麾下服務，這段期間他奉派到俾西尼亞，負責徵召一支艦隊，前去增援對邁蒂勒尼的圍攻作戰，後來留在奈科米德(Nicomedes)的宮廷，直到75年的冬天赴羅得島求學，途中被海盜所擄。據說凱撒與奈科米德有不正常的關係，受到君王的寵愛，這件事流傳甚廣，蒲魯塔克諱而不提。

處的方式，正好驗證他落在海盜手裡發出威脅的話語，只是他們認爲他是癡人說夢而已[6]。

3 就在這個時候，蘇拉的權勢開始式微，凱撒的朋友勸他返回羅馬，他卻前往羅得島，進入摩隆(Molon)之子阿波羅紐斯(Apollonius)的學院。阿波羅紐斯是名聞天下的修辭學者，高風亮節受到世人的推崇，西塞羅出自他的門下[7]。據說凱撒有優異的稟賦，可以成爲偉大的政治家和演說家，他曾經努力學習，發展自己在這方面的才華，希望他日的成就不作第二人想。

後來他志不在此，選擇軍事和權術想要擢升登峰造極的地步，所以在辯才方面未能達到天賦的最高要求。他的心力智慧全部轉用到征伐和權謀，終於建立龐大的帝國。他核閱西塞羅的《論加圖》以後所做的答覆之中，請求他的讀者不要拿一位軍人的老生常談，去與一位演說家的眞知灼見比過高下，因爲西塞羅不僅天資極高，而且畢生專心致力於此一學門。

4 凱撒回到羅馬以後，對於多拉貝拉(Dolabella)的惡政提出控訴，希臘很多城市都願出庭爲他作證。多拉貝拉經過審判雖然宣告無罪，凱撒爲了回報希臘人對他的支持，等到他們向前法務官身分出任馬其頓總督的馬可斯・盧庫拉斯(Marcus Lucullus)提出控訴，出面檢舉巴布留斯・安東紐斯(Publius Antonius)貪污的，挺身而出擔任他們的辯護律師。這件訟案他獲得成功，使得安東紐斯只有回到羅馬向護民官提出上訴，宣稱他在希臘與當地人打官司，得不到公正的審判[8]。凱撒在羅馬的法庭爲被告提出的抗辯，滔滔不絕的口才使得他聲

6　當時海盜的行徑極其猖獗，勢力大到可以控制整個地中海海域，無論是航行和通商都沒有任何保障，後來蓋比紐斯提出一個法案，授與龐培專閫重任，運用共和國的軍隊和水師全力肅清海盜，第十六篇〈龐培〉第24-30節有詳盡的說明。從凱撒對付海盜的手段，表現出堅忍、幽默、慷慨、決斷、積極、勇敢和魯莽的性格，那種臨危不懼的精神更是難能可貴。

7　凱撒前往羅得島求學沒有回到羅馬，這與蘇拉沒有關係，因爲蘇拉已在78B.C.逝世。有關西塞羅的教育和學習，在第二十篇〈西塞羅〉第4節都有記載，這裡提到的阿波羅紐斯並非摩隆之子，他的本名就是阿波羅紐斯・摩隆。

8　凱撒從東方返國後，以23歲的年齡擔任律師，因爲下面這兩個案子，得以揚名立萬。高乃留斯・多拉貝拉(Cornelius Dolabella)是81B.C.的執政官，80-77年奉派馬其頓總督，這件訟案發生在77年。第二件訟案控訴安東紐斯是在76年，這裡提到的盧庫拉斯並非馬其頓的總督，而是在羅馬負行省和國外案件的僑民法務官，主要的功能不是審判，而是仲裁和調解。

譽高漲，和藹可親的態度和言談獲得人民的好感，他所表現出的圓融和周到，遠非像他那樣年紀的人所能做到，何況他豪爽好客善於應酬，加上顯赫的氣派和華麗的排場，已經逐漸擴展和增強他的政治勢力。

他的政敵看到他這種情形，開始的時候擺出藐視的神色，認為他建立的局面隨著金錢耗盡只是曇花一現，然而就在這段期間，他的聲勢卻在平民之間日益昌隆興旺，等到他的力量穩固已無從摧毀之虞，公開表示要改革體制，那些政敵才知道任何看來並不起眼的開端，只要持之以恆，都可以發展為一股強大的勢力，面臨危險的局面最初不予重視，最後終於沛莫之能禦，只是他們的覺悟太遲已經與事無補。

西塞羅是最早猜疑凱撒在從政方面是有所圖謀的人，正如一個優秀的舵手在風平浪靜的時候，會耽憂暴風雨的突然襲擊。他說凱撒用和藹可親的態度來掩飾別有用心的企圖，從他平日的所做所為，可以看出他有獨攬大權的野心和抱負。西塞羅曾經說過：「當我看到他的頭髮梳得如此整齊，還要用一根手指去撥弄的時候，真想不到這樣一個人會有顛覆羅馬共和國的念頭。」不過這些都是後話，暫且不提[9]。

5 人民對他的好感可以從一次軍事護民官的選舉中略知一二，他竟然獲得比該猶斯‧波披留斯(Caius Popilius)[10]更多的票數。另外一個更為明顯的證據，他在羅馬廣場公開發表一篇令人感動的悼辭，用來推崇他的姑母朱麗亞，也就是馬留的妻子。朱麗亞的出殯行列中，他竟敢把馬留的遺像展示出來，自從蘇拉掌握大權以後，馬留這派人馬被宣布為國家公敵，他的畫像從來沒有出現在大庭廣眾之前。有些在場的人士開始提高聲音指責凱撒，民眾卻在一旁喝采和鼓掌，因為他把馬留在這個城市久受湮滅的榮譽，重新由墳墓的深處挖掘出來，不禁讓他們感到喜悅和滿足。

舉行葬禮為死去的年長貴婦人發表哀悼演說，頌揚她的美德懿行，這是羅馬由來已久的古老習俗。說到對年輕的婦人也採用這種方式，倒是無先例可循，凱

---

9 凱撒從小講究穿著打扮，性喜漁色，被人視為風流浪子，西塞羅對他這段評論在現存的作品中沒有發現，很可能是他與友人的書信中提到。

10 該猶斯‧波披留斯(Caius Popilius)72或71B.C.奉派軍事護民官，凱撒在73年出任安東紐斯‧克里蒂庫斯(Antonius Creticus)的副將。

撒的妻子過世，他發表輓亡之辭可以說是空前盛舉[11]。這種表現使他博得人民的
好感，大家認為他是鶼鰈深情和心地寬厚的人。等他辦好妻子的喪事以後，就以
財務官的職位到西班牙，在卸任法務官的身分出任總督的維都斯(Vetus)手下服
務[12]。後來他對維都斯始終敬重如一，等他自己以法務官的頭銜擔任總督，也把
維都斯的兒子委派為財務官。這項職位的任期結束以後，他娶龐培婭(Pompeia)
為第三位妻子，這時他有一個女兒，是高乃莉婭所出，後來他把這個女兒嫁給龐
培大將為妻[13]。

他對金錢的花費可以說是揮霍無度，擔任公職以前就已欠下1300泰倫的債務，
許多人認為他為博取名聲所花費的代價太過高昂，用實際的財富去換取短暫而且難
以確定的報酬；在他而言是用微不足道的東西去交換極為寶貴的殊榮[14]。他奉派為
督導官負責阿皮安大道(Appian Way)工程，除了撥發的公款，他還自行墊付鉅額
的金錢；等他出任市政官，供應為數甚眾的角鬥士，為了娛樂民眾舉辦320場的
單人搏鬥；此外，在劇院表演、遊行隊伍和公眾宴會方面，表現出慷慨和豪邁的
氣勢，使得以前那些官員的所作所為，在相比之下大為遜色。因此他深獲民心，
每個人都想為他找到好的差事和新的榮譽，藉以回報他的急公好義[15]。

6 當時的羅馬有兩派人馬，一個是權高勢大的蘇拉派，另外就是散漫無力
的馬留派，凱撒想要恢復後面一派的聲勢，能為他所用[16]。就在他擔任

---

11 凱撒的姑母茱麗亞於69B.C.去世，他在這時擔任財務官；沒過多久凱撒的妻子高乃莉婭亡
　故，舉行葬禮所以成為重大的政治事件，因為她是辛納的女兒。
12 69-68B.C.凱撒在遠西班牙行省任安蒂斯久斯‧維都斯的財務官；等到他在61年到遠西班牙
　行省任總督的時候，維都斯的兒子在他的手下任財務官。
13 凱撒第三任妻子龐培婭是龐培烏斯‧魯弗斯(Pompeius Rufus，88B.C.的執政官)和高乃莉婭
　的女兒，這位高乃莉婭是蘇拉的女兒，所以他娶了蘇拉的外孫女為妻；可見當時羅馬上流階
　層婚姻關係之錯綜複雜，真可以說是敵友難分。凱撒的女兒茱麗亞在59年嫁給龐培。
14 1300泰倫相當於3120萬塞斯退司(1泰倫相當於24,000塞斯退司)，這筆欠款非常鉅大，要知
　道羅馬第一階級的條件就是年收入40萬塞斯退司。當時一個士兵的年薪不過450塞斯退司，
　後來凱撒調高一倍為900塞斯退司。
15 他奉派阿皮安大道的督導官，是在65B.C.擔任行政市政官之前，可能同時兼任這個令人垂涎
　的工作。他無論出任任何職務，花掉的費用遠比國庫撥發的預算要多得多。
16 那時的羅馬並沒有這樣的黨派，只能說是個人的感情作用和政治立場，傾向於元老院或市民
　大會，所以用上optimates 和populares兩個名詞，要是區分為「元老院派」和「平民派」也
　沒有大錯，這兩派人馬各以蘇拉和馬留為代表人物。

市政官期間，因爲大手筆的表演在人民心中聲望正隆之際，下令製做馬留的畫像和勝利女神的雕像，兩位的手裡都執著戰利品，在夜間偷偷放在卡庇多的神殿。第二天早晨人們看到那些金光閃閃和製作精美的畫像，上面還刻著文字，敘述馬留戰勝辛布里人（Cimbrians）的豐功偉績[17]，大家對於放置者的大膽感到驚奇，當然不難猜出是誰的主意。等到事情傳播開來，很多人從各處趕來。有些人高聲責難，指出凱撒公開反對現有的政府，企圖恢復被元老院的法律和敕令所抹殺的榮譽，並且強調他這種做法，用來探測人民的動向；並且說他在這方面已經下了很大的功夫，如果民眾非常馴服願意接受他的擺布，就會毫無反抗屈從他的改革。

在另一方面，馬留派的人馬士氣大振，無數擁護者突然出現眞是令人不敢思議，發出歡呼的聲音走進卡庇多的神殿。許多人看到馬留畫像的時候，都喜極而泣，他們對凱撒大加讚揚，認爲在馬留的親屬當中，只有他沒有辜負那位偉大人物的厚望。元老院爲此召開會議，當時羅馬最顯赫的人物之一的卡圖拉斯·盧塔久斯（Catulus Lutatius）[18]起立發言，對於凱撒大肆抨擊，用這樣的警語結束他的講話，說凱撒不是在暗中破壞體制，而是公開裝設投射武器開始推翻政府。凱撒爲自己辯解一番以後，元老院聽了相當滿意，那些擁護他的人都非常高興，勸他不要爲任何人改變自己的主張。自從他獲得人民的愛戴以後，不久就勝過所有的對手，成爲共和國的頭號人物。

7 這個時候，祭司長[19]梅提拉斯逝世，卡圖拉斯和伊索瑞庫斯（Isauricus）競爭遺留的職位，這兩位都有很高的聲望，在元老院擁有很大的勢力。凱撒不甘示弱，竟然參加競選，要在人民的面前與他們爭個高下。三位候選人看來勢均力敵，卡圖拉斯年高望重，生怕選不上有失顏面，派人去賄賂凱撒退選，情願送他一筆巨款。他的回答是準備借貸數額更大的款項，表示競選到底的決

---

17 特別是指色克蒂留斯泉和維西立的兩次大捷，使得馬留成爲共和國的救星，稱他是繼羅慕拉斯和卡米拉斯之後，羅馬第三位奠基者。

18 盧塔久斯·卡圖拉斯是78B.C.的執政官，元老院派的領導人物。凱撒早期支持蓋比紐斯（Gabinius）的提案，把海盜戰爭的軍事指揮權授與龐培，所以與元老院派唱反調。

19 羅馬的祭司長或稱最高神祇官，在整個官僚體系中擁的幾個特點：祭司長是宗教最高領袖；羅馬公職均爲複數，執政官都有兩位，而祭司長僅有一位，沒有同僚在旁邊執肘；可以兼任其他公職；祭司長是唯一沒有任期的終身職；提供位於城市中央的官邸。所以這個職位特別受到年長者的嚮往。

心。選舉日當天，他的母親含著眼淚將他送到門口，他擁抱過母親以後說道：「媽媽，今天你看到的我不是祭司長就是流亡者。」等到投票開始，經過非常激烈的競爭他獲得勝利[20]，元老院和貴族感到驚慌，生怕他慫恿人民做出種種莽撞的行為。

皮索(Piso)和卡圖拉斯對西塞羅交相指責，當時凱撒涉及加蒂藍(Catiline)叛國案，不應讓他安然脫身。加蒂藍不僅企圖改變現有的體制，而且計畫推翻整個帝國，使一切都陷入混亂之中。可是這樣一個人竟然逃走，可以起訴他的證據尚嫌不足，他的極終目的還沒有完全浮現。加蒂藍把連圖盧斯(Lentulus)和西第古斯(Cethegus)留在羅馬，代替他的位置來推動這項陰謀活動[21]。他們是否從凱撒那裡得到鼓勵和協助，還沒有確切的結論；受到元老院的定罪，已經是千真萬確的事。當執政官西塞羅詢問元老院議員意見，請他們就處置這些人的辦法發表個人主張的時候，所有在凱撒之前發言的人，都公開宣稱要立即處死。

凱撒站起來發表精心推敲的演說，他認為不經過審判而處死那些門第高貴而且聲望卓越的人，不僅無先例可循也是違背正義的行為，除非有絕對的必要，否則不可貿然從事。如果把他們監禁在西塞羅選定的意大利城市裡面，等到加蒂藍被擊敗以後，元老院在安靜的環境裡，從容不迫決定最好的處置辦法。

8 他的看法表示出人道精神，加上極為動聽的辯才，所以不僅那些在他之後發言的人表示同意，就是在他之前發表相反意見的人也轉而支持他的論點。直至輪到卡圖拉斯和小加圖講話，他們兩人對凱撒的建議全力加以反對，小加圖在發言中暗示對於凱撒抱著懷疑的態度，堅持要把那些罪犯處以極刑應立即付諸執行。等到凱撒步出元老院的時候，那時很多擔任西塞羅衛士的年輕人跑過來，拿著出鞘的佩劍向他攻擊，據說是古里歐(Curio)將外袍披在凱撒的身上將他救走，至於西塞羅本人，那些青年注視他詢問意見，做出不要殺害凱撒的手勢，

20　他的競選對手一位是伊索瑞庫斯，曾於79B.C.出任執政官，享有舉行凱旋式的榮譽；另一位是卡圖拉斯，78年擔任執政官，是元老院的資深議員，擁有很大的政治勢力；這兩位的年齡均在60歲上下，凱撒不僅資歷甚淺，論年紀不過37歲。這次獲勝凱撒除了選舉策略的成功，還借到大筆貸款使得他負債累累。

21　這個案件發生在63B.C.，對當時羅馬的政局影響很大，蒲魯塔克在第二十篇〈西塞羅〉第10-23節對整個叛亂過程有極其清晰的說明。

可能是出於對人民的畏懼，或許他認爲這種謀殺是喪失正義和違背法律的行爲。如果確有其事，我懷疑在他敘述執政官任期有關的書籍裡面，爲何隻字未提。後來受人指責說他害怕人民的報復，未能利用大好時機一舉將凱撒除去，因爲當時的凱撒受到民眾的愛戴和擁護。

過了幾天，凱撒前往元老院，爲他所蒙受的嫌疑而辯剖，責難的聲音排山倒海而來。民眾發現元老院會議繼續下去顯示異常的狀況，大家在叫囂之下包圍會場，要求元老院議員讓他出來與他們見面。自從這次的事件以後，小加圖非常忌憚貧苦市民的一舉一動，通常他們在人民當中最早燃起不滿的火焰，而且他們把一切希望寄託在凱撒的身上。所以小加圖說服元老院，按月配發這些貧苦市民相當穀物以資安撫，這項權宜的辦法使得共和國每年增加750萬德拉克馬的額外開支[22]，非常成功消除當時一個重大的禍根，使得凱撒的勢力大爲減弱，他正要出任法務官[23]，一旦登上那個職位必然更難應付。

9 在他擔任法務官的任期之內，並未釀成任何紛擾不安，只是在他的家庭裡面發生一件醜聞。巴布留斯·克洛狄斯（Publius Clodius）出身於貴族世家，以財產和辯才著稱於當時，淫逸放蕩和膽大妄爲更甚於聲名狼藉之徒[24]。他愛上凱撒的妻子龐培婭，她對他也來者不拒，然而她的住所是祭司長官邸所以警戒森嚴，凱撒的母親奧里利婭（Aurelia）是個精明而謹愼的婦女，經常留在她的身邊，要想會晤不僅危險而且困難。羅馬人有一個名叫波納（Bona）的女神，相當於希臘人的琴昔西亞（Gyncaecea），弗里基亞人加給祂一個特殊的頭銜，說祂是邁達斯王的母親，羅馬人稱祂是山林水澤的仙女，嫁給福努斯（Faunus）爲妻。希臘人則說祂是巴克斯的母親，只是不知名諱而已。

婦女慶祝這位女神的節日，都在帳篷上面覆蓋著葡萄藤，依據神話敘述的情形，將一條神聖的蛇供奉在女神的旁邊，按照規定在舉行儀式的時候，男子要迴避甚至不能留在家中，全部由女性來奉行聖潔的職責，據說與奧斐烏斯的莊嚴典禮完全雷同。等到節慶的日子來到，無論是執政官或法務官以及所有的男性，都

22　供應的時間沒有持續多久，只有減少金額和人數。

23　時爲羅馬建城692年即62B.C.。

24　克洛狄斯出身羅馬最有名望的家族，等到59B.C.爲了競選護民官，竟然改姓放棄貴族的身分；62年12月發生醜聞，那時他剛授與財務官的職位。

要離開自己的家。留下妻子照料一切，進行適當的布置，主要的儀式都在夜間舉行，那些婦女聚集一起在守夜的時候，各種樂器的聲音不絕於耳。

10 當龐培婭正在慶祝這個節日，克洛狄斯因爲還未長鬍鬚，穿上一個歌女的衣服並且戴上她的首飾，很像一個年輕的女子前往凱撒的官邸。到達以後發現大門敞開，知道私情的一名女婢很順利把他引了進去，然後去告訴龐培婭，但是去了很久沒有返回。克洛狄斯等得不耐煩，離開原來的位置在府內到處走動，從一個房間到另一個房間，仍舊非常小心避免有燈光的地方，最後奧里利婭的侍女遇到他，開口邀請他參加她們的玩樂，就像當時那些婦女一樣，他拒絕接受因而被她拉住，問他是什麼人來自那個家庭。克洛狄斯回答說他在等候龐培婭的女婢阿布拉(Abra)，實際上就是這位侍女的名字，而且他在講這些話的時候，嗓音已經洩漏他的性別。這個女人尖聲高喊起來，跑到燈光照耀的人群當中，叫嚷說她發現一位男子，所有的婦女都很驚惶。奧里利婭趕緊把神聖的祭品先藏起來，停止參拜的儀式，然後下令將所有的門戶全部封閉，持著火把到處尋覓克洛狄斯，這個男子藏匿在引導他進入大門的女婢房中，就在那裡被大家捉到。這些婦女一看到就認出他來，便將他趕出門去；然後她們連夜立刻回家，把這件事情告訴自己的丈夫。

等到第二天的早晨，消息傳遍全城，知道克洛狄斯犯下大不敬的罪行，不僅羞辱當天夜晚那些貴婦人，而且冒犯公眾和神明，應該當成犯人受到懲處。一位護民官出面指控他犯有褻瀆神聖儀式之罪，還有一些主要的元老院議員聯合起來，證明他除了犯過許多其他的惡行，此外還與他的胞妹即盧庫拉斯的妻子有亂倫的行爲[25]。民眾爲了對抗貴族，不讓他們的聯手得逞，所以爲克洛狄斯辯護，這種狀況對克洛狄斯極爲有利，法官感到惶恐不安，生怕惹怒民眾給自己帶來麻煩。

凱撒立即休掉龐培婭，受到召喚爲克洛狄斯的罪行作證，卻說對他沒有任何指責。這種說法聽起來令人感到奇怪，控方問他爲什麼要與自己的妻子離異，凱

25　克洛迪婭是黎西紐斯・盧庫拉斯的妻子；她的丈夫是74B.C.的執政官，也是戰勝米塞瑞達底的將領，後來他指控克洛迪婭犯下通姦罪，被休下堂而去。她是克洛狄斯的姊妹，曾經在訟案中受到西塞羅的抨擊，大家認為她是卡圖拉斯的長詩中所描述那位女同性戀者。

撒說道：「身為凱撒的妻子，貞節不容受到懷疑。」有人說這是凱撒的真心話，也有一些人認為他說這番話的目的是為了討好民眾，因為民眾亟需救出克洛狄斯。總之，克洛狄斯還是逃脫刑責，大多數法官在表示意見的時候，故意把字跡寫得潦草難以分辨，免得宣判有罪可能受到人民的迫害，無罪則會引起貴族的報復[26]。

11 凱撒在法務官的任期屆滿以後，出任西班牙行省的總督[27]，龐大的債務帶來極大的困擾，在他準備動身的時候，債主前來索帳讓他無法成行。凱撒向羅馬最富有的克拉蘇（Crassus）求助，因為克拉蘇需要凱撒用活力和熱情，支持他在政治上對抗龐培，願意替凱撒償還那些催索最急的債務，對另外的830泰倫欠款給予擔保，凱撒才能離開羅馬到行省上任[28]。

他們的行程要跨越阿爾卑斯山，經過一個蠻族小村莊，裡面的居民很少而且貧窮不堪，他的同伴用戲謔的口吻談論一個問題，不知這些居民中間是否有競選拉票、爭權奪利和黨派傾軋這些情形。凱撒即一本正經的回答道：「就我來說，不管處在那種環境，秉持的原則都是『寧為雞口，不為牛後。』」

據說還有一次，他在西班牙公餘閒暇之際，閱讀亞歷山大的戰史只看了一部分，坐在那裡陷入深思之中，最後竟然流下淚來。他的朋友看到很驚異，問他何以如此。他回答道：「你們算一算，亞歷山大在我這樣的年齡已經征服很多國家，而我至今還是一事無成，只要想到這些就禁不住掩面而泣。」[29]

26　克洛狄斯靠著克拉蘇的幫忙，買通陪審官以31票對25票宣判無罪，他從此痛恨西塞羅，誓言要報復，後來終於將西塞羅逐出國門。

27　凱撒在法務官任期結束以後，靠著抽籤分到遠西班牙出任總督，這個行省包括露西塔尼亞和貝蒂卡兩個地區，等於現在的葡萄牙加上安達魯西亞。

28　克拉蘇擔任蘇拉的部將，「公敵宣告」整肅期間發了大財，成為羅馬第一首富，過去一直與龐培心存芥蒂，自從龐培自東方享譽歸來更是水火不容，第十六篇〈龐培〉第22-23節和第十四篇〈克拉蘇〉第12節，有相當篇幅描述此事。

29　蘇脫紐斯（Suetonius）和卡休斯‧笛翁（Cassius Dion）有不同的說法，凱撒在卡地茲（Cadiz）的海克力斯神廟看到亞歷山大的塑像，想起他8年前出任財務官時曾經來過，感嘆歲月之飛逝，不禁潸然淚下。有人認為那時他正好33歲，亞歷山大在那個年紀已經過世。

12 他抵達西班牙以後，立即展開積極的行動，不過幾天功夫，在原有的20個步兵支隊的基礎上，增編10個新成立的支隊。然後出兵討伐卡拉西亞人（Calaici）和露西塔尼亞人（Lusitani），接著前進到遙遠的海洋，征服一些以前從未臣屬於羅馬的部族。等到軍事行動獲得圓滿的成就以後，他致力於民政工作同樣獲得良好的績效。他費了很大的力氣在各個城邦之間建立和諧的關係，調解債權人和債務人所發生的糾紛，他下令要求債務人應該把每年收入的三分之二交給債權人，其餘的三分之一留下自己運用，繼續下去直到全部債務償清為止。這一項施政使他在離職時聲譽極高，不僅自己發了大財，就連士兵都很富有，被他們加上「凱旋將軍」的稱號[30]。

13 羅馬的法律有這樣的規定，凡是希望舉行凱旋式的將領必須留在城外，聽候當局的批准。還有一項條款，參選執政官職位的人必須親自到場登記。凱撒返回羅馬正值執政官選舉期間，這兩項法規使他有不能兩全其美之感，於是向元老院提出一項請求，說明他既然必須遵守規定停留城外，可否由他的朋友代為辦理參選有關事宜。小加圖最初表示應該堅守法律的規定，後來發現元老院大部分議員被凱撒說動，勢必接受他的陳情，於是他發表長達整天的冗長演說，藉以拖延時間使人無法提出動議。凱撒看到這種情形，立即做出決定放棄凱旋式的殊榮，爭取執政官的職位。

他進城以後馬上辦理登記，同時採取一項策略，使得除了小加圖以外所有的人都被他所騙。那就是要使羅馬最有勢力的兩位人物，克拉蘇和龐培言歸於好。這兩位過去曾經發生爭執，現在凱撒使他們講和，藉著他們兩人的聯合力量來增強他本身的聲勢，在表面看來純屬親切和善意的行為掩飾之下，進行政府的重大變革。內戰的起源並非如同大多數人的想像，出於龐培和凱撒的爭執，事實上應該是起自他們的聯盟[31]。他們在開始的時候是想共同協力對抗貴族政治，最後雙

30　「凱旋將軍」通常是戰勝返回營地，士兵用這個尊稱向將領歡呼，到後來成為為君王專用的頭銜。

31　羅馬的政治局勢自90-88B.C.的社會戰爭以後，波河以南各盟邦的非羅馬市民均取得公民權，人數比原有市民為多，進入實體政治的結果是引起更大的紛爭和更多的混亂，出現「加蒂藍陰謀」和軍事鎮飾，更可看出元老院的專權和顢頇，龐培的歸國雖然沒有掀起軒然大波，為了維護本身利益，60年才有「前三雄執政」的形成，由凱撒、龐培和克拉蘇以一種私人盟約的方式來統治羅馬。

方鬧翻以致不可收拾。當時小加圖經常預言這種聯盟不得善終，大家認為他是一個性格陰沉而且喜愛惹事生非的傢伙，最後大家才瞭解他是有先見之明的智者，也是無力迴天的顧問[32]。

14 基於利害關係，凱撒獲得克拉蘇和龐培的雙重支持，爭取到執政官的職位，他和卡普紐斯・比布盧斯(Calpurnius Bibulus)一同當選[33]。他在就職以後擬定一些法案，有關的問題如果由最激進的護民官提出較之執政官更為合適。他提議要建立殖民區和分配土地，目的是要討好一般民眾。操守廉潔和最孚眾望的元老院議員表示反對，這樣一來在凱撒而言是正中下懷，因為他長久以來想要獲得可以譁眾取寵的口實，於是他大聲疾呼提出抗議，說他被迫只有尋求人民的支持，這樣做並非出於他的本意；何況元老院表現羞辱和刻薄的行為，已經逼得他無路可退，今後唯有全力支持民眾的目標和福利。

他匆匆走出元老院，出現在市民大會的前面，克拉蘇和龐培分別站在他的兩邊，詢問大家是否贊成他所提出的法案，他得到他們的同意然後要求給予幫忙，去對付那些要用刀劍提出威脅的政客。人民答應他所要求的協助，龐培更進一步宣稱，也要用他的劍和盾去迎擊對手的武器。貴族聽到這些話極其憤慨，他們認為既不合龐培高貴的身分，也沒有給予元老院應有的尊敬，很像幼稚的囈語或者瘋漢的狂言；民眾聽了卻大為興奮[34]。

凱撒的女兒名叫茱麗亞，原來已經與塞維留斯・昔庇阿(Servilius Caepio)訂了親，現在為了牢牢掌握龐培起見，又把茱麗亞許配給龐培；告訴塞維留斯可以娶龐培的女兒為妻，然而龐培的女兒也不是沒有訂過親，早就答應過蘇拉的兒子福斯都斯(Faustus)。不久以後，凱撒與畢索的女兒卡普妮亞(Calpurnia)結婚，使得皮索成為下一年度的執政官。

逼得小加圖高聲反對，用慷慨激昂的言辭提出抗議，說這班人用婚姻將政府

---

32 小加圖是維護共和政體和自由權利的鬥士，也是元老院最不願妥協的領導人物，但是凡他全力參贊的戰局，無不以失敗告終，最後只有在烏提卡自裁身亡，有關這部分的評論出於第十六篇〈龐培〉第60節。

33 凱撒在羅馬建城695年即59B.C.出任執政官。

34 凱撒所提土地法在市民大會獲得通過，沒有像格拉齊兄弟那樣釀成大禍，主要原因是內容已經修正，加上從東方得到鉅額的財源，作為歸還不法土地的補償金。當然龐培的大力支持和老兵施加的威脅，同樣發生很大的作用。

的職位當成人盡可夫的娼妓，藉著女人相互包庇，都能掌握軍權、瓜分行省、據有重要的位置，真是讓人感到是可忍孰不可忍。凱撒的同僚比布盧斯發現，為了反對凱撒的法案，即使使出吃奶的力氣還是沒有效果，而且像小加圖一樣隨時有在羅馬廣場被殺的危險，只有蹲在家中閉門不出，直到執政官的任期屆滿。龐培在結婚以後，立刻在廣場滿布士兵，市民在他們的協助之下通過新的法律，使得凱撒能夠統治高盧，包括阿爾卑斯山兩邊地區連同伊里利孔(Illyricum)在內，統率四個軍團，任期5年。

　　小加圖採取措施反對這些立法的程序，遭到凱撒逮捕送往監獄。凱撒以為小加圖會向護民官提出申訴，小加圖不發一言走進去，不僅貴族感到憤憤不平，就是平民也尊敬小加圖的德行，默默跟隨在他的後面，流露出沮喪的面容，凱撒看到這種情形知道難以善了，便私下要求護民官出面解救小加圖。元老院的議員當中只有少數人士還去開會，其餘的成員討厭凱撒的行為，藉故拒不出席。

　　有天一位年高德劭的議員坎西狄斯(Considius)告訴凱撒，說是議員不來開會是畏懼他的士兵，凱撒問道：「那麼為什麼你沒有留在家中，一點都不害怕呢？」坎西狄斯說他的年紀就是保障，能夠一無所懼，有限的餘生使他不必顧慮會產生什麼後果。凱撒在擔任執政官期間最可恥的事，乃是幫助克洛狄斯取得護民官的職位，這個人曾經侵犯到他妻子的貞操，擾亂神秘的守夜儀式。所以要讓這個人當選是為了打擊西塞羅，凱撒取得他的合作，兩人聯手將西塞羅驅出意大利以後，才離開羅馬統軍去作戰[35]。

15 上面所述都是凱撒在高盧戰爭之前的言行。從此以後，他好像革面洗心過完全不同的生活，而且面對一個嶄新的局勢[36]。亙整個戰爭期

35　根據元老院的敕令，凱撒在執政官的任期完畢以後，趕赴高盧就任新職，為了確保後方的安全不會遭人暗算，必須安排控制政局的人馬，所以他和龐培支持克洛狄斯出任護民官來對付元老院，這是一種以毒攻毒的高招。接著就出現加圖到塞浦路斯赴任和西塞羅逃往希臘。

36　市民大會通過〈瓦蒂紐斯法〉(Lex Vatinia)，授與凱撒擔任山內高盧和伊里利孔兩個行省的總督，從59年3月1日B.C.起為期5年，隨後元老院又增加山外高盧，55年的〈特里朋紐斯法〉(Lex Trebonia)使他的職位重新獲得五年的任期，從54年3月到49年3月，他在這8年的高盧戰爭期間，平定各地部族的叛亂，擊敗日耳曼人的入侵，渡過萊茵河的掃蕩行動，兩次征服不列顛的冒險作為，為他贏得一連串光輝耀目的勝利，有關這部分的細節，可以參閱凱撒所著《高盧戰記》。

間他為了征服高盧實施很多次遠征行動，證明他是一位吃苦耐勞士兵和運籌帷幄將領，能與統率大軍最偉大的指揮官分庭抗禮，毫不遜色。要是我們舉出費比烏斯、梅提拉斯和西庇阿這些家族的名將，或是同時代而稍早的知名之士如蘇拉、馬留和兩位盧庫拉斯，甚至就是在戰爭中贏得蓋名英名的龐培，拿來與他做比較，就會發現凱撒的作為已經凌駕所有的人物[37]。作戰的國度就處境的困難而言，他遠勝某一位將領；就所征服的範圍的廣大而言，他超邁另一位將領；擊敗的敵人就數量和實力而言，他遠較另一位將領為優越；綏靖而獲得好感的部族，就他們的野性和狡詐而言，他比某一位將領要強得太多；對待那些被征服民族的仁慈與寬厚而言，他比另外一位將領更為讓人感激不盡；就對自己的弟兄無論是賞賜和關切而言，更是其他一些將領所無法比擬；所從事會戰的次數之多和殺死敵人之眾，都是其他所有將領所望塵莫及。他在高盧作戰的時間不到10年的功夫，先後攻占800個城市，征服300個國家，在歷次戰役中與他交鋒對壘的敵人有300萬人，其中有100萬人被他殺死，還有100萬人成為俘虜。

16 凱撒和他的士兵建立親密的關係，他們願意為他效勞賣命。那些過去在戰爭中表現並不出色的人員，面臨危難的時候要是攸關凱撒的榮譽，都會顯示出不可征服和難以抗拒的勇氣。阿西留斯(Acilius)就是一個很好的例子，馬賽港外的一次海戰中，他的右手被敵人用劍砍掉，仍舊用左手執著盾用來打擊對手的臉，終於把敵人全部趕走，占領他登上的戰船[38]。

卡休斯·西瓦(Cassius Scaeva)這位百夫長參加狄爾哈強(Dyrrhachium)附近的會戰，有一隻眼睛被敵人的箭射中，肩膀被一根標槍刺穿，大腿被投矢所戳傷，盾牌上面留下130個標槍和箭矢的洞眼，處於這種狀況之下，他向敵人打招呼像是要投降的樣子，等到兩個人向他走過來，他用劍砍下一個人的臂膀，另一個人的臉孔也受到重擊，逼得只有後退，這時他的戰友已經趕過來，協助他脫離險

37 這裡提到的將領都是共和時期的知名人物，他們為帝國的茁壯和擴張立下汗馬功勞：費比烏斯和西庇阿·阿非利加努斯是能與漢尼拔抗衡的名將；西庇阿·伊米利阿努斯摧毀迦太基和努曼夏；黎西紐斯·盧庫拉斯擊敗米塞瑞達底；特倫久斯·瓦羅·盧庫拉斯在色雷斯的勝利；馬留、蘇拉、龐培的豐功偉業，在他們的傳記中一一列舉；獲得努米迪庫斯稱呼的梅提拉斯同樣擁有一席之地。

38 這件事發生在49B.C.夏天圍攻馬賽的海戰，凱撒水師的主將是狄西穆斯·朱尼烏斯·布魯特斯(Decimus Junius Brutus)。

境[39]。

還有一次發生在不列顛，幾位在戰線最前列的軍官，不小心陷入四處是水鄉的沼澤，在那裡受到敵人的襲擊。當時凱撒正親臨戰場督戰，看到一名低階士兵投身到那場混戰之中，表現出非常勇敢的行爲，擊敗蠻族救出幾位軍官，最後他自己陷在水中行動非常困難，一半靠著泅水一半靠著徒涉，總算從沼澤中安全脫身，在運動的過程中卻遺失自己的盾牌。凱撒和身旁的軍官看到以後大爲擊節，用歡呼的聲音前來迎接。這名士兵感到大失顏面，以致流著眼淚撲倒在凱撒的跟前，爲了失去盾牌請求他饒恕[40]。

有一次在阿非利加的時候，西庇阿擄獲凱撒一艘運輸船，新近任命爲財務官的格拉紐斯・佩特羅(Granius Petro)是乘客之一，西庇阿將其他人員交由士兵處置，單單放過這位財務官，格拉紐斯說凱撒的士兵只是饒恕別人，自己從不求饒，於是拔劍自刎而亡[41]。

17 凱撒對於他的部下無論是金錢或名位，賞賜的時候毫不吝惜，這種作爲能夠在他們的心靈之中，激勵並且培養出愛好榮譽的精神和高尚的志節。同時他藉著事實向他們表明，在戰爭中積聚的財富，不是爲了供應自己的奢華生活，滿足個人的淫逸享樂。他把所有的收入當成公共基金，作爲獎賞和鼓舞英勇行爲之用。他認爲把酬庸分給有功的士兵，等於增加自己的財富。特別是他本人對於任何危險都樂於面對，對於任何辛勞都絕不規避。他的士兵知道他對榮譽始終保持所在必得的勇氣，才會對危險視若無睹，他們見慣以後不會感到驚奇。他能忍受各種艱辛，顯然已經超過天賦的體能，這方面倒是使大家無法置信。他的體型瘦削、皮膚白皙，患有腦疾和癲癇，偶爾會發作，據說第一次受到這種疾病的侵襲是在哥多華[42]。

39　凱撒爲了酬庸西瓦奮戰殺敵的精神，發給他20萬塞斯退司的獎金，向全軍宣布將他從第8列百夫長升爲首列百夫長；可以參閱凱撒《內戰記》第3卷第53節。

40　凱撒在55和54B.C.兩次渡海入侵不列顛，除了凱撒《高盧戰記》第4和第5卷有詳盡的描述，華勒流斯・麥克西穆斯和卡休斯・笛翁的著作都有記載。

41　格拉紐斯・佩特羅是否真有其事好像無人知曉；《阿非利加戰記》第45-46節，提到十五軍團有位百夫長，被俘不降被西庇阿處死的故事，情節有點大同小異。

42　除了前面曾經提及凱撒病發抽搐外，蘇脫紐斯和阿皮安(Appian)的著作都記載他患有癲癇，49年9月B.C.他在西班牙作戰曾經到過哥多華；過去他在西班牙擔任財務官和總督，當然也

他從未拿身體的孱弱用為尋求安逸的藉口，反而把戰爭的艱苦當作醫療體質的處方。他用不知倦怠的行軍、粗糲不堪的食物、風塵僕僕的露宿和永無間斷的勞累，克服病魔增強體力，抗拒外感的侵襲。他通常在車輛或肩輿上面睡覺，使得休息的時間也不致白白浪費。白天他乘車前往城堡、駐地和軍營，一名奴僕坐在他的身邊把他在行進中口述的話筆錄下來，另外還有一名士兵持劍站在他的身後。他的行進非常快速，第一次離開羅馬前往高盧，不到8天的功夫就抵達隆河。他從童年時代起就精於騎術，上馬以後通常會用兩手緊握馬背，使得坐騎得以全力向前奔馳，由於經常練習，他在高盧戰爭中竟能乘坐馬背口授信函。他同時使用兩位秘書忙於記錄，要是根據歐庇斯[43]的說法，數量還不只兩位而已。

據說他是第一位設計密碼與朋友通訊的人[44]，他的事務繁忙加上帝國的幅員遼闊，在有緊急事情需要迅速處理的時候，來不及與朋友當面商議，因而想出這種辦法。

他對於飲食從不講究，從下面這個例子可以看出來。有一次，華勒流斯·李奧（Valerius Leo）在米蘭（Milan）用晚餐款待他，有一道菜是蘆筍，上面沒有澆橄欖油而是用一種甜汁，凱撒食用毫無嫌惡之感，聽到他的幕僚加以挑剔，他說道：「對那些不喜歡的菜，自己不吃也就算了，要是像這樣的指責別人沒有見過世面，正足以證明自己毫無教養。」

有一次在趕路的途中，正好遇到一場暴風雨，逼得要到一個貧苦人家的茅舍裡去躲避，發現只有一個房間，很小只能容納一個人，於是他對同伴說道，榮譽的位置應該讓給地位較高的人士，有需要的住所要留給身體虛弱的朋友，因此他吩咐健康狀況很差的歐庇斯住在屋裡，他和其餘人員睡在門口一個棚子下面。

18 他在高盧的戰事，第一次作戰對象是赫爾維提人（Helvetians）和泰古瑞尼人（Tigurini）[45]，這兩個部族已經焚毀自己的12個市鎮和400個村莊，準備通過羅馬的行省在內的部分高盧領地，向他們要遷移的地區前進，這種

（續）————————

　　會到過那裡，所以他第一次發病究竟在什麼時候，已經無法斷定。

43　該猶斯·歐庇斯不僅是凱撒的親信，還為他寫出一本傳記，很多地方為蒲魯塔克引用。

44　根據蘇脫紐斯的說法，他發明的密碼是用字母取代的方式，譬如說用d取代a，用e取代b，以下類推。

45　赫爾維提人和泰古瑞尼人的遷移和敗退，參閱凱撒《高盧戰記》第1卷第2-29節。

做法與辛布里人和條頓人過去的行徑完全雷同；就是人數方面也都概等，他們總共有30萬人，其中戰鬥人員有19萬人。凱撒沒有參加與泰古瑞尼人的作戰，在拉頻努斯(Labienus)的指揮下在阿拉爾(Arar)河附近將他們擊敗。赫爾維提人對凱撒發起奇襲，當他率領軍隊前往一個結盟城市的途中，遭到蠻族出其不意的進攻。他還是非常成功地退到一個堅強的陣地，將人員集結起來排出迎戰的隊形以後，他的馬也牽到前面，這時他說道：「當我在會戰獲勝以後，要騎著這匹馬去追擊敵人，現在讓我們前去迎戰吧！」

於是他率領大家徒步進襲，經過一場漫長而慘烈的戰鬥以後，終於把敵人的主力驅出戰場，後來卻在他們的車陣和防壁之間遭到堅強的阻絕，因為到達這個地點，不僅男子奮勇抵抗到底，就連婦女和兒童也都拚命自衛到被殺為止；這場戰鬥一直繼續到午夜，才告一段落。整個作戰行動已經贏得莫大的光榮，凱撒還要加添更為輝煌的成就，他把能夠僥倖逃得性命的人集合起來，總數超過10萬以上，強迫他們重返已經放棄的地區和被焚毀的城市。他之所以採行這項措施，如果任憑那片土地空在那裡無人居住，日耳曼人就會趁虛而入，將其據為己有，直接威脅到高盧的安全[46]。

19 凱撒的第二場戰爭是為了保衛高盧人對抗日耳曼人的入侵[47]，雖然他以前在羅馬曾與日耳曼國王亞里奧維斯都斯(Ariovistus)結為同盟。對於那些在凱撒統治之下的人民而言，日耳曼人是令人難以忍受的鄰居。一旦機會來臨，他們會不理會目前的安排，進軍占領高盧。凱撒發現手下的軍官有些人很怯懦，尤其是年輕的貴族，最初隨他前來的目的，不過是想藉著戰爭來升官發財，等到臨陣作戰當然會畏敵如虎。凱撒將他們召集起來，告訴他們作為一個軍人，要是膽小畏戰還不如脫離軍隊，那又何必違背自己的意願去冒戰爭的種種危險。

46　赫爾維提人居住的地方就是今天的瑞士，這個名字到現在還用來稱呼瑞士人；他們所以想遷移到靠近大西洋的不列塔尼亞地方，就是受到東邊日耳曼人的壓迫，經過凱撒的阻止和戰鬥，從開始行動的36萬8000人，到最後只有11萬人返回原住地。

47　艾伊杜人和德里維利人派來使者，請求羅馬人的保護。艾伊杜人提到阿魯得斯人大舉進入高盧，即使向他們的國王亞里奧維斯都斯提供人質，還是無法獲得和平；德里維利人提出警告，大批蘇伊威人即將渡過萊茵河。凱撒得知這些消息決定迅速採取行動，免得這兩股勢力聯合起來，更難處理。

他現在僅僅率領第十軍團[48]出戰，去與那些蠻族交鋒，他並不認為即將面對的敵人會比辛布里人更為強大，也不認為自己作為一個將領會遜於馬留。第十軍團派出代表向他表示感謝之意，其他的軍團譴責他們的軍官為何未受重用，全軍洋溢著旺盛的士氣和高昂的戰志，隨著他展開數天的行軍，最後在距離敵軍不到兩百個弗隆的地點紮營，他的迫近使得亞里奧維斯都斯感到氣餒，他本來以為羅馬人即使要保衛自己的屬地，還是不敢抵抗日耳曼人的進攻，絕未意料到羅馬人會向日耳曼人挑釁，所以凱撒現在的行動使他極其訝異，看到自己的軍隊陷入驚慌失措的地步。日耳曼的聖女所做的預言更使他們感到沮喪，她們觀察河水的漩渦和漣漪，溪流的迂迴蜿蜒和發出濺濺之聲，可以預知未來的事情。現在她們根據所見種種跡象，向日耳曼人提出警告，下次新月出現之前不可以出戰。

凱撒獲得這個情報，同時看到日耳曼人毫無動靜，決定要趁著他們處於憂懼之時，立即對他們發起攻擊，不可拖延或遲疑不為，等待有利於對方的時機出現將悔之晚矣。於是他率軍逼近日耳曼人的堡壘和紮營的小山，向著他們叫陣挑戰，終於使得他們怒不可遏傾巢而出，凱撒獲得大勝，追擊敵人長達400弗隆（約80公里）的距離，直抵萊茵河畔。其間廣大的地區布滿戰利品和屍體，亞里奧維斯都斯帶著少數敗兵殘卒渡過萊茵河，據說他的軍隊有8萬人被殺[49]。

20 獲得這次勝利以後，凱撒把軍隊留在塞廣尼人（Sequani）地方實施冬營，他自己為了便於照料羅馬方面的事務，前往波（Po）河沿岸地區，那是高盧的一部分，還在他統治的行省之內。盧比孔（Rubicon）河把位於阿爾卑斯山這邊的高盧，與意大利其他的部分劃分開來[50]。他停留在這個地方，不惜工本大肆結交各方權貴，眾多賓客絡繹不絕前來拜訪，他對每個人都有求必應，讓他們離去的時候滿載而歸，對於未來懷抱更大的希望。互高盧戰爭期間，凱撒一方面用羅馬的武力完成軍事征服，另一方面用征服的行動獲得龐大財富，討好羅馬

---

48 第十軍團是凱撒最寵愛的部隊，跟隨他轉戰各地，無役不從，有輝煌的戰績和傲人的功勳，不僅是他的選鋒還護衛他的安全，後來的禁衛軍就是以這個軍團為骨幹編成。

49 這一段是高盧戰爭第一年的戰事，凱撒將冬營設在貝桑松（Besancon），指出萊茵河是羅馬確保高盧安全的基本防衛線。

50 盧比孔河是阿里米隆即里米尼（Rimini）北邊的一條小河，小到很難辨識出來，竟然成為山內高盧和意大利的界線。羅馬率軍出征的將領，班師的時候北邊不得超過此河，南邊在布林迪西登陸以後，都要立即解散軍隊，否則就算犯下叛國的重罪。

人以博得他們的愛戴。龐培對這些狀況只能裝出視而不見的模樣。

　　貝爾京人(Belgae)是高盧人中勢力最強大的部族[51]，居住的地方占全高盧面積的三分之一，凱撒聽說這個部族已經叛變，揭竿而起的人員有數萬之眾，他立即動身展開遠征行動。敵人正在蹂躪與他結盟的高盧人，他馬上發起攻勢行動，擊敗並且驅散最強大而集中的部隊，雖然他們的人數眾多，防禦作戰的表現極其低劣，沼澤和水深的河流都被大量屍體填滿，羅馬步兵在渡過的時候毫無困難。在那些舉事的人員當中，所有居住在沿海地區的部族都不戰而降，於是凱撒率領軍隊去鎮壓尼維人(Nervii)，這個部族在當地最為凶狠好戰，散住在森林密布的地區。他們把子女和財產安頓在層巒深邃之處，然後集中6萬戰士，趁著凱撒正在準備營地，無法預料狀況下對凱撒發起突擊[52]。

　　他們很快將凱撒的騎兵打得大敗而逃，包圍第十二和第七軍團，殺死所有的軍官。如果不是凱撒攫住一面盾牌，從自己的士卒當中向著蠻族衝殺出去；如果不是第十軍團，看到他陷身危險，從配置在小山的頂上的陣地，衝破敵軍的隊列前來救援，羅馬人很可能全軍覆滅，無一生還。現在受到凱撒英勇行為的感召，他們從事一場超乎人類勇氣限度的會戰，雖然盡最大努還是無法將對手驅出戰場，只有在敵人節節敗退的防禦作戰中，盡情加以屠殺。據說在6萬敵軍當中，倖存者不過500人，他們的400名元老只有3人留得性命[53]。

21　羅馬元老院接獲這次大捷的信息，投票通過舉行為期15天的謝神祭[54]，期間之長前所未有。這麼多的部族聯合起來興兵作亂，使他們感到面臨重大的危機，人民對凱撒的愛戴為他的勝利增添額外的光輝。凱撒把高盧

51　貝爾京地區據有高盧三分之一的面積，從塞納河以北和以東，直到萊茵河這片廣大的土地，還把靠近北海的區域全部包括進去，部族繁多，以貝爾京人和尼維人最為強悍好戰。

52　有關薩比斯(Sabis)河會戰的詳細情節，可以參閱凱撒《高盧戰記》第2卷第18-28節。

53　凱撒第二年的戰爭主要是敉平貝爾京人的叛亂和處理高盧人內部的糾紛，在擊敗尼維人以後，各軍團分散冬營。

54　謝神祭是羅馬一種全國性的宗教儀式，通常在遭到巨大的災難或獲得重大的勝利之後舉行。祭典期間開放廟宇，抬著神像和聖物遊行，陳列在公共場所供民眾奉獻祭品，各祭司團體舉行隆重的祝禱儀式。祭典期程的長短由元老院決定，普通是1到3天，5至7天已經少見，龐培在東方的勝利曾舉行10天，據說為凱撒舉行的謝神祭是最長的一次，所以凱撒認為這是一種殊榮。

的事務安排妥當以後，再度回到波河地區實施冬營，以便著手在羅馬施展原訂的計畫。所有謀求各種職位的人士都要求他給予支助，從他那裡獲得金錢的挹注，用來賄賂選民收買選票，等到他們當選以後，全都投桃報李盡全力擴大他的勢力。當時羅馬權勢和地位最顯赫的人物，紛紛到盧卡(Lucca)去拜訪他，其中包括龐培、克拉蘇、薩丁尼亞省長阿庇斯(Appius)和以代行執政官頭銜的西班牙總督尼波斯(Nepos)，以至於同時聚集在那個地點，有120名扈從校尉和200多名元老院議員。經過精心的策劃，決定龐培和克拉蘇出任下個年度的執政官，凱撒獲得鉅額金錢的供應，目前擔任的職務再留任5年[55]。

從明瞭內情的人看來對凱撒的撥款極其荒謬，他們從凱撒那裡拿到的金錢，再促請元老院發給更多的預算，好像凱撒的處境非常窮困。他們對元老院的態度與其是請求毋寧是強迫，因為是在很痛苦和勉強的情形之下，元老院才通過那項議案。這個時候的小加圖沒有在場，他們特意預作安排派他前往塞浦路斯[56]。弗浮紐斯(Favonius)是小加圖極其熱心的追隨者，發現他的反對毫無是處，憤而離開議場，向著民眾大聲抗議整個程序的不當，沒有人願意聽他的意見。有些人出於敬重克拉蘇和龐培，因而對弗浮紐斯持輕視的態度，大多數人把希望寄託在凱撒身上，為了討好起見只有保持沉默。

22 事後凱撒回到高盧，發現那個地區已經出產生一場激烈的戰爭，兩支強大的日耳曼部族即幽西皮人(Usipes)和廷特瑞提人(Tenteritae)，剛剛渡過萊茵河企圖征服高盧。凱撒在他的《高盧戰記》敘述與這兩個部族作戰的情形[57]。提到蠻族派遣使者前來談和，卻趁著休戰期間向他一支行軍中的部隊進行襲擊，由於騎兵部隊曾經注意當的敵情，結果對方800名士兵擊潰他們5000之眾。後來蠻族又想如法炮製，凱撒將使者監禁起來，率領軍隊去討伐那些蠻族，他認為那些部族既然不講信義破壞協定，那麼他也只有不擇手

---

55 56年4月B.C.前三雄舉行「盧卡會談」，除了安排龐培和克拉蘇的職位，準備提出兩個法案，一個是龐培和克拉蘇在執政官任期結束後，分赴西班牙和敘利亞行省出任總督，任期5年，各有10個軍團的編成權；另一個是凱撒的任期再延5年，有10個軍團的編成權。

56 58B.C.，克洛狄斯提出法案，派小加圖到塞浦路斯以卸任法務官的身分擔任總督，要到56年才回到羅馬。

57 這場戰事發生在龐培和克拉蘇出任執政官的羅馬建城699年即55B.C.，其中發生很多重大事件，蒲魯塔克都略而不提，可以參閱《高盧戰記》第2卷和第3卷。

段。根據塔奴休斯(Tanusius)的說法，元老院通過律令為這次大捷舉行慶典和獻祭，小加圖曾經發言反對，主張將凱撒交給蠻族處置，因為他犯下破壞和平協定的罪行，應該負起責任以免國家蒙受災禍。

在渡過萊茵河的蠻族當中，遭到殲滅的數目高達40萬人，少數人逃到一個日耳曼部族蘇剛布里人(Sugambri)那裡尋找庇護。凱撒拿這件事作為入侵日耳曼的藉口，獲得第一位率領軍隊渡過萊茵河的殊榮。他為了渡河建造一座橋梁，雖然河面很寬但是建橋的位置水流湍急，漂來的樹幹和木頭不斷衝擊橋梁的基礎，會使脆弱的結構受到損害。他在橋梁上流的方向用巨木打進河床，做成一種防欄用來阻擋那些漂流物，減弱水流的力量，終於圓滿完成那座橋梁，任何人只要看到宏大的工程，不相信只花了短短10天的功夫[58]。

23 他在沒有遭到抵抗的狀況下率領軍隊完成渡河：全日耳曼最好戰的部族蘇伊威人(Suevi)，都攜帶財物逃到地點偏僻和林木茂密的山谷，凱撒在日耳曼人地區停留18天，將敵人的建築物全部付之一炬，慰勉那些對羅馬人友善的部族，然後返回高盧。他對不列顛的遠征行動更足以證明他的英勇無敵於天下。他不僅是第一位率領水師進入西部海域的人，也是第一位指揮軍隊渡過大西洋去作戰的將領。傳說不列顛這個島嶼的面積非常廣闊，存在與否一直引起史家的爭論，甚至懷疑不列顛並非真有其地，它的名字和歷史可能都是虛構。凱撒率領軍隊去攻占這個島嶼，可以說把羅馬帝國的的疆域擴展到已知世界的範圍之外。他從面對不列顛的高盧地區兩次渡海[59]，打過幾次會戰使敵人遭到相當損害，自己並未獲得多大利益，島民的生活非常貧窮，沒有值得劫掠的財物[60]。

他沒有能力如他所願結束這場戰爭，從國王那裡獲得若干人質，迫使他們每年繳納貢金，才離開這個島嶼。他抵達高盧接到友人的來信，原本要派專人送到

58　55B.C.春末，凱撒在現在的科隆與波昂之間，架設一座橋梁渡過萊茵河，《高盧戰記》第4卷第17-19節有詳盡的說明，描述出橋梁搭建的方式和施工的過程，大軍停留在日耳曼人地區18天進行掃蕩的工作，達成渡河的使命以後，安全撤回並且將橋梁破壞。

59　第一次在55B.C.，參閱《高盧戰記》第4卷第20-36節；第二次在54年，參閱《高盧戰記》第5卷第1-22節。

60　凱撒時代的不列顛生產的穀物很少，居民的飲食主要是牛奶和肉類。

不列顛，知悉他的女兒死於難產。凱撒和龐培深感悲傷，他們的朋友非常憂慮，這個糾紛不斷的國家能夠保持和諧的局面，完全靠著凱撒和龐培的聯盟，母親過世後幾天，生下的嬰兒夭折，等於宣告這個聯盟已經解體。人民不理護民官的反對，把茱麗亞的遺體運到戰神教練場，舉行喪禮以後將她埋葬在那裡[61]。

24 凱撒的軍隊現在的人數相當龐大[62]，逼得要在幾個不同的地區實施冬營，他本人照過去的習慣回到意大利。在他離開期間，高盧全面發生起義事件，他們的軍隊到處襲擊羅馬人的營地，想要占領駐軍修築的堡壘工事。阿布瑞歐里克斯（Abriorix）率領一支實力強大的叛軍，擊敗科塔（Cotta）和泰圖流斯（Titurius）及所屬的部隊。還有一批數量有6萬之眾的叛軍，圍攻西塞羅（Cicero）指揮的軍團[63]，幾乎占領他們的營地，那些羅馬士兵奮不顧身力戰到底，每個人都負傷不退。位於相當距離之外的凱撒得知信息，立即集結7000士兵，兼程倍道前去解救西塞羅。圍攻的敵軍獲得情報，馬上出兵迎戰凱撒，他們不把那支兵力微小的部隊放在眼裡，認為可以輕易將它擊潰。凱撒為了加強他們傲慢輕敵的心理，擺出避戰的樣子，繼續行軍到一個地方，發現該處的地形能發揮以寡擊眾之利，便停下來紮營。他不讓部隊去攻擊敵軍，命令他們增加防壁的高度，在營門前面設置鹿砦拒馬，企圖藉著畏戰的表現，使得敵人對他們更加蔑視。最後敵人在安全缺乏保障的狀況下蹈險進襲，凱撒突然率軍出戰，把高盧人打得大敗而逃，死傷的人員甚眾。

25 高盧這個部分的動亂大部分都已平息，凱撒趁著冬營期間，前往高盧各地巡視，對於可能發生的叛亂嚴加防範。現在他增加3個軍團用來補充他所損失的兵員，其中2個軍團是從龐培的部隊中調撥過來，另外1個軍團是新近從波河地區徵召編成。長久以來那些好戰部族具有實力的人士，一直在暗

---

61 凱撒和龐培的聯姻才有「前三雄執政」的成果，等到茱麗亞在54年8月B.C.底或9月初死亡，這個聯盟慢慢就會冰消瓦解，這是眾所周知的事；凱撒遇刺後，他的火葬堆就在茱麗亞的墳墓附近。

62 整個軍隊已經擴充到8個軍團，當時高盧發生饑饉，在迫不得已的狀況下，凱撒只有分散配置進入冬營，這樣一來引起蠻族的蠢蠢欲動。

63 奎因都斯‧西塞羅是凱撒的副將，也是政治家西塞羅的弟弟，後來西塞羅一直對凱撒表示友善，就是因為他的弟弟受到凱撒的照顧。

中散播戰爭的種子，很快爆發一場規模最大而且艱險無比的戰事[64]。從各地徵集爲數甚眾的青年，他們身強力壯已經全副武裝完成作戰準備，從那些實力雄厚的城市，籌集大量金錢用來支持戰爭的遂行。

整個地區對凱撒而言真是困難重重。當時正值嚴冬之際，河流凍結，森林覆蓋冰雪，平原出現冬季的激流，道路消失在深厚的積雪之中，另外還有一些地區，沼澤和河流的泛濫更是寸步難行。凱撒面對這些困難的限制，幾乎無法對叛軍採取任何攻勢行動。許多部族聯合起來高舉義幟，爲首是阿維尼人(Arverni)和卡努蒂尼人(Carnutini)[65]，戰爭的最高指揮官是維金托里克斯(Vergentorix)，這個人的父親在過去被高盧人處死，說他涉嫌實施專制政體。

26 維金托里克斯把整個兵力區分爲若干團隊，指派負責的指揮官，分別部署在各地區，直到阿拉爾(Arar)河一帶都包括在內。同時他獲得情報，知道凱撒在羅馬的內部面臨反對的勢力，想趁著這種局勢發起全高盧的戰爭。如果他能遲一些時日再動手，等到凱撒受到內戰的牽制，意大利必將陷於極度的驚慌和恐懼之中，就像當年他們遭到辛布里人攻擊所面臨的狀況。凱撒比起所有人更擁有這種天賦才能，在戰爭中能將一切事物做適當的運用，特別善於把握時機。他一聽到叛變的信息，馬上循原路返回，嚴寒的季節仍舊保持快速的行軍，讓這些蠻族產生一種印象，有一支戰無不勝攻無不克的軍隊即將與他們接戰。因爲在這樣短促的時間之內，即使凱撒要派出一位信差也不可能這麼快到達，誰知凱撒竟親自率領大軍出現。羅馬人蹂躪蠻族的地區，摧毀他們的堡壘工事，占領他們的城市，對於投效的人員給予保護。

等到最後，自稱爲羅馬人的兄弟而且深受尊敬的艾伊杜人(Edui)[66]，竟然參加叛軍的陣營，使得凱撒軍隊的士氣大受打擊。凱撒率軍離開態勢不利的地區，經過黎格尼斯人(Ligones)的地方，希望到達塞廣尼人的國土[67]，這個羅馬人的友

---

64 蒲魯塔克對於高盧戰爭第六年的戰事，像是擊敗德里維利人、第二次渡過萊茵河、對阿布瑞奧里克斯(Abriorix)的追擊、召集全高盧部族族長會議，都略而未提。

65 阿維尼人和卡努蒂尼人是居住現在法國巴黎附近克勒蒙(Clermont)、聖夫盧(St. Fleur)、沙爾特(Chartres)和奧爾良(Orleans)等地的高盧人。

66 艾伊杜人是居住在法國中部奧頓(Autun)、里昂(Lyons)、馬康貢(Macon)、沙隆(Chalons)和內末爾(Nevers)等地的高盧人。

67 黎格尼斯人和塞廣尼人分別居住在法國東部朗格爾(Langres)地區和貝桑松(Besancon)地

邦位於意大利的前方，像是一個擋住高盧其他部族的屏障。敵軍在那個地點向他
進攻，數以萬計的兵力將他包圍得水洩不通，凱撒這時也想與他們決一雌雄。經
過一段時期的鏖戰，他終於大獲全勝。初期他曾經受到相當的挫折，阿魯維尼人
（Aruveni）把一支短劍懸掛在神廟，說是凱撒的武器被他們擄獲。後來凱撒看到就
不禁笑了起來，他的朋友勸他把它拿走，他沒有同意，因為那支佩劍已經奉獻給
神明[68]。

27 高盧人吃了敗仗以後，大部分人員隨著他們的國王逃到一個名叫阿
萊西亞（Alesia）的市鎮，這裡有高聳的城牆和眾多的守軍，可以說是
易守難攻。正在這個時候，他從沒有防壁的外圍遭到前所未有的危險。高盧人從
各個部族之中集結一支精選的部隊，全副武裝前來解救阿萊西亞。這批軍隊有30
萬之眾，城內的兵力不少於17萬人；凱撒被夾在兩支強大的軍力之間[69]，為了自
保就建造兩道高牆，一道面對城市，另外一道對著前來解圍的軍隊。他知道要是
這兩支兵力會師，他畢生的功業將付之東流。凱撒在阿萊西亞所面臨的險局出於
多種原因，使他獲得極大的榮譽，給予他一個機會來施展本領，無論就作戰英勇
和指揮若定這兩方面而言，超過以前任何一次會戰的表現。

有一件事令人感到無比的驚奇，他同城外千軍萬馬的敵人交戰，並且將他們
擊敗，城內的人員一無所悉[70]，就是防衛著面對城市這邊高牆的守軍，全都置身
事外。直到城裡的人聽到遠處傳來男子的喊叫和婦女的哭聲，看到羅馬軍隊把大
量飾有金銀的圓盾、染著鮮血的無數胸甲以及高盧型式的酒具和帳篷，搬回自己
的營地，才知道凱撒已經贏得一次大捷。這樣一支龐大的軍隊在轉瞬之間，就像
一個鬼魂或一場春夢消失得無影無蹤；很多人都是喪命在接戰的現場。阿萊西亞
的軍隊忍受極大痛苦，也給凱撒帶來無數的艱辛，最後還是開城投降。發動戰爭
的主使者維金托里克斯穿上華麗的鎧甲，給馬匹加上各種裝飾，騎著出城在凱撒

（續）————————————————————————————————
　　　區。
68　凱撒在《高盧戰記》第7卷第66-67節，記載他們與維金托里克斯的騎兵決戰，沒有提到凱撒
　　　失劍之事。
69　根據《高盧戰記》的記載，羅馬人面對內圍的敵軍是8萬人而外圍的敵軍是26萬人，凱撒的
　　　兵力不足5萬人。
70　阿萊西亞位於一個高丘之上，可以俯瞰四周的平原，要是說完全不知道外圍的戰事，也是說
　　　不通的事；很可能被圍已久，饑饉使他們衰弱至瀕死邊緣，無法進行裡應外合的攻擊。

座位的前方繞行一周，下了坐騎脫去鎧甲，蹲踞在凱撒的腳前動也不動，最後被帶走囚禁起來，供凱旋式出場亮相之用[71]。

28 很久以來凱撒就決定要推翻龐培的勢力，正像龐培也有這種打算一樣。過去他們兩人忌憚克拉蘇，彼此尚能相安無事，等到克拉蘇在帕提亞被殺[72]，兩人之中只要打倒對方，就可成為羅馬第一號人物。如果他不想受人宰割，必須先下手為強，去解決那個他所畏懼的對手。龐培到最近才對凱撒產生猜忌的心理，過去一直沒有把他在眼裡，始終認為凱撒受自己栽培，加以壓制不讓出頭並非難事。

凱撒打開始就存著這種念頭，處心積慮要消滅他的對手，就像一個專業的角力家，躲到角落裡面為未來的搏鬥預為準備，他把歷年對高盧的戰爭當作操練場，不僅可以增加軍隊的實力，藉著彪炳的戰功提高聲譽，使他在人們心目當中，成為唯一可以與龐培分庭抗禮的人物。何況龐培本身的作為、意大利的時勢和羅馬極其腐敗的政局，為凱撒提供最有利的機會，讓他能夠充分的運用。當時羅馬的公職候選人毫無羞恥之心，公然賄賂人民，他們在收受金錢以後，不僅用選票去報答恩主，甚至用弓、劍和投石器來為他效命，很多次他們在選舉的現場將對手的人員殺死，使得到處染上斑斑血跡。

羅馬陷入無政府狀態，有如一隻沒有舵手的船隨波蕩漾。明智之士深為憂慮，認為出現專制體制，能夠終結當前騷亂而瘋狂的局面，未嘗不是一件幸事。有些人甚至大膽公開宣稱，政府已經病入膏肓，唯有實施獨裁專政才能收到治療的效果，應該從一位行事溫和的醫生那裡取得這份藥劑。他們所說這位名醫是指龐培而言。龐培雖然在口頭上裝出婉拒這個職位的樣子，實際上卻盡最大努力要成為笛克推多。小加圖看穿他心中的圖謀，說服元老院任命他為唯一的執政官，用合法的獨裁體制來安撫他的野心，免得他要求笛克推多的職位。元老院通過提

---

71 阿萊西亞的攻防作戰，凱撒獲得決定性勝利，從此高盧全面屈服，除了局部地區還有零星騷動以外，大體已經達成綏靖的目標，羅馬內戰最後這20年的干戈不息，高盧始終沒有出現狀況，否則鬩牆之爭加上外侮不已，會產生何種結局，真是令人難以想像。

72 53B.C.克拉蘇遠征帕提亞，渡過底格里斯斯河後，抵達卡里(Carrhae)附近被蘇里納斯(Surenas)包圍，他和其子被害，率領的軍團共有4萬人，戰死2萬人有1萬人被俘，這是坎尼會戰以來，羅馬人最慘重的失敗。

案，他可以繼續擁有統治的行省，西班牙和全部阿非利加由他派部將去治理，行省維持歸他指揮的軍隊，每年由國庫撥付1000泰倫的經費[73]。

29 這樣一來，凱撒派人到羅馬進行活動，要求以代行執政官的頭銜繼續統治所屬行省。龐培起初並沒有在意此事，馬塞拉斯（Marcellus）和連圖盧斯（Lentulus）極力反對[74]，現在使用一切合法和不當的手段，對凱撒加以污衊和詆毀。凱撒新近在高盧建立名叫新考姆（New Comum）的殖民區，他們取消居民的羅馬市民權。等到新考姆選出一位元老院議員來到羅馬，擔任執政官的馬塞拉斯派人將他毒打一頓，告訴他之所以要在他的身上留下鞭痕，就是表示他不是羅馬市民，吩咐他回去以後，可以讓凱撒看看那些傷口[75]。

馬塞拉斯的執政官任期屆滿以後，凱撒運用他在高盧獲得的財富，對所有擔任公職人員廣肆拉攏和收買。他替護民官古里歐還清大批債務；他送給當時擔任執政官的包拉斯1500泰倫，就用這筆鉅款在羅馬廣場的旁邊建造一座富麗堂皇的法院，用來取代原來的弗爾維斯會堂。

龐培對於凱撒的準備工作起了警惕之心，利用自己和朋友的勢力公開進行運作，設法指派一位繼任者去接替凱撒的職位。龐培派出使者去見凱撒，要求歸還以前協助高盧戰爭調撥的軍團。凱撒立即答應，在部隊臨行之前送給每位士兵250德拉克馬。那些率領軍隊回來的軍官，在人民中間散布對凱撒不利而且不公的傳聞，爲了奉承龐培甚至編造一些無中生有的報導。他們告訴龐培，說是凱撒的軍隊希望接受他的指揮，雖然龐培在羅馬受到猜疑，內政極其腐敗帶來很大的困擾，可是那些軍隊只要進入意大利，就會表示對他的擁護和愛戴。他們對凱撒沒完沒了的征討感到厭煩，懷疑他有實施獨裁的企圖。

龐培聽到這些說辭心中感到放心再無顧慮，在軍事方面不做任何準備工作，

---

73 龐培成為52B.C.唯一的執政官，選舉帶來的騷亂從未停息，整個城市不斷的產生暴力行為。他繼續擁有西班牙的兩個行省，阿非利加並未包括在內，他不像凱撒親自領軍，還是坐鎮在羅馬，行省交由他的副將去治理。

74 馬塞拉斯和連圖盧斯這兩位執政官的反對有不同的立場。馬塞拉斯的意思是要維護元老院的權威，才能自主通過敕令，貫徹執行；連圖盧斯有龐大的債務，很想接替凱撒的職位，等到大權在握，一切問題可以迎刃而解。

75 凱撒在59B.C.擔任執政官的時候，依據〈瓦蒂紐斯法〉在山內高盧建立新考姆殖民區，獲得羅馬市民權，現在馬塞拉斯認為這個法案不合法，失去應有的效力。

認為自己的處境毫無危險，只會利用發言和表決來對付凱撒，就凱撒來說他對這些手段根本沒有放在心上。據說有一次，凱撒派往羅馬的百夫長來到元老院大廳，聽到元老院對於凱撒的任期不予延長，他竟用手拍著佩劍的把柄說道：「有這個東西什麼事都辦得通。」[76]

30 凱撒提出的要求卻合理而且公平，他認為如果要解除他的兵權龐培也應比照辦理，兩個人恢復平民的身分以後，再看人民對於他們過去的服務給予那些酬庸。有些人的主張是要他解散軍隊，卻容許龐培繼續保有一切權力，這種方式等於一方面指控前者實施獨裁政治，另一方面卻擁護後者成為專制暴君。古里歐代表凱撒把這些意見向市民大會提出，受到大家熱烈的喝采，有些人向他投擲花環，把他視為獲得優勝的角力選手。護民官安東尼在執政官的反對之下，仍舊拿出凱撒寫來的信當眾宣讀[77]。

龐培的岳父西庇阿卻在元老院的會議上提出建議，如果凱撒不在限定的日期之內解散軍隊，就應宣告他是人民的公敵。執政官付諸表決，龐培是否應該解除指揮權，還有就是凱撒是否應該解散軍隊，投票贊成前一項議案的人數極少，對於後一項議案，幾乎所有的元老院議員都投下贊成票[78]；等到安東尼再度主張兩個人都放棄職位，差不多全體元老院議員無異議通過。西庇阿對於最後這項決議表示強烈的反對；執政官連圖盧斯高聲喊道，我們對付一個強盜要用武力而不是表決。元老院宣布暫時休會，大家表現出如喪考妣的憂傷神色[79]。

76　第十六篇〈龐培〉第58節記載同樣的故事，提到這些都是傳言，特別是元老院開會時門禁森嚴，非議員不得進入。

77　這封信是古里歐從拉芬納(Ravenna)帶到元老院，內容有三部分，主要是一個提案，可以說是一份最後通牒：凱撒可以辭去高盧各行省的總督，同樣龐培要放棄西班牙的軍事指揮權，如果提案駁回，他被迫採取行動來保障自己的權利，維護國家的安定。

78　根據卡休斯·笛翁的說法，除了西昔留斯(Caecilius)和古里歐，沒有人同意第一個提案解除龐培的兵權；至於第二個提案要求凱撒解散軍隊，獲得元老院全數的通過。這一點都不令人感到奇怪，龐培的軍隊就在羅馬的城門外面。

79　49年1月1日B.C.的會議，受到執政官的恐嚇和小加圖的操縱，最後還是通過西庇阿的提案：凱撒必須在指定的日期之前解散軍隊，否則就視為反對政府，企圖叛亂。雖然護民官行使否決權，議員只是草率討論一下，同意對凱撒採取絕裂的手段。

31 這件事情過後，凱撒有書信來到，態度更為溫和，除了保留山內高盧、伊里利孔和兩個軍團，直到他第二次成為執政官候選人為止，他願意放棄其餘一切。演說家西塞羅剛從西里西亞返國，正在設法調解雙方的歧見。他對龐培極力勸告，龐培表示在各方面都可以同意凱撒的要求，只是不能讓他保有兩個軍團。西塞羅終於說服凱撒的朋友，他們代表凱撒同意保有前述兩個行省，加上僅僅6000名軍隊，藉以解決這場擾攘不已的紛爭。龐培願意接受這個折衷的方案，執政官連圖拉斯卻不贊成，對著安東尼和古里歐肆意謾罵，並且將兩人逐出元老院[80]。這樣使得凱撒獲得一個很有理的藉口，用來煽動他的士兵，讓他們知道像護民官那樣有名望和地位的人，被逼得穿著奴隸的衣服乘坐雇用的馬車逃走。他們只有化裝成奴隸，才能安全離開羅馬。

32 這時只有300騎兵和5000名步卒跟在凱撒身旁，其餘的部隊全部留在阿爾卑斯山的那一邊，已經派遣軍官將他們調過來。他認為現在所要進行的計畫，開始的時候並不需要多大的兵力，主要的著眼在於運用大好時機，突然發起大膽的行動使敵人為之震懾；根據他的看法，出乎敵人意料之外的突擊，比起一切準備好然後穩紮穩打對付敵人，更能收到攻心為上的成效。因之他命令百夫長和軍官只可攜帶佩劍，不必使用其他的武器，去占領高盧一個名叫阿里米隆(Ariminum)的大城[81]，盡可能避免引起騷動和流血犧牲；他把這支兵力交給賀廷休斯(Hortensius)統率。

他在白天還是現身公共場合，觀賞角鬥士的表演，快到傍晚他沐浴更衣，來到大廳與請來晚餐的客人寒暄，等到入夜以後，他向賓客致歉有要事離開，請大家留下等他回來。他在事先已經私下吩咐少數親密友人隨他一起走，大家要分頭行進，避免使用同一條道路。他自己登上一輛租來的馬車，最初朝著另一個方向行進，不久以後轉向阿里米隆急駛，當他來到分隔山內高盧和意大利其餘地區的盧比孔河，心中的思潮洶湧不能自已，即將面臨危險的局勢，想到為了完成計畫必須經歷的冒險犯難，難免為之遲疑不安。他減低馬車行進的速度，然後下令在

---

80 1月4日西塞羅從西里西亞卸任回到羅馬，雖然經過他的奔走斡旋，元老院在1月7日還是通過「元老院最終敕令」，授權執政官採取一切步驟確保共和國的安全。安東尼和古里歐被逐出元老院，只有火速逃到山外高盧去投奔凱撒。

81 阿里米隆位於意大利地區之內，49年1月11日B.C.被凱撒的部隊占領。

路邊暫停，在下達決心之後，思念馬上發生改變，即使難以定奪還是一語不發。在這段期間他的意志一直在飄浮不定，然後他又與他的朋友(阿西紐斯‧波利奧(Asinius Pollio)是其中一位)討論，大家估算他一旦渡過這條河流，會給人類帶來多的災難，對這件事會有何種敘述流傳後世。

最後他在激昂的情緒當中，停止進一步的思考，把一切付與命運的安排，他的口中吐出一個人在開始冒險所慣用的成語：「骰子已經擲了下去。」然後渡過盧比孔河。過河以後用最大速度繼續前進，在天亮之前抵達阿里米隆，立刻占領該城。據說他在渡河前天的夜間，做了一個極其怪誕的夢，竟然夢到與自己的母親發生亂倫行為[82]。

33 等到阿里米隆占領以後，戰火以燎原之勢蔓延開來，到達各處的陸地和海洋，行省的界線遭到侵越，法律的約束已經蕩然無存。羅馬過去的戰爭，都是男女老幼為了避開戰火，從意大利的一個城市逃到另一個城市。這一次的內戰，好像每個城市都要面對臨頭的劫數，彼此相互逃到對方那裡去求得庇護。羅馬附近的居民像一股洪流湧到城內，行政官員無法管轄眾多的人民，雄辯的演說難以讓他們平靜下來，內部的騷動幾乎顛覆羅馬高高在上的地位。兩個陣營強烈的對立和情緒的衝動，在城市的各處都能發揮作用。那些對這場變革感到高興的人士，並不想掩飾他們的心情，與對方陣營那些驚懼和沮喪的人員相遇，在那樣一個大城市裡是無法避免的事，總是無所顧忌表示自己對事態發展的信心，因而引起雙方一陣爭吵。

龐培已經有夠多的煩惱，旁人的指責使他更為困窘不堪，有人說他從前不斷加強凱撒的實力，現在用來反對他和政府，可以說是自食惡果。也有人認為凱撒已經做了那麼多的讓步，提出那樣合理解決辦法，他卻任憑連圖拉斯對凱撒肆加侮辱，實在是大不應該。弗浮紐斯請他不妨在地上踩腳，因為有一次他在元老院吹牛，勸大家不必為戰爭的準備煩心，一旦面臨戰爭，只要他踩一踩腳，意大利

82 蒲魯塔克提到凱撒的夢是來自阿西紐斯‧波利奧(Asinius Pollio)的記載，我們可以看希羅多德《歷史》第6卷第107節：雅典的僭主希皮阿斯(Hippias)被人民放逐，逃到波斯去向大流士求助，波斯大軍在他的引導下來到馬拉松，夜間作了一個與他母親同寢的夢，他的解釋是他應當回到雅典恢復統治權，在故國享盡天年才過世。然而他的結局是要是凱撒也和希皮阿斯的下場一樣，這可不是一個好兆頭。

會布滿他的士兵。雖然當時龐培的兵員數量較凱撒爲多，大家七嘴八舌不容龐培
冷靜考量，假造的信息和不實的警報陸續傳來，好像凱撒的進軍已經是所向無
敵，馬上就會兵臨城下，處在獨木難支的狀況之下，他只有放棄自己的主張，聽
從大家的叫囂。龐培頒發一份敕令，宣布羅馬進入無政府狀態，下達命令要全體
元老院議員隨他離去，凡是熱愛國家和自由厭惡暴政的人士，都不可以繼續留在
這個城市[83]。

34 執政官立即逃走，連通常的獻祭都沒有舉行，大部分元老院議員攜
帶財物離開，表現出匆忙的神色，好像那些東西是搶自鄰居一樣。
有些人士過去一直擁護凱撒，受到普遍驚慌的情緒感染也會改變自己的態度。羅
馬陷入騷亂動盪之中，看起來一片淒涼的景象，像是一艘被舵手拋棄的船隻，毫
無目的在海面飄流，隨時會在礁石上面撞得粉碎。人民的處境非常悲慘，他們爲
了龐培的緣故，把流亡之地當作自己的國家，毅然下定決心離開羅馬，彷彿那個
城市已經成爲凱撒的營地。

拉頻努斯是凱撒最親近的朋友，曾經擔任過他的副將，在高盧戰爭中與他同
生死共患難，現在卻背棄他投效龐培的陣營[84]。凱撒派人把拉頻努斯的錢財和行
李全部送過去，接著率軍兵臨柯芬尼姆（Corfinium）城下，當時守城的將領是杜米
久斯（Domitius），守備部隊的兵力是30個步兵支隊。杜米久斯認爲自己沒有能力
防守這個城市，就向隨從的醫生索取毒藥，服下去以後等待死亡的來臨，沒過一
會兒，他聽說凱撒對待俘虜非常寬厚，嘆息自己何其不幸，不該倉促做出決定。
醫生告訴他服下的藥使他能夠安睡，並不是致命的毒藥。他聽到以後極爲愉悅，
馬上從床上跳下來，趕去晉見凱撒宣誓效忠，後來還是再度投奔龐培[85]。等到這
些軍事行動的信息傳到羅馬，浮動的人心安定下來，若干逃亡在外的人員返回家

---

83 這些消息使羅馬發生極大的驚慌，執政官連圖盧斯奉元老院的敕令，要把金庫的儲備金全部
搬走交給龐培，聽到報告凱撒帶著騎兵立刻到達，於是他丟下一切趕快逃走。龐培離開羅馬
是在1月17日，執政官馬塞拉斯在元老院議員和大批官員蜂擁下，跟著他的同僚一逃亡。

84 拉頻努斯是在1月22日加入龐培的陣營，很可能是基於鄉親的關係；他是凱撒麾下能力最強
的將領和騎兵部隊的主將，投效龐培對凱撒帶來非常不利的影響。

85 杜米久斯・伊諾巴布斯（Domitius Aenobarbus）將部隊撤到堅強的城市柯芬尼姆，拒絕龐培要
他加入撤向布林迪西的請求，結果他在凱撒到達以後，2月21日未作任何抵抗就開城投降。
後來他還是投奔龐培的陣營，先後在馬賽和法爾沙拉斯與凱撒的部隊作戰。

園。

35 凱撒接管杜米久斯的部隊，凡是徵召士兵供應龐培的市鎮，他都一一加以攻克。現在他的軍隊變得強大可以所向無敵，立即進軍去對付龐培和他的部隊。龐培並沒有留下應戰，逃到布林迪西(Brundusium)，事先已將執政官送往狄爾哈強(Dyrrhachium)，有一批軍隊隨同前往。不久以後，等到凱撒逼近，龐培乘船離去，這些情形在他的傳記中已經詳加敘述。凱撒本想立即發起追擊，缺少船隻只好放棄。

他立即返回羅馬，未曾經過一場血戰，成為意大利的主宰，所花時間不過短短60天。等他抵達以後發現這個城市遠較他預料更為平靜，見到許多位元老院議員。他用謙恭有禮的態度與他們交談，請他們派人去與龐培會商，以求達成一項合理的和平協議。沒有人願意照他的話去做，原因在於他們對已經背棄的龐培心存畏懼，或許他們覺得凱撒的本意並非如此，只是在表面上講些冠冕堂皇的辭令而已。

護民官梅提拉斯(Metellus)引用法律條文，阻止凱撒從國庫提取公款，凱撒告訴他武力和法律各有運用的時機。他說道：「如果我的作為使你不快，可以離開這裡；戰時不容許言論自由，等我達成和平協定放下武器，你再回來就可以隨心所欲放言高論。」他接著又說道：「我老實告訴你，這樣做已經對你非常客氣，因為我並沒有運用所獲得的正當權力。你和那些反對我的人都已落入我的手裡，只要我高興，怎麼處置你們都可以。」他說完這些話以後，走到國庫的門前，一時找不到鑰匙，派人叫來鐵匠把門撬開。梅提拉斯再度表示反對，旁邊有人隨聲附和，對他的不畏權勢大加讚揚。凱撒提高聲音告訴他，如果繼續阻撓，立即將他處死。凱撒說道：「年輕人，你應該知道，要我說出這句話，比起實際做出這件事，更讓我感到難過。」這些話將梅提拉斯嚇跑，以後凱撒在作戰供應方面提出需求，只要下達命令，大家就會馬上遵照辦理。

36 然後他向著西班牙進軍[86]，決定先要擊敗龐培的部將阿非拉紐斯 (Afronius)和瓦羅(Varro)，接管在他們統轄下的軍隊和行省，免除後顧之憂，確保安全再去對付龐培。在這次遠征行動中，敵人的伏兵給他帶來致命的危險，部隊經常忍受缺乏糧食的痛苦。可是他還是繼續追擊敵人，用盡方法激起他們應戰的決心，建造碉堡工事對他們進行圍攻，終於藉著武力的手段成為敵方營地和軍隊的主宰。只有將領得以免於被俘的命運，能夠投奔到龐培的陣營[87]。

37 等到凱撒返回羅馬，他的岳父畢索勸他派人去與龐培談判和平，塞維留斯·伊索瑞庫斯(Servilius Isauricus)為了討好凱撒，故意反對這個建議。接著元老院任命凱撒為笛克推多，他召回流亡在外的人員，蘇拉掌權時期那些遭到迫害的對手，凱撒對他們的子女恢復羅馬市民的權利。通過一項法案豁免債務部分利息，減輕窮人的負擔，還批准若干類似的行政命令，只是數量不算很多。因為他只擔任11天的笛克推多，就辭去這個職位，宣布他和塞維留斯·伊索瑞庫斯為執政官，再度投身於戰爭之中[88]。

他的行軍非常迅速，除了精選的600名騎兵和5個軍團，其他的部隊跟不上，只能遙遙跟隨在後面。大約在1月(相當於雅典人的Posideon月)初啟碇[89]，那時正是隆冬季節，渡過愛奧尼亞海之後，占領歐瑞孔(Oricum)和阿波羅尼亞(Apollonia)，馬上將船隊遣返布林迪西[90]接運姍姍來遲的部隊。那些還在行軍途

---

86 龐培放棄意大利以後，他的兵力分為兩個主要部分，一在伊庇魯斯，一在西班牙，而且他握有制海權，很可能用夾擊的方式，粉碎中央位置的凱撒。認清當前的狀況以後，凱撒當務之急是要先擊滅在西班牙的龐培主力，立即命令在高盧的9個精銳軍團加上6000名騎兵在馬賽附近集結。

87 凱撒用各個擊破的方式，不過4個月的時間，贏得在西班牙的勝利，除了解決後顧之憂還獲得龐培7個軍團的兵力。

88 凱撒在馬賽從事圍攻作戰的時候，雷比達就提名他出任笛克推多，就用這個名義主持選舉事務，他與塞維留斯·伊索瑞庫斯成為48B.C.合法的執政官；因為他上次出任是在59年，已超過十年的期限，不像龐培55年出任，接著在52年又當選。

89 凱撒離開羅馬前往布林迪西，下令12個軍團和騎兵在該地集結，發現在滿載狀況下，只能運輸1萬5000名軍團成員和500名騎兵，船舶數量不足是凱撒未能迅速結束戰事的主要因素之一。

90 卡勒努斯(Calenus)率領回航船隊遭到比布盧斯艦隊的襲擊，損失極為慘重，後續的部隊無法運輸。

中的士兵，都已過了身強力壯的年紀，經歷很多次的戰爭感到疲憊不堪，難免會對凱撒發出怨言：

> 這位凱撒究竟要我們走到何時何地，才讓我們停息下來呢？他領著我們東征西戰，好像我們根本不會疲倦，對於再辛苦的工作都毫無感覺。我們的刀劍就是用的次數太多也會捲口，對於我們不斷手執盾牌和身穿胸甲，也應該有點憐憫之心。別的姑且不提，我們身上的傷口總該讓他知道，他所統率的戰士都是不免一死的凡夫俗子，跟世間的人類沒有兩樣，還是會受到各種痛苦和折磨。就是神明一樣避不開嚴冬，無法阻止那個季節的暴風雨。可是他驅使我們前進，好像我們不是在追擊敵人，反而被他們趕得望風而逃。

那些士兵邊聊邊走，非常悠閒向著布林迪西前進，到達以後發現凱撒已經先行出動，這時他們的想法開始轉變，紛紛譴責自己是背棄將領的叛徒，現在為了行軍的緩慢而謾罵他們的軍官，大家坐在俯瞰海洋和伊庇魯斯方向的高崖上面，向著海天深處遠眺，希望能看到凱撒派來接運他們的船隊。

38 這個時期的凱撒屯軍在阿波羅尼亞，缺乏足夠的兵力進攻敵人，留在布林迪西的部隊又遲遲未能成行，使得他焦慮萬分不知如何是好。當時海面滿布敵人一支強大的艦隊，最後他決定要冒險試一試，在任何人都不知情的狀況之下，登上一艘12隻划槳的小船前往布林迪西。他穿一身奴隸的衣服在夜間上船，像一個窮光蛋那樣躺在船底。船隻要沿著阿紐斯(Anius)河順流出海，早晨從陸地颳來的風平穩而強勁，把海面的波浪向外吹動，河口一帶顯得非常平靜。等到入夜以後從海上颳起強風，壓制陸地的氣流，河流與湧入的海水互相撞擊，河口的海面白浪滔天，高漲的波濤使得河水倒流，船隻無法前進。船長下令水手掉頭從原路駛回。

　　凱撒看到狀況有變，顯露自己的身分，船長感到極其驚異，這時他握位船長的手說道：「我的朋友，繼續前進不要回頭，沒有什麼好怕的，凱撒在這艘船上，會給你們帶來好運。」水手聽到這些話以後，使出全力划槳，盡最大可能順著河流想要出海，大家的努力還是徒然無用，這時船上已經進了很多的水，凱撒覺察

到要是停留在河口將會非常危險，雖然不甘心還是允許船長掉轉船頭，開回出發的地點。當凱撒登岸的時候，成群的士兵前來迎接，表現出氣憤的樣子對他加以指責。因為就凱撒看來，沒有辦法單單憑著現在的兵力就可以戰勝敵人，所以才會憂心忡忡，甚至為了那些沒有來到的部隊，甘冒生命的危險，這些士兵認為他對他們失去信心，才會有這樣的行動[91]。

39 這個事件過了以後，安東尼率領軍隊從布林迪西渡海來到，雖然龐培設營的位置有利，凱撒還是勇氣十足要與龐培決戰。龐培從海上和陸地都可以獲得大量給養，凱撒打開始就面臨供應不足的問題，後來缺糧的狀況極其嚴重，士兵沒有補給，只能從田野挖一種薯類的根莖[92]，同牛奶摻和一起食用。有時還用這種材料做成麵包，跑到敵人的哨所將它扔過去，告訴他們只要地裡還能生長薯類植物，他們對龐培的圍攻就不會停止。龐培為了免得士氣受到打擊，費很多力氣不讓這種扔麵包的情形和他們所說的話，傳到他的部隊變得眾所周知，因為龐培的士兵把凱撒的人馬視為野獸，對於他們的凶狠和膽大極為忌憚。

龐培對壘線[93]的外圍，經常發生前哨戰鬥，凱撒每次都占一些便宜，有一次凱撒的弟兄大敗而逃，幾乎連他的大營都不保。龐培的部隊發猛烈的攻擊，沒有人能固守陣地，塹壕裡面填滿被害者的屍體，在敵人的追趕之下，很多人死在防壁和阻絕工事的上面。凱撒遇到奔逃的士兵，想要促使他們轉身抵抗，沒有人聽從命令。凱撒想拿起鷹幟鼓舞鬥志，那些掌旗手竟然將隊標丟在地上，以至於有32面旗幟落在敵人手裡。就是凱撒本人幾乎喪失性命。一位身強力壯的士兵從他的身邊跑過，凱撒抓住這位弟兄的手，叫他站住轉過身去與敵人交戰。那位士兵對於涉身險境感到恐懼，竟然舉起自己的劍像是要向凱撒砍過去，凱撒的負甲者

---

91 凱撒的《內戰記》沒有這樣的記載，倒是蘇脫紐斯、阿皮安和卡休斯‧笛翁都提到這件事，從當時的狀況看來，根本沒有這個必要。

92 這是一種叫做野甜菜的根莖植物，有些士兵在薩丁尼亞學到用它的澱粉做麵包。羅馬軍隊的主食是磨碎的麥粉和青菜，只有穀物缺乏才食用肉類。

93 凱撒抵達狄爾哈強構築一條長達24公里的對壘線圍困敵軍；龐培處在內圈，構築的防線較短，西邊長達13公里，東邊間隔的距離從2到3公里不等；在那個時代而言，可以算是最偉大的野戰工事。

先下手把那個人的胳臂斬斷[94]。

當時凱撒已經陷入絕望之境，不知道是龐培過分謹慎還是運道不佳，竟然沒有一鼓作氣繼續攻擊，在把潰敗的敵軍趕進營地以後，就收兵退了回去。凱撒看到這種情形，就對他的幕僚說道：「如果敵方的將領能夠掌握戰機，就會贏得今天的勝利。」他進入帳幕躺下就寢，輾轉反側無法入睡，當前的情勢使他感到困惑，經過反覆的考量，認為自己對於戰爭的指導產生差錯。他的面前是土地肥沃的國度，上面有馬其頓和帖沙利一些富裕的城市，他應該在那裡與敵求戰，而不是在濱海地區向敵人發起攻擊。龐培擁有強大的艦隊，所以他無法圍攻敵人，反而陷入缺糧的困境。

他整夜思索面臨的困難和艱苦，第二天早晨便下令拔營，決定率軍到馬其頓去攻打西庇阿，這樣一來逼得龐培追隨他的行動，如果龐培跟進就無法像現在那樣，占有海上補給的優勢，否則西庇阿得不到支援，他很容易獲得勝利[95]。

40 龐培的部隊和軍官認為凱撒戰敗逃走，大家的鬥志高昂急著發起追擊。龐培不願貿然從事一場會戰，因為他的給養充足無虞，維持很長時期毫無問題，反之凱撒無法持久，可以慢慢消耗他的戰力到難以為繼的地步。

凱撒的弟兄身經百戰，能夠表現出英勇無敵的氣概，然而不斷長途行軍、經常變換營地、進攻碉堡工事以及長期夜間警戒，使得他們疲憊不堪。他們的年紀漸長，難以勝任煩劇的工作，隨著體力的衰退，作戰的勇氣日益低落。據說有一種因為飲食不良所引起的傳染病，正在凱撒的軍隊裡流行[96]。最關重要的問題，就是凱撒的金錢和糧食都得不到供應，看來不久以後就會全面崩潰。

94　7月9日龐培對凱撒的左翼發起一個陸海聯合攻擊，動用60個支隊的兵力，龐培在獲勝以後沒有實施追擊，使得凱撒僥倖逃過一劫，除了失去32面軍旗，還有1000多名官兵喪生。

95　《內戰記》第3卷第78節記載凱撒的策略：龐培要是躡後而來，只要離開海上補給線和供應基地狄爾哈強，就可以切斷龐培的糧食供應，逼他在對等條件下決戰；龐培要是渡海回師意大利，他就可以與杜米久斯會合，取道伊里利孔返回羅馬；龐培要是攻擊阿波羅尼亞，完全切斷他的海上交通線，那他就圍攻西庇阿，迫使龐培要回援確保翼側的安全。

96　凱撒的軍團經過連年的征戰，不斷的傷亡造成大量缺額，加上希臘北部秋季的氣候反常，高盧和西班牙的士兵水土不服，患病人數很多，整體戰力要打折扣。

41 龐培基於這些理由不願與凱撒交戰，只有小加圖一個人讚許他這種做法。小加圖之所以贊同，是他的同胞可以避免相互殘殺，上一次會戰之後，看到凱撒方面戰死者的屍體達1000具之多，當時轉過臉去不禁潸然淚下。其他的人士都為龐培的避戰在一旁冷言冷語，為了刺激他採取行動就為他取一些綽號，大家稱他為阿格曼儂和萬王之王，說他不願放棄至高無上的權力，樂於有那麼多的指揮官陪伴在他的左右，經常出入他的帳幕。弗浮紐斯學會小加圖那種直來直往的說話作風，用刻薄的語調抱怨，龐培捨不得失去統帥大權，因為打敗凱撒以後要解散軍隊，所以害得他們今年又吃不到突斯庫隆(Tusculum)的無花果。

新近從西班牙投奔來歸的阿非拉紐斯，因為在那裡一敗塗地，有人指責他接受賄賂出賣自己的軍隊，他提出反詰問他們為什麼不跟那個收買他的人作戰。諸如此類的話逼得龐培違反自己的意願去尋求會戰 ，於是他率軍出發追趕敗退之敵。凱撒的行軍歷盡艱辛，最近的失利使得他的聲望大降，沒有一個地方願意供應他所需的糧食。他在占領帖沙利的城市戈菲(Gomphi)以後，軍隊獲得充分的給養和適當的醫療，豐富的葡萄酒使他們得以盡情暢飲，就是行軍的途中也能大肆歡宴，這樣一來他們的疾病竟然不藥而癒，體質獲得改善恢復到從前的狀況[97]。

42 等到兩支大軍進入法爾沙利亞(Pharsalia)地區，在那裡紮下營寨以後，龐培恢復原來的想法，特別是不祥的朕兆和夢中出現的景象，更不願與凱撒交戰[98]。

他周圍的人士都確信可以獲得勝利，甚至杜米久斯、司頻澤爾(Spinther)和西庇阿，為了誰繼承凱撒出任祭司長發生爭執。許多人派員前往羅馬，安排適合執政官和法務官居住的官邸，他們認為戰爭一結束，馬上可以出任那些職位。特別是騎兵部隊堅決主戰，他們的武器銳利衣甲鮮明，馬匹餵養得精壯，騎士顯得分外英俊，尤其占有兵力的優勢，為數5000名之眾來對付凱撒的1000名騎兵。就是雙方的步卒也沒有處於勢均力敵的局面，龐培有4萬5000名步兵，對方只有2萬

---

97 這一段的描述有點像亞歷山大在卡瑪尼亞的進軍，兩者的心情當然有所不同。

98 依據阿皮安的觀點，龐培從開始就用消耗戰來對抗凱撒，等到凱撒處於負嵎頑抗的狀況下，他更不願意冒險從事決戰；提到解夢不祥只是藉口罷了。

2000名。

43 凱撒集合士兵向他們講話,提到柯芬紐斯(Corfinius)帶著兩個軍團即將來到,還有卡勒努斯(Calenus)配置在麥加拉和雅典的15個步兵支隊,然後他問大家是等待會師,還是冒險立即出戰。全體人員高呼不要耽擱時間,盡快要與敵軍決一勝負[99]。當他為軍隊舉行齋戒儀式[100],向神明獻祭以後,宰殺第一隻犧牲,占卜官告訴他三天之內有決定性的行動,凱撒問他是否從犧牲的內臟看到吉兆。祭司回答道:「這個問題應該由你自己來答覆,神明顯示當前的局勢將有重大的改變,可以說是剝往而復,否極泰來。」

會戰前一天的晚上,凱撒在午夜巡視,看見天空出現一道明亮而燦爛的光芒,從他的上空經過墮入龐培的營地。凱撒的士兵在早班的步哨接班之際,發覺敵軍出現驚慌和混亂的跡象,可是凱撒不想在那天作戰,下令撤收營地,向著史科圖薩(Scotussa)進軍[101]。

44 就在折除帳篷的時候,斥候騎著馬前來報告敵情,說是敵軍要與他會戰。他聽到這個信息極其高興,等到他向神明祈禱以後,將全軍分為三大部分,列出會戰隊形。他指派杜米久斯・卡維努斯(Domitius Calvinus)負責中軍;安東尼指揮左翼;他自己指揮右翼,率領第十軍團出戰[102]。當他看到對方的騎兵列好陣勢,準備向他進襲,那些騎士儀表英俊,數量極其龐大,使他震驚不已,於是私下從全軍的後衛抽調6個步兵支隊,配置在右翼的後方,對他

---

99 凱撒的《內戰記》沒有提到等待援軍這件事,何況就他們現在的位置來說,到達也要一個月以後,根本是緩不濟急

100 根據羅馬的習俗,軍隊在4月要舉行大規模的齋戒儀式,就像閱兵一樣,把鷹幟、隊標和各種作戰器具陳列出來,接受神明的賜福,傳統上4月是戰爭開始的季節,部隊已經離開冬營,也希望獲得神祇的保佑。

101 龐培的營地設置在小山上面,占有居高臨下之利,凱撒判斷龐培不會放棄地形優勢出來決戰,所以決定拔營繼續行軍,將營地搬到易於獲得糧食的地點,同時可以在行軍途中,尋求與敵人會戰的機會。

102 凱撒的兵力為80個支隊即8個軍團,一共2萬2000人,只留下2個支隊防守營地,其餘78個支隊排成三條戰線,左翼倚托艾尼皮亞斯河,面對的敵軍是110個支隊即11個軍團,兵力為4萬5000人。戰爭並非數量決定一切,無論是指揮、紀律、訓練和士氣,凱撒的部隊比對手要強得多。

們下達指示，敵軍的騎兵發起衝鋒，應該如何應付和處置[103]。敵對的一方，龐培指揮右翼，杜米久斯負責左翼，龐培的岳父西庇阿在中央位置，騎兵部隊的全部戰力集結在右翼，意圖對敵軍的左翼實施側面攻擊，打垮由主將指揮的部隊[104]。他們認為步兵方陣無論多麼堅固，也抵擋不住樣強大的攻擊，騎兵部隊的衝鋒必然會使敵軍土崩瓦解。

雙方都已發出接戰信號，龐培命令他的步兵要守住戰線，保持原來的隊形，不出一聲坐待敵人首先發起的進攻，等他們進入標槍投擲的範圍之內，才可以動手還擊。凱撒就這件事的看法，認為龐培的用兵之道有欠考量，他好像不知道採取主動的接敵運動，用迅速的步伐來增加打擊的力量，可以激勵起高昂的鬥志更加旺盛和激烈。

凱撒正在調動隊伍出戰，本人也隨著前進迎敵，這時他看見行列中一位百夫長，是一個久歷戰陣的老兵，鼓舞手下的弟兄要奮勇殺敵。凱撒叫著他的名字說道：「該猶斯・克拉辛紐斯（Caius Crassinius），你看我們有多少希望和多大勝算？」克拉辛紐斯伸出手來向他致敬，高聲喊叫：「凱撒，我們會打一場堂堂正正的勝仗，不論今天的下場是死是活，我賣命也要獲得你的讚賞。」說完這話便一馬當先衝進敵陣，手下120位弟兄緊隨不捨，突破敵軍第一線的隊列，仍舊奮勇進逼殺死很多敵人，直到最後被劍砍成重傷才退下來，那一劍從他的嘴裡戳進去刺穿頸脖。

45 步兵部隊進行激烈的主力戰鬥，這時位於側翼的龐培騎兵滿懷信心疾馳而出，展開寬闊的隊形，想要包圍凱撒的右翼。他們的突擊還

---

103 凱撒害怕他的右翼受到大量騎兵的包圍，於是從第三線抽調3000人，構成第四線，並且與正面成斜交，躲在騎兵的後面不讓敵軍發覺，這些輕步兵受到特別的訓練，慣常與騎兵配合作戰，所以面對龐培6000騎兵，毫無畏戰之心。

104 本書記載的作戰序列和部署，與凱撒的《內戰記》的敘述有很大的不同：凱撒觀察到敵方的部署，左翼是他交出去的第一和第三軍團，龐培的指揮位置在此，中央是西庇阿的敘利亞軍團，右翼是阿非拉斯；所以他還是保持原來的戰鬥序列，第十軍團在右翼而第九軍團在左翼，因為後者在狄爾哈強作戰損失慘重，所以加上第八軍團，等於由兩個軍團編成；這時他要安東尼負責左翼，蘇拉在右翼，而杜米久斯在中央，他自己的位置對著龐培。由這裡知道凱撒因為沒有指揮右翼，而是負責全線的指揮，才能掌握第四線的兵力作靈活的運用，贏得最後的勝利。

未得逞之前，凱撒安排的步兵支隊衝出來向他們進攻。他們並沒有像平常的近接戰鬥那樣，從一段距離之外投擲標槍，或是用長矛刺這些騎士的小腿和胯部，而是對準敵手的臉孔猛戳。這是凱撒事先的指示，要他們照做。凱撒認爲年輕的騎士沒有作戰和受傷的經驗，他們蓄著長髮，儀容俊美，這種攻擊使他們格外恐懼，不僅會有性命之憂，將來還會破相變得醜陋不堪[105]。實際狀況證明不出凱撒所料，他們果然受不住標槍的亂刺，甚至不敢正視敵人，大家轉過頭去把臉掩住，以免被標槍戳中。經過一陣混亂之後，逼得他們回身策馬逃走，極其可恥的行動斷送龐培全部的希望。

　　凱撒的騎兵立即乘勝從側翼對步兵發起包圍攻擊，先將後衛擊潰，開始大肆殺戮。龐培指揮另外一翼的部隊，看到他的騎兵遭到擊敗已經逃走，忘記自己是大將龐培，就像喪失意識的人被神明所拋棄那樣，不發一語退回帳幕，坐在那裡等待局面的塵埃落定，直到全軍一敗塗地，敵軍出現在營地前方的工事上面，與守衛的士兵進行近接戰鬥。這時他的神志算是清醒過來，據稱只說了一句話：「怎麼，已經攻進營地來了？」然後脫掉將領的服裝，穿上便於逃亡的衣衫偷偷溜走。至於他的下場如何，以及在埃及避難和遭到謀殺的結局，我們在他的傳記中已經有詳細的記述[106]。

46 凱撒巡視龐培的營地，看到他的敵手倒斃在地面，還有一些人正陷入垂死的狀態，不禁嘆息道：「他們完全是自作自受，逼得走上這種地步。像我該猶斯・凱撒這樣的人物，曾經獲得多少次戰爭的勝利，他們居然要解散我的軍隊，好讓我束手聽候擺布。」波利歐曾經提過，凱撒用拉丁語說出這些話，後來用希臘文寫出來，特別說是營地被殺的人員大部分都是奴隸，陣亡的士兵沒有超過6000人[107]。凱撒將俘虜的步卒編入自己的軍團，許多有名望的人物

---

105 作戰受傷怕破相變得醜陋不堪因而敗走，這種說法毫無根據；《內戰記》第3卷第84節提到：凱撒考量到騎兵在數量上極為劣勢，特別下令從精選的前列兵隊伍中，挑出敏捷而年輕的人員，編成輕步兵配合騎兵作戰，經過多日演練，養成步騎協同作戰的技巧，結果是1000名騎兵配合相當數量的輕步兵，一舉抵擋6000名龐培騎兵的攻擊。

106 第十六篇〈龐培〉第73-79節有很長的篇幅敘述逃亡的過程和被害的狀況，看來「敗軍之將不可言勇」真是至理名言。

107 法爾沙拉斯會戰，凱撒損失200名將士，包括30名百夫長，都是英勇善戰之輩；龐培的軍隊有1萬5000名被殺，2萬4000名投降，一共擄獲180面軍旗，包括9個軍團的鷹幟。

都獲得他的赦免，後來刺殺他的布魯特斯就是其中之一。戰爭結束以後，布魯特斯沒有立即出現，讓凱撒特別擔心，後來看到他安然無恙，凱撒格外感到欣慰。

47 出現很多怪異的徵兆預示這場戰爭的勝利，據說在特拉勒斯（Tralles）發生的事件最為奇特[108]。那個城市的勝利女神廟，裡面有一座凱撒的雕像，所在的地面不僅非常堅硬，上面還舖設一層石塊，據說就在雕像基座附近，很快長出一棵棕櫚樹。

帕都亞（Padua）有位人士名叫該猶斯‧高乃留斯（Caius Cornelius），善於占卜聞名於當時，是史家李維的同鄉和舊識，戰事發生的當天他正在進行鳥卜的觀察。根據李維的記載，高乃留斯首先指出戰鬥的時間，接著他向四周的人說是會戰已經開始，雙方的士兵正在拚個你死我活。 等到第二次再看的時候就出現朕兆，他像是受到神明的感召突然跳了起來，高聲喊叫：「凱撒！你已經獲得勝利！」旁觀的人員看到這幕感到無比的驚奇，他把頭上戴的花冠取下來，當眾發出誓言，等到證明他的鳥卜真實無虛，才會再度戴上去。李維宣稱他無見所聞都是事實[109]。

48 凱撒為了紀念這次大捷，特別將自由權利賜給帖沙利人，然後發兵追擊龐培。等他到達亞細亞以後，為了博得神話作者狄奧龐帕斯（Theopompus）的好感，沒有將尼多斯人（Cnidians）發售為奴，同時對亞細亞行省的人民豁免三分之一的稅金。當他抵達亞歷山卓（Alexzndria）的時候，龐培已遭謀殺，狄奧多都斯（Theodotus）將頭顱獻給凱撒，但是他不忍檢視，只接受他身上佩帶的印章，對之垂淚不已[110]。

龐培許多朋友流亡埃及遭到國王的逮捕，現在他都加以解救，對他們表現出友善的態度。在他寫給羅馬朋友的信函裡面，提到勝利為他帶來最大的快樂，是對那些與他作戰的同胞，能有機會不斷拯救他們的性命。至於他在埃及的戰爭，

---

108 特拉勒斯是位於小亞細亞卡里亞的城市。
109 帕都亞是李維的故鄉，他的142卷《羅馬史》從建城寫到9B.C.，給蒲魯塔克提供很多資料；但是多已佚失，現存只有第1至第10卷（敘述建城至293B.C.）及第21至第45卷（敘述218至167B.C.）
110 龐培在亞歷山卓附近海岸被殺，凱撒率領3200名步兵和800名騎兵到達，已經是3天以後的事。

認爲是對克麗奧佩特拉的愛情所引起，充滿危險而且帶來羞辱，根本沒有必要。
有些人把這場戰爭歸咎於埃及國王的大臣，尤其是宦官波瑟努斯（Pothinus），這
個人在宮廷中最受寵信，就是他最近殺害龐培，放逐克麗奧佩特拉，現在又要暗
中密謀想要除去凱撒（爲了預防起見，凱撒從此徹夜不眠，藉著通宵痛飲來保護
個人的安全[111]），而且他公然在言語和行動方面對凱撒的侮辱，也讓羅馬人難以
忍受。像是凱撒的士兵所領的穀物已經發霉有害健康，波瑟努斯說他們應該感到
滿足，因爲靠著別人的施捨過日子，不應該再有閒言閒語。

　　波瑟努斯下令在宴請賓客的時候，餐桌上要用木或陶製的器皿，宣稱他的金
銀餐具都被凱撒假借抵債之名拿走，因爲現任國王的父親積欠凱撒1750萬德拉克
馬[112]。凱撒過去曾經將一部分債務轉到先王的子女頭上，所以要求國王償還1000
萬德拉克馬，用來維持軍隊的開支。波瑟努斯告訴他最好現在離開，去處理其他
更爲重要的事務，他們以後會帶著感激的心情，償還所欠的金錢。凱撒的回答是
他用不著一位埃及人當他的顧問，很快密秘派人前往克麗奧佩特拉退隱之地去接
她[113]。

49 克麗奧佩特拉只帶著一名親信，就是西西里人阿波羅多魯斯
（Apollodorus），陪著她登上一條小船，傍晚的時候在皇宮附近登岸。
她不知道怎樣進入皇宮才能不被人發覺，後來想出一個辦法，她伸直身體躺在一
條地毯上面，由阿波羅多魯斯捲起來，背著走進凱撒行宮的大門。克麗奧佩特拉
的膽識和機智，首先使得凱撒大爲傾心[114]，經過交談以後，受到美色的蠱惑更是
難以自拔。

　　於是他出面成爲仲裁者，讓這一對姊弟和解，條件是兩人共同治理國家。後

---

111 這是給整夜飲酒作樂提供一個藉口，事實上這種說法很牽強。

112 59B.C.凱撒擔任執政官，埃及國王托勒密十二世奧勒底（Ptolemy XII Auletes）爲臣民罷黜，
　　逃到羅馬求援，凱撒出錢出力助他復位。根據蘇脫拉斯的說法，他的欠款是6000泰倫，比現
　　在這個數字還要多一倍。

113 奧勒底於51B.C.逝世後，埃及王國由15歲的托勒密十三世和他的姊姊克麗奧佩特拉七世共同
　　統治，後來在宦官波瑟努斯和禁衛軍統領阿奇拉斯的慫恿下，迫使克麗奧佩特拉遜位，引起
　　國內的動亂。

114 卡休斯·笛翁特別強調克麗奧佩特拉有一種誘人的魔力，當時她只有22歲，雖然年輕貌美，
　　要想做到羅馬人對她咒罵那種程度，實在說是一件很不容易的事。

來大家爲了慶祝重歸於好舉行盛大的宴會。凱撒的理髮師是一個習於察言觀色的人，生性膽怯所以對一切事情都注意探聽，發現埃及國王的禁軍統領阿奇拉斯（Achillas）和宦官波瑟努斯，正從事一項密謀對付凱撒。凱撒獲得這個情報，馬上派兵監視舉行宴會的大廳，同時處死波瑟努斯。阿奇拉斯逃到他的軍隊當中，發起一場使凱撒感到困擾不堪的戰爭。凱撒的兵力極其薄弱，用來對付一個實力強大的城市和兵員眾多的軍隊，當然會艱辛無比。

他所遭遇的第一個問題是缺乏飲水，敵人封閉所有的輸水渠道[115]。第二個問題是敵人竭盡一切可能，要去切斷他的海上交通線，他被迫焚燒自己的船隻來消除這方面的危險。可是在焚毀船塢以後，火勢蔓延開來，燒掉亞歷山卓大圖書館[116]。第三個問題是在法羅斯（Pharos）附近的一次接戰中，爲了拯救陷入危險的士兵，他從堤道上面跳進一條小船，埃及人從四面八方向他逼近，使他不得不跳到海灣裡面，非常困難的泅水逃生，據說那個時候他的手裡還拿著名貴的抄本，雖然敵人不斷向他投擲標槍，逼得他把頭埋在水裡，還一直用手把書舉在水面之上，不讓它遭到浸濕，用另一隻手划水前進[117]；那時他乘坐的船已經很快沉沒。

最後國王投奔阿奇拉斯和他的黨派，凱撒與他們交戰並且將他們擊敗。那場會戰的傷亡極其慘重，國王本人失去蹤影以後未曾出現。經過這場變局，他讓克麗奧佩特拉成爲埃及女皇，後來她爲凱撒生了一個兒子，亞歷山卓人稱他爲凱撒里昂（Caesarion）[118]。凱撒離開埃及前往敘利亞。

50 凱撒從敘利亞動身趕赴亞細亞，他接到的信息是杜米久斯被米塞瑞達底（Mithridates）之子法納西斯（Pharnaces）擊敗，率領少數人馬逃到潘達斯，法納西斯乘勝擴展地盤，雖然已經占領俾西尼亞和卡帕多西亞，抱著更

---

115 輸水渠道切斷後，士兵和居民非常恐懼，凱撒要百夫長暫時停止其他作業，調集人手全力挖井，經過整夜努力，找到豐富而清澈的水源。

116 大圖書館是托勒密二世在3世紀B.C.所建，使得亞歷山卓成為西方世界的學術中心，特別是科學和哲學執當代的牛耳；圖書館被焚喪失的書籍達40萬卷。

117 凱撒泅水逃生一事可以參閱《亞歷山卓戰記》第21節，要說這時還把書舉出水面不讓弄濕，那就有點匪夷所思了。

118 歐庇斯站在官方立場，拒絕承認凱撒里昂是凱撒的兒子；馬克・安東尼為了號召凱撒的舊部，不僅承認凱撒里昂的身分，還讓他與他的母親克麗奧佩特拉共同統治，等到安東尼戰敗以後，托勒密十五世凱撒在30B.C.被屋大維殺害。

大的企圖要據有小亞美尼亞(Lesser Armenia)，所有的國王和領主都起而反抗[119]。

　　凱撒立即率領三個軍團向前進擊，齊拉(Zela)附近與法納西斯發起會戰，將對手的軍隊全部擊潰驅出潘達斯。他把這個信息通知在羅馬的朋友阿曼久斯(Amantius)，只用三個字來表示這次用兵的神速：Veni, Vidi , Vici。這三個字在拉丁文有相同的音節，非常簡潔生動[120]。

51 然後凱撒渡海回到意大利，歲末抵達羅馬。他第二次被元老院推舉為笛克推多，雖然那個職位以前從來不曾持續一整年之久，接著被選為次年的執政官[121]。有一次士兵發生犯上事件，他們殺死法務官柯斯科紐斯(Cosconius)和伽爾巴(Galba)，凱撒僅僅薄加譴責，對他們的稱呼是「市民同胞」而不是「士兵弟兄」，表示心中的不滿；後來發給每個人1000德拉克馬，除此以外還有一份在意大利的產業[122]，這種做法引起普遍的怨言。

　　多拉貝拉的奢華、阿曼久斯的貪婪、柯芬紐斯的揮霍和安東尼的放蕩，最後這位老兄認為龐培的府邸不夠豪華，竟然要拆除重建[123]，都使凱撒受人指責，羅馬人對那些傢伙的作為深表痛恨，就把帳算在他身上。凱撒為了達到政治的目標，雖然明瞭那些人的德性，即使不以為然，為了利用起見只好容忍。

---

119 凱撒離開埃及是在47年6月B.C.。法納西斯是米塞瑞達底六世的兒子，他的父親逝世後，獲得龐培的同意可以統治位於克里米亞(Crimea)的博斯普魯斯王國，希望趁著羅馬內戰恢復原來的疆域。這裡所說的領主就是蓋拉夏的統治者戴奧塔魯斯(Deiotarus)，法爾沙拉斯會戰效力龐培的陣營，現在協助杜米拉斯對抗法納西斯。

120 意為：余來；余見；余勝。有人說是他給元老院的告捷文書，這樣簡潔的語句，難免給人極其傲慢的感覺，所以還是通知朋友的短信為宜。《亞歷山卓戰記》沒有這方面的記載。

121 凱撒回到羅馬是在47年10月B.C.月初，他在布林迪西登岸的時候，曾遇到西塞羅，相談甚歡；早在法爾沙拉斯會戰以後，經過提名第二次出任笛克推多，這一年的政事交給安東尼以騎士團團長代為處理。

122 凱撒在法爾沙拉斯會戰後，將老兵軍團遣返回國，對於公眾安全造成極大的威脅，現在除了吵鬧要求所應許的凱旋式和退伍以外，鎮日游手好閒，經常惹事生非；後來將他們安置在康帕尼亞地區，阿非利加戰役期間，曾經出現大規模的反叛行動，還是靠著大量的賞賜和土地才安撫下來。

123 龐培的府邸遭籍沒以後，被安東尼占有，安東尼的傳記和西塞羅的演說都提到這段，可以證明安東尼的行事，已經魯莽無知到了極點。

52 法爾沙利亞會戰以後，小加圖和西庇阿逃到阿非利加，獲得朱巴 (Juba)王的協助在那裡糾合一支實力強大的部隊[124]，凱撒決定前去討伐他們。他在冬至前後渡海到達西西里，為了使他的軍官不要存著遲延的念頭，就在海邊紮營，只要獲得順風，馬上率領3000名步卒和少數騎兵出海[125]。等到登陸以後，自己又密秘乘船回來，因為他對留在後面的大軍很不放心，結果在海上相遇，就將他們引到同一處營地。他在那裡聽到有人說起一份古老的神讖，西庇阿家族在阿非利加永遠獲得勝利，使得敵人激起高昂的士氣。他的軍隊裡面有一個卑微受人藐視的傢伙，出身是阿非利加尼氏族，名字叫做西庇阿·薩祿提奧(Scipio Sallutio)，凱撒提拔這個人(他為了諷嘲西庇阿的荒謬，還是想讓自己這邊也能沾上吉兆的光，倒是很難分辨清楚)，好像他是一位將領在統率著這支軍隊，在他的指揮之下與敵人交戰對壘。

當時部隊的糧食和供應牲口的草秣都很缺乏，迫得要用海藻來餵食馬匹，他們用水洗去鹽分，摻少量的草使得味道不會過於怪異。凱撒大軍所到之處，數量眾多和善於騎射的努米底亞人趕來投效，運用這些蠻族控制大片國土。凱撒的騎兵有一天沒有擔任勤務，他們觀看一個非洲人表演跳舞，同時吹奏令人激賞的笛子，就把馬匹交給一些兒童去照料，這時突然受到敵人的包圍，有幾個人被殺，其餘人員逃回營地，敵軍在後緊追不放，要不是凱撒本人和阿西紐斯·波利奧出來援救，制止他們的敗逃，這場戰爭在當時就會結束，過去的勝利全部付之東流[126]。

在另一場激戰之中，敵人已經取得優勢，有一個掌旗手轉身逃走，據說凱撒一把抓住他的脖子，強迫他面對敵方然後對他說道：「看哪！敵人是在那邊！」

53 西庇阿起初為這次勝利而趾高氣揚，他的打算是要發起一場決戰，就讓阿非拉紐斯和朱巴的兩支軍隊分別駐紮在相距不遠的地方，自

---

124 朱巴一世是茅利塔里亞國王，49B.C.擊敗古里歐遠征阿非利加的大軍，是龐培陣營最有力的支持人物；有關這次戰役記載在《阿非利加戰記》，作者是何人已不得而知。

125 《阿非利加戰記》第2節提到登船的兵力，一共是6個軍團和2000名騎兵。

126 《阿非利加戰記》並未提到這件意外事件，因為有波利歐的名字，很可能出現在他的作品之中。

己率領主力前往塔普蘇斯(Thapsus)[127]，預備在湖的對岸建立一個防衛森嚴的營地，當成作戰行動可以接應兩邊的中央位置，要爲部隊的安全提供一個庇護的要點。正當西庇阿實行這個計畫的時候，凱撒的行動極其神速，穿過濃密的森林和一片被認爲無法通過的地區，切斷敵人一支軍隊與外面的聯繫，然後從正面向另一支軍隊發起攻擊。他把這些敵軍擊敗以後，趁勢擴張戰果，在好運當頭之下，一舉攻占阿非拉紐斯的營地，接著對努米底亞人大肆劫掠，他們的國王朱巴匆忙逃走倖免於難。他在一天內一段短短的時間之中，竟然攻取3座營地，殺死5萬敵軍，他的部下只陣亡50名。這是某些作者對這場戰鬥的記述。

另外還人提起，凱撒並未參加作戰行動，因爲他在部署隊伍的時候，舊疾發作，他的全身開始顫抖，知道大事不妙，趁著病情尚未兇險之際，回到附近一處堡壘裡面去休養。那次會戰以後，被捕的高階人物諸如執政官和法務官，有些人被凱撒處死，還有人已經先行自裁[128]。

54 小加圖當時負責守備烏提卡(Utica)，沒有參加這場會戰。凱撒一心想要活捉小加圖，所以火速率軍前往。等到他自盡的消息傳來，使凱撒感到非常懊惱，原因何在各家的說法不一。凱撒曾經說過這樣的話：「小加圖，我對你的死感到非常遺憾，因爲你不願讓我擁有保全你性命的榮譽。」凱撒在小加圖死後發表抨擊他的文章，看來好像凱撒對這位對手沒有表示善意，甚至沒有心存修好的打算。因爲凱撒在他死後還是滿心怨恨，如果小加圖不走上絕路，凱撒又怎能饒他不死？

從凱撒對待西塞羅、布魯特斯以及其他對敵的人士來看，他的態度是那樣的寬洪大量，我們可以推斷，凱撒寫那部書的動機，不必出於對小加圖的敵視，主要是爲了替自己辯白。西塞羅寫出一部頌揚小加圖的作品，就以《論加圖》作爲書名。作者是當代的文章宗師，選用的題材切合時局，等到問世以後難免引起萬人爭誦。凱撒對這件事極其不滿，讚頌政敵無異於對他本人的辱罵。因此他也寫出一部書，對於小加圖的作爲痛加針砭，並且將那部書取名爲《反加圖》。兩部

127 塔普蘇斯位於突尼西亞灣的東海岸，這個會戰發生在46年4月6日B.C.。
128 塔普蘇斯會戰以後，龐培派的主要人物，像是小加圖、西庇阿、朱巴王和彼垂烏斯(Petrieus)自裁身亡，阿非拉紐斯、法斯塔斯·蘇拉(Faustus Sulla)和康西狄斯(Considius)被殺，只有瓦魯斯(Varus)、拉頻努斯和龐培的兩個兒子逃到西班牙。

作品如同小加圖和凱撒一樣，各有一批熱心的擁護者。

55 凱撒返回羅馬，把勝利的事蹟對人民提出冠冕堂皇的報告，他所征服的地方，每年可供應羅馬20萬阿提卡蒲式耳穀物和300萬磅油[129]。然後他舉行埃及、潘達斯和阿非利加三個凱旋式，最後這項是為了紀念戰勝朱巴王而非西庇阿[130]。凱旋式行列中代表朱巴王是他年幼的兒子，可以說是最幸運的俘虜，雖然他是一個野蠻的努米底亞人，後來卻能廁身希臘最博學的史家之列。舉行凱旋式以後，凱撒分發賞金給他的士兵[131]，用宴會和表演招待民眾，他為了款待全體人民，一次擺出2萬2000桌酒席。同時舉辦角鬥士的演出和大規模的海戰場面，紀念去世已經很久的女兒茱麗亞。等到這些活動完畢以後，特別實施一次人口普查，發現市民的數目從原來的32萬人減少到15萬人[132]。這次內戰僅對羅馬就帶來如此重大的損失，至於意大利其他地區和各行省所受的災難，更不用提了。

56 凱撒第四度當選為執政官，然後前往西班牙討伐龐培的兒子[133]。雖然那幾位跨灶之子都很年輕，已經糾合起一支龐大的軍隊，表現過人的勇氣和卓越的將才，使得凱撒陷入極端危險的處境。一場大規模的會戰在孟達(Munda)附近展開，凱撒看到自己的軍隊受到沉重的打擊，所做的抵抗軟弱無力，於是他從士兵的行列中走過，高聲向他們問道，如果把他交給這幾個黃口小

---

129 凱撒回到羅馬是在7月25日，接著就在元老院提出報告，他在阿非利加戰役的成果，元老院為了推崇他的豐功偉業，通過他出任下一年的第三任笛克推多和第四任執政官。

130 凱撒從9月20日到10月1日舉行四次凱旋式，第一次是戰勝高盧人，第二次是對埃及國王托勒密十三世，第三次是對潘達斯國王法納西斯，第四次是對茅利塔里亞國王朱巴。至於法爾沙拉斯會戰對龐培的勝利，因為是羅馬人之間的鬩牆之爭，不能列入凱旋式大肆慶祝。

131 凱旋式的行列中，士兵擔任唱和的角色，用幽默的詞句來沖淡嚴肅的隊伍，所以在凱撒的第一個凱旋式中，大家齊聲叫道：「市民們請注意！好色的禿子回來了，快把你們的老婆藏起來！」禿頭的凱撒聽到只有苦笑而已，趕快花錢讓他們在下面三個凱旋式中封口。

132 凱撒這時在羅馬的重要工作，除了展開人口普查，還有就是修訂授糧名冊；國有土地分配退伍老兵；興建公眾廣場和法庭；推行曆法改革；頒布禁止奢侈法；以及制定有關民生和社會各種法案等。

133 龐培有兩個兒子，長子是格耐猶斯‧龐培烏斯，塔普蘇斯會戰之前離開阿非利加，前往巴利阿里群島，阿非利加喪失後，所有殘餘人員全部投奔他的麾下，46B.C.的秋天越過地中海在西班牙登陸，立即攻取新迦太基。

兒來處置，他們是不是會感到羞恥？最後他竭盡諸般努力，在極其困難的狀況下擊退敵人，使得他們蒙受3萬人馬的損失，雖然自己這邊也陣亡1000名最優秀的士兵。等到戰罷收兵返營，他告訴幕僚，說他過去總是為勝利而戰，這次的戰鬥卻為保全自己的性命。凱撒在巴克斯的節慶獲得這次大捷，4年之前龐培就是在這一天率軍前往希臘。龐培年幼的兒子逃走，過了幾天以後，迪狄斯(Didius)卻把龐培大兒子的頭顱奉獻給凱撒[134]。

這是凱撒所打最後一戰爭，為了慶祝勝利舉行的凱旋式，使得羅馬人極其不悅，因為不是擊敗外國的將領或蠻族的國王，只是絕滅一個何其不幸的羅馬偉大人物的子女和家屬。這樣一來，他等於拿凱旋式來慶祝自己國家的災難，他對自己所發起的戰爭，除了確有所需之外，沒有任何言辭可以向神明或人民辯解，還要為血腥的成果而興高采烈實在說不過去。除此以外，他一直沒有寫信或派遣使者，到羅馬去宣布他對同胞所獲得的勝利，看來他自己也認為這並非是什麼光榮的事，可能還認為很難為情。

57 儘管如此，他的同胞對於這樣一位洪福齊天的人物，只有採取一切認命的態度，經歷這麼多的內戰和災難之後，一人主政總可以讓人民獲得一段休養生息的時間，所以他們使他終生擁有笛克推多的職位[135]。這確實是一種公認的獨裁專制，因為他現在不僅獲得絕對的權力更是永久的權力。西塞羅首先在元老院提出建議，將這種職位授與凱撒，並未超越一個常人所能承受的極限。另外還有一些人在爭寵，完全是在錦上添花，即使那些素性平和的市民，為了贈給凱撒的頭銜過於虛矯僭越，反而對凱撒起了厭惡之心。

他的政敵如同那些阿諛之徒，盡力促成這種非分的念頭。這種做法使得他們在反對他的時候可以獲得優勢，一旦對他有所圖謀可以拿這些頭銜當成口實，因為自從內戰結束以後，在其他事情方面沒有可供指摘之處。他們當然有充分理由

---

134 45年3月17日B.C.的孟達會戰，凱撒以8個軍團與龐培烏斯的13個軍團對陣，獲勝以後徹底摧毀龐培派的勢力，拉頻努斯和瓦魯斯陣亡，格耐烏斯還是逃不過殺身之禍；他的弟弟色克塔斯‧龐培烏斯逃走藏匿起來，10年以後東山再起，成為後三雄的眼中釘，急欲拔之而後快。

135 44年2月15日B.C.，元老院和市民大會通過提案，任命凱撒為「終身笛克推多」，等於為後來的奧古斯都打開帝政之道的大門。頒布這天選在逐狼節，這是羅馬最重要的宗教慶典，被凱撒視為莫大的榮譽。

通過一項律令建造慈悲女神廟，用來對他在獲勝以後的寬恕行為表示感謝。他對很多與他為敵的人士，不僅赦免他們的罪行，還把頭銜和官位授於其中某些人；特別是布魯特斯和卡休斯都出任法務官[136]。

龐培的雕像本來已經拆除，他又下令重新樹立起來。西塞羅表示意見，說凱撒這樣做等於在給他自己設置一座雕像。他的幕僚勸他用一名隨身待衛，還有人自願效勞，但是他不願接受。他說他寧願一了百了，也不願生活在對死亡的恐懼之中。他始終把人民對他的好感看成最有效和最可靠的待衛，所以公開設宴款待民眾，並且將穀物分發給他們。他為了取得軍隊的支持和向心力，特別為他們建立很多殖民區，其中以迦太基和科林斯最為有名，這兩個城市過去同時遭到毀滅，現在又開始重建，遷移人口用來充實居民[137]。

58 他期盼能在全體一致的擁戴之下主持國政，所以他對那些顯赫的高層人物，許諾某些人將來可以出任執政官或法務官，再用其他各種職位和頭銜來安撫另外一些人，總之他要使大家都懷抱希望。麥克西穆斯在執政官任期屆滿前一天逝世，凱撒還把僅剩一天任期的執政官授與卡尼紐斯‧雷維留斯（Caninius Revilius）。很多人前去祝賀這位新執政官，西塞羅說道：「我們得快一點，否則不等我們抵達，這個人就要下台了。」

凱撒是天生做大事的人，熱愛榮譽，現在已經完成很多偉大的勳業，並未能使他滿足於現狀，享受過去的辛勞所創造的收穫。反而激起雄心壯志要繼續前進，計畫從事更為偉大的事業，贏取更多的榮譽，好像他已經擁有的一切都已耗用完畢。事實上，他是在與自己爭強鬥勝，好像把過去的他看成另一個人，他總是計畫將來能完成某些工作，能夠超越從前的成就。他為了執行這個構想，決定與帕提亞人開戰，等到完成征服的工作，經過海卡尼亞地區，沿著裡海前進直抵高加索山脈，再繞過潘達斯到達錫西厄人的區域。接著占領日耳曼和日耳曼鄰近的國家，最後取道高盧返回意大利。等到他在構想中的帝國繞行一周之後，使得

---

136 布魯特斯和卡休斯的任命是在44B.C.，這時凱撒要求元老院所有議員宣誓：「仇視凱撒者即元老院共同之敵，余立誓保護凱撒之人身安全。」西塞羅、布魯特斯和卡休斯都在誓約上簽名。

137 這兩個城市都是在146B.C.被羅馬夷為平地，到了44年同意重建。

這片基業的四周都被海洋所包圍[138]。

　　他在準備著手遠征行動的期間，還打算鑿通科林斯地峽，已經任命阿奈努斯（Anienus）負責這項工程。 他計畫將台伯河改道，挖一條很深的河床從羅馬直通舍爾西（Circeii），在塔拉辛納（Tarracina）附近入海，使得所有前來羅馬從事貿易的商賈，獲得一條安全而便利的通路。除此以外，他打算把波明提姆（Pomentium）和塞提亞（Setia）附近沼澤的積水排乾，成為可供數以千計的農人耕種的沃野。計畫在最近羅馬的海岸築堤，防止海潮侵蝕陸地，並且把奧斯夏（Ostia）沿海影響航行安全的暗礁和淺灘，全部清除乾淨，建造適於容納大量船隻的港口和碼頭。上述事項都在計畫之中，還沒有時間付諸實行。

59 他為了修正時間計算的誤差從事曆法改革，採用科學的思考方法加以巧妙的運算，完成以後極為適用。古代的羅馬缺乏一種計算公式，用來規律月份和地球公轉的關係，以致他們的節慶和祭典的日期逐漸發生推移，最後竟然出現在完全相反的季節[139]。甚至到了今天，羅馬人還是不知道計算太陽年的方法，只有祭司能指出正確的時間，他們時常憑著自己的意願，忽然加入一個名叫Mercedonius的閏月。努馬首先採用這種方式，只是這種權宜辦法並不高明，不足以修正年度周期所出現的歲差，這種情形我們在他的傳記中已經加以敘述。凱撒邀請當代最優秀的哲學家和數學家來解決這個問題，按照已經研究出來的公式，制訂一種修正曆法更為精確的新方法，一直被羅馬人沿用至今。羅馬人藉著這種知識，能夠比其他任何民族更能避免運轉周期的互不相涉所引起的歲差。

　　有些人嫉妒他的地位和不滿他的權勢，甚至把這件事也用來作為指責他的藉口。演說家西塞羅在聽到旁人講起天琴座在次日清晨將要升起，他的回答：「沒錯，完全按照他的敕令。」好像連天體的運行都受到他的指使。

---

138 凱撒在44B.C.年初，宣布他將遠征帕提亞，從去年秋天開始準備，出發的日子定為該年3月18日。除了要擊敗帕提亞收回被擄的鷹幟，救出被俘的人員，歸途要經過多瑙河，確定最後的防衛線以保障帝國的安全。

139 那個時代羅馬的曆法與太陽曆無法配合，超前2個月，引起季節的混亂，經過他召集當代學者的修正，算出地球繞太陽一周的時間為365天又6個小時，以365天為一年，分為十二個月，每4年一閏，閏年在2月多一天，這就是通用到現在的「朱利安曆」或「儒略曆」。

60 他想成為帝王的願望，使得別人對他產生明顯而深刻的憤恨，就是一般平民也都極不諒解，給暗中仇視他的敵人提供最好的藉口。那些想擁戴他登極稱王的人傳播一個傳說，根據《西比爾神諭集》的預言，羅馬在一位國王的領導之下，才會在戰爭中征服帕提亞，否則休做此想。有一天，凱撒從阿爾巴回到羅馬，奉承的人非常大膽竟然用國王的名銜向他稱呼致敬，他發現民眾聽到以後表現出厭惡的樣子，所以很不高興地說他的名字是凱撒不是國王。大家聽到他這句話都保持沉默，於是他繼續向前走，看起來面露不豫之色[140]。

還有一次，元老院投票通過頒給凱撒過分僭越的榮譽，執政官和法務官陪同元老院全體成員，前來報告他這項信息。當時他坐在演說台上，那些人來到他沒有起身迎接，好像他們不過是一群普通老百姓，同時還裝模作樣說他的榮譽應予減少，不可再行增多。這種態度不僅冒犯元老院議員，就是平民也深感不悅，他們認為侮辱元老院等於侮辱整個國家，那些覺得沒有必要留下的人，全都悄然離開，心情顯得極其紊亂。凱撒發覺他的做法不妥，立即回到家裡。這時他故意敞開領口，高聲向他的朋友說道，任何人想要讓他血濺五步，他願意引頸受戮。後來他曾對自己的行為加以辯解，說他之所以沒有起立，是因為他患了一種疾病，如果站著講太多的話，就會頭昏眼花，全身抽搐以致喪失理性。這些當然都是推托之辭，因為他本來要站起來迎接元老院的成員，有一個幕僚是善於逢迎的傢伙——高乃留斯‧巴爾布斯（Cornelius Balbus）[141]阻止他，對他說道：「不要忘記你是凱撒，蓋世功勳難道不能享有高高在上的尊榮？」

61 接著出現新的狀況，他侮辱護民官引起更多的反感。正是舉行逐狼節的慶典期間，根據有些作者的說法，這個節日最早是牧人開始慶祝，後來與阿卡狄亞的萊西人（Lycae）有某種關係。許多年輕的貴族和官員，脫去上衣光著膀子，在城市裡面跑來跑去，用皮鞭輕輕抽打他們遇到的人，當成一種

---

140 羅馬的傳統是厭惡王政，自古以來就有「意欲為王者，人人可誅之」的誡語，凱撒此時所擁有的權勢遠超過王政時期的國王，所以他根本沒有必要頂這個虛名，何況他還沒有可以傳承的嫡子；那些反對派認為凱撒的回答是偽善的托詞。

141 高乃留斯‧巴爾布斯是西班牙人，凱撒擔任總督開始追隨，後來成為他私人總管，經常代表凱撒處理最重要的事務；65B.C.被控非法騙取市民權，西塞羅代為辯護，辯護詞尚存世。凱撒亡故後，成為屋大維的重要幕僚，40年出任執政官，歸化羅馬的外國人中第一位。

遊戲。許多婦女甚至那些貴婦人，都故意站在道路中間，像是被老師責罰的學童一樣，伸出手接受鞭打，據說經過這種儀式以後，懷胎的婦女可以順利生產，尚未生育的婦女很快受孕。

　　凱撒穿上參加凱旋式的服裝[142]，坐在講壇的黃金座椅上面，正在觀看這項慶祝儀式。出任執政官的安東尼也是奔跑人員之一，他衝進羅馬廣場，市民為他讓出一條路，他走到凱撒的面前，向他獻上一頂綴著月桂葉的王冠。人群中發出喝采的呼聲，為了這個目的預先安排少數人，聽起來音量顯得有力無氣。凱撒表示拒絕接受的時候，全體民眾一致歡呼。安東尼第二次獻上王冠，還是少數人在表態，等到凱撒再次婉拒，所有的民眾歡聲雷動[143]。凱撒發現這個辦法行不通，站起來吩咐把那頂王冠送到朱庇特神殿。後來人們發現凱撒的雕像都戴上皇室的冠冕。

　　兩位護民官弗拉維烏斯(Flavius)和馬魯拉斯(Marullus)立即趕到放雕像的地方，把王冠取下來。他們逮捕那些最早高呼凱撒為國王的人，將他們關進監獄。民眾跟隨在兩位護民官的後面，大家興高采烈，把他們兩位稱為布魯特斯，就是歷史上第一個廢除王位繼承制度，把操於一人的大權轉移到元老院手中的人。凱撒對這件事極其憤怒，免除弗拉維烏斯和馬魯拉斯的職位，在指控這兩個人所犯罪行的時候，不止一次把他們稱為布魯提人(Bruti)和庫密人(Cumaei)[144]；這種做法等於對人民的一種諷刺。

　　這樣一來使得群眾把念頭轉到馬可斯・布魯特斯的身上；這個人的身世從父系來說，是首位布魯特斯的後裔，母系出於塞維留斯貴族世家，此外還是小加圖的外甥和女婿。他從凱撒獲得職位和恩惠，使他無意從事任何活動，用來推翻這個新興的獨裁體制。龐培在法爾沙拉斯戰敗以後，不僅布魯特斯自己獲得赦免，就是許多朋友由於他的講情得以保全性命，何況他還是特別受到凱撒信賴的人士。他是那年位階最高的法務官，打敗他的競爭者卡休斯，獲得提名可以在以後

---

142 從45到44B.C.，元老院和市民大會授與凱撒很多項榮譽和特權，其中一項是：「凱撒有權在平時穿著紫色長袍，這種服裝通常只有舉行凱旋式的將領在當天可以穿著。」
143 凱撒當場拒絕安東尼所獻王冠，知道此事不可等閒視之，為了平息他要稱王的謠言，命人在市民廣場一角的大理石柱，刻下正式記錄：「執政官馬可斯・安東尼請求終身笛克推多該猶斯・凱撒接受王者的權威，遭到凱撒的拒絕。」
144 這兩個部族不夠開化非常愚昧，等於罵這兩個護民官是「笨蛋」和「蠢材」。

4年參加執政官的選舉。據說在決定人選的時候，凱撒雖然說卡休斯具備更好的條件，因爲布魯特斯的關係還是沒有讓他通過。後來反對凱撒的陰謀活動正在進行的時候，有人向凱撒提出指控，說布魯特斯是叛黨成員，他不但不肯相信，同時把手放在自己的身體上面，對那些告密者說道：「布魯特斯會等到我壽終正寢那天。」他的意思是憑著布魯特斯的德行，他有資格繼承統治大權，無須爲了達成那個目標，做一個不知感恩圖報的卑鄙小人。

那些希望政局有所改變的人士，如果不是把他視爲唯一的對象，至少也是最適當的人選，可以完成這項使命。他們不敢直接與布魯特斯談件事，只是在夜間把許多字條，放在他處理訟案所坐的座椅上面，寫的字句像是：「布魯特斯，你在睡覺」、「你不再是過去的布魯特斯了」。等到卡休斯發現布魯特斯的野心開始顯現，非常急切運用各種方式加以鼓舞，他私下對於凱撒極爲怨恨，大部分理由我們會在第二十二篇的〈馬可斯‧布魯特斯〉中提到。凱撒對卡休斯已經開始猜疑，有次曾對他的幕僚說道：「你們認爲卡休斯是否會有什麼企圖？他看起來毫無血色，真是讓人難受。」有人報告他說是安東尼和多拉貝拉密謀不軌，他說他對長髮肥胖的人毫無所懼，到是那些蒼白瘦削的傢伙，讓他無法放心，意思是指卡休斯和布魯特斯。

62 談起人類的氣數，就它的成分而言，「命定之事」遠比「偶發因素」爲多。據說在這件事情發生之前，很短時間之內出現很多奇異的朕兆和怪誕的現象。那些天空的光亮、夜晚的鬧聲、市場的野鳥，對於這樣重大的事件而論，並不值得注意，哲學家斯特拉波(Strabo)告訴我們，很多人在冥冥之中，看到一大批正在著火燃燒的傢伙，彼此在作拚死的搏鬥；有一個士兵的奴僕，他的手裡發出大量的火光，旁觀者以爲這個可憐蟲一定被燒焦，等到烈焰熄滅以後卻毛髮無損。凱撒宰殺犧牲獻祭，發現這頭牲口竟然沒有心臟，這是一個極其不祥的凶兆，因爲任何動物缺少這個主要的器官就無法生存。

許多作者都留下這樣的記載：有一位預言家要他當心5月望日那個危險的日子；到了那一天，凱撒在前往元老院的途中遇到那位預言家，就用嘲笑的口吻對他說：「5月望日已經到了。」預言家平靜地回答道：「不錯，這一天是到了，可是還沒有過去。」他在被刺前一天與馬可斯‧雷比達共進晚餐，當他躺臥在那裡進食的時候，按照平日的習慣要簽署一些信件，這時他們轉換話題，討論那一種

死法最好，凱撒不等旁人開口馬上發表他的意見：「猝死。」

那天晚上，他與妻子同床共寢，房間的門窗突然打開，他被響聲和射進房中的光線驚醒，就從床上坐起來，看見月光照耀之下卡普妮亞仍在熟睡，聽到她在夢中發出含糊的言語和低沉的呻吟，因為她夢到自己抱著被殺害的丈夫，正在哀傷哭泣。有人說她的夢境並非如此，元老院曾經通過敕令，在他的房屋上面安裝閣樓[145]，作為裝飾和尊崇的標誌，李維曾經提過這件事，現在她夢見這個尖塔突然崩落下來，引起她的哭泣和驚叫。天亮以後，她懇求凱撒盡可能不要外出，元老院的會議可以延期舉行，即使對她的夢境並不重視，為了使她安心起見，藉著獻祭或其他方式來探知自己的命運。凱撒本人難免會產生疑慮和恐懼，因為卡普妮亞竟然會如此驚惶，她以前從未出現任何帶有女性意味的迷信。後來祭司向他報告，已經宰殺好幾頭犧牲，腸卜的徵候呈現凶兆，他決定派遣安東尼通知元老院休會[146]。

63 就在這個時候，綽號叫做阿比努斯(Albinus)的迪西穆斯‧布魯特斯(Decinus Brutus)來到凱撒家裡，他原是凱撒最信任的人，被列為第二位繼承人[147]，可是卻加入另一個布魯特斯和卡休斯的叛逆活動。布魯特斯非常擔心，如果凱撒要元老院延期舉行會議，他們的密謀可能外洩。所以布魯特斯先嘲笑占卜官大驚小怪，然後又責備凱撒對元老院不應授人以柄，讓議員有藉口說他蔑視他們，因為他們是應他的召集才來開會，並且準備一致投票通過，宣布他為意大利以外所有各行省的國王，無論他經由海路或陸路到意大利以外的地方，都可以戴著王冠。現在要是派任何人去告訴他們暫時休會，要等卡普莉亞的夢出現吉兆再召開會議，他的政敵會有什麼樣的說法呢？如果他的朋友起來為他辯護，說他的政府並不獨裁專制，這時誰會有耐心去聽呢？不過，他如果覺得這個

---

145 這座閣樓是榮譽的標誌，通常建在家祠的上面，裡面有神明的塑像、戰勝的紀念品和個人的旗幟標誌。

146 元老院舉行會議的日子不多而且早已確定，關鍵在於凱撒遠征帕提亞出發的日期定於3月18日，所以這次會議非常重要，很多問題在行前要交代清楚，如果更改勢必延後大軍開拔的時間，會引起更多的流言。

147 迪西穆斯‧布魯特斯成為凱撒死後第二順位繼承人，只是他本人事先並不知道，等到凱撒的遺囑公布，他聽到頓時面無人色，默默不語，民眾對他憤怒之情更在主兇馬可斯‧布魯特斯之上，最後還是逃不過報復的羅網。

日子確實不夠吉利，最好親自到元老院去一趟，由他本人宣布延期舉行。

布魯特斯一邊說著話，一邊拉著凱撒的手，牽引他向外走去。凱撒離開家門沒有多遠，這時某一個人的奴僕朝他走過來，有很多人圍在凱撒四周，因而無法到達他的身邊。那個奴僕走進凱撒家裡，謁見卡普妮亞請求保證他的安全，一直到凱撒回來為止，因為他有非常重大的事情要向凱撒報告。

64 尼多斯(Cnidos)的阿提米多魯斯(Artemidorus)是一位希臘邏輯學教師，和布魯特斯那批人非常熟悉，知道這些秘密，他為了揭發此事，就將整個狀況寫在一個陳情書的奏摺上面，要當面交給凱撒。根據他的觀察，凱撒只要接到這類文件的時候，總是交給隨行的奴僕，所以他盡可能走近凱撒，並且對他說道：「凱撒，趕快讀這份陳情書，不要讓別人看，裡面有很重要的信息，與你有密切的關係。」凱撒接過以後一直想讀，許多人走過來與他講話，使他始終抽不出空來。他只有把那份奏摺握在手裡直到進入元老院。有些人則說，把這份文件交給凱撒是另一個人，因為阿提米多魯斯被群眾擋在外圍，根本無法走近凱撒的身邊。

65 所有這一類叛逆事件能夠得逞都是出於偶然的機會。這一次謀殺的場所，就是元老院那天開會的地點，裡面有一座龐培的雕像，整個建築物是龐培建造，連同劇院一併奉獻給公眾使用。從這件事看來，無形之中有一種超自然的力量在指導這項行動，經過安排要發生在那個特定的地點[148]。據說卡休斯在動手之前，望了一下龐培的雕像，默默祈求他的協助。雖然他服膺伊庇鳩魯的理論，不應該有這種舉動。然而在這種緊張的場合，加上迫切的危險，無法保有原來的理性，這種念頭也不過是靈機一現而已。安東尼忠於凱撒而且身強力壯，被布魯特斯‧阿比努斯設法擋在外面，故意同他沒完沒了說個不停[149]。

凱撒走進會場，全體議員起立向他致敬。布魯特斯的同謀之中，有些人走到

---

148 凱撒任終身笛克推多期間，朱理烏斯會堂尚未完工，元老院會議常在龐培劇院東側的大迴廊召開，這個迴廊的面積很大，有180公尺乘以135公尺，只要禁止一般人進入，就有足夠空間召開最多有900人參加的會議。

149 從當時很多跡象來看，安東尼對凱撒的忠誠有問題；事實上絆住安東尼的人不是阿比努斯而是該猶斯‧特里朋紐斯(Caius Trebonius)。

他的座椅附近或站在後面，還有些人前去接他，在一邊幫腔來聲援蒂留斯‧辛布爾(Tillius Cimber)[150]的陳情，請求赦免他遭到放逐的兄弟。他們就這樣一邊喋喋不休，一邊隨著他走到他的座位。凱撒坐下來以後，拒絕他們的請求，他們還是在旁邊據理力爭，凱撒擺出嚴厲的態度責備他們。這時蒂留斯用兩手抓住他的袍子，從他的頸脖上面扯下來，這就是動手刺殺的暗號。喀司卡(Casca)對著他的頸部砍第一刀，倒是沒有產生致命的危險，因為剛剛開始發起大膽的行為，情緒難免非常緊張。凱撒轉身將那把匕首搶過來，緊緊握在手裡。兩個人同時大叫起來，受到攻擊的人用拉丁語喊道：「可惡的喀司卡，你在幹什麼？」行刺的人用希臘語對兄弟喊道：「老弟，快來幫忙。」這場圍殺的行動就此開始，沒有參與密謀的元老院議員，看到這幕情景感到無比驚愕和恐懼，他們不敢跑開也不敢對凱撒施以援手，甚至連一句話都不敢說。

　　那些準備參與密謀的人員，手裡拿著出鞘的匕首，從四面八方把他團團圍住。不論他轉到那個方面都會遭到攻擊，看到他們的刀劍對準他的面孔和眼睛劈刺過來，他的處境就像陷入羅網中的野獸。參與謀殺的人士事先經過商量，每個人都要動手刺一刀，用他的血來表示願意負起犯上的責任[151]。布魯特斯用匕首刺中他的鼠蹊部位，有人提到凱撒對於所有人員的攻擊，都竭力自衛，左右閃躲來避開對方的刺殺，同時高聲求救，當他看到布魯特斯拔劍相向，便用衣袍將面孔掩蓋起來，不再做任何掙扎，讓自己慢慢倒下去。可能是出於巧合，也許是謀殺他的人士有意把他擠到那個方向，正好倒在龐培雕像的下面，整個基座沾染鮮血。看起來好像是龐培在主持這場報復行動，他的敵手現在躺在他的腳下，身體一共挨了23刀，這麼多的傷口使他陷入垂死的狀態。那些密謀者因為搶著刺殺同一個人，混亂之中有許多人竟然互相砍傷。

66 凱撒斷氣以後，布魯特斯站到前面，要為他們所做的事情有一番解釋，元老院成員不肯聽他的話，大家趕忙跑到門外，人民是如此的惶恐和緊張，有些人關起大門，還有一些人離開櫃檯和店舖，全部都在街頭奔跑，

---

150 蒂留斯‧辛布爾已發布為俾西尼亞和潘達斯的總督，藉口留在羅馬還未成行。
151 據說涉及暗殺陰謀的元老院議員一共有60名，一直沒有確鑿的證據，可以確定參加暗殺行動的名單有14個人。其中多數是凱撒的高級將領和重要幕僚。

有些人到現場去看那悲慘的景象，還有些人看完以後就回家去了。凱撒兩個最忠實的朋友安東尼和雷比達，偷偷溜走躲在朋友的家中。

布魯特斯和他的追隨者剛完成轟轟烈烈的行為，情緒還是激昂慷慨，他們全體持著刀劍從元老院走到卡庇多神殿，帶著自信滿滿的神色，不像是要逃走的樣子。他們在行進的途中，號召人民恢復他們的自由權利，遇見地位較高的人士，邀請加入他們的行列。真有些人接受這種邀請，和他們一起前進，彷彿他們也曾參與密謀，可以分享這份光榮。該猶斯‧屋大維烏斯(Caius Octavius)和連圖盧斯‧司頻澤爾(Lentulus Spinther)就是其中兩位，後來都被安東尼和年輕的屋大維處死，他們為虛榮心付出重大的代價，不僅喪失性命，因為誰都不相信他們曾經參與其事，未能獲得所希望的榮譽；就是那些要懲罰他們的人，曉得他們未曾參加謀殺的行動，只是居心不良罷了[152]。

布魯特斯和其他的人員在傍晚時分從卡庇多神殿下來，向人民發表演說，大家在傾聽的時候沒有顯出歡樂或憎惡的樣子，只是神色木然表示同情凱撒而且敬重布魯特斯。元老院通過議案，決定對過去的事不必追究，並且採取適當的步驟，使各方面和解能夠相安無事。他們頒布命令要對凱撒受到封神的敬拜，執政時期制訂的法律不得稍加更改；同時他們委派布魯特斯和他的追隨者，擔任行省的總督和其他重要的職位，這樣一來大家認為整個事件已經獲得圓滿的解決[153]。

67 凱撒的遺囑公開宣布，大家才曉得他對每個羅馬公民都有豐厚的餽贈，等到他的遺體抬著經過市民廣場，民眾看到那種傷痕累累和血肉狼藉的慘狀，再也無法保持安靜和秩序。他們把一些桌椅板凳和門窗欄杆堆聚起來，將凱撒的屍體放在上面舉行火葬[154]。然後他們從火堆裡面拿起一些仍在燃燒的木條，有些人前去放火焚毀那些密謀者的房舍，還有人走遍全城去尋找殺人的兇手，要將他們碎屍萬段。那些密謀者為了保命都躲藏起來，一個也沒有找到。

152 43B.C.馬克‧安東尼和屋大維掌握羅馬的軍政大權以後，頒布「公敵宣告名單」，將元老院涉嫌殺害凱撒的議員一網打盡，有很多倒霉鬼難免受到誣告和牽連。
153 3月17日安東尼召集元老院會議，決定不追究暗殺者的刑事責任，認可凱撒安排的人事和政治路線，給予凱撒國葬和宣布遺囑；並未討論凱撒的封神和安排行省新的人選。
154 凱撒的國葬在3月20日舉行，安東尼發表葬禮演說，市民得知每人可得到300塞斯退司的餽贈，頓時群情激昂，要找謀殺凱撒的兇手算帳。21日晨，西塞羅、布魯特斯和卡休斯逃離羅馬。

凱撒有位名叫辛納(Cinna)的朋友，恰巧在前夜做了一個怪夢。他夢到凱撒邀請他吃晚餐，他有事不能去，凱撒卻拉著他的手，雖然他一直不肯，還是勉強他非去不可。後來他聽到人民在市民廣場爲凱撒舉行火葬，雖然那場夢使他產生不祥的念頭，而且當時他正在發燒，由於關心亡故的老友，還是起身前往廣場。群眾之中有一個人看到他，向另外一個打探他是何人，得到答覆便把他的名字告訴身旁的人。這樣一來人群中傳開一個消息，說這個人是謀害凱撒的兇手，因爲在參與陰謀活動的那批人士當中，的確有個人的名字叫做辛納，現在大家張冠李戴，馬上當場就把他的四肢砍掉。目前發生的狀況使布魯特斯和卡休斯感到極其恐懼，幾天以後離開羅馬。他們以後的作爲，遭受的痛苦和喪命的經過，在布魯特斯的傳記有詳盡的敘述。

68 凱撒享年56歲，時間不過比龐培晚死4年多一點[155]。他一生冒險犯難，擴展帝國疆域，追求政治權柄，最後總算如願以償，除了虛名和受人猜忌的榮譽，並未得到實質的收穫。那位偉大的守護神，在他生前對他一直百般呵護，等到他被害以後還爲他的死難復仇，訪遍天涯海角去尋覓那些謀殺的兇手，終於法網恢恢不容一人逃脫，所有曾經動手行刺和出謀策劃的人士，全部都受到懲罰。

卡休斯的遭遇是人世最怪異的巧合，他在腓力比戰敗的時候，就是用刺殺凱撒的那把佩劍自戕。天空最奇特的現象，大彗星在凱撒亡故以後一連光輝耀目出現7夜，然後消失不見[156]。太陽變得黯淡無光，在那一年中始終晦暗，升起以後沒有發出奪目的光芒，輻射的熱力也甚爲微弱。缺乏較強的陽光照射，大氣產生稀釋作用，空氣變得潮濕渾濁。水果缺乏熱力都無法成熟，沒有能夠按照季節生長，很快就萎謝凋落。總而言之，出現在布魯特斯面前的幽靈，讓大家知道謀殺的行爲使神明極其不悅。這件事情的經過有如下述：

布魯特斯率領軍隊從阿布杜斯(Abydos)渡海前往另一個大陸，有天夜裡像平常一樣躺在帳篷裡面，沒有入睡而是思索自己的事業和前途。據說在統率大軍的將領中間，他需要的睡眠最少，特別具有一種天賦的能力，就是經常保持清醒的

---

155 龐培死於48年9月28日B.C.而凱撒死於44年3月15日，也不過多活了三年半而已。

156 這顆彗星以叫「朱理烏斯星」，魏吉爾、賀拉斯和其他的詩人都用這個題目寫出有名的詩篇。

狀態，能夠不必休息可以繼續工作。他覺得自己聽到帳篷的入口有響聲，藉著幾乎要熄滅的微弱燈光，朝著那個方向望過去，看到一個令人畏懼的影像，是一個身材非常高大的男子，面貌和表情特別的嚴酷。開始布魯特斯有點害怕，後來看到那個影像沒有任何動作也不說話，只是很安靜的站在那裡，布魯特斯問他是什麼人。那個幽靈說道：「布魯特斯，我是給你帶來凶兆的厲鬼，你會在腓力比（Philippi）見到我。」布魯特斯很勇敢的說道：「好吧，我們後會有期。」那個幽靈立即消失無蹤。

後來，他在腓力比附近列陣與安東尼和屋大維接戰，首仗獲勝，擊潰敵軍並且洗劫屋大維的營地。第二次會戰的前夜，幽靈出現在布魯特斯的面前，一言未發。布魯特斯知道自己的死期不遠，不顧自己的安全，情願冒會戰矢石交加的危險。他並未死於戰鬥之中，看到他的部下戰敗以後，走上一座山岩的頂端，用佩劍刺進自己的胸膛，據說有一位朋友在旁幫忙，能夠戳得更深一點，就此結束他的性命。

希臘羅馬英豪列傳 II

2009年1月初版　　　　　　　　　　　　　　　定價：新臺幣780元

有著作權・翻印必究

Printed in Taiwan.

著　　　者	Plutarch
譯　　　者	席　代　岳
發 行 人	林　載　爵

出　版　者	聯 經 出 版 事 業 股 份 有 限 公 司
地　　　址	台 北 市 忠 孝 東 路 四 段 5 5 5 號
編 輯 部 地 址	台 北 市 忠 孝 東 路 四 段 5 6 1 號 4 樓
叢 書 主 編 電 話	(0 2) 2 7 6 3 4 3 0 0 轉 5 0 4 9
總　經　銷	聯 合 發 行 股 份 有 限 公 司
發　行　所	台北縣新店市寶橋路235巷6弄6號2樓
電 話：	(0 2) 2 9 1 7 8 0 2 2
台 北 忠 孝 門 市：	台 北 市 忠 孝 東 路 四 段 5 6 1 號 1 樓
電 話：	(0 2) 2 7 6 8 3 7 0 8
台 北 新 生 門 市：	台 北 市 新 生 南 路 三 段 9 4 號
電 話：	(0 2) 2 3 6 2 0 3 0 8
台 中 分 公 司：	台 中 市 健 行 路 3 2 1 號
暨 門 市 電 話：	(0 4) 2 2 3 7 1 2 3 4 e x t . 5
高 雄 辦 事 處：	高 雄 市 成 功 一 路 3 6 3 號 2 樓
電 話：	(0 7) 2 2 1 1 2 3 4 e x t . 5
郵 政 劃 撥 帳 戶	第 0 1 0 0 5 5 9 - 3 號
郵 撥 電 話：	2 7 6 8 3 7 0 8
印 刷 者	世 和 印 製 企 業 有 限 公 司

叢 書 主 編	簡　美　玉
校　　對	席　代　岳
封 面 設 計	翁　國　鈞

行政院新聞局出版事業登記證局版臺業字第0130號

ISBN 978-957-08-3373-7（精裝）

聯經網址：www.linkingbooks.com.tw

電子信箱：linking@udngroup.com

國家圖書館出版品預行編目資料

希臘羅馬英豪列傳 II / Plutarch 著.
席代岳譯. 初版. 臺北市. 聯經. 2009 年.
（民 98），688 面，17×23 公分.

ISBN　978-957-08-3373-7（精裝）
1.世界傳記　2.古希臘　3.古羅馬

784.951　　　　　　　　97025028

聯經出版事業公司

信用卡訂購單

信 用 卡 號：□VISA CARD □MASTER CARD □聯合信用卡

訂 購 人 姓 名：_____

訂 購 日 期：_____年_____月_____日　　(卡片後三碼)

信 用 卡 號：_____ _____ _____ _____

信 用 卡 簽 名：_____(與信用卡上簽名同)

信用卡有效期限：_____年_____月

聯 絡 電 話：日(O)：_____ 夜(H)：_____

聯 絡 地 址：□□□_____

_____

訂 購 金 額：新台幣 _____元整
　　　　　　（訂購金額 500 元以下,請加付掛號郵資 50 元）

資 訊 來 源：□網路　　□報紙　　□電台　　□DM □朋友介紹
　　　　　　□其他_____

發　　　　票：□二聯式　　　□三聯式

發 票 抬 頭：_____

統 一 編 號：_____

※ 如收件人或收件地址不同時，請填：

收 件 人 姓 名：_____ □先生 □小姐

收 件 人 地 址：_____

收 件 人 電 話：日(O)_____ 夜(H) _____

※茲訂購下列書種,帳款由本人信用卡帳戶支付

書　　　　　　　　　名	數量	單價	合　　計
	總　　計		

訂購辦法填妥後

1. 直接傳真 FAX(02)27493734
2. 寄台北市忠孝東路四段 561 號 1 樓
3. 本人親筆簽名並附上卡片後三碼(95 年 8 月 1 日正式實施)

電 話：(02)27683708

聯絡人:王淑蕙小姐(約需 7 個工作天)

羅馬帝國衰亡史 （全六卷）

西洋史學鉅著第一套中文全譯本，全六卷共二百四十萬字

‧史學家愛德華‧吉朋（Edward Gibbon）傳世之作，全書涵蓋一千三百年西方歷史發展，從公元二世紀西羅馬帝國的太平盛世寫到東羅馬帝國衰亡（98A.D.～1453A.D.），包括了部分西方古代史和整個歐洲中世紀。

‧書中附珍貴插圖，全部四十五幅插圖皆取材自與吉朋同時代的義大利蝕刻版畫家皮拉內西（Gioyanni Battista Piranesi）的作品，描繪出揉合了事實考據和藝術想像的古羅馬風貌。

‧各卷卷末附中英文索引，第六卷附全書索引。

第一卷　680元　　第二卷　580元
第三卷　580元　　第四卷　580元
第五卷　650元　　第六卷　650元　　洽詢電話：(02)2762-7429

聯經出版公司
www.linkingbooks.com.tw